KB161471

샤라자드

〈무어인의 욕탕〉 버턴판. 장 레옹 제롬.

〈은자(隱者) 이야기〉 '알라께서 은자 양치기의 인내력을 시험해 보려고 아름다운 여인으로 변신한 천사를 보냈다. ……'

《아라비안나이트》 배경 도시들을 예술적으로 표현했다.

〈알리 빈 바카르와 샤무스 알 나하르 이야기〉 버튼판 제3판. 1885. '별안간 한 시녀가 달려오더니 벌벌 떨면서 말했다. 문앞에……'

〈카마르 알 자만의 이야기〉 레옹 카레. '마신 다나쉬는 부두르 공주를 안고 날아와 왕자 옆에 눕혔다. ……'

〈카마르 알 자만의 이야기〉 '부두르 공주는 젊은이의 손가락에 끼고 있는 자신의 반지는 그대로 두고 그의 반지를 뽑아 자기 손가락에 끼고 그대로 잠들었다.'

〈카마르 알 자만의 이야기〉 니아마 알 라비아와 그 노예계집 나오미의 이야기

〈알라딘 아부 알 샤마트 이야기〉 찰스 포카드. 1917. '오, 대상의 우두머리여, 여행을 떠나려는 사람은 내가 아니라 내 아들이라네.'

〈가짜 교주〉 "저자의 갈비뼈 뒤의 채찍 자국이 보이지 않느냐?"

〈가짜 교주〉 윌리 포가니. 1915. '여자의 목에 그 목걸이가 걸려 있었다. 목걸이는 보름달 같은 그녀의 얼굴로 인해 그만 빛을 잃었다.'

〈알리 샤르와 줌르드〉 '누가 되었건 이 처녀가 좋아하는 남자에게 팔아주시오.'

〈하룬 알 라시드 교주와 한 처녀와 아부 노와스〉 '얼굴을 덮은 머리카락을 헤치고 보니 보름달처럼 아름다운 얼굴이었다.'

〈흑단 말〉 월터 배컷. '현자는 공주를 납치해 흑단 목마를 타고 날아가 버렸다.'

〈운스 알 우유드와 대신의 딸 와르드 필 아크맘〉 '공주는 옷을 몇 벌 이어서 그것을 타고 성 밖으로 내려갔다.'

〈하룬 알 라시드 교주와 목욕중인 즈바이다 왕비〉 '왕비가 못에 들어갔다는 말을 듣고 교주는……'

World Book 134

Richard Francis Burton

THE BOOK OF THE THOUSAND NIGHTS AND ONE NIGHT

아라비안나이트 II

리처드 버턴/고산고정일 옮김

동서문화사

디자인 : 동서랑 미술팀

아라비안나이트 II
차례

새와 짐승과 목수 이야기*1

오, 인자하신 임금님, 옛날에 공작 한 마리가 아내인 암공작과 바닷가에서 살고 있었습니다. 이 해변에는 나무가 무성하고 냇물이 많이 흐르며, 사자와 그 밖의 모든 종류의 맹수들이 들끓고 있었습니다. 공작 부부는 짐승들이 무서워 밤에는 나무 위 둥지에서 살면서 낮에만 먹이를 찾으러 나갔습니다. 그런데 이렇게 지내는 동안 점점 심해지는 무서움을 견디지 못한 공작 부부는 다른 집을 찾기로 했습니다.

여기저기 찾아다니던 끝에 마침 시냇물이 흐르고 나무가 울창한 작은 섬을 찾아내 거기서 나무열매를 따 먹고 물을 마시곤 했습니다. 그러던 어느 날 저쪽에서 들오리 한 마리가 잔뜩 겁을 집어먹은 모습으로 나타났습니다. 공작 부부가 쉬는 나무 아래까지 달려와서 후유 가슴을 쓸어내리는 듯했습니다. 남편인 공작이 무슨 까닭이 있는 것이 틀림없다고 여겨 어째서 그렇게 걱정하느냐고 물으니 들오리가 대답했습니다.

"나는 슬픈 데다가 아담의 아들*2도 무서워 죽겠어요. 당신들도 조심하세요. 아담의 아들에게는 부디 조심해야 합니다."

남편공작이 말했습니다.

"우리가 지켜줄 테니 걱정하지 마."

"알람드리라,(1) 나를 당신들에게 인도하여 걱정과 불안을 덜어주신 신께 영광 있으라! 정말이지 나를 당신들의 친구로 삼아주신다면 더는 고마운 일이 없겠습니다."

이 말을 듣고 아내공작이 들오리에게 다가가 말했습니다.

"잘 오셨어요. 이젠 아무것도 무서워할 것 없어요. 아담의 아들이 어떻게 여기로 올 수 있겠어요? 여기는 바다 한복판의 외딴 섬인데요. 육지에서도 바다에서도 절대로 올 수 없어요. 자, 기운을 내어 아담의 아들에게 어떤 봉변을 당했는지 우리에게 이야기해 주세요."

"오, 공작 부인, 사실 나는 이제까지 이 섬에서 줄곧 한가롭게 아무 근심 없이 살아왔습니다. 그런데 어느 날 밤 꿈속에서 아담의 아들을 보았습니다. 우리는 여러 가지 이야기를 주고받았지요. 그리고 얼마 뒤 어디서인지 모르게 무슨 소리가 들려왔습니다.

'잘 들어라, 들오리야, 인간을 조심해야 한다. 인간의 달콤한 말에 속아서는 안 돼. 인간은 나쁜 꾀가 많고 간사한 꾀가 뛰어나다. 빈틈없는 인간의 야비함에 당하지 않도록 정신 똑바로 차려야 한다. 다시 말하지만 인간은 간사하고 교활해서 시인이 노래한 그대로이다.

　　가시를 감춘 혀끝으로
　　달콤한 과자를 권하면서
　　여우 같은 간사한 꾀로
　　너를 홀려버린다.

이같이 인간은 물고기를 속여 바다에서 끌어내고, 진흙 탄환*³으로 새를 잡고, 교묘한 수단으로 코끼리마저 함정에 빠뜨린다. 아무도 인간이 짐승에게 끼치는 해를 면할 수 없다. 새건 짐승이건 모두 인간의 손에서 빠져나갈 수가 없다. 나는 내가 아는 대로 너에게 가르쳐주는 것이다.'

나는 깜짝 놀라 몸을 떨면서 눈을 번쩍 떴는데, 그 뒤부터 지금까지 도무지 마음이 즐겁지가 않습니다. 느닷없이 인간의 못된 꾀에 빠지거나 덫에 걸리면 어쩔까 싶어 무서워서 못 견디겠어요.

그러는 동안 해가 저물자 배가 고파 견딜 수 없어서 먹이를 찾으려고 불안에 쫓기면서도 힘없이 나섰습니다. 저쪽 산기슭까지 갔더니 고동색 새끼 사자가 동굴 입구에서 놀고 있었습니다. 나를 보더니 털 색깔과 아름다운 모양과 빛깔이 마음에 들었는지 무척 기뻐하며 불렀습니다.

'이리 와.'
내가 다가갔더니 새끼 사자가 물었습니다.
'네 이름은 뭐지? 너는 대체 누구야?'
'내 이름은 들오리라고 해요. 새 종류지요. 하지만 당신은 왜 이런 데서 여태까지 꾸물거리고 있어요?'

'나의 아버지는 전부터 인간을 조심하라고 이르셨는데, 오늘 밤 꿈속에서 그 인간의 모습을 보았어.'

그리고 새끼 사자는 아까 당신들에게 내가 말한 것과 똑같은 이야기를 들려주었습니다. 그래서 나는 말했지요.

'사자 씨, 틀림없이 인간을 죽여주실 거라고 당신만 믿겠어요. 정말이지 나는 온몸에 털이 곤두설 정도로 인간이 무서워 죽겠어요. 특히 백수(百獸)의 왕인 당신까지 인간을 두려워하시는 걸 보니 더욱 무서워져요.'

그런 다음 공작 부인, 나는 아담의 아들을 조심할 것과 만일 나타난다면 단숨에 죽여 버리라고 사자를 격려하고 있었는데, 새끼 사자가 별안간 벌떡 일어나 저쪽으로 달려가기에 나도 떨어질세라 뒤따라갔지요. 사자는 꼬리로 옆구리를 치면서 힘차게 달려갔습니다.

길이 두 갈래로 갈라진 곳에 이르자 흙먼지가 구름처럼 일었습니다. 이윽고 흙먼지가 가라앉고 나서 안장도 아무것도 없는 당나귀 한 필이 전속력으로 달려왔는지 흙먼지 속에서 구르듯이 나타났습니다. 사자가 당나귀를 보고 소리치자 당나귀는 황송한 태도로 다가왔습니다.

사자가 물었습니다.

'여봐, 이 미친놈 같으니! 너는 대체 뭐냐? 무슨 일로 여기에 왔느냐?'

'오, 왕자님! 저는 당나귀 아시누스 카바루스(2)라고 합니다. 저는 아담의 아들한테서 달아나 이곳에 온 것입니다.'

'그럼, 인간에게 살해될까 봐 무섭단 말이냐?'

'아닙니다. 왕자님, 제가 무서워하는 것은 인간이 나를 속여서 내 등에 올라타지 않을까 해서입니다. 인간은 길마라는 것을 가지고 있어 그것을 제 등에 얹거든요. 그리고 배띠라고 하는 것으로 제 배를 졸라맵니다. 또 밀치라는 좁다란 나무 막대기를 꼬리 밑에 넣고 재갈이라는 것을 입에 물린답니다. 그리고 찌르는 막대기*⁴까지 만들어서 그것으로 찌르면서 우격다짐으로 달리게 하니 어디 견딜 수가 있어야지요. 발이 걸려 넘어지기라도 하면 야단을 치고 울음소리를 내면*⁵ 큰 소리로 욕을 퍼붓습니다. 마침내 늙어서 달리지 못하게 되면 인간은 나무안장*⁶을 등에 얹어 물장수에게 팔아버린답니다. 물장수는 가죽 부대와 물 항아리에 강물을 퍼서 제 등에 싣지요. 이런 비참한 꼴을 당하다 지쳐서 죽으면 쓰레기통에 버려져 개밥이 되고 만답니다. 이보

다 더한 고생이 또 어디 있겠어요?'

공작 부인, 나는 이 당나귀 이야기를 들으니 몸서리가 쳐지고 아담의 아들이라는 것이 무서워서 소름이 돋았습니다. 그래서 새끼 사자에게 말했습니다.

'오, 왕자님, 당나귀의 말이 정말일까요? 이 이야기를 들으니 나는 더욱 무서워집니다.'

그러자 새끼 사자가 당나귀에게 물었습니다.

'그래서 어디로 가려는 거냐.'

'나는 새벽이 오기 전에 멀리서 아담의 아들을 보고 급히 도망쳐 온 것입니다. 무서워서 견딜 수가 없어 여기서 멀리 달아날 작정이지요. 어쩌면 그 악당 아담의 아들 손이 닿지 않는 안전지대가 있을지도 모르니까요.'

당나귀는 새끼 사자를 상대로 이런 이야기를 하다가 이윽고 우리에게 작별하고 다시 떠나려 했습니다. 그때 또다시 모래먼지가 일었습니다. 이 광경을 본 당나귀는 시선을 보아 앞을 바라보면서 울부짖다가 너무 무서워 방귀를 뀌고 말았습니다.*7

한참 뒤 모래먼지가 걷히자 이번에는 이마에 은화처럼 둥글게 빛나는 하얀 점이 아름답게 장식된*8 한 검정말이 달려왔습니다. 말굽 둘레에는 하얀 털이 보기 좋게 나 있고, 그 강하고 튼튼해 보이는 다리는 보기만 해도 기분이 좋아질 정도였으나, 무엇에 겁을 먹었는지 울부짖고 있었습니다. 말은 점점 다가와 새끼 사자 앞에 섰습니다. 사자는 그 훌륭한 모습을 보고 무척 감탄하면서 물었습니다.

'오, 참으로 멋진 짐승이군. 너는 어디서 왔니? 어떤 사연이 있어 이런 황폐한 사막으로 도망쳐 왔지?'

'오, 백수의 왕이시여, 저는 말 가운데서도 군마랍니다. 제가 달려온 까닭은 아담의 아들한테서 도망치기 위해서입니다.'

말이 하는 이야기를 듣고 새끼 사자는 깜짝 놀라 외쳤습니다.

'그런 말 마라. 그렇게 키가 크고 튼튼해 보이는 네가 그런 못난 소리를 하고 창피하지도 않으냐. 그 큰 몸으로 빨리 달리는 게 자랑인 네가 어째서 인간 따위를 겁내느냐. 나는 이렇게 작지만 이 가엾은 오리의 근심거리를 없애주고 자기 집에서 마음 편히 살 수 있도록 해 주기 위해 아담의 아들을 만나면 달려들어 물어 죽이기로 했다.

그런데 네가 와서 그런 이야기를 하니 나도 그만 기운이 없어지고 여태까지의 결심이 흐려지고 마는구나. 그렇게 커다란 몸을 한 너를 아담의 아들이 겁내지 않더냐? 네가 한쪽 발굽을 들어 걷어찬다면 그놈은 틀림없이 죽을 테니 아담의 아들은 결코 너한테 이길 수 없을 것이다. 너는 상대를 죽일 수 있지 않으냐?'

새끼 사자의 이 말을 듣고 말은 웃으면서 대답했습니다.

'내 힘으로는 도저히 인간을 이길 수가 없어요. 왕자님, 내가 키도 크고 덩치도 크지만 아담의 아들을 얕잡아 볼 수는 없습니다. 그놈들은 나쁜 꾀가 너무 많아서 나에게 차꼬를 채우고 발을 펠트를 감은 종려밧줄로 꽁꽁 묶는답니다. 머리를 높은 못에 달아매 두면 나는 선 채로 눕지도 앉지도 못하게 되지요. 그리고 내 등에 타고 싶을 때 인간은 쇠로 만든 등자라는 물건을 자기 발에 끼고 내 등에는 안장이라는 물건을 얹지요. 그것을 두 개의 배 끈으로 꽉 죈답니다. 그리고 입에 쇠로 만든 재갈이라는 것을 물리고 거기에 가죽으로 만든 고삐라는 물건을 맵니다. 그리고 인간은 내 등에 얹은 안장에 올라앉아 고삐를 손에 쥐고 옆구리를 피가 맺힐 만큼 등자로 차면서 여기저기 몰아댄단 말입니다.

오, 왕자님, 그러니 내가 아담의 아들한테 얼마나 구박을 받고 있는지는 제발 묻지 말아 주세요. 내가 나이를 먹어 말라빠져서 빨리 달리지 못하게 되면 그때는 나를 방앗간에 팔아버린답니다.

거기서 연자매를 끌며 늙어빠져 일을 못할 때까지 밤낮으로 쉴 틈이 조금도 없답니다. 그 뒤 말 백정에게 팔려 가면 백정은 내 멱을 따고 껍질을 벗기고 꼬리까지 뽑고서 체 장수에게 팔아먹겠지요. 그러면 체 장수는 내 기름을 녹여서 수지양초를 만드는 데 사용한답니다.'

말의 이야기를 듣고 어린 사자의 노여움은 다시 곱절이 되었습니다.

'너는 아담의 아들한테서 언제 도망쳐 왔지?'

'바로 한낮일 때였습니다. 지금 내 뒤를 인간이 쫓아오고 있을 겁니다.'

새끼 사자와 말이 이런 이야기를 하고 있노라니 또다시 한 무더기의 흙먼지가 일었습니다. 이번에는 그 속에서 성난 낙타 한 마리가 씩씩거리며 나타났습니다. 목을 으르렁거리고 앞발로 모래를 차올리면서 곧장 우리 앞까지 달려오더군요. 새끼 사자는 낙타의 거대한 덩치와 통통한 살집을 보고 이게 아담의 아들이라는 것인가 하고 당장 덤벼들려고 했습니다. 그것을 보고 나는 말했습니다.

'오, 왕자님, 이건 아담의 아들이 아닙니다. 낙타입니다. 틀림없이 아담의 아들이 무서워 도망쳐온 모양이군요.'

공작 부인, 내가 이런 이야기를 하고 있으니 낙타가 사자 곁으로 와서 인사를 했습니다. 그래서 사자는 답례를 하며 물었습니다.

'왜 여기 왔지?'

'아담의 아들에게서 도망쳐왔습니다.'

'너는 키도 몸집도 커서 아담의 아들을 단번에 걷어차 죽일 것 같은데 어찌 무서워하느냐?'

'오, 왕자님, 그것은 아담의 아들이 교활하고 잔꾀가 익숙하고 솜씨 있어 도저히 당할 수 없기 때문입니다. 인간을 이기는 것은 죽음의 신밖에 없기 때문입니다. 그놈은 염소 털을 꼬아 만든 코뚜레*⁹라는 것으로 내 코를 꿰고, 머리에 굴레라는 것을 씌우거든요. 그렇게 하여 나를 조무래기한테 맡겨두면 코흘리개한테도 꼼짝 못하고 코뚜레를 잡혀 끌려다닌답니다. 이렇게 덩치가 크고 기운도 있지만요.

그리고 인간들은 나에게 무거운 짐을 싣고 먼 길에 데리고 나가 밤낮없이 괴로운 일을 시킨답니다. 내가 늙어빠져 일을 못하게 되면 백정한테 팔아치우지요. 백정은 내 멱을 따고 가죽을 벗겨 가죽장이에게 팔고 고기는 숙수에게 팔아넘깁니다. 그러니 부디 내가 아담의 아들한테 어떤 고통을 받고 있는지 더는 묻지 말아 주십시오.'

'그럼, 너는 언제 아담의 아들에게서 도망쳐왔느냐?'

'해질 무렵입니다. 내가 도망치고 나서 내가 있던 장소에 가보고는 달아난 걸 알고 지금쯤 찾고 있을 겁니다. 오, 왕자님, 나는 숲 속이나 황야 속으로 달아날까 합니다. 어느 방향으로 가면 좋을까요?'

'잠깐만 기다려라. 내가 아담의 아들을 찢어 죽여 너에게 그 고기를 먹이고, 나는 그놈의 뼈를 씹고 피를 마셔버릴 테니.'

'오, 왕자님, 혹시라도 왕자님의 신상에 만약의 일이 일어날까 봐 걱정됩니다. 아무튼 아담의 아들이란 여간 교활한 놈이 아니니까요.'

그리고 낙타는 이런 시를 읊었습니다.

포악무도한 폭군이
백성 땅에 들어왔을 때
백성이 선택할 길은 오직 하나
재빨리 그 나라를 떠나는 것뿐!

낙타와 사자가 이야기하고 있는데, 또다시 흙먼지가 일더니 이윽고 그 속에서 키가 작고 말라빠진 한 노인이 나타났습니다. 목수 연장을 넣은 망태기를 메고 머리에는 나뭇가지 하나와 널빤지 8장을 이고 있었습니다. 조그마한 아이의 손을 끌면서 종종걸음으로*10 사자에게 다가왔습니다. 마님, 저는 이 노인을 보고 너무 무서워 기절하고 말았습니다. 그러나 새끼 사자는 일어나 앞으로 나아가 노인을 맞이했지요.

새끼 사자가 다가가자 노인은 웃으면서 상쾌한 말씨로 공손하게 말했습니다.

'오, 재앙에서 지켜주시는 힘센 왕자여, 알라께서 당신의 저녁에 행복을 내려주시기를! 당신의 위력이 더욱 커지기를 알라께 빕니다! 나를 괴롭히는 것, 나를 학대하는 것으로부터 부디 나를 구해 주시오! 당신 말고는 의지할 데가 없습니다.'

목수는 새끼 사자 앞에 서서 울부짖으며 탄식했습니다. 새끼 사자는 노인이 깊은 한숨을 쉬고 눈물을 흘리며 우는 것을 보고 물었습니다.

'좋아, 네가 두려워하는 것으로부터 너를 구해 주지. 너를 괴롭히는 게 누구냐? 그리고 너는 대체 누구냐? 나는 여태껏 너 같은 꼴을 한 짐승을 본 적이 없다. 그리고 너처럼 풍채가 훌륭하고 말솜씨가 좋은 짐승도 본 적이 없다. 도대체 네 정체가 무엇이냐?'

'오, 백수의 임금님, 나는 목수입니다. 나를 괴롭히는 건 다름 아닌 아담의 아들입니다. 새벽녘이 되면 아담의 아들이 이리로 올 겁니다.'

이 말을 듣고 새끼 사자는 갑자기 눈앞이 캄캄해지는 것 같아, 눈에서 불꽃을 뿜고 노여움의 신음을 내며 울부짖었습니다.

'좋다. 오늘 밤은 새벽녘까지 자지 않고 있다가 뜻을 이루기 전까지는 무

슨 일이 있어도 아버지에게로 돌아가지 않겠다!'

그리고 이렇게 덧붙였습니다.

'보아하니 걸음이 느린 것 같군. 이렇게 말한다고 기분 나쁘게 생각해서는 안 돼, 내가 동정심이 많아서 하는 말이니까. 하지만 아무래도 그 다리로는 다른 짐승에게 못 당할 것 같아. 그런데 지금부터 어디로 갈 작정인가?'

'당신 아버님의 대신인 살쾡이님에게 가려고 합니다. 그분은 아담의 아들이 이 나라에 침입했다는 말을 듣고 크게 걱정하시어 나에게 짐승 한 마리를 심부름꾼으로 보내 거처하실 집을 지어달라고 했습니다. 그래서 이 널빤지를 가지고 살쾡이님이 계시는 곳을 찾는 중입니다.'

이 말을 듣고 새끼 사자는 갑자기 살쾡이가 부러워져서 목수에게 말했습니다.

'살쾡이의 집을 지어주기 전에 그 널빤지로 내 집을 먼저 지어다오. 내 집을 지은 다음 살쾡이한테 가서 주문대로 해 주려무나.'

'오, 백수의 임금님, 나로서는 살쾡이님의 명령을 완수할 때까지는 당신 일을 해 드릴 수 없습니다. 그것이 끝난 다음 당신에게 돌아와 적을 막기 위한 집을 지어 드리지요.'

'안 된다, 그 널빤지로 집을 지어주기 전에는 한 발도 못 간다.'

이렇게 말하며 새끼 사자는 놀려줄 생각으로 목수에게 덤벼들어 앞발로 때리며 목수 연장이 든 망태기를 어깨에서 떨어뜨리고 말았습니다. 목수가 그대로 정신을 잃고 쓰러지자 새끼 사자는 크게 웃으며 말했습니다.

'여, 목수 양반, 그렇게 약하고 힘이 없으니 아담의 아들을 무서워하는 것도 무리가 아니지.'

땅바닥에 동댕이쳐진 목수는 무척 화가 났지만 사자가 무서워서 화를 감추고 다시 일어나 앉아 싱긋 웃으며 말했습니다.

'좋습니다. 그럼, 곧 집을 지어 드리지요.'

목수는 가지고 온 널빤지를 맞추어 못질하여 새끼 사자가 들어갈 크기의 궤짝만 한 집을 만들었습니다. 그리고 그 궤짝에 커다란 구멍을 뚫어 튼튼한 뚜껑을 만들고 그 위에 더 많은 구멍을 뚫었습니다. 그 문을 열어놓고 망태기에서 새 못과 망치를 꺼내 말했습니다.

'자, 어서 이리 들어가십시오. 몸에 맞도록 해 드릴 테니.'

새끼 사자는 좋아하며 안으로 들어갔는데 조금 비좁은 것 같았습니다. 그러자 목수가 말했습니다.

'자, 들어가서 팔다리를 오므리고 앉아주십시오.'

새끼 사자는 시키는 대로 궤짝에 들어갔으나 꼬리는 아직 밖으로 나와 있었습니다. 그래서 뒷걸음쳐 나오려 하자 목수는 말했습니다.

'조금만 참으십시오. 꼬리가 들어갈 틈이 있는지 없는지 볼 테니까요.'

새끼 사자가 시키는 대로 하고 있으려니 목수는 꼬리를 구부려 궤짝 속에 밀어 넣더니 입구에 뚜껑을 닫고 탕탕 못을 박아넣었습니다.

이것을 본 새끼 사자는 외쳤습니다.

'이봐, 목수 양반, 어째서 이렇게 답답한 집을 만들었나! 제발 빨리 나가게 해 줘!'

'천만에, 나오다니 어림도 없지! 지난 일은 후회해 본들 소용없어. 아무리 기다려봐라, 내가 꺼내 주나.'

그리고 목수는 크게 웃으면서 덧붙였습니다.

'이게 덫에 걸렸다는 거야. 야, 이 비열한 짐승아, 이 덫에서는 빠져나올 수 없다!'

'오, 형제여, 당신은 어찌 그리 심한 말을 하는가!'

사자가 원망하자 목수는 대답했습니다.

'흥, 이 사막의 개 같은 놈! 잘 들어라. 네가 운이 나빴던 거지. 아니야, 아무리 조심해도 소용없는 일이었어.'

이 말을 듣고 새끼 사자는 이놈이 바로 아담의 아들이라는 것이며, 깨어 있을 때는 아버지에게서 훈계를 듣고 잘 때는 꿈속에서 신비한 목소리로 늘 경고를 받았던 인간이라는 것을 비로소 깨달았습니다.

노인이 틀림없이 인간이라는 것을 알자 나는 너무 무서워서 조금 떨어진 곳에서 목수가 새끼 사자에게 어떻게 하는지 가만히 지켜보고 있었습니다. 그러자 부인, 아담의 아들은 그 자리에 새끼 사자를 넣은 궤짝이 가까스로 들어갈 만한 구덩이를 파고 그 궤짝을 처넣은 다음 위에 마른 나무를 쌓아올려 새끼 사자를 태워죽이고 말았습니다. 이것을 보고 부인, 아담의 아들이 더욱 무서워지고 너무나 겁이 나서 이틀 동안 줄곧 도망쳐다니고 있답니다."

암공작은 들오리에게 이 말을 듣고—

—이때 날이 환히 밝아오는 것을 알고 샤라자드는 이야기를 그쳤다.

147번째 밤

샤라자드는 이야기를 계속했다.

오, 인자하신 임금님, 암공작은 들오리의 이야기를 듣고 매우 놀라서 말했습니다.

"오, 들오리님, 여기 있으면 아담의 아들에 대해 걱정할 필요 없어요. 여기는 아담의 아들이 올 수 없는 바다 한가운데의 외딴섬이거든요. 여기서 살도록 하세요. 그러는 동안 알라께서 당신과 우리를 위해 완전히 마음 놓고 살 수 있도록 해 주실 테지요."

그러자 들오리가 말했습니다.

"밤이 되면 무슨 일이 일어나지 않을까 걱정돼요. 운명이 덮쳐오면 제아무리 달아나려 해도 달아날 수 없는 법이거든요."

"우리와 함께 살면서 우리가 하는 대로 하세요."

암공작이 열심히 권유하자 들오리는 못 이기는 척 대답했습니다.

"오, 공작님, 아시는 바와 같이 나는 무척 연약하답니다. 만약 당신을 만나지 않았더라면 틀림없이 계속 앞으로 달아났을 거예요."

"우리의 이마에 새겨져 있는 일*11은 무슨 일이 있어도 따라야 한답니다. 심판의 날이 오면 누구든 반드시 죽게 되지요. 하지만 또 정해진 수명이 다할 때까지는 누구든 절대로 죽지 않아요."

이런 말을 하고 있는데 한 무더기의 구름 같은 흙먼지가 일어 순식간에 공작과 들오리 쪽으로 다가왔습니다. 그것을 본 들오리는 외마디소리를 지르더니 바닷속으로 달아나면서 이렇게 말했습니다.

"운명으로부터 달아날 수는 없지만*12 그래도 부디 조심하세요!"

잠시 뒤 흙먼지가 가라앉고 그 속에서 영양 한 마리가 나타났습니다. 이것을 보고 들오리와 암공작은 가슴을 쓸어내렸습니다. 암공작은 들오리에게 말했습니다.

"아니, 들오리님이 조심하라고 한 것은 영양이잖아요. 봐요, 우리 쪽으로 오는군요. 영양은 조금도 해를 끼치지 않아요. 땅에 난 풀을 먹고 사는걸요. 당신이 새 종류라면 영양은 짐승 종류지요. 자, 기운을 내세요. 쓸데없는 걱정은 몸에 해로우니까요."

암공작이 말을 끝내자 영양은 나무 그늘에 자리를 정하려고 가까이 다가왔습니다. 그리고 공작과 들오리에게 인사하면서 말했습니다.

"나는 오늘 처음으로 이 섬에 왔는데 이렇게 풀이 많고 살기 좋은 곳은 난생처음이라오."

그리고 공작과 오리에게 친구가 되어 사이좋게 지내자고 부탁했습니다. 공작과 오리는 영양의 적의 없는 태도를 보고 기꺼이 맞아주었습니다. 그리고 그들은 변함없는 우정을 맺기로 하고, 그것을 배반하지 않을 것을 맹세했습니다. 잠도 같이 자고 먹는 것도 함께 먹었습니다. 어느 날 항로를 잃고 바다를 헤매던 배 한 척이 이 섬에 닿았습니다. 그들이 있는 가까이에 배가 닻을 내리자 뱃사람들은 상륙하여 섬 여기저기로 흩어져 갔습니다. 이윽고 영양과 공작과 오리를 발견하고 그들 쪽으로 다가갔습니다.

그것을 보고 공작은 물속으로 뛰어들더니 날개를 퍼덕이며 하늘 높이 날아올랐습니다. 영양은 황무지로 달아났습니다. 들오리는 너무 무서워서 몸을 움츠린 체 꼼짝도 하지 못했습니다. 그러다가 뱃사람들에게 쫓겨 결국 붙잡히고 말았습니다.

들오리는 울부짖으면서 한탄했습니다.

"운명의 손에 걸리면 조심하는 것도 아무 소용없단 말인가!"

뱃사람들은 그대로 들오리를 들고 배 안으로 갔습니다.

암공작은 오리에게 닥친 재난을 보고 섬에서 빠져나가며 중얼거렸습니다.

"그렇다, 불행이란 누구에게나 일어나는 것이다! 저 배만 오지 않았더라면 오리는 성실한 친구였으니 나와 헤어지지 않았을 텐데."

그렇게 한참 날아가다가 영양을 다시 만났습니다. 영양은 인사하고 무사함을 기뻐하며 곧 들오리의 안부를 물었습니다. 암공작이 말했습니다.

"들오리는 뱃사람들에게 잡혀가 버렸어요. 들오리님이 없으니 이제 이 섬에 남아 있기가 싫어졌어요."

그리고 오리를 잃은 것을 슬퍼하며 이런 노래를 불렀습니다.

헤어져 이별한 날
내 마음 둘로 쪼개졌다
신이여, 부디 쪼개주소서,
이별의 날도 눌로 쪼개주소서!

또 이런 노래도 불렀습니다.

나는 기도하네.
언젠가 다시 만날 날 있기를!
만나서 말하리,
이별의 참으로 괴로운 추억을.

영양도 몹시 슬펐지만 공작을 타일러 섬을 떠나려는 결심을 버리게 했습니다. 그래서 그들은 다시 먹고 마시며 아무 일 없이 편안하게 지내고 있었습니다. 다만 들오리를 잃은 슬픔만은 아무래도 사라지지 않았습니다. 영양이 공작에게 말했습니다.

"오, 공작님, 당신도 알다시피 우리가 들오리와 헤어지고 들오리가 죽게 된 것은 모두 저 배에서 온 인간들 탓이에요. 당신도 저들을 조심해서 아담의 아들의 간사한 꾀에 걸리지 않도록 하세요."

"나는 들오리님이 죽게 된 것은 오직 '알라께 영광 있으라!'고 외는 것을 소홀히 했기 때문이라고 생각해요. 나는 언제나 '알라를 찬양할진저!' 하고 외라고 들오리에게 말했거든요. 그래서 나는 당신도 큰 걱정이에요. 당신은 전능하신 알라님을 칭송하는 일을 소홀히 하고 있잖아요. 알라께서 창조해 주신 모든 것은 이 칭송의 말을 잊어선 안 돼요. 알라를 칭송하는 법칙을 소홀히 하는 자에게는 파멸이 기다리고 있어요."

이 말을 듣고 영양은 감탄하며 말했습니다.

"알라께서 당신 얼굴을 아름답게 해 주시기를!"

그리고 자기도 기도를 되풀이하며 틈날 때마다 찬양하는 문구를 외었습니다. 그것은 다음과 같은 문구였습니다.

"모든 선한 것과 악한 것에 보답하시는 알라, 전능하신 주, 왕 중의 왕을 찬양할진저!"

또 다음과 같은 이야기도 있습니다.

⟨주⟩

*1 여기서부터 내가 《아라비안나이트》 속에서 가장 오래된 주제, 즉 교훈담 또는 본디의 우화라고 생각하는 것이 시작된다. 레인은 이 이야기와 나중에 이어지는 갖가지 이야기를 일괄하여 주(註) 속에 더하고 있지만, 그것은 매우 불합리한 일이다.
*2 동물 이야기에서는 대체로 인간이 나타나면 불리하게 그려진다.
*3 셰익스피어의 '석궁(石弓)'이다.
*4 이집트의 당나귀 몰이에 의해 오늘날까지 사용되고 있는 찌르는 막대기는, 막대기의 앞에 날카로운 못이 박혀 있다.
*5 온갖 소리 가운데 당나귀 울음소리가 가장 불쾌하다(《코란》 제31장 18절). 그것은 '지옥의 울음소리'(《코란》 제67장 7절)이다. 세간에서는 오늘날까지도 당나귀는 악마를 보면 울부짖는다고 믿고 있다.
*6 짚을 채워 넣은 나무안장.
*7 아라비아 시단(詩壇)의 제1인자 알 하리리도 공포가 원인이 되어 나오는 방귀 pepedit 라는 말의 사용을 경멸하지 않는다. 그러나 프레스틴(Preston) 씨〔알 하리리 작품의 번역자〕와 고상한 사람들은 '무서워서 방귀를 뀌었다'를 '당황하여 달아났다'로 옮기고 있다.
*8 이것은 행운의 상징 가운데 하나로 말의 가치를 높여준다. 이러한 표식은 거의 50가지를 헤아리는데, 그 가운데(이를테면 '가슴에 소용돌이를 그리는 털'처럼 말을 탄 사람이 간통한 여자의 남편임을 나타내는 것이 있다)에는 아주 불길한 것도 있으므로 거의 공짜나 다름없이 말을 손에 넣을 수 있다. 물론 털의 색깔에도 크게 주목하는데 가장 좋은 것은 발끝이 검고 짙은 밤색(아랍인의 이른바 붉은색), 또는 시간이 흐를수록 하얘지는 흰 바탕에 붉은 반점이 있는 종류이다. 가장 열등한 것은 짙은 갈색, 크림색, 흰색 양과 검은색의 얼룩말, 검은색 등인데, 검은색은 매우 드물다. 호기심 강한 독자는 앤 블런트(Anne Blunt) 여사의 《유프라테스 강의 베두인족, 아랍인과 그 말의 해설 Bedouin Tribes of the Euphrates, with Some Account of Arabs and their Horses》(1879) 을 보면 좋을 것이다. 그러나 이 책은 변경의 여러 종족을 다루고 있음을 기억해야 한다. 마르코폴로 시대(14세기)까지는 아라비아 말이 아덴을 거쳐 인도 시장으로 공급되었다. 그러나 그 뒤 이 '알 야만의 눈'은 말을 수출하는 습관을 완전히 잃어버렸다.
*9 단봉낙타에게 사용된다.
*10 메카의 신전 주위를 돌 때 즐겨 쓰이는 걸음걸이(pas gymnastique).

＊11 민간에서는 인간의 운명은 뇌에 씌어 있다고 믿고 있었다. 즉 봉합선을 문자로 여기
   는 셈이다.
＊12 《코란》 제2장 191절.

〈역주〉
⑴ 험한 일을 피하기 위한 주문.
⑵ 당나귀의 학명.

은자 이야기

세상을 버린 한 은자가 산속에 숨어서 신을 우러르며 지냈습니다. 그곳에 비둘기 두 마리가 드나들고 있었습니다. 수도자는 나날의 양식을 늘 두 몫으로 나누어 비둘기에게 주었습니다.

—여기서 샤라자드는 날이 밝아오는 것을 깨닫고 이야기를 그쳤다.

148번째 밤

샤라자드는 이야기를 계속했다.

오, 인자하신 임금님, 은자는 나날의 양식을 늘 두 몫으로 나누어 반은 자기가 먹고 반은 비둘기에게 주었습니다. 그리고 이 비둘기가 새끼를 많이 치도록 기도했으므로 비둘기는 자꾸 늘어 많은 수가 되었습니다. 이 많은 비둘기는 오직 은자가 사는 산에만 떼를 지어 모였습니다. 비둘기가 이 성자와 인연을 맺게 된 것은, 비둘기도 '알라를 찬양할지어다!' 하고 열심히 외고 있었기 때문입니다. 비둘기[*1]는 신을 찬양하며 이렇게 기도했습니다.

"만물의 창조주이시며 나날의 양식을 주시는 분, 하늘을 세우고 대지를 펼치신 분을 칭송할지어다."

이리하여 비둘기 부부와 그 가족은 행복하게 지내고 있었는데, 마침내 은자가 세상을 떠나고 말았습니다. 은자가 죽자 비둘기들도 산산이 흩어져 거리와 마을과 여기저기 산속으로 날아갔습니다.

또 이런 이야기도 있습니다. 어느 산에 신앙심이 두텁고 행실도 마음씨도 바른 한 양치기가 살고 있었습니다. 이 양치기는 길이 잘든 양 떼들을 돌보며 그 젖을 마시고 그 털로 옷을 지어 입었습니다. 그러나 마침내 알라의 뜻으로 큰 병에 걸리자 산속 한 동굴에 들어갔습니다. 그래서 양 떼는 아침이 되면 목장으로 나갔다가 밤이면 동굴로 돌아왔습니다. 알라께서는 양치기의 인내력과 유순함을 시험해 보려고 한 천사를 보냈습니다. 천사는 아름다운 여자의 모습으로 나타나 양치기 앞에 앉았습니다. 양치기는 그 모습을 보자 두려움에 떨면서 말했습니다.

"오, 아름다운 분이시여, 어째서 당신은 이런 은신처로 오셨습니까? 당신이 오실 아무런 까닭도 없고, 또 나와는 아무 상관도 없지 않습니까?"

그러자 여자는 말했습니다.

"여보세요, 당신은 나의 아름다움, 사랑스러움, 숨결의 향기로움을 모르시나요? 당신은 여자에게는 남자가 필요하고 남자에게는 여자가 필요하다는 것을 모르시나요? 내가 당신의 시중을 들고 당신의 반려자가 되려고 하는데 누가 두 사람 사이를 갈라놓을 수 있겠어요? 나는 스스로 좋아서 찾아온 거예요. 그러니 결코 곁을 떠나지 않겠어요. 우리 옆에는 무서운 분이 한 사람도 없잖아요. 당신이 이 산에 계시는 한 무슨 일이 있더라도 함께 살고 싶어요. 당신의 반려자가 되고 참다운 벗이 되고 싶어요. 당신에게는 여자의 봉사가 필요하니 내 몸을 모두 당신께 드리겠어요. 나를 사랑하시게 된다면 병이 곧 나아 몸도 회복될 거예요. 그리고 여자를 멀리했던 지난날을 반드시 후회하게 될 거예요. 이것은 내 진정한 충고예요. 자, 내 말을 들으세요. 좀 더 가까이 다가오세요."

그러자 양치기는 말했습니다.

"나가라! 이 거짓말쟁이 계집! 신앙심이 눈곱만큼도 없는 계집! 여기서 어서 나가라! 난 네 꼬임에 넘어가지 않을 것이고 가까이 오지도 못하게 할 것이다. 너 같은 반려자는 원하지도 않고 인연을 맺고 싶지도 않다. 내세를 구하는 자가 너 따위를 탐낼까 보냐. 여자란 것은 지금이나 옛날이나 남자를 속이고 타락시키고 있구나. 더할 수 없이 높은 알라께서는 충실한 종들을 기다리고 계시니, 네년 따위와 교접하여 저주를 받는 자에게는 당장 재앙이 내릴 것이다!"

"오, 진실의 길을 벗어나고 이치를 어기는 양반, 얼굴을 이쪽으로 돌려 제 모습을 바라보세요. 어서 가까이 오세요, 전생의 현자들이 그랬던 것처럼. 현자들은 당신보다 경험이 풍부하고 지혜도 뛰어나답니다. 게다가 여자의 쾌락을 당신처럼 물리치지 않았지요. 아니, 현자들은 당신과 정반대로 여자들과 쾌락을 즐겼어요. 그런다 해도 속세의 일은 물론 신앙에도 별 지장 없었어요. 그러니 그런 고리타분한 생각은 버리셔요. 그러면 삶을 찬미하게 될 걸요."

"네년이 무슨 말을 하든지 나는 다 사양한다. 모두 싫단 말이다. 네년은 교활하고 성실치 못하며, 정직하지도 않고, 조금도 정결하지 않기 때문이다. 그 아름다움 속에 얼마나 많은 더러움을 감추고 있으며, 또 신앙 깊은 사내들을 얼마나 많이 홀려 끝내 속죄의 고행과 영겁의 멸망에 빠뜨리고 말았는가 말이다. 냉큼 물러가거라, 사람을 타락시키는 이 음탕한 계집!"

그리고 양치기는 여자 얼굴을 보지 않으려고 양털 옷을 뒤집어쓰고 열심히 알라의 이름을 외었습니다. 이 모습을 보고 천사는 그 자리를 떠나 알라에게 돌아갔습니다.

그런데 은자가 숨어 살던 산 바로 가까운 마을에 한 신앙심 깊은 남자가 살고 있었습니다. 이 사람은 자기 이웃에 어떤 사람이 살고 있는지 전혀 모르고 있었는데 어느 날 밤 꿈속에서 이런 말을 들었습니다.

"그대 가까이에 신앙심 깊은 한 남자가 있으니, 가서 그를 섬겨라!"

그래서 날이 새자 곧 그 사람을 찾아 나섰습니다. 이윽고 시간이 얼마나 지났는지 무척 더워져서 사나이는 맑은 물이 솟아나는 샘가의 나무 아래에 이르러 그늘에 앉아 사방을 둘러보았습니다. 그러자 짐승과 새가 물을 먹으러 샘에 왔다가 그곳에 신앙심 깊은 남자가 있는 것을 보고 모두 깜짝 놀라 달아났습니다.

그래서 남자는 말했습니다.

"알라 외에 주권 없고 권력 없도다! 이런 데서 짐승과 새의 즐거움을 방해하는 것은 그만두자."

그는 일어나 자신의 행위를 부끄러워하여 중얼거렸습니다.

"내가 여기 앉는 바람에 짐승들에게 미안하게 되었구나. 물과 먹이를 찾아온 짐승과 새를 쫓아버렸으니 나를 만드시고 또 짐승과 새를 만드신 창조주에게 어떻게 사죄하면 좋을까. 아, 알라께서 뿔 있는 양에게 뿔을 잃은 양의 복수를 하시는 날,[*2] 무슨 낯으로 알라 앞에 나아갈 수 있으랴!"

그리고 눈물을 흘리면서 이런 시를 읊었습니다.

신께서 사람을 왜 만드셨는지
만일 그 까닭을 안다면
도취 속에 살고 꿈속에 죽지는 않을 것을.
먼저 '죽음'이 오고 다음에 '소생'과
무서운 '심판의 날' 닥쳐와
소름끼치는 무시무시한
위협이 따르는 꾸지람을 듣는 운명.
아, 우리 사람의 자식은 모두
거부하거나 않거나 하나같이
마침내 꿈에서 깬 새벽의
그 동굴 속 친구*3들이로다.

남자는 자신이 나무 그늘에서 쉬었기 때문에 새와 짐승을 쫓아버리게 된
것을 슬퍼하면서 여행을 계속하여 양치기가 사는 곳에 이르렀습니다. 동굴
안에 들어가 인사하자 양치기도 답례하더니 대뜸 남자를 포옹하고 울면서
말했습니다.

"아무도 찾아온 적 없는 이런 산속에 어떻게 오셨습니까?"

그러자 신앙심 깊은 남자가 말했습니다.

"실은 꿈속에 어떤 사람이 나타나 당신에 대해 이야기를 하며 찾아가 인
사드리라고 하더군요. 그래서 그 가르침에 따라 찾아온 것입니다."

양치기는 친구를 얻게 된 것을 기뻐하며 진심으로 환영했습니다.

그리하여 두 사람은 산 위에서 열심히 신을 우러르며 살았습니다. 매일 동
굴 속에서 신을 찬미하고, 양고기와 양젖으로 목숨을 겨우 이어 살아가면서,
재산이나 자식은 물론 모든 것을 다 잊어버리고 피할 수 없는 자의 부르심이
있을 때까지 함께 살았던 것입니다. 이것이 이 두 사람에 대한 이야기입니다.

그러자 샤리아르 왕이 말했다.

"오, 샤라자드여, 너는 나에게 이 왕국을 버리게 하려는 게냐. 네 이야기
를 들으니 내가 수많은 부인과 처녀들을 죽인 일이 후회스럽구나. 그것 말고
다른 새 이야기는 없느냐?"

"네, 있습니다."

샤라자드는 곧 다음 이야기를 시작했다.

〈주〉

＊1 비둘기에 관한 미신은 모든 종교에서 볼 수 있다. 나는 앞에서《순례》제3권) 힌두교의 파괴 신 세 신 가운데 제3체(三體) 시바와 그 배우신(配偶神)이 메카에서는 카포테슈와라(비둘기의 신)와 카포테시(비둘기의 여신)라는 이름으로 살고 있었던 것으로 추정된다고 설명한 바 있다. 〔힌두교는 근대 인도의 대종교로, 비시누파와 시바파로 나뉘며, 비시누파는 다시 두 파로 세분되어 하나는 크리슈나 신을, 다른 하나는 라마 신을 숭배하고, 시바파는 시바 신을 최고신으로 받든다.〕

＊2 사람들의 행위가 낱낱이 쓰이는 심판의 날 이후에는 서로 보복하는 날이 닥쳐와 살아 있는 것은 모두(짐승도 포함하여) 서로 복수하게 될 것이다.

＊3 그리스도교 중기의 저명한 '동굴의 동지'는(기번(Gibbon) 제33장)〔기번의 이름난 저서《로마제국 쇠망사 The History of the Decline and Fall of the Roman Empire》를 가리킨다〕 이슬람교도에게 있어서도 하나의 신앙 개조(個條)로《코란》제18장의 '동굴'이라는 장(章)의 부분적 제재(題材)가 되어 있다.

　　이러한 종족의 립 밴 윙클〔미국 작가 W. 어빙의 단편집《스케치북》에 들어 있는 단편소설〕 같은 이야기는 고전문학상 유명한 엔디미온(Endymion)〔그리스 신화에서 달 셀레나가 사랑에 빠져 영원히 잠들게 한 미소년〕, 57년 동안 잠들어 있었던 크레이트 섬의 에피메니데스(Epimenides, 기원전 7세기의 예언자)를 비롯하여 예를 들면《잠자는 숲 속의 미녀 La Belle au Bois dormant》처럼 오늘날까지 이르고 있다.

　　이른바 '7명의 잠든 사람'은 에피서스(Ephesus)〔소아시아의 고대 도시〕의 '7명의 젊은이'로, 이 7명은 개를 데리고 다키아누스(Dakianus, 데시아스 황제)〔249～251년의 로마황제, 맹렬한 종교박해자〕의 박해를 피해 나톨리아(Natolia)의 타르수스 언저리의 동굴에 들어가 그곳에서 몇백 년 동안 잠들어 있었다. 무아위야 교주(옴미아드 왕조의 시조)는 동굴 옆을 지나며 몇 사람을 들여보내 수색하게 했지만, 모두 불타는 듯한 바람 때문에 목숨을 잃었다. 잠든 사람의 수는 불확실하며《코란》에 의하면 3명, 5명 또는 6명이라고 한다. 또한 그들의 수면은 2백 년 또는 309년이나 계속되었다고 한다.《코란》의 동굴 계시에 대해서는 역사가 타바리(Tabari)의 말을 인용한 고(故) 토머스 체너리(Thomas Chenery)를 참조할 것(《알 하리리의 집회 The Assemblies of Al Harri》 1870년). 〔타바리는 페르시아인, 아랍어로 이슬람연대기를 썼다. 839～923. 체너리는 종종 언급되는데, 크림전쟁 중에 타임스 기자로 콘스탄티노플에 파견되었고 1877년에 타임스 편집자가 되었다. 헤브라이 학자이기도 하고, 1868년에는 옥스퍼드에서 아랍어를 가르쳤다.《알 하리리의 집회》를 번역했으며, 프레스턴이나 슈타인가스와 나란히 일컬어진다. 1826～68.〕

물새와 거북

오, 임금님, 정직한 사람들에게서 들은 이야기입니다만, 어느 날 하늘 높이 날아오른 새 한 마리가 얼마 뒤 강 속 바위 위에 내려앉았습니다. 한참 동안 그러고 있으니 물을 먹어 잔뜩 부푼 시체가 떠내려와 바위 위로 밀려 올라왔습니다. 물새가 다가가 살펴보니 틀림없는 사람의 시체로, 창에 찔린 상처와 칼자국이 남아 있었습니다. 물새는 혼잣말을 중얼거렸습니다.

"아마 이 사람은 나쁜 놈일 게다. 친구들이 공모해 이놈을 죽였을 거야. 이놈이 죽어서 모두 마음을 놓고 있겠지."

그렇게 시체를 보면서 이 생각 저 생각 하고 있는데 별안간 독수리와 매가 사방에서 날아와 시체 주위에 모였습니다. 그것을 본 물새는 너무 무서워서 중얼거렸습니다.

"더는 어물쩍거리면 안 되겠어."

물새는 무서운 새들이 그 시체를 다 쪼아 먹고 돌아가기 전에 안전한 곳을 찾아 날아갔습니다. 하늘 높이 자꾸 날아가는 동안 물새는 한가운데 나무가 한 그루 서 있는 강을 발견하고 그 나무에 내려앉았습니다. 그리고 방금 떠나온 고향이 그리워 미칠 듯이 몸부림치고 슬퍼하면서 마음속으로 혼잣말을 했습니다.

"정말이지 슬픔이란 언제까지나 따라다니며 사라지지 않는 것이로구나. 나는 그 시체를 보았을 때는 아무 걱정도 하지 않고 기뻐하면서, '이것은 알라께서 선물하신 나날의 양식이다'라고 말하지 않았던가. 그 사자같이 굶주린 새들이 끼어들어 수확물을 갈가리 찢어발겼기 때문에 모처럼의 즐거움이 시름과 슬픔으로 바뀌고 말았어. 나는 어떻게 하면 세상의 이 불행에서 구원될 수 있을까. 이제 나는 세상이라는 것을 믿을 수가 없어. 정말 속담에도 있듯이 '이 세상은 집 없는 자들의 집이다. 지혜 없는 자는 이 세상에 속아 재산도 자식도 일가권속도 모조리 쌀쌀맞고 인정 없는 세상에 맡기고 자랑스레 대지 위를 걸어 다닌다. 하지만 마침내 모든 이들 가운데 가장 사랑하고 가장 가까운 자의 손에 의해 땅속에 묻히고 그 시체 위에는 흙이 덮인다.' 하지만 마음이 넓은 젊은이들에게는 근심과 불행을 참고 견디는 것만큼 좋은 약은 없다. 그리운 고향을 떠나오니 형제와 친구들, 사랑하는 이들과 헤어져 있는 것이 마음 아프구나."

물새가 이렇게 생각에 잠겨 있는데 수컷 거북 한 마리가 어슬렁어슬렁 강속으로 들어와 물새에게 인사하며 말했습니다.

"여, 당신은 어째서 고향을 떠나 이런 곳에 떠내려 왔소?"

"적에게 습격을 당했기 때문이지요. 삼십육계 달아나는 것이 가장 좋은 대책이거든요. 노래 구절에도 이런 그럴 듯한 말이 있답니다."

어떤 나라에서든
폭군이 들이닥치면,
그 나라에 사는 사람은
그 땅에서 달아나는 길밖에 없다.[*1]

거북이 말했습니다.

"만약 당신 말대로 그런 사정이라면 이대로 두고 갈 수 없지요. 내 어디까지나 도와드리리다. 친구들이나 고향을 떠나 타향에 있는 자의 외로움보다 애처로운 것은 없으니까요. 그리운 사람들과 떨어져 있는 것만큼 불행한 일은 없다고 하지요. 하지만 분별 있는 자에게 가장 위로가 되는 것은 타향에서라도 친구를 찾아 슬픔과 불행을 꾹 견디는 것이라오. 자, 나도 함께 따라가겠소. 나는 당신의 종이 되고 협력자가 되고 싶으니까."

"정말로 맞는 말이에요. 나는 고향을 떠나 형제와 친구들과 헤어져 있는 동안 이별이라는 것이 얼마나 슬프고 괴로운지 알았어요. 이별이란 교훈을 얻으려는 이에게는 좋은 교훈이 되고 사려 깊은 이에게는 사색의 양식이 되지요. 만일 젊은이에게 자신을 위로해 줄 친구가 없다면 행복은 영원히 떠나버리고 나쁜 일만 언제까지나 따라다니겠지요. 현자들도 괴로움을 견디려면 서로 위로해 줄 동포와 인내심이 필요해요. 벗과 인내심이란 참으로 온갖 세상의 재앙과 부침(浮沈)에서 구원해 주고, 또 어떠한 슬픔과 시름도 막아준답니다. 정말 고마운 거지요."

"너무 슬퍼하지 마시오. 슬퍼하고만 있으면 목숨이 줄어들고 무엇보다도 마음이 약해지기 때문에 안 되오."

둘이 이런저런 이야기를 나누던 끝에 물새가 이렇게 말했습니다.

"나는 시시때때로 변해가는 덧없는 세상이 무서워 죽겠어요."

이 말을 들은 거북은 물새에게 입을 맞추며 말했습니다.

"새들이 언제까지나 당신 덕분에 축복받고 당신의 친절한 충고로 좋은 지혜를 얻기를 빌겠소! 앞으로는 이런 걱정이나 재앙의 무거운 짐이 당신에게 닥치지 않을 거요."

거북이 이렇게 상대의 기분을 달래주고 상처받은 마음을 어루만져주자 물새는 가까스로 기운을 되찾았습니다.

이윽고 물새는 날아올라 시체가 있던 그 바위로 날아갔습니다. 가보니 무서운 새들은 그림자도 없고 사람의 뼈만 남아 있었습니다. 물새는 다시 거북에게 돌아가 자기 고향에서 적들이 사라진 것을 알리며 말했습니다.

"사실은 나는 친구들이 그리워서 고향으로 돌아가고 싶어요. 현자는 고향을 떠나서는 살 수 없는 법이니까요."

그래서 물새와 거북은 서둘러 나란히 길을 떠났는데, 물론 아무것도 두려워할 것이 없었습니다. 물새는 되풀이해서 이런 노래를 불렀습니다.

마음이 넓은 젊은이에게
끔찍한 불운이나 재난이
느닷없이 닥쳐올 때
그 재난을 피하는 길은
알라의 곁으로 달려가는 것뿐.
함정에 빠져 가슴이 막히고
몸은 꼼짝할 수 없어
고통받고 있지만
그래도 이러구러 도망쳐서
기쁨을 느끼는 수도 있다오.

물새와 거북은 그 섬에서 살며 편안하고 즐거운 세월을 보내고 있었습니다. 그러던 어느 날 운 나쁘게도 물새는 굶주린 매에게 쫓기다 그 발톱에 배를 찢겨 죽고 말았습니다. 그토록 주의했건만 마침내 이런 최후를 마치고 만 것입니다. 물새가 그렇게 무참한 죽음을 당한 것도 실은 이러한 찬송의 말을 잊어버렸기 때문입니다.

"우리의 주 알라를 찬양할지어다. 알라께서 모든 것을 명하시고 모든 것을 정해 주셨으니. 우리의 주 알라를 찬양할지어다. 알라께서 부와 빈곤을 주셨으니!"

물새의 최후와 굶주린 새들의 이야기는 이것으로 끝입니다. 이야기가 끝나자 샤리아르 왕은 말했다.

"오, 샤라자드여, 참으로 유익한 이야기에 감탄했다. 그 밖에 다른 동물에 대한 이야기는 모르느냐?"

"네, 알고 있습니다."

샤라자드는 대답하고 이런 이야기를 시작했다.

〈주〉

*1 146번째 밤에도 이 시구가 나온다. 변화를 주기 위해 나는 페인 씨의 번역을 인용했다.

이리와 여우 이야기[*1]

오, 임금님, 옛날에 이리와 여우가 같은 숲 속에서 살고 있었습니다. 낮에는 한 굴속에 같이 숨어 있다가 밤이 되면 저마다 어디론가 나가곤 했습니다. 그러나 이리는 늘 여우에게 쌀쌀하고 뻔뻔스러운 짓만 하면서 처음부터 상대를 억압하고 있었습니다. 그러던 어느 날 여우는 마침내 견딜 수 없어서 너무 들볶지 말고 다정하게 대해 줄 수 없느냐고 부탁했습니다.

"만일 당신이 끝까지 거만한 짓을 계속한다면 알라께서 아담의 아들을 보내 당신을 괴롭힐지 모르오. 아무튼 인간이란 못되고 간사한 꾀에 뛰어난 명수니까. 그들 손에 걸리면 하늘을 나는 새도 떨어지고, 바닷속에 사는 고기도 낚이며, 게다가 인간은 어떤 산이든 허물어뜨리고 이리저리 옮기기도 한다오. 모든 게 다 인간의 교활한 지혜 때문이오. 그러니 당신도 공평하고 올바르게 행동하고, 심술궂고 경우 없는 짓일랑 제발 그만두시오. 그것은 당신을 위해서도 이로울 일이니까."

그러나 이리는 이런 충고를 들어주기는커녕 오히려 거친 목소리로 소리쳤습니다.

"네깐 놈에게 무슨 권리가 있다고 그런 건방진 말을 하느냐!"

그러면서 여우를 힘껏 두들겨 패자 여우는 정신을 잃고 쓰러지고 말았습니다. 그럭저럭 정신이 돌아온 여우는 이리에게 싱긋 웃어 보이고 조금 전의 버릇없는 말을 사과하면서 이렇게 노래했습니다.

> 당신을 생각한답시고,
> 내가 뭔가 잘못을 범했다면,
> 당신의 심기를 건드리는
> 나쁜 짓을 했다면,
> 용서해 주오, 나의 그 잘못을

진심으로 뉘우치고 있으니,
이번만은 부디
이 죄인을 용서하시오.

이리는 여우의 사과를 받아들여 때리던 손을 멈추고 말했습니다.
"봉변당하기 싫거든 자기와 상관없는 일에는 참견하지 마라."
"잘 알았습니다!"

—여기서 날이 새기 시작하는 것을 깨닫고 샤라자드는 이야기를 그쳤다.

149번째 밤

샤라자드는 이야기를 계속했다.
오, 인자하신 임금님, 여우는 이리에게 말했습니다.
"잘 알았습니다! 앞으로는 당신 마음에 거슬리는 말은 절대로 하지 않기로 하겠소. 현자께서도 '주의하여 남이 바라지 않는 충고는 삼가라. 나하고 관계없는 남의 일에 간섭하지 마라. 사악한 자에게는 성실한 훈계를 아껴라. 은혜를 원수로 갚는 일이 있기 때문이니라' 하고 말씀하셨으니까."
여우는 아까 이리가 한 말을 생각하며 겉으로는 웃어보였지만 마음속으로는 어떻게든 한 번 곯려줘야겠다 생각하고 중얼거렸습니다.
"어차피 이리란 놈을 없애버리는 수밖에 없다."
여우는 상대의 무례한 행동을 꾹 참으며 스스로 타일렀습니다.
"교만과 독설은 파멸의 근원이라더니 정말 옳은 말이야. 모든 분란은 거기서 생겨나거든. 속담에도 '교만한 자는 비난받고 무지한 자는 후회하게 된다. 경건한 자에게만 안녕이 찾아온다. 중용은 귀인의 특색이며, 예절은 가장 큰 이익이다'라고 하지 않는가. 시치미 떼고 있다가 결단코 이놈을 처치해 버리고 말 테다."
여우는 이리에게 말했습니다.
"사실 참회를 하면 신께서는 잘못을 저지른 종을 용서해 주시고 불쌍히 여기시는 법이지요. 나는 약한 노예인 주제에 당신에게 주제넘은 말을 하여 죄를 저질렀어요. 당신한테 얻어맞을 때 얼마나 아팠는지, 그 주먹에는 아마 코끼리도 견디지 못할 거예요. 하지만 난 얻어맞은 걸 푸념하려는 건 아닙니다. 왜냐하면 맞은 덕분에 오히려 기쁨이 가슴에 넘쳤으니까요. 물론 맞을 때는 말할 수 없이 아팠지만 그래도 나중에는 행복한 기분이 들더군요. 현자께서도 '스승의 매는 처음에는 아프지만 결국은 체로 거른 꿀보다 달콤하다'라고 말씀하셨는데 정말 맞는 말이에요."

그러자 이리가 말했습니다.

"좋아, 네 죄를 용서해 주마. 너의 잘못도 없었던 일로 해 주지. 그 대신 내 주먹이 무섭거든 나에게 절대복종하겠다고 맹세해라. 나를 거역하는 놈은 절대 용서치 않는다는 것을 잘 알았을 테니까!"

이 말을 듣고 여우는 이리 앞에 엎드리며 말했습니다.

"알라께서 당신에게 장수를 내리시기를! 앞으로도 당신이 적들을 쓰러뜨리시기를."

이렇게 여우는 이리를 무서워하는 척하며 능청을 부렸습니다.

어느 날, 여우가 포도원으로 갔더니 울타리가 한 군데 뚫려 있는 게 눈에 띄었습니다. 여우는 이상히 여기며 혼잣말을 했습니다.

"여기가 뚫어져 있는 것은 필시 무슨 복잡한 까닭이 있을 거야. 옛 속담에도 '땅이 갈라진 것을 보고도 걸음을 멈추지 않고 조심성 없이 가까이 가는 자는 스스로 위험과 멸망에 몸을 던지게 되리라'고 했으니까. 포도원에 여우 형상을 만들어놓는 놈이 있다는 얘기도 가끔 들었어.

어디 그뿐인가, 포도를 접시에 담아 허수아비 여우 앞에 괴어놓기조차 하거든. 포도인 줄 알고 가까이 갔다가는 끝장이지. 아무래도 이 구멍은 함정이야. '지혜의 반은 조심성'이라는 속담도 있으니, 이 구멍을 잘 살펴봐야겠다. 조심해서 헛된 욕심으로 목숨을 잃을 짓은 하지 말아야지."

여우는 울타리 구멍으로 다가가 조심조심 주위를 걸어보았습니다. 아니나 다를까, 그것은 깊은 함정이었습니다. 포도를 따 먹으러 오는 짐승을 빠뜨리기 위해 포도원 주인이 파두었던 것입니다.

"그것 봐, 조심한 보람이 있잖아?"

여우가 중얼거리면서 보니 구멍은 거적과 쓰레기로 덮여 있었습니다. 여우는 돌아가면서 말했습니다.

"아, 이리야, 나는 이런 구멍을 발견했어. 내 생활을 엉망으로 만들어버리는 나쁜 이리 놈, 그런 얄미운 놈은 함정에나 빠져버려라. 그렇게 되면 이 포도원을 혼자 차지하여 잔뜩 먹고 내 생활도 조용하고 평안하여 아무 일도 없을 텐데."

여우는 고개를 젖히고 큰 소리로 웃고는 이런 노래를 부르기 시작했습니다.

그놈의 이리, 지금 당장
이 함정에 빠져버려라.
나를 슬프게 하고
가슴을 도려낸 그 이리가
함정에 빠지면, 그 뒤로는
방해물이 없을 것이니
편히 살 수가 있는 것을.
저 포도원에서 그 이리 놈을
몰아내면 얼씨구절씨구!
마냥 무르익은 포도나무 밑에서
행복한 나날을 보낼 수 있지.

여우는 노래를 마치고 급히 이리에게 달려가 말했습니다.

"포도원에 손쉽게 들어가는 길을 발견했어요. 틀림없이 알라님께서 인도하신 겁니다. 어쩌면 이렇게도 행복할 수가! 정말이지 이보다 더 운 좋은 일은 없을 겁니다. 애쓰지 않고도 맛있는 포도를 실컷 먹을 수 있다니, 고마우신 알라의 자비지요!"

"무슨 증거로 그런 말을 하느냐?"

"포도원에 가보니 포도원 주인이 죽어 있었어요. 이리에게 쫓겼는지 갈가리 찢겨 있더군요. 그래서 나는 포도원 안으로 들어가 반짝이는 포도송이가 주렁주렁 매달려 있는 것을 보고 왔답니다."

여우의 말에 이리는 완전히 속아 넘어가고 말았습니다. 욕심이 무럭무럭 끓어오른 이리는 곧 정신없이 울타리가 뚫어진 곳으로 달려갔습니다. 뒤따라간 여우는 마치 죽은 듯이 이리 뒤에 쭈그리고 앉아 이런 노래를 읊었습니다.

　　라일라*²의 정이 그리운가.
　　하지만 아무쪼록 잊지 말시어나.
　　욕심이란 인간의
　　목에 씌워진 무거운 멍에.

　이리가 마침내 울타리가 뚫어진 앞까지 갔을 때 여우가 말했습니다.
　"그리로 들어가세요. 애써서 사다리를 기어오를 필요는 없어요. 이렇게
울타리가 망가져 있으니까요. 더할 나위 없는 은혜를 베풀어주시는 알라 덕
분이지요."
　이리는 여우가 말한 대로 포도원으로 들어가려고 그 함정 덮개 가운데까
지 갔을 때 느닷없이 그 속으로 떨어지고 말았습니다. 이 꼴을 보고 여우는
몸을 부르르 떨며 기뻐했습니다. 이제 누구도 거리낄 필요가 없으므로 아주
기뻐서 이런 즉흥시를 읊조렸습니다.

　　운명이 나를 가엾이 여겨
　　내 수고에 보답해 주었다,
　　정이 담긴 온정을.
　　내가 바라는 것
　　모두 이뤄주시고
　　보기에도 무섭고 싫은 것
　　뭐든지 없애주시네.
　　나는 운명을 용서해 주리라,
　　운명이 저지른 모든 죄를.
　　지난날의 운명은
　　나에게는 참으로 가혹했었지.
　　그중에도 가장 못된 소행을 꼽으면
　　검게 빛나던 이 머리를
　　힘든 일로 백발이 되게 한 일.

이제 내로라하던 저 이리도
빠져나갈 길 없어
죽음과 심판을 기다릴 뿐.
이것이 천벌받은 마지막 시간
그러면 포도밭은 내 마음대로다.
그토록 어리석은 놈을
어찌 내가 견딜 수 있으리오.

여우가 안을 들여다보니 이리가 뉘우치고 한탄하며 눈물짓고 있어서 자기도 그만 따라 울고 말았습니다. 그러자 이리는 머리를 쳐들고 물었습니다.

"오, 성채의 주인님*³이시여, 당신이 우시는 것은 나를 가엾이 여겨서입니까?"

그 말에 여우가 대답했습니다.

"아니다, 이 구덩이에 네놈을 처박은 신께 맹세코! 내가 눈물을 흘리는 건 네놈의 수명이 너무 길었기 때문이다. 네놈이 좀더 빨리 이 구덩이에 빠지지 않았던 것을 슬퍼하는 거야. 만일 네놈이 나를 만나기 전에 이런 변을 당했더라면 나는 정말 편안하게 잘 살았을 것을. 하지만 이제 네놈도 벌을 받을 때가 왔어."

"야, 이 나쁜 놈아, 우리 어머니에게 가서 내가 구덩이에 빠졌다는 것을 알려다오. 어쩌면 좋은 꾀를 내어 건져내 줄지도 모르니까."

이리는 마치 놀리는 것처럼 말했습니다.

"네놈은 지나치게 욕심을 부렸기 때문에 결국 신세를 망친 거야. 이 구덩이에 한 번 빠지면 도저히 살아날 수 없어. 지혜 없는 이리 같으니! 누구나 다 아는 속담에 '결과를 생각지 않는 자에게는 운명의 도움이 없고, 위험도 벗어날 수 없다'는 말이 있는 것을 모르는 모양이구나."

"오, 여우님. 당신은 그토록 나를 좋아하지 않았소. 내 동정심을 구하고 내 주먹을 무서워했었지요. 내가 한 짓을 너무 미워하지 마요. 힘이 있어 상대를 용서하는 자에게는 알라께서도 자비를 베풀어주시니까. 마치 시인이 이렇게 노래했듯이."

걸맞지 않은 땅에도
인정의 씨앗을 뿌려라.
어디에 심어도
헛되지는 않으리라.
인정이란 아무리 오래도록
흙 속에 파묻혀 있을지라도
그 열매를 거두는 자는
땅에 씨앗 뿌린 바로 그 사람이리니.

이 말에 여우는 대답했습니다.
"흥, 숲 속에서 헤매고 다니는 짐승 가운데 가장 어리석고 가장 지혜 없는
야수놈아! 네놈은 그전의 교만과 거만과 횡포를 잊었느냐. 네놈은 친구의
의리를 저버리고 시인이 노래한 이런 충고까지 짓밟지 않았느냐?"

힘이 있다 해서
이웃을 곯리지 말라.
곯리는 자가 거두어들이는 건
언제나 보복의 열매이니.
그대 눈은 잠들지라도
학대받은 이웃은
그대를 저주하며 깨어 있고
알라의 눈도 잠들지 않는다.

이리는 대답했습니다.
"아, 성채의 주인님, 지난날의 잘못은 탓하지 마시오. 모든 것을 용서해
주는 게 참다운 관용 아니오? 친절한 행위보다 귀한 보물은 없으니까. 시인
도 이렇게 노래한 것처럼 말이오."

힘이 있는 동안 인정을 베풀어라.
그런 힘은 늘 있는 게 아니니.

"당신은 나를 구해 줄 힘을 갖고 있소."

이리는 여전히 겸손하게 말했으나 여우는 듣지 않았습니다.

"이 지혜 없는 미련한 사기꾼아. 이제 와서 살려주려니 하고 여기다니 뻔뻔스럽구나. 이런 변을 당하는 것도 따지고 보면 네 손으로 네 눈을 찌른 거나 같지 않으냐."

여우는 입을 크게 벌리고 껄껄 웃으면서 이런 노래를 되풀이 읊었습니다.

아무리 속이려도 이젠 글렀어.
그렇게 뜻대로 될 성싶으냐.
부질없는 짓일랑 그만두고
네놈이 뿌린 씨앗이나 거둬들여라!

"짐승 중에서 가장 상냥한 여우님, 당신은 나를 내버려둘 만큼 인정이 전혀 없는 분은 아니겠지요."

이리는 눈물을 뚝뚝 흘리며 다음과 같은 노래를 읊었습니다.

어찌 친절한 마음씨를 잊으리오.
헤아릴 수 없이 크신 은혜!
이 몸에 쏟아진 모질고 사나운 운수에서
반드시 손 내밀어 구해 주시리.

"어이, 얼간이 이리 놈아! 행동이 거만하고 더할 나위 없이 악한 짓을 하던 주제에 이제 와서 그 비열한 꼴이 뭐냐. 그렇게 꼴사나운 항복을 하다니! 나는 네놈의 광포한 짓거리가 무서워 여태까지 사귀어 왔어. 도저히 나를 제대로 대접해 줄 것 같지 않기에 네놈을 속여 왔단 말이다. 이번에는 네놈이 혼날 차례다. 기어코 원수를 갚아주마."

여우는 다시 노래를 불렀습니다.

정직한 자를 속이는 녀석
함정에 빠진 건 나쁜 마음 탓

창피한 불행의 잔을 들이마시고
다른 동료와 함께
목숨을 빼앗기고 뒈져버려라!

이리는 대답했습니다.

"오, 인정 많은 양반, 나를 적처럼 대하지 말아 주시오. 손쓰면 어떻게든 살 수 있는 동안 우정의 맹세를 지켜주시오. 자, 밧줄을 하나 준비해 한쪽 끝을 나무에 매고 한쪽 끝은 구덩이 속으로 내려주지 않겠소. 그러면 그 밧줄을 타고 나갈 수 있을 터이니. 여기서 꺼내주기만 한다면 내 재산을 모두 당신에게 드리겠소."

"네가 아무리 지껄여봐라, 내가 구해 주는가. 단념하시지. 절대로 나를 붙잡을 순 없을 테니, 지난날 네가 저지른 못된 짓이나 곰곰이 생각해 보시지. 나를 얼마나 속이고 곯려 줬는지 잘 생각해 보란 말이야. 네놈은 이제 곧 돌에 맞아 죽을 신세, 네놈의 영혼도 머지않아 이 세상에서 쫓겨나 멸망의 길을 서둘러가야 할 거야. 그렇게 되면, 곧바로 파멸로 떨어질 뿐, 네가 갈 곳이라고는 지옥뿐이겠지!"*4

"오, 성채의 주인님! 한 많은 원수 같은 말은 그만두고 그만 화해합시다. 코란에도 '한 영혼을 멸망에서 구하는 자는 마치 영혼을 만들고 거기에 생명을 주는 것과 같으니라. 또 한 영혼을 구하여 살리는 자는 온 인류를 구하는 것과 같으니라'*5고 하지 않았습니까? 옹고집 부리지 마시오. 현자는 고집이 센 것을 싫어한다오. 당신 손으로 이 구덩이 속에서 나를 구해낼 수 있는데도 내버려두고 죽음의 괴로움을 맛보게 하며 잔혹하게 죽이려 하니 어찌 그토록 인정 없는 분이란 말이오. 제발 가엾이 여겨 목숨만은 살려주시오."

"이 비열하고 한심한 이리 놈아! 겉으로는 번지르르하지만 마음보가 고약한 것을 생각하니, '매와 자고새 이야기'가 생각나는구나."

"그건 또 무슨 이야긴가요?"

그래서 여우는 다음과 같은 이야기를 시작했습니다.

매*6와 자고새*7

"어느 날, 내가 포도를 먹으려고 한 포도원에 들어가 문득 보니 매 한 마리가 자고새를 붙잡으려고 노리고 있었지. 그러나 자고새는 재치 있고 약삭빠르게 몸을 피하여 둥지 속에 숨어버렸어. 매는 뒤쫓아 가며 이렇게 소리치더군.

'너는 바보로구나. 들판에서 내가 굶주리는 것을 보고 기엾게 여겨 쌀알을 주워 먹여주려고 다가갔는데, 그렇게 달아나버리다니. 왜 달아나는지 나는 도무지 모르겠구나. 내가 좀 멋쩍은 꼴을 당했다는 것 말고는. 아무튼 모처럼 가져온 쌀알이니 나와서 먹는 게 어떠냐. 배고픔이 달아나고 대번에 기운이 날 거야.'

이 말을 들은 자고새가 완전히 매를 믿고 둥지에서 나오자 그만 매의 날카로운 발톱에 붙잡히고 말았지. 자고새는 목청껏 소리치더구먼.

'들에서 나를 먹으려고 가져왔다는 게 이거였더냐. 배고픔이 사라지고 기운이 난다는 게 이거였더냐? 잘도 나를 속였구나. 알라여, 이놈에게 먹힌 내 살이 이놈의 밥통 주머니에 들어가 목숨을 빼앗는 독이 되게 해 주시기를!'

매는 자고새를 한입에 먹어치웠는데, 먹고 나자 대번에 털이 빠지고 순식간에 힘이 없어지더니 곧 그 자리에서 죽어 버렸지.

그러니, 이리 놈아, 자기 형제를 빠뜨리려고 구덩이를 판 놈은 머지않아 자기가 그 속에 빠진다는 걸 알아라, 당치도 않게 네놈이 먼저 나를 속였거든."

그래서 이리는 말했습니다.

"더는 설교로 나를 괴롭히지 말아 주시오. 그리고 내가 옛날에 잘못한 일도 생각나게 하지 말아주시오. 이렇게 비참한 몰골만으로 이미 충분하지 않소? 이런 구덩이에 빠져 있으면 아무리 적이라도 가엾게 여겨주는 법이라오. 하물며 참된 친구라면 얼마나 가엾겠소. 어떻게든 궁리해서 목숨만은 구해 주시오. 당신한테는 성가신 일이겠지만, 진정한 친구를 위해서라면 어떤 고생도 마다하지 않고 재난에서 구하기 위해 자기 생명마저 내던지는 게 참다운 우정 아니겠소. '진실한 친구는 친형제보다 낫다'라는 속담도 있소. 만일 당신이 나를 구해 주신다면 아무리 힘들 때라도 편안히 먹을 수 있도록 먹이를 구해 줄 뿐만 아니라, 잘 익은 포도원에 마음대로 들어가 마음껏 먹을 수 있는 비결도 가르쳐 드리지요."

그 말을 듣고 여우는 웃으며 말했습니다.

"너 같은 바보 놈을 현자들이 뭐라고 했는지 가르쳐줄까?"

"현자들이 뭐라고 말했는데요?"

"'몸이 천한 자는 마음 또한 천하다. 조금도 영리하지 않고 어리석다'라고 했지. 교활하고 어리석은 이리 놈아, 과연 친구 사이라면 어떤 수고도 마다하지 않고 서로 돕는 게 사실이지만, 네놈이 나한테 그런 말을 하다니 어이없기 짝이 없다. 네놈이 그토록 나를 배반해 놓고, 내가 어째서 네놈 친구란 말이냐. 나는 네놈이 괴로워하는 것을 보고 기뻐하는 적이다. 그것을 안다면 이제 내가 한 말이 창끝보다 날카롭게 네놈 가슴을 찔렀을 거다. 먹이를 구해 준다느니, 마음대로 포도원으로 들어갈 수 있는 비결을 가르쳐준다느니 큰소리치지만, 당치도 않은 사기꾼! 가엾게도 네놈은 그 구덩이에서 나오지도 못하고 있지 않으냐. 제 한 몸도 감당하지 못하는 주제에 어찌 그런 비결을 가르쳐줄 수 있단 말이냐. 그렇게도 좋은 수가 있다면 무엇보다 먼저 그 구덩이에서 나와 위험이나 면하지 그르느냐. 네놈이 멀리 도망칠 수 있도록 알라께 기도드려 주마. 바보 같은 이리 놈아! 무슨 좋은 꾀가 있거든 남에게 가르쳐주기 전에 너부터 먼저 살 궁리를 하는 게 어떠냐. 네놈은 자신이 병자인 주제에 같은 병자에게 가서 '네 병을 고쳐주지' 하는 놈과 똑같다. 병자는 이렇게 말했을 테지. '어째서 네 병부터 먼저 고치지 않느냐!' 하고 말이야. 그래서 그 사내는 대답도 하지 못하고 가버렸다더군. 이 세상모르는 이리야, 네놈이 바로 그놈과 똑같지 않으냐. 그러니 그 구덩이 속에서 점잖게 기다리다가 그런 꼴을 당해도 너무 낙담은 말아라."

이 말을 들은 이리는 드디어 구원받을 희망이 없음을 알고 울면서 말했습니다.

"나는 정말 내 행복에 대해 아무 생각이 없었어. 만일 알라께서 이 재난에서 구해 주신다면 앞으로는 반드시 마음을 고쳐먹고 나보다 약한 자들에게 못된 짓을 하지 않겠어. 털옷*8을 입고 수도자가 되어 산에 들어가 전능하신 알라를 섬기며 한결같이 그 용서를 빌어야겠지. 그리고 다른 짐승들과 교제를 끊고 신앙을 위해 싸우는 가난한 사람들을 길러주자.”

그리고 이리는 눈물을 흘리며 탄식했습니다. 여우는 이리가 과거의 건방
지고 거만한 짓을 참회하고 겸손한 태도를 취하자, 마침내 마음이 풀려 이리
가 가엾게 느껴졌습니다. 그래서 구덩이 가장자리로 가서 뒤돌아 쭈그리고
앉아 꼬리를 늘어뜨려 주었습니다. 그것을 보고 이리는 앞발을 뻗어 그 꼬리
를 힘껏 잡아당겨 버렸습니다. 여우는 그만 꼼짝없이 구덩이 속에 떨어지고
말았습니다.

이리가 말했습니다.

“이 인정머리 없는 여우야, 네놈이 잘도 나의 재난을 비웃었겠다! 전에는
친구이자 부하였던 주제에. 어쩌냐, 이렇게 나와 마찬가지로 구덩이에 빠지
다니 천벌을 받았구나. 성인도 이렇게 말했다. ‘음부(淫婦)의 유방을 빨았다
고 친구를 욕하던 자도 언젠가 같은 유방을 빨게 되리라’라고. 또 시인은 정
말 기막힌 노래를 불렀지.

불행한 운명은 무정하게도
우리 등에 덮쳐오네.
낙타를 동료 옆에
무릎 꿇려 앉힐 때
우리의 불행을 기뻐하는 자에게
자, 고하라, 눈을 뜨라고.
기뻐하는 자의 내일도
우리처럼 고달파지리라!

게다가, 죽을 때 죽더라도 길동무가 있으면 최상이지. 그러니 나도 내가
죽기 전에 먼저 네놈을 처치해야겠어.”

여우는 속으로 생각했습니다.

“큰일 났군. 마침내 이 폭군과 함께 구덩이 속에 빠지고 말았어. 아무래도
계략을 써야겠다. 여자는 몸을 단장할 날을 위해 보석을 간직해 둔다고 하
고, 속담에도 ‘오, 눈물이여, 재앙이 가까이 오는 때를 위해 그대를 비축해
두리’라고 했어. 이 맹수를 어떻게든 하지 않으면 난 살아날 길이 없다. 시

인도 이렇게 멋진 말을 했지.

'시간'의 아들은 숲 속의 사자
이런 세상에 태어난 바에는,
먹잇감은 속여서 잡아라.
계략의 수로(水路)를 빙빙 돌아
생계의 물레방아로 가루를 빻아라.
나무 열매를 따거나
손이 닿지 않아 따지 못할 때는
들풀로 배를 채워라."

그런 다음 여우는 이리에게 말했습니다.
"나를 죽이는 건 서두를 필요가 있겠습니까? 그런 짓을 해봤자 보복이 되지도 않을뿐더러 나중에 틀림없이 후회하실 겁니다. 오, 용감하고 힘센 이리님, 잠깐만 여유를 가지고 내 말을 들어주세요. 곰곰이 생각해 보시면 내가 무슨 말을 하려는지 잘 아시게 될 겁니다. 서둘러 나를 죽여 버리면, 우린 둘 다 여기서 목숨을 잃을 뿐입니다."
"약삭빠른 거짓말쟁이 녀석! 잠시 기다려 달라니 둘 다 살아날 가망이라도 있단 말이냐! 있다면 빨리 말해 봐."
"내 생각을 들으시면 틀림없이 칭찬해 주실 겁니다. 나는 조금 전에 과거의 잘못을 고백하고 약한 자를 학대한 것을 후회하며 참회를 맹세하는 당신의 말을 들었습니다. 그리고 이 궁지에서 빠져나가면 다른 짐승들을 학대하지 않고, 포도며 그 밖의 과일들을 절대 먹지 않고 겸허하게 몸을 삼가며, 발톱도 깎고 엄니도 뽑고 더구나 수행자의 옷을 입고 알라께 종사하겠다고 맹세했을 때는 당신이 정말 측은해졌답니다. 거짓 없는 말이야말로 최선의 말이거든요. 나는 전에는 당신이 죽어 버렸으면 좋겠다고 생각했어요. 하지만 당신의 참회를 들으니 살려주더라도 알라께서 탓하지 않으시리라 생각하고 그 궁지에서 살려줄 마음이 들었던 거지요. 그래서 꼬리를 구덩이에 늘어뜨려 당신이 나올 수 있도록 해 드리려 했잖습니까?
그런데 당신은 평소의 잔인성과 사납고 악한 성질을 드러내 정당한 수단으로 살아날 수 있는데도 돌아보지 않고 영혼에서 육체를 떼어놓듯 내 꼬리를 잡아당겼습니다. 그래서 둘이 함께 이런 죽음의 구덩이 속에 떨어지고 말았지요. 이제 우리가 살아날 길은 단 하나밖에 없습니다. 만일 당신이 내가 말하는 대로 한다면 둘 다 살 수 있지요. 살아난다면 당신은 아까 한 맹세를 지켜주셔야 합니다. 나도 진정한 친구가 될 테니까요."

"시키는 대로 하라니 대체 어떻게 하라는 거냐?"

"당신이 힘껏 등을 늘려서 똑바로 서세요. 내가 그 위에 올라타면 거의 구덩이 턱에 닿을 만큼 올라갈 수 있을 겁니다. 그러면 나는 당신 어깨에서 바깥으로 뛰어오르는 겁니다. 그리고 바깥에 나가면 곧 당신이 붙잡고 올라올 만한 물건을 찾아올 테니 그것으로 당신도 올라올 수 있는 거지요."

"네놈의 말을 어떻게 믿을 수 있느냐? 현자들의 교훈에도 '미움이 있는 곳에 신뢰를 두는 것은 잘못이니라' 했고 '믿을 수 없는 자를 믿는 자는 어리석은 자이니라. 이미 심판받은 자를 다시 심판하는 자는 반드시 헛일임을 알고 후회하리라. 일을 구별하는 능력을 지니지 못하고 한쪽에만 모든 중요성을 두는 자는 박복하고 재앙이 많으니라'라고 했어. 그리고 이런 노래도 있는데 참으로 그럴싸한 말이지.

남을 볼 때는 도둑으로 여기고
의심을 하는 것이 솜씨 있는 처세술.
위태로운 구렁텅이에 빠지는 자는
어리석고 마음만 좋은 처세술이 나쁜 이.

또 다른 시인은 이렇게 노래하고 있다네.

남은 모두 악당이라고 믿어라
그러면 편안히 살 수 있으리.
사사로운 악에도 빈틈없이
정신 차려 살아가면 불행은 없으리니.
미소 띤 얼굴로 적을 맞되
속으로는 병마를 준비하여

전투에 대비하라, 약삭빠르게!

그리고 다른 시인*⁹은 이렇게도 노래했지.

그대가 가장 믿었던 이는
그대의 가장 두려운 적
모든 일을 의심하여
길동무를 조심하라.
행운이 오리라는 생각은
헛된 조심, 덧없는 기대
앞날의 운수를 나쁘다 믿고
운명의 재앙을 잘 살펴라.”

이 말에 여우가 대답했습니다.
“남을 의심하는 것도 나쁘게 보는 것도 때와 경우에 따라 다르지요. 믿는다는 것은 고상한 마음씨의 특질로, 그 때문에 우리는 공포를 면할 수 있는게 아닐까요. 이리님, 무엇보다도 당신은 이 구덩이에서 빠져나갈 궁리부터해야 합니다. 달아날 수만 있다면 우리 둘 다 죽는 것보다는 훨씬 나으니까요. 원망과 앙심을 버리세요. 당신이 나를 믿고 시키는 대로 한다면 뭔가 붙잡을 만한 물건을 가져다주든가 아니면 그대로 당신을 구덩이 속에 내버려두든가 둘 중의 하나가 되겠지만, 나는 절대 당신을 내버려두지 않을게요. 그런 짓을 하면 천벌을 받아 이번에는 내가 험한 꼴을 당할 테니까요. 격언에도 ‘신의는 밝은 지혜요, 불신은 어두운 어리석음이니라’라고 했지요. 내말을 믿어 주세요. 나는 세상의 행복과 불행에도 결코 무지하지 않아요. 더는 토론하고 있을 수 없는 절박한 사정이니 우물쭈물하지 말고 어서 빠져나갈 궁리를 합시다.”
“네놈의 성실을 믿는 건 아니지만 내 회개를 듣고 네놈이 나를 구하려 한그 심정은 잘 알겠다. 그래서 나는 스스로 타일렀지. ‘만일 여우가 한 말이정말이라면 이놈이 저지른 악행도 다 속죄되었을 테고, 만일 거짓이라면 신께서 벌을 내리실 것이다.’ 좋다! 여우야, 네가 시키는 대로 하마. 만약 배신한다면, 그 배신행위가 네놈이 파멸하는 원인이 되기를 빌 테다."

그리하여 이리는 여우를 어깨에 태워 키대로 한껏 버티고 섰습니다. 여우는 땅 높이에 이르자 이리의 어깨에서 구덩이 밖으로 뛰어나갔습니다. 무사히 빠져나왔음을 깨닫자 여우는 정신을 잃은 듯이 그 자리에 쓰러졌습니다. 그러자 이리가 말했습니다.

"이봐, 이번에는 내 차례다. 꾸물거리지 말고 빨리 구해 줘."

그러자 여우는 깔깔대고 웃으며 말했습니다.

"바보 같은 놈! 아까는 네놈을 비웃어주다가 그만 네놈에게 속아 넘어가고 말았지. 사실은 네놈이 참회하는 말을 듣고 나는 갑자기 못 견디게 우스워서 팔짝팔짝 뛰면서 까불어대다가 그만 꼬리가 구덩이 속으로 늘어져서 네놈이 그것을 움켜잡고 당겼던 거야. 그러나 결국 알라의 힘으로 네놈 손아귀에서 벗어날 수 있었다. 네놈이 악마와 한패라는 것을 안 이상 네놈을 구해줄 수는 없지. 나는 어젯밤, 네놈의 결혼식에 나가서 춤추는 꿈을 꾸었다. 그래서 해몽가에게 풀이해 달라고 했더니 '당신은 위급한 일을 당할지 모르나 용케 그 위험을 모면할 수 있겠소'라고 하더군. 네놈 손아귀에 빠졌다가 무사히 벗어난 것은 정말 꿈땜을 한 셈이야. 이 바보 같은 이리야, 나는 네놈의 원수다. 아무리 골통이 나쁘지만 이 정도면 애원해도 헛일이라는 것을 알 수 있겠지. 네놈은 도저히 살려줄 수 없어. 현자도 이렇게 말했거든. '악한의 죽음은 인류의 평화를 가져오고 대지가 정화된다'고 말이야. 그러니 내가 어찌 네놈을 구해 줄 수 있겠느냐. 하기야 네놈을 배신하여 괴로워하기보다 성실함 때문에 괴로워하는 편이 나에게 이롭다면 어떻게든 살려주겠다만."

이 말을 듣자 이리는 분해서 앞다리를 물어뜯었습니다.

—여기서 샤라자드는 새벽빛이 밝아오는 것을 깨닫고 이야기를 그쳤다.

150번째 밤

샤라자드는 이야기를 계속했다.

오, 인자하신 임금님, 이리는 분해서 앞다리를 물어뜯었습니다. 이리는 여우에게 그럴 듯한 말을 던져보았지만 아무 소용도 없었습니다. 이리는 어찌할 바를 몰라 하는 수없이 부드럽고 낮은 목소리로 말했습니다.

"아마 당신에 여우들만큼 말솜씨 좋은 짐승은 없을 거요. 정말 농담도 잘하는군요. 이제까지 말한 것 역시 농담이리라 생각되지만, 농담이나 야유도 때와 경우에 따라서 해야지요."

"바보 같은 이리 녀석, 농담에도 한계가 있다. 모처럼 이렇게 네놈 손아귀에서 벗어났는데, 내가 또다시 네놈에게 붙잡히는 일을 알라께서 허락하실줄 아느냐?"

"하지만 당신과 나는 사이좋은 형제자매 사이나 마찬가지 아니오? 살려주시오. 살려만 준다면 반드시 그만한 사례를 할 테니까요."

"현자도 이렇게 말했어. '엉큼하고 어리석은 자와 사귀지 마라. 존경에 대해 치욕으로 보답하기 때문이니라. 거짓말쟁이와 친하지 마라. 그대의 선행을 감추고 악행을 폭로하기 때문이니라' 라고 말이야. 그리고 이런 말도 했지. '죽음 말고는 모든 것에 구원이 있느니. 운명 말고는 모든 것에 가호가 있느니'라고. 네놈은 나에게 충분한 사례를 한다지만 그것은 마치 마술쟁이*10 손에서 도망친 뱀 같은 이야기다. 어떤 사람이 겁에 질려 떠는 뱀을 보고 물었다더군.

'뱀아, 대체 왜 그러니?'

'나는 땅꾼한테서 도망쳤는데 그 사람이 나를 잡으러 쫓아오고 있어요. 나를 숨겨주신다면 성의껏 사례하고 어떤 방법으로든 보답하겠어요.'

남자는 사례가 탐이 나는 데다 신이 찬양하는 선행도 하고 싶어서 앞가슴주머니에 뱀을 넣어주었지. 땅꾼이 지나가버리자 뱀은 이제 무서울 게 없었지. 남자는 뱀에게 말했어.

'약속한 사례를 다오. 네가 무서워서 달아나는 것을 살려주지 않았느냐?'

그러자 뱀은 대답했지.

'손이나 발이나 아니면 어디 다른 데를 물어 주랴? 너도 알다시피 뱀은 도에 넘친 사례를 하는 법은 없으니까.'

그리고 구해 준 남자를 물었고 남자는 몸속에 독이 번져 죽고 말았지. 이런 이야기인데, 바보 같은 이리 놈아, 나는 네놈을 지금 말한 독사에 비유하고 싶구나. 시인이 이렇게 읊은 것을 네놈은 알고 있느냐?

그대가 한 번 비위를 거스른 자
꿈에도 다시 믿지 말라.
그 노여움이 풀리리라는
그릇된 생각일랑 아예 말아라.
독사는 그 기어가는 모습이
매끄러워 보이지만
그 속에 맹독을 품고 있단다."

이리가 말했습니다.

"말솜씨 좋고 잘생긴 여우 양반, 나를 그렇게 가볍게 보지 마오. 인간조차 나를 무서워하고 있으니까요. 견고한 울타리도 겁내지 않고 포도나무를 송두리째 결딴내는 나의 강함을 당신은 잘 알고 있을 거요. 그러니 내 말을 들어 주인 앞에 선 노예처럼 충실하게 일해 주지 않겠소?"

"야, 이 멍텅구리 이리야, 아무리 지껄여도 소용없어. 돈에 팔린 노예처럼 충실하게 일하라니, 네놈의 못난 짓과 뻔뻔스러움에는 정말 어이가 없구나. 이제 곧 네놈이 어떻게 되는지 본때를 보여 주마. 네놈의 골통을 돌로 바수고 그 흉측스런 엄니를 부러뜨려줄 테니까."

여우는 포도원이 내려다보이는 언덕 위로 올라가 포도원 일꾼들을 향해 짖었습니다. 언제까지고 계속해서 짖고 있으니 일꾼들이 잠에서 깨어 여우를 보더니 서둘러 달려왔습니다. 포도밭 일꾼들이 이리가 빠져 있는 함정 가까이 올 때까지 여우는 가만히 있다가, 이윽고 홱 몸을 돌려 달아나고 말았습니다. 함정 속을 들여다본 일꾼들은 이리가 들어 있는 것을 보고 큰 돌을 던지고 장대며 막대기로 때리다가 끝내 창으로 찔러 죽이고 말았습니다. 일꾼들이 돌아가고서 여우가 함정으로 돌아가 안을 들여다보니 원수 이리는 이미 숨이 끊어져 있었습니다. 여우는 매우 기뻐서 머리를 흔들며 다음과 같은 시를 읊었습니다.

운명에 따라 이리는 이 세상을 떠났네.

멸망한 그 영혼에 축복은 없으리라.
아부 시르한*[11]이여, 오로지
죽음에서 나를 구한 이리여,
안타깝게도 오히려 내가
슬픔의 불에 타버렸구나.
그대가 떨어진 어두운 죽음의 함정
그 구덩이에 떨어진 자는 모두
황천의 바람에 나부끼다가
망자(亡者) 속에 내던져지리라.

　그 뒤로 여우는 누구에게도 원한을 살 걱정 없이 포도원에서 혼자 한가로이 세월을 보내며 살았다고 합니다. 이리와 여우의 모험담은 여기까지이고, 또 다음과 같은 이야기도 있습니다.

〈주〉
*1 이리는(참으로 그 천성 그대로이기는 하지만) 장점이라고는 눈 씻고도 찾아볼 수 없는 악당인 한편, 아라비아 민간전승의 이리는 때로는 좋은 행위도 하는 교활한 짐승이다. 여기서 여우는 살라브(Sa'alab)로 불리고 있는데, 이 말은 앞에서도 설명했듯이 들개를 가리키기도 한다. 헤로도토스는 이집트의 이리를 '여우보다 그리 크지 않다'고 말했는데, 이 경우는 집단성의 *Canis Aureus*〔개속(屬)〕를 가리킨다(《역사》 제2부 67장). 성당참사회원 롤린슨(Rawlinson)은 그 참혹한 영역서(英譯書) 속에서 할리카나시안(Halicarnasian)〔원래 뜻은 소아시아의 옛 도시 이름에서 나온 할리카나수스인〕이 들개를 뜻하는 것을 깨닫지 못하고, 또 하이에나에 대해서도 오류를 범하고 있다. 〔롤린슨은 영국의 신학자로 고대역사가 헤로도토스의 《역사》를 번역.〕
*2 옛날에는 레일라(Leila) 또는 Leyla. 이것은 보통명사로, 여기서는 여성 전체에 적용되고 있다. 어근은 분명히 라일(Layl), 즉 밤의 신이다.
*3 '성채의 주인님'은 아랍어의 아부 르 호사인으로, 그 굴이 요새인 데서.
*4 자주 나오는 《코란》의 구(句).
*5 《코란》 제5장 35절.
*6 매(Peregrine)의 서식지는 히말라야 산맥에서 코모린 곶〔인도반도의 남쪽 끝〕에 이르며, 가장 우수한 것은 비교적 날씨가 춥고 찬 지방에 산다. 나는 아이슬란드에서 멋진 하얀 매가 이따금 산 채로 잡혀 인도로 보내지는 것을 알았다.

*7 자고새는 두꺼비를 늘 먹으므로 인도에서 그리 환영받지 못한다. 미디안 산의 큰 자고 새에 대해서는 《미디안 재방(再訪)》(버턴 저(著)) 제2권 18항을 보기 바란다.

*8 털옷은 아랍어로 수프(suf). 여기서 수피(sufi), 즉 '털옷을 입은 사람' '신자' '은자'라 는 말이 나왔다. 최초의 이슬람교도 수피는 쿠파의 아부 하심(이슬람력 150＝767년 사 망)이고, 수피파의 최초 사원은 '타키야(Takiyah)'라 불리며 살라딘 대왕에 의해 이집 트에 세워졌다.

*9 《라미야트 알 아잠》 즉 《이국인의 노래》의 저자 알 투그라이(Al-Tughrai)이다. 이 시 는 카시다(Kasidah, 서정시)이다. 〔자주 나오는 가젤(Ghazal)과 카시다는 대체로 같은 형식의 것이지만, 그 길이가 다르다. 즉 전자는 18의 2행 연구(連句)이고 후자는 13 이상으로 1절(스탄자)을 이루며 끝없이 연장할 수 있다.〕 연구자는 클라우스턴 (Clouston) 씨의 《아라비아 시 *Arabian poetry*》 속에서 J.W. 레드하우스(Redhouse)의 신역(新譯)과 칼라일 박사의 구역(舊譯, 53번)을 볼 수 있을 것이다.

*10 뱀을 상대로 마술을 부리는 사람. 대개 집시이다. 그 남자가 기대하는 사례는 마법에 걸린 뱀이 지키는 것으로 추측되는 황금으로 된 재물과 보물이다.

*11 아부 시르한은 '새벽에 나가는 아버지'라는 뜻으로, 이리의 별명이다. 왜냐하면 서광 (曙光)은 자나브 시르한이라고 불리고 있기 때문이다. 영어에서는 Gaunt Grim 또는 Gaffer Grim〔무서운 아버지라는 뜻〕이며, 독일어에서는 이젠그린(Isengrin) 또는 아이 젠그리누스(Eisengrinus) (차갑고 무서운 것, 또는 쇠처럼 냉혹한 것〔아이젠은 쇠라는 뜻〕)이라고 하고, 또 그 아내를 헤르젠트(Hersent)라고 한다. 리헨트(Richent) 또는 헤르멜리네(Hermeline)가 이리 부인인 것과 마찬가지다. 프랑스어에서는 로페즈 (lopez), 뤼프(luppe), 루(leu) 등이 있다.

　독일어의 누이격인 스칸디나비아어에서는 울프(Ulf)라고 하고, 또 독일에서는 월 프(Wolff)라는 말이 있으며, 여기서 겔프(Guelph)도 파생되었다. 이리는 또한 아랍 인에게 '암양의 남편'이라는 말로도 알려져 있다. 이것은 'Lucus a non lucendo'라고 하는 전유적(轉喩的) 표현으로 정반대되는 사물에 대해 주어지는 별명이며, 이른바 '역설법(逆說法, inverted speech)'의 다른 본보기이다. 〔앞에서 쓴 라틴어 'Lucus a non lucendo'는 어원학상 매우 유명한 구절로, 그 뜻은 a wood from not shining, 즉 '아름답게 빛나지 않으므로 숲이라고 불리는', 바꾸어 말하면 '숲은 해가 비치지 않으 므로 숲이라 불린다'는 뜻으로 어리석기 이를 데 없는 어원설의 한 예가 되어 있다. 그러나 일반적으로 역설이나 모순이라는 의미로 사용된다.〕

생쥐와 족제비 *1

　옛날, 어느 가난한 농부 집에 생쥐와 족제비가 살고 있었습니다. 이 농부의 친구가 병에 걸렸을 때 의사가 깨알을 처방했습니다. 그래서 농부는 병자를 치료하기 위해 다른 친구에게 깨알을 좀 나눠달라고 부탁했습니다. 깨를 손에 넣자 농부는 집으로 가지고 와서 마누라에게 깨를 털게 했습니다. 마누라는 깨를 물에 담가 껍질을 벗기고 말리려 널어놓았습니다.

　그러자 그 깨를 본 족제비가 온종일 노력하여 그것을 자기 집으로 부지런히 날라버리고 말았습니다. 깨가 거의 없어져 버린 것을 보고 농부 마누라는 이상히 여겨 그 자리에 앉아 깨 도둑을 혼내주려고 감시하기 시작했습니다. 족제비는 나르다 남은 깨를 가지고 가려고 기어나왔다가 농부 마누라가 앉아 있자, 자기를 지키고 있음을 알고 속으로 중얼거렸습니다.

　"이거 큰일 났군. 아무래도 마음에 걸린단 말이야. 저 여자는 분명히 나를 지키고 있어. 상황에 무관심한 자들은 운명의 신이 도와주지 않는 법, 이렇게 되었으니 착한 일을 해 보이는 수밖에 없다. 내가 여기서 착한 일을 하면 결백하다는 증거도 되고, 내가 깨를 훔친 죄도 그로써 씻을 수 있을 테니까."

　그래서 족제비는 구멍 속에서 깨를 날라내다가 원래의 자리에 도로 갖다놓기 시작했습니다. 족제비가 하는 꼴을 바라보면서 마누라는 생각했습니다.

　"깨를 훔친 건 이놈이 아니군. 훔친 놈의 구멍 속에서 물어내다가 도로 갖다놓고 있으니 말이야. 족제비는 정말 친절하군. 친절을 베푸는 자에게는 똑같이 호의로 보답하는 것이 마땅해. 족제비가 깨를 훔쳐간 게 아닌 것은 분명하니까. 하지만 도둑의 정체를 알아내 잡을 때까지 지키고 있어야지."

　마누라의 속셈을 알아챈 족제비는 생쥐에게 가서 말했습니다.

　"여보게, 형제여, 이웃의 의리를 지키지 않거나 친구로서의 올바른 도리를 짓밟는 자를 칭찬할 수는 없겠지."

"아무렴, 당신은 언제나 친절하고 친구를 동정하지요. 그런데 대체 왜 갑자기 그런 말을 하는 거요?"

"이 집 주인이 깨를 가지고 왔어. 자기가 실컷 먹은 다음 온 집안사람들에게 먹이고도 아직 잔뜩 남아 있지. 모두 먹었으니 이번에는 자네 차례야. 누구보다 자네야말로 그 맛있는 깨에 어울리니까."

이 말을 듣고 생쥐는 깨가 먹고 싶은 생각에 아주 기뻐서 찍찍 소리 내어 울고 귀와 꼬리를 흔들며 춤추면서 그만 속아 넘어가고 말았습니다.

생쥐가 당장 자기 집을 뛰쳐나가 가르쳐준 장소로 가보니 과연 껍질을 벗긴 깨가 하얗게 반짝이고 있었습니다. 그 옆에는 농부 마누라가 지키고 앉아 있었습니다. 앞뒤 생각할 겨를도 없이(농부 마누라가 몽둥이를 손에 들고 있었는데도) 생쥐는 허겁지겁 깨 있는 데로 달려가 마구 휘저으며 먹기 시작했습니다. 그 꼴을 본 농부 마누라는 몽둥이를 내리쳐 생쥐의 골통을 박살내고 말았습니다. 이 생쥐가 신세를 망친 원인은 욕심이 지나친 데다 앞뒤를 생각하지 않았기 때문입니다.

─그러자 샤리아르 왕이 말했다.

"오, 샤라자드, 정말 재미있는 우화로구나. 하지만 참된 우정의 아름다움, 즉 재난이 내리 덮쳤을 때도 끝까지 의리를 지키고 친구를 파멸에서 구하는 이야기는 없을까?"

샤라자드는 대답했다.

"네, 이런 이야기가 전해져 내려오고 있습니다."

〈주〉

*1 〔원어의 ichneumon=고양이족제비에 대해〕 아랍어의 빈트 아루스(Bint 'Arus)='신랑의 딸'로 힌두스탄어의 뭉구스(Mungus, 흔히 몽구스(Mongoose))라고 한다. 〔몽구스는 주로 인도산을 가리키며, 이 말은 영어화되어 있다.〕 해충을 없앨 목적으로 종종 집 안에서 키우는 족제비 비슷한 유명한 설치동물. 〔여기서는 ichneumon은 고양이족제비, mongoose는 몽구스, weasel은 그냥 족제비로 옮겨둔다.〕 족제비는 투쟁을 개시하기 전에 예향(藝香, 헨루다라는 잎이 쓴 약초)을 먹으므로 뱀독을 없애는 해독제를 아는 것으로 추정된다(플리니(Pliny) X. 84, XX. 13). 〔특히 몽구스는 뱀을 좋아하므로.〕

〔플리니는 이른바 나이 많은 쪽인 대(大) Gaius Plinius Secundus를 가리키며 소(小)

가이우스와 구별된다. 대 가이우스 플리니우스는 유명한 로마의 박물학자로, 여기에
시사된 저서는 그의 대저(大著) 《박물학 *Natural History*》 23～79년.]

　오늘날 이집트에서 이 족제비는 '고대 이집트 왕의 고양이'로 불리고 있다. 그것과
마찬가지로 퍼크노프터(Percnopter, 지중해 방면에 서식하는 대머리독수리의 일종)는
'이집트 왕의 닭'으로 불린다. 이 불행한(?) 왕은 살아 있는 것이든 아니든 수많은 것
에 이름을 부여했다. [이를테면 Pharaoh's chicken='이집트 왕의 아기 새'는 이집트 대
머리독수리, Pharaoh's serpent는 불을 붙이면 뱀 모양을 나타내는 화학적 완구, 또
guinea-worm은 Pharaoh's worm이라고 하며, 유황천은 Pharaoh's bath라고 하는 등, 상
세한 것은 버턴 저(著) 《순례》 제1권에 나와 있다.]

　이 고양이족제비는 고대 이집트 지방에서, 이를테면 헤라클레오폴리스에서 숭배되어
미라로 보호되었다. 그것은 뱀이 꺼리는 것이고, 또 악어를 멸종시키는 것으로 상상하
고 있었기 때문이다. 이것은 일리안(Ælian)[C. 일리아누스와 같으며, 2세기 이탈리아
의 수사(修辭)학자]과 그 밖의 사람들이 지어낸 이야기로 지나치게 과장되었다. [고양
이족제비는 악어의 알을 먹기 때문에 이런 전설이 생긴 것이리라.] 고양이족제비는 또
한 고양이에 대해서도 뚜렷이 혐오감을 나타낸다. 애완동물로서의 고양이족제비는 길
들이기가 무척 쉽고 무슨 일이 있어도 주인 곁을 떠나지 않는다. 또 화가 나면 지독한
악취를 내뿜는다. 나는 동물원에 기증하기 위해 교묘하게 박제된 중앙아프리카산 실물
본보기를 고국으로 가지고 돌아왔다.

고양이*1와 까마귀

옛날에 까마귀와 고양이가 사이좋게 지내고 있었습니다. 어느 날, 함께 나무 밑에 있는데 표범 한 마리가 다가왔습니다. 바로 옆에 올 때까지 둘 다 모르고 있었습니다. 표범을 본 까마귀는 깜짝 놀라 나뭇가지 위로 날아갔지만 고양이는 허둥지둥 어쩔 줄 몰라 까마귀에게 말했습니다.

"오, 여보게, 자네를 의지할 수밖에 없는데 어떻게 살려줄 수 없겠나?"

그러자 까마귀는 대답했습니다.

"위급할 때 서로 돕는 것이 친구의 의무지. 시인도 이렇게 좋은 말을 했다네.

친구가 위급할 때는
어떤 상황에든 몸을 내던져
힘을 빌려준다, 그대를 위해.
운명을 피할 수 없어
헤어질 때도
슬퍼 한탄하며 생각하느니라.
몸을 희생하더라도 다시 한 번
만날 날을 바라고 있다고."

그 나무에서 그리 멀지 않은 곳에 개들을 거느린 양치기가 있었습니다. 까마귀는 급히 그곳으로 날아가 날개로 퍼뜩퍼뜩 땅을 치면서 까옥까옥 울어댔습니다. 그러고는 그 가운데 개 한 마리를 향해 날아가 그 개 눈앞에서 날개를 퍼덕이며 조금 날아올랐습니다. 개는 까마귀를 잡으려고 마구 쫓아왔습니다. 이윽고 양치기가 고개를 들고 보니 까마귀가 땅을 스칠 듯 내려왔다가는 다시 올랐다 하면서 날아가므로 그도 뒤를 쫓았습니다. 까마귀는 갈가리 찢어놓으려고 정신없이 쫓아오는 개들을 놀리듯이 잡히지 않을 정도로 날아가 마침내 표범이 있는 나무 밑까지 유인했습니다. 표범을 본 개들이 일제히 달려들자 표범은 재빨리 몸을 돌려 달아나버렸습니다. 하마터면 표범의 밥이 될 뻔했던 고양이는 이리하여 친구인 까마귀의 계략으로 살아났습니다. 오, 임금님, 이것은 순결한 친구의 우정 덕분에 위태로운 목숨을 구한 이야기입니다만, 또 이런 이야기도 있습니다.

〈주〉

*1 아랍어로 고양이는 신나우르이지만, 일상적인 호칭은 키트(Kitt)이며 카트 또는 가트로 발음된다. 이븐 도라이드(Ibn Dorayd)〔아라비아의 시인〕은 이 말을 외래어(시리아어일까)라고 말하고 있다. 따라서 카투스(Catus), 카타(*Κατта*) 또는 타타(*Τατα*), 가토(gatto), 차트(chat), 캣(cat)〔모두 고양이라는 뜻〕 등은 유럽의 고전작가에게는 미지의 동물로, 그들은 무스텔라(*mustela*) 또는 푸토리우스 불가리스(*putorius unlgaris*)〔모두 라틴어로 전자는 족제빗과 동물, 후자는 냄새가 나는 고양이〕, 그 밖에 갖가지 종류의 Viverral(사향고양이과)을 사용했다. 유해동물 특히 뱀을 구제하기 위해 고양이를 기른 이집트인은 이것을 마우, 마이, 미아오(의성어)라고 불렀다. 펠리스 마니쿨라타(Felis maniculata, 라틴어, 작은 손 고양이라는 뜻)의 이 후예는 누비아〔이집트, 수단 북부〕에서 홍해에 접하는 지방이 원산지이다. 우리는 미라 발굴장과 헤로도토스로 미루어 그 고양이가 우리의 것과 같은 종(種)인 것을 알았다. 최초로 고양이를 그린 그림은 기원전 2천5백 년의 베니 하산(Beni Hasan)〔나일 강 동쪽 연안 중앙이집트의 한 마을 이름〕의 기념비에 그려져 있다. 우리는 과감하게 푸스(Puss)〔고양이의 애칭〕의 어원을 아랍어의 비스(Biss), 여성형 비사(Bissah)에서 찾았다. 이 말은 파슈트(다이애나) 신과 같은 종류의 것으로 부바스티스(Bubastis)〔분만을 관장하는 이집트의 신〕이라는 고양이 얼굴을 한 여신이다. 마지막으로 '호랑이고양이'는 tabby-cat이라고 하며, 이것은 바그다드의 아타비(아타브 왕자의) Attbi 지역에서 유래하고 있다. 그곳은 또한 물결무늬 비단의 산지이기도 하다.

여우와 까마귀

옛날, 어느 산 동굴 속에 여우 한 마리가 살고 있었습니다. 이 여우는 새 끼를 낳아 자라면 언제나 잡아먹는 습관이 있었습니다. 새끼를 살려두고 자 기 곁에서 키워 자손이 끊어지지 않도록 매우 사랑하고 소중히 여기다가는 자기가 굶어 죽을 수밖에 없기 때문이었습니다. 하지만 자기 새끼를 잡아먹 는 것은 여우에게도 무척 슬픈 일이었습니다.

그런데 그 산꼭대기에 까마귀 한 마리가 집을 짓고 있었습니다. 그래서 여 우는 생각했습니다.

"저 까마귀와 사귀어 사이좋게 지내보아야겠다. 그러면 저놈이 내 양식쯤 은 구해 줄지도 모르지. 저놈은 그런 일에 있어서는 내가 할 수 없는 일도 할 수 있으니까."

여우는 까마귀 둥지로 다가가 소리가 들리는 곳까지 이르자 인사하고 말 했습니다.

"여보시오, 진실한 신자는 이웃에 사는 진실한 신자에게 두 가지 청을 할 수 있는 권리가 있지 않을까 하오. 사이좋은 이웃으로서 친분을 맺을 권리와 같은 알 이슬람의 신앙에 귀의할 권리 말이오. 아시겠소? 당신도 내 이웃이 니 나에게 요구할 권리가 있는 셈이지요. 우린 서로 오래 사귄 사이인 만큼 나에게는 더욱 그것을 이행해야 하는 의무가 있는 것이오. 그뿐만이 아니오. 내 마음은 당신을 사랑하는 기분으로 가득 차 있소. 바로 그 점에서 서로 친 절한 말을 걸기도 하고, 이제부터 사이좋게 지내자고 부탁하지 않을 수 없구 려. 어떻소? 무슨 좋은 대답을 해 줄 수 없겠소?"

이 말에 까마귀는 대답했습니다.

"뭐니뭐니해도 진실이 담긴 이야기가 가장 훌륭한 이야기이지요. 당신은 아무래도 마음이 없는 말을 하는 듯하오. 겉으로는 친절한 척하면서 마음속 으로는 미워한다면 곤란하거든. 당신은 먹는 편이고 나는 먹히는 편이니 아무래도 친구로 사귀는 것은 무리일 것 같소. 나는 새이고 당신은 짐승이라는 것을 뻔히 알면서 아무 이득도 되지 않는 것을 요구하거나 되지도 않을 일을 바라는 것은 무슨 이유지요? 형제의 인연*1을 맺자고 하지만 그건 안 될 말이고 또 그런 일은 할 수도 없는 노릇이니까요."

"하지만 훌륭한 물건의 소재를 아는 자는 거기서 물건을 고를 때도 한층 능숙하게 고른다는데 그건 사실이라오. 그러면 그 한 무리도 덕을 입는 거지요. 내가 당신 이웃에 살고 싶어 하고 의좋게 지내자고 부탁하는 것은 무슨 일에서건 서로 도우며 힘이 되고자 하는 것뿐이오. 우리의 교제는 틀림없이 잘될 거요. 진정한 우정이 얼마나 좋은 것인가에 대해 나는 온갖 이야기를 알고 있지요. 원하신다면 하나 들려 드리겠소."

"그럼, 당신의 그 이야기를 한 번 들어봅시다. 잘 들어보고 생각한 뒤에 당신의 본심을 판단해 보기로 하겠소."

"오, 그럼, 들어보시오. 먼저 벼룩과 생쥐 이야기가 있소. 그 이야기로 방금 내가 한 말을 판단해 주시오."

"무슨 이야기요?"

"이런 이야기요."

여우는 다음과 같은 이야기를 시작했습니다.

벼룩과 생쥐

옛날 생쥐 한 마리가 물건도 많고 재물도 산더미처럼 쌓인 어느 상인 집에 살고 있었습니다. 어느 날 밤, 벼룩 한 마리가 상인의 양탄자 침상 속에 숨어 있다가 그 부드러운 몸을 보고 목이 말라 피를 빨기 시작했습니다. 따끔하니 아픈 바람에 상인은 눈을 뜨고 일어나 노예계집과 하인을 불렀습니다. 모두 급히 주인에게 와서 소매를 걷어붙이고 벼룩을 잡기 시작했습니다. 그러나 이 흡혈귀는 자기를 찾고 있다는 것을 알아채자 재빨리 달아나 생쥐의 집에 숨어버렸습니다. 벼룩을 본 생쥐가 말했습니다.

"성질도 종류도 나하고는 다른 네가 무슨 볼일로 내 집에 왔느냐? 나에게 행패를 부리거나 못살게 굴어 나를 쫓아낼 작정인 거냐?"

그러자 벼룩이 대답했습니다.

"실은 맞아 죽을 것 같아 댁으로 도망쳐왔소. 당신의 보호를 받으러 온 것이지 결코 당신 집이 탐난 것은 아니오. 나는 당신을 못살게 굴어 이 집에서 쫓아낼 마음은 조금도 없소. 아니, 오히려 당장에라도 기꺼이 은혜를 갚겠소. 그러면 당신도 내 마음을 알고 칭찬해 줄 거요."

이 말을 듣고 생쥐는—

—여기서 샤라자드는 날이 밝아오는 것을 보고 이야기를 그쳤다.

151번째 밤

샤라자드는 이야기를 계속했다.

오, 인자하신 임금님, 생쥐는 벼룩의 말을 듣고 말했습니다.

"그렇다면 안심하고 여기 있구려. 조용하고 평안하여 아무 일 없는 자비밖에 아무것도 당신한테 닥쳐올 게 없을 테니까. 또 이곳에는 당신을 기쁘게하는 것뿐, 당신이나 나를 괴롭히는 것은 아무것도 없소. 나는 아낌없이 당신에게 인정을 베풀어 드리지요. 상인의 피를 못 빨게 되어 분하게 생각지는마시오. 또 그 사람한테서 얻어먹지 못한 것을 탄식하지도 마시오. 자기에게생기는 양식만으로 만족해야 하는 거요. 그것이 가장 안전하니까. 벼룩 씨,나는 다음과 같은 시를 알고 있는데, 여기에는 금언(金言)이 들어 있다오.

일이 어떻게 되어 가든 불평 없이
나는 홀로 만족하며
마음 한가로이 세상을 살아왔네.
물 한 잔에 빵 한 조각과
굵은 소금을 양식으로
해진 옷을 걸치고,
아! 알라의 뜻이라면
안락하기 그지없는 생활
나에게 내려주소서.

그러나 신의 마음 어떠하건

기꺼이 한결같이 받들리라.”

생쥐의 말을 듣고 벼룩이 내납했습니다.

“예, 그 말씀 잘 알았습니다. 말씀대로 하지요. 지금은 당신이 시키는 대로 따르는 수밖에 없으니까요.”

“진정한 사랑에는 순수한 의도가 담겨 있는 것이라오.”

그리하여 두 마리는 사이좋게 지내게 되었습니다. 그 뒤 벼룩은 밤이 되면 상인의 침상으로 갔습니다. 그러나 결코 지나치게 피를 빨아먹지는 않았습니다. 그리고 낮에는 생쥐의 구멍에서 지냈습니다.

어느 날 밤 상인은 많은 돈을 가지고 집으로 돌아와 세기 시작했습니다. 금화가 짤랑거리는 소리를 듣고 생쥐는 구멍에서 머리를 내밀고 내다보았습니다.

이윽고 상인이 베개 밑에 돈을 넣고 잠들자 생쥐는 벼룩에게 말했습니다.

“이때야말로 큰 부자가 될 좋은 기회다. 저 돈을 이리로 가져올 좋은 방법이 없을까?”

“자기에게 힘이 없는데 쓸데없는 노력을 해 봐야 소용없어요. 해낼 능력이 없으면 마땅히 피해야 할 함정에 빠지게 되고, 힘이 모자라 뜻도 이룰 수 없으니까요. 아무리 지혜를 쥐어짜봐야 소용없지요. 그것은 마치 참새가 쌀알을 먹다가 그물에 걸려 새 몰이꾼에게 잡히는 거나 마찬가지요. 당신에게는 금화를 훔쳐낼 힘이 없고 나에게도 그럴 힘은 없으니까요. 나는 금화 한 닢도 끌어낼 수 없어요. 당신은 어떻게 하겠어요?”

“난 이 집에 출입구를 70개나 만들어 마음대로 드나들 수 있게 해 놓았어. 게다가 소중한 물건을 간직해 두기 위해 튼튼하고 안전한 장소도 마련해 놓았지. 어떻게든 네가 상인을 집 밖으로 몰아낼 궁리만 하면 틀림없이 일이 잘될 텐데. 그렇게 되면 알라의 가호도 있을 거야.”

“그럼 당신을 위해 그 사람을 쫓아낼 궁리를 해 보지요.”

벼룩은 상인의 침상에 들어가 상인이 놀랄 만큼 세게 물어뜯고는 상인의 손이 닿지 않는 곳으로 도망쳤습니다. 상인은 눈을 뜨고 벼룩을 찾았지만 눈에 띄지 않자 그대로 돌아눕고 말았습니다. 그러자 벼룩은 또 전보다 더 세게 상인을 물었습니다. 상인은 견딜 수가 없어 입구에 있는 의자에 누워 아침이 될 때까지 깨지 않고 잠들고 말았습니다.

생쥐는 그 틈에 나와 부지런히 금화를 날라 마침내 한 닢도 남기지 않고 구멍 속으로 다 옮겨 놓았습니다. 아침이 되자 상인은 집안사람들을 의심하며 열심히 생각하기 시작했습니다.

"그래서 말이오(하고 여우는 이야기를 계속했습니다), 머리 좋고 경험 많으며 눈치 빠른 당신에게 이런 말을 하는 것은 생쥐가 벼룩에게 은혜를 돌려받았던 것처럼 당신도 나의 사례를 받게 될지 모른다는 뜻에서 이야기를 들려준 것이오. 글쎄, 잘 생각해 보시오. 벼룩이라는 놈은 정말 훌륭하게 은혜를 갚지 않았소?"

이 말에 까마귀는 대답했습니다.

"은혜를 갚고 안 갚고는 각자 나름이오. 친척들에게 버림받을 그런 교제를 바라는 자에게 친절하게 해 줄 의무는 없으니까요. 본디부터 원수 사이인 당신에게 친절을 베풀면 나는 결국 이 세상에서 버림받게 될 거요. 이보시오, 여우 씨, 당신은 잔꾀와 교활함으로 가득 차 있소. 간사한 꾀와 음모에 뛰어난 자는 아무리 맹세한다 해도 믿을 수가 없소. 그런 자에게는 진실이 있을 수 없으니까. 바로 얼마 전에 당신이 친구인 이리를 배신했다는 소문은 나도 들었소. 당신이 계략을 써서 이리를 파멸의 구덩이에 빠뜨리지 않았소? 전부터 친한 사이로 오랫동안 사귀어 왔으면서 상대를 용서하지 않고 그런 짓을 했단 말이오. 당신과 같은 종류인 친구를 그 지경으로 만들었으니 내가 어찌 당신의 성실을 믿겠소. 종류가 다른 당신의 적이고 보면 어떤 봉변을 당하게 될지 알게 뭐요. 당신과 나 사이를 비유한다면 그 매와 새라고나 할까요?"

"그건 또 무슨 소리요?"

그래서 까마귀는 다음과 같은 이야기를 시작했습니다.

암매*2와 새

옛날에 매우 잔인한 폭군 같은 매가 있었소.

—여기서 샤라자드는 날이 밝아오는 것을 알고 이야기를 그쳤다.

152번째 밤

샤라자드는 이야기를 계속했다.

오, 인자하신 임금님, 까마귀는 이야기를 계속했습니다.

"옛날에 암매가 한 마리 있었는데 젊었을 때부터 굉장히 잔인한 짓을 좋아하는 폭군이어서, 하늘의 사나운 새는 물론이고 땅의 맹수들도 모두 이 매의 발톱을 모면할 수 없어 무서워하면서 살고 있었소. 자기와 종류가 다른 새만 보면 사정없이 달려드는 것이 습관이라 그 난폭한 짓으로 일어난 사건도 적지 않았소. 그런데 나이를 먹고 몸이 약해지니 기력이 달려서 배를 곯는 일이 가끔 있게 되었소. 하지만 체력이 약해지는 것과는 반대로 점점 더 교활한 꾀가 늘어나 전보다 더욱 간사한 꾀를 쓰게 되었소. 어느 날, 새들의 모임에 나가 먹다 남은 것을 모조리 먹어치우고부터는 힘으로 먹는 대신 간사한 꾀로 배를 채울 궁리를 하게 되었지. 그런데 여우 양반, 당신도 이 매와 똑같단 말이오. 힘으로 잘 안 되면 꾀로 해치우려 하니 말이오. 나와 사귀자는 것도 나를 속여서 먹이를 얻기 위한 책략인 걸 난 알고 있소. 나는 절대로 그 장단에 놀아나지 않을 것이고 당신의 손에 내 손을 바치는 짓*3은 하지 않을 것이오. 알라께서는 내 날개에 힘을 주시고, 마음에는 조심을, 눈에는 날카로운 시력을 주셨으니까요. 나는 다 알고 있소. 자기보다 강한 자를 흉내내는 자는 지쳐서 자기 몸을 망치고 멸망하는 게 고작이라는 것을. 그래서 나는 걱정이 되오. 당신이 자기보다 강한 자를 흉내내다가 참새처럼 되지나 않을까 하고 말이오."

"참새가 대체 어쨌다는 거요? 그 이야기를 들려주시오."

그래서 까마귀는 다음과 같은 이야기를 시작했습니다.

참새와 독수리

참새 한 마리가 어느 날 양 우리 위를 날다가 자세히 살펴보니 커다란 독수리 한 마리가 갓난 아기 양을 움켜잡고 날아가고 있었습니다. 그것을 본 참새가 말했습니다.

"나도 저 독수리처럼 해 보자."

그리고 퍼덕이면서 자기보다 뛰어난 자를 흉내내 보았지요. 참새는 곧장 날아 내려와 두툼한 털로 뒤덮인 숫양 등에 내려앉았소. 그런데 이 양은 똥과 오줌 속에 뒹굴었던지라 털이 마치 털 담요처럼 뒤엉켜 있었소. 참새는 양의 등에 내려앉자마자 날개를 퍼덕이며 날아오르려 했지만 공교롭게도 발이 털에 걸려 아무리 퍼덕여도 빠지지 않아 그만 양치기에게 들키고 말았소. 양치기는 아기 양을 독수리에게 채인 데다 참새마저 왔으므로 몹시 화가 나서 다짜고짜 참새를 움켜잡아버렸소. 그리고 날개를 뜯고 나서 가는 실로 다리를 묶어 아이들에게 줘버렸지요.

"이 참새는 왜 이래요?"

참새를 얻은 아이가 묻자 양치기는 대답했다오.

"이놈은 주제넘게 자기보다 뛰어난 자를 흉내내다가 이런 꼴을 당한 거란다."

까마귀는 다시 말을 이었습니다.

"그런데 여우 양반, 당신은 그 참새와 흡사하구려. 몸을 망치지 않도록 부디 조심해 자기보다 뛰어난 자의 흉내는 내지 말기를 충고하고 싶소. 당신에게 일러둘 말은 이것뿐이오. 그럼, 안녕."

여우는 까마귀를 제 마음대로 할 수 없게 되자 실망과 슬픔에 신음하며 이를 갈면서 돌아갔습니다.

여우가 한탄하는 소리를 듣고 침통한 몸부림과 슬픔에 잠긴 꼴을 보며 까마귀가 말했습니다.

"오, 여우 양반, 당신은 무엇을 그리 슬퍼하며 이를 갈고 있소?"

"네가 나보다 더 나쁜 놈이라서 이를 가는 것이다!"

이렇게 말하고 여우는 집으로 돌아갔습니다.

샤리아르 왕이 말했다.

"오, 샤라자드, 그대 이야기는 정말 재미있고 유쾌하구나. 그런 유익한 이야기가 더 없느냐?"

샤라자드는 대답했다.

"네, 이런 이야기도 있습니다."

〈주〉

*1 동양인들 사이에서는 '형제의 인연을 맺는 것'에도 특별한 형식이 있다. 인노의 누누 보라 바이(입으로 지명하는 형제)는 보편적으로 널리 알려져 있다. 여러 인도 종족의 강한 '사교성'은 고립을 두려워하기도 하고, 야만스러운 사회상태에서 무방비한 것에는 특별한 공포가 따르기도 한다. 여기에 '사성(四姓)' Caste(신분적, 직업적 계급)가 발생한 근원이 있는데, 여기에 대해서는 《순례》 제1권을 참조할 것. 〔본 판에 의하면 '토착민의 정신, 특히 사교적인 성질에서 사성이 생겼으며, 그 때문에 '사성'에서 추방되는 것만큼 인간에게 두려운 것은 없다.'〕 그러나 이슬람교도에게 두세 방울의 피를 짜내어 서로 나누어 마시는 아프리카적인 의식을 행하는 일은 허용되지 않는다. 참고로, 이 의식은 유럽에서도 즐겨 행해졌었다. 이를테면 《로마인 무훈담 Gesta Romanorum》〔이 책 '어부와 마신 이야기' 주석 10 참조.〕 제67화는 '오른팔에서 (마시기 위한) 피를 뽑은' 현명한 기사와 어리석은 기사에 관한 이야기이다.

*2 인도의 F. Sacer〔영어의 Saker, 불어의 Sacre로, 수렵용 암매〕는 '라가르'라 하고, 수컷은 '자가르'라 한다. T.E. 조던(Jordan) 씨 《인도산 조류 목록 Catalogue of Indian Birds》(1839)에 의하면 이 매는 좀처럼 없다고 한다. 그러나 내가 본 바로는 그 반대이다. 신드(인도의)에서는 해오라기(Nyctardea mycticorax), 플로리켄(Floriken), 또는 호바라(Hobara, Otis aurita), 메추라기, 자고새, 때로는 토끼 등을 잡는 데 쓰인다. 까마귀를 상대로 하면 멋진 연기를 보여주지만 방어해 줄 필요가 있다. 인도의 수렵가는 우리와 마찬가지로 매를 두 종류로 나눈다. 즉 눈이 검고 꼬리가 긴 고상한 것과 눈이 노랗고(고스호크(gos-hawk), '날개가 짧은 큰 매'처럼) 날개가 둥근 천한 것으로 나눈다.

*3 자신을 상대방이 하는 대로 맡기는 것.

고슴도치와 산비둘기

옛날에 고슴도치 한 마리가 대추야자나무 가까이로 이사를 했습니다. 그 나무에는 산비둘기 부부가 집을 지어 즐겁게 살고 있었습니다. 고슴도치는 생각했습니다.

"이 산비둘기 부부는 대추야자 열매를 먹고 있는데, 나는 그걸 딸 수가 없구나. 어떻게든 놈들을 속일 꾀를 내야겠다."

그래서 대추야자나무 뿌리에 구멍을 파고 마누라와 함께 살기로 했습니다. 그리고 구멍 옆에 기도소를 짓고 그 속에 틀어박혀 아침저녁으로 기도와 수양을 일삼는 군자처럼 꾸며 보였습니다. 그것을 본 신앙심 깊은 수비둘기는 마음 놓고 고슴도치에게 말을 걸었습니다.

"여기서 그렇게 지내신 지 얼마나 되셨습니까?"

"벌써 30년 전부터지요."

"무엇을 잡수십니까?"

"대추야자 열매를 주워 먹고 있지요."

"무엇을 입으시고요?"

"바늘을 입고 있지요. 이 바늘 덕분에 여간 도움이 되지 않는다오."

"다른 곳도 많은데 어째서 하필 이런 곳을 골랐습니까?"

"다른 곳을 고르지 않고 이곳을 고른 까닭은, 방황하는 자를 모두 올바른 길로 인도하고 무지한 자를 가르치기 위해서지요."

"나는 오해하고 있었습니다. 그 말을 듣고 보니 당신의 인품을 사모하게 되는군요."

그러자 고슴도치가 말했습니다.

"하지만 당신이 실제로 하는 행동은 당신 말과 다르지 않습니까? 당신은 마치 이런 농부와 똑같은 게 아닐까요? 즉, 철이 돌아와도 게을러 씨를 뿌리지는 않고 '날씨가 좋지 않아 애써 씨를 뿌려봤자 고작 해야 밑천만 날리고 말 거야' 하고 그 농부는 말했지요. 그런데 가을이 되어 남들이 타작하는 것을 보고는 새삼스레 자기가 게으름 부리다 큰 손해를 본 것을 후회하고 분통이 터져 죽어 버렸답니다."

이 말을 듣고 산비둘기가 물었습니다.

"그렇다면, 이 세상의 인연을 벗어나 모든 번뇌를 해탈하고 오로지 알라께 종사하기 위해서는 어떻게 하면 좋을까요?"

"저 세상에 갈 준비를 하면서 약간의 양식으로 만족하는 것이 으뜸이지요."

"어떻게 그렇게 할 수 있겠어요? 나는 작은 새일 뿐이고 게다가 매일의 양식을 얻는 이 대추야자나무에서 한 발짝도 떠날 수가 없는데요. 비록 떠날 수 있다 하더라도 내가 살 곳은 여기밖에 모른답니다."

"그 대추야자 열매를 흔들어 떨어뜨리면 당신네 부부의 1년 양식은 충분할 겁니다. 그러고는 나무 밑에 집을 짓고 기도에 전념하며 나쁜 길로 들어서지 않도록 하면 되지요. 떨어뜨린 열매는 모두 당신네 집으로 날라다 저축해 두면 대추야자가 없어질 때가 되어도 걱정 없겠지요. 그것을 다 먹고 나도 수도가 끝나지 않는다면 단식하면 되고요."

이 말을 듣고 비둘기는 매우 기뻐하며 외쳤습니다.

"나 같은 새에게 내세를 생각하게 하고 바른길로 인도해 주신 당신께 알라의 은총이 내리시기를!"

그리고 암비둘기와 함께 열심히 대추야자나무를 흔들어 그 열매들을 모조리 떨어뜨렸습니다. 고슴도치는 먹을 것이 잔뜩 생겼으므로 몹시 기뻐하며 구멍이 가득 찰 때까지 열매를 날라다 놓고 생각했습니다.

"비둘기 부부가 양식이 모자라게 되면 아마 나에게 부탁하러 올 테지. 나를 신앙심이 깊은 자인 줄 알고 있으니 얻으러 올 거야. 그러면 나는 놈들을 잡아먹어 버려야지. 놈들이 없어지면 떨어진 대추야자 열매는 모두 내 것이다."

이윽고 열매를 다 떨어뜨리고 난 비둘기 부부는 나무 꼭대기에서 내려왔습니다. 그러고 보니 고슴도치가 열매를 하나도 남기지 않고 자기 집으로 날라놓고 있었습니다.

"오, 신앙심 깊고 친절하게 충고해 주신 고슴도치 님, 대추야자 열매는 그림자도 볼 수 없군요. 그 열매가 없으면 우리는 어떻게 살아갈 수 있겠습니까?"

"아마 바람이 어디론가 가져가 버린 게지. 하지만 신이 주신 먹이보다 그것을 주신 신께 마음을 바치는 일이야말로 구원받을 수 있는 단 하나의 길이오. 입이라는 것을 만들어주신 신께서 입에 넣을 양식을 주시지 않을 까닭이 없으니까요."

고슴도치는 이렇게 말할 뿐 비둘기 부부의 말은 들은 체도 하지 않고 다만 자기의 신앙심이 두터운 듯 꾸미면서 그럴 듯하게 비둘기 부부를 속였습니다. 비둘기 부부는 그 속임수를 깨닫지 못하고 고슴도치네 집 안으로 들어갔습니다. 그러자 고슴도치가 문 앞으로 달려가 이를 뽀득뽀득 가는 것을 보고 비둘기는 비로소 속은 것을 깨달았습니다.

"오늘 밤은 어젯밤과는 태도가 완전히 달라졌군요. 학대받는 자에게는 신의 구원이 있다는 것을 모르시나요? 나쁜 꾀는 그만두는 게 좋을 거요. 그렇지 않으면 상인을 속이려던 사기꾼과 같은 변을 당할 테니까요."

"그건 또 무슨 말이오?"

"나는 이런 이야기를 들은 적이 있지요."

상인과 두 사기꾼

옛날 신다라는 도시에 돈 많은 상인이 있었답니다. 이 상인은 낙타를 마련하여 짐을 싣고 어느 도시로 장사하러 나가려 했습니다. 그런데 이 상인을 노리는 두 사기꾼이 나타나 두 사람은 손에 넣을 수 있는 물건들을 모두 그러모아 짐짝을 꾸리고 자기들도 상인이라면서 부자상인과 동행했습니다. 첫 번째 역참에 이르렀을 때 그들은 상인을 속여 가진 물건을 모두 빼앗아버리자는 의논을 하고 있었습니다. 그와 동시에 두 사기꾼은 또 마음속으로 서로 상대를 곯려주려고 생각하고 있었습니다.

"이놈을 속여 버리면 앞으로 나는 편안히 살 수 있고, 물건도 모두 내가 독차지하게 된다."

이 간사한 꾀를 이루려고 하나가 음식에 독약을 넣어 짝패에게 주자, 또 한 놈도 역시 똑같은 짓을 했으므로 둘 다 독이 든 음식을 먹고 함께 죽고

말았습니다. 한편 상인은 두 사람이 오랫동안 나타나지 않자 어찌 된 일인가
하고 가보니 둘 다 숨이 끊어져 있었습니다. 그 광경을 보고 상인은 그들이
흉악한 계략을 꾸미다가 오히려 서로 화를 당하고만 사기꾼이었음을 알았습
니다. 덕분에 상인은 목숨을 건졌을 뿐만 아니라 뜻하지 않은 두 사기꾼의
물건까지 손에 넣었습니다.

　─여기서 샤리아르 왕은 말했다.

　"오, 샤라자드, 그대는 내가 깨닫지 못한 여러 가지 것을 가르쳐주었다.
그런 이야기를 좀더 해서 나를 깨우쳐다오."

　"임금님, 저는 이런 이야기도 전해 들은 적이 있습니다."

　샤라자드는 이야기를 계속했다.

원숭이를 키우는 도둑

　한 남자가 원숭이 한 마리를 기르고 있었습니다. 그 사람은 도둑으로 시장
에 나가서 물건을 잔뜩 훔쳐오곤 했습니다. 어느 날, 헌옷을 파는 남자가 시
장에서 소리 높이 외치며 물건을 팔고 있었습니다. 그러나 흥정해 오는 사람
이 아무도 없고 물건을 보여줘도 모두 거절할 뿐이었습니다. 그럭저럭 하는
동안 원숭이를 키우는 그 도둑은 헌옷장수가 물건을 보따리에 싸고서 잠시
쉬는 것을 보고 상인의 주의를 끌기 위해 원숭이에게 재주를 부리게 하고는
그가 정신이 팔려 구경하는 틈에 옷 보따리를 슬쩍 훔치고 말았습니다. 도둑
은 원숭이를 끌고 인기척 없는 곳으로 가서 보따리를 펴고 헌옷을 꺼내 값비
싼 천에 다시 쌌습니다. 그리고 그것을 다른 시장으로 가져가서는 보따리를
끌러보지 않는다는 조건을 붙여 싼값으로 손님들의 눈길을 끌었습니다. 한
남자가 그 훌륭한 보자기가 마음에 들었던지 부르는 대로 값을 치르고는 옷
보따리를 사서 집으로 돌아갔습니다. 그 아내가 물었습니다.

　"그게 뭐예요?"

　"비싼 천이야, 너무 싸게 샀기에 다시 팔아 톡톡히 이익을 볼까 하고 사왔
지."

　"당신은 정말 바보군요! 훔친 물건이 아니고서야 이 천을 어찌 그런 헐값
으로 팔겠어요? 따져보지도 않고 물건을 사는 사람은 반드시 실수를 하는

법이에요. 그런 사람은 저 방직공처럼 변을 당한다는 것을 모르시나요?"

"방직공 이야기라니 어떤 거지?"

"이런 이야기가 있잖아요."

어리석은 방직공

옛날, 어느 마을에 한 방직공이 살고 있었어요. 일은 잘했지만 남보다 더 많은 일을 하지 않고는 도저히 먹고 살 수가 없었대요. 어느 날, 이웃 과수원에서 결혼잔치가 있어 마을 사람들이 모두 초대받았으므로 방직공도 갔지요. 그런데 훌륭한 옷을 입은 손님들은 산해진미를 대접받으며, 잘 차려입은 것 때문에 집주인이 더 정중하고 극진하게 대접하는 것을 눈앞에서 보고 방직공은 생각했대요.

"만약 내가 좀더 쉽게 남을 속여 돈을 잔뜩 모아 수입이 좋아지면 근사한 옷을 사 입어야지. 그러면 신분이 높아져서 남의 공경도 받고 저 사람들과 대등해질 거야."

그런데 방직공은 역시 그날 밤 초대된 건달 하나가 높은 담 위에서 뛰어내려 용하게 땅 위로 발딱 서는 것을 보고 중얼거렸습니다.

"좋아, 나도 저 녀석이 한 대로 해 보자. 설마 실수할 리는 없겠지."

그리고 곧 담 위로 기어 올라가 뛰어내린 것까지는 좋았는데 그 바람에 목이 부러져 죽고 말았지요.

당신한테 말해 두지만, 사람이란 자기가 잘 아는 장사를 하며 사는 것이 으뜸이에요. 그렇지 않으면 그만 헛된 욕심에 눈이 어두워져 분수를 모르고 엉뚱한 짓을 하게 되지요.

그러나 남편은 그런 말은 들은 척도 하지 않고 말했습니다.

"약다고 해서 언제나 지혜로운 이득을 보는 것도 아닐 테고, 바보라 해서 언제나 그 때문에 손해를 본다는 법도 없어. 언젠가 뱀의 성질을 잘 아는 뱀 마술사가 뱀에 물려*[1] 목숨을 잃고, 그리 솜씨도 없는 녀석이 약삭빠르고 재치 있게 뱀을 다루는 것을 본 적 있지."

이렇게 말하며 남편은 마누라의 말을 듣지 않고 훔친 물건을 헐값으로 사들이곤 했는데 그러다가 마침내 장물아비 혐의가 걸려 몸을 망치고 말았답니다. 그것은 마치 지금부터 이야기하려는 참새가 몸을 망친 이야기와 비슷하답니다.

〈수〉

*1 독사는 '쏘거나' '깨물지' 않는다. 칼로 푹 찌르듯이 독을 품은 이빨로 한 번의 공격을 가한다. 그 독이빨은 뱀 마술사가 아무리 빼버려도 다시 생겨 수많은 생명을 빼앗는다. 일반적으로 독이빨을 뽑아내는 방법은 한 손으로 뱀의 목을 단단히 잡고 다른 손으로 붉은 헝겊 조각을 펄럭여서 약을 올린다. 그러다가 뱀이 그것을 덥석 물면 단숨에 힘차게 잡아당겨 양쪽 송곳니가 뽑혀 나오게 하는 것이다. 그런 다음 머리를 조금 숙이면 독이 노란빛을 조금 띤 두세 방울의 액체가 되어 흘러나온다. 뱀 마술사도 알고 있듯이 이것은 마셔도 위험하지 않다. 뱀은 정신을 잃고 몽롱한 듯한 모습을 보이지만 2, 3시간이 지나면 다시 기운을 되찾아 아무 일도 없었던 것처럼 먹이를 먹는다. 나는 인도에서 뱀 마술사로부터 여러 가지를 배웠지만 너무 위험해서 곧 그만뒀다.

참새와 공작

옛날 참새 한 마리가 새의 임금님에게 날마다 문안을 드리러 다녔습니다. 이 참새는 늘 이른 아침에 문안드리러 가서 저녁때가 되어서야 물러났으므로 아침에 누구보다 일찍 갔다가 맨 나중에 나오는 게 습관이 되었습니다.

어느 날 새들이 높은 산꼭대기에 많이 모였을 때 그중 한 마리가 이렇게 말했습니다.

"우리 새 종족이 많이 늘었고 친구 사이의 분쟁도 꽤 많아졌다. 그러니 이 일을 처리하려면 임금님을 모시고 사건들을 해결해 주십사고 하는 수밖엔 없다. 그렇게 되면 우리는 모두 마음을 합쳐 하나가 되어 시비도 없어질 게 아닌가."

이 말을 듣고 나선 것은 그 참새로, 동료들에게 공작(즉 참새가 늘 섬기는 주인입니다)을 왕으로 섬기지 않겠느냐고 열심히 설득한 끝에 새들은 그 공작을 왕으로 모시기로 했습니다. 새들의 왕이 된 공작은 모두에게 행하를 내리고 특히 그 참새를 비서이자 재상으로 임명했습니다. 그래서 참새는 왕 앞에서 열심히 근무하면서, 이따금 일 중간에 짬을 내어 일반사무를 처리하기도 했습니다. 어느 날 참새가 시간이 되어도 나오지 않자 왕인 공작은 무척 걱정이 되었습니다. 이럭저럭 하는 동안 참새가 왔으므로 공작은 물었습니다.

"왜 이렇게 늦었느냐. 내가 신하들 가운데 누구보다도 너를 가까이 두고 사랑하는데 늦게 나오다니 대체 무슨 일이지?"

"아무리 생각해도 이상한 광경을 보았기에 겁이 났습니다."

"대체 무엇을 보았단 말이냐?"

"실은 한 남자가 저희 집 바로 옆에 그물을 치고 말뚝을 박고는 한복판에 쌀알을 뿌린 다음 자기는 멀리 몸을 숨기는 것이었습니다. 어떻게 하는지 가만히 보고 있으니 운명의 신의 장난이겠지요, 학 부부가 와서 대번에 그물에 걸려들어 비명을 지르기 시작했습니다. 그러자 새 몰이꾼이 일어나 학 부부를 붙잡고 말았습니다. 저는 이 광경을 보고 깜짝 놀랐습니다. 오, 임금님, 이러한 사정으로 입궐이 늦어진 것입니다. 이제 두 번 다시 그 집에는 돌아가고 싶지 않습니다. 그물이 무섭습니다."

"그렇다고 집을 떠나서는 안 된다. 아무리 조심해봤자 운명은 피할 수 없으니까."

참새는 공작의 분부를 황송하게 여기며 말했습니다.

"임금님 분부에 따라 앞으로는 꾹 참으며 절대로 집을 옮기지 않겠습니다."

그래서 참새는 항상 자기 몸을 조심하면서 임금님에게 음식 나르기를 게을리하지 않았으므로, 임금님은 언제나 충분히 음식을 먹으면서 식사가 끝나면 마실 것을 마신 뒤 참새를 물러가게 했습니다.

그러던 어느 날 여느 때처럼 참새가 사무를 보고 있는데, 참새 두 마리가 땅 위에서 싸우는 것이 보였습니다.

"임금님의 대신으로 있는 내가 바로 옆에서 참새들이 싸우는 것을 구경만 하고 있을 수는 없지. 어떻게든 저들을 화해시켜 줘야겠다."

그래서 곧 그곳으로 날아가 싸우는 새들을 말리려 했습니다. 그런데 별안간 새 몰이꾼이 나타나 그들의 머리 위에 그물을 던지자, 참새 대신도 운 나쁘게 새들의 한복판에 있다가 같이 붙잡히고 말았습니다.

"이놈을 놓치지 마, 이렇게 살찌고 멋있는 놈은 처음 봤다."

새 몰이꾼은 이렇게 말하면서 참새를 동료에게 건네주었습니다. 참새는 생각했습니다.

"조심하고 있었는데도 마침내 함정에 빠지고 말았군. 나에게 이런 엉뚱한 자신감을 불어넣어준 것은 바로 저 공작이다. 무척 조심하고 있는데도 운명을 벗어날 수는 없으니 운명의 마수를 경계해 봐야 아무 소용없는 일이로구나. 시인이 다음과 같이 노래한 것은 참으로 지당한 이야기다.

　　오지 않을 일은
　　절대 오지 않고
　　피할 수 없는 운명은
　　반드시 이 세상에 일어나는 법,

정해진 시간에 어김없이.
그런데 세상의 못난 자*1는
그것을 늘 탄식하곤 한다."

―이 이야기를 듣고 샤리아르 왕은 말했다.
"오, 샤라자드, 이번에는 뭔가 다른 이야기를 들려다오!"
샤라자드는 대답했다.
"내일 밤에 얘기해 드리지요. 알라가 칭송하시는 임금님께서 이 목숨을
살려주신다면."
―샤라자드는 날이 밝아오는 것을 알고 이야기를 그쳤다.

153번째 밤

샤라자드는 말했다.
그러면 이제부터 다음 이야기를 들려 드리겠습니다.

〈주〉

*1 아랍어의 아흐 알 자하라(Akh al-Jahalah)는 '무지(無知)의 벗, 무지한 자'라는 뜻. 벗
   이라는 뜻의 아흐는 빈자(貧者) 'a brother of poverty' 또는 고결한 사람 'a brother of
   purity' 같은 말에 쓰이는 brother의 뜻이다. 〔가장 널리 쓰이는 말로는 문필가의 'a
   brother of the quill' 및 그 밖의 것들이 있다.〕

알리 빈 바카르와 샤무스 알 나하르의 이야기

오, 고귀하신 임금님, 옛날 교주 하룬 알 라시드 시대에 한 상인이 있었습니다. 그 아들은 아부 알 하산 알리 빈 타히르*¹라고 불렸습니다. 아버지인 상인은 재산이 많고 인품도 훌륭했습니다. 아들은 귀와 눈이 빼어나게 아름다운 젊은이로 많은 사람에게 매우 사랑받고 있었습니다. 게다가 교주의 시녀와 노예계집들에게도 매우 사랑받아 자유로이 궁전에 드나들었습니다. 또 언제나 알 라시드 교주의 술벗이 되어 술자리에 참가해 시를 읊고 재미있는 이야기와 재치 있는 이야기를 들려주기도 했습니다. 아들은 시장에서 장사하고 있었는데, 그 가게에 언제나 오는 손님 중에 알리 빈 바카르라는 젊은이가 있었습니다. 페르시아 왕자*²로 더없이 아름답고 균형 잡힌 몸집에 단정한 생김새로, 뺨은 장미처럼 붉고 눈썹은 뚜렷하며 매우 아름답고 말씨는 우아하고 입술은 언제나 웃음을 머금고 있을 뿐 아니라 행동까지 쾌활했습니다.

어느 날, 이 두 젊은이가 가게에 앉아 농담을 나누면서 웃고 있는데 달처럼 아름다운 처녀 10명이 다가왔습니다. 모두 하나같이 아름답고 사랑스럽고 상냥스러운 데다 기품까지 있어 나무랄 데 없는 미인들이었습니다. 그 가운데 금실로 짠 비단안장을 얹고 황금등자를 단 암나귀를 탄 젊은 여자가 있었습니다. 그 여자는 부드러운 천으로 만든 베일을 쓰고 허리에는 황금으로 수놓은 비단띠를 두르고 있었습니다. 그 모습은 마치 어느 시인이 노래한 그대로였습니다.

> 그대의 살결은 비단결,
> 띠를 맨 가냘픈 허리도 비단 같구나.
> 목소리는 상냥하고
> 많지도 적지도 않은 그 말수

두 눈동자는 알라 신의
'있을지어다'라는 말씀으로 창조된 것.
마치 술과도 같이 사람들의
마음을 홀려 탄식게 하는구나.
아, 그리운 연정
밤마다 더해 가는데,
위안이여, 심판의 날에
와서 우리를 만나게 하라.

처녀들이 하산의 가게에 이르자 아까 그 여인은 나귀에서 내려 가게 앞의 걸상에 앉아*³ 하산과 인사를 나누었습니다. 손님인 알리는 그 여인의 아름다움에 넋을 잃은 채, 일어나서 가려고 했습니다. 그러자 여인은 알리를 말리며 말했습니다.

"그냥 앉아 계세요. 우리가 오자마자 별안간 일어나시다니 실례잖아요?"

그래서 알리는 대답했습니다.

"오, 부인, 저는 당신의 모습을 보았으므로 달아나는 것입니다. 실은 마음속으로 이런 시를 읊고 있었지요.

그녀는 푸른 하늘
높이 걸린
태양이어라.
그러니 마음을 달래어라,
인내의 치유하는 힘을 빌려.
그 여자의 하늘 높은 곳에
날아갈 방법 없고
그녀 또한 높은 하늘에서
땅으로 내려올 방도 없더라."

이 노래를 듣자 여자는 생긋 웃으며 하산에게 물었습니다.

"이분의 이름이 무엇인가요?"

"외국 사람입니다."

"어느 나라 분?"

"페르시아 왕의 후예로 바카르의 아들[1] 알리라고 하며 고귀한 신분입니다."

"나중에 시녀를 보낼 테니 곧 이분을 모시고 와주세요. 저희 집에서 대접해 드리고 싶어요. 바그다드 사람들은 인정이 없더라는 말은 듣고 싶지 않으니까요. 인색하게 구는 것은 정말 가장 좋지 않은 결점이거든요. 무슨 말씀인지 아시겠지요? 제 말을 들어주지 않으시면 언짢게 생각하겠어요. 그리고 다시는 이 가게에 오지 않고 당신한테 인사도 드리지 않을 거예요."[*4]

그러자 하산은 대답했습니다.

"제 머리와 눈에 맹세코 부인의 노여움을 사지 않게 해달라고 신께 빌겠습니다!"

이윽고 여자는 돌아갔습니다. 알리는 매우 놀라 멍하니 앉아 있었습니다. 한 시간쯤 지나자 한 시녀가 찾아와 하산에게 말했습니다.

"충성스러운 자들의 왕인 하룬 알 라시드 님의 지극한 총애를 받고 계신 샤무스 알 나하르 님의 전갈입니다. 당신과 알리 님을 모시고 오라는 분부이십니다."

하산은 서둘러 알리를 데리고 시녀를 따라 교주의 궁전으로 갔습니다. 그들은 시녀의 안내를 받고 방에 들어가 앉았습니다. 이런저런 이야기를 하고 있으니 이윽고 음식이 가득 담긴 자그마한 밥상이 나와 배불리 먹은 다음 손을 씻었습니다. 이윽고 시녀가 술을 가지고 와서 권하기에 술잔을 기울이면서 웃고 얘기하는 동안 기분이 매우 좋아졌습니다.

그런 다음 두 사람은 시녀의 재촉으로 자리에서 일어나 다른 방으로 안내되어 갔습니다. 그 방은 네 개의 기둥으로 받친 둥근 천장이 있고 온갖 호사스러운 도구가 아름답게 놓여 있어 마치 천상의 낙원에 있는 궁전 같았습니다. 두 사람은 참으로 진기한 물건들을 보고 깜짝 놀랐습니다. 이렇게 수많은 진귀한 물건들을 보며 즐기고 있는데, 별안간 달님처럼 아름다운 노예계집 10명이 나타나 간들간들 걸어 다니면서 보는 이의 눈을 매혹하고 마음을 어지럽게 만들었습니다. 그런 다음 여자들은 검은 눈동자를 한 극락의 신부처럼 두 줄로 늘어섰습니다.

잠시 뒤 다시 처녀 10명이 손에 류트며 여러 가지 악기를 들고 들어왔습니다. 그들은 두 손님에게 인사하고 앉아서 류트의 줄을 고르기 시작했습니다. 그런 다음 서서히 몸을 일으켜 류트를 켜기도 하고 노래며 시를 부르기도 했는데, 하나같이 듣는 사람의 마음을 황홀케 하는 미인들이었습니다.

이렇게 즐겁게 놀고 있는데 또 다른 처녀 10명이 나타났습니다. 모두 같은 나이또래로 봉곳하게 솟은 가슴, 검은 눈동자, 장밋빛 뺨, 빼어나게 아름다운 눈썹, 정숙한 자태를 지니고 있었습니다. 그것을 보면 아무리 신앙심 깊은 자라도 황홀해지지 않을 수 없었습니다. 게다가 모두 찬란하고 아름다운 비단옷을 입고 있어 누구 한 사람 가슴이 두근거리지 않는 자가 없었습니다. 그 처녀들이 문가에 늘어서자 잇달아 또다시 아름다운 처녀 10명이 이루 말할 수 없는 화려한 옷차림을 하고 역시 문 옆에 자리를 잡았습니다.

그러자 다음에는 처녀 20명이 들어왔습니다. 그 한복판에 샤무스 알 나하르라는 아까 그 부인이 끼여 있었는데, 그 사랑스럽고 아름다운 얼굴과 맵시는 별에 에워싸인 달과 같았고, 그 나긋나긋한 걸음걸이는 사람들의 넋을 빼앗을 듯했습니다. 치렁치렁한 검은 머리는 허리까지 늘어지고 남빛 옷에 황금자수와 값진 보석이 박힌 베일을 썼으며 갖가지 진귀한 보석으로 장식된 띠를 허리에 두르고 있었습니다. 부인은 부드럽고 사람을 호릴 만큼 아리따운 몸짓으로 걸어와 방 안쪽에 있는 긴 의자에 앉았습니다. 이것을 보고 알리는 다음과 같은 시를 읊었습니다.

> 그대야말로 내 재앙의 근원,
> 그대로 말미암은 안타까운 사랑에
> 나의 신음, 나의 한탄이 생겼어라.
> 그대 가까이 다가서면
> 내 영혼 녹아들고
> 그대 사랑에 나의 뼈 허물어진다.

알리는 노래가 끝나자 아부 알 하산에게 말했습니다.

"당신에게 좀더 배려하는 마음이 있어 이곳에 오기 전에 한마디 귀띔을 해 주었으면 좋았을 것을. 그러면 나도 각오를 하고 어떤 일이 있더라도 견딜 수 있었을 텐데."

그리고 눈물을 흘리며 신음하고 한숨을 내쉬었습니다. 아부 알 하산이 대
답했습니다.

"결코 나쁜 뜻이 있었던 것은 아닙니다. 처음부터 털어놓으면 당신이 들
떠서 그 때문에 그 부인과 만나지 못하게 되어 두 분 사이에 무슨 탈이라도
생기지 않을까 염려해 그런 것뿐입니다. 아무튼 걱정하지 마시고 기운을 내
십시오. 그분은 당신을 마음에 들어 하고 계시니까요."

"저 젊은 부인의 이름은 뭐라고 합니까?"

"샤무스 알 나하르 님이라고 합니다. 충성스러운 자들의 임금님이신 하룬
알 라시드 님의 총애를 받고 계시지요. 여기는 교주님 궁전입니다."

이리하여 나하르와 알리는 서로의 아름다운 모습을 이리저리 살피다가 마
침내 둘 다 사랑의 포로가 되고 말았습니다. 이윽고 알 나하르는 늘어선 처
녀들에게 저마다 신분에 따라 자리에 앉도록 명령했습니다. 처녀들이 창가
의 긴 의자에 앉자 이번에는 노래를 부르라고 명했습니다. 한 처녀가 류트를
들고 노래를 시작했습니다.

두 번이나 편지를 보냈으니
곧 답장을 주셔요!
오, 아름다운 왕자님
푸념할 원망은 수없이 많지만
피처럼 소중한 내 임,
너무도 귀한 내 생명의 열매!
베풀어주세요, 입맞춤 한 번
안 된다면 빌려주기라도 하셔요!
그보다 더 좋은 것 바라신다면
마음 내키는 대로 뭐든지 하셔요.
임이 준 것은 '병'의 옷이지만
나는 당신에게 드리겠어요,
'평온무사'의 옷을.

알리는 이 노래를 듣고 크게 감탄하며 그 처녀에게 말했습니다.

"그것과 비슷한 노래를 한 곡 더 들려주시오."

처녀는 류트의 줄을 튕기면서 다음과 같은 노래를 불렀습니다.

사랑하는 이여, 이별이 쓰라려
떨어지는 눈물은 폭포와도 같고
만나면 기뻐서 마음이 뛰네.
그대는 내 희망의 목표
그대는 내 존경하는 신
사랑에 애태우다 몸을 망친
눈물 젖은 이 몸을
가엾이 여겨주오.

나하르는 노래를 마치자 다른 처녀에게 말했습니다.

"노래를 한 곡 부르거라!"

그 처녀는 흥겨운 가락을 켜며 다음과 같은 노래를 부르기 시작했습니다.

나는 취했네, 술이 아니라
그대 얼굴에 취해 흔들거리네.
걸어가는 맵시의 우아함에
졸던 이 눈이 잠에서 깨었네.
참말로 취했어요, 술이 아니라
그대 곱슬머리에 나는 취했네.
나는 반했네, 아름다움이 아닌
그대의 덕에 머리 숙였네.
그대의 곱슬머리에 인내하던
마음도 느슨하게 풀렸네.
그대의 아름다운 모습에
지혜도 분별도 모두 빼앗겼네.

이 노래가 대번에 마음에 든 샤무스 알 나하르는 깊은 한숨을 지었습니다.
그리고 또 다른 처녀에게 노래하라고 말하자 처녀는 류트를 들고 노래를 불
렀습니다.

그대 얼굴은 하늘의 해님과
눈부신 빛을 겨루면서
젊디젊은 청춘의 샘이
아름답게 넘쳐 솟아난다.
그 곱슬곱슬한 구레나룻은
사랑이라는 글자를 써 보이고
그 털 한 오라기마다
사랑의 신비 깃들었네.
미녀들은 외치네, 드높이
"이 젊은이를 보고 알았네.
이처럼 훌륭한 옷차림은
알라의 베틀이 지은 것이리라."

알리는 노래가 끝나자 가장 가까이 있는 노예계집에게 말했습니다.
"너도 노래 하나 불러보려무나."
그러자 노예계집은 류트를 들고 노래를 시작했습니다.

수줍은 아양마저 떨면서
오랜 정성 드렸건만
밀회는 어쩌면 이다지도 짧을까.
'싫어요' '잠깐만 더'
그런 푸념은 말아줘요.
헛되이 보낼 수는 없잖아요!
이렇게 좋은 기회를
한껏 즐겁게 보내야지요.

이 노래가 끝나자 알리는 하염없이 눈물을 흘리며 울기 시작했습니다. 샤무스 알 나하르는 알리가 울고, 고통스러워하며, 푸념을 하는 모습을 바라보면서 미칠 듯한 연모의 정에 애가 탔습니다. 격렬한 욕정의 포로가 되어 긴 의자에서 일어나 침실문 앞으로 가서 알리와 얼굴을 마주하자 두 사람은 서로 목을 힘껏 끌어안았습니다. 그러다가 두 사람 모두 정신을 잃고 문 앞에서 그대로 쓰러지고 말았습니다. 그것을 본 처녀들은 깜짝 놀라 달려와 두 사람을 침실로 옮기고 장미수를 뿌렸습니다. 두 사람이 정신을 차려보니 하산의 모습이 보이지 않았습니다. 이 젊은이는 긴 의자 옆에 숨어 있었던 것입니다.

"하산이 어디로 갔을까?"

샤무스 알 나하르의 물음에 하산이 긴 의자 뒤에서 나오자 그녀는 인사하고서 말했습니다.

"오, 세상에서 가장 친절하신 분, 당신에게 어떻게 사례하면 좋을지 그 방법을 가르쳐주시도록 알라께 기도드리겠어요."

그리고 다시 알리 빈 바카르를 돌아보며 말했습니다.

"오, 당신뿐이었다면 아무리 마음이 간절해도 이렇게까지 되지는 않았을 텐데. 나까지 당신과 똑같이 이렇게 흥분하지 않았더라면 말이에요. 하지만 이렇게 된 바에는 어떤 화가 닥쳐온다 해도 인내하는 수밖에 없어요."

"알라께 맹세코, 나는 당신과 만나는 것만으로는 만족지 못합니다. 또 당신을 가만히 보는 것만으로는 이 마음의 불을 끌 수 없습니다. 이 가슴을 사로잡은 연정은 죽을 때까지 사라지지 않을 것 같습니다."

이렇게 말하는 알리의 얼굴 위로 실에 꿴 진주 같은 눈물이 흘러내렸습니다. 그 눈물을 보자 샤무스 알 나하르도 슬퍼져서 함께 울었습니다. 옆에서 보고 있던 하산이 외쳤습니다.

"당신네가 하는 일은 뭐가 뭔지 도무지 모르겠군요. 대체 왜들 이러시오? 앞길은 창창하고 이렇게 절호의 기회를 얻고서도 이러다니, 참 어이가 없군요. 함께 끌어안고 있으면서도 운단 말이오! 이래서야 헤어져 멀리 떨어져 있을 때는 어떻게 할 작정들이오? 이렇게 울며 슬퍼할 것이 아니라 잔치를 열고 유쾌하게 놉시다. 이제 눈물은 흘리지 말고 즐겁게 지내야 하지 않겠소?"

이 말을 듣고 샤무스 알 나하르가 눈짓하자 노예계집이 음식을 차리던 시녀들을 데리고 왔습니다. 상 위에는 은접시에 갖가지 요리가 가득 담겨 있었습니다. 그들이 두 사람 앞에 식탁을 차리자 샤무스 알 나하르가 먼저 먹기 시작하더니[*5] 알리 빈 바카르의 입에도 손수 음식을 한 입씩 넣어주었습니다. 그들은 배불리 잔뜩 먹은 다음 식탁을 물리고 손을 씻었습니다. 그러자 이번에는 시중드는 여자들이 침향과 용연향, 혼합향료 등 온갖 향이 담긴 향로를 가져오고 장미수가 가득 든 향수병도 들고 왔습니다. 그들이 향을 피우고 향수를 뿌리자 주위에 그윽한 향기가 감돌았습니다. 그런 다음 계집노예들이 황금으로 조각한 자그마한 밥상을 들고 왔는데, 거기에는 온갖 종류의 과즙과 과일과 말린 과일들이 수북이 담겨 있었습니다. 마지막으로 묵은 포도주가 넘칠 듯이 들어 있는 홍마노(紅馬瑙) 술병이 나왔습니다. 샤무스 알 나하르는 시녀 10명과 가희 10명을 남겨두고 나머지 처녀들은 저마다 자기 방으로 물러가게 했습니다. 두세 명의 가희가 류트를 타기 시작하자 그 가운데 한 처녀가 노래를 불렀습니다.

나의 인사를 받고
미소를 돌려준 사람이기에
사라지려던 나의 희망
가슴속에 밝게 되살아났건만
사랑의 손은 나의 비밀을
세상에 드러내어
세상 사람들의 성가신 입이
혀끝에서 혀끝으로
비밀을 퍼뜨렸네.[*6]
슬퍼라, 나의 눈물 방울방울 떨어져
그대와 이 몸 사이에 흘러넘치니
흡사 연정이 넘쳐흐르는 듯하구나.

노래가 끝나자 나하르는 일어나 큰 잔에 술을 가득 따라 들이켠 다음 다시 술을 가득 부어 알리에게 내밀었습니다.

—여기서 샤라자드는 날이 밝은 것을 깨닫고 이야기를 그쳤다.

154번째 밤

샤라자드는 이야기를 계속했다.

오, 인자하신 임금님, 샤무스 알 나하르는 잔에 술을 가득 부어 알리에게 내밀었습니다. 그리고 또 다른 처녀에게 노래를 부르라고 명하자 처녀는 다음과 같은 곡을 부르기 시작했습니다.

그치지 않고 흐르는 눈물
내가 마시는 술과 경주를 하네.
넘칠 듯 찰랑찰랑
잔을 채우는 것은 술이 아니라
포도주와 비슷한 것.*7
신께 맹세코, 나는 알 수 없네.
내 눈에 술이 넘쳐흐르는지
아니면 내가 마시는 술이
그칠 줄 모르는 눈물인지.

이 노래가 끝나자 알리가 잔을 들이켜고 여자에게 주니 여자는 다시 거기에 술을 따라 이번에는 하산에게 건넸습니다. 하산이 단숨에 들이켜자 여자는 말했습니다.

"술안주로 내가 노래를 부르지요."

그리고 류트를 집어 들고 줄을 고른 다음 이런 노래를 불렀습니다.

뺨을 타고 흐르는 두 줄기 눈물,
가슴에 타오르는 것은 연모의 불길.
비록 가까이 있어도 헤어짐이 두려워
하염없이 눈물짓는 그대

멀리 있든 가까이 있든
눈물 마를 사이 없어라.

이어서 다음과 같은 노래를 불렀습니다.

그대 위해서라면 목숨도 버릴 터
검은 머리에서 흰 종아리까지
아름답게 꾸민 술 따르는 동자(童子)여!
그대 손에서는 해님이
입술에서는 묘성(昴星)이
반짝반짝 빛나고
검은 목덜미에 보름달 떠오른다.*8
술에 취하는 것도 실은
그 눈이 내 마음 매혹하기 때문.
사랑하는 사람이 보름달과
그대를 찬양하여 부른다 할지라도
이상할 것 조금도 없네.
다른 이에게는 부족할지라도
나에게는 참으로 맑고 깨끗하네.
그대는 신, 사람들을
살리고 죽이고는 당신 뜻대로,
알라는 신의 모습을 본떠
'아름다움'을 만들어내고
서녘바람이 그대 영혼에 향기로움을 더했네.
그대는 참으로 이 세상 사람 아닌
하늘에서 내려온 천사라네.

이 노래를 듣고 알리와 하산을 비롯하여 그 자리에 있던 사람들은 모두 춤
출 듯 기뻐하며 거의 미친 듯이 어지럽게 날뛰는 상태가 되었습니다. 이렇게
흥겨워하고 있는데 별안간 한 시녀가 얼굴이 새파랗게 질려 달려오더니 벌

벌 떨면서 말했습니다.

"마마, 교주님의 환관들이 문 앞에 와 있습니다. 아피후와 마스룰과 마르잔*⁹과 그 밖에 제가 잘 모르는 이들입니다."

이 말을 듣고 모두 너무 놀라 숨이 멎는 것 같았지만 샤무스 알 나하르는 웃으면서 말했습니다.

"걱정할 것 없어요!"

그리고 시녀에게 명했습니다.

"우리가 여기서 물러나는 동안 너는 환관들을 맞아들여 접대하고 있어라."

그런 다음 알리와 하산을 침실에 숨기고 입구에 휘장을 쳤습니다. 그리고 손님 방 문을 닫고 비밀 문을 통해 꽃밭으로 빠져나가 거기 있는 긴 의자에 앉아 한 시녀에게 다리를 주무르게 하며 마치 그곳에서 내내 낮잠을 자고 있었던 척했습니다. 다른 여자들은 저마다 자기 방으로 돌아가게 한 다음 문지기 여자에게 시켜 문 앞에 기다리는 환관들을 불러들였습니다.

그러자 마스룰을 맨 앞으로 해서 환관 20명이 칼을 뽑아들고 우르르 들어왔습니다.

환관들이 인사를 하자 나하르는 물었습니다.

"무슨 일로 왔나요?"

환관들이 대답했습니다.

"충성스러운 자들의 임금님께서 당신께 문안드리라는 분부이십니다. 교주님은 당신의 모습이 보이지 않아 매우 쓸쓸해하고 계십니다. 오늘은 경사스러운 날이니 지금 곧 당신과 더불어 환락을 누리고 싶으시다면서 저희를 보내셨습니다. 그러니 당신 쪽에서 임금님께 가실 것인지 아니면 임금님께서 이리로 오시게 할 것인지 어느 쪽을 원하십니까?"

그러자 나하르는 일어나서 바닥에 엎드리며 대답했습니다.

"진실한 교도인 임금님의 분부에 따르지요."

그리고 시녀와 노예계집들을 부르자, 그들은 곧 나하르 옆에 늘어서서 언제 어느 때건 임금님의 명령에 복종하겠다는 뜻을 표시했습니다. 모든 준비가 갖추어져 있었지만, 샤무스 알 나하르는 환관들에게 말했습니다.

"충성스러운 자들의 임금님께 돌아가 양탄자를 깔고 여러 가지 준비를 해야 하니 조금만 더 계시다가 이리로 오시도록 말씀드려 주시오."

환관들이 서둘러 교주에게 돌아가자 나하르는 겉옷을 벗어 던지고 연인 알리에게 달려가 그를 가슴에 꼭 끌어안고 작별을 알렸습니다. 알리는 하염 없이 눈물을 흘리면서 말했습니다.

"당신과 이렇게 헤어지게 되면 이 몸도 영혼도 파괴되어 없어질 겁니다. 하지만 이 쓰라린 연모의 마음을 견뎌낼 힘을 주시도록 알라께 기도드리겠 습니다!"

"알라께 맹세코 몸이 파괴되어 없어질 사람은 바로 나예요. 당신은 시장 으로 돌아가 친구들을 만나 아무 일 없이 평온하게 지낼 수 있겠지요. 하지 만 나에게는 오직 괴로움과 번민이 있을 뿐, 누구 하나 위로해 줄 사람이 없 어요. 게다가 나는 교주님께 굳은 약속을 드렸지요. 당신을 애타게 연모하여 당신과의 이별을 슬퍼하고 있으면 내 몸에 끔찍한 위험이 닥쳐올지도 몰라 요. 나는 어느 혀로 노래 부르고 어떤 심정으로 교주님 앞에 나서지요? 아, 그리고 무슨 말을 하면서 술벗이 되어 드릴까요? 당신이 안 계신 이 궁전을 어떤 눈으로 바라볼 수 있을까요? 당신과 함께하지 않는 술자리의 술맛은 어떤 맛이 날까요?"

그러자 하산이 말했습니다.

"끙끙대며 탄식하지 말고 인내하십시오. 오늘 밤은 교주님을 정성껏 대접 해 드리고 절대로 싫은 얼굴을 보여서는 안 됩니다."

그때 한 시녀가 나타나 나하르에게 알렸습니다.

"오, 마마, 교주님의 시종이 왔습니다."

나하르는 급히 일어나 시녀에게 명했습니다.

"이 두 분을 뜰을 향한 2층 테라스*10로 모시고 가서 어두워지거든 무슨 수를 써서 밖으로 내보내 드려라."

시녀는 두 사람을 2층 테라스로 안내하고서 문을 잠그고 돌아왔습니다.

두 사람이 앉아서 문득 정원 쪽을 바라보니 놀랍게도 거기에는 칼을 뽑아 든 100명 남짓한 환관과 찬란한 옷을 입고 머리에 보석과 루비를 장식한 관 을 쓴, 달처럼 아름다운 시녀 20명쯤이 횃불을 들고 교주를 에워싸고 오고 있었습니다. 교주는 마스룰과 아피후 그리고 와시프*11를 앞세우고 사방에 사람들을 거느리며 한복판을 조용히 걸어왔습니다. 알 나하르와 시녀들은 뜰 입구까지 나가 맞이하며 교주 앞에 엎드렸습니다. 이윽고 교주는 긴 의자에 다가와 앉았습니다. 뜰에 있던 시녀와 환관들도 모두 교주 앞에 늘어서자 아름다운 애첩과 시녀들이 촛불을 켜들고 향수와 온갖 악기를 가지고 들어 왔습니다. 교주의 명에 따라 가희들이 저마다 자리에 앉자 알 나하르는 교주 옆 의자에 앉아 세상 이야기를 시작했습니다. 그동안 내내 하산과 알리 두 사람은 교주한테 들키지 않도록 가만히 그 광경을 엿보면서 귀를 기울이고 있었습니다. 교주는 알 나하르를 상대로 희롱하기 시작하더니 두 사람은 완 전히 기분이 좋아져서 웃음소리가 끊이지 않았습니다. 이윽고 교주의 명으 로 정원의 누각이 개방되자, 문과 창을 모두 열어젖히고 촛불을 환히 켜서 주위는 온통 어두운 밤인데도 궁전은 마치 대낮처럼 밝았습니다. 그곳에 환 관들이 술자리를 준비하기 시작했습니다. 그것을 보고 하산은 말했습니다.

"저렇게 훌륭한 도구와 갖가지 산해진미, 금은으로 된 항아리, 온갖 종류 의 귀금속과 보석은 아직까지 한 번도 본 적이 없어. 정말 뭐라고 표현하면 좋을까? 너무 근사해서 어쩐지 꿈이라도 꾸는 심정이야."

그러나 알리는 알 나하르와 헤어진 순간, 연모의 정을 견디지 못해 바닥에 쓰러져 있었습니다. 다시 정신을 차린 알리는 세상에 둘도 없는 그 물건들을 바라보며 하산에게 말했습니다.

"우리가 있다는 것을 교주님이 눈치채지는 않을까? 우리가 한 짓을 알아 차리지 않을까 나는 걱정이야. 그러나 가장 마음에 걸리는 것은 당신이군. 나 자신은 이제 아무 구원도 바랄 수 없어. 사랑과 동정과 지나친 정욕과 쾌 락, 그리고 사랑하는 여자와 헤어진다는 사실이 내 파멸의 원인이 되겠지. 알라여, 부디 이 궁지에서 빠져나갈 수 있도록 도와주소서."

두 사람은 테라스에서 환락을 즐기는 교주 쪽을 언제까지나 가만히 바라 보고 있었습니다. 이윽고 술자리가 펼쳐지자 교주는 한 시녀를 향해 말했습 니다.

"오, 가람, 너의 황홀한 노래를 들려주지 않겠느냐?"

그러자 가람은 류트를 들고 가락을 맞추어 노래하기 시작했습니다.

    의지할 곳 없는 홀몸인
    사막 처녀의 연정
    가슴에 품어 사모하는

성지의 버들과 월계수.
　―떠도는 사람을 만날 때는
흐르는 눈물로 목을 축여주고
처녀 가슴의 사랑의 불은
들판의 모닥불 되어 타오른다―
그보다도 세차게 불타는
안타까운 나의 사랑
무정한 여인이 나의 사랑을
부질없는 짓이라고 여기는데.*12

　샤무스 알 나하르는 이 노래를 듣자 정신을 잃고 의자에서 굴러떨어지고
말았습니다. 시녀들이 달려가서 안아 일으켰지만, 테라스에서 이 광경을 보
고 있던 알리 또한 기절하여 그 자리에 쓰러지고 말았습니다. 그래서 하산은
생각했습니다.
　'운명의 신께서는 이 두 사람에게 괴로움도 기쁨도 함께 내리고 계시는구
나!'
　그때 아까 안내해 주었던 시녀가 와서 말했습니다.
　"아부 알 하산 님, 친구 분과 함께 아래로 내려가 주세요. 사람들 눈에 띄
면 난처해져요. 이 일을 사람들이 알게 되고 교주님이 알아차리신다면 큰 사
건이 되니까요. 어서 내려오지 않으시면 우리는 모두 죽어요."
　"이 사람이 이렇게 쓰러져 일어날 힘도 없으니 어떻게 하면 좋겠소?"
　그래서 시녀가 급히 장미수를 뿌리니 알리는 가까스로 의식을 되찾았습니
다. 하산은 알리를 안아 일으켜 시녀의 어깨에 기대게 하여 테라스에서 내려
갔습니다. 시녀가 열어준 조그만 철문을 빠져나간 두 사람은 가까스로 티그
리스 강둑으로 나갈 수 있었습니다. 시녀는 손뼉을 쳐서 작은 배의 사공을
불러 말했습니다.
　"이 두 분을 건너편까지 태워 드려요."
　두 사람이 배에 오르자 사공은 노를 젓기 시작했습니다. 알리는 일어나 멀
어져가는 교주의 궁전과 누각과 정원을 바라보며 이별을 아쉬워하면서, 다
음과 같은 시를 읊었습니다.

이 힘없는 손을 들어
마지막 이별을 고한다,
사랑의 불길로 안타까운
가슴에 이 손을 대고.
아, 바라건대 이것으로
마지막 만남이 되지 않게 하소서.
머나먼 앞날을
인연의 갈림길로 만들지 마소서.

그러자 이 배에 타고 있던 시녀가 사공에게 외쳤습니다.
"빨리 저으세요, 빨리."
사공은 능숙한 솜씨로 노를 저어갔습니다.

—여기서 샤라자드는 날이 밝기 시작한 것을 깨닫고 이야기를 그쳤다.

155번째 밤

샤라자드는 이야기를 계속했다.
오, 인자하신 임금님, 두 사람과 시녀를 태운 배는 이윽고 건너편 기슭에
닿았습니다. 두 사람은 곧 육지에 올랐습니다. 시녀는 작별을 고하며 말했습니다.
니다.
"두 분 옆에 있고 싶지만 더는 모시고 갈 수가 없습니다."
그리고 시녀는 되돌아갔습니다. 알리는 하산 앞에 축 늘어져 몸을 내던진
채 일어날 기력도 없었습니다. 하산이 말했습니다.
"이 언저리는 위험한 곳이어서 꾸물거리고 있다가는 무뢰한이나 강도들을
만나 소중한 생명을 잃을지도 모르오."
이 말을 듣고 알리는 가까스로 몸을 일으켜 비틀비틀 걸었지만 잠시 걷다
가는 다시 발이 움직이지 않게 되어버렸습니다.
하산은 이 근처에 친구 몇 명이 있었습니다. 그 가운데 특히 친한 친구의

집을 찾아가 문을 두드렸습니다. 마침 집에 있던 친구는 달려와 두 사람의 모습을 보더니 기꺼이 집 안으로 안내했습니다. 자리에 앉아 이런저런 이야기를 나눈 끝에 친구가 어디서 오는 길이냐고 묻자 하산은 대답했습니다.

"방금 집에서 나오는 길입니다. 실은 어떤 사람과 거래가 있어 내 돈을 맡겨두었는데, 소문을 들으니 그 사람이 돈을 가지고 멀리 달아나려 한다고 하지 않겠습니까? 그래서 알리와 함께 그놈을 찾으러 나온 겁니다. 그런데 그 사내 집에 가보니 이미 종적을 감추어 온데간데없더군요. 그래서 한 푼도 찾지 못한 채 실망하고 돌아가는 길이었지요. 이런 밤중에 어디 가볼 데도 없고 해서 평소에 당신의 후한 대접을 아는 터라 이렇게 신세 지러 찾아온 것입니다."

"잘 오셨습니다."

주인은 대답하며 두 사람을 후하게 대접했습니다. 두 사람은 그날 밤 그 집에서 묵고 이튿날 아침 날이 밝자 곧 작별을 알리고 도성으로 돌아왔습니다.

무사히 집에 도착하자 하산은 알리에게 안으로 들어오라고 권했습니다. 두 사람은 몹시 지쳐 있었으므로 방에 들어가 한동안 잠을 잤습니다. 이윽고 눈을 뜨자 하산은 하인을 시켜 방에 훌륭한 양탄자를 깔게 하고 술자리를 준비 시키고 마음속으로 중얼거렸습니다.

'어떻게든 알리를 위로하고 기분전환을 시켜줘야겠다. 이 친구의 괴로움을 잘 아는 것은 나뿐이니까.'

그리고 하인을 시켜 알리에게 물을 가져다주자 알리는 침상에서 일어나 몸을 씻고 어제 온종일 게을리했던 나날의 기도를 올리기 시작했습니다. 기도가 끝나 하산과 이야기를 주고받는 동안 알리는 마음이 상당히 편안해지는 듯했습니다. 그것을 보고 하산이 말했습니다.

"오늘 밤은 우리 집에서 묵으시도록 하시오. 울적한 마음이 풀리고 무겁게 짓누르는 사랑의 시름도 안개처럼 사라질 테니까요. 나와 함께 유쾌하게 놀고 있으면 가슴의 불을 끄는 일쯤 문제도 아닐 겁니다."

"당신이 하라는 대로 하지요. 나는 지금 내 몸에 닥친 재앙에서 벗어날 자신이 없소. 부디 당신 뜻대로 하시오."

하산은 하인들을 불러 가장 친한 친구들 대여섯 명과 가희와 악사를 데려오게 했습니다. 그들이 모이자 그동안 준비했던 음식상이 나와 부어라 마셔라 떠들어대다 보니 어느덧 밤이 되었습니다. 밤이 되자 촛불을 켜고 우정이 담긴 술잔을 분주히 주고받으면서 즐겁게 시간을 보냈습니다. 이윽고 한 무희가 류드를 들고 노래를 부르기 시작했습니다.

> 나는 맞았네, 운명에
> 눈동자의 화살 맞고 쓰러졌다네.
> 마음의 벗은 떠나가고
> 세월이 흐르고 별자리 움직이니
> 마음의 벗은 이제 나의 원수가 되어
> 더는 견딜 수 없게 되었으나
> 이것도 내가 진작부터 알았던
> 일이었으니 후회는 하지 않네.

가희의 노래를 듣고 있던 알리는 한 마디 신음을 내뱉으며 바닥에 쓰러져 그대로 정신을 잃고 말았습니다. 놀란 하산은 알리가 이제 영영 살아나지 못하는 게 아닌가 하고 걱정했습니다. 그러나 날이 새자 알리는 다시 정신을 차려 집으로 돌아가겠다고 했습니다. 앞으로 어떤 일이 일어날지 모르므로 하산도 억지로 말릴 수 없어서 하인을 시켜 암나귀를 빌려오게 한 뒤, 하인 한 사람을 데리고 함께 집까지 바래다주었습니다.

도중에 아무 일 없이 무사히 돌아갈 수 있었으므로 하산은 친구 알리가 위태로운 모험에서 벗어난 것을 알라께 감사한 뒤, 한참 동안 세상 이야기를 나누며 사랑의 고민에 애태우는 알리를 위로했습니다. 그러나 격렬한 연모의 정에 사로잡힌 알리는 좀처럼 마음을 진정시키지 못하고 있었습니다. 그래서 하산은 작별을 고하고 집으로 돌아가려고 일어났습니다.

　—여기서 날이 훤히 밝기 시작하여 샤라자드는 이야기를 그쳤다.

156번째 밤

샤라자드는 이야기를 계속했다.

오, 인자하신 임금님, 하산이 집으로 돌아가려고 일어나자 알리가 말했습니다.

"돌아가거든 꼭 연락을 해 주시오. 부탁하오."

"알겠소."

아부 알 하산은 집으로 돌아와 다시 가게 문을 열고 장사를 하면서 샤무스 알 나하르에게서 소식이 오기를 기다렸습니다.

그러나 아무 소식도 없자 그날 밤은 집에서 지내고 날이 새기를 기다려 알리에게 달려갔습니다. 집 안으로 들어가 보니 알리는 친구들에게 둘러싸여 자리에 누워 있었습니다. 옆에서는 의사들이 처방을 적고 맥도 짚어보고 있었습니다.

하산이 들어오는 것을 보고 알리가 빙그레 웃자, 하산도 답례하고 옆에 앉아 알리의 몸 상태를 살폈습니다.

이윽고 사람들이 물러가자 알리에게 물었습니다.

"대체 어떻게 된 일이오?"

"내가 병이 났다는 소문이 퍼져 모두 모인 거요. 나는 일어나 걸을 힘도 없으니 그런 소문이 나도 부정할 수가 없구려. 보는 바와 같이 이대로 누워 있을 뿐이오. 그런데 그 노예계집은 못 만났소? 그렇잖으면 알 나하르 님한테서 무슨 소식이라도 오지 않았소?"

"티그리스 강가에서 헤어진 뒤로 아직 못 만났습니다."

그리고 하산은 이렇게 덧붙였습니다.

"좋지 않은 소문이 나지 않도록 조심하시오. 그렇게 자꾸 울면 보기 흉하니 그만두시오."

"나라는 사내는 정말이지 스스로도 자신을 어떻게 할 수가 없단 말이야."

알리는 한숨을 쉬면서 이런 노래를 읊기 시작했습니다.

　　그대는 내 손에 보이지 않는
　　힘을 그 손에 감추고

붉은 헤나로 손목 물들여
내 인내의 줄을 끊는다.
그대는 눈동자가 쏘는 화살을
그 손 때문에 두려워하여
사슬갑옷을 입고*13
그 손을 지켰다.
아무것도 모르는 의사가
나의 맥을 짚으면 나는 외치노라.
"병든 것은 나의 가슴
그러니 놓아라, 탈 없는 내 손은."
밤마다 베갯머리에 환상이
찾아와 사라지지 않네.
"그대 어찌 지내는지
있는 그대로 알려주세요."
그대 물음에 환상은
"목이 타 죽어도 나는 모르오."
대답 듣고 나는 외치네.
"물이 괸 곳은 피해 가라
매정한 그 처사
어찌 된 까닭인지 알 수 없구려."
그대는 수정 같은 눈에서
진주 같은 눈물을 흘려
뺨의 장밋빛 섞어
셔벗수(水)를 만들었네.
그리고 싸라기눈 같은 이로
연꽃을 깨물었노라.*14

알리는 노래를 마치고 말했습니다.
"아부 알 하산, 나는 결코 나에게는 닥치지 않을 줄 알았던 고뇌에 사로잡
혀 버렸소. 죽는 편이 더 편할 것 같소."

"참으시오. 알라께서 이제 반드시 고쳐주실 테니."

하산은 위로한 다음 집으로 돌아가 가게를 열었습니다. 가게 앞에 잠시 앉아 있노라니 느닷없이 그 노예계집이 나타나 하산에게 인사를 했습니다. 하산이 답례하고 노예계집의 모습을 보니 숨을 헐떡이고 있는데 매우 걱정스럽게 고민한 흔적이 보였습니다.

하산은 물었습니다.

"어서 오십시오! 샤무스 알 나하르 님은 어떻게 지내십니까?"

"곧 말씀드릴 테니, 그보다도 알리 님은 어떠신지 말씀해 주세요."

하산은 자초지종을 이야기하고 알리의 몸 상태가 나쁘다고 알려주었습니다. 여자는 믿을 수 없다는 듯한 얼굴로 몹시 슬퍼하며 한숨을 내쉬더니 이윽고 말했습니다.

"마님의 증세는 그보다 더 이상해요. 나리들과 헤어져 궁전으로 돌아갔으나 나리들 때문에 가슴이 두근거려 견딜 수 없어하셨지요. 무사히 달아나셨는지 어쨌는지 너무 걱정되어서요. 방으로 돌아간 마님께서는 축 늘어져 쓰러지셔서 말씀도 못하셨지요. 무슨 말을 해도 대답조차 않으시더군요. 교주님은 머리맡에 앉아 계셨지만, 마님이 무엇 때문에 편찮으신지 모르시고 다른 사람들도 그 병의 원인을 몰랐어요. 마님은 내내 정신을 잃고 계시다가 밤중이 되어서야 겨우 정신이 드셨습니다. 이때 교주님이 마님께 물으셨습니다.

'오, 샤무스 알 나하르, 그대는 어디가 아프냐? 오늘 밤은 대체 어떻게 된 일이냐?'

이 말을 듣고 마님은 교주님의 발에 입을 맞추고 말했습니다.

'오, 진리의 가르침을 지키시는 임금님, 알라께서 부디 제 죄를 용서해 주시기를. 실은 아까 제 몸속에 불이 붙는 것 같았습니다. 너무 아파서 정신을 잃고 그대로 아무것도 의식하지 못했던 겁니다.'

'오늘은 무엇을 먹었느냐?'

'아침부터 여태까지 먹어본 적이 없는 것을 먹었습니다.'

그러고는 완쾌되신 것처럼 포도주를 가져오게 하여 드시고 교주님에게 다시 술자리를 계속하시도록 말씀드렸습니다. 그래서 교주님은 방의 긴 의자에 앉으셔서 다시 술자리를 벌였습니다.

마님은 저를 보시더니 나리들 두 분이 어떻게 되었느냐고 물었습니다. 그래서 저는 두 분을 밖으로 모시고 나가 배웅한 일을 말씀드리고 헤어지실 때 알리 님이 읊으셨던 시를 들려 드렸지요. 그것을 듣고 마님은 마음속으로 우셨지만 이내 아무렇지도 않은 얼굴로 돌아갔습니다.

한참 뒤 교주님의 명으로 한 시녀가 노래를 부르기 시작했습니다.

> 그대 모습 보이지 않으면
> 세상사 시들해지네.
> 알고 싶은 것은 내 곁을
> 떠나간 사람의 행방.
> 나와 헤어진 안타까움에
> 그대 슬피 운다지만
> 내가 흘리는 눈물은
> 뜨거운 피눈물인 줄 알아주오.

이 시를 듣자 마님은 다시 정신을 잃고 의자에 쓰러지고 말았습니다."

—여기서 샤라자드는 날이 밝기 시작하는 것을 깨닫고 이야기를 그쳤다.

157번째 밤

샤라자드는 이야기를 계속했다.

오, 인자하신 임금님, 노예계집은 하산에게 이야기를 계속했습니다.

"그래서 제가 마님의 손을 잡고 얼굴에 장미수를 뿌려 드렸더니 이윽고 정신을 차리시더군요. 저는 마님에게 말했습니다.

'마님 자신에 대해서나 이 궁전에서 일어난 일에 대해 모두 비밀로 하십시오. 사랑하시는 분의 목숨을 걸고 부디 꿋꿋하게 견디시기를!'

'죽음보다 더한 일이야 일어나겠니. 나는 지금 그 죽음을 차라리 원하고 있어. 죽어 버리면 편안해질 테니까.'

둘이서 이런 이야기를 나누고 있는데, 또 한 처녀가 다음과 같은 시를 읊었습니다.

사람들은 말하네, "참으면
안식은 오는 것!"이라고.
나는 대답하네, "그대 가버리고서
어찌 참을 수 있으랴."
최후의 계약으로
인내의 줄을 끊겠다고
그대는 맹세하였건만.

이 노래가 끝나자 샤무스 알 나하르 님은 또다시 정신을 잃고 말았습니다. 교주님은 그 모습을 보시자 급히 곁으로 달려가 술상을 치우게 하고 시녀들은 저마다 자기 방으로 물러가라고 분부하셨습니다.

그날 밤 교주님은 마님 곁에서 내내 지내시다가 날이 밝자 의사를 불러 마님을 찬찬히 진찰하도록 분부하셨습니다. 교주님은 그것이 상사병인 줄 모르셨기 때문입니다.

저는 완전히 좋아졌다고 여겨질 때까지 마님 곁에 붙어 앉아 병간호를 해드리고 있었습니다. 그래서 이리로 찾아오지 못했던 것이지요. 그러다가 마님을 시녀들에게 맡기고 가까스로 그 곁을 떠나왔는데, 마님은 당신을 찾아가 알리 님의 상태를 잘 듣고 오라고 말씀하셨습니다."

이 말을 듣고 하산은 매우 놀라 말했습니다.

"알리에 대한 일은 아까 자세히 말한 대로이니 자, 어서 마님께 돌아가서 잘 전해 주시오. 꼭 참고 비밀을 지키시고 몸조리 잘하시라고 말이오."

노예계집은 하산에게 감사의 말을 하고 돌아갔습니다.

아부 알 하산은 그대로 저녁때까지 가게에 앉아 있다가 문을 닫고 자물쇠를 채우고 나서 알리의 집으로 가서 문을 두드렸습니다. 그러자 하인이 나와 하산을 안으로 안내했습니다.

알리는 하산을 보자 빙그레 웃으며 그의 방문을 기뻐했습니다.

"오, 아부 알 하산, 오늘 당신이 보이지 않아 무척이나 쓸쓸했소. 내 영혼

을 당신에게 맡겼으니까요."

"그런 말씀 마시오! 만일 내 손을 잘라 당신 병을 고칠 수만 있다면 당신이 청하지 않더라도 스스로 나서 이 손을 잘랐을 겁니다. 또 내 생명으로 당신 생명을 구할 수만 있다면 벌써 당신을 위해 이 목숨을 버렸을 것이오. 그건 그렇고, 오늘 샤무스 알 나하르 님의 시녀가 와서 교주님이 곁을 떠나지 않아 여태까지 나올 수 없었다는 것과 그 뒤에 나하르 님의 신상에 일어난 일을 자세히 이야기해 주고 갔습니다."

그리고 하산은 노예계집한테서 들은 이야기를 알리에게 모두 해 주었습니다.

알리는 한탄하고 눈물을 흘리며 말했습니다.

"부디 이 괴로움에서 나를 구해 주오. 나는 대체 어떻게 해야 좋단 말이오? 부탁이니 오늘 밤은 우리 집에서 주무시고 가시오. 당신과 함께 있으면 마음의 위안이 되니까요."

하산은 기꺼이 그러겠다고 대답했습니다. 이리하여 두 사람은 저녁때까지 이야기를 나누었는데, 이윽고 알리는 소리 높이 슬퍼하고 한탄하며 끝없이 눈물을 흘리면서 이런 시를 읊었습니다.

> 눈동자에 깃드는 그대의 모습
> 입술에 걸리는 그대의 이름
> 그대는 내 가슴속에 살기에
> 어찌 그대의 모습 사라지랴!
> 슬픔 가운데 또 슬픈 것은
> 비록 스러지는 목숨이나마
> 이제 그대와 만날 날이
> 언제인지 모르는 것.

그리고 또 알리는 다른 시인의 노래도 읊었습니다.

> 그대는 날카로운 눈길의
> 칼을 들고 나의 굳고 단단한
> 용기의 투구를 부숴버렸네.

그대는 연보랏빛 창을 닮은
기묘한 자태로 나의
인내의 갑옷을 찔렀네.
그 뺨의 사향 같은 검정 사마귀
너무도 사랑스러워
용연향에 물든
그 얼굴은 새벽빛*15이 된다.
그대 마음은 슬픔에 차서
진주로 깨무는 것은 살굿빛 옥수(玉髓),*16
언약의 구슬은 침 속에
녹아들어 여느 때부터
서로 맺어짐을 알라.
그대는 불안한 근심으로
한숨 끊일 새 없어 내 가슴의
눈 덩어리 손바닥으로 치네.
보면, 거기에 붉은 자국
본 적도 없는 기이한 자국.
산호 손톱을 펜으로 삼고
용연향을 먹으로 찍어
그 수정 가슴 페이지에
5행의 시구를 쓰노라.
칼을 찬 무사들이여,
무섭도록 마음 어지럽히는
그대의 눈길을 받을 때는
누구든 각오하리라!
창의 명수도 명심하리라
암갈색 창 같은
날씬하고 간들거리는 맵시로
느닷없이 찌르려 다가설 때는.

알리는 이 노래를 마치자 소리 높이 외치며 정신을 잃고 쓰러졌습니다. 하산은 알리의 영혼이 육체를 떠난 게 아닌가 하고 생각했습니다.

알리는 새벽녘까지 쓰러져 있다가 가까스로 정신을 차려 말을 할 수 있게 되었고, 하산은 오전 내내 알리 옆에 붙어 앉아 있었습니다.

점심때가 되자 하산은 알리에게 작별을 고하고 가게로 돌아왔습니다. 그런데 문을 열자마자 그 노예계집이 다시 나타나 물었습니다.

"알리 빈 바카르 님의 몸 상태는 어떻습니까?"

"시녀님, 그 사람의 상태와 그가 얼마나 괴로운 사랑에 애태우며 고민하고 있는지 묻지 말아 주시오. 밤에도 잠을 이루지 못하고, 낮에도 편안히 쉬지 못하는 형편이오. 벌써 몇 날 밤을 자지 못해서 몰라보게 수척해졌소. 친구로서 정말 딱해 못 보겠소."

"마님께서 두 분께 안부 말씀드리라 하시고, 알리 님께 편지를 쓰셨어요. 마님 병세는 그분보다 더하시거든요. 마님은 이 편지를 제게 주시면서 '꼭 회답을 받아오도록 해라. 내 말을 거스르면 안 된다'고 다짐을 하셨지요. 이게 그 편지예요. 부디 저를 알리 님께 데려다주세요. 꼭 회답을 받아가야 하니까요."

"그러지요."

하산은 곧 가게 문을 닫고 돌아온 길과 다른 길로 해서 노예계집을 알리의 집까지 안내해 가서는 문 앞에 세워두고 혼자 안으로 들어갔습니다.

—여기서 날이 훤히 밝아오는 것을 알고 샤라자드는 이야기를 그쳤다.

158번째 밤

샤라자드는 이야기를 계속했다.

오, 인자하신 임금님, 하산이 안으로 들어가자 친구의 모습을 보고 알리는 매우 기뻐했습니다. 하산이 말했습니다.

"내가 온 것은 다름이 아니라 어떤 분이 시녀를 시켜 편지를 보내왔기 때문이오. 그 편지에는 당신에 대한 인사와 중대한 사정이 있어 찾아오지 못한 사연이 적혀 있다 하오. 그 시녀가 지금 문 앞에서 기다리고 있는데 이리로 안내해도 되겠소?"

그리고 그 시녀는 샤무스 알 나하르의 노예계집임을 눈짓으로 알렸습니다. 알리는 그 눈짓을 알아차리고 대답했습니다.

"어서 이리 안내하시오."

시녀가 들어오자 알리는 아주 기뻐 몸을 떨면서 손짓했습니다.

"주인님 병환은 어떠시오? 부디 빨리 회복되시기를."

"많이 좋아지셨어요."

시녀는 그렇게 대답하며 품속에서 편지를 꺼내 알리에게 주었습니다. 알리는 편지에 입을 맞춘 다음 뜯어서 읽고 나더니 하산에게 주었습니다. 거기에는 이런 시가 적혀 있었습니다.

> 심부름꾼을 시켜 내 소식을
> 그대에게 보냅니다.
> 그대 모습 보지 못하는 시간이
> 얼마나 견디기 어려운지.
> 사랑하는 남자의 환영은
> 상사병으로 가슴에
> 언제까지나 눈에 어른거리네.
> 사랑의 약으로는 나을 길 없고
> 쑤시는 괴로움도 깊어지니
> 아, 운명이며, 도리가 없어라!
> 그대 눈동자 평안하기를,
> 내 마음 잠시도 그대 잊지 못하고
> 그대를 꿈꾸지 않는 날
> 하루도 없어라.
> 수척하신 그대 모습 돌아보시고
> 이 몸도 사랑 때문에 참는
> 애처로운 운명임을 아소서.

마음은 더욱 천 갈래로 찢어져 글을 쓰려고 해도 손가락이 움직이지 않고 말하려 해도 마음대로 표현할 수가 없습니다. 눈은 밤에도 잠을 이룰 수 없고 슬픔은 가슴을 떠나지 않습니다. 마치 건강이라는 것을 모르는 것처럼 끝없이 비탄 속에서 살며, 잠시도 즐겁게 지낸 적이 없는 것처럼 느껴집니다. 이 몸은 진정 고뇌와 정열과 회한의 괴로움으로 만들어진 듯하여 병은 점점 깊어만 갑니다. 그리움은 자꾸 더해가고 가슴의 애타는 정도 더욱 불길이 거세집니다. 우리 두 사람이 만날 날이 하루라도 빨리 오기를, 그리고 제 마음의 혼란이 가라앉기를 한결같이 신께 기도하고 있습니다.

만일 당신께서 고뇌와 슬픔에 잠긴 내 마음에 힘을 주실 무슨 말을 해 주신다면 얼마나 기쁠까요? 그리고 알라의 구원이 있으실 때까지 부디 참고 견디소서. 신의 안식이 당신께 내리시기를.

알리는 이 편지를 읽자마자 힘이 빠져서 꺼져 드는 듯한 힘없는 목소리로 한탄했습니다.

"나는 대체 어느 손으로 답을 써야 할지, 무슨 말로 이 슬픔을 나타내야 할지 도무지 모르겠군요. 알 나하르 님의 편지를 보니 내 병은 한층 더 깊어져서 죽을 때가 가까워진 것 같은 기분이 드는구려."

그리고 일어나서 먹 항아리와 종이를 꺼내 이렇게 회답을 적었습니다.

자비로우신 알라의 이름으로,*17 나하르 님이 보내주신 편지 잘 받아보았습니다. 그 편지로 끓어오르는 애정과 연모에 사로잡혀 시달리던 저의 마음은 안식을 얻었고, 초췌와 병 때문에 상처 입은 제 가슴은 다 나았습니다. 저의 지금 모습은 진정 시인이 노래한 그대로입니다.

가슴은 답답하고 사무치는 그리움
눈은 잠들지 못하고 몸은 지쳐 있으며
마음은 초조하고 이별은 길어
정신은 미치고 마음은 죽었도다!

슬퍼한다 해도 물론 아무 소용없습니다. 하지만 슬픔과 한탄은 고뇌로 초췌해지고 만나지 못하는 슬픔에 눈물짓는 자에게 하나의 위안이 됩니다. 거듭 말씀드리거니와 저는 다시 만날 날을 가슴에 그리면서 마음을 위로하고 있습니다. 이런 시인의 말은 얼마나 아름답습니까?

> 사랑의 맹세 속에
> 만일 기쁨과 슬픔이
> 서로 어우러져 있지 않다면
> 사랑의 편지도, 이를 전하는 사람도
> 참으로 재미도 멋도 없이 메마름을 알라!

이 편지를 써서 하산에게 주며 알리는 말했습니다.

"이것을 읽고 나서 저 시녀에게 드리시오."

하산이 편지를 받아서 읽어보니 그 글귀는 넋을 뒤흔들고 사연은 오장육부를 쥐어뜯는 듯했습니다. 하산이 읽고 나서 시녀에게 편지를 내주자 알리는 말했습니다.

"부디 나하르 님에게 잘 전해 주시오. 그리고 사랑에 애타는 나의 이 마음을, 살과 뼛속에 스며드는 애타는 마음을 잘 전해 주시오. 또 나에게는 파멸에서 건져주고 이 괴로움에서 구해 줄 여자가 필요하다는 것도. 정말이지 나는 가혹한 운명에 희롱당하고 있소. 이 심술궂은 운명의 손에서 나를 구해 줄 여자가 있을까."

알리가 울자, 노예계집도 따라서 눈물을 흘렸습니다. 그리고 시녀가 일어나서 알리에게 인사하자, 하산도 함께 알리의 집을 나왔습니다. 시녀는 급히 돌아가고 하산은 가게로 돌아가 문을 열고 앉았습니다.

—여기서 날이 훤히 밝아오는 것을 알고 샤라자드는 이야기를 그쳤다.

159번째 밤

샤라자드는 이야기를 계속했다.

오, 인자하신 임금님, 하산은 노예계집과 헤어져 자기 가게로 돌아가 평소처럼 문을 열고 앉아 있었습니다.

가만히 앉아 있는 동안 하산은 마음이 몹시 우울해지고 가슴이 답답해졌습니다. 이번 일을 어떻게 해야 좋을지 몰라 그날 온종일 울적해 있다가 이튿날 아침이 되자 알리를 찾아가 머리맡에 앉았던 사람들이 다 돌아가고 나자 몸 상태를 물었습니다. 알리는 안타까운 마음을 하소연하고 어찌할 길 없는 사랑과 번민을 누누이 늘어놓더니 이런 시를 읊조렸습니다.

나보다 앞서, 사람들은
정녕 산 사람도 죽은 사람도
이별의 괴로움에 몸서리치며
애타는 마음을 한탄했겠지.
그러나 이 온몸을 꽁꽁 묶는
이토록 애절한 연정은
일찍이 들어보지 못하였네.

그리고 또 다른 시를 읊었습니다.

그 옛날 사랑에 미친
카이스*18라 불린 연인도
견디지 못한 괴로움을
그대 사랑하기에 나는 참았노라.
하지만 나는 카이스처럼
황야를 헤맬 마음은 없노라
미친 마음에도 가지가지 있으니.

이것을 듣고 하산은 말했습니다.

"당신처럼 한결같이 사랑하는 사람은 지금까지 한 번도 본 적이 없소. 상대 여자도 당신을 애타게 사랑하고 있는데도 그렇게 괴로워한다면, 만일 상대 여자가 당신을 배반하고 그 비밀을 폭로하기라도 할 때는 대체 어떻게 하

시려오?"⁽²⁾

그러자 바카르의 아들 알리는(하고 아부 알 하산은 말했습니다) 내 말이 마음에 들었는지 매우 안심하며, 내가 말하고 행동한 것에 대해 감사의 말을 했습니다.

그런데(하고 하산은 이야기를 계속했습니다) 나에게는 친구 한 사람이 있는데, 이 친구에게는 나에 대해서는 물론 알리의 일도 마음 놓고 털어놓았으며 이 친구도 우리 두 사람이 매우 친한 사이라는 것을 잘 알고 있었습니다. 이 친구 말고는 우리 두 사람의 관계를 아는 자는 아무도 없었습니다. 그는 나를 찾아올 때마다 알리에 대해서도 묻곤 했습니다. 한 번은 상대 여자에 대해서도 물었으므로 나는 가볍게 흘려들으며 말했습니다.

"여자 쪽에서 알리를 초대했지. 두 사람 사이는 이제 갈 데까지 다 가버렸으니까, 연애도 이쯤 되면 무르익은 거야. 그런데 나에게 한 가지 계획이 있는데 자네한테 이야기해 볼까?"

"그게 뭔데?"

"자네도 알다시피 나는 교제 범위가 넓어서 얼굴이 꽤 알려졌네. 그래서 만약 그 두 사람의 정사가 세상에 알려지는 날이면 내 생명이 위태롭고 재산도 몰수될 것이며, 평판도 나빠져서 우리 집안은 풍비박산이 나게 되네.

그래서 결심한 건데, 돈을 그러모아 바소라로 가서 이 문제가 해결될 때까지 거기서 살기로 했네. 두 사람은 지금 사랑에 빠져 편지를 주고받고 있네. 지금은 믿을 수 있는 한 노예계집이 중간역할을 해 줘서 아직 비밀이 굳게 지켜지고 있지만, 이 노예계집이 불안한 나머지 누구에게 비밀을 누설하기라도 해 보게. 그렇게 되면 소문이 퍼져서 호된 봉변을 당하고 신세를 망치게 되겠지. 나에게는 조금도 변명할 여지가 없거든."

그러자 친구는 대답했습니다.

"정말 위험한 사건이군. 현자나 식자라면 틀림없이 이런 사건에서는 꽁무니를 뺄 거야. 알라시여, 친구가 두려움에 떠는 재앙을 막아주시고 무서운 결과에 이르지 않도록 도와주시기를! 분명히 자네 생각이 옳은 것 같아."

하산은 집으로 돌아가 여러 가지를 정리하고 여행준비를 시작하여 2, 3일 동안 완전히 준비를 한 뒤 바소라로 출발했습니다. 사흘 뒤 그 친구가 하산을 찾아가 보니 없었으므로 이웃 사람들에게 물어보았습니다.

"그분은 사흘 전에 바소라로 떠났습니다. 바소라에 거래가 있어 받을 돈을 거두어들이러 간다고 했으니까 곧 돌아올 겁니다."

이 말을 듣고 친구는 어찌해야 좋을지 알 수 없어 마음속으로 중얼거렸습니다.

'아부 알 하산의 곁을 떠나지 말 걸 그랬군.'

그러는 동안 문득 알리 빈 바카르와 가까워질 뛰어나게 좋은 생각이 떠올랐습니다. 그래서 곧 알리의 집으로 가서 하인에게 말했습니다.

"주인을 뵙고 인사를 드렸으면 하는데 형편을 좀 알아봐 주게."

하인은 알리에게 알리고 다시 나와 손님을 안으로 안내했습니다. 누워 있는 알리에게 젊은이가 인사하자 알리도 답례했습니다. 젊은이는 오래 찾아오지 못한 것을 사과하고 나서 이렇게 덧붙였습니다.

"실은 하산과 나는 매우 가까운 친구로, 어떤 비밀이든 서로 털어놓을 뿐아니라 잠시도 떨어질 수 없는 사이였습니다. 그런데 볼일이 있어 친구들을 찾아갔다가 사흘 만에 돌아와 보니 하산의 가게가 잠겨 있어서 이웃 사람에게 물어보니 바소라로 갔다고 합니다.

나도 잘 아는 일입니다만 하산에게는 당신만큼 서로 속을 털어놓을 수 있는 친구가 아무도 없습니다. 그러니 알고 계신다면 저에게 사정을 얘기해 주실 수 없겠습니까?"

이 말을 들은 알리는 얼굴빛이 달라져서 걱정스러운 듯이 대답했습니다.

"하산이 여행을 떠났다는 말은 바로 지금 처음으로 들었습니다. 만일 그게 사실이라면 나는 너무 외로워서 견디지 못할 것 같군요."

그리고 다음과 같은 시를 읊었습니다.

잃어버린 기쁨에
눈물 흘리며 우네,
사랑하는 사람도 친구도 모두
내 곁에 모여 있건만.
'운명'이 우리 사이를
이토록 갈라놓은 이 날
눈물 흘리며 슬퍼하는 것은

사라져버린 친구의 정 때문.

알리는 잠시 고개를 숙이고 생각에 잠겨 있다가, 이윽고 머리를 들고 하인에게 말했습니다.

"아부 알 하산의 집으로 가서 집에 계시는지 여행 중이신지 물어보고 오너라. 여행 중이시거든 어디에 가셨는지 알아오너라."

하인은 곧 나갔다 돌아오더니 주인에게 말했습니다.

"하산 님은 바소라로 떠나셨답니다. 그런데 문 앞에 모르는 여자가 한 사람 서 있다가 저를 보더니 알리 님의 하인이 아니냐고 묻기에 그렇다고 대답하자, 여자는 '당신 주인님이 그리워하고 계시는 분의 전하는 말을 가지고 왔습니다'라고 말했습니다. 그래서 그 여자를 데리고 왔는데 지금 문 앞에서 기다리고 있습니다."

알리는 분부했습니다.

"데리고 들어오너라."

하인은 곧 여자를 데리고 왔습니다. 알리 옆에 있던 하산의 친구는 그 여자를 보고 무척 귀여운 처녀라고 생각했습니다. 여자는 알리 곁으로 와서 인사했습니다.

─여기서 날이 훤히 밝아오는 것을 알고 샤라자드는 이야기를 그쳤다.

160번째 밤

샤라자드는 이야기를 계속했다.

오, 인자하신 임금님, 노예계집은 알리의 방에 들어서자 그 옆으로 가 인사를 한 뒤 은밀하게 이야기를 시작했습니다. 그 이야기를 들으면서 알리는 그 말을 결코 입 밖에 내지 않겠다고 몇 번이나 맹세했습니다. 이윽고 이야기가 끝나자 노예계집은 돌아갔습니다.

하산의 친구라는 사람은 보석상인*19이었는데 노예계집이 돌아가자 곧 이야기의 실마리를 붙잡고 알리에게 물었습니다.

"교주님의 가족이 당신한테 무슨 볼일이 있을까요? 그렇지 않으면 당신 쪽에서 무슨 볼일이 있으신가요?"

"누구한테 그런 말을 들으셨소?"

"그 여자는 나하르 님을 모시는 노예계집이란 걸 알았습니다. 얼마 전 일입니다만, 바로 저 여자가 보석이 필요하다는 편지를 가지고 찾아왔기에 값비싼 목걸이를 보내주었지요."

이 말을 듣자 알리는 몹시 마음이 어지러운 듯이 괴로워하여, 보석상인은 알리가 저러다가 죽는 게 아닐까 하고 걱정했을 정도였습니다.

이윽고 정신을 차린 알리는 이렇게 부탁했습니다.

"어떻게 해서 그 노예계집과 알게 되었는지 말해 주지 않겠소."

"나를 난처하게 만들지 마시오."

"당신이 사실을 전부 말해 주기 전에는 당신을 놓아주지 않겠습니다."

보석상인은 하는 수 없이 말했습니다.

"그럼 모든 것을 털어놓고 말씀드리겠는데, 그러나 조건이 있습니다. 첫째 나를 믿어주시고, 둘째 내 말에 거리끼거나 얽매여서는 안 됩니다. 그 대신 당신도 그간의 일과 병이 난 원인을 죄다 이야기해 줘야 합니다."

그리고 보석상인은 하산과 자기의 관계를 모두 이야기했습니다.

"내가 이런 역할을 맡은 것도 모두 당신에 대한 우정과 당신에게 도움이 될까 하는 마음에서입니다."

그리고 이 비밀을 굳게 지키고 목숨을 걸고 알리를 위해 힘써 줄 것을 맹세했습니다.

그래서 이번에는 알리가 자기 신상을 자세히 털어놓고 나서 말했습니다.

"내가 지금까지 이 비밀을 아무에게도 말하지 않은 것은 세상에 소문이 퍼질까 두려워서였소."

"내가 당신을 뵙고 싶었던 것은 당신이 사랑 때문에 고민하는 것을 동정해서입니다. 친구 하산이 없는 동안 하산 대신 당신을 위로해 드릴 테니 제발 마음을 명랑하고 활발하게 가지시오."

알리는 보석상인에게 감사하며 다음과 같은 시를 읊었습니다.

벗이 떠나버린 이 슬픔을

나는 잘 참는다 했건마는
이 한숨과 이 눈물은
그렇지 못함을 증명한 것.
떠나간 친구로 하여
뺨을 흐르는 이 눈물
어찌 숨길 수 있으리오.

알리는 한동안 잠자코 있다가 다시 보석상인에게 말했습니다.

"아까 그 노예계집이 나에게 뭐라고 속삭였는지 아십니까?"

"아니 전혀 모릅니다."

"그 여자는 제멋대로 상상하여 내가 하산을 꾀어서 바소라로 보내버리고 우리의 편지 연락과 교제를 끊으려고 이런 계략을 꾸민 줄 아는 모양이오. 나는 절대로 그런 일이 없다고 맹세했지만, 그 여자는 끝내 내 말을 믿지 않고 의심을 품은 채 주인에게 돌아갔어요. 그 여자는 하산에게 마음이 있어서 하산의 말이라면 뭐든지 들어주었지요."

"나도 노예계집의 눈치로 그렇다는 걸 알아챘소. 아무튼 나는 어떻게든 당신이 소원을 이룰 수 있도록 힘써 드리겠습니다."

"누가 이런 일로 내 편이 되어 주겠소? 첫째로 어떤 방법으로 내 연인에게 접근하실 작정이오? 그 여자와 가까워지는 것은 마치 황야에 놓아둔 짐승을 잡는 거나 마찬가지이니까요."

"온 힘을 다해 반드시 당신을 도와 드리리다. 그리고 결코 비밀이 새지 않도록 주의하여 그 여자에게 다가갈 방법을 연구하겠소."

보석상인은 이렇게 힘주어 말했습니다.

이윽고 보석상인이 돌아가려 하자 알리는 이렇게 당부했습니다.

"부디 내가 한 말은 비밀로 해 주시오."

그리고 알리는 보석상인을 가만히 바라보며 눈물을 흘렸습니다.

보석상인은 작별을 고하고 돌아갔습니다.

—이윽고 날이 훤히 밝기 시작하는 것을 알고 샤라자드는 이야기를 그쳤다.

161번째 밤

샤라자드는 이야기를 계속했다.

오, 인자하신 임금님, 보석상인은 알리의 소원을 이루어 주려면 어떻게 해야 할지 막연한 채로 알리와 헤어졌는데, 돌아가는 길에 그 일만 생각하면서 걷고 있노라니 문득 길가에 떨어져 있는 편지 한 장이 눈에 들어왔습니다. 주워 보니 겉봉에 이렇게 적혀 있었습니다.

'사랑에 빠진 여자 가운데 가장 비천한 자로부터, 더할 수 없이 훌륭한 임에게'

편지를 펴 보니 다음과 같은 사연이 적혀 있었습니다.

> 그대가 보낸 사자는 내게 알렸네.
> 만날 수 있는 희망 이루어진다고
> 그러나 어찌 된 까닭인지
> 사자는 실수를 저질렀네.
> 그래서 나는 기쁨을 잊고
> 나날이 슬픔만 더해 갈 뿐
> 내가 지니고 있던 분별도
> 이제 물거품으로 돌아가 버렸네.

오오, 나의 그리운 임이시여, 어째서 당신과의 편지 왕래가 끊어져 버렸는지 도무지 그 이유를 알 수가 없군요. 비록 이 냉혹하고 모진 일이 당신의 마음에서 나온 일이라 하더라도 나는 여전히 정절을 지키고 있습니다. 만일 당신의 마음이 진작 나에게서 떠나 있다 할지라도 나는 자신의 짝사랑에 만족할 것입니다. 그것은 당신을 향한 내 마음은 바로 어느 시인이 노래한 것과 같기 때문입니다.

> 그대 교만하면 나는 겸손하리!
> 학대한다면 참고 견디리!
> 업신여긴다면 기도하리!

그대 간다면 나도 따라가리!
그대 말한다면 귀 기울이리!
명령한다면 오직 따르리!

보석상인이 이 편지를 읽고 있는데 노예계집이 이리저리 길바닥을 살피면서 다가왔습니다. 그리고 보석상인이 편지를 든 것을 보자 말했습니다.

"오, 나리, 그것은 제가 떨어뜨린 것입니다."

보석상인이 한마디 대꾸도 하지 않고 그대로 걸어갔으므로, 노예계집이 뒤따라가는 동안 마침내 보석상인의 집까지 오고 말았습니다. 노예계집은 보석상인 뒤에서 애원했습니다.

"오, 나리, 그 편지를 부디 돌려주십시오. 그것은 제가 떨어뜨린 것입니다."

그러자 보석상인은 뒤돌아보며 말했습니다.

"보시오, 만물을 수호하는 알라께서는 스스로 지키는 자를 사랑하시는 법이오. 자, 결코 무서워하거나 슬퍼하지 말고 모든 것을 털어놓아 보시오. 나는 비밀을 굳게 지킬 테니 안심하고 이야기해 주오. 당신 여주인의 사랑에 대해 조금도 숨기지 말고 털어놓아야 하오. 그러면 알라의 도움으로 여주인의 소망이 이루어질지 모르고 또 어려운 일도 내 힘으로 쉽게 해결될지도 모르니까."

"나리, 정말로 굳게 비밀을 지켜주신다면 비밀이 새나갈 염려는 없을 것이고, 또 당신께서 애써주신다면 모든 일이 헛되지 않을 거라고 생각해요. 게다가 저는 당신을 사모하고 있고, 여러 가지 사정을 말해 드릴 작정이에요. 하지만 그 편지는 제발 돌려주세요."

그리고 노예계집은 자초지종을 이야기한 다음 이렇게 덧붙였습니다.

"지금 말씀드린 것은 모두 알라께서 증인이 되어 주실 겁니다."

보석상인은 말했습니다.

"당신이 한 이야기는 거짓이 아니군. 나도 사건의 진상을 모르고 있지는 않으니까."

그리고 이번에는 보석상인이 알리 빈 바카르에 대한 이야기를 한 다음, 그의 심정을 알게 된 모든 사정을 자세히 말해 주었습니다. 보석상인 이야기를 듣고 노예계집은 매우 기뻐했습니다. 그리고 그 편지를 알리에게 전하고 다시 보석상인에게 돌아와 모든 것을 알려주기로 의논하였습니다. 노예계집은 편지를 받아 원래대로 다시 봉인하고 말했습니다.

"샤무스 알 나하르 님께서 편지를 봉해 주셨으니까요. 알리 님이 이것을 읽으시고 회답을 주시면 당신에게 곧장 가져가지요."

그리고 나하르의 편지를 기다리고 있는 알리에게 편지를 전하러 갔습니다. 알리는 편지를 읽고 나자 곧 회답을 씨시 노예계집에게 주었고, 노예계집은 약속대로 그것을 보석상인에게 가지고 갔습니다. 보석상인이 봉인을 뜯어보니[20] 그 속에 이런 시가 적혀 있었습니다.

> 우리의 편지 왕래를
> 비밀로 해준 심부름꾼은
> 끝내 의무를 게을리하고
> 얼굴에 노여운 빛[21]을 나타내었소.
> 그러니 조심하여 고르시라,
> 그대의 수많은 친구 가운데
> 진실을 인정하고 거짓을 거부하는
> 착하고 충실한 자를.

나는 결코 당신에 대한 성실을 잃지 않았고 또 믿음을 저버리는 행동을 하지도 않았습니다. 그리고 냉혹하고 모진 행동을 일으키지도 않았고 성의를 포기하지도 않았습니다. 맹세를 깨뜨리지도 않았고 사랑의 줄을 끊은 기억도 없으며, 한시도 참회를 중단한 적도 없습니다. 이별한 뒤로는 오로지 비참한 생각에만 사로잡혀 있을 뿐입니다.

나는 당신이 명확하게 밝혀주신 말은 아무것도 듣지 못했고, 당신 말고는 누구도 사랑하지 않습니다. 숨겨진 비밀을 아시는 신께 맹세코 저는 사랑하는 사람과 맺어지는 일 말고는 아무런 소원도 없습니다. 비록 이 몸은 더할 수 없는 괴로움에 시달리고 있어도 제 단 하나의 임무는 연모하는 마음을 겉으로 드러내지 않는 것입니다. 이것이 다만 지금의 저의 심정입니다. 안녕.

보석상인은 편지를 읽고 그 내용에 감동하여 눈물을 흘렸습니다. 이윽고 노예계집이 말했습니다.

"제가 돌아올 때까지 여기 계셔요. 알리 님은 어떤 일로 저를 의심하고 계시는데 그것도 당연하다고 생각됩니다. 그래서 저는 어떻게 연구해서 당신과 샤무스 알 나하르 님을 만나게 해 드리고 싶어요. 실은 조금 전에 나하르 님이 피곤해서서 자리에 누워 계신 것을 보고 나왔는데 제가 회답을 갖고 돌아오기를 손꼽아 기다리고 계십니다."

노예계집이 돌아가자 보석상인은 그날 밤을 뜬눈으로 새웠습니다. 날이 밝자 새벽 기도를 마친 그는 노예계집이 오기를 기다렸습니다. 이윽고 노예계집이 급히 찾아왔습니다.

"오, 무슨 좋은 소식이라도 있었소?"

"알리 님의 회답을 읽으시고 마님이 걱정하시는 것 같아서 제가 말씀드렸습니다. '마님, 하산 님이 종적을 감추었다고 걱정하실 건 없습니다. 하산 님을 대신해 주실 분을 발견했으니까요. 그분은 하산 님보다 훌륭하며 비밀을 굳게 지켜주실 분입니다.' 그리고 당신과 하산 님의 관계와 당신이 알리 님에게 신뢰를 얻은 과정, 떨어뜨린 편지를 당신이 주운 일, 저와 당신의 약속 등을 모두 말씀드렸습니다."

이 말에 보석상인이 몹시 놀라고 있으니 노예계집은 다시 말을 이었습니다.

"마님께서는 당신과 알리 님의 약속을 확인하시려고 당신을 만나고 싶어 하십니다. 그러니 곧 마님에게로 가십시다."

보석상인은 나하르를 찾아가기가 쉬운 일이 아닐뿐더러 매우 위험하여, 쉽사리 노예계집과 동행해서는 안 된다고 생각했습니다.

"이봐요, 색시, 난 평민 태생이라 하산처럼은 될 수 없소. 하산은 지위도 명성도 있고 게다가 교주님 궁전에서 하산의 상품을 사기 때문에 가끔 출입도 했지만 나 같은 것은 하산과 이야기할 때도 몸이 떨릴 지경이라오. 그러니 만일 마님께서 나와 이야기하고 싶으시다면 교주님 궁전이 아닌 더 멀리 떨어진 곳에서 만나 뵙기로 합시다. 그렇지 않으면 당신 말을 들을 수 없소."

보석상인은 이렇게 노예계집과 같이 가는 것을 거절했지만, 노예계집은 자기가 보증할 테니 염려 없다면서 자꾸만 같이 가자고 권했습니다.

"자, 기운을 내세요. 두려워할 것 없습니다."

보석상인은 하는 수 없이 승낙하고 말았습니다. 그러나 그는 손발이 부들부들 떨려와서 소리쳤습니다.

"아무래도 안 되겠소, 나는 갈 수 없소! 도무지 걸음조차 걸을 수가 없구려!"

"정신을 차리세요. 아무리 용기를 내도 나와 함께 교주님 궁전으로 못 가시겠다면, 마님을 이리로 모시고 오지요. 마님을 모시고 올 때까지 여기서 한 발짝도 나가시면 안 됩니다."

이렇게 말하고 노예계집은 나갔다가 금방 돌아왔습니다.

"다른 노예들은 아무도 들어오지 못하게 해 주세요."

"우리 집에는 늙은 검둥이 노예계집이 하나 있을 뿐이오."

노예계집은 검둥이 노예계집의 방과 보석상인의 방 사이에 있는 문을 굳게 닫고 다른 하인들은 모두 집 밖으로 내보냈습니다. 그런 다음 나가서 곧 귀부인 한 분을 데리고 들어왔습니다. 그러자 순식간에 온 집안이 그윽한 향기로 가득 찼습니다. 귀부인을 보자 보석상인은 벌떡 일어나 긴 의자를 권하고 자기도 귀부인 앞에 앉았습니다.

귀부인은 한동안 말없이 있더니 이윽고 마음이 진정되었는지 얼굴의 베일을 벗었습니다. 보석상인은 이 집 안에 해가 떠오르는 듯한 기분이 들었습니다. 귀부인이 노예계집에게 물었습니다.

"네가 나에게 말한 사람이 이분이냐?"

"네."

귀부인은 보석상인을 돌아보며 인사했습니다.

"안녕하세요."

"안녕하십니까! 당신과 충성스러운 자들의 임금님께 알라의 수호가 내리기를 빕니다."

"당신이 권하는 대로 이렇게 찾아왔습니다. 내 비밀을 들어주십사고요."

귀부인이 보석상인의 집안과 가족에 대해 묻자 보석상인은 자신의 신상을 모두 털어놓은 다음 이렇게 말했습니다.

"저는 다른 집이 또 한 채 있습니다. 그 집은 친구들과의 모임을 위해 지었는데 늙은 노예계집이 하나 있을 뿐입니다."[*22]

그러자 부인은 이번 일을 어떻게 알게 되었으며 하산은 왜 여행을 떠났느냐고 물었습니다. 보석상인은 자기가 아는 대로 남김없이 대답한 다음, 무슨 까닭으로 하산에게 여행을 떠날 것을 권유(3)했는지도 말했습니다. 이 말을 들은 귀부인은 하산이 떠난 것을 진심으로 한탄하면서 말했습니다.

"인간은 어디까지나 인간이기 때문에 마음의 번뇌에 흔들리지요. 행위는 말없이는 이루어질 수 없고, 목적은 노력 없이는 손에 넣을 수 없어요. 안식은 노력해야만 얻을 수 있는 것이랍니다."

—여기서 날이 훤히 밝아오는 것을 알고 샤라자드는 이야기를 그쳤다.

162번째 밤

샤라자드는 이야기를 계속했다.

오, 인자하신 임금님, 샤무스 알 나하르는 보석상인에게 말했습니다.

"안식은 노력해야만 얻을 수 있고, 성공은 관대한 사람의 도움이 있어야 비로소 손에 넣을 수 있답니다. 그래서 당신에게 모든 것을 털어놓았으니 우리의 일을 폭로하건 비밀로 해 주건 그것은 당신 마음에 달렸어요. 크고 너그러운 마음을 지니신 당신이니 더는 아무 말도 하지 않겠어요. 여기 있는 시녀는 입이 무거워서 저는 아무리 중대한 일이라도 의논하고 있어요. 그러니 이 시녀를 믿고 뭐든지 알려주세요. 자, 기운을 내세요, 이 시녀에게 모든 것을 맡기면 아무것도 걱정할 것 없어요. 어떤 곳이든 열리지 않는 곳은 없을 거예요, 이 시녀가 틀림없이 열어줄 테니까요. 나는 이 시녀에게 알리님께 보내는 편지를 맡길 테니 그분에게 전해 주세요."

그리고 알 나하르는 자리에서 일어났습니다. 보석상인은 앞장서서 문 앞까지 배웅하고서 다시 자리로 되돌아왔습니다. 그리고 조금 전까지 그 자리에 있었던 그녀의 아름다운 모습, 구슬 같은 목소리, 그 우아한 자태를 생각하며 마치 영혼이 녹아버리는 것 같은 황홀감에 빠져 있었습니다. 어느 한군데 나무랄 데 없는 그녀의 아름다움을 떠올리며 앉아 있는 동안 서서히 마음이 가라앉자, 식사를 가져오게 하여 배불리 먹었습니다. 그런 다음 옷을 갈아입고 밖으로 나가, 젊은 알리의 집으로 가서 문을 두드렸습니다. 하인이 서둘러 안으로 들이더니, 앞장서서 주인에게 안내했습니다. 알리는 여전히 자리에 누워 있다가 보석상인을 보자 이렇게 말했습니다.

"한동안 당신이 보이지 않아 어떻게 되었는지 궁금해하던 참이었소."

그리고 보석상인을 안내해 온 하인에게 방문을 닫고 나가도록 명한 다음 다시 말했습니다.

"알라께 맹세코 말하지만, 지난번 당신을 만난 뒤 제대로 잠을 이룰 수가 없었소. 실은 어제 그 노예계집이 알 나하르 님의 편지를 가지고 왔소."

알리는 그동안 있었던 일을 이야기하고 덧붙여 말했습니다.

"나는 정말이지 이 일을 어찌해야 좋을지 알 수가 없소. 더는 견딜 수가 없군요. 하산은 나를 잘 위로해 주었지요. 또 그 노예계집도 잘 알고 있었고, 내 기분을 곧잘 북돋아주었어요."

이 말을 듣고 보석상인은 웃었습니다. 알리는 말했습니다.

"내 말을 듣고 왜 웃으시오? 나는 당신이 와준 것을 기뻐하고 있는데, 당신이야말로 인간세상의 부침(浮沈)에서 나를 지켜줄 분이라고 생각하고 있는데."

알리는 한숨을 내쉬고 눈물을 흘리면서 다음과 같은 시를 읊었습니다.

내가 흘리는 눈물을 보고
비웃는 사람들 많지만
내가 견디는 괴로움 겪으면
그 누가 울지 않으리.
쌓이는 슬픔과 괴로움에
밤을 지새운 사람 아니고는
어찌 알까, 슬픔이란 참기 어려움을.
뜨거운 연정도, 끊임없는 동경도
한숨도, 뉘우치는 푸념도
가슴 깊이 숨겨져
그대, 거기서 떠나지 않건만
우리의 만남 나날이 멀어져

지난날과 달라졌도다.
그대를 대신하는 벗 없고
마음의 벗은 오직 그대뿐,
오직 한 사람—

이 시를 듣고 그 의미를 깨닫자 보석상인도 함께 눈물을 흘렸습니다. 그리고 지난번 알리와 헤어지고서 노예계집과 알 나하르와 자기 사이에 일어난 일을 모두 들려주었습니다. 알리는 조용히 얘기를 들으면서, 한 마디 들을 때마다 새파랬던 얼굴이 붉게 변하고, 점점 기운이 나는가 하면 다시 점차 약해지더니, 마침내 이야기가 끝나자 눈물을 흘리며 말했습니다.

"이보시오, 어쨌든 난 이제 다 글렀소. 빨리 이 세상을 떠나 이 괴로움에서 벗어나면 내 마음도 편해지겠지요! 하지만 당신의 호의에 기대어 부탁하고 싶소. 알라의 뜻으로 내가 불려갈 때까지 부디 모든 일에서 나를 도와주고 위로해 주시오. 한마디도 당신 말을 어기지 않을 터이니 제발 나를 도와주시오."

"당신의 가슴에 타오르는 사랑의 불길은 사랑하는 사람과 맺어지기 전에는 절대 꺼지지 않을 것이오. 그런데 그분을 만날 때 여기는 위험하니 다른 장소를 골라야겠소. 그러려면 우리 집이 좋을 것 같소. 알 나하르 님과 노예계집도 온 적이 있으니까요. 그분은 당신과 만나 서로 사랑의 괴로움을 하소연할 장소로 스스로 우리 집을 고르셨다오."

"오, 당신은 정말 친절한 분이오. 고맙소! 알아서 해 주시오. 알라께서 반드시 좋은 보답을 주실 것이오. 빨리 주선해 주구려. 나는 괴로워 죽을 것만 같소."

그리하여 나는(하고 보석상인은 말했습니다) 이튿날 아침까지 밤새도록 알리와 이야기를 나누었습니다. [4]

—여기서 날이 훤히 밝아오는 것을 알고 샤라자드는 이야기를 그쳤다.

163번째 밤

샤라자드는 이야기를 계속했다.

오, 인자하신 임금님, 보석상인은 이야기를 계속했습니다.

—그리하여 나는 밤새도록 알리와 이야기를 나누었습니다. 날이 밝자 새벽 기도를 드리고 알리와 헤어져 우리 집으로 돌아왔습니다.

얼마 뒤 노예계집이 찾아왔습니다. 서로 인사를 나눈 다음 알리와 의논한 일을 이야기하자 노예계집은 말했습니다.

"실은 지금 교주님이 안 계셔서 궁전에 아무도 없습니다. 저희로서는 이런 좋은 기회가 없습니다."

"당신 말도 잘 알겠으나, 내 별장보다 안전하고 더 알맞은 장소는 없을 거요."

"그럼, 좋으실 대로 하세요. 저는 곧 마님에게 돌아가 당신 말씀을 전하겠어요."

노예계집은 돌아가 알 나하르에게 이 말을 전하고 그 길로 곧 나에게 되돌아와 말했습니다.

"당신 말씀대로 곧 장소를 마련해 저희를 기다려주세요."

그러고는 품속에서 금화가 든 지갑을 꺼냈습니다.

"이 돈은 마님께서 이번 일에 쓰시라고 당신께 드리는 것입니다."

내가 그 돈을 받지 않자 노예계집은 여주인에게 돌아가 말했습니다.

"보석상인이 도무지 돈을 받지 않습니다."

"알았다."

그런데 노예계집이 돌아간 뒤(보석상인은 이야기를 계속했습니다) 나는 별장으로 가서 여러 가지 그릇과 가구, 값비싼 양탄자, 그 밖에 필요한 것들을 들여놓았는데 그 가운데에는 중국 꽃병과 유리병, 금은으로 만든 술잔도 있었습니다. 그리고 필요한 음식도 준비했습니다.

이윽고 그곳으로 되돌아온 노예계집은 그것을 보고 몹시 기뻐하며 곧 알리를 모시고 오라고 말했지만 나는 대답했습니다.

"그 사람을 데려올 사람은 당신밖에 없소."

노예계집은 곧 가서 멋지게 단장한 알리를 데리고 왔습니다. 나는 알리를

알리 빈 바카르와 샤무스 알 나하르의 이야기 1233

맞이하고 인사한 다음 고귀한 신분에 어울리는 긴 의자에 앉히고서, 그의 앞에 향기로운 꽃을 꽂은 도자기 꽃병과 아름다운 에메랄드로 장식된 병을 진열해 놓았습니다. 그리고 보기만 해도 마음이 즐거워지는 색색의 요리도 쟁반에 차려 놓고 이런저런 삽남으로 알리를 위로해 주었습니다.

그동안 노예계집의 모습은 보이지 않았는데, 이윽고 저녁 기도가 끝날 때쯤 단 두 명의 시녀를 거느린 샤무스 알 나하르와 함께 돌아왔습니다.

알 나하르와 알리는 서로 눈길을 주고받더니, 알리가 곧 일어나 그녀를 가슴에 꼭 끌어안았습니다. 그녀도 알리를 꼭 껴안자 두 사람은 그대로 정신을 잃고 쓰러지고 말았습니다.

한 시간 남짓 의식을 잃고 누워 있다가 가까스로 정신을 차린 두 사람은 서로 떨어져 지내던 동안의 괴로움을 하소연하기 시작했습니다. 두 사람은 가까이 다가앉아 황홀한 듯 부드럽고 정이 흐르는 목소리로 이야기를 주고받았습니다. 그들은 이야기가 끝나자 몸에 향을 조금 피우고 나에게 감사의 말을 늘어놓았습니다.

"뭘 좀 드시겠습니까?"

내가 묻자 두 사람은 대답했습니다.

"고맙소."

나는 가벼운 식사를 차려 놓았습니다. 두 사람이 배불리 먹고 손을 씻자 나는 다른 방으로 안내하여 포도주를 권했습니다. 두 사람은 잔을 기울이며 취하여 서로 몸을 기대고 있더니, 알 나하르가 나에게 말했습니다.

"여보세요, 친절을 베푸시는 김에 우리가 더 큰 기쁨을 누릴 수 있도록 류트나 무슨 다른 악기를 가져다주시지 않겠어요?"

"갖다 드리고말고요."

나는 대답하고 곧 류트를 가지고 왔습니다. 알 나하르는 그것을 받아들고 줄을 고른 다음 무릎 사이에 놓고 능숙한 솜씨로 켜기 시작했습니다. 흐느껴 우는 듯한 슬픔을 띠는가 하면 갑자기 다시 큰 기쁨으로 바뀌는 그 가락에 맞추어 다음과 같은 시를 읊었습니다.

밤새도록 잠 못 이루는 건
사랑 때문.

수척해진 내 모습은
스스로 얻은 병 때문.
눈물은 넘쳐
뺨 위에 뜨겁구나.
헤어져 지내는
우리가 다시 맺어질 날
언제이려가.

　그리고 다시 갖가지로 가락을 바꾸어 더욱 애처롭고 가엾은 노래를 골라
계속 불렀습니다. 마침내 그 자리에 있던 사람들의 마음은 모두 황홀해지고,
방 전체가 샤무스 알 나하르의 아름다운 노랫소리로 기쁨과 감동에 젖어 춤
이라도 출 것처럼 흥겨워졌습니다. 잠시 앉은 채로 술잔을 돌리다가, 이번에
는 젊은 노예계집이 류트를 켜면서 다음과 같은 시를 읊었습니다.

연인은 만날 약속을 하고
어김없이 이것을 지키네.
덧없는 하룻밤이건만
손꼽아 헤어가며
수많은 밤인 듯 여긴다네.
인정 많은 운명의 신은
욕하고 헐뜯는 우리를 경멸하고
진심으로 사랑하는 두 사람 위로
환희의 밤을 내리셨네!
사랑하는 그대가 다가와
오른손으로 나를 끌어안고
나는 왼손으로 안으니
꿈꾸는 마음인 듯 황홀해졌네.
내 가슴에 그대를 끌어안고
달콤한 그 입술을 빨면 달콤한 포도주
꿀 장수가 나에게 판

벌꿀 맛 그대로이네.

이렇게 환락의 바다에 잠겨 있는데(보석상인은 이야기를 계속했습니다)
시녀가 뛰어들어와 공포에 몸을 떨면서 말했습니다.

"오, 마님, 큰일 났어요, 빨리 달아나세요. 이 일이 발각되어 지금 사람들
이 이 집을 에워쌌어요. 어찌 된 일인지 저는 모르겠습니다만!"

이 말을 듣고 나는 깜짝 놀라 벌떡 일어났습니다. 그러자 또 다른 노예계
집 하나가 달려 들어와 외쳤습니다.

"큰일 났어요!"

그와 동시에 문을 거칠게 열어젖히고 복면한 사내 10명이 들이닥쳤습니
다. 저마다 손에 단도를 들고 허리에는 장검을 차고 있었으며, 그 뒤에는 다
시 사나이 10명이 버티고 있었습니다.

나는 온 세상이 뒤집힌 것처럼 놀라 달아날 구멍을 찾았으나 아무데도 보
이지 않았습니다. 나는 지붕을 타고 뛰어내려 옆집에 몸을 숨겼습니다. 가만
히 상황을 살펴보고 있으니 사내들은 집 안으로 몰려 들어가 와글와글 떠들
어댔습니다. 나는 틀림없이 교주가 이 일을 눈치채고 우리를 잡기 위해 호위
병 대장을 보낸 줄로만 알았습니다. 나는 오금이 저려 달아나지도 못하고 한
밤중이 될 때까지 그 자리에 가만히 있었습니다.

그러는 동안 내가 부스럭거리는 소리에 이 집 주인이 눈을 떴습니다. 깜짝
놀란 집주인은 칼을 빼들고 방에서 나와 나에게 들이대며 소리쳤습니다.

"게 있는 놈이 누구냐?"

"이웃의 보석상인입니다."

내가 대답하자 이번에는 등불을 들고 되돌아왔습니다.

"오, 당신이구먼! 오늘 밤 그 댁에서 심상치 않은 소동이 일어난 것 같아
무척 걱정했소."

그래서 나는 물었습니다.

"별안간 우리 집 문을 부수고 들어온 게 대체 누구일까요? 나는 놀라서
허겁지겁 댁으로 달아났는데 도무지 알 수가 없군요."

"실은 어제 이 일대를 휩쓸면서 사람을 죽이고 재물을 훔친 강도들이라
오. 그 강도들은 당신이 집에 값진 물건들을 들여가는 것을 보고 들이닥쳐

재물을 훔쳤을 뿐 아니라 손님까지 죽여 버렸다오."

그 말을 듣고 이웃집 주인과 함께 집으로 가보니 집 안에는 막대기 하나도 남아 있지 않았습니다. 그 광경을 보고 놀란 나는 이렇게 혼잣말을 했습니다.

"물건뿐이라면 비록 친구에서 빌린 섯이더라도 상관없지. 내 재산 모두를 약탈당했다는 것을 알면 변명이 될 테니까. 하지만 알리와 교주가 사랑하는 측실의 연애관계가 폭로되면 내 목숨은 무사할 수 없다."

그래서 나는(보석상인은 이야기를 계속했습니다) 이웃집 주인에게 말했습니다.

"당신은 나와 형제처럼 가까이 지내는 이웃이니 이럴 때 어떻게 하면 좋을지 가르쳐주십시오."

"당신은 그대로 가만히 기다리고 있으면 돼요. 왜냐하면 당신 집에 침입해 재물을 훔쳐간 놈들은 교주님을 섬기는 지체 높은 분들을 죽이고 위병들까지 적잖이 죽였기 때문에 지금 관리와 경비대가 그 행방을 사방으로 수색 중이오. 그놈들이 붙잡히기만 하면 당신은 가만히 있어도 해결이 될 것 아니겠소."

이 말을 듣고 나는 또 다른 내 집으로 돌아갔습니다.

—여기서 날이 훤히 밝기 시작하는 것을 깨닫고 샤라자드는 이야기를 그쳤다.

164번째 밤

샤라자드는 이야기를 계속했다.

오, 인자하신 임금님, 보석상인은 이웃집 주인의 말을 듣고 또 다른 자신의 집으로 돌아갔습니다. 그리고 혼잣말을 중얼거렸습니다.

"내 몸에 내리 덮친 이 재난을 하산은 언제나 두려워하고 있었지. 그 때문에 그는 결국 바소라까지 달아나고 만 거야. 그러나 나는 지금 꼼짝없이 그 재앙에 빠져버리고 말았어."

이윽고 보석상인의 별장이 강도에게 습격을 받았다는 소문이 퍼져 사람들이 와글와글 떠들어대며 사방에서 그를 찾아왔습니다. 개중에는 그 재앙을 기뻐하는 이도 있고 동정하여 위로하는 자도 있었지만, 보석상인은 그저 슬퍼할 뿐 음식도 제대로 목에 넘기지 못하고 있었습니다. 가만히 앉은 채 자신이 한 일을 후회하고 있으려니 하인이 들어와 말했습니다.

"지금 문밖에 누군가 찾아와 뵙고 싶다고 하십니다."

밖으로 나가 보니 처음 보는 남자가 서 있다가 조그마한 소리로 속삭였습니다.

"실은 좀 은밀히 말씀드릴 게 있는데요."

보석상인은 그 사람을 안으로 데리고 들어와 물었습니다.

"무슨 이야기입니까?"

"나와 함께 당신 별장으로 가십시다."

보석상인은 깜짝 놀라며 물었습니다.

"당신은 내 별장을 알고 계시나요?"

"당신에 관해서는 무엇이든 알고 있지요. 그리고 어떻게 하면 신께서 당신의 불행을 물리쳐주실 것인지도 다 알고 있고요."

이 낯선 남자의 말을 들은 나는(하고 보석상인은 이야기를 계속했습니다)[5] 마음속으로 생각했습니다.

'아무튼 이 사람 말대로 따라가 보자.'

그리고 밖으로 나가 함께 별장으로 갔습니다. 별장에 다다르자 그 남자는 쓱 훑어보더니 말했습니다.

"문도 없고 문지기도 없군요. 이래서는 들어가서 쉴 수 없으니 다른 데로 갑시다."

그 사람은 앞장서 부지런히 걸어갔습니다. 나도 뒤에서 따라갔는데, 그러는 동안 해가 지고 말았습니다. 그래도 나는 그 사람에게 용건도 묻지 않고 그저 말없이 따라가니 마침내 널찍한 교외에 이르렀습니다. 그래도 남자는 여전히 이렇게 말할 뿐이었습니다.

"따라오시오."

그가 재촉하는 대로 숨을 헐떡이며 따라가는 동안 어느 강가에 이르렀습니다.

남자는 나와 함께 배를 타고 강을 건넜습니다. 건너편 물가에 오르자 남자는 내 손을 잡고 그때까지 한 번도 본 적이 없는 거리로 데리고 갔습니다. 거기가 어디인지 나는 도무지 짐작도 할 수 없었습니다.

이윽고 어느 집 앞에 이르자 남자는 나를 데리고 안으로 들어갔습니다. 그리고 자물쇠*²³를 채우고 손님방을 지나 얼굴이 몹시 닮은 남자들이 열 명이나 있는 방으로 안내했습니다. 이 열 사람은 모두 형제 사이였습니다. 우리가 인사하자(하고 보석상인은 이야기를 계속했습니다) 그들도 답례하며 자리를 권했습니다. 그래서 우리는 그곳에 앉았습니다.

나는 당장 숨이 넘어갈 듯이 지쳐 있었습니다. 그들은 장미수를 가져와 내 얼굴에 뿌려주고 과즙을 먹여주기도 했습니다. 그리고 식사가 준비되자 그들도 나와 함께 먹었습니다.

나는 마음속으로 중얼거렸습니다.

'만일 이 음식에 독이라도 들어 있다면 이 사람들이 같이 먹을 리가 없다.'

나는 음식을 맛있게 먹고 손을 씻은 다음 제자리로 돌아갔습니다. 이윽고 그들이 나에게 물었습니다.

"당신은 우리를 알고 있소?"

"아니오, 지금까지 한 번도 본 적이 없는 분들이오. 나를 이리로 데리고 온 사람도 모르는 분이고요."

"당신의 신상에 일어난 일을 모두 이야기하시오. 절대로 거짓말을 해서는 안 되오."

"그렇다면 들려 드리지요. 정말 희한한 이야기입니다. 그런데 당신들은 나에 대해서 뭐 좀 아는 것이 있습니까?"

"알고 있고말고요. 어젯밤 당신의 재물을 훔치고 당신 친구와 노래를 부르던 여자를 납치해 온 건 바로 우리오."

이 말을 들은 나는 소리쳤습니다.

"오, 알라께서 반드시 당신네에게 벌을 주실 거요! 그렇다면 내 친구와 노래를 부르던 여자는 대체 어디 있소?"

그러자 그들은 손으로 한쪽 옆을 가리키며 말했습니다.

"저기 있소. 하지만 형제여, 맹세코 말하지만 그 두 사람의 비밀을 아는 사람은 당신밖에 없소. 우리는 그 두 사람을 이리로 납치해 왔으나 아직 얼굴도 보지 않고 신분도 물어보지 않았소. 지체 높은 분인 줄 짐작했으니까요. 아직 그 두 사람을 죽이지 않은 것도 바로 그 때문이오. 그러니 그 두 사람에 대해 모두 이야기해 주시오. 그러면 당신뿐만 아니라 그 두 사람의 목숨도 살려줄 테니까."

이 말을 들은 나는(하고 보석상인은 이야기를 계속했습니다) 놀라움과 두려움에 숨이 막히는 것 같았습니다.

"오, 형제분, 당신들이 나쁜 마음을 일으킨다면, 당신들의 목숨도 어떻게 될지 모른다는 것을 알아야 합니다. 나는 이 비밀이 새어 나가는 것을 무척 두려워하고 있소. 그러나 당신들이라면 아마 이 비밀을 지켜주겠지요."

이렇게 나는 그들을 치켜세워 주었습니다. 그러는 동안 사실을 숨기는 것보다 모든 것을 털어놓는 게 낫다는 것을 깨달은 나는 내 신상에 일어난 사건의 자초지종을 이야기해 주었습니다.

그 이야기를 들은 그들은 물었습니다.

"그럼, 젊은이가 바카르의 아들이고, 상대하는 부인은 샤무스 알 나하르란 말이지?"

"그렇습니다."

이 말을 들은 그들은 매우 곤란한 눈치였지만, 이윽고 알리와 알 나하르에게 가서 무언가 변명을 했습니다. 그리고 나에게 말했습니다.

"당신 집에서 훔친 물건은 얼마쯤 써버렸지만, 아직 대부분 여기 남아 있소."

그리고 남은 것을 돌려주고, 나머지 물건도 되도록 빨리 변상해 주기로 약속했습니다. 그들은 두 무리로 나뉘어 하나는 나와 함께, 다른 하나는 남기로 하자 그제야 나도 안심할 수 있었습니다.

한편 알리 빈 바카르와 샤무스 알 나하르는 너무나 두려운 나머지 거의 제정신이 아니었습니다. 나는 두 사람 곁으로 다가가 인사한 다음 물었습니다.

"그 노예계집과 두 하녀는 어떻게 되었습니까? 지금 어디에 있습니까?"

두 사람은 다만 이렇게 대답할 따름이었습니다.

"모르겠어요."

이윽고 우리는 그곳을 떠나 한참 걸어가다가 강가에 이르렀습니다. 거기에는 어제 내가 타고 왔던 배가 매어져 있었으므로 모두 그 배를 타고 강을 건넜습니다.

그런데 우리가 배에서 내려 잠시 숨을 돌리려는 순간 별안간 말 탄 사람들이 독수리처럼 나타나 사방에서 에워쌌습니다. 그러자 함께 온 도둑들은 매가 나는 듯이 잽싸게 배에 뛰어올라 뱃머리를 돌려 강 한복판으로 저어갔기 때문에, 세 사람만 강가에 남아서 달아나지도 못한 채 우왕좌왕하고 있었습니다.

기마대 대장이 세 사람에게 다가와 물었습니다.

"너희는 어디서 왔느냐?"

우리는 어떻게 대답해야 좋을지 몰라 망설이다가, 내가(하고 보석상인은 이야기를 계속했습니다) 대답했습니다.

"지금까지 우리와 함께 있던 이들은 도둑들이며 우리는 모르는 자들입니다. 우리는 노래를 부르는 소리꾼들인데 그 도둑들에게 끌려갈 뻔했습니다. 저놈들은 우리에게 노래를 부르게 할 작정이었지요. 우리는 놈들이 시키는 대로 하는 수밖에 달아날 길이 없었습니다. 하지만 여러분들 덕분에 보시다시피 도둑들은 달아나버렸습니다."

그러자 그들은 알 나하르와 알리를 흘끔 바라보며 나에게 말했습니다.

"네 말은 아무래도 수상쩍다. 그래 정말이라면 너희의 신분과 어디서 왔는지 말해봐라. 그리고 어디 사는지도 말해 봐."

내가 뭐라고 대답해야 좋을지 몰라서 난처해하고 있으니, 알 나하르가 대장에게 다가가 무엇인가 소곤소곤 귓속말을 했습니다. 그러자 대장은 말에서 내려 알 나하르를 안장 뒤에 태우더니 고삐를 잡고 달려갔습니다. 두 부하도 대장을 따라 한 사람은 알리를, 다른 한 사람은 나를 말에 태우고 뒤따라갔습니다.

대장은 쉬지 않고 말을 몰아 이윽고 강가의 한 곳에 이르자 말을 세우고 무엇인지 알아들을 수 없는 암호 같은 소리를 외쳤습니다. 거기에 호응하여 여러 사람을 태운 배 두 척이 나타났습니다. 대장은 우리를 그 한 척에 태우고 부하들은 다른 배에 탔습니다.

배를 저어 나가는 동안 이윽고 교주의 궁전에 이르자 알 나하르는 배에서 내렸습니다. 그동안 알리와 나는 너무 무서워서 간이 오그라드는 것 같았습니다.

배는 다시 나아가 마침내 우리의 집으로 통하는 길 있는 데까지 오자, 우리는 가까스로 배에서 내려 말 탄 남자 몇 명의 호위를 받으며 알리의 집에 이르렀습니다. 우리가 집 안으로 들어가는 것을 보고 따라다니며 곁에서 보호하고 지키던 남자들은 돌아갔습니다.

우리는 완전히 지쳐서 아침인지 밤인지도 모른 채 그 자리에 쓰러졌습니다. 나는 이튿날 저녁때가 되어서야 겨우 정신을 차렸는데, 알리는 그때까지도 정신을 잃은 채 꼼짝도 하지 않고 있었고 그 주위에서 가족들이 눈물을 흘리고 있었습니다.

가족 한 사람이 나에게 다가와 물었습니다.

"우리 도련님이 대체 어떻게 되신 겁니까? 어찌하다가 이렇게 되셨는지 이야기 좀 해 주세요."

그래서 나는 대답했습니다.

"오, 여러분, 내 말을 들어보십시오."

—여기서 날이 훤히 밝아오는 것을 알고 샤라자드는 이야기를 그쳤다.

165번째 밤

샤라자드는 이야기를 계속했다.

오, 인자하신 임금님, 보석상인은 말했습니다.

"내 말을 들어보십시오. 부디 너무 걱정하지 마시고 조금만 더 참고 기다리면 나리께서 정신을 차리시고 여러분에게 직접 이야기해 드릴 테니까요."

보석상인이 무뚝뚝하게 말하자 그들은 무슨 좋지 않은 일이 일어난 게 아닐까 하고 생각했습니다.

그러는 동안 양탄자에 누워 있던 알리가 갑자기 몸을 움직이기 시작하자 모두 기뻐했습니다. 알리를 걱정하여 모여든 친구들도 안심하고 돌아갔지만, 가족들은 보석상인만은 붙잡고 놓아주지 않았습니다.

사람들이 알리 얼굴에 장미수를 뿌리자 곧 정신을 차렸으므로 물었습니다.

"대체 어떻게 된 거냐?"

알리는 무언가 대답하려 했으나 아무래도 혀가 돌아가지 않는 듯했습니다. 겨우 손짓으로 보석상인을 집에 보내주라고 일렀습니다.

알리 가족의 손에서 벗어난 보석상인은 두 남자의 부축을 받으며 꿈같은 기분으로 집으로 돌아갔습니다. 보석상인의 가족은 주인이 돌아온 것을 보고 춤출 듯이 기뻐하며 소리를 크게 지르고, 저마다 자신의 얼굴을 때리면서 주인이 한 손을 들어 말릴 때까지 그 기쁨의 행동을 멈추지 않았습니다.

부축해 온 두 사람이 돌아가자 보석상인은 자리에 누워 그날 밤은 물론 그 이튿날 오후까지 푹 잠을 잤습니다. 가까스로 그가 눈을 뜨자 가족과 친구들이 모여와 물었습니다.

"대체 어떻게 된 일인가? 무슨 심한 봉변을 당하기라도 했나?"

보석상인이 말했습니다.

"뭐라도 마실 것을 좀 갖다 줘."

마실 것이 곧 들어오자 그것을 실컷 마시고 나서, 보석상인은 말했습니다.

"다만 일어났어야 할 일이 일어났을 뿐이고, 이젠 이미 끝난 일이야."

그 말을 듣고 가족들이 물러가자 친구들은 남아 있게 하여 여러 가지 사과의 말을 하고, 별장에서 도둑맞은 물건은 돌아왔느냐고 물었습니다. 그러자 친구들이 대답했습니다.

"돌아왔지! 어느 정도 되돌아왔어. 누군가가 별장으로 들어가 문 안으로 던져 놓은 것을 보면. 하지만 우리는 그 사람을 보지는 못했네."

그 말을 듣고 보석상인은 스스로 위로하면서 이틀 동안이나 일어설 기운도 없이 그대로 자리에 누워 있었습니다. 그러다가 가까스로 기운을 차려 목욕을 하러 갔지만, 몸은 완전히 지치고 마음은 알리와 알 나하르의 신상이 걱정되어 안절부절못하는 심정이었습니다. 그도 그럴 것이 그 뒤 두 사람한테서 아무 소식도 없고, 그렇다고 알리의 집에 가지도 못하고, 또 자신의 신상이 걱정되어 마음 놓고 집에 누워 있을 수도 없는 형편이었습니다. 보석상인은 그저 전능하신 알라께 자기가 한 짓을 참회하고 자신이 무사함을 감사드렸습니다.

그는 문득 어딘가로 가서 사람들을 만나 기분전환을 하고 싶은 생각이 들었습니다. 그래서 피륙시장에 나가 한 친구와 한참 동안 이야기를 나눈 다음 막 돌아오려는데 한 여자가 나타났습니다. 보니 알 나하르의 그 노예계집이 아니겠습니까! 보석상인은 마치 눈앞이 캄캄해지는 듯한 기분이 들어 서둘러 그 자리를 떠났습니다. 그러자 노예계집이 뒤따라왔으므로 겁이 나서 정신없이 달아났지만 여자는 어느 틈에 뒤에 바짝 따라붙고 말았습니다.

"잠깐만 기다려 주세요. 할 이야기가 있어요!"

그 말에 보석상인은 두려움으로 몸이 떨려왔습니다. 그래서 뒤도 돌아보지 않고 마구 달아나 어느 이슬람교 사원 앞에 이르러 그 안으로 들어가니 노예계집도 따라 들어왔습니다. 보석상인은 무릎을 꿇고 머리를 두 번 조아려 기도드리고 나서 한숨을 쉬며 노예계집에게 물었습니다.

"무슨 볼일이오?"

노예계집이 이제까지 어떻게 지냈느냐고 물었으므로 보석상인은 자기와 알리에게 일어난 일들을 모두 이야기하고, 노예계집이 아는 것도 말해 달라고 부탁했습니다.

노예계집은 이야기하기 시작했습니다.

"실은, 그날 밤 도둑이 문을 부수고 들어왔을 때 저는 틀림없이 교주님의 군사인 줄 알고 저와 마님이 함께 잡혀서 죽는 게 아닌가 싶어 너무나 무서워 다른 두 시녀와 함께 지붕을 타고 달아났어요. 그리고 아래로 뛰어내렸는데 마침 거기 있던 사람들이 숨겨주어서 교주님의 궁전까지 갔습니다. 그때 저희는 정말 이루 말할 수 없이 비참했습니다.

우리는 사건을 숨기고 있었지만 마치 화형을 당하는 듯한 심정이었습니다. 밤이 되자 저는 수문을 열고 전날 밤 저희를 태우고 간 사공을 불러 '마님이 어떻게 되었는지 모르시오? 나를 배에 태워 함께 강에서 찾아보도록 해 주오. 무슨 단서가 잡힐지도 모르니까' 하며 부탁했습니다.

그래서 사공은 저를 태우고 사방으로 노를 저으며 찾고 있었는데, 한밤중에 배 한 척이 수문을 향해 가는 게 보였습니다. 자세히 보니 한 남자가 노를 젓고 있고 다른 남자는 서 있는데 배 가운데 한 여자가 쓰러져 있었습니다.

이윽고 배가 강가에 닿자 그 여자는 배에서 내렸는데, 글쎄 그 여자가 바로 알 나하르 님이 아니겠습니까? 살아 있는 동안에 다시 뵐 수 없을 거라고 단념하고 있었던 저는 바로 마님을 뵙자 아주 기뻐서 배에서 뛰어나가 마님을 끌어안았습니다."

—여기서 날이 훤히 밝아오는 것을 알고 샤라자드는 이야기를 그쳤다.

166번째 밤

샤라자드는 이야기를 계속했다.

오, 인자하신 임금님, 노예계집은 보석상인에게 이야기를 계속했습니다.

"마님을 뵙고 아주 기뻐서 제가 곁으로 갔더니, 마님은 자신을 데려다준 남자에게 '금화 1천 닢을 주라'고 말씀하셨습니다. 저는 다른 두 시녀와 함께 마님을 궁전 안으로 모시고 들어가 자리에 뉘어 드렸습니다. 그날 밤 마님은 매우 지친 듯한 모습이었습니다. 날이 새자 저는 시녀와 종자들에게 그날 하루만은 마님 곁에 가까이 가지 말라고 일러두었습니다. 그 다음 날은 약간 기운을 차리신 것 같았으나 그래도 아직까지는 마치 무덤에서 빠져나온 사람 같았습니다. 저는 마님 얼굴에 장미수를 뿌리고 옷을 갈아입히고 나서 손발을 씻겨 드렸습니다. 마님은 조금도 내키지 않는 듯했으나 간곡히 권하여 조금이나마 음식과 포도주를 드시게 했습니다.

그리고 신선한 공기를 마시자 완전히 기운을 차리셨기에 저는 마님을 격려했습니다. '오, 마님, 부디 몸조심하십시오. 저희가 지금 어떤 재난에 맞닥뜨려 있는지 잘 아실 테지요. 마님은 정말 지금 무서운 재난을 겪고 계시는 거예요. 하마터면 목숨을 잃을 뻔했어요.'

그러자 마님은 말씀하셨습니다.

'그렇게 무서운 꼴을 당하는 바에야 차라리 죽어 버리는 편이 나았을 거야. 정말이지 난 꼼짝없이 살해되는 줄만 알았어. 누구도 나를 구해 줄 수 없을 것 같았으니까. 도둑들이 우리를 보석상인의 집에서 데리고 나올 때 나한테 누구냐고 묻기에 노래 부르는 계집이라고 대답했더니, 그 말을 믿은 모양이다. 도둑들이 알리에게 이름과 직업을 말하라고 해서 알리가 평민이라고 대답하고, 우리가 조금도 저항하지 않자 자기들 소굴로 데리고 간 거야. 그동안 우리는 너무 무서워서 빠른 걸음으로 도둑들을 따라갔지. 그런데 도둑들은 집으로 돌아가자 모두 나를 흘끔흘끔 바라보더니 입은 옷과 목걸이와 보석을 가리키며 가희가 이렇게 좋은 목걸이를 할 리가 없으니 숨기지 말고 신분을 밝히라고 우기더구나. 하지만 내가 마음속으로 이놈들은 옷과 보석을 노려 나를 죽여 버릴 거라 생각하여 입을 다물고 있으니, 도둑들은 알리에게 도대체 어떤 신분이고 어디 출신이냐, 거동을 보아하니 아무래도 평민이 아닌 것 같다고 물었지. 하지만 알리와 나는 굳게 비밀을 지키며 울고만 있었단다. 마침내 알라께서 악당들의 마음을 풀어주신 듯 도둑들도 차츰 동정하게 되어 우리가 있던 그 집은 누구의 집이냐고 물었어. 그래서 보석상인의 집이라고 대답하니, 한 놈이 그 사람을 잘 알고 있다면서 그 사람의 또 다른 집 한 채도 잘 알고 있으니 한 시간이면 당장 보석상인을 이리로 데리고 올 수 있다는 거야. 그리고 뭔가 의논한 끝에 나와 알리를 따로 떼어놓고 두 사람 다 안심하라, 절대로 비밀이 새나가지는 않을 테니 걱정하지 마라, 우리는 당신네를 어떻게 하려는 게 아니다 하고 안심시켜 주더구나. 그러는 동안 한 놈이 보석상인을 데리고 왔어.

보석상인은 우리 두 사람 사이를 모두 이야기해 버렸지. 그리고 우리와 보석상인은 도둑들을 따라 밖으로 나왔는데 한참 뒤 한 놈이 배를 가지고 와서 우리를 태워 강 건너에 내려놓고 달아나버렸어. 마침 그때 기마대가 와서 우리의 신분을 묻기에 나는 그 대장에게 내 이름을 밝히고 교주님의 총애를 받는 사람으로, 독한 술을 마시고 대신의 부인이 된 친구를 찾아가려고 나왔다가 저 악당들의 습격을 받아 붙들려 여기까지 끌려왔는데, 그놈들은 당신들을 보자 정신없이 달아나버렸다, 여기 있는 사람들은 그놈들 집에서 알게 된 사람들이니 부디 우리를 안전한 곳으로 데려다주면 섭섭지 않게 사례하겠다고 했지. 그 이야기를 들은 대장은 내 부탁을 들어주어 말에서 내려 나를 태워주었고 알리와 보석상인도 두 부하의 말에 태워 돌려보내준 거야.' 그래서 저는(하고 노예계집은 말했습니다) 그 행동을 나무라며 앞으로는 부디 조심하시고 자신의 목숨을 소중히 하시라고 말씀드렸지요. 하지만 그분을 제 말을 듣고 몹시 화를 내시며 저를 꾸중하셨습니다. 저는 그 자리를 떠나 당신의 집을 찾아갔지만, 당신은 집에 계시지 않았고 그렇다고 알리 님 댁으로 찾아갈 기운도 없었습니다. 그래서 당신을 기다려 알리 님의 소식을 듣고자 한 것입니다. 그리고 제발 부탁이니 부디 드리는 이 돈을 받아주세요. 당신은 분명히 친구들에게서 물건을 빌리셨겠지요. 그 물건을 잃으셨으니 아마 친구들에게 끼친 손해를 물어주셔야 할 겁니다."

"알았습니다! 그럼, 받지요."

두 사람이 보석상인의 집 근처까지 왔을 때 노예계집이 말했습니다.

"곧 돌아올 테니 여기서 잠시 기다려주세요."

—여기서 날이 훤히 밝아오는 것을 알고 샤라자드는 이야기를 그쳤다.

167번째 밤

샤라자드는 이야기를 계속했다.

오, 인자하신 임금님, 노예계집은 보석상인에게 곧 돌아올 테니 잠시 기다려달라고 한 다음 사라지더니 이윽고 돈을 가지고 돌아와 보석상인에게 주면서 말했습니다.

"나리, 다음에는 알리 님을 어디서 뵐 수 있을까요?"

"나는 곧 집으로 돌아가 당신을 위해 아무리 어렵더라도 어떻게 하면 그 사람을 만나게 해 줄 수 있을지 연구해 보겠소. 아무튼 지금 당장은 어려우니까."

"그러면 당신과 연락할 장소를 가르쳐주세요."

"내 별장이 좋을 거요. 이제 곧 그 집에 가서 문을 고치고 전처럼 아무도 못 들어오게 해놓을 테니 앞으로는 거기서 만나기로 합시다."

노예계집은 보석상인과 헤어져 돌아갔습니다.

보석상인은 집으로 돌아가 받은 돈을 세어보니 금화 5천 닢이었으므로, 그 가운데 얼마를 가족에게 주고 빌린 돈을 모두 갚았습니다. 그리고 하인들을 데리고 도둑맞은 별장으로 가서 목수와 미장이를 불러 부서진 곳을 수리하고 흑인 노예계집에게 집을 지키도록 해두었습니다. 이리하여 보석상인은 자신에게 닥쳤던 불행한 사건을 완전히 잊어버렸습니다.

얼마 뒤 보석상인이 알리의 집을 찾아가니 한 노예가 나와 인사하며 말했습니다.

"주인님께서는 밤낮없이 당신만 찾고 계십니다. 우리에게 누구든 당신을 찾아오는 사람은 자유의 몸으로 해 주겠다는 약속까지 하셨습니다. 그래서 당신을 사방으로 찾아다녔지만, 도무지 찾을 수가 없었습니다. 주인님은 차츰 나아지셨지만 그래도 나았다, 도졌다 하는 형편입니다. 그리고 조금만 기분이 좋아지시면 당신 이름을 부르시면서 '빨리 그분을 데리고 와서 잠시라도 좋으니 만나게 해다오' 하시면서 다시 정신을 잃으시고 마십니다."

보석상인은 그 노예의 안내를 받아 알리의 방으로 들어갔습니다.

알리는 말도 하지 못하는 상태였기 때문에 상인은 그 머리맡에 앉았습니다. 이윽고 눈을 뜬 알리는 상인을 보더니 눈물을 흘리며 말했습니다.

"오, 어서 오시오! 정말 잘 와주셨소!"

보석상인은 알리를 안아 일으켜 이부자리 위에 앉히고서 가슴에 끌어안았습니다.

알리가 말했습니다.

"오, 형제여! 나는 자리에 누운 뒤로 한 번도 일어나지 못했소. 다시 당신을 만나게 된 것을 신께 감사드립니다."

보석상인은 참을성 있게 알리의 몸을 부축해 일으켜 세워 보기도 하고 조금씩 걷게도 했습니다. 그러고 나서 옷을 갈아입히고 포도주를 조금 먹였습니다. 보석상인은 비로소 마음을 놓았습니다.

알리가 약간 기운을 차린 모습을 보고 보석상인은 아까 그 노예계집과 만난 일을 이야기해 준 다음 이렇게 덧붙였습니다.

"자, 마음을 굳게 먹고 기운을 내십시오. 당신의 괴로움은 내가 잘 알고 있습니다."

그러자 알리가 살짝 미소를 지어 보였습니다. 상인은 다시 말했습니다.

"이제부터는 당신을 기쁘게 하고 당신 병을 낫게 해 주는 일들만 있을 겁니다."

알리는 식사준비를 시키고 하인들을 물러가게 한 다음 이렇게 말했습니다.

"오, 형제여, 당신은 그 뒤로 내가 어떤 일을 겪었는지 잘 알고 계시지요?"

그리고 여러 가지로 변명한 다음 보석상인에게 여태까지 어떻게 지냈느냐고 물었습니다. 그래서 자신이 겪은 일을 대충 이야기해 주자 알리는 깜짝 놀라며 하인을 불러 일렀습니다.

"이러이러한 물건들을 이것저것 가져오너라."

하인들이 아름다운 양탄자며 테이블보를 비롯하여 금은 그릇 등 보석상인이 잃어버린 것보다 더 많은 물건을 내오자 알리는 그것을 모두 보석상인에게 주었습니다. 보석상인은 그 많은 물건을 자기 집으로 가져가게 한 다음 그날 밤은 알리와 함께 지냈습니다.

날이 밝자 알리는 보석상인에게 말했습니다.

"모든 일에 끝이 있듯이 사랑에도 역시 소망이 이루어진다든가 죽는다든가 하는 결과는 있겠지요. 아무래도 나에게는 죽음이 다가온 것 같소. 아니, 차라리 이렇게 되기 전에 죽었더라면 좋았을 걸 그랬소. 만약 알라의 자비가 없었다면 우리는 탄로 나 큰 망신을 당했을 거요. 이렇게 되고 보니 어떻게 이 어려운 고비를 빠져나가야 할지 모르겠군요. 알라가 두렵지만 않다면 스스로 죽어버리고 싶소. 나는 장 속에 갇힌 새와 같은 신세, 이 몸에 덮쳐온 재난을 이겨내지 못할 거라는 것을 잘 알고 있소. 하지만 사람의 수명이나 죽음은 다 정해진 것이니 되어가는 대로 맡기는 수밖에 없소."

그리고 눈물을 흘리며 다음과 같은 시를 읊었습니다.

슬픈 생각 때문에
참고 견딜 힘마저 다 빠져버렸네.
사랑하는 사람은 눈물에 젖어
하염없이 울었다네.
신(神)께서 우리를 맺어주시고
비밀을 감추어주셨건만
이제는 신의 눈이
맺어진 인연을 풀어버리려 하시네!

알리가 노래를 마치자 보석상인은 말했습니다.

"나는 이제 가봐야겠습니다."

"그러시오. 가거든 되도록 빨리 소식을 전해 주시오."

보석상인은 알리에게 작별을 고하고 집으로 돌아갔습니다. 그런데 아직 자리에 앉기도 전에 그 노예계집 시녀가 흐느끼면서 들어왔습니다.

"어찌 된 일이오?"

"오, 나리, 우리가 두려워하던 일이 마침내 일어나고 말았습니다. 어제 당신과 헤어져 마님께 돌아갔더니 마님께서는 전날 밤 우리와 함께 있던 두 시녀 가운데 한 사람에게 크게 화를 내시며 매질을 하라고 분부하셨습니다. 시녀는 깜짝 놀라 달아났는데, 궁에서 나가다가 문지기와 딱 마주쳤습니다. 문지기는 시녀를 붙잡아 마님께 데리고 가려고 했지만, 시녀가 무엇인가 은근한 눈치를 보이자 문지기는 솔깃해져서 여자를 어르고 달래어 우리의 비밀을 죄다 털어놓게 했습니다. 그 이야기가 마침내 교주님의 귀에 들어가, 교주님은 알 나하르 님과 그분의 물건을 모두 자신의 궁으로 옮겨오게 명하시고는 환관 20명을 시켜 감시하게 하셨습니다. 그때부터 지금까지 교주님은 알 나하르 님을 한 번도 찾아보시지 않고 또 그런 행동을 한 이유도 물어보지 않으십니다. 아마도 지금 말씀드린 그 일이 원인이 아닌까 합니다. 나리, 저는 제 목숨도 걱정되고 어떻게 해야 좋을지 몰라 여간 괴롭지가 않습니다. 이 일을 어떻게 처리해야 할지도 모르겠고요. 아무튼 마님에게는 저만큼 믿을 수 있는 사람은 아무도 없으니까요."

—여기서 날이 훤히 밝아오는 것을 알고 샤라자드는 이야기를 그쳤다.

168번째 밤

샤라자드는 이야기를 계속했다.

오, 인자하신 임금님, 노예계집은 말을 이었습니다.

"정말이지 마님은 저를 믿고 무엇이든 비밀을 털어놓으신답니다. 그러니 나리, 지금이라도 곧 알리 님에게 가셔서 조심하시라고 전해 주세요. 만일 이 일이 탄로 나면 어떻게 달리 방법을 찾아 우리가 살아날 궁리를 해야 합니다."

노예계집의 말을 듣고 보석상인은 매우 걱정되어 눈앞이 캄캄해졌습니다. 잠시 뒤, 노예계집이 돌아가려고 하자 보석상인은 물었습니다.

"당신은 이 일을 어떻게 했으면 좋겠소?"

"만약 당신에게 참다운 우정이 있고 그분의 생명을 구해 주고 싶은 마음이 있으시다면 급히 알리 님에게 가셔서 지금 말씀드린 대로 전해 주세요. 저는 저대로 형편을 더 염탐해 볼 테니까요."

이렇게 말하고 노예계집은 돌아갔습니다.

보석상인은 곧 뒤따라 나가 알리를 찾아갔습니다. 알리는 마치 꿈결처럼 희미한 희망을 그리며 잔뜩 기대하고 있다가 보석상인이 뜻밖에도 빨리 돌아온 것을 보고 물었습니다.

"어떻게 이토록 빨리 오셨소?"

"참으셔야 합니다. 이런 어리석은 인연일랑 끊고 쓸데없는 희망도 버리십시오. 그렇지 않으면 목숨도 재산도 다 잃게 됩니다."

보석상인의 말에 알리는 몹시 슬픈 얼굴이 되어 물었습니다.

"오, 형제여, 대체 무슨 일이 있었소? 부디 얘기해 주시오."

그래서 상인은 이러저러한 형편으로 저녁때까지 이 집에 있으면 목숨이 위태롭다는 소식을 들었다고 대답했습니다.

이 말을 듣고 알리는 영혼이 육체에서 빠져나가기라도 한 듯이 멍하니 정신을 잃더니 가까스로 정신을 차리고 물었습니다.

"어떻게 하면 좋겠소? 무슨 좋은 지혜가 없겠소?"

"글쎄요, 이렇게 된 바에는 되도록 많은 재물을 지닌 다음 믿을 만한 노예들을 데리고, 해지기 전에 어디든 다른 나라로 달아나는 수밖에 방법이 없지 않겠습니까?"

"잘 알았소."

알리는 마치 간질병에라도 걸린 사람처럼 비틀비틀 일어서더니 쓰러질 듯 걸으면서 닥치는 대로 물건을 그러모았습니다. 그리고 가족들에게 다른 핑계를 대고 자기가 없는 동안의 지시를 내린 다음, 낙타 세 마리에 짐을 싣고 자기도 그 위에 올라탔습니다. 보석상인도 역시 낙타에 오르자 두 사람은 변장하고 살그머니 집을 빠져나와 그날 낮과 밤을 내내 앞으로 나아갔습니다. 그리고 새벽녘이 되어서야 비로소 짐을 내리고 낙타의 다리를 묶어놓고는 잠을 잤습니다.

그런데 몸이 너무 지쳐서 경계를 소홀히 한 탓에 도적을 만나 물건을 모조리 빼앗겼을 뿐만 아니라 조금이라도 반항한 노예는 모두 살해되고 말았습니다. 도적들은 돈을 뺏고, 낙타를 뺏고, 옷까지 벗겨 보기에도 가엾고 불쌍한 꼴로 만들어놓고는 어디론지 사라져버렸습니다.

도적들이 사라지자 그들은 곧바로 일어나 다시 날이 밝을 때까지 걸었습니다. 이윽고 어느 마을에 들어가자 사원이 눈에 띄었으므로 어쨌든 벌거숭이 몸부터 숨기기로 하고, 그날은 종일 먹지도 마시지도 못한 채 사원 한구석에 앉아 밤을 지새웠습니다.

새벽녘이 되자 그들은 새벽 기도를 드리고 그대로 가만히 앉아 있었습니다. 그러고 있는데 한 남자가 찾아와 인사를 하고 머리를 두 번 조아려 기도 드리고는 말했습니다.

"여러분은 타국 분들이시오?"

"그렇습니다. 우리는 도적을 만나 입은 옷까지 빼앗겨 벌거숭이가 된 채 이 마을까지 왔지만, 의지할 사람도, 아는 사람도 아무도 없습니다."

"허, 그것참! 어떻습니까? 나와 함께 우리 집으로 가시지 않겠소?"

그래서 보석상인은 알리에게 말했습니다.

"이분을 따라가십시다. 그러면 두 가지 재난을 벗어날 수 있을 겁니다. 누구든 우리 얼굴을 아는 사람이 이 사원에 들어왔다가 알아본다면 큰일이고, 또 낯선 고장이라 어디 묵을 데도 없으니 말이오."

알리는 힘없이 대답했습니다.

"좋도록 하시오."

그러자 그 남자는 말했습니다.

"참, 딱하기도 하구려. 어서 내 말대로 우리 집으로 가십시다."

보석상인은 대답했습니다.

"잘 부탁하겠습니다."

남자는 곧 자기 옷을 두어 벌 벗어 두 사람에게 입히고, 이것저것 친절한 말로 위로해 주었습니다.

이윽고 모두 일어나 남자가 이끄는 대로 그의 집으로 갔습니다. 똑똑 문을 두드리니 사랑스러운 소년노예가 나와 방으로 안내해 주었습니다.

주인은 곧 한 꾸러미의 옷과 두건으로 쓸 모슬린을 가져오게 하여 두 사람에게 하나씩 주었습니다. 옷을 입고 두건을 두른 두 사람이 자리에 앉자, 음식을 담은 쟁반을 받쳐 들고 처녀가 들어와 두 사람 앞에 놓으면서 권했습니다.

"드십시오."

두 사람이 그것을 조금씩 먹고 나자 처녀는 다시 쟁반을 가지고 나갔습니다. 그러는 동안 해가 지자 알리는 한숨을 쉬며 보석상인에게 말했습니다.

"여보시오, 형제여, 나는 이제 살아갈 희망이 없는 송장이나 마찬가지 몸이오. 모든 걸 당신에게 맡길 테니 잘 부탁하오. 만일 내가 죽거든 어머니께 가서 이리로 오셔서 문상객도 접대하시고 시체도 씻겨주시도록 전해 주오. 그리고 내가 죽더라도 너무 애통해하시지 말라고 잘 위로해 주시오."

그리고 알리는 정신을 잃고 쓰러졌습니다. 잠시 뒤 다시 정신을 차리자 멀리서 처녀가 부르는 노랫소리가 들려왔습니다. 알리는 귀를 기울이면서 꿈인지 생시인지 알 수 없는 지난날 사랑의 추억에 흐느껴 울었습니다.

이윽고 처녀가 다음과 같은 노래를 부르는 것이 들려왔습니다.

사랑하고 사랑받는 몸이건만
이별의 시간은 왔네.
맺어진 마음도 정다운 말도
뜨거운 열정도 사라졌구나.
밤은 빨리도 지나가누나,
이미 두 사람을 갈라놓고.
알고 싶어라, 어느 날엔가
우리 다시 만날 날 있을지.
만난 뒤의 헤어짐은
마음 아프고 슬퍼라.
서로 사랑하는 사람끼리 어찌
그 쓰라림 견딜 수 있으랴!
죽음의 괴로움은
잠깐이면 끝나건만
아, 이별의 고뇌는
오래도록 마음에 남는구나.
떠나온 집
찾아가는 일 있거든
애절하게 생각하리라.
지난날의 괴로운 이별을!

이 처녀의 노래를 듣고 한참 동안 소리 높여 흐느껴 울던 알리는 그대로 숨이 끊어지고 말았습니다. 알리의 죽음을 본 보석상인은 곧 시체를 주인에게 맡기며 말했습니다.

"나는 곧 바그다드로 가서 이 사람의 어머니와 친척에게 알려 장사지내러 오도록 하겠습니다."

보석상인은 바그다드를 향해 떠났습니다.

자기 집에 도착한 보석상인은 우선 옷부터 갈아입고 알리의 집으로 갔습니다. 하인들은 보석상인에게 달려와 알리의 소식을 물었지만 어머니부터 만나뵙고 싶다고 말했습니다. 어머니의 허락이 내리자 보석상인은 안으로 들어가 인사하고 말했습니다.

"진정 만물의 생명은 알라께서 지배하고 계십니다. 알라께서 일단 정하신 일은 아무래도 피할 수가 없습니다. 모든 생물의 수명이 적혀 있는 성전에 따라 알라의 허락이 없는 한 죽을 수도 없습니다."[24]

이 말을 듣고 알리의 어머니는 자식이 죽었음을 알고 몹시 탄식하며 슬퍼했습니다. 그리고 이렇게 말했습니다.

"부디 소원이니 가르쳐주오, 아들이 결국 죽었다는 말씀이군요?"

보석상인은 눈물에 젖어 흐느끼면서 아무 말도 하지 못했습니다. 어머니는 그 모습을 보고 숨이 멎을 듯 눈물을 쏟으며 그 자리에 쓰러지고 말았습니다.

이윽고 다시 정신을 차린 어머니가 말했습니다.

"아들이 대체 어떻게 죽었는지 들려주오."

"알라시여, 부디 이분 아드님의 죽음을 충분히 보상해 주시기를!"

보석상인은 그동안 있었던 일을 모두 얘기해 주었습니다.

"무언가 유언은 없었던가요?"

"네, 있습니다."

보석상인은 알리가 남긴 말을 전하고 덧붙였습니다.

"자, 어서 장례식을 치르러 가십시다."

어머니는 또다시 흐느껴 울며 쓰러졌지만 다시 정신을 차리고 상인의 말에 따라 준비를 하기 시작했습니다.

보석상인은 지난날 그 젊은이의 훌륭했던 성품을 돌이켜 생각하며 슬픔에 잠긴 채 집으로 돌아갔습니다. 그런데 별안간 그의 손을 잡는 여자가 있었습니다.

—여기서 날이 훤히 새기 시작하는 것을 깨닫고 샤라자드는 이야기를 그쳤다.

169번째 밤

샤라자드는 이야기를 계속했다.

오, 인자하신 임금님, 별안간 보석상인의 손을 잡는 여자가 있어 바라보니 이게 누굽니까! 다름 아닌 샤무스 알 나하르의 심부름을 해 주던 그 노예계집이었는데 몹시 슬픔에 잠긴 모습이었습니다. 두 사람은 서로 상대를 알아보자, 함께 눈물을 흘리며 보석상인의 집까지 걸어갔습니다. 이윽고 보석상인이 물었습니다.

"그 젊은 나리 알리 빈 바카르의 소식을 아오?"

"아니오, 전혀 모릅니다."

보석상인은 눈물을 흘리며 알리가 죽음을 맞이하던 모습을 자세히 들려준 다음 물었습니다.

"나하르 님께서는 어떻게 지내시오?"

"충성스러운 자들의 임금님께서는 마님에 대해 비웃고 헐뜯는 말에 전혀 귀 기울이지 않으셨습니다. 그러기는커녕 마님을 진심으로 사랑하고 계셨기 때문에 어떠한 행동도 호의로 보시며 마님께 이렇게 말씀하셨습니다.

'오, 샤무스 알 나하르, 그대는 나의 소중한 보물이다. 그러니 나는 그대를 용서하고 그대의 적들을 혼내주리라.'

그리고 교주님은 마님을 위해 황금으로 장식된 방과 아름다운 침실을 마련하도록 명하셨습니다. 그리하여 마님께서는 교주님의 총애를 받으며 지극히 안락하게 지내고 계셨습니다.

어느 날 교주님은 여느 때처럼 마음에 드시는 측실들과 술자리를 벌이셨습니다. 교주님 분부로 측실들은 저마다 지위에 따라 자리에 앉고 알 나하르 님은 교주님 바로 옆에 앉으셨습니다. 하지만 마님은 도저히 견딜 수가 없어서 마음이 미칠 것만 같았습니다. 교주님이 한 시녀에게 노래를 부르도록 분부하자, 시녀는 류트를 들고 가락을 고른 다음 줄을 튕기며 이런 노래를 불렀습니다.

그대 내 사랑을 구하기에
모든 것을 다 바쳤노라.
뺨을 타고 흐르는 이 눈물은
사랑에 사무치는 그 증거.
이 눈물방울이야말로
지금의 이 몸에 어울리는 것,
가슴속 비밀을 드러내고
얼굴빛을 숨기지 못하노라.
안타까운 사랑이란 얼굴빛에 드러나
감출 수 없는 것이라면
내 어찌 나의 사랑을
가슴속에 숨겨둘 수 있으랴?
사랑하는 이를 잃으면
죽음마저 즐거워지는구나.
아, 알고 싶어라, 세상 떠날 때
얼마나 기쁜지를.

시녀가 부르는 노래를 듣고 알 나하르 님은 마침내 더는 견디지 못하고 정신을 잃고 쓰러졌습니다. 그 모습을 보신 교주님은 술잔을 내던지고 큰 소리로 외치며 마님을 끌어안았습니다. 시녀들은 비명을 지르고, 진실한 신자의 임금님께서는 마님의 몸을 흔들었습니다. 그런데 이게 웬일입니까! 가엾게도 마님은 이미 숨이 끊어져 있었습니다.

교주님은 마님의 죽음을 몹시 슬퍼하시어, 방 안의 모든 기물과 덜시머,*25 그리고 온갖 관현악기를 모조리 때려 부수라고 분부하셨습니다. 그리고 마님의 시신을 자신의 방으로 옮기게 한 뒤 그날 밤 새벽녘까지 그곳을 떠나지 않고 밤을 새우셨습니다.

날이 밝자 교주님은 입관준비를 하여 몸을 씻기고 수의를 입혀 매장하도록 분부하셨습니다. 그리고 오직 마님의 죽음을 한탄하실 뿐 그때까지의 행실과 경위에 대해서는 조금도 묻지 않으셨습니다. 오, 신의 이름을 두고 당신께 부탁합니다. 부디 알리 님의 장례식 날짜를 가르쳐주십시오. 저도 꼭 참석하고 싶으니까요."

"당신은 내가 어디 있든 나를 찾을 수 있지만 내가 당신을 만나려면 대체 어디로 가면 되오?"

"알 나하르 님이 돌아가시던 날, 충성스러운 자들의 임금님께서는 마님의 시녀들을 모두 자유로운 몸으로 해 주셨습니다. 저도 그 가운데 하나로 다른 이들과 함께 무덤을 지키고 있습니다."

그 말을 듣고 보석상인은 노예계집을 따라 알 나하르의 무덤으로 가서 경건하게 참배한 다음 집으로 돌아왔습니다. 그리고 알리의 장례행렬이 오기를 이제나저제나 기다리고 있었습니다. 드디어 알리의 장례행렬이 오자 밖으로 나가 바그다드 사람들 속에 섞여 함께 맞았습니다. 참례한 여자들 속에 섞여 있던 그 노예계집도 사람들의 가슴을 쥐어뜯는 듯한 소리로 슬프게 울었습니다.

알리의 장례행렬은 지금까지 바그다드에서는 한 번도 볼 수 없었을 만큼 훌륭했습니다. 이윽고 장례행렬이 묘지에 이르자 참례자들은 전능하신 알라의 자비를 빌며 알리를 묻었습니다.

그로부터 오늘까지 보석상인은 바카르의 아들 알리와 샤무스 알 나하르의 무덤에 참배하기를 게을리하지 않고 있다고 합니다.

이것으로 알리와 알 나하르의 슬픈 사랑 이야기는 끝났습니다.*26 전능하신 알라시여, 부디 두 사람 위에 자비를 내리시기를.

샤라자드는 말을 이었다.

"하지만 임금님, 샤리만 왕의 이야기는 이보다 훨씬 더 기이하답니다."

그러자 샤리아르 왕은 물었다.

"그것은 또 어떤 이야기인고?"

—여기서 샤라자드는 날이 밝아오는 것을 깨닫고 이야기를 그쳤다.

〈주〉

*1 아부 알 하산(Abu al-Hasan)을 레인은 아부 르 하산이라 쓰고, 페인은 아보울후슨 (Aboulhusn)이라고 쓰고 있다. 이것은 '아름다움(후슨)의 아버지'라는 뜻이며, 이슬람 교도의 이름은 아니다. 하산(Hasan, 아름답다)과 그 축소형인 후사인(Husayn)은 오늘날 매우 일반적으로 널리 쓰이는 이름이다. 브레슬라우판(제2권)에서는 이 이야기에 '아타르(약방 겸 향료상) 아부 르 하산에게 알리 빈 바카르가 측녀 샤무스 알 나하르와 함께 재난을 당한 이야기'라는 제목을 붙이고 있다.

*2 〔'왕자'라고 옮겼지만〕 왕족이지 왕자는 아니다.

*3 아라비아의 가게는 벽 안쪽에 자리한 일종의 움막으로, 손님은 그 바깥쪽 가장자리에 앉는다.

*4 동양의 이야기에서 이런 순진한 의사표시는 대개 유혹자인 여성 쪽에서 꺼낸다.

*5 동양의 여주인공은 언제나 식욕이 왕성한 대식가이다. 분별 있는 동양이라면 허약한 파리 아가씨를 얕볼 것이다. 나라면 그런 아가씨를 병원에 넣고 싶다.

*6 즉, 여자의 연적이 그녀 마음속 비밀을 폭로했다는 뜻.

*7 즉, 포도주처럼 붉은 피.

*8 잔은 태양처럼 그대 손 안에서 빛난다. 또 그대의 이는 묘성처럼 반짝이고 얼굴은 검은 옷깃에서 달처럼 떠오른다.

*9 마르자나(Marjanah 또는 Morgiana), 즉 여성인 '산호 가지'의 남성명사. 본문에서처럼 대개 흑인에게 주어지는 이름이다. 앞서도 나왔듯이 전유적(轉喩的) 표현으로서 흑인에게 하얗다는 말이 사용된다. 또한 붉은색도 반 농담처럼 검은 피부에 관련해 쓰인다.

*10 아랍어로 라우샨. 돌출된 격자창이다. 이것은 페르시아어이다.

*11 와시프(Wasif)는 하인을 뜻하지만, 여기서는 고유명사로 쓰였다.

*12 이 시는 114번째 밤에도 나왔다. 변화를 주기 위해 나는 허락을 얻어 페인 씨가 번역한 시를 게재했다.

*13 헤나와 쪽으로 무늬를 물들인 손은 사슬갑옷의 사슬과 비슷하다. 레인의 《근대 이집트인》 도판 그림에 자세히 나와 있다. 〔여기에는 손발을 물들이는 방법이 몇 가지나 있다는 것이 그림으로 설명되어 있으며, 그중에는 손톱만 붉게 물들이는 매우 현대풍의 방법도 볼 수 있다.〕

*14 그녀는 나에게 먹이기 위해, 자신의 뺨으로 장미수를 만들어 싸라기눈 같은 이로 연밥 또는 대추 같은 입술을 깨물었다.

*15 즉 여자의 아름다운 얼굴이 검은 머리로 말미암아 빛나 보인다는 뜻. 장뇌(樟腦)는 아라비아 시인이 즐겨 쓰는 표현으로, 페르시아인은 반대로 싫어한다. 그들에게 장뇌는 시체를 청결하게 하는 데 사용되는 것이며, 그들의 통념상 죽음과 관련되어 있기

때문이다. 마찬가지로 페르시아인은 커피라는 말을 입에 올리는 것도 피하는데, 그것은 장례식 때는 커피를 마시고 평소에는 차를 마시는 습관 때문이다.

*16 즉, 여자는 화가 나서 진주 같은 치아로 빨간 입술을 깨문다는 뜻이다.

*17 '자비로우신 알라의 이름으로'는 아랍어의 비스미 라히 루라마니르 라힘(Bi'smi 'llahi' r-Rahmani' r-Rahim). 유대교도는 '위대한 신의 이름으로', 그리스도 교도는 '아버지이신 신의 이름으로'라는 기도문을 가지고 있다. 이를테면 존 맨더빌 경은 그 저서의 첫머리를 '영광되고 전능하신 신의 이름으로'라는 문구로 시작하고 있다. 《코란》의 제1행은 이 문구로 시작되며 모든 장(章)의 첫머리에는 이 문구가 쓰여 있다. 그리고 오늘날까지 온갖 서책, 서신 및 일반적인 글들도 이 구절로 시작하고 있다. 이 구절을 생략하면 이단, 즉 비이슬람교도의 표시로 여겨진다.

*18 카이스(Kays)는 아랍어의 마지눈(Majnun), 마신에게 잡혀간 사람이라는 뜻으로, 라일라라는 여성을 사랑한 것으로 유명한 전형적인 연인이다. 라일라는 간자(Ganjah)의 아부 무함마드 니잠 알 딘(이슬람력 597=1200년 사망)이 숭배했다. 이 사람은 니자미(Nizami)라는 이름으로 세상에 알려진 풍자적이고 준엄한 시인이었다.

　동양에서 서로 사랑했던 연인들을 연대순으로 살펴보면, 먼저 유수프와 즈라이하(포티파르의 아내)〔포티파르는 파라오의 경호대장이었는데 그 아내를 요셉(유수프)이 연모하여 견딜 수 없어진 아내는 남편에게 하소연하여 요셉을 옥에 가두었다. 창세기 제39장 참조.〕로, 자미(이슬람력 817=1414년생)가 이것을 노래했고, 이어서 후스라우와 시린(이 또한 니자미가 노래했다), 파르하드와 시린, 그리고 마지막으로 라일라와 마지눈이 있다. 우리는 서로 사랑해 마지않는 연인을 '로미오와 줄리엣'에 비유하지 않을 수 없다. 유럽의 가장 오래된 고전에는 히어로(Hero)와 리앤더(Leander)〔그리스 전설에 나오는 인물로 히어로는 세스토스(Sestos)의 수녀. 리앤더는 그녀를 만나기 위해 헬레스폰트 강을 헤엄쳐 건넜다고 한다.〕테아게네스(Theagenes)와 카리클레아(Charicleia)〔기원 3세기 그리스 작가 헬리오도루스(Heliodorus)가 쓴 같은 제목의 소설. 다른 이름 '에티오피아 사람들'.〕등 많은 사례가 있다. 〔자미는 페르시아의 유명한 시인. 1493년 사망.〕

*19 모로코에서 콜카타에 이르기까지 동양의 이야기에 나오는 보석상은 거의 어김없이 악당으로 그려진다. 단 이 이야기에는 예외이다.

*20 이것을 봉랍(封蠟)으로 해석해서는 안 된다. 이 봉랍도 고대에 쓰이기는 했지만……. 이집트인은(헤로도토스 《역사》 제2부 제38장) 봉니(封泥, Sealing earth, 게 세만트리스(γηδημαυτρις))를 사용했다. 이것은 아마 점토로 도장 모양(다크튀리온(δαχτυλιου))을 만들어 찍은 듯하다. 또 그리스인은 이점토(泥粘土, 페로스(πηλος))를, 로마인은 처음에는 백점토(白粘土, cretula), 이어서 납(蠟)을 사용했다(베크만(Beckmann)). 〔J. 베크만은 독일의 박물학자이자 농학자. 1739~1811년.〕

중세 유럽에는 베네치아 테레빈유로 제조되어 진사(辰砂) 또는 같은 종류의 원료로 채색된 밀랍이 있었다. 그 특성이 셸락(shellac, 바니스의 원료도 됨)인 근대의 봉랍은 네덜란드인에 의해 인도에서 유럽으로 수입되었다. 가장 오래된 것은 1560년 무렵으로 거슬러 올라간다. 유럽인은 이것을 지겔 락(Ziegel-lak)이라고 불렀다. 여기서 독일어의 지겔 락(Siegel-lack)〔지겔은 봉인, 락은 랍이라는 뜻〕이 나왔다. 프랑스인은 더욱 부드러운 시르 아셀레(cire-à-sceller)〔마찬가지로 봉랍이라는 뜻〕로 구별하여 시르 아 카시테(cire-à-cacheter)라는 말을 도입했다. 인도에서 봉랍을 사용한 것은 고대부터이며, 조잡하고 볼품없었지만 오늘닐 영인도인은 즐겨 사용하고 있다. 그 까닭은 그 봉랍이 혹독한 더위에 잘 견디고, 그와 달리 영국제는 아무리 상등품이라도 엿처럼 녹아버리기 때문이다.

* 21 여자의 심부름꾼이 아니라, 달아난 아부 알 하산을 가리키고 있다.

* 22 독신남은 그런 주의를 하지 않으면 이슬람교도 도시의 상류구역에 살 수 있는 허가를 받지 못한다. 레인은 《근대 이집트인》의 군데군데에서 이 점에 대해 여러 가지로 설명하고 있다.

* 23 문은 대개 나무 빗장을 걸쳐 잠근다.

* 24 이것은 이럴 때 쓰이는 완곡한 어법상의 정해진 문구이다.

* 25 〔덜시머(dulcimer).〕아랍어의 카눈(Kanun), 그리스어의 카논(καγῶγ)으로 오스트리아의 치터(zither)와 비슷한 악기. 〔치터는 평평한 공명상자 위에 30~40개의 현을 친 악기. 그리고 덜시머는 피아노의 전신(前身)이라고도 하며, 같은 사다리꼴의 공명상자에 금속 현을 많이 친 것이다. 카눈도 대체로 그것과 비슷하며 현은 양의 창자로 만들어졌고, 모두 24개이다. 켤 때는 무릎 위에 얹어놓고 물소뿔로 만든 가조각(假爪角)을 검지에 끼고 울린다.〕

* 26 이 두 사람은 사랑의 순교자였다. 유럽인에게는 꽤 과장되어 보이는 이러한 연애가 동양에는 많은 편이다.

〈역주〉

(1) 알리 빈 바카르의 빈은 아들이라는 뜻이므로 '바카르의 아들 알리'가 된다. 딸은 빈트이다.

(2) 여기서부터 10행쯤 이야기하는 사람이 느닷없이 하산으로 바뀌어 있는데, 원문 그대로 했다.

(3) 원문 그대로이다.

(4) 여기서부터 이야기하는 사람은 보석상인으로 바뀐다. 부자연스럽지만 원문 그대로 했다.

(5) 여기서 다시 이야기하는 사람이 보석상인으로 바뀐다.

카마르 알 자만의 이야기

170번째 밤

샤라자드는 이야기를 계속했다.

오 인자하신 임금님, 옛날 아주 먼 옛날에, 샤리만이라고 불리는 임금님이 계셨습니다. 이 임금님은 수많은 병력과 호위병과 문무백관을 거느리고 페르시아인의 국경에 있는 하리단 제도*¹라는 섬들을 다스리고 있었습니다.

늙어서 심신이 쇠약해진 왕은, 원래 외국의 공주였던 왕비 4명*²과 측실 60명을 두고 밤마다 한 사람씩 교대로 잠자리를 함께하고 있었건만 도무지 자식이 태어나지 않았습니다.

그 때문에 마음이 울적하고 불안한 나날을 보내고 있던 왕은 어느 날 한 대신에게 한숨을 쉬면서 말했습니다.

"후계자인 왕자가 없어, 내가 죽으면 왕국이 멸망해 버리지나 않을까 하는 생각이 드는구려."

그러자 대신이 대답했습니다.

"오, 임금님, 알라께서 계시니 앞으로 무슨 좋은 일이 있을지도 모릅니다. 전능하신 알라께 의지하여 늘 기도를 올리십시오. 그리고 잔치를 베푸시어 가난한 자들과 곤경에 빠진 자들을 불러 음식을 나눠주시고, 그들에게 후계자를 점지해 주시도록 신께 기원을 드리게 하는 것이 어떻겠습니까. 어쩌면 그들 가운데 어진 사람이 있어, 그 사람의 기도가 신께 닿아 임금님의 소원이 이루어질지도 모르니까요."

그래서 왕은 일어나 손발을 씻고 머리를 두 번 조아리는 예배*³를 드렸습니다. 그리고 청결한 마음으로 알라의 이름을 소리 높이 외고 첫째 왕비를 불러 곧 잠자리에 들었습니다. 그러자 신의 은총으로 왕비는 잉태하여 달이 차자 보름달 같은 왕자를 낳았습니다.

왕은 왕자의 탄생을 매우 기뻐하며 이름을 카마르 알 자만*4이라 지으시고 도성을 아름답게 장식하여 축하하라고 분부하셨습니다. 백성들은 이레 동안 거리를 장식하고 북소리를 둥둥 울렸고, 전령들은 사방으로 달려가 온 세상에 이 기쁜 소식을 전했습니다.

이윽고 왕자는 유모와 시녀의 시중을 받으며 기쁨 속에 아무 부족함이 없이 자라나 15살의 봄을 맞이하게 되었습니다. 날이 갈수록 왕자의 얼굴과 풍채가 더욱 아름답게 성장하자, 부왕의 총애가 이만저만이 아니어서 밤이나 낮이나 한시도 옆에서 떠나지 못하게 했습니다.

어느 날 부왕은 외아들이 귀여운 나머지 한 대신에게 이렇게 걱정을 털어놓았습니다.

"오, 대신, 나는 왕자를 생각하면, 앞으로 이 거칠고 모진 세상의 어려움과 불행한 재난을 어떻게 이겨낼지 걱정이 되어 견딜 수가 없구려. 그래서 내가 살아 있는 동안 며느리를 맞고 싶소."

그러자 대신이 대답했습니다.

"오, 임금님, 결혼은 도덕상의 행위 가운데서도 가장 훌륭한 행위입니다. 국왕이 되기 전에 임금님께서 살아 계시는 동안 왕자님께서 비를 맞는 일은 참으로 좋은 일이라 생각됩니다."

"그럼, 왕자 카마르 알 자만을 이리로 불러오도록 하시오."

왕자는 금세 부왕 앞으로 나와 공손히 머리를 조아렸습니다.

"오, 카마르 알 자만, 나는 내가 살아 있는 동안 너에게 배필을 정해 주어 기쁨을 누리고 싶구나."

"오, 아버님, 저는 결혼하고 싶은 마음이 털끝만큼도 없으며 여자에 대해서도 전혀 마음이 없습니다. 여자의 간사하고 교활한 꾀와 변덕에 대해서는 책에서도 읽었고 이야기도 많이 들었습니다. 시인도 이렇게 노래하고 있지요.

여자에 대해 물으면
나는 대답하리다.
'여자에 관해서라면 나는
모르는 게 전혀 없다네!'
머리에 서리 내리고 돈 떨어지면

여자의 사랑은 가을 하늘처럼
덧없이 사라져버린다.

또 다른 시인은 이렇게 노래하고 있습니다.

여자에게 등 돌리면
그대는 더욱더 신을 따르게 되리라.
계집에게 고삐를 잡히면
젊은이는 세상에서
출세할 희망을 버리는 수밖에 없다.
드높은 이상을 추구하고
학문에 오래도록 애써도
여자는 반드시 이를 방해한다.”

이 노래를 읊고 나서 왕자는 말을 이었습니다.
“아버님, 결혼만은 부디 용서해 주십시오. 비록 죽음의 잔을 들지언정 결혼은 싫습니다.”
이 말을 듣자 샤리만 왕은 눈앞이 캄캄해져서 깊은 시름에 잠겼습니다.

—날이 훤히 밝아오는 것을 알고 샤라자드는 이야기를 그쳤다.

171번째 밤

샤라자드는 이야기를 계속했다.
오, 인자하신 임금님, 왕자의 말을 듣고 샤리만 왕은 눈앞이 캄캄해지며 결혼하라는 아버지의 명에 따르지 않는 왕자의 불효를 매우 슬퍼했습니다. 그러나 왕자를 매우 사랑하고 있었으므로 두 번 다시 자신의 희망을 입 밖에 내지 않고 또 역정도 내지 않았습니다. 그뿐만 아니라 전보다 더 왕자를 사랑하고 다정하게 말을 건넸으므로 부자의 정은 점점 더 두터워져 갔습니다.

카마르 알 자만 왕자는 그 뒤로도 날이 갈수록 아름다워져서 더욱 부드럽고 우아한 미남이 되었습니다. 샤리만 왕이 꼬박 1년을 꾹 참는 동안, 왕자는 갈수록 말솜씨를 갈고 닦고 재능도 크게 키워갔습니다.

모든 사람들은 왕자의 매력에 마음을 빼앗겼고, 불어오는 산들바람마저 왕자의 기품 높은 모습을 찬양하는 듯했습니다. 왕자의 말은 꿀처럼 달콤하고 얼굴은 보름달도 부끄러워 숨는 것만 같았습니다. 그 단정한 자태는 사랑하는 자의 마음을 사로잡고 동경하는 자의 환희의 동산이 되었습니다. 왕자는 참으로 매혹스러운 화신, 그 맵시는 부드러운 버들가지나 등나무 줄기와 같고, 뺨은 장미며 붉은 아네모네가 이럴까 싶을 정도였습니다. 왕자는 시인이 이렇게 찬양했듯이, 결점 없는 완벽함의 최고 경지라 해도 지나치지 않은 젊은이였습니다.

> 왕자님 오시면
> 사람들 모두 소리 높이 외친다.
> "신을 찬양하라! 그 영혼에게
> 그토록 좋은 옷 입혀
> 꾸며주신 알라를 칭송할진저!"
> 진정 왕자는 아름다운 나라의
> 온갖 아름다움의 왕,
> 사람들은 누구나
> 왕자님을 따르는 백성이로다."
> 그 입술에 어린 이슬은
> 맑은 꿀보다 달고
> 그 하얀 이는 마치
> 진주를 꿰어놓은 것 같구나.
> 온갖 매력이 모여서
> 왕자님 모습 이루어
> 그 아름다움 야릇하게
> 가슴을 뒤흔드는구나.
> 세상 사람들도 볼 수 있도록

두 볼에 새겨진 '아름다운 말'
"왕자님보다 고운 사람
이 세상에 없음을 증명하노라."

그 해가 저물 즈음 샤리만 왕은 왕자를 불러 말했습니다.
"오, 왕자여, 내 말을 들어주겠느냐?"
카마르 알 자만 왕자는 이 말을 듣고 얼굴이 발그레해지며 부왕 앞에 엎드
려 말했습니다.
"오, 아버님, 어찌 그 말씀에 따르지 않겠습니까. 알라께서 아버님의 말씀
을 거역해서는 안 된다고 명하고 계시는데요."
"오, 왕자여, 나는 내가 살아 있는 동안에 너에게 아내를 맞아주어 축복해
주고 싶다. 그리고 죽기 전에 이 영토의 왕으로 삼고 싶다."
왕자는 부왕의 말을 듣고 잠시 고개를 숙이고 있더니 이윽고 얼굴을 들고
말했습니다.
"오, 아버님, 그것만은 할 수가 없습니다. 설령 죽음의 잔을 마시는 한이
있더라도 싫습니다. 저는 전능하신 신께서 아버님께 복종할 것을 종교상 의
무로 정해 주신 것을 알고 있습니다. 하지만 부디 결혼에 대해서만은 억지로
권하지 말아 주십시오. 또 앞으로 제가 아내를 맞이하는 일이 있으리라고는
생각지 말아 주십시오. 저는 고금의 서적을 읽고 여자와 그 간사한 꾀 때문
에 남자들이 얼마나 비참한 꼴을 당하고 위태로운 고비를 겪었는지 너무나
잘 알고 있습니다. 시인의 이런 말도 있지요.

음탕한 여자의 함정에 빠진 자
두 번 다시 헤어나지 못하리.
비록 금성철벽(金城鐵壁)의 성채를 쌓고
연판(鉛版)으로 둘러쌓을지라도 *5
아무 소용없으리니
성채를 이길 가망은 없도다!
여자는 늘 배반하리라,
넓은 세상 방방곡곡에서.

헤나로 물들인 손톱과
마음을 호리는 땋은 머리와
콜 가루 바른 눈매로
남자에게 마시게 하네,
무서운 재앙의 잔을.

다른 시인은 또 이렇게 읊었습니다.

여자는 정조가 굳다고
말하지만 정말은
솔개가 버린 썩은 고기
오늘 밤 속삭인 여자의 교태 어린 말과
그 달콤한 색향(色香),
하룻밤은 그대 것이지만
다른 밤에는 그 팔다리,
다른 남자의 품에 안겨 잠든다.
날이 새면 그대는 떠나고
낯선 사람이 와서 묵는
주막과도 같아라."

샤리만 왕은 이 노래를 듣고 그 의미를 이해하고는, 사랑하는 아들을 한 마디도 꾸짖지 않고 오히려 전보다 더욱 깊은 사랑을 나타냈습니다. 왕은 모여 있던 신하들을 곧 물리치고 한 대신을 불러 은밀히 물었습니다.

"오, 대신이여! 왕자를 결혼시키려면 대체 어떻게 하면 좋을지 가르쳐주오."

—날이 훤히 밝아온 것을 알고 샤라자드는 이야기를 그쳤다.

172번째 밤

샤라자드는 이야기를 계속했다.

오 인자하신 임금님, 샤리만 왕은 한 대신을 불러 왕자를 결혼시키려면 어떻게 하면 좋은지 가르쳐달라고 하였습니다. 그리고 이렇게 말을 이었습니다.

"이 일을 전에 그대에게 의논했을 때, 그대는 왕위를 물려주기 전에 결혼시키는 것이 좋다고 충고했소. 나는 기회 있을 때마다 그 아이에게 결혼이야기를 해 보았지만, 오늘날까지 내 말에 응하지 않는구려. 그러니 대신, 어떻게 하면 좋을지 의견을 들려주오."

대신이 대답했습니다.

"오, 임금님, 1년만 더 기다리십시오. 1년 뒤 왕자님께 결혼 이야기를 꺼내실 때는 비밀히 하지 마시고 태수며 대신들이 군사들을 이끌고 어전에 나오는 축제일에 말씀하시도록 하십시오. 그날 모두 모였을 때 카마르 알 자만 왕자님을 부르시어 대신을 비롯한 모든 문관과 무관이 모인 앞에서 결혼 이야기를 꺼내십시오. 왕자님께서도 여러 사람 앞에서는 부끄럽고 기가 꺾이어 임금님 말씀에 감히 거역할 용기가 나지 않을 것입니다."

이 계획을 듣고 샤리만 왕은 매우 기뻐하면서 확실히 효과 있는 계획이라고 여겨 대신에게 훌륭한 옷을 한 벌 내렸습니다.

이리하여 샤리만 왕은 다시 1년을 지그시 참았습니다. 그동안 카마르 알 자만 왕자도 아름다움이 날로 더해가고 우아한 품성도 더 바랄 나위 없이 갖추어져 이제 20살을 바라보는 나이가 되었습니다. 알라께서 왕자에게 참으로 우아한 옷을 입히고 완벽함의 관을 씌워주신 것입니다. 그 눈매는 하루트와 마르트*6보다 훨씬 더 사람들의 마음을 끌었고, 매혹으로 넘치는 표정은 천사 타구트*7보다도 더욱 마음을 사로잡아 완전히 홀리게 했습니다.

빛나는 두 뺨은 발그레한 새벽빛 같고, 속눈썹은 날카로운 칼날을 능가하며, 하얀 얼굴은 밝게 빛나는 달님과 흡사하고, 검은 곱슬머리는 캄캄한 밤보다 더 검었습니다. 허리는 거미줄보다 더 날씬하고, 엉덩이는 두 개의 모래언덕보다 높았으며, 그 유연한 움직임은 수많은 사람의 마음을 어지럽혔습니다. 하지만 그 부드러운 허리는 엉덩이의 무게를 못 이겨 한탄하는 듯 보였습니다.

이 같은 왕자의 매력에 사람들은 모두 그저 황홀할 뿐, 어떤 시인이 다음과 같이 찬양한 그대로였습니다.

곱슬곱슬한 그 속눈썹에 걸고
부드러운 허리에 걸고 나는 맹세하네.
요술로 하늘을 나는 창에 걸고,
완벽한 모습과 빛나는 눈동자에 걸고,
검은 머리와 빛나는 이마에 걸고,
바라보는 여인의 잠을 빼앗고
때로는 명령하고 때로는 거부하며 나를 다스리는 그
눈썹에 걸고,
장밋빛 빰과 도금양 꽃다발처럼 맑은 얼굴에 걸고,
울금향(鬱金香) 입술과 청아한 진주 이
젖힌 가슴에 두 알의 석류 엿보이는
비스듬히 둔덕진 우아한 그 모습에 걸고,
부드럽게 움직이는 엉덩이, 가는허리, 비단 같은 살결에 걸고,
온갖 것에서 빼앗아 그 맵시 속에 간직한
아름다움의 극치에 걸고,
막힘없는 혀, 참되고 빼어난 성품에 걸고,
높은 지위, 고귀한 가문, 거룩한 혈통에 걸고 나는 맹세하네.
내 연인의 손발에서 사향내 풍겨 사향이 그 향기를 훔치고
용연향 감도는 사방의 공기도
젊은이를 어루만져 부는 산들바람에
아, 태양도, 대낮에 빛나는 태양도
나의 연인 앞에서는 두려워 엎드리니
내 연인의 손톱 부스러기밖에 안 되네.*8

샤리만 왕은 대신의 충고를 받아들여 다시 1년 더, 축제일이 올 때까지 기다렸습니다.

—날이 훤히 밝아오는 것을 보고 샤라자드는 이야기를 그쳤다.

·

173번째 밤

샤라자드는 이야기를 계속했다.

　오, 인자하신 임금님, 샤리만 왕은 대신의 의견에 따라 다시 1년 더, 축제일이 올 때까지 기다렸습니다. 그날이 되자 접견실에 태수며 대신을 비롯하여 문무백관들이 빛나는 별처럼 모여들어 늘어섰습니다.

　샤리만 왕이 왕자 카마르 알 자만을 부르자, 왕자는 그 앞에 나와 세 번 머리를 조아린 다음 두 손을 등 뒤로 모아 쥐고 섰습니다.*9 그러자 샤리만 왕이 말했습니다.

　"오, 왕자여, 이 경사스러운 축일에 너를 부르고 국가의 중신들을 나오게 한 것은 너에게 명령할 일이 한 가지 있어서이다. 그러니 싫다고 하면 안 된다. 그것은 결혼하라는 명령이다. 내가 살아 있는 동안에 너를 어느 나라의 공주와 짝지어 축복해 주고 싶구나."

　부왕의 말을 듣고 왕자는 잠시 고개를 숙이고 있더니, 이윽고 왕을 향해 단호하게 고개를 쳐들고 젊음으로 인한 어리석음과 어린아이같이 아는 것이 없는 탓에 흥분하여 말했습니다.

　"저는 결코 결혼할 생각이 없습니다. 비록 죽음의 피를 마시는 한이 있더라도 절대로 하지 않겠습니다! 아버님은 그 연세에도 생각이 짧으시군요. 아버님께선 전에도 두 번이나 저에게 혼인 말씀을 하셨고, 저는 그때마다 거절하지 않았습니까? 정말 아버님께선 망령이 드셔서 이젠 양 떼조차 다스리실 힘이 없으신가 봅니다!"

　이렇게 말하면서 왕자는 등 뒤의 손을 풀더니 사납고 세차게 화를 내며 부왕 앞에서 양쪽 소매를 팔꿈치까지 걷어붙였습니다. 그러고는 마음에 혼란을 일으켜, 자기가 무슨 말을 하는지도 모르는 채 부왕을 향해 온갖 말을 퍼부어댔습니다.

　샤리만 왕은 완전히 당황하여 얼굴이 시뻘게졌습니다. 그도 그럴 것이 하필이면 대축제일 식전에 사방에서 모여든 태수와 문무백관들 앞에서 일어난 일이었기 때문입니다. 그러나 국왕으로서의 위엄을 되찾은 샤리만 왕은 왕자를 큰 소리로 꾸짖어 두려움에 떨게 하고는, 호위병을 불러 명령했습니다.

"왕자를 묶어라!"

호위병이 앞으로 나와 왕자를 묶어 왕 앞으로 데려가자 왕은 팔을 뒷결박하여 자기 앞에 세우라고 분부했습니다. 공포와 불안으로 고개를 푹 숙인 왕자 얼굴과 이마에서 구슬 같은 땀이 흘렀습니다. 치욕과 곤혹스러움에 몸 둘 바를 몰랐던 것입니다.

부왕은 다시 왕자를 심한 말로 무섭게 꾸짖었습니다.

"괘씸한 놈, 막돼먹은 음란한 놈 같으니!*10 장병들이 보는 앞에서 어찌 감히 나에게 고얀 말대꾸를 한단 말이냐. 여태까지 네놈을 징계한 자는 아무도 없었다만—"

—날이 훤히 밝아오는 것을 알고 샤라자드는 이야기를 그쳤다.

174번째 밤

샤라자드는 이야기를 계속했다.

오, 인자하신 임금님, 샤리만 왕은 카마르 알 자만 왕자를 큰 소리로 꾸짖었습니다.

"장병들이 보는 앞에서 어찌 감히 나에게 고얀 말대꾸를 한단 말이냐, 여태까지 네놈을 징계한 자는 아무도 없었다만 너의 그 버릇없는 행동은, 설령 가신 중에서 가장 신분이 비천한 자가 했다 하더라도 가문의 치욕이 된다는 것을 모르느냐!"

그런 다음 왕은 백인 노예에게 왕자의 결박을 풀고 성 안의 탑 속에 가두라고 명령했습니다. 병사들은 왕자를 끌고 가서 낡은 탑 속에 밀어 넣었습니다. 그곳에는 처참하리만치 거칠고 피폐해진 큰 공간이 있고, 그 한복판에 허물어진 우물이 하나 있었습니다. 그들은 그곳을 깨끗이 치우고 바닥 돌을 닦은 다음 침대를 갖다놓고, 그 위에 이불이며 가죽 깔개며 베개를 갖다 놓았습니다. 그곳은 대낮에도 어두컴컴했으므로 커다란 등과 양초도 가져왔습니다. 그리고 마지막으로 카마르 알 자만 왕자를 그곳에 가두고, 출입구에 환관을 두어 감시하게 했습니다.

일이 이렇게 되자 왕자는 슬픔을 이기지 못하고 침상 위로 쓰러지고 말았습니다. 왕자는 새삼스레 자신의 잘못을 뉘우치고 부왕에 대한 무례한 행동을 후회했지만, 이제 와서는 아무 소용없는 일이었습니다.

"알라시여, 혼담이니 나이 찬 처녀니 유부녀니 변덕스러운 여자들이니 하는 모든 것에 저주를 내리소서! 아, 아버님 말씀대로 결혼할걸 그랬어! 차라리 그랬더라면 이런 감옥에 갇히게 되지는 않았을 것을."

한편 샤리만 왕은 해가 질 때까지 온종일 옥좌에 앉아 있다가, 이윽고 대신을 불러 말했습니다.

"오, 대신이여, 내 아들과의 사이가 이렇게 된 것은 모두 그대 때문이오. 그대가 진언한 의견 때문이었어. 그러니 이번에는 대관절 어떻게 하면 좋겠소?"

그러자 대신이 대답했습니다.

"오, 임금님, 보름 동안만 왕자님을 가둬두십시오. 그런 다음 어전에 부르시어 결혼하라고 말씀하십시오. 그러면 왕자님도 거역하지 않으실 것입니다."

—샤라자드는 날이 훤히 밝아오는 것을 보고 이야기를 그쳤다.

175번째 밤

샤라자드는 이야기를 계속했다.

오, 인자하신 임금님, 왕은 곧 대신의 의견을 받아들였습니다만, 그날 밤은 왕자를 생각하며 안타까운 마음으로 잠자리에 들었습니다. 그도 그럴 것이 하나밖에 없는 외아들이었으므로 왕자를 진정으로 사랑하고 있었기 때문입니다.

왕은 평소에 밤마다 왕자에게 팔베개를 해 주지 않고는 잠들지 못할 정도였으므로, 그날 밤은 슬픔과 염려로 마음 아파하며 마치 불타는 가자나무*11 숯불 위에라도 누운 것처럼 몸을 뒤척이며 하룻밤을 지냈습니다. 그리고 의혹과 두려움에 사로잡혀 밤새도록 뜬눈으로 지새우며, 눈물을 뚝뚝 흘리면서 다음과 같은 시를 되풀이 읊조렸습니다.

비방하는 자 잠잘 때
나의 밤은 괴롭고도 길어라.
애절한 이별의 쓰라림에 우는 마음
그대 본다면 마음 흡족할까.
시름에 찬 밤은 좀처럼
밝아오지 않으니 나는 외치노라,
"오, 아침빛은 나에게
두 번 다시 돌아오지 않으려나?"

또 다른 시인의 노래도 읊조렸습니다.

칠요성(七曜星)이 그대 눈을 피하고
북극성이 그대 위해
잠자는 약을 뿌리며
큰곰자리의 별*12이 상복 입고
사라져가는 모습을 보았을 때
아침은 이미 그대에게 없다는 것을
나는 알았노라.

한편 밤이 되자 감시하는 환관은 초롱과 촛불을 켠 촛대를 왕자 앞에 갖다 놓고 음식을 가져왔습니다. 왕자는 먹는 둥 마는 둥 하고 부왕에게 보인 자기의 버릇없는 태도를 후회하며 자신을 책망하기를 그치지 않았습니다.

"오, 나의 영혼이여, 아담의 아들은 입의 볼모이고, 그 혀는 사람을 무서운 재앙으로 밀어 넣는 것을 너는 아는가."

그리고 하염없이 울면서 너무도 괴로운 나머지 이런 시를 읊으며 자기 잘못을 깊이 뉘우쳤습니다.

혀를 잘못 놀려 꽃다운 청춘이

헛되이 사라지는구나.
발걸음 잘못 디딘 것뿐이라면
목숨에는 지장 없으련만.
발 잘못 디디면 상처가 날 정도지만
입 잘못 놀리면 목이 달아난다.

식사가 끝나자 왕자는 손 씻을 물을 청했습니다. 그리고 환관이 음식 묻은 손가락을 깨끗이 씻어주자, 왕자는 일어나 목욕하고 저녁과 밤 기도를 함께 올린 다음 조용히 자리에 앉았습니다.

—샤라자드는 날이 훤히 밝아오는 것을 알고 이야기를 그쳤다.

176번째 밤

샤라자드는 이야기를 계속했다.

오, 인자하신 임금님, 왕자는 저녁과 밤 기도를 함께 올린 다음 우물가에 앉아 코란을 외기 시작했습니다. '암소'와 '이무란의 집' '야 신'(1) '자비로운 사람' '왕게 축복 있으라' '유일신' '두 개의 부적'*13 등을 외우고, 마지막으로 축복과 기원을 담아 다음과 같이 끝맺었습니다.

"돌을 들고 덤비는 악마에게서 벗어나 알라의 가호를 구하노라."

그러고는 알 마딘에서 생산되는 비단으로 만든 이불을 덮고, 같은 비단으로 선을 두르고 이라크에서 나는 생명주실을 채운 침상에 누웠습니다. 머리를 얹은 베개에는 타조의 깃털이 들어 있었습니다.

졸음이 오자 왕자는 겉옷과 바지를 벗고 밀랍처럼 매끄럽고 부드러운 속옷 차림으로 잠을 청했습니다. 머리에는 하늘색 마라지 천으로 만든 두건을 두르고 있었지요.*14 이런 차림을 한 왕자의 모습은 마치 열나흗날 밤에 돋아나는 둥근 달처럼 아름다웠습니다.

왕자는 작은 비단이불을 머리에 덮고는 곧 잠들었습니다. 머리맡에는 촛불이 빨갛게 타오르고 발치에는 등불이 켜져 있었지만, 전능하신 알라께서 왕자의 미래 자궁 속에 무엇을 잉태하게 하실지 전혀 모르는 채 밤이 깊어질 때까지 곤히 잠에 빠져들었습니다.

그런데 운명의 우연이라고나 할까요, 왕자가 잠들어 있는 이 탑은 오래도록 거칠고 피폐한 채로 내버려진 쓸쓸한 장소였으나, 그 속에 로마식 우물이 하나 있고, 그곳에는 유명한 마왕 알 디미리야트의 딸 마임나가 살고 있었습니다. 이 여자는 저주받은 이블리스*15의 후예인 마녀신이었습니다.

─샤라자드는 날이 훤히 밝아오는 것을 알고 이야기를 그쳤다.

177번째 밤

샤라자드는 이야기를 계속했다.

오, 인자하신 임금님, 카마르 알 자만 왕자가 한밤중까지 곤히 잠들어 있으려니, 마녀신 마임나가 여느 때처럼 천사들의 비밀 이야기를 엿듣기 위해 천계에 다녀오려고 해묵은 우물에서 나왔습니다. 하늘로 올라가려고 우물 위로 나오니 전에 없이 탑 안에 불이 켜져 있었습니다.

"이런 일이 여태껏 없었는데!"

오랫동안 그곳에서 살았지만 한 번도 등불을 본 일이 없었으므로 마녀신은 이상하게 여기며 틀림없이 무슨 까닭이 있겠구나 생각했습니다. 그래서 불빛이 새어나오는 쪽으로 다가가 보니 그 안에 한 환관이 잠자고 있었습니다. 안을 들여다보니 침상이 하나 놓여 있고 누군가 사람이 잠들어 있는 듯했습니다. 머리맡에는 촛불이 켜져 있고 발치에는 등불이 놓여 있었습니다. 마녀신은 그 등불을 보고 의심스럽고 이상하게 여기며 침상 쪽으로 가만가만 다가갔습니다.

날개를 접고 침상 바로 옆에 내려선 마녀신이 왕자 머리에 덮여 있는 비단 이불을 살며시 들추자, 곤히 잠든 알 자만 왕자 얼굴이 나타났습니다. 마녀신은 한참 동안 숨을 죽이고 감탄과 놀라움에 잠겨 가만히 그 얼굴을 들여다보았습니다.

젊은 왕자의 얼굴은 촛불 아래에서 진주처럼 빛나고 있었습니다. 눈꺼풀은 영양처럼 수심에 잠겨 있고 눈동자는 마치 흑요석처럼 빛났습니다.*16 그 장미 같은 뺨이며 초승달 같은 눈썹은 숨을 쉴 때마다 사향 냄새를 뿜는 것 같았습니다. 흡사 시인이 이렇게 노래한 그대로였지요.

나는 그대에게 입맞추네,
마음 녹이는 그 눈동자
차츰 검어지고*17
뺨은 발그레 타오르네.
아, 자애로운 마음이여, 만일
비난하는 사람이 그대 닮아
아름다운 사람 세상에 있다고
거리낌 없이 말한다면
이제 말하리라. "그 사람을
여기로 꾀어서 데려오라!"고.

마녀신은 잠들어 있는 왕자의 모습을 보고 신을 찬양하는 문구를 읊었습니다.*18

"가장 뛰어난 조물주이신 알라께 축복이 있기를!"

왜냐하면 마녀신은 진실한 신앙에 귀의한 마신의 일족이었기 때문입니다.

그녀는 젊은이의 아름다움과 사랑스러움에 부러움을 느끼며 잠시 물끄러미 지켜보고 있었습니다.

"알라께 맹세코 나는 이 젊은이에게 해를 끼치지 않고, 누구도 손대지 못하게 하리라. 그뿐만 아니라 온갖 재앙에서 구원해 줄 테야. 이 아름다운 얼굴을 본 자는 누구든지 알라께 감사하고 싶어질 테니까. 그런데 가족들은 무슨 까닭에 이 아름다운 젊은이를 이 쓸쓸한 곳에 혼자 내버려두었을까? 이 시각에 다른 마신의 눈에 띄는 날이면 반드시 살해당하고 말 텐데."

마녀신 마임나는 젊은이 위로 몸을 구부려 이마에 입을 맞추고 다시 원래대로 머리에 이불을 덮어주었습니다. 그런 다음 날개를 펼쳐서 하늘 높이 올라갔습니다. 그리고 이 세상의 천국 가운데 가장 아래쪽에 있는 천국으로 다가갔습니다.

그때 위쪽에서 푸드덕 날갯소리를 내며 다가오는 것이 있어 자세히 보니 다나쉬라는 마신이었습니다. 마임나는 새매 같은 기세로 그쪽으로 날아갔습니다. 다나쉬는 상대가 마왕의 딸 마임나인 것을 알자, 겁에 질려 저도 모르게 몸을 떨며 자비를 구했습니다.

"마임나 님, 가장 위대한 신인 알라의 이름과 솔로몬의 도장반지에 새겨진 거룩한 부적에 맹세코 부탁합니다. 부디 인정을 베푸시어 나를 괴롭히지 말아 주십시오."

그러자 마녀신은 측은한 생각이 들어서 이렇게 말했습니다.

"참으로 대단한 부탁이로구나. 하지만 이런 시각에 어디를 갔다 오는지 말해 봐라. 말하지 않으면 놓아주지 않을 테다."

"마임나 님, 저는 지금 중국에 깊숙이 자리한 섬들 사이에서 돌아오는 길입니다. 오늘 밤 제 눈으로 직접 보고 온 이상한 이야기를 해 드리지요. 제 이야기가 거짓이 아니라고 생각되시면 저를 놓아 주시고, 제가 당신 덕택으로 자유를 얻은 자임을 한 줄 써주십시오. 그리고 거기에 서명해 주시면 하늘을 나는 마신도, 땅 위를 걷는 마신도, 물속을 헤엄치는 마신도 누구도 제 일에 참견하지 못할 테니까요."

"이 못된 거짓말쟁이 같으니! 오늘 밤 무엇을 보았다고? 거짓말하면 안 돼. 나를 속여 도망칠 생각은 아예 말아라. 다윗의 아들 솔로몬(이 두 분께 평안함이 있기를!)의 도장반지에 새겨진 부적에 맹세코 거짓말을 했다간 내 손으로 날갯죽지를 뽑고, 껍질을 벗기고, 뼈를 부러뜨려 줄 테니까."

"알았습니다. 그렇게 알고 이야기하겠습니다."

그러자 하늘을 나는 샤무리쉬*[19]의 아들 다나쉬 마신이 말했습니다.

"저도 그 말씀에 이의가 없습니다."

―샤라자드는 날이 밝아오는 것을 알고 이야기를 그쳤다.

178번째 밤

샤라자드는 이야기를 계속했다.

오, 인자하신 임금님, 다니쉬는 마임나에게 이렇게 이야기했습니다.

"실은, 마임나 님, 저는 오늘 밤 중국 깊숙이 자리한 섬들 사이에서 돌아오는 길입니다. 그곳은 섬들과 바다와 일곱 궁전을 다스리는 가유르 왕의 영토지요. 거기서 저는 임금님의 공주를 보았는데 그 나이 또래로 그토록 아름다운 처녀는, 알라께서 창조하신 분 가운데에서는 아마 으뜸일 것입니다.

그 아름다움은 입으로 도저히 다 말할 수가 없습니다. 저로서는 그 공주님께 어울리는 찬양의 말을 찾아낼 수가 없습니다. 하지만 공주님의 아름다운 모습을 조금 설명해 보기로 하지요. 대충 짐작이라도 하실 수 있도록 말입니다. 먼저 그 머리카락은 만날 길이 막막한 밤과 같고, 얼굴은 우연히 맞닥뜨린 큰 기쁨의 낮과 같습니다. 시인은 참으로 그럴 듯한 말을 하고 있습니다.

> 어느 날 밤 소녀,
> 술처럼 너울거리는 머리를 빗네.
> 그 모습 바라보니
> 나흘 밤도 하룻밤만 같아라.
> 상냥한 얼굴 돌려
> 하늘의 달 바라보면,
> 한순간 두 개의 달
> 하늘에 걸린 듯하구나.

또한 콧대는 잘 갈아진 칼끝 같고, 두 뺨은 보랏빛 포도주인 듯 핏빛 아네모네인 듯 여겨졌지요. 산호 같은 입술은 홍옥색으로 빛나고, 입속의 침은 묵은 술보다 다디달아, 그것을 마시면 지옥불의 괴로움마저 가실 것 같답니다. 그 혀가 한번 움직이면 날카롭고 뛰어난 지혜와 임기응변의 답변이 흘러나오고, 그 가슴은 보는 이의 마음을 어지럽히지요(그 가슴을 만들고 다듬으신 알라께 영광을!). 그리고 가슴과 이어진 그 매끄럽고 토실토실한 두 팔! 시인 알 와라한[20]이 이렇게 노래한 것 그대로입니다."

> 팔찌로 죄어두지 않으면
> 매끄러운 그대 팔은

아름다운 두 소매에서
은빛 비 되어 떨어지리다.

　"젖가슴은 상아로 만든 공 두 개처럼 맑게 빛나 달님도 그 빛을 빌릴 정도
지요. 또 마치 콥트인이 가장 아름다운 능직으로 짠 이집트 아마포처럼 섬세
하게 물결치는 복부는, 접은 두루마리 종이처럼 주름이 잡혀 상상도 하지 못
할 정도의 날씬한 허리로 이어져 있습니다. 그것은 바람이 불 때마다 쌓인
갈색 모래언덕 같은 엉덩이 위, 즉 일어서려고 하면 주저앉게 하고 잠을 자
려 할 때도 문득 눈을 뜨게 만드는 엉덩이 위에 얹혀 있습죠. 시인도 이렇게
노래하고 있습니다.

　나도 그대도 모두 함께
　안타깝게 만드는 그대 엉덩이
　엉덩이를 버티어주는 건
　가냘픈 실 같은 허리.
　그 엉덩이는 너무도 애타게
　이 마음을 뒤흔드네.
　그대는 일어서려 하지만
　엉덩이 무게를 감당하지 못하네.*21

　그리고 그 엉덩이에 이어져 있는 매끄럽고 통통한 넓적다리와 진주 기둥
같은 장딴지는 가늘고 날씬한 창끝처럼 뾰족한 두 발 위에 얹혀 있었습니
다.*22 수호자이며 보복자인 신의 손으로 이루어졌다고는 하지만 그 연약한
발로 용케도 모든 것을 지탱하는구나 싶어 저는 감탄하고 말았습니다. 너무
오래 공주님의 아름다움만 칭찬해도 지루하실 것 같으니 우선 이쯤 해두기
로 하지요."

　—새벽빛이 비쳐드는 것을 알고 샤라자드는 이야기를 그쳤다.

179번째 밤

샤라자드는 이야기를 계속했다.

오, 인자하신 임금님, 아름답고 사랑스러운 공주 이야기를 자세히 들은 마임나는 깜짝 놀라서 아무 말도 하지 못했습니다.

그래서 다나쉬는 다시 말을 이었습니다.

"이 아름다운 처녀의 아버지는 무척 강대한 대왕으로 무예에도 뛰어나 밤낮으로 격렬한 전쟁에 몰두하는 분이었습니다. 죽음을 전혀 두려워하지 않고 달아나는 적에게는 조금도 개의치 않습니다. 삼군(三軍)을 질타하여 수많은 대륙과 섬과 도성과 마을 등 광대한 영토를 그 위세 아래 굴복시킨 천하무적의 정복자이지요. 그 이름은 섬과 바다와 궁전 일곱 개를 다스리는 가유르 대왕입니다.

이 대왕은 지금 말씀드린 공주님을 여간 사랑하시지 않아 그 깊은 총애의 표시로 모든 왕후의 보물을 모아 산더미처럼 쌓아두고, 그 돈으로 궁전 일곱 개를 저마다 다른 양식으로 지어주었습니다. 첫 번째 궁전은 수정궁, 두 번째는 대리석, 세 번째는 중국의 강철, 네 번째는 보석과 보옥, 다섯 번째는 도자기에 색색의 마노와 둥근 돌을 박은 것, 여섯 번째는 은, 일곱 번째는 황금으로 꾸며졌습니다. 이 일곱 궁전에 온갖 호사스러운 가구를 갖추어놓고 훌륭한 비단 양탄자에 금은 항아리, 왕후에게 어울리는 온갖 도구류까지 비치하여, 공주에게 철 따라 궁전을 바꾸어가며 지내라고 분부했습니다. 이 공주의 이름은 부두르*23라고 합니다.

그런데 이 공주의 아름다움이 널리 세상에 알려져서 그 꽃다운 이름이 이웃나라까지 소문이 나자, 왕후들은 모두 공주님을 왕비로 맞고 싶다고 부왕께 청했습니다. 임금님은 혼담에 대해 일일이 공주님과 의논했지만, 공주님은 혼담이라는 말 자체를 몹시 싫어하여 모조리 거절하였습니다.

'아버님, 저는 결혼 같은 건 하고 싶지 않아요. 정말 눈곱만큼도 생각이 없어요. 저는 남자를 지배하는 여군주, 여왕이 되고 싶어요. 남자에게 지배받는다는 건 생각도 하기 싫어요.'

그런데 혼담을 물리치면 물리칠수록 더욱 몸이 달아 청혼하는 형편이라 중국 깊숙이 자리한 섬들의 왕후들이 모두 구혼 편지에 곁들여 선물과 진귀한 물건을 부왕께 보내왔습니다. 임금님은 거듭 혼인할 것을 권했지만, 공주님은 도무지 듣지 않을 뿐만 아니라 마침내 몹시 화를 내며 소리쳤습니다.

'아버님, 한 번만 더 혼담을 꺼내시면 제 방에 틀어박혀 칼자루를 땅에 박고 그 칼끝에 이 가슴을 대겠어요. 그 위로 엎어지면 칼끝이 제 등을 꿰뚫어 죽어 버릴 테니까요.'

이 말을 들은 대왕은 눈앞이 캄캄해지고 가슴을 불로 지지는 듯 슬퍼하며, 딸을 죽게 하는 일이 생긴다면 큰일이라고 생각했습니다. 하지만 많은 결혼 신청자들을 어떻게 처리해야 좋을지 몰랐습니다. 그래서 정녕 결혼이 싫다면, 도저히 그리할 수 없다면, 앞으로 공주의 거처에서 한 발짝도 나가서는 안 된다고 명령하고서, 공주를 외딴집의 한 방에 감금하여 시중드는 노파 열 사람을 두어 지키게 하고, 일곱 궁전에 출입하는 것마저 금지시키고 말았습니다. 그리고 겉으로는 공주가 임금님의 노여움을 산 것처럼 꾸미고, 왕후들에게는 공주에게 악마가 씌어 미쳤다는 편지를 보냈습니다. 이 공주가 감금된 지 꼭 1년이 되는군요."

마신 다나쉬는 잠시 숨을 돌리고 나서 다시 말을 이었습니다.

"저는 매일 밤 공주에게 가서 그 얼굴을 싫증이 날 때까지 바라보고 이마에 입을 맞추곤 합니다. 하지만 물론 무슨 해를 끼치거나 몸을 더럽히지는 않았습니다. 공주는 그토록 아름답고 성스럽도록 빛나는 분이거든요. 공주를 한 번 본 사람은 누구든 그 아름다움에 사로잡히고 맙니다. 만일 제 말이 거짓말 같거든 당신도 함께 가셔서 아름다움과 사랑스러움으로 빛나는 그 나무랄 데 없는 공주를 한 번 보시는 게 어떻습니까? 그러고 나서 나를 매질하시든 노예로 만드시든 마음대로 하십시오. 모든 것은 당신 마음에 달렸으니까요."

이렇게 말하며 다나쉬는 날개를 접고 머리를 숙였습니다. 마임나는 소리 내어 웃으며 다나쉬 얼굴에 침을 뱉고는 말했습니다.

"네가 말한 그 계집아이는 오줌을 누고 나서 거기를 닦는 사기 조각*24 같은 거야. 흥! 그걸 이야기라고, 괘씸한 것! 난 좀 더 신기한 이야기거나 눈이 번쩍 뜨이는 소식인 줄 알았지. 실은 나는 오늘 밤 어떤 젊은이를 만났는데, 너 같은 놈이 그분을 꿈에서라도 본다면 깜짝 놀라 침을 질질 흘릴 게다."

"어떤 젊은인데 그러십니까?"

"실은 말이야, 다나쉬, 내가 본 왕자도 역시 네가 이야기한 공주와 매우 비슷한 점이 있어. 그분의 아버님이 억지로 결혼시키려는 것을 거절하다가 아버님의 노여움을 사서 내가 사는 서 탑 속에 긷혀버렸단 말이야. 난 오늘 밤 우물에서 나와 그 왕자님을 여태껏 바라보고 있었지."

"마임나 님, 지금 그 왕자님을 보여줄 수 없을까요? 제가 본 공주님과 어느 쪽이 더 아름다운지 비교해 보게요. 아무래도 나는 그 부두르 공주님만큼 아름다운 분은 이 세상에 없을 것 같은데요."

"이 못된 거짓말쟁이! 마물 중에서 가장 불길한 놈! 악마 중에서 가장 사악한*25 악마! 내 연인이야말로 세상에 더없이 아름다운 분이야."

—날이 밝아오는 것을 알고 샤라자드는 이야기를 그쳤다.

180번째 밤

샤라자드는 이야기를 계속했다.

오, 인자하신 임금님, 마녀신 마임나는 다나쉬를 향해 말을 이었습니다.

"이 세상에 내 연인만 한 분은 아무도 없어. 내가 사랑하는 그분과 네가 본 여자를 비교해 보겠다니, 아무래도 제정신이 아닌 게로구나!"

"아니, 마임나 님, 제발 부탁이니, 저와 함께 가서 제가 이야기한 공주님을 한 번 보십시오, 그런 다음 다시 함께 돌아와서 당신이 사랑하는 젊은 분을 보여주시면 어떻겠습니까?"

"너는 방심할 수 없는 악마이니 반드시 그렇게 해야 하고말고. 하지만 무슨 내기라도 하지 않으면 나는 함께 가지 않을 것이고 너를 데리고 함께 돌아오지도 않을 테야. 네가 잘난 듯이 칭찬하던 그 공주라는 여자가 내가 이처럼 사랑하고 자랑하는 연인보다 아름답다면 내기는 네가 이기는 것으로 하지."

"저도 물론 그 내기에 찬성합니다. 그럼, 중국 섬까지 함께 가십시다."

"아니야, 잠깐만! 내 연인이 있는 곳이 네가 말하는 여자가 있는 곳보다 훨씬 가까워. 바로 눈 아래 있으니까. 그러니 나와 함께 먼저 왕자님을 보러 가자. 그러고 나서 네 공주를 보러 가기로 하지."

"그렇게 하십시다."

그래서 두 마신은 땅 위로 내려와 탑 속에 있는 그 방으로 들어갔습니다.

마임나는 다나쉬를 침대 옆에 세워놓고 손을 뻗어 비단이불을 살며시 벗겼습니다. 그러자 솟아나는 아침 해처럼 빛나는 알 자만 왕자 얼굴이 나타났습니다. 마임나는 잠깐 황홀하게 그 얼굴을 들여다보다가 다나쉬를 돌아보며 말했습니다.

"자, 봐라, 너는 말도 안 되는 소리를 하는데, 이분을 잘 봐. 나는 숫처녀이지만 이분에게 완전히 반하고 말았어."

다나쉬는 꼼짝도 하지 않고 가만히 왕자 얼굴을 한참 지켜보고 있더니 이윽고 고개를 저으며 말했습니다.

"아, 마임나 님, 알라께 맹세코 당신이 말씀하신 그대로입니다. 하지만 그것 말고도 생각해야 할 점이 있습니다. 그러니까 여자와 남자의 입장이란 다르다는 거지요. 알라 신의 권력에 걸고 말씀드리지만, 당신의 이 연인은 아름다움과 사랑스러움과 단정한 생김새라는 점에서 알라께서 창조하신 것 가운데 그 공주님과 가장 많이 닮았군요. 두 분 다 정말이지 아름다움이라는 틀에 함께 부어서 만들었다 해도 과언이 아닌 것 같습니다."

이 말을 듣고 마임나는 눈앞이 캄캄해지는 것 같아, 자신의 한쪽 날개로 다나쉬의 머리를 힘껏 때렸습니다. 다나쉬는 금방이라도 숨이 막힐 것만 같았습니다.

마임나는 거친 목소리로 외쳤습니다.

"이 나쁜 놈! 이분의 아름답게 빛나는 얼굴을 걸고 말하마. 당장 가서 네가 홀딱 반한 그 여자를 이리로 데려와! 얼른 와야 해. 두 사람을 나란히 뉘어보면 어느 쪽이 더 아름다운지 알 수 있겠지. 당장 내 말대로 하지 않으면 불길을 퍼부어 너를 태워 죽여 버릴 테다. 정말로 너를 갈가리 찢어서 사막에 내던져버리겠어. 그러면 여행하는 나그네에게나 집에 있는 사람들에게 좋은 본보기가 될 거야!"

"마임나 님, 명령대로 하겠습니다. 하지만 뭐라고 하셔도 제가 본 공주가 더 아름답다는 생각은 조금도 바뀌지 않을 겁니다."

이렇게 말하기가 무섭게 다나쉬가 하늘 높이 날아오르자, 마임나도 감시를 하기 위해 그 뒤를 쫓아갔습니다.

두 사람의 모습이 한참 동안 보이지 않더니 이윽고 함께 돌아왔습니다. 다나쉬는 한 젊은 공주를 안고 있었습니다. 공주는 베네치아 비단속옷을 입고 있었는데 엷은 금실로 선을 둘렀고, 그 소매 끝에 이런 시가 예쁜 솜씨로 수놓여 있었습니다.

> 미움, 시기, 첩자—
> 이 두려운 세 가지야말로
> 그대의 반가운 방문을 방해하는 것.
> 빛나는 이마.
> 구슬 같은 목소리,
> 향기로운 향내,
> 이 세 가지는
> 그대 있는 곳 알려주는 것.
> 소매로 이마를 가려도
> 방울 같은 소리를 내지 않아도
> 그대 어찌 그 몸의 향기를 숨기랴.[26]

공주를 안고 계속 날아간 두 사람은 마침내 탑 안으로 들어가 카마르 알 자만 옆에 살며시 뉘었습니다.

—날이 훤히 밝아오는 것을 알고 샤라자드는 이야기를 그쳤다.

181번째 밤

샤라자드는 이야기를 계속했다.

오, 인자하신 임금님, 마신 다나쉬와 마녀신 마임나는 부두르 공주를 안고 날아와 알 자만 왕자 옆에 눕혔습니다. 마신들이 두 사람 얼굴 위에 가린 것을 벗기니 쌍둥이나 남매가 아닌가 싶을 만큼 똑같은 얼굴이었습니다. 두 사람의 모습은 아무리 신앙이 깊은 사람이라도 반할 만큼 아름다워, 시인 알무빈이 노래한 그대로였습니다.

아, 마음이여, 그대 사랑을
단 한 사람에게만 쏟아라,
사랑에 빠지고 창피당하여
몸을 망칠 원인이 될 것이니.
아름다운 여자를 모두 사랑하라,
그러면 한 사람을 잃을지라도
달리 또 얻을 수 있으리.

그리고 다른 시인은 이렇게 노래하고 있습니다.

내 눈은 보았네,
땅 위에 누운 두 남녀를.
만일 내 눈동자 위에 누웠다면
두 사람을 다 사랑하리.

다나쉬와 마임나는 잠깐 두 사람의 잠든 얼굴을 넋을 놓고 바라보았습니다. 이윽고 다나쉬가 말했습니다.

"알라께 맹세코 정말 아름다운 모습이군요! 저의 공주님이 확실히 아름답습니다."

"아니야, 내 연인이 훨씬 더 아름다워. 다나쉬, 너는 눈도 마음도 장님이로구나. 비계와 살코기도 분간하지 못하다니. 너는 사실을 숨길 셈이냐? 이분의 아름답고 사랑스러운 얼굴이며 단정한 맵시가 눈에 보이지 않니? 자, 지금부터 내가 이분을 위해 뭐라고 말하는지 잘 들어봐. 그리고 진정으로 저 공주를 사랑한다면 너도 나처럼 말해 보려무나."

마임나는 알 자만의 이마에 입을 맞추고, 그 자리에서 이런 송가를 불렀습니다.

어찌 된 까닭인가, 그대 헐뜯는 사람
우쭐대며 나무라는 것은?
가냘픈 가지 같은 그대 때문에
내 마음 슬픔에 잠겨
어디서 위안 얻으리오?

태어나면서부터 콜 가루로
그린*27 그 눈에
모든 사람 마음 빼앗겼어라.
그 눈길에 사로잡히면
순애의 굴레 벗어날 길 없으리!

사람 마음 설레게 하는
그대 눈은 마치
물건을 노략질하는 터키인.
언월도 칼끝조차
이처럼 상처주지는 못하리라.

그대로 하여 무거운
사랑의 짐 지워졌네.
그러나, 수척한 이 몸에는
속옷 무게도 힘겹구나.

그대도 알리라, 나의 사랑은
나날의 내 습성이요
연모의 정은 타고난 기질이라.
다른 이에게 품은 마음은
모두 헛된 거짓임을 알라.

그대 마음과 내 마음

같은 것이라면 나는
절대로 '싫다'고 하지 않으리.
닮은 것은 오직 하나, 수척한
내 몸과 그대의 가는허리.

몸에 '아름다운' 옷 걸치고
그 모습 달과 같아서
그 이름 널리 찬양되어
그 겨레의 꽃이라고 부르는
사나이 있으니 어이하랴!

"어떠한 사나이냐, 이토록
그대 마음 어지럽히는 자는?"
비방하는 자가 묻는다면
"그려보라"고 나는 오직
한 마디 소리 높여 대답할 뿐.

고집 센 그 가슴이여!
요염한 몸매 우아하게
동정심 보이며 내 사랑에
응해 줄 듯한 눈치로다.

오, 아름다운 나의 왕자
그대를 지켜보는 대신 있고,
나를 싫증 나게 하는 사람으로서
끊임없이 까탈 부리는 벼슬아치도
그대 옆에 버티고 있더라.

아름다운 것은 모두
요셉이 가졌다고 누가 말하나,

진실 되지 못한 그 말에
눈과 귀 빼어나게 아름다운 그대 모습에
수많은 요셉 깃들었어라!

내가 일어나 얼굴을 들고
입을 열어 말하면
마신조차 나를 두려워하건만
그대 모습 바라보면
두렵게 떨리는 이 마음.

싫어하는 척하며
고개 돌려 달아나 보아도
싫은 척하면 할수록
연모의 정, 내 가슴에
더욱 짙어지기만 하는구나.

흑옥색 그 머리카락이여!
빛을 떨치는 그 이마여!
흰자위 검은자위 서로 더불어
다투어 반짝이는 그 눈*28이여!
그 황홀하고 사랑스러운 맵시여!

　다나쉬는 마임나가 자기 연인에게 바치는 시를 듣자 몹시 감동하여 춤을
추며 기뻐했습니다.

　—날이 훤히 밝아오는 것을 알고 샤라자드는 이야기를 그쳤다.

182번째 밤

샤라자드는 이야기를 계속했다.

오, 인자하신 임금님, 마임나가 연인을 칭송하는 시를 듣고 다나쉬는 기쁨에 몸을 떨며 말했습니다.

"당신이 좀 전에 연인을 칭송하여 부른 노래는 정말 기막힌 시였소! 그것을 들으니 나도 가만있을 수 없군요. 이번에는 내가 공주님을 위한 찬가를 불러 보겠습니다."

마신은 부두르 공주에게 다가가 이마에 입을 맞추었습니다. 그러고는 비록 시에는 그다지 자신 없었지만, 마임나와 사랑하는 공주의 얼굴을 번갈아 바라보면서 마음을 다해 다음의 노래를 불렀습니다.

아름다운 그대를 사모한다고
사람들은 노하여 나무라지만
그 인정 없는 처사는 다름 아니라
그대의 아름다움을 모르기 때문.
사랑에 미친 이 몸을
동정하시라, 아낌없이.
임의 노여움을 맛보고
쓰라린 이별을 할 바에는
차라리 끊으리라, 이 목숨.
진정한 사랑이라 내 눈에서
눈물 쉴 새 없이 흘러내리네.
넘치는 눈물은 피인가
의심하리만큼 슬픈 심정.
사랑하기에 참는 고뇌
조금도 이상할 것 없지만
그대와 떨어진 '나'를
어찌 나인 줄 알아보리오.
그대의 사랑을 의심하고

다른 처녀를 사모한다면
우리 두 사람의 이 연분이
어찌 제대로 맺어지랴.

또 이런 노래도 불렀습니다.

골짜기에 있는 처녀를
바라보며 즐거운 내 눈
나는 목숨을 빼앗기고
빼앗은 그녀는 달아났네.
들이켜는 슬픔의
포도주는 쓰디쓰고
내 뺨에 흐르는 눈물은
낙타를 따라가는 노래에 맞춰 춤추노라.
그러나 나는 애썼도다,
경사스러운 밤의 연분 위하여.
나의 모든 행복은
부두르와 수아드에*29 있노니.

쓰라린 탄식을 안겨주는 건
세 가지 가운데 어느 것인지
알 수 없지만, 이제 내가
말할 테니 들어보라,
어느 것이라고 정하기 전에
칼 같은 그대 눈,
창 같은 그 맵시,
이마를 가린 곱슬머리.
"그대는 어떤 사람이오?
도시에 사오, 사막에 사오?"*30
내가 물으면 그녀는 대답하네,

"내가 사는 곳은 그대 마음속,
찬찬히 마음속을 보시라."고
나는 대답하네, "내 마음
어디에 있는가? 슬프도다, 아,
어디에 있는가? 아, 어디에?"

마임나는 마신의 노래를 듣고 말했습니다.

"오, 훌륭하군, 다나쉬! 그런데 너는 이 두 사람 가운데 어느 쪽이 더 아름답지?"

"그야 부두르 공주가 더 아름답지요."

마신의 대답에 마임나는 소리쳤습니다.

"거짓말쟁이! 악독한 놈! 내 연인이 훨씬 더 아름다워!"

그러나 다나쉬도 좀처럼 물러서지 않았습니다.

"내 연인이 더 아름답습니다!"

이리하여 두 사람의 목소리는 점점 더 높아져 갔습니다. 그러다가 마임나가 큰 소리를 지르며 상대를 호되게 후려갈기려 하자, 다나쉬는 갑자기 고분고분해져서 부드럽게 말했습니다.

"진실을 알고 실망할 건 없어요. 이제 이런 말다툼은 그만둡시다. 우리가 말다툼하는 것은 모두 이 두 분을 사랑하기 때문입니다. 그보다도 우리 서로의 주장은 집어치우고 어느 쪽이 더 아름다운지 공평하게 가려주실 분을 찾아보지 않겠습니까? 그분의 판단에 맡기기로 합시다."

"좋아, 그렇게 하자."

마임나는 곧 승낙하고 한쪽 발로 대지를 걷어찼습니다. 그러자 땅속에서 불쑥 나타난 것은 외눈박이에 꼽추이며 살갗은 부스럼딱지 투성이고 눈동자가 세로로 찢어진 마신이었습니다.*31 머리에는 뿔 일곱 개가 돋아 있고, 네 가닥으로 갈라진 머리카락은 발뒤꿈치까지 늘어져 있었습니다. 또한 두 손은 쇠스랑, 다리는 돛대, 손톱은 사자 발톱, 발은 들에서 자란 나귀 발굽과 같았습니다.

마신은 마임나의 모습을 보자 그 앞에 엎드렸다가 일어나 손을 등 뒤로 돌려 잡고 물었습니다.

"오, 여왕님, 주인님, 무슨 일이십니까?"

그러자 마임나는 대답했습니다.

"카쉬카쉬, 실은 나와 이 다나쉬가 심판을 받기 위해 불렀다."

그리고 자세한 이야기를 들려주자, 카쉬카쉬는 젊은이와 공주의 얼굴을 번갈아 들여다보았습니다. 두 사람이 서로 팔베개하여 잠든 모습은 이루 말할 수 없이 아름답고 사랑스럽고 기품이 넘쳐 어느 쪽이 더 나은지 도저히 판단할 수가 없었습니다. 카쉬카쉬는 두 사람이 너무나 똑같이 아름다운데 놀라 끝없이 바라보며 주의 깊게 두 사람을 살펴보더니, 마임나와 다나쉬를 돌아보며 이런 노래를 불렀습니다.

　　찾아가라, 사랑하는 이를
　　소문에 마음 쓰지 말라.
　　멋없는 놈들은 부러워하여
　　서로 반한 두 사람 사이를
　　좋은 얼굴로 보지 않는다.
　　서로 가슴 맞대고 껴안은
　　사랑하는 남녀의 모습처럼
　　세상에 아름다운 것 없더라.
　　참된 사랑의 속삭임을
　　꿈꾸는 마음으로 주고받을 때
　　그 사이를 가르려는 어리석은 자
　　차가운 무쇠나 두드리라지.
　　그러니 마음 정결한 여인
　　찾아내면 참된 마음으로
　　그녀 혼자 살아가게 하라.
　　사랑에 번뇌하는 젊은이를
　　이러쿵저러쿵 탓하는 이들이여,
　　어리석은 허튼소릴랑 그만두어라.
　　너희가 어찌 고치랴,
　　사랑에 병든 이 마음. [32]

그리고 나서 카쉬카쉬는 두 사람에게 말했습니다.

"알라께 맹세코 꼭 진실을 듣고 싶으시다면 정직하게 말씀드리지요. 두 분다 그 아름다움과 사랑스러움, 그리고 비할 데 없는 얼굴 모습과 풍채가 저울에 달아도 어느 한 쪽도 기울지 않을 정도입니다. 게다가 남자와 여자라서 나로선 도저히 구별해 낼 수가 없습니다. 하지만 나에게 좋은 생각이 있습니다. 그것은 상대방이 모르게 한 사람씩 번갈아 깨워서 어느 쪽이 더 반하는지 보고 더 반하는 쪽이 덜 아름다운 것으로 정하는 겁니다."

그러자 마임나는 말했습니다.

"그것참, 좋은 생각이군."

다나쉬도 대답했습니다.

"나도 다른 의견은 없습니다."

그리하여 다나쉬가 벼룩으로 변신하여 카마르 알 자만을 꽉 깨물자, 왕자는 깜짝 놀라 눈을 떴습니다.

— 날이 밝아오는 것을 알고 샤라자드는 이야기를 그쳤다.

183번째 밤

샤라자드는 이야기를 계속했다.

오, 인자하신 임금님, 눈을 뜬 카마르 알 자만은 벼룩에게 물린 자리를 문질렀습니다. 그러다가 문득 옆으로 눈을 돌리니 자기 옆에 사향보다도 향기로운 냄새를 풍기고 크림보다도 보드라운 살결을 한 여인이 누워 있는지라 몹시 놀라며 몸을 일으켜 옆에 누워 있는 여인을 찬찬히 바라보았습니다.

그것은 큼직한 진주인지, 눈부신 태양인지, 아니면 멀리서 바라본 훌륭한 성벽의 둥근 지붕인지 모를 젊은 처녀였습니다. 키는 다섯 자, ʃ*33라는 아라비아 글자처럼 날씬하고, 높이 솟은 가슴 위로 장밋빛 뺨이 반짝이고 있었습니다. 마치 다음의 시에 나오는 여자와 똑같았습니다.

대낮처럼 하얀 이마,

밤처럼 검은 머리,
장미처럼 빨간 볼,
미소 깃든 입술이여,
이 네 가지 것 모이니,
내 가슴 에어져
붉은 피 흘리노라.

또 이런 노래와도 같았습니다.

그녀의 맵시는 일어서면 달,
살포시 움직이면 하늘대는 버들가지,
내쉬는 숨결은 용연향인가,
눈길은 영양.
슬픔이 내 가슴 사로잡아
어느덧 그곳에 깃드네!

카마르 알 자만 왕자가 가유르 왕의 딸 부두르 공주의 아름다움과 사랑스
러운 모습을 바라보며 황홀에 빠져 있을 때, 공주는 베네치아 비단속옷만 입
은 채 금실로 수를 놓고 값진 보석을 박은 두건을 쓰고 잠들어 있었습니다.
귀에는 별처럼 반짝이는 귀걸이, 목에는 어떤 왕후도 가져보지 못할 만한 굵
은 진주를 꿴 목걸이가 걸려 있었습니다.

이 모습을 본 왕자는 앞뒤 가릴 분별도 없이 청춘의 피가 마구 끓어올랐습
니다. 알라가 그 가슴속의 색정을 눈뜨게 한 것입니다.

왕자는 혼잣말을 중얼거렸습니다.

"알라께서 바라시는 바라면 어쩔 수 없는 일, 어찌 알라의 뜻을 거역하
랴!"

그리고 한 손을 뻗어 공주의 몸을 자기 쪽으로 돌려놓고 속옷 깃을 헤쳐
보았습니다. 그러자 상아구슬 같은 두 젖무덤이 솟아 있는 하얀 가슴이 드러
났습니다. 왕자의 정염은 더욱더 세차게 타올라 뜨거운 욕망이 가슴을 도려
내는 듯한 심정이었습니다.

그래서 왕자는 상대를 흔들어 깨우려 했지만 처녀는 좀처럼 눈을 뜨지 않았습니다. 다나쉬의 마력으로 깊은 잠에 빠져 있었기 때문입니다.

"사랑스러운 분이여, 눈을 뜨고 나를 좀 보시오. 나는 카마르 알 자만이라는 사람이오."

이렇게 말하면서 왕자는 계속 공주의 몸을 흔들었습니다만, 공주는 눈을 뜨기는커녕 머리도 움직이지 않았습니다. 왕자는 이런 여자가 어떻게 여기 있을까 한참 동안 의심스럽고 이상해하면서 혼자 중얼거렸습니다.

"내 추측이 옳다면 이 처녀는 아마도 아버님이 나에게 짝지어주시려 하던 그 사람인가보다. 내가 지난 3년 동안 줄곧 거부해왔던 그 여자가 틀림없어. 하지만 인샬라! 알라 신께서 허락하신다면 날이 새는 대로 아버님에게 '부디 결혼시켜 주십시오. 저는 이 여자가 마음에 듭니다' 하고 말씀드려야지."

—날이 밝아오는 것을 알고 샤라자드는 이야기를 그쳤다.

184번째 밤

샤라자드는 이야기를 계속했다.

오, 인자하신 임금님, 카마르 알 자만 왕자는 날이 새면 곧 아버님에게 결혼시켜 달라 해야겠다고 혼자 중얼거렸습니다.

"이 여자를 내 것으로 만들어 이 아름다움과 사랑스러움을 마음껏 즐기는 데는 반나절도 걸리지 않으리라."

왕자는 공주에게 몸을 굽혀 입맞춤하려고 했습니다. 이 모습을 본 마녀신 마임나는 몸을 떨며 얼굴을 붉혔고, 마신 다나쉬는 좋아서 폴짝폴짝 뛰었습니다. 그러나 왕자는 공주의 입술에 입을 맞추려던 순간, 별안간 알라께 부끄러운 생각이 들어 마음속으로 중얼거렸습니다.

"참아야 한다."

그러고는 잠시 생각에 잠겨 있더니 다시 말했습니다.

"참아야 해. 어쩌면 아버님께서 역정을 내시어 나를 이 감옥에 가두시고는 이 젊은 여자를 데려다 뉘어놓고 내 마음을 떠보시려는 것인지도 모른다.

그리고 내가 깨우더라도 눈을 뜨지 말라고 일러놓으셨을 거야. 또 '알 자만이 무슨 짓을 했는지 나에게 알려야 한다'고 분부하셨는지도 몰라. 어쩌면 여기선 보이지 않지만 어딘가에 숨어서 이 젊은 여자를 어떻게 하는지 자세히 봐두셨다가 내일 '너는 결혼할 생각이 없다고 해놓고 대체 그게 무슨 꼴이냐? 여자에게 입을 맞추고 끌어안다니' 하고 꾸중하실 작정인지도 모르지. 그러니 아버님 앞에서 창피한 꼴을 당하지 않도록 참기로 하자. 오늘은 무엇이든 기념될 만한 것, 이 여자를 떠올릴 실마리가 될 만한 것으로, 두 사람 사이에 영원히 간직할 수 있는 물건만 손에 넣도록 하자. 여자 몸에는 손대지 말고 거들떠보지도 않는 게 좋을 것 같다."

알 자만은 여자의 한쪽 손을 살며시 들어 올려, 새끼손가락에서 매우 값진 도장반지를 뽑았습니다. 반지 홈에는 보석이 박혀 있고, 이런 시가 새겨져 있었습니다.

> 그대는 맹세를 저버렸지만
> 나는 약속을 잊지 않네,
> 애태우는 나에게 인정 베풀어
> 그대의 입술과 그 뺨에
> 이 입술을 대게 하소서.
> 알라께 맹세코 나는
> 그대를 배반하지 않으리.
> 비록 그대가 연정의
> 경계를 무너뜨리고 넘어올지라도.

왕자는 부두르 공주의 새끼손가락에서 반지를 빼서 자기 손가락에 끼고는 그대로 돌아누워 잠이 들었습니다.

그것을 본 마녀신 마임나는 무척 기뻐하면서 다나쉬에게 말했습니다.

"그것 봐, 내가 사랑하는 알 자만은 이 젊은 여자에게 음란한 짓을 전혀 하지 않았어. 참으로 더할 나위 없는 품성을 지니고 있기 때문이지. 너희도 눈으로 보았듯이 왕자는 공주의 아름다움과 사랑스러움에 마음을 빼앗기면서도, 끌어안거나 입을 맞추거나 손대는 일 없이 공주에게 등을 돌리고 잠들지 않았느냐."

그러자 다나쉬와 카쉬카쉬는 입을 모아 대답했습니다.

"맞습니다!"

이번에는 마임나가 벼룩으로 변신하여 부두르 공주의 속옷으로 기어들어 장딴지에서 넓적다리를 타고 올라가 배꼽으로부터 4캐럿*³⁴ 아래를 꼭 물었습니다.

부두르 공주가 깜짝 놀라 눈을 뜨고 침상 위에 일어나 앉자, 자기 옆에 둘도 없이 아름다운 한 젊은이가 곤히 잠들어 있지 않겠습니까? 젊은이는 전능하신 알라께서 창조하신 것 가운데 가장 아름답고, 천국에서 가장 아리따운 선녀도 무색할 만한 눈을 가지고 있었습니다. 솔로몬의 도장반지로 착각할 만한 입에 머금은 침은 달콤하고도 소독수보다도 더 효력이 있을 것 같았습니다. 또 입술은 산호색, 뺨은 붉은 아네모네를 방불케 했습니다. 어떤 시인은 이런 젊은이를 다음과 같이 노래했습니다.

내 마음은 자이나브와
나와르*³⁵의 곁을 떠나
도금양과 흡사한
분홍빛 뺨에 끌리누나.
나는 어린 수사슴 같은
속옷 입은 젊은이.
팔찌 낀 아름다운 여인의
사랑을 무정하게 버리네.
객실과 침실의 내 침상에서
아름다운 그대에게 다가가면,
희롱하며 노니는 여인과는
그 품격이 다르네.
힌드에게서 달아나고, 자이나브를
버린 이 몸을 나무라지 말라.
버림받은 어린 수사슴은
새벽빛으로 빛나는 하늘처럼

의심의 여지가 없어라!
나무라는 이여, 이제 묻노니
그대는 내 자유를 빼앗고
감옥에 가두어 옥죄며
언제까지 노예로 다루려 하오?

부두르 공주는 젊은이를 보자 미칠 듯이 격렬한 연정과 욕정에 사로잡혔습니다.

—날이 훤히 밝아오는 것을 알고 샤라자드는 이야기를 그쳤다.

185번째 밤

샤라자드는 이야기를 계속했다.
오, 인자하신 임금님, 부두르 공주는 알 자만을 보자 미칠 듯한 연정과 욕정에 사로잡혀 혼잣말을 했습니다.
"아, 부끄러워. 내가 전혀 모르는 분이야! 어찌하여 내 옆에서 주무시고 계실까?"
그리고 다시 찬찬히 젊은이를 들여다보니, 보면 볼수록 아름답고 훌륭해 보였습니다.
"어쩌면 이토록 아름다운 분이 있을까? 마음이 설레어 가슴*36이 터질 것만 같네. 난 어쩌면 그토록 바보였을까. 아버님께 청혼한 분이 이분인 줄 알았더라면 난 절대 거절하지 않았을걸. 그리고 이분의 아내가 되어 즐겁게 살 수 있었을 것을."
부두르 공주는 젊은이 얼굴에서 눈을 떼지 못한 채 말을 이었습니다.
"오, 내 눈동자의 빛이시여, 눈을 뜨고 아리따운 이 여자를 즐겁게 해 주세요."
공주는 젊은이의 몸을 흔들어 깨웠습니다. 하지만 마녀신 마임나가 왕자 위에 장막처럼 잠을 내리고 두 날개로 머리를 꽉 누르고 있었으므로 왕자는 눈을 뜰 수가 없었습니다.

부두르 공주는 다시 두 손으로 젊은이를 흔들면서 말했습니다.

"부디 소원이니 제 말을 들어주세요. 일어나셔서 제 아름다운 얼굴과 보드라운 솜털을 보아주세요. 드러난 이 허리와 배꼽을 보시며 눈을 즐겨주세요. 지금부터 날이 밝을 때까지 저를 뉘어놓고 안아주세요! 여보세요, 제발 부탁이니 일어나 베개에 몸을 기대어 보세요! 주무시지 말고!"

그러나 카마르 알 자만은 여전히 한 마디 대답도 없이 거친 숨소리를 내며 잠들어 있었습니다.

"아이, 슬퍼라! 이토록 아름답고 다정한 모습으로 대답 한 마디 하지 않다니, 정말 실례예요. 당신이 훌륭하시다면 저 역시 아름다운 미인이에요. 그런데 이 쌀쌀한 태도는 어찌 된 까닭인가요? 나를 바보 취급하라고 누군가가 가르치던가요? 그렇지 않으면 늙은 당신 아버님*37께서 오늘 밤에 저와 말을 해서는 안 된다고 하셨나요?"

그래도 카마르 알 자만은 입을 열지 않고 눈도 뜨지 않았습니다. 공주의 연정은 점점 더해가고, 아마도 알라의 뜻이겠지만 마음은 욕정의 불길에 세차게 타올랐습니다. 공주는 젊은이를 훔쳐보면서 천 번이나 한숨을 내쉬었고, 가슴은 뛰고 마음은 갈팡질팡, 손발은 떨렸습니다.

공주는 다시 왕자를 향해 호소했습니다.

"오, 여보세요, 뭐라고 말 좀 해 보세요. 오, 그리운 분, 대답 좀 해 주세요! 이름을 가르쳐주세요! 정말이지 당신 때문에 저는 분별심이고 뭐고 다 잃어버리고 말았어요."

하지만 공주가 아무리 넋두리를 해도 젊은이는 깊이 잠든 채 한 마디도 대답하지 않았습니다. 공주는 땅이 꺼지게 깊은 한숨을 내쉬었습니다.

"아, 슬퍼라. 당신은 어쩌면 이토록 쌀쌀할까요?"

그리고 젊은이를 흔들며 그 손을 젖혔습니다. 그랬더니 그 새끼손가락에 자기의 도장반지가 끼워져 있어서 깜짝 놀라 뜨거운 한숨과 함께 큰 소리로 말했습니다.

"오, 놀라워라! 당신은 분명히 내 연인으로 나를 사랑하고 계시는군요! 당신은 아마 장난으로 나를 쳐다보지도 않기로 하신 모양이에요. 아무튼 당신은 내가 잠들어 아무것도 모르는 사이에 여기 오셔서 내 반지를 뽑으신 거군요. 하지만 나는 그 반지를 당신 손가락에 그대로 두겠어요."

공주는 젊은이의 옷섶을 헤치고 그 위로 몸을 구부려 입을 맞추었습니다. 그리고 손을 더듬어 추억이 될 만한 물건을 찾았지만 마침 아무것도 없었습니다. 공주는 다시 젊은이의 가슴속으로 손을 밀어 넣었습니다. 그 살결이 무척 매끄러워 손은 저절로 젊은이의 허리로, 다시 배꼽께로 미끄러져 내려가 그 아래 있는 불룩한 데 가서 닿았습니다.

그러자 공주의 마음은 헝클어지고 온몸은 바들바들 떨리면서, 견딜 수 없이 욕정이 끓어올랐습니다. 본디 여자의 색정은 남자의 색정보다 훨씬 더 강한 법입니다.*38 공주는 자신의 천하고 교양 없는 행위에 얼굴을 붉히며, 젊은이의 손가락에서 자기 반지가 아닌 상대의 반지를 뽑았습니다. 그리고 젊은이의 입술과 손에 입을 맞추고 다시 온몸 구석구석에 남김없이 입을 맞춘 다음 그 몸을 자기 가슴에 끌어당겨 꼭 껴안고 잠들었습니다.

　

—날이 밝아오는 것을 알고 샤라자드는 이야기를 그쳤다.

186번째 밤

샤라자드는 이야기를 계속했다.

오, 인자하신 임금님, 부두르 공주가 카마르 알 자만 곁에서 잠들자 마임나는 다나쉬에게 말했습니다.

"봐라, 내 연인은 사내답게 의젓이 행동하지 않았느냐. 그런데 네 연인은 저렇게 음란하게 행동하는 것을 너도 보았지? 내 연인이 네 정부보다 훨씬 아름답다는 것을 이제 똑똑히 알았을 것이다. 하지만 난 너를 용서해 주마."

마임나는 다나쉬에게 사면장을 써주고 카쉬카쉬를 돌아보며 말했습니다.

"넌 다나쉬를 도와서 이 여자를 안아 제자리로 날라다주어라. 곧 날이 밝을 테니까."

"분부대로 하겠습니다."

두 마신은 곧 부두르 공주에게 다가가 그녀를 안고 날아갔습니다. 그리하여 공주를 원래의 자리에다 뉘어놓았습니다. 그동안 마임나는 알 자만 옆에 혼자 남아 잠들어 있는 왕자의 모습을 지켜보고 있다가 날이 새자 어디론가 사라져버렸습니다.

날이 밝자 눈을 뜬 알 자만 왕자는 주위를 둘러보았지만, 간밤의 여자가 온데간데없이 사라져버린 것을 알고 마음속으로 중얼거렸습니다.

"어찌 된 일일까? 아버님은 그 처녀를 나와 결혼시키려고 내 마음을 달뜨게 만들어 놓고는, 이렇게 처녀를 살짝 빼돌리시다니."

왕자는 문간에서 자고 있던 환관을 큰 소리로 불러 호통을 쳤습니다.

"여봐라, 이 얼뜨기 놈! 어서 일어나거라!"

환관은 잠에 취한 눈으로 벌떡 일어나 주인에게 대야와 물병을 가져왔습니다.

알 자만은 변소에 들어가 볼일을 본*39 다음, 목욕을 하고 새벽 기도를 마친 뒤 염주를 세면서 전능하신 알라의 이름을 99번 외었습니다. 그런 다음 머리를 들고 자기 옆에 서 있는 환관에게 말했습니다.

"여봐라, 사와브! 이게 도대체 어찌 된 일이냐! 누가 여기 들어와 내가 잠든 동안 옆에 자고 있던 젊은 처녀를 데리고 갔느냐?"

"오, 도련님, 대체 어떤 여자분 말입니까?"

"어젯밤 내 옆에서 자고 있던 젊은 여자 말이다."

환관은 알 자만의 말을 듣고 깜짝 놀랐습니다.

"알라께 맹세코 말씀드립니다만, 도련님 옆에는 젊은 여자든 누구든 아무도 없었습니다. 제가 문 앞에 있었고 문에는 걸쇠가 걸려 있었으니 젊은 부인이 어떻게 이 방에 들어올 수 있겠습니까? 오, 도련님, 알라께 맹세코 남자든 여자든 아무도 들어오지 않았습니다."

그러자 왕자는 크게 소리쳤습니다.

"거짓말! 이 쓸모없는 노예 놈아! 너는 나를 속일 참이구나. 어젯밤 나와 함께 잔 젊은 여자가 어떻게 되었는지, 누가 데려갔는지 실토하지 않을 작정이구나!"

환관은 오들오들 떨면서 대답했습니다.

"오, 도련님, 저는 정말 젊은 부인도 남자도 보지 못했습니다."

알 자만은 점점 더 화가 났습니다.

"이 저주받을 놈 같으니! 아버님께서 속이라고 말씀하신 게 분명하구나!

이리 오너라!"

환관이 가까이 가자 왕자는 그 목덜미를 움켜잡고 땅바닥에 내동댕이쳤습니다. 그 순간 환관이 커다란 방귀를 뀌자*⁴⁰ 카마르 알 자만은 상대를 무릎으로 짓누르고 까무러칠 때까지 걷어차고 목을 졸랐습니다.

그러고는 환관을 밖으로 끌고나가 두레박줄에 묶은 다음 두레박처럼 우물의 물속에 풍덩 빠뜨렸다 들어 올린 뒤 다시 물속에 빠뜨렸습니다. 그때는 한겨울이었는데, 알 자만이 좀처럼 그만둘 기색을 보이지 않고 계속 환관을 물속에 빠뜨렸다가는 다시 끌어올리기를 되풀이하자 환관은 울면서 살려달라고 애원했습니다. 그러나 왕자는 듣지 않았습니다.

"죽일 놈 같으니! 그 젊은 여자가 누구이며, 내가 잠든 동안 누가 데려갔는지 네놈이 불기 전에는 이 우물에서 절대로 꺼내주지 않을 테다."

—날이 밝아오는 것을 알고 샤라자드는 이야기를 그쳤다.

187번째 밤

샤라자드는 이야기를 계속했다.

오, 인자하신 임금님, 알 자만이 젊은 여자가 어떻게 되었는지 말하기 전에는 네놈을 우물에서 절대로 꺼내주지 않을 거라고 말하자, 환관은 자신의 목숨이 바람 앞의 등불이라는 것을 알고 울부짖었습니다.

"오, 왕자님, 부디 용서해 주십시오. 사실을 말씀드릴 테니까요."

그제야 알 자만은 환관을 우물에서 끌어냈습니다만, 추위 속에서 물에 처박힌 고통과 물에 빠져 죽을 뻔한 공포로 환관은 거의 숨이 끊어질 지경이었습니다. 마치 폭풍 때의 대나무처럼 몸을 부들부들 떨면서 이를 악물고, 옷은 흠뻑 젖어 있고 우물 벽에 부딪쳐 온몸이 상처투성이가 되어 있는 그 꼴은, 한마디로 말해 눈 뜨고 볼 수 없을 만큼 처참한 모습이었습니다.

알 자만은 환관의 가엾은 몰골을 보자 불쌍한 생각이 들었습니다. 환관은 우물 밖으로 나오자 곧 말했습니다.

"오, 왕자님, 부디 제가 옷을 벗어 짜서 양지쪽에 널어놓고 다른 옷으로 갈아입고 오도록 허락해 주십시오. 그런 다음 이리로 와서 사실을 모두 말씀 드리겠습니다."

"이 악당 놈! 이렇게 경을 치지 않고는 바른말을 하지 않는다니까. 나에게 한마디도 말해 주지 않을 참이었지? 하지만 좋다. 빨리 할 일을 마치고 돌아와 사실대로 말해라!"

그리하여 환관은 이렇게 살아난 것이 꿈만 같다고 느끼면서, 밖으로 나가 허둥지둥 엎어지고 자빠지며 샤리만 왕에게 달려갔습니다.

왕은 마침 대신과 함께 왕자에 대한 이야기를 하던 중이었습니다.

"나는 어젯밤 알 자만이 걱정되어 잠을 이루지 못했소. 그 낡은 탑 속에서 무슨 좋지 못한 일이라도 생기지 않았으면 좋으련만. 그 애를 감금하긴 했으나 무슨 소득이 있겠소?"

대신이 대답했습니다.

"걱정하실 것 없습니다. 좋지 않은 일이 일어날 리가 있겠습니까? 절대로 없을 겁니다. 왕자님이 고집을 꺾으시고 정신 차리실 때까지 한 달쯤 그대로 두시는 게 좋으리라고 생각됩니다."

두 사람이 이런 이야기를 하고 있는데 아까 말씀드린 그 꼴로 환관이 달려 들어왔습니다. 그 몰골을 보고 왕이 깜짝 놀라자 환관은 외쳤습니다.

"오, 임금님, 왕자님이 실성하셔서 발광하고 계십니다!"

그러고는 왕자에게 당한 봉변을 모두 이야기했습니다.

"그리하여 저는 이런 꼴로 가까스로 도망쳐 왔습니다. 왕자님께선 '오늘 밤[2] 내 옆에서 젊은 여자가 자고 있었는데 내가 잠든 동안 누가 데려갔느냐'라고 저를 계속 족치십니다. 그리고 '그 여자가 어디 있는지 또 누가 데려갔는지 실토하라'고 하십니다. 저는 여자는커녕 남자도 보지 못했습니다. 문에는 밤새도록 걸쇠가 잠겨 있었습니다. 저는 그 열쇠를 베개 밑에 두고 문 앞에서 자고 있었고 아침에 제가 그 문을 열었으니까요."

샤리만 왕은 환관의 이야기를 듣고 소리쳤습니다.

"가엾은 내 아들!"

그리고 이런 일이 일어난 것은 모두 대신의 탓이라 여겨 크게 역정을 내면서 대신에게 분부했습니다.

"가서 왕자의 태도를 잘 살피고 오라. 어떻게 실성했는지 잘 보고 와야 해."

왕의 시퍼런 서슬에 대신은 겁을 먹고 긴 옷자락에 발이 걸려 비틀거리면서 환관과 함께 탑으로 달려갔습니다.

아침 해는 이미 높이 떠올라 있는데, 대신이 알 지민에게 가보니 왕자는 침상에 앉아 코란을 외고 있었습니다. 대신은 인사하고 그 옆에 앉아 말했습니다.

"오, 왕자님, 여기 이 환관 놈은 저희를 걱정시키고 놀라게 했을뿐더러 임금님의 심기를 불편케 하는 이야기를 하더군요."

"그놈이 무슨 이야기로 아버님께 걱정을 끼쳐 드렸단 말이오? 실은 내가 그놈에게 당하고 있는데."

"이놈이 처량한 꼴을 하고 와서는 엉뚱한 이야기를 했습니다. 더구나 이 노예 놈은 두 번 다시 입에 담을 수 없는 거짓말을 했습니다. 오, 알라여, 부디 왕자님의 젊음과 건강한 본성과 유창한 웅변을 지켜주시어 아무 잘못된 일이 생기지 않게 해 주소서!"

"오, 대신, 그 노예 놈이 내 이야기를 뭐라고 했소?"

"왕자님이 실성하셔서 어젯밤 함께 잔 젊은 여자에 대한 것을 실토하라고 하셨답니다. 그리고 여자의 행방을 말하라고 족치시면서 놈을 죽도록 괴롭혔다고 터무니없는 말을 했습니다."

알 자만은 이 말을 듣고 몹시 노하여 펄펄 뛰며 소리쳤습니다.

"나는 모든 걸 다 알고 있어. 그대들이 이 환관 놈을 부추겨서 한 짓이 틀림없다."

—날이 훤히 밝아오는 것을 깨닫고 샤라자드는 이야기를 그쳤다.

188번째 밤

샤라자드는 이야기를 계속했다.

오, 인자하신 임금님, 카마르 알 자만은 대신의 말을 듣고 몹시 노하여 펄펄 뛰며 소리쳤습니다.

"이 환관 놈이 한 짓은 모두 그대들이 부추겨서 한 짓이 틀림없다. 그리고 어젯밤 나와 함께 잔 여자가 어떻게 되었는지 말하지 못하게 한 것도 그대들이겠지. 그러나 대신, 그대는 환관보다 현명할 거요. 그러니 어젯밤에 내 가슴 위에서 잠들었던 젊은 여자가 어디로 갔는지 말해 주오. 그 여자를 나에게 보내 내 가슴에 안겨 새벽녘까지 함께 자도록 한 것도 바로 그대겠지? 그런데 눈을 뜨고 보니 그 여자는 이미 사라지고 없더란 말이오. 대체 그녀는 지금 어디 있소?"

"오, 왕자님, 알라께 맹세코 저희는 어젯밤 아무도 왕자님에게 보낸 기억이 없습니다. 문에는 걸쇠가 걸려 있었고, 방문 앞에는 환관이 잠자고 있었으며 왕자님은 혼자 주무셨습니다. 젊은 여자도 다른 아무도 들어왔을 리가 없습니다. 오, 왕자님, 정신 차리시고 쓸데없는 망상을 버리십시오."

이 말에 왕자는 벌컥 화를 내며 말했습니다.

"오, 대신, 그 여자는 나의 연인이오. 검은 눈과 장밋빛 뺨을 가진 미인이었소. 나는 그 여자를 어제 밤새도록 안고 잤단 말이오."

그러자 대신은 깜짝 놀라며 물었습니다.

"그럼, 왕자님께서 그 공주를 자신의 눈으로 직접 보셨단 말씀입니까? 꿈속에서입니까, 잠이 깨고 나서입니까?"

"오, 이상한 말을 하는 늙은이구나. 그대는 그럼 내가 그 여자를 이 귀로 보기라도 했단 말이오? 분명 이 두 눈으로, 더구나 눈을 뜨고 있을 때 보았소. 내 손으로 그 여자 몸도 만졌소. 그리고 거의 밤새도록 그 여자의 아름다움과 사랑스러움과 상냥함과 그 매혹적인 맵시를 보며 즐거워했단 말이오. 그러나 그대가 그 여자에게 한 마디도 말해서는 안 된다고 일러두었기 때문에 그 여자는 자는 척하고 있었소. 아무튼 아침까지 그 여자 옆에서 자고 있었는데 일어나 보니 사라지고 없더란 말이오."

"오, 알 자만님, 왕자님께서는 분명히 그 여자분을 주무시는 동안에 보셨습니다. 그것은 꿈이 아니면 아마도 여러 가지 음식을 잡수신 탓으로 헛것을 보셨거나, 그것도 아니면 마신들 행위임이 틀림없습니다."

그러자 왕자는 큰 소리로 외쳤습니다.

"이 괘씸한 늙다리 같으니! 네놈까지 나를 놀릴 작정으로 꿈이니 헛것이니 하느냐? 환관이 내게 다 자백하고 곧 돌아와서 그 여자에 대한 이야기를 나에게 모두 하겠다고 했단 말이다!"

왕자는 이렇게 고함치며 대신에게 덤벼들어 그의 수염—참으로 긴 수염이
었습니다.*41—을 움켜쥐고는 힘껏 비틀어 방바닥에 내동댕이쳐버렸습니다.
너무나 맹렬하게 수염을 잡아 비트는 통에 대신은 마치 온몸에서 혼이 온통
빠져나가는 것만 같았습니다. 왕자가 계속 사정없이 대신을 걷어차며 가슴
과 옆구리를 때리고 손바닥으로 목덜미를 후려치니, 대신은 금방이라도 숨
이 끊어질 지경이었습니다. 그래서 이 노인은 속으로 생각했습니다.

"저 노예 녀석이 거짓말로 이 미친 젊은이에게서 목숨을 건진 것처럼 나
도 그렇게 해야겠다. 그렇잖으면 목숨이 위태롭구나. 지금 내가 자신을 구하
기 위해 거짓말을 하더라도 상대가 틀림없는 미치광이니 상관없겠지."

그래서 대신은 왕자 쪽을 돌아보며 말했습니다.

"오, 도련님, 부디 용서해 주십시오. 실은 임금님 분부로 젊은 여인에 대
해 왕자님께 비밀로 해두기로 되어 있었습니다. 하지만 지금 저는 매를 맞아
기운이 빠지고 상처를 입었습니다. 워낙 늙은 몸이라 매를 견딜 만한 근력이
없기 때문입니다. 그러니 부디 용서해 주십시오. 그 젊은 여인에 대해 모든
것을 말씀드릴 터이니."

이 말을 듣고 왕자는 매질을 멈추며 말했습니다.

"그대는 왜 욕을 당하고 매를 맞기 전에 실토하지 않았소? 가엾은 늙은이
로군. 자, 일어나 그 여자 이야기를 들려주오."

"그 아름다운 얼굴과 기막힌 맵시를 한 젊은 여인에 대한 것을 듣고 싶으
십니까?"

"그렇소! 자, 어서 이야기해 주시오. 밤중에 나에게서 그 여인을 뺏어간
게 누구인지, 그리고 그 여인을 어디로 데려갔는지도 가르쳐주구려. 어서 그
여인에게 가고 싶으니까. 만약 아버님께서 우리 둘을 결혼시킬 작정으로 그
아름다운 처녀를 시켜 나를 떠보시려 하셨다면, 나는 그녀와의 혼담을 승낙
하여 이 괴로움에서 벗어나고 싶소. 아버님께서 이렇게 나를 가두신 것도 내
가 결혼을 거절하였기 때문이오. 그러나 지금은 동의하겠소. 거듭 말하지만,
결혼에 동의하겠소. 오, 대신, 아버님께 그렇게 여쭈어주시오. 그리고 그 젊
은 여자와 결혼할 수 있도록 당신도 잘 여쭈어주시오. 나는 절대 다른 여자
는 바라지 않소. 나는 그 여자 말고는 결코 사랑하지 않으니까. 자, 어서 아

버님께 가서 빨리 결혼할 수 있도록 주선해 주시오. 그리고 곧바로 그 회답을 가지고 돌아오시오."

"알았습니다!"

대신은 왕자의 손에서 무사히 벗어나게 된 것이 꿈인가 생시인가 여기며 그곳을 물러나왔습니다. 그리고 탑 밖으로 나오자 두려움과 걱정 때문에 엎어지고 자빠지면서 정신없이 샤리만 왕에게 달려갔습니다.

—날이 밝아오는 것을 알고 샤라자드는 이야기를 그쳤다.

189번째 밤

샤라자드는 이야기를 계속했다.

오, 인자하신 임금님, 탑 밖으로 나온 대신은 샤리만 왕에게 달려갔습니다. 샤리만 왕은 대신의 모습을 보자마자 물었습니다.

"오, 대신, 그대는 어찌 그토록 괴로운 얼굴을 하고 있소. 어떤 나쁜 놈이 그대를 욕보였는고? 그렇게 허둥지둥 돌아오다니 대체 어떻게 된 일이오?"

"오, 임금님! 좋은 소식을 가지고 왔습니다."

"무슨 소식이오?"

"알 자만 왕자님은 완전히 실성하시어 발광하셨습니다."

왕은 대신의 보고를 듣고 눈앞이 캄캄해져서 물었습니다.

"오, 대신, 왕자가 어떻게 미쳤는지 자세히 말해 보오."

"알았습니다."

대신은 대답하고 왕에게 이제까지의 경위와 왕자의 행동을 모두 이야기했습니다. 이것을 듣고 왕은 말했습니다.

"오, 대신, 내 아들이 발광했다는 기막힌 보고를 한 것에 대한 답례로 나도 그대에게 좋은 소식을 들려주지. 그것은 너의 목을 베고 이제까지 너에게 베푼 내 은총을 모두 도로 거둔다는 것이다. 오, 가장 불길한 대신, 너처럼 더러운 태수는 둘도 없을 것이다. 네 간사한 충고의 말 탓에, 네가 늘 나에게 괘씸한 충고를 했기 때문에, 결국 왕자를 미치광이로 만들고 말았다. 오,

만약 왕자에게 좋지 않은 일이 일어나거나 정말 실성이라도 하는 날에는, 나는 반드시 너를 궁전 지붕에 못 박아 이 세상에서 가장 고통스러운 죽음의 잔을 마시게 할 테다!"

그리고 벌떡 일어나 대신을 데리고 곧장 탑으로 올라가 안에 들어갔습니다.

두 사람을 본 왕자는 침상에서 일어나 부왕의 손을 잡고 입맞춤을 했습니다. 그리고 두 손을 등 뒤로 돌리고 고개를 숙인 채 한참 동안 그대로 서 있었습니다.

이윽고 머리를 들어 아버지 얼굴을 찬찬히 바라보는 왕자의 눈에서 눈물이 넘쳐 뺨을 타고 흘러내렸습니다. 왕자는 다음과 같은 시를 읊었습니다.

> 저의 죄를 용서하소서,
> 그 죄로 손발이 떨립니다.
> 노예는 언제나 주인에게
> 자비를 구합니다.
> 나는 참회가 필요한
> 잘못을 범했건만
> 어디에 자비를 청하리오?
> 어디에 용서를 구하리오? *42

이 노래를 들은 왕은 일어나서 왕자를 가슴에 끌어안고, 그 이마에 입을 맞추고서 옆에 앉혔습니다. 그리고 몸을 돌려 노여움에 불타는 눈으로 대신을 쏘아보며 말했습니다.

"이 얼빠진 대신 같으니! 너는 어째서 당치도 않는 말을 지껄여 내 마음을 슬프게 했느냐?"

그런 다음 왕자에게 물었습니다.

"아들아, 오늘이 무슨 날이냐?"

"아버님, 오늘은 안식일*43이고 내일은 제1일입니다. 그리고 제2일, 제3일, 제4일, 제5일, 마지막 날은 금요일이 됩니다."

이 대답을 들은 왕은 큰 소리로 말했습니다.

"오, 왕자여, 오, 카마르 알 자만, 네 정신이 또렷한 것을 알라께 감사드리자! 그러면 아랍어로 이번 달을 뭐라고 하지?"

"둘카다(11월)입니다. 그리고 다음 달은 둘히자(12월), 그다음은 무하람(1월), 다음은 사파르(2월), 이어서 제1라비(3월 라비1), 제2라비(4월 라비2), 제1주마다(5월), 제2주마다(6월), 라자브(7월), 샤반(8월), 라마단(9월), 샤발(10월)이 됩니다."

이 말을 듣고 매우 기뻐한 왕은 대신 얼굴에 침을 뱉으며 말했습니다.

"이 엉큼한 늙은이 같으니! 이래도 왕자가 미쳤다고 하겠느냐! 미친 것은 네가 아니냐!"

대신은 고개를 저으며 무언가 말하려다가 앞으로 또 어떤 일이 일어나는지 지켜보리라 생각하고 입을 다물었습니다.

왕은 다시 왕자를 향해 말했습니다.

"오, 왕자여, 너는 오늘 밤*44 아름다운 처녀와 함께 잠을 잤다고 환관과 대신에게 말했다는데, 그것은 대체 무슨 말이냐? 네가 말하는 처녀란 누구냐?"

그러자 왕자는 아버지의 말을 비웃으며 대답했습니다.

"오, 아버님, 저는 이제 농담에 질렸습니다. 이제 놀리시는 말씀은 하시지 말아 주십시오. 이제까지 아버님이 하신 일로 마음이 조급해져 있으니까요. 아버님, 저는 지금 한 가지 확실히 해두고 싶은 일이 있는데, 저는 이제 결혼에 대해 다른 의견이 없습니다. 그러나 그 조건으로 제가 어젯밤에 함께 잔 처녀를 저에게 주셔야 합니다. 그 여자를 저에게 보내 저를 사랑에 빠지게 하시고는 날이 새기 전에 사람을 보내서 데려가게 한 분이 아버님이라는 것을 저는 다 알고 있으니까요."

이 말을 듣고 왕은 대답했습니다.

"오, 왕자여, 알라 신의 거룩한 이름이 네 몸을 감싸고 네가 부디 제정신을 잃지 않도록 지켜주시기를 기도 하마!"

—날이 밝아오는 것을 알고 샤라자드는 이야기를 그쳤다.

190번째 밤

샤라자드는 이야기를 계속했다.

오, 인자하신 임금님, 샤리만 왕은 카마르 알 자만 왕자에게 말했습니다.

"알라 신의 거룩한 이름이 네 몸을 감싸고 네가 부디 제정신을 잃지 않도록 지켜주시기를 기도 하마! 어젯밤 내가 너에게 보냈다가 날이 새기도 전에 데려갔다는 그 젊은 여자란 대체 누구를 말하는 것이냐? 오, 왕자여, 신께 맹세코 나는 그런 일은 털끝만큼도 모른다. 제발 부탁이니 네가 좀 가르쳐주려무나. 혹시 꿈을 꾼 것이 아니라면 몸이 아파서 생긴 망상이 아니냐?

아마도 너는 어젯밤 결혼문제에 정신을 빼앗겨 그 일을 걱정하면서 잠이 든 모양이구나. (내가 결혼에 대한 말을 너무 지나치게 한 것이 잘못이었지, 그것을 권유한 자에게도 저주가 내리기를!) 나는 분명히 딱 잘라 말할 수 있다. 너는 혼담으로 마음이 뒤숭숭해져서 젊은 미인이 너를 부둥켜안는 꿈을 꾸었고, 꿈에서 깨어나고도 그 일을 깨어 있을 때 있었던 일로 착각하는 것이다. 그것은 모두 꿈의 장난이란다."

"그런 말씀은 그만두십시오. 만물의 창조주, 전능하신 알라게 맹세코, 폭군에게 겁을 주고 제왕을 멸망시키는 신게 맹세코, 아버님은 그 여자에 대해, 또 그녀가 사는 곳에 대해서도 전혀 모르신다는 말씀이십니까?"

왕은 대답했습니다.

"모세와 아브라함, 전능하신 알라의 힘에 맹세코 말하지만 나는 아무것도 모르고 들은 바도 없다. 그것은 틀림없이 네가 꿈속에서 본 환상일 게다."

"그렇다면, 그 일이 제가 깨어 있을 때 일어났다는 뚜렷한 증거를 보여 드리지요."

―날이 밝아오기 시작했으므로 샤라자드는 이야기를 그쳤다.

191번째 밤

샤라자드는 이야기를 계속했다.

오, 인자하신 임금님, 카마르 알 자만은 아버지에게 말했습니다.

"그럼 그 일이 제가 깨어 있을 때 일어났다는 뚜렷한 증거를 보여 드리지요. 그전에 한 가지 여쭙고 싶은 것이 있습니다. 치열하게 전쟁하는 꿈을 꾸고 깨어보니 자기 손에 피투성이 칼이 쥐어져 있었던 일이 이제까지 누구에겐가 일어난 적이 있었을까요?"

"아니, 그런 이야기는 한 번도 들어본 적이 없다."

"그런데 저에게 그와 같은 일이 일어났습니다. 간밤에 제가 밤중에 눈을 떴더니 제 옆에 한 처녀가 잠들어 있었는데, 그 얼굴 모습과 자태가 저와 똑같았습니다. 저는 그녀를 안아서 돌려 눕히고 그 처녀 손에서 도장반지를 빼어 제 손에 끼었는데, 상대도 제 반지를 빼어 자기 손에 끼었습니다.

저는 여자 옆에서 잠을 잤지만, 아버님의 체면을 생각하여 그 여자의 몸에는 손을 대지 않았습니다. 실은 아버님이 저를 유혹하여 결혼시킬 생각으로 그 여자를 보낸 것으로 생각했습니다. 또, 아버님이 어디엔가 숨으셔서 제가 하는 짓을 죄다 보고 계실지도 모른다는 생각이 들었지요. 그게 다 제게 결혼할 마음이 일어나게 하기 위해 그러시는 줄 알고 여자 입에 입맞춤하는 것도 부끄러웠습니다.

그런데 아침에 일어나 보니 여자는 온데간데없었습니다. 어떻게 된 일인지 도무지 알 수가 없어 환관과 대신을 붙잡아 아시는 바와 같은 짓을 했던 것입니다. 그러나 이 반지가 진짜인 이상 이게 어찌 꿈이나 환상이겠습니까? 이 손가락에 반지만 없더라도 저는 꿈이라고 여겼을 것입니다. 하지만 지금 제 새끼손가락에 반지가 끼워져 있습니다. 아버님, 보십시오. 어느 정도의 가치가 있는지 이것을 잘 감정해 주십시오."

왕자는 부왕에게 반지를 건네주었습니다. 왕은 그 반지를 들고 자세히 살펴보더니 이윽고 왕자를 돌아보며 말했습니다.

"확실히 이 반지에는 무언가 기막힌 신비와 알 수 없는 비밀이 감추어져 있다. 간밤에 그 처녀와 너에게 일어난 일은 풀 길 없는 수수께끼구나. 그 여자가 어떻게 여기에 들어올 수 있었는지도 도무지 알 수 없는 일이다. 이렇게 이상한 일이 일어난 것은 모두 대신 탓이다. 그러나 왕자여, 부탁이니 제발 참아다오. 그러면 아마 신께서 너의 한탄을 기쁨으로 바꾸시고 너를 슬픔에서 완전히 구원해 주실지도 모른다. 이런 노래도 있지 않으냐?"

운명의 신이 만에 하나
고삐를 잡아 좋은 기회를
주실지도 모르잖느냐.
운명의 신은
변덕쟁이, 질투꾼, 자만심이 강하니까.
좀더 구슬리자, 바라는 대로
소원 이루어질 때까지.
힘든 시련 겪고서
기쁜 소식 기다려 보자.

"오, 왕자여, 네가 미치지 않았다는 것을 나는 이제 비로소 알겠다. 그러나 이번 일은 참으로 이상하구나. 전능하신 알라 말고는 아무도 모를 일이야."

그러자 왕자가 외쳤습니다.

"오, 아버님, 부디 자비로운 조치를 내려주소서. 그 처녀를 찾아내 빨리 저에게 데려다주십시오. 그렇지 않으면 저는 이 괴로움과 슬픔 때문에 아무도 모르게 죽어 버릴 것입니다."

왕자는 열렬한 연모의 정을 감출 길 없어 다음과 같은 시를 읊었습니다.

찾아오겠다는 그대의 맹세
진정이 아니라면
환상으로 한 번이라도
그대의 모습 보게 해 주오.
"눈멀어 보이지 않는 젊은이 눈에
어찌 환상*45이 보이리?"
비록 사람들이 그렇게 말할지라도.

노래를 마치자 알 자만 왕자는 맥이 탁 풀린 모습으로 아버지를 향해 폭포처럼 눈물을 흘리며 다시 시를 읊조리기 시작했습니다.

—날이 훤히 밝아오는 것을 알고 샤라자드는 이야기를 그쳤다.

192번째 밤

샤라자드는 이야기를 계속했다.
오, 인자하신 임금님, 카마르 알 자만 왕자는 부왕 앞에서 시를 읊더니 너무 슬프고 가슴 아파 견딜 수 없어 눈물을 흘리며 탄식했습니다. 그리고 다시 이런 시를 읊었습니다.

조심하라, 마력의 힘이
숨어 있는 눈길을.
눈동자 한 번 움직이면
나는 피할 길이 없구나.
속삭이는 소리는 달콤해도
마음에 파고드는 열병을
길러주는 소리이니
절대 속아 넘어가지 말라.
비단결 살결 보드라워
장미에 닿으면 아가씨는
놀라움과 아픔에 울음 터뜨리고
눈물이 방울져 흐르네.
잠든 처녀의 뺨을
산들바람 스쳐 가면,
향기로운 내음 감도는 곳에
처녀는 살 집을 택하는구나.
처녀의 목을 장식한 목걸이는
허리띠의 방울 소리와
서로 영롱함을 겨루고,
두 손목 마주치면

팔찌가 참지 못해 다투더라.
처녀의 팔찌가 귀걸이에
입맞춤할 때는
사랑하는 임 검은 눈에
신비로운 그림자 깃든다.
처녀를 사모하는 이 몸을
나무라며 용서하지 않는 사람 있다면
멀리 보지 못하는 눈동자 따위
무슨 쓸모 있으리오.
나를 헐뜯는 이들에게
천벌 있으라 기도하리!
사람들 모두 공정하지 못하나니,
대체 누구인가, 아름다운
어린 사슴 앞에 머리 숙이지 않는 자.*46

노래를 마치고 왕자가 말했습니다.

"오, 아버님, 저는 한시도 그 여자와 떨어져 있을 수 없습니다."

그러자 왕도 크게 손뼉을 치면서 외쳤습니다.

"영광되고 위대하신 알라 외에 주권 없고 권력 없도다. 오, 이런 일에는 아무리 재치 있고 약삭빠른 수단을 연구해도 소용없을 것이다."

그리고 왕은 왕자의 손을 잡고 궁전으로 데리고 갔습니다. 그로부터 왕자는 괴로움으로 병석에 드러눕고, 왕은 밤낮으로 그 머리맡에 앉아 탄식하고 슬퍼했습니다.

마침내 견디지 못한 대신이 와서 말했습니다.

"오, 이 세상의 임금님이시여, 언제까지나 왕자님과 함께 방에 들어앉으신 채 장병들의 알현을 허락하지 않으실 작정이십니까? 임금님께서 제후며 관리들에게 알현을 허락지 않으시면 영내의 질서가 어지러워질지도 모릅니다. 분별 있는 분이시라면 몸에 여러 가지 상처를 입었을 때 가장 위험한 상처부터 먼저 다스리셔야 합니다.

그러므로 소신의 생각으로는 왕자님을 바다가 바라보이는 궁전 안의 누각으로 옮기시고서, 매주 월요일과 목요일에는 알현과 행차와 시찰을 하시고 나머지 날은 왕자님 곁에 계시는 게 어떨까 합니다. 정무를 보시는 날에는 제후, 대신, 시종과 부왕(副王), 귀족 그리고 영내의 여러 벼슬아치와 장병들을 접견하시고 저마다의 볼일을 잘 들으시어 매우 중요한 일부터 처리하십시오. 그리고 심판하시어 쓸 것은 쓰고 버릴 것은 버리시어 명령과 금지령을 내려주셨으면 좋겠습니다.

나머지 날에는 왕자님과 함께 알라께서 두 분께 구원을 내리실 때까지 지내십시오. 오, 임금님, 인간세상의 영고성쇠(榮枯盛衰)나 흥망은 마치 밤길의 나그네처럼 느닷없이 찾아오는 것입니다. 왕자님도 그것을 피하실 수는 없습니다. 현자는 늘 방심하지 않고 그것에 대비하고 있습니다. 시인도 참으로 절묘하게 이렇게 노래했습니다.

하루가 편안하게 지나갈 때는
불행의 방문을 알지 못하고
내일 어떤 재앙이
찾아들지 알지 못한다.
아름답고 즐거운 밤들은
그대를 속여 넘기고,
평안한 밤은 고통에 찬
무거운 짐을 지우는 줄 알라.
'세월'과 친밀함을 나누는 사람의 아들이여,
늦건 이르건 가차없는
'세월'의 배신을 조심하라!

왕은 대신의 말을 듣고 정녕 분별 있으며 옳은 충고임이 틀림없음을 깨닫고, 갑작스레 나라 안 질서가 어지러워지면 큰일이라고 생각하게 되었습니다. 왕은 곧 몸을 일으켜 왕자를 방 안에서 바다가 보이는 궁전의 누각으로 옮기도록 명령했습니다.

그 궁전은 사방이 바다에 둘러싸여 너비 20자쯤 되는 둑길을 통해 육지와 이어져 있었습니다. 사방에 창문이 있어 넓은 바다를 내려다볼 수 있었습니다. 바닥에는 갖가지 빛깔의 대리석이 깔려 있고 천장에는 더없이 선명한 물감을 칠한 데다 황금색과 남색으로 무늬가 그려져 있었습니다.

그들은 카마르 알 자만 왕자를 위해 멋진 가구를 비롯하여 수를 놓은 털깔개와 세상에 둘도 없는 귀한 비단 깔개를 마련했습니다. 벽에는 멋진 면직물을 붙이고 또 값진 보석을 꿰맨 휘장을 늘어뜨렸습니다.

이 호사스러운 방 한복판에 노간주나무[*47]에 진주와 보석을 박아 넣어 만든 긴 의자가 놓이자, 카마르 알 자만은 그 위에 몸을 뉘었습니다. 그러나 마음의 번민과 그 젊은 여인을 사모하는 연정으로 얼굴은 여위고 몸은 수척해져서, 먹지도 마시지도 못하는 것은 물론이고 잠도 자지 못해 마치 20년 동안이나 중병으로 누워 있는 사람 같았습니다.

왕은 그 머리맡에 앉아 왕자를 위해 진심으로 슬퍼했습니다. 그리고 월요일과 목요일에는 대신을 비롯하여 태수, 시종, 왕족과 그 밖의 신하들을 누각에서 접견하고 정무를 보았습니다. 저녁때가 되어 신하들이 물러가면 다시 왕자 곁으로 돌아가 밤낮으로 그 곁을 떠나지 않았습니다.

샤리만 왕의 왕자 카마르 알 자만에 대해서는 이 정도로 해두고, 섬들과 일곱 궁전의 주인인 가유르 왕의 공주 부두르에 대해 말씀드리자면, 그 두 마신은 공주를 데리고 돌아가서 침상에 눕혔습니다. 공주는 새벽녘까지 곤하게 잔 뒤 깨어나자 일어나서 주위를 둘러보았으나, 간밤에 자기 가슴에 끌어안고 잠들었던 젊은이의 모습이 보이지 않았습니다. 공주는 그만 깜짝 놀라 몸을 오들오들 떨며 외마디 비명을 질렀습니다.

시녀와 유모와 노예들이 모두 잠에서 깨어나 공주의 방으로 달려왔습니다. 시녀장이 앞으로 나서며 물었습니다.

"왜 그러십니까, 공주님?"

"아이, 능청스러운 할멈, 간밤에 내 가슴에 안겨 주무신 아름다운 왕자님 나의 연인은 어디 계시지? 그분 계신 데를 가르쳐줘."

이 말을 들은 시녀장은 눈앞이 캄캄해지면서 이거 큰일 났구나 생각하며 말했습니다.

"오, 부두르 공주님, 그건 또 무슨 천하고 교양 없는 말씀이십니까?"

"어머나, 정말 밉살스럽고 얄미운 할멈이네! 다시 한 번 너한테 묻는데, 빛나는 얼굴과 늘씬한 몸매와 새까만 눈과 늠름한 눈썹을 한 그 아름다운 나의 연인은 어디 가셨지? 어제저녁부터 새벽까지 나와 함께 주무시고 계셨잖아."

"공주님, 알라께 맹세코 저는 젊은 나리든 누구든 아무도 뵙지 못했습니다. 부디 그런 농담일랑 그만두십시오. 그러다간 저희 목숨이 위태롭습니다. 이 실없는 농담이 임금님 귀에라도 들어가 보십시오. 누가 저희를 임금님 손에서 구해 주시겠습니까?"

—날이 훤히 밝아오는 것을 알고 샤라자드는 이야기를 그쳤다.

193번째 밤

샤라자드는 이야기를 계속했다.
오, 인자하신 임금님, 시녀장은 부두르 공주에게 말했습니다.
"부디 그런 농담일랑 그만두십시오."
그러자 공주는 대답했습니다.
"아니야, 정말 간밤에 이 세상에 둘도 없는 아름다운 분이 나와 함께 주무셨단 말이야."
시녀장은 큰 소리로 외쳤습니다.
"오, 알라시여, 부디 공주님의 분별심을 지켜주소서! 간밤에는 정말 공주님 옆에서 잠을 잔 사람이 아무도 없습니다."
그때 공주는 손가락에 자기 반지 대신 카마르 알 자만의 도장반지가 끼워져 있는 것을 보았습니다.
"뭐라고? 이 거짓말쟁이, 저주받을 배신자! 너는 간밤에 나와 함께 잔 사람이 아무도 없다고 거짓말을 하는구나. 알라의 이름에 걸고 나에게 거짓을 맹세할 참이냐?"
"알라께 맹세코 저는 공주님께 거짓말도, 거짓맹세도 하지 않습니다."
시녀의 이 대답을 듣고 화가 난 공주는 옆에 있는 칼을 뽑아 그만 노파를 죽이고 말았습니다.[48] 이 광경을 본 환관과 시녀들은 큰 소리를 지르며 허겁지겁 왕에게 달려가 자세한 사정을 알렸습니다.

그리하여 왕은 곧 공주에게 가서 물어보았습니다.

"오, 부두르 공주, 대체 이게 어떻게 된 일이냐?"

"아버님, 간밤에 저와 함께 잠들었던 젊은 분은 어디 계세요?"

이렇게 대답한 공주는 마음이 혼란스러워 눈을 희번덕거리며 입고 있던 옷을 옷자락까지 북북 찢어버리고 말았습니다. 이 광경을 본 부왕은 옆에 있는 여인들에게 명령하여 공주의 몸을 묶고, 목에는 쇠사슬을 씌워 궁전 창문에 매 놓게 한 다음 그대로 가버리고 말았습니다.*49

그렇게 가버린 가유르 왕은 사랑하는 공주의 행동을 보고 눈앞이 캄캄해졌습니다. 왕은 공주를 진심으로 사랑했기에 공주의 병이 무엇보다도 가슴 아팠던 것입니다. 그래서 곧 의사며 점성술사며 부적 만드는 명인(名人)까지 불러오게 했습니다.

"공주의 병을 낫게 하는 자가 있으면 공주를 배필로 삼아주고 나의 영토를 절반 나눠주리라. 그러나 공주를 진찰한 다음에도 병을 고치지 못하는 자는 목을 베어 궁전 문 앞에 내걸어놓겠다."

그리하여 모두 부두르 공주에게 갔지만, 아무도 그 병을 낫게 하지는 못했습니다. 왕은 그들의 목을 쳐서 궁전 문밖에 내걸었습니다. 그리하여 목이 잘린 의사가 40명, 십자가에 못 박힌 점성술사가 40명이나 되었습니다. 그 뒤로는 아무도 공주를 진찰하려는 자가 없었습니다. 어떤 의사도 공주의 병을 고칠 수 없었기 때문입니다. 학문을 갈고닦은 사람들에게도, 신비롭고 신령스러운 예감에 뛰어난 사람들에게도 공주의 병은 하나의 수수께끼가 되었습니다.

젊은이에 대한 공주의 사모하는 마음은 갈수록 커지고 애욕의 불같은 욕정은 미치도록 타올라, 공주는 하염없이 눈물을 흘리면서 이런 노래를 불렀습니다.

오, 나의 달이여, 그대 사모하는
이 사랑은 나의 원수인가.
밤마다 그대 생각뿐.
나는 캄캄한 어둠 속에 살건만
가슴에는 불길이 타올라

뜨거운 불길이 지옥의
불꽃에 조금도 뒤지지 않네.
아, 밝은 대낮에도
그 무서운 괴로움을
지울 길 없으니 가련하구나.

그런 다음 공주는 깊은 한숨을 내쉬며 또 이런 노래를 불렀습니다.

어디에 있든 나의 벗에게
인사를 보낸다, 다정하고
친밀한 모든 벗에게.
벗에게 보내는 이 인사
이별의 인사가 아니라
두터운 정을 간절히 바라는 인사.
그대는 물론 그대의 나라도
사랑해 마지않는 나이건만
가엾어라, 이 몸은 이국에
멀리 떨어져 있는 슬픔이여!

부두르 공주는 노래를 마치자 눈이 아플 만큼 눈물을 흘리며 울어서, 두 뺨이 모양도 빛깔도 변해 버렸습니다. 이렇게 하여 3년의 세월이 흘렀습니다.

그런데 공주에게는 같은 젖을 먹고 자란 마르자완이라는 젖 오빠가 있었는데, 먼 나라들을 떠돌아다니느라 3년 동안 다른 나라의 하늘 아래 있었습니다. 마르자완은 공주를 그지없이 사랑했는데, 그 두터운 애정은 친남매 못지않아 여행에서 돌아오자 곧 어머니에게 가서 부두르 공주의 안부를 물었습니다.

"오, 마르자완, 그 애는 미쳐버려서 3년 동안 쇠사슬에 묶여 있단다. 의사와 학자들도 공주의 병을 고치지 못하는구나."

"그렇다면 누이에게 제가 꼭 가봐야겠습니다. 무슨 병인지 저는 알 수 있을 터이니 고칠 수 있을지도 모릅니다."

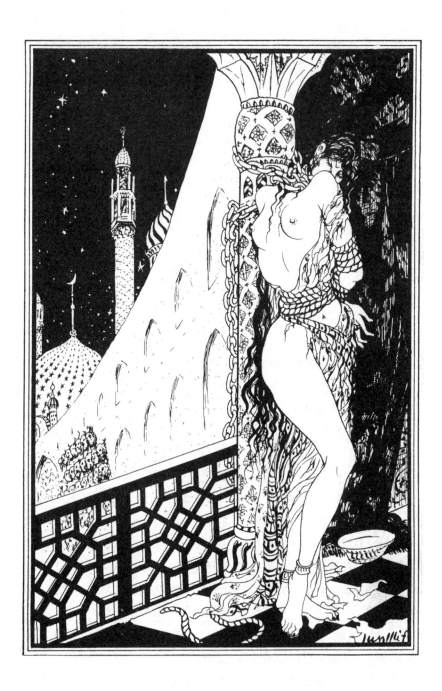

"꼭 그렇게 해 보렴. 하지만 내일까지 기다려라. 어떻게든 만날 수 있도록 궁리해 볼 테니."

마르자완의 어머니는 부두르 공주의 궁전으로 가서 문지기 환관을 불러 약간의 돈을 쥐여주면서 말했습니다.

"실은 나에게 딸이 하나 있는데, 당신이 지금 모시는 공주님과 함께 자랐소. 지금은 시집을 갔지만 공주님께 그 일이 있고부터 몹시 걱정하고 있다오. 그래서 당신에게 특별히 청하니 잠깐만 내 딸을 공주님과 만나게 해 주오. 만나보기만 하고 곧 돌아갈 테니 아무도 눈치채지 못할 거요."

"밤이 아니면 곤란합니다. 임금님께서 공주님의 상태를 살피고 돌아가신 뒤여야 하거든요. 밤이 되면 따님과 당신이 공주님을 만나게 해 주겠소."

마르자완의 어머니는 환관의 손에 입을 맞추고 돌아와 다음 날 밤이 될 때까지 기다렸습니다.

약속한 시간이 되자 어머니는 마르자완을 불러 여자 옷을 입히고서 그 손을 잡고 궁전으로 들어갔습니다. 두 사람이 환관에게 갔을 때는 마침 왕이 공주를 만나고 막 돌아간 뒤였습니다.

환관은 마르자완의 어머니를 보더니 다가와 말했습니다.

"들어오십시오. 그러나 너무 오래 머물면 안 됩니다!"

두 사람은 안으로 들어갔습니다. 마르자완은 이미 이야기로 들은 것과 같은 모습을 한 부두르 공주를 보고, 입고 있던 여자 옷을 벗어 어머니에게 준 다음 공주에게 인사를 했습니다. 그러고는 가방 속에서 책 몇 권을 꺼내고 초에 불을 붙이더니 무엇인지 주문을 외기 시작했습니다.

그를 찬찬히 바라보던 공주는 그가 마르자완임을 알아보고 입을 열었습니다.

"어머나, 오빠, 오빠는 여행을 떠나고서 한 번도 소식을 보내오지 않았잖아요."

"그렇습니다. 하지만 알라 신의 은총으로 이렇게 무사히 돌아왔습니다. 다시 여행을 떠날 작정이었는데 공주님 소식을 듣고 미루었지요. 공주님이 보고 싶기도 하고, 또 어쩌면 내가 병을 낫게 해 드릴 수 있을지도 모를 것 같아서 이렇게 찾아왔습니다."

"오빠도 나를 미쳤다고 생각하세요?"

"그렇습니다."

"알라께 맹세코 그렇지 않아요! 시인도 이렇게 노래하는 것처럼.

사람들은 말합니다,
"사랑 때문에 미쳤다"고.
나는 대답합니다.
"사랑의 달콤함은
실성한 여자라야 맛볼 수 있다!"

세월은 무정하여 사랑 따위는
편들어주지 않는답니다.
귀신 씌운 사람 말고는
사랑의 기쁨을 모른답니다.
정녕 나는 미친 여자,
나를 미치게 한 그 사람을
부디 이리로 데려와주세요.
그이가 내 병을 낫게 한다면
나무라시는 말씀 거두어주세요.

공주가 사랑에 미친 자신의 가슴속을 시를 빌려 털어놓자 마르자완은 말했습니다.
"공주님에게 일어난 일을 처음부터 끝까지 나에게 모두 이야기해 주십시오. 어쩌면 내 손으로 공주님을 구할 방법을 찾아낼 수 있을지도 모르니까요."

—샤라자드는 날이 훤히 밝아오는 것을 깨닫고 이야기를 그쳤다.

194번째 밤

샤라자드는 이야기를 계속했다.

오, 인자하신 임금님, 마르자완은 부두르 공주에게 말했습니다.

"공주님에게 일어난 일을 처음부터 끝까지 나에게 모두 이야기해 주십시오. 어쩌면 내 손으로 공주님을 구할 방법을 찾아낼 수 있을지도 모르니까요."

그리하여 공주는 이야기했습니다.

"오빠, 그럼 내 애길 들어보세요. 어느 날 밤 동틀 무렵이 가까워졌을 때*50 문득 눈을 뜨고 일어나 보니, 내 옆에 이루 말할 수 없이 아름다운 젊은이 하나가 누워 있지 않겠어요? 버들가지인 듯, 인도 등나무 줄기인 듯한 모습이었지요.

그때 나는 틀림없이 아버님께서 내 마음을 떠보시려고 이런 일을 하셨구나 생각했어요. 바로 그 조금 전에 왕들이 나에게 청혼하여 아버님께서 결혼을 권하셨지만 내가 거절했거든요. 내가 그분을 깨우지 못한 것도 그 때문이었어요. 만일 내가 그분을 끌어안거나 하여 내가 한 짓을 아버님께 일러바치면 큰일이라 싶어서였지요. 그런데 아침이 되어보니 내 손가락에는 내 반지 대신 그분의 반지가 끼워져 있지 않겠어요?

오빠, 나는 첫눈에 그분에게 마음을 빼앗기고 말았어요. 그 뒤부터는 그분이 그리워 잠도 자지 못하고 날마다 눈물을 흘리며 밤낮으로 노래를 부르고 있을 뿐이에요. 그래서 결국 미쳤다는 소리를 듣는 거랍니다."

공주는 하염없이 흐느껴 울면서 다음과 같은 시를 읊었습니다.

사랑으로 기쁨을
낳는 것, 모조리
사라졌네, 괴로워라
새끼 사슴 탓으로 기쁨은
저 멀리 떠나가네.
박복한 이 몸을
괴롭히는 그대에게
사랑하고 사모하는 여자가
흘린 피 따위
무슨 소용 있으랴.

그대 있기에 시샘하는 마음
내 눈동자, 내 생각 가슴은 남몰래
내 생각, 내 눈동자를 더듬어 찾네.
긴 속눈썹이 부어 눈꺼풀 나에게
비처럼 화살 퍼부어
그 솜씨 좋은 화살에 맞아
내 가슴 상처 입었네.
이 세상에 몸을 두고
오래도록 사노라면, 언젠가
이 목숨 끝나기 전에 그대와
만날 수 있으리.
그대 때문에 참고 견디는
이 마음 숨기건만,
넘쳐흐르는 눈물 탓에 내 마음
드러나 다른 사람의
원한을 사네.
가까이 있다 해도 맺어지는 날
참으로 멀리 느껴지고
멀리 있다 해도 그대를 그리워하는
내 마음 언제나
그대 가까이 있네.

부두르 공주는 다시 말을 이었습니다.

"아, 오빠, 어떻게 하면 나를 괴로움에서 구원해 줄 수 있는지 생각해 봐
주세요."

마르자완은 이것저것 갈피를 잡지 못해 한동안 생각에 잠겨 있다가 이윽
고 얼굴을 들고 말했습니다.

"공주님 말씀을 거짓이 아니라고는 믿지만 그 젊은이에 대해 도무지 짐작
이 가지 않습니다. 하지만 나는 이제부터 여러 나라를 돌아다니면서 공주님
의 병을 낫게 할 사람을 찾아보겠습니다. 어쩌면 알라의 뜻으로 내 손으로

낮게 할 수 있을지도 모릅니다. 그러니 당분간 꾹 참고 견디며 너무 상심하지 마십시오."

그리고 마르자완은 공주의 무사함을 빌며 작별을 고한 뒤, 다음과 같은 시를 읊으며 떠나갔습니다.

나그네 눈으로 보면
아득히 멀리 있는 그대이지만
그대 모습 언제나
내 가슴에 깃들어 떠나지 않네.
그러나 간절한 마음은
그대 가까이 끌려가네.
눈에 보이지 않을 만큼 재빠르게
치달리는 생각에 비한다면
섬광도 못 미치리!
눈동자의 빛, 나의 그대여
가지 마시라, 그대 가시면
빛의 콜 가루 사라지리니.

마르자완은 집으로 돌아와 그날 밤을 지냈습니다. 날이 밝자 여행채비를 하고 길을 떠나 도시에서 도시로, 섬에서 섬으로 꼬박 한 달 동안 돌아다니다가 마침내 알 타이라브라는 곳에 이르렀습니다.

마르자완은 혹시 공주의 병을 고칠 방법을 찾아낼 수 있을까 하여 거리 사람들의 소문에 귀를 기울이면서 여기저기 돌아다녔습니다. 마르자완이 찾아간 도시와 거리는 어디든 가유르 왕의 딸 부두르 공주가 미쳤다는 소문이 퍼져 있었기 때문입니다.

그런데 알 타이라브 도성에 이르니, 샤리만 왕의 왕자 카마르 알 자만이 우울증에 걸려 미쳐버렸다는 소문이 들려왔습니다. 마르자완이 왕자가 사는 도성 이름을 묻자 사람들이 가르쳐주었습니다.

"하리단 군도에 있는데, 이 도성에서 배를 타고 가면 꼬박 한 달, 육로로 가면 여섯 달은 걸리는 곳이오."

그래서 마르자완은 바닷가로 나가 하리단 군도로 가는 배를 탔습니다. 배는 순풍에 돛을 달고 나아가기를 거의 한 달, 마침내 그 도성이 보이는 곳에 이르렀습니다. 머지않아 육지에 오르게 되었을 때 뜻밖에도 폭풍우가 휘몰아쳐 돛대는 부러지고 돛은 갈가리 찢겨 모조리 바다에 떨어지고 마침내 사람들을 태운 채 배가 뒤집히고 말았습니다.

—날이 훤히 밝아오는 것을 알고 샤라자드는 이야기를 그쳤다.

195번째 밤

샤라자드는 이야기를 계속했다.

오, 인자하신 임금님, 사람들을 태운 채 배가 뒤집히자 모두 필사적으로 살아나려고 허우적거렸습니다. 다행히도 마르자완은 바닷물에 떠밀려 카마르 알 자만이 사는 왕궁 아래까지 떠내려갔습니다.

그런데 정해진 운명의 손길이라고나 할까요, 그날은 마침 알현하는 날이어서 샤리만 왕은 대관과 고관들을 접견하고서 왕자의 머리를 무릎에 얹고 환관에게 파리를 쫓게 하며 앉아 있었습니다. 왕자는 거의 말을 하지 않을뿐더러 이틀 동안 음식도 입에 대지 않아 몸이 수척해져서 물레의 가락북*51보다도 더 가늘었습니다.

그때 바다 쪽으로 난 창가에 공손히 서 있던 대신이 문득 바다로 시선을 돌리니, 마르자완이 큰 파도에 시달려 거의 숨이 끊어질 지경인 모습이 눈에 띄었습니다.

그 가여운 모습을 보고 대신은 왕에게 가서 얼굴을 내밀며 말했습니다.

"오, 임금님, 허락하신다면 바깥정원으로 나가서 수문을 열고 물에 빠져 죽게 된 젊은이를 구해 줄까 하옵니다. 어쩌면 알라께서 이 선행을 어여삐 여기시어 왕자님의 병환을 낫게 해 주실지도 모릅니다."

그러자 왕은 대답했습니다.

"대신, 왕자가 이렇게 된 것도 다 그대 때문이니, 나는 이제 그대 말이라면 듣고 싶지 않아. 저 물에 빠져 죽어가는 젊은이를 살려주면 그가 이 가엾은 왕자를 보고 틀림없이 고소하게 여길 거요. 알라께 맹세코 말해 두지만, 저 물에 빠져 죽어가는 젊은이가 여기 와서 이 꼴을 보고 우리의 사정을 알아 나중에 이 비밀을 누군가에게 새어 나가게 하는 일이 있다면, 그의 목을 치기 전에 그대 목부터 베겠소!

알겠소? 대신은 우리에게 이런 불행을 가져다준 바로 그 장본인이오. 그것을 알고 있거든 그대가 좋은 대로 하오."

그 말을 듣고 대신은 벌떡 일어나 바다로 나가는 쪽문을 열고 둑으로 나갔습니다. 거기서 20걸음쯤 나아가 해변에 이르러보니, 마르자완은 숨을 헐떡이며 금방이라도 숨이 끊어질 듯한 모습이었습니다.

대신은 손을 뻗어 머리카락을 움켜잡고 마르자완을 끌어올렸지만, 배는 물을 먹어 부풀어 올랐고 눈알은 반쯤 튀어나와 완전히 정신을 잃고 있었습니다. 대신은 젊은이가 정신이 돌아오기를 기다려 젖은 옷을 새 옷으로 갈아입히고 머리에는 하인이 쓰는 두건을 감아 준 다음 말했습니다.

"내 덕분에 그대는 빠져 죽지 않고 살았네. 그러니 내 목숨을 위태롭게 하거나 자신의 몸을 파멸로 이끄는 짓은 절대로 하지 않도록 해 주게."

—날이 훤히 밝아오는 것을 알고 샤라자드는 이야기를 그쳤다.

196번째 밤

샤라자드는 이야기를 계속했다.

오, 인자하신 임금님, 대신은 마르자완을 바다에서 끌어올려 필요한 조치를 한 다음 말했습니다.

"내 덕분에 목숨을 구했으니 내 생명을 위태롭게 하거나 자신의 몸을 파멸로 이끄는 짓은 절대로 하지 말아 주게."

그러자 마르자완이 물었습니다.

"도대체 그것은 무슨 말씀이십니까?"

"이제부터 그대는 궁으로 들어가 태수며 대신들 사이를 지나가게 될 터인데, 그들은 모두 카마르 알 자만 왕자님의 병환을 생각하여 입도 벙긋하지 않고 잠자코 있을 걸세."

마르자완은 카마르 알 자만이라는 이름을 듣자, 여러 도시에서 소문을 듣고 멀리서 자기가 찾아온 바로 그 사람임을 알았지만 아무것도 모르는 척 대신에게 물었습니다.

"카마르 알 자만이라는 분이 누구십니까?"

"샤리만 왕의 왕자이신데 중병으로 앓아누워, 낮이나 밤이나 먹지도 마시지도 않고 잠도 주무시지 못하신다네. 이제 돌아가실 날이 머지않아 살아날 가망이 없어. 이윽고 숨을 거두시고 말 테지. 그러니 왕자님을 너무 오래 바라보면 안 돼. 자네 발밑만 내려다보고 있도록 해. 그렇지 않았다가는 그대뿐만 아니라 나까지 목숨이 위태로우니까."

"오, 대신님, 알라의 은총이 나리께 내리시기를. 실은 나리께 한 가지 부탁이 있습니다. 지금 말씀하신 그 젊은 왕자님이 어찌하여 그렇게 되셨는지 그 이유를 들려주실 수 없겠습니까?"

"나 역시 자세한 사정은 알지 못해. 지금으로부터 3년 전, 임금님이 왕자님에게 결혼하라고 말씀하셨을 때 왕자님은 단호하게 거절하셨지. 그래서 임금님은 크게 노하셔서 왕자님을 감금해 버렸어. 그런데 왕자님은 아침이 되자, 간밤에 문득 눈을 떠보니 자기 옆에 이루 말할 수 없이 아름다운 처녀가 있었다고 말씀하셨어. 그래서 왕자는 그 여자의 손가락에서 도장반지를 빼어 자기 손가락에 끼었고, 여자 쪽에서도 똑같은 일을 했다고 주저 없이 딱 잘라 말하셨지.

사실 이 이상한 일 뒤에 어떤 비밀이 숨어 있는지 우리는 도저히 알 도리가 없네. 그러니 그대는 나와 함께 궁전에 들어가거든 왕자 쪽은 쳐다보지도 말고 얼른 앞으로 나아가야 해. 임금님께서 나에게 매우 역정을 내고 계시니까."

마르자완은 마음속으로 생각했습니다.

'알라께 맹세코, 그 왕자님이야말로 정녕 내가 찾고 있던 그분이다!'

마르자완이 대신을 따라 궁전으로 들어가자 대신은 왕자의 발치에 자리잡고 앉았습니다. 마르자완은 다른 볼일이 없었으므로 카마르 알 자만 옆으로 다가가 그 모습을 찬찬히 바라보았습니다.

이것을 보고 대신은 기겁하면서 마르자완에게 물러나라고 눈짓을 했습니다. 그렇지만 마르자완은 모르는 척하며 여전히 알 자만의 얼굴을 들여다보면서, 이 왕자야말로 자기가 찾는 젊은이가 틀림없음을 확인했습니다.

—날이 훤히 밝아오는 것을 깨닫고 샤라자드는 이야기를 그쳤다.

197번째 밤

샤라자드는 이야기를 계속했다.

오, 인자하신 임금님, 마르자완은 카마르 알 자만 왕자를 보고 자기가 찾는 젊은이가 틀림없다는 것을 깨닫고 저도 모르게 외쳤습니다.

"이 왕자의 모습을 공주님의 모습처럼, 얼굴을 공주님의 얼굴처럼, 뺨을 공주님의 뺨처럼 만드신 알라를 칭송할지어다!"

이 말을 들은 카마르 알 자만 왕자는 눈을 뜨고 귀를 기울였습니다. 마르자완은 왕자가 귀 기울이는 모습을 보고 이런 시*52를 읊었습니다.

> 노래와 탄식에 가슴 메고
> 사랑의 환희에 취하여
> 아름다운 원수의 모습
> 찬양하며 기뻐하는 그대.
>
> 사랑의 병에 걸렸는가?
> 화살에 상처를 입었는가?
> 고통받는 사람 아니고야
> 어찌 나타내리, 그 괴로움을.
>
> 아, 그대여, 술잔을 채우고
> 술라이마를 비롯하여 알 라바브와
> 타노움*53 같은 미인을
> 더없이 칭송하여 노래할지어다.

포도 넝쿨을 돌고 돌아
숙소에 항아리를 가져온 태양이여,*54
동쪽에는 술 따르는 동자(童子) 있고
서쪽으로 열린 것은 나의 입.

이 세상에 둘도 없이
아름답게 몸치장하고
고운 살결 감싸는 그때
나는 시샘하네, 그 옷을.

더없이 달콤한 입술에
술잔을 가져가는 그때
처녀의 입에 가 닿는
술잔 못내 부러워라.

그러나 생각지 말라, 내 목숨
언월도에 쓰러졌다고,
내가 참고 견디는 상처는
그대 눈동자의 화살에 의한 것.

어느 날 그녀를 만났을 때
문득 손가락 끝 바라보니
진홍빛 물든 나무 수액*55으로
새빨갛게 물들어 있네.

"어찌하여 붉게 물들었는가?
이 몸 타국에 있을 때
괴로움에 미친 연인에게
무정하게 보복하는 그대여!"
그대는 대답하네(애기를 계속하며

연모하는 빛을 드러내고,
거세게 타오르는 불길을
내 가슴속 깊이 지피며).

"그대 생명에 맹세코
물들인 것 아니니, 이 두 손을
나무라지 마오, 거짓된
사랑을 품었다 말하지 마오!"

"우리 이별하던 날
그대는 서둘러 사라져 가고
나의 손도, 팔도, 손목마저도
허전하던 그때에."

"피눈물 넘쳐흘러
손가락으로 눈물 닦았더니
손가락에 물든 붉은빛
지금도 아직 남아 있다오."

그대가 울기 전에 내가 울면
애틋한 생각에 사로잡히고
뉘우치기 전에 내가 울면
가슴속 시름도 사라지리.

그러나 우는 것은 그대 다음,
탄식하는 그대 보고 나 또한 운다네.
나는 생각하네, "모든 공적을
앞선 자*[56]에게
있으라."

그녀를 사모한다고 나무라지 말라,
사랑, 그것에 맹세코
오로지 그녀 위해, 그대 위해서
애끓는 괴로움도 나는 견디네.

그녀에게 갖춰진 루크만*57의
매혹과 유수프의 아름다움,
뛰어난 가인(歌人) 다윗의 목소리,
마리얌의 순결함.

그러나 이 몸이 갖춘 것은
야곱의 탄식, 요나의 뉘우침.
옛 아담의 일생과
욥이 견뎌야 하는 고뇌뿐.

이 몸은 사랑으로 멸망할지라도
죽이지 말라, 그녀를.
다만 물어봐 주오, 이 흥건한 피
흘리게 된 자세한 사정을.

마르자완이 부른 이 노래는 카말 알 자만의 마음에, 마치 열병을 치유하듯 상쾌하게 울려왔습니다. 그래서 왕자는 한숨을 내쉬고서 가까스로 혀를 놀려 부왕에게 이렇게 말했습니다.
"오, 아버님, 이 젊은 분을 제 옆에 앉혀 주십시오."

―날이 훤히 밝아오는 것을 알고 샤라자드는 이야기를 그쳤다.

198번째 밤

샤라자드는 이야기를 계속했다.

오, 인자하신 임금님, 카마르 알 자만 왕자는 부왕에게 말했습니다.

"오, 아버님, 이 젊은 분을 제 옆에 앉혀 주십시오."

이 말을 듣고 왕은 매우 기뻐했습니다. 왕은 처음에는 마르자완을 좋게 생각하지 않아 반드시 그 목을 치리라 결심하고 있었지만, 왕자의 이 말에 마음이 풀렸습니다.

왕은 일어나 마르자완을 앞으로 불러 왕자 옆에 앉게 했습니다.

"그대의 목숨을 구해 주신 알라를 칭송하라!"

마르자완도 임금님에게 축복의 말을 올렸습니다.

"알라께서 임금님을 지켜주시기를! 그리고 임금님을 위해 왕자님을 지켜주소서!"

"그대는 어느 나라에서 왔느냐?"

"섬들과 바다와 일곱 궁전의 주인이신 가유르 왕의 왕국, 든바다의 섬에서 왔습니다."

"그대가 온 덕분에 내 아들도 축복을 받아 알라께서도 병을 고쳐주시리라."

"인샬라—신의 뜻에 따라—반드시 완쾌하실 것입니다."

그리고 마르자완은 왕자 쪽을 돌아보며 왕과 신하들에게 들리지 않도록 귓전에 입을 대고 속삭였습니다.

"오, 왕자님, 정신을 차리고 기운을 내십시오. 눈물을 닦고 두 눈을 똑똑히 뜨십시오. 당신이 이런 상태가 되도록 생각하고 계시는 공주에 대해서는 자신의 몸을 위해 여러 가지로 묻지 않으시는 편이 좋을 것입니다. 당신은 가슴속 비밀을 드러내지 않고 괴로워하고 계시지만, 공주는 모든 비밀을 털어놓았기 때문에 모두 실성한 줄 알고 지금 목이 쇠사슬에 매여 감금되어 있습니다. 정말 보기에도 애처로운 모습입니다. 하지만 알라의 도움으로 두 분의 병을 제가 고쳐 드리고자 합니다."

왕자는 이 말을 듣자 갑자기 얼굴이 환해지고 기운이 솟아나서 기쁨에 몸을 떨며 부왕에게 몸을 일으켜달라고 말했습니다. 왕은 아주 기뻐하며 나는 듯이 달려가 왕자를 일으켜주었습니다. 왕이 왕자의 심정을 헤아려 신하들에게 물러가라는 신호로 흰 천을 흔들자, 그 자리에 있던 태수와 대신들은 모두 물러갔습니다.

왕은 베개를 두 개 포개어 왕자가 편히 기댈 수 있도록 해 준 다음, 샤프란 향을 피우고 도성을 아름답게 장식하라고 신하에게 명령했습니다. 그리고 마르자완에게 말했습니다.

"오, 신의 은덕으로 그대에게 행운과 축복이 내리기를!"

그리고 매우 정중하고 극진하게 대접하며 식사준비를 시켰습니다. 식사가 나오자 마르자완은 왕자 옆으로 가서 말했습니다.

"왕자님, 일어나서서 저와 함께 드십시다."

왕자는 고개를 끄덕이고 마르자완과 함께 식사를 했습니다. 그 모습을 보고 왕은 마르자완에게 다시 한 번 신의 축복을 빌고 말했습니다.

"그대가 와준 것은 참으로 고마운 일이로고!"

샤리만 왕은 왕자가 음식 먹는 모습을 보고 뛸 듯이 기뻐하며, 방에서 나가 왕비를 비롯한 가족들에게 이 소식을 전했습니다. 그리고 온 궁전 안에 왕자가 완쾌되었다는 좋은 소식을 전하게 하고 온 도성을 아름답게 꾸미도록 명령하니, 그날은 그야말로 성대한 축제일이 되었습니다.

마르자완은 그날 밤 왕자와 함께 지냈고, 왕도 왕자의 쾌유를 기뻐하며 두 사람 옆에서 쉬었습니다.

—샤라자드는 날이 훤히 밝아오는 것을 깨닫고 이야기를 그쳤다.

199번째 밤

샤라자드는 이야기를 계속했다.

오, 인자하신 임금님, 샤리만 왕은 왕자의 쾌유를 기뻐하며 그날 밤을 두 사람과 함께 보냈습니다.

이튿날 아침 왕이 방을 나가고 두 젊은이만 남게 되자, 왕자는 마르자완에게 자기 신상 이야기를 들려주었습니다. 그러자 마르자완은 말했습니다.

"실은 저는 당신이 만나신 그 공주님을 잘 알고 있습니다. 이름은 부두르 공주라 하며, 가유르 왕의 왕녀입니다."

그리고 공주의 신상에 일어난 일을 자세히 이야기하고 공주가 카마르 알 자만 왕자를 애타게 사랑하고 있다는 것도 알려주었습니다.

"그런 까닭에 당신과 당신 아버님 사이에 있었던 것과 똑같은 일이 공주님에게도 일어났던 것입니다. 부두르 공주님이야말로 당신이 사랑하시는 분이고, 또 공주님께서 애타게 사랑하시는 분이 바로 당신입니다. 어서 기운을 차리십시오. 이제 제가 당신을 곧 공주님에게 데려가 두 분이 맺어지도록 해 드릴 테니까요. 마치 시인이 이렇게 노래하고 있듯이."

사랑하는 여자가 있으면서
되어가는 대로 내버려둔다면
이루어질 수 없는 사랑의 길.
그렇지만 나는 이 두 사람
가위의 사북 바로 그것처럼
어떻게든 두 사람을 만나게 하리.

마르자완은 왕자를 위로하며 음식과 마실 것을 끊임없이 권하자, 왕자는 시키는 대로 먹고 마시고 하더니 원기를 회복하여 병이 완전히 나았습니다. 게다가 마르자완이 재미있는 이야기와 노래를 들려주며 왕자의 기분을 즐겁게 해 주었습니다. 마침내 카마르 알 자만 왕자는 일어나 목욕을 하고 싶다고까지 말하기에 이르렀습니다.[58] 마르자완은 왕자의 손을 잡고 함께 목욕탕에 가서 몸을 깨끗이 씻어 주었습니다.

—샤라자드는 날이 밝아오는 것을 깨닫고 이야기를 그쳤다.

200번째 밤

샤라자드는 이야기를 계속했다.

오, 인자하신 임금님, 카마르 알 자만 왕자가 목욕하러 갔다는 말을 들은 샤리만 왕은 크게 기뻐하여 죄수들을 석방하고 중신들에게는 아름다운 의복을 내렸습니다. 또 가난한 사람들에게는 막대한 희사를 베풀고 이레 동안 도성을 장식하도록 명령했습니다.

마르자완은 왕자에게 말했습니다.

"왕자님, 제가 부두르 공주님에게서 온 것도 실은 이런 목적이 있어서였습니다. 다시 말해 이 여행의 목적은 공주님을 지금의 상태에서 구해 드리는 것입니다. 그런데 당신 아버님께서는 좀처럼 당신을 놓아주지 않으실 테니, 이제부터 오로지 어떻게 하면 공주님이 있는 곳으로 갈 수 있을지 궁리해야 합니다.

그러니 내일 아버님께 사냥을 가겠다고 허락을 얻어두십시오. 그리고 돈이 가득 든 안장 자루 한 쌍을 얹어 걸음이 빠른 말을 타고 여벌로 한 필을 더 끌고 떠나십시오. 나도 그와 같은 채비를 하고 임금님께 저도 사막의 사냥을 따라가 드넓은 들판을 구경하면서 기분전환을 하고 하룻밤 야영을 하고 싶다고 말씀드리겠습니다. 부하는 한 사람도 데리고 가시면 안 됩니다. 성 밖으로 나서면 곧바로 원하는 방향으로 나아가야 하니까요."

왕자는 마르자완의 계획을 듣고 매우 기뻐하면서 외쳤습니다.

"그것참, 좋은 생각이다."

왕자는 곧 의관을 갖추고 부왕에게 가서 마르자완이 가르쳐준 대로 허락을 구했습니다.

부왕은 사냥 나가는 것을 승낙하며 말했습니다.

"오, 왕자여, 네가 완쾌했으니 더는 기쁜 일이 없구나! 나는 네가 사냥 나가는 일은 반대하지 않는다. 그러나 사막에 가더라도 하룻밤 이상을 야영해서는 안 된다. 다음 날 아침에는 반드시 돌아와야 해. 너도 알다시피 네가 없으면 나는 이 세상에 아무런 낙도 없으니까. 또 사실 네 그것*59도 아직 완전히 나았다고는 할 수 없다. 그리고 너는 나에게 있어서 어떤 시인이 노래한 것처럼 사랑스러운 아들이니 말이야."

밤이나 낮이나 내 곁에
임금의 권력과 솔로몬의

푸른 양탄자 있다 한들
파리매 날개만 한 가치도 없다,
너의 모습 언제나
이 눈에 비치지 않는다면*60—

　샤리만 왕은 왕자와 마르자완을 위해 외출준비를 하여 주고 말 네 필과 돈을 실은 낙타, 그리고 물과 양식을 실은 낙타를 준비해 주었습니다. 왕자는 하인은 한 사람도 필요 없다고 말했습니다. 부왕은 왕자에게 작별인사를 한 뒤 가슴에 끌어안고 입을 맞춘 다음 말했습니다.

　"알라의 이름으로 너에게 부탁하니 하룻밤 이상 내 곁을 떠나 있지 않도록 해다오. 네가 없으면 나는 편히 잘 수가 없다. 시인이 이렇게 노래했듯이 말이다."

그대만 있다면 내가 사는 집
천국의 천국이지만,
그대 없으면 내가 사는 집
지옥의 지옥 같도다.
내 영혼은 그대의 것!
그대 사랑하는 마음이 죄라면
내 피는 참으로 애처롭구나.
사랑의 불길, 내 가슴 태우듯
그대 가슴도 태우는가.
아, 내 가슴은 낮이나 밤이나
지옥의 불길에
고통받도록 정해져 있노라.

왕자는 대답했습니다.

　"오, 아버님, 인샬라! —신의 뜻이라면—반드시 하룻밤 만에 돌아올 수 있겠지요!"

　이리하여 왕에게 작별을 고한 왕자와 마르자완은 말에 올라 여벌의 말과 물과 음료수와 식량을 실은 낙타를 이끌고 드넓은 들판을 향해 출발했습니다.

─샤라자드는 날이 밝아오는 것을 깨닫고 이야기를 그쳤다.

201번째 밤

샤라자드는 이야기를 계속했다.

오, 인자하신 임금님, 도성을 나선 왕자와 마르자완은 드넓은 들판으로 나가 새벽부터 해질 때까지 여행을 계속했습니다. 밤이 되자 말을 멈추고 식사를 한 다음 말과 낙타에게도 사료를 주고 한동안 쉬었습니다.

그러고는 다시 말을 타고 사흘 동안 여행을 계속하여 나흘째 되던 날 숲이 있는 널찍한 곳으로 나왔습니다. 그곳에 이르자 마르자완은 말에서 내려 낙타와 말 한 필씩 죽이고 살을 발라내어 뼈가 드러나게 한 다음, 왕자의 속옷과 바지를 벗겨 말의 피를 칠하고 왕자의 윗옷도 갈가리 찢어 피를 칠하고, 그것을 모두 갈림길에 내버렸습니다. 그러고 나서 두 사람은 식사를 마치고 다시 출발했습니다.

왕자는 마르자완이 왜 그런 짓을 했는지 이상히 여기며 물었습니다.

"대체 왜 그렇게 했소? 그런 짓을 해서 무슨 소용이 있단 말이오?"

"임금님께서 허락하신 하룻밤이 지나고 이튿날 밤에도 우리가 돌아가지 않으면 틀림없이 우리 뒤를 쫓아 이리로 오실 것입니다. 그리하여 아까 내가 흘려놓은 피를 보시고 당신의 속옷과 갈가리 찢어져 피가 묻은 바지를 보시면, 마적이나 야수 때문에 갑작스러운 사고를 당한 줄 여기어 왕자님을 단념하고 도성으로 돌아가실 것입니다. 그렇게 되면 우리는 소망을 이룰 수 있게 되는 겁니다."

"그런가, 그것참 좋은 생각이군. 잘했소."

두 사람은 다시 밤을 낮 삼아 여행을 계속했습니다. 왕자는 고독과 쓸쓸함을 견디지 못해 넋두리하며 울곤 했지만, 이윽고 여행이 거의 끝날 무렵이 되자 왕자는 기뻐하며 이런 노래를 불렀습니다.

폭군일지라도 참다운 벗을,
한시도 그대 잊지 않는 벗을,
어찌 위로하지 않으리?
온갖 사랑 내보이며
어찌 인정 없이 쌀쌀맞게 모르는 척하리.
내가 만일 사랑을 배반한다면
나는 모든 은총을 잃고,
내가 만일 그대를 버린다면
나를 버려 벌하소서.
그러나 나는 그토록 무정한
죄를 범한 적이 없소.
내 만일 그대에게 상처주었다면
뉘우치리라, 진심으로.
그대 나를 버린다면
그것은 불가사의한 운명.
운명은 언제나 끊임없이
불가사의함을 보여주누나.

왕자가 노래를 마치자 마르자완이 말했습니다.

"보십시오! 저것이 가유르 왕의 섬들입니다."

왕자는 몹시 기뻐하며 마르자완에게 그동안의 호의에 감사하고 이마에 입을 맞춘 다음 그를 와락 가슴에 끌어안았습니다.

―날이 훤히 밝아오는 것을 알고 샤라자드는 이야기를 그쳤다.

202번째 밤

샤라자드는 이야기를 계속했다.

오, 인자하신 임금님, 카마르 알 자만 왕자는 저기 보이는 것이 가유르 왕의 섬들이라는 마르자완의 말을 듣고 매우 기뻐했습니다.

섬에 도착하자, 두 사람은 어느 대상객주에 묵으며 사흘 동안 쉬면서 여행의 피로를 풀었습니다. 마르자완은 왕자를 목욕탕으로 데리고 가서 상인 옷을 입힌 다음, 흙점*61을 치는 금패와 함께 점성용구(占星用具) 한 벌, 은에 황금을 입힌 관측의(觀測儀) 등을 갖춰주며 말했습니다.

"자, 왕자님, 이제부터 임금님 궁전 담 밑에 서서 '점을 봐 드립니다. 점괘를 써 드립니다. 찾고 계시는 물건, 찾고 계시는 사람도 나는 다 알고 있습니다. 나는 그 길의 대가(大家), 경험이 많은 점성가입니다! 점 보실 분 안 계십니까?' 하고 큰 소리로 외치십시오.

만일 그 외치는 소리가 임금님 귀에 들어가면 곧 당신을 불러 당신의 연인인 부두르 공주님에게 데리고 가실 겁니다. 그렇게 되면 공주님에게 가기 전에 임금님께 이렇게 말하십시오.

'사흘 동안의 말미를 주십시오. 만약 공주님 병이 깨끗이 낫거든 저와 공주님을 짝지워 주십시오. 만약 그래도 공주님 병이 낫지 않으면 다른 사람들과 마찬가지로 저를 처단하십시오.'

임금님께서는 그 말을 틀림없이 들어주실 겁니다. 그리하여 공주님과 단둘이 있게 되거든 모든 이야기를 털어놓으십시오. 공주님께서는 당신을 보면 기운을 되찾고 제정신이 들어 하룻밤이면 완쾌하실 겁니다. 그렇게 되면 먹을 것을 권하십시오. 임금님께서는 공주님의 완쾌를 기뻐하시어 약속대로 당신과 결혼시킨 다음 왕국을 나눠주실 것이니, 그러면 당신은 행복해지실 것입니다."

이 말을 들은 카마르 알 자만 왕자는 외쳤습니다.

"언제까지나 그 관대한 마음을 베풀어주시기를!"

그런 다음, 왕자는 상인 차림으로 아까 말씀드린 점술 도구를 들고 대상객주를 나섰습니다. 힘차게 걸어간 왕자는 가유르 왕의 궁전 담 밑에 이르러 큰 소리로 외쳤습니다.

"점괘를 써 드립니다. 점을 봐 드립니다. 찾는 물건도, 찾는 사람도 나는 다 알고 있습니다. 나는 책을 읽고 수를 계산하는 사람*62이오. 꿈풀이를 하여 잃은 물건을 찾을 수도 있습니다! 점 보실 분 안 계십니까?"

이 소리를 듣고 도성 사람들이 왕자에게 모여들었습니다. 그것은 오랫동안 점쟁이와 점성가를 본 적이 없었기 때문입니다. 사람들은 빙 둘러서서 왕자를 호기심에 찬 눈길로 바라보았습니다. 더없이 아름답고 기품이 있으며 나무랄 데 없이 우아한 젊은이인 데다, 사람의 마음을 끄는 훌륭하고 균형잡힌 얼굴에 절로 탄성이 터져 나왔습니다.

이윽고 구경꾼 가운데 한 사람이 왕자에게 다가가서 말했습니다.

"오, 말솜씨 좋고 잘생긴 젊은 양반, 부질없는 소동을 일으키지 마시오. 부두르 공주님과 결혼하려는 엉뚱한 야심 때문에 목숨을 비리진 마시오. 저기 매달려 있는 머리들을 보오. 모두 당신 같은 짓을 하다가 목숨을 잃었다오."

그러나 왕자는 그런 말을 들은 척도 하지 않고 목청껏 외쳤습니다.

"나는 학자요, 점쟁이입니다! 점을 치고 해설을 해 드립니다!"

도성 사람들은 모두 말렸지만, 왕자는 귀를 기울이지 않고 마음속으로 생각했습니다.

'사랑에 괴로워해 보지 않은 이들이 어떻게 사랑을 알 수 있으랴.'

그리고는 다시 목청껏 소리쳤습니다.

"점을 보러 오십시오, 나는 점성가입니다!"

—날이 훤히 밝아오는 것을 깨닫고 샤라자드는 이야기를 그쳤다.

203번째 밤

샤라자드는 이야기를 계속했다.

오, 인자하신 임금님, 카마르 알 자만 왕자는 도성 사람들이 말리는 것도 듣지 않고 점점 더 큰 소리로 외쳤습니다.

"점을 보러 오십시오. 나는 점성가입니다!"

도성 사람들은 모두 화를 내며 말했습니다.

"당신은 정말 아무것도 모르는 바보로군! 고집불통 풋내기야! 그 젊은 몸과 아름다운 얼굴이 아깝지 않은가?"

하지만 왕자는 더 큰 소리로 외쳤습니다.

"나는 점성가입니다! 점을 봐 드립니다! 점 보실 분 없습니까?"

이렇게 왕자는 외치고 사람들은 말리고 하는 동안, 왕자의 외침과 사람들의 왁자지껄한 소리가 가유르 왕의 귀에 들어갔습니다.

왕은 대신에게 명령했습니다.

"나가서 저 점성가를 데리고 오라."

대신은 급히 나가 둘러선 사람들 속에서 왕자를 데리고 와, 왕 앞으로 나아갔습니다. 임금님 앞에 나아가 바닥에 엎드린 왕자는 다음과 같은 노래를 부르기 시작했습니다.

여덟 가지 영광 내려받아
그대 모습에 갖추어지면
운명도 영원히, 그 뜻대로
그대 종이 되어 작용하리.
지혜와 기품과 우아함
너그러운 마음과 곧은 말,
깊은 사려와 명예에 승리로다!

왕은 왕자를 보자 가까이 불러 옆에 앉힌 다음 말했습니다.

"알라께 맹세코 말하노니 젊은이여, 만일 그대가 점성가가 아니라면 이러한 일에 목숨 걸지 말고 내 조건에 응하지도 말라. 나는 누구든 공주의 병을 고치지 못하는 자는 그 목을 베기로 하고 있다. 그 대신 고쳐주는 자에게는 딸을 주리라. 그러니 그대는 자신의 아름다운 얼굴을 지나치게 믿어 판단을 그르쳐서는 안 된다. 알겠느냐, 만일 그대가 공주의 병을 고치지 못한다면 신께 맹세코! 다시 한 번 말하지만, 신께 맹세코! 기필코 그대의 목을 받으리라."

그러자 카마르 알 자만은 대답했습니다.

"그것은 임금님의 권한이십니다. 저는 이의가 없습니다. 여기 오기 전부터 그것을 각오하고 있었습니다."

왕은 판관을 불러 증언하게 하고 왕자를 환관에게 맡기며 명했습니다.

"이 자를 부두르 공주에게 데리고 가거라."

환관을 따라 복도로 나간 왕자는 환관의 손을 뿌리치고 앞장서서 거침없이 걸어갔습니다. 환관이 뒤쫓아오면서 말했습니다.

"쯧쯧, 한심한 놈이군! 죽음의 길을 그렇게 서두르지 않아도 좋으련만! 이제까지 이렇게 자신의 파멸에 열성적인 점성가는 처음 보네. 어떤 재난이 기다리고 있는지 모르는 모양이지."

왕자는 환관에게 고개를 돌리고―.

―날이 훤히 밝아오는 것을 알고 샤라자드는 이야기를 그쳤다.

204번째 밤

샤라자드는 이야기를 계속했다.

오, 인자하신 임금님, 어떤 재난이 기다리고 있는지 모르는 모양이라는 환관의 말에, 카마르 알 자만 왕자는 환관에게 고개를 돌리고 이런 시를 읊었습니다.

지혜로운 나도, 아름다운
그대 앞에서는 어리석어진다.
오로지 마음 산란하여
무슨 말을 해야 할지 모르겠구나.
'태양이여'라고 그대를 부른다 해도
그대 모습은 내 눈에서 사라지는 일 없네,
해 저물면 태양은 서쪽으로 지지만
그대는 꿈에도 지지 않도다.
너무나 아름다운 그대이기에
그대 찬양할 말조차 없어
길을 헤매며 노래하는 이 몸.

환관이 공주의 방 휘장 뒤까지 안내하자 왕자는 말했습니다.

"이 휘장 밖에서 공주님을 낫게 해 드리는 것이 좋겠습니까? 아니면 안에 들어가서 낫게 해 드리는 것이 좋겠습니까?"

환관은 깜짝 놀라며 대답했습니다.

"만일 휘장 밖에서 낫게 해 드린다면 그야말로 당신 솜씨가 비범하다는 증거가 되겠지."

이 말을 듣고 왕자는 휘장 밖에 앉아서 먹 항아리와 붓과 종이를 꺼내 이렇게 적었습니다.

"이 글을 드리는 저는 뜨거운 피가 들끓고 애절한 마음에 괴로워하면서 잠 못 이루는 밤마다 몸부림치고 있습니다. 삶의 희망도 끊어지고 오로지 죽기만을 바라고 있사오나, 비탄하는 이 마음 아무도 위로해 주는 이 없고 구원해 주는 사람 없습니다. 잠 못 이루는 눈동자의 불안을 없애주는 사람도 없이, 날마다 불길 속에 타는 듯한 마음으로 지새고 밤마다 연정에 뒤척이다 몸은 수척해지고 말았습니다. 사랑하는 이의 소식을 듣지 못하니 마음을 달랠 길이 없습니다."

그다음에 이런 시를 썼습니다.

　　나는 쓰노라, 그대에게
　　바치는 진실한 마음으로.
　　피눈물이 흘러 눈은 빨갛게
　　짓물러 아프고
　　이 몸은 애달픈 사랑에
　　옷에 싸인 여윈 모습
　　가느다란 실처럼 변했노라.
　　참는 마음도 이제는
　　다하여 사라져가네.
　　아, 그대여! 부디 연민을
　　베푸시라, 이 몸에게.
　　끔찍하고 참혹한 연모(戀慕)의 손길에
　　이 몸은 천 갈래 만 갈래 찢어졌노라.

그리고 이 시 아래에 다음과 같은 말을 덧붙였습니다.

이러한 마음의 고통은 사랑하는 그대와 맺어져야만 사라집니다. 사랑의 고통을 받는 이에게는 알라만이 구원의 손길을 내밀어 주십니다. 만일 나와 그대가 사랑을 속인다면 속인 자에게 멸망이 내리기를! 원한 맺힌 연인에게 마음을 다하는 연인만큼 아름다운 건 이 세상에 없습니다."

그리고 서명 대신 이렇게 썼습니다.

사랑과 그리움의 함정에 빠져 마음의 평화와 희망을 잃은 사나이, 격렬한 연정에 사로잡혀 미친 사랑의 포로가 된 사나이, 샤리만의 아들 카마르 알 자만으로부터, 크나큰 진주에 비유할 만한 비할 데 없이 아름다운 처녀 가유르 왕의 왕녀 부두르 공주께. 공주여, 나는 밤에도 잠 못 이루고 낮에는 더욱 커지는 고뇌에 시달리며, 애욕의 불길에 타오르고, 눈에는 눈물이 넘치며, 한숨은 끊이지 않고, 욕정의 포로가 되어 정욕에 살해되고, 이별에 창자가 끊어질 듯한 슬픔을 느끼며, 음욕(淫慾)의 독기를 쐬어 재앙의 벗이 되었습니다. 나는 정녕 밤에도 눈을 감지 못하는 불면의 사나이, 흐르는 눈물 마를 새 없는 슬픈 사랑의 노예, 가슴의 불꽃은 아직도 타오르고, 그리움의 불길은 꺼질 줄을 모릅니다.

그리고 마지막으로 여백에 다음과 같은 시를 덧붙여 썼습니다.

신의 가슴에 간직된 은총의 인사를
내 몸과 영혼 사로잡은 아가씨께 바치노라.

또 이렇게도 썼습니다.

바라옵니다, 사랑스러운 그대의
입술에서 흘러나오는 말씀을.
자비로운 그 눈동자

시름을 지우고 위안을 주리.
사랑의 무게와 그대를 그리는
애타는 마음 때문이라면
이 몸은 남에게 수모를 받거나
천대를 받아도 마다치 않으리.
신이여, 부디 지켜주소서
머나먼 곳에 사는 그녀를,
내 가슴 거룩한 사당에 숨겨진
모습도 사랑스러운 그녀를.
인정 많은 운명은
사랑의 문가에 쓰러진
내 주검에 은총을 베푸노라.
나는 보았네, 내 곁에
잠들었던 부두르 공주.
공주는 실로 태양인가
내 운명의 달마저도
빛나게 하네, 그로 말미암아.

그리고 나서 그 편지를 도장반지로 봉한 다음, 서명 대신에 다음과 같은
시를 썼습니다.

슬픔에 잠겨 적은 이 글월의
애달픈 흔적을 알고 싶다면
물어보시라, 이 글에.
절망에 빠진 이 몸의
애처로운 이야기 알고 싶다면
끊임없이 흐르는 눈물
닦지도 못하고 오로지
이 손은 글을 써나가
종이에 푸념하네, 그리운 마음.

흐르는 눈물 그치지 않고
종이를 적시며 굴러 떨어지다,
눈물방울 멎으면
이윽고 넘쳐나리, 피눈물.

그다음에 마지막으로 다음 한 구절을 덧붙였습니다.

우리 두 사람이 만났을 때
그대 손가락에서 빼내었던
반지를 그대에게 바치노라
자, 이제 내 반지를
나에게 돌려주소서!

왕자는 편지 속에 반지를 넣고 봉하여 환관에게 건네주었습니다. 환관은
그것을 가지고 공주의 방에 들어갔습니다.

—날이 훤히 밝아오는 것을 깨닫고 샤라자드는 이야기를 그쳤다.

205번째 밤

샤라자드는 이야기를 계속했다.

오, 인자하신 임금님, 카마르 알 자만 왕자가 반지를 편지 속에 넣고 봉하
여 환관에게 주자, 환관은 그것을 가지고 공주의 방에 들어갔습니다.

부두르 공주가 편지를 받아들고 펴보니, 그 속에 자기 반지가 들어 있지
않겠습니까? 이상하게 여기고 편지를 읽어보니 그것은 바로 자기가 애타게
사모하고 있던 연인의 편지이고, 더구나 그 연인이 지금 휘장 뒤에 서 있다
는 것도 알았습니다. 공주는 너무나 기뻐 넋을 잃은 듯 저도 모르게 이런 시
를 외웠습니다.

오랜 세월, 사랑의 길 막혀
한탄하고 슬퍼한 우리,
눈물은 그치지 않고
끓어오르는 비처럼 흐르네.
나는 마음에 맹세하네.
다시 만날 날 온다면
이별의 말 한 마디도
내 입에 올리지 않으리라고.
꿈인 듯 여겨지는 기쁨에
떨리는 마음 누를 길 없어
흘러내리는 환희의 눈물.
아, 내 눈이여, 이 눈물
날마다 습관이 되어
기쁠 때도 흐느끼고
슬플 때도 흐느끼네.*63

  노래를 마친 공주는 벌떡 일어나 발로 벽을 버티고 쇠줄을 힘껏 당겨 목의 사슬을 끊어버리고는, 휘장 밖으로 뛰어나가 카마르 알 자만에게 몸을 던지더니, 새끼 비둘기에게 먹이를 주는*64 어미 비둘기처럼 왕자에게 입맞춤을 했습니다. 그리고 불같이 타오르는 욕정에 취해 왕자를 미친 듯이 가슴에 끌어안고 말했습니다.

  "오, 그리운 분, 이게 꿈인가요, 생시인가요? 전능하신 알라께서 정말로 우리를 만나게 해 주신 건가요? 오랫동안 절망의 구렁텅이에 빠져 있던 우리 두 사람의 사랑을 되찾아 주신 알라를 칭송합시다!"

  이 광경을 본 환관은 나는 듯이 가유르 왕에게 달려가 바닥에 엎드리며 말했습니다.

  "오, 임금님, 오늘 온 이는 점성가 중에서도 가장 뛰어난 점성가입니다. 그자에 비하면 이제까지의 사람들은 모두 나무인형에 지나지 않습니다. 그자는 공주님의 방에 들어가지도 않고 휘장 밖에 서서 공주님의 병을 완전히 고쳤습니다."

이 말을 듣고 가유르 왕이 말했습니다.

"뭐라고! 분명히 말하렷다, 네 말이 틀림없느냐?"

"임금님, 어서 가셔서 몸소 눈으로 보십시오. 갑자기 기운을 차리신 공주님은 쇠사슬을 끊어버리고 그 점성가에게 가시더니 다짜고짜 끌어안고 입을 맞추셨습니다."

왕은 곧장 일어나 공주에게 갔습니다. 공주는 부왕의 모습을 보자 황급히 일어나 머리를 베일로 가리고*65 이런 시를 읊었습니다.

> 나는 싫어요, 이쑤시개,
> 시와크*66라고 말하면
> 시와카로 들려서
> 당신이 그리워져요.
> 나는 좋아해요, 케이파나무,
> 아라크*67라고 말하면
> 아라카로 들려서
> 당신과 만난다는 뜻이거든요.

이 모습을 본 가유르 왕은 공주의 완쾌를 뛸 듯이 기뻐하며 날아갈 듯한 마음으로 정신없이 공주의 이마에 입을 맞추었습니다. 그도 그럴 것이 왕은 부두르 공주를 깊이 사랑하고 있었기 때문입니다.

그런 다음, 카마르 알 자만을 돌아보며 이름을 묻고, 또 어느 나라에서 왔는지도 물었습니다. 왕자는 자신의 이름과 샤리만 왕의 왕자라는 신분을 밝히고, 부두르 공주와의 사이에서 일어난 일과 반지를 바꾼 일 등 지금까지의 경위를 자세히 이야기했습니다. 가유르 왕은 매우 놀라워하며 말했습니다.

"이 이야기는 책으로 써서 너희가 죽은 뒤에도 사람들에게 읽힐 만한 가치가 있다."

그리고 곧 판관과 증인을 불러 두 사람을 짝지워 주었습니다. 그리고 도성을 이레 동안 아름답게 장식하도록 명령했습니다.

사람들은 식탁에 산해진미를 차려놓는 한편, 북을 치며 이 경사스러운 소식을 알렸습니다. 병사들은 가장 아름다운 옷을 입고 온 도성을 등불로 장식하여 성대한 잔치를 벌였습니다.

카마르 알 자만 왕자가 부두르 공주 옆으로 가자 왕은 새삼스레 공주의 완쾌를 기뻐하며 이 결혼을 축복하고, 부두르 공주를 왕자들 가운데에서도 특히 뛰어난 왕자와 사랑에 빠지게 해 주신 신을 찬양했습니다.

사람들은 공주의 베일을 벗기고 신랑에게 신부의 모습을 보여주었습니다. 두 사람은 서로 조금도 뒤지지 않는 아름다움과 요염하면서도 우아한 매력을 갖추어 마치 쌍둥이처럼 닮은 모습이었습니다.

이리하여 카마르 알 자만은 그날 밤 부두르 공주와 한 잠자리에 들어 인연을 맺었고, 공주도 마찬가지로 소원을 이루어 아름다운 왕자의 매력을 마음껏 즐겼습니다. 두 사람은 다음 날 아침까지 꼭 끌어안고 잤습니다.

이튿날 가유르 왕은 혼례의 잔치를 베풀어, 든바다와 난바다의 모든 섬에서 많은 사람을 초대하여 세상에 보기 드문 진수성찬을 식탁에 차렸습니다. 이 잔치는 한 달 동안이나 계속되었습니다.

카마르 알 자만 왕자는 이렇게 오랫동안 마음속 깊이 간직했던 염원을 이루고 부두르 공주 옆에 머무르며 욕정을 풀고 나자, 여태껏 잊고 있었던 아버지 샤리만 왕이 생각났습니다.

어느 날 밤 아버지 샤리만 왕이 꿈에 나타났습니다.

"아들아, 어떻게 네가 나에게 이럴 수가 있단 말이냐?"

그리고 왕은 다음과 같은 시를 읊조렸습니다.

너로 말미암아 어두운 달을
나는 바라보게 되었네.
기나긴 밤하늘의 수많은 별을
바라보는 것도 슬픔이어라.
평안하라, 나의 마음이여!
언젠가는 다시 만나리.
참고 견디어라, 나의 마음
어떠한 불행을 만날지라도.

꿈속에서 아버지의 모습을 보고, 아버지의 꾸지람을 들은 카마르 알 자만 왕자는 이튿날 아침 눈을 뜨고 나서도 그 일이 머리에서 떠나지 않아 괴로워했습니다. 부두르 공주가 그 까닭을 묻자, 왕자는 전날 밤 꿈 이야기를 들려주었습니다.

―날이 밝아오는 것을 알고 샤라자드는 이야기를 그쳤다.

206번째 밤

샤라자드는 이야기를 계속했다.

오, 인자하신 임금님, 카마르 알 자만 왕자는 부두르 공주에게 전날 밤의 꿈 이야기를 들려주고 나서, 둘이서 가유르 왕을 찾아가 그 이야기를 하고 여행길에 오르도록 허락해 달라고 청했습니다. 왕은 왕자의 청을 허락했습니다.

그러자 공주가 말했습니다.

"오, 아버님, 저는 남편과 떨어져 살 수는 없습니다."

그래서 아버지 가유르 왕은 말했습니다.

"그럼, 너도 함께 가려무나."

왕은 1년의 말미를 주고, 그 뒤로는 해마다 한 번씩 자신을 방문하도록 일렀습니다. 부두르 공주는 부왕의 손에 입을 맞추고, 알 자만 왕자도 공주와 마찬가지로 가유르 왕에게 입맞춤을 했습니다.

가유르 왕은 곧 두 사람을 위한 여행준비를 시작하여, 여행에 필요한 여러 가지 물건을 갖춰 주었습니다. 그리고 외양간에서 왕의 불도장이 찍힌 말과 열흘 동안 물을 마시지 않고도 걸을 수 있는 승용 낙타를 끌어내고, 식량을 실은 나귀와 낙타 말고도 공주가 탈 가마까지 준비했습니다. 게다가 왕은 두 사람의 시중을 들 노예와 환관도 딸려 보내게 했습니다.

드디어 출발할 날이 되어 알 자만이 작별인사를 하자, 왕은 왕자에게 값진 보석으로 장식한 훌륭한 의복 10벌과 승마 10필, 암낙타 10필, 그리고 막대한 돈*68을 주며 부디 부두르 공주를 사랑하고 아껴주라고 당부했습니다.

그러고는 그들을 섬 맨 끝까지 배웅하고서 가마 안의 공주에게 다가가 끌어안고 입맞추었습니다. 왕은 눈물을 흘리면서 이런 시를 읊었습니다.

> 이별을 청하는 그대여,
> 가거라, 편히 가거라!
> 서로 가슴에 포옹하는 것은
> 사랑하는 자의 행위런가.
> 운명의 본성은 불성실,
> 서로의 사이를 갈라놓아, 연인의
> 만날 기약 모두 없애누나.

가유르 왕은 공주 곁을 떠나 왕자에게 이별을 고하고 입맞춘 다음 군대를 거느리고 도성으로 돌아갔습니다.

왕자와 공주 일행은 쉬지 않고 여행을 계속하여 한 달 뒤 초목이 우거진 드넓은 벌판에 이르렀습니다. 그곳에 천막을 치고 음식을 먹으면서 편안히 쉬기로 했습니다.

부두르 공주는 곧 눕더니 잠이 들었습니다. 잠시 뒤 카마르 알 자만이 공주를 찾아가 보니, 공주는 살결이 훤히 비치는 살굿빛 비단속옷을 입고 깊이 잠들어 있었습니다. 머리에는 보석과 진주로 테를 두른 황금두건을 쓰고 있었습니다. 산들바람에 속옷이 걷히자 배꼽과 유방이 드러나고 눈보다 흰 아랫배까지 보이는데, 그 아랫배 밑의 오목한 숲 속에는 인식향이 1온스나 들어갈 듯했습니다.[*69]

이 광경을 본 왕자는 별안간 정념이 불타올라 이런 시를 읊었습니다.

> 지옥의 불길에 몸이 타올라
> 가슴의 불같이 타오르는 욕정에 내 몸
> 불타오르는 그때에
> "그대는 대체 어느 것을 택할까.
> 지옥의 불길에 탈 것인가
> 달콤하고 시원한 물을 마실 것인가?"
> 사람들이 묻는다면 나는 대답하리라.

"나는 지옥의 불을 택하리!"

왕자는 욕정을 억제하지 못하고 한 손을 뻗어 공주의 속옷 끈을 풀었습니다. 그러자 그 끈에 물감나무같이 새빨간 보석이 하나 매어져 있지 않겠습니까. 왕자는 그것을 손에 들고 살펴보았습니다. 거기에는 읽기 어려운 글자로 두 줄의 말이 새겨져 있었습니다. 왕자는 의심스럽고 이상하게 생각되어 마음속으로 중얼거렸습니다.

"이 보석이 공주에게 그토록 귀중한 물건이 아니라면 구태여 속옷 끝에 매어두지도 않았을 것이고, 몸에서 가장 중요한 은밀한 곳에 숨기지도 않았을 것이다. 틀림없이 떼어놓기 싫은 물건일 테다. 이것을 어찌할 작정일까. 여기에 무슨 비밀이 있는지 알고 싶군."

왕자는 천막 밖으로 보석을 가지고 나가 달빛에 자세히 비추어 보았습니다.

— 여기서 날이 밝아오는 것을 알고 샤라자드는 이야기를 그쳤다.

207번째 밤

샤라자드는 이야기를 계속했다.

오, 인자하신 임금님, 카마르 알 자만 왕자가 공주의 보석을 천막 밖으로 가지고 나가 달빛에 비추어 자세히 들여다보고 있는데, 하필이면 그때 새가 한 마리 날아오더니 그 보석을 왕자 손에서 채어가고 말았습니다.

보석을 잃으면 큰일이라고 생각한 왕자는 새를 뒤쫓아갔지만, 새는 왕자에게 잡힐 듯 잡힐 듯하면서 계속 날아갔습니다. 골짜기에서 골짜기로 언덕에서 언덕으로 왕자를 꾀어내면서 날아가는 동안 마침내 해가 지고 말았습니다. 주위가 캄캄해지자 새는 높은 나뭇가지에 앉아 쉬었습니다.

왕자는 시장기와 피로 때문에 몸이 떨려오기 시작하자 그 나무 밑에 앉아 있다가 그만 단념하고 돌아갈까 생각하기도 했습니다. 그러나 사방이 캄캄하여 돌아가는 길을 알 수가 없었습니다. 그래서 왕자는 외쳤습니다.

"영광되고 위대한 신 알라 외에 주권 없고 권력 없도다!"

그러고는 새가 앉아 있는 나무 아래에 누워 아침까지 잤습니다.

이튿날 아침 눈을 뜨자 새도 일어나 날아갔습니다. 왕자도 일어나 계속 그 뒤를 쫓아갔습니다. 새는 꼭 왕자가 걸어가는 속도로 앞서 날아가고 있었습니다. 그것을 보고 왕자는 웃으며 말했습니다.

"정말 이상한 일도 다 있지! 어제는 이 새가 내가 달리는 것과 같은 속도로 내 앞을 날아갔는데, 오늘은 지쳐서 달리지 못하는 것을 알아서인지 내 걸음에 맞추어 날아가다니 정말 기이한 일이다! 죽을지 살지 모르지만 이렇게 된 바에는 어디까지라도 따라가는 수밖에 없다. 어쨌든 이 새는 사람이 사는 집이 있는 곳에서 살고 있을 테니까."*70

이리하여 카마르 알 자만 왕자는 계속해서 새 뒤를 쫓아갔는데, 그 새는 밤이 되면 언제나 나뭇가지에 머물러 쉬었습니다. 왕자는 땅에 떨어진 과일을 먹고 샘물을 마시면서 열흘 동안 그 뒤를 줄곧 쫓아갔습니다. 열흘째 되는 날 해질 무렵이 되어 가까스로 도시가 보이는 곳에 이르렀습니다. 새는 목표물에 다가가듯 빠르게 날아 도시로 들어가더니 마침내 왕자의 눈앞에서 사라지고 말았습니다. 어떻게 된 영문인지, 또 새가 어디로 가버린 것인지 도무지 알 수 없게 된 왕자는 이렇게 외쳤습니다.

"무사히 나를 이 도시까지 인도해 주신 알라를 칭송할진저!"

왕자는 개울가에 앉아 손발과 얼굴을 씻고 잠시 쉬었습니다. 그리고 얼마 전까지 사랑하는 부두르 공주와의 안락하고 즐거웠던 생활을 돌이켜 생각하니, 피로에 지친 데다 외롭고 굶주린 자기 신세가 서러워 뜨거운 눈물이 폭포수처럼 흘렀습니다. 왕자는 이런 시를 읊었습니다.

운명의 업은 숨기고 싶어도 마침내 나타나
아, 밤마다 잠 못 이루는 신세 되었구나.
운명이 내 마음 거절하니, 나는 소리 높이 외치노라,
그 손 멈추어 이 몸 비웃지 말라고,
영원한 비탄과 위험 속에 내 마음 잠기었으니.

사랑의 여신이 나에게 올바르게 대한다면
내 눈에서 편안한 잠 달아나지 않을 것을.

가엾게 여기시라, 그대 사랑으로,
그 일족의 행운아, 이토록 처량해졌음을.
사랑은 찾아왔건만 부귀의 몸은 거리에서 죽을 운명.

세상 사람들 그대 헐뜯을지라도 나는 순순히
오로지 귀 막고 고개 저으며 말없이 '아니'라고 대답할 뿐.
"그대는 가냘픈 처녀를 사랑한다"고 말하면 나는 대답하리,
"그 처녀만 택하고 다른 것은 모두 버렸노라"고.
숙명이 덮치면 여자 때문에 사나이는 눈이 머는 법.*71

이렇게 시를 읊으며 쉰 다음 왕자는 일어나 도시 쪽으로 터벅터벅 걸어갔습니다.

—날이 밝아오는 것을 알고 샤라자드는 이야기를 그쳤다.

208번째 밤

샤라자드는 이야기를 계속했다.

오, 인자하신 임금님, 카마르 알 자만 왕자는 시를 읊고 피로를 푼 다음 일어나서 도시 쪽으로 걸어가 성문*72에 들어섰습니다.

왕자가 이 육지의 문을 지나 도시 끝에서 끝으로 돌아다니다 보니, 이번에는 바다의 문이 나타났습니다. 그것은 이 도시가 바닷가에 있었기 때문입니다. 하지만 왕자는 길을 걷는 동안 그곳 사람을 아무도 만나지 못했습니다. 이윽고 또 다른 육지의 문을 빠져나가 걸어가다가 어느새 과수원과 정원 속에 들어와 있는 자신을 발견했습니다. 그 나무들 사이를 빠져나가니 얼마 안 되어 정원 입구에 이르렀습니다.

왕자가 정원 입구에 서 있는데, 문지기가 나와 인사를 했습니다. 왕자도 답례하자 문지기는 상냥하게 그를 맞이하며 말했습니다.

"용케 여기까지 무사히 올 수 있었군요. 정말 알라께 감사드립니다! 이곳

사람들에게 발견되는 날이면 큰일이니 어서 안으로 들어오시오."

정원으로 들어간 왕자는 의심스럽고 이상한 생각이 들어 문지기에게 물었습니다.

"이 도시 사람들에게 무슨 내력이라도 있나요? 대체 어떤 사람들입니까?"

"이 도시 사람들은 모두 배화교도(拜火敎徒)들이라오. 당신은 대체 어쩌다가 이곳에 오게 되었소? 무슨 일로 오시게 되었나요?"

왕자가 자초지종을 얘기하자, 문지기는 매우 놀라며 이렇게 말했습니다.

"아니, 젊은 양반, 이슬람교도의 도성이라면 여기서 꽤 먼 곳이 아니오? 배로 넉 달, 육로로는 꼬박 1년은 걸리니까요. 우리에게는 배가 한 척 있는데, 해마다 그 배에 상품을 싣고 가장 가까운 이슬람교도의 나라로 가지요. 먼저 '흑도해(黑島海)'로 나가 샤리만 왕의 영토인 하리단 군도로 간다오."

왕자는 이 말을 듣고 잠시 생각에 잠겨 있다가 당분간 이 과수원 일을 거들어 수확물의 4분의 1이라도 얻으며, 일단 여기에 머무는 수밖에 없다고 생각하고 문지기에게 부탁했습니다.

"나를 고용하여 이 과수원에서 일을 거들게 해 주실 수는 없을까요?"

그러자 문지기가 대답했습니다.

"좋소, 그렇게 하지요."

문지기는 나무뿌리에 물주는 방법을 가르쳐주었습니다. 왕자는 무릎까지 내려오는 푸른 윗옷을 입고 나무에 물을 주고 풀도 뽑으며 정원지기와 함께 살았습니다. 그러나 익숙지 못한 일이라 밤낮으로 쉬지 않고 일해야만 해낼 수가 있어서, 고된 노동과 뜨거운 눈물에 젖어 사랑하는 공주만 생각했습니다. 그는 공주를 떠올리며 곧잘 다음과 같은 시를 읊었습니다.

　　그대는 나에게 맹세했건만
　　어찌 그 맹세를 지키지 않는가?
　　입으로는 맹세하면서
　　어찌 행동으로 옮기지는 않는가?
　　그대가 잠든 그 사이에도
　　나는 애태우다 잠 못 이루니,
　　잠자지 않고 지키는 자와

잠 못 이루는 자는
그 자격이 다름을 알라.
두 사람은 언약했네, 이 사랑을
가슴에 숨겨두고 누설치 않겠다고.
그러나 그대도 시중꾼도
곧바로 누설했네, 그 비밀을.
고락과 슬픔과 기쁨을
함께 나누는 나의 벗이여.
어떤 때에도 그대야말로
내 가슴속을 아는 벗이어라!
사로잡힌 내 마음을
잡는 것은 오직 그대이기에
인정을 베풀어 한 번만이라도
나에게 그 얼굴을 보여주시라.
그 누구의 눈도 내 눈만큼
상한 눈 또 있을까.
애틋한 사랑에 이처럼 고뇌하는
마음도 달리 없으리.
'사랑은 언제나 적'이라 하던
그대의 말 틀리지 않네,
그 증거로 갖가지
수많은 사랑의 예를 보라.
세상 사람들은 잊었노라,
사랑에 미친 이 몸을.
가슴의 불길 타오르면
세상 사람들도 이 심정
앗아갈 순 없을 것을.
내 원수가 만일 나를
심판하는 자 된다면
누구에게 호소하여

적의 원한을 바로잡으랴.
나에게 연인이 없어
사랑을 애걸할 까닭 없다면
이 내 마음 이토록
사랑에 미치지는 않을 것을.

이렇게 왕자는 하루하루를 보내고 있었습니다.

한편, 그의 사랑하는 아내 부두르 공주는 그날 아침 눈을 뜨자마자 남편을 찾았지만, 그는 온데간데없이 사라진 뒤였습니다. 그때 문득 속옷 끈이 풀어져 있고 보석이 없어진 것을 깨닫고 혼잣말을 했습니다.

"어머나, 정말 이상하기도 해라! 그이는 어디에 간 걸까? 그 부적을 손에 든 채 어떤 비밀이 있는지도 모르고 가버렸나 봐. 대체 어디로 갔을까? 아마도 중대한 일이 있었던 것이 틀림없어. 그렇지 않고는 잠시도 내 곁을 떠날 그이가 아닌걸. 아, 알라시여, 그 보석을 저주하소서! 간밤의 그때를 저주하소서!"

부두르 공주는 한동안 생각에 잠겨 있다가 다시 중얼거렸습니다.

"만일 내가 이대로 나가서 종자들에게 그이가 없어졌다는 것을 알린다면 모두 다투어 내 몸을 탐낼 것이다. 그러니 계략을 쓰는 수밖에 없다."

공주는 남편의 옷과 승마용 장화를 신고 왕자가 어제까지 쓰고 있던 두건을 두르고는 그 한 자락을 길게 내려 입을 가렸습니다.[*73] 그리고 자신의 가마에 한 노예계집을 태운 다음 천막에서 나와 시동들에게 남편의 말을 끌어내오게 했습니다. 공주는 말에 올라타 낙타와 말에 짐을 싣고 다시 여행을 계속했습니다. 시동들도 무거운 짐을 말에 싣고 그 뒤를 따랐습니다. 이 계획은 아무도 몰래 이루어졌을 뿐만 아니라, 공주의 아름다운 얼굴이 왕자와 똑 닮았으므로 아무도 가짜 알 자만인 줄은 꿈에도 몰랐습니다.

그들은 밤을 낮 삼아 여행을 계속하여 마침내 소금호숫가에 자리한 도시 가까이에 이르자 그들은 성벽 밖에 천막을 치고 쉬었습니다.

공주가 이 도시의 이름을 묻자 대답이 돌아왔습니다.

"이곳은 검은 도시라고 합니다. 이곳 임금님은 알마누스라고 하며 하야트 알 누후스라는 공주가 한 분 계십니다."

—샤라자드는 날이 밝아오는 것을 알고 이야기를 그쳤다.

209번째 밤

샤라자드는 이야기를 계속했다.

오, 인자하신 임금님, 부두르 공주가 검은 도시 밖에 이르러 휴식하고 있을 때, 알마누스 왕은 성 밖에 천막을 치는 무리들이 어느 나라 사람인지 알아오라고 신하에게 명했습니다.

사신이 곧 공주의 천막을 찾아와 물었습니다. 그리하여 하리단 섬으로 가다가 길을 잃은 왕자의 일행임을 알고, 그 사실을 곧 알마누스 왕에게 알렸습니다.

이 말을 들은 왕은 영주들을 거느리고 말에 올라 멀리서 온 왕자를 맞이하러 나갔습니다. 천막 가까이에 이르자 부두르 공주가 걸어서 왕을 마중 나왔으므로 왕도 말에서 내려 서로 인사를 나누었습니다.

왕은 부두르 공주를 데리고 도성으로 들어가 왕궁에 이르자 시종들에게 진수성찬을 대접하도록 명령하고서 그들을 귀빈용 별장으로 안내했습니다. 이리하여 공주는 사흘 동안 그곳에 머물렀습니다. 사흘째 되는 날 왕은 부두르 공주를 찾아갔습니다.

공주는 그날 마침 목욕을 한 뒤인지라, 보름달처럼 빛나고 아름다운 그 얼굴은 보는 이를 황홀케 하여 수줍음의 베일을 찢어버리고 싶을 정도였습니다.

알마누스 왕은 황금과 보석으로 수놓은 비단옷을 입은 공주의 모습을 바라보더니 말했습니다.

"오, 사랑스러운 왕자여, 보다시피 나는 나이가 들어 이렇게 늙어버렸는데 알라께서는 딸 하나밖에 점지해 주지 않았소. 그 딸의 아름다운 얼굴과 자태가 그대와 흡사하다오. 나는 이미 국사도 감당하기 어려운 몸이 되었으니, 만약 그대에게 이 나라가 마음에 들어 언제까지나 살고 싶다는 생각이 있다면, 기꺼이 내 딸과 혼인시키고 영지를 비롯한 모든 것을 물려주고 싶은데 어떻게 생각하시오? 그렇게만 된다면 나도 마음이 놓일 것 같소만."

그 말을 듣고 부두르 공주는 고개를 숙였지만, 이마에서는 진땀이 배어 나왔습니다. 공주는 속으로 생각했습니다.

'어떻게 그럴 수가 있담, 나는 여자인데? 만일 거절하고 작별을 고한다면 무사하지 못할 거야. 임금님은 군사를 보내 나를 죽여 버릴지도 몰라. 그렇다고 승낙한다면 그야말로 죽도록 창피한 꼴을 당해야만 할 테지. 그리운 카마르 알 자만 님은 도대체 어디 가셨을까? 지금쯤 무얼 하고 계실까? 아무튼 우선 이 몸의 안전을 도모하려면 임금님이 시키는 대로 하며 알라께서 좋은 방법을 일러주실 때까지 이곳에 머무는 수밖에 없다.'

그래서 공주는 가까스로 머리를 들고 대답했습니다.

"잘 알았습니다!"

공주는 알마누스 왕의 분부대로 따르겠다고 한 것입니다. 왕은 매우 기뻐하며 사자에게 명하여 검은 섬 구석구석에 포고를 내려 성대한 잔치를 베풀고 집집마다 집 안을 장식하게 시켰습니다. 그리고 시종과 영주를 비롯하여 태수며 대신이며 백관에 이르기까지 한 자리에 모아놓고, 정식으로 왕위에서 물러나 부두르 공주에게 왕좌를 물려준 다음 임금이 입는 옷들도 모두 넘겨주었습니다.

태수와 중신들은 번갈아 부두르 공주 앞으로 나가 충성을 맹세했지만, 이 새 왕이 여자라는 사실을 아는 사람은 아무도 없었습니다. 공주의 모습을 본 사람들은 모두 그 뛰어난 아름다움과 사랑스러움에 도취되고 말았습니다.

이렇게 부두르 공주가 왕위를 이어받자 기쁜 소식을 전하는 북소리가 울리고 새 왕은 엄숙하게 왕좌에 올랐습니다. 곧이어 알마누스 왕은 하야트 알 누후스 공주의 결혼을 준비하기 시작했습니다.

부두르 공주는 신부에게 안내되었습니다. 알 누후스 공주와 부두르 공주가 나란히 선 모습은 마치 달 두 개가 동시에 떠오른 듯, 태양 두 개가 빛을 비추는 듯했습니다.

두 사람이 신부의 방으로 들어가자 문이 닫히고 휘장이 드리워졌습니다. 시동들이 촛불을 켜고 양탄자 침상을 펼쳐놓았습니다.

부두르 공주는 알 누후스 공주와 단둘이 있게 되자 그리운 알 자만을 생각하며 슬픔에 잠겼습니다. 남편과 헤어져 혼자 타향을 헤매는 자기 신세를 한탄하며 이런 시를 읊었습니다.

고민에 잠기는 내 영혼을
외면하고 떠나신 그대,
가엾어라, 생명의 숨결 스러져도
이 몸엔 끝없는 슬픔.
내 눈은 감으려 해도 감기지 않고
밤이 와도 자, 보라,
하염없이 넘쳐흐르는 이 눈물,
잠 못 드는 밤의 눈물로
잠 못 드는 눈을 쉬게 하라!
그대 떠나고 이 몸은
오직 홀로 남아
그대는 오지 않고, 그 얼마나
쓰라린 괴로움에 애타는지
자, 물어보라, 나에게.
눈시울 적시는 비처럼
흐르는 눈물 없다면,
사랑의 불길 더욱 거세어져
타고 또 타올라 모든 것을
태우고 태워서 재로 만들리라.
나는 알라께 호소하리,
그리운 임 잃은
마음의 깊은 상처 슬퍼하면서.
더할 수 없이 그리운 사랑
안타까운 마음으로 한탄해도
나를 위해 울어주는 사람 아무도 없네.
격렬한 사랑을 품은 일 말고는
남에게 원한 산 일 없건만
사랑의 여신은 우리 두 연인을
갈라놓네, 가차없이
행복한 사람과 불행한 사람으로.

노래를 마치자 부두르 공주는 알 누후스 공주 곁에 앉아 그 입술에 입을 맞춘 다음, 일어나 간단히 목욕하고 나서 조용히 기도를 드리기 시작했습니다. 한참 동안 기도를 계속하다가 이윽고 알 누후스 공주가 잠드는 것을 보자 조용히 침상에 들어 공주에게 등을 돌린 채 아침까지 잤습니다.

날이 새자 부왕과 왕비가 함께 방으로 들어왔습니다. 그리고 알 누후스 공주에게 남편이 어떻게 했는지 묻자, 공주는 간밤의 일을 자세히 이야기한 다음 남편이 읊은 시까지 되풀이해 들려주었습니다.

한편 부두르 공주는 어전으로 나가 옥좌에 앉았습니다. 그러자 태수를 비롯하여 문무백관이 와서 차례로 문안드리고 바닥에 엎드려 축복을 빌었습니다. 새 왕은 일일이 웃음으로 답례한 다음, 그들에게 어의(御衣)를 내리고, 고관들에게는 영지를 늘려 주고, 군사들에게는 하사품을 내렸습니다.

신하들은 모두 새 왕을 사모하며 그 위세가 영원하기를 빌었지만, 이 새 왕이 남자가 아니라는 것은 꿈에도 의심하는 자가 없었습니다. 새 왕은 온종일 조정에서 정무를 맡아보며 법령과 금령을 내리고, 올바른 재판을 하여 죄수를 석방하고 관세를 면제하는 등 여러 가지 일을 처리했습니다.

그리고 밤이 되자 왕은 특별히 준비된 방으로 물러나왔습니다. 그곳에 신부 알 누후스 공주가 기다리고 있었으므로 가까이 앉아 가볍게 등을 두드리거나 어루만지고 애무하며 안아주고서, 이마에 입을 맞추고 이런 시를 읊었습니다.

가슴에 숨긴 이 비밀은
흘리는 눈물에 드러나고
말라버린 살결은 내 사랑을
빛깔로 드러내 나타나네.
시름에 겨운 이 심정을
나는 한결같이 감추건만
이별한 나날의 슬픔으로
마침내 가슴속 그 비밀을
시샘하는 자에게 들켜버렸네.
아, 그대는 야영 중에

떠나시고 남은 나는
마음 고달프고 시름에 겨워
추운 기운에 가슴을 떠는구나.
내 가슴 한복판에 그대 깃들어
눈에서 뿜어져 나오는
핏방울이 넘쳐흐르네,
지난날 쏟은 눈물과 함께.
떠나간 사람을, 나는 오직
이 영혼으로나 속죄할까.
한 번 보고파 그리워하는
안타까운 심정을 모두 안다면
내 눈에 깃든 나의 연인은
그대 그리워, 야속하게도
밤마다 잠 못 이루게 하니
흐르는 눈물 막을 길 없네.
"깨진 사랑의 아픔 참으라."
적은 나에게 권유하지만
어찌 귀 기울여 들으리
적이 하는 동정의 말을!
나는 영토를 빼앗겼지만
오래 품어온 소원 이루어
그대의 두터운 정 차지하였네,
아, 그리운 사람 알 자만.
세상에서 보기 드문 타고난 자질
한몸에 모두 지닌 그대이니
옛날의 어떤 왕자도 이에 비길
힘을 자랑한 자 없었노라.
그대의 타고난 기품 보고 있으면,
빈 자이다.*74의 재능도
무아위야*75의 온후함도

모두 잊게 마련.
시와 노래의 힘 약하지 않아,
덧없는 생명 아니라면
노랫가락 가다듬어
그대를 찬양하며 노래 부르리.

시를 읊고 나자, 부두르 공주는 일어나 눈물을 닦고 간단히 목욕한*76 다음 또 열심히 기도를 드렸습니다. 부두르 공주가 기도를 계속 하는 동안 알누후스 공주는 잠이 와서 이윽고 곤히 잠에 빠져들었습니다. 그것을 보고 부두르 공주도 그 옆에 조용히 누워 아침까지 잤습니다. 새벽이 되자 잠자리를 빠져나와 아침 기도를 드린 다음 왕좌에 앉아 해가 질 때까지 명령과 금지령을 내리고, 법령을 정하며 올바르게 정사를 보았습니다.

알마누스 왕은 그날도 딸에게 가서 지난밤의 사정을 물었습니다. 공주는 간밤에 있었던 일을 자세히 이야기하고 부두르 공주가 읊었던 시를 되풀이한 다음 덧붙였습니다.

"오, 아버님, 그이만큼 사려분별이 있고 점잖으며 엄숙한 이는 없을 거예요. 그이는 그저 울며 한숨만 쉬고 있는 걸요."

"오, 공주야, 사흘 밤째인 오늘까지만 더 참아보아라. 만일 그 사람이 오늘도 너와 인연을 맺지 않는다면 해결할 방법이 있다. 왕좌에서 물러나게 하여 이 나라에서 추방해야지."

그날은 두 부녀 사이에 이런 의논이 이루어졌습니다.

─샤라자드는 새벽빛이 밝아오는 것을 보고 이야기를 그쳤다.

210번째 밤

샤라자드는 이야기를 계속했다.

오, 인자하신 임금님, 그날도 해가 지자 부두르 공주는 왕좌에서 일어나 왕궁 안의 별장으로 돌아갔습니다.

방 안에는 촛불이 환하게 켜져 있고 알 누후스 공주가 여느 때처럼 앉아서 기다리고 있었습니다. 그 모습을 본 부두르 공주는 행방을 알 수 없는 남편과 눈 깜짝할 사이에 일어난 슬픈 사연을 다시 떠올리고, 눈물과 한숨 속에 괴로워하면서 이런 시를 읊었습니다.

내 연인의 소문
모든 나라에 퍼졌노라.
마치 가자의 숲 위로
한낮의 태양이 비치럼
빛을 내리퍼붓듯이.
그대의 공적을
늘어놓기는
아주 쉽지만
그 마음을
헤아리기는
참으로 어려워라.
그리고 또한
나의 괴로움은
그칠 새 없네,
어느 한순간이라도
나는 그대를
사랑하기에
참는 마음을
미워할 뿐.
사랑하는 이여,
본 적 있는가?
사랑 때문에 참는 마음
미워하는 것을.
사랑의 병을
안겨다 준

그 한 번의 눈길에
이 몸은
죽음의 상처를
입었노라.
정녕 연인의
눈길 한 번은
세상에서 가장 두려운 것으로
지옥의 모진 고통
따르더라.
그대 앞머리 드리우고
턱수염 깎으면
내 눈에 비치는 건 명암진
아름다운 그대의 모습.
나의 괴로움도 그 구원도
그대 손에 달렸네.
슬픔을 준 사람이 그대이기에
슬픔을 다스림도 그대이어라.
그대 부드러운 허리 때문에
그대 띠마저 부드러워지고,
그대 엉덩이는 시샘으로
선뜻 일어서지 못하네.
고수머리에 장식으로 꾸며진
그대 이마는 칠흑의
밤처럼 검고,
장식을 벗기면 오, 놀라워라!
밝은 아침 눈부시게
빛나는 빛을 나타내리니.

부두르 공주가 이 시를 읊고 나서 기도를 드리려 일어섰을 때, 알 누후스 공주가 그의 옷자락에 매달리며 말했습니다.

"당신, 아버님이 당신께 그토록 호의를 베푸셨는데, 이처럼 저를 모른 척 하시다니 부끄럽지도 않으셔요?"

이 말을 듣고 부두르 공주는 그 자리에 앉았습니다.

"오, 알 누후스, 그게 대체 무슨 말이오?"

"제가 말씀드리는 것은, 당신처럼 자존심이 강한 사람은 여태까지 본 적이 없다는 거예요. 아름다운 분은 모두 그렇게 무정하신가요? 저는 당신의 마음을 저에게 끌어들이기 위해 이러는 게 아니에요. 다만 아버님 손에서 당신을 구해 드리려고 말씀드리는 거예요. 만일 오늘 밤에도 당신이 나와 부부의 인연을 맺지 않으시면 아버님은 내일, 당신의 왕권을 뺏고 국외로 추방하시겠답니다. 역정이 지나치시면 목숨까지 빼앗을지도 몰라요. 나는 당신이 가여워서 말씀드리는 것이니 부디 조심하세요."

이 말을 들은 부두르 공주는 가만히 고개를 숙인 채 한동안 갈피를 잡지 못하며 속으로 생각했습니다.

'만약 내가 거절하면 목숨을 잃을 것이고 왕의 말에 따르면 창피를 당해야 한다. 하지만 나는 지금 '검은 섬'들의 왕, 모두 나의 지배 아래 있다. 더구나 이 나라가 아니면 남편 카마르 알 자만도 만날 수 없다. 이 나라를 지나지 않고는 고국으로 돌아갈 수 없으니까. 아, 이럴 때는 어떻게 하면 좋단 말인가? 그래, 모든 것을 선도하시는 알라께 이 모든 괴로움을 맡기는 수밖에 없어. 나는 남자가 아니니까 이 처녀를 아내로 삼을 수는 없는 일이야.'

그래서 알 누후스를 돌아보며 말했습니다.

"오, 공주여, 당신에게 매정하게 대한 것은 정말 잘못했소."

그리고 솔직히 신분을 밝히고 이제까지의 일들을 남김없이 이야기한 다음 덧붙였습니다.

"제발 부탁이니 이 일만은 알라께 맹세코 잠자코 있어 주시오. 알라의 자비로 사랑하는 남편 알 자만을 만날 때까지는 어떤 일이 있어도 신분을 숨겨야 하니까."

—날이 훤히 밝아오는 것을 알고 샤라자드는 이야기를 그쳤다.

211번째 밤

샤라자드는 이야기를 계속했다.

오, 인자하신 임금님, 부두르 공주는 알 누후스 공주에게 신상 이야기를 모두 털어놓고 부디 비밀로 해달라고 부탁했습니다. 그러자 알 누후스 공주는 뜻밖의 이야기에 무척 놀라면서도 깊이 동정하여 하루빨리 그리운 분을 만나게 되기를 빈다면서 이렇게 말했습니다.

"오, 언니, 염려 마세요. 모든 일을 알라께 맡기시고 꼭 참고 견디세요."

그리고 공주를 위로하기 위해 이런 시를 읊었습니다.

> 비밀을 지키는 건 훌륭한 사람,
> 훌륭한 사람은
> 비밀을 가슴 깊이 간직한다.
> 나는 비밀이 새지 않도록
> 굳게 잠겨 열쇠도 없는
> 방 안에 있듯이 그 비밀 지키리.

노래를 마치자 알 누후스는 맹세했습니다.

"언니, 정말로 기품 있고 훌륭한 분의 가슴속은 비밀의 무덤이랍니다. 나는 당신의 비밀을 절대로 입 밖에 내지 않겠어요."

두 사람은 즐거운 듯이 장난치고 포옹하고 입맞추며 잠자리에 들었습니다. 새벽 기도를 알리는 종소리가 들려오자 알 누후스 공주는 일어나 비둘기 한 마리를 잡아와 멱을 따서 그 피를 몸과 속곳에 발랐습니다.

그런 다음 속곳을 벗고 큰 소리로 울자, 그 소리를 들은 시녀들이 달려와 모두 기뻐하며 소리를 질렀습니다. 그러는 동안 어머니가 들어와 사정을 물은 뒤 여러 가지로 분주히 시중을 들면서 저녁때까지 방에 머물러 있었습니다. 부두르 공주는 새벽녘이 되자 목욕탕에 들어가 몸을 씻고 접견실로 나가 여느 때와 다름없이 정무를 보았습니다.

부왕 알마누스는 기쁨의 외침을 듣고 무슨 일이냐고 묻고는, 공주가 신방을 치렀다는 대답을 듣자 기쁨으로 가슴이 벅차올라 성대한 잔치를 베풀었습니다. 그 기쁨의 향연은 며칠 동안이나 그칠 줄을 몰랐습니다.

한편 샤리만 왕은 왕자가 마르자완을 따라 사냥 나간 채 밤이 되어도 돌아오지 않자, 이제나저제나 목이 빠지게 기다리고 있었습니다. 쓸쓸한 밤이 깊어가는 동안 차츰 불안에 쫓겨 조바심이 더해왔습니다. 영원히 아침이 오지 않을 것만 같아 결국 하룻밤을 뜬눈으로 지새우고 말았습니다.

날이 새어 낮이 되어도 왕자는 돌아올 조짐이 없었습니다. 왕은 두 번 다시 왕자를 만날 수 없을 것 같은 예감에 사로잡혀 가슴이 찢어지는 듯했습니다.

"아, 아들아!"

왕은 아들을 부르며 옷이 흠뻑 젖을 만큼 울고는, 슬픔에 찬 마음으로 이런 시를 읊조렸습니다.

> 애욕에 빠지면 안 되느니,
> 사랑의 쓴맛과 단맛
> 나는 다 맛보았네.
> 사랑의 발아래
> 꿇어 엎드려
> 애욕의 쓴 잔도 들이켜보았다.
> 두 사람의 사랑은 깨진다고
> 운명의 여신이 장담한 대로
> 역시 거짓말이 아니었구나.
> 나는 졌느니라, 결국 애욕에.

노래를 마치자, 왕은 눈물을 닦고 왕자를 찾으러 간다며 출동준비를 하도록 군대에 명했습니다. 그리하여 왕은 기마대를 이끌고 출발했지만, 마음은 큰 슬픔에 젖어 오로지 아들 알 자만 생각뿐이었습니다.

왕은 강행군을 계속하여 전군을 우익, 좌익, 전위, 후위, 그리고 왕의 조(組)와 대신의 조 등 여섯 대로 나누어 저마다 내일 갈림길에서 만나기로 명한 다음 사방으로 수색의 손길을 펼쳤습니다.

여섯 부대는 저마다 담당한 지역을 수색하면서 밤새도록 행군하여 이튿날 점심때쯤 네 갈래 길이 교차하는 곳에서 만났습니다. 하지만 왕자의 행방은 도무지 알 길이 없었습니다. 그러는 사이 곧 갈가리 찢어진 옷과 생생한 살점, 땅 위에 피가 흐른 광경이 눈에 들어왔습니다.

그것을 본 샤리만 왕은 틀림없이 왕자가 죽은 줄 알고 가슴 깊은 곳에서 우러나오는 비명을 질렀습니다.

"아, 가엾어라! 왕자여!"

왕은 얼굴을 때리고 수염을 쥐어뜯고 옷을 갈가리 찢으면서 오래도록 울부짖었습니다. 구사들도 따라 울면서 알 자만 왕자는 마침내 죽은 것으로 단정했습니다. 모두 머리에 모래를 뒤집어쓰면서 숨이 멎을 만큼 눈물을 흘리며 울었습니다.

어느덧 해가 졌습니다. 왕은 끓어오르는 슬픔을 가슴에 품고, 뜨거운 한숨을 내쉬며 이런 시를 읊조렸습니다.

　　쓰라린 불행을 한탄하며
　　슬퍼하는 사람을 탓하지 말라.
　　이 뜬세상의 재앙을
　　폭로할 마음은 없다.
　　눈물 흘리며 우는 그대는
　　슬프고 괴로운 심정에서 우러나는
　　진정한 사랑의 표시.
　　경사스럽지 않은가, 사랑 때문에
　　병든 사람이 하는 말,
　　"눈물을 사랑하는 눈은
　　늘 흐르는 눈물을 멈추지 않는다"고.
　　그대는 하늘에 빛나는
　　수많은 별보다 아름다운
　　둥근 달 없어 슬퍼하는구나.
　　용감하게 고향 떠나간 그날
　　넘칠 듯한 잔을 들어
　　마시고 그대는 죽었는가.
　　이별의 말을 동포에게

말하지 않고 간 그대이기에
고향을 나와 이 몸은
비탄하는 신세 되었도다.
그렇다, 그대를 잃고
나는 괴로움에 몸부림치노라.
만날 길 막혀 갖가지
고뇌에 시달리노라.
우리의 눈동자에 작별 고하고
길 떠나니, 주(主)이신 신은
그대에게 약속하네, 하늘나라를.

샤리만 왕은 이 시를 읊고 나서 곧 전군을 이끌고 도성으로 돌아갔습니다.

—날이 훤히 밝아오는 것을 알고 샤라자드는 이야기를 그쳤다.

212번째 밤

샤라자드는 이야기를 계속했다.

오, 인자하신 임금님, 시를 읊고 난 샤리만 왕은 군사를 이끌고 도성으로 돌아갔습니다. 알 자만 왕자가 짐승이나 산적 무리에 쫓기다 찢겨 죽은 줄만 알고 완전히 단념한 것입니다.

샤리만 왕은 도성에 돌아오자 곧 하리단 섬 전체에 포고령을 내려 왕자의 죽음을 애도하기 위해 모두 검은 옷을 입도록 명령했습니다. 그리고 왕자를 기념하기 위해 집을 짓고 '슬픔의 집'이라고 이름 지은 뒤, 국사를 다스리는 월요일과 화요일을 제외한 날은 죽은 왕자를 생각하며 슬픈 시를 읊으면서 그 집에서 지냈습니다. 이 시도 그 가운데 하나입니다.

그대가 있으면 행복한 날,
그대가 없으면 한탄스러운 날,

온 밤이 새도록 이 몸은
죽음을 두려워하며 떨지라도,
그대 만나는 날은
더할 나위 없이 행복하더라.

또 이런 시도 있습니다.

내 영혼은 그대 위해
한결같이 바치리라, 아낌없이
그대 가버리고 슬프게도
모진 고뇌와 두려움에
시달리는 나의 마음.
그대, 홀몸으로 있는 동안
기쁨으로 세월 보내시라.
나는 세 번째 이별로
영원히 헤어졌노라, 기쁨과.

한편 가유르 왕의 딸 부두르 공주는 검은 섬들의 통치자로서 나날을 보내
고 있었습니다. 사람들은 공주를 가리켜 이렇게 속삭였습니다.
"저분은 알마누스 왕의 양자이시다."
부두르 공주는 밤마다 알 누후스 공주와 함께 지내면서 자신의 슬픈 신세
타령을 하고, 행방을 몰라 이제는 꿈속에서밖에 만날 길 없는 남편 알 자만
을 그리워하며, 눈물에 젖어 그 아름다움과 사랑스러움에 대해 얘기하곤 했
습니다. 그리고 때로는 이런 시를 읊조렸습니다.

알라께서도 알고 계셔요,
당신과 헤어진 이 몸은
비싼 이자의 눈물을 빌려서까지
눈물 흘리며 울었답니다.
사람들은 말하지요. "참고 견디면

언젠가는 마음도 편안해지리라!"
나는 이렇게 대답합니다.
"대체 어디에 인내의
집이 있는지 알고 싶어요."

한편 카마르 알 자만 왕자는 밤낮으로 지나간 옛날의 즐거움과 기쁨을 떠올리고는 눈물에 젖어 시를 되풀이하면서 오랫동안 정원사와 함께 살고 있었습니다. 정원지기는 왕자를 위로하며, 연말에는 반드시 이슬람의 나라로 가는 배가 있으니 걱정하지 말라고 격려해 주었습니다.

이렇게 하루하루가 지나는 동안 어느 날 사람들이 많이 모여 웅성거리고 있기에, 무슨 일인가 하고 왕자가 의아하게 생각하며 보고 있으니 정원사가 와서 이렇게 말했습니다.

"오늘은 일을 그만두시오. 나무에 물을 줄 필요도 없소. 오늘은 축제일이라 모두 서로 초대한다오. 그러니 당신도 쉬면서 정원을 지켜주시오. 나는 그동안 배를 찾아보고 오겠소. 당신을 꼭 이슬람의 나라로 보내드릴 터이니."

그리고 정원지기는 꽃밭을 나갔습니다. 혼자 남은 왕자는 다시 자기 신세를 생각하니 슬픔이 끓어올라 가슴이 미어지는 것 같아서, 폭포 같은 눈물을 흘리며 울다가 마침내 정신을 잃고 쓰러지고 말았습니다.

이윽고 왕자는 정신을 차리고 일어나 꽃밭 안을 돌아다니며 다시 자신에게 일어난 일을 돌이켜 생각하면서 깊은 슬픔에 잠겼습니다. 그때 무언가에 발이 걸려 넘어지면서 나무뿌리에 이마를 호되게 부딪치는 바람에 피와 눈물이 함께 흘러내렸습니다.

그는 일어나 피를 닦고 다친 이마를 헝겊으로 감은 다음 계속 슬픈 가슴을 안은 채 꽃밭 안을 돌아다녔습니다. 그러다가 무심코 가까이 있는 나무를 올려다보니 마침 새 두 마리가 서로 싸우는 것이었습니다. 그 가운데 한 마리가 날아오르더니 상대의 목에 부리를 박아 그 먹을 물어뜯고는 날아갔습니다.

죽은 새가 왕자의 발밑에 툭 떨어졌습니다. 이것을 본 큰 새 두 마리가 느닷없이 내려오더니, 한 마리는 머리 쪽에 한 마리는 꽁지 쪽에 앉아 날개를 접고 목을 뻗어 주둥이를 시체 위로 숙인 채 울기 시작했습니다.

친구의 죽음을 슬퍼하는 새를 보자 왕자도 덩달아 눈물 흘리며 다시 아내와 아버지를 생각했습니다.

—날이 훤히 밝아오는 것을 알고 샤라자드는 이야기를 그쳤다.

213번째 밤

샤라자드는 이야기를 계속했다.

오, 인자하신 임금님, 카마르 알 자만 왕자는 친구를 잃고 슬퍼하는 새 두 마리를 보면서 두고 온 아내와 아버지를 떠올렸습니다.

왕자가 새 두 마리를 가만히 지켜보고 있으니, 새들은 무덤을 파고 죽은 새를 묻은 다음 하늘 높이 날아갔습니다. 한참 뒤 친구를 죽인 그 새를 데리고 돌아와 무덤 위에 내려앉더니, 그 새를 죽이고 배를 갈라 내장을 끌어내고는 무덤 위에 그 피를 뿌렸습니다. 그리고 가죽을 벗기고 살을 찢고서 나머지 내장을 끌어내어 여기저기에 뿌렸습니다.[*77]

왕자는 이 광경을 이상히 여기면서 가만히 지켜보았습니다. 그런데 새 두 마리가 친구의 원수를 죽인 자리에서 무언가 반짝반짝 빛나는 것이었습니다. 가까이 가서 살펴보니 그것은 죽은 새의 위장이었습니다. 왕자가 그것을 집어 들고 쪼개보니 그 안에 자기와 아내를 이별하게 만든, 바로 그 보석이 들어 있지 않겠습니까!

왕자는 매우 기쁜 나머지 잠시 정신이 아득해져서 땅에 쓰러져버렸습니다. 이윽고 정신을 차린 왕자는 외쳤습니다.

"오, 알라시여, 감사합니다! 이거야말로 좋은 징조다. 아내와 다시 만나 살 수 있는 징조다."

왕자는 그 보석을 잘 살펴본 다음, 보석으로 눈꺼풀을 문질렀습니다.[*78] 그리고 그것을 팔뚝에 단단히 잡아맸는데, 자신에게 갑자기 다가온 행운에 가슴이 두근거렸습니다. 왕자는 정원사가 돌아오기를 기다리면서 해가 질 때까지 꽃밭을 돌아다녔습니다. 그러나 밤이 되어도 정원사가 돌아오지 않자,

왕자는 늘 자던 곳으로 가서 드러누웠습니다.

날이 밝자 일을 하기 위해 종려밧줄로 허리를 묶고 나서, 도끼와 바구니를 들고 꽃밭 안쪽으로 걸어갔습니다. 그리고 캐러브나무 옆에 가서 그 뿌리를 도끼로 찍었습니다. 쾅쾅 도끼 소리가 주위에 메아리쳤습니다. 이윽고 밑동의 흙을 치우자 덮개가 나타나 그것을 들어 올렸습니다.

—샤라자드는 날이 밝아오는 것을 깨닫고 이야기를 그쳤다.

214번째 밤

샤라자드는 이야기를 계속했다.

오, 인자하신 임금님, 카마르 알 자만 왕자가 덮개를 들어 올리자 구불구불한 계단이 있었습니다. 그 계단을 내려가니 아드족과 타무드족*79이 살았던 시대에, 바위를 새겨 만든 봉안당이 나타났습니다. 그 주위에는 기름 항아리만 한 커다란 놋그릇들이 늘어 놓여 있고, 그 안에 번쩍번쩍 빛나는 황금이 가득했습니다.

왕자는 저도 모르게 혼잣말을 했습니다.

"아니, 이거야말로 슬픔이 가고 위안이 찾아온 셈이군!"

왕자가 지하실에서 올라와 원래대로 덮개를 덮어놓고 온종일 나무에 물을 주는 동안 그날도 해가 저물었습니다.

그때 정원사가 돌아와 말했습니다.

"기쁜 소식이 있소. 당신은 곧 고향으로 돌아갈 수 있을 거요. 상인들이 여행을 떠나게 되어 배를 만들어 사흘 뒤 이슬람에서도 으뜸가는 검은 도시를 향해 출발한다고 하오. 그러니 당신도 그 배를 타고 떠나시오. 그곳까지 가서 육로로 여섯 달만 더 여행하면 샤리만 왕의 영토 하리단 군도에 무사히 도착할 수 있을 것이오."

왕자는 뜻밖의 반가운 소식을 듣고 매우 기뻐하며 다음과 같은 시를 읊었습니다.

이별을 슬퍼하는 나를
남겨두고 가지 마시라,
죄 없는 나를 무정하게도
비웃고 괴롭히지 마시라.
오랜 이별에 다른 사람이
그대 마음을 빼앗아가고
모든 형편이 변할지라도
나만은 원래 그대로의 나이니.

노래를 마치자, 알 자만 왕자는 정원사의 손에 입맞추며 말했습니다.

"오, 영감님, 당신이 기쁜 소식을 전해 주셨듯이 나도 당신에게 기뻐할 이야기를 전해 드리지요."

그리고 낮에 발견한 봉안당 이야기를 하자 정원사는 무척 기뻐하며 말했습니다.

"오, 저런! 나는 80년이나 이 정원에서 살아왔건만 아무것도 찾아내지 못했소. 그런데 당신은 1년도 채 못 되어 그런 엄청난 것을 찾아내다니 아마도 알라의 선물임이 틀림없는 것 같소. 당신의 고생도 이제는 끝나 사랑하는 가족들과 머지않아 만나게 되겠지요."

"어쨌든 그 황금을 둘이서 나눠 가지기로 합시다."

왕자는 정원지기를 지하실로 데리고 가서 항아리 20개에 든 황금을 보여주었습니다. 그것을 두 사람이 10개씩 나눈 다음 정원사가 왕자에게 말했습니다.

"이 정원에 나 있는 감람열매*⁸⁰를 가죽 자루에 넣어 가시오. 이 열매는 이 고장 말고 다른 곳에서는 나지 않는 것이라 상인들이 여러 지방으로 가지고 간다오. 그러니 먼저 황금을 자루에 넣고 그 위에 감람열매를 채운 다음 아가리를 묶어 배에 타시오."

알 자만 왕자는 곧 정원사의 말에 따라 50개나 되는 가죽 자루에 황금을 넣고 그 위에 감람열매를 채운 다음 아가리를 묶었습니다. 그리고 한 자루에 맨 밑에는 그 보석부적도 넣어두었습니다.

그 일이 끝나자 왕자는 정원지기와 앉아 이런저런 이야기를 나누면서, 머지않아 만날 연인과의 재회의 날을 그리며 생각했습니다.

'먼저 검은 섬에 닿거든 곧 아버님 나라로 가서 그리운 부두르 공주의 안부를 묻기로 하자. 그런데 공주는 고국으로 돌아갔을까, 아니면 아버님 나라로 여행하고 있을까. 어쩌면 도중에 무슨 재앙이라도 만났는지 모른다. 아무튼 궁금하구나.'

그리고 다음과 같은 시를 읊조렸습니다.

사랑의 불길을 내 가슴에
질러놓고 가버렸네, 사람들이.
머나먼 이국 끝에서
나의 연인은 사로잡혔도다.
그들의 야영지도
사랑하는 이의 천막도
아득히 먼 곳이라
나는 머무를 방법이 없구나.
이 몸은 사람들이 떠난 뒤부터
이미 견딜 힘 사라지고
편안한 잠은 눈에서 떠나
초조한 마음만 커지네.
사람들이 가버리면 갖가지
즐거운 생각도 멀어져
되돌아오지 않는 기쁨에
오호라, 마음의 휴식마저
멀리 사라져가네.
뜨거운 눈물 내 눈에서
비처럼 흐르고 또 흘러
이별로 말미암아 이 눈동자
이제 눈물도 말랐구나.
서글픈 마음에 다시 한 번
만날 희망 용솟음쳐

괴로움과 더불어 좋은 희망
차츰 더해 가면, 이 몸은
가슴 깊이 사람들
모습 더듬어 찾아, 동경과
사랑해 마지않는 마음으로
그 얼굴들을 생각하련다.

왕자는 출범할 날을 기다리면서 그 새들에 대한 이야기를 정원사에게 해주니, 노인은 몹시 놀라워했습니다. 이윽고 두 사람은 자리에 누워 아침까지 잠들었는데, 이튿날 아침 눈을 떠 보니 정원사가 병이 나서 일어나지 못한 채 이틀이 흘렀습니다.

사흘째가 되자 병은 더욱 심해져서 더는 살 가망이 없어 보였습니다. 카마르 알 자만 왕자는 정원사로 말미암아 깊은 슬픔에 잠겼습니다. 그러던 어느 날 선장과 선원들이 와서 정원사를 찾기에 병중이라고 대답하자 선장이 물었습니다.

"내 배로 검은 섬에 가겠다는 젊은이는 어디 있소?"

"바로 당신 눈앞에 있는 접니다."

왕자는 그렇게 대답하고 그 감람열매를 담은 자루를 배까지 날라달라고 부탁했습니다.

그러자 그들이 말했습니다.

"서둘러 주시오. 지금 바람의 방향이 꼭 안성맞춤이니까."

"알았습니다."

그들은 자루를 배로 운반해 갔습니다.

식량을 배에 실은 왕자가 정원사에게 하직인사를 하려고 돌아가 보니, 병자는 임종이 다가왔는지 마지막 고통에 시달리고 있었습니다. 왕자가 머리맡에 앉아 그 두 눈을 감겨주자, 정원사의 영혼은 영원히 육체를 떠나갔습니다. 왕자는 곧 시체를 들어내어 땅에 묻고 전능하신 알라의 자비에 맡겼습니다.

그런 다음 배가 있는 곳으로 달려가 보니 배는 이미 닻을 올려 저만치 나아가고 있었습니다. 배는 순식간에 아득한 바다로 나가 이윽고 보이지 않게 되었습니다. 왕자는 하는 수 없이 정원으로 되돌아왔지만 가슴이 답답하고 머리가 어찔했습니다. 힘없이 땅바닥에 주저앉은 왕자는 너무나 슬프고 원통해서 머리에 흙을 뿌리고 자신의 뺨을 때렸습니다.

—날이 훤히 밝아오는 것을 알고 샤라자드는 이야기를 그쳤다.

215번째 밤

샤라자드는 이야기를 계속했다.

오, 인자하신 임금님, 바다로 나아가 배의 모습이 보이지 않게 되자 카마르 알 자만 왕자는 슬픔과 원통함에 잠겨 정원으로 돌아갔습니다.

그는 지주한테서 그 정원을 빌리고 정원사를 하나 고용하여 나무에 물을 주게 했습니다. 그리고 그 덮개가 있는 지하실로 또 내려가 나머지 황금을 잔디밭으로 꺼내고서 다른 자루에 넣어 그 위를 감람열매로 채웠습니다.

그렇게 해놓고 나서 여러모로 배편을 알아보니 1년에 한 번밖에 배편이 없다고 하는 것이었습니다. 알 자만 왕자의 시름은 더욱더 깊어 갔습니다. 특히 부두르 공주의 부적을 잃어버린 일이 무엇보다 슬펐습니다. 그는 밤낮 없이 눈물에 젖은 채 시를 되풀이해 읊으며 마음을 달랬습니다.

이야기는 바뀌어 배는 순풍에 돛을 달고 항해를 계속하여 도중에 아무 탈 없이 검은 섬에 도착했습니다. 운명이란 참으로 얄궂은 것이라, 마침 그때 부두르 공주는 바다 쪽으로 난 창가에 앉아 있다가, 그 배가 바닷가에 닻을 내리는 것을 보았습니다. 공주는 기쁨에 가슴을 두근거리며 곧 시종과 관리를 거느리고 말을 타고 해변으로 달려가 배 가까이에서 멈춰 섰습니다.

선원들이 배에서 짐을 내려 창고로 나르고 있었습니다. 그 일이 끝나자 공주는 선장을 불러 어떤 물건을 가져왔느냐고 물었습니다.

"오, 임금님, 이 배에는 향료와 화장품, 여러 가지 병에 효력이 있는 가루약, 향유, 고약, 귀금속, 그 밖에 나귀와 낙타로는 가져올 수 없는 사치스러운 모직물과 가죽 깔개 및 온갖 종류의 약과 향료, 향수, 영묘향(靈猫香), 용연향, 장뇌, 수마트라산 침향나무, 타마린드,[*81] 감람열매 등, 이 나라에서는 볼 수 없는 물건들을 많이 싣고 왔습니다."

부두르 공주는 감람열매라는 말을 듣자 탐이 나서 선장에게 말했습니다.

"감람열매는 얼마나 되는가?"

"꼭 50자루입니다만 공교롭게도 그 짐 주인이 여기 없습니다. 그러니 얼마든지 필요하신 대로 가져가셔도 상관없습니다."

"그럼, 그것을 뭍으로 날라 와 좀 보여다오."

선장은 곧 선원들을 시켜 감람열매가 든 50자루를 공주 앞으로 가져왔습니다. 공주는 그 자루를 하나 열어 감람열매를 보고는 선장에게 말했습니다.

"이 50자루에 든 감람열매를 내가 다 사겠다. 값은 얼마든지 주마."

"오, 임금님, 이것은 저희 나라에서는 한 푼의 가치도 없습니다. 게다가 물건 주인은 시간에 늦어 배를 타지 못해 여기에 없습니다. 그리고 그는 본디 가난한 사람입니다."

"그럼, 여기에서는 얼마나 하는가?"

"은화 1천 닢이나 할까요."

"그럼, 은화 1천 닢에 사기로 하지."

공주는 신하에게 명령하여 그 50자루를 궁전으로 나르게 했습니다.

이윽고 밤이 되어 공주는 감람열매가 든 자루를 하나 거실로 가져오게 하여 그 아가리를 열었습니다. 그 자리에는 부두르 공주와 알 누후스 공주 단두 사람뿐이었습니다.

부두르 공주가 큰 접시를 갖다놓고 자루 속의 것을 쏟으니 감람열매와 함께 황금이 소리 내며 쏟아져 나왔습니다. 그것을 보고 부두르 공주는 알 누후스 공주에게 말했습니다.

"오, 이것은 틀림없는 황금이군요!"

그리하여 나머지 자루들도 모두 가져오게 하여 하나하나 다 열어보니 자루마다 황금이 가득 들어 있고, 감람열매는 다 합해야 한 자루가 될까 말까 했습니다.

부두르 공주가 다시 자루를 조사해 보니, 그 속에서 그 보석부적이 나왔습니다. 그것은 바로 알 자만이 공주의 속곳 끈에서 꺼낸 그 보석부적이 아니겠습니까? 공주는 너무나 기뻐 외마디 비명을 지르며 그 자리에 쓰러져 정신을 잃고 말았습니다.

—샤라자드는 훤히 터오는 새벽빛을 보고 이야기를 그쳤다.

216번째 밤

샤라자드는 이야기를 계속했다.

오, 인자하신 임금님, 부두르 왕은 보석부적을 보고 너무나 기뻐 외마디 비명을 지르며 정신을 잃었습니다. 그리고 다시 정신을 차리더니 혼잣말로 이렇게 중얼거렸습니다.

"이 부적 때문에 나는 그리운 알 자만 님과 헤어지게 되었지. 하지만 이것은 무슨 좋은 징조일지도 모른다."

부두르 왕은 그 부적을 알 누후스 공주에게 보여주며 말했습니다.

"이 부적 때문에 우리 두 사람은 헤어지게 되었어요. 하지만 알라여, 이번에는 이것이 재회의 실마리가 되게 해 주소서!"

날이 밝기를 기다린 부두르 왕은 곧 옥좌에 앉아 선장을 불렀습니다. 선장이 앞으로 나와 바닥에 엎드리자 부두르 왕은 물었습니다.

"그 감람열매 주인은 어디에 두고 왔느냐?"

"오, 임금님, 저희는 그 사람을 배화교도의 섬에 두고 왔습니다. 그는 거기서 정원지기 노릇을 하고 있었습니다."

"그자를 곧 이리로 데리고 오너라. 그렇게 하지 않으면 너희도 배도 어떤 변을 당할지 모르니 그리 알거라."

부두르 왕은 신하들에게 그 상인들의 물건을 봉인하도록 명령한 다음 이렇게 말했습니다.

"실은 이 감람열매 주인은 나에게 빚이 있고, 나는 그 빚의 반환을 독촉할 권리가 있다. 그러니 그대들이 그자를 나에게 데리고 오지 않으면 그대들의 목숨을 빼앗고 물건도 모두 몰수해 버리리라."

이 말을 들은 신하들은 선장에게 가서 다시 한 번 배를 내어 그 섬에 다녀온다면 배의 손해를 배상해 주겠다고 약속한 다음에 이렇게 사정했습니다.

"부디 제멋대로 굴며 난폭한 왕으로부터 우리를 구해 주시오."

부탁을 받은 선장은 다시 배에 올라 돛을 올리고 떠나갔습니다. 다행히 알라의 은총으로 무사히 배화교도의 섬에 도착했습니다. 밤에 상륙한 선장 일행은 곧 그 정원으로 갔습니다.

마침 그때 알 자만은 잠들지 못하는 밤의 고독 속에서 연인을 그리워하다가 자기 신세를 한탄하면서 다음과 같은 시를 읊고 있었습니다.

> 무수한 별도
> 그 걸음을 멈춘 밤,
> 좀처럼 밝아오지 않는 기나긴 밤.
> 잠 못 이루며 아침을 기다리는 이 몸에는
> 심판의 날*82 같은
> 길고도 긴 밤이여.

이때 선장이 정원 입구의 문을 두드렸습니다. 그 소리를 듣고 알 자만이 문을 열고 나가자 선원들은 두말없이 그를 붙잡아 배에 태워 곧 출발했습니다. 그리고 밤낮없이 배를 몰았습니다.

카마르 알 자만은 자기가 어째서 이런 변을 당하는지 몰라 그 이유를 묻자 선원들이 대답했습니다.

"너는 알마누스 왕의 양자이신 검은 섬 임금님의 노여움을 샀어. 네가 그분의 돈을 훔쳤기 때문이야. 너도 참 가엾은 놈이구나."

알 자만은 깜짝 놀라 소리쳤습니다.

"당치도 않소! 나는 그런 나라에 발을 들여놓은 적도 없고, 그 나라가 어디 있는지도 모르오."

그러나 선원들은 알 자만의 말에는 귀를 기울이려 하지 않았습니다.

이윽고 배는 검은 섬에 도착했습니다. 선장은 곧 알 자만을 데리고 부두르 왕에게 갔습니다. 왕은 알 자만을 보자 곧 왕자임을 알아보고 분부했습니다.

"여봐라, 그 사람을 목욕실로 안내하라."

그리고 왕은 상인들 창고의 봉인을 풀게 하고 선장에게 금화 1만 닢이나 되는 의복을 한 벌 내렸습니다.

그날 밤 궁전으로 돌아온 부두르 왕은 곧 알 누후스 공주에게 모든 이야기를 한 다음 이렇게 부탁했습니다.

"내가 목적을 이루어 후세까지 책에 기록되어 왕들과 백성들에게 읽히게 될 일을 성취할 때까지는, 부디 이 비밀을 밝히지 말아 주세요."

부두르 왕의 명령에 따라 알 자만을 욕실로 안내한 환관들은 목욕을 시킨 다음 왕실의 의상을 입혔습니다. 그리하여 알 자만이 욕실에서 나왔을 때는, 마치 버들가지처럼 부드럽고 크고 작은 빛*83조차도 무색하리만치 별처럼 빛나는 모습이 되어, 그 육체에 생명과 영혼이 되살아난 듯했습니다.

이윽고 알 자만은 궁전으로 돌아가 부두르 왕의 방에 들어갔습니다. 부두르 공주인 왕은 알 자만의 모습을 바라보며 오랜 소망을 이룰 때까지는 참아야 한다며 설레는 마음을 지그시 눌렀습니다. 그리고 알 자만에게 백인 노예와 환관을 비롯하여 낙타와 나귀와 막대한 돈을 내리고 차츰 벼슬을 올려주다가, 마침내 재무대신으로 발탁하여 나라의 모든 재물을 그의 손에 맡겼습니다. 이렇게 부두르 왕은 특별한 은총을 내려 카마르 알 자만이 태수들의 존경을 받도록 도모했습니다. 하루하루 왕의 총애가 더해감에 따라 누구 할 것 없이 알 자만을 진심으로 존경하게 되었습니다.

알 자만 쪽에서는 어째서 왕이 이토록 자기에게 호의를 베푸는 것인지 도무지 짐작이 가지 않았지만, 그는 막대한 재물을 모든 사람에게 아낌없이 희사하고 또 알마누스 왕을 위해 충성을 다했습니다. 그리하여 알마누스 왕과 대신들은 물론 백성들도 그를 우러러보았고, 그를 위해서라면 목숨까지 바치겠다고 생각하게 되었습니다.

아무리 그래도 알 자만은 부두르 왕이 베풀어준 각별한 총애가 하도 이상하여 마음속으로 이렇게 중얼거렸습니다.

'이토록 친절을 베풀어주는 데는 분명히 무슨 까닭이 있을 것이다! 어쩌면 왕은 좋지 않은 일을 꾀하기 위해 과분한 은총을 베푸는 건지도 모른다. 만약 그렇다면 허락을 얻어 이 나라를 떠나는 수밖에 없다.'

이렇게 결심한 알 자만은 곧 부두르 왕에게 가서 말했습니다.

"임금님, 이처럼 과분한 은총을 베풀어주시니 참으로 황공하기 그지없습니다. 그러나 저에게 내리신 모든 것을 거두어들이시고, 저를 물러가게 해주신다면 저로서는 그보다 더한 은총이 없겠습니다."

그러자 왕은 미소를 지으면서 말했습니다.

"그대는 지금 더없는 은총과 행복을 누리면서 왜 스스로 새로운 위험 속으로 뛰어들려 하는가?"

"오, 임금님, 아무 까닭도 없이 이처럼 후한 은총을 내리시니 참으로 수수
께끼 중의 수수께끼입니다. 게다가 마땅히 노련한 분이 차지해야 할 고관의
지위를 애송이에 불과한 저에게 주신 것을 생각하니 더욱 궁금합니다."

"그 이유는 다름이 아니라, 그대의 뛰어난 아름다움과 둘도 없이 사랑스
러운 모습이 내 마음에 들었기 때문이다. 만일 그대가 나의 소원을 풀어 준
다면 더 높은 벼슬을 주고 더 총애할 것이며 더 많은 재물도 나누어주리라.

그대는 아직 젊지만 백성들이 나를 국왕으로 추대한 것처럼 내가 그대를
대신으로 삼아 주겠노라. 또 나는 그대보다 젊지만 요즘은 어린아이가 국왕
이 되더라도 조금도 이상할 것이 없지. 글쎄, 이렇게 기막히게 잘 표현한 시
인도 있다네."

    이 시대는 마치
    로트 일족의 천하로구나.
    미칠 듯이, 젊은 사나이의
    나이를 늘리려 애쓰도다.*84

이 말에 카마르 알 자만은 부끄러움에 뺨을 불처럼 붉히며 말했습니다.
"저를 죄악으로 끌어들이는 그런 은총은 싫습니다. 가난할지라도 덕을 쌓
고 절개를 지키며 마음 풍족하게 살고 싶습니다."

그러자 왕은 말했습니다.

"그대가 아무리 민망한 척 사양해도 나는 속지 않는다. 그러한 사양은 짐
짓 점잔빼며 꾸미는 태도에서 나오는 것이지. 이 같은 시를 읊은 자에게 알
라의 은총이 가득하기를.

    그 사내에게 동침을 구하니
    그는 대답하네 "언제까지
    이토록 끈덕지게 조를 셈인가."
    하지만 금화를 살짝 내보이자
    그 사내 소리치네,

"아, 전능하신 군주의 손에서
누가 감히 벗어날 수 있으랴?"

이 시의 의미를 깨달은 카마르 알 자만은 말했습니다.

"오, 임금님, 저는 그런 짓을 할 성품이 못됩니다. 또 저보다 연륜이 있는 분도 감당하기 어려운 무거운 임무를 맡아서 해낼 능력도 없습니다. 저 같은 어린 사람이 어찌 그 같은 일을 해낼 수 있겠습니까."

그러나 부두르 왕은 미소 지으며 대답했습니다.

"참으로 기묘한 일이다! 종잡을 수 없는 인간의 생각에서 여러 가지 잘못이 일어나는 것은. 그대는 아직 어려서 성전상(聖典上)의 책임을 질 나이에 이르지 못했다면, 왜 죄를 두려워하고 법도를 무서워한단 말인가? 어린아이의 죄는 벌을 받거나 비난받지 않는 법이다.

그대는 논쟁을 벌이려고 궤변을 늘어놓고 있구나. 이번에는 네가 내 소망을 들어주어야 해. 쾌락을 즐기라는 말을 따르는 것은 그대의 의무이다. 그러니 내 말을 거부하거나 사양할 필요는 없다. 알라의 명령은 미리 정해진 법도*85이니까. 사실은 그대보다 오히려 내가 죄를 범하고 그 죄로 말미암아 타락할 염려가 많지 않으냐. 이런 노래를 부른 시인의 영감이야말로 참으로 훌륭하다고 생각되는구나.

내 몸의 그 물건이 굵게 일어서니
사랑스러운 젊은이는 말하였네.
"사자처럼 힘차게
사양 말고 박아 넣어라."
"그것은 죄로다!" 내가 말하면
"나에게는 죄 될 것 없습니다."
그리하여 나는 곧
거짓 싸움으로 뜻을 이루었네.*86

이 노래를 들은 알 자만은 눈앞이 캄캄해져서 이렇게 말했습니다.

"오, 임금님, 이 궁전에는 아름다운 여자들과 노예계집들이 얼마든지 있지 않습니까? 제가 아니어도 그분들만으로도 충분하실 겁니다. 부디 그분들로 만족하시고 저는 용서해 주십시오."

왕이 대답했습니다.

"그대의 말은 지당하다. 그러나 그대를 사랑하는 나는 그런 여자들로는 도저히 이 괴로움을 달래거나 불타는 마음을 풀 수가 없구나. 취미나 기호도 악덕으로 비뚤어지면 남의 충고 따위는 귀에 들어오지 않는 법이다. 여러 말 말고 시인의 노래에 귀 기울여 보라.

> 네 눈에는 보이지 않는가?
> 과일 늘어놓은 저잣거리.
> 이 사나이에게는 오디 열매,
> 저 사나이에게는 무화과로세.*87

다른 시인은 이렇게도 노래하고 있노라.

> 발목장식의 방울 소리가
> 울리지 않을 때는 허리띠를
> 짤랑짤랑 울리는 여자들 많네.
> 게다가 뜬세상은 여러 가지라
> 부자유를 모르는 사람도 있고
> 가난을 한탄하는 사람도 있네.
> 그대는 이 몸을 멸시하여
> 여자의 매력을 권유하지만
> 내 어찌 진정한 가르침 버리고
> 사교(邪敎)를 따르랴.
> 처녀의 곱슬머리 비웃는
> 그대의 구레나룻에 걸고
> 나는 맹세하리, 단장할 마음이
> 있든 없든 미인 따위
> 나에게는 아무 쓸모없노라.

또 다른 시인은 이렇게 노래하고 있다.

아, 세상의 아름다움을 한데 모은 듯한 사나이!
그대를 사모함은 나의 교의(敎儀),
나는 신앙도 드높은 희망도
내 뜻대로 선택하리, 고르는데도
나는 여자를 끊었더라, 그대 때문에
그날 모든 사람은
나를 탁발승이라고 불렀네.

또 한 시인은 이렇게도 노래했느니라.

수염 없는 사나이를 처녀에
비유하지 말라, 또한
"그것은 잘못!"이라는 말에
귀 기울이지 말라, 결코.
남자가 입맞추는
사랑스러운 처녀의 발을,
대지에 입맞추는 발을
가진 영양에 비유한다면
하늘과 땅의 차이.

또 이런 노래 문구도 있더구나.

스무 살 난 시동, 임금에게 걸맞구나!

또 이런 노래도 있지.

사나이의 연장 매끄럽고
모양도 둥글어서 항문에 맞네.

무화과를 위해 만든다면
손도끼 모양이 되어야겠지!

그리고 또 이런 노래도 있어.

이 영혼은 그대의 것!
그대에게 달거리도 없고
게다가 알도 안 가졌기에
그래서 그대를 골랐답니다.
만일 여자와 교접한다면
아귀(餓鬼)가 생겨 이 드넓은,
끝없이 드넓은 이 세상도
훨씬 좁아져 버리겠지요.

또 이런 안타까운 노래도 있느니라.

(맞지 않는 물건을 주어서
너무나 한심하고 기분이 상해)
여자는 불평하여 말했다네.
"남편이 아내에게 하듯이
어루만지고 문질러 주지 않는다면
당신 이마에 뿔이 돋아도
나는 알 바 아니라네!
당신의 그것은 흐물흐물
흐느적대어 밀랍 같구나.
만지고 주무르면 더욱더
흐물흐물 풀죽어 한심하여라."

그리고 이런 색다른 노래도 있지.

(내가 안고 자주지 않아)
여자가 말하네.
"이 어리석은 촌뜨기
뼛속까지 천치로구나,
만일 당신이 내 구멍에
당신의 연장 보여주지 않는다면*88
뼈저리게 깨닫도록 해 주리다."*89

다음에는 이런 재미있는 노래도 있느니라.

여자가 몸속의 부드러운 그곳을
보였을 때 나는 말했지.
"나는 정식으로는 싫어."
그러자 여자는 몸을 물리며
"신의 법도를 어기는 자는
진실한 길에서 벗어난다오."*90
"서로 마주 대고 하는 방식은
이제는 구식이라 인기 없지."
그래서 여자는 몸을 돌려
은덩이와 흡사한
빛나는 엉덩이를 들이대었네.
"장하다, 마누라! 그래야만
나는 너한테 시달리지 않아.
신께서 벌리신*91 모든 것 중에서
그대가 가장 멋진
승리를 나에게 보여 주었네!"

끝으로 이런 노래도 있느니라.

용서를 구하는 사내들은

두 손 높이 들고 기도합니다,
그런데 여자는 그 다리를
높이 들고 기도하지요.
우스꽝스러운 그 짓이 기도의 방식!
신께선 칭찬해 주시지마는
언젠가는 떨어지네, 깊은 구렁텅이로."

카마르 알 자만은 그 노래를 듣고 왕의 뜻대로 하는 수밖에 길이 없음을
깨닫고 말했습니다.

"오, 시대의 임금님, 굳이 바라신다면 꼭 한 번만이라고 약속해 주십시오.
그것만으로는 만족하시지 못하겠지만, 부디 앞으로 두 번 다시 이러한 일은
요구하지 말아 주십시오. 그러면 알라께서도 저의 죄를 씻어주실지 모르겠
습니다."

그러자 부두르 왕은 대답했습니다.

"좋아, 그 약속을 지키지. 그리고 알라의 자비로 두 사람의 이 대죄를 용
서해 주시도록 기도하겠다. 하늘의 자비는 넓고 커서 끝이 없으므로 아무리
악하고 도리에 어긋난 죄인이라도 구원해 주시고, 번뇌의 어둠 속에서 구원
의 광명으로 이끌어 주시니까. 시인도 참으로 훌륭하게 다음과 같이 노래하
고 있지 않으냐.

두 사람 사이에 나쁜 일
있는지 없는지 모르지만
세상 사람들은 의심하여
생각한다는 게 오직 그 일뿐.
사랑하는 자여! 자, 어서
까탈 부리는 세상 사람들의
마음을 털어서 씻어버리자.
자, 한바탕 맞붙고 나서
─회개하리라!"

그래서 부두르 왕은 알 자만 왕자와 계약을 맺고 스스로 하늘에 계신 신께 맹세코, 이 일은 두 사람 사이에 단 한 번뿐이고, 앞으로 두 번 다시 되풀이하지 않을 것이며, 또 이 음욕 때문에 파멸과 지옥에 떨어지더라도 마다하지 않겠다고 굳게 맹세했습니다. 카마르 알 자만 왕자는 이 맹세를 듣고 부두르 왕과 함께 일어났습니다. 왕은 정욕의 불길을 끄기 위해 자신의 방으로 들어가자마자 이렇게 외쳤습니다.

"영광된 알라 외에 주권 없고 권력 없도다! 이것은 전지전능하신 신께서 정하신 법도다!"

부끄러운 듯이 얼굴을 붉히며 바지를 벗는 왕자의 두 눈에서 두려움의 눈물이 넘쳐흘렀습니다. 그 모습을 본 부두르 왕은 방긋 웃으며 알 자만을 침상에 눕히고 자기도 옆에 누워 말했습니다.

"오늘 밤뿐이다. 두 번 다시 그대가 싫어하는 짓은 하지 않으리라."

그러고는 입을 맞추고 부둥켜안고 종아리를 걸기도 했습니다.

"손을 다리 사이의 거기로 가져가거라. 아마 쭈그리고 앉아 있던 것이 기도를 드리려고 일어설 테니까."

왕자는 눈물을 흘리며 소리쳤습니다.

"저는 그런 일이 서투릅니다."

"이 목숨에 맹세코 말하거니와 시키는 대로 하면 그대도 재미를 볼 수 있을 것이다."

그래서 알 자만은 온몸이 타는 듯한 기분으로 한 손을 뻗어 보니, 상대방의 허벅지 살결이 크림보다 서늘하고 비단보다 매끄러웠습니다. 기분 좋은 촉감에 색정이 일어난 알 자만이 이곳저곳 더듬어 들어가니 이윽고 탐스럽고 풍만하며 싱싱하게 옴지락거리는 볼록한 숲에 닿았습니다.

"이 임금님은 아마 남녀 양성*92을 지닌 모양이다. 올바른 남자도 아니고 그렇다 해서 여자도 아니다."

마음속으로 이렇게 생각한 알 자만은 부두르 왕에게 이렇게 말했습니다.

"임금님, 남자의 물건 같은 게 없으신 듯하군요. 그렇다면 왜 이런 짓을 하실 생각이 드셨습니까?"

그러자 부두르 왕은 배를 잡고 큰 소리로 웃으면서*93 말했습니다.

"아이, 여보, 정말 기억력이 나쁜 분이군요. 옛날에 함께 잤던 밤의 일을 다 잊으시다니!"

그리고 자기는 섬과 바다를 다스리는 가유르 왕의 왕녀 부두르 공주이며 당신의 아내라고 말했습니다. 알 자만은 비로소 왕이 자기 아내임을 알고는 힘껏 끌어안고 입을 맞추며 환락의 자리에 누워 이런 노래를 불렀습니다.

부드러운 그대 모습
이 가슴에 힘껏 끌어안아
포도 넝쿨처럼
감고 놓지 않으리.
야속한 그대 가슴 위에
하염없이 눈물뿌리면
거절할 눈치를 보이다가
마침내 내 뜻 받아들이네.
조롱하는 사람의 눈이
그대 모습 보지 못하도록
적을 속여 넘기려
조심스레 찾아왔네.
어린 낙타가 무거운 짐
등에 지고 투덜대듯
가냘픈 그대의 가는허리는
다리에 무거운 엉덩이 보고
신음하며 슬퍼하니 애처로워라.
그대 눈동자를 에워싼 것은
피에 굶주린 언월도,
이마에 늘어진 새까만
곱슬머리 휘장이 아름다워라.
풍겨오는 달콤한 향기에
그대의 발이 찾아왔음을
알아챌 수 있음도 즐거워라.
그러니 이 몸 풀려나

새처럼 훨훨 날아가
그대를 맞으리, 온 정성으로.
그대의 발밑, 신발 아래
나의 뺨 깔리면 어떠하랴!
신에 묻은 흙은 화장먹인가
상처입은 눈동자가 나아버렸네.
다시 가슴에 그대를 안고
사랑을 맹세하는 깃발*94 휘두르니
나쁜 마음의 인연에 엉킨
내 기쁨의 매듭 풀렸네.
이윽고 흥겨운 잔치 벌이면
모여든 것은 드높은 환희
분별심도, 또 쓰라린
마음의 고민도 전혀 모르는
깨끗한 마음의 기쁨이라네.
진주같이 고운 이의
그대 입매 너무도 고와서
수많은 별 뿌린 보름달인가,
포도주 솟아나는
얼굴에 빛나는 기쁨이여.
그리하여 환희의 사당에서
더없는 중죄인도
회개하고 경건히 뒤따르는
더없이 아름다운 그대에게
이 몸 내맡기고 따랐네.
그대 얼굴에 빛나는
모든 표식*95에 맹세코
알 이흘라스*96라 이름 붙인
성스러운 구절을 잊지 않으리.

그런 다음 부두르 공주는 카마르 알 자만에게 처음부터 끝까지의 과정을 얘기하고, 왕자 또한 자신에게 일어난 사건을 모두 얘기해 주었습니다. 이야기가 끝나자 알 자만이 부두르 공주를 나무랐습니다.

"어째서 오늘 밤과 같은 짓을 했소?"

"용서하세요. 장난삼아 한 것뿐이니까요. 그렇게 하면 즐거움과 기쁨이 더 커질 것 아니겠어요?"

이윽고 동이 트고 태양이 빛나기 시작하자 부두르 공주는 알 누후스 공주의 아버지 알마누스 왕에게 가서, 사실은 자기가 카마르 알 자만의 아내임을 고백했습니다. 공주는 두 사람이 겪은 모든 일과 서로 떨어지게 된 경위를 자세히 얘기하고, 알 누후스 공주는 여전히 순결한 처녀라는 사실도 아울러 밝혔습니다. 알마누스 왕은 이 이야기를 듣고 매우 놀라면서 신하에게 명령하여 그것을 황금문자로 기록해 두게 했습니다.

이윽고 왕은 알 자만을 돌아보며 말했습니다.

"오, 왕자여, 내 딸과 결혼하여 내 사위가 될 생각은 없소?"

"부두르 공주와 의논해 보지 않고는 뭐라 대답 드릴 수 없습니다. 부두르 공주는 진심으로 저를 위해 애써주었으니 저도 의리를 지켜야 합니다."

왕자가 이 일에 대해서 말하자 부두르 공주가 말했습니다.

"당신의 대답은 훌륭했어요. 알 누후스 공주와 결혼하세요. 저는 그분의 시녀가 되겠어요. 그분한테서 여러 가지 친절과 호의를 받았으니 은혜를 갚아야지요. 게다가 여기는 공주의 나라이고, 공주의 아버님으로부터 분에 넘치는 은총을 받았으니까요."

알 자만은 부두르 공주가 알 누후스 공주를 조금도 질투하지 않음을 알고 그녀의 말에 따르기로 했습니다.

─샤라자드는 날이 밝아오는 것을 보고 이야기를 그쳤다.

217번째 밤

샤라자드는 이야기를 계속했다.

오, 인자하신 임금님, 카마르 알 자만은 부두르 공주의 동의를 얻자 알마누스 왕에게 그 말을 전했습니다. 왕은 몹시 기뻐하며 곧 옥좌에 앉아 대신과 태수, 시종과 그 밖의 귀족들을 불러모아, 알 자만과 그의 아내 부두르 공주에 대한 이야기를 자세히 들려주었습니다. 그리고 왕녀 알 누후스 공주를 이 왕자와 짝지어, 부두르 공주 대신 왕위에 즉위시킬 생각이라고 알렸습니다. 그러자 모든 신하는 한결같은 목소리로 대답했습니다.

"지금까지 알마누스 임금님의 양자로 알고 왕으로 모셔온 부두르 님의 부군이신 알 자만 님을 국왕으로 추대하는 데 아무런 이의도 없습니다. 저희는 알 자만 님의 충직한 신하가 되어 맹세코 충성을 바치겠습니다."

알마누스 왕은 매우 흡족하게 여기고 곧 판관과 증인과 고관들을 불러 알 자만과 알 누후스 공주의 결혼증서를 작성하도록 명령했습니다.

그런 다음 성대한 결혼식을 올리고 호화로운 잔치를 벌인 뒤 태수와 장관들에게 값진 예복을 내렸습니다. 그리고 가난한 사람들에게도 많은 선물을 나눠주고 죄수들을 감옥에서 석방했습니다. 온 국민은 알 자만이 왕위에 오른 것을 기뻐하며 축복하고 영예와 명성과 행복이 영원하기를 빌었습니다.

왕위에 오른 카마르 알 자만은 곧 세금을 면제하고 감옥에 남아 있던 죄수들도 모두 풀어주었습니다. 그리고 오랜 세월 백성에게 인정(仁政)을 베풀고, 안으로는 두 왕비를 매일 밤 번갈아 찾아가며 평화롭고 행복하게 지냈습니다. 그렇게 세월이 흐르는 동안, 왕의 마음에서는 온갖 슬픔과 시름이 깨끗이 사라지고, 아버지 샤리만 왕은 물론이고, 그 옛날 아버지의 은총도, 자신의 명예로운 지위도 모두 잊어버리고 말았습니다.

전능하신 알라 신은 두 왕비에게 저마다 사내아이를 점지해 주셨습니다. 부두르 공주에게서 태어난 아들은 형으로 암자드 왕자라 했고, 아우는 아스아드 왕자라 하며 알 누후스 공주가 낳았습니다. 아우가 형보다 더 아름다운 얼굴 모양을 지니고 있었습니다.

두 왕자는 아무런 부족함 없이 소중하게 사랑받으며 자랐습니다. 읽기와 쓰기, 학문, 나라 다스리는 법, 말 타기 등, 여러 가지를 익혀 이윽고 뛰어난 교양과 매력을 갖춘 젊은이가 되었습니다. 두 왕자를 본 사람들은 누구나 모두 넋을 잃었습니다. 두 사람은 옆에서 보기에도 부러울 만큼 사이가 좋아 17살이 될 때까지 함께 먹고 자며 떨어질 줄을 몰랐습니다.

이렇게 두 왕자가 장성하여 모든 점에서 나무랄 데 없는 젊은이가 되자, 카마르 알 자만 왕은 여행에 나설 때마다 자기 대신 두 왕자를 번갈아 왕위에 앉혀, 하루에 한 번씩 백성의 재판을 맡아보게 했습니다.

그런데 전생의 숙명인지 인연인지 부두르 왕비의 가슴에는 알 누후스 왕비의 아들 아스아드 왕자에 대한 사랑이, 알 누후스 왕비의 가슴에는 부두르 왕비의 아들 암자드 왕자를 사모하는 마음이 싹트고 있었습니다. 그런 까닭에 두 왕비는 언제나 각각 배다른 왕자를 불러 함께 운동하고 즐겁게 놀며 장난도 하고 가슴에 끌어안아 입을 맞추곤 했습니다. 그러나 두 어머니는 서로의 그런 태도가 어머니로서의 애정에서 나오는 것인 줄로만 알고 있었습니다.

그러는 동안 마침내 두 왕비는 애욕의 포로가 되어 미친 듯이 왕자들에게 빠지고 말았습니다. 그리하여 저마다 배다른 왕자가 자기 방에 들어오면 가슴에 꼭 끌어안고 자기 옆에서 잠시도 떠나지 않았으면 좋겠다고 생각했습니다. 그러다 마침내 왕자를 기다리는 괴로움에 못 이겨 세상의 즐거움과 재미를 느끼지 못하고, 음식도 넘어가지 않고 잠도 제대로 잘 수 없는 정도에 이르게 되었습니다.

어느 날 왕은 여느 때처럼 두 왕자에게 하루걸러 정사를 보살피게 하고 사냥을 하러 나갔습니다.

—날이 밝아오는 것을 알고 샤라자드는 이야기를 그쳤다.

218번째 밤

샤라자드는 이야기를 계속했다.

오, 인자하신 임금님, 카마르 알 자만 왕이 두 왕자에게 교대로 정무를 보살피게 하고 사냥을 나가자, 첫날에는 암자드 왕자가 옥좌에 앉아 명령과 금령을 내리고 임명과 해임, 상벌을 시행했습니다.

그러자 아스아드 왕자의 어머니 알 누후스 왕비는 안타까운 심정을 이기지 못해, 염치도 체면도 내동댕이치고 암자드 왕자에게 하룻밤의 인연을 구하는 사랑의 편지를 보내기로 했습니다. 왕비는 두루마리를 펼쳐놓고 이런 시를 써내려갔습니다.

"그대를 너무나 사모하여 끝없는 괴로움에 미칠 것 같은 연인, 버림받고 수심에 잠긴 연인으로부터. 나는 이 마음의 고뇌를, 견딜 수 없는 이 슬픔을, 갈가리 찢어지는 이 심정을, 그칠 줄 모르는 이 눈물을, 어지러이 흩어지는 이 마음을, 몸부림치는 이 가슴속을, 구원받을 길 없는 이 비애를, 그대와 떨어져 있는 이 외로움을, 애처롭게 타오르는 이 사랑의 불길을, 그대에게 구구절절이 털어놓고 싶어도 편지로는 어떠한 표현으로도 나타낼 수가 없나이다. 나에게는 그야말로 온 천지도 좁기만 하여, 아무 희망도 의지도 없는 이 몸은 오직 그대의 반가운 대답만을 기다릴 따름입니다. 저의 목숨은 이제 바람 앞의 등불, 무서운 죽음으로 속죄하려 합니다. 그러나 헤어져 있는 괴로움과 만날 길 없는 가슴의 불길은 아프도록 불타오를 뿐. 날이 갈수록 더욱더 애절해지는 이 심정을 한껏 하소연하고 싶어도, 이 짧은 글로는 도저히 다 표현할 수가 없습니다. 견딜 수 없는 괴로움에 내 가슴의 시를 지었습니다.

　　가슴을 불태우는 정념의 불길
　　내 마음의, 초조해
　　미칠 듯한 심정
　　천 갈래 만 갈래,
　　길게 적어 사연 엮고 싶어도
　　붓과 먹 모자라고
　　종이조차 짧구나.

알 누후스 왕비는 사향과 용연향을 먹인 값진 비단으로 편지를 싼 다음, 진귀한 보석을 담뿍 살 만한 훌륭한 비단끈으로 동여맸습니다. 그리고 손수건으로 그것을 싸서 암자드 왕자에게 전하도록 환관에게 내주었습니다.

　─날이 훤히 밝아오는 것을 알고 샤라자드는 이야기를 그쳤다.

219번째 밤

샤라자드는 이야기를 계속했다.

오, 인자하신 임금님, 알 누후스 왕비는 환관에게 편지를 내주며 암자드 왕자에게 전하라고 일렀습니다. 환관은 앞으로 어떤 일이 벌어질지 까맣게 모른 채—왜냐하면 모든 일은 전지전능하신 알라 신의 뜻이니까요—왕자에게 가서 두 손을 짚고 바닥에 엎드린 다음 그 편지를 바쳤습니다.

편지를 읽고 난 왕자는 아버지의 왕비가 매우 음탕한 여자이며, 남편 알 자만 왕을 이미 배반하고 있음을 깨달았습니다. 왕자는 불같이 노하여 여자의 부정을 욕하며 소리쳤습니다.

"알라여, 여자들에게, 음탕한 여자들에게, 사물의 도리도 모르고 신앙심도 부족한 여자들에게 저주를 내리소서!"

그러고는 칼을 뽑아들고 환관을 향해 소리쳤습니다.

"이 어리석고 사악한 노예 놈아! 네놈은 왕비의 부정한 사랑편지나 심부름하고 다닌단 말이냐? 괘씸하기 이를 데 없는 놈 같으니! 이 뱃속이 시커멓고 얼굴도 외모도 추한, 비열한 놈!"

왕자는 환관의 목에 칼을 내리쳐 단칼에 베어버렸습니다. 그러고는 편지를 가슴 주머니 속에 넣고 어머니 부두르 왕비에게 가서 자세한 얘기를 한 다음 왕비를 욕하고 저주하며 말했습니다.

"여자란 모두 하나같이 비열하고 천박합니다. 위대하고 영광된 신께 맹세코 만일 나에게 아버님인 카마르 알 자만 왕과 아우 아스아드 왕자의 권리를 범하는 데 대한 두려움만 없다면, 환관의 목을 벤 것처럼 그 여자의 목도 베어버렸을 것입니다."

왕자는 노여움에 치를 떨면서 어머니 앞을 물러났습니다.

한편 왕자가 환관의 목을 베었다는 보고가 알 누후스 왕비에게 전해지자, 왕비는 왕자의 인정 없고 쌀쌀맞은 일 처리를 욕하고 저주하며 몹시 흉악한 계략을 꾸몄습니다.

그날 밤 왕자는 심한 분노와 근심에 잠겨, 무엇을 먹거나 마셔도 도무지 맛이 없고 편히 잠을 이룰 수도 없었습니다.

이튿날 아침 아스아드 왕자가 아버지를 대신하여 정무를 보살필 차례가 되어 궁전으로 나갔습니다. 그는 어머니 알 누후스 왕비가 심부름을 보낸 환관이 암자드 왕자에게 살해되었다는 말을 듣고 마음이 편치 않았습니다.

그날 아스아드 왕자는 알현실의 옥좌에 앉아 올바르게 재판을 하고 관리 임명과 해임, 상벌과 여러 가지 금지령을 내렸습니다. 이렇게 오후 기도시간이 되기까지 바쁘게 일하고 있는데, 부두르 왕비가 한 교활한 노파를 보내왔습니다.

왕비는 이 노파 편에 아스아드 왕자에 대한 자신의 애타는 사랑을 고백하고, 아스아드 왕자를 향해 안타까운 연정과 욕정을 탄식하면서 이런 시를 적은 편지를 보냈던 것입니다.

"풀 길 없는 사랑에 미치도록 고뇌하는 여자로부터. 태생도 품격도 뛰어나게 훌륭하고, 자신의 미모와 우아한 자태를 자부하며, 그대의 얼굴을 바라보고 싶은 이로부터. 신분이 천한 자에게는 외면하며 정을 주지 않는, 매정하고도 오만한 그대에게. 행복의 희망이 끊어진 여인으로부터, 보기 드문 미모를 타고나, 정숙한 기품을 갖추고, 달처럼 빛나는 얼굴을 자랑하며, 꽃처럼 하얀 이마와 눈부시도록 아름다운 눈동자를 자랑하는 아스아드 왕자님. 이 편지를 그대 향한 사랑에 몸이 녹고 뼈와 살도 찢어지는 듯한 심정으로 그대에게 바칩니다! 나는 이미 인내의 한계를 넘어 어찌할 수 없는 사모의 정에 기진맥진하여 잠 못 이루는 기나긴 밤을 몹시 슬퍼하며 탄식 속에 보내고 있습니다. 애절한 심정에 시달리고 극심한 시름에 젖어 이 몸은 산산이 부서졌습니다. 설령 그대의 즐거움이 그대를 사랑하는 여자의 생명을 끊게 될지라도, 바라건대 이 목숨이 그대를 얻는 대가가 되기를. 알라시여, 부디 그대에게 긴 수명 주시고 모든 재앙으로부터 그대를 지켜 주시기를!"

그리고 그 끝에 이런 시를 써넣었습니다.

하늘에 떠 있는 보름달처럼
빛나는 나의 그대여!
운명의 신이 정한 대로
나는 사랑의 노예가 되었네.

온갖 아름다움과 말솜씨를
그 몸에 갖춘 그대야말로
이 세상에서 찾아볼 수 없는
가장 빛나는 그대이어라.
고뇌하는 것도 그대 때문이니
언젠가는 사랑의 곁눈질을
나에게 보내지 않으리!
얼마나 행복하랴, 그대로 하여
목숨 잃는 여자의 죽음은!
그 얼마나 불행하랴, 그대를
사모하지 않는 여자의 일생!

또 이런 시도 덧붙여 적었습니다.

아스아드 님! 나는 당신에게
이 마음의 괴로움을 호소합니다,
오뇌의 불길에 타버린
이 사랑의 노예를 가엾이 여기소서.
그리워하는 슬픔과
불면과 오뇌로,
사랑의 손길은 언제까지
나를 희롱할 것인가?
때로는 가슴에 용솟음치는 바다를
때로는 타오르는 불꽃을
한탄하며 밤을 지새우는 이 몸,
아, 이 신비로움! 이 즐거운 연정이여!
비방하는 자여, 나무라지 말라.
이 눈에서 끊임없이
비처럼 눈물짓게 하는
사랑에서 나를 달아날 수 있게 하라.

그 얼마나 그대 없는 쓸쓸함에 울고
애달픈 그리움에 탄식했던가!
아, 슬픔이여, 아무리 한탄해도
소용없는 한탄을 어찌하리?
무정한 그대 향한 부질없는 사랑에
견딜 수 없는 괴로움에 빠진 이 몸,
이 재앙을 치유할 이, 오직 그대뿐.
그대 마음이라면 이 목숨도 앗아가소서!
비방하는 자여, 함부로
나를 꾸짖거나 나무라지 말라,
그대 또한 괴로운 사랑 때문에
이윽고 깊은 상처 입으리니.

부두르 왕비는 이 편지에 사향향기를 듬뿍 스미게 하고 이라크 비단끈으로 묶고 나서, 진주와 보석이 박힌 가느다란 에메랄드 장식술을 달아 노파를 시켜 아스아드 왕자에게 전하게 했던 것입니다.*97 노파는 왕비의 환심을 사기 위해 곧 명령대로 왕자를 찾아가 남몰래 편지를 전했습니다. 그리고 한참 동안 답장을 기다리며 서 있었습니다.

아스아드 왕자는 편지를 읽고 나더니 원래대로 끈으로 똘똘 말아 가슴 주머니에 집어넣었습니다. 그리고 그는 불길 같은 노여움에 부정한 여자들을 저주하면서 벌떡 일어나더니 칼을 뽑아 노파의 목을 쳐버렸습니다.

그 길로 어머니 알 누후스 왕비에게 가보니, 왕비는 암자드 왕자와의 사건 때문에 상심하여 자리에 축 늘어져 누워 있었습니다. 왕자는 부두르 왕비를 욕하고 저주한 다음 어머니 곁을 떠나 암자드 왕자를 찾아가 부두르 왕비와의 그 일을 이야기했습니다.

"오, 형님, 알라게 맹세코 당신의 체면을 생각지 않았더라면, 나는 당장 부두르 왕비의 목을 쳐버렸을 것입니다!"

이 말을 듣고 암자드 왕자도 말했습니다.

"오, 아우여, 어제 내가 재판을 처리하고 있었을 때 오늘 너에게 일어난 것과 똑같은 일이 내게도 일어났단다. 네 어머니도 똑같은 편지를 나에게 보냈단 말이야."

암자드 왕자는 아스아드 왕자에게 자세한 이야기를 해 준 다음 이렇게 덧붙였습니다.

"알라 신의 이름에 걸고 말한다만, 나는 환관처럼 네 어머니도 죽여 버리고 싶었으나 너를 생각하여 꾹 참았다!"

두 형제는 그날 밤 여러 가지 이야기로 밤을 새우며 부정한 여자들을 저주했습니다. 그리고 만일 이 사건이 부왕의 귀에 들어가 왕이 부정한 두 어머니를 죽여서는 안 되므로 그들은 굳게 비밀을 지키기로 약속했습니다. 그러나 앞으로 어떠한 재앙이 닥쳐올지 몰라 가슴은 불안으로 가득 찼습니다.

이튿날 왕이 종자들을 거느리고 사냥터에서 돌아왔습니다. 그는 잠시 옥좌에 앉아 있다가 태수들에게 저마다 임무를 맡긴 뒤 궁전으로 물러갔습니다. 그런데 보니 두 왕비가 몹시 수척해져서 자리에 몸져누워 있었습니다.

이보다 앞서 두 왕비는 왕자들을 없애버릴 간사한 꾀를 꾸며놓고 있었습니다. 왕자들에게 자기들의 부정한 본마음을 털어놓은 이상, 앞으로는 그들의 명령에 복종하여 그 자비에 매달리는 수밖에 없다고 생각했기 때문입니다.

카마르 알 자만 왕은 두 왕비의 모습을 보고 물었습니다.

"어떻게 된 일이오?"

그러자 두 왕비는 일어나 왕의 손에 입을 맞춘 다음 당치도 않은 말을 꾸며댔습니다.

"오, 임금님, 당신의 깊은 애정 속에 자라난 두 왕자가 당신을 배반하고 하필이면 당신의 왕비인 저희 몸을 더럽혔습니다."

이 말을 듣고 난 왕은 눈앞의 온 세상이 캄캄해지면서 사려분별을 잃고 분노에 치를 떨었습니다. 이윽고 왕은 두 사람에게 말했습니다.

"자세한 이야기를 해보라!"

그러자 부두르 왕비가 대답했습니다.

"오, 현세의 임금님, 실은 얼마 전부터 아스아드 왕자는 끈덕지게 저에게 편지와 사람을 보내 부정한 짓을 요구해 왔습니다. 그런 짓은 절대로 해서는 안 된다고 타일렀지만, 왕자님은 도무지 듣지 않았습니다.

임금님께서 사냥을 떠나시자 술에 취하여 칼을 뽑아들고 제 방으로 뛰어들어서는 저의 환관을 베어 죽인 뒤, 칼을 든 채 제 배 위에 올라탔습니다. 거역했다가는 환관과 같은 꼴을 당할 것만 같아 저는 하라는 대로 하는 수밖에 없었습니다. 그렇게 아스아드는 억지로 우겨서 저를 굴복시키고 자신의 욕심을 채우고 말았습니다. 임금님, 이런 치욕을 당하고도 살 수는 없는 노릇이니, 만일 이 원한을 풀어주지 않으신다면 스스로 목숨을 끊어버리겠습니다."

이어서 알 누후스 왕비도 눈물을 흘리며 암자드 왕자에게 부두르 왕비와 같은 변을 당했다고 고해바쳤습니다.

—날이 밝아오는 것을 알고 샤라자드는 이야기를 그쳤다.

220번째 밤

샤라자드는 이야기를 계속했다.

오, 인자하신 임금님, 알 누후스 왕비도 남편 카마르 알 자만 왕에게 부두르 왕비와 마찬가지로 암자드 왕자를 모함하고는 하염없이 눈물을 흘리며 말했습니다.

"이 원수를 갚아주시지 않으면 저는 아버님 알마누스 왕에게 알리겠어요."

그러고는 두 사람이 함께 울부짖자, 왕은 두 왕비의 눈물을 보고 그 말이 모두 사실인 줄만 믿고 크게 노하여, 두 왕자를 죽일 생각으로 그 자리를 뛰쳐나갔습니다.

그 도중에 장인인 알마누스 왕과 마주쳤습니다. 알마누스 왕은 알 자만 왕이 사냥에서 돌아왔다는 말을 듣고 만나러 가던 참이었는데, 왕이 칼을 뽑아 들고 너무 격분한 나머지 코피까지 흘리는 모습을 보자 대체 무슨 일이냐고 물었습니다.

알 자만 왕은 암자드와 아스아드 두 왕자의 행실을 이야기하고 덧붙였습니다.

"그래서 저는 지금 두 아들놈을 죽이러 가는 길입니다. 패륜적인 사련(邪戀)에 빠진 두 놈을 죽여 파렴치한 자들에게 본보기를 보여줄 작정입니다."

이 말을 들은 알마누스 왕도 두 왕자에게 노여움을 느끼며 말했습니다.

"음, 지당한 말이오. 알라여, 아비의 명예를 더럽히는 그런 행위를 하는 자식에게는 축복을 내리지 마옵소서. 그러나 옛 속담에 이런 말이 있소. '뒷일을 생각지 않는 자는 운명의 도움을 받을 수 없다'고.

어쨌든 그들은 그대의 아들이니 그대 손으로 죽이는 것은 좋지 않소. 그들의 마지막 고통을 그대가 자신이 보거나 뒤늦게 후회하는 일이 없도록 해야 하오. 그러니 백인 노예병사를 보내 두 사람을 사막으로 데려가 눈에 안 띄는 곳에서 죽이게 하는 것이 좋겠소. 옛 격언에도 있잖소, '눈에 보지 않으면 훨씬 마음이 편안하다'고 말이오."

카마르 알 자만은 장인의 말을 듣고 그렇게 하는 것이 옳다고 여겨 칼을 거두고 곧바로 옥좌에 앉았습니다. 그러고는 세상일에 밝고 세상의 온갖 고생과 어려움을 겪은 나이 많은 재무대신을 불러 말했습니다.

"왕자 암자드와 아스아드를 결박하여 두 개의 커다란 궤짝에 넣고서 나귀에 실어라. 그리고 그대는 말을 타고 이들을 사막 한복판으로 끌고 가서 그 둘을 베어 죽인 다음 그 피를 병 두 개에 담아서 오라."

"분부대로 하겠습니다."

곧 왕자들을 찾아나선 재무대신은 왕궁 현관에 이르러 어전 대기실에서 나오는 두 왕자와 마주쳤습니다. 두 왕자는 모두 훌륭한 비단옷을 입고 있었습니다. 사냥에서 무사히 돌아온 부왕에게 인사를 드리러 가는 길이었습니다.

재정대신은 두 왕자의 어깨에 손을 얹으며 말했습니다.

"왕자님들, 아시다시피 저는 왕의 명령을 받드는 노예에 지나지 않습니다. 방금 아버님의 명령을 받았는데, 거역하시지는 않으시겠지요?"

"물론입니다."

재정대신은 곧 두 사람을 묶어 궤짝에 담아 나귀에 실었습니다. 그는 나귀를 끌고 도성을 나가 점심때가 될 때까지 말을 타고 황량한 들판을 나아갔습니다.

이윽고 호젓한 사막에 이르자 재무 대신은 나귀를 세우고 궤짝을 내렸습니다. 그리고 뚜껑을 열어 암자드와 아스아드를 끌어냈는데, 두 사람의 얼굴을 가만히 바라보는 동안 그 아름답고 사랑스러운 왕자들의 신상에 일어난 일이 너무나 안타깝게 여겨져 자기도 모르게 눈물을 뚝뚝 흘렸습니다. 마침내 정신을 가다듬은 재무대신은 칼을 뽑아들고 두 사람에게 말했습니다.

"아, 두 분을 이처럼 모질게 대해야 하는 일이 나로서는 정말 괴롭습니다. 그러나 나는 다만 명령에 복종해야 하는 종의 신세, 용서해 주십시오. 아버님 알 자만 왕으로부터 두 분의 목을 베라는 분부가 있었습니다."

두 왕자는 대답했습니다.

"오, 왕명에 따르십시오. 우리는 알라(그분께 명예와 권력과 영광이 있기를!)께서 정하신 일이라면 순종하겠습니다. 당신에게는 아무 질못도 없습니다."

그리고 두 왕자는 서로 포옹하며 작별인사를 나누었습니다.

잠시 뒤, 아스아드가 말했습니다.

"오, 한 가지 소원이 있소! 나는 형님의 마지막 고통을 보고 싶지 않소. 그러니 나를 먼저 죽여주시오. 그것이 편안할 테니까."

그러자 암자드 왕자도 마찬가지로 자기를 먼저 죽여 달라고 말했습니다.

"아우는 나보다 어리니 부디 아우의 고통을 나에게 보이지 말아 주오."

두 형제는 눈물을 흘리며 흐느꼈고 재무대신도 함께 울었습니다.

─샤라자드는 날이 밝아오는 것을 깨닫고 이야기를 그쳤다.

221번째 밤

샤라자드는 이야기를 계속했다.

오, 인자하신 임금님, 재무대신도 두 왕자와 함께 울었습니다.

두 왕자가 서로 부둥켜안고 작별의 말을 나누며, 아우가 형에게 말했습니다.

"이렇게 된 것도 모두 나와 형의 어머니가 부정한 마음을 품었기 때문입니다. 내가 형의 어머니에게 자비를 베풀어준 보답이 고작 이거였군요! 하지만 위대하신 알라 외에 주권 없고 권력 없습니다! 우리는 진정 알라의 것, 지금부터 알라의 곁으로 돌아갑시다."

그러고는 형을 끌어안고 눈물에 젖어 시를 읊었습니다.

몸을 떨며 슬퍼하는
세상 사람들이 기도 올리고,
불평을 호소하는 알라시여!
언제든, 어떠한 일이 있든
단호하게 인내하는 신이시여!
나에게 남아 있는 오직 하나의
수단은 그대의 문을 두드려
구원을 찾는 일.
그대 만일 문을 열지 않으시면
나는 달리 어떤 문을 두드려
애절한 구원을 청하리오?
"있으라!"*⁹⁸는 그 한 마디에
자비가 깃든 그대에게 기도하노니.
모든 복지를 한몸에 모으신
거룩한 그대에게 기도하노니.

동생의 울음소리를 듣자 암자드도 함께 눈물을 흘리며, 아우를 가슴에 안고 시를 읊조렸습니다.

하나가 아닌 수없이 많은
자비를 베푸는 신이시여!
그 은총 끝없이
무한한 신이시여!
운명은 모진 타격 수없이 많지만
내가 그 일격 받았을 때
그대는 반드시 손 내밀어
나를 이끌어 주시네.

암자드는 재무대신을 향해 말했습니다.
"유일하고 전능하신 신, 자비로운 신의 이름으로 그대에게 부탁하니 부디 아스아드보다 먼저 나를 죽여주오. 그러면 이 가슴 밑바닥의 불꽃이 사라져, 이 세상에서는 두 번 다시 타오르지 않을 테니까."

그러자 아스아드 왕자도 울며 외쳤습니다.

"아니오, 그건 안 될 말이오. 나를 먼저 죽여주시오."

이 말에 암자드 왕자는 말했습니다.

"그렇다면 나는 너를, 너는 나를 서로 끌어안고 죽는 것이 좋겠구나, 그렇게 하면 한칼에 두 사람이 함께 죽을 수 있으니 말이다."

두 사람이 얼굴을 마주 대고 서로 부둥켜안자 재정대신은 눈물을 삼키면서 두 사람의 몸을 단단히 묶어 놓고 칼을 뽑아들며 말했습니다.

"오, 왕자님들, 당신들을 베는 일이 정말 괴롭군요. 마지막 소원이나 부탁, 유언 같은 것은 없습니까?"

그러자 암자드가 대답했습니다.

"유언은 없지만 한 가지 부탁이 있소. 아우를 내 밑에 있게 하여 칼이 먼저 내 몸에 닿도록 해 주시오. 우리 두 사람을 죽이고 아버님에게 돌아갔을 때 만일 우리에게서 유언을 듣고 왔느냐고 물으시거든 이렇게 대답해 주오. '두 왕자는 임금님께 인사를 전해달라고 하셨습니다. 그리고─우리가 정말 죄를 지었는지 아니면 결백한지도 모르시면서 또 죄를 확인하시거나 경위를 조사해 보시지도 않고 사형에 처하셨다고 말씀하셨습니다'라고. 그리고 이 시도 함께 전해 주시오."

여자는 악마, 무시무시한
남자의 재앙은 여자 때문.
여자의 사악한 손길을 벗어나
저희는 갑니다, 알라 곁으로.
남자에게 덮치는 재앙은
속세의 일에 관한 것도
신성한 신앙에 관한 것도
모두 사악한 여자 때문.

그리고 암자드는 말을 이었습니다.

"다만, 이 시를 아버님에게 들려 드리면 되오."

―샤라자드는 새벽이 가까워 온 것을 깨닫고 이야기를 그쳤다.

222번째 밤

샤라자드는 이야기를 계속했다.

오, 인자하신 임금님, 암자드는 재무대신을 향해 말을 이었습니다.

"다만 이 시를 아버님에게 들려 드리면 되오. 그리고 알라의 이름에 걸고 부탁하는데, 아우를 위해 마지막으로 시 한 수를 읊어 주는 동안 조금만 더 기다리시오."

암자드 왕자는 흘러내리는 눈물을 닦으려고도 하지 않고 이런 노래를 부르기 시작했다.

우리를 앞서간
왕들은 무수히 많은
본보기를 보여 주었네.
상하귀천 구별 없이
얼마나 많은 사람이
이 한길 외곬으로 걸어갔던고!

암자드의 입에서 흘러나오는 이 노래를 듣고 재무대신의 눈에서 폭포 같은 눈물이 수염을 타고 흘러내렸습니다. 아스아드도 눈에 눈물을 가득 담고 이런 시를 읊었습니다.

세월이 흘러 옛일이 되면
기구한 운명에 우리는 놀란다.
눈물 흘리며 덧없이
사라지는 주검을 한탄하면서.

지나간 운명은 병들었던가?
신이여! 우리의 죄 지우시고
지나간 운명을 다른 손으로
본디로 돌려주소서, 바라건대!
이보다 앞서 그 언제인가
즈바이르의 아들도 사람들의
증오를 절절히 몸에 느끼고
'성스러운 집'과 '돌'을 찾아가
그곳을 은신처로 삼았노라.
아무르로 오인당하고 하리자가
목숨을 잃었던 그때*99
알리를 구하기 위해
휘하 군사를 총동원하여
구출했더라면 좋았을 것을.

아스아드는 끊임없이 눈물을 흘리며 이런 시도 읊었습니다.

정녕 이승의 세월은
배신자의 눈에는
허위로 비치고, 악당의
최후처럼 사라져가누나.
사막에 떠오르는 신기루*100
하얀 이빨을 드러내고
무시무시한 밤의 어둠은
눈동자의 콜 가루 떠올리게 하네.
내가 미워하는 이승에서의
내 죄상은 싸움터에서
성급한 용사가 휘두른
칼의 죄와도 흡사하구나.

아스아드는 더욱 심하게 흐느껴 울며 이런 노래를 불렀습니다.

보람도 없는 세상을 구하는 그대
이 세상의 불타는 집은 재앙과
파멸의 그물인 줄 알라.
오늘 웃음 짓는 사람들도
눈물로 지새우고,
괴로움과 즐거움의 집은 멸망해 가리라.
싸우고 빼앗고 학대하며
신의 구원도 받지 못한 채
위험과 고난만 끝이 없구나.
분수를 모르고 교만에 빠져
명예와 영화를 뽐내는
세상 사람들 많지만,
운명의 여신은 손 뒤집어
마음껏 쾌락의 술을
마시게 한 뒤,
채무의 보복 다그친다.
운명의 걸음은
느린 듯
움직임이 없는 듯 보이지만,
운명의 일격은 재빠르고
한 치도 어긋남이 없구나.
그러니 모두 조심하여
그날그날을 헛되이 지내지 말지어다.
그러면 얻기 어려운 것
옛날보다 더 많이 구하게 되리라.
덧없는 사랑과 번뇌의
모든 인연을 끊고
영혼을 구하라, 더욱 높고

깊은 신비를 추구하라.

노래를 읊고 난 아스아드가 암자드를 두 팔로 힘차게 끌어안자, 마치 두 사람이 한몸이 된 듯 보였습니다. 그러자 재무대신은 칼을 높이 치켜들었습니다.

바로 그때 칼을 쳐드는 기세에 놀란 말이 별안간 고삐를 끊고 바람을 가르며 사막 쪽으로 달아나기 시작했습니다. 말은 금화 1천 냢짜리 준마인 데다 등에 막대한 가치가 있는 안장이 놓여 있었으므로, 재무대신은 쳐들었던 칼을 그 자리에 내동댕이치고 말을 뒤쫓아 달려갔습니다.

—날이 훤히 밝아오는 것을 알고 샤라자드는 이야기를 그쳤다.

223번째 밤

샤라자드는 이야기를 계속했다.

오, 인자하신 임금님, 재무대신이 달아나는 말을 따라 쫓아가니 말은 어느 숲 속으로 뛰어들었습니다. 말이 땅을 박차면서 숲을 빠져나가니 발굽에 피어오르는 모래먼지가 뭉게뭉게 하늘 높이 올라갔습니다. 가쁜 숨결로 거칠게 콧김을 내뿜으며 울어대는 그 사나운 기세는 거의 미친 것처럼 보였습니다.

그런데 이 숲 속에는 사나운 사자가 한 마리 살고 있었습니다. 눈이 번들번들 불길처럼 이글거리는 그 무시무시한 형상은 사람들의 영혼을 떨게 했습니다. 재무대신이 문득 뒤돌아보니 바로 그 사나운 사자가 자기를 노려보는 것이 아니겠습니까? 달아날 길은 없고 몸에는 쇠붙이 하나 지니고 있지 않았습니다. 그래서 그는 마음속으로 중얼거렸습니다.

'영광되고 위대하신 알라 외에 주권 없고 권력 없도다! 내가 지금 이렇게 위태로운 궁지에 몰린 것은 따지고 보면 암자드와 아스아드 왕자 때문이다. 그리고 보니 이 여행은 처음부터 나에게 저주받은 것이었어.'

한편 두 왕자는 심한 더위에 지치고 타는 듯한 갈증을 견딜 수가 없어, 혀를 축 늘어뜨리고 구원을 청했습니다. 그러나 누구 하나 도와주러 오는 자가 없었습니다.

마침내 두 사람은 절망의 소리를 질렀습니다.

"아, 알라시여, 차라리 저희를 빨리 죽여서 이 고통에서 벗어나게 해 주십시오. 그런데 말은 대체 어디로 달아났을까? 재무대신까지 가버려서 이런 괴로움을 겪어야 하는구나. 그자가 돌아와서 죽여준다면 차라리 나으련만!"

그때 아스아드가 말했습니다.

"형님, 참고 기다립시다. 알라의 구원이 반드시 있을 테니까요. (오, 알라를 칭송할지어다!) 그 증거로 말이 달아난 것도 알라께서 우리를 구해 주실 뜻이 있었기 때문일 겁니다. 지금 괴롭다 한들 기껏해야 목이 마른 것뿐 아니겠습니까?"

이렇게 말한 아스아드는 온몸에 힘을 주고 흔들어 마침내 포박을 끊고 말았습니다. 그리고 아스아드는 벌떡 일어나 형의 포박도 풀어 주고 재무대신의 칼을 주워들고는 맹세했습니다.

"대신의 행방을 찾아내 안부를 알기 전에는 절대로 달아나지 맙시다."

두 왕자는 발자국을 따라갔습니다. 이윽고 그 숲에 이르렀을 때 서로 말했습니다.

"걱정 없어. 아직 말도, 대신도 이 숲을 빠져나가지 않았을 테니까."

아스아드가 말했습니다.

"형님은 여기서 기다리십시오. 내가 안으로 들어가 찾아볼 테니."

"아니다, 너 혼자 들어가면 안 돼. 함께 들어가야 한다. 죽든 살든 함께 가야 해."

그리하여 두 사람이 함께 숲으로 들어가 보니 사자가 이미 재무대신을 습격하여 마치 참새처럼 움켜쥐고 있지 않겠습니까. 재무대신은 두 손 모아 알라의 구원을 빌고 있었습니다. 그 광경을 본 아스아드가 칼을 뽑아 사자에게 달려들어 미간 한가운데를 힘껏 내리치니, 그 사나운 사자가 그만 땅에 쿵하고 쓰러지고 말았습니다.

아슬아슬하게 구사일생으로 살아난 재무대신은 눈앞에 암자드와 아스아드가 서 있는 것을 보고 저도 모르게 그 발아래 엎드리며 외쳤습니다.

"아, 알라여, 두 분을 죽이려 했던 일은 있을 수 없는 무도한 짓이었습니다. 두 분을 해치려 한 저를 부디 용서하시고 모든 것을 잊어주십시오! 저는 이 목숨을 걸고 반드시 두 분을 구해 드리겠습니다."

—샤라자드는 날이 밝아오는 것을 보고 이야기를 그쳤다.

224번째 밤

샤라자드는 이야기를 계속했다.

오, 인자하신 임금님, 재무대신은 자기 목숨을 걸고 두 왕자님을 구해 드리겠다고 말했습니다. 그러고는 급히 일어나 두 사람을 부둥켜안으면서 어떻게 포박을 풀고 이리로 왔는지 물으니, 아스아드가 포박을 풀고 암자드를 풀어주었다는 이야기며 발자국을 따라 여기까지 왔다는 이야기를 자세히 해 주었습니다.

재무대신은 두 사람의 행위에 크게 감격하면서 나란히 숲을 나갔습니다. 넓은 들판에 나서자 두 왕자는 재무대신에게 말했습니다.

"자, 아버님의 명령을 집행하시오."

"당치도 않습니다. 그런 마음을 품고 두 분에게 다가갈 수는 없습니다! 부디 제 소원을 들어주십시오, 두 분의 옷을 저에게 주시고 두 분은 제 옷을 입으십시오. 그리고 병 두 개에 사자피를 넣어 임금님에게 가져다드리고 두 분을 죽였다고 보고하겠습니다. 두 분께서는 이대로 외국으로 달아나십시오. 알라 신의 나라는 크고 넓습니다. 하지만 두 분과 작별하는 것은 참으로 괴롭군요."

이 말에 왕자들은 눈물을 흘리며 울었습니다. 두 왕자가 옷을 벗자 재무대신은 자기 옷을 벗어 그들에게 입혔습니다. 그리고 두 사람의 옷을 뭉쳐 두 꾸러미로 만들고 병 두 개에 사자피를 담아 말안장에 달아맸습니다.

이윽고 재무대신은 두 왕자와 작별하고 도성으로 돌아갔습니다. 그리고 카마르 알 자만 왕 앞에 나아가 바닥에 엎드렸습니다.

왕은 얼굴빛이 창백하고 어두운 재무대신의 얼굴을 보고(실은 사자에게 혼이 난 탓이었습니다만) 두 왕자를 죽이고 온 줄 알고 기뻐하며 물었습니다.

"잘 시행하고 왔는가?"

"예."

재무대신은 옷 꾸러미와 피가 든 병을 내놓았습니다.

"두 아이의 모습은 어떠하던가?"

"두 분 다 조용히 운명에 몸을 맡기셨습니다. 그리고 저에게 말씀하시기를, 아버님에게는 아무 잘못이 없다, 부디 우리의 작별인사를 전해 달라, 또 우리는 아버님을 원망하지 않는다고 전해 달라고 했습니다. 그리고 이 시를 임금님에게 불러 드리라고 하셨습니다.

참으로 여자는 악마,
우리는 악마의 손아귀에서
달아나 알라에게 구원을 청하노라.
여자는 모든 재앙의
근원, 속세의 일에도
마음속에도 나타나네.

이 시를 듣고 오랫동안 고개를 숙이고 있던 왕은, 왕자들의 말에는 죄 없이 살해되었다는 의미가 담겨 있다는 것을 깨달았습니다. 왕은 여자들의 부정한 행위와 여자로 말미암아 일어나는 온갖 재앙을 떠올리고, 두 옷 꾸러미를 풀어 왕자들의 옷을 이리저리 만지면서 눈물을 흘렸습니다.

―날이 밝아오는 것을 알고 샤라자드는 이야기를 그쳤다.

225번째 밤

샤라자드는 이야기를 계속했다.

오, 인자하신 임금님, 카마르 알 자만 왕은 두 개의 옷 꾸러미를 펼쳐 놓고 흐느껴 울며 왕자들의 옷을 뒤적여 보니, 아스아드 왕자의 옷 속주머니에서 머리끈으로 맨 부두르 왕비 글씨 모양의 편지가 나왔습니다. 그것을 읽으니 왕자가 죄 없이 죽었음을 확실히 알 수 있었습니다. 이어서 암자드의 옷 주머니를 뒤져보니, 역시 머리끈으로 맨 알 누후스 왕비의 글씨 모양으로 쓰인 편지가 나왔습니다. 그것을 펴보고 암자드도 마찬가지로 죄 없이 죽었음을 알았습니다.

왕은 이 기막힌 일에 자기 손을 때리면서 외쳤습니다.

"영광되고 위대하신 알라 외에 주권 없고 권력 없도다! 나는 실수로 내 자식들을 죽이고 말았구나!"

그리고 또 자기 얼굴을 때리며 울부짖었습니다.

"아, 가엾어라, 아들들이여! 이 슬픔은 영원토록 사라지지 않으리!"

알 자만 왕은 사당을 하나 지어 그 안에 묘 두 개를 세우고 '탄식의 집'이라 이름 짓고, 묘비에 두 왕자의 이름을 나란히 새기게 했습니다. 왕은 암자드의 무덤에 몸을 던지고 눈물을 흘리며, 이런 즉흥시를 불렀습니다.

> 아, 영원히 하계(下界)의 대지를
> 비추는 달, 이제 사라져
> 푸른 하늘에 흩뿌려진 별은
> 모습 없는 그대를 슬퍼하네.
> 나의 버들이여, 단번에 부러져
> 우아하고 상냥한 그 모습
> 영양의 눈을 어지럽히네.
> 시새움 때문에 내 눈 가려져
> 내세에서까지 그대 모습
> 실제로 볼 길 없어라.
> 잠 못 이루며 눈물의
> 바다에 빠져 허우적대는
> 나는 진정 쓰러졌노라.
> 다름 아닌 심판의 자리에.

그러고 나서 왕은 슬피 울면서 아스아드의 무덤에도 절을 한 뒤, 이런 시를 읊었습니다.

그대와 불행을 나누려
생각했건만, 어찌하랴
알라께서 허락지 않아
내 뜻대로 되지 않는구나.
나는 슬픔으로 눈에 비치는
모든 것은 캄캄해지고
검은 눈동자도 희어졌네.*101
넘치는 눈물 그치지 않고
가슴에 흐르는 피고름
또한 마를 사이 없구나.
그대 모습 대신, 무덤을 보니
아, 이 얼마나 애처로운가.
왕도 종도 구별 없이
다 함께 누워 잠든
이 무덤을 그대 보듯 해야 하니.

　그래도 왕의 슬픔은 갈수록 더해가기만 했습니다. 이윽고 눈물을 닦고 노래를 그친 왕은 친한 벗들과의 교제도 끊고 아내와 가족들도 뿌리친 채 '탄식의 집'에 틀어박혀, 오로지 왕자들의 죽음을 애도하면서 지냈습니다.

　한편, 두 왕자는 나무열매를 따 먹고 빗물을 마시면서 한 달 남짓 사막을 헤매다가 어느 검은 돌산에 이르렀습니다. 돌산은 아득히 먼 곳까지 끝없이 뻗어 있고 길은 두 갈래로 갈라져 하나는 산 중턱을 따라 돌아가고 또 하나는 산꼭대기 쪽으로 뻗어 있었습니다.

　두 사람은 산꼭대기의 길을 따라 닷새 동안 쉬지 않고 걸었습니다. 그러나 가도 가도 끝이 보이지 않았습니다. 산을 오르는 일은 태어나 처음이었으므로*102 지칠 대로 지친 두 사람은 결국 포기하고 돌아서서, 이번에는 산 중턱을 돌아가는 길을 가기로 했습니다.

　―샤라자드는 날이 밝아오는 것을 보고 이야기를 그쳤다.

226번째 밤

샤라자드는 이야기를 계속했다.

오, 인자하신 임금님, 암자드 왕자와 아스아드 왕자는 산꼭대기의 길에서 산 중턱을 도는 길로 되돌아와 그날 해가 질 때까지 걸었습니다. 아스아드는 먼 길에 지쳐 암자드에게 말했습니다.

"형님, 이제 기운이 없어 한 걸음도 더 나아갈 수가 없습니다."

"애, 아스아드, 기운을 내자! 알라께서 반드시 우리를 구원해 주실 테니."

이리하여 두 사람은 밤이 되어도 계속 걸었습니다. 이윽고 주위가 캄캄해지자 아스아드는 불안해져서 마침내 눈물을 흘리며 땅바닥에 푹 쓰러지고 말았습니다.

"형님, 이젠 녹초가 되어 더는 걸을 수가 없습니다."

암자드는 아우를 끌어안고 그대로 걸음을 옮기다가 지치면 앉아 쉬면서 새벽녘까지 계속 걸었습니다. 그리하여 가까스로 산꼭대기에 이르렀습니다. 그곳에는 샘이 있고, 샘가에는 석류나무 한 그루와 기도용 벽감(壁龕)[103]이 있었습니다.

그것을 본 두 사람은 자신의 눈을 믿을 수가 없었습니다. 이윽고 샘가에 앉아 물을 마시고 석류 열매를 따먹고 나서 그대로 바닥에 쓰러져 잠이 들었습니다. 해가 떠오른 뒤 잠에서 깨어난 두 사람은 샘물로 얼굴을 씻고 또 석류 열매를 먹었습니다. 그리고 낮 기도시간까지 또 잠을 잤습니다.

두 사람은 다시 여행을 계속하려 했지만 암자드는 발이 부르터서 걸을 수가 없었습니다. 하는 수 없이 발이 나을 때까지 사흘 동안 머물고서 다시 길을 떠나 밤낮으로 산길을 넘어갔습니다. 그 도중에도 전처럼 갈증에 시달려 죽을 뻔한 고통을 여러 번 겪어야 했습니다.

마침내 아득한 저편에 도시의 불빛이 보이자 두 사람은 기뻐하며 그 방향으로 걸음을 재촉했습니다. 그 불빛 가까이에 이르렀을 때, 두 사람은 진심으로 알라(그 이름을 찬양하라!)께 감사했습니다.

암자드가 아우 아스아드에게 말했습니다.

"내가 저곳에 가서 어떤 곳이며 누가 다스리고 있는지, 그리고 우리가 지금 이 드넓은 세상의 어디에 와 있는지 자세히 알아올 테니 너는 그때까지 여기서 기다려라. 그러면 우리가 저 산을 넘어 어떤 나라들을 지나왔는지도 알 수 있겠지. 만일 산기슭에서 헤매고 있었더라면 1년이 걸려도 이곳에 오지 못했을 것이다. 알라께 우리가 여기까지 올 수 있게 해 주신 것을 감사드리자!"

그러자 아스아드는 대답했습니다.

"형님, 안 됩니다. 저곳에는 제가 가보겠습니다. 비록 한 시간이라도 혼자 있으면 형님이 걱정되어 안절부절못하게 될 것입니다. 나는 형님과 헤어져서는 잠시도 못 견디는걸요."

"그럼, 네가 빨리 갔다 오너라."

아스아드는 금화 몇 닢을 손에 쥐고 형을 그 자리에 남겨둔 채 산을 내려가 마을로 들어갔습니다.

마을의 거리를 이리저리 걸어가다가 한 노인을 만났습니다. 너울거리는 수염이 가슴께까지 내려오고 그 끝이 두 갈래로 갈라져 있었습니다.*104 아름다운 옷을 입고 손에는 지팡이를 짚고 머리에 붉은 터번을 두르고 있었습니다.

아스아드는 상대방의 옷과 풍채가 의심스럽고 이상하게 여겨졌지만 다가가 인사하고는 물었습니다.

"시장으로 가려면 어느 길로 가야 합니까?"

노인은 빙그레 웃으며 대답했습니다.

"젊은이는 외국 사람이군?"

"예, 그렇습니다."

―날이 훤히 밝아오는 것을 알고 샤라자드는 이야기를 그쳤다.

227번째 밤

샤라자드는 이야기를 계속했다.

오, 인자하신 임금님, 아스아드가 만난 노인이 말했습니다.

"젊은이가 찾아와 준 것은 이 나라에는 무척 기쁜 일이지만, 당신 고향에서는 젊은이가 없어 쓸쓸해할 거요. 그런데 시장에는 무슨 일로 가려는 거요?"

"영감님, 실은 저에게 형님이 한 분 계십니다. 이 형과 함께 먼 나라에서 석 달 동안이나 여행을 해왔습니다. 가까스로 이 도시가 보이는 곳까지 오자 저는 산에 형님을 남겨놓고 먹을 것을 사려고 혼자 내려왔습니다. 그것을 가지고 돌아가 형님과 함께 먹으려고 합니다."

"그것 마침 잘 되었소. 오늘 나는 혼인잔치를 베풀 작정으로 손님들을 많이 청하고 맛좋은 요리도 잔뜩 마련해 놓았소. 당신이 나를 따라온다면 돈은 한 푼도 받지 않고 원하는 음식을 드리다. 그리고 이곳 풍속도 가르쳐드리지요. 당신이 나를 우연히 만난 것은 참으로 알라의 이끄심인 것 같소."

"정말 죄송한 말씀이지만, 되도록 빨리 가주실 수 없겠습니까? 형님이 제 걱정을 하며 돌아오기를 기다리고 있으니까요."

노인은 아스아드의 손을 잡고 어떤 골목으로 데리고 들어갔습니다. 그리고 벙글벙글 웃으면서 말했습니다.

"이곳 사람들로부터 당신을 구해 주신 알라께 영광 있으라!"

노인은 다시 걸어가 어느 커다란 저택으로 들어갔습니다. 그 저택 안에는 넓은 홀이 있고 그 한복판에 인생의 쓴맛 단맛을 다 맛본 노인 40명이 횃불을 에워싸고 둘러앉아 있었습니다. 그들은 그 불을 향해 예배를 올리며 엎드려 있었습니다.*105

이 광경을 보고 깜짝 놀란 아스아드는, 그들의 정체를 알지 못하면서도 어쩐지 온몸에 소름이 끼쳤습니다.

그때 노인이 그들을 향해 말했습니다.

"오, 불을 예배하는 장로들이여, 오늘은 정말로 축복받은 날이오!"

그리고 큰 소리로 불렀습니다.

"여봐라, 가즈반!"

그 소리에 대답하며 나타난 것은, 원숭이처럼 코가 납작하고 키가 껑충하게 큰, 보기에도 불길하고 무섭게 생긴 검둥이 노예였습니다. 노인이 신호하자 노예는 느닷없이 아스아드의 두 손을 뒤로 묶었습니다.

그러자 노인이 말했습니다.

"지하실에 처넣어라. 그리고 노예계집에게 '푸른 바다'와 '불의 산'으로 떠나는 날까지 아침저녁으로 빵 한 조각씩만 주면서 밤낮으로 고문하라고 일러두어라. '불의 산'에서 이놈을 베어 희생물로 바쳐야겠다."

검둥이 노예가 아스아드를 다른 출입구로 끌어내어 바닥의 돌을 젖히니 그 안에 지하실*106로 통하는 20개의 계단이 나타났습니다. 검둥이 노예는 아스아드를 지하실로 데리고 가 쇠사슬로 발을 묶고는 노예계집에게 맡기고 밖으로 나갔습니다. 한편, 넓은 홀의 노인들은 서로 이런 이야기를 하고 있었습니다.

"불의 제삿날이 오면 저놈을 산 위에서 죽여 희생물로 바치자. 그러면 불의 신께서 기뻐하시겠지."

얼마 뒤 노예계집이 아스아드에게 다가오더니 호되게 매질을 한 뒤, 머리맡에 빵 한 조각과 소금물이 든 항아리를 두고 가버렸습니다.

한밤중이 되어 가까스로 정신을 차린 아스아드는 몸이 꽁꽁 묶인 데다 매를 심하게 맞아 온몸이 쑤시고 아팠습니다. 그는 지난날 왕자로서의 화려했던 생활과 아버지와 헤어지고 고향에서 쫓겨난 일 등을 이것저것 생각하며 하염없이 흐느껴 울었습니다.

―날이 밝아오는 것을 깨닫고 샤라자드는 이야기를 그쳤다.

228번째 밤

샤라자드는 이야기를 계속했다.

오, 인자하신 임금님, 지금은 옛일이 되어버린, 화려했던 왕자로서의 당당했던 신분이 떠올라, 아스아드는 눈물을 흘리며 소리 높이 탄식하고서 이런 시를 읊었습니다.

폐허 옆에 서서,
우리의 행방 물어보라.
예전의 우리 모습
이제는 아는 이 없네.
만나면 헤어지는 이 세상에서
버림받은 우리,

우리의 슬픈 숙명도
사람들의 증오에 찬 마음을 풀어 주지 못하네.
저주스러운 노예계집은
증오의 불길 태우며
채찍으로 나를 내리치네.
알라여, 부디 우리 목숨
찢지 말고 이어주시며
적을 벌하시어 이 괴로운
고비를 넘게 해 주소서.

시를 읊고 나서, 아스아드가 머리맡으로 손을 뻗으니 굳은 빵 한 조각과
소금물이 든 항아리가 있었습니다. 아스아드는 간신히 목숨을 이을 정도의
빵과 소금물을 먹었습니다. 그날 밤은 수많은 빈대*¹⁰⁷와 이에 시달리며 아
침까지 뜬눈으로 지새웠습니다.

아침이 되자 어제의 노예계집이 와서 피가 배어 온몸에 찰싹 달라붙은 옷
을 억지로 벗기고 다른 옷으로 갈아입혔습니다. 그 때문에 살갗까지 벗겨져
아스아드는 비명을 질렀습니다.

"오! 신이여, 이것이 당신의 뜻이라면 더 큰 괴로움을 주십시오! 그러나
알라여, 저를 이토록 학대하는 저자를 설마 잊지는 않으시겠지요. 부디 이
원한을 풀어주십시오!"

그리고 신음하면서 이런 시를 읊었습니다.

신이 정하신 운명에 머리 숙이고
가혹한 처사도 나는 참으리.
신이 정하신 것이라면
어떤 것이든 나는 참으리.
신의 뜻대로 따르며
가자나무의 숯불에 타게 될지라도
참고 견디리, 오로지.
적의 습격받아 이 몸

심한 상처 입었지만,
어느 날엔가 신의 자비에 의해
적의 손에서 구원받으리.
신이여, 결코 원수를
용서하지 마옵소서,
운명의 신이여, 나의 희망
오로지 그대 속에 있나이다.

그리고 다시 이런 노래를 읊조렸습니다.

불평하지 말라, 뜬세상
바람 부는 대로 물결 치는 대로
하늘에 모두 맡겨두어라.
괴로운 일도 견디다 보면
나중에는 즐거운 이야깃거리.
답답한 가슴도 확 트이니
이 세상일이란 다 그런 것
모든 게 신의 뜻이니
끙끙대며 근심 걱정하지 말라!
내일이면 행복이 찾아들어
지난날의 쓰린 불행을
잊을 날도 있을 것이니.

아스아드가 노래를 마치자마자, 노예계집은 또다시 아스아드를 기절하도록 두들겨 팼습니다. 그리고 빵 한 조각과 소금물이 든 항아리를 두고 나갔습니다.
쇠사슬에 묶여 온몸이 피투성이가 된 아스아드는, 이렇게 사랑하는 사람들에게서 떨어져 혼자 쓸쓸히 지냈습니다. 그리고 형과 지난날의 화려했던 날을 돌이켜 생각하면서 눈물에 젖었습니다.

—날이 훤히 밝아오는 것을 알고 샤라자드는 이야기를 그쳤다.

229번째 밤

샤라자드는 이야기를 계속했다. 오, 인자하신 임금님, 아스아드는 형과 지난날의 화려했던 생활을 돌이켜 생각하면서 눈물에 젖었습니다. 그는 신음하고 탄식하고 폭포 같은 눈물을 흘리면서 다음과 같은 시를 읊었습니다.

> 아침저녁으로 내 손에서
> 형제의 정 빼앗아간 이 재앙,
> 언제까지 계속될 것인가.
> 이 기나긴 괴로움
> 아직도 모자란단 말인가?
> 아, 무자비한 그대 마음이여,
> 동정심을 베풀어주오.
> 나에게 원한 품고 학대하여
> 원수로 하여금 나를 욕보이게 하고
> 나의 벗마저 상처 입혔노라.
> 내가 떠돌이의 괴로움을 겪으며
> 홀로 불행을 탄식할 때
> 나의 원수는 내 모습 보며
> 회심의 미소 지으리.
> 영원히 벗을 잃고
> 마음도 영혼도 지쳐
> 불행에 몸부림치는 나를 보면서
> 그대는 아직도 부족하단 말인가?
> 어쩔 수 없다면 이 몸
> 좁은 감옥에 갇히리.
> 물어뜯는 이 말고는 벗도 없이

물어뜯는 벼룩만을 벗 삼아.
구름의 선물처럼 내 눈물
줄곧 쏟아지건만
애타는 갈증은 풀리지 않고
끝없이 불길처럼 타오른다.
슬픈 동경, 깊은 괴로움
끊임없는 한숨, 한 맺힌 넋두리
고통스러운 추억, 끝없는 고뇌.
나는 애절한 소망에
어둡고도 깊은 소망에
괴로워 몸부림치며 끝없이
고뇌의 먹이가 되는구나.
연민의 눈으로 바라보며
이 불운 위로해 주려고
나를 찾는 벗도 없단 말인가?
참된 사랑을 품은
다정한 벗은 지금 어디에 있는가?
내 재앙을 한탄하고 눈물지으며
잠들지 못하는 병 때문에 우노라.
나는 벗을 위해 슬퍼하고
벗 또한 밤새도록
잠 못 이루는 내 눈을 슬퍼하네.
아름다운 처녀의 손에서
포도주를 받아 마시는 남자처럼
빈대와 벼룩은
내 피를 빨아 마시는구나.
이 투성이 내 몸에서
사악한 법승의 손톱에 떨어진
고아에게 오히려 행복 있으니.
내가 있는 곳은 석 자 무덤,

고민의 사슬에 묶여
아침저녁 한탄으로 지새노라.
나의 포도주는 흐르는 눈물
사슬 부딪는 소리는 음악
음률을 고르며 울려 퍼진다.
나의 식후 과일은 수심이고
나의 눕는 자리는 슬픔이로다.

아스아드는 이 긴 시를 읊고 다시금 지나간 일들과 형과의 이별을 생각하며 한탄했습니다.

한편 형 암자드는 점심때까지 기다리고 있었으나 끝내 아우가 돌아오지 않자, 혼자 가슴 아픈 이별의 슬픔을 참지 못해 눈물을 흘리며 탄식했습니다.

—샤라자드는 새벽이 밝아온 것을 알고 이야기를 그쳤다.

230번째 밤

샤라자드는 이야기를 계속했다.

오, 인자하신 임금님, 암자드는 이별의 슬픔을 견디지 못해 눈물을 흘리며 외쳤습니다.

"오, 아우여! 오, 벗들이여! 이 크나큰 슬픔이여! 나는 이 이별을 얼마나 두려워하고 있었던가!"

암자드는 눈물을 흘리면서 산에서 내려와 마을로 들어가 시장으로 곧장 걸어갔습니다. 그리고 시장 사람들에게 이 고장의 이름과 주민의 형편을 물으니 그들은 이렇게 대답했습니다.

"여기는 배화교도의 마을로, 시민은 모두 전능하신 알라 대신 불의 신을 찬양한다오."

그래서 이번에는 검은 섬에 대해 물으니 그들은 대답했습니다.

"거기에 가려면 육로로 1년, 뱃길로 여섯 달이 걸리오. 원래 알마누스라는 왕이 다스리고 있었으나, 요즘은 카마르 알 자만이라는 왕자를 양자로 맞아 왕위를 물려 주셨지요. 새 왕은 아주 공평하고 너그럽고 자비로운 분이라오."

아버지에 대한 말을 듣고 암자드는 한숨을 내쉬며 슬퍼했습니다. 그리고 어디로 가야 할지 모른 채 먹을 것을 좀 사서 호젓한 곳에 앉아 먹었습니다. 하지만 아우를 생각하니 또다시 눈물이 넘쳐흐르고 식욕도 사라져 간신히 목숨을 이어갈 만큼밖에 먹을 수가 없었습니다.

이윽고 일어나 주위를 돌아다니다가 우연히 한 이슬람교도 재봉사가 가게 앞에 앉아 있는 것을 보았습니다. 암자드가 다가가 자기 신상 이야기를 하였더니 재봉사가 말했습니다.

"만일 당신 아우님이 배화교도에게 붙잡혔다면 두 번 다시 살아서 만나기 어려울 거요. 하기야 알라께서 어쩌면 두 분을 만나게 해 주실지도 모르지만."

그리고 이렇게 덧붙였습니다.

"형제여, 만일 괜찮다면 우리 집에 머무르시오."

"그럼 부탁하겠습니다."

암자드의 대답에 재봉사는 매우 기뻐했습니다.

재봉사의 집에 머무는 동안 암자드는 여러 가지로 위로를 받고 재봉 일도 배웠습니다. 그리하여 얼마 뒤 암자드는 훌륭한 기술자가 되었습니다.

어느 날 그는 바닷가로 나가 옷을 빨고 목욕을 한 다음 깨끗한 옷으로 갈아입었습니다. 그러고서 여기저기를 구경하며 거리를 거닐다가 우아하고 기품이 있으며 뛰어나게 아름다운 한 여자를 만났습니다. 여자는 지나가면서 얼굴의 베일을 살짝 치켜들고 관심을 끌기 위해 은밀한 눈길을 던지면서, 눈썹과 눈짓으로 신호를 보내며 이런 노래를 불렀습니다.

길에서 만났을 때, 이 몸은
눈을 내리깔았어요.
쨍쨍 내리쬐는 해님에게
꼼짝없이 사로잡힌 듯한 모습으로.
그대처럼 아름다운 남자는

이 세상에 다시없을 거예요,
날로 그 빛 더해가니
오늘은 어제보다 더 아름답군요.
미남을 나누어 보면
5분의 1은 요셉의 것이거나
아니면 그만큼은 남의 것,
나머지는 모조리 그대의 것.
이 마음도 그대 위해
사랑의 노예 되라고 빌겠어요!

　이 노래를 듣자 암자드는 마음이 달떠 여자를 사모하게 되었습니다. 사랑의 손길에 마음이 희롱당하기 시작한 것입니다. 그는 한숨을 쉬면서 다음과 같은 시로 화답했습니다.

장밋빛 뺨을 한 얼굴에
창 같은 가시*108가 있다 해도
마음에 찔린 그 가시
누가 뽑아 주리오?
장미 가시에 손대지 말라,
나는 단 한 번 훔쳐보고
긴긴 밤잠 못 이루노니.
그녀에게 물어보라,
횡포한 자는 누구?
유혹하는 자는 누구?
(올바른 마음 지녔다면
유혹도 마다치 않네)
그대 얼굴 베일로
가리면 오해 생기고
드러내면, 그 수위(守衞)
더할 수 없는 기회 베푸네.

드러난 해님 얼굴은
제대로 보여주지 않지만
안개구름 걸렸을 때는
가까스로 아련히 볼 수 있도다.
꿀벌의 집은 꿀벌이
지키는데, 이제 묻노라,
꿀벌들이 원한 품고 이 몸을
찔러 죽이려 한다면
노여움 가라앉히고 뜻대로
나를 먼저 찌르게 하라.
비록 모든 벌이 덮칠지라도
검은 점 있는 그녀 눈동자의
곁눈질만큼 가혹할까.

암자드의 시에 귀를 기울이고 있던 여자는 깊은 한숨을 내쉬며 다시 이런
시를 읊었습니다.

수줍음의 오솔길을 가는 이는
내가 아닌 그대로다.
이제 때가 다가오면
바람직한 대답을 들려주오.
눈부신 이마로 아침 만들고
이마의 머리 풀어내려
밤이 되게 하는 그대이니!
아름다움의 신 같은 그 모습에
나는 그대의 종이 되네.
지난날 어떤 이에게 유혹되어 넘어갔듯이.
나의 싱싱한 간은 뜨거운
사랑의 불길에 구워지고,
신을 대신해 불을 받들어

불꽃을 지키는 사람.
그대는 나를 헐값에
팔려고 하지만
팔리지 않을 때는
살 사람에게 비싼 값을 부르라.

이 노래를 듣고 암자드는 여자에게 말했습니다.
"내 숙소로 오겠소, 아니면 댁으로 갈까요?"
그러자 여자는 수줍은 듯 고개 숙이며 코란의 한 구절을 외웠습니다.
"남자는 여자보다 뛰어나느니라. 알라께서 남자에게 많은 장점을 준 까닭에."*109
이 말을 듣고 암자드는 그 뜻을 깨달았습니다.

─날이 훤히 밝아오는 것을 알고 샤라자드는 이야기를 그쳤다.

231번째 밤

샤라자드는 이야기를 계속했다.
오, 인자하신 임금님, 여자의 말을 듣고 곧 그 뜻을 깨달은 암자드는 상대가 자기 뜻대로 될 것을 알았습니다. 그리하여 어떻게든 여자를 맞이할 집을 찾아야 한다고 생각했지만, 자기가 신세를 지고 있는 재봉사의 집으로는 부끄러워서 데려갈 수가 없었습니다. 암자드는 여자를 데리고 이 거리 저 거리를 돌아다니자 마침내 여자가 지쳐서 물었습니다.
"오, 당신 집은 대체 어디예요?"
암자드는 대답했습니다.
"조금만 더 가면 되오."
그는 여자를 데리고 어느 깨끗한 골목으로 들어갔습니다. 곧장 나아가니 그곳은 빠져나갈 수 없는 막다른 골목이었습니다. 암자드는 이렇게 소리쳤습니다.

"영광되고 위대하신 알라 외에 주권 없고 권력 없도다!"

그리고 문득 눈을 들어보니 골목 끝에 돌 의자 두 개가 있는 커다란 문이 보였습니다. 문은 잠겨 있었습니다. 두 사람은 그 문으로 가서 따로따로 돌 의자에 앉았습니다.

"오, 왜 이런 곳에서 기다리나요?"

암자드는 잠시 고개를 숙이고 있다가 이윽고 얼굴을 들고 대답했습니다.

"열쇠를 가진 백인 노예를 기다리는 거요. 내가 목욕하고 돌아올 때까지 식사와 마실 것과 꽃을 갖추고 술상을 차려놓으라고 일러뒀으니까요."

하지만 마음속으로는 다른 생각을 하고 있었습니다.

'이러다가 시간이 흘러 지치면 나를 내버려두고 어디론가 가버리겠지. 그러면 나도 집으로 돌아가는 거다.'

그런데 너무 오래 기다리게 되자 여자가 말했습니다.

"우리가 이렇게 길에 앉아 기다리는데 백인 노예는 왜 이렇게 꾸물거릴까요?"

그러더니 여자는 일어나 돌을 주워들고 자물쇠로 다가갔습니다.

"그렇게 서두르지 마시오. 하인이 올 때까지 기다립시다."

그러나 여자는 들은 체도 않고 돌로 힘껏 나무 빗장을 내리쳐서 두 동강을 냈습니다. 그러자 문이 활짝 열렸습니다.

암자드는 말했습니다.

"왜 이런 미치광이 같은 짓을 하오?"

"그러면 어때요? 이 집도 땅도 모두 당신 것 아니에요?"

"그렇다고 빗장을 부술 것까지는 없잖소."

그러나 여자는 그대로 성큼성큼 집 안으로 들어갔으므로, 암자드는 몹시 당황하여 이 집 사람들이 나오면 어쩌나 하고 어쩔 줄을 몰라 했습니다.

"오, 나의 눈동자의 빛, 사랑스러운 분, 왜 들어오시지 않나요?"

여자가 돌아보며 재촉했으므로, 암자드는 대답했습니다.

"알았소. 하지만 이렇게 늦어지는 것을 보니 하인 녀석이 아직 아무 준비도 못 했나 보오."

암자드는 그 집 사람들에게 들키지나 않을까 몹시 두려워하면서 문 안으로 들어갔습니다. 그러자 어떤 훌륭한 손님방이 나왔습니다. 거기에는 한 단 높게 앉는 자리가 서로 마주 보며 네 개 마련되어 있고 몇 개의 찬장과 높은 좌석도 있었는데, 어느 것이나 다 비단과 금란으로 씌워져 있었습니다.

방 한가운데는 분수가 솟아나고 있고 그 주위에 가죽 상보를 씌운 식탁이 있었는데, 음식이 담긴 쟁반과 과일과 향기로운 화초가 꽂혀 있는, 보석 박힌 접시가 여러 개 차려져 있었습니다. 그 옆에는 술 항아리와 잔이 놓여 있고, 촛불이 단 한 개 켜진 촛대가 세워져 있었습니다.

방 안은 온통 값진 천으로 뒤덮여 있고, 죽 늘어 놓여 있는 궤짝과 의자 위에는 저마다 옷과 금화 은화가 가득 든 지갑이 놓여 있었습니다. 바닥은 대리석을 깔아 어디를 보나, 이 집 주인이 아주 부자라는 것을 알 수 있었습니다.

암자드는 이 호화로운 방의 광경에 완전히 놀라 마음속으로 이렇게 중얼거렸습니다.

'난처해졌군. 이렇게 된 바에는 하늘에 운을 맡기는 수밖에 없다!'

한편 여자는 이 집 광경을 보고 정신없이 들떴습니다.

"정말 멋져요, 댁의 하인은 무척 부지런하군요. 보세요, 방도 깨끗이 청소하고 식사준비는 물론 과일까지 준비해 놓았잖아요. 전 정말 좋은 곳에 왔어요."

그러나 암자드는 이 집 사람들에게 들키지나 않을까 하는 걱정 때문에 여자의 말은 귀에 들어오지도 않았습니다. 여자는 말을 이었습니다.

"아이, 싫어요, 당신, 사랑스러운 나의 그대! 왜 그렇게 멍하니 서 있기만 하셔요?"

그리고는 한숨을 쉬더니 호두를 깨는 듯한 소리를 내며 암자드에게 입맞춤했습니다.

"주인님, 혹시 다른 여자와 약속이 있으시다면 저는 시녀가 되어 두 분의 시중을 들어 드리겠어요."

암자드는 몹시 화가 나는 기분으로 웃고 나서, 여자 곁에 다가와 앉으면서도 괴로워 혼잣말을 했습니다.

"이 집 주인이 돌아오면 나도 드디어 죽겠구나."

이런 심정으로 주위에 신경 쓰면서 눈살을 찌푸리고 있으니, 여자가 암자드 옆에 붙어 앉아 희롱하고 웃음을 터뜨리기도 했습니다. 암자드는 어지러운 마음을 누르고 건성으로 대꾸하면서 속으로는 다른 생각을 하고 있었습니다.

'곧 이 집 주인이 돌아올 거야. 그런데 돌아오면 뭐라고 변명해야 한담? 틀림없이 나를 죽일 거야. 이런 어이없는 일로 죽게 되다니!'

이윽고 여자가 일어나 소매를 걷어붙이더니, 쟁반을 들어 덮개를 벗긴 다음 암자드 앞에 놓았습니다.

"어서 드세요."

그리고 여자가 먹기 시작하자, 암자드도 앞으로 다가가 음식을 입에 넣었습니다. 하지만 조금도 맛이 없었습니다. 그뿐만 아니라 계속 문 쪽에만 신경이 쓰였습니다.

여자는 배부르게 먹고 그릇을 치우고 나더니 이번에는 마른 과일을 꺼내와 먹기 시작했습니다. 그리고 술 항아리에서 술을 가득 따라 암자드에게 권했습니다. 그는 하는 수 없이 술잔을 받으면서 마음속으로 중얼거렸습니다.

'집주인이 돌아오더라도 별일 없으면 좋으련만.'

암자드는 잔을 손에 든 채 여전히 문 쪽에만 신경을 쏟았습니다.

그때 별안간 집주인이 들어왔습니다. 이 집 주인은 백인 노예였는데, 궁정에서 말을 다루는 조마사이자 이 고장의 유력자였습니다. 주인은 좋아하는 상대와 둘이서 즐겁게 지내려고 이 손님방을 깨끗이 장식해 놓고 있었던 것입니다. 이 날도 마침 자기가 좋아하는 어느 젊은이를 부르기 위해 음식을 준비해 둔 것이었습니다.

이 백인 노예의 이름은 바두르라고 하며 매우 관대하고 인정이 많아, 보시와 기부도 아낌없이 하는 인물이었습니다.

—날이 훤히 밝아왔으므로 샤라자드는 이야기를 그쳤다.

232번째 밤

샤라자드는 이야기를 계속했다.

오, 인자하신 임금님, 집주인 바두르가 돌아와 보니 손님방 문이 열려 있어, 살며시 다가가 안을 들여다보았습니다. 마침 암자드와 여자는 과일 접시와 술잔을 앞에 놓고 이야기하는 참이었습니다.

그때 술잔을 들고 문 쪽을 돌아보다가 암자드는 바두르와 눈길이 딱 마주쳤습니다. 암자드는 순식간에 얼굴이 파랗게 실리고 손발이 덜덜 떨렸습니다. 그 모습을 본 바두르는 입에 손가락을 갖다 대고 손짓을 했습니다.

"잠자코 이리 와보시오."

그래서 암자드가 잔을 내려놓고 일어서려 하자 여자가 물었습니다.

"어디 가셔요?"

암자드는 다만 고개를 흔들며 용변 보러 간다는 시늉만 하고 맨발로 복도에 나갔습니다.

암자드는 바두르가 이 집 주인이라는 것을 곧 알았으므로 다가가 두 손에 입맞추고 말했습니다.

"오, 나리, 제발 부탁이니, 나를 죽이기 전에 먼저 내 얘기를 좀 들어주십시오."

그리고 암자드는 자기 이름을 밝히고 고국을 떠나게 된 경위와 무단으로 이 집에 들어온 이유며, 저 여자가 문빗장을 부순 것*110까지 모두 이야기했습니다.

이 이야기를 들은 바두르는 암자드가 왕자인 것을 알고 매우 가엾이 여기며 말했습니다.

"암자드님, 내 말을 잘 듣고 시키는 대로 하시면 구해 드리리다. 그렇지 않으면 당신 목숨은 없을 줄 아시오."

"무엇이든 분부만 하십시오. 나는 당신의 관대한 마음에 의지하여 목숨을 구하는 것이니 무슨 일이든 하겠습니다."

"그러면 곧장 손님방으로 돌아가 아까 그 자리에 다시 앉으시오. 그리고 내가 들어가거든(잊으면 안 됩니다, 내 이름은 바두르라고 하니까) '왜 이렇게 꾸물거리고 있었느냐?'고 소리치면서 변명은 들은 척도 하지 말고 나를 실컷 때리시오. 그때 조금이라도 주저했다가는 목숨이 없을 줄 아시오. 자, 그럼 어서 손님방으로 들어가 즐겁게 지내시오. 필요한 것은 뭐든지 내가 갖다 드릴 테니 염려 말고 마음껏 놀다가 날이 새거든 집으로 돌아가면 돼요. 내가 이렇게 하는 것은 당신이 외국 사람이기 때문이오. 나는 외국 사람을 좋아해서 잘 돌봐주어야 한다고 생각하니까."

암자드는 바두르의 손에 입을 맞추고서, 그제야 안심하고 평소의 장밋빛 얼굴이 되어 손님방으로 돌아갔습니다. 그리고 여자에게 말했습니다.

"오, 부인, 당신이 와주셔서 이 집이 더욱 밝아진 것 같소. 정말 멋진 밤이오."

"어머, 조금 전과는 완전히 달라지셨군요. 이렇게 친절한 말씀을 다 하시고!"

"아까는 금화 1만 닢이나 하는 보석 목걸이를 하인 바두르가 훔쳐간 줄 알고 그랬소. 그런데 찾아보니 있더군요. 그건 그렇고 바두르 놈은 어째서 이렇게 꾸물거리고 있을까? 돌아오면 혼내줘야겠소."

그러자 여자는 매우 기분이 좋아져서 둘이서 먹고 마시며 희롱하는 사이 어느덧 저녁때가 되었습니다.

그때 바두르가 허리에 띠를 두르고 단화를 신은 하인 차림으로 들어왔습니다. 그리고 마룻바닥에 엎드려 인사하고는 뒷짐을 지고, 마치 나쁜 짓을 자백한 죄인처럼 고개를 숙이고 섰습니다.

암자드는 눈을 부릅뜨고 소리쳤습니다.

"뭐 하느라 이렇게 늦었느냐, 이 괘씸한 노예 놈 같으니!"

"오, 주인님 옷을 빨래하느라 돌아오신 줄 까맣게 몰랐습니다. 그리고 약속시간은 낮이 아니라 밤이라 말씀하셨기에."

"이 발칙한 노예 놈, 거짓말 마라! 오늘은 어디 좀 맞아봐!"

암자드는 일어나 바두르를 쓰러뜨리고는 지팡이를 들어 그다지 많이 아프지 않게 적당히 때렸습니다.

이 광경을 보고 있던 여자가 벌떡 일어나더니, 암자드의 지팡이를 뺏어 들고 바두르를 힘껏 후려쳤습니다. 바두르는 너무 아파서 눈물을 흘리며 이를 악물고 용서를 빌었습니다.

암자드는 큰 소리로 외쳤습니다.

"그만 하시오."

여자는 씨근거리며 말했습니다.

"화가 나서 못 견디겠으니 나도 좀 때리게 해 주세요."

암자드는 지팡이를 뺏고 여자를 밀쳐버렸습니다.

눈물을 흘리며 일어난 바두르는 손님방을 청소하고 램프에 불을 켰습니다. 여자는 바두르가 드나들 때마다 욕을 퍼붓고 소리를 질렀습니다. 암자드는 화를 내며 여자를 타일렀습니다.

"부탁이니 내 하인에게 이제 상관하지 말아 주시오."

두 사람은 앉아서 밤중까지 마시고 먹었습니다. 매를 맞고 시중을 드느라 지친 바두르는, 마침내 바닥에 쓰러져 코를 골며 깊이 잠들고 말았습니다.

그것을 본 여자는 술을 마시며 암자드에게 말했습니다.

"저기 걸려 있는 칼로 저 노예 놈의 목을 치세요. 그렇게 하지 않으시면 내가 당신을 죽이겠어요!"

"대체 무엇 때문에 이 사람을 죽이라는 거요?"

"이놈을 죽이지 않고는 오늘 밤 흐뭇한 재미를 못 보겠는 걸요. 당신이 못 하겠으면 내 손으로 죽이겠어요."

"아니, 절대로 그런 짓을 해선 안 되오."

"아니, 꼭 죽여야겠어요."

여자는 우기면서 칼을 뽑아들고 막 바두르의 목을 치려고 했습니다. 암자드는 마음속으로 생각했습니다.

'이분은 나에게 친절을 베풀고 노예 노릇까지 해 주었다. 그 호의에 대한 보답으로 죽이다니 나는 도저히 할 수 없다!'

그는 여자를 향해 말했습니다.

"꼭 죽여야 한다면 차라리 내 손으로 죽이겠소."

암자드는 여자의 손에서 칼을 받아 들고 단칼에 여자의 목을 베어버리고 말았습니다. 그 목이 잠들어 있던 바두르 위에 떨어지는 바람에 바두르가 깜짝 놀라 눈을 떠보니, 암자드가 피가 뚝뚝 떨어지는 칼을 들고 서 있고 그 옆에 여자의 시체가 누워 있지 않겠습니까!

"이게 어찌 된 일이오?"

암자드는 아까 여자가 한 말을 들려준 다음 덧붙였습니다.

"이 여자는 당신을 죽이지 않고는 마음이 풀리지 않는다고 했습니다. 이런 꼴로 죽게 된 것도 다 그 벌입니다."

이 말을 듣자 바두르는 일어나 왕자의 손에 입맞추며 말했습니다.

"이런 여자라도 용서하시는 것이 신의 뜻에 맞는 걸 그랬소. 하지만 이제 어쩔 수 없으니 날이 새기 전에 시체나 얼른 처리합시다."

바두르는 허리띠를 고쳐 매고 여자의 시체를 외투에 싸서 종려나무 잎으로 만든 커다란 광주리에 담아 어깨에 메면서 다시 말했습니다.

"당신은 외국 사람이라 아무도 아는 이가 없으니 새벽에 내가 돌아올 때까지 여기서 기다리시오. 만약 해가 떠올라도 내가 돌아오지 않거든 죽은 줄 아시오. 그때는 이 집도 비단도 돈도 여기 있는 것은 모두 당신이 가지시오."

바두르는 광주리를 메고 손님방을 나갔습니다. 그는 시체를 바다에 던져버릴 생각으로 한길을 빠져나가 바닷가로 갔습니다. 그런데 문득 뒤돌아보니 경비대장이 이끄는 관리들이 그를 에워싸고 있었습니다.

바두르를 수상하게 여긴 관리들이 광주리를 살펴보니 칼에 맞은 여자의 시체가 나왔습니다. 바두르는 곧 체포되어 동이 틀 때까지 사슬에 매여 있었습니다.

아침이 되자 관리들은 바두르를 광주리와 함께 국왕 앞으로 데려가 그동안의 경위를 아뢰었습니다.

시체를 본 왕은 매우 노하여 바두르에게 말했습니다.

"괘씸한 놈! 평소에 늘 이런 짓만 하고 다녔겠지. 사람을 죽여 바다에 던지고 그 재물을 훔친 게 틀림없다. 여태까지 몇 사람이나 죽였느냐?"

─날이 훤히 밝은 것을 알고 샤라자드는 이야기를 그쳤다.

233번째 밤

샤라자드는 이야기를 계속했다.

오, 인자하신 임금님, 바두르가 왕 앞에 고개를 숙이고 있으니, 왕은 더욱 화난 목소리로 말했습니다.

"괘씸한 놈! 대체 누가 이 여자를 죽였느냐?"

"오, 임금님, 바로 제가 죽였습니다. 영광되고 위대하신 알라 외에 주권 없고 권력 없도다!"*111

왕은 크게 노하여 바두르를 교수형에 처하라고 명령했습니다. 망나니는 왕명을 받들자, 바두르를 데리고 물러갔습니다. 경비대장은 포고관에게 조마사 바두르를 시장거리와 번화한 거리로 끌고 다니면서 사람들에게 그의 처형을 구경하라 알리고 다니게 했습니다.

한편 암자드는 날이 새고 해가 뜰 때까지 집주인이 돌아오기를 기다렸으나, 도무지 돌아오지 않자 이렇게 소리쳤습니다.

"영광되고 위대하신 알라 외에 주권 없고 권력 없도다! 대체 어떻게 된 일일까?"

그리고 생각에 잠겨 앉아 있는데, 포고관이 오늘 정오에 바두르의 처형이 있으니 구경하러 나오라고 외치는 소리가 들렸습니다. 암자드는 이 소리를 듣고 눈물을 흘리며 소리쳤습니다.

"진정 우리는 모두 알라의 것이니 언젠가는 반드시 알라 곁으로 돌아가야 한다! 그 여자를 죽인 것은 바로 나인데, 그 사람이 나를 위해 대신 죽으려 하는구나. 이대로 내버려둘 수 없다!"

그는 곧 손님방을 뛰쳐나가 문을 닫고 서둘러 거리를 달려가 바두르 일행을 따라잡은 뒤, 경비대장 앞을 가로막고 서서 말했습니다.

"관리님, 바두르를 처형하시면 안 됩니다. 그는 아무 죄도 없습니다. 알라께 맹세코 그 여자를 죽인 것은 바로 나입니다."

이 말을 들은 경비대장은 두 사람을 다시 왕 앞으로 끌고 가 암자드가 한 말을 그대로 보고했습니다.

왕은 암자드에게 물었습니다.

"네가 여자를 죽였단 말이냐?"

"그렇습니다."

"대체 무슨 이유로 죽였느냐? 사실대로 말해보아라."

"오, 임금님, 세상에서도 참으로 희한하고 이상한 이야기입니다. 만일 그것을 바늘로 눈구석에라도 새겨둔다면, 세상의 어리석은 자들에게 하나의 교훈이 될 것입니다."

그리고 암자드는 자신의 신분과 아우와 함께 겪은 일을 모조리 이야기했습니다.

이 이야기를 듣고 왕은 매우 놀라며 말했습니다.

"알겠다. 이제 그대의 죄는 용서해 주마. 그런데 젊은이, 나의 대신이 되어 나를 도와줄 생각은 없는가?"

"삼가 말씀에 따르겠습니다."

이렇게 결정되자 왕은 암자드와 바두르 두 사람에게 훌륭한 옷을 내렸습니다. 그리고 암자드에게는 저택에 수많은 환관과 시종, 그 밖에 필요한 물건들을 모두 갖추어 하사하고서 막대한 녹봉과 수당을 정해 주면서 하루빨리 아우 아스아드의 행방을 알아보라고 분부했습니다.

대신의 자리에 오른 암자드는 매일 국사를 돌보며 죄인을 재판하고, 백관의 임명과 해임을 시행하고 세금을 받고 희사도 내렸습니다.

그런 한편 포고관을 시켜 아우의 이름을 외치며 온 시내를 돌아다니게 했는데, 특히 큰 거리와 시장에서는 며칠이고 큰 소리로 외치게 했습니다. 그러나 끝내 아무 소식도 듣지 못하고 단서도 잡을 수가 없었습니다.

아우 아스아드는 1년 동안이나 밤낮으로 배화교도들에게 학대를 받고 있었는데, 드디어 그들의 제삿날이 다가오자 아스아드를 잡아갔던 바람 노인은 배를 한 척 꾸며 출발준비를 했습니다.

—날이 훤히 밝아온 것을 깨닫고 샤라자드는 이야기를 그쳤다.

234번째 밤

샤라자드는 이야기를 계속했다.

오, 인자하신 임금님, 배화교도인 바람 노인은 출발준비를 하자 아스아드를 궤짝에 넣어 자물쇠를 채우고 배에 실었습니다.

마침 그때 암자드 대신은 머리를 식히기 위해 바다를 바라보고 있었습니다. 그러다가 많은 사람이 짐을 배에 싣는 모습을 보자 이상하게 가슴이 설레는 것을 느끼고 시동에게 말을 끌어내오게 했습니다. 그리고 가신들을 거느리고 바닷가로 나가 부하들에게 배화교도의 배를 조사해 보라고 명령했습니다.

그들은 분부대로 곧 배에 올라가서 구석구석 뒤져보고 나오더니 수상한 것은 아무것도 없다고 보고했습니다. 암자드는 다시 말에 올라 그대로 발길을 돌렸습니다. 그러나 아무래도 마음이 가라앉지 않아 저택에 돌아와 문득 벽으로 눈을 돌리니, 거기에 이런 시가 적혀 있었습니다.

  내 벗이여, 비록 그대는
  내 눈에서 멀리 떠나 있어도
  내 가슴과 내 마음에서
  그대가 떠나는 일은 없네.
  그대는 나를 한탄 속에
  남겨두고, 편안히 잠들지만
  이 눈은 잠을 빼앗겼구나.

이 시를 읽자, 암자드는 아우가 생각나 하염없이 눈물을 흘리며 울었습니다.

이야기가 바뀌어 배화교도 바람 노인은 짐을 다 싣고 나자 배꾼들에게 돛을 올리라고 큰 소리로 외쳤습니다. 배는 순식간에 바다 한복판으로 나가 며칠 동안 항해를 계속했습니다. 바람 노인은 하루걸러 한 번씩 아스아드를 끌어내 빵 한 조각과 물을 주었습니다.

그러는 동안 차츰 '불의 산'이 가까워졌지만, 어느 날 별안간 폭풍우가 일어나 바다에 산더미 같은 파도가 굽이치고, 그 바람에 그만 뱃길을 잃은 배는 낯선 바다 쪽으로 흘러가고 말았습니다. 바람 부는 대로 흘러간 끝에 어느 바닷가에 도시가 보이기 시작했고, 그곳에 섬이 하나 있었습니다.

이 도시를 다스리는 군주가 마르자나 여왕이라는 것을 안 선장은 바람 노인에게 말했습니다.

"오, 나리, 우리는 뱃길을 잃어 마르자나 여왕의 나라에 도착했습니다. 여왕은 신앙심이 깊은 이슬람교도입니다. 만일 우리가 배화교도라는 것을 알게 되면 배를 빼앗기고 우리는 모조리 죽게 됩니다. 하지만 닻을 내려 배를 손질하려면 아무래도 여기에 배를 대지 않을 수 없군요."

"당신 말이 옳소. 아무튼 당신이 알아서 하구려!"

"만일 여왕님이 우리를 불러다 조사하게 되면 뭐라고 대답하면 좋을까요?"

"함께 데려온 이슬람교도에게 백인 노예 옷을 입혀 육지로 올려 보내는 게 어떻겠소? 여왕은 그놈을 보고 틀림없이 노예라고 생각할 거요. 그러면 내가 여왕에게 '나는 백인 노예를 매매하는 상인*¹¹²으로 많은 노예를 데리고 왔는데 모두 다 팔아버리고 이제 남아 있는 것은 이놈 하나뿐입니다. 이놈은 글을 읽고 쓸 줄을 알아 계산이나 시키려고 남겨두었습니다' 이렇게 말하면 되겠지."

"그것참 좋은 생각이군요."

얼마 뒤 도시에 닿은 그들은 돛을 내리고 닻을 던졌습니다. 배가 멈추어 움직이지 않게 되자 뜻밖에도 마르자나 여왕이 호위병을 거느리고 친히 바닷가에 나타났습니다.

여왕은 배 앞에서 걸음을 멈추고 선장을 불렀습니다. 선장이 뭍으로 올라가 여왕 앞에 엎드리자 여왕이 물었습니다.

"그대 배에는 무엇이 실려 있는가? 그리고 어떤 사람을 태우고 있는가?"

"오, 여왕님, 저는 노예상인을 태우고 왔습니다."

"그 사람을 이리 데리고 오라!"

바람 노인이 노예 차림을 한 아스아드를 데리고 뭍으로 올라가 여왕 앞에 엎드렸습니다.

"그대의 신분은?"

"노예상인입니다."

여왕은 아스아드의 모습을 보더니 정말 노예인 줄 여기고 물었습니다.

"젊은이여, 그대 이름은 뭐라고 하는가?"

"저의 지금 이름 말씀입니까, 아니면 옛날 이름 말씀입니까?"

"그대는 이름을 둘이나 가지고 있는가?"

"그렇습니다."

아스아드의 목소리는 눈물에 잠겨 있었습니다.

"저의 본디 이름은 '가장 행복한 자'라는 의미의 알 아스아드였지만, 지금은 '가장 비참한 자'를 뜻하는 알 무타를입니다."

이 말을 듣자 여왕은 왠지 젊은이에게 마음이 끌려 다시 물었습니다.

"글씨를 쓸 줄 아느냐?"

"예."

여왕은 먹통과 붓, 종이를 주며 말했습니다.

"여기에 무엇이든 써 보아라. 내가 한번 볼 테니."

아스아드는 이런 시를 적어서 보여주었습니다.

숙명이라면 이 노예 신세

제아무리 몸의 지체가 높더라도*113

어찌할 도리 없구나.

오, 올바른 심판관이여!

신이 내 손을 묶어

바다에 던지며 말씀하시기를

"조심하여 그대 몸을

물에 적시지 말지어다."

이 시를 읽은 여왕은 아스아드의 신세를 가엾이 여겨 바람 노인에게 말했습니다.

"이 노예를 팔지 않겠는가?"

"오, 여왕님, 팔 수가 없습니다. 다른 노예를 모두 팔아버려서 남은 것이 이놈뿐이기 때문입니다."

"팔든가 아니면 그냥 바치든가, 어쨌든 이 젊은이는 내가 가져야겠다."

"팔 수도 바칠 수도 없습니다."

이 대답에 여왕은 역정을 내며 아스아드의 손을 잡더니 그대로 성으로 데려가고, 바람 노인에게는 사자를 보내 이렇게 엄명했습니다.

"오늘 밤 안으로 당장 돛을 올려 이곳을 떠나지 않으면 그대의 물건을 모두 몰수하고 배를 부숴버릴 테니 그리 알라."

이 엄명이 전해지자 바람 노인은 몹시 슬퍼하면서 소리쳤습니다.

"이번 뱃길은 재수 없는 일뿐이로군."

그리고 준비를 시작하여 필요한 물건을 실은 다음 밤이 되어 떠날 시간이 되자 선원들에게 지시했습니다.

"언제든 배가 떠날 수 있도록 필요한 것을 사고 물주머니에 물을 채워두어라. 오늘 한밤중에 출발할 테니."

한편 마르자나 여왕은 아스아드를 성으로 데려가서 바다가 보이는 창문을 열어젖히고 앉아 시녀들에게 음식을 가져오게 했습니다. 둘이 마주 앉아 식사가 끝나자 여왕은 다시 술을 내오게 했습니다.

—날이 밝아오는 것을 알고 샤라자드는 이야기를 그쳤다.

235번째 밤

샤라자드는 이야기를 계속했다.

오, 인자하신 임금님, 시녀들이 술을 가지고 오자 마르자나 여왕은 곧 아스아드를 상대로 술을 마시기 시작했습니다.

그런데 알라께서는(그 이름을 칭송할진저!) 어느새 여왕의 가슴을 이 왕자에 대한 사랑으로 가득 차게 만들어버렸습니다. 여왕이 술잔에 술을 가득 따라 왕자에게 자꾸 권하는 바람에 왕자는 완전히 취하여 분별심을 잃고 말았습니다.

이윽고 소변이 마려워진 아스아드는 몸을 일으켜 손님방에서 나왔습니다. 방을 나와 걸어가노라니 열려 있는 문이 눈에 띄었으므로 그리로 나갔습니다. 그러자 온갖 과일이 열리고 꽃들이 만발한 넓은 정원이 나왔습니다. 그는 나무 밑에 쪼그리고 앉아 소변을 본 다음 퐁퐁 솟아오르는 샘물에 손발과 얼굴을 씻었습니다. 그리고 막 일어나 돌아오려고 한 순간, 별안간 대기에 알몸이 노출된 탓인지 땅바닥에 벌렁 나자빠진 그는 그대로 잠이 들고 말았습니다. 점점 밤이 깊어갔습니다.

한편 바람 노인은 밤이 되자 배꾼들을 향해 소리쳤습니다.

"돛을 올려라, 출발하자!"

"알았습니다. 하지만 가죽 주머니에 물을 담아올 때까지 기다려주십시오. 그것만 끝나면 되니까요."

배꾼들은 가죽 주머니를 들고 뭍에 올라 성 밖을 빙빙 돌아보았으나 정원 담 말고는 아무것도 보이지 않았습니다. 그래서 담을 뛰어넘어 뜰 안으로 들어가 오솔길을 따라가니 샘물이 솟아나는 곳이 있었습니다. 그런데 뜻밖에도 샘가에 아스아드가 벌렁 나자빠져 자고 있지 않겠습니까? 그들은 매우 기뻐하며 얼른 가죽 주머니에 물을 채운 다음 아스아드를 둘러메고 담을 뛰어넘어 서둘러 바람 노인에게 돌아왔습니다.

"나리, 소원대로 되었습니다. 기뻐하십시오. 북을 치고 피리를 부십시오. 마르자나 여왕이 우격다짐으로 데려간 그 사내를 우리가 다시 찾아왔으니까요."

그리고 그들은 아스아드를 노인 앞에 내동댕이쳤습니다. 바람 노인은 그것을 보고 춤이라도 출 듯이 기뻐했습니다.

그는 배꾼들에게 수고비를 주고 곧 배가 항구를 떠나도록 명령했습니다. 얼른 닻을 올린 그들은 불의 산을 향해 이튿날 아침까지 쉬지 않고 배를 달렸습니다.

마르자나 여왕은 아무리 기다려도 아스아드가 나타나지 않아서 이 방 저 방 찾아보았지만, 그의 그림자조차 보이지 않았습니다. 시녀들에게 촛불을 켜고 찾게 하는 한편 자신도 사방으로 찾아다니다 뜰로 내려가는 문이 열려 있는 것을 보고 정원으로 나간 것을 알았습니다.

여왕이 뜰로 나가 보니 샘가에 젊은이의 신발이 떨어져 있는지라 주위를 샅샅이 뒤졌으나 아무런 흔적도 없었습니다. 여왕은 아침까지 찾다가 배는 어떻게 되었느냐고 물었습니다.

"그 배는 어젯밤에 떠났습니다."

이 말을 듣고 여왕은 비로소 배꾼들이 아스아드를 채어간 것을 알고, 가슴이 찢어지는 듯한 슬픔과 분노를 느꼈습니다.

여왕은 즉시 큰 배 10척을 준비시켜 싸울 채비를 하게 한 다음, 백인 노예와 노예계집과 무기를 든 병사들을 거느리고 배에 올랐습니다. 돛이 올라가자 여왕은 선장들에게 일렀습니다.

"만일 그대들이 배화교도의 배를 붙잡으면 어의를 내리고 금품을 상으로 주리라. 그러나 만일 잡지 못하면 한 사람도 살려두지 않겠다."

이 말을 들은 뱃사람들은 무섭기도 하고 기대에 부풀기도 하여 그날 하루 동안 잠시도 쉬지 않고 배를 몰았습니다. 그리고 이튿날도 또 그 이튿날도 밤을 낮 삼아 달리자 드디어 바람 노인의 배가 보이기 시작했습니다. 해가 지기 전에 여왕의 선대는 사방에서 바람 노인의 배를 에워쌌습니다.

마침 그때 바람 노인은 아스아드를 궤짝에서 끌어내 마구 때리며 벌을 주고 있었습니다. 왕자는 큰 소리로 구원을 청했지만 누구 하나 구해 주러 오는 사람이 없었습니다. 다만 발바닥을 너무 맞아서 몸부림치며 괴로워하고 있을 뿐이었습니다.

그러다가 바람 노인이 문득 눈을 들어보니, 어느새 자신이 탄 배가 마치 흰자위가 눈동자를 둘러싸듯 여왕의 선대에 포위된 것이 아니겠습니까? 이제 끝장이라고 단념한 바람 노인은 자기도 모르게 신음하듯이 소리를 질렀습니다.

"아스아드, 이놈, 이 지긋지긋한 놈 같으니! 이렇게 된 건 모두 네놈 탓이다!"

그리고 아스아드의 손을 움켜잡더니 부하들에게 바다에 처넣으라고 명령을 내렸습니다.

"내가 죽기 전에 네놈부터 먼저 죽여줄 테다!"

부하들이 아스아드의 팔다리를 잡고 끌고 가 바다에 풍덩 던져버렸습니다. 아스아드는 순식간에 바다 밑으로 가라앉고 말았습니다. 그러나 알라께서는(그 이름을 칭송할지어다!) 이 젊은이의 생명을 구하시고 수명을 연장해 주셨습니다. 그리하여 잠시 파도 속에 잠겼던 아스아드가 다시 물 위로 떠올라 열심히 팔다리를 움직이는 동안, 전능하신 알라께서 구원을 내려주셨습니다. 아스아드는 파도를 타고 바람 노인의 배에서 멀리 떠내려간 끝에 어느 바닷가로 밀려 올라갔습니다. 왕자는 위태로운 생명을 건지게 된 일이 꿈같이 느껴져 뭍으로 올라가 옷을 벗어 물을 짜고서 모래 위에 널어 말렸습니다.

알 아스아드는 옷이 마르는 동안 벌거숭이로 쪼그리고 앉은 채 곰곰이 자기 신세를 한탄했습니다. 그는 그때까지의 불행과 목숨이 위태로웠던 위기, 포로가 되었던 때의 일, 그리고 오랫동안 고향에 돌아가지 못한 서글픔을 생각하며 하염없이 울다가 이런 시를 읊었습니다.

알라여, 이제 저는
더는 버틸 수가 없습니다.
누구 하나 도와주는 이 없고

의지할 길마저 끊어져
슬픔에 잠기는 가련한 신세.
신 말고는 아무도
이 괴로움 호소할 데 없나이다.
아, 왕들을 다스리는 임금이시여!

노래를 마치자 아스아드는 일어나 옷을 입었습니다. 그러나 도대체 어디로 가야 할지 도무지 막막하여, 길가의 풀과 나무열매로 요기하고 시냇물을 마시면서 덮어놓고 밤낮으로 걸어가니, 이윽고 멀리 도시가 보이기 시작했습니다.

아스아드는 두근거리는 가슴을 안고 걸음을 재촉했습니다. 그러나 그곳에 도착했을 때는—

—날이 훤히 밝아오는 것을 알고 샤라자드는 이야기를 그쳤다.

236번째 밤

샤라자드는 이야기를 계속했다.

오, 인자하신 임금님, 아스아드가 줄곧 걸어간 끝에 어느 도시가 보이는 곳에 이르렀을 때는, 저녁노을이 내리고 모든 문이 굳게 닫힌 뒤였습니다.

그런데 정해진 운명 때문인지 이곳이야말로 전에 아스아드가 갇혀 있던 고장으로, 형 암자드가 대신으로 있는 바로 그 도시이었습니다. 그런데 성문이 굳게 닫혀 있어서 아스아드는 하는 수 없이 되돌아서 묘지 쪽으로 걸어갔습니다. 묘지 안에 문이 없는 무덤이 하나 있었으므로, 그는 무덤에 들어가 누워 긴 소매로 얼굴을 덮고*114 잠이 들었습니다.

한편 마르자나 여왕은 바람 노인의 배를 뒤쫓아가 세운 뒤 아스아드를 어떻게 했느냐고 다그쳤습니다. 하지만 배화교도들은 온갖 간사한 꾀와 계략으로 여왕의 선대를 우롱하며, 아스아드는 배에 타고 있지 않으며 그 뒤 어찌 되었는지도 모른다고 딱 잡아뗐습니다.

여왕은 배 안을 샅샅이 찾아보았지만 아무런 단서도 찾지 못하고, 그 대신 바람 노인을 붙잡아 성으로 데려가서 교수형에 처하려 했습니다. 그러나 바람 노인이 모든 재물과 배를 몸값으로 바치자 여왕은 부하들과 함께 그를 용서해 주었습니다. 배화교도들은 살아난 것을 꿈같이 여기며 여왕에게서 물러나, 열흘 동안 여행을 계속한 끝에 마침내 고향에 다다랐습니다.

그러나 이미 저녁때가 되었으므로 성문은 굳게 닫혀 있었습니다. 그래서 묘지로 가서 하룻밤 지내려고 이리저리 돌아다녔습니다. 하지만 이게 무슨 운명의 장난일까요, 마침 아스아드가 잠든 묘의 문이 열려 있는 것을 발견했던 겁니다. 바람 노인은 의아하게 생각하며 말했습니다.

"이 무덤 안을 한번 살펴봐야겠군."

그 안으로 들어가 보니 웬 젊은이가 한구석에서 소매로 얼굴을 가리고 곤히 잠들어 있지 않겠습니까? 바람 노인이 그 젊은이의 머리를 들어 얼굴을 들여다보니 자신의 모든 재물은 물론 배까지 잃게 한 장본인인 그 아스아드인지라 자기도 모르게 소리쳤습니다.

"아니, 네놈이 아직도 살아 있었단 말이냐!"

그는 다짜고짜 젊은이의 손발을 묶고 수건으로 재갈을 물린 다음, 이튿날 집으로 데려와 발에 무거운 차꼬를 채워 이슬람교도를 괴롭히기 위해 만들어둔 지하실에 처박아버렸습니다.

바람 노인은 보스탄*115이라고 하는 자기 딸에게 다음 해에 다시 불의 산에 참배하러 가서 아스아드를 제물로 바칠 때까지 밤낮없이 고문을 가하라고 시켰습니다. 그리고 아스아드를 실컷 때린 끝에 지하실 문을 잠그고 그 열쇠를 딸에게 주었습니다.

얼마 뒤 보스탄이 매질을 하기 위해 지하실 문을 열고 내려가 보니, 상대는 매우 아름다운 젊은이로 우뚝 선 콧날과 활 같은 눈썹에, 눈동자는 태어나면서부터 콜 가루를 바른 듯 까맣게 반짝이고 있었습니다. 그 모습을 바라보던 보스탄은 어느새 그만 사랑의 포로가 되고 말았습니다.

처녀는 가슴을 두근거리면서 물었습니다.

"이름이 뭔가요?"

"아스아드라고 하오."

처녀는 이 말을 듣고 소리쳤습니다.

"아, 그 이름처럼*¹¹⁶ 당신이 행복해지시기를! 그리고 즐거운 나날을 보낼 수 있게 되기를 빌겠어요! 아무런 죄도 없이 이런 고난을 겪으시다니, 정말 부당한 일이에요."

그녀는 친절하게 왕자를 위로하며 포박을 풀어주었습니다.

그런 다음 처녀는 이슬람교의 가르침에 대해 물었습니다. 아스아드는 이슬람교야말로 올바르고 진실한 신앙이며, 주(主) 무함마드는 인간의 지혜를 초월한 기적*¹¹⁷과 의심할 여지없는 신의 행위로 이 신앙의 올바름을 증명했다는 사실을 알려주었습니다. 그리고 불을 숭배하는 일은 해롭기만 하고 이로운 바가 하나도 없는 일이라는 것을 얘기해 주었습니다. 아스아드가 쉽게 설명하는 이슬람교의 교리를 듣고 잘 이해하게 된 처녀, 어느새 마음속에 진실한 신앙이 싹트기 시작했습니다. 전능하신 알라께서는 처녀의 마음속에 아스아드에 대한 사랑까지 싹트게 하셨으므로, 처녀는 이슬람교의 두 가지 신앙 맹세*¹¹⁸를 소리 높이 외치고 세상에서 가장 행복한 자들인 이슬람교도가 되었습니다.

그 뒤로 보스탄은 아스아드에게 먹을 것과 마실 것을 가져와서 함께 얘기를 나누고 기도를 올리기도 했습니다. 그뿐만 아니라 가끔 닭고기 스튜를 만들어 가져다주었으므로, 아스아드는 차츰 체력을 회복하고 병도 다 나아 예전처럼 건강한 몸으로 돌아갔습니다.

아스아드와 배화교도 바람 노인의 딸 보스탄이 그러한 나날을 보내고 있던 어느 날, 보스탄은 아스아드의 곁을 떠나 우연히 집 앞에 서 있다가 포고관이 다음과 같이 외치는 소리를 들었습니다.

"이러이러한 얼굴을 한 아름다운 젊은이를 데리고 있는 자는 누구든 곧 관청으로 데리고 오라. 원하는 대로 상금을 내리리라. 그러나 숨겨두고 말하지 않는 자는 자기 집 앞에서 교수형을 당하고 모든 재산이 몰수되는 등, 헛된 피를 흘릴 것이다."

그런데 아스아드는 전에 보스탄 빈트 바람에게 자기 신상 이야기를 죄다 털어놓았기 때문에, 보스탄은 포고관의 이 말을 듣고 찾는 사람이 자기 집 지하 감옥에 있는 아스아드가 분명한지라, 곧 지하실로 내려가 이 사실을 알렸습니다. 그리하여 아스아드는 감옥에서 빠져나가 대신의 저택으로 가서 상대의 얼굴을 보자 이렇게 소리쳤습니다.

"오, 저 대신은 암자드 형님이 아닌가!"

아스아드는 그 길로 궁전으로 가서(보스탄도 왕자 뒤에서 따라갔습니다) 그곳에서 다시 만난 형을 향해 몸을 던졌습니다. 암자드도 동생이라는 것을 알아보자 서로 부르며 얼싸안고 굳게 껴안았습니다. 대신의 백인 노예병사들이 말에서 내려 두 사람을 둘러쌌습니다.

두 사람은 한참 동안 정신을 잃고 쓰러져 있다가 깨어나자, 형이 아우의 손을 잡고 왕 앞에 나아가 모든 사실을 얘기했습니다. 왕은 암자드에게 당장 바람 노인의 집을 덮쳐 재산을 몰수하라고 명령했습니다.

—날이 훤히 밝아오는 것을 알고 샤라자드는 이야기를 그쳤다.

237번째 밤

샤라자드는 이야기를 계속했다.

오, 인자하신 임금님, 임금님은 바람 노인의 재산을 몰수하고 교수형에 처하라고 암자드에게 명령했습니다.

암자드는 군사 한 무리를 보내 그의 집을 습격하여 재산을 몰수하고 바람 노인과 그의 딸 보스탄을 끌고 오게 했습니다. 그러나 그전에 아스아드가 자신이 당한 고통과 처녀가 베풀어준 친절과 호의를 형에게 이야기했으므로, 암자드는 보스탄에게 온갖 명예를 내리고 후하게 대접했습니다.

암자드는 자기가 길에서 여자를 만난 일이며, 대신이 되기까지 일어났던 사건과 교수형을 모면하게 된 경위를 아스아드에게 모두 들려주었습니다. 이리하여 두 사람은 서로 떨어져 지내는 사이에 겪은 고통을 함께 얘기했습니다.

이윽고 왕은 바람 노인을 끌어내 목을 치라고 명령했습니다. 그러자 바람 노인이 물었습니다.

"오, 위대하신 임금님, 정말로 저를 죽이실 작정이십니까?"

"물론이다. 네가 이슬람교로 개종하지 않고 스스로 구하지 않는 한."

"오, 임금님, 잠깐만 생각할 시간을 주십시오."

바람 노인은 한참 고개를 숙이고 있더니, 이윽고 고개를 들어 신앙을 고백하고 왕의 명령에 따라 이슬람교로 개종했습니다.

사람들은 모두 바람 노인의 개종을 기뻐했습니다. 암자드와 아스아드가 자기들 신상에 일어난 일을 모두 바람 노인에게 이야기하자 그는 매우 놀라며 말했습니다.

"오, 왕자님들, 어서 여행준비를 하십시오. 제가 두 분의 아버님이 계신 궁전에 배로 모셔다 드리겠습니다."

이 말에 두 사람은 매우 기뻐서 눈물을 흘렸습니다. 바람 노인이 다시 말했습니다.

"오, 왕자님들, 이곳을 떠나는 것을 슬퍼하지 마십시오. 그리운 분들을 다시 만나게 되시는 게 아닙니까. 마치 니아마와 나오미처럼."

"니아마와 나오미가 어떻게 되었다는 거요?"

두 사람이 물으니 바람 노인이 대답했습니다.

"이런 이야기가 전해지고 있습니다(그러나 알라만이 전지전능하시도다)."

니아마 빈 알 라비아와 그 노예계집 나오미의 이야기

옛날 쿠파*119라는 도시에 알 라비아 빈 하팀이라는 남자가 살고 있었습니다. 이 사람은 그 도시의 널리 알려진 사람 가운데 한 사람으로 재산이 많고 매우 건강했습니다. 그에게는 신이 내리신 외아들이 하나 있었는데, 이름을 니아마 알라*120라고 했습니다.

어느 날, 알 라비아는 노예시장에서 매우 사랑스러운 계집아이를 안은 한 여자가 있는 것을 보고 거간꾼을 불러 물었습니다.

"이 여자와 딸은 얼마인가?"

"네, 금화 50닢입니다."

"그럼, 매매계약서를 쓰고 이 돈을 저 여자의 주인에게 주시오."

그리하여 대금과 수수료를 주인에게 지급하고 여자와 그 딸을 집으로 데리고 돌아왔습니다. 알 라비아의 아내는 사촌누이였는데, 노예계집과 딸을 보더니 물었습니다.

"여보, 이 노예계집과 딸은 대체 누구예요?"

"실은 여자가 안고 있던 귀여운 아이 때문에 이 여자를 샀지. 이 조그만 계집애는 자라면 틀림없이 아랍인의 나라는 물론이고 이국인의 나라에서도 견줄 자가 없이 아름다운 미인이 될 거야."

"그것참 잘 생각하셨어요."

그리고 여자에게 물었습니다.

"이름이 뭐지?"

노예여자가 대답했습니다.

"마님, 저는 타우픽이라고 합니다."

"아이 이름은?"

"행복한 자, 사드입니다."

"정말이야, 넌 참 행복하겠구나. 그리고 너를 산 사람도 행복하단다."

이번에는 남편에게 물었습니다.

"여보, 이 아이를 뭐라고 부르면 좋을까요?"

"당신 좋을 대로 부르구려."

"그럼, 나오미라고 부르기로 해요."

"그거 좋은 생각이오."

어린 나오미는 알 라비아의 아들 니아마와 함께, 말하자면 한 요람 속에서 자랐습니다. 이윽고 두 아이는 10살의 봄을 맞아 누구에게도 못지않게 아름다워졌습니다. 그동안 그들은 서로를 '오빠!' '누이!'라 부르고 있었는데, 그 나이가 되자 알 라비아는 아들에게 말했습니다.

"아들아, 나오미는 네 누이동생이 아니고 노예란다. 네가 아직 요람 속에 있을 때 네 이름으로 나오미를 사두었어. 그러니 오늘부터는 나오미를 누이라고 부르지 마라."

그러자 니아마는 대답했습니다.

"그러면 저는 나오미를 아내로 삼겠어요."

그리고 어머니에게 의논했습니다.

"오, 니아마야, 나오미는 네 시녀란다."

그 말을 들은 니아마는 당장 나오미와 언약을 맺고 아내로 맞이하여[3] 진심으로 사랑했습니다. 그리하여 2년의 세월이 흘렀습니다. 이 쿠파에서 나오미만큼 아름답고 사랑스러운 여자는 한 사람도 없었습니다.

나오미는 성인으로 성장함에 따라 코란을 배우고 학예에 관한 서적도 읽고, 음악에도 뛰어나 온갖 악기를 능숙하게 다루게 되었습니다. 특히 노래를 부를 때 그 아름다운 목소리는, 그 시대에 아무도 따를 자가 없었습니다.

어느 날, 나오미는 남편과 함께 연회석에 나가 류트를 들고 줄을 고른 다음 이런 노래를 읊었습니다.

> 그대는 나의 주인,
> 그 깊은 은혜는 나의 보배,
> 헤아릴 수 없이 많은 고뇌도
> 그대 칼로 잘라버리네.
> 아무르도 자이드*121도
> 도무지 기댈 곳이 못되니,
> 가는 길이 험할 때는
> 그대 말고 누구를 의지하리.

니아마는 이 노랫소리에 황홀해져서 말했습니다.
"오, 나오미, 탬버린이나 다른 악기에 맞춰서 노래를 불러다오!"
나오미는 다시 이런 노래를 명랑하게 불렀습니다.

> 나를 인도하는 고삐를 잡는
> 그대의 생명에 두고 맹세하리라,
> 사랑의 들판으로 나는 가리
> 무서운 적도 아랑곳없이.
> 비방하는 자들을 응징하며
> 나는 그대를 따르리,
> 비록 잠과 결별할지라도
> 또 즐거움을 포기할지라도.
> 그대 그리워 안타까울 때는
> 무덤도 지으리라, 이 가슴에,

내 가슴조차 거기에
무덤이 있는 줄 알지 못하도록!

노래를 듣고 난 니아마는 감탄하며 소리쳤습니다.
"오, 나오미! 정말 멋진 노래였어!"
이렇게 두 사람이 즐거운 생활을 보내는 동안 뜻밖에도, 쿠파의 부왕(副王) 알 하자지[122]가 엉뚱한 꿍꿍이셈을 품기 시작했습니다.
"저 나오미라는 여자를 잡아다 대교주인 아브드 알 말리크 빈 마르완 님에게 선물해야겠다. 그 궁전에는 이 여자만큼 아름답고 노래 잘하는 여자는 없으니까."
그래서 알 하자지는 아내가 거느리는 시녀 가운데 한 노파를 불러 말했습니다.
"알 라비아의 집에 가서 나오미라는 여자를 만나 무슨 꾀를 써서 납치해 오너라. 이 세상에 그 여자만큼 아름다운 여자는 없으니까."
노파는 분부대로 하겠노라고 약속하고 나서, 이튿날 아침 신심 깊은 사람[123]들이 입는 모직옷을 입고 목에 염주를 주렁주렁 걸고 한 손에 지팡이를, 한손에는 예멘산(産) 가죽 물주머니를 들고…….

—샤라자드는 날이 훤히 밝아오는 것을 깨닫고 이야기를 그쳤다.

238번째 밤

샤라자드는 이야기를 계속했다.
오, 인자하신 임금님, 이튿날 아침이 되자 노파는 신심 깊은 사람들이 입는 모직옷을 입고 목에 염주를 주렁주렁 걸고 지팡이와 예멘산 가죽 물주머니를 들고 외쳤습니다.
"알라께 영광을! 알라를 칭송할지어다! 알라 외에 신은 없다! 알라는 가장 위대하다! 영광되고 위대하신 알라 외에 주권 없고 권력 없도다!"
이렇게 외치면서 노파는 밖으로 나갔습니다. 마음속으로는 나쁜 계략을 생각하면서도 입으로는 줄곧 알라 신을 찬양하고 기도 문구를 중얼거리며, 정오의 기도시간에 맞춰 니아마의 집에 이르렀습니다. 노파가 문을 두드리자 문지기가 문을 열고 물었습니다.

"무슨 일로 왔소?"

"나는 가난하지만, 신앙심 깊은 여자입니다. 마침 정오의 기도시간이 되어 이 댁을 빌려 기도를 올리고 싶습니다만."

"할머니, 여기는 사원도 예배당도 아니오. 알 라비아의 아드님이신 니아마 님 댁이오."

"니아마 님 댁보다 더 좋고 훌륭한 사원이나 예배당이 어디 있겠습니까? 나는 참다운 교도인 임금님 궁전에 종사하는 시녀로서 성지순례를 하기 위해 나왔습니다."

"안 되오, 안으로 들어올 수 없소."

두 사람은 한동안 옥신각신했습니다. 마침내 노파는 문지기 손에 매달리며 말했습니다.

"태수며 고관대작들 댁도 마음대로 드나드는 몸인데 왜 니아마 님 댁에 못 들어간단 말이오?"

그때 마침 집주인 니아마가 나와 두 사람이 소리 높여 말다툼하는 것을 듣고 웃으면서 노파에게 자기를 따라오라고 말했습니다.

노파는 니아마를 따라 나오미에게 가자, 공손히 인사한 다음 그녀를 바라보고 너무도 아름다운 모습에 매우 놀라며 말했습니다.

"오, 마님, 당신에게 알라의 가호가 있으시기를. 당신과 나리를 이토록 아름답게 만드신 것은 알라이시니까요!"

그리고 노파는 벽감 앞의 기도 자리에 앉아 몸을 구부리고 엎드려 기도를 시작했습니다.

이윽고 해가 지고 어두워지자 나오미는 노파에게 말했습니다.

"오, 할머니, 좀 쉬어 가며 하셔요."

"오, 마님, 내세에 살고자 하는 자는 누구든 이 세상에서의 고난을 견뎌야 한답니다. 이 세상의 고난을 참지 못하는 자는 내세에 가서 편안한 삶을 얻을 수 없지요."

나오미는 먹을 음식을 가지고 와서 말했습니다.

"이것을 드시고 알라께서 나의 참회를 받아들이고 은총을 내리시도록 빌어주세요."

"오, 마님, 나는 단식을 하고 있습니다. 하지만 마님은 아직 젊은 색시니 먹고 마시고 즐기셔도 괜찮겠지요. 알라시여, 너그럽게 봐주기를! '회개하여 알라를 믿고 올바른 행위를 하지 않으면 누구나 벌을 받으리라'*124고 알라께서 말씀하고 계시니까요."

나오미는 그곳에 앉아 한참 동안 노파와 이야기를 주고받고 나서 니아마에게 가서 말했습니다.

"여보, 저 할머니에게 얼마 동안 우리 집에서 묵으라고 하면 어떨까요? 저 할머니의 얼굴에는 신앙심의 주름이 깊이 새겨져 있어요."

"그러면 할머니에게 기도드릴 방을 하나 내주구려. 그리고 그 방에 아무도 들어가지 못하게 하시오. 이 할머니 덕분으로 아마도 알라께서 우리를 축복해 주시고 우리 사이가 갈라지는 일이 없도록 해 주실지 모르니까."

그리하여 노파는 밤새도록 기도하고 코란을 외웠습니다. 아침이 되자 노파는 니아마와 나오미 앞으로 나가 아침인사를 했습니다.

"두 분에게 알라의 가호가 내리시기를!"

나오미가 말했습니다.

"오, 할머니, 어디로 가세요? 남편이 당신을 위해 조용히 기도할 수 있는 방을 마련해 드리라고 하셨는데."

"알라께서 나리의 수명을 연장해 주시고 언제까지나 두 분께 축복을 내리시기를! 그런데 마님께 한 가지 부탁이 있습니다. 문지기에게 앞으로 내가 댁을 찾아올 때는 막지 말도록 일러주세요. 나는 이제부터 성지를 순례하면서 매일 밤 기도 끝에 반드시 두 분을 위해 기도를 드리리다."

나오미는 노파가 무엇 때문에 여기 왔는지 이유도 모르는 채 노파와의 이별을 슬퍼하며 눈물지었습니다.

노파가 알 하자지에게 돌아가자 그는 이렇게 말했습니다.

"하루라도 빨리 내 명령대로 실행하면 많은 상금을 내리겠다."

"나리, 꼭 한 달만 여유를 주십시오."

"좋아, 한 달의 여유를 주지."

이리하여 노파는 날마다 니아마의 집으로 가서 그의 아내 나오미와 만나게 되었습니다.

─샤라자드는 날이 밝아오는 것을 깨닫고 이야기를 그쳤다.

239번째 밤

샤라자드는 이야기를 계속했다.

오, 인자하신 임금님, 노파는 날마다 니아마의 집을 찾아가 나오미와 만났습니다. 두 사람은 노파를 무척 존경했고, 노파는 아침저녁으로 문턱이 닳도록 출입했습니다. 그리하여 집안사람들도 모두 노파를 신뢰하게 되었습니다.

어느 날, 나오미가 혼자 있을 때 노파가 말했습니다.

"오, 마님! 알라께 맹세코 나는 성지에 가면 반드시 당신을 위해 기도를 드립니다. 가능하다면 마님과 함께 참배할 수 있으면 얼마나 좋을까요. 그러면 그곳에 오시는 신앙의 장로님들을 직접 뵐 수도 있고 마님을 위한 기도를 부탁할 수도 있으니까요."

"그렇다면 부디 나를 좀 데려가주세요."

"시어머님의 허락을 얻으시면 곧 모시고 가겠습니다."

그래서 나오미는 시어머니에게 가서 말했습니다.

"어머님, 어머님도 함께 그 노파를 따라 성지에 참배하러 가셔서 장로님들을 뵙고 기도해 달라고 부탁해요, 네? 그이에게 말씀 좀 잘 드려주세요."

한편, 니아마가 밖에서 돌아와 자리에 앉자 노파가 다가가 그 손에 입을 맞추려 했습니다만 니아마는 거절했습니다. 그래서 노파는 축복의 말*125을 한 다음 그 집을 나왔습니다.

이튿날 니아마가 집에 없을 때, 노파는 다시 찾아가 나오미에게 말했습니다.

"어제도 마님을 위해 기도드렸습니다. 자, 주인께서 돌아오시기 전에 소풍이나 하고 오십시다."

나오미는 시어머니에게 부탁했습니다.

"어머니, 부탁이니 저 신앙심 깊은 할머니를 따라가게 해 주세요. 성지에 가서 알라의 사도를 뵙고 그이가 돌아오기 전에 얼른 돌아오겠어요."

"네 남편이 알면 안 될 텐데."

그러자 노파가 말했습니다.

"알라께 맹세코 저는 마님을 바닥에 앉히지 않겠습니다. 잠깐 선 채로 예배를 드리게 할 뿐 결코 오래 걸리지 않도록 하겠어요."

이리하여 노파는 그럴 듯하게 나오미를 꾀어 알 하자지의 저택으로 데리고 갔습니다. 그리고 나오미를 인기척 없는 쓸쓸한 방에 가둔 다음 부왕(副王) 알 하자지에게 알렸습니다.

기별을 받은 알 하자지는 곧 나오미에게 갔습니다. 과연 보면 볼수록 당대에 둘도 없는 미인이요, 태어나 지금까지 한 번도 본 적이 없을 만큼 아름다운 여자였습니다.

알 하자지를 보자 나오미는 베일로 얼굴을 가렸습니다. 알 하자지는 바로 시종을 불러 기사 50명을 데리고 와서 나오미를 낙타에 태우고, 다마스쿠스의 아브드 알 말리크에게 보내도록 명했습니다. 그리고 교주 앞으로 쓴 편지 한 통을 시종에게 주며 말했습니다.

"이 편지를 교주님께 드리고 회답을 받아오너라. 얼른 돌아와야 한다."

시종은 남편과의 이별을 슬퍼하며 눈물을 흘리는 나오미를 낙타에 태워 길을 재촉하여 이윽고 다마스쿠스에 이르렀습니다.

시종은 교주를 뵙고 나오미를 바치며 자세한 이야기를 했습니다. 교주는 나오미를 위해 별실을 마련해 주고 후궁(하렘)에 가서 왕비에게 말했습니다.

"알 하자지가 금화 1만 닢으로 쿠파 왕녀*126의 노예처녀를 사서 보내왔구려, 이 편지와 함께."

—샤라자드는 날이 밝아온 것을 깨닫고 이야기를 그쳤다.

240번째 밤

샤라자드는 이야기를 계속했다.

오, 인자하신 임금님, 교주가 왕비에게 노예계집 이야기를 하자 왕비는 말했습니다.

"알라의 은총이 날로 더하시기를!"

곧 교주의 누이가 노예계집 나오미의 방으로 들어갔는데, 나오미를 보자마자 이렇게 말했습니다.

"오, 비록 10만 닢을 내고 치르더라도 그대를 손에 넣을 수 있는 사내는 행복하겠어!"

그러자 나오미가 물었습니다.

"오, 상냥한 분, 여기는 어느 임금님의 궁전입니까? 그리고 여기는 무슨 도시입니까?"

"여기는 다마스쿠스이고 내 오라버니이신 아브드 알 말리크 빈 마르완*127 대교주의 궁전이야. 그대는 아무것도 모르느냐?"

"네, 부인, 저는 아무것도 모릅니다."

"하지만 그대를 팔아서 돈을 받은 사나이가 그대를 교주님께서 샀다는 이야기를 하지 않던가?"

이 말을 듣고 나오미는 눈물을 흘리면서 마음속으로 생각했습니다.

'나는 속았구나. 감쪽같이 속았어. 비록 내가 사실을 말하더라도 아무도 믿어주지 않겠지. 아무도 믿어주지 않을 바에는 차라리 아무 말 하지 않고 꾹 참기로 하자. 머지않아 알라께서 구해 주실 테니까.'

나오미는 부끄러워 고개를 푹 숙이고 있었는데, 긴 여행 끝이라 뺨이 햇볕에 그을어 있었습니다.

교주의 누이는 그날은 그대로 물러갔다가, 이튿날 옷과 보석 목걸이를 가져와 나오미에게 입히고 걸어주었습니다.

잠시 뒤 교주가 들어와 나오미 옆에 앉자 누이는 교주를 향해 말했습니다.

"보셔요, 알라께서 이 아가씨에게 더없는 아름다움과 사랑스러움을 주셨어요."

교주는 나오미에게 말했습니다.

"베일을 벗고 얼굴을 보여다오."

그러나 나오미는 베일을 벗으려 하지 않았으므로 교주는 그 얼굴을 볼 수가 없었습니다. 하지만 아름다운 그 손목을 보고 나오미에게 완전히 반하여 누이에게 말했습니다.

"이 여자가 기운을 되찾을 때까지 나는 사흘 동안 손대지 않으련다. 그때까지 네가 이 여자를 위로해 줘라."

교주가 일어나 방을 나가자, 나오미는 자신에게 닥친 파멸을 한탄하며 남편 니아마와 헤어진 일을 슬퍼했습니다. 그러다가 그날 밤 열병에 걸려 아무것도 먹지 못하고 물도 목구멍에 넘길 수가 없었습니다. 얼굴에서는 빛이 사라지고 무척 수척해지고 말았습니다.

이 소식을 들은 교주는 매우 걱정하며 노련한 의사들을 데리고 나오미를 문병했지만, 그녀의 병을 고칠 수 있는 사람은 아무도 없었습니다.

한편 얘기는 바뀌어, 니아마는 집으로 돌아와 침상에 앉자마자 소리쳤습니다.

"나오미!"

그러나 대답이 있을 리가 없었습니다. 서둘러 일어나 큰 소리로 몇 번이나 불렀지만, 집안 여자들은 모두 니아마가 두려워 숨어 있었으므로 아무도 나오지 않았습니다.

그래서 어머니의 방으로 가보니 어머니는 턱에 손을 괴고 앉아 있었습니다.

"오, 어머니, 나오미는 어디 갔습니까?"

"오, 아들아, 그 애는 나보다 훌륭한 분, 그 신앙심 깊은 할머니에게 맡겼단다. 나오미를 데리고 장로님을 찾아갔다가 곧 돌아온다고 하며 나갔어."

"언제부터 그런 짓을 하고 있었나요? 대체 언제 집을 나갔지요?"

"아침 일찍 나갔다."

"어머님은 그것을 왜 허락하셨어요?"

"오, 아들아, 하도 졸라대기에 허락했지."

"영광되고 위대한 알라 외에 주권 없고 권력 없도다!"

니아마는 미친 듯이 소리치며 집을 뛰쳐나가 경비대장에게 가서 말했습니다.

"나를 속이고 내 집에서 노예계집을 훔쳐낸 것은 당신이지? 충실한 자들의 임금님에게 고발할 테니 그리 아시오!"

"무엇이? 대체 누가 여자를 훔쳤다는 거요?"

"노파요, 모직옷을 입고 염주를 목에 건 노파란 말이오."

"그 노파가 어디 있소? 그것만 알면 당신 노예계집을 찾아주리다."

"그걸 누가 알겠소?"

그러다가 문득 그 노파가 알 하자지의 뚜쟁이임을 알아차린 경비대장이 소리쳤습니다.

"그렇다면 알라(찬양하라!) 말고는 그 노예계집이 있는 곳을 아는 자는 아무도 없을 거요."

이 말을 듣고 니아마는 거친 목소리로 대답했습니다.

"나는 당신을 믿고 왔는데, 그렇다면 알 하자지에게 당신과 나를 심판해 달라고 해야겠군."

"어디든 마음대로 가서 물어보시오."

니아마는 알 하자지의 저택으로 갔습니다. 니아마의 아버지는 쿠파의 유력자들 가운데 한 사람이었으므로 시종이 알 하자지에게 가서 니아마가 온 것을 알렸습니다.

"이리 데리고 오너라!"

니아마가 알 하자지 앞으로 나오자 그는 물었습니다.

"무슨 일로 왔는가?"

니아마는 모든 사정을 자세히 이야기했습니다. 그러자 알 하자지는 말했습니다.

"그렇다면 경비대장을 불러 노파를 찾아내도록 명령하겠다."

물론 알 하자지는 경비대장이 노파에 대해 잘 알고 있는 것을 아는지라 경비대장이 오자 말했습니다.

"알 라비아의 아들 니아마의 노예계집을 찾아주도록 하라."

"전능하신 알라 말고는 그것을 아는 자는 아무도 없습니다."

"기마병을 총동원하여 모든 길목을 조사하고 온 성 안을 뒤져라. 그 밖에는 방법이 없다."

―날이 훤히 밝아오는 것을 깨닫고 샤라자드는 이야기를 그쳤다.

241번째 밤

샤라자드는 이야기를 계속했다.

오, 인자하신 임금님, 알 하자지는 경비대장에게 기마병을 총동원하여 온 성 안을 뒤지라고 명령했습니다.

그런 다음 니아마를 돌아보며 말했습니다.

"만일 그대의 노예계집이 돌아오지 않을 때는 내 집에서 10명, 경비대장 집에서 10명의 노예계집을 나누어주마."

그러고는 다시 한 번 경비대장에게 명령했습니다.

"어서 가서 그 여자를 찾아오너라."

경비대장이 나가자 니아마는 어찌할 바를 몰라 살아갈 희망을 잃은 채 집으로 돌아갔습니다. 그도 그럴 것이 니아마는 겨우 14살밖에 되지 않은 데다 얼굴에는 수염도 나지 않은 어린 소년이었기 때문입니다. 그날 밤을 어머니와 함께 방에 틀어박혀 울며 지새우자, 아침이 되어 아버지가 들어와 아들에게 말했습니다.

"오, 아들아, 사실은 알 하자지가 나오미를 속여 데려갔단다. 그러나 언젠가는 알라께서 구원해 주실 거다."

그러나 니아마는 너무나 큰 슬픔에 잠겨 무슨 말을 들었는지 누가 들어왔는지도 모를 지경이 되어 석 달 동안이나 병들어 누워버렸습니다. 니아마의 아름다운 얼굴은 무척 수척해져서 아버지는 이제 가망이 없다고 생각했습니다. 찾아온 의사들은 모두 입을 모아 말했습니다.

"이 병에 듣는 약은 그 색시 말고는 없습니다."

어느 날 니아마의 아버지는 우연히 페르시아인 명의가 있다는 소문을 들었습니다. 의술과 점성술과 모래점을 두루 통달한 의사라는 평판이었으므로 알 라비아는 그를 집으로 불러 정중히 대접하면서 말했습니다.

"내 아들의 병을 좀 봐주십시오."

"손을 좀 봅시다."

니아마가 손을 내밀자 의사는 니아마의 손을 잡아 맥을 짚고 관절을 살핀 다음 병자의 얼굴을 가만히 들여다보더니 웃으면서 아버지 쪽으로 돌아앉았습니다.

"아드님의 병은 마음의 병입니다."

"오, 선생님, 과연 잘 보셨습니다. 당신의 힘으로 부디 아들의 병을 고쳐주십시오. 그리고 아들의 병에 대해 아무것도 숨기지 마시고 말씀해 주십시오."

"실은 당신 아드님은 어떤 노예계집을 그리워하고 있군요. 그 노예계집은 지금 바소라나 다마스쿠스에 있습니다. 그 색시하고 다시 한 번 맺어주기 전에는 고칠 수 없겠는데요."

"만약 당신의 힘으로 둘을 만나게 해 주신다면, 당신이 한평생 유복하고 편안하게 지낼 수 있도록 해 드리겠습니다."

"그거야 쉬운 일입니다. 곧 그렇게 되도록 해 드리지요."

의사는 니아마를 향해 말했습니다.

"곧 좋은 일이 있을 테니, 어서 기운을 차리고 밝은 마음으로 지내시오."

그러고는 다시 알 라비아를 돌아보며 말했습니다.

"금화 4천 닢을 주실 수 있습니까?"

알 라비아는 얼른 돈을 내놓았습니다.

"그럼, 아드님을 다마스쿠스로 데려가겠습니다. 전능하신 알라의 뜻이 있다면, 반드시 그 여자와 함께 돌아올 것입니다."

그리고 니아마를 돌아보며 물었습니다.

"당신 이름은 뭐라고 하오?"

"니아마라고 합니다."

"오, 니아마 님, 일어나 보시오. 알라께서는 반드시 당신들을 만나게 해 주실 테니까."

니아마가 일어나자 의사는 다시 말을 이었습니다.

"기운을 내시오. 내일까지 기다릴 것도 없이 오늘 당장 나와 함께 다마스쿠스로 떠납시다. 모든 것을 알라께 맡기고 음식을 먹고 여행에 견딜 힘을 길러야 하오."

그런 다음 페르시아인 의사는 선물과 진기한 물건과 그 밖에 필요한 물건들을 준비하기 시작했습니다. 알 라비아가 말과 낙타와 노새, 그리고 금화 1만 닢을 마련해 주었습니다.

니아마는 부모에게 하직인사를 하고 의사와 함께 알레포를 향해 떠났습니다. 그러나 알레포에서는 나오미의 소식을 전혀 들을 수 없어서, 다시 다마스쿠스로 갔습니다.

그들은 다마스쿠스에서 사흘을 머물렀습니다. 그 뒤 페르시아인 의사는 가게를 한 채 사들여 값비싼 도자기, 은그릇, 금박 입힌 그릇, 사치스러운 피륙 등을 선반에 진열하고 가게 앞에는 온갖 고약과 당밀이 들어 있는 유리 그릇을 늘어놓고, 그 주위에 수정잔을 여러 개 진열했습니다. 그리고 자신은 의사 차림으로 관측의와 모래점 판을 앞에 놓고 앉았습니다. 또 니아마에게 는 비단속옷과 겉옷을 입히고 허리에 금란으로 수를 놓은 비단을 감아주고 나서 가게 앞에 앉혔습니다.

"자, 니아마 님, 지금부터 당신은 내 아들 노릇을 해야 하오. 그러니까 나를 아버지라 불러야 하오, 나도 당신을 아들이라고 부를 테니까."

"알았습니다."

다마스쿠스 사람들은 아름다운 젊은이의 모습과 훌륭한 가게에 진열된 물 건들을 구경하려고 페르시아인 가게로 모여들었습니다.

의사와 니아마는 페르시아어로 말을 주고받았습니다. 니아마는 명사의 자 제로서의 교양을 갖춰 페르시아어를 할 줄 알았습니다.

이리하여 페르시아인 의사는 순식간에 온 성 안 사람들 사이에 유명해졌 습니다. 사람들이 진찰받으러 오면 그는 병상에 따라 약을 처방해 주었습니 다. 약병에 환자의 오줌을 넣어 오는 사람이 있으면 그것을 검사한 다음 이 러이러한 병에 걸렸다고 일러주었습니다. 그러면 환자들은 언제나 이렇게 말했습니다.

"정말 용한 의사야."

이처럼 찾아오는 환자들을 치료하는 동안 드나드는 손님이 점점 많아지고 명성도 높아져서, 지체 높은 사람들의 귀에도 그에 대한 평판이 들어가게 되 었습니다.

어느 날 페르시아인 의사가 가게에 앉아 있으니, 한 기품 있는 노파가 보 석으로 수놓은 비단안장을 놓은 나귀를 타고 찾아왔습니다. 노파는 가게 앞 에서 나귀의 고삐를 당겨 나귀에서 내린 뒤 이렇게 물었습니다.

"당신이 이라크에서 오신 페르시아인 의사 선생이시오?"

"예, 그렇습니다."

"실은 병을 앓는 딸이 하나 있어서요."

그리고 오줌이 들어 있는 병을 꺼내 의사에게 보여주었습니다. 페르시아 인은 그것을 찬찬히 살펴보고서 말했습니다.

"따님의 이름을 가르쳐주십시오. 운세도를 그려서 몇 시에 약을 먹으면 좋은지 점을 쳐봐야겠으니까요."

"나의 형제 페르시아 양반, 딸의 이름은 나오미라고 하오."

―날이 훤히 밝아오는 것을 깨닫고 샤라자드는 이야기를 그쳤다.

242번째 밤

샤라자드는 이야기를 계속했다.

오, 인자하신 임금님, 페르시아인은 나오미라는 이름을 듣자 수를 헤아리고 한 손에 무언가 글씨를 써보더니 입을 열었습니다.

"오, 부인, 따님이 어느 나라 태생인지 알기 전에는 약을 처방할 수 없습니다. 기후가 다르니까요. 따님이 어디에서 자랐고 나이가 몇인지 말씀해 주십시오."

"딸은 14살이고 이라크의 쿠파라는 도시에서 자랐습니다."

"이곳에 온 지는 얼마나 되었습니까?"

"두세 달밖에 되지 않습니다."

노파의 말을 들은 니아마는 그 처녀가 자기 아내 나오미임을 알고 가슴이 두근거려 당장 정신을 잃을 것만 같았습니다. 그때 페르시아인이 그 처녀의 병에 좋은 약을 일러주었습니다.

"그럼, 전능하신 알라의 축복과 함께 그 약을 지어주시오."

노파는 금화 10닢을 내놓았습니다. 의사는 니아마를 돌아보며 필요한 약을 조합하도록 일렀습니다. 노파는 니아마를 지그시 바라보더니 이렇게 소리 질렀습니다.

"오, 도련님, 당신에게 알라의 가호가 내리시기를! 나이며 생김새가 우리 딸과 똑 닮았구려."

그런 다음 의사에게 물었습니다.

"페르시아 양반, 이 도련님은 당신의 노예입니까, 아니면 아드님입니까?"

"아들입니다."

그동안 니아마는 약을 지어 조그마한 상자에 넣은 다음, 종이에 이런 시를 적었습니다.

한 번만이라도 나를
나오미가 보아준다면
수아다에게는 구애하게 하고
주무르에게는 진심으로 애무하게 하련만.
"그런 여자는 흔해빠졌으니
잊어버리라"고 세상 사람들은 말하지만
그녀는 나에게 둘도 없으니
어찌 잊을 수 있으리!

니아마는 종이를 접어 상자 속에 넣고 봉인한 다음 뚜껑에 쿠파 문자로 다음과 같이 썼습니다.
"쿠파의 알 라비아의 아들 니아마로부터."
노파는 그것을 받아들고 곧 인사를 한 뒤 교주의 궁전으로 돌아갔습니다. 그리고 나오미에게 가서 발치에 약상자를 놓으며 말했습니다.
"오, 아가씨, 요즘 이 도시에 페르시아인 의사가 와 있는데, 이 의사만큼 마음의 병을 잘 고치는 사람은 없답니다. 그분에게 아가씨 이름을 대고 오줌을 보여주었더니, 곧 무슨 병인지 짐작하고 처방을 적어 아들에게 약을 짓게 하더군요. 그런데 그 아들이 어찌나 아름답던지, 아마 이 다마스쿠스에서 가장 잘생긴 청년일 거예요. 또 그 가게만큼 근사한 가게는 어디에도 없을 겁니다."
나오미는 상자를 들어 겉에 적힌 남편과 시아버지의 이름을 보고 얼굴빛이 변하여 혼잣말을 중얼거렸습니다.
"이 가게 주인은 틀림없이 나를 찾으러 온 거야."
그리고 노파에게 물었습니다.
"그 젊은이란 어떤 분인데요?"
"이름은 니아마라고 하며 오른쪽 눈썹 위에 점이 있더군요. 멋진 옷을 입은 정말 아름다운 분이었어요."

이 말을 들은 나오미는 외쳤습니다.

"어서 그 약을 주세요. 이 약에 부디 축복과 전능하신 알라의 구원이 있으시기를!"

그러고는 단숨에 약을 들이켜고 웃으면서 말했습니다.

"정말 좋은 약이군요!"

그런 다음 약상자 속을 보니 종이쪽지가 있어서 그것을 펼쳐 읽어보았습니다. 생각한 대로 그 젊은이가 자기 남편임을 알자 모든 시름이 사라지고 기쁨이 솟아났습니다.

노파는 나오미의 웃는 얼굴을 보고 소리쳤습니다.

"오늘은 정말 경사스러운 날이군요!"

"오, 할멈, 뭐 좀 먹었으면 좋겠어요."

노파는 시녀를 불러 일렀습니다.

"아가씨에게 맛있는 것을 갖다 드려라."

시녀들이 먹을 것을 가지고 와서 나오미 앞에 놓자, 나오미는 그것을 먹기 시작했습니다. 그때 느닷없이 교주가 들어와 음식을 먹는 나오미를 보고 매우 기뻐했습니다.

노파는 교주를 향해 말했습니다.

"오, 충실한 자들의 임금님, 기뻐하십시오. 임금님의 노예계집 나오미의 병이 나았습니다! 이게 모두 요즘 성 안에 들어온 그 의사 덕분입니다. 저는 이 나이가 되도록 그 의사만큼 영검한 분은 본 적이 없습니다. 그 의사에게서 약을 지어왔는데, 나오미 님이 단 한 번 먹고 병이 나았습니다."

그러자 교주가 말했습니다.

"금화 1천 닢을 줄 테니 나오미가 완전히 나을 때까지 시중을 들어주거라."

교주는 나오미의 회복을 기뻐하며 방에서 나갔습니다.

노파는 다시 서둘러 페르시아인 의사에게 가서 금화 1천 닢을 주면서 나오미가 교주의 첩이 된 것을 알리고, 나오미가 써준 편지를 내주었습니다.

의사가 니아마에게 그 편지를 주자 한눈에 나오미의 필적임을 알아차린 니아마는 그만 까무러치고 말았습니다.

이윽고 정신을 차린 다음 편지를 읽어보니 이런 사연이 적혀 있었습니다.

나의 사랑 니아마 님, 기쁨을 빼앗겨버린 이로부터. 저는 속아서 마음의 주인인 당신과 지금은 이렇듯 헤어져 있지만 언젠가는 반드시 만날 날이 있겠지요. 당신이 주신 편지는 잘 보았습니다. 덕분에 시름이 사라지고 마음도 위안을 받았습니다. 제 심정은 정녕 시인이 이렇게 노래한 그대로입니다.

임의 편지 받았네.
그 편지 적으신 손끝
오래도록 보지 못했네.
적으신 글자들 사이에
먹 향기 그윽하여
어머니 품으로 돌아간
모세가 이러할까,
요셉의 옷으로 눈을 고친
야곱이 이러할까! *128

노래를 읽고 난 니아마의 눈에는 눈물이 가득 고였습니다. 그 모습을 보고 있던 노파가 물었습니다.

"오, 도련님, 왜 우시는 겁니까? 우실 까닭이 없을 텐데!"

그러자 페르시아인 의사가 소리쳤습니다.

"오, 어찌 울지 않을 수 있겠소? 그 색시는 이 젊은이의 노예계집이며 이 젊은이는 그 색시의 남편, 쿠파의 알 라비아의 아들 니아마라는 분이오. 그 색시의 병을 고치려면 이 젊은이를 만나게 해야 합니다. 색시가 병이 난 것도 이 젊은이를 애타게 그리워하기 때문이니까요."

—이때 날이 훤히 밝아오는 것을 알고 샤라자드는 이야기를 그쳤다.

243번째 밤

샤라자드는 이야기를 계속했다.

오, 인자하신 임금님, 페르시아인 의사는 말을 이었습니다.

"그러니 이 돈 1천 닢은 넣어두시오. 오히려 내가 당신에게 더 많은 돈을 드려야겠소. 부디 두 사람을 가엾게 여겨주시오. 당신의 도움없이는 이 일을 해결할 길이 없으니까요."

노파가 니아마에게 물었습니다.

"당신이 정말 나오미 아가씨의 남편이오?"

"그렇습니다."

"거짓말은 아닌 것 같구려. 그 아가씨는 줄곧 당신 이름을 부르고 있었다오."

그래서 니아마는 노파에게 이제까지의 경위를 모두 이야기해 주었습니다. 그러자 노파가 말했습니다.

"오, 도련님, 당신이 그 색시와 다시 만나려면 나 말고는 힘써줄 사람이 없을 거요."

노파는 나귀를 타고 곧 나오미에게 돌아가, 그 얼굴을 들여다보며 웃으면서 말했습니다.

"당신이 이렇게 슬퍼하고 탄식하며 병에 걸린 것은 남편인 쿠파의 알 라비아의 아들 니아마와 헤어졌기 때문이지요?"

이 말을 듣고 나오미는 말했습니다.

"당신도 이미 모든 것을 알고 계시군요."

"안심하세요. 그리고 기운을 내세요. 내 목숨을 걸고라도 반드시 두 분을 다시 만나게 해 드리리다."

노파는 다시 니아마를 찾아가 말했습니다.

"당신 부인께 가서 말했더니 당신 이상으로 애타게 그리워하고 있더군요. 그분은 교주님의 요구도 줄곧 거절해 왔지요. 당신의 결심만 굳다면 내 목숨을 걸고서라도 꼭 만나게 해 드리겠어요. 무슨 수를 써서라도 당신을 교주님 궁전으로 데려가 부인과 만나게 해 드리지요. 부인은 도저히 밖으로 나올 수 없으니까요."

"당신에게 알라의 자비가 내리시기를!"

노파는 나오미에게 돌아가 물었습니다.

"서방님은 당신을 죽도록 만나고 싶어 하고 있어요. 당신은 어때요?"

"나도 서방님 매우 보고 싶고 그리워서 죽을 것만 같아요."

노파는 여자옷과 장신구를 싸서 니아마에게 가서 말했습니다.

"자, 다른 방으로 가서 이야기합시다."

니아마는 가게 뒤에 있는 방으로 노파를 안내했습니다. 노파는 니아마의 손을 물들인 뒤[4] 손목에 팔찌를 끼우고 머리를 땋아주었습니다. 그런 다음 노예계집의 옷을 입히고 더할 수 없이 화려하게 꾸미자, 니아마는 마치 하늘에서 내려온 처녀처럼 아리따운 모습이 되었습니다.

노파는 그 모습을 보고 몹시 감탄하여 소리쳤습니다.

"가장 위대하신 창조주 알라께 축복 있기를! 당신은 정말이지 부인보다도 아름답군요.*129 자, 걸어보세요. 왼쪽 어깨를 내밀고 오른쪽 어깨를 뒤로 빼며 엉덩이를 좀 흔들면서 걸어야 해요."

니아마는 시키는 대로 노파 앞에서 걸어보았습니다. 니아마가 여자처럼 걷는 요령을 터득하자 노파가 말했습니다.

"내일 밤 다시 올 테니, 기다리고 계세요. 알라의 뜻이 있다면 반드시 당신을 궁전으로 데리고 갈 수 있을 거예요. 하지만 도중에 시종이나 환관을 만나더라도 겁먹지 말고 머리만 숙인 채 말을 하면 안 됩니다. 상대도 말을 못하게 내가 처리할 테니까요. 나머지는 하늘에 맡깁시다."

이윽고 날이 밝자 노파가 와서 니아마를 궁전으로 데려갔습니다. 노파가 앞장서서 성큼성큼 들어가자 니아마도 조용히 그 뒤를 따랐습니다. 시종이 니아마의 앞을 가로막으려 하자 노파가 사이에 끼어들며 말했습니다.

"이런 괘씸한 자 같으니! 이 사람은 교주님의 애첩 나오미 님의 시녀라오. 그 앞을 가로막다니 이런 무례한 짓이 어디 있단 말이오?"

그러고는 니아마에게 말했습니다.

"어서 들어가요, 아가씨!"

두 사람은 거침없이 안으로 들어갔습니다. 이윽고 궁전 안의 광장으로 나가는 문 앞에 이르자 노파가 말했습니다.

"자, 니아마 님, 용기를 내어 왼쪽으로 돌아가세요. 그리고 문을 다섯 개 세고 여섯 개째 방으로 들어가세요. 당신을 위해 준비해둔 방이니 겁낼 것 없어요. 만약 누가 말을 걸더라도 대답해서는 안 됩니다."

그리하여 니아마를 데리고 문으로 다가가자 그곳에 서 있던 시종장이 노파에게 소리쳤습니다.

"그 처녀는 누구냐?"

—날이 훤히 밝아오는 것을 알고 샤라자드는 이야기를 그쳤다.

244번째 밤

샤라자드는 이야기를 계속했다.

오, 인자하신 임금님, 시종장이 그 처녀가 누구냐고 묻자 노파가 대답했습니다.

"나오미 님께서 사려고 하는 여자입니다."

"교주님 허락 없이는 아무도 들어갈 수 없으니 어서 그 여자를 데리고 돌아가시오. 나는 교주님의 엄명을 받들고 있어서 들여보낼 수가 없단 말이오."

"아이고 참, 시종장님, 잘 생각해 보세요. 당신도 교주님의 노예색시인 나오미 님을 잘 아시지요. 교주님이 나오미 님을 이만저만 사랑하시지 않는 터에 이제 겨우 그분이 병이 나았다고 하지만 교주님께서는 아직 완쾌했다고 생각지 않고 계십니다. 그 나오미 님께서 시녀를 하나 구하셨는데, 그 시녀를 들여보내지 않았다가 만일 그 사실이 나오미 님 귀에라도 들어가는 날에는 그야말로 큰일 납니다. 역정을 내시다 병이 도질지도 모르지요. 만일 그렇게 되면 당신 목은 남아나지 않을 거예요."

그런 다음 니아마에게 말했습니다.

"들어가요, 색시. 이분이 뭐라고 하든 상관할 것 없어요. 그리고 이 시종장님이 색시를 못 들어가게 하더라도 나오미 님에게 말해서는 안 돼요."

그래서 니아마는 절을 하고 안으로 들어갔는데, 노파가 말한 대로 왼쪽으로 돌아가야 하는 것을 그만 방향을 잘못 잡아 오른쪽으로 구부러진 데다 다섯 번째 문을 지나 여섯 번째 문으로 들어간다는 것이 여섯 번째 문을 지나 일곱 번째 방으로 들어가고 말았습니다.

그 방의 바닥에는 비단을 깔고 벽에는 황금으로 수놓은 비단휘장이 드리워져 있었습니다. 그리고 침향과 용연향과 향기 강한 향로가 있고 한 단 높은 곳에 황금 휘장으로 덮인 침대가 있었습니다. 니아마가 그곳에 앉아 그 화려함에 놀라며 앞으로 어떻게 될지 모른 채 황홀한 기분에 잠겨 있으니, 교주의 누이가 시녀를 데리고 들어오다가 니아마를 보고 노예계집 가운데 하나인 줄 알고 말했습니다.

"너는 누구냐? 대체 누가 너를 여기로 데리고 왔지?"

니아마가 대답하지 않고 잠자코 있자 교주의 누이는 다시 말했습니다.

"만일 네가 오라버님의 첩으로 역정을 샀다면 잘 말해서 다시 총애를 받도록 해 주마."

그래도 대답하지 않자 교주의 누이는 시중드는 노예계집에게 일렀습니다.

"문 앞에 서서 아무도 들어오지 못하게 해라."

그러고는 니아마 곁으로 가서 가만히 그 모습을 바라보더니 그 아름다움에 놀라면서 이렇게 말했습니다.

"너는 대체 누구냐? 이름이 무엇이며 어떻게 여기 들어왔는지 말해 봐라. 나는 이 궁전에서 너를 전혀 본 일이 없는데."

그래도 니아마는 여전히 잠자코 있으므로 마침내 화가 나서 니아마의 가슴을 떠밀었습니다. 그랬더니 젖가슴이 없었습니다. 교주의 누이는 상대의 베일을 벗겨 누구인지 확인하려고 했습니다.

그제야 니아마가 고개를 들고 말했습니다.

"오, 공주님, 저는 당신의 노예입니다. 당신의 힘을 빌리고 싶습니다. 부디 저를 지켜주십시오."

"아무것도 걱정할 것 없다. 그보다도 너는 대체 누구냐? 누가 이 방으로 데리고 왔지?"

"오, 공주님, 저는 쿠파에서 온 알 라비아의 아들 니아마라는 자입니다. 알 하자지에게 속아서 이곳으로 끌려온 저의 노예계집 나오미를 만나고 싶어서 목숨을 걸고 이런 위험한 짓을 하게 되었습니다."

"그렇다면 염려할 것 없어. 내가 잘되도록 해 줄 테니까."

그리고 시녀를 불러 일렀습니다.

"나오미의 방으로 가서 이리 데려오너라."

한편 노파는 나오미의 침실로 가서 물었습니다.

"당신 남편이 여기 오지 않았습니까?"

"아니오, 오지 않았어요!"

"이런! 길을 잃고 다른 방으로 잘못 들어가 버린 게 틀림없어요! 길을 잃어버린 거예요."

이 말을 듣고 나오미는 소리쳤습니다.

"오, 영광되고 위대하신 신 알라 외에 주권 없고, 권력 없도다! 드디어 마지막이 온 거야, 이제 틀렸어!"

두 사람이 슬픔에 잠겨 자신들의 운명을 생각하고 있을 때 공주의 시녀가 들어왔습니다.

"공주님께서 연회에 참석하시랍니다."

"알았어요."

나오미가 대답하자, 노파가 말했습니다.

"틀림없이 서방님은 공주님 방에 있을 거예요. 그래서 모든 것이 탄로 났는지도 모르겠어요."

나오미가 서둘러 공주의 방으로 가자 공주가 말했습니다.

"네 남편이 여기 있다. 방을 잘못 찾은 모양이다만, 둘 다 아무것도 염려할 것 없어."

이 말을 듣고 나오미는 갑자기 기운이 나서 남편 곁으로 다가갔습니다.

니아마는 나오미의 모습을 보자⋯⋯.

─날이 훤히 밝아오는 것을 알고 샤라자드는 이야기를 그쳤다.

245번째 밤

샤라자드는 이야기를 계속했다.

오, 인자하신 임금님, 니아마는 아내 나오미를 보자 가슴에 꼭 부둥켜안고는 그대로 정신이 아득해져 두 사람 다 바닥에 쓰러지고 말았습니다. 이윽고 두 사람이 다시 정신을 차리자 교주의 누이동생이 말했습니다.

"그냥 앉아 있어요. 그리고 어떻게 하면 무사히 이 자리를 빠져나갈 수 있을지 함께 의논합시다."

"오, 공주님, 뭐든지 분부대로 하겠습니다."

"당신들에게 해로운 일을 절대 하지 않을 테니 마음을 놓아요."

공주는 시녀들에게 먹을 것과 마실 것을 가져오게 하여 두 사람은 마음껏 먹고 마셨습니다. 잔이 돌아감에 따라 두 사람의 마음에서 깊은 근심도 완전히 사라졌습니다.

"앞으로 어떻게 될지 궁금합니다."

니아마가 말하자 교주의 누이가 물었습니다.

"오, 니아마, 당신은 이 노예계집 나오미를 사랑하나요?"

"제가 목숨을 걸고 이런 위험한 짓을 한 까닭은 모두 나오미를 사랑하기 때문입니다."

이번에는 나오미를 향해 물었습니다.

"이봐요, 나오미, 그대도 남편인 이 니아마 님을 사랑하고 있겠지?"

"공주님, 이 몸이 쇠약해져 몸져누운 것도 모두 남편을 사랑하기 때문이에요."

나오미가 대답하자 교주의 누이가 말했습니다.

"서로 그토록 사랑한다면 오라버님도 둘 사이를 갈라놓지는 않으실 거예요! 자, 걱정하지 말고 기운을 내요."

공주의 말에 두 사람은 무척 기뻐했습니다. 나오미는 시녀에게 류트를 가져오게 하여 줄을 고른 다음 명랑한 곡을 하나 켰습니다. 모두 그 가락에 기분이 황홀해졌습니다. 그 서곡이 끝나자 나오미는 다시 다음과 같은 노래를 불렀습니다.

　　헐뜯는 사람들은 오로지
　　두 사람 사이 갈라놓으려
　　성내며 덤비네
　　노여움을 살 까닭도 없는데.
　　헐뜯는 사람들 칼끝 모아
　　도전해 오니 맞아 싸우지만.
　　구원은커녕 친구도 없어

내 편 없음을 어이하리.
나는 이 눈과 눈물로
그리고 숨결과 나의 칼
흐르는 물과 불로
있는 힘 다하여 싸우리!

그런 다음 나오미는 류트를 남편 니아마에게 넘겨주었습니다.
"한 곡 불러 주세요."
니아마는 그것을 받아들고 밝고 경쾌한 가락으로 이런 노래를 불렀습니다.

떠오르는 보름달은
그대 모습 닮아
일식 없는 태양,
그대 빛을 받아 비춰주네.
참으로 기이한 사랑의 길
(사랑은 신비로 가득 차
뜨거운 열정과 법열로)
사랑의 길 다가가지만
그대 떠나시면 이토록
먼 길인 줄 알지 못하네.

니아마가 노래를 끝내자 나오미가 잔을 채워 그에게 내밀었습니다. 니아마는 잔을 받아 단숨에 들이켰습니다. 나오미는 다시 한 번 그 잔에 술을 따라 이번에는 교주의 누이동생에게 권하자 공주도 그것을 받아 마셨습니다. 그런 다음 이번에는 공주가 류트를 들어 줄을 조이고 가락을 맞춘 다음 이런 노래를 불렀습니다.

괴로움과 번뇌와 슬픔이
가슴을 좀먹고 있네,
사랑의 불길도 이 가슴에

타오르며 꺼지지 않는 애처로움.
누가 봐도 속일 수 없는
수척한 이 몸,
뜨거운 열정에 몸을 태우며
괴로워 번민하네, 그것 때문에.

교주의 누이가 잔에 술을 따라 나오미에게 권하니, 나오미는 잔을 비우고 류트를 들어 다음과 같은 시를 읊었습니다.

그대 때문에 번뇌하는 영혼을
바쳐도 그대의 불성실함을
가엾게도 벗어날 수 없네.
이제 그대의 자비로운 마음으로
내 병 낫게 해 주오.
죽음의 자리에서 마지막 숨결
거두며 죽기 전에.

세 사람이 이렇게 노래를 부르고 흥겨운 류트 가락에 맞춰 술잔을 주고받으며 웃고 즐기는데, 그 자리에 느닷없이 충실한 자들의 교주가 모습을 드러냈습니다. 그들은 모두 일어나 교주 앞에 엎드렸습니다. 교주는 나오미가 류트를 안은 것을 보고 말했습니다.

"오, 나오미, 너의 병을 고쳐주신 알라 신을 찬양할지어다!"

그리고 아직 여장을 한 니아마를 바라보며 공주에게 물었습니다.

"나오미 곁에 있는 여자는 누구인고?"

"오, 충실한 자들의 임금님, 여기 있는 것은 시녀입니다. 임금님의 첩 가운데 하나로, 나오미의 소중한 친구, 나오미는 이 여자와 함께가 아니면 먹지도 마시지도 않는답니다."

그리고 공주는 다음과 같은 노래를 읊었습니다.

맛이 다른 두 여자

아름다움 겨루며 나란히 서 있네.
견주어보면 서로 다르지만
다른 만큼 더욱 귀여워.

그러자 교주가 말했습니다.

"전능하신 알라께 맹세코 이 여자는 정말 나오미에 못지않게 아름답구나. 내일 이 여자를 위해 나오미의 방 옆에 방을 하나 마련해 주마. 그리고 이 여자에게 어울리는 가재도구와 피륙, 뭐든지 갖추어 주리라. 이것은 모두 나오미를 위해서이다."

공주는 시녀에게 일러 식사를 가져오게 하여 오라버니인 교주에게 권했습니다. 교주는 그것을 먹으며 모두와 함께 화기애애한 시간을 보냈습니다. 이윽고 교주는 잔에 술을 찰랑찰랑하게 채우고서 나오미에게 노래를 부르라고 눈짓했습니다. 나오미는 류트를 들고 술 두 잔을 들이켠 다음 이런 노래를 불렀습니다.

술친구가 찰랑찰랑
넘치게 따른 잔을
연달아 석 잔 주었네.
이렇게 된 바에야 무엇을 사양하랴
비록 내가 교주님의 공주건
아니건 될 대로 돼라지,
으스대면서 옷자락을
밤새도록 끌고 다녔네.

교주는 기뻐하며 다시 잔에 술을 따라 나오미에게 주면서 또 한 번 노래를 부르라고 분부했습니다. 나오미는 술잔을 비운 다음 현을 뜯으며 이런 노래를 불렀습니다.

아, 당대에, 지금 세상에
유례없는 귀공자여,

어떠한 사람도 임금님과

나란히 할 자 아무도 없네.

마음도 타고난 기품도 참으로 뛰어나

세상에 둘도 없는 위인이로다.

오, 그 이름에 걸맞은 대왕이여,

왕 중의 왕, 나의 임금이시여,

세상의 모든 왕을 잘 다스려

압제도 없이 위대한

은총 내려주시는 대왕이여,

신이여, 우리의 이 대왕을

지켜주시어 대왕의 적을

멸하시고 영원한 행복을 내려주소서!

교주는 이 노래를 듣고 이렇게 소리쳤습니다.

"오, 참으로 훌륭하구나. 정말 잘했다! 오, 나오미! 알라께서 너에게 크나큰 재주를 주셨구나! 참으로 영롱한 언어에 참으로 아름다운 목소리로다!"

이리하여 모두 떠들썩하게 먹고 마시며 즐기는 사이에 어느덧 한밤중이 되었습니다. 이때 교주의 누이가 말했습니다.

"오, 충실한 자들의 임금님, 책에서 어느 고귀한 사람의 이야기를 읽었는데 들어보시겠어요?"

"대체 어떤 이야기냐?"

교주가 묻자 공주는 이렇게 이야기했습니다.

"충실한 자들의 임금님, 그럼 제 얘기를 들어보세요. 옛날 쿠파에 알 라비아의 아들 니아마라고 하는 젊은이가 살고 있었습니다. 이 젊은이에게는 사랑하는 노예계집이 하나 있었는데, 노예계집도 그 주인을 몹시 사랑했습니다. 그런데 두 사람이 함께 자라 서로 사랑하게 되었을 때, 운명의 여신이 두 사람에게 재앙의 손길을 뻗어, 잔인한 시간의 신이 두 사람을 갈라놓고 말았습니다. 어떤 간사한 꾀를 품은 악인들이 교묘하게 여자를 꾀어 끌어내다가 어떤 임금님에게 금화 1만 닢에 팔아버린 것입니다.

아까도 말씀드렸지만 노예계집은 젊은이를 사랑하고 젊은이 또한 노예계집을 사랑하고 있었습니다. 그래서 젊은이는 친척과 친구, 가정과 재산을 다 버리고 여자의 행방을 찾아나섰습니다. 그리하여 마침내 여자를 찾아내자 젊은이는 온갖 궁리를 짜내어 여자에게 접근하려 했습니다."

―날이 훤히 밝아오는 것을 알고 샤라자드는 이야기를 그쳤다.

246번째 밤

샤라자드는 이야기를 계속했다.

오, 인자하신 임금님, 교주의 누이는 말을 이었습니다.

"니아마는 집과 가족은 물론이고 고향마저 버리고 사랑하는 여자를 찾아 나섰습니다. 그리고 온갖 위험을 무릅쓰고 가까스로 그 여자를 만날 수 있었습니다. 그 여자의 이름은 여기 있는 노예계집과 마찬가지로 나오미라고 합니다. 하지만 두 사람이 만나서 기뻐한 것도 잠시뿐이었습니다. 왜냐하면 두 사람이 만나는 곳에 나오미를 유괴범한테서 사들인 임금님이 들어와 두 사람을 곧 죽이라고 명령했기 때문입니다. 임금님은 사건의 진상을 조사하지도 않고 공평한 재판도 하지 않았습니다. 그런데 충실한 자들의 임금님, 오라버님은 이 임금님의 그릇된 행동을 어떻게 생각하세요?"

"참으로 기괴하기 짝이 없는 일이로구나. 그 왕은 벌을 내릴 권한도 있지만, 당연히 두 사람을 용서해 주어야 마땅하다. 우선 두 사람을 위해 세 가지 사정을 헤아려주어야 했어. 첫째로 두 사람이 서로 사랑한다는 것, 둘째로 두 사람은 왕 밑에 있고, 그 운명이 왕의 손안에 있다는 것, 셋째로 왕인 자가 백성을 재판하거나 명령을 내릴 때는 신중히 생각해야 마땅하다는 것이다. 특히 왕 자신이 관계된 사실을 판정할 때는 더욱 그러해야 한다. 그 왕은 참으로 임금답지 않게 처신한 셈이다."

"오, 오라버님, 천지신명께 걸고 부탁합니다. 부디 나오미의 노래를 다시 한 번 들어주세요."

"오, 그래, 나오미, 노래를 불러봐라."

나오미는 곧 생동감 넘치는 가락을 연주하며 이런 노래를 부르기 시작했습니다.

사악한 수단으로 운명은
우리를 교묘하게 속여
마음은 꺾이고, 가슴속은
미칠 듯한 생각으로 가득하네.
만날 날 기약 없는 운명에
사이가 갈라진 연인들의
뺨에 흐르는 그 눈물
멈추지 않네, 폭포처럼.
운명의 자비로 잠깐이나마
만나게 되었던 그동안은
님도 나도 즐거웠고
우리의 인생도 기뻤어라.
나는 흘리네, 눈물의 홍수를,
나는 뿌리네, 피의 눈물을,
오호라, 밤낮없이
그대 없음을 한탄하노라.

교주는 이 노래를 듣고 매우 큰 감동을 하였습니다. 그때 공주가 말했습니다.

"오라버님, 누구든지 스스로 재판을 내린 것은 그것이 아무리 자신에게 불리하더라도 지켜야 합니다. 그런데 오라버님도 실은 그러한 재판을 하셨고, 자신에게 불리한 판단을 내리셨습니다."

그런 다음 니아마를 향하여 말했습니다.

"니아마 님, 일어서요. 그리고 나오미, 그대도 일어서고."

두 사람이 일어서자 공주는 다시 말을 이었습니다.

"오, 신앙심 깊은 자들의 임금님, 지금 당신 앞에 있는 여자가 아까 말씀드린 유괴된 노예계집 나오미입니다. 실은 하자지 빈 유수프 알 사카피가 나오미를 유괴하여 오라버님께 보내고 편지로는 금화 1만 닢에 샀다고 속였던 것입니다. 그리고 여기 이 사람은 알 라비아의 아들이자 나오미의 남편인 니아마입니다.

부디 이 두 사람을 용서해 주시기를 임금님의 경건한 조상님들께 걸고, 함자와 우카일, 그리고 아바스*[130]의 명예에 걸고 부탁합니다. 부디 이 두 사람을 용서하시어 그 허물을 나무라지 마시고 나오미를 니아마에게, 니아마를 나오미에게 돌려주시도록 부탁합니다.

그렇게 하시면 내세에서 많은 보답을 받으실 거예요. 두 사람을 어떻게 하시든 그것은 당신의 뜻에 달려 있습니다. 지금 두 사람은 당신이 주신 음식을 먹고 마시고 있으니까요. 이 두 사람을 대신하여 제가 용서를 빌겠어요. 부디 두 사람을 살려주세요."

이 말을 듣고 교주가 말했습니다.

"그대가 한 말은 다 옳은 말이다. 과연 나는 그대가 말한 대로 판결을 내렸다. 그리고 나는 한 번 내린 판결은 취소하지 않는다."

그리고 나오미에게 물었습니다.

"오, 나오미, 이 사람이 그대의 남편인 게 사실인가?"

"오, 충실한 자들의 임금님이시여, 제 남편이 틀림없습니다."

"그렇다면 아무 걱정하지 마라. 너를 남편에게, 남편을 너에게 돌려주마."

그리고 교주는 니아마에게 이렇게 물었습니다.

"나오미가 있는 곳을 알아내어 이곳에 들어오는 방법을 일러준 것은 누구인가?"

"오, 충실한 자들의 임금님, 저의 신상 이야기를 들어주십시오. 신앙심 깊은 조상의 은덕에 맹세코 아무것도 숨기지 않고 말씀드리겠습니다."

니아마는 자신과 페르시아인 의사, 그리고 노파와의 사이에 있었던 일을 숨김없이 이야기하고, 그 노파가 이 궁전으로 자기를 데리고 와준 일이며, 자기가 방을 잘못 들어서게 된 경위도 모두 털어놓았습니다.

교주는 그 이야기를 듣고 몹시 놀라면서 말했습니다.

"그 페르시아인 의사를 데리고 오너라."

교주의 명으로 페르시아인 의사를 데리고 오자, 교주는 그를 당장 중신(重臣)으로 발탁했습니다. 그뿐만 아니라 의복을 내리고 훌륭한 선물들을 하사하면서 말했습니다.

"이 의사처럼 교묘하게 일을 잘 처리하는 인물을 중신으로 발탁하는 것은 당연한 의무이다."

교주는 다시 니아마와 나오미에게도 많은 선물과 명예를 내리고 노파에게도 상을 주었습니다.

이리하여 모두 교주의 궁전에서 이레 동안 온갖 환락을 누리며 인간세상의 모든 즐거움을 만끽했습니다. 그런 다음 니아마는 나오미를 데리고 쿠파로 돌아가고 싶어했고 교주도 그것을 허락하여, 두 사람은 이옥고 쿠파의 부모 슬하로 돌아갔습니다.

그리하여 두 사람은 환락을 파괴하고 사람들의 사이를 갈라놓는 죽음이 찾아올 때까지, 이 세상의 모든 기쁨을 누리면서 즐거운 생애를 보냈습니다.

암자드와 아스아드는 바람 노파의 이야기를 듣고 몹시 감탄하여 말했습니다.
"오, 정말 희한한 이야기로군!"

—날이 훤히 밝아오는 것을 알고 샤라자드는 이야기를 그쳤다.

247번째 밤

샤라자드는 이야기를 계속했다.

오, 인자하신 임금님, 암자드와 아스아드는 개종하여 이슬람교도가 된 배화교도 바람 노파의 이야기를 듣고 몹시 감탄했습니다. 그렇게 밤을 보내고 아침이 되자, 모두 말을 타고 궁전으로 가서 왕의 알현을 청했습니다. 왕은 알현을 허락하고 두 사람을 매우 정중하게 맞이했습니다.

그들이 앉아서 이야기를 나누고 있는데, 별안간 성 안 사람들이 소리를 지르며 구원을 청하는 소리가 들려왔습니다. 그때 시종이 들어와 왕에게 보고했습니다.

"어떤 왕이 무장한 군사를 이끌고 성 입구에 와서 진을 치고 있는데 무슨 목적인지 도무지 알 수가 없습니다."

왕이 암자드 대신과 그 아우 아스아드에게 의논하자 암자드가 말했습니다.

"제가 나가서 까닭을 물어보고 오겠습니다."

암자드는 말을 타고 도성을 출발하여 다른 나라에서 온 그 왕의 진영으로 갔습니다. 그곳에 도착해보니, 그 왕은 수많은 백인 노예병사 군대를 거느리고 주둔해 있었습니다.

암자드를 본 호위병들은 성 안의 왕에게서 온 사자임을 알고 임금님 앞으로 데리고 갔습니다. 암자드가 그 앞에서 엎드린 뒤 고개를 들어보니 그것은 왕이 아니라 베일을 쓴 여왕이었습니다. 여왕은 암자드에게 말했습니다.

"나는 결코 이 도시를 가지려는 욕망을 품은 게 아니오. 다만 한 젊은 노예를 찾으러 왔을 뿐이오. 만약 이 도시에서 찾아낸다면 그대들에게 해를 끼치지 않겠지만 찾아내지 못할 때는 그대들과 싸움을 벌이게 될 것이오."

"오, 여왕님, 그 노예란 어떤 사람입니까? 그 노예의 경력과 이름을 가르쳐주십시오."

"노예의 이름은 아스아드, 내 이름은 마르자나라고 하오. 본디 아스아드는 배화교도 바람 노파를 따라 나의 도시에 왔었는데, 바람 노파가 아스아드를 팔지 않아 나는 우격다짐으로 빼앗아 노예로 삼았소. 그런데 바람 노파가 밤을 틈타 아스아드를 감쪽같이 훔쳐 달아났소."

그러고는 아스아드의 인상을 설명했습니다. 이 말을 들은 암자드는 여왕이 찾는 노예가 바로 자기 아우 아스아드임을 알아차렸습니다.

"오, 현세의 여왕이시여, 알라 무드리라—우리에게 가르침을 내려주시는 알라를 칭송할지어다! —여왕께서 찾고 계시는 노예는, 실은 제 아우입니다."

암자드는 자기 형제가 다른 나라에서 겪은 사건을 자세히 이야기하고 검은 섬에서 탈출한 경위를 설명했습니다. 이 신기한 이야기를 들은 여왕은 매우 놀라며 아스아드를 찾게 된 것을 진심으로 기뻐하면서 암자드에게 예복한 벌을 하사했습니다.

암자드는 곧 왕에게 돌아가 경과를 자세히 보고했습니다. 사람들은 모두 매우 기뻐했고 왕은 곧 암자드와 아스아드를 데리고 여왕 마르자나의 진영을 찾았습니다. 여왕을 만난 그들은 여왕과 그동안 있었던 일들을 얘기하면서 즐겁게 지냈습니다.

그때 별안간 아득한 저편에 모래먼지가 일더니 순식간에 번져와 마르자나의 진영 언저리를 온통 뒤덮고 말았습니다. 한참 뒤 먼지가 가라앉자 머리끝부터 발끝까지 단단히 무장한 대군이 나타났습니다. 이 새로운 군대가 도시를 향해 밀물처럼 몰려와서 저마다 칼을 뽑아들고, 반지*131가 손가락을 에워싸듯이 온 도시를 완전히 포위해 버렸습니다.

이 광경을 본 암자드와 아스아드는 외쳤습니다.

"참으로 우리는 알라의 것, 알라에게로 돌아가리라! 저 수많은 군대는 대체 무엇일까? 분명히 이 도시를 공격하기 위해 온 게 틀림없다. 우리가 여왕 마르자나와 동맹하여 싸우지 않으면 저 군대에 도시를 빼앗기고 몰살당할 것이다. 하지만 일단 가서 그 정체를 알아보아야겠다."

그리하여 암자드가 곧 말을 타고 성문을 빠져나가 도시를 에워싼 군사에게 가보니, 뜻밖에도 자기 어머니 부두르 왕비의 아버지이자 자신의 외할아버지인 가유르 왕의 군대가 아니겠습니까?

─날이 훤히 밝아오는 것을 알고 샤라자드는 이야기를 그쳤다.

248번째 밤

샤라자드는 이야기를 계속했다.

오, 인자하신 임금님, 암자드가 다가가 보니 그것은 바로 섬들과 바다와 일곱 개 성의 주인인 자기 외할아버지의 군대였습니다. 그는 곧 그 앞으로 나아가 두 손을 모으고 왕의 말을 전했습니다. 그러자 가유르 왕이 대답했습니다.

"나는 가유르 왕이라 하며 딸 부두르의 행방을 찾으러 여기에 왔소. 딸은 나에게서 떠난 채 행방불명되어 소식이 없고, 그 남편 카마르 알 자만도 전혀 소식이 없소. 혹시 그 두 사람의 소식을 들은 적 없소?"

이 말을 듣고 암자드는 한동안 고개를 숙이고 잠시 생각한 끝에 이 왕이 자기 외할아버지임을 굳게 믿고, 바닥에 엎드린 뒤 고개를 들어 자기가 바로 부두르의 아들이라고 밝혔습니다. 이 말을 들은 가유르 왕은 암자드에게 몸을 던졌고, 두 사람은 함께 눈물을 흘렸습니다.*132

이윽고 가유르 왕이 말했습니다.

"오, 여기서 이렇게 너를 만나게 되다니! 네가 무사한 것을 알라께 감사 드리자."

암자드는 어머니 부두르 공주와 아버지 카마르 알 자만이 검은 섬에 무사히 있다는 사실과 자기 형제가 아버지의 노여움을 사서 사형을 선고받은 일이며 재무대신이 살려주어서 목숨을 건진 일 등을 자세히 이야기했습니다.

그러자 가유르 왕이 말했습니다.

"내가 너희를 아비에게 데리고 가서 화해시켜 주마."

암자드가 기뻐하며 바닥에 엎드리자 왕은 옷을 한 벌 내렸습니다.

암자드는 궁전으로 돌아가 웃으면서 배화교도 도시의 왕에게 가유르 왕의 사연을 자세히 얘기했습니다. 그 얘기를 듣고 놀란 왕은 양과 말, 낙타와 사료를 가유르 왕에게 선물로 보내는 한편, 마르자나 여왕에게도 똑같이 선물을 보냈습니다.

암자드와 아스아드에게서 자초지종 이야기를 들은 여왕은 말했습니다.

"나도 군사를 이끌고 함께 가서 당신들의 화해를 도와 드리겠어요."

그런데 한참 뒤 또다시 먼지가 자욱하게 일더니 순식간에 하늘을 뒤덮어 대낮인데도 주위가 캄캄해지는 게 아니겠습니까? 이윽고 그 먼지 속에서 군사의 함성과 말 울음소리가 들리고 칼과 창이 번쩍이는 게 보였습니다.

새로 도착한 군사는 도시에 다가와 다른 두 무리의 군대를 보자 마구 북을 두드려댔습니다.

그것을 보고 왕이 외쳤습니다.

"오늘은 참으로 축복받은 날이로다. 가유르 왕과 마르자나 여왕의 군대와 화의를 맺게 해 주신 알라께 영광 있으라! 만일 알라의 뜻에 맞는다면 저 새로운 군대와도 화목을 맺도록 해 주실지도 모른다."

그리고 암자드와 아스아드에게 이렇게 지시했습니다.

"당장 가서 저 군대를 조사해 오도록 하라. 지금까지 한 번도 본적이 없는 대군이구나."

그리하여 두 사람은 적군의 침입이 두려워 닫아두었던 성문을 열고 말을 달려 새로운 군사를 향해 달려갔습니다. 가서 보니 과연 엄청난 대군이었습니다. 그런데 가까이 가보니, 놀랍게도 그것은 검은 섬의 왕의 군대로, 아버지인 카마르 알 자만 왕이 직접 이끌고 온 군사들이었습니다.

아버지의 모습을 본 두 형제는 그 자리에 엎드려 눈물을 흘렸습니다. 카마르 알 자만도 두 사람의 얼굴을 보더니, 몸을 던져 감격에 흐느끼면서 한참 동안 두 사람을 가슴에 꼭 끌어안았습니다.

이윽고 부왕은 자신의 잘못을 사과하고서, 두 사람이 사라진 뒤 얼마나 쓸쓸하게 지냈는가를 이야기했습니다. 두 형제가 가유르 왕도 이곳에 와 있음을 알리자, 부왕은 즉시 중신과 두 아들을 거느리고 가유르 왕의 진영으로 갔습니다. 진영 가까이에 이르자 왕자 한 사람이 먼저 말을 달려 가유르 왕에게 카마르 알 자만이 온 사실을 알렸습니다. 그러자 가유르 왕은 자기 쪽에서 마중을 나와 알 자만 왕을 맞이했습니다. 모두 이 뜻밖의 만남을 보고 기뻐했습니다.

이 얘기를 들은 도시 사람들은 그들 모두를 위해 산해진미를 차려놓고 잔치를 벌여 환영한 뒤, 말과 낙타와 사료와 그 밖에 군대에 필요한 물건들을 보내왔습니다.

그러는 동안 또 먼지 한 무더기가 일어 순식간에 사방에 퍼지더니 말발굽 소리에 대지가 흔들리고 울려 퍼지는 북소리가 먼 천둥처럼 들려왔습니다.

이윽고 먼지가 사라지고 그 속에서 갑옷으로 무장한 군대가 나타났습니다. 그들은 모두 검은 옷차림을 하고 있었고, 그들 한가운데는 긴 수염이 가슴까지 내려오는 한 노인이 말을 타고 있었습니다. 이 왕도 역시 검은 옷을 입고 있었습니다. 도시의 왕과 주민들은 이 강대한 군사들을 보고 다른 왕들에게 말했습니다.

"참으로 감사한 일이오, 전능하신 알라께서 정하신 바에 따라, 겨우 하루 사이에 여러분이 이곳에서 만나 서로 다른 사람이 아님을 알았소. 그렇지만 이 땅을 벽처럼 에워싼 저 군사들도 참으로 놀랄 만큼 의기양양하고 기세등등하군요."

그러자 모두가 대답했습니다.

"염려하실 것 없습니다. 우리 세 사람도 모두 국왕으로 저마다 강대한 군대를 이끌고 있습니다. 만약 저 군대가 적이라면, 비록 저 병력이 세 곱이 되는 한이 있더라도, 우리도 힘을 합쳐서 싸우겠습니다."

한참 뒤 들이닥친 군대에서 사자가 한 명 찾아오자, 알 자만 왕과 가유르 왕, 마르자나 여왕, 그리고 이 도시의 왕 앞으로 데리고 왔습니다.

사자는 왕 앞에 엎드리며 말했습니다.

"저희 국왕은 페르시아에서 왔습니다. 임금님은 오래전에 행방불명되신 왕자님을 찾기 위해 사방의 나라를 두루 다니고 계십니다. 이 도성에서 왕자님을 찾아내시면 모르지만, 만약 못 찾을 때는 전쟁을 벌여 반드시 이 도시를 멸망시키고 말 것입니다."

알 자만 왕이 그 말에 대답했습니다.

"그런 짓을 하도록 내버려두지는 않을 것이다만, 그대의 주군은 아잠(5)의 나라에서 뭐라고 부르는가?"

"저의 주군은 샤리만 왕이라 하며 하리단 섬들의 영주이십니다. 그리고 저 군대는 왕자님을 찾으며 돌아다닌 여러 나라에서 모으신 것입니다."

이 말을 들은 알 자만 왕은 비명을 지르며 까무러쳐 그대로 오랫동안 정신을 잃고 있었습니다. 이윽고 다시 정신을 차린 왕은 눈물을 줄곧 흘리면서 암자드와 아스아드에게 말했습니다.

"오, 왕자들이여, 이 사자들과 함께 가서 나의 아버님 샤리만 왕을 알현하고 내가 이곳에 있다는 기쁜 소식을 전해다오. 아버님께선 내가 사라진 것을 깊이 슬퍼하시어 나를 위해 오늘날까지 검은 옷을 입고 있는 것이다."

그런 다음 알 자만 왕은 그 자리에 있던 모든 왕에게 자기가 젊었을 때 겪었던 일을 전부 얘기해 주었습니다. 그 말을 듣고 모두 매우 놀랐고 곧 카마르 알 자만과 함께 샤리만 왕을 찾아갔습니다.

샤리만 왕과 아들인 알 자만은 매우 기뻐서 서로 부둥켜안은 채 쓰러져 정신을 잃고 말았습니다. 한참 뒤 정신을 차린 알 자만은 자기의 모험담을 자세히 이야기했고, 다른 왕들도 샤리만 왕과 인사를 나누었습니다.

그런 다음 그들은 마르자나 여왕과 아스아드를 결혼시키고, 앞으로 잊지 말고 소식을 보내 달라고 이르고서 여왕의 왕국으로 떠나보냈습니다. 또 암자드와 바람 노파의 딸 보스탄을 결혼시키고 모두 함께 검은 섬의 도성으로 출발했습니다.

고향에 이르자 카마르 알 자만은 곧 장인인 알마누스 왕을 찾아가, 그동안 자기가 겪은 일과 두 왕자를 만나게 된 경위를 상세히 얘기했습니다. 알마누스 왕은 크게 기뻐하며 모두가 무사히 돌아온 것을 축하했습니다.

가유르 왕도 딸 부두르 왕비를 방문하여*133 오랜만의 재회를 무척 기뻐하며 부녀 사이의 정을 마음껏 나눴습니다. 이리하여 그들은 한 달 동안 검은 도시에서 지내고 나서, 가유르 왕과 부두르 왕비는 자기 나라로 돌아갔습니다.

—날이 훤히 밝아오는 것을 알고 샤라자드는 이야기를 그쳤다.

249번째 밤

샤라자드는 이야기를 계속했다.

오, 인자하신 임금님, 가유르 왕은 딸 부두르와 함께 군대를 이끌고 자기 나라로 돌아갔습니다.

암자드도 그들과 함께 길을 떠나 무사히 고향에 도착했습니다. 가유르 왕은 자신의 왕국에 돌아와 안정을 찾고, 얼마 뒤 손자 암자드에게 왕위를 물려주었습니다.

한편 카마르 알 자만도 장인 알마누스 왕의 허락을 얻어 아스아드에게 왕위를 물려주어 검은 섬들의 수도를 다스리게 했습니다. 그리고 자신은 아버지 샤리만 왕과 함께 하리단의 섬으로 갔습니다. 그 섬의 백성들은 두 사람을 축복하여 도시를 장식하고, 한 달 동안 이 기쁜 소식을 전하기 위해 북을 울렸습니다.

카마르 알 자만은 환락을 빼앗고 사람들의 사이를 가르는 죽음이 찾아올 때까지 아버지를 대신하여 오래도록 나라를 다스렸습니다. 그것은 모두 알라께서 뜻하시는 바였던 것입니다!

—이 이야기를 들은 샤리아르 왕이 말했다.

"오, 샤라자드, 정말 신기한 이야기로구나!"

그러자 샤라자드가 대답했습니다.

"오, 임금님, 하지만 이 이야기도 다음 이야기에 비하면 그리 신기할 것이 없답니다."

〈주〉

*1 이 토지 명명법(命名法)은 셰익스피어의 시대에 어울린다. 하리단(Khalidan)은 명백하게 행운의 섬(Fortunate Islands)=카나리아 제도(Canaries)에 대해 이븐 와르디(Ibn Wardi)가 하리다타니, 즉 '영원한 섬'이라고 붙인 이름이 사실과 다르게 전해져 그릇되게 굳어진 것이다. 그리고 이 제도는 위의 근대적인 이름을 유럽의 고전에서 빌려왔다.

*2 이슬람법에 따라 4명의 아내가 허용되는데, 그 까닭은 다음과 같다. 만일 남자가 한 여자와 결혼하면 그 아내는 자신이 남편과 대등하다고 여겨 남편에게 말대답하며 '으스댄다.' 아내가 둘이면 끊임없이 싸워 집안에 분란이 일어난다. 셋이면 둘이 단짝이 되고 하나는 따돌림을 당하여[영어에도 'Two's company, three's none'이라는 격언이 있다] 집안이 시끄러워진다. 네 사람이 되면 싸우는 일이 생기더라도 저희끼리 화해하며 남편과 비교적 평온한 생활을 보내게 된다. 이슬람 남성은 그 법칙에 따라 네 아내를 평등하게 다룰 의무를 가진다. 네 아내에게 옷이며 집이며 그 밖의 모든 것을 똑같이 베풀어주어야만 한다. [그러나 실제로 네 아내를 거느리는 사람은 매우 드물다.] 넷이라는 숫자는 유대교에서 빌려온 것으로, 그들은 이렇게 말하고 있다. '현자는, 남자는 네 명 이상의 아내를 가져야 한다는 훌륭한 충고의 말을 주었다'.

　유럽인은 이슬람교도 부인이 방 안에 갇혀 지내며 베일을 쓰고 사람들 앞에 모습을 드러내는 것으로 알고, 처음에는 부인이란 사치스러운 물건과 같다고 생각한다. 그러나 오래 머무는 동안 동양의 이슬람교만큼 여성이 참된 자유와 권력을 많이 지닌 경우는 없다는 것을 깨닫게 된다. 사실 여성은 재산을 소유하고, 남편의 허락 없이 그것을 처분할 수도 있다. 또 한 달 동안 집을 비워도 남편은 이에 대해 불평할 권한이 없다. 남자는 남을 파멸시켜 자신이 일어서려는 적들에게 둘러싸여 있으므로 자기 처자 말고는 의지할 데가 없다는 이유로, 부인은 남편의 모든 계획을 돕는다.

*3 머리를 두 번 조아리는 예배는 대개 초저녁에 이루어진다. 또 자식을 원할 때는 언제나 이 예배를 드린다.

*4 [카마르 알 자만(Kamar al-Zaman).] 더 옛날에는 카마랄자만(Camaralzaman='시대의 달'). 카마르란 3일부터 26일까지의 달을 가리킴. 히마르는 그 나머지 날의 달. 바드르(Badr, 속되게는 부두르라고 하며, 뒤에 나오는 공주의 이름도 여기서 유래함)은 보름 달이다.

*5 성채가 얼마나 오래전부터 금속판으로 둘러싸였는지를 얘기해 준다. 이 금속판을 우리가 군함에 응용한 것은 최근의 일이다.

*6 인간에게 마법을 가르친 두 타락천사. 《코란》 제2장에도 언급되어 있다. 이 둘은 바벨의 영토에 있는 우물에 다리로 매달려 있다고 사람들은 상상하고, 그 때문에 이슬람교도 저술에는 종종 '바빌론의 마법'이라는 말이 언급되고 있다. 본고장에서 흑마술을 배

우고 싶은 자는 그곳으로 가면 된다고 사람들은 생각하고 있다.

*7 〔타구트(Taghut).〕 무함마드 이전의 아랍 사람들의 한 우상, 또는 여러 우상들(《코란》 제2장 256절). 〔위의 대목은 '알라 외에 신 없고……'로 시작되는 코란 가운데 가장 아름답고 가장 유명한 구절로 이어지는데, '타구트를 믿지 않고 신을 믿는 자는……'이 라는 글귀가 보인다.〕 어원적으로 타구트는 '오류(誤謬)'를 뜻한다.

*8 이 시는 17번째 밤에도 나온다. 그래서 나는 변화를 주기 위해 트렌즈의 번역을 빌려 왔다.

*9 특이한 복종의 자세.

*10 이것은 단지 통속적인 욕이다. 나는 한 어머니가 자신의 아들을 '호래자식'이라고 부 르는 것을 들은 적이 있다.

*11 아랍어의 가자(Ghaza)로, 앞에서 말한 쓴쑥속(屬) *Artemisia*(대극속(屬) *Euphorbia?*). 만일 이 말이 가다(Ghada)를 잘못 인쇄한 것이라면 대극속의 일종을 의미하며, 이 나무는 아라크(야생 케이퍼나무(caper-tree))〔백화채과(白花菜果)에 속 함.〕와 다움 야자(Daum-palm, 십자화과(十字花科) 식물의 *Crucifera thebiaca*)와 함 께 아라비아 사막의 전형적인 3식물 가운데 하나이다(《순례》 제3권).

*12 〔Bier-daughters='상여를 메는 딸들'.〕 아랍어의 바나트 알 나시(Banat al-Na'ash)로 대개 '상여를 메는 딸들'로 번역된다. 이 딸들은 북두칠성(=큰곰자리) 또는 작은곰 자리(Ursa Minor) 속의 말(馬)들을 나타내는 3개의 별로, 수레는 상여로 상상하고 있다. 원문의 이 시구는 난해하지만, 명백히 사별(死別)을 암시한 것이다.

*13 각 장(章)의 수를 나타내면 제2장, 제3장, 제36장, 제55장, 제67장〔'Unity'에 대한 장이 빠져 있다. 제112장〕, 그리고 마지막 둘(제113장의 〈여명(黎明)〉과 제114장의 〈사람들〉)은 알 무이자타니, 즉 두 가지 피난법 또는 예방법이라고 불리는데, 그것 은 마력을 미리 방지하기 때문이다. 나는 이 두 개의 장을 다음과 같이 옮겨보았다.
　　"외쳐라—나는 새벽의 주(主) 아래 가호를 구하노라. 주께서 내리신 재앙으로부 터, 쓰러져가는 달의 재앙으로부터, 끈의 매듭에 입김을 부는 마법사의 재앙으로부터 (파머에 의하면 마법사는 실을 매듭지어 주문을 외면서 그 위에 입김을 불어 넣는 다), 시기하는 자의 시기로부터."
　　"외쳐라—나는 백성의 주, 백성의 임금, 백성의 신에게 가호를 구하노라. 은밀하 게 속삭여 사람들의 마음을 유혹하는 자, 사악한 신, 마신, 악한 이들로부터."

*14 동양인은 신경이 매우 예민하여 이불을 덮어 몸은 따뜻하게 하며, 머리가 드러난 채 로 있으면 잠을 이루지 못한다. 우리의 조부모는 아무리 우스꽝스러워 보이더라도 나 이트캡을 썼으니, 참으로 당연한 일이다.

*15 '절망에 빠진 사람'을 뜻하는 이블리스(Iblis)는 《코란》(제18장 48절)에서 '주의 명령 을 어기는 마신(지니(Jinnis))의 하나'로 불리고 있다.

＊16 물론 마임나는 잠든 상대의 눈동자를 볼 수는 없다. 그러나 이것은 단순한 동양적 모순이 아니다. 지은이는 '그것을 본다면 그렇게 보일 것'이라고 말하는 것이다.

＊17 눈동자는 술과 성적 욕구의 영향을 받으면 차츰 검어지는 것으로 상상되고 있다.

＊18 험한 일을 당하지 않도록 피하기 위해.

＊19 〔샤무리쉬(Shamhurish).〕다나쉬와 마찬가지로 이 또한 마신에 어울리는 가공적인 이름. 마신을 부르는 이슬람교도의 호칭은 타르누스(Tarnus), 훌리야누스(Huliyanus)처럼 우스(us, oos)로 끝나고, 유대교도는 자투나스(Jattunas)처럼 나스(nas)로 끝난다. 또한 힌두교도는 나크투스(Naktus)처럼 투스(tus)로 끝난다.

　　마신의 왕은 카프(Kaf) 산에 사는 말리크 카트산(Malik Katshan)으로, 이 마왕의 서쪽에 양자 아브드 알 라만이 2만 3천 명의 노비를 거느리고 살고 있다. 바크타누스(Baktanus)란 이슬람교를 믿는 떠돌이 마신의 세 군대를 지배하는 왕자(王者)로, 그 병력은 모두 12편대, 신드로부터 유럽에까지 이른다. 진, 디브스(Divs, 페르시아 신화의 마신), 페리스(Peris, 요정) 및 그 밖에 아담 이전의 존재는 72명의 왕에 의해 다스려졌다. 그리고 그들의 왕은 저마다 술라이만이라는 이름으로 알려졌으며, 이미 말한 마지막 왕은 장 빈 장이었다. 천사 하리스가 하늘에서 파견되어 장 빈 장을 응징하려 했으나 승리의 정상에 있던 그는 부하 마신들과 함께 반역했다. '잡혀서' 아담 앞에 엎드리지 않은 그와 수령들은 영원히 옥에 갇혔으나, 다른 마신은 인간의 공손함을 보증하게 하기 위해 지구상을 배회하도록 허용되었다. 《아라비안나이트》에는 하늘을 날고, 땅을 걷고, 물속을 헤엄치는 세 계급의 마신이 나온다.

＊20 한 스페인 시인의 필명인 듯하다.

＊21 여자의 여윈 엉덩이와 살집이 없는 엉덩이만큼 동양인에게 '반감을 품게 하는' 것은 없다. 동양인은 남성과 여성 생김새의 특징적인 차이를 주장하는 점에서는 맞다. 우리나라의 근대 조각가나 화가는―그 알몸 연구는 대개 매우 엉성하다―사람의 몸을 그레이하운드(등이 가늘고 긴 사냥개)처럼 날씬하게 그려 종종 우리를 기가 막히게 한다. 그것은 인간이라기보다 차라리 원숭이에 가깝다.

＊22 조그맣고 예쁜 발은 서양인이나 동양인이나 다 좋아한다. 오비디우스(Ovid(A. A))는 '부드러운 입으로 발을 가져가는(ad teneros Oscula ferre pedes)' 것을 부끄러워하지 않는다. 〔오비디우스는 로마 시인 Publius Ovidius Naso로, 여기에 인용한 글은 'Ars Amatoria' 즉 '사랑의 기술'의 약칭이다.〕

　　아리오스토(Ariosto)는 매우 고귀한 인물의 마지막 묘사를 다음과 같은 말로 끝맺고 있다.

　　　Il breve asciutto, e ritondetto piede.
　　　(가늘고 날씬하며 동그스름한 발)
　　〔아리오스토는 Ludovico로, 이탈리아 시인. 1474～1533. 이 인용구는 그의 대표작

인 《광란의 롤랜드 *Roland Furioso*》에서 가져온 것이리라.〕 전 세계를 통해 이 말은 '고귀한 태생' 즉, 섬세하고 감수성이 예민한 기질의 표시이다.

＊23 〔부두르(Budur).〕 보름달이라는 뜻. 프랑스인은 이것을 파두아(Padoure)로, 영국인은 바두라(Badoura)로 발음했는데 후자가 훨씬 더 유치하고 졸렬하다.

＊24 앞에서도 이야기했듯이 한 방울의 소변이라도 묻으면 옷이 더러워진다. 그러므로 엉덩이 닦는 종이 대신 돌멩이 또는 흙덩이 한 줌을 사용한다. 충실한 이슬람교도는 소변을 보려고 웅크려 앉는 경우 막대기나 우산 끝으로 앞의 땅바닥을 헤집어 부드럽게 만들어 소변이 튀는 것을 방지한다.

＊25 악마가 아와(Awwa)라는 아내를 가지고 있었다는 일은 일반적으로 그리스도교도에게는 알려지지 않았다. 또 아담이 세 자식을 가졌듯이 이 유혹자〔사탄과 동의어〕도 아홉 자식을 둔 일도 알려지지 않았다. 즉 시장을 지배하는 주 르바이순(Zu 'l baysun), 재앙을 뿌리는 와신(Wassin), 왕들에게 조언하는 아완(Awan), 술주정꾼의 보호자 하판(Haffan), 음악가와 무용가의 보호자인 마라(Marrah), 소문 퍼뜨리는 자를 보호하는 마스부트(Masbut), 예배소에 출몰하여 방해하는 둘한(Dulhan), 저택과 만찬을 지배하며 《코란》 속에서 권장하는 '비스밀라'와 '인샬라'〔비스밀라는 '신의 이름에 걸고', 인샬라는 '신이 허락하신다면'이라는 뜻〕를 신앙심이 깊은 자가 입에 올리는 것을 방해하는 다심(Dasim), 마지막이 배화교도의 주(主) 라키스(Lakis)이다.

＊26 동양의 시에서는 언제나 사향처럼 강렬한 향료가 강조되고 있다. 또한 무함마드가 이것을 매우 사랑한 것도 유명하다. 젊은 남자와 아름다운 여자는 자연스러운 향기를 풍기는 것으로 여겨지며(매우 당연한 이야기이다), 그 향기는 천국에서 축복받은 이의 향기에 비유된다. 따라서 이므르 알 카이스(Imr al-Kays)의 《무알라카 *Muallakah*》〔무함마드와 같은 시대의 대표적 시인. 이 책은 그의 시집〕에서는 이렇게 노래하고 있다.

　　'일어나 걸으면 서풍이
　　정향나무 향기를 풍기듯이,
　　사향내음도 그윽하네.'

　　개나 그 밖의 코가 예민한 동물에 의해 밝혀져 있는 사실이지만, 모든 인간은 나이와 건강에 따라 각자 다른 독특한 체취를 지니고 있다. 그러므로 동물은 종종 '인간에게' 죽음이 다가온 것을 꿰뚫어 알아차린다.

＊27 〔Nature Kohl'd eye 곧 '나면서부터 콜 가루 먹으로 그린 눈'.〕 아라비아어의 칼라(Kahla)로, '어부와 마신 이야기' 주석 30에서 설명했다.

＊28 눈의 흰자위와 검은자위가 대조되게 빛나는 모습을 뜻하는 하와르라는 말에 의해 후르(Hur/Houris, 극락의 미녀)를 시사한 것. 자주 사용된다.

＊29 두 가지 뜻을 지닌 말로, 고유명사인 부두르와 수아드(Su'ad, 비아트리스(Beatrice))

는 또한 '경사스러운, 또는 축복받은 보름달'이라는 뜻이기도 하다. 〔다시 말해 비아트리스는 이탈리아, 스페인어의 beato='행복'에서 나온 사람 이름이다.〕

* 30 도시 사람들은 아랍어의 하지르(Hazir)이고, 바디(Badi)와 바다위인은 낙타 털(천막)의 사람들을 의미한다. 다시 말해 아랍(정착하든 않든 모든 아랍인을 말한다)에 대한 아 아랍(A'arab, 유목민)이다. 그들 바다위족은 왕관 대신 두건(터번이 아닌 두건)을, 집 대신 천막을, 성벽 대신 총안(銃眼)을, 어깨숄〔겨울철에 쓰인다〕 대신 칼을, 등기부 또는 성문법(成文法) 대신 시가(詩歌)를 가지고 있음을 지금도 여전히 자랑한다.

* 31 이것은 소름끼치는 형상을 하고 있을 때의 마신족이 지닌 특징이다.

* 32 이 시는 22번째 밤에 나왔다. 여기서는 변화를 주기 위해 트렌즈의 번역을 인용했다.

* 33 아랍 문자의 첫 번째인 '알리프와 같은 모습'이라는 뜻. 히브리어에서는 알레프. 〔아랍어, 히브리어, 알람어, 바빌로니아어 등은 모두 셈 어계(語系)로 생긴 모양이 비슷하다.〕 앞에서도 설명했듯 아랍인은 이집트 문자의 원형으로부터 붓꽃의 칼 모양 잎 형태를 본떠 원형이 거의 남지 않게 했다. 수사(數詞)로서는 알리프는 1 또는 1천을 나타낸다. 〔아랍문자는 알리프뿐만 아니라 모든 것이 수사로도 자주 쓰인다.〕 또한 알리프는 알파(Alpha)(오메가에 대한)의 전통적 명예를 이어받아 책, 편지 등에서 일반적으로 비스밀라〔'신의 이름에 걸고'라는 뜻〕의 위쪽에 조합문자(모노그램)으로 쓰인다.

중세의 그리스도교에서는 십자가가 이 명예로운 지위를 차지했다. 상당히 미개한 나라가 아니면 오늘날 그것을 보존하는 곳은 없다. 그러나 우리의 어휘에는 오늘날에도 ABC장(帳) horn-book 대신 크리스(크라이스트) 크로스 로(Criss'(Christ-) cross Row)〔알파벳 또는 초보독본이라는 뜻〕가 남아 있다. 이것은 라틴어식 십자기호(†로, 긴 십자형)의 형태로 배치된 고대 영어의 알파벳과 9까지의 숫자에서 연유한 것이다.

* 34 〔캐럿(Carat).〕 그리스어의 케라티온(Κερατιον) 즉 콩에서 나온 아랍어의 캐럿으로 Abrus Precaiorius종(種). 무게로는 2~3그레인〔1그레인=0.064g〕, 여기서는 길이로, 손가락 너비〔약 4분의 3인치〕. 모두 24까지 셀 수 있다. 이슬람교도의 법식(法式)은 분명히 로마인의 아스(as)와 운시아(uncia)에서 빌려온 것이다. 〔길이와 무게에 두루 쓰이며 아스를 1로 하면 운시아는 그 12분의 1이다. 아랍인의 측정단위는 매우 복잡하지만 대체로 12진법에 따라, 이를테면 약 1에이커에 상당하는 페단은 24캐럿, 영국의 1그레인에 상당하는 하베는 1디르함의 48분의 1, 즉 3분의 1캐럿이다.〕

* 35 여자들의 이름.

* 36 글자 그대로 옮기면 '나의 간(肝)'이다. 그 깊은 바다(가슴이 아니다)이 감정의 본원(本源)으로 여겨지고 있다. 이러한 공상은 오랜 옛날부터 있었다. 테오크리투스(Theocritus)는 헤라클레스〔또는 허큘리즈(Hercules)〕에 대해 '사랑은 그의 간에 상처

를 입히고'라고 노래하고 있다. (《전원시 Idyl》 xiii). 〔테오크리투스는 기원전 3세기의 그리스 시인. 《전원시》는 30편의 시로 이루어진 시집. 헤라클레스는 그리스 신화에 나오는 제우스 신의 아들로 용감무쌍한 영웅이다.〕 또한 《전원시》에는 '사랑이여, 내 간과 심장에 상처 주는 일을 그만두오'라는 문구도 있다. 호라티우스〔또는 호라스 (Horace)〕도 마찬가지로(《서정시 Odes》 i. 2), 그의 라틴어 제쿠르(Jecur)와 페르시아 어 지가르(Jigar)는 명백하게 같은 것이다. 〔호라티우스는 로마 시인, 《서정시》는 불 후의 명작. 기원전 65~기원전 80.〕 이러한 관념은 그 뒤로도 오랫동안 이어져 와서 셰익스피어에게서도 다음과 같은 글을 볼 수 있다.

'아, 슬프다, 그래서 사랑이란 식욕이라고 불러도 좋으리.
간의 작용이 아닌 혀의 작용이니까.'

＊37 연정이 부모에 대한 사랑을 이긴다는 자연스럽고 멋진 감정이다. 남자 쪽 연인에게도 같은 감정이 나타나며, Amor discende, non ascende(사랑은 올라가지 않고 내려간다) 고 하는 의미심장한 이탈리아 격언을 증명하는 예이다. 우리나라에도 내리사랑이라는 말이 있듯 조부모와 손자의 관계처럼 사랑이란 아래로 내려갈수록 점점 강해지는 것 이다.

＊38 동양 전체에 대한 이 원리는 사실인 동시에 사실이 아니다. 일반론으로서 여자의 정 열은 남자의 10배에 이른다고 주장하는 것은 사실이 아니다. 세상의 일반적인 예에서 는 여자는 특히 모성이 강하고, 이에 반해 남성은 특히 호색적이다. 그렇지 않다면 남자로부터 혼담을 받아들이는 일 없이 인형을 귀여워하거나 아기를 돌보는 일을 할 것이다.

그러나 페르시아 고원(서부)과 비교하면 마잔데란(Mazanderan, 동부) 같은 저지대 에서는 사실이다. 또한 인도의 마라사(Maratha) 지방에 비해 말라바르(Malabar, 서해 안 지방) 유타주에 비해 캘리포니아, 특히 아라비아에 비해 이집트 등에서는 사실이 다. 이런 고온다습한 토지에서는 여성의 성욕과 생식력이 남성을 크게 능가한다. 따 라서 도덕의 퇴폐는 칼, 총 등에 의해 억제되면 눈에 띄지 않는 곳으로 숨어들게 된 다. 그러나 한랭건조 또는 고온건조한 산악지대에서는 그것과 정반대이다. 따라서 일 부다처제가 성립되며, 한편 저지대에서는 합법적 또는 비합법적(곧 매음) 형태로 일 처다부제가 필요하다. 나는 '지리적 덕성(德性)'이라는 기묘한 제목(모든 도의는 양 심과 마찬가지로 지리적인 동시에 시대적이므로), 다시 말해 입법가와 윤리학 연구가 와 인류학자에게 있어서 매우 흥미로운 제목을 《성인(聖人)의 도시 The City of the Saints》〔미국 모르몬교도의 사회를 분석한 저서〕에서 논술했다.

＊39 이 아침의 배변은 동양에서 건강유지에 꼭 필요한 요건으로 되어 있다. 인도의 토착 민인 힌두인(이교도)과 힌디인(이슬람교도, 북부 인도의 종족)은 유럽인과 달리 아 침저녁으로 두 번 배변하는 습관이 있다. 부분적이기는 하나 아마도 이에 의해 그들

의 온유하고 여성적인 기질을 설명할 수 있을지도 모른다.

C'est la constipation qui rend l'homme rigoureux.

(사람의 기질을 거칠게 만드는 것은 변비이다.)

영국인은 1831년 10월의 콜레라 제1차 침입 이래 조부모와는 매우 다른 인종이 되었다. 변비가 심했던 조부모는 '저녁식사의 알약'을 먹지 않고는 식사를 할 수가 없을 정도였다. 신기하게도 힌두스탄 주민들은 관장을 거의 알지 못한다. 이와 달리 서아프리카의 미개한 여러 종족은 그것을 날마다 사용하여 '배를 씻어낸다.' 또 손니니가 말했듯 베이(장관)가 통치하는 이집트에서 관장을 권유했다가는 프랑스인 의사는 당장 목숨을 잃을 것이다. 〔손니니는 프랑스의 박물학자이자 여행가, 뷔퐁의 동료였다. 1751~1812년.〕

＊40 이집트의 작자들은 이런 독특하고 민망한 말을 삼가지 않는다. 이것을 소리 내어 읽으면 듣는 이는 반드시 와— 하고 소리 내어 웃는다. 알 하리리 같은 중후한 작자도 외설적인 말과 행동을 경멸하지 않았다.

＊41 '수염이 길어서 지혜가 모자란다'는 말은 동양 전체에 일반적으로 두루 쓰이는 격언으로, 카우사지(Kausaj, 숱이 적고 짧은 수염을 가진 남자)는 교활하여 신용할 수 없는 것으로 여겨진다. 학교 선생에 대한 우스운 이야기가 있다.

수염이 긴 학교 선생은 '수염이 길어서 지혜가 모자란다'는 격언을 생각해내고 긴 수염을 태워서 짧게 하려다 얼굴까지 태워버렸다고 한다. 짙은 수염이란 피부를 완전히 뒤덮는 것으로 정의되고, 정식으로 목욕할 때는 수염뿌리까지 젖도록 손가락으로 빗질해야 한다. 이란인의 수염은 종종 허리까지 내려오는데 아마도 전 세계에서 가장 훌륭한 수염일 것이다. 그러나 매우 많은 수고가 필요하며 여행 중일 때는 주머니가 있어야 할 정도이다. 아랍인의 수염은 종종 아래턱의 두 군데와 뺨에 무성한 털로 이루어져 있다. 〔레인 저《이집트의 생활》에 '수염은 매우 존중되며 그것에 걸고 맹세의 말을 할 정도이다.' 사무엘후서 제10장 4절에도 '수염의 절반을 깎고……'라는 형벌이 보인다.〕 카마르 알 자만의 이러한 행동은 심한 굴욕이다. 특히 수염은 사람의 특성 가운데 하나일 뿐만 아니라, 수염이 종교적 중요성도 지니는 장로나 연장자에게는 더욱 그러하다. 따라서 카마르 알 자만의 행동은 말도 안 되는 나쁜 행위이다.

＊42 이 시는 38번째 밤에도 나왔으므로 나는 트렌즈의 번역을 인용했다.

＊43 이슬람교도는 주일(週日)에 대해서는 두 가지 이름을 가지고 있을 뿐이다. 즉 금요일인 알 주마(Al-Jum'ah), 곧 '신을' 면회하는 날과, 안식일인 알 사브트(Al-Sabt)로 이것은 토요일이다. 다른 주일의 이름은 우리나라의 퀘이커교도처럼, 또 포르투갈과 스칸디나비아에서 하듯이 제～일로 나타낸다.

＊44 우리가 보기에는 어젯밤.

＊45 아랍어의 타이프는 '환영, 요괴'를 뜻하며, 그리스도교에 남아 있는 주물(呪物) 숭배

의 그 기묘한 잔해 '생령(生靈, 고스트)'에 가장 가깝다. 또한 죽은 사람의 환상, 그
림자(영혼이 아님)이기도 하다. 따라서 엄격하고 바른 니부르[Barthold G. Niebuhr.
독일 역사가·언어학자·비평가. 대표적인 저서는 《로마사》. 1776~1831.]는 이렇게 말
했다. "망령(곧 죽은 사람의)은 아라비아에는 알려지지 않았다"고. 아라비아의 도깨
비집에는 식인귀, 마신 말고도 여러 가지 초자연적인 것들이 살고 있지만 원래의 유
령은 없다. 오랫동안 아라비아에서 살더라도 '타이프'에 대한 이야기를 듣게 되는 일
은 없으리라.

＊46 페인 씨는 이 시를 생략했다. 나는 원전에 있다는 이유만으로 이것을 보존했다.

＊47 〔juniper=두송(杜松).〕아랍어의 아라르(Ar'ar), 히브리어의 아로에르(Aroer)로, 루
터와 흠정역 성서에서는 히스(heath)로 번역되어 있다. 〔히스는 유럽의 황무지에 자
라는 석남화과의 한 종류.〕

＊48 옛 판본이나 브레슬라우판에서는 때리기만 하고 죽이지는 않는다.

＊49 이것은 오늘날에도 여전히 미치광이에 대한 동양인의 일반적인 방법이다.

＊50 −Quirinus

Post mediam noctem visus, quum somnia vera.

〔로마 신 퀴리누스는 꿈이 진실인 때인 새벽녘에 보았다.〕(호라티우스 작 《풍자
시》) 현대인은 대개 새벽녘의 꿈을 믿는다.

＊51 좀더 즐겨 쓰는 비유는 이쑤시개와의 대비이다. 둘 다 니자미와 아라비아의 작가 가
운데 가장 '아취 있는' 알 하리리가 사용했다.

＊52 이 시의 형식은 카시다(Kasidah), 즉 오드 또는 엘레지로, 압운(押韻)한 대구(對句)
가 13군데가 넘는다. 그보다 짧으면 가잘(Ghazal)이라고 한다.

＊53 이 가공적인 이름은 옛날 정열의 대상이었던 여자들.

＊54 포도주를 가리킨다. 이 구절은 매우 기발하며, 이런 기이한 상상은 유럽인에게는 거
의 불가능할 것이다.

＊55 아랍어의 안담, 다목에 쓰이는 말. 또 용혈수지(龍血樹脂, dragon's blood)에도 적용
된다. 안담은 《아라비안나이트》에 자주 등장한다.

＊56 최초의 것(탐험가 등의)보다 한층 더 뛰어난 공적이라는 관념은 아랍인에게는 낡은
것이다.

＊57 루크만은 두 사람이 있었으며, 앞에서 상세히 설명했다.

＊58 병을 앓고 난 뒤의 첫 목욕은 앞에서도 말했지만 건강욕이라고 한다.

＊59 병이니 우환이니 하는 말은 불길한 언어로 여겨져, 되도록 대화에서 피한다.

＊60 솔로몬의 녹색 비단 양탄자는 그와 그 부하들을 태우고 하늘을 날아다닌다는 《탈무
드》〔유대교 성전(聖典)〕의 전설이 있으며, 《코란》에서 그것을 지지하지는 않지만 이
슬람교에서 일반적으로 수용되고 있다. '파리매 날개' 운운하는 경우는 님로드

(Nimrod)가 은근히 암시되어 있다. 님로드(히브리어로 반역자라는 뜻)는 만물의 주
(主)라고 호언장담한 탓으로 4백 년 동안 알라가 보낸 파리매 때문에 귀와 콧구멍이
고통받았다고 한다.

＊61 나는 이 흙점을 치는 방법에 대해 《신드의 역사》(제7장)에서 설명했다. 이것은 '모래
를 던지는 것', 즉 프랑스어의 'frapper le sable(마찬가지로 모래를 던진다)'이라고 불
리며, 가장 단순한 방법은 땅 위에 아무렇게나 점을 만드는 것이다. 대개 아래에서
위쪽으로 네 줄을 만들어간다. 그리고 그것을 세어서 만일 짝수이면 둘을 빼고, 홀수
이면 하나를 더한다. 그리하여 이것을 3번 되풀이하여 같은 수의 형태의 것을 만든
다. 그런 다음 해설판을 보면서 그 조합을 살펴본다. 만일 점치는 사람이 전문가라면
곧바로 판단을 내릴 수 있다. 《아라비안나이트》에는 학생의 석판 같은 판이 나오는
데, 여기에는 모래 대신 먹으로 점을 찍는다.

현대인들은 긴 주사위를 사용하여 그 면에 짝수와 홀수 점을 표시하고 손으로 던져
서 여러 가지 모양을 만든다. 복잡하게 하기 위해 이 흙점(Geomancy)은 점성술과 혼
합되어 매우 복잡한 점이 되었고, 그래서 상당히 어려운 연구대상이 되고 있다.

＊62 《아라비안나이트》 역자들은 이것을 결혼계약서를 쓰는 의미로 풀이하지만, 나는 좀더
일반적인 의미로 받아들였다.

＊63 이 시는 75번째 밤의 되풀이다. 나는 변화를 주기 위해 페인 씨의 승낙을 얻어 그의
번역시를 게재했다.

＊64 이 비유는 매우 아라비아적이다.

＊65 얼굴이 아닌 머리. 특히 후두부는 아버지 앞에서도 늘 가리고 있어야만 한다. (아랍
어의 타르하, 곧 여성의 두건 또는 머릿수건으로 거의 바닥에 닿을 만큼 길다. 레인
은 《이집트의 생활》에서 그림으로 설명하고 있다.)

＊66 이쑤시개는 아랍어로 시와크, 시와카는 글자 그대로 하면 '당신 이외의 사람'이라는
뜻.

＊67 아랍어의 아라크는 야생 케이퍼나무로 만든 이쑤시개. 아라카는 글자 그대로 하면
'내가 당신을 만난다'는 뜻. 이 Capparis spinosa는 흔한 황무지의 식물로(백화채속
(白花菜屬) 떨기나무), 거의 엄지와 새끼손가락을 펼친 길이의 이쑤시개(흔히 미스와
크라 불린다)는 젬젬수(水)에 담근 것을 메카에서 많이 팔고 있다. (젬젬은 메카의
본산(本山)에 있는 성스러운 우물 이름으로, 레인은 이 물에 담근 이쑤시개로 이를
깨끗이 하면 치통은 물론 충치도 생기지 않는다고 했다.) 아랍인들 사이에서는 '시나
이 산에서 나는 나무'(《코란》 제23장 20절), 즉 올리브나무로 만든 이쑤시개에는 특
효가 있다고 하며 부식을 막고 향기로워 무함마드는 다른 이쑤시개는 절대로 사용하
지 않았다. 따라서 《코란》 제95장 1절의 문구가 있다. (무화과에 걸고, 올리브나무
에 걸고, 시나이 산에 걸고 나는 맹세한다.)

미스와크를 잡는 방법은 사용하지 않는 쪽을 약손가락과 새끼손가락 사이에 끼우고, 중앙을 다른 두 손가락 사이에 끼운 뒤 엄지손가락을 두 입술에 지그시 누르는 것이다. 이것은 우리의 불결한 칫솔질보다 훨씬 우수하여 이를 전체적으로 문지르지 않고 하나하나 닦는 셈이다. 동시에 손질이 매우 오래 걸리며 훨씬 더 수고가 든다. 아프리카는 물론이요 아시아 각지에서도 실에 꿴 이쑤시개를 목에 걸고 다니는 사람이 많다.

*68 〔원문을 그대로 옮기면 '보물창고 하나에 가득 찬 금.'〕1천 퍼스. 〔퍼스(purse)는 포대(包袋)라는 뜻이지만, 여기에서는 화폐단위.〕오늘날로 치면 약 5천 파운드. 〔따라서 1퍼스는 약 5파운드이다.〕이것은 은화 1만 디르함(알 하리리) 또는 8만 디르함(부르크하르트 편찬 《속담집》 380번)을 뜻한다.

*69 이야기가 보여주고 있듯이 아랍인은 날씬한 모습을 좋아한다. 그러나 엉덩이는 크게 발달하고 배 부분도 마른 것보다는 살집이 있어야 한다. 그 까닭은 명백하다. 〔앞의 주 21 참조.〕

*70 Ubi aves, ibi angeli(새가 있는 곳에 천사가 산다). 아프리카 여행가는 모두 수풀 언저리에 새가 두세 마리 날고 있거나 종려나무 몇 그루가 살랑거리고 있으면, 마을이나 야영지(그곳에는 천사가 적지만)가 가깝다는 표시임을 알고 있다. 인간에 대한 친밀감이 있어서가 아니라 음식, 동물, 야채 등이 풍부하기 때문이다. 그래서 신천옹(信天翁), 바다제비, 갑(岬)비둘기 등이 배 뒤를 따라다니는 것이다.

*71 이 시는 알 무함마스=5행시라고 한다. 4행시와 마지막 구절. 또는 후렴이 언제나 같은 조화를 유지하기 때문이다.

*72 이슬람교 국가의 항구도시는 대개 두 개의 출입구밖에 없다(또는 없었다). 베이루트(Bayrut), 티르(Tyre), 시돈(Sidon)〔뒤의 두 도시는 고대 페니키아의 도시국가〕및 그 밖의 수많은 도시도 모두 그러했다. 근대에 이르러 외곽지대의 발전과 함께 이러한 문들은 없어졌다. 이 문은 고대 노르만인의 성채 입구와 비슷하다.

*73 아랍어의 리사무. 〔이것은 얼굴 가리는 베일 즉 부르코와는 다르며, 바다위인이 얼굴 아랫부분을 가리는 데 사용한다-레인.〕

*74 만 빈 자이다(Ma'an bin Za'idah)는 8세기 군인이자 정치가.

*75 옴미아드 왕조의 시조 무아위야(Mu'awiyah) 교주의 온후한 성품은 아랍인들 사이에서 유명하며 입법자 모세의 '온유함'과 매우 비슷하다.

*76 잠자리에 들지 않았음을 나타내고 있다. 만일 잠자리에 들었더라면 실내 또는 목욕탕에서 온몸을 목욕할 필요가 있었으리라.

*77 아는 것이 없고 사리에 어두운 이교시대의 아랍인의 풍습을 시사하는 것. 살해된 사람의 피 또는 뇌, 영혼 또는 인격은 사디(Sady) 또는 하마(Hamah)라고 하는 새로 변한다(흔히 '불사조(피닉스)'로 번역되는 후마(Huma) 또는 후마이는 아니다). 이

새는 오감(五感)의 4가지가 깃든 머리에서 튀어나와 무덤에 출몰하는데, 복수가 이루어지면 비로소 자취를 감춘다. 무함마드는 이 미신을 금지했다.

＊78 축복을 받고, 또 얼마나 소중히 하고 있는지를 나타내기 위해.

＊79 아브라함 시대 이전에 번영했던 원시 아랍인의 유명한 종족. 《코란》(제26장 및 그 밖의 여러 곳)을 참조할 것. 〔로드웰이 번역한 《에브리맨스 쌍서(雙書)》에는 Ad and Themoud로서 주석(注釋)되어 있다. 그는 아드를 Adites라고도 썼다. 파머의 번역에서는(옥스퍼드판) 제1권에 Hud and Thamud라고 각주가 붙어 있다. 후드는 아드족의 형제라고 《코란》에 나와 있으며 결코 같은 것이 아니다. 이 두 종족은 프톨레마이오스 및 그리스 역사가 디오도루스 시켈로스의 작품에도 언급되어 있다고 한다.〕 앞으로도 본문 및 해설 속에 되풀이 언급될 것이다.

＊80 〔감람열매라고 옮겼지만 원어는 sparrow-olives.〕 아랍어로는 아사피리(Asafiri). 그 익은 열매를 매우 좋아하는 참새(아사피르)가 곧잘 날아들기 때문에 이런 이름이 붙었다. 《안타르 이야기 Romance of Antar》〔아랍인 강연자가 《달라마 이야기》《아라비안 나이트》 등과 함께 암송하는 유명한 이야기의 하나로, 테릭 해밀턴(Terrick Hamilton)이 영어로 번역한 게 있다고 한다〕에서는 아사피르 낙타는 새처럼 빨리 달린다. 독자는 영국인의 식탁에 오르는 단단하고 덜 익은 장과(漿果, 절임으로 만든 작은 자두)와 본문의 감람열매를 혼동하면 안 된다. 또한 많은 지중해 연안 주민이 빵과 감람열매를 그들의 비프스테이크이자 감자로 여기는 사실도 이상하지 않다. 이것은 필요한 탄소를 보충해 주는 높은 기름기를 지닌 열매로 훌륭한 음식이다.

＊81 아랍어의 타마르 알 힌디(Tamar al-Hindi=인도 대추야자)로, 여기서 우리의 타마린드라는 말이 나왔다. 변통(便通)을 좀 느리게 하지만, 그 열매로 만든 셔벗수(청량음료수)를 찌는 듯한 무더위에 즐겨 마신다. 작고 둥근 과자처럼 만든 말린 과실은 시장에서 팔고 있다. 여행객은 타마린드 잎 그늘에서 잠들면 안 된다는 말을 듣는데, 그 까닭은 학질이나 열병에 걸리게 되기 때문이다. 신드에서 나는 이 '토착민의 허튼소리'를 웃어넘기며 인도 대추야자 밑에서 밤을 보냈다. 그런데 눈을 떠보니 지독한 학질에 걸려 1주일이나 낫지 않았다.

＊82 이슬람교도는 모든 창조물이 천사들의 지휘를 받으며 최후의 심판을 기다린다고 여기며, 그 심판 날의 길이에 대해서는 의견이 일치되지 않는다. 40년이라고도 하고, 70년, 3백 년, 5백 년이라고도 하는 등 저마다 다르다. 그러나 심판 자체는 양젖을 짜는 데 걸리는 시간과 비슷할 것이다. 이것은 분명히 하늘을 땅으로 끌어내리는 일이다.

＊83 글자 그대로의 뜻은 '두 개의 달'.

＊84 아름다운 젊은이 모습으로 소돔 사람들〔남색자(男色者)라는 뜻〕. 앞에 나타난 천사들을 시사하고 있다《코란》 제11장). 〔창세기 제18장, 19장 참조. 롯(Lot)이 '대죄인'

이 사는 소돔으로 거처를 옮기고 그 뒤 여호와에 의해 롯 말고 다른 주민들이 모두
멸망하는 모습을 그린 부분.〕

*85 《코란》 제33장 38절.〔'신의 명령은 정해진 율법이 되어' 부분.〕

*86 (여자의 소유물로) 진짜가 아닌 것.〔즉, 아날 코이투스〕이것에 대해서는 페르시아,
이집트적인 악취미의 가장 지독한 형태로 씌어 있으며, 인류학상의 진기한 연구 대상
이 되고 있다. 순수하고 정결한 아내의 이 '못된 장난'은 달리 어디에서도 그 예를 찾
아볼 수 없으며 타의 추종을 불허한다.

*87 〔원문에는 figs와 sycomore로 되어 있는데 번역문에서는 전자를 오디, 후자를 무화과
로 했다.〕 아랍어의 자미즈는 시카모어(F. Sycomorus) 열매. 커다란 나무에서 조그맣
고 맛없는 무화과가 열리는데, 이집트 빈민계급과 원숭이가 이것을 먹는다. 무화과는
여자의 음부이고, 오디는 항문이다. 또한 현대의 이탈리아인은 피코(fico, 여자 성기)
와 피카(fica, 항문)의 구별을 유지하고 있다.

*88 〔이 구절은 크게 의역했으므로 원문을 써둔다. 'If thou my coynte for Kiblah to the
coigne/Reject, ……'〕 아랍어의 키블라(kiblah)=예배하는 방향. 즉 이슬람교도의 메
카, 유대교도와 초기 그리스도교도의 예루살렘. 이슬람교도가 예루살렘에서 메카로
키블라를 옮긴 것과 그 방향을 나타내는 방법에 대해서는 《순례》 제2권을 참조하기
바란다.〔파머가 번역한 《코란》 제1권에 다음과 같은 해설이 있다. '무함마드와 그 신
도는 처음에는 특별히 예배의 목표를 정하지 않았다. 그러나 헤지라(higrah), 즉 메
카에서 메디나로 달아난 뒤 무함마드는 유대인과 마찬가지로 예루살렘의 사원 쪽을
바라보도록 명령했다. 그러나 헤지라 2년째에는 고대 이집트인의 방법에 따라 기도할
때 메카의 카바 방향을 향했다. 다시 말해, 서기 623년에 이슬람교 이전의 아랍인이
숭배하고 있던 여러 우상을 받들던 카바가 대본산(大本山)이 된 셈이다. 이 기도를
할 때 얼굴을 향하는 방향을 키블라(파머는 qiblarh라고 쓰고 있다)라고 하며, '……
의 앞에 있는 것'을 의미하는 qabala를 어원으로 한다.〕

*89 《코란》은 이렇게 말하고 있다(제2장). '너희의 아내는 너희의 밭이다. 그러니 어떤
방법으로든 원하는 대로 너희의 밭에 들어가라.' 이 문구는 대개 직립(直立), 좌와(坐
臥), 횡와(橫臥), 후방(後方), 전방(前方) 등 어떤 체위도 상관없음을 의미하는 것
으로 풀이되고 있다. 그리고 여자가 말 타기를 하는 남자에 대해(속되게는 세인트 조
지라고 하며 프랑스에서는 마부라고 한다) 곧잘 하는 말이 있다. '여자가 하늘이 되
고 자신이 땅이 되는 자는 저주받으리라!' 위의 《코란》 문구는 남편이 아내를 후배위
(後背位)로 교접하면 똑똑한 아이를 낳는다고 주장하는 유대인을 반박하기 위해 계시
된 것이라고 여기는 이들도 있다. 개중에는 또한 우스꽝스럽고 부자연스러운 호색의
의미로 받아들이는 이들도 있다. 고대의 입법가는 모두 백성의 참된 부(富)—인구—
를 증가시키기 위해 독자적인 법전을 작성하고 이를 저해하는 모든 작용, 이를테면

수음(手淫) 등을 엄중히 처벌했다. 페르시아인은 아내 쪽에서 이혼을 요구하게 하여
마르(지참금)에 대한 아내의 권리를 포기하게 할 때, 이러한 학대에 대한 아내의 혐
오감을 이용한다. 남편으로 말미암아 불행의 밑바닥에 떨어져 한 달쯤 지나면 결국
참지 못하고 집을 나가게 되는 것이다.

＊90 《코란》 제51장 제9절. '신의 법도를 어기는 자는 신앙(또는 진실한 길)을 벗어나리
라'. 본문에서는 연인이 요구하는 부자연스러운 호색행위를 암시하고 있다.

＊91 벌린 입은 아랍어의 푸투(Futuh)로, 구멍이나 승리, 은혜를 뜻한다. 여자가 남자를
즐겁게 해 주기 위해 굴욕을 참는 것을 남자 쪽에서는 기뻐하는 셈이다.

＊92 〔hermaphrodite='남녀 양성을 지닌 사람.'〕 아랍어로 훈사(khunsa)라고 하며, 이 말은
여성적인 남성, 수동적인 남색자, 또 환관에 대해서도 쓰인다. 동양인은 유럽인이 불
가능한 것으로 보는 것을, 즉 같은 정도로 발달하여 생식도 가능한 양성 음부를 지닌
인간을 믿고 있다. 그리고 알 이슬람은 그들을 위해 특별한 종교적 규범마저 정해놓
고 있다(《순례》 제3권). 우리의 생각으로는 이 양성 소유자란 뷔퐁〔18세기 유명한 프
랑스 박물학자〕의 이른바 제4계급인 (중복) 괴물로, 본질적으로는 남성 또는 여성의
어느 쪽에 속해 있으며 몇 가지 특성 때문에 반대되는 성과 연관되어 있을 따름이다.
고대 그리스인은 동양인풍으로, 남과 여의 서로 반대되는 아름다움을 함께 지닌 인수
(人獸)에 대하여 시적인 아름다움을 꿈꾸었다. 양성 생식기를 지닌 사람은 고대 이집
트의 전설처럼 여겨진다. 적어도 우리는 창세기(제1장 제27절)에서 그것을 볼 수 있
다. 다시 말해 인간이 대지의 진흙으로 빚어지기 이전에는 신의 모습이 남녀로 만들
어져 있었던 것이다(제2장 제7절).

＊93 이것은 영어의 dying of laughter〔포복절도(抱腹絶倒)〕에 해당하는 말이다. 부두르 공
주가 벌렁 나자빠졌음을 말한다. 동양인은 깔개 위에 앉으므로 그들이 벌렁 나자빠진
것은 의자에서 굴러 떨어지는 것과는 느낌이 사뭇 다르다.

＊94 알 타이 리라 교주〔아바스 왕조 교주로 재위 974~991년〕는 깃발을 창에 묶어 가신
(家臣)에게 건넸는데, 그것으로 상대를 국왕 또는 부왕(副王)으로 임명한 것이다.

＊95 표식, 기적, 또는 《코란》 시구.

＊96 알 이흘라스(Al-Ikhlas)라는 구절은 즉〔유일신의 신앙이 아닌 것으로부터 내 몸을〕
정결하게 하는 것으로 제112장이다. 그것은 다음과 같다.

　　'부르짖으라, 신은 오직 하나이니!

　　영원한 신이니.

　　신은 낳지 않고, 태어나지 않으며,

　　신 그 자체이니.'

　〔영어 번역에서는 유일신(Unity)의 장(章)으로 되어 있다.〕 이 구절은 《코란》의 3
분의 1에 버금가는 가치가 있는 것으로 여겨져 날마다 예배 때 소리 내어 읊는다. 로

드웰 씨는 제10장으로 하고 있다. 〔그 까닭은 《코란》의 배열은 연대순으로 되어 있지 않아서 로드웰이 그것을 연대순으로 바로잡았기 때문이다.〕

＊97 '자신의 머리를 다른 모발(특히 사람의 머리카락)에 묶어 합치는' 여자는 저주받으므로 검은 비단끈을 땋아서 긴 다발로 만든다. 〔레인 저 《이집트의 생활》에 보면 '머리카락은 이마와 관자놀이 부분을 빼고 많은 갈래로 땋는다. 그 수는 대개 11개에서 25개로 언제나 홀수이다. 그리고 이것을 등 뒤로 늘어뜨린다. 그 많은 머리 저마다 흔히 3개의 검은 비단끈이 더해지며, 여기에는 작은 금장식 및 그 밖의 것이 달렸다. 이마에는 꽤 짧게 자른 머리칼을 드리우고 둘로 나눈 머리 다발을 이마 양옆으로—관자놀이 언저리에—내린다. 이것은 때로는 둥글게 말기도 하고 땋기도 한다.' 작은 금장식 및 그 밖의 것에 대해서는 그 책의 부록에 자세한 그림으로 설명되어 있다.〕 이 머리끈을 바치는 것은 사랑에 대한 복종의 표시이다. 매우 극단적일 때 머리카락 자체를 바친다.

＊98 전문(全文)은 '쿤 파 카나'로 '있으라! 그러면 있느니'이다. '신께서 빛이 있으라 하시니 빛이 있었다'(창세기 제1장 제3절)는 매우 간결하고 중후한 구절로, 이것은 명백하게 이집트인에게서 빌려온 것이다.

＊99 이 시는 스페인에 있던 한 이슬람 왕조의 몰락을 노래한 만가(挽歌)의 한 부분이다. 여기에 언급된 것은 이슬람교의 내분을 약화시키려고 알리, 무아위야, 아무르 알 아스 등의 암살을 꾀한 하리자 일파(Kharijites)의 유명한 음모이다. 알리〔제4대 교주〕는 페르시아인들 사이에서 까닭 없이 미움을 받고 있는 이름인 이븐 물잠(Ibn Muljam)에게 살해되고, 무아위야〔제6대 교주〕는 상처를 입고 달아났다. 또한 하리자(후스타트 즉 고대 카이로의 경비대장이었다)는 아무르로 오인되어 살해당했다. 〔아무르는 629년 무렵 예언자 무함마드 밑에 들어간 아랍인 병사로 팔레스타인 공략에 참가. 나중에 아부 베크르의 뒤를 이은 오마르의 명을 받고 알렉산드리아의 도서관을 불태웠다고 하나 《체임버스 전기(傳記) 사전》에 의하면 거짓이라고 한다. ?～664.〕 그 뒤로 종파적 분쟁이 시작되었다.

＊100 〔원문의 desert-reek='사막의 증기'.〕 아랍어의 사라브로, 사막의 증기이다(《코란》 제24장). 〔같은 장의 제39절에 '이교도의 소행은 평원의 수증기(vapour)와 같다'—로드웰의 번역이 있고, 파머의 번역에서는 '불신 무리의 소행은 평원의 신기루와 같다'고 되어 있다.〕

＊101 그 눈이 야곱의 눈처럼 쇠약해졌다는 것. 야곱의 눈은 요셉을 애도하며 운 탓으로 '슬픔 때문에 멀어졌다'(《코란》 제21장). 이것은 낡은 비교이다.

＊102 도둑이나 거지에게나 어울리는 짓거리. 그 시대에는 등산이라는 것이 알려지지 않았으므로 '너는 산(알 자바르)에서 나온 모양'이라고 말하면 '너는 무식한 시골뜨기'라는 뜻이며, 또한 '나는 산에 앉는다'고 말하면 은둔자 또는 마법사라는 것과 같다

《순례》 제1권. 〔본 판(版)에는 "이집트와 아라비아에서의 '산'은 인도의 '정글'과 같다"는 설명이 나온다.〕

*103 벽감은 가톨릭교국의 거리 예배당에 해당하는 것. 이슬람교의 형태는 메카 방향을 향한 벽감(미라브)이 있는 벽이나, 둥근 천장이 있는 작은 방이다. 이러한 작은 기도소는 여행객이 휴식하는 샘, 시냇가 또는 수풀 주위에서 흔히 볼 수 있다. 나는 신드에 있는 그것에 대해 설명한 적이 있다. 또한 벽의 낙서는 유럽보다 동양 쪽이 훨씬 성행했다는 것도 설명했다. 그리스인이나 로마인이 낙서한 고대 이집트의 비(碑)를 보라. 스핑크스 상의 두 손은 낙서(graffiti)로 뒤덮여 있다. 또 이프삼불(Ipsambul), 즉 아부 심벨(Abu simbal)의 낙서는 비명(碑銘) 연구가들에게 귀중한 자료가 되고 있다. 〔고대 이집트에 필적하는 히타(Khita) 또는 히타이트 왕국이 서아시아를 지배하며 매우 큰 세력을 떨치고 있었음이 오늘날 연구에 의해 밝혀져 있다. 그것은 모두 비석에 새긴 글을 판독한 자료에 의한 것이며, 이 이프삼불의 비명은 히타와 이집트가 기원전 14세기에 우호동맹을 맺었음을 이야기해 주고 있다. 자세한 것은 로버트 E. 앤더슨의 저서 《동양의 고대 문명 이야기 *The Story of Extinct Civilization of the East*》에 나와 있다.〕

*104 이야기 속에서 이것은 페르시아인의 특징으로 되어 있다. 영웅 루스탐(Rustam)〔기원전 600년 무렵 페르시아의 전설적 영웅〕은 언제나 이런 모습으로 묘사되어 있다.

*105 고대 게이버교도(Guebres)〔조로아스터교도와 같음〕의 대표자인 파르시교도(Parsis)〔페르시아 본국에서는 배화교도를 게이버교도라 부르고, 인도로 이주한 그 교도는 파르시교도라 부른다〕는 키블라, 즉 기도의 목표로서 태양과 불의 방향을 향한다. 〔파르시교도는 7, 8세기에 이슬람교도의 박해를 받아 페르시아에서 인도로 옮겨가 1921년에 인구 10만을 헤아렸다. 주로 서해안 쪽에 살며 진취적 기상이 매우 풍부한 근면한 사회를 형성했다.〕 인간을 제물로 바치는 것은 힌두교와 배화교의 관습에는 어긋나는 일이었다. 비록 증오와 복수에 빠져 때때로 살인을 하는 일은 있었지만.

*106 지하실은 중세 유럽의 성처럼 고대 동양의 집에도 매우 많았으며 수많은 이국인이 그 안에서 죽음을 맞았다. 그것은 매우 교묘하게 감춰져 있어 오늘날 그곳에 사는 사람들조차 그런 곳이 있는 줄 알지 못하는 경우가 많다.

*107 빈대는 아랍어의 바크(Bakk)로, 여기서 영어의 bug가 나왔다. 그 어원은(고양이(cat), 개(dog), 돼지(hog)의 어원과 마찬가지로) 물론 사전류에는 나와 있지 않다. 리트레 씨의 사전만은 언제나 예외이다. 〔앞에서 설명한 Maximilien Paul Emile Littré로, 프랑스 언어학자이며 철학자. 유명한 《불어사전》의 저자. 1801~81.〕

*108 속눈썹을 암시한 것. 예를 들면 '눈썹 활에서 날아온 속눈썹 화살.'

*109 《코란》 제4장 제38절. 남자의 여러 가지 장점은 육체적 강인함, 이해력, 성전(聖戰)에 참가하는 권한 등이다. 그러한 범위에서 이슬람교도 사이에서는 여성이 '약간 열

등한 인간'인 것이다.

＊110 영국 독자들은 분명히 '비열한 남자'라고 평가할 것이다. 그러나 동양에서는 여자에게 모든 비난이 돌아간다.

＊111 여기에서 이 상투적인 문구는 '유감이지만 죽이지 않을 수 없었다'는 뜻.

＊112 노예상인은 아랍어로 잘라브(Jallab)라고 하며 3가지 무할라마트, 즉 금령 가운데 하나이다. 3가지의 금령이란, 돌을 굽는 자, 나무를 베는 자, 사람을 파는 자(《순례》제3권)이다. 〔여기서는 성역에서 금지되는 갖가지 금령에 대해 설명하고 있으나, 사람에 따라 그 종류가 달라 오줌 누기와 사냥을 금지하는 자가 있는가 하면 나무 베기를 금지하는 자도 있다. 모든 사람이 공통으로 엄하게 금지한 것은 살인, 음주, 불륜한 생활 등이다.〕 성지의 성역에서(제다를 제외)에서는 순례 기간 중에 이러한 일들을 해서는 안 된다.

＊113 이 시에는 신앙에 무한한 중요성을 부여하고, 행위를 거의 또는 전혀 중요시하지 않는 무르지(Murjiy)파의 교의가 들어 있다. 이 파에 속한 사람들은 카다리안(Kadarians)파〔노력하는 자라는 뜻〕와 정면으로 대립하여, 인간의 자유의사와 자유로운 활동을 부정하고 인간의 행위를 모두 알라에게 귀착시킨다.

＊114 되풀이해서 말하지만 동양인은 대체로, 특히 바깥에서 달빛을 받으며 잘 때, 머리와 얼굴을 덮어서 가린다.

＊115 보스탄은 페르시아어로 꽃밭이라는 뜻. 갈랑〔그의 번역서인 《아라비안나이트》〕에서는 바람 노인이 보스타마와 카바마라는 두 딸을 데리고 있다. 브레슬라우판에서는 딸은 보스탄이고 노예계집은 카와무이다.

＊116 아스아드는 '더 많이, 또한 매우 운이 좋은'이라는 뜻.

＊117 무함마드는 《코란》 속에서 이 힘을 분명하게 부정했지만, 이 신앙은 널리 퍼져 있다. '너는 설교사로서만 직권이 주어졌으며, 기적을 행하는 자로서의 직권은 주어지지 않았다'(제13장 8절). 무함마드는 동양에서는 일상적인 일로서 성인이라면 누구나 간단하게 할 수 있는 흔해빠진 기적을 경멸했다. 철학자 흄은 자신이 한 번도 본 적이 없으므로 기적을 믿지 않았다. 만일 그가 동양을 여행했더라면 수많은 기적을 보았을 것이므로 그의 회의론도 더욱 견실한 바탕을 지니게 되었으리라.

＊118 신의 유일성과 사도의 신분을 증명하는 일.

＊119 쿠파(Cufa)의 어원은 '평범함'으로, 그 도시로 가는 주위에 많이 있어서 원래 건축 재료가 된 붉은 모래 또는 짚과 진흙에서 유래하고 있다. 이 도시는 오마르 교주〔2세, 재위 634～44〕에 의해 창건되었으며, 유프라테스 강 서쪽, 바그다드에서 나흘 걸리는 곳에 있었다. 반대쪽의 옛 수도 마다인(Madain, 크테시폰(Ctesiphon)이 건강상 좋지 않은 곳으로 여겨졌기 때문에 오늘날에는 존재하지 않는다. 아바스 왕조 1세인 아부르 아바스 알 사파(Al-Saffah)가 이곳을 수도로 정하여 이슬람 학문의 유

명한 중심지가 되었다. 다시 말해 아랍어 문법가들인 쿠파파는 그에 대항하는 바소라(Basri)파와 마찬가지로 세상에 널리 드러나 있다. 이 일파는 '쿠파 문자'의 명칭을 만들었는데, 문자 자체는 훨씬 오랜 옛날의 것이다.

* 120 니아마트(Ni'amat)는 축복. 이 말은 이슬람교도의 대화에 끊임없이 나온다. 니아마툴라(Ni'amatu'llah)〔알라의 축복이라는 뜻〕도 즐겨 사용하는 고유명사이다. 눔(Nu'm)은 번영, 행운 등의 뜻으로, 히브리어의 나오미(Naomi)와 마찬가지로 고유명사로 쓰인다.

* 121 즉 '톰, 딕 또는 해리에게'라는 뜻〔우리가 흔히 예로 드는 이름들〕. 존 도(John Doe)와 리처드 로(Richard Roe) 같은 이름은〔이 두 이름은 영국 법제 사상 유명한 가상적 이름으로 퇴거 청구 소송에서 원고는 존 도로 대표되고, 피고는 리처드 로라는 가명으로 대표된다〕아랍어 고전에서 무제한으로 사용된다.

* 122 알 하자지 빈 유수프 알 사카피(Al-Hajjaj Bin Yusuf al-Sakafi)는 7, 8세기의 정치가이자 군인. 그는 옴미아드(또는 우마이야) 왕조 5세와 6세 아래에서 성지 및 알 이라크의 총독을 지냈다. 필자는 이슬람교도 성지에 대한 그의 왕성한 통치방식에 대해 《순례》(제3권)에서 설명했다. 그는 카바를 파괴하고 오늘날의 상태로 재흥했다.

　　신학자 알 슈티는 알 하자지가 어떤 남자를 고용하여 독을 묻힌 창으로, 이븐 오마르를 살해하려 했다며 비난했다. 이라크에서도 알 하자지는 마찬가지로 독선적 행위를 하였다. 그러나 쿠파와 바스라의 혁명가들은 가혹한 전제가 필요했다.

　　동양에서는 과감한 조치가 존경받지만, 모든 것 가운데 가장 잔인한 우리 근대적 통치의 히스테릭에서는 박애적인 비사이비 인도주의는 존경받지 못한다. 무아위야 교주가 도둑의 소굴 바소라를 개혁하기 위해 자드 빈 아비히(Ziyad bin Abihi)를 파견했을 때, 그는 백성들을 칼로 다스리며 악인은 서둘러 그곳을 떠나라고 포고했다. 그리하여 기도가 끝난 뒤 거리를 밤늦게 돌아다니는 것은 금지되었고, 그것을 어기면 사형에 처했다. 즉 첫날밤에는 2백 명이 처형되었고, 둘째 날 밤에는 5명으로 줄었으며, 그 뒤에는 아무도 이를 어기는 자가 없었다. 이것과 우리 이집트의 문명화된 통치를 비교해 보라. 금세기〔19세기〕에는 전혀 알지 못했던 현상, 즉 밤도둑 집단이 발생하고 범죄는 질적 양적으로 많이 늘어나 이른바 '그리스도교적 통치'가 이슬람교국의 얼굴을 완전히 먹칠해버렸다.

* 123 나이 든 뚜쟁이의 모습이 참으로 절묘하게 묘사되어 있다. 동양에 사는 우리는 모두 뚜쟁이에 대해 잘 알고 있다. 실제의 모습이 그러하다. 뚜쟁이의 옷차림과 태도는 이슬람교도 사이에서도, 힌두교도 사이에서도 똑같다. 세상물정을 아는 남자라면 한눈에 알아보고 주의 깊은 남자는 가까이 다가가지 않는다. 남유럽의 도시에서 볼 수 있는 뚜쟁이는 언제나 신을 받들며 경건한다. 그래서 이익을 위해서라기보다는 순수한, 또는 불순한 향락을 위해 알선하는 것처럼 보인다.

＊124 《코란》 제25장 제70절.

＊125 앞에서도 말했듯이 동양인은 '고맙다'고 말로 표현할 줄을 모른다. 그들은 축복 또는 간단한 기도문구로 감사의 뜻을 나타낸다. 동양인은 또한 다른 사람들의 남아도는 많은 것들에 대한 일종의 권리를 가지고 있다. 나날의 양식은 (신의 손으로) 나누어지는 것이라고 그들은 말하며 남의 것을 먹으면서도 그들은 자기 것이라고 여긴다. 나는 이슬람교도는 '은혜'를 모른다고 말하는 이들에 대해 《순례》 제1권에서 이야기한 적이 있다. 〔앞의 문구에 대해 '다른 일에서도 마찬가지이다. 동양인은 창조주의 증여물에 대해 알라게 감사하지만, 인간끼리의 친절한 보살핌에 대해서는 시로 권리를 가지고 있다. 누군가에게 무언가 봉사를 하더라도, 당신은 다만 자신의 의무를 다한 것에 지나지 않으며, 당신의 행위를 칭찬하는 정도의, 아주 사소한 감사의 말도 듣지 못할 것이다. ……' '고맙다'는 뜻은 '알라께서 부디 당신에게 더한 행복을 내려주시기를!'이라는 말로 표현된다.〕

＊126 쿠파(Kufah)는 근세의 도시이므로 '왕'이 없었다. 그러나 힌두교도는 말한다. "델리는 멀다—오 호수까지는 더욱 멀다(It is a far cry to Loch Awe)." 〔먼 나라의 일이므로 멋대로 말할 수 있다는 뜻.〕

＊127 아브드 알 말리크 교주는 제5대 교주로 '돌의 땀' 또는 '구두쇠' 등으로 불렸다. 그는 알 하자지를 아들 알 왈리드(Al-Walid)에게 추천하고 죽었는데, 그가 한 말은 아직까지도 기억되고 있다. '성교의 향락을 위해 노예계집을 구하는 자는 바르바리〔아프리카 북쪽 해안 여러 주의 총칭〕 태생 여자를 선택하고, 자식을 낳게 하기 위해 노예계집을 구하는 자는 페르시아인을 고르라. 또 일을 시키려면 그리스인을 선택하라.' 현대인은 이렇게 말한다. '벗(무장한)을 원하면 누비아인을 시험해 보라. 부자로 만들어 줄 자를 원하면 아비시니아인을 선택하라. 또 당나귀(부려 먹기 위해)가 필요하다면 사와히리인, 즉 잔지바르의 흑인을 고르라.'

＊128 '그리하여 야곱은 그들 곁을 떠나며 "아, 나는 요셉 때문에 괴롭다!"고 말했다. 그리고 그의 두 눈은 슬픔으로 멀어졌다…… (요셉은 자신의 형제들에게 말했다.) "내 속옷을 가져가 아버지(야곱) 얼굴에 덮어 주오, 그러면 시력을 되찾을 것이니……" 그래서 이 좋은 소식을 가지고 사자가 야곱에게 갔을 때 야곱은 자신의 얼굴에 그 속옷을 덮어 시력을 되찾았다.'《코란》 제12장 제84, 93, 96절). 〔이것은 요셉과 그 형제들에 대한 유명한 이야기로 창세기 제37장 이하와 거의 똑같다.〕

＊129 동양인들은 동물은 수컷이 암컷보다 아름다우며, 이른바 '여성'도 실제로는 피부의 색깔에 지나지 않는다는 정취 있는 진리를 거의 인정하고 있다. 이것은 창조물 전체를 통한 법칙으로 이를테면 암말에 대한 종마(種馬), 암탉에 대한 수탉 등이 그러하다. 또, 그런 반면에 매과(Falconidae) 같은 여러 가지 예외도 있다.

＊130 함자(Hamzah)와 아바스(Abbas)는 자주 언급되는 무함마드의 유명한 큰아버지였다.

우카일(Ukayl)은 알 수 없음. 어쩌면 제4대 교주 알리의 아들 아킬(Akil)인지도 모른다.

*131 동양인의 반지는 좀처럼 납작한 것이 없다. 도장반지로 쓰이므로 언제나 조각이 되어 있다. 이집트인은 벽돌에 도장을 새기기 위해 목판에 상형문자를 새겨 넣는 것을 발견했고, 그것을 반지에도 응용했다. 모세는 기원전 1491년에《《출애굽기》 제28장 제9절) 줄마노를 선택하여 그 위에 이스라엘의 아들들의 이름을 새겼는데('당신은 2개의 줄마노를 취하여 그 위에 이스라엘의 아들들 이름을 새겨야 한다'고 되어 있다), 여기서 도장반지가 유래하였다. 헤로도토스는 황금으로 만든 에메랄드 도장반지에 대해 언급했으며, 그것은 폴리크라테스(Polycrates)가 가졌던 것으로 사모스인 텔레클레스(Telecles)의 아들 테오도루스(Theodorus)가 만든 것이었다(제3부 제141장).

〔폴리크라테스는 사모스의 폭군이라고 하며, 기원전 522년 무렵에 처형되었다. 이집트 왕 아마시스가 폴리크라테스를 지나치게 운이 좋은 왕으로 여겨, 신들의 질투를 피하기 위해 가장 소중한 물건을 버리라고 충고했을 때, 그는 도장반지를 버렸다. 그러나 다음 날 한 어부가 이 도장반지를 삼킨 물고기를 왕에게 바쳤다고 한다. 이것은 매우 유명한 이야기로 롤린슨 역 헤로도토스의《역사》 제3부에서 볼 수 있다.〕

이집트인 또한 그 상형문자의 가장 정교한 돋을새김(cavo relievo)에서 볼 수 있듯이 카메오(Cameo, 애너글리프(anaglyph))와 릴리에보〔모두 돋을새김을 가리킨다〕의 제작을 완전히 숙지하고 있었다. 그리스인은 이집트인한테서 카메오를 도입하여 보석에 응용하고 나아가서 이 기법을 로마인에게 남겼다. 어느 서적에 '카메오는 마노를 뜻하고, 세계에서 가장 이름 높은 카메오는 아우구스투스(Augustus)〔최초의 로마 황제로 문예를 장려하고 로마문자에 신기원을 이룬 현명한 군주. 기원전 63∼서기 14.〕 숭배의 글귀를 나타낸 마노이다'라고 씌어 있다. 반지는 혼인 때 주어지는데, 그것은 계약에 서명하는 표시였기 때문이다(《창세기》 제38장 제18절,《에스더서》 제3장 제10∼11절). 〔전자에는 '유다는 말했다. "어떤 표식을 주리오까?" 그녀는 말했다. "당신의 반지와 끈과 당신 손에 있는 지팡이를"'이라고 되어 있고, 후자에는 '그리하여 왕은 손에서 반지를 빼어……'라고 되어 있다.〕 세계 최대의 피라미드에서 발견된 케옵스(Cheops, 쿠푸(Khufu))의 도장반지는 오번(합중국)의 지기(친구) 애보트(Abbott) 박사의 소유물이었는데, 그 수집품과 함께 매각되었음을 여기에 덧붙인다. 그것은 세계에서 가장 오래된 반지로서 케옵스 문제를 해결하는 열쇠이다. 〔케옵스는 기원전 3천 년 무렵 이집트의 기자(Gizeh)에 세계에서 가장 큰 피라미드를 건조한 고대도시 멤피스(Memphis)의 왕. 일반적으로 쿠푸라고 하지만 헤로도토스는—《역사》 제2부 참조—케옵스라 부르고 있다. 제2의 피라미드는 카프레

(Khafra) 또는 케프렌(Kephren) 왕, 제3의 피라미드는 멘카우레(Menkaura) 왕에 의해 건조되었다. 1932년에는 제4의 피라미드도 발견되었다. 애보트는 미국의 성서 학자 에즐러 애보트로 추정된다. 1819~84.〕

＊132 앞에서도 언급했듯이 오랜만에 친구와 재회하여 눈물을 흘리는 이 습관은 신세계의 바다위족인 아메리칸 인디언 사이에서도 흔한 일이다. 그들은 잃었던 벗을 회상하며 눈물을 흘리는 것이다. 그들은 또한 대부분의 미개인과 마찬가지로 눈물을 잘 흘린다. 이니어스(Æneas) 또는 셰익스피어의 잘 우는 인물도 마찬가지이다.

　　　이렇게 되면 사람은 쓰리린 눈물만 흘리게 되어서
　　　그의 눈은 뜰의 물뿌리개로밖에 쓸 데가 없게 되니.
　　　《리어 왕 King Lear》 제4막 제6장)

　　〔이니어스는 버질의 서사시 《이니드 Æneid》의 주인공으로 다정다감한 트로이의 귀공자.〕

＊133 여기서는 권선징악이 이루어지지 않는다. 아라비아 이야기 대부분에서는 이 두 음란한 여왕을 사형에 처했을 것이다.

〈역주〉

(1) Y.S. 여러 가지 설(說)이 있지만, 코란학의 권위자인 네르데케에 의하면, 편찬자 자이드 및 그 밖의 사람이 이 장(章)을 편찬하는 데 있어 은혜를 입은 사람의 이름.

(2) 지난밤을 가리킨다.

(3) 이집트와 아라비아에서는 대개 12, 3세에 결혼하며, 10세에 결혼하는 예도 드물지 않다.

(4) 이집트 여자는 헤나로 손가락, 손톱, 손등을 물들인다.

(5) 이국, 특히 페르시아를 가리킨다.

알라딘 아부 알 샤마트*¹ 이야기

그것은 대체 어떤 이야기냐고 샤리아르 왕이 묻자 샤라자드는 다음과 같이 이야기를 시작했다.

—옛날 옛날 카이로*²에 샤무스 알 딘이라고 하는 상인이 살고 있었습니다. 이 사람은 성 안의 상인 가운데서도 특히 훌륭하고 신용 있는 인물로 환관은 물론이고 많은 하인과 흑인 노예, 시녀, 심지어 백인 노예병사까지 거느리고 있었습니다. 게다가 카이로 상인들의 우두머리*³로 재산도 막대한 인물이었습니다.

알 딘에게는 사랑하는 아내가 있었는데, 아내는 남편을 깊이 사랑했습니다. 하지만 안타깝게도 부부가 된 지 이미 40년이 되었건만 아들은 고사하고 딸도 하나 없었습니다.

어느 날, 알 딘이 가게에 앉아 있으니, 다른 상인들의 가게에는 저마다 아버지와 함께 하나둘씩 아들이 앉아 있는 게 눈에 띄었습니다. 그날은 마침 금요일이라 알 딘은 목욕탕에 가서 온몸을 목욕한 뒤 이발소에 들어가 거울을 들여다보며 중얼거렸습니다.

"알라 외에 신은 없고 무함마드는 진정한 신의 사도이다!"

알 딘 자신의 수염을 유심히 살펴보니 하얗게 센 것이 눈에 띄게 늘어났는지라, 이제 자기도 살날이 얼마 남지 않은 징조라고 생각했습니다.

한편 아내는 남편이 돌아오는 시간을 잘 알고 있어서 목욕하고 언제라도 남편을 맞이할 수 있도록 준비하고 있었습니다. 마침 그때 남편이 돌아왔습니다.

"이제 오세요?"

아내의 인사에 남편은 대답했습니다.

"사는 게 통 재미없어."

남편의 무뚝뚝한 대답을 듣고 아내는 하녀에게 일렀습니다.

"저녁상을 내오너라."

이윽고 준비가 다 되자 아내는 남편에게 말했습니다.

"자, 어서 드세요."

"난 먹고 싶지 않아."

남편은 한쪽 발로 밥상을 옆으로 밀어내더니 아내에게서 등을 돌려버렸습니다.

"왜 이러세요? 무엇 때문에 화나셨어요?"

아내가 묻자 상인이 대답했습니다.

"임자 때문이야."

—날이 훤히 밝아오는 것을 깨닫고 샤라자드는 이야기를 그쳤다.

250번째 밤

샤라자드는 이야기를 계속했다.

오, 인자하신 임금님, 자기 때문에 화났다는 남편의 대답을 들은 아내는 물었습니다.

"제가 뭘 어쨌는데요?"

"오늘 아침에 가게 문을 열었더니 다른 상인들 가게에는 모두 아들이 하나둘씩 아버지와 함께 앉아 있더란 말이야. 그래서 나는 나도 모르게 '네 아버지를 찍소리 못하게 만든 신은 언젠가는 너도 용서하지 않을 거야. 임자 같은 여자를 아내로 삼은 자는 아무도 용서하지 않을 게다' 하고 혼잣말을 했지.

실은 내가 처음으로 당신에게 갔던 날 밤,*⁴ 당신은 나에게서 굳은 약속을 받아냈지. 당신 말고는 절대 첩을 두지 않을 것, 아비시니아인이건 그리스인이건 어떤 나라의 여자건 말이야. 그리고 하룻밤이라도 다른 데서 자지 않겠다는 것을 맹세하게 하지 않았어? 그런데 결국 어떻게 되었느냐 말이야. 당신은 아이를 낳지 못하니 함께 잠을 자도 꼭 바위를 상대하는 기분이거든."

그러자 아내는 대답했습니다.

"신께 맹세코 그것은 당신 책임이에요. 당신의 정력이 약하기 때문이지요."

"내 정력이 약하다는 것을 어떻게 알지?"

"여자에게 아이를 잉태시키고 낳게 하는 힘이 없으니까요."

"그럼 어떻게 하면 정력이 강해지지? 가르쳐줘. 금방 사올 테니까. 그러면 나도 세질지 모르지."

"약방에 가서 물어보세요."

알 딘은 그날 밤 아내와 함께 자고 이튿날 아침 자리에서 일어나자 지난밤에 아내에게 화낸 일을 후회했습니다. 아내는 아내대로 자신의 말대답을 후회했습니다.

알 딘은 시장에 나가자 곧 약방을 찾아가 물었습니다.

"강정제 없소?"

"죄송합니다만 지금 물건이 떨어졌습니다. 다른 약방에 가서 물어보십시오."

알 딘은 약방이란 약방을 모조리 찾아다녔지만 모두 야릇한 웃음만 지을 뿐이었습니다. 하는 수 없이 알 딘은 가게로 돌아와 자리에 앉아 있었습니다.

그런데 이 시장에는 거간꾼 감독대리를 지내는 남자가 있었습니다. 무함마드 삼삼이라고 하는 매우 가난한 노인으로, 알 딘의 가게에 날마다 빠짐없이 아침인사를 하러 오는 습관이 있었습니다. 그는 아편과 당약(糖藥)과 녹색 해시시*5를 좋아하여 날마다 사용하고 있었습니다.

그날도 여느 때처럼 가게에 와서 인사를 했습니다. 샤무스 알 딘도 답례했는데, 그 시무룩한 기색을 보고 노인이 물었습니다.

"나리, 무슨 좋지 않은 일이라도 있으십니까?"

그래서 샤무스 알 딘은 자신과 아내 사이에 있었던 일을 모두 이야기한 뒤이렇게 덧붙였습니다.

"결혼한 지 40년이 되건만 아내는 아이를 하나도 낳지 못했다오. 그런데 아이를 낳지 못하는 것은 나의 정력이 약하기 때문이라는 거요. 그래서 강정제를 찾아다녔지만 아무데도 없지 않겠소."

"어허, 나리, 그 강정제라면 제가 가지고 있습니다. 그런데 40년 동안이나 아기를 낳지 못한 부인을 잉태하게 해 드리면 어떤 사례를 해 주시겠습니까?"

"만일 그 약으로 아이가 생긴다면 당신을 행복하게 해 주고 어떤 사례라도 하겠소."

"그럼, 금화 한 닢을 주십시오."

"금화 두 닢을 드리지."

무함마드 삼삼 노인은 금화 두 닢을 받아든 다음 말했습니다.

"저기 있는 커다란 도자기 주발을 하나 주십시오."

그것을 가지고 노인은 마약을 파는 가게로 가서 로움산(産) 고형 아편 2온스와 중국산 필징과(篳澄果), 육계(肉桂), 정향(丁香), 소두구(小豆蔻), 생강, 백후추, 그리고 산도마뱀*6 등도 2온스씩 샀습니다. 그것을 모두 한데 섞어 달콤한 올리브유로 부글부글 끓였습니다. 그리고 다시 3온스의 유향(乳香) 조각과 코리앤더 열매 한 컵을 넣어 부드럽게 한 뒤 로움산 꿀을 섞어 당약을 만들었습니다.

노인은 그것을 주발에 담아 상인에게 주었습니다.

"이것이 강정제입니다. 이 약의 복용방법은 저녁식사 뒤에 한 숟가락씩 설탕에 절인 장미로 만든 셔벗수와 함께 드시는 겁니다. 그리고 식사하실 때는 무엇보다도 향료를 듬뿍 넣은 맛있는 양고기와 비둘기 고기를 많이 드셔야 합니다."

그래서 상인은 양고기와 비둘기 고기 등 필요한 것들을 사 아내에게 가져다주며 일렀습니다.

"이걸 잘 요리해 주오. 그리고 이 강정제는 내가 말할 때까지 잘 간직해 두오."

아내는 곧 시키는 대로 고기를 요리했고, 알 딘은 그날 밤 저녁을 먹고 나서 약그릇을 가져오게 하여 조금 먹어보았습니다. 그랬더니 맛이 아주 입에 맞는지라 모조리 먹어치우고는 아내와 잠자리에 들어 운우(雲雨)의 정을 맺었습니다.

그런데 그 효과가 곧바로 나타나 아내는 그날 밤 잉태를 했습니다. 석 달이 지나자 달거리도 멈추고 한 방울의 피도 나오지 않았으므로[1] 드디어 임신한 것을 알았습니다.

이윽고 달이 차서 진통이 오자 사람들은 모두 기쁨의 환성을 질렀습니다. 산파는 몹시 마음을 태우며 애를 쓰고 걱정한 끝에 아기를 받아내자, 아기에게 무함마드와 알라의 이름을 외면서 그 귓가에 기도의 말을 속삭였습니다.

"알라야말로 가장 위대하도다!"

그리고 갓난아기를 포대기에 싸서 산모에게 주니, 아기는 그 품에 안겨 배불리 젖을 먹고는 소록소록 잠이 들었습니다.

산파는 산모와 아기 옆에 사흘 동안 머물렀는데, 그동안 집안사람들은 설탕을 넣은 빵과 과자 등 출산 축하 선물을 만들어 이레째 되는 날 이곳저곳에 나누어준 다음 악마를 쫓기 위해 소금을 뿌렸습니다.

알 딘은 아내에게 가서 순산을 축하하고 물었습니다.

"알라께서 점지해 주신 아기는 어디 있소?"

사람들이 영원히 번영하실 알라께서 만드신 비할 데 없이 아름다운 아기를 안고 왔습니다. 아기는 태어난 지 이레밖에 되지 않았는데도 마치 한 살 난 아이처럼 보였습니다. 알 딘이 아기 얼굴을 자세히 살펴보니, 마치 보름달처럼 아름답게 빛나는 두 볼에 까만 점이 있었습니다. 그는 아내에게 물었습니다.

"이름을 뭐라고 지었지?"

"만일 계집아이였다면 내가 이름을 지을 작정이었지만 사내아이이니 당신이 이름을 지어 주셔요."

그 무렵 사람들은 운이 좋고 나쁨을 가려 이름을 짓는 관습이 있어서, 상인과 아내가 아기 이름을 의논하고 있는데 누군가가 느닷없이 외치는 소리가 들렸습니다.

"오, 주인장, 알라딘이 어떻소?"

그래서 알 딘은 말했습니다.

"옳지, 알라딘 아부 알 샤마트*7라고 부르기로 하자."

아기는 유모에게 맡겨 2년 동안 그 젖을 먹으며 자랐습니다. 이윽고 젖을 뗀 알라딘은 매우 건강하게 자라서 걸어 다니게 되었습니다.

그리하여 알라딘이 7살이 되었을 때 일입니다. 알 딘은 악마의 눈이 두려워 덮개가 덮인 지하실에 알라딘을 넣어두고 말했습니다.

"이 아이가 수염이 날 때까지 절대로 여기서 내놓으면 안 된다."

그리고 하녀와 검둥이 노예에게 시중을 맡겼습니다. 하녀는 음식을 만들고 흑인 노예는 그것을 날라다주었습니다.

알 딘은 아이에게 할례(割禮)를 시키고 성대한 축하연을 벌였습니다. 그것이 끝나자 법률학자를 가정교사로 초빙하여 읽기와 쓰기를 가르치고 코란을 외우게 하는 한편, 여러 가지 학문도 가르쳤습니다. 그리하여 알라딘은 마침내 훌륭한 학문을 쌓고 재능과 뛰어난 기술과 재주를 갖춘 젊은이가 되었습니다.

어느 날 흑인 노예가 식사를 날라다준 뒤 깜박 잊고 지하실 문을 열어둔 채 나가버려, 알라딘은 그곳을 빠져나와 어머니에게 갔습니다.

마침 어머니는 그때 지체 높은 귀부인 친구들과 이야기를 나누고 있었습니다. 부인들은 자신의 아름다움에 도취한 백인 노예 같은 젊은이가 느닷없이 나타났으므로, 급히 베일을 쓰고 알라딘의 어머니에게 말했습니다.

"어머나! 어째서 이 낯선 백인 노예를 이 자리에 나오게 했나요? 반드시 천벌을 받을 거예요. 몸가짐이 신앙에 있어 가장 소중하다는 것을 모르세요?"

"오, 여러분, 알라의 이름을 외고 비스밀라라고 외쳐주세요.*8 이 아이는 내 아들이에요. 나에게 둘도 없는 소중한 아이, 상인의 우두머리인 샤무스 알 딘의 뒤를 이을 아이지요. 유모에게 맡겨 참으로 소중하게 길렀답니다."

그러자 그들은 모두 입을 모아 대답했습니다.

"저런, 당신한테 아들이 있다는 걸 도무지 몰랐지 뭐예요."

"이 애 아버지가 악마의 눈을 두려워하여 이제까지 지하실에서 길러왔어요."

─날이 훤히 밝아오는 것을 알고 샤라자드는 이야기를 그쳤다.

251번째 밤

샤라자드는 이야기를 계속했다.

오, 인자하신 임금님, 알라딘의 어머니는 친구들에게 말했습니다.

"아마도 노예가 문 닫는 것을 잊은 모양이에요. 우리는 이 아이가 수염이 날 때까지 결코 지하실에서 내놓지 않을 작정이었어요."

이 말을 들은 친구들은 축하의 말을 했습니다.

알라딘은 안뜰로 나가 사방이 트인 거실로 가서 앉아 있었습니다. 그곳으로 노예들이 아버지의 암나귀를 끌고 왔습니다.

"그 나귀는 어디서 끌고 오느냐?"

"아버님을 가게에 모셔다 드리고 돌아오는 길입니다."

"아버지는 무슨 장사를 하시지?"

"아버님은 이집트 상인의 우두머리이며 아랍인 자손의 태수이십니다."

알라딘은 어머니에게 가서 물었습니다.

"어머니, 아버지는 무슨 장사를 하고 계십니까?"

"오, 알라딘, 아버지는 이집트 상인들의 우두머리이시고 아랍인 자손의 태수란다. 아버지가 부리는 노예들은 금화 1천 닢이 넘는 값진 물건은 아버님과 상의 없이 팔지 못하지만, 그 이하의 물건은 마음대로 사고판단다. 그리고 나라 밖으로 물건을 내다 팔 때는 아버님 뜻대로 하게 되어 있지. 오, 알라딘, 전능하신 알라께서는 아버님께 아주 많은 재산을 주셨단다."

"오, 어머니, 제가 아랍인 자손의 태수 아들이고 아버지가 상인의 우두머리임을 알게 감사드립니다! 하지만 어머니, 어째서 저를 지하실에 가두어 두십니까?"

"그것은 남의 눈이 두렵기 때문이야. '흉악의 눈은 진실이니'*⁹라는 말도 있고, 지금 무덤 속에 잠들어 있는 사람들은 대개 악마에 희생되어 죽었으니까."

"오, 어머니. 하지만 운명의 손을 피할 수 있는 은신처가 어디 있겠습니까? 아무리 주의해도 숙명을 거스를 수는 없으며 어떤 사람도 운명의 손길을 피할 수 없습니다. 할아버지를 불러 가신 알라께서는 나도 아버님도 틀림없이 부르실 거예요. 오늘 살아 있는 자도 언젠가는 모두 죽어야 합니다. 아버님이 돌아가셨을 때 내가 지하실에서 나와 '나는 상인 샤무스 알 딘의 아들 알라딘입니다'라고 말해 봐야 아무도 믿어주지 않을 뿐만 아니라, 나이 든 사람들은 '우리는 여태껏 샤무스 알 딘에게 아들이 있다는 말을 듣지도 못했고 본 적도 없다'고 할 겁니다. 그러면 아버지의 재산은 틀림없이 국고에 몰수되고 말겠지요. '귀족이 죽으면 그 재산은 사라지고 가장 비천한 자들이 그 여자를 약탈한다'고 말한 자에게 알라의 자비가 내리기를! 그러니 어머니, 부디 아버지께서 제가 시장에 나가 가게 일을 돕는 것을 허락하시도록 부추겨주세요. 저는 가게에 앉아서 장사하는 법을 배우고 싶습니다."

"오, 알라딘, 아버지가 돌아오시면 말씀드려 보마."

이윽고 집에 돌아온 아버지는, 아들 알라딘이 어머니 옆에 앉아 있는 것을 보고 아내를 나무랐습니다.

"알라딘을 왜 지하실에서 나오게 했소?"

어머니가 대답했습니다.

"오, 여보, 내가 나오게 한 게 아니에요. 하인이 문 닫는 것을 잊어버려 내가 친구들과 이야기하고 있는데 별안간 들어왔지요."

그런 다음 어머니는 아들의 말을 전했습니다. 그것을 들은 알 딘은 말했습니다.

"인샬라(신의 뜻대로)! 내일 너를 시장에 데려가주마. 하지만 가게에 나가면 예의 바르게 얌전히 있어야 한다."

알라딘은 아버지의 약속을 매우 기뻐하면서 그날 밤을 보냈습니다.

이튿날 아침 알 딘은 아들을 목욕시키고 좋은 옷을 입혀 아침을 먹고, 셔 벗수를 마신 다음 아들과 함께 암나귀를 타고 시장에 나갔습니다. 시장 사람들은 우두머리인 샤무스 알 딘이 마치 열나흗날 달덩이 같은 젊은이를 데려오는 것을 보고 모두 소곤거렸습니다.

"보시오, 상인 우두머리 뒤에서 따라오는 저 젊은이를. 우리는 여태껏 저 우두머리를 훌륭한 사람이라 생각했는데, 이제 보니 부추 같은 남자로, 머리는 백발이지만 마음은 푸른색이구려."*10

그러자 시장 감독대리 무함마드 삼삼 노인이 상인들에게 말했습니다.

"여러분, 이제 저런 자를 우리의 우두머리로 둘 수는 없소, 결코!"

샤무스 알 딘이 아침마다 시장에 나가 가게에 앉으면 감독대리가 와서 거기 모인 상인들과 우두머리를 향해 코란의 첫 장*11을 암송했습니다. 그것이 끝나면 상인들은 우두머리에게 아침인사를 한 다음 자기들 가게로 돌아가는 것이 관습이었습니다.

그런데 그날은 알 딘이 평소와 다름없이 가게에 앉아 있는데도 상인들이 아무도 찾아오지 않았습니다. 그래서 알 딘은 감독대리를 불러 물었습니다.

"어째서 오늘은 아무도 오지 않소?"

"어떻게 말씀드려야 좋을지, 아무튼 상인들은 당신을 시장 우두머리 자리에서 몰아내고 앞으로는 당신 앞에서 코란의 첫 장을 암송하지 않겠다고 합니다."

"무엇 때문에 그러오?"

"당신은 나이도 먹을 만큼 먹었고 더구나 상인 우두머리인데, 당신 옆에 앉아 있는 저 소년은 대체 누구입니까? 백인 노예입니까? 아니면 마누라 구실을 하는 사람입니까? 나는 아무래도 당신이 저 젊은이에게 음란한 마음을 품은 것처럼 생각되는데요."

그 말을 듣자 알 딘은 큰 소리로 외쳤습니다.

"닥쳐라, 등신 같은 놈! 이 아이는 내 아들이다!"

"우리는 지금까지 당신 아드님을 본 적이 없는데요."

"네가 강정제를 만들어준 덕분에, 아내가 잉태하여 이 아이를 낳았단 말이다! 악마의 눈길이 두려워 여태까지 지하실에 가두어두고 길렀지. 수염이 나기 전*¹²에는 세상에 내놓지 않을 작정으로. 그런데 아내가 반대하고 아들은 또 아들대로 가게에서 장사하는 법을 가르쳐달라고 졸라서 데리고 나온 거야."

감독대리는 다른 상인들에게 가서 이 사정을 말해 주었습니다. 그 말을 들은 상인들은 모두 일어나 감독대리와 함께 알 딘의 가게로 몰려와 코란의 첫 장을 암송했습니다.

그리고 알 딘이 아들을 점지받게 된 것을 축하하며 말했습니다.

"자자손손 집안이 번창하시기를! 하지만 우리 같은 가난한 사람들도 아기가 태어나면 친구와 친척을 불러 커스터드*¹³를 잔뜩 만들어 대접하는데 댁에서는 아직까지도 하지 않으시는군요."

"참으로 미안하오. 그럼, 밤에 정원에서 잔치를 베풀기로 하지."

—날이 훤히 밝아오는 것을 알고 샤라자드는 이야기를 그쳤다.

252번째 밤

동생 두냐자드가 언니 샤라자드에게 말했다.

"언니 아직 졸리지 않으면 다음 이야기를 계속해 주세요."

"그러고말고."

샤라자드는 대답하고 다시 이야기를 계속했다.

—오, 인자하신 임금님, 상인 우두머리 알 딘은 밤에 정원에서 잔치를 베풀겠다고 약속했습니다.

이튿날 알 딘은 정원의 정자와 손님방에 양탄자를 깔게 하고 두 곳 모두 잘 꾸미도록 지시했습니다. 그리고 양고기와 정화(淨化) 버터와 그 밖에 요리에 필요한 것들을 모두 그곳으로 옮기고서, 정자와 손님방에 식탁을 하나씩 늘어놓았습니다.

그는 아들 알라딘 허리에 띠를 둘러주며 말했습니다.

"알라딘, 흰 수염 난 노인이 오면 내가 맞이하여 정자의 식탁으로 안내할 테니 수염 없는 젊은이는 네가 안내하거라."

"아버지, 노인과 젊은이를 위해 식탁을 따로따로 마련하신 겁니까."

"수염 없는 젊은이는 수염 난 사람과 함께 식사하기를 부끄러워하거든."

이 말을 들은 아들은 과연 그렇겠다고 생각했습니다.

상인들이 모여들자 샤무스 알 딘은 어른들을 정자로 안내하고, 알라딘은 젊은이들을 손님방으로 데리고 갔습니다. 이윽고 잔치가 시작되어 요리가 나오자 손님들은 음식을 먹고 술잔을 기울이면서 왁자하게 떠들며 흥겨워했습니다. 하인들은 향기 좋은 향목을 줄곧 피우고, 노인들은 예언가 무함마드의 가르침과 전설에 대해 얘기를 주고받았습니다.

그런데 손님 가운데 바르프의 마무드라는, 겉으로는 이슬람교도이지만 실은 배화교도인 상인이 있었습니다. 그는 소년들을 좋아하고 음란한 생활을 즐기며 제멋대로 행동하는 자였습니다. 그는 언제나 알 딘한테서 물건을 샀는데, 알라딘을 한 번 보자 천 번이나 한숨을 내쉬면서 마치 악마가 눈앞에 보석을 흔드는 것처럼 완전히 매료되어, 그 사랑스러움에 가슴속 정욕이 미친 듯이 솟아났습니다.

마침내 마무드는 자리에서 일어나 젊은이들의 식탁으로 갔습니다. 젊은이들도 일어나 그를 맞이했습니다. 마침 그때 알라딘은 갑자기 소변이 마려워져 자리를 떠나 밖으로 나갔습니다.

마무드는 다른 젊은이들에게 말했습니다.

"자네들이 알라딘을 설득하여 나와 함께 여행하게 해 준다면 돈을 듬뿍 주지."

그러고는 어른들 자리로 돌아갔습니다.

알라딘이 돌아오자 젊은이들은 모두 일어나 맞아 그를 윗자리에 앉혔습니다.

잠시 뒤 한 젊은이가 옆 자리 젊은이에게 물었습니다.

"이봐, 하산, 자네 장사 밑천은 어디서 만들었나?"

"내가 성인이 되었을 때 아버지에게 '저에게 상품을 주세요' 했더니, 아버지는 '나에게는 아무것도 없으니 다른 상인에게 가서 돈을 빌려 장사를 시작하여 사고팔고 흥정하는 방법을 배워라' 하고 말씀하시더군.

그래서 한 상인에게 금화 1천 닢을 빌려 그 돈으로 모직물을 사들인 다음 다마스쿠스로 가서 곱절되는 이익을 남기고 팔았어. 그리고 다시 시리아산 직물을 알레포에 가져가 같은 이익을 보았고, 그 거래가 끝나자 알레포의 직물을 바그다드로 가져가 역시 두 곱절 이익을 보고 팔았지. 이렇게 나는 내 자본으로 장사를 계속하여 이제 한 1만 닢쯤 되었어."

다른 젊은이들도 저마다 그런 이야기를 주고받는 동안 알라딘의 차례가 되자 젊은이들이 물었습니다.

"오, 알라딘, 자네는 어떤가?"

"나는 지하실에서 자라다 일주일 전에 나왔기 때문에 그저 가게에 나가 앉았다가 집에 돌아가곤 할 뿐이야."

"자네는 집에만 늘 틀어박혀 있으니 여행의 재미를 모르겠군. 여행은 남자만의 특권이야."

"나는 여행 같은 건 별로 하고 싶지 않아."

그러자 한 젊은이가 다른 젊은이에게 말했습니다.

"알라딘은 흡사 물고기 같아. 물을 떠나면 곧 죽어 버리지."

그러자 모두 알라딘을 향해 말했습니다.

"오, 알라딘, 돈을 벌기 위해 여행을 하는 것은 상인 자식의 명예라네."

이 말을 들은 알라딘은 분한 생각에 눈이 붓도록 울다가 무거운 마음으로 자리에서 일어나 암나귀를 타고 집으로 돌아갔습니다.

어머니는 아들이 눈물을 흘리며 시무룩한 표정을 짓고 있는 것을 보고 물었습니다.

"오, 알라딘, 왜 우느냐?"

"상인의 자식들이 모두 나에게 창피를 주면서 '장사를 위해 여행을 하면서 돈을 버는 것은 상인의 아들로서 가장 큰 명예'라고 말했어요."

―날이 밝아오는 것을 깨닫고 샤라자드는 이야기를 그쳤다.

253번째 밤

샤라자드는 이야기를 계속했다.

오, 인자하신 임금님, 알라딘의 어머니는 아들의 말을 듣고 물었습니다.

"여행을 하고 싶으냐?"

"예."

"어디로 갈 테냐?"

"바그다드로 가겠어요. 거기서는 물건값을 곱절로 받을 수 있거든요."

"아버지는 큰 부자이지만 만일 너에게 상품을 주지 않으시면 내 돈이라도 주마."

"아무튼 뭐든지 좋으니 빨리 주세요. 빠를수록 좋아요. 그럴 생각이시라면 지금이 그 친절을 보여 주실 가장 좋은 때예요."

그래서 어머니는 노예들을 불러 짐 싸는 인부를 불러오게 했습니다. 그리고 창고를 열어 아들을 위해 피륙 열 짐을 꾸리게 했습니다.

한편 샤무스 알 딘은 갑자기 알라딘이 보이지 않아 사람들에게 물어보니, 방금 나귀를 타고 집으로 돌아갔다고 하여 자신도 곧 말을 타고 뒤따라 왔습니다. 집에 돌아와 보니 출발준비가 된 짐짝 10개가 있어서 아내에게 어떻게 된 일이냐고 물었습니다. 아내는 알라딘과 상인의 자식들 사이에서 일어난 일을 자세히 얘기해 주었습니다.

그 이야기를 듣고 아버지는 소리쳤습니다.

"오, 여행과 외국 같은 것에는 알라의 저주나 내리기를! 알라의 사도(신이여, 부디 축복을 내리소서)께서도 이렇게 말씀하셨지. '자기 나라에서 나날의 양식을 구할 수 있는 사람은 행복하다'고. 또한 옛사람들도 비록 1마일이라도 여행을 해서는 안 된다고 했어."

그리고 아들에게 물었습니다.

"너는 정말로 여행을 떠날 작정이냐? 그만둘 마음은 없느냐?"

아들이 대답했습니다.

"상품을 가지고 바그다드로 가는 것 말고는 아무것도 생각할 수 없어요. 그렇잖으면 옷을 벗고 탁발승이 되어 온 세상을 돌아다니겠어요."

"나는 빈털터리 거지가 아니다. 큰 부자란 말이야."

이렇게 말하며 샤무스 알 딘은 자기가 가진 돈과 피륙, 여러 가지 상품을 모두 보여주었습니다.

"나는 전 세계 누구에게도 못지않은 피륙과 상품을 가지고 있어."

그리고 남아 있는 40궤짝의 물건들을 보여주었는데, 그 짐짝에는 모두 금화 1천 닢이라는 가격이 붙어 있었습니다.

"오, 아들아, 네가 어머니한테서 받은 짐짝 10개와 함께 이 40개의 짐짝도 가지고 가거라. 그리고 전능하신 알라의 가호를 얻고 떠나도록 해. 그러나 너의 앞길에 있는 '사자의 숲'과 '개의 골짜기'가 걱정스럽구나. 수많은 사람이 그곳에서 처참한 죽음을 당했으니까."

"아버지, 그건 왜 그렇습니까?"

"아질란이라는 바다위족 산적이 있기 때문이지."

"그것은 모두 알라께 달려 있습니다. 알라께서 보살펴주시면 위험에 빠지지 않고 어떤 재해도 입지 않을 테니까요."

두 사람은 말을 타고 가축시장으로 갔습니다. 시장에 도착하자 한 낙타 몰이꾼[14]이 암낙타에서 내려 샤무스 알 딘의 손에 입을 맞추며 인사했습니다.

"오, 나리, 오랜만입니다. 전에 나리 밑에서 일했던 사람입니다."

그러자 샤무스 알 딘이 대답했습니다.

"세상은 늘 변하는 법이지.[15] 이렇게 노래한 사람에게 알라께서도 자비를 내리실 걸세."

    늙은이가 허리 굽어
    세상길을 돌아다녔네.
    너무도 굽어 턱수염이
    무릎까지 늘어졌네.

나는 물었네.

"어쩌다 그토록 굽었소?"

늙은이는 대답하네.

(자신의 두 손을 보여주며)

"내 청춘 재빨리 지나가

티끌 먼지 속에 잃었어,

보라! 청춘을 찾으러

허리 구부리고 돌아다니노라."*16

샤무스 알 딘은 시를 읊고 나자 그 남자에게 말했습니다.

"오, 대상(隊商)의 우두머리여, 여행을 떠나려는 사람은 내가 아니라 내 아들이라네."

그러자 낙타 몰이꾼은 축복하며 말했습니다.

"알라께서 아드님을 가호해 주시기를!"

샤무스 알 딘은 아들을 위해 그 낙타 몰이꾼과 계약을 맺었습니다. 알라딘을 친자식처럼 대해 줄 것과 알라딘의 모든 것을 그에게 맡긴다는 약정을 한 다음 돈을 내주었습니다.

"이 금화 백 닢을 당신의 가족에게 주시오."

샤무스 알 딘은 아들을 위해 노새 60필과 램프 1개, 그리고 지란의 사이드 아브드 알 카디르*17를 위해 무덤 덮개를 사주며 아들에게 일렀습니다.

"아들아, 내가 없는 동안 이분이 나 대신 너의 아버지가 되실 터이니 이분의 말씀을 잘 들어야 한다."

아버지와 아들은 그날 밤 코란 독경을 마치고 성자 아브드 알 카디르 알 지라니 장군의 영혼을 위로하기 위해 잔치를 베풀었습니다.

다음 날 아침 아버지는 아들에게 금화 1만 닢을 주며 말했습니다.

"바그다드에 도착하여 만일 피륙이 쉽게 팔릴 것 같거든 팔아라. 그러나 경기가 나빠 팔리지 않거든 이 돈을 쓰도록 해라."

이윽고 알라딘은 노새에 짐을 싣고 작별인사를 한 다음 드디어 도시를 떠나 여행길에 올랐습니다.

한편 바르프의 마무드도 한 걸음 앞서서 바그다드로 떠날 준비를 하여 성

밖에 천막을 쳐놓고는 혼잣말을 중얼거렸습니다.

"정말 이런 사막이 아니고는 그 젊은이를 즐길 수가 없지. 방해를 할 자도 첩자도 없거든."

그러나 마무드는 알라딘의 아버지에게 거래상 금화 1천 닢의 빚을 지고 있었으므로 그에게 가서 작별인사를 하자, 샤무스 알 딘은 아들을 잘 돌봐달라고 부탁했습니다.

"그럼, 그 1천 닢은 내 아들에게 주시오. 말하자면 그 애는 당신 아들이나 다름없으니까."

그리하여 알라딘은 바르프의 마무드와 함께 길을 가게 되었습니다.

─날이 밝아오는 것을 알고 샤라자드는 이야기를 그쳤다.

254번째 밤

샤라자드는 이야기를 계속했다.

오, 인자하신 임금님, 알라딘은 이렇게 하여 마무드와 함께 길을 가게 되었습니다. 마무드는 출발하기 전에 알라딘의 요리사에게 주인의 식사준비를 하지 말도록 일러놓고 젊은이와 그 일행의 식사를 자신이 직접 만들었습니다. 그런데 마무드는 카이로와 다마스쿠스, 알레포와 바그다드에 저마다 한 채씩 모두 네 채의 집을 가지고 있었습니다.

그들은 여행을 계속하여 황야와 숲을 지나 이윽고 다마스쿠스 가까이에 이르렀습니다. 마무드가 알라딘을 부르러 자신의 노예를 보냈을 때, 그는 앉아서 책을 읽고 있었습니다. 노예가 다가와 알라딘의 손에 입을 맞추자 그가 물었습니다.

"무슨 일로 왔느냐?"

"제 주인께서 안부를 여쭙고, 맛있는 음식을 대접하고 싶으니 꼭 와주십사고 말씀드리랍니다."

"아버지인 카마르 알 딘 대장과 의논을 해야겠다."

그런데 후견인인 대장은 가면 안 된다고 말렸으므로, 그들은 그대로 다마스쿠스를 떠나 여행을 계속하여 이윽고 알레포 가까이에 이르렀습니다.

마무드는 알레포에서 두 번째 술자리를 벌여놓고 사람을 보내 또 알라딘을 초대했지만, 대장은 이번에도 가지 말라고 말렸습니다. 그들은 알레포에서 다시 여행을 계속하여 이윽고 바그다드까지는 이제 한 역참밖에 남지 않은 곳에 이르렀습니다. 여기까지 오자 마무드는 세 번째 술자리를 벌여놓고 또다시 사람을 보내 알라딘의 참석을 요청했습니다.

하지만 카마르 알 딘은 이번에도 역시 그 초대에 응하면 안 된다고 말렸습니다.

그러자 알라딘이 말했습니다.

"세 번이나 거절할 수야 있겠습니까? 이번에는 초대에 응해야겠습니다."

알라딘은 일어나 옷 속 어깨에 칼을 드리우고 마무드의 천막으로 갔습니다.

마무드는 공손히 맞아들이며 서로 인사를 나누고서 호화로운 요리를 가득 차려냈습니다. 두 사람은 먹고 마신 뒤 손을 씻었습니다. 그때 느닷없이 마무드가 알라딘 쪽으로 몸을 구부려 입맞춤하려고 했습니다.

알라딘은 손으로 막으면서 나무랐습니다.

"이게 무슨 짓이오!"

그러자 마무드는 말했습니다.

"무엇을 숨길까, 내가 그대를 초대한 것은 그대를 상대로 즐기고 싶어서야. 시인의 이런 노래도 있는데 한 번 들려줄까.

암양의 젖인가, 아니면
무언가 반짝거리는 것이
아주 잠깐이라도 좋으니
내게로 와주지 않으려나.
좋아하는 요리 배불리 먹고
사례의 행하는 은화로 받고
뭐든지 좋으니 가지려무나,
한 줌이나 되는 큰 놈이든가
한 자나 되는 긴 물건을."

그런 다음 바르프의 마무드는 알라딘을 두 팔로 끌어안고 해괴한 행동을 하기 시작했습니다. 알라딘은 몸을 홱 일으키더니 숨겼던 칼을 뽑아들고 외쳤습니다.

"늙어빠진 주제에 수치를 알라! 알라가 두렵지도 않은가? 알라여, 이렇게 노래한 시인에게 자비를 내리소서.

　너의 흰 거웃을
　더럽히지 않도록 주의하라.
　빛깔이 희면 흴수록
　더러워지기 쉬우니."

알라딘은 시를 읊고 나서 정색하며 마무드에게 말했습니다.

"이 물건*¹⁸은 알라께서 주신 것이라 절대로 팔 수 없어. 만일 너 아닌 다른 자에게 금화로 팔 정도라면 너에게는 은화로 주마. 하지만 이 더러운 악당 놈! 이제 너하고 함께 가는 것은 거절하겠다, 오늘로써 끝이야!"

그리고 알라딘은 안내자인 카마르 알 딘에게 돌아가서 말했습니다.

"그자는 음란한 놈입니다. 앞으로 절대로 함께 갈 수 없어요."

"그래서 가까이 가지 말라고 내가 말했잖소? 하지만 만일 우리가 그자와 헤어지게 된다면 우리의 신변이 위험해질지도 모르오. 그러니 좀더 참으면서 함께 어울려 갑시다."

그러나 알라딘은 이렇게 소리쳤습니다.

"그런 놈과는 두 번 다시 여행하고 싶지 않소."

알라딘 일행은 낙타와 노새에 짐을 싣고 앞서 길을 서둘러 갔습니다. 이윽고 어느 골짜기에 이르렀을 때 알라딘은 그곳에서 쉬어가려고 했습니다.

그러나 대장은 말했습니다.

"여기서 쉬어서는 안 되오. 길을 서두르면 성문이 닫히기 전에 바그다드에 들어갈 수 있을지도 모릅니다. 바그다드 사람들은 이교도*¹⁹들이 도시를 점령하여 신앙의 책을 티그리스 강에 처넣지나 않을까 염려하여 해 뜰 때와 해 질 때에 맞추어 문을 열었다 닫았다 하니까요."

"내가 상품을 가지고 장사하러 떠나온 것은 외국과 외국 사람들을 구경하고 즐기고 싶었기 때문입니다."

"우리는 사실 당신과 상품을 걱정하는 거요. 사막의 아랍인들이 습격해 올지도 모르오."

"뭐요, 당신이 대체 내 주인이오? 그렇지 않으면 부하요? 나는 아침이 될 때까지 결코 바그다드에 들어가지 않겠소. 그곳 사람들에게 상품을 보여 주고 내 신분도 잘 알리고 싶단 말이오."

"그럼, 좋도록 하시오. 나는 최대한 분별 있는 충고를 해 주었지만, 자기 일은 자신이 가장 잘 알고 있을 테니까."

알라딘은 노새에서 짐을 내리고 천막을 치게 했습니다. 모두 그 자리에서 휴식을 취했습니다. 한밤중에 알라딘이 소변을 보러 나갔는데 별안간 멀리서 번쩍거리는 게 보이기 시작했습니다. 그는 카마르 알 딘에게 물었습니다.

"오, 대장, 저편에서 번쩍거리는 것이 무엇일까요?"

대장은 일어나 한참을 가만히 바라보다가, 이윽고 그것이 바다위족 산적들이 든 창과 칼임을 알았습니다. 더구나 그것은 놀랍게도, 아지란 아부 나이브라고 하는 아랍인이 이끄는 사막의 아랍인 일당이 아니겠습니까? 산적들은 천막 가까이 다가와서 많은 짐을 보고 떠들어댔습니다.

"오늘 밤에는 기막힌 노획물이 있겠는걸!"

대장 카마르 알 딘은 그 말을 듣고 소리쳤습니다.

"이 극악무도한 아라비아 놈들아, 꺼져!"

그러자 두목 아부 나이브는 두말없이 창을 던져 카마르 알 딘의 가슴팍을 찔렀습니다. 창끝이 번쩍하면서 등을 뚫고 나와 대장은 천막 입구에서 그대로 쓰러지고 말았습니다.

이번에는 물 운반꾼[20]이 외쳤습니다.

"이 짐승만도 못한 놈들아, 썩 꺼져라!"

그러자 한 산적이 그의 어깨에 칼을 내리쳤습니다. 칼이 번쩍 빛나며 목덜미를 갈라 그도 그 자리에 쓰러져 죽고 말았습니다. 알라딘은 이 광경을 물건이 쌓인 그늘에서 줄곧 지켜보고 있었습니다.

바다위족 산적들은 대상을 둘러싸고 사방에서 공격하여, 알라딘 일행을 한 사람도 남김없이 죽여 버렸습니다.

그리고는 약탈품을 노새에 싣고 유유히 그 자리를 떠나갔습니다.

알라딘은 일어나면서 이렇게 중얼거렸습니다.

"이 노새와 옷만 없으면, 이제 너를 죽일 자는 아무도 없다!"

알라딘은 웃옷을 벗어 노새 등에 걸쳐놓고 속옷과 바지 바람이 되었습니다. 그런 다음 천막 입구의 시체에서 흘러나온 피 속에 뒹굴어 온몸이 피투성이가 되어 칼에 맞아 죽은 사람처럼 쓰러져 있었습니다.

한편 아랍인 산적 두목 아부 나이브는 부하에게 이렇게 물었습니다.

"너희, 그 대상은 이집트에서 바그다드로 가는 길이었느냐, 아니면 바그다드에서 이집트로 가는 길이었느냐?"

—샤라자드는 날이 밝아오는 것을 깨닫고 이야기를 그쳤다.

255번째 밤

샤라자드는 이야기를 계속했다.

오, 인자하신 임금님, 대상이 어디로 가던 길이었느냐고 두목이 묻자 부하가 대답했습니다.

"이집트에서 바그다드로 가는 길이었습니다."

"그럼, 아까 그곳으로 되돌아가자. 내 생각에는 그 대상 주인이 아직 죽지 않은 것 같다."

아랍인들은 곧 되돌아가 시체를 하나하나 창으로 찌르고 칼로 마구 후려치면서 뒤진 끝에, 마침내 시체 사이에 누워 있던 알라딘을 찾아냈습니다.

"네놈이 죽은 체하며 쓰러져 있었구나. 하지만 이제 정말로 죽여줄 테니 그리 알라."

그 가운데 한 명이 창을 힘껏 손에 들고 단숨에 가슴을 찌르려 하자 알라딘은 큰 소리로 외쳤습니다.

"오, 지란의 성자, 나의 주인 아브드 알 카디르 님, 제발 살려주십시오."

그러자 이상하게도 어디선가 모르게 팔뚝이 하나 쑥 나타나더니 창을 밀어버렸고, 창끝이 낙타 몰이꾼 카마르 알 딘의 가슴에 꽂혀 알라딘은 아슬아슬하게 목숨을 건졌습니다.[21]

아랍인들이 모두 사라지자 알라딘 눈에 신의 사자가 새들과 함께 하늘을 날아가는 것이 보였습니다. 주위에 아무도 없는 것을 확인한 알라딘은 벌떡 몸을 일으켜 쏜살같이 달아났습니다.

이때 산적 두목 아부 나이브가 문득 뒤돌아보고 부하에게 외쳤습니다.

"여봐라, 누군가 저쪽으로 달아난다!"

한 산적이 돌아보니 알라딘이 정신없이 달아나고 있었으므로 큰 소리로 외쳤습니다.

"달아난다고 놓칠 성싶으냐!"

그리고 말 옆구리를 발뒤꿈치로 치자 말이 알라딘을 향해 뛰기 시작했습니다.

그때 알라딘 눈앞에 수조와 샘물이 나타났으므로 재빨리 샘물 한가운데 세워져 있는 사당 속으로 기어들어가 몸을 길게 뻗고 드러누워 빌었습니다.

"오 자비로우신 수호신이여, 부디 사람의 힘으로는 찢어버릴 수 없는 당신의 보호막으로 저를 덮어주소서!"

이때 뒤쫓아온 도적은 이미 샘물 곁에 이르러 등자를 밟고 버티며 손을 뻗어 알라딘을 잡으려 했습니다. 알라딘은 정신없이 기도했습니다.

"오, 나피사 공주님,*²² 이런 때야말로 부디 이 몸을 살려주십시오."

그러자 또다시 난데없이 전갈 한 마리가 나타나 도둑의 손을 물었습니다.

"으악! 사람 살려, 전갈에 물렸어!"

도적은 비명을 지르며 말에서 거꾸로 떨어졌습니다. 도둑패들이 달려와 부축하여 말에 태우면서 물었습니다.

"어떻게 된 거야?"

"전갈에 물렸어."

그들은 일당과 함께 허겁지겁 달아났습니다.

알라딘은 그대로 샘물 안 사당에 숨어 있었는데, 그때 바르프의 마무드가 낙타 등에 짐을 싣고 '사자의 숲'에 이르러 보니 알라딘의 동행이 몰살을 당하지 않았겠습니까. 그것을 보고 마무드는 속으로 매우 기뻐하면서 계속 앞으로 나아가 샘물 있는 곳까지 갔습니다.

마침 마무드의 노새가 목이 말라 물을 마시려고 하다가 사람 그림자가 물에 비치는 것을 보고 놀라 뒤로 물러섰습니다. 마무드가 눈을 들어 보니 사당 안에 속옷과 바지 차림으로 알라딘이 누워 있었습니다.

"이런 꼴을 하고 이렇게 누워 있다니. 대체 누구한테 이런 변을 당했나?"

"아랍인 도적들입니다."

"그렇다면 나귀와 짐이 자네 몸값이 된 셈이로군. 이런 노래도 있으니 너무 낙심하지 말게.

> 그것으로 목숨을
> 구할 수만 있다면
> 재산 따위 무슨 아랑곳이랴
> 손톱 사이 때만큼도 못한걸.

이제 아무것도 무서울 것 없으니 이리 나오게나."

마무드는 알라딘을 노새에 태워 다시 여행을 계속하여 이윽고 바그다드에 이르렀습니다.

마무드는 알라딘을 자기 집에 데리고 가서 목욕탕으로 안내하며 말했습니다.

"자네는 물건과 돈을 몽땅 몸값으로 빼앗겼지만 내 말만 들어준다면 잃어버린 것의 곱절을 주겠네, 어떤가?"

마무드는 알라딘이 목욕탕에서 나오자 네 개의 높은 좌석이 있고 황금으로 장식한 손님방으로 안내하여 하녀들에게 푸짐하고 맛있는 음식을 차려오게 했습니다.

식사가 끝나자 마무드가 알라딘 쪽으로 몸을 굽혀 다짜고짜 입맞춤을 하려 했습니다. 알라딘은 재빨리 그를 밀쳐냈습니다.

"아니, 당신은 끝까지 그 추잡한 뜻을 채우려 하는 거요? 내가 말했잖소? 만약 내가 이 물건을 다른 사람에게 황금으로 팔 정도라면 당신한테는 은화로 팔겠다고."

그러자 마무드는 말했습니다.

"자네가 이 대가를 치러주지 않는다면 상품이고 노새고 옷이고 아무것도 줄 수 없어. 나는 자네한테 미칠 정도로 반했네. 이런 노래를 부른 시인을 축복해 주리라.

우리의 장로 아부 비랄이
늘 하던 그 말*23을
장로들을 핑계 삼아
나에게 능청스레 말하네.
입맞춤이나 포옹 정도로는
상사병이 낫지 않네.
아무래도 고칠 치료법은
단 하나, 그것뿐이야, 그것.”

알라딘이 대답했습니다.

“난 싫소. 옷이고 나귀고 마음대로 가져가시오. 문을 열어 나를 내보내 주시오.”

마무드가 하는 수 없이 문을 열어주자 알라딘은 그대로 개가 짖어대는 어둠 속으로 나갔습니다. 그리고 문이 열려 있는 이슬람 사원이 눈에 띄자 안에 들어가 몸을 숨겼습니다.

그때 저쪽에서 불빛이 차츰 가까이 다가오는 것이 보였습니다. 자세히 보니 등불을 든 두 노예를 앞세우고 두 상인이 걸어오고 있었습니다. 한 사람은 용모가 단정한 노인이고 한 사람은 젊은 남자였습니다. 알라딘이 귀를 기울이고 있으니 젊은 상인이 노인에게 말하는 소리가 들려왔습니다.

“저, 큰아버지, 제발 부탁이니 사촌누이를 돌려주세요!”

“그러기에 너희가 마치 경을 읽듯 버릇처럼 이혼 말을 할 때 몇 번이나 말리지 않았느냐?”

이렇게 말하며 문득 오른쪽을 바라본 노인의 눈에 마치 보름달 같은 모습의 알라딘이 들어왔습니다.

“당신에게 평안함이 있기를! 오, 젊은이, 당신은 대체 누구시오?”

알라딘은 답인사를 하며 말했습니다.

“저는 알라딘이라고 하며 이집트 상인 우두머리 샤무스 알 딘의 아들입니다. 실은 아버지께 상품을 달라고 졸랐더니 50짝이나 되는 피륙과 상품을 주셨는데……”

—샤라자드는 날이 밝아오는 것을 깨닫고 이야기를 그쳤다.

256번째 밤

샤라자드는 이야기를 계속했다.

오, 인자하신 임금님, 알라딘은 이렇게 말을 이었습니다.

"아버지가 50짝의 상품과 금화 1만 닢을 주셔서, 저는 그것을 가지고 바그다드를 향해 떠났습니다. 그런데 '사자의 숲'에 이르러 아랍인 산적들의 습격을 받아 짐과 돈을 모두 빼앗기고 말았습니다. 그래서 이 도시에 들어와 사원이 눈에 띄기에 하룻밤 묵어갈까 하는 중입니다!"

"오, 젊은이, 그럼 내가 금화 1천 닢과 옷 한 벌, 그리고 2천 닢이나 하는 노새 한 마리를 주고 싶은데 받아주겠소?"

"무슨 까닭으로 저에게 그걸 주시지요?"

"여기 있는 이 젊은이는 내 형님의 자식으로 외아들이오. 나에게는 류트를 잘 켜는 즈바이다라는 딸이 있는데 참으로 아름다운 외동딸이라오. 그래서 그 딸을 이 조카와 결혼시켰는데, 이 애는 딸을 매우 사랑해 주었지만 딸이 이 애를 몹시 싫어했소. 그래서 조카는 어떤 맹세를 하여 그것을 세 번째 어길 때는 이혼해도 좋다고 약속하게 되었다오. 그런데 그것을 어기자 딸아이가 좋다구나 하고 집을 뛰쳐나가고 말았지 뭐요. 이 조카는 사람을 시켜 딸에게 돌아오도록 잘 말해 달라고 애썼지만 그것은 법률상 중간 결혼을 거치지 않고는 불가능한 일이라,⁽²⁾ 나는 조카에게 그렇게 하자고 타이르고 있소. 그래서 나와 조카는 아무도 조카를 비웃거나 창피를 주지 않도록 누구든 처음 보는 사람을 중개자*²⁴로 하려고 결정했는데, 들어보니 당신은 외국 사람이라니 우리와 함께 집에 가주지 않겠소? 당신이 딸과 결혼을 해 주어 오늘 밤 딸과 함께 잔 다음, 내일 아침 일찍 이혼해 주면 아까 말한 물건을 당신에게 드리리다."

이 말을 듣고 알라딘은 속으로 생각했습니다.

'집 안의 침대에서 신부와 하룻밤 보내는 게 길가나 처마 밑에서 자는 것보다 확실히 낫지!'

알라딘은 두 사람을 따라서 판관에게 갔습니다. 알라딘을 한 번 보자 단번에 반한 판관은 노인에게 물었습니다.

"무슨 일이지요?"

"이 젊은이를 내 딸의 중간 결혼 신랑으로 삼고 싶습니다. 그래서 이 젊은이에게 지참금으로 금화 1만 닢을 지급할 의무가 있다는 계약서를 쓰게 하고 싶습니다. 그리고 이 젊은이가 딸과 함께 하룻밤을 지낸 다음 날 아침에 이혼을 하면, 각각 금화 1천 닢의 값어치가 있는 노새와 옷 한 벌과 현금 1천 닢을 이 젊은이에게 주겠습니다. 그러나 만일 딸과 이혼해 주지 않는다면 계약에 따라 이 젊은이에게 금화 1만 닢을 지급하게 하려는 겁니다."

세 사람이 이 계약에 동의했으므로 신부 아버지는 알라딘의 증서를 결혼 재산계약서로 받아두었습니다. 그런 다음 알라딘에게 새 옷을 입혀 딸에게 데리고 가서 문 앞에 세워놓고 혼자 방으로 들어갔습니다.

"자, 이것이 네 결혼재산계약서이니 받아두어라. 너를 알라딘 아부 알 샤마트라는 아름다운 젊은이와 결혼시켰으니, 그리 알고 너는 그분을 친절하게 대접해야 한다."

노인은 계약서를 딸에게 주고 돌아갔습니다.

그런데 노인의 조카에게는 그의 시중을 들어주며 즈바이다에게 드나드는 노파가 있었습니다. 조카는 평소에 여러 가지로 잘 보살펴 주는 이 노파를 불러놓고 말했습니다.

"할멈, 사촌누이 즈바이다가 그 아름다운 젊은이를 보면 아마 내 말 따위 들으려 하지 않을 거야. 그러니 어떻게 해서든 사촌누이와 그 사내가 가까워지지 않도록 해 주면 참 고맙겠는데."

"맹세코 그 젊은이가 아가씨에게 가까이 가지 못하게 하지요."

노파는 알라딘에게 가서 말했습니다.

"당신에게 한 마디 충고해 드릴 말이 있어요. 전능하신 알라 님을 믿으신다면 내 말을 들으세요. 실은 이 젊은 여자의 일로 당신의 신상이 걱정되기 때문이에요. 당신은 아가씨 몸에 손을 대거나 만지지 않는 것이 좋을 거예요."

"그건 왜 그렇소?"

"아가씨는 온몸이 문둥병 환자예요. 그러니 젊고 아름다운 당신의 피부에

옮는다면 큰일 아니겠어요?"

"그런 여자라면 필요 없습니다."

노파는 다시 즈바이다에게 가서 알라딘에 대해 똑같은 말을 했습니다. 이 말을 들은 즈바이다는 대답했습니다.

"나는 그런 남자 필요 없어요. 혼자 재워두었다가 아침이 되면 곧 쫓아버리지요."

그리고 노예계집을 불러 일렀습니다.

"음식을 가져와 그자에게 저녁을 먹도록 해 줘라."

노예계집이 시키는 대로 상을 차려 가져왔으므로 알라딘은 배불리 먹었습니다. 식사가 끝나자 알라딘은 그대로 앉아 누가 들어도 반할 맑고 또랑또랑한 목소리로 코란 가운데 '야신'*25이라는 대목을 외기 시작했습니다.

즈바이다가 귀를 기울여 듣고 있으니, 그 목소리는 마치 다윗 자신이 성가(聖歌)를 부르는 듯한 뭐라 말할 수 없이 아름다운 목청이었습니다. 즈바이다는 가슴속 깊이 감동을 하며 외쳤습니다.

"저분이 문둥병이라니, 그런 말을 한 노파를 벌하소서. 알라여, 결코 그런 병에 걸린 사람의 목소리가 아닙니다. 저 노파가 말한 것은 모두 거짓말이에요."*26

즈바이다는 곧 인도에서 만든 류트를 들고 가락을 고른 다음 능숙하게 켜면서, 하늘을 나는 새도 황홀하여 날갯짓을 멈출 만큼 아름다운 목소리로 노래를 부르기 시작했습니다.

희고 검은 눈동자의
상냥한 사슴을 사랑합니다.
그 걸음걸이에 버들가지도
샘이 나서 죽으려 하네.
나를 마다한 그 아기사슴
나의 연적을 끌어들이네.
어쩔 수 없지, 이것도 모두
알라가 뜻에 맞는 자에게
행운을 내리신 것이니.

이것을 듣고 알라딘은 코란 독경을 멈추고 이런 노래를 불렀습니다.

아름답게 치장한 아기사슴에게는
나의 인사 감추어지네.
내가 인사 보내는 것은
정원에 꽃피는 장밋빛 뺨.

이 노래를 듣자 즈바이다는 한층 더 알라딘에게 마음이 끌려 일어나서 휘
장을 쳐들었습니다. 알라딘은 여자의 모습을 보자 다음과 같은 시를 읊었습
니다.

밝은 달처럼 빛나는 그녀,
숙인 허리는 버들가지처럼 가냘프고
숨결은 용연향 같은데
영양처럼 쳐다보네.
참으로 슬픔을 느끼면서
내 가슴 사랑하는 심정으로
그녀 없으면 가슴이 먹먹하여
내 것이 아닌 듯한 생각이 드네.*27

그래서 즈바이다는 엉덩이를 흔들며 은총 어린 신의 손으로 만들어진 아
름다운 몸을 얌전하게 하느작거리면서 남자 앞으로 걸어갔습니다. 그리고
서로 바라보는 눈길에 천 번이나 한숨을 내쉬었습니다. 두 사람의 눈길이 딱
마주쳐 가슴에 안타까운 생각이 치밀어 오를 때, 알라딘은 이런 노래를 불렀
습니다.

그녀는 보았네, 하늘의 달.
두 사람이 들판에서 서로 만나
대지에 드러누운 나날의 밤,
즐거운 지난날 그리워하며.

두 사람은 달을 보네,
그러나 내가 참으로 본 것은
다름 아닌 그녀의 눈동자,
그녀가 본 것은 나의 눈동자.

즈바이다가 다가오자 두 사람 사이의 거리는 겨우 두어 걸음밖에 안 되었습니다. 알라딘은 또 시를 읊었습니다.

어느 날 밤 그녀는 묶은
세 가닥의 머리를 풀어헤치고
하룻밤이 아니라, 캄캄한 밤을
네 번이나 나에게 보여주었네.
그리고 그 이마를
하늘의 달에게 돌려
한순간에 두 개의 달을
나에게 보여주었네.

그때 즈바이다가 바로 옆까지 왔으므로, 알라딘은 말했습니다.
"옮으면 안 되니 가까이 오지 마시오."
이 말을 듣고 즈바이다는 손목*²⁸을 걷어 보였습니다. 살펴보니 정맥과 근육 때문에 뚜렷하게 둘로 갈라져 있고, 그 하얀 피부도 마치 맑은 은처럼 아름다웠습니다. 이번에는 즈바이다가 말했습니다.
"당신이야말로 내 곁에서 떨어져 주세요. 당신은 문둥병이라 나에게 옮을 지도 모르니까요."
"내가 문둥병이라고 누가 말했소?"
"할멈이 그랬어요."
"당신이 문둥병에 걸렸다고 나에게 가르쳐준 것도 그 노파였소."
알라딘은 앞섶을 헤쳐 자기 피부도 깨끗한 은빛처럼 아름답다는 것을 보여주었습니다. 그러자 즈바이다는 별안간 알라딘을 부둥켜안았고 알라딘도 그녀를 힘껏 껴안았습니다.

이윽고 여자는 젊은이를 안은 채 자리에 쓰러져 반듯이 누워 속옷을 벗어 던졌습니다. 그 순간 젊은이가 아버지에게서 타고난 물건이 아무리 용을 써도 벌떡 일어서는 것이었습니다.

"자, 가거라! 털북숭이 자자리 영감,*²⁹ 힘줄의 아새비야!"

젊은이는 두 손으로 여자의 옆구리를 누른 다음, 설탕 막대기를 찢어진 숲 속에 대고 '옥문'이라고 부르는 쪽문으로 밀어 넣었습니다. 그리고 '개선문'*³⁰을 지난 다음, 거기서 월요일의 시장으로 빠져나가 화요일, 수요일, 목요일의 시장*³¹을 지나면서 좌석의 크기와 담요의 치수가 꼭 들어맞는 것을 느끼며*³² 한바탕 덮개 있는 작은 상자 속을 마구 공격한 끝에 마침내 결말을 지었습니다.

그러는 동안 날이 밝았으므로 알라딘은 즈바이다에게 외쳤습니다.

"아, 채워지지 않는 기쁨이여! 까마귀*³³가 기쁨을 빼앗아 달아나버리는구려."

"그 말은 무슨 뜻인가요?"

"오, 사랑스러운 연인, 당신과 함께 있을 수 있는 것도 이제 끝이라오."

"누가 그런 말을 했어요?"

"당신 아버님께 당신에게 줄 지참금으로 금화 1만 닢을 지급하겠다는 계약서를 써 드렸소. 그러니 만일 내가 오늘 그것을 지급하지 않으면 그 사람들은 판관 앞에서 정한 계약을 내세워 나를 감옥에 넣겠지요. 그런데 지금 내 손에는 은화 반 푼도 없소."

"오, 여보, 그 혼인증서는 누가 가지고 있나요?"

"그건 내 손에 있소. 하지만 그것 말고는 아무것도 없소."

"그렇다면 아무 문제 없어요. 걱정하지 말고 계세요. 그리고 이 금화 백 닢을 받아 두세요. 더 있었다면 필요하신 만큼 드렸을 텐데. 우리 아버지는 사촌오빠를 무척 사랑하기 때문에 오빠 물건은 물론 내 보석까지도 모두 사촌오빠네 집에 갖다놓았어요. 그 사람들이 종교재판소 관리를 이리로 보내오면—"

—샤라자드는 날이 훤히 밝아오는 것을 깨닫고 이야기를 그쳤다.

257번째 밤

샤라자드는 이야기를 계속했다.

오, 인자하신 임금님, 즈바이다는 말했습니다.

"그 사람들이 아침에 종교재판소 관리를 집으로 보내 판관과 아버지가 당신에게 이혼하라고 말하면 이렇게 대답하세요.

'엊저녁에 결혼하고 오늘 아침에 이혼해야 한다니 대체 어떤 법률에 의한 것입니까?' 그리고 판관의 손에 입을 맞추고 선물을 준 다음 입회인들에게도 똑같이 하나하나 손에 입맞추며 저마다 금화 10닢씩 주세요. 그러면 모두 당신 편이 될 거예요.

만일 그 사람들이 '당신은 어째서 즈바이다와 이혼해 정식계약에 따라 금화 1천 닢과 노새와 옷 한 벌을 받지 않소?'라고 묻거든 이렇게 대답하세요. '나에게는 그 여자의 머리카락 하나하나가 금화 1천 닢에 해당됩니다. 그래서 나는 그 여자와 절대 헤어지지 않을 것이며 옷이든 무엇이든 아무것도 필요하지 않습니다'라고요.

그리고 만약 판관이 '그렇다면 지참금을 지급하시오' 하거든 '나는 지금 현금이 없습니다'라고 대답하세요. 그러면 판관과 입회인들은 모두 당신에게 호의적인 태도로 지급을 연기해 줄 거예요."

두 사람이 이런 의논을 하고 있을 때 누군가 문을 똑똑 두드렸습니다. 알라딘이 나가 보니 법정의 관리가 한 사람 서 있다가 말했습니다.

"판관*34님께 와주시오. 당신 장인이 호출하셨으니까요."

그래서 알라딘은 그 사람에게 금화 5닢을 쥐여주며 말했습니다.

"오, 관리님, 엊저녁에 결혼한 내가 이튿날 아침에 이혼해야 한다니 그것은 대체 어떤 법률에 의한 것입니까?"

"이것은 결코 법률에 의한 것이 아닙니다. 당신이 종교법을 모르신다면 내가 변호인이 되어 드리지요."

그리하여 두 사람이 나란히 나아가자 판관이 알라딘에게 물었습니다.

"그대는 어째서 여자와 이혼하고 계약에 따라 그대가 받을 것을 받으려 하지 않는가?"

알라딘은 성큼성큼 앞으로 나아가 그 손에 입을 맞추고 금화 50닢을 쥐여주며 물었습니다.

"오, 판관님, 제가 엊저녁에 결혼하였는데 이튿날 아침에 이혼해야 하는 것은 어떤 법률에 의한 것입니까?"

그 말에 판관이 대답했습니다.

"강제나 권력에 의한 이혼은 어떤 이슬람교파에서도 인정되지 않는다."

그러자 여자의 아버지가 말했습니다.

"자네가 내 딸과 이혼하지 않겠다면 지참금 1만 닢을 지급해 줘야겠는데."

"부디 사흘 동안 여유를 주십시오."

알라딘이 부탁하자 판관이 선고했습니다.

"사흘로는 부족하지. 열흘 여유를 주도록 하마."

이리하여 앞으로 열흘 안에 지참금을 내든가 여자와 이혼하든가 둘 중 하나를 선택하지 않을 수 없게 되었습니다.

그들과 헤어진 알라딘은 쌀과 고기와 탈지버터 등의 식료품을 사서 집에 돌아와 새 아내에게 그날 일을 모두 얘기해 주었습니다. 그러자 즈바이다가 말했습니다.

"밤과 낮 사이에 어떤 신기한 일이 일어날지는 아무도 몰라요. 알라여, 이런 말을 남긴 분에게 부디 축복을 내리소서.

　　노여움에 마음 괴로울 때
　　마음을 다잡고 조용히,
　　재앙이 내려 힘들 때
　　마음을 가라앉히고 참으라.
　　특히 지켜보라, 캄캄한 밤은
　　'세월'의 자식을 잉태하여
　　이윽고 달이 차서 낳으리니,
　　그 참으로 놀라운 기적을."

즈바이다는 일어나 식사준비를 하여 여러 가지 음식을 차린 상을 가져왔습니다. 두 사람은 먹고 마시며 즐겁게 지냈습니다. 알라딘은 음악을 들려달라고 청했습니다.

즈바이다가 류트를 들고 노래를 부르며 한 곡 켜는데, 그 가락이 어찌나 아름답던지 비정한 돌까지도 기쁨에 겨워 춤출 지경이었습니다. 손끝에 닿는 줄마저도 감격하여 이렇게 소리치는 것 같았습니다.

"오, 사랑스러운 이여!"

류트는 느릿한 가락에서 재빠르고 명랑한 가락으로 옮아갔습니다.

이렇게 두 사람이 즐거운 한때를 보내고 있는데 문 두드리는 소리가 들렸습니다. 즈바이다가 알라딘에게 말했습니다.

"누구인지 나가봐 주세요."

알라딘이 내려가 문을 여니 밖에 탁발승 네 명이 서 있었습니다.

"무슨 일이오?"

"나리, 저희는 다른 나라 사람으로 탁발하며 돌아다니고 있습니다. 우리 영혼의 양식은 음악과 아름다운 시입니다. 그래서 오늘 하룻밤 당신들과 함께 즐거이 지내게 해 주셨으면 해서 문을 두드렸습니다. 날이 새면 곧 떠나겠습니다만, 보답은 알라께서 당신들에게 내려주시겠지요. 우리는 음악을 아주 좋아해서 시와 노래를 많이 외고 있답니다."

"의논해 봐야 할 사람이 있소."

알라딘이 돌아가 이야기하자 즈바이다는 말했습니다.

"들어오게 하십시다."

알라딘은 탁발승들을 방으로 안내하고 나서 자리를 권하며 환영했습니다. 이윽고 음식을 내오자 그들은 거기에 손도 대지 않고 말했습니다.

"나리, 우리의 양식은 마음속으로 알라의 이름을 되뇌면서 귀로 음악을 듣는 겁니다. 이런 노래를 부른 사람에게 축복이 내리시기를.

　　우리의 소망은 오직 하나
　　단란함을 즐기는 것뿐,
　　실컷 먹고 즐기는 것은
　　소, 말, 돼지가 하는 노릇.

조금 전 댁에서 즐거운 음악 소리가 들려오다가 우리가 들어오자 그치고 말았습니다. 그 음악을 하고 있던 여자분이 노예계집인지 백인인지 흑인인지 혹은 양갓집 따님인지 알려주십시오."

"그것은 내 아내요."

알라딘은 자신이 겪은 일을 이야기해 준 다음 이렇게 덧붙였습니다.

"장인은 금화 1만 닢의 결혼계약금을 즈바이다를 위해 지급하라는 의무를 나에게 지우고 열흘 동안의 여유를 주었소."

그러자 한 탁발승이 말했습니다.

"걱정하지 마시오. 나는 수도원의 장로로 내 밑에 탁발승 40명이 있습니다. 내가 곧 탁발승들에게서 금화 1만 닢을 모아 지참금을 지급하도록 해 드리지요. 그러나 오늘은 댁에서 음악을 들을 수 있다면 얼마나 기쁠지 모르겠소. 음악이란 어떤 자에게는 양식이 되고 어떤 자에게는 약이 되며 또 어떤 자에게는 부채처럼 기분을 상쾌하게 해 주는 것이니까요."

그런데 이 네 탁발승은 다름 아닌 교주 하룬 알 라시드와 그의 대신 바르마크 집안의 자파르, 하니의 아들 아부 알 노와스 알 하산,*35 그리고 검술가인 마스룰이었습니다. 이들이 이 집을 찾아온 이유는 교주가 대신을 불러 이렇게 말했기 때문입니다.

"오, 대신, 성 안으로 내려가 거리를 거닐어보고 싶다. 아무래도 마음이 울적해 못 견디겠는걸."

그래서 네 사람은 저마다 탁발승 차림을 하고 거리를 돌아다니다가, 우연히 이 집 앞에서 음악 소리를 듣고 그 연유를 알고 싶어 안내를 청했던 것입니다.

모두 진심으로 흥겨워하며 차례차례 이야기꽃을 피우는 동안 마침내 날이 밝았습니다. 교주는 금화 백 닢을 기도용 방석 밑에 넣어두고 알라딘에게 인사하고서 떠났습니다.

즈바이다가 방석을 들어 올리니 금화 백 닢이 나왔으므로 남편에게 말했습니다.

"이 기도용 방석 밑에 있는 금화 백 닢을 받으세요. 탁발승들이 우리가 모르는 사이에 두고 갔나 봐요."

알라딘은 그 돈을 가지고 시장에 가서 고기와 쌀, 기름 뺀 버터 등 여러 가지 필요한 물건들을 사왔습니다. 그날 밤 촛불을 켜면서 알라딘은 아내에게 말했습니다.

"그 탁발승들이 약속한 금화 1만 닢을 가져오지 않는데, 정말 가난뱅이들인 모양이지?"

두 사람이 이런 말을 하고 있을 때 간밤의 탁발승들이 또 문을 두드렸습니다.

"내려가서 문을 열어주세요."

알라딘은 탁발승들을 안내하면서 물었습니다.

"약속한 1만 닢을 가지고 왔습니까?"

그러자 탁발승들이 대답했습니다.

"실은 아직 조금도 걷히지 않았소. 하지만 염려 마시오. 내일은 당신을 위해 하다못해 연금술이라도 부릴 테니까. 그러니 오늘은 멋진 곡을 연주해 우리를 즐겁게 해 주시도록 부인께 말씀드려 주오. 우리는 음악을 무척 좋아한다오."

그래서 즈바이다는 류트를 집어 들고 무정한 돌마저 환희에 춤출 듯한 아름다운 가락을 켜기 시작했습니다. 탁발승들은 이날 밤도 즐겁게 지낸 뒤, 아침 해가 떠오르자 교주가 금화 백 닢을 기도용 방석 밑에 놓고 떠났습니다.

이렇게 탁발승들은 아흐레 동안 밤마다 알라딘을 찾아와서 아침이면 금화 백 닢씩을 기도용 방석 밑에 놓고 갔습니다. 그러나 열흘째되는 밤부터 탁발승들은 찾아오지 않았습니다.

거기에는 이런 까닭이 있었습니다. 교주가 어느 대상인에게 사자를 보내어 명령했습니다.

"카이로산 피륙을 50짝 가져오도록 하라. 그리고—"

—샤라자드는 날이 밝아오는 것을 깨닫고 이야기를 그쳤다.

258번째 밤

샤라자드는 이야기를 계속했다.

오, 인자하신 임금님, 진실한 신자인 교주는 상인에게 명령했습니다.

"카이로산 피륙을 50짝 가져오도록 하라. 그리고 그 한 짝 한 짝은 반드시 금화 1천 닢의 가치가 있는 것이어야 한다. 그 짐짝에 일일이 그 값을 뚜렷이 적어놓도록 하여라. 또 한 가지 부탁이 있는데, 아비시니아인 노예를 한 사람 데리고 와주기 바란다."

상인이 곧 교주의 명령대로 하자 교주는 그가 데리고 온 노예에게 황금 물주전자와 그 밖의 선물을 50짝의 짐과 함께 맡기고, 알라딘 앞으로 아버지 샤무스 알 딘을 보내는 사람으로 하여 편지 한 통을 썼습니다. 그리고 노예에게 일렀습니다.

"상인들 우두머리가 이러이러한 곳에 살고 있을 테니 그곳으로 찾아가 '알라딘 님 댁이 어디입니까?' 하고 물어라. 그러면 누군가가 그 집을 가르쳐줄 것이다."

노예는 편지와 물건을 가지고 길을 나섰습니다.

한편 즈바이다의 사촌오빠인 전남편은 여자의 아버지에게 가서 말했습니다.

"이제 알라딘한테 가서 이혼해 달라고 하십시다."

두 사람이 함께 집을 나서서 딸의 집 앞까지 와보니 피륙을 실은 수낙타 50필과 암낙타에 탄 검둥이 노예 한 명이 있었습니다.

두 사람은 물었습니다.

"이 짐은 누구의 것인가?"

"저의 젊은 주인 알라딘 아부 알 샤마트 님의 짐입니다. 아버지께서 알라딘 님에게 상품을 주시어 바그다드로 길을 떠나보냈는데, 도중에 아랍인 도둑 떼를 만나 몽땅 빼앗기고 말았습니다.

아버지께서 그 통지를 받고 '빼앗긴 물건 대신 이것을 가져가라'고 말씀하시며 저를 보내신 것입니다. 그리고 그 밖에 금화 5만 닢과 어마어마하게 비싼 옷 한 꾸러미, 그리고 담비가죽으로 만든 옷과 황금 물주전자도 있습니다."

이 말을 듣고 즈바이다의 아버지는 말했습니다.

"네가 찾는 사람은 바로 내 사위다. 내가 사위 집으로 안내해 주마."

한편 알라딘은 몹시 걱정하면서 집 안에 앉아 있었습니다. 그때 바깥에서 문 두드리는 소리가 났습니다. 그래서 알라딘은 말했습니다.

"오, 즈바이다, 아버님이 판관이나 경비대장, 아니면 관리를 보낸 게 아닐까?"

"아래로 내려가 상황을 살펴보세요."

알라딘이 마지못해 아래로 내려가 문을 여니, 상인 우두머리인 장인이 노새에 탄 검둥이 아비시니아인 노예를 하나 데리고 문 앞에 서 있었습니다. 노예는 알라딘을 보자 곧 나귀에서 내려 손에 입을 맞췄습니다. 알라딘이 물었습니다.

"무슨 볼일인가?"

"저는 이집트의 상인 우두머리 샤무스 알 딘의 아드님이신 알라딘 아부 알 샤마트 님의 하인입니다. 실은 아버님께서 맡아 두었던 이 짐을 아드님에게 전해 드리려고 왔습니다."

노예는 편지 한 통을 내밀었습니다. 편지에는 이런 사연이 적혀 있었습니다.

자, 내 편지를 받아라!
내 벗이 너를 만날 때는
너는 대지에 머리 조아리고
그 발치에 입을 맞추어라.
허둥대지 말고 조심하면서
행여 앞길을 서두르지 말라,
내 생명도 휴식도,
벗의 자애로운 손 안에 있으니.

샤무스 알 딘이 아들 아부 알 샤마트에게 진심으로 축복과 경의를 보낸다. 오, 아들이여, 나는 너와 함께 길을 떠난 사람들이 모두 살해되고 금품을 약탈당했다는 말을 바람결에 들었다.

그래서 지금 50짝의 이집트 피륙 말고도 옷 한 벌과 담비가죽옷, 황금 물주전자를 보낸다. 결코 재앙을 겁내지 말 것이며 이미 잃은 물건은 그대의 몸값으로 여기고 단념하여라. 더는 불행한 일이 일어나지 않도록 기도 하마. 어머니를 비롯한 가족들 모두 아무 탈 없이 행복하게 지내고 있으며, 모두 그대에게 안부를 전하고 있다. 오, 아들이여, 그리고 네가 어느 중매인의 주선으로 즈바이다라는 류트를 잘 켜는 여자와 결혼하여 그 지참금으로 금화 1만 닢을 재촉받고 있다는 말도 들었다. 그래서 얼마 안 되지만 노예 사람에게 우선 금화 5만 닢을 보낸다.

편지를 읽은 알라딘은 곧 짐을 받아 내리고 옆에 서 있는 장인에게 말했습니다.

"장인어른, 즈바이다의 지참금으로 금화 1만 닢을 받으십시오. 그리고 얼마 안 되지만 이 짐을 받으시고 상품을 처리하여 그 이익금을 가지십시오. 저는 본전만 받으면 됩니다."

"아니야, 나는 한 푼도 받지 않겠네. 또한 딸의 지참금에 대해서는 모든 것을 자네 아내와 의논해 결정하도록 하게."

그동안에 물품은 부지런히 집 안으로 날라져 들어왔습니다. 두 사람이 즈바이다에게 가자 딸이 아버지에게 물었습니다.

"아버지, 이게 누구 짐이에요?"

"네 남편 알라딘의 것이다. 알라딘의 아버님이 아랍인 도둑에게 빼앗긴 물건 대신 보내 주신 거란다. 그뿐만 아니라 아름다운 옷과 검정 담비가죽 옷, 승용 암노새 한 필, 그리고 황금 물주전자와 금화 5만 닢도 보내주셨단다. 지참금은 네 생각대로 하여라."

알라딘은 일어나 돈주머니를 끌러 약속대로 금화 1만 닢의 지참금을 즈바이다에게 주었습니다. 그것을 본 즈바이다의 사촌오빠는 하소연하며 도와주기를 간절히 바랐습니다.

"오, 큰아버님, 어떻게 해서든 즈바이다를 이혼시켜 저와 함께 살게 해 주십시오."

"이제 와서 그렇게 할 수는 없다. 지참금을 받은 이상 뭐라고 말할 수 없지 않으냐."

커다란 고통과 슬픔에 잠겨 집으로 돌아간 사촌오빠는 그대로 병석에 누워 얼마 지나지 않아서 그만 세상을 떠나고 말았습니다.

한편 알라딘은 물건을 받아놓고 곧 시장으로 나가 여느 때처럼 먹을 것을 사와 잔치를 준비하기 시작했습니다. 그리고 즈바이다에게 말했습니다.

"그 거짓말쟁이 탁발승들은 어떻게 된 걸까! 그토록 굳게 약속해 놓고 도무지 얼굴도 보이지 않으니."

"당신은 상인 우두머리의 아들이면서도 그 절반의 돈도 구하지 못했잖아요. 가난한 탁발승에게 그런 재주와 솜씨가 어디 있겠어요."

"전능하신 알라 덕분에 그들에게 부탁하지 않아도 되게 되었어. 이제 그 탁발승들이 찾아온다 해도 두 번 다시 문을 열어주지 말아야지."

"어째서요? 그 사람들 덕분에 우리 두 사람에게 행운이 찾아오지 않았어요? 그 사람들이 밤마다 기도용 방석 밑에 금화 백 닢씩 두고 갔었잖아요. 그러니 그분들이 찾아오면 문을 열어줘요 해요."

그러는 동안 해가 저물었으므로 두 사람은 촛불을 켰습니다. 알라딘이 말했습니다.

"자, 즈바이다, 음악을 들려주오."

그때 누가 문을 두드리는 소리가 들렸습니다. 즈바이다가 말했습니다.

"누가 왔는지 나가 보세요."

알라딘이 아래로 내려가 문을 열어보니 바로 그 탁발승들이었습니다.

"여, 거짓말쟁이 양반들! 자, 어서 들어오시오."

그들이 방으로 안내되어 자리에 앉자 음식상이 차려져 나왔습니다. 탁발승들은 그것을 먹고 마시며 차츰 유쾌해져 알라딘에게 물었습니다.

"주인 양반, 우리는 당신 일을 여러 가지로 걱정하고 있었는데, 당신과 장인 양반 사이의 일은 어떻게 되었소?"

"알라께서 내가 생각하던 것 이상으로 충분한 자비를 베풀어주셨습니다."

그러자 탁발승들은 입을 모아 말했습니다.

"우리도 정말 당신이 걱정되어 여러 가지로……"

—샤라자드는 날이 훤히 밝아오는 것을 깨닫고 이야기를 그쳤다.

259번째 밤

샤라자드는 이야기를 계속했다.

오, 인자하신 임금님, 탁발승들은 말을 이었습니다.

"우리도 정말 당신이 걱정되어 여러 가지로 애썼지만, 돈을 마련하지 못해 그동안 찾아오지 못했습니다."

"하지만 알라께서 대신 도와주셨습니다. 무슨 말인가 하면, 나의 아버지가 현금 5만 닢, 하나에 1천 닢이나 하는 피륙 50짐, 게다가 승용 노새와 담비가죽옷, 아비시니아인 노예, 황금 물주전자 등을 보내주셨으니까요. 게다가 장인과는 화해하고, 이 아내도 지참금을 지급하고 정식 아내로 맞아들였지요. 이 모든 것은 알라의 은혜이니, 알라를 칭송합시다!

그때 교주가 소변이 마려워 밖으로 나가자, 자파르가 알라딘 쪽으로 몸을 기울여 알라딘의 귀에 이렇게 속삭였습니다.

"부디 예의를 지켜야 하오. 그대는 지금 충실한 자들의 임금님이신 교주님 앞에 있단 말이오."

알라딘이 놀라면서 물었습니다.

"충실한 자들의 임금님이신 교주님 앞에서 내가 무례한 짓이나 하지 않았습니까? 어느 분이 교주님이신지요?"

"지금 변소에 가신 분이 대교주 하룬 알 라시드 님이시고 나는 대신 자파르요. 또 여기 있는 사람은 사형집행관 마스룰, 저 사람은 하니 왕가의 왕자 아부 노와스 하산이오. 그런데 알라딘, 카이로에서 바그다드로 여행하려면 며칠이나 걸릴까?"

"45일이 걸립니다."

"그런데 그대가 짐을 강탈당한 것은 겨우 열흘 전 일이 아닌가? 그런데 어떻게 그 소문이 그대 아버지 귀에 들어갔을까? 아니, 그보다도 45일이나 걸리는 길을 어찌 단 열흘 만에 그 많은 짐을 새로 마련하여 보낼 수 있었다고 생각하는가?"

"옳은 말씀입니다. 대신님, 그렇다면 그 짐은 어디서 온 것일까요?"

"말하나마나 저 교주님에게서 온 것이지. 교주님은 그대가 꽤 마음에 드신 모양이야."

두 사람이 이런 이야기를 하고 있는데 교주가 돌아왔으므로, 알라딘은 자리에서 벌떡 일어섰다가 교주 앞에 엎드렸습니다.

"오, 충실한 자들의 임금님, 알라의 가호 아래 만수무강하시기를! 그리고 모든 백성이 오래오래 교주님의 자비와 은총을 받을 수 있기를 비옵니다!"

"아, 그만하면 됐다. 그 대신 알라딘, 그대를 구해 준 기념으로 저 즈바이다에게 음악을 한 곡 켜게 해 주지 않겠는가."

즈바이다는 곧 분부대로 손에 익은 류트를 집어 들어, 무정한 돌도 기쁨에 떨고 류트의 줄까지 감격하여 감탄사를 외칠 만큼, 참으로 황홀한 가락을 켜기 시작했습니다.

교주를 비롯한 모두는 그날 밤도 즐겁고 유쾌하게 보낸 뒤, 이튿날 아침이 되자 교주는 알라딘에게 말했습니다.

"내일 알현실로 오게."

"오, 충실한 자들의 임금님, 그렇게 하겠습니다. 부디 신의 은총이 영원히 교주님 위에 내리시기를!"

이튿날 아침 알라딘은 쟁반 10개에 값진 선물을 수북하게 담아 교주의 궁전으로 갔습니다. 교주가 왕좌에 앉아 있었을 때, 알라딘은 이런 시를 읊으면서 알현실 입구에 모습을 나타냈습니다.

명예와 영광은 아침마다
임의 곁에서 섬기노라!
시기하는 무리의 코끝은
진흙 속에 처박혔도다!
아, 임의 세상은 영원히
눈처럼 하얗고
거역하는 자의 세상은
칠흑처럼 어두워라.

"오, 알라딘! 잘 왔다!"

"오, 충성 되고 선량한 자의 임금님, 예언자(알라의 축복과 가호가 있으시기를! *36)는 기꺼이 선물을 받으십니다. 이 10개의 쟁반에 담은 초라한 물건들은 교주님에게 바치는 저의 정성스러운 뜻입니다."

교주는 그것을 쾌히 받아들인 다음 답례로 알라딘에게 옷을 한 벌 내리고, 그 자리에서 상인 우두머리로 임명하여 알현실의 자리에 앉을 것을 허락했습니다.

알라딘이 교주 옆에 가까이 앉아 있는데 장인이 들어오더니, 알라딘이 교주가 하사한 예복을 입은 모습을 보고 교주에게 물었습니다.

"오, 시대의 교주님, 이 사람이 어찌하여 이 자리에 앉아 저런 예복을 입은 겁니까?”

교주가 대답했습니다.

“나는 알라딘을 상인 우두머리로 임명했다. 관직이란 임명과 해임에 의하는 것이므로 한평생 그 직책을 차지할 수는 없는 법이다. 그대는 오늘부터 직책을 면한다.”

“오, 충실한 자들의 임금님, 참 잘하셨습니다. 실은 이 젊은이는 제 사위입니다. 알라시여, 아무쪼록 우리 상인들을 크게 사용해 주소서! 오늘날까지 얼마나 많은 범인이 위대해졌던가!”

교주가 서임 발령장을 써서 총독에게 건네주자 총독은 다시 그것을 포고관[37]에게 내주었습니다. 그래서 포고관은 알현실 안을 돌아다니며 외쳤습니다.

“알라딘 아부 알 샤마트를 상인 우두머리로 임명한다. 모두 그 명령에 따르고 경의를 나타내며 복종해야 한다. 알라딘 아부 알 샤마트는 충성과 명예, 높은 지위에 어울리는 인물이다!”

알현이 끝나자 총독은 알라딘 앞에 포고관을 세워 바그다드의 거리로 나가 포고를 소리 높여 외치게 했습니다.

이튿날부터 알라딘은 가게를 열어 노예 사람에게 장사를 하게 한 다음, 자기는 날마다 말을 타고 알현실로 출사하게 되었습니다.

—날이 훤히 밝아오는 것을 알고 샤라자드는 이야기를 그쳤다.

260번째 밤

샤라자드는 이야기를 계속했다.

오, 인자하신 임금님, 어느 날, 알라딘이 여느 때처럼 알현실에 앉아 있으니 한 신하가 교주 앞으로 나아가 말했습니다.

“오, 충실한 자들의 임금님, 원하옵건대 교주님의 천수(天壽)가 술벗보다 더욱 기시기를 빕니다! 실은 그분이 전능하신 알라의 부르심을 받았습니다. 그러나 교주님께서는 만수무강하시기를!”[38]

이 말을 들은 교주가 물었습니다.

"알라딘은 어디 있느냐?"

알라딘은 급히 교주 앞으로 나가 엎드렸습니다. 교주는 곧 그에게 훌륭한 예복을 내주며 술벗으로 삼고 한 달에 금화 1천 닢의 봉급을 정해 주었습니다.

그리하여 그 새로운 지위에 있었던 어느 날, 여느 때처럼 알현실에 출사하여 교주 곁에 모시고 서 있는데 칼과 방패를 손에 든 한 태수가 들어와 보고했습니다.

"오, 충실한 자들의 왕이시여, 교주님의 천수가 저 60인조의 우두머리보다 길기를 빕니다. 실은 오늘 그분이 세상을 떠났습니다."

그러자 교주는 또 알라딘에게 예복을 내리고 처자식이 없었던 고인의 후임으로서 60인조의 우두머리로 임명했습니다.

알라딘이 그 뒤를 이어받자 교주가 말했습니다.

"그의 유해를 매장한 다음 유산과 노예와 시녀를 모두 그대가 갖도록 하라."*39

그리고 교주는 곧 손에 든 흰 수건을 흔들고서*40 알현실에서 나갔습니다. 알라딘도 우대장(右大將) 아마드 알 다나프와 좌대장(左大將) 하산 슈만의 호위를 받으며 물러났습니다.

알라딘과 말머리를 나란히 한 두 대장은 저마다 부하 40명을 거느리고 있었습니다.*41 얼마 뒤 알라딘은 하산과 그 부하를 돌아보며 말했습니다.

"오, 하산, 우대장 아마드 알 다나프에게도 나를 대신하여 말해 주게. 알라 앞의 성스러운 약속에 따라, 나를 아들로 맞이해 달라고."

그러자 아마드는 고개를 끄덕이며 말했습니다.

"저도 40명의 부하도 매일 아침마다 당신의 앞에 서서 알현실까지 모셔다 드리겠습니다."

그리하여 알라딘은 그 뒤 오랫동안 교주를 섬기고 있었는데, 어느 날 알현실을 물러나와 집으로 돌아가서 아마드와 그 부하들을 물러가게 한 다음 아내 즈바이다와 마주 앉았습니다. 즈바이다는 촛불을 켜놓고 볼일이 있어 밖으로 나갔습니다.

그런데 별안간 날카로운 비명이 들려 알라딘이 급히 달려가 보니, 즈바이다가 마루 위에 길게 쓰러져 있는 게 아니겠습니까? 아내의 가슴에 손을 대보니 이미 숨이 끊어진 뒤였습니다.

알라딘의 집 바로 맞은편이 처가였으므로 장인도 비명을 듣고 달려왔습니다.

"오, 알라딘, 무슨 일이냐?"

"장인어른, 당신의 수명이 딸인 즈바이다보다 길기를! 즈바이다가 별안간 죽어 버렸습니다. 고인에 대한 예에 따라 곧 매장해 주어야겠습니다."

그리하여 아침이 되기를 기다린 두 사람은 시체를 땅에 묻고 서로 슬픔을 위로했습니다.

그 뒤 알라딘은 상복을 입고 알현실에도 나가지 않으며 집안에 틀어박힌 채 비탄에 젖어 하루하루를 보내고 있었습니다. 교주가 자파르에게 물었습니다.

"대신이여, 알라딘이 어째서 요즘 알현실에 나오지 않는가?"

"오, 충실한 자들의 임금님, 알라딘은 아내 즈바이다의 죽음을 슬퍼하고 있습니다. 그리고 조문객의 응대에도 바쁜 모양입니다."

"그럼, 우리도 조문하러 가야겠구나."

교주와 대신은 종자 몇 명을 거느리고 말에 올라 알라딘의 집으로 갔습니다. 홀로 집에 앉아 있던 알라딘은 뜻밖에도 교주 일행이 찾아오자, 일어나 맞이하며 그 앞에 공손히 무릎을 꿇었습니다. 교주는 알라딘을 위로했습니다.

"알라께서 그대가 잃은 것을 부디 보상해 주시기를!"

"오, 충실한 자들의 임금님, 교주님에게 언제까지나 알라의 가호가 내리시기를 기원합니다!"

"알라딘이여, 그대는 어째서 알현실에 나오지 않는가?"

"오, 충실한 자들의 임금님, 그것은 아내 즈바이다의 상중에 있기 때문입니다."

"슬픔을 잊도록 하라, 즈바이다는 틀림없이 전능하신 알라의 곁으로 갔을 것이다. 슬퍼해 봐야 소용없는 일이지."

그러자 알라딘이 말했습니다.

"오, 충실한 자들의 임금님, 이 몸이 죽은 즈바이다 곁에 묻힐 때까지는 아무래도 슬픔을 떨칠 수가 없습니다."

"모든 죽음의 보상은 알라께서 행하시는 것이다. 어떤 재주로도 재물로도 죽음만은 면할 수 없어. 이렇게 노래한 시인은 조물주로부터 참으로 훌륭한 재주를 부여받았다고 할 수 있지."

아무리 오래 살아도
사람의 아들은
언젠가는 불룩한
관*42 위에 얹혀
저세상의 벌판으로 실려 갈 운명.
그러니 사람의 아들이
어찌 덧없는 환희를
맛볼 수 있으랴.
아, 가엾어라
뺨 위에 덧없는
먼지와 흙이 쌓일 것을.

교주는 알라딘을 진심으로 위로하고서, 다시 알현실로 출사하도록 일러
놓고 궁전으로 돌아갔습니다.

알라딘은 마지막 슬픔의 밤을 보내고, 이튿날 아침 일찍 말을 타고 출사하
여 교주 앞에 나아가 바닥에 엎드렸습니다. 교주는 벌떡 일어날 듯이 맞이하
며*43 알현실의 정해진 자리에 앉힌 다음 말했습니다.

"알라딘이여, 잘 왔다. 오늘 밤 나의 손님이 되어다오."

교주는 얼마 뒤 알라딘을 후궁으로 안내하여 쿠트 알 쿠르브라는 노예계
집을 불러 일렀습니다.

"이 알라딘에게는 즈바이다라는 아내가 있어 늘 노래를 불러 괴로움과 수
고를 달래주곤 했다. 그러나 불행히도 그 아내는 알라의 부르심을 받고 말았
지. 그러니 오늘은 네가 이 알라딘을 위해 류트를 한 곡 켜다오."

—날이 밝아오는 것을 알고 샤라자드는 이야기를 그쳤다.

261번째 밤

샤라자드는 이야기를 계속했다.

오, 인자하신 임금님, 교주의 명을 받은 쿠트 알 쿠르브가 일어나 매우 아름다운 가락을 노래하자, 교주는 알라딘에게 물었습니다.

"이 여자의 목소리가 어떠한가?"

알라딘은 대답했습니다.

"오, 충실한 자들의 임금님, 즈바이다의 목소리가 훨씬 더 아름답습니다. 그러나 류트 솜씨는 참으로 뛰어나 무정한 돌도 기쁨에 넘쳐 춤을 추는 듯합니다."

"마음에 드느냐?"

"예, 충실한 자들의 임금님."

"그럼, 내 생명과 조상의 무덤에 걸고, 이 여자를 그대에게 주리라. 그녀의 시녀들과 함께 딸려 보내주마."

알라딘은 교주가 농담하는 줄 알았지만, 교주는 이튿날 쿠트 알 쿠르브에게 가서 이렇게 말했습니다.

"나는 너를 알라딘에게 주었다."

알라딘의 모습을 본 뒤 사랑에 빠져버린 쿠르브는 이 말을 듣고 무척 기뻐했습니다. 교주는 후궁에서 알현실로 돌아오자 곧 짐꾼을 불러 분부했습니다.

"쿠르브와 시녀들의 물건을 모두 가마에 싣고 알라딘의 집으로 가져가거라."

짐꾼들은 곧 짐을 싣고 쿠르브도 함께 가마에 태워 알라딘의 별채로 안내했습니다.

한편 교주는 해가 질 때까지 알현실에 있다가 알현이 끝나자 자신의 후궁으로 돌아갔습니다.

쿠트 알 쿠르브는 자신을 포함한 시녀 40명과 환관들과 함께 알라딘의 집에 도착하자 곧 두 환관 노예를 불러 말했습니다.

"너희 가운데 하나는 문 앞 오른쪽 의자에, 또 하나는 왼쪽 의자에 앉아 있어라. 그리고 주인께서 돌아오시거든 둘이서 그 손에 입맞추고 '저희 주인 쿠르브 마님이 별채에서 나리가 오시기를 기다리고 계십니다. 교주님이 마님과 시녀들을 나리께 하사하셨습니다'라고 말씀드려라."

알라딘이 집에 돌아와 보니, 문 앞에 교주의 환관 두 사람이 앉아 있었으므로 깜짝 놀라 혼자 중얼거렸습니다.

"분명히 이건 내 집이 아니다. 그렇잖으면 무슨 일이 일어났나?"

환관들은 알라딘을 보자 곧 일어나 그 두 손에 입맞추며 말했습니다.

"저희는 교주님의 어전에서 일하는 노예로 쿠르브 님을 모시고 있습니다. 쿠르브 님께서 나리께 인사 말씀을 여쭈라시면서, 교주님이 그분께 많은 시녀를 딸려 나리에게 선물로 주셨다고 전하라 하십니다. 마님은 지금 별채에서 나리가 오시기를 기다리고 계십니다."

"그렇다면 그 부인에게 이렇게 여쭈어라. '잘 오셨소, 그렇지만 내 집에 머무는 동안은, 지금 당신이 있는 별채에는 절대로 가지 않을 것이오. 왜냐하면 임금님의 것을 신하가 차지할 수는 없는 일이니까요.' 그리고 또 한 가지, 이렇게 물어봐다오. '교주님의 궁전에 계셨을 때는 하루 비용이 얼마나 들었습니까?' 하고."

환관이 가서 그 말을 전하니 쿠르브는 대답했습니다.

"하루에 금화 백 닢이었어요."

그 대답을 듣고 알라딘은 속으로 중얼거렸습니다.

'교주님께서 하필 쿠르브 같은 사람을 주실 필요는 없었는데. 그토록 비용이 들어서야 견딜 수 있나. 이제 어쩔 수 없는 일이지만……'

결국 알라딘은 쿠르브와 얼마 동안 함께 살면서 매일 생계비로 금화 백 닢씩 여자에게 보내주었습니다.

그러던 어느 날, 알라딘은 알현실에 출사하는 일을 게을리했습니다. 그러자 교주가 자파르에게 말했습니다.

"대신이여, 내가 쿠르브를 알라딘에게 보낸 것은 다름이 아니라 그 여자가 아내를 대신하여 알라딘의 마음을 위로해 줄 거라고 생각했기 때문이다. 그런데 그자는 어째서 출사를 하지 않는 것일까?"

"오, 충실한 자들의 임금님, '여자를 얻은 자는 벗을 잊는다'는 옛사람의 말이 옳은가 봅니다."

대신이 이렇게 대답하자 교주가 말했습니다.

"아니야, 그자가 하는 일이니 무슨 까닭이 있을 거야. 어디 한 번 찾아가 볼까?"

그런데 그 며칠 전 알라딘이 자파르에게 이렇게 말한 적이 있었습니다.

"죽은 아내 즈바이다에 대한 슬픔을 교주님께 말씀드렸더니 쿠르브를 주시더군요."

"그대를 사랑하고 계시므로 그 여자를 주신 거야. 그런데 알라딘, 그대는 여자와 동침했는가?"

"아니, 알라께 맹세코 그런 짓은 하지 않습니다! 그 여자의 넓이가 얼마이고 길이가 얼마인지 도무지 알 수가 있어야지요."

"그게 무슨 말인가?"

"오, 대신님, 군주에게 어울리는 것은 신하에겐 맞지 않습니다."

이윽고 교주와 자파르는 변장을 하고 슬그머니 알라딘의 집을 찾아갔습니다. 그러나 재빨리 알아차린 알라딘은 자리에서 일어나 교주의 손에 입을 맞췄습니다. 교주는 알라딘 얼굴에 아직도 슬픔의 빛이 짙게 드리워진 것을 보고 말했습니다.

"오, 알라딘, 그대는 왜 이리도 오래도록 슬퍼하고 있는가? 아직 쿠르브에게 가지 않았는고?"

"오, 충실한 자들의 임금님, 군주에 어울리는 자는 노예에게 맞지 않습니다. 저는 아직 그 여자를 한 번도 찾아간 적이 없고 만져 본 일도 없습니다. 그러니 부디 여자를 데려가주십시오."

"그렇다면, 여자를 만나 일단 그쪽의 말을 들어보기로 하자."

"뜻대로 하십시오, 충실한 자들의 임금님."

교주는 곧 쿠르브의 방으로 찾아갔습니다.

—날이 훤히 밝아오는 것을 깨닫고 샤라자드는 이야기를 그쳤다.

262번째 밤

샤라자드는 이야기를 계속했다.

오, 인자하신 임금님, 교주가 방으로 찾아가자 쿠르브는 교주의 모습을 보고 얼른 일어나 두 손을 모으고 그 앞에 엎드렸습니다.

"알라딘이 그대 방으로 찾아왔던가?"

교주가 묻자 쿠르브가 대답했습니다.

"아니오, 교주님, 제가 심부름꾼을 보냈지만 도무지 찾아오시지 않습니다."

그래서 교주는 여자를 후궁으로 다시 데려가기로 하고 알라딘에게는 출사를 게을리하지 말라고 이르고서 궁전으로 돌아갔습니다.

이튿날 아침, 알라딘은 말을 타고 알현실에 가서 60인조 우두머리 자리에 앉았습니다. 이윽고 교주는 자파르 대신에게 금화 1만 닢을 주도록 재정관에게 명령한 다음 말했습니다.

"자파르여, 지금부터 노예시장에 가서 이 돈으로 알라딘을 위해 처녀를 하나 사오시오."

자파르는 분부대로 알라딘을 데리고 노예시장으로 갔습니다. 그런데 이날 우연히도 교주가 바그다드의 지사로 임명한 하리드 태수가 아들을 위해 노예계집을 사러 나와 있었습니다.

하리드에게는 아내 하툰과의 사이에 하부자람 바자자라는 외아들이 있었는데, 얼굴이 너무 못생긴 데다 20살이 되도록 말도 탈 줄 모르는 위인이었습니다. 이에 비해 아버지 하리드는 매우 용감하고 일을 딱 잘라 결정하는 기질이 있었습니다. 그는 위험한 밤바다*44에도 두말하지 않고 뛰어들 만큼 겁 없고 배짱이 두둑한 기수(騎手)였습니다.

어느 날 밤, 이 바자자가 꿈을 꾸다가 몽정을 하고 어머니에게 그 이야기를 하니, 어머니는 매우 기뻐하면서 아버지에게 말했습니다.

"저 애한테 색싯감을 찾아줘야겠어요. 저 애도 이제 어른이 되었으니까요."

그러자 아버지가 말했습니다.

"저놈은 지독히 못난 데다 더러운 냄새까지 나니, 저런 불결하고 천한 놈의 아내가 될 만한 여자는 어디를 찾아봐도 없을 거야."

"그럼, 노예계집을 사줍시다."

그리하여 전생의 인연이라고나 할까요, 참으로 우연히도 하필이면 같은 날, 자파르와 알라딘, 태수인 하리드와 그 아들이 노예시장에 나왔던 것입니다.

문득 보니 한 거간꾼이 얼굴 모양이며 맵시며 한 군데도 나무랄 것이 없는 참으로 아름다운 처녀를 팔러 나와 있었습니다.

대신이 거간꾼에게 말했습니다.

"여보게 거간꾼, 주인에게 이 여자를 금화 1천 닢에 팔지 않겠느냐고 물어봐 주게."

거간꾼이 여자를 데리고 하리드 지사 옆을 지나갈 때, 아들 바자자가 여자의 모습을 한 번 보고 천 번이나 한숨을 내쉬었습니다. 그만 홀딱 반하여 도무지 정신을 차릴 수가 없어서 아버지에게 졸랐습니다.

"아버지, 저 노예계집을 사주세요."

태수가 거간꾼을 부르자, 거간꾼이 여자를 데리고 왔습니다. 이름을 물으니 여자가 대답했습니다.

"네, 제사민이라고 합니다."

하리드는 아들에게 말했습니다.

"네 마음에 들면 더 비싼 값을 불러 흥정해 보아라."

바자자는 거간꾼에게 물었습니다.

"대체 값이 얼마나 붙었나?"

"금화 1천 닢입니다."

"그럼 1천 닢에 1닢 더 낼 테니 나에게 팔아라."

거간꾼이 알라딘에게 여자를 데리고 가서 얘기하자 알라딘이 말했습니다.

"나는 2천 닢을 내지."

이리하여 태수 아들이 금화 1닢을 올릴 때마다, 알라딘은 1천 닢씩 값을 올렸습니다. 바자자는 몹시 화가 나서 소리쳤습니다.

"여봐, 거간꾼! 이쪽보다 비싼 값을 부르는 놈이 대체 누구야?"

"저분은 자파르 대신이십니다. 알라딘 님을 위해 이 여자를 사시려 하십니다."

그러는 동안 알라딘 쪽에서 마침내 값을 1만 닢으로 올렸으므로 노예계집의 주인도 그 값에 여자를 내놓았습니다.

알라딘은 자기 것이 된 노예계집에게 말했습니다.

"전지전능하신 알라의 사랑을 위해 너를 자유로운 몸으로 해 주마."

그는 곧 혼인계약서를 만들고 여자를 집으로 데려갔습니다.

그런데 거간꾼이 수수료를 받고 돌아오니 태수의 아들이 물었습니다.

"그 여자는 어디 있나?"

"금화 1만 닢으로 알라딘 님에게 팔려, 자유로운 몸이 되어 결혼했습니다."

이 말을 듣고 태수의 아들은 무척 낙담하여 끊임없이 한숨을 내쉬면서 집으로 돌아갔습니다. 그리고 그 처녀가 너무 그리운 나머지 자리에 누운 채 식음을 전폐하고 말았습니다. 그 정도로 여자에게 반해 있었던 것입니다. 이 꼴을 보고 어머니가 물었습니다.

"오, 가엾어라! 대체 뭐가 그리 슬프니?"

"제사민을 사주세요, 어머니."

"오냐, 꽃장수가 지나가거든 광주리에 가득히 재스민을 사주마."

"아니, 향기를 맡는 재스민이 아니라 제사민이라고 하는 노예계집이에요. 아버지는 아무리 해도 그 여자를 사주지 않았어요."

이 말을 듣고 어머니는 아버지에게 말했습니다.

"왜 아들에게 그 처녀를 사주지 않았어요?"

"군주에게 어울린다고 신하에게 다 어울리는 것은 아니야. 내게는 그 여자를 살 만한 힘이 없어. 그 애를 산 것은 바로 60인조의 우두머리인 알라딘이란 말이야."

이윽고 아들의 병은 점점 깊어져서 마침내 잠도 자지 못하고 목구멍에 물 한 모금도 넘기지 못하게 되었습니다. 어머니는 슬픔의 머리띠로 머리를 동여매고 틀어박힌 채 아들 걱정만 하고 있었습니다.

그러던 어느 날, 뜻밖에 한 노파가 찾아왔습니다. 이 여자는 아마드 카마킴이라는 대도둑의 어머니로 세상에 잘 알려진 노파였습니다.

카마킴은 어떤 벽이라도 부수고 아무리 높은 데라도 기어오르며 눈동자에 바른 콜 가루까지 훔친다는[*45] 무서운 악당으로, 젊었을 때부터 나쁜 짓만 해 오다가 나중에는 야경대장을 하게 되었습니다.

그런데 어느 날 큰돈을 훔치다가 경비대장에게 발각되어 결국 교주 앞으로 끌려나갔습니다. 교주가 카마킴을 사형에 처하라고 명령하자, 그는 대신에게 살려달라고 애원했습니다. 교주는 대신의 중재를 거절한 적이 한 번도 없었기 때문에, 대신은 충실한 자들의 임금님에게 여러 가지로 이 대도둑을 변호해 주었습니다.

"그토록 세상에 해로운 놈을 굳이 살려주라는 것은 무슨 까닭인가?"

그러자 자파르는 말했습니다.

"오, 충실한 자들의 임금님, 저자를 옥에 가두십시오. 감옥이라는 것을 최초로 만든 사람은 반드시 현자였음이 틀림없습니다. 감옥이란 살아 있는 자의 무덤이요, 죄인의 적에게는 기쁨이 되는 곳이니까요."

그래서 교주는 카마킴을 옥에 가두고 그 문에 이렇게 써 붙이도록 명령했습니다.

"한평생 여기 가두어 둘 것을 명령하노라. 시체가 되어 관에 들어갈 때까지 포박을 풀지 말지어다."

명령을 받은 사람들은 카마킴에게 차꼬를 채우고 곧 감옥에 가두었습니다. 카마킴의 어머니는 태수이자 경비대장인 하리드의 집에 늘 드나들면서, 평소에는 아들의 감옥을 찾아가 넋두리를 하곤 했습니다.

"내가 뭐라더냐, 빨리 그릇된 길에서 손을 떼라고 그렇게 말하지 않더냐."

그때마다 카마킴은 대답했습니다.

"이것도 모두 알라께서 정해 주신 일이지요. 하지만 어머니, 태수부인에게 가거든 영감에게 잘 말해 달라고 부탁 좀 해 주시오."

이날 노파가 하툰 부인을 찾아가니 웬일인지 비탄에 젖어 머리를 싸매고 있었습니다.

"무엇 때문에 그리 슬퍼하고 계십니까?"

"아들 하부자람 바자자 때문이라오."

"오, 가엾어라! 대체 무슨 일이신데요?"

어머니 하툰 부인이 자초지종을 들려주자 노파는 말했습니다.

"마님, 만일 아드님을 구해 드릴 사람이 있다면 어떻게 하시겠습니까?"

"어떤 방법으로?"

"실은 저는 아마드 카마킴이라는 도둑의 어미입니다. 아들은 지금 옥에 갇혀 종신형 도장이 찍힌 차꼬를 차고 있습니다. 그러니 마님께서는 가장 좋은 옷을 입으시고 또 가장 값비싼 보석으로 단장하신 다음 방긋 웃으시며 명랑한 얼굴로 나리에게 가십시오. 그러면 나리께서는 어느 남자나 여자에게 다 하는 짓을 마님에게도 틀림없이 하실 거예요. 그때 한 번 딱 잘라 거절하셔서 깜짝 놀라시게 한 다음 이렇게 말씀하세요.

'정말 이상도 하지! 남자가 아내에게 무언가 요구할 때는 무리를 해서라도 어떻게든 들어주는데, 아내 쪽에서 요구하는 것은 좀처럼 들어주지 않거든요.'

그러면 나리께서 물어보실 겁니다.

'무언가 원하는 게 있소?'

그러면 이렇게 말씀하셔야 해요.

'먼저 제 청을 들어주시겠다는 맹세를 하세요.'

그래서 나리가 자신의 목을 걸고 알라께 맹세하시거든 이렇게 말씀하세요.

'이혼서약도 해 주세요.'

그리고 이렇게 말씀하시며 끝까지 굳건하게 나가, 어떻게 해서든 서약을 하게 만드시는 거예요.

'당신은 아마드 카마킴이라는 사내를 옥에 가두셨는데, 그 사나이에게는 가엾은 어머니가 있답니다. 바로 그 어머니가 나를 찾아와 온갖 사정을 호소하고 있어요. 당신에게 부탁하여 교주님의 용서가 내리도록 해 주시면 그 아들도 잘못을 뉘우치며 고칠 테고, 아마 당신에게도 알라의 좋은 보답이 있을 거예요.'"

이 말을 듣고 하툰 부인이 대답했습니다.

"잘 알았어, 그렇게 해 보지."

그리하여 남편이 방으로 들어오자……

—날이 훤히 밝아오는 것을 알고 샤라자드는 이야기를 그쳤다.

263번째 밤

샤라자드는 이야기를 계속했다.

오, 인자하신 임금님, 하리드 태수가 아내의 방에 들어오자 하툰 부인은 노파가 시킨 대로 말하여 마침내 이혼서약을 시킨 다음 비로소 남편의 욕정에 몸을 맡겼습니다.

날이 밝자 하리드 태수는 온몸을 목욕하고 새벽 기도를 드린 다음 곧바로 감옥으로 찾아가 물었습니다.

"여봐라, 대도둑 아마드 카마킴, 너는 자신이 한 짓을 뉘우치고 있느냐?"

"예, 진심으로 뉘우치고 있습니다. 알라를 향해 조금도 거짓 없이 용서를 빌고 싶습니다."

이 말을 들은 하리드 태수는 사내를 옥에서 끌어내(그러나 차꼬를 채운 채로) 궁전으로 데리고 가서 교주 앞에 엎드렸습니다.

"오, 하리드 태수, 무슨 일인가?"

하리드 태수는 차꼬의 쇠사슬을 철커덕거리는 카마킴을 앞으로 끌어냈습니다. 교주는 깜짝 놀라 말했습니다.

"오, 카마킴이구나. 아직도 살아 있었느냐?"

카마킴이 대답했습니다.

"오, 충실한 자들의 임금님, 이 불행한 놈이 아직도 살아 있습니다."

교주는 태수를 향해 물었습니다.

"무엇 때문에 이놈을 데리고 왔는고?"

"오, 충실한 자들의 왕이시여, 이자에게는 가엾은 늙은 어미가 있습니다. 하늘에도 땅에도 이자 말고는 의지할 데가 없는 노파입니다. 그 늙은 어미가 종종 저의 집에 와서 부디 임금님께 부탁해 아들이 자기 잘못을 뉘우치고 있으니, 쇠사슬을 풀고 원래대로 야경대장을 시켜주십사 애원하고 있습니다."

교주는 카마킴에게 물었습니다.

"네가 지은 죄를 참회하고 있느냐?"

"오, 충실한 자들의 임금님, 진심으로 알라 앞에 참회하고 있습니다."

이 말을 듣고 교주는 대장장이를 불러 사슬을 끊어주도록 명령했습니다. 그리고 전에 하던 일을 다시 하게 해 준 다음 앞으로는 올바르게 살도록 타일렀습니다. 카마킴은 교주의 손에 입을 맞추고서 야경대장 제복으로 갈아입고 사람들에게서 축하의 말을 들으면서 교주 앞을 물러났습니다. 한편, 포고관들은 거리를 다니면서 카마킴의 야경대장 임명을 널리 알렸습니다.

그 뒤 카마킴이 열심히 임무를 수행하고 있던 어느 날, 그 어머니가 태수 부인을 찾아가니 부인이 말했습니다.

"당신 아들을 옥에서 꺼내주고 건강하게 잘 지내도록 해 주신 알라 신께 감사드리도록 하시오! 그런데 당신은 우리 하브자람 바자자를 위해 그 제사민이라는 노예계집을 어떻게 해서든 되찾아오도록 왜 아들에게 말하지 않는 거요?"

"예, 말하지요."

노파가 그 길로 집에 돌아가 보니 카마킴은 술에 취해 있었습니다.

"애야, 네가 석방된 것은 다름 아닌 태수님의 마님 덕분이란다. 그 마님이 어떻게 해서든 알라딘 놈을 죽이고 노예계집 제사민을 바자자 님에게 데려다달라고 하시는구나."

"그까짓 일이야 식은 죽 먹기지요. 오늘 밤에라도 해치우겠습니다."

그날은 초하룻날이었습니다. 이런 날 밤 교주는 언제나 노예계집과 백인 노예를 자유롭게 해 주거나, 그와 비슷한 종류의 일을 치리한 다음 즈바이다 왕비와 함께 지내곤 했습니다.

이때 교주는 늘 왕의 옷을 벗어 염주, 단검, 도장반지 등과 함께 거실 의자 위에 놓아두곤 했습니다. 또 교주는 소지품 가운데 보석 세 개를 금실로 꿰어 장식한 황금램프를 늘 소중히 여기고 있었는데, 즈바이다 왕비의 방으로 들어갈 때 그것들을 모두 환관에게 맡겨두었습니다.

한편 대도둑 카마킴은 밤이 깊어져 하늘에 별이 반짝이고, 살아 있는 것들이 모두 잠들어 조물주가 밤의 어둠으로 만물을 감싸버릴 때를 기다리고 있었습니다. 이윽고 칼을 뽑아 오른손에 들고 왼손에 갈고리 밧줄과 사다리를 든 그는 교주의 거실 밑으로 다가가 사다리를 건 다음 처마 끝을 향해 갈고리 밧줄을 던졌습니다.

카마킴이 그 밧줄을 타고 지붕에 올라가 환기창을 열고 거실로 내려가니 환관들은 모두 깊이 잠들어 있었습니다. 그 한 사람 한 사람에게 마약 냄새를 맡게*46 하고는 왕의 옷을 비롯하여 단검, 염주, 손수건, 도장반지, 진주로 장식한 황금램프 등을 모두 훔쳐 유유히 밖으로 나와 그 길로 알라딘의 집에 갔습니다.

그때 알라딘은 혼례잔치를 마치고 제사민과 다정하게 잠자리를 같이하고 있었습니다. 제사민은 그날 밤 아기를 잉태했습니다.

대도둑 카마킴은 벽을 기어올라 손님방으로 숨어들어 바닥의 낮은 부분*47 에서 대리석을 한 장 젖힌 다음, 거기에 구멍을 판 뒤 황금램프만 남겨놓고 훔친 것을 모두 그 속에 묻었습니다.

그리고 원래대로 대리석을 덮은 다음 자기 집으로 돌아가며 혼잣말을 했습니다.

"그럼 이제부터 한잔하기로 할까, 이 황금램프를 앞에 두고 불빛을 향해 건배해야지.”

이튿날 아침, 교주가 거실에 들어가 보니 환관들이 마약에 취해 잠들어 있었으므로 한 사람 한 사람 깨웠습니다. 그리고 의자 위를 보니 옷, 염주, 단검, 수건, 램프 모두 사라지고 없어서 불같이 노하여 '분노의 옷'인 진홍색 의상*48을 입고 알현실로 나갔습니다.

자파르 대신이 앞으로 나와 바닥에 엎드리며 말했습니다.

“오, 충실한 자들의 임금님, 알라께서 모든 재앙을 제거해 주시기를!”

“대신, 참으로 큰일이 일어났다.”

“대체 무슨 일이십니까?”

교주는 간밤에 일어난 일을 짤막하게 얘기했습니다. 그때 경비대장을 겸하고 있는 하리드가 대도둑 카마킴과 함께 말을 타고 나타났습니다. 교주는 노발대발하며 물었습니다.

“여봐, 하리드, 이 바그다드의 성 안의 상황이 어떠한가?”

“예, 아주 평온합니다.”

“거짓말 마라!”

“오, 신심 깊은 자들의 임금님, 어째서 그러십니까?”

교주는 자세한 이야기를 하고 끝으로 덧붙였습니다.

“그대에게 명령하는데 잃어버린 물건들을 반드시 찾아오라.”

“오, 충실한 자들의 임금님, 식초벌레는 식초 속에 있는 법입니다.*49 미리부터 아는 자가 아니면 이 궁전에 절대 숨어들 수 없습니다.”

교주는 귀도 기울이지 않고 말했습니다.

“명령한 물건들을 찾아오지 않으면 그대를 사형에 처하리라.”

“저를 처형하시기 전에 먼저 이 카마킴을 처형해 주십시오. 이 아경대장 말고는 도둑이나 모반자를 아는 자가 아무도 없습니다.”

이 말에 카마킴이 앞으로 나아가 말했습니다.

“부디 경비대장님을 용서해 주십시오. 이 범인에 대해서는 제가 책임지고 이 잡듯이 샅샅이 뒤져 반드시 찾아내고 말겠습니다. 그런데 이런 나쁜 짓을 하는 자는 교주님을 비롯하여 태수님과 그 밖의 분들을 두려워하지 않는 놈이오니, 저에게 대판관과 입회인을 두 사람씩 빌려주시기 바랍니다.”

“좋다, 필요한 것은 뭐든지 주마. 그러니 먼저 이 궁전에서 시작하여 다음은 대신의 저택, 그리고 60인조 우두머리 집을 차례로 수색하도록 하라."

"그리하겠습니다. 이렇게 대담하기 짝이 없는 짓을 한 놈은 궁전이나 중신의 집안에서 자란 자임이 틀림없습니다."

"좋다, 내 목에 걸고 이러한 소행을 한 놈이 밝혀지면 비록 그것이 내 아들일지라도 반드시 사형에 처하리라."

이리하여 카마킴은 다른 사람의 집에 들어가서 마음대로 수색해도 좋다는 허가장을 받았습니다.

—날이 훤히 밝아오는 것을 알고 샤라자드는 이야기를 그쳤다.

264번째 밤

샤라자드는 이야기를 계속했다.

오, 인자하신 임금님, 카마킴은 곧 놋쇠와 구리, 철을 똑같이 섞어서 만든 쇠몽둥이를 손에 들고 수색에 나섰습니다.

맨 먼저 교주의 궁전을, 다음에는 자파르 대신의 저택을, 그리고 시종과 태수들의 저택을 차례차례 수색해 나간 끝에 마침내 알라딘의 집에 왔습니다.

문 앞이 별안간 떠들썩해졌으므로 알라딘은 아내 제사민을 방에 두고 아래로 내려가 문을 열었습니다. 문 앞에 경비대장이 소란스럽게 모여 있는 많은 사람 가운데 둘러싸여 서 있었습니다.

"오, 하리드 태수님, 무슨 일이 일어났소?"

하리드는 대충 사정을 설명했습니다.

"그럼, 집 안에 들어와 찾아보시오."

"미안합니다. 알라딘, 당신은 신용이 두터운 분입니다. 그러한 분이 배신자가 된다는 것은 당치도 않은 일이지요!"

"어쨌든 집 안을 샅샅이 수색해 보시오."

경비대장은 판관과 입회인을 거느리고 집 안으로 들어갔습니다. 그리하여 아마드 카마킴은 똑바로 거실의 한 단 낮은 곳으로 나아가 자기가 훔친 물건을 묻어 둔 그 구덩이 위 대리석을 쇠망치로 쾅하고 내리쳤습니다. 대리석이 여러 조각으로 갈라지면서 그 밑에 무언가 반짝반짝 빛나는 것이 보였습니다.

카마킴은 느닷없이 소리쳤습니다.

"비스밀라! —알라의 이름으로! 마실라! —알라의 뜻에 따라! 알라의 은 총으로 운 좋게 찾았구나. 어디 이 구멍이에 들어가 안을 조사해 볼 테니 잠 깐만 기다리시오."

판관과 입회인들이 들여다보니 거기에 찾고 있던 물건이 숨겨져 있었으므로 우선 도난품을 발견한 보고서*50를 작성하고 모두 거기에 도장을 찍었습니다.

그리고 그 자리에서 알라딘을 포박하고 머리의 터번을 벗기고서, 집 안에 있는 모든 금전과 재산을 낱낱이 장부에 써넣었습니다. 그동안 카마킴은 알라딘의 씨를 잉태한 아내 제사민을 빼돌려 자기 어머니에게 맡기면서 말했습니다.

"자, 이 여자를 태수 마님에게 데리고 가시오."

노파는 곧 제사민을 데리고 하툰 부인을 찾아갔습니다.

아들 바자자는 제사민을 한 번 보자 갑자기 기운이 나서 일어나 앉아 솟아오르는 기쁨에 가슴을 떨면서 여자에게 다가가려고 했습니다.

그러나 제사민은 재빨리 허리춤에서 단도를 뽑아들고 위협했습니다.

"옆에 오지 마세요. 다가오면 당신을 죽이고 나도 죽어 버리겠어요."

이 소리를 듣고 바자자의 어머니가 소리쳤습니다.

"뭐야? 이 계집년아! 내 아들의 말을 들어줘라!"

"이 암캐 같은 여자! 한 여자가 두 남자에게 몸을 허락하다니, 어디에 그런 법이 있소? 개를 어떻게 사자의 집에 들일 수 있단 말이오!"

이 말을 들은 못생긴 바자자는 더욱더 연정이 불타올라, 고뇌와 채울 수 없는 욕정 때문에 또다시 병이 나서 그대로 자리에 쓰러져 물 한 모금도 넘기지 못하게 되고 말았습니다.

그러자 어머니는 제사민에게 말했습니다.

"오, 이 못된 년 같으니! 너는 어째서 내 아들을 괴롭히고 나에게 이런 슬픔을 주느냐? 좋다, 나도 너를 괴롭혀 줄 테다. 게다가 알라딘 놈은 반드시 목이 잘릴 테니 그리 알아라!"

"나는 죽어도 그분만을 사모할 거예요."

바자자의 어머니는 벌떡 일어나 제사민이 입고 있던 비단옷과 보석을 벗기고 그 대신 삼베 속곳과 거친 털실로 짠 속옷을 입힌 다음 부엌으로 쫓아내 그대로 하녀로 만들고 말았습니다.

"내 말을 듣지 않는 벌이다. 앞으로는 장작을 쪼개고 양파를 벗기고 아궁이에 불을 지피는 부엌일이나 시킬 테니 그리 알아라."

그러나 제사민은 태연히 대답했습니다.

"어떤 괴로운 벌도 비천한 일도 상관없어요. 하지만 당신 아들을 보는 것만은 죽어도 사양하겠어요."

그런데 이 역시 알라의 뜻이었겠지요, 같은 노예계집들이 모두 제사민을 가엾게 여겨 부엌일을 대신해 주었습니다.

이야기는 바뀌어, 알라딘은 도난품과 함께 알현실로 끌려나갔습니다.

교주는 잃었던 물건이 돌아온 것을 보고 물었습니다.

"어디서 찾았느냐?"

"하필이면 알라딘 아부 알 샤마트의 집, 그것도 집 한복판에서 발견되었습니다."

교주가 몹시 분노하며 물건을 받아 들고 살펴보니 황금램프가 보이지 않았습니다.

"여봐라, 알라딘, 램프는 어디에 두었느냐?"

"저는 훔친 적이 없습니다. 저는 아무것도 모릅니다. 본 적도 없습니다. 따라서 아무 말씀도 드릴 수가 없습니다."

"무엇이, 이 배신자 같으니! 너를 가까이 둔 은혜를 잊고 너는 나를 뒷발질로 찬단 말이냐. 너를 믿었던 나를 배반하다니, 도대체 그 이유가 무엇이냐?"

그러고 나서 교주는 알라딘을 교수형에 처하라고 명령했습니다.

경비대장이 알라딘을 끌고 거리로 나가자 포고관이 앞장서서 소리 높여 외쳤습니다.

"이것은 참다운 신앙의 주인인 교주에게 반역한 자가 받는 대가로써 가장 가벼운 벌이다!"

이윽고 사람들은 교수대가 세워진 형장으로 떼지어 모여들었습니다.

한편 알라딘의 장인 아마드 알 다나프는 어떻게 되었을까요? 그는 마침 그때 친구들과 정원에 나가 즐겁게 술잔을 기울이고 있었습니다. 거기로 별안간 알현실에서 물시중을 드는 관리가 달려와 그 손에 입을 맞추며 말했습니다.

"오, 아마드 알 다나프 님, 흐르는 물을 발아래 굽어보면서[*51] 이렇게 태평스레 놀고 계시는 걸 보니 아직 아무것도 모르시는 모양이군요."

"무슨 일인데 그러느냐?"

"관리들이 당신이 알라 앞에서 서약하고 사위로 삼으신 알라딘 님을 교수대로 끌고 갔습니다."

"뭣이? 이거 큰일 났구나. 하산 슈만, 어떻게 구해낼 방법이 없을까? 그건 그렇고 자네는 이 일을 어떻게 생각하나?"

"알라딘 님은 틀림없이 억울한 죄를 뒤집어썼을 겁니다. 누군지 알라딘을 적으로 삼은 자가 함정에 빠뜨린 겁니다."

"어떻게 하면 좋을까?"

"인샬라! 어쨌든 구출해 내야 합니다!"

아마드는 곧 감옥으로 달려가서 옥지기에게 말했습니다.

"누구든 사형에 해당하는 죄를 지은 자를 한 사람 끌어내주게."

옥지기는 죄수 가운데 알라딘을 가장 닮은 자를 끌어내 건네주었습니다. 그자의 머리에 보자기를 씌운 다음, 아마드 알 다나프와 카이로의 알리 알자이바크[*52] 사이에 세워 형장으로 데리고 갔습니다.

마침 그때 관리들이 알라딘을 교수대 옆에 세워두었는데, 아마드가 나아가 집행인의 발을 콱 밟았습니다.

그러자 집행인이 말했습니다.

"비켜, 나는 내 의무를 다하는 거야."

아마드는 대답했습니다.

"말이 안 통하는 놈이군. 이 사내를 알라딘 대신 처형해! 알라딘은 억울한 죄를 뒤집어썼으니, 아브라함이 이스마엘을 대신하여 숫양을 죽인 것처럼, 이자를 대신 죽이자는 거다."

그래서 사형 집행인은 그 죄수를 알라딘 대신 교수대에 매달았습니다.

아마드와 알리가 알라딘을 데리고 집으로 돌아가자 알라딘은 아마드에게 말했습니다.

"장인어른, 알라께서 반드시 장인어른께 크나큰 복으로 보답해 주실 겁니다."

"오, 알라딘—"

—날이 밝아오는 것을 알고 샤라자드는 이야기를 그쳤다.

265번째 밤

샤라자드는 이야기를 계속했다.

오, 인자하신 임금님, '재앙'[3]의 아마드가 소리쳤습니다.

"오, 알라딘, 대관절 어쩌다가 그런 짓을 했나? '그대 반역자가 될지언정 그대 믿는 자를 배반하지 말지어다'라고 말한 사람에게 알라의 은총이 내리시기를! 교주님은 자네를 높은 자리에 앉히고 '진실한 자' 또는 '충성스러운 신하'라는 칭호까지 내리시지 않았나. 그런데 어째서 교주님을 배신하고 그의 물건을 훔쳤는가?"

"장인어른, 알라께 맹세코 저는 그런 짓을 하지 않았습니다. 누가 그런 짓을 했는지도 모릅니다."

"그렇다면 자네에게 적의를 품은 놈의 소행이 틀림없다. 어떤 놈이건 머지않아 반드시 그 대가를 치를 것이다. 하지만 알라딘, 이렇게 된 이상 자네는 이 바그다드에서 어물쩍거리고 있어서는 안 돼. 임금님이란 일단 정한 일은 절대 뒤집지 않으니 말이다. 피해 다니는 신세가 되어서야 어디 견디겠느냐?"

"그럼, 어디로 가면 좋겠습니까?"

"알라딘, 내가 알렉산드리아로 데리고 가주마. 그곳은 참으로 축복받은 곳이지. 푸른 나무와 숲이 울창해서 정말 편안하게 머물 수 있을 것이네."

"그럼, 장인어른 말씀대로 하겠습니다."

아마드는 하산 슈만에게 일렀습니다.

"뒷일을 잘 부탁한다. 만일 교주님께서 물으시면 시골로 여행을 떠났다고 대답해 둬라."

그리하여 아마드는 알라딘을 데리고 바그다드를 떠났습니다. 그들이 쉬지 않고 나아가는 동안, 이윽고 도시에서 멀리 떨어진 포도원과 과수원이 있는 곳에 이르렀습니다. 거기서 교주의 세관인 유대인 두 명이 노새를 타고 오는 것과 마주쳤습니다.

아마드가 두 사람에게 말했습니다.

"나에게 공물을 바쳐라."

"당신에게 왜 공물을 바쳐야 하오?"

"내가 이 계곡의 감시인이거든."

그러자 유대인들은 저마다 금화 백 닢씩 내놓았습니다. 아마드는 돈을 받자 느닷없이 두 사람을 베어 죽이고 노새를 빼앗아 한 마리는 자기가 타고 한 마리는 알라딘을 태워 다시 여행을 계속했습니다.

그러는 동안 아야스*53 도시에 도착하여 나귀를 맡겨놓고 대상객주에서 하룻밤을 잤습니다. 아침이 되자 알라딘은 자기 노새를 팔고 아마드의 노새는 대상객주 주인에게 맡긴 다음, 아야스 항에서 배를 타고 이집트의 알렉산드리아로 떠났습니다.

알렉산드리아에 도착한 두 사람은 그 길로 시장에 갔습니다. 마침 그때 시장의 거간꾼이 방이 딸린 가게 하나를 950닢에 경매에 부치고 있었습니다. 알라딘이 1천 닢 값을 부르자 원래 그 가게는 국고 소유였으므로 거간꾼은 두말없이 내놓았습니다.

거간꾼에게 열쇠를 받은 알라딘은 가게 문을 열고 안을 양탄자와 깔개로 장식했습니다. 가게에는 창고가 하나 딸려 있고 그 안에 돛대, 그물, 선원용 손궤짝, 염주와 자패(紫貝)*54 껍데기를 담은 자루, 등자, 도끼, 장도칼, 가위 같은 물건들이 가득 들어 있었습니다. 전 주인이 고물상이었기 때문입니다.

알라딘이 가게 앞에 자리 잡고 앉자 아마드가 말했습니다.

"알라딘, 이 가게와 방, 그리고 상품이 모두 자네 것이 되었으니 이곳에 머무르면서 장사를 하게. 전능하신 알라께서 장사가 잘되도록 해 주실 테니 자신의 운명에 대해 이러쿵저러쿵 불평하지 말고."

그리고 아마드는 사흘 동안 함께 묵은 다음 나흘째에 작별을 고하면서 말했습니다.

"내가 다음에 올 때는 교주님의 허락을 얻어서 올 것이고, 또 누가 그런 나쁜 짓을 했는지 조사해서 알아올 테니 그때까지 꾹 참고 견뎌야 하네."

이 말을 남기고 아마드는 다시 배를 타고 아야스로 가서, 대상객주에 맡겨 두었던 노새를 찾아 바그다드로 돌아갔습니다.

아마드는 집에 돌아가다가 '역병신'인 하산과 그 부하들을 만나 물었습니다.

"교주님께서 나에 대해 묻지 않으시던가?"

"아니오, 당신에 대한 일은 완전히 잊고 계신 듯합니다."

그 뒤로 아마드는 천연스레 교주를 옆에서 좇아 섬기며 은밀하게 알라딘의 일이 어떻게 된 것인지 캐내려 애쓰고 있었습니다. 그러던 어느 날 교주가 대신에게 이렇게 말하는 소리가 들려왔습니다.

"오, 자파르, 그 알라딘 놈이 어쩌다가 그런 괘씸한 짓을 저질렀을까?"

"오, 충실한 자들의 임금님, 그자는 교수형을 받음으로써 그 죄를 갚지 않았습니까?"

"아니다, 처형장에 가서 그놈이 교수대에 매달려 있는 꼴을 내 눈으로 보고 싶다."

"좋을 대로 하십시오."

교주는 자파르를 앞세우고 처형장으로 갔습니다. 눈을 들어 교수대를 보니 처형을 당한 자는 '진실한 자' 알라딘 아부 알 샤마트가 아니었습니다.

"오, 대신, 이것은 알라딘이 아니다!"

"어째서 아니라고 하십니까?"

"알라딘은 키가 작았는데 이 사내는 크지 않으냐?"

"목을 매달면 늘어집니다."

"하지만 알라딘은 살결이 흰데 이자의 얼굴은 검지 않으냐?"

"사람이 죽으면 검어지는 것을 교주님은 모르십니까?"

이윽고 교주는 교수대에서 시체를 내리게 하여 자세히 살펴보았습니다. 그런데 발뒤꿈치에 장로 아부 바크르와 오마르라는 이름이 적혀 있었습니다.[*55]

"여봐라, 대신, 알라딘은 수니파였는데 이자는 반대파인 시아파가 아닌가?"[(4)]

"숨겨진 일을 모두 아시는 알라께 영광을! 우리 인간은, 이것이 알라딘인지 다른 사람인지 알 수가 없습니다."

그리하여 교주의 명령으로 시체가 매장되자, 그 뒤로 알라딘에 대한 것은 처음부터 이 세상에 없었던 것처럼 잊히고 말았습니다.

한편 하리드 태수의 아들 바자자는 끝까지 여자를 애타게 사모하다가 마침내 애가 타서 죽고 말았습니다. 젊은 유부녀 제사민은 달이 차서 진통이 오자 달님 같은 옥동자를 낳았습니다.

"이름을 뭐라고 짓지?"

친구인 노예계집이 묻자 제사민은 대답했습니다.

"아버지가 살아계셨더라면 이름을 지어주셨을 텐데. 나는 아슬란이라고 부르겠어."

그로부터 2년이 지나 젖을 뗄 무렵이 되자 아슬란은 기어다니다가 일어서고, 일어서자 걷기 시작했습니다.

어느 날 아슬란은 어머니가 부엌에서 바삐 일하는 사이에 아장아장 걸어나가 계단을 올라 손님방으로 들어갔습니다. 마침 하리드 태수가 앉아 있다가 그 아슬란을 무릎에 안아 올리고 이렇게 아름다운 아이를 창조하신 신을 칭송하면서 유심히 얼굴을 들여다보다가 알라딘 아부 알 샤마트와 똑 닮은 것을 알았습니다.

이때 어머니 제사민은 아슬란이 사라진 것을 깨닫고 여기저기 찾아다녔으나 아무데도 보이지 않았습니다. 그래서 계단을 올라가 손님방 앞으로 가보니 하리드가 아이를 무릎에 앉혀놓고 아주 좋아하고 있지 않겠습니까?

아슬란이 어머니를 보고 달려가려 하자 하리드는 아이를 가슴에 꼭 껴안고 제사민에게 말을 건넸습니다.

"이리 오너라."

제사민이 다가가자 그는 물었습니다.

"이 아이는 누구의 아이냐?"

"제가 낳은 아이입니다."

"그럼, 아비는?"

"아버지는 알라딘 아부 알 샤마트라고 합니다. 이 아이는 이제 주인님의 아들이나 마찬가지입니다."

"알라딘은 반역자였는데."

"알라여, 부디 남편을 반역의 대죄에서 구해 주소서! '진실한 자'인 남편이 반역자라니 당치도 않습니다!"

"이 아이가 자라서 성인이 되어 '내 아버지는 누구예요?' 하고 묻거든 '너는 태수이자 경비대장인 하리드의 아들이다'라고 말해 주어라."

"네, 알았습니다."

하리드는 아슬란에게 할례의식을 치러주고 소중하게 키우는 한편, 법률과 종교 학자를 초빙하고 뛰어난 글씨 선생을 불러 읽기와 쓰기도 가르쳤습니다.

아슬란은 코란을 두 번만 읽고도 암송할 정도로 머리가 좋았습니다. 그리하여 태수를 아버지라 부르며 성인으로 자라났습니다.

태수는 그를 말터로 데려가 기사들을 모아놓고 전술과 창 던지는 법, 검술을 가르쳐주어서 14살 되는 봄을 맞이했을 때는, 무예와 용맹이 뛰어나고 재능과 기예를 갖춘 기사가 되어 태수의 지위까지 이어받을 수 있게 되었습니다.

어느 날, 아슬란은 우연히 대도둑 아마드 카마킴을 알게 되어 함께 어느 술집으로 들어갔습니다. 그때 카마킴은 교주의 거실에서 훔쳐낸 보석 박힌 황금램프를 꺼내 앞에 두고 그 아름다운 불빛에 건배하면서 잔을 거듭하는 동안 어느덧 술에 잔뜩 취하고 말았습니다. 그때 아슬란이 말했습니다.

"대장님, 그 램프를 나에게 주지 않겠습니까?"

"이건 안 돼."

"어째서요?"

"이 램프 때문에 목숨을 잃은 사람이 있으니까."

"누가 죽었는데요?"

"전에 이 도성에 와서 60인조의 우두머리를 지낸 알라딘 아부 알 샤마트라는 자가 이 램프 때문에 목숨을 잃었지."

"그건 또 무슨 까닭으로요? 어쩌다가 목숨을 잃었습니까?"

"자네에게 하브자람 바자자라는 형이 있었는데, 그 형이 16살이 되어 색시를 맞을 나이가 되었을 때 자네 아버님이 제사민이라는 노예계집을 사주려고 하셨지."

카마킴은 사건의 발단부터 바자자가 병이 난 일, 그리고 알라딘이 죄도 없이 처형받은 일까지 자세히 이야기해 주었습니다.

이 말을 들은 아슬란은 마음속으로 생각했습니다.

'그 노예계집이란 아마 어머니를 두고 하는 소리인가 보다. 그렇다면 나의 아버지는 바로 그 알라딘이 틀림없어.'

아슬란은 카마킴과 헤어지고 무거운 마음으로 술집을 나왔는데 돌아오는 길에 '재앙'의 아마드 알 다나프를 만났습니다. 아슬란을 본 아마드는 이렇게 외쳤습니다.

"견줄 자 없는 알라께 영광 있으라!"

옆에 있던 '역병신' 하산이 아마드에게 물었습니다.

"나리, 무얼 그리 감탄하고 계십니까?"

그러자 '재앙'의 아마드가 대답했습니다.

"저기 오는 사내의 모습을 보니 알라딘을 그대로 닮지 않았는가?"

그리고 아슬란을 불러 물었습니다.

"오, 이보게, 자네 이름과 자네 이름이 무엇인가?"

"제 이름은 아슬린이고, 어머니의 이름은 제사민이라고 합니다."

"그렇다면, 아슬란, 잘 들어라. 마음을 단단히 먹고 정신을 똑바로 차려야 한다. 네 아버지는 바로 알라딘 아부 알 샤마트라는 사람이다. 어머니에게 가서 잘 물어보아라."

"그렇게 하지요."

아슬란은 어머니에게 가서 물어보았습니다.

"네 아버님은 하리드 태수님이시다."

"아니, 틀려요, 제 아버님은 알라딘 아부 알 샤마트라는 분입니다."

그러자 어머니는 눈물을 흘리면서 물었습니다.

"대체 누가 그런 말을 하더냐?"

"호위대장 아마드 알 다나프 님입니다."

어머니는 하는 수 없이 모든 것을 숨김없이 이야기해 준 다음 이렇게 덧붙였습니다.

"애야, 이제야 진실이 드러나고 허위는 사라졌구나.[*56] 알겠느냐, 너의 친 아버지는 알라딘 님이란다. 그러나 너를 양자로 삼아 교육하고 키워준 것은 하리드 태수님이야. 그러니 다음에 아마드를 만나거든 '대장님, 알라께 맹세 코 부탁합니다. 아버지를 죽인 놈에게 원수를 갚도록 해 주십시오!' 하고 부탁하여라.'"

아슬란은 이 말을 듣고 어머니 앞에서 물러났습니다.

—날이 밝아오는 것을 알고 샤라자드는 이야기를 그쳤다.

266번째 밤

샤라자드는 이야기를 계속했다.

오, 인자하신 임금님, 아슬란은 어머니 앞에서 물러나 그 길로 '재앙'의 아마드 알 다나프를 찾아가 그 손에 입을 맞췄습니다.

"오, 아슬란, 어쩐 일인가?"

"제 아버지가 알라딘 아부 알 샤마트라는 사실을 분명히 알았습니다. 그러니 부디 아버지를 죽인 원수를 갚아주십시오."

"네 아버지의 원수가 대체 누구란 말이냐?"

"대도둑 카마킴입니다."

"누가 그런 말을 하더냐?"

"교주님의 물건과 함께 없어진 그 보석 박힌 황금램프를 요전에 그놈이 가진 것을 제가 보았습니다. 그래서 제가 물었지요.

'그 램프를 나에게 주지 않겠습니까?'

카마킴은 고개를 저었습니다.

'이 램프 때문에 목숨을 잃은 사람이 있어서 줄 수 없어.' 그리고 놈은 교주의 궁전에 들어가 여러 가지 물건을 훔쳐내 그것을 아버지의 저택에 감추어 둔 사람이 바로 자기라고 털어놓았습니다."

이 말을 들은 아마드는 아슬란에게 일러주었습니다.

"다음에 하리드 태수가 무장하고 나가는 것을 보거든 이렇게 부탁하여라. '저도 갑옷을 입고 함께 따라가겠어요.' 그리고 같이 가서 충실한 자들의 임금님 앞에서 뭔가 공을 세우도록 해. 그러면 교주님은 반드시 물으실 거야. '오, 아슬란, 무슨 소원이 없느냐?' 그때 이렇게 대답하여라. '제가 바라는 것은 오직 하나, 제 아버지를 죽인 원수에게 복수하는 겁니다.' '네 아버지는

아직 살아 있지 않으냐? 경비대장인 하리드 태수가 네 아버지가 아니더냐?'

만일 교주님께서 이렇게 말씀하시거든 '아닙니다. 저의 아버지는 알라딘입니다. 하리드 태수님은 저를 키워준 양아버지이십니다.' 그런 다음 카마킴에 관한 이야기를 모두 말씀드려라. 그리고 '오, 충실한 자들의 임금님, 부디 그놈을 체포하도록 명령해 주십시오. 그러면 그놈의 품속에서 반드시 그 황금 램프를 꺼내 보여 드리겠습니다.' 이렇게 부탁하는 거다. 알겠느냐?"

"예, 잘 알았습니다."

아슬란이 하리드 태수에게 돌아가니, 마침 그때 교주의 궁으로 들어갈 채비를 하고 있었으므로 곧 부탁했습니다.

"저도 아버님처럼 무장하고 함께 알현실에 따라가고 싶습니다."

그러자 태수는 아슬란에게 전투에 필요한 장비를 갖추어준 다음 함께 궁으로 갔습니다.

그날 교주는 군대를 이끌고 바그다드 교외로 나가 천막과 막사를 설치했습니다. 군대는 두 자루로 나뉘어 열을 지은 다음, 공놀이를 시작하여 한쪽에서 막대로 공을 쳐 보내면 상대가 이를 되받아 쳐 돌려보내곤 했습니다.

그런데 군대 속에 교주를 암살하기 위해 고용된 한 첩자가 섞여 있다가, 공놀이가 시작되자 대뜸 공을 잡더니 막대를 휘둘러 교주의 얼굴을 향해 공을 때렸습니다. 그 순간 아슬란이 번개처럼 재빠르게 공을 되받아 치는 바람에 공은 첩자의 가슴팍에 명중했고, 첩자는 그 자리에 쓰러지고 말았습니다.

교주는 매우 감탄하여 이렇게 외쳤습니다.

"오, 아슬란이여! 그대 위에 알라의 은총이 있기를!"

모두 말에서 내려 걸상에 앉자, 교주는 공을 친 괴한을 앞으로 끌어내오게 하여 심문했습니다.

"누구의 사주를 받고 이 같은 짓을 했느냐? 너는 적이냐, 아군이냐?"

"물론 적이다. 당신을 죽일 작정이었다."

"왜 이런 짓을 했느냐? 너는 이슬람교도가 아니냐?"

"나는 그리스도교도다."

교주는 첩자를 처형하라고 명령한 다음 아슬란에게 물었습니다.

"소원이 있거든 말해 보라."

"제가 바라는 것은 오직 아버지를 죽인 원수에게 복수하는 것뿐입니다."

"네 아버지는 멀쩡하게 살아 있지 않으냐?"

"누구를 가리키는 말씀이십니까?"

"경비대장인 하리드 태수 말이다."

"오, 충실한 자들의 임금님, 그분은 저의 친아버지가 아닌 양아버지입니다. 저의 친아버지는 알라딘 아부 알 샤마트입니다."

"그렇다면 네 아버지는 반역자가 아니냐?"

"오, 충실한 자들의 임금님, '진실한 자'가 반역자가 된다는 건 당치도 않은 일입니다. 아버지가 도대체 어떤 반역행위를 했습니까?"

"알라딘은 내 옷과 소지품을 모두 훔쳐갔다."

"오, 충실한 자들의 임금님, 아버지는 반역자가 아닙니다. 교주님 옷을 도둑맞았을 때 같이 잃어버렸던 황금램프는 그 뒤에 찾으셨습니까?"

"아니, 아직 못 찾았다."

아슬란은 무릎걸음으로 앞으로 나아가 아뢰었습니다.

"제가 카마킴이 그 램프를 가진 것을 보았습니다. 그래서 그것을 저에게 주지 않겠느냐고 했더니 이 램프 때문에 목숨을 잃은 자가 있어 줄 수 없다고 말했습니다. 카마킴은 또 하리드 태수의 아들 바자자가 제사민이라는 여자를 사랑한 나머지 병에 걸린 일이며, 자기가 어떻게 하여 체포를 모면했는가 하는 이야기와 교주님의 옷과 램프를 훔쳐 낸 게 바로 자기라고 거짓 없이 사실대로 다 말했습니다.

오, 충실한 자들의 임금님, 우리 아버지를 죽인 카마킴을 찾아 원수를 갚게 해 주십시오."

이 말을 듣자 교주는 당장 명령했습니다.

"너희들은 가서 카마킴을 체포하라!"

부하들은 곧 힘을 모아 카마킴을 잡아들였습니다. 교주가 물었습니다.

"경비대장 아마드 알 다나프는 어디 있느냐?"

경비대장이 앞으로 나와 엎드리자 교주는 그에게 카마킴의 몸을 수색하라고 명령했습니다. 그랬더니 그 품속에서 황금램프가 나왔습니다.

교주는 노한 목소리로 물었습니다.

"이 배은망덕한 놈, 이리 오너라! 네놈은 어디서 이 램프를 손에 넣었느냐?"

"오, 충실한 자들의 임금님, 이것은 제가 산 것입니다."

교주는 거듭 물었습니다.

"어디서 샀단 말이냐?"

그리고 사람들을 시켜 카마킴을 죽도록 매질하여 마침내 황금램프를 비롯하여 옷을 훔쳤다는 것을 자백받았습니다.

"이 반역자 놈, 어째서 네놈은 이런 짓을 하여 충성스러운 알라딘을 모함할 생각을 했느냐?"

그리고 카마킴뿐만 아니라 하리드 태수까지 매질하라고 명령했습니다. 그러자 하리드가 말했습니다.

"오, 충실한 자들의 임금님, 저는 정말 억울합니다. 저는 임금님의 명령에 따라 알라딘을 교수형에 처했을 따름입니다. 게다가 그 음모는 노파와 카마킴과 제 아내 세 사람이 짜고 한 일이라 저는 아무것도 몰랐습니다. 오! 아슬란, 너도 부디 잘 말씀 드려다오."

그래서 아슬란이 교주에게 양아버지를 위해 여러 가지로 해명하자, 교주는 하리드에게 물었습니다.

"이 젊은이의 어머니는 어떻게 되었느냐?"

"저의 집에 있습니다."

"그렇다면 명령하겠는데, 그대는 아내에게 일러 아내의 의복과 장신구를 아슬란의 어머니에게 주고 전처럼 지체 높은 부인으로 돌아가게 하라. 그리고 알라딘의 저택 봉인을 뜯고 토지와 저택을 비롯한 재산을 모두 그 아들에게 주도록 하라."

"그렇게 하겠습니다."

하리드는 집으로 돌아가 아내에게 일러 제사민에게 아내의 옷을 입히게 했습니다. 그리고 자기는 손수 알라딘의 집 봉인을 뜯고 그 열쇠를 아슬란에게 넘겨주었습니다.

교주가 아슬란에게 말했습니다.

"오, 아슬란, 무슨 소원이 있거든 사양 말고 말해 보라."

"소원이오니 부디 아버지를 만나게 해 주십시오."

이 말을 듣고 교주는 눈물을 흘리며 말했습니다.

"네 아버지는 아마 틀림없이 교수형에 처해 이 세상에는 없는 것으로 안다만, 내 조상의 명예에 걸고, 만일 그가 아직 살아 있다는 기쁜 소식을 전해 주는 자가 있다면 그자에게 원하는 대로 상을 내리리라."

이 말을 듣고 '재앙'의 아마드가 앞으로 나아가 교주 앞에 두 손을 짚고 엎드렸습니다.

"오, 충실한 자들의 임금님, 그 상을 저에게 주십시오!"

"좋다, 그대에게 주마."

"그렇다면 기쁜 소식을 전해 드리겠습니다. 진실한 자요, 충성스러운 신하인 알라딘은 무사히 살아 있습니다."

"아니, 뭐라고?"

"제 말은 결코 거짓이 아닙니다. 이제야 말씀드립니다만, 제가 직접 알라딘과 다른 사형수를 바꿔치기했기 때문입니다. 그리고 알라딘은 지금 알렉산드리아에서 가게를 하나 열고 고물장사를 하고 있습니다."

이 말을 듣고 진실한 신자들의 임금님이 말했습니다.

─날이 훤히 밝아오는 것을 알고 샤라자드는 이야기를 그쳤다.

267번째 밤

샤라자드는 이야기를 계속했다.

오, 인자하신 임금님, 교주는 '재앙'의 아마드 알 다나프에게 말했습니다.

"그렇다면 알라딘을 이리로 데리고 오라."

"분부대로 하겠습니다."

교주는 아마드에게 금화 1만 닢을 내렸고, 아마드는 곧 알렉산드리아를 향해 길을 떠났습니다.

얘기는 바뀌어, 알라딘은 세월이 흐르는 동안 가게의 물건을 거의 팔아버리고 겨우 몇 점밖에 남아 있지 않았는데, 그 가운데 기다란 가죽 자루가 하나 있었습니다.

어느 날 무심코 그 가죽 자루를 흔들어 보니 황금사슬에 꿴 보석이 손바닥에 넘칠 만큼 나왔습니다. 그리고 보석의 많은 표면 가운데 다섯 군데에, 마치 개미가 기어간 자국처럼 가느다란 글씨로 이름과 주문이 새겨져 있었습니다.

알라딘은 그 다섯 면을 하나하나 문질러 보았지만 무슨 내용인지 도무지 알 수가 없어서 속으로 이렇게 중얼거렸습니다.

'아마 이것은 줄무늬 마노인가보다.'

그러고는 그것을 가게 앞에 매달아 두었습니다.

마침 돈 많은 프랑크인[*57] 상인이 지나가다가 가게 앞의 보석을 보고 성큼성큼 안으로 들어와 알라딘에게 물었습니다.

"이 보석은 팔 것이오?"

"예, 여기 있는 것은 모두 파는 것입니다."

"그럼 이것을 금화 8만 닢에 파시오."

"그런 가격이라면 다른 가게에 가서 찾아보시지요."

"그럼 10만 닢이면 어떻소?"

"좋습니다, 10만 닢이라면 팔지요. 값을 치르십시오."

"그런 큰돈은 지금 갖고 있지 않소. 알렉산드리아에는 강도와 사기꾼이 많으니까요. 그러니 배까지 같이 가주지 않겠소? 그러면 값을 치른 다음 앙고라 털, 공단, 비로드, 폭넓은 나사 직물을 각각 한 짝씩 당신에게 드리리다."

알라딘은 일어나 그 보석을 내주고는 가게 문을 닫고 이웃 사람에게 열쇠를 맡기면서 이렇게 부탁했습니다.

"이분에게 보석값을 받으러 함께 배에 갔다 올 테니 그동안 이 열쇠를 맡아 주시오. 만일 내가 없는 동안 이 가게를 차려준 아마드라는 사람이 찾아오거든 이 열쇠를 주고 내가 간 곳을 일러 주시오."

그리고 프랑크인 상인을 따라 배에 가서 갑판으로 올라가니, 상인은 공손히 걸상을 권하면서 부하에게 일렀습니다.

"돈을 가져오너라."

부하가 돈을 가지고 오자 상인은 보석값을 치른 다음 약속한 네 짝의 상품에 한 짝을 더 곁들여 모두 다섯 짝의 물건을 주었습니다.

거래가 끝나자 상인이 말했습니다.

"음식을 좀 대접하고 싶은데요."

알라딘은 대답했습니다.

"물이 있으면 한 그릇 주십시오."

프랑크인 상인은 과일즙을 가지고 오라고 일렀습니다. 이윽고 부하가 가져온 과일즙에는 마취약이 들어 있었으므로 그것을 단숨에 들이켠 알라딘은 이내 정신을 잃고 뒤로 자빠져버렸습니다. 그들은 알라딘을 둘러메고 가서 배 안 창고에 처넣고는 그대로 출발했습니다.

배는 순풍을 타고 화살처럼 달려가 뭍이 완전히 보이지 않게 되자 선장*58은 알라딘을 끌어내 정신이 들게 하는 약을 맡게 했습니다.

알라딘이 눈을 뜨고 물었습니다.

"여기가 대체 어디요."

"우리 손에 들어온 이상 아무리 버둥대봤자 소용없다. 네놈이 내가 그 보석 값을 10만 닢이라고 불렀을 때 싫다고 했더라면, 더욱 심한 대접을 받았을 것이다."

"당신은 누구요?"

"나는 이 배의 선장이다. 너를 지금부터 내 계집에게 데려다줄 참이다."

선장이 이렇게 말하고 있는데 별안간 이슬람교도 상인 40명을 태운 배 한 척이 나타났습니다. 선장은 곧 그 배를 습격하여 갈고리가 달린 밧줄로 배와 배를 단단히 연결한 다음 부하를 이끌고 저쪽 배에 올라타더니 손쉽게 모조리 약탈하고 말았습니다. 그리고 노획물을 옮겨 실은 다음, 그 배를 끌고 다시 항해를 계속하여 이윽고 제노바에 도착했습니다.

알라딘을 납치한 선장은 곧 상륙하여 뒷문이 바다를 향하고 있는 궁전으로 갔습니다. 그러자 베일을 쓴 여자가 다가와 물었습니다.

"그 보석과 주인을 데리고 왔습니까?"

"둘 다 틀림없이 가지고 왔습니다."

"그럼, 보석을 이리 주세요."

선장은 여자에게 보석을 내주고 항구로 돌아가 대포를 쏘아 무사히 도착했다는 것을 알렸습니다.

그 소리를 들은 도시의 왕은 선장이 돌아온 것을 알고 곧 마중 나와 물었습니다.

"이번 항해는 어땠는가?"

"아주 좋았습니다. 게다가 돌아오는 길에 이슬람교도 상인 41명을 사로잡아 왔습니다."

"그럼 그들을 상륙시키도록 하라."

선장은 곧 상인들을 쇠사슬로 묶어 상륙시켰는데, 그 속에 알라딘도 끼여 있었습니다.

이윽고 왕과 선장은 말을 타고 포로를 끌고 갔습니다. 알현실에 들어가자 프랑크인들은 포로를 한 사람씩 차례로 왕 앞에 끌고 갔습니다. 맨 먼저 끌려나온 자에게 왕이 물었습니다.

"오, 이슬람교도여, 너는 어디서 왔느냐?"

"알렉산드리아에서 왔습니다."

그러자 왕은 외쳤습니다.

"여봐라, 망나니, 이놈을 사형에 처하라!"

망나니는 칼을 쳐들어 그 자리에서 포로의 목을 치고 말았습니다. 이리하여 차례차례 목을 치는 동안 마침내 41명 가운데 알라딘 한 사람만이 남게 되었습니다.

이슬람교도들의 마지막 고통을 끝까지 지켜본 알라딘은 마음속으로 이렇게 중얼거렸습니다.

'신이시여, 부디 자비를 내려주소서! 알라딘이여, 너도 이제 이것으로 끝이구나.'

이윽고 왕은 알라딘에게 물었습니다.

"이번에는 네 차례다. 너는 어디서 왔느냐?"

"알렉산드리아에서 왔습니다."

"여봐라, 망나니, 이놈의 목도 쳐버려라."

망나니가 칼을 치켜들고 목을 치려는 바로 그 순간, 보기에도 지체 있어 보이는 한 노파가 왕 앞에 나타났습니다.

왕이 일어나 인사하자 노파가 말했습니다.

"오, 임금님, 선장이 포로를 데리고 돌아오거든 모두 죽이지 말고 교회의 막일꾼으로 부릴 자를 한두 사람 남겨달라고 그토록 부탁 드렸는데 벌써 잊으셨습니까?"

왕은 황송해하면서 말했습니다.

"오, 어머니, 좀더 빨리 오셨더라면 좋았을 것을! 그러나 아직 한 사람 남아 있으니 데리고 가십시오."

노파는 알라딘을 돌아보며 물었습니다.

"교회의 막일을 하는 것이 낫겠는가, 아니면 여기서 죽는 것이 낫겠는가? 어느 쪽이든 대답해 보라."

"교회 일을 보게 해 주십시오."

이리하여 노파가 알라딘을 데리고 교회로 가자 알라딘이 물었습니다.

"어떤 일을 하면 됩니까?"

"새벽에 일어나 노새를 다섯 마리 이끌고 숲으로 가서 장작을 잘게 쪼개 부엌으로 나르고, 양탄자를 내다 깨끗이 털고 그 아래의 돌과 대리석을 닦은 다음 양탄자를 원래대로 깔아야 한다. 그 일이 끝나면 밀 다섯 말을 꺼내 체에 쳐서 맷돌에 간 다음 가루를 반죽하여 교회에서 먹을 비스킷을 만들어라.

또 누에콩 두 말을 채에 쳐서 고른 다음 찧어서 삶아야 한다. 그다음에는 물통으로 물을 길어 수반 네 개에 가득 채우고 나서, 그릇 366개에 비스킷을 담고 그 위에 아까 삶은 누에콩 수프를 부어 승려와 승정(僧正)님들에게 한 그릇씩 나누어 드려야 한다."

이 말을 듣고 알라딘은 말했습니다.

"그렇다면 차라리 임금님께 돌려보내 죽여주십시오. 그런 힘든 일을 하느니 차라리 죽는 편이 나을 테니까요."*59

"네가 이 일을 진심으로 정성껏 정직하게 한다면 목숨만은 살려주겠다. 그게 싫다면 임금님에게 돌려보내 죽여 버릴 것이다."

이런 말을 남기고 노파는 가버렸습니다. 혼자 남은 알라딘은 시름에 잠겨 가만히 앉아 있었습니다.

그런데 이 교회에는 앉은뱅이 장님이 10명 살고 있었습니다. 그 가운데 한 사람이 알라딘에게 말했습니다.

"요강을 가져다주게."

알라딘이 가져다주니 거기에 대변을 보고는 그것을 버려달라고 했습니다.

알라딘이 시키는 대로 해 주자 그가 말했습니다.

"여보게, 머슴 양반, 그대 위에 구세주의 축복이 있기를!"

그때 노파가 느닷없이 나타나 알라딘을 꾸짖었습니다.

"어째서 너는 일을 하지 않느냐?"

"손이 두 개밖에 없는데 어떻게 그토록 많은 일을 한꺼번에 할 수 있겠습니까?"

"바보 같은 소리 마라. 너를 이리로 데려온 것은 오직 일을 시키기 위해서야. 그러니 이 지팡이(그것은 꼭대기에 십자가가 달린 구리 지팡이였습니다)를 가지고 큰길에 나가 도시의 관리를 만나거든 우리 주 구세주의 이름으로 교회에 예배를 드리러 나오라고 말해라. 그러면 싫다고는 하지 않을 것이다. 그리고 밀을 주어 채에 쳐서 반죽한 뒤 비스킷을 만들게 하는 거야. 만일 불평하는 자가 있거든 때려주어라. 누구든 상관없으니 겁낼 것 없다."

"알았습니다."

그는 노파가 하라는 대로 누구고 할 것 없이 불러다 교회 일을 시켰습니다. 그러는 동안 어느덧 17년이라는 긴 세월이 흘렀습니다.

어느 날 갑자기 그 노파가 찾아와 말했습니다.

"잠깐 교회 밖으로 나가줘야겠다."

"나가라니, 대체 어디로 가라는 말입니까?"

"주막이나 친구네 집에 가서 자면 되지 않느냐?"

"무슨 까닭으로 나가라는 겁니까?"

"실은 이 도시의 국왕 요한나*⁶⁰ 님의 공주 후순 마리암 님이 교회를 방문하신다니 눈에 거슬리는 게 있어서는 안 되기 때문이다."

알라딘은 노파가 시키는 대로 그곳을 떠나 바깥으로 나가는 척했으나 실은 마음속으로 이런 생각을 하고 있었습니다.

'공주님이란 아라비아 여자처럼 생겼을까? 그렇잖으면 더 예쁠까? 어쨌든 밖에 나가지 말고 한 번 보기로 하자.'

알라딘이 다시 돌아와서 사원 안이 잘 보이는 창문이 있는 창고 속에 몸을 숨기고 가만히 지켜보고 있으니 이윽고 공주가 조용히 나타났습니다.

그 모습을 한 번 본 알라딘은 저절로 한숨이 나왔습니다. 공주는 구름을 헤치고 나타난 보름달이 이토록 아름다우랴 싶을 만큼 예뻤습니다. 곁에는 한 젊은 시녀가 따르고 있었습니다.

— 날이 밝아오는 것을 깨닫고 샤라자드는 이야기를 그쳤다.

268번째 밤

샤라자드는 이야기를 계속했다.

오, 인자하신 임금님, 알라딘은 공주의 모습을 지켜보다가 그 옆에 섦은 시녀가 한 명 따르고 있는 것을 알아차렸습니다.

공주가 젊은 시녀에게 하는 말이 들려왔습니다.

"오, 즈바이다, 당신이 함께 있어 주어 얼마나 마음이 든든한지 모르겠어요."

알라딘이 새삼 그 시녀 얼굴을 자세히 바라보니 틀림없이 죽은 자신의 아내로 류트를 잘 타던 즈바이다가 아니겠습니까? 그때 공주가 다시 말했습니다.

"자, 류트를 한 곡 들려주어요."

"공주님이 제 소원을 들어주시고 약속을 지키시기 전에는 음악을 들려 드릴 수 없습니다."

"내가 당신에게 무엇을 약속했지요?"

"진실한 자이자 충실한 신하인 제 남편 알라딘과 다시 함께 살게 해 주겠다고 말씀하시지 않았습니까?"

"이봐요, 즈바이다, 너무 걱정하지 말고 기운 내요. 그리고 그 알라딘과 다시 만나게 된 감사의 표시로 한 곡 부탁하겠어요."

"네? 그럼 제 남편은 어디 있나요?"

"당신 남편은 저 창고 속에 숨어서 우리가 하는 얘기를 엿듣고 있어요."

이 말을 들은 즈바이다는 곧 류트를 들어 바위마저 기뻐서 춤출 듯한 가락을 켰습니다. 그것을 들으니 알라딘은 아내가 너무나 그리워서, 창고 속에서 뛰쳐나가 다짜고짜 즈바이다에게 덤벼들어 품에 꼭 껴안았습니다. 즈바이다도 그것이 자기가 찾고 있던 남편임을 깨닫자 힘껏 마주 끌어안으며 너무나 기쁜 나머지 정신을 잃고 그대로 쓰러지고 말았습니다.

마리암 공주가 두 사람에게 장미수를 뿌렸습니다. 이윽고 정신을 차린 두 사람에게 공주가 말했습니다.

"신께서 당신들을 다시 만나게 해 주셨어요."

"오, 공주님, 모든 게 공주님의 친절한 마음씨 덕분입니다."

알라딘은 정중하게 인사하고서 아내를 돌아보며 물었습니다.

"오, 즈바이다, 당신은 틀림없이 죽어서 무덤에 묻혔는데 어떻게 살아나 이런 곳에 있는 것이오?"

"오, 여보, 나는 죽지 않았어요. 마신의 부하가 나를 채어 이리 데려온 거예요. 당신이 무덤에 묻은 사람은 실은 내 모습으로 바뀌어 죽은 척했던 마녀신이었어요. 당신이 무덤에 묻자 마녀신은 곧 무덤을 뚫고 밖으로 나와 자기 여주인인 이 마리암 공주에게 돌아왔지요. 마신에게 홀려 정신을 잃은 내가 눈을 떴을 때는, 이미 여기 계신 공주님께 온 뒤였어요. 그래서 저는 물었지요.

'왜 나를 이런 데로 데려오셨나요?'

그러자 공주님은 대답했어요.

'나는 전생의 약속으로 당신 남편 알라딘과 결혼하기로 정해져 있어요. 그러니 즈바이다, 하룻밤은 나, 하룻밤은 당신, 이렇게 사이좋게 한 남편의 아내가 되어도 좋다고 말해 줘요.'

'오, 공주님 그 말씀에 이의는 없습니다만 제 남편은 도대체 어디 있나요?'

'당신 남편의 이마에는 알라께서 정하신 일이 씌어 있어요. 그리하여 그 일이 이루어지게 되면 알라딘 님은 곧 이리로 반드시 오게 될 거예요. 그러니 그분과 떨어져 있는 동안 노래를 부르고 악기를 켜면서 쓸쓸함을 달랩시다. 그러다 보면 언젠가는 반드시 알라의 뜻대로 우리와 그분이 맺어질 날이 있을 테니까.'

그때부터 나는 줄곧 공주님과 함께 지내고 있었는데, 마침내 알라께서 우리를 이 교회에서 만나게 해 주셨군요."

그러자 이번에는 공주가 알라딘을 돌아보며 물었습니다.

"오, 알라딘 님, 당신은 제 남편이 되어 저를 아내로 맞아주시겠어요?"

"오, 공주님, 나는 이슬람교도이고 당신은 그리스도교도입니다. 그런데 어떻게 당신과 인연을 맺을 수 있겠습니까?"

"내가 이교도라고요! 그렇지 않아요. 나는 이슬람교도예요. 18년 동안 저는 이슬람의 신앙을 굳게 지켜왔답니다. 나는 이슬람의 신앙이 아닌 다른 어떠한 신앙에도 더럽혀지지 않았어요."

"오, 공주님, 나는 고향으로 돌아가고 싶습니다."

"당신의 이마에는 당신이 반드시 이루어야 할 일이 적혀 있어요. 그것을 다 해내고 나면 당신은 소원을 이룰 수 있답니다. 그리고 기뻐하세요. 당신에게는 아슬란이라는 아들이 있는데, 그분은 지금 철들 나이가 되어 교주님 밑에서 당신을 대신하여 일하고 있으니까요.

세상의 진실은 이루어지고 거짓은 멸망하는 법, 알라의 뜻대로 교주의 물건을 훔친 자, 즉 대도둑이자 배신자인 카마킴의 죄상이 모두 폭로되었어요. 그래서 카마킴은 지금 체포되어 옥에 갇혀 있지요.

그리고 다섯 면에 이름과 주문이 새겨진 보석을 가죽 자루 속에 넣어 당신에게 보낸 사람도 실은 저였어요. 그 선장을 보낸 것도 저랍니다. 그것은 그 선장이 저에게 흑심을 품고 저의 환심을 사려 하고 있었던 덕분이지요. 하지만 저는 그런 일은 절대 허락지 않았어요. 저는 그 사내에게 이렇게 말했지요.

'보석과 보석주인을 나에게 데려오지 않으면 절대로 당신 마음대로 되지 않을 거예요.'

그리하여 저는 금화 10만 닢을 주어 선장이요 군인이기도 한 그자에게 상인 옷을 입혀 당신에게 보냈던 거예요. 그리고 아버님이 이미 포로 40명을 베어 죽이고 드디어 당신 차례가 되어 목숨이 위태롭게 되었을 때 저는 그 노파를 보내 당신의 생명을 구해 드렸지요."

"알라께서 당신에게 모든 행복을 내려주시기를! 당신 덕분에 목숨을 건졌군요."

마리암 공주는 알라딘 앞에서 새롭게 이슬람교도로서 신앙을 고백했습니다. 그리하여 공주의 말에 거짓이 없다는 것이 증명되자 알라딘은 다시 물었습니다.

"오, 공주, 이 보석에는 어떤 공덕이 있습니까? 어디서 그것을 얻으셨습니까?"

"이 보석은 원래 마술이 걸린 보물창고 속에 있던 것으로, 여기에는 다급할 때 쓰이는 다섯 가지 신기한 힘이 있어요. 실은 우리 할머니는 마법사인데, 하늘과 땅의 비밀을 풀고 숨겨진 보물을 찾아내는 데 비상한 재주를 가지고 계셨지요.

이 보석도 숨겨진 보물 가운데 하나였는데 할머니가 손에 넣은 거예요. 제가 성장하여 14살이 되었을 때 네 가지 책, 즉 복음서와 모세의 오서(五書), 시편, 그리고 코란을 읽고 그 속에서 무함마드(알라여, 그 위에 축복을 내리소서!)의 이름을 발견한 게 인연이 되어, 저는 무함마드를 믿고 전능하신 알라 말고는 숭배할 가치가 있는 신은 결코 없으며, 또 인류 전체의 주님은 이슬람의 신앙 말고는 받아들이지 않으신다는 것을 굳게 믿고 두말없이 이슬람교도가 되었어요. 그런데 할머니가 병에 걸리자, 저에게 이 보석을 주시면서 그 다섯 가지 힘을 가르쳐주셨어요. 또 할머니가 돌아가시기 전에 아버님이 할머니에게 이렇게 말씀하셨지요.

'흙점을 치는 서판(書板)을 꺼내 제가 앞으로 어떻게 될 것인지, 또 이 몸에 어떤 사건이 일어날 것인지 예언해 주십시오.'

할머니는 먼 곳의 사람*61이 알렉산드리아에서 온 포로의 손에 걸려 암살당할 것이라고 예언하셨어요. 그래서 아버님은 그 지방에서 데리고 온 포로는 모조리 죽여 버리겠다고 맹세하시고 그 선장에게도 일러놓았지요.

'이렇게 된 바엔 아무래도 이슬람교도의 배를 습격하여 그놈들을 사로잡아 그 속에 알렉산드리아 놈들이 있거든 바로 죽여 버리거나 아니면 나에게 데려오는 수밖에 없다.'

선장은 아버님의 명령을 받들어 자기 머리카락 수만큼이나 많은 사람을 죽였습니다. 그럭저럭하는 동안 할머니가 세상을 떠나자 저는 제 장래를 점쳐 보려고 흙점 도구를 꺼냈어요.

'내 남편 될 사람이 누구인지 가르쳐주세요.'

나는 마음속으로 생각하면서 모래를 집어 판 위에 그림을 그려 점을 쳐 보았어요. 그러자 내 남편이 될 사람은 알라딘 아부 알 샤마트라는 성실하고 신앙심 깊은 분 말고는 없는 것으로 나타났습니다. 그것을 보고 무척 놀란 나는 때가 오기를 꾹 참고 기다리고 있었는데, 이렇게 마침내 알라의 인도로 당신을 만나게 된 거예요."

그래서 알라딘은 마리암 공주를 아내로 맞이하기로 한 다음 이렇게 말했습니다.

"나는 고향으로 돌아가고 싶소."

"만일 돌아가고 싶으시다면 저를 따라오세요."

공주는 알라딘을 자기 궁전으로 데려가 어느 조그만 방에 숨겨두고 자기는 곧 부왕에게 갔습니다.

"오, 공주야, 오늘은 마음이 울적해서 못 견디겠구나. 저기 앉아라. 둘이서 술이라도 마시면서 기분을 바꾸자꾸나."

공주가 부왕 옆에 앉자 왕은 곧 술자리 준비를 시켜 공주를 상대로 잔을 주고받았습니다. 그러는 동안 왕은 어느새 곤드레만드레 취하고 말았습니다.

그때 공주는 술잔에 살그머니 마약을 타서 왕에게 권했습니다. 왕이 그것도 모르고 단숨에 술을 들이켰고, 이내 쓰러지고 말았습니다.

공주는 얼른 알라딘을 데리고 나와 말했습니다.

"자, 보세요, 당신들 이슬람교도의 적이 정신을 잃고 쓰러졌어요. 실은 내가 술에 마약을 타서 먹였지요. 그러니 어서 마음대로 하세요."

알라딘이 왕 옆으로 가보니 과연 마약 때문에 몸의 자유를 잃고 쓰러져 있어서, 곧 뒷결박을 지우고 발에는 쇠사슬 차꼬를 채웠습니다. 그리고 해독제를 먹이자 왕은 그제야 정신을 차렸습니다.

—날이 밝아오기 시작한 것을 깨닫고 샤라자드는 이야기를 그쳤다.

269번째 밤

샤라자드는 이야기를 계속했다.

오, 인자하신 임금님, 왕이 정신을 차리고 보니 자기 가슴 위에 알라딘과 공주가 올라타 앉아 있어서 공주에게 소리쳤습니다.

"오, 공주야, 나에게 왜 이런 짓을 하는 것이냐!"

"제가 정말로 당신의 딸이라면 아버님도 저와 마찬가지로 이슬람교도가 되어주세요. 저는 진리의 가르침을 알게 되어 그것을 증명했고, 허위를 깨달았기 때문에 그것을 버렸어요. 저는 삼계(三界)의 왕이신 알라께 이 몸을 바치고, 현세에서나 내세에서나 이슬람의 신앙에 일치하지 않는 모든 신앙을 깨끗하게 씻어버렸어요. 그러니 만일 아버님이 이슬람교도가 되시겠다는 마음을 가지시면 더 말할 것도 없지만, 그것이 싫으시다면 살아계시기보다 차라리 돌아가시는 게 나을 거예요."

알라딘도 공주의 말에 따라 참된 신앙에 귀의하도록 열심히 권했습니다. 그러나 왕은 도무지 들으려 하지 않았습니다. 그래서 알라딘은 하는 수 없이 칼을 뽑아 왕의 목을 오른쪽 귀 밑에서 왼쪽 귀 밑까지 깊숙이 찔렀습니다.

그리고 그 사연을 자세하게 두루마리에 적어 왕의 이마 위에 얹어놓고 되도록 짐이 되지 않고 값나가는 물건을 지니고 공주와 함께 사원으로 돌아갔습니다.

사원에 돌아오자 공주가 그 영검 있는 보석을 꺼내 침대의자가 그려진 작은 면 위에 한 손을 얹어 비벼대니 이게 웬일입니까? 신기하게도 침대의자가 눈앞에 나타났습니다. 공주는 알라딘과 즈바이다와 함께 그 침대에 올라앉아 말했습니다.

"오, 침대의자여, 이 보석에 새겨진 이름과 주문과 글자의 힘으로 우리를 태우고 날아올라 다오."

그러자 침대의자는 세 사람을 태우고 하늘 높이 날아올라 그대로 어딘지 모르게 날아가더니 이윽고 풀 한 포기 보이지 않는 강가 모래땅 위에 이르렀습니다.

그때 공주가 보석의 침대의자가 새겨진 면을 동쪽으로 돌리자 침대의자는 그대로 땅 위에 내려앉았습니다. 이번에는 천막 모양이 그려진 면을 위로 향하여 그곳을 살짝 두드리면서 말했습니다.

"이 골짜기에 천막을 하나 쳐다오."

그러자 천막이 나타났으므로 세 사람은 그 안에 들어가 쉬었습니다. 그런데 이 강가는 물 한 방울, 풀 한 포기 없는 황무지여서, 공주는 보석의 세 번째 면을 하늘 쪽으로 돌리며 말했습니다.

"알라의 이름으로 이곳에 나무들이 자라게 하고 그 옆에 냇물이 흐르도록 해다오."

그러자 순식간에 커다란 숲이 나타나더니 그 옆으로 한 줄기의 냇물이 힘차게 소리 내면서 흐르기 시작했습니다. 세 사람은 목욕을 하고 기도를 드린 다음 물을 떠다 목을 축였습니다.

그것이 끝나자 공주는 다시 보석을 돌려 식탁이 그려진 네 번째 면을 찾아내어 말했습니다.

"알라의 이름으로 식사를 준비해다오!"

세 사람 앞에 산해진미가 차려진 식탁이 나타났습니다. 세 사람은 먹고 마시며 재미있고 흥겨운 시간을 보냈습니다.

한편 마리암 공주의 아버지는 어떻게 되었을까요?

왕자가 아버지를 깨우려고 거실에 들어가니 뜻밖에도 아버지는 누군가에게 살해되어 있었습니다. 그리고 알라딘이 쓴 두루마리가 얹혀 있어서, 왕자는 그것을 읽고 곧 모든 사정을 알게 되었습니다. 왕자는 급히 공주를 찾았지만 아무데도 보이지 않아 교회에 있는 그 노파를 찾아갔습니다. 그러나 노파도 어제부터 전혀 뵙지 못했다고 하므로 막사에 돌아가 큰 소리로 명령을 내렸습니다.

"여봐라, 모두 말을 타라!"

그런 다음 그들에게 사정을 알리고 모두 말을 달려 알라딘의 뒤를 추격하여, 이윽고 세 사람이 술자리를 벌이고 있는 천막 가까이에 이르렀습니다.

그때 마리암 공주가 문득 일어나 눈을 들어보니 먼지 한 무더기가 무럭무럭 일어나 사방이 어두워지는 것이었습니다. 이윽고 먼지가 가라앉자 그 속에서 왕자와 군사들이 달려나오며 큰 소리로 외쳤습니다.

"어딜 달아나려는 게냐, 절대로 놓치지 않으리라!"

공주는 알라딘에게 말했습니다.

"당신이 저들과 싸울 수 있겠어요?"

알라딘은 대답했습니다.

"전투는커녕 씨름도 칼질도 창던지기도 할 줄 모르고 거친 짓은 도무지 못하오."

공주는 곧 그 보석을 꺼내 말 한 필과 기사가 새겨진 다섯 번째 면을 문질렀습니다. 그러자 순식간에 한 기사가 사막 속에서 나타나 추격해 온 군사와 싸우기 시작하더니 종횡무진 칼을 휘둘러 눈 깜짝할 사이에 적을 무찔러 버렸습니다.

공주는 다시 알라딘에게 물었습니다.

"카이로에 가시겠어요, 그렇지 않으면 알렉산드리아로 가시겠어요?"

"알렉산드리아로 가겠소."

세 사람이 다시 아까 그 침대의자에 올라타 공주가 주문을 외니, 하늘 높이 날아올라 순식간에 알렉산드리아에 도착했습니다. 알라딘은 여자들을 도시에서 가까운 동굴 속에 숨겨두고 혼자 거리로 나가 옷을 사 와서 여자들에게 입혔습니다.

그런 다음 두 사람을 자기 가게로 데려가 방에서 쉬게 하고 아침식사를 준비하기 위해 밖으로 나갔습니다. 그런데 도중에 뜻밖에도 바그다드에서 온 '재앙'의 아마드 알 다나프와 딱 마주치지 않았겠습니까? 거리에서 아마드의 모습을 본 알라딘은 두 팔 벌려 반갑게 맞이했습니다.

알라딘은 아마드한테서 자기 아들 아슬란이 이제 20살의 훌륭한 젊은이가 되었다는 기쁜 소식을 들었습니다. 알라딘도 그동안 자기가 겪은 온갖 일들을 자세히 이야기했습니다. 너무나도 뜻밖의 이야기에 그저 놀라는 아마드를 가게로 데리고 가서 그날 밤은 이야기로 지새웠습니다.

이튿날 알라딘은 곧 가게를 팔고 그 돈을 다른 돈과 함께 모아두었습니다.

아마드는 알라딘에게 교주가 찾고 있다는 이야기를 했습니다. 그러자 알라딘은 말했습니다.

"그보다도 카이로에 가서 부모와 가족들에게 인사부터 하고 와야겠습니다."

그들은 다시 그 침대의자에 올라타 알라께서 수호하시는 카이로로 날아가 샤무스 알 딘의 저택이 있는 '황색 거리'*62에 내려앉았습니다.

알라딘이 문을 두드리니 어머니가 중얼거리는 소리가 들렸습니다.

"지금 문을 두드리는 사람이 도대체 누구일까? 사랑하는 아들은 영원히 가고 없는데."

"어머니, 접니다! 알라딘입니다!"

그가 소리치자 집안사람들이 허겁지겁 달려나와 알라딘을 부둥켜안았습니다. 알라딘은 두 아내를 집 안으로 들이고 아마드와 함께 사흘 동안 묵었습니다.

사흘이 지나자 알라딘은 바그다드로 가고 싶은 마음이 간절해졌습니다.

아버지는 애원했습니다.

"오, 알라딘, 부디 이곳에서 나와 함께 살아다오."

그러자 알라딘은 이렇게 대답했습니다.

"저도 아들 아슬란과 헤어져 있는 것이 괴롭습니다."

결국 부모도 함께 바그다드로 향하게 되었습니다.

그들이 드디어 바그다드에 도착하자, 아마드는 교주 앞으로 나아가 알라딘이 돌아왔다는 반가운 소식을 전하고 그가 겪은 일들을 자세히 들려주었습니다.

교주가 곧 젊은 아슬란을 데리고 마중을 나와, 여태껏 한 번도 만나지 못했던 아버지와 아들은 그제야 비로소 만나게 되어 서로 힘껏 끌어안았습니다. 이어서 교주는 대도둑 카마킴을 끌어내 알라딘에게 말했습니다.

"자, 원수를 갚아라!"

알라딘은 칼을 뽑아들어 단칼에 카미킴의 목을 쳐버렸습니다.

교주는 알라딘을 위해 성대한 잔치를 베풀고, 판관과 공증인을 불러 계약서를 꾸미고 나서 알라딘과 후순 마리암 공주를 새롭게 결혼시켰습니다.

경사스러운 인연을 맺은 두 사람이 잠자리를 같이하고 보니, 공주는 아직 실을 꿴 적이 없는 청순한 진주 같은 처녀였습니다. 교주는 아슬란을 60인조의 우두머리로 임명하고 아슬란과 알라딘에게 화려한 예복을 한 벌씩 내렸습니다.

그 뒤 알라딘 집안은 '모든 환락의 파괴자, 모든 단란의 교란자'가 찾아올 때까지 인간세상의 온갖 환희와 큰 기쁨을 누리면서 한평생을 보냈다고 합니다.

이 밖에도 마음이 너그러운 사람에 대한 이야기가 수없이 많은데, 그 가운데 이런 이야기도 있습니다.

〈주〉

*1 알라딘 아브슈 샤마트라고 발음한다.

*2 카이로는 아랍어에서는 미스르(Misr), 일반적으로는 마스르. 위아래 이집트를 가리키는 미스라임(Misraim)—두 개의 미스르—과 밀접한 관계가 있다.

*3 페르시아인은 오늘날에도 Consul(흔히 영사(領事)로 옮기지만 여기에서는 '우두머리'로 했다)를 샤 반달, 즉 항구(반달)의 왕이라 부르고 있다.

*4 첫날밤을 치르는 날, 처음으로 면사포를 벗은 신부를 바라보는 밤 등.

*5 아주 흔한 마취제. 이것은 간자(Ganja), 즉 대마(*C. Sativa*)의 어린잎, 봉오리, 꼬투리, 작은 꽃을 비롯하여 양귀비 열매, 조선나팔꽃(*datura*) 등에 우유, 설탕과자, 육두구(肉頭蔲), 정향나무, 말린 육두구 껍질, 샤프란 등을 섞어 당즙 같은 농도가 되도록 졸여서 만든다. 이것은 식으면 굳어진다. 당약(糖藥)은 대체로 손으로 모으든가 아니면 아침 일찍 나무 표면에 담요를 갖다 대어 채취한 차라스(Charas), 즉 대마의 수액으로 만들며 고도의 마취작용을 한다. 또 하나의 마약은 사브지(Sabzi)라고 하며 말린 대마 잎, 양귀비 씨, 검은 후추, 소두구(小豆蔲) 등을 막자사발에 넣어 막자로 문질러 분쇄한 것에 우유와 아이스크림 등을 섞어서 마시기 쉽게 만든다.

아라비아의 해시시(Hashish)는 힌두스탄의 라씨로, 그 제조법과 복용법은 대체로 다음과 같다. 대마잎 3그램[약량(藥量)]으로 1온스의 16분의 1)을 잘 씻어 검은 후추 45그레인[20분의 1 스크루플(scruple, 1스크루플=20그레인=24분의 1온스=288분의 1파운드)]과 정향나무, 육두구, 말린 육두구 껍질(마취작용을 높인다) 각각 12그레인씩을 8온스의 물 또는 수박이나 오이즙에 섞어 으깬 다음 여과시켜 마신다.

이집트의 자비바(Zabibah)는 대마의 어린 꽃, 아편, 꿀로 만든 것으로 하층계급이 애용하여 이런 속담이 생겼을 정도이다. '네 슬픔을 자비바로 가라앉혀라.' 알 히자즈[성지(聖地)]에서는 여기에 건포도를 섞어 물과 함께 마신다.

그 밖에 다음과 같은 것이 있다. ①포스트(Post). 여러 가지 방법, 특히 설탕을 넣은 셔벗수로 정제한 양귀비 열매. ②다투라(Stramonium) 씨앗. 즉 조선나팔꽃 열매로, 이것을 햇볕에 말려 정직하지 못한 과자가게에서는 과자 속에 섞는다. 이것은 위험한 마약으로 환각, 헛소리 등을 불러일으킨다. ③아편으로 만든 것. 특히 마다드(Madad). 즉 연기에 그을린 킨마(후추의 일종) 잎으로 만든 작은 공모양의 것으로, 그 연기를 빨아들인다. 하지만 아편은 대개, 불순물인 소똥이나 그 밖의 오물을 제거하기 위해 젖은 면으로 싸서 압축하여 만든 작은 공 모양, 즉 쿠숨바(Kusumba) 형태로 식용한다.

＊6 [skink='도마뱀'.] 아랍어의 시칸쿠르(Sikankur, 그리스어의 스킨코스(Σκινχος), 라틴어의 스킨쿠스(Scincus))로, 동양에서는 이것을 손에 쥐기만 해도 최음작용이 있다고 여겨 중세에는 만능약으로 생각했다. 《인도의 신비 Adja'ibal-Hind》(Les Merveilles de l'Inde)[프랑스어 번역]에는 어떤 물고기를 먹고 날마다 낮에 두 번, 밤에 두 번씩 아내와 교접했던 대머리 노인의 이야기가 씌어 있다.

유럽인은 이러한 특수한 요법을 비웃고 깔보지만, 동양인이 훨씬 더 슬기롭다. 그러한 것은 공상, 즉 두뇌에 작용하는 것으로, 종종 일시적으로 성적 무능력을 경감시킨다. 동양에는 이러한 불행—마음의 병에 의한 경우는 낮지 않는데—을 고치는 처방이 헤아릴 수 없이 많다. 또한 모든 치료법의 거의 절반은 오로지 그것을 위한 것이다. 어떤 내용을 파고들어 깊이 연구하기 좋아하는 독자는 코카 판디트(Koka Pandit)가 쓴 《아낭가랑가 Ananga-Ranga》('오마르 빈 알 누만 왕과 두 아들 샤르르칸과 자우 알 마칸 이야기' 주석 363 참조)나, 《루주 알 샤이흐 일라 르사바피 쿠와티 르바 Ruju al-Shaykh ila 'l-Sabahfi Kuwwati 'l-Bah(생식력 회춘법)》에서 실물 본보기를 구하기 바란다. 뒤의 책은 이븐 카말 바샤(Ibn Kamal Basha)로 유명한 아마드 빈 술라이만(Ahmad bin Sulayman)의 저서로 139장으로 이루어졌으며, 카이로에서 석판인쇄되었다. 이러한 마약에 대해서는 앞으로 좀더 상세히 설명할 것이다. [아랍어 책이름 속의 '바-'란 성욕을 말하며 호색본(好色本)을 일반적으로 '쿠투브 알 바'라고 부른다.]

＊7 알라 알 딘(Ala al-Din, 우리의 오래된 벗 알라딘(Aladdin))은 '신앙의 영광'이라는

뜻. 〔여기서 오래된 벗 알라딘이라고 말한 것은 버턴판에서는 빠진 것을 보태어 채운 것에 수록되어 있다. 《알라딘과 이상한 램프》를 갈랑이 번역한 뒤로 세계의 소년소녀에게 친숙한 이야기가 되었기 때문이다.〕 아부 알 샤마트는 '검은 사마귀의 아버지'라는 뜻. 딘(Din, 신앙)으로 끝나는 이름은 알 무크타디 비 암리 라 교주(즉위 이슬람력 467=서기 1075년)에서 비롯되었으며, 그는 자기 대신(大臣)을 '자하르 알 딘(신앙의 수호자)'이라고 불렀다. 여기서 이러한 관례가 나온 것이다.

*8 즉, 흉악한 눈길을 피하기 위해.

*9 무함마드의 전설적인 말.

*10 보카치오의 《데카메론》에도 '흰 머리(Capo bianco)'와 '녹색 꼬리(Coda verde)'가 있다(《제4일》, 앞 이야기).

*11 《코란》의 첫 장은 파티하(Fatihah)이며, 그 밖에 '경전의 어머니' '찬미의 장(章)' '반복의 장' 또는 '감사, 상찬의 장' 등 여러 가지 이름으로 알려졌다. 이것에 대해서는 로드웰을 참조하기 바란다. 〔로드웰은 자신이 영어로 옮긴 《코란》 머리글 끝머리에서 특별히 이 첫 장에 대해 언급하며, 더욱이 《순례》에서 가져온 버턴의 번역문에 자신이 보충한 것을 본보기로 싣고 있다.〕 나는 다음과 같이 옮겨보았다.

　　'가엾이 여기시는 자비로운 신의 이름에 걸고!
　　온 세계를 만드신 알라를 칭송하노라.
　　가엾이 여기시는 자비로운 신, 신앙의 날의 왕자(王者)여!
　　우리는 알라만을 숭배하고, 알라에게만 구원을 청합니다.
　　우리를 올바른 길로 이끄소서.
　　알라의 크나큰 사랑의 길에 있고, 미움의 길에 있지 않으며, 또한 헤매는 길에 있지 않습니다.
　　부디 우리를 지켜주소서!
　　오, 삼계(三界)의 왕이시여.'

　　졸저 《순례》(제1권)에 그 응용 실례가 실려 있다. 즉 하늘의 축복을 받기 위해 두 손을 벌려 손바닥으로 얼굴을 아래로 쓸어내리며 이 문구를 외는 모습과 자세한 설명이 있다. 〔손으로 얼굴을 아래로 쓸어내리는 건 하늘의 축복을 몸 전체로 받기 위한 것이다.〕

*12 즉, 흉악한 눈길이 아이들에게 영향을 미치게 되는 일이 적어지는 때. 카이로에 처음 온 사람들은 종종 아름답게 치장한 부인이 누더기를 입은 지저분한 아이(여자아이는 드물다)를 데리고 있는 것을 보고 놀라는데, 이 아이도 집에 돌아가면 깨끗한 좋은 옷으로 갈아입는다. 〔레인은 그의 저서 《근대 이집트인》에 이렇게 썼다. '……한쪽에는 어린 사내아이나 계집아이―자기 아이인데―를 데리고 있는데, 얼굴은 흙투성이고 옷은 몇 달이나 빨지 않은 것 같은 초라한 것이다. 이 나라에 와서 이런 광경만큼

나를 놀라게 한 것은 없다……' 그만큼 아랍인들은 흉악한 눈길에 대해 공포를 느끼는 것이다.〕

*13 커스터드(custard)는 아랍어의 아시다(Asidah)로, 사문(정화(淨化) 버터)과 벌꿀을 넣어 물에 졸인 밀가루. 커스터드(우유와 달걀에 설탕과 향미료 등을 넣어 부드럽게 익히거나 구운 것)보다 빵죽(pap)에 가깝다.

*14 낙타 몰이꾼은 아랍어로 아캄(Akkam)이라고 하며, 낙타에 짐을 싣고 그 짐을 감독하는 사람. 오늘날의 무하리지(Mukharrij), 즉 낙타를 임대하여 사용하는 사람과 같다.

*15 즉 자신은 나이 들어 이제 여행을 할 수 없다는 뜻.

*16 알 아스마이(Al-Asma'i) 저서 《안타르 이야기 Romance of Antar》와 아사필 낙타에 대한 삽화에서 인용. 〔이것은 앞에 여러 번 나왔던 《달라마 이야기》와 함께 일컬어지는 이야기로, 원제는 Seeret Antar.〕

*17 사이드 아브드 알 카디르(Sayyid Abd al-Kadir)는 12세기의 신비론자로, 카디르 단체(Kadiri order. 일반적으로 공인된 네 개의 단체 가운데 가장 오래되고 중요한 것)의 시조. 나는 이 단체에 소속되는 영광을 얻었는데, 그 증거는 나의 면장(免狀)이다. 바그다드에 있는 그의 무덤에는 참배객이 끊이지 않는다. 〔이 종단은 다르와이시(Darwaysh), 즉 탁발승의 종단으로 깃발과 터번의 색깔이 종단에 따라 다르다. 그중에는 마술사와 같은 신비한 일―돌, 유리, 석탄을 먹는 등―을 하는 자도 있다. 버턴은 메카 순례 때 유럽인이 아닌 신분으로 성지에 들어갔으므로 다르와이시가 되었다.〕

*18 즉 알라딘의 동정(童貞)을 말한다. 파렴치한 요구에 대한 그러한 반발 방식은 매우 이색적이다. 더욱 거친 종족이라면 주먹을 사용했을 것이다.

*19 〔이교도라고 옮겼지만〕 사실은 이슬람교의 시아(Shi'ah)파를 가리키는 것으로, 최초의 세 교주를 저주하는 페르시아의 분리파이다. 이른바 정교(政敎)인 수니(Sunni)파와 시아파 사이의 반목은 극단적인 가톨릭과 프로테스탄트 사이의 그리스도교적 싸움과 매우 흡사하다. 역사가 말하듯이 이 시아파는 아바스 왕조 후기에 절대 권력을 지니게 되어 많은 교주가 그것으로 개정했다.

*20 물 운반꾼은 아랍으로 사카(sakka)라고 하며, 각 대상(隊商)에 한 사람 이상의 물 운반꾼이 있다.

*21 이러한 키라마트(Kiramat), 즉 성도(聖徒)의 기적은 수없이 많이 기록되어 있으며 강신술사(降神術士)들은 이것을 이내 인정할 것이다. 대부분 사람들은 저마다 자신의 수호신에 대해 이런 종류의 이야기를 많이 가지고 있다.

*22 나피사(Nafisah)는 이맘 하산의 증손자로 카이로에 매장되어 있으며, 기적을 일으킨 일로 유명하다. 이슬람력 218(서기 824)년에 사망.

*23 이집트인이 흔히 하는 불경(不敬)한 말. 이 남자는 적당한 송가를 인용하여 자신의 추행을 마치 하디스, 즉 예언자의 전설인 것처럼 얘기하고 있다.

＊24 고용되는 신랑은 아랍어로 무스타할(Mustahall)이라 하며, 형식적으로 결혼하고 실제로 동침하고 나서 곧바로 상대여자와 이혼하는데, 바로 그런 목적을 위해 고용되는 것이다. 그러므로 결코 존경할 만한 인간으로 여겨지지 않는 것이 당연하다. 여기서 아마 만데빌의 심사람 이야기가 나온 것일까. 그 섬사람들은 '다른 남자에게 처녀를 바치게 하기 위해 자기의 새 아내 옆에 재우고 많은 돈과 사례를 준다. 모든 도시에 이 일만 전문으로 하는 남자들이 몇 명 있는데, 그들은 카데베리즈(Cadeberiz), 즉 자포자기한 어리석은 자로 불린다. 왜냐하면 그들은 이 직업을 위험하다고 믿고 있기 때문이다.' 〔이른바 콘튼 고본(稿本)에 의한 에브리맨스판《만데빌 경의 여행기》에서는 위의 인용문과 같은 내용은 볼 수 없었다. 원래 편자가 부적절하다고 생각한 대목이 두세 군데 삭제된 것 같기는 하지만.〕

＊25 〔원문에는 YS라고 되어 있는데〕 '야신'으로 발음하고 '코란의 마음'을 가리키며 정신 수양을 위한 낭송으로 자주 쓰인다(제36장). 교육받은 사람들은 모두 이 제36장 제83절을 암기하고 있다. 〔파머는《코란》제2권의 해설에서 여러 가지로 설명하며 그 의의를 검토했다.〕

＊26 문둥병에 걸리면 목소리가 탁해져 이 무서운 병에 걸린 사실이 금방 드러나게 된다.

＊27 이 시는 183번째 밤에도 나왔다. 변화를 주기 위해 페인 씨의 것을 인용했다.

＊28 유잠(Juzam＝문둥병, 상피병(象皮病), morbus sacrum 등)이 맨 먼저 나타나는 것으로 여겨지는 곳. 〔최후의 병명 '모르부스 사크룸'은 버턴이 복수형으로 다른 데서 사용한 morbi venerei와 같으며 '성스러운 병'이라는 뜻. 부풀어 올라 모습이 이상해진다. 레인은 '둘로 갈라진 손목'이라고 옮겼다.〕

＊29 자차리(Zachary) 영감은 아랍어의 자카리야(Zakariya)로, 자카르(Zakar＝남성의 상징〔양근(陽根)〕)라는 말을 슬쩍 엇건 말. 동정녀 마리아의 교육자로서《코란》(제3장)에서 언급되고, 다른 곳에서도(제19장 및 기타) 되풀이해 등장하는 자차리아스는 이슬람교도 사이에서 유명한 인물로 그를 모신 사원은 오늘날 알레포의 이슬람교 대가람이다.

＊30 개선문은 아랍어로 푸투(Futuh)라고 하며 '갈라진 곳'이라는 뜻으로 앞에도 나왔다.

＊31 다시 말해 빼지 않고 잇따라 4번이라는 뜻.

＊32 즉 페니스와 바기나의 크기가 꼭 맞다는 뜻. 이것에 대해서는《아낭가랑가》에 수많은 통칙이 열거되어 있다. 그것에 의하면 맞지 않는 상대와는 파혼하라고 되어 있는데, 참으로 옳은 말이다.

＊33 아랍어의 구라브 알 바인(Ghurab al-*Bayn*)으로 사막 또는 이별의 까마귀라는 뜻. 〔바인은 사막도 이별도 뜻하므로.〕 시 속에서 까마귀는 재회, 평화, 행복 등의 상징인 흰 비둘기와 대립한다. 항간의 전설에 의하면 무함마드가 동굴 속에 숨었을 때 까마귀가 추적자들을 향해 '가르! 가르!'(동굴, 동굴)라고 계속 울어댔다. 그래서 예언

자는 까마귀에게 영원한 상복을 입혔다고 한다. 이것은 콜로니스와 아폴로의 옛이야기이다.

> (아폴로는) 까마귀를 까맣게 칠하고,
>
> 그 이후로 하얀 깃털을 달지 않도록 명령했다.
>
> (오비디우스 저 《아르스 아마트리아》 제2권.)

*34 판관인 에펜디(Efendi)는 우리의 '나리'에 해당되며 베이(Bey)〔같은 터키어로 대개 총독이라는 뜻으로 쓰이지만 경칭으로 인명 뒤에 붙는다〕보다 낮다. 터키어의 경칭 에펜디를 그렇게 사용하는 것은 완전한 시대착오이며, 아마도 필사생의 손에 의한 것인 듯하다.

*35 하니의 아들 아부 알 노와스 알 하산(Abu al-Nowas al-Hasan son of Hani)은 글자 그대로는 '옆 머리 다발의 아버지'로 토바 왕조의 한 교주의 별명이기도 하다. 어깨 앞으로 두 개의 긴 변발을 늘어뜨리고 있었던 이 '곱슬머리 하산'은 그 무렵의 로체스터(Rochester) 또는 피론(Piron)으로, 그의 이름은 오늘날에도 여전히 재치있는 기지, 즉흥시, 무절제한 주색놀이로 유명하다. 데르브로가 그의 생애를 그렸으나 매우 허술하다. 그의 시는 지금까지 남아 있으며 앞으로 좀더 아부 노와스의 이야기를 듣게 될 것이다.

〔로체스터는 이른바 로체스터 백작, 즉 존 윌모트(John Wilmot)로, 찰스 2세를 섬겼으며 무분별하고 방탕한 생활과 익살의 생애를 보냈으며 재기 넘치는 뛰어난 풍자 서간문, 매우 외설스럽고 음탕한 시문(詩文)을 많이 썼다. 647~80. 피론은 프랑스의 시인이자 극작가. 자신이 직접 쓴 묘비명에 의하면 '나는 무(無)이며 한낱 아카데미 회원조차 못 된다'고 했다. 라루스 사전에는 '작시광(作詩狂)'의 저자로 음탕했다고 되어 있다. 1689~1773.〕

*36 〔예언자의 이름을 입에 올릴 때 반드시 곁들이는 상투어로, 본문에서는 모두 괄호 속에 들어 있다.〕 아랍어의 살라트(Salat)로 알라의 자비, 천사들이 중재와 용서, 인류의 축복 등을 뜻한다.

*37 포고관은 아랍어의 마샤일리(Masha'ili)로, 글자 그대로는 망나니로서 앞에 나왔던 횃불잡이. 〔레인에 의하면 경비 우두머리는 수도의 야경(夜警)을 위해 망나니이자 횃불잡이를 한 사람씩 데리고 다녔다고 한다.〕

*38 사람의 죽음을 알릴 때 쓰는 정중한 말투.

*39 자식이 없이 죽으면 그 재산은 국고에 귀속된다.

*40 흰 수건을 흔드는 것은 해산하라는 신호이며, 그 몸짓으로 의미를 알 수 있다.

*41 호위병은 2대로 구성되어 있으므로.

*42 바다위족의 널받침 또는 시체를 매다는 기둥을 시사한 것(레인). 옛날에는 평평한 널받침 위에 얹혔을 때 시체가 위로 올라온 것을 가리키는 것으로 추정된다. 이 인용시

는 《카바의 피복(被覆)의 시》(《부르다 Buradah》 v. 37)에서 가져온 것이다. 〔《부르다》는 예언자를 찬양한 유명한 시편으로 《함자 Hamziyah》와 함께 아부실의 무함마드의 작품. 아라비아 시의 연구자는 대개 이 시를 모두 암기한다고 한다. 장례식 때 등에 이 시가 낭송된다.〕

*43 이것은 신하에게 있어서 최고의 영예이다.

*44 또는 밤. 위험 속으로 돌진하는 것에 대한 비유.

*45 뛰어나게 교묘한 솜씨를 지닌 도둑에 대한 일반적인 비유.

*46 '마약 냄새를 맡게 하다'는 타반누지(Tabannuj)로, 글자 뜻 그대로 '대마를 사용하는 것'. 에테르와 클로로포름이 유럽의 문명국에서 널리 사용되기 전부터 이 약은 몇백 년 동안이나 동양 일대에서 외과에 사용되었다.

*47 바닥의 낮은 부분은 아랍어의 두르카(Durka'ah)로, 바닥의 한 단 낮은 부분. 리완(liwan), 곧 한 단 높은 부분의 반대되는 곳이다. 〔아라비아와 이집트 방면의 중류 이상 가옥은 바닥이 두르카와 리완으로 나누어져 있어, 두르카에서 신발을 벗고 리완으로 올라가게 되어 있다. 두르카는 대개 너비가 8피트쯤 되며, 크고 작은 색색의 돌을 깔고, 리완은 일반 돌을 깔아 여름에는 멍석을 깔고 겨울에는 그 위에 카펫을 깐다. 그리고 리완에는 세 벽을 따라 사람이 누울 수 있도록, 이른바 디완(diwan) 또는 deewan, 때로는 영어의 divan, dewan이 설치되어 있다. 우리말에는 이에 대한 적당한 용어가 없어서 긴 의자 또는 침대의자라고 옮겼지만, 실제로는 움직일 수 있는 단독 의자와는 다르다.〕

*48 이것은 최근까지 페르시아의 관습이었다. 파스 알리 샤(Fath Ali Shah)는 진홍색 옷을 입고 나타나면 반드시 끔찍한 잔학행위를 명령했다. 다르포르〔아프리카 수단 동부지방〕에서 붉은 카슈미르산 두건을 쓰면 분노의 표시이며, 피처럼 새빨간 옷을 신하에게 보내는 건 상대의 생명을 빼앗겠다는 것을 의미했다.

*49 즉 이 범인은 궁전 안에 있는 사람이라는 뜻. 식초를 언급한 예를 종종 볼 수 있다. 이집트의 식초는 그 무렵에 유명한 것이었기 때문이다. 'Optimum et laudatissimum acetum a Romanis habebatur Ægyptum.(상등품 식초가 로마인에 의해 이집트에서 들어왔다 : 파치올라티)'〔J. 파치올라티는 이탈리아 파두아의 언어학자. E. 포르출리니의 도움을 받아 유명한 라틴어 사전을 편찬했다. 여기에 인용된 구절은 그 사전에서 가져온 것이다. 1682~1769년.〕 아라비아의 속담에 '어떤 마음은 식초로, 다른 마음은 포도주로'라는 것이 있는데, 이것은 저마다 자신이 좋아하는 길을 간다는 뜻이다.

*50 이럴 때 흔히 작성되는 구술조서이다.

*51 물이 흐르는 광경을 보면 페르시아인은 독한 술을 마시고 싶어지는데, 그것은 마치 좋은 풍경을 보고 터키인이 배고픔을 느끼는 것과 같다.

*52 알 다나프(Al-Danaf)='비참한 병자'. 따라서 이 직함은 '재앙'의 아마드(Ahmad the

Calamity)가 되는 셈. 알 자이바크(Al-Zaybak, 수은)는 수은 알리(도둑 알리라는 뜻). 하산 슈만(Hasan 'Shuuman')은 역병신 같은 놈. 이들의 내력에 대해서는 앞으로 종종 나오게 된다. 698번째 밤 '협잡꾼 할멈 다리라와 딸 자이나브의 못된 장난', 그 뒤쪽 708번째 밤 '카이로의 도적신(盜賊神) 알리의 기담' 등을 보라.

＊53 아야스(Ayas)는 실리시아(Cilicia, 소아시아 동남부에 있는 옛 주의 이름)의 유명한 이수스(Issus)로, 지금은 스캔더룬(Scanderoon) 만에 자리한 한 어촌.

＊54 자패(紫貝) 껍데기는 아랍어로 와다(Wada'a＝Concha veneris)라고 하며, 그 무렵에 돈으로 사용되었다. 〔스타인거스가 편찬한 《아랍어 영어 사전》에 의하면 베누스 조개 (Venus-shell)로써 부적으로 몸에 지니는 작고 흰 조개라고 되어 있다.〕

＊55 〔시아파는 첫 3대의 이슬람교 교주를 부정하기 때문에, 초대인 아부 바크르와 2대인 오마르의 이름을 발뒤꿈치에 써서 짓밟고 있었던 것이다.〕 카이로에서 죽은 부르크하르트의 죽음에 관해서는, 그의 슬리퍼 바닥에 첫 3대의 교주 이름 씌어 있는 것이 발각되어 오레마〔이슬람법학자〕의 명령으로 처형되었다는 속설이 전해져 왔다. 그러나 이것은 참으로 난센스 같은 터무니 없는 헛소문이다. 왜냐하면 이 위대한 여행가는 옛 친구인 존 서번(John Thurburn)의 집에서 적리(赤痢)로 세상을 떠나 카이로의 바브(문) 알 나스루 밖에 매장되었으며, 또 고(故) 로저스 베이(Rogers Bay)에 의해 무덤이 새로 만들어졌기 때문이다.

〔존 루이스 부르크하르트(John Lewis Burckhardt)는 이 책의 주석에서 자주 인용되고 있는데, 1784년 로잔에서 태어나 라이프치히와 괴팅겐에서 교육을 받았다. 1806년 '아프리카 협회'에 의해 아프리카 오지 답사를 위해 파견되어, 마르타를 거쳐 알레포로 가서 그곳에서 2년 동안 공부했다. 그 뒤 파르밀라, 다마스쿠스, 레바논을 방문하고, 1812년에는 카이로, 그리고 누비아로 갔으며 1814년에는 메카를 찾았다. 그는 이슬람교도들로부터 참된 신자로 인정받고 위대한 이슬람학자로 숭배받았다. 1815년에 카이로로 돌아가 카이로 으뜸가는 아자르(Azhar) 이슬람사원에서 코란 독창(獨唱), 즉 타지위드(Tajwid)를 가르쳤다. 시아파 이교도로 의심받아 이 사원의 우두머리가 한칼에 쓰러졌다는 헛소문이 나온 것도 이 사원에서였다. 1817년 10월 15일 적리로 세상을 떠났다. 동양에 관한 그의 초고는 모두 350권에 이르며 케임브리지 대학에 보관되어 있으나 그 뒤 계속해서 출판되고 있다. 버턴이 자주 인용한 것은 《아라비아 격언집》과 《아라비아 여행》이다.〕

＊56 이 글귀는 카바에서 360개의 우상을 제거한 무함마드를 연상시킨다. 그가 그 지팡이를 우상에 갖다 대자 우상은 모두 땅에 쓰러졌다. 그러자 예언자는 외쳤다(《코란》 제17장 84절). "진실은 드러나고 허위는 사라졌다. 참으로 허위는 사라지는 것이니라 (Magna est veritas, etc)." 이른바 우상 중에는 아브라함의 상과 이스마엘 대신 희생된 어린 양이 있었다고 하며, 만일 그것이 진실이라면 메카에서의 아브라함 전설〔아브라

함이 알라의 명으로 네 번째 '알라의 집' 즉 카바를 건설했다는)은 아주 오래된 시대의 일로, 알 이슬람이 날조한 게 아니라는 것이 결정적으로 증명될 것이다. 따라서 또한 아마도 히미아르 지방의 유대교화한 토바 왕조가 카바에 존경을 바친 것도 증명될 것이다(《순례》 제3권). 〔《순례》에는 지금 이야기한 아브라함의 카바 건설과 그가 복잡한 순례의식을 완전히 배운 것이 설명되어 있다.〕

＊57 유럽인(Consul)은 아랍어로 쿤술(Kunsul)이라고 하며, 여기서는 부유한 프랑크인(유럽인)을 의미한다. 또한 이 말은 이 이야기 연대의 근대성을 나타낸다.

＊58 선장(Kaptan)은 이탈리아어의 Capitano에서 나왔다. 이 이야기에 대포와 그 밖의 명칭이 언급된 것을 보면, 이것은 지난 세기에 쓰인 것이거나 아니면 필사생이 잘못 기록한 것이거나, 둘 중 하나이다.

＊59 알라딘은 시골농부처럼 'a la Fellah(반농담조)'로 말한 것이다.

＊60 〔본문에서는 Yohanna.〕 존(John)에 대한 유대인의 명칭 요카난(Yochanan)은 칼데아인의 유아하네스(Euahanes), 또는 베로수스(Berosus)〔기원전 3세기 바빌론의 승려로, 《바빌론, 칼데아 역사》 3권을 그리스어로 집필했다〕의 오안네스(Oannes)에서 나온 것이리라. 그리스인은 이것을 Joannes로 하고, 프랑스인은 Yahanna와 Yahya(이슬람교도)로 바꿨다. 프레스타(프리스트, 즉 승려) 존은 아마 1202년에 칭기즈칸에게 정복되어 살해된 역사가인 왕 웅 칸(Ung Khan)을 가리키는 것 같다. '존'의 근대적인 내력은 매우 광범위하며, 그 이름의 변형과 파생은 족히 100여 종류에 이른다. 후순 마리암은 '아름다운 처녀 마리아'라는 뜻.

＊61 '너를 살려두지 않겠다'의 완곡한 어법.

＊62 카이로의 옛 자말리야, 즉 북부에 있다.

〈역주〉

(1) 원문 그대로.

(2) 코란법에 의하면, 남편은 아내와 세 번 이별 또는 이혼할 수 있다. 두 번째까지는 이혼하고서, 남편은 비교적 간단하게 아내를(그 승낙 여부와 관계없이) 다시 불러올 수 있다. 단, 그것은 에데라고 하는 3, 4개월의 기간 안에만 가능하다. 그러나 세 번째 이혼한 뒤에는, 아내가 일단 다른 남자와 결혼하여 이혼당한 뒤가 아니면 다시 불러올 수 없다. 즉, 중간 결혼을 거치지 않으면 재결합이 성립되지 않는다는 얘기다. 따라서 앞의 첫 번째, 두 번째 이혼을 '작은 이혼'이라고 하고, 세 번째 것을 '큰 이혼'이라고 부른다. 앞의 주석 24 참조.

(3) 뒤에서도 알 수 있듯이(또 다른 이야기에도 나오지만), 아마드는 적에 대해 재앙을 주는 자라는 별명을 가진 것이다.

(4) 이슬람교의 2대 분파는 정통인 수니파와 시아파로, 시아파는 이단시되고 있다.

타이족의 하팀

이것은 유명한 타이족*¹ 하팀의 이야기입니다.

하팀이 죽었을 때 가족들은 그를 산꼭대기에 묻고 무덤 위에 바위 두 개를 깎아 만든 수반 한 쌍과 머리를 풀어헤친 소녀의 석상 두 개를 세웠습니다.

이 산기슭에는 냇물이 흐르고 있었는데, 그 뒤 나그네들이 그 부근에서 걸음을 멈추고 하룻밤 지내려 하면 반드시 큰 소리로 통곡하는 소리가 해질녘부터 날 샐 때까지 계속 들려오곤 했습니다.

그러나 아침에 일어나 주위를 살펴보면 소녀들의 석상 말고는 아무것도 보이지 않았습니다.

어느 날 힘야르의 왕 주 르쿠라*²가 자기 가족과 친척을 떠나 이 골짜기에 이르러 하룻밤 지내려고 걸음을 멈췄습니다.

—밝아오는 새벽빛을 깨닫고 샤라자드는 이야기를 그쳤다.

270번째 밤

샤라자드는 이야기를 계속했다.

오, 인자하신 임금님, 주 르쿠라 왕이 산으로 다가가니 큰 소리로 통곡하는 소리가 들려와서 부하에게 물었습니다.

"저쪽 언덕에서 우는 게 무엇일까?"

"저것은 그 유명한 하팀 알 타이⁽¹⁾의 무덤이 있는 곳입니다. 그 무덤 위에는 돌로 만든 수반 두 개와 머리를 풀어헤친 소녀의 석상 두 개가 안치되어 있습니다."

왕은 부하들의 말을 듣고 반농담조로 말했습니다.

"오, 타이의 하팀이여, 우리는 오늘 밤 당신의 손님으로 왔소. 그런데 배가 고파 죽겠구려."

이윽고 잠들었던 왕은 얼마 뒤 매우 놀라면서 눈을 뜨고는 큰 소리로 외치는 것이었습니다.

"여봐라, 아랍인들! 큰일 났다. 내 낙타가 잘 있는지 보고 오라!"

부하들이 달려가 보니 왕의 암낙타가 쓰러져 몸부림치고 있어서 하는 수 없이 곧 목을 찔러 잡아서 그 고기를 구워 모두 함께 먹었습니다.

부하들이 사연을 물으니 왕은 말했습니다.

"내가 눈을 감고 잠들자마자 꿈속에 타이의 하팀이 칼을 들고 나타나더니 '모처럼 오셨는데 나에게는 아무것도 드릴 게 없습니다' 하면서 그 칼로 내 암낙타를 찔러 죽이더구나. 그러니 너희가 처리하지 않았어도*³ 내 낙타는 반드시 죽어 버렸을 것이다."

날이 밝자 왕은 한 시종과 낙타를 타고 그곳을 떠나 정오 때까지 여행을 계속했습니다. 그러다가 저편에서 낙타를 타고 또 다른 낙타 한 필을 끌고 오는 한 남자와 마주쳤습니다.

그래서 모두 말을 걸었습니다.

"당신은 누구요?"

"나는 타이족 하팀의 아들 아디*⁴라는 사람입니다만 힘야르 태수 주 르쿠라 님은 어디 계신가요?"

"이분이 바로 그분이오."

사나이는 왕 앞으로 나아가 말했습니다.

"아버님이 임금님을 위해 죽인 낙타 대신 이 암낙타를 받아주십시오."

왕은 깜짝 놀라며 물었습니다.

"대체 누가 그런 말을 하던가?"

"어젯밤 꿈에 아버지가 나타나 '애, 아디야, 힘야르의 왕 주 르쿠라가 나에게 대접을 해달라고 부탁했는데 드릴 게 아무것도 없어서, 우선 왕의 암낙타를 잡아서 먹게 했다. 그러니 곧 왕이 탈 만한 암낙타를 한 필 몰고 가라. 나는 지금 아무것도 가진 게 없으니 말이야' 하고 말씀하셨습니다."

그래서 주 르쿠라는 그 낙타를 얻기로 했는데, 현세에서나 내세에서나 타이족 하팀의 그 넓은 도량에 놀라지 않을 수 없었다고 합니다.

도량이 넓은 이야기라면 이런 이야기도 있습니다.

〈주〉

＊1 타이(Tayy)족은 알 야만에서 이주해 와서 알 나지드(Al-Najid)〔흔히 Nejd라고 쓰며 중앙아라비아의 큰 지역임〕에 자리 잡은 고귀한 바다위족의 한 부족. 무함마드가 태어나기 몇 년 전에 죽은 그들의 수장이 알 하팀(Al-Hatim)으로, 아랍인적인 과감한 결단력과 의협심의 전형이었다. 또한 아는 것이 없고 사리에 어두운 인물이기도 했으나, 이슬람교도와 함께 천국에도 들어살 수 있을 것 같은 인물이었다. 하팀은 오와리드(Owarid)라고 하는 산에 매장되었다. 비교적 야만적인 아랍인들의 그러한 풍습과 죽은 사람이 늘 그의 가까운 이들을 지켜준다는 애상적(哀傷的)인 사고방식에 대해서는 앞에서도 설명했다. 하팀의 이름을 언급하지 않은 아랍어 서적, 또는 아라비아에 관한 서적은 하나도 없다.

＊2 주 르쿠라(zu 'l-Kura'a) 왕의 이름에 대해서는 밝혀져 있지 않다. 그러나 《카무스 Kamus》〔파이르자바디가 편찬한 아랍어 사전〕에는 주 르쿠라 대왕과 소왕(小王) 두 사람의 이름이 실려 있다.

＊3 다시 한 번 말하지만, 낙타의 목은 다른 동물의 목처럼 잘라지지 않는다. 왜냐하면 근육이 너무 질기기 때문이다. 낙타를 잡아 죽일 때는 가슴 접합선의 움푹 팬 곳에 작은 칼을 찔러야 한다. 〔《순례》에 낙타를 제물로 삼아 죽이는 장면이 묘사되어 있다.〕

＊4 아디(Adi)는 이슬람교도가 되어 예언자의 동반자 가운데 한 사람이 되었다.

〈역주〉

(1) '타이족의 하팀'과 같은 말.

자이다 아들 만*1의 이야기

만 빈 자이다(1)에 대해 이런 이야기가 전해지고 있습니다.

어느 날 만이 사냥을 나갔을 때 일입니다. 목이 타는 듯한 갈증을 느꼈지만 공교롭게도 부하들마저 아무도 물을 가진 자가 없었습니다. 그래서 몹시 난처해하고 있는데, 뜻밖에 세 처녀가 물이 든 가죽 자루를 하나씩 들고 나타났습니다.

—날이 훤히 밝아오는 것을 알고 샤라자드는 이야기를 그쳤다.

271번째 밤*2

샤라자드는 이야기를 계속했다.

오, 인자하신 임금님, 물이 든 가죽 자루를 하나씩 들고 나타난 세 처녀를 보고 만은 물을 한 그릇 달라고 부탁했습니다. 처녀들이 물을 주자 만은 부하들에게 사례로 줄 만한 것이 뭐 없느냐고 물었습니다. 그러나 부하들은 한 푼도 갖고 있지 않았습니다. 그래서 만은 자기 화살통에서 황금촉이 달린 화살을 꺼내 세 아가씨에게 열 개씩 주었습니다.

그러자 한 처녀가 동무를 돌아보며 말했습니다.

"어머나, 이 만든 솜씨로 보아 틀림없이 자이다의 만 님 거야! 그러니 만 님을 칭송하는 노래를 부르자꾸나."

그리하여 첫 번째 처녀는 이런 노래를 불렀습니다.

　　임은 화살에 황금 깃털을
　　장식하고 적을 맞이하여

화살을 잇달아 쏘았네.
화살에 상처 입으면 치료해 주고
땅에 묻힌 자에게는 수의를 주시네.

다음에 두 번째 처녀가 나와 이런 노래를 불렀습니다.

이토록 관용을 베푸시는 전사이기에
그 은혜 널리 퍼져
적과 아군에 골고루 미치네.
그대의 화살촉은 황금이라서
싸운다 할지라도
그대의 은총 가로막지 않네.

마지막으로 세 번째 처녀가 이렇게 노래했습니다.

아낌없이 그대 손으로
적에게 비처럼 퍼부어지는
황금촉을 박은
수많은 화살.
다친 자는 황금촉으로
치료비 치르게 하고
죽은 자는 그 시체를
수의로 감싸주네.

그리고 또 다음과 같은 이야기도 있습니다.

〈주〉

＊1 만(Ma'an)은 관대한 점에서 하팀의 좋은 맞수이다. 페르시아의 어느 시인은 자기 보호
자의 너그러운 성품을 기려 그 타고난 성품이 하팀보다 뛰어나고, 만보다 빛난다고 노
래했다. 만은 이슬람력 132(서기 750)년에 패배하여 살해된 옴미아드 왕조의 마지막

교주 마르완 알 히마르(Marwan al-Himar)를 섬긴 중신이었다. 그 뒤로도 아바스 왕조를 계속 섬겨 알 만수르의 총신이 되었다. 관대함으로 유명한 또 한 사람은 카브 이븐 마마(Ka'ab ibn Mamah)로 자신도 목말라 죽어가면서도 다른 사람에게 자신의 물을 주었다.

＊2 레인은 271번째 밤과 290번째 밤 사이에 브레슬라우판에서 '잠든 자와 깨어 있는 자(The Sleeper and the Waker)', 즉 '잠에서 깨어난 자'라는 제목이 붙은 이야기를 '게으름뱅이 아부 르 하산 이야기(The Story of Abu-l-Hasan the Wag)'라고 고쳐서 소개했다. 이 이야기는 매우 재미있고 게다가 역사적 사실을 바탕으로 하고 있다. 그렇지만 여기에 그 이야기를 넣으면 야화의 순서가 뒤죽박죽이 된다. 뉴욕의 앨릭잰더 J. 코시얼(Alexander J. Cotheal) 씨가, 자신이 소장한 원고본 MS 중에서 브레슬라우 원전에 대한 추가분을 보내주었는데, 그런 만큼 더더욱 나는 이것(그 이야기를 여기에 삽입할 수 없는 것)을 유감스럽게 생각하는 바이다. 그러나 언젠가는 그것을 이용하고 싶다.

〈역주〉
(1) '자이다의 아들 만'과 같은 말.

자이다 아들 만과 바다위족

어느 날, 만 빈 자이다는 부하들을 데리고 사냥을 나갔다가 갑자기 영양
한 무리를 만났습니다. 그래서 모두 뿔뿔이 흩어져 그 뒤를 추격했는데, 만
도 홀로 떨어져 그 가운데 한 마리를 쫓아갔습니다. 얼마 뒤 가까스로 따라
잡아 말에서 내려 영양을 쏘아 죽였습니다.

그때 한 남자가 나귀를 타고 사막 속에서 나타났습니다. 만은 다시 말에
올라 그 사람에게 다가가 인사한 다음 물었습니다.

"어디서 오는 길이요?"

그 사내는 대답했습니다.

"나는 쿠자국(國) 사람인데, 그곳에선 지난 2년 동안 심한 흉년으로 먹을
양식이 모자라 굶주림이 계속되었소. 다행히 올해는 풍년이 들어 나도 이른
오이*¹를 심었지요. 그래서 평소보다 오이를 빨리 따게 되어, 그 가운데 가
장 잘 된 것을 따서 만 자이다 태수님에게 팔려고 가는 길이오. 그분은 세상
사람이 다 아는 인정 많고 너그러운 분이니까요."

"그것을 얼마에 팔 작정이오?"

"금화 천 닢입니다."

"만일 비싸다고 하시면 어떻게 할 작정이오?"

"그때는 금화 5백 닢에 드리지요."

"그래도 비싸다고 하신다면?"

"그렇다면 3백 닢!"

"그래도 비싸다면?"

"그럼, 백 닢!"

"그래도 비싸다면?"

"50닢!"

"그래도 비싸다면?"

"30닢!"

"그래도 비싸다면?"

"그때는 태수님 저택 안*²으로 나귀를 몰아넣고 풀이 죽어 빈손으로 돌아가는 수밖에 없지요."

이 말을 듣고 만은 껄껄 웃은 다음, 부하들과 함께 말을 타고 궁전으로 돌아갔습니다. 그리고 돌아가자마자 시종들에게 이렇게 말했습니다.

"만약 나귀를 타고 오이를 팔러 온 자가 있거든 내게 들여보내라."

곧 그 바다위 사람이 찾아왔으므로 만 앞에 안내되었습니다. 그는 자기 앞에 있는 태수가 설마하니 아까 사막에서 만난 사람일 줄은 꿈에도 몰랐습니다. 태수는 근엄하게 옥좌에 앉아 있고 그 앞에는 문무백관이 빛나는 별처럼 늘어섰으며, 많은 환관과 시종들도 대기하고 있어 위엄이 있었기 때문입니다.

그가 공손히 인사하자 만이 물었습니다.

"오, 아랍인 형제여, 그대는 무슨 일로 왔는가?"

"태수님께 청이 있어서 왔습니다. 요즘 보기 드문 철 이른 오이를 가지고 왔습니다."

"얼마에 팔려느냐?"

"금화 1천 닢입니다."

"그건 너무 비싸구나!"

"그러면 5백 닢에 드리겠습니다."

"그것도 비싸다!"

"그럼, 3백 닢."

"역시 비싸다!"

"그럼, 2백 닢."

"아직 비싸!"

"백 닢."

"아직도 비싼걸!"

"50닢!"

"비싸!"

그래서 마침내 30닢까지 깎았지만, 만은 여전히 이렇게 말했습니다.

"비싸다!"

그러자 바다위인이 말했습니다.

"제기랄! 사막에서 만난 놈 때문에 재수가 없군! 아무튼 30닢보다 더 깎을 수는 없습니다."

태수는 다만 웃을 뿐 아무 말도 하지 않았습니다. 그러자 이 아랍인도 그제야 사막에서 만난 사람이 바로 이 태수임을 깨닫고 말했습니다.

"오, 태수님, 당신께서는 30닢도 안 내시겠습니까? 지 문 앞에는 나귀도 매여 있고 궁에는 만 닢도 계시는데요."

이 말을 듣고 만은 허리가 젖혀지도록 크게 웃고는 곧 집사를 불러 명령했습니다.

"이자에게 금화 1천 닢과 그리고 5백 닢, 3백 닢, 2백 닢, 백 닢, 50닢, 30닢을 합한 것을 치러 주고 나귀는 매 둔 곳에 그대로 두어라."

아랍인은 생각지도 않은 금화 2180닢이나 얻고 어안이 벙벙해졌습니다.

오, 알라여, 부디 이 두 사람에게, 또 모든 관대한 사람들에게 자비를 내리소서!

오, 인자하신 임금님, 저는 또 이런 이야기도 들었습니다.

〈주〉

*1 오이는 아랍어로 쿠자이며 가장 값싼 야채이다. 비교적 가난한 사람들이 빵과 함께 즐겨 먹는다.

*2 여기에서 그는 상대의 하렘(부인들의 방), 즉 저택 안의 침입할 수 없는 부분을 말한 것이나, 나중에는 '임금님 앞'이라는 뜻으로 되었다.

라브타이트 도시

옛날 로움 나라에 라브타이트라는 도시[*1]가 있었습니다. 거기에는 한 번도 열린 적이 없는 탑이 있는데, 국왕이 세상을 떠나고 새로운 그리스인 왕이 즉위할 때마다 이 탑에는 튼튼한 새 자물쇠가 하나씩 늘어나, 마침내 이 탑의 자물쇠는 왕의 수만큼, 즉 24개를 헤아리게 되었습니다.

그 뒤 왕가 출신이 아닌 자가 왕위에 올랐는데, 이 왕은 열지 않는 그 탑 안에 무엇이 있는지 언젠가 열어보아야겠다고 생각했습니다. 그러나 이 나라 중신들은 모두 그의 생각에 반대하여 비난하고 간언하기도 했지만, 왕은 도무지 듣지 않고 고집을 부렸습니다.

"나는 꼭 열어봐야겠다."

신하들은 왕이 이 일을 단념하면 자기들이 가진 돈과 보물, 값진 물건들을 모두 바치겠다고 했으나 그래도 왕은 그 말에 귀 기울지 않았습니다.

―날이 훤히 밝아오는 것을 깨닫고 샤라자드는 이야기를 그쳤다.

272번째 밤

샤라자드는 이야기를 계속했다.

오, 인자하신 임금님, 왕국의 중신들이 왕에게 간언했는데도 왕은 굳이 탑을 열어봐야겠다고 고집을 부렸습니다.

드디어 왕은 탑의 자물쇠를 열고 안에 들어갔습니다. 탑 안의 벽에는 말과 낙타를 타고 양 끝을 드리운 터번[*2]을 쓰고, 어깨에서 옆구리로 두른 장식띠에는 칼을 차고 손에 긴 창을 든 아랍인들의 모습이 그려져 있었습니다. 그 밖에 두루마리 한 권이 있어서 왕이 그것을 들고 읽어보니 이런 말이 적혀 있었습니다.

"이 문을 열면 여기 그려진 인물들과 같은 모습을 한 아랍인들의 습격을 받아 왕국이 정복되리라. 그러니 행여나 이 문을 열지 말지어다."

이 도시는 안달루시아에 있었는데 그 해에 타리크 빈 자드가 이곳을 정복하고 말았습니다. 그것은 우마이야의 자손 아브드 알 말리크의 아들 알 왈리드*3가 교주로 있었을 때의 일이었습니다.

타리크 빈 자드는 왕을 참살하고 나서, 도시를 약탈하여 부녀지와 아이들을 포로로 잡아가고 막대한 전리품을 챙겼습니다. 게다가 수많은 보물을 찾아냈는데, 그중에는 진주와 히야신스석, 그 밖에 여러 가지 값진 보석을 박은 왕관이 170개가 넘게 있었습니다. 그리고 기사가 창던지기하는 커다란 홀에는 도저히 말로 표현할 수 없는 금은 그릇이 가득 쌓여 있었습니다.

그뿐만 아니라 신의 예언자와 다윗의 아들 솔로몬(이 두 분에게 평안 있으라!)이 사용했던 식탁도 나왔는데, 그것은 지금도 그리스인들이 사는 어느 도시에 남아 있습니다. 전해지는 바로 이 식탁은 초록빛 에메랄드로 만든 것이고, 황금그릇과 커다란 벽옥 접시가 딸려 있다고 합니다.

또 보석을 박은 황금판에 고대 이오니아 문자*4로 쓴 시편(詩篇)도 있고, 그것과 함께 돌과 초목과 광물의 성질은 말할 것도 없고, 기호며 주문의 사용법과 연금술 비결을 적은 책도 있었습니다. 또 세 번째 책에는 루비와 그 밖의 보석을 자르는 방법과 끼우는 방법, 그리고 독약과 해독제의 조제법 등을 적은 책도 나왔습니다. 그 밖에 온 세계의 육지와 바다, 온갖 도시와 나라와 마을을 그린 세계지도도 있었습니다. 다시 큰 홀에는 연금술용 약품이 산더미처럼 쌓여 있는 것을 발견했는데, 그 연금약은 단 1그램만 있으면 1천 그램의 은을 순금으로 바꿀 수 있는 기막힌 것이었습니다.

또 크고 둥근 합금으로 된 이상한 거울도 나왔습니다. 이것은 다윗의 아들 솔로몬(이 두 분께 평안 있으라!)을 위해 만든 것으로 들여다보면 세계 일곱 나라의 풍토를 그린 그림이 보였다고 합니다.

정복자 타리크는 또한 브라민*5의 히야신스석이 가득 들어 있는 방도 발견했습니다. 그 아름다움이란 이루 말할 수 없을 정도였습니다.

타리크는 이 약탈품들을 모두 교주 왈리드 빈 아브드 말리크에게 보냈습니다. 이리하여 아랍인은 세계에서 가장 아름다운 나라의 하나인 안달루시아의 곳곳에 퍼져 살게 되었다고 합니다. 라브타이트에 대한 이야기는 여기까지입니다. 또 이런 이야기도 있습니다.

〈주〉

＊1 톨레도(Toledo, 스페인의 한 도시)를 가리키는 것인지? 이 이야기는 아마 워싱턴 어빙도 알고 있었을 것이다. 〔어빙은 스페인에 3년 동안 머물렀는데, 나중에 그때의 자료를 토대로 몇 종류의 작품을 썼다. 그중에서도 《알함브라》《무함마드와 그 후계자》 등이 유명하다.〕 '로움의 나라(Land of Roum)'는 여기서는 단순히 프랑크인의 나라를 의미하는 데 지나지 않는다. 앞에서도 알 수 있듯, 이 이름은 안달루시아(Andalusia), 즉 옛날 반달족의 나라〔로움 문화의 파괴자로 알려졌으며, 5세기 무렵 서유럽에 침입하여 로마와 고트, 스페인을 정복하고서 마지막으로 북아프리카에 정착한 게르만의 한 민족〕를 말하며, 오늘날에도 아랍인이 이베리아 반도 전체에 적용하는 말이다.

＊2 터번(turband)은 아랍어로 아마임(Amaim, 복수형은 이마마 Imamah). 나는 이 말을 옛날 그대로 생략하지 않은 형태로 쓰는 것을 좋아한다. 〔turband의 d를 빠뜨리지 않는다는 뜻. 여느 사전에는 모두 d를 뺀 형태로 실려 있으므로.〕 나는 이 말을 포르투갈어의 Turbante를 통하여 또 페르시아어의(오늘날에는 없어진 말) 돌반드(Dolband)='터번' 또는 '장식띠'에서 나온 고대 프랑스어의 톨리방(Toliban)을 통해 알게 되었다.

＊3 알 왈리드(Al-Walid)는 옴미아드(또는 우마이야) 왕조 제6대 교주, 재위 705~716년.

＊4 아랍어의 유난(Yunan)=이오니아(Ionia)로, 이것은 마치 로움(Roum)이 그리스 로마제국에 사용되는 것처럼 고대 그리스에 사용된다.

＊5 '브라민의' Brahmini는 아랍어의 바라마니(Bahramani)로, 아마도 가즈니(Ghazni)의 마무드(Mahmud)가 힌두교도의 손에서 소마나스(Somanath) 또는 소무나우스(Somunauth)를 약탈했다는 유명한 전설을 암시한 것인지? 〔오늘날의 아프가니스탄에 해당하는 호라산과 가즈니의 대왕 마무드는 인도를 여러 번 침입했다. 971~1030년.〕

히샴 교주와 아랍인 젊은이

히샴 빈 아브드 알 말리크 빈 마르완 교주가 어느 날 사냥을 나가 영양 한 마리를 발견했습니다. 그는 사냥개와 함께 영양의 뒤를 쫓다가 젊은 아랍인 양치기를 만났습니다.

"여봐라, 젊은이, 빨리 저 영양을 뒤쫓아 가거라, 놓치겠구나!"

그러자 젊은이는 얼굴을 들고 대답했습니다.

"예의를 모르는 놈이로군. 나를 업신여기면서 위협조로 말하는 걸 보니, 말투는 영락없는 폭군 같으면서 행동은 마치 나귀 같구나."

"이 애송이 놈아, 내가 누군지 모르느냐!"

"그 버릇없는 태도를 보고 네 정체를 알았어. 인사도 하지 않고 대뜸 남에게 명령하는 놈이 어디 있어!"

"뭐라고! 나는 히샴 빈 알 말리크다."

"알라여, 이 사람이 사는 집에는 은총을 내리지 마옵소서! 그리고 그 집을 수호하지 마시기를! 당신은 어쩌면 그토록 입만 살아 있고 덕은 모자라는 사람이란 말인가!"

이 말이 끝나기도 전에 교주의 부하들이 사방에서 달려와, 마치 흰자위가 검은자위를 감싸듯이 젊은이를 에워싸고 저마다 소리쳤습니다.

"오, 충실한 자들의 임금님, 이제 그만 가십시오!"

그러자 히샴은 명령했습니다.

"쓸데없는 소리 말고 저 애송이 놈을 잡아라!"

부하들은 곧 젊은이를 체포했는데, 젊은이는 시종과 대신, 제후들이 빛나는 별처럼 늘어서 있는 것을 보고도 놀라거나 동요하지 않고 그저 고개를 숙이고 발끝만 내려다보고 있을 뿐이었습니다.

이윽고 사냥이 끝나 모두 젊은이를 궁전으로 데려가 교주 앞에 끌어냈습니다.

젊은이는 여전히 고개를 숙인 채 교주에게 인사도 하지 않고 말도 하지 않았습니다.*¹ 참다못해 한 환관이 소리쳤습니다.

"이놈, 이 개 같은 아랍인! 어째서 네놈은 대교주님께 인사를 드리지 않느냐!"

그러자 젊은이는 발끈하여 환관을 돌아보며 대답했습니다.

"오, 이 나귀의 길마 같은 놈아, 길이 멀고 험하여 땀을 쏟아서 인사를 못한다."

왕은 노발대발하여 소리쳤습니다.

"요 어린놈아, 네 목숨도 이제 마지막이다. 오늘로 이 세상을 하직하는 줄 알라."

그러나 젊은이는 침착하게 대답했습니다.

"오, 히샴 교주, 알라께 맹세코 말하지만 내 수명이 늘어나서 운명에 의해 끊어지든 말든, 당신의 잔소리가 길든 짧든, 내 알 바 아니오."

시종장이 다가와 말했습니다.

"이놈, 이 개 같은 아랍 놈아, 양치기 주제에 충실한 자들의 임금님께 말대꾸하다니, 이 무슨 짓이냐!"

"네 몸에 재앙이 내려 영원토록 불행과 고통에 시달려라! 너는 '모든 영혼은 언젠가 스스로 변호할 때 있으리라'*² 라는 전능하신 알라의 말씀을 모르나?"

이 말을 듣고 교주는 불같이 화를 내며 벌떡 일어나 외쳤습니다.

"여봐라, 망나니, 당장 이 애송이 놈의 목을 베어라. 이렇게 앞뒤 분별없이 함부로 주둥이를 놀리는 놈을 봤나!"

그래서 망나니는 젊은이를 끌고 가 피를 받을 깔개 위에 꿇어앉히고서 칼을 뽑아 쳐들고 교주에게 말했습니다.

"오, 충실한 자들의 임금님, 이 노예 놈은 길을 잘못 들어서서, 이제 막 무덤으로 들어가려는 참입니다. 이놈의 목을 베어 숨통을 끊어버릴까요?"

"시행하라."

망나니가 다시 같은 말을 되풀이하며 다짐을 두자 교주도 다시 고개를 끄덕였습니다.

이윽고 망나니가 세 번째로 허락을 구하자, 젊은이는 이번에 교주가 대답하면 드디어 마지막이라는 것을 깨닫고, 사랑니가 보일 만큼 크게 입을 벌리고 껄껄 웃었습니다.

이것을 본 교주는 한층 더 분노하여 말했습니다.

"이놈, 이 애송이 놈, 네놈은 아무래도 제정신이 아니구나. 이제 이 세상을 하직한다는 것을 모르느냐? 마지막에 이르러서도 자신을 조롱하며 웃다니 당치도 않은 놈이다!"

그제야 젊은이는 비로소 조용히 말했습니다.

"오, 충실한 자들의 임금님, 설령 이 목숨이 연장된다 하더라도 저를 해칠 수 있는 자는 아무도 없을 겁니다. 방금 시상이 잠시 떠올랐는데 한번 들어보십시오. 어차피 죽음을 피할 수 없는 몸이지만."

"어디 한번 들어보자. 짧게 읊어 보아라."

아랍인 젊은이는 다음과 같은 시를 읊었습니다.

어느 날의 일이었네,
사나운 매가 달려들었네
운명에게 버림받은
지나가던 참새였지.
매에게 사로잡힌 이 참새는
둥지로 돌아가려는 매를 향해 말했네.
"내 여윈 살점으로
어찌 그대 배 채우랴.
먹이 많은 그대에게
난 너무 초라해."
허영과 자만심의 부추김에
매는 미소 지으며
참새를 놓아주었다더라.

이것을 들은 교주는 싱긋이 웃으며 말했습니다.

"알라의 사도(알라의 축복과 가호가 있기를!)와 이어지는 나의 인연의 진실에 맹세코 처음부터 그렇게 말했더라면, 나는 교주의 지위만 제외하고 네가 원하는 것은 무엇이든 다 주었을 것을. 오, 환관, 이런 시를 읊은 이 자의 입에 보석을 가득 담아주어라.*3 그리고 후하게 대접해 주라."

환관들이 교주가 분부한 대로 시행하자 아랍인 젊은이는 교주 앞을 물러났습니다.

또 이런 재미있는 이야기도 있습니다.

〈주〉

＊1 바다위족의 거칠고 솔직한 말투는 시민적인 우아함과 비굴함과 대비되어 언제나 아랍인 이야기 지은이들의 좋은 소재가 되고 있다. 게다가 바다위족은 자신이 생각하는 대로 입에 올릴 뿐만 아니라(외국인과의 교역에 의해 타락하지 않는 한) 언제나 진실을 이야기한다. 이것이 도시 사람과의 뚜렷한 차이점이다.

＊2 《코란》 제16장 102절. 〔로드웰의 번역에서는 '뒷날 모든 이는 자신을 변호하고 그 행위에 따라 보답받으리라'고 되어 있다.〕

＊3 '시를 읊는' 혀에 보답하는 일반적이고 의미 깊은 방법. 그 보석은 대개 진주이다.

이브라힘 빈 알 마디와 이발외과의사

하룬 알 라시드의 형제 알 마디의 아들 이브라힘[*1]은 자신의 형제 하룬의 아들 알 마문이 교주의 자리에 오르자, 조카의 즉위를 승인하는 것을 거부하고 라이[*2]에 가서 스스로 왕이라 칭하며, 1년 12개월 12일을 그곳에서 옥좌에 앉아 있었다고 합니다.

그동안 조카 알 마문은 이브라힘이 귀순하여 자기에게 복종하기를 이제나 저제나 기다리고 있었습니다.

그러나 마침내 이 희망이 헛된 일임을 안 그는 직접 말을 타고 많은 기마병과 보병을 이끌고 이브라힘을 잡아 다스리기 위해 라이를 향해 떠났습니다. 이 소식을 들은 이브라힘은 위험을 깨닫고 바그다드로 몸을 피하는 수밖에 없었습니다.

그래서 마문은 그의 목에 금화 10만 닢의 상금을 걸고, 누구든지 그를 배반한 자에게는 이 상금을 주기로 했습니다. (이브라힘은 얘기했습니다.)[(1)]

"나는 그 상금 이야기를 들었을 때, 내 목이 날아갈까 봐 무척 두려웠다."

—날이 밝아오는 것을 알고 샤라자드는 이야기를 그쳤다.

273번째 밤

샤라자드는 이야기를 계속했다.

오, 인자하신 임금님, 이브라힘은 이야기를 계속했습니다.

—나는 내 목에 상금이 걸렸다는 이야기를 듣고 걱정이 되어 어떻게 해야 할지 알 수 없었다. 그래서 점심때쯤 변장을 하고 집을 빠져나가 정처 없이 걷다가 인적 없는 넓은 거리로 나왔을 때 혼자 이렇게 중얼거렸다.

"우리는 모두 알라의 손안에 있으니 언젠가는 알라에게 돌아가야 한다. 마침내 나도 파멸 앞에 몸을 드러냈으니, 이제 와서 돌아간다 해도 사람들에게 의심을 받게 될 것이다."

변장을 하고 있던 나는, 거리 끝에 있는 어느 집 문 앞에 한 검둥이 노예가 서 있는 것을 보았다. 나는 그 곁으로 다가가 이렇게 말을 건넸다.

"한 시간만 쉴 수 있는 집이 없을까?"

"예, 있습니다."

검둥이는 문을 열고 양탄자와 방석, 가죽의자와 이불이 있는 훌륭한 방으로 나를 안내한 다음 방문을 닫고 나가버렸다.

그때 나는 어쩌면 저 검둥이가 내 목에 상금이 걸려 있는 것을 아는 게 아닌가 하는 의심이 들었다.

"저놈이 나를 밀고하러 간 게 틀림없어."

이런저런 신세를 생각하며 마치 불 위에 얹혀 있는 솥처럼 애태우고 있는데 집주인이 짐꾼 하나를 데리고 들어왔다. 보니 짐꾼은 등에 빵과 고기와 새 냄비, 그 밖의 갖가지 도구, 새 병과 물병 등 요리하는 데 필요한 온갖 물건들을 지고 있었다. 주인은 짐꾼을 돌려보낸 다음 나에게 말했다.

"정말 잘 오셨습니다. 저는 비천한 이발외과의사[2]로서 보시는 바와 같이 이렇게 살고 있습니다.[3] 그러니 저 같은 사람과 함께 식사하는 것은 아마 싫어하실 것 같아서 아직 아무도 손대지 않은 기구를 가지고 왔으니 손수 요리를 해서 드십시오."

나는 매우 배가 고팠던 터라 곧 냄비에 있는 고기를 요리하여 먹었는데, 그 맛이 일찍이 한 번도 맛보지 못했을 만큼 기가 막히게 맛있었다. 배불리 먹고 나자 주인은 이렇게 말했다.

"나리, 달리 필요한 게 있으시면 사양 말고 말씀하십시오. 술은 어떻습니까? 술을 마시면 기분이 좋아지고 걱정도 잊게 되니까요."

"그럼, 먹어볼까."

내가 그렇게 대답한 것은 이발사와 친구가 되고 싶어서였다. 그러자 그 사람은 아직 아무도 손대지 않은 유리병과 고급술이 든 항아리를 가지고 와서 말했다.

"자, 취향에 따라 걸러 보십시오."

그래서 나는 술을 맑게 가라앉혀 세상에 둘도 없는 빛 좋고 맛 좋은 술을 만들어주었다. 그러자 주인은 다시 새 잔과 새 토기에 과일과 꽃을 담아와서 이렇게 말했다.

"괜찮으시다면, 제 술은 제가 혼자 따라서 당신과 건배하고 싶습니다만."

"그렇게 하시오."

그렇게 나와 주인은 따로따로 술을 따라 마시다가 차츰 취기가 돌기 시작하자 이발사는 일어나 벽장 속에서 잘 손질된 나무 류트를 꺼내 왔다.

"나리, 저 같은 사람이 당신 같은 분에게 노래를 불러달라고 청하는 것은 분에 넘치는 일입니다만, 나리께서도 너그러운 마음으로 저의 존경에 대해 보답해 주셔야 할 줄 압니다. 그러니 만약 나리께서 이런 놈에게도 축복을 주실 마음이시라면 참으로 몸에 넘치는 영광으로 생각하겠습니다."

나는 (이 사내가 내 신분을 알고 있을 거라고는 생각하지 않았으므로) 이렇게 물었다.

"내가 노래를 잘한다는 걸 어떻게 알았소?"

"오, 알라께 영광 있으라! 세상에 나리께서 노래를 잘하신다는 사실을 모르는 사람은 없습니다. 나리는 알 마디 님의 왕자로 저희의 영주 이브라힘 님이십니다. 어제까지 저희의 교주님이시던 몸이 지금은 알 마문 님 때문에 금화 10만 닢의 상금이 걸려 사람들이 목숨을 노리고 있다는 사실도 잘 알고 있습니다. 그러나 저의 집에 계시면 결코 염려하실 것 없습니다."

(이브라힘은 이야기를 계속했습니다.)

이 말을 듣는 순간 나는 그의 충성심과 품위 있는 성격을 확실히 알게 되어, 그를 매우 훌륭한 남자라 생각했다. 나는 그가 원하는 대로 류트를 들고 가락을 맞춰 노래를 불렀다. 그러다가 아내와 자식과의 이별을 생각하며 이런 노래를 부르기 시작했다.

유수프를 가족에게 돌려주시고
사로잡힌 자에게도
축복을 내려주시는 신이시여,
우리가 다시 만날 수 있도록
기도하는 내 소원 들어주소서.

이 세상의 주인이신 알라께서는
모든 힘 다 갖추고 계시니.

　　　　·

　이 노래를 듣고 이발사는 춤이라도 출 듯이 기뻐했다. (왜냐하면 이브라
힘의 이웃들은 이브라힘이 "여봐라, 아이야, 노새에 안장을 얹어라!" 소리
치는 목소리만 들어도 기뻐서 넋을 잃을 정도였기 때문이다.)[3]
　매우 기뻐하던 이발사가 나에게 이렇게 말했다.
　"오, 임금님, 저는 류트는 그리 잘 켜지 못합니다만, 지금 마음속에 떠오
른 노래를 하나 불러 드려도 괜찮겠습니까?"
　"좋고말고, 그대는 상당히 풍류를 알 뿐만 아니라 마음씨도 친절하구나."
　그러자 이발사는 류트를 들고 이런 노래를 불렀다.

　　사랑하는 그녀에게
　　긴긴 밤을 하소연했더니
　　사랑하는 그녀는 대답하였네.
　　"우리의 밤은 너무나 짧아
　　어찌나 빨리 새는지 모르겠어요."
　　정녕 그렇다네, 처녀들은
　　두건처럼 그 잠의
　　눈을 가려두어 푹 잠자네.
　　그러나 우리 눈에서
　　잠은 잘도 달아나버리네.
　　저녁 어둠이 내리면
　　사랑하는 이들은 두려워 한탄하건만
　　처녀들은 가라앉는 저녁 해
　　바라보면서 기뻐한다네.
　　우리처럼 처녀들도
　　괴로운 운명 한탄하게 되면
　　그 잠자리도 우리와 마찬가지로
　　어두운 그림자 깃들겠지.

(이브라힘은 이야기를 계속했습니다.)

노래가 끝나자 나는 말했다.

"오, 정말이지 그대의 친절한 마음씨 덕분에 내 슬픔이 모두 사라져버렸구나. 그대가 지은 노래를 좀더 들려주지 않겠나?"

그래서 이발사는 다시 노래를 부르기 시작했다.

사람이 빛나는 영예를
깨끗이 간직하는 그때는
어떠한 옷을 입더라도
늘 아름답고 몸에 어울리리라!
나의 부족함을 그녀가
비웃을 때 나는 말하리,
"세상에 기품 있는 사람은
참으로 드물다!"고.
그 수는 적더라도
괴로워할 필요 전혀 없네.
다른 종족은 실로
그 수가 많다 해도
신분이 천하게 태어난 자들.
아미르도 사무르*4도 '사람의 죽음'을
욕하고 책망하지만
우리는 원망하지 않고 맞이하는
기품 있는 일족이다.
우리는 죽음을 사랑하면서
운명의 끝을 향해 다가가지만
그들은 죽음을 미워하며
한시라도 늦게 오기 바란다.
우리는 그들의 말이
거짓임을 알지만, 어느 누가
우리의 말이 거짓이라고

비난할 자 있으리.

(이브라힘은 이야기를 계속했습니다.)
이 노래를 듣고 나는 커다란 기쁨에 더할 수 없이 감동했다.

이윽고 나는 그대로 잠들었다가 해가 진 다음 눈을 떴는데, 세수를 하면서 이발사가 훌륭한 인물이라는 것과 나에 대한 그의 은근하고 고마운 대우를 곰곰이 생각했다. 그래서 세수를 하고 나서 사내를 깨워 돈이 꽤 많이 든 지갑을 꺼내 던져주면서 말했다.

"알라께 그대를 칭찬해 주리라. 나는 이제 나갈 것이니 돈이 필요하면 이 지갑에서 꺼내 쓰도록 하라. 만일 내가 위험에서 벗어나 안전해지면 상을 듬뿍 내리마."

하지만 그는 지갑을 도로 돌려주며 말했다.

"오, 임금님, 당신 눈에는 저 같은 가난뱅이가 아마도 보잘것없이 보이겠지만, 한 가닥의 의협심만은 지니고 있습니다. 우연한 인연으로 나리의 사랑을 받았고 또 이 가난한 집을 찾아주셨는데, 어찌 제가 돈을 받을 수 있겠습니까? 만일 다시 한 번 그런 말씀을 하시며 지갑을 던지신다면 제 손으로 죽어 버리고 말겠습니다."

이렇게까지 말하는 것을 듣고 보니 나도 더 고집을 부릴 수 없어 무겁고 성가신 지갑을 다시 소매*5 안에 집어넣었다.

—샤라자드는 날이 밝아오는 것을 깨닫고 이야기를 그쳤다.

274번째 밤

샤라자드는 이야기를 계속했다.
오, 인자하신 임금님, 알 마디 왕의 아들 이브라힘은 다시 이야기를 계속했습니다.

—내가 무겁고 성가신 지갑을 소매 속에 집어넣고 떠나기 위해 발길을 돌려 문 앞까지 걸어가자 그 사내가 이렇게 말했다.

"오, 임금님, 이곳은 나리에게 어디보다도 가장 안전한 은신처입니다. 그리고 언제까지 묵으신다 해도 저에게는 조금도 난처한 일이 아닙니다. 그러니 알라께서 구원의 손길을 내리실 때까지 저희 집에서 지내십시오."

그래서 나는 다시 들어가 말했다.

"이 지갑의 돈을 쓰겠다고 약속해 준다면."

이발사는 이 약속에 다른 의견이 없는 듯했으므로 며칠 동안 그 집에서 매우 유쾌하게 지냈다.

그러나 이발사가 지갑의 돈을 조금도 쓰지 않는 것을 알고, 나는 언제까지나 이 사내에게 신세를 지며 모든 걸 부담시키는 것이 부끄럽게 생각되었다. 그래서 마침내 여자로 변장하고는 자그마한 노란 실내화*6를 신고 베일을 쓰고 그 집을 나와버렸다.

한길로 나서자 갑자기 두려움이 덮쳐왔지만 그대로 다리를 건너려고 걸어가 물이 뿌려진 길*7로 나왔다. 거기에 전에 내 부하였던 기병이 하나 있다가 나를 알아보고 소리쳤다.

"저놈은 알 마문 님께서 찾고 계시는 자이다."

그러고는 나를 붙잡으려 하기에, 나는 생명에 대한 강한 애착에 있는 힘을 다해 말과 함께 그놈을 냅다 들이받았다. 그러자 상대는 공중제비를 한 바퀴 돌고는 미끄러운 길바닥에 벌렁 나자빠졌다. 응징이 필요한 놈에게는 좋은 본보기가 된 셈이었다.

사람들이 달려오는 동안 나는 급히 다리를 건너 큰길의 혼잡 속에 숨어버렸다. 마침 그때 어느 집 문이 열려 있고, 문간에 한 여자가 서 있는 것을 본 나는 여자에게 이렇게 말했다.

"부인, 자비로운 마음으로 도와주십시오. 나는 지금 곤경에 빠져 있습니다."

그 여자가 대답했다.

"알겠어요, 어서 들어오세요."

여자는 나를 2층 식당으로 안내하더니 거기에 자리를 펴고 음식을 가져다주었다.

"걱정하지 마세요. 당신에 대해서는 아무도 아무 말도 하지 않을 테니까요."

그때 별안간 대문을 두드리는 소리가 나서 여자가 나가 문을 열었다. 그러자 조금 전에 내가 다리 위에서 떠민 사나이가 머리에 붕대를 감고 피투성이가 된 모습으로 들어오는 게 아닌가?

"아니, 이게 어찌 된 일이에요? 어쩌다 이런 변을 당했어요?"

여자가 묻자 기병이 대답했다.

"교주님께서 찾고 계시는 젊은 사나이를 다 잡았다가 놓치고 말았어."

그리고 자초지종을 여자에게 말해 주었다.

여자가 불쏘시개*8로 쓰는 넝마를 꺼내 찢어서 사나이의 머리를 싸매준 다음 자리를 깔아 주자, 사나이는 기진맥진하여 그 위에 드러누웠다.

한참 뒤 여자는 나에게 와서 물었다.

"교주님께서 찾으시는 사람이 당신인가 보군요."

"그렇소."

"염려할 것 없어요. 당신에게 해를 끼치지는 않을 테니까요."

그리고 여자는 한층 더 친절하게 대해 주었다.

이리하여 나는 사흘 동안 이 여자 집에서 신세를 졌는데 나흘째가 되자 여자는 이렇게 말했다.

"저 사람이 당신이 계신 것을 눈치채고 밀고라도 할까 봐 걱정이 되어 죽겠어요. 그러니 여기를 빠져나가 안전한 곳으로 달아나도록 하세요."

그래서 내가 밤까지만 있게 해달라고 부탁하자 여자는 말했다.

"그 정도는 괜찮을 거예요."

나는 밤이 되기를 기다려 여자 옷을 그대로 입은 채 그 집을 빠져나왔다. 그러고는 전에 나의 노예였지만, 지금은 자유의 몸이 되어 있는 여자의 집으로 갔다.

여자는 내 모습을 보자 눈물을 흘리며 슬퍼했다. 그리고 내가 무사한 것을 전능하신 알라께 감사했다. 이윽고 여자는 밖으로 나갔는데, 그것은 마치 나를 환대하기 위해 장을 보러 가는 듯한 모습이었다.

나는 당분간 안심이라고 생각했는데, 느닷없이 이브라힘 알 모시리가 부하 기병과 종자들에게 에워싸여, 한 여자를 앞세우고 이 집 쪽으로 몰려오는 게 눈에 띄었다. 자세히 보니 그 여자는 내가 숨겨달라며 찾아온 바로 이 집 여주인이 아닌가? 그리하여 나는 그 여자 때문에 그들 손에 잡혀서 결국 죽음의 문턱에 서게 되었다.

그들은 여자 차림을 한 나를 알 마문에게 끌고 갔다. 마침 회의 중이던 알 마문 앞으로 끌려나간 나는 교주의 칭호로 그를 부르며 인사했다.

"오, 충실한 자들의 임금님에게 평안함을 내려주시기를!"

그러자 교주는 말했다.

"알라여, 이자에게는 평안함도 장수도 내려주시지 않으시기를!"

"오, 충실한 자들의 임금님, 모든 것은 당신의 뜻에 달려 있으니, 벌을 내리는 것도 죄를 묻는 것도 오로지 피의 복수를 구하는 자들만이 하는 짓입니다. 그러나 자비는 신앙심과 종이 한 장 차이, 알라께서는 당신의 면죄를 다른 어떤 면죄보다 칭찬하실 겁니다. 더욱이 나의 죄는 다른 모든 죄를 능가하므로 더 말할 것도 없겠지요. 그러므로 나를 벌하시더라도 그것은 공정한 처사이고, 만약 나를 용서하신다면 그것은 그야말로 더없이 자비로운 처사가 될 것입니다."

그리고 나는 다음과 같은 시를 읊었다.

나의 죄 무겁지만,
임의 자리는 더욱 무겁도다.
원수를 갚으시라, 그렇잖으면
자비로 용서를 베푸시라.
나의 행위 비록 졸렬하지만
바라건대 너그러운 마음 베푸소서!

(이브라힘은 이야기를 계속했습니다.)

이 노래를 듣고 알 마문은 내 쪽으로 고개를 들었으므로, 나는 다시 급히 다음과 같이 노래를 계속했다.

내가 범한 것은 무거운 죄,
용서하는 것은 임의 마음.
용서하신다면 그것은 은총
벌을 내리신다면 그것은 정의.

그러자 알 마문은 고개를 숙이고 다음과 같이 읊조렸다.

(벗이 노여움에 불타
내 목을 세게 졸라
숨이 멎을 지경이 될지라도)
나는 용서하리, 그의 죄.
벗이 없으면 인생도
사는 보람 없으니.

(이브라힘은 이야기를 계속했습니다.)
나는 교주의 관대한 성품*9을 잘 알고 있었으므로, 이 노래를 듣고 교주가
자비를 베풀어줄지도 모른다고 생각했다.
이윽고 알 마문은 왕자 알 아바스를 비롯하여 아우인 아부 이사크와 늘어
선 중신들을 돌아보며 물었다.
"그대들은 어떻게 생각하는가?"
그들은 입을 모아 나를 사형에 처하도록 충고했지만, 어떤 방법으로 사형
시킬지에 대해서는 모두 저마다 다른 의견들을 말했다.
그래서 교주는 아마드 빈 알 하리드 대신에게 물었다.
"아마드, 그대는 어떻게 생각하는가?"
그러자 대신은 대답했다.
"오, 충실한 자들의 임금님, 이자를 사형에 처하신다면, 그런 예는 지금까
지 얼마든지 있었습니다. 그러나 만일 용서하신다면, 그것은 지금까지 예가
없는 일이 됩니다."

─샤라자드는 날이 밝아오는 것을 알고 이야기를 그쳤다.

275번째 밤

샤라자드는 이야기를 계속했다.

오, 인자하신 임금님, 이브라힘은 이야기를 계속했습니다.

—충실한 자들의 임금, 알 마문은 아마드의 말을 듣고 고개를 끄덕이며 다음과 같은 시를 읊었다.

내 일족은 나의 형
우마임을 토벌하여 죽였지만
내가 쏜 화살은 모두
다시 되돌아오는 법.
내가 용서하면 그것은
참으로 거룩한 용서.
내가 만일 화살을 쏘면
나의 뼈 상처 입을 따름이다.

교주는 또 이런 노래도 읊었다.

선량함도 악함도 두루 갖춘
나의 형제에게 상냥한 마음으로
인간의 선과 악을 넘어서
인정을 베풀라, 언제까지나.
비록 그대를 노엽게 하더라도
또는 그대에게 기쁨을 주더라도.
나무라지 말기를.
그대가 사랑하는 그 사람이
미워하는 사람과 언젠가
손잡는 일 있음을 못 보았는가?
긴 생명의 기쁨도
머리가 희끗희끗해짐에 따라
희미해져 가는 것을 모르는가?
열매를 비틀어 딸 때마다
나뭇가지의 가시에 찔리지 않던가?

정녕 기쁨을 위해서만 착한 일 하고
나쁜 일 하지 않는 사람 있는가?
대부분의 세상 사람들은
시련을 겪는 그 순간에
나쁜 짓을 하기 마련이니라.

(이브라힘은 이야기를 계속했습니다.)

이 노래를 듣자 나는 머리에 쓴 여자의 베일을 벗어 던지고 큰 소리로 외
쳤다.

"알라는 가장 위대하도다! 충실한 자들의 임금님은 마침내 나를 용서해
주셨다!"

교주가 말했다.

"작은아버님, 이제는 아무 걱정하지 마십시오."

"오, 충실한 자들의 임금님, 나의 죄는 사죄를 하기 힘든 너무나 큰 죄,
당신의 자비심 또한 감사의 말도 할 수 없을 만큼 너무나 큰 자비.'

그리고 나는 힘차게 이런 시를 읊었다.

온갖 은총 베푸시어
신께서는, 나의 7대
선도자,*10 그대 위해 아담의
허리 속에 모든 것을 모으시도다.
정녕 임께서는 모든 이의 마음을
존경과 숭앙의 마음으로 채우시고
모든 사람을 겸양의
미덕으로 지켜주시네.
내가 반역한 것은
망상 때문이 아니라
다름 아닌 임의 자비를
한결같이 얻고 싶었기 때문.
나의 죄 감싸주는 이

아무도 없건만 임께선 나를 용서해 주셨네,
이 극악무도한 나를.
새끼 뇌조(雷鳥)*11를 닮은 어린 자와
자식을 생각하는 어미를
임은 불쌍하고 가엾게 여기시도다.

그러자 알 마문 왕이 말했다.

"우리의 주 요셉(요셉과 예언자 위에 축복과 평안함이 깃들기를!)을 본받아 오늘은 당신에 대해 아무것도 책망하지 않기로 하겠습니다. 알라께서 용서해 주시겠지요. 요셉은 자비로운 사람들 가운데서도 가장 인정이 많은 사람이었으니까요.*12 나는 당신을 용서하고 당신의 재산도 땅도 돌려 드리겠습니다. 그러니 이제 안심하십시오."

그래서 나는 교주를 위해 진심으로 기도를 바치고 다음과 같은 시를 읊었다.

임께선 내가 피 흘리는 것을 막아주시고
하물며 재산까지 돌려주셨도다,
욕심 없이 아낌없이.
그렇다면 임의 자비를 구하기 위해,
내 피를 흘리고 재산을 버리고,
발에서 신을 벗어버릴지라도,
그것은 다만 임에게 빚을 갚는 것.
빚을 갚는데 누가 책망하랴.
관대한 임의 은혜
내가 만일 그것을 잊는다면,
임의 자비 거룩할수록
나의 비천함은 더하리라.

그러자 알 마문은 나에게 존경과 호의를 표정에 나타내면서 말했다.

"오, 작은아버님, 아부 이사크와 알 아바스는 당신을 사형에 처하라고 나에게 권했습니다."

"오, 충실한 자들의 임금님, 그 두 사람의 충고는 옳았습니다. 그러나 당신은 자신의 의사에 따라 내가 두려워하던 것을 제거해 주시고 원하던 것을 주셨습니다."

"오, 작은아버님, 당신의 겸손한 변명을 듣고 나의 원한은 완전히 사라졌소. 이제 와서 남의 말을 이러쿵저러쿵하지 말고 깨끗이 당신을 용서해 드리겠소."

그리고 알 마문 왕은 엎드려 오랫동안 기도하더니 이윽고 고개를 들고 말했다.

"내가 왜 엎드려 기도했는지 아십니까?"

"알라의 자비로 적을 정복했으므로 감사기도를 드린 게지요."

"그게 아닙니다. 그럴 생각은 없었어요. 당신을 용서할 용기를 주시고, 당신에 대한 나의 마음이 풀리도록 해 주신 알라께 감사드린 거요. 자, 그러면 여태까지 겪은 이야기를 좀 들려주시오."

그래서 나는 이발사와 기병 부부와 나를 밀고한 노예계집에 대한 일을 모두 이야기했다.

그러자 교주는 집에서 상이 내리기를 기다리고 있던 노예계집을 불러오게 했다.

노예계집이 앞으로 나와 바닥에 엎드리자 왕은 물었다.

"너는 어째서 네 주인에게 그런 짓을 했느냐?"

"돈에 욕심이 났기 때문입니다."

"너에게 남편이나 자식이 있느냐?"

"없습니다."

이 말을 듣고 교주는 부하에게 명령하여 곤장 백 대를 때린 다음 죽을 때까지 감옥에 가둬두도록 명령했다.

이번에는 기병 부부와 이발사를 불러내 먼저 기병에게 왜 그런 짓을 했는지 물었다.

그러자 이 남자도 돈이 탐났기 때문이라고 대답했다.

"너에게는 사혈(瀉血)이발사*13(그 무렵의 외과의사)가 어울릴 것이다."

그리고 사혈이발사의 가게에 맡겨 그 가게에서 기술을 배우게 했다. 그러나 기병의 아내는 후하게 대접하고서 이렇게 말했다.

"이 여자는 본디의 성품을 잃지 않은 여자로, 중대한 일이 있을 때 도움이 될 것이다."

그리고 그녀를 왕궁에 살게 했다. 그런 다음 교주는 사혈이발사[4]를 향해 말했다.

"그대는 참으로 훌륭한 도량을 보여주었다. 남자의 체면에 이보다 더 좋은 일은 없으리라."

왕은 그 이발사에게 기병이 살던 집과 재물을 주고 예복을 내린 다음, 해마다 금화 1만 5천 닢씩 지급하게 했다.

―또 이런 이야기도 전해오고 있습니다.

〈주〉

＊1 이브라힘 아부 이사크 빈 알 마디(Ibrahim Abu Ishak bin al-Mahdi)는 세상에 널리 알려진, 기민한 재주가 풍부한 교주사칭자이고 또 저명한 음악가이기도 했다. 그의 모험적인 생애는 이븐 할리칸, 데르브로, 알 슈티 등의 저작에서 볼 수 있다.

＊2 라이(Rayy)는 《젠드 아베스타 Zend-Avesta》의 라가(Ragha), 외경(外經)《토비트 Tobit》, 《주디스 Judith》의 라게스(Rages)로 메디아 본토(Media Proper)〔카스피 해 서남쪽의 고대 나라로 본디 아시리아 제국의 한 주〕의 고대 수도 다이람(Daylam)〔이를 테면 카스피 해를 '다이람 바다'라고 부르듯 메디아 본토의 별칭이다〕의 정치적 중심지였으며 지금은 테헤란 남쪽 몇 마일 되는 곳에 자리한 폐허이다. 테헤란은 그 옛 도시의 유적을 이용해 건설되었다.

라이의 창건자는 호샹(Hoshang)이며 처음으로 톱으로 목재를 켜고, 문을 만들고, 금속을 발굴한 태고의 왕이었다. 알 마디는 그곳에서 알현식을 거행했기 때문에 라이 알 마디야라고도 불린다. 하룬 알 라시드도 그곳에서 태어났다(이슬람력 145년). 수많은 저작자가 이 도시를 언급하고 있으며 알 하리리의 《집회》 하나도 이 이름을 따고 있다.

〔최초의 《젠드 아베스타》에 대해 얼마쯤 설명을 해두고 싶다. 고대 페르시아의 예언자는 차라투스트라(Zarathustra)라고 불리며―그리스인은 조로아스터라고 한다―플리니우스 등에 의하면 모세보다 1천 년쯤 전의 인물이었다. 그 교의를 적은 성전(聖典)이 《젠드 아베스타》 즉 《법률론》으로, 고대 페르시아인의 성서로서 이른바 조로아스터교의 경전이 되었다. 그 교의도 매우 흥미롭고 또한 가장 초기의 페르시아어로 쓰여 비교언어학상 가장 귀중한 문헌이 되어 있다. 외경(外經)인 '토비트'는 《토비트서(書)》라고 하며 그 속의 주요인물 이름에 연유하며, '주디스'는 《주디스서》라고 제목 붙여졌

는데 경건한 유대 과부의 이름에 연유한다.〕

＊3 이발외과의사는 이발사 겸 외과의사로, 필요에 따라 피를 빼는 일을 했는데 인간의 피는 특히 부정한 것이기 때문이다.

＊4 존스, 브라운, 로빈슨 같은 흔한 이름.

＊5 의복의 소매는 아랍어로 쿰므(Kumm)라고 한다. 이슬람교도의 소매는 대개(바지와 마찬가지로) 헐렁헐렁해서 속에 작은 물건을 넣고 한 손으로 끝을 감아 쥐면 간단하게 일종의 손지갑이 된다. 그런 식으로 물건을 휴대하면 허리에 늘어뜨리는 것보다 훨씬 간편해진다. 앤 여왕〔1665~1714〕 시대의 영국인은 각서 등을 넣기 위한 소매주머니를 가지고 있었다. 거기서 '소매 속에 지닌다'는 말이 나온 것이다. 〔이를테면 Every man has a fool in his sleeve(약점 없는 자는 없다).〕

＊6 실내화는 아랍어로 쿠프(Khuff)이며, 바부그(Babug, 페르시아어 파 푸시 pa-push에서 나온 말로, 발을 위쪽에서 덮는 papooshes, 즉 슬리퍼라는 뜻) 아래 신는 구두이다. 〔레인이 쓴 《근대 이집트인》을 보면 '발에 노란 모로코가죽으로 만든 짧은 실내화(푸프라고 부른다)를 신고 그 위에 앞이 높은 바부그를 신는다'라고 되어 있으며 삽화도 실려 있다.〕

＊7 날씨가 더울 때는 온 도시에 물을 뿌리는데, 둔한 동물인 낙타가 미끄러져 나둥그러지지 않도록 길 한복판은 물을 뿌리지 않고 남겨둔다. 카이로 시가지의 물 뿌리기는 최근에는 그 도가 지나쳐 요즘은 여름이나 겨울이나 진창길이 되는 데다, 동물 배설물의 악취가 다른 여러 가지 원인과 겹쳐 예전의 아름답던 모습을 크게 악화시켜버렸다. 하(下)이집트에서 1850년의 분위기를 보존하고 있는 유일한 곳은 수에즈이다.

＊8 불쏘시개로 쓰는 타다 만 넝마 조각은 일반적으로 피를 멈추게 할 때 쓰인다.

＊9 알 마문(Al-Maamun)은 그 광신성(狂信性)에도 불구하고 양식이 있는 인물이었다. 그가 말한 문구가 오늘날까지 하나 남아 있다. '왕이 토론을 즐기는 것은 바람직하지 못하다. 사건이 풀리지 않는다 해서 재판관이 화내는 것은 더욱더 추악하다. 그러나 더 좋지 않은 것은 신학자들이 피상적이고 천박한 것이며, 가장 나쁜 것은 부자의 탐욕, 젊은이의 게으름, 늙은이의 못된 장난, 병사의 비겁함 등이다.'

＊10 7대 선도자(Seventh Imam)란 여기서는 아바스 왕조 제7대 알 마문 교주. 〔이맘은 대개 도사(導師)로 번역하지만, 원래 뜻은 예배 때 사람들 앞에 서는 사람.〕

＊11 카타(Kata, 砂雷鳥)는 원래 사막에 사는 새이므로 아라비아의 시 속에 곧잘 나온다. 이것은 멋진 비유이다. 왜냐하면 뇌조는 아침저녁으로 꼭 먹어야 하는 물에서 멀리 떨어진 황량한 들판에 알을 낳기 때문이다. 그 울음소리는 '만 사카트 살람(man sakat salam, 침묵하고 있으면 안전)'으로 풀이되는데, 흔히 '카타! 카타!' 하고 울어서 그 소재를 알리는 일이 있으므로 그 가르침을 실천하는 것은 아니다. 여기서 '뇌조보다 정직한'이라는 격언이 나왔고, 또한 '거짓말을 하지 마라, 카타도 거짓말을 하

지 않는다'라는 《코마이트 *Komayt*》의 말도 생겨났다. 〔코마이트는 《할바트 알 쿠마이 *Halbat al-Kumayt*》, 즉 〈구렁말의 경주〉라는 제목의 시로, 12세기에 알 나와지(Al -Nawaji)라는 시인이 썼다. 코마이트, 또는 쿠마이트로 발음해도 상관없다. 그리고 이 제목은 '술'에 대한 시의 은어라는 것을 덧붙여둔다. 언젠가 이 책에 대해 자세히 설명할 작정이다.〕

뇌조는 또 속도의 상징으로, 방랑시인인 샹파라(Shanfara)는 '회색 카타들은 아침에 갈증을 풀기 위해 서두르지만 내가 마시고 남긴 것을 마실 수 있을 뿐'이라고 뽐내고 있는데, 이것은 카타의 재빠름을 자랑하는 과장법이다. 신드에서는 '양비둘기(rock pigeon)'라고 불리며, 날개를 펼쳐 날아갈 때는 회색 자고새와 비슷하다.

＊12 《코란》 제12장 제92절.

＊13 사혈이발사(barber-cupper)는 이마며 다리에서 피를 뽑는 사람. 출혈하게 하는 사람. 피를 빨아내는 사람.

〈역주〉

(1) 여기서부터 갑자기 이야기를 하는 사람이 샤라자드에서 이브라힘으로 바뀐다.

(2) 옛날의 이발사 겸 의사로, 필요에 따라 사혈을 실시했다.

(3) 이 부분은 이브라힘의 이야기가 아니므로 역자가 괄호를 붙였다.

(4) 이발외과의사와 같다.

원기둥이 많은 도시 이람과 아비 키라바의 아들 압둘라[*1]

어느 날, 압둘라 빈 아비 키라바는 행방불명이 된 암낙타를 찾아 알 아만의 사막과 사바[*2]라는 지방을 헤매다가 뜻하지 않게 어느 큰 도시에 들어갔습니다. 광대한 성곽에 둘러싸여 있는 그 도시 주위에는 왕궁과 누각이 하늘높이 솟아 있었습니다.

압둘라는 도시 사람들에게 달아난 낙타의 행방을 물어보려고 들어갔는데, 막상 가보니 놀랍게도 사람 그림자가 전혀 보이지 않았습니다.

그래서(압둘라는 이야기했습니다) 나는 낙타 등에서 내려 그 다리를 묶고 …….

—샤라자드는 날이 밝아오는 것을 깨닫고 이야기를 그쳤다.

276번째 밤

샤라자드는 이야기를 계속했다.

오, 인자하신 임금님, 압둘라는 다음과 같이 이야기를 계속했습니다.

—나는 낙타 등에서 내려 그 다리를 묶은 다음, 각오를 다지고 도시에 들어갔습니다. 성곽까지 가자, 그 크기와 높이가 이 세상 어디에도 없을 듯한 거대한 문 두 개가 서 있는 것이 보였습니다. 더구나 그 문에는 하양, 노랑, 빨강, 초록 등 온갖 색깔의 보석과 히야신스석 등이 박혀 있었습니다. 그것을 본 나는 너무 놀란 나머지 그저 아무 생각 없이 멍해질 뿐이었습니다. 두려움에 가슴을 떨면서 조심조심 성채 안으로 들어가니, 그 도시는 길고 넓게 퍼져 있어 크기가 성지 알 메디나[*3] 만큼이나 될 성싶었습니다.

성채 안에는 금은으로 지은 높은 왕궁과 누각이 있는데, 온갖 보석과 히야신스석, 감람석, 진주 등을 박아 꾸며져 있었습니다. 누각의 문도 성문 못지 않게 아름다웠으며 바닥에 커다란 진주와 개암만 한 사향과 용연향과 사프 란 구슬이 깔려 있었습니다.

이윽고 도시 가운데로 나갔지만, 거기에도 역시 사람 하나 없었으므로 나 는 너무 무서워서 정신이 아찔해졌습니다.

누각의 지붕과 발코니로 나가 주위를 둘러보니 바로 밑에 냇가가 흐르고 있는데, 중심로에는 열매 달린 나무와 키 큰 종려나무가 무성하고, 집들은 모두 금은 벽돌로 지어져 있었습니다. 나는 속으로 중얼거렸습니다.

'이거야말로 틀림없는 내세의 낙원일 거야.'

나는 조약돌처럼 나뒹구는 보석과 쓰레기처럼 흩어진 사향을 가질 수 있 을 만큼 가지고 고향으로 돌아가 내가 보고 온 것들을 사람들에게 얘기해 주 었습니다.

마침내 이 이야기는 그 무렵 성지의 교주였던 아부 수프얀의 아들 무아위 야 왕의 귀에 들어갔습니다. 교주는 곧 알 야만의 사막에 주재하고 있는 대 리에게 편지를 보내 그 이야기의 주인공을 불러 그 진위를 확인하라고 명령 했습니다.

그래서 대리는 나를 불러들여 내 신상에 일어난 일을 이것저것 물었으므 로 나는 보고 온 것을 그대로 얘기해 주었습니다.

그 말을 들은 대리는 나를 교주에게 데리고 갔고, 교주 앞에서 나는 이 신 기한 이야기를 되풀이했습니다. 그러나 교주는 그 이야기를 도무지 믿으려 하지 않았습니다. 그래서 나는 진주와 사향, 용연향, 사프란 구슬 등을 꺼내 보였는데, 어찌 된 일인지 사향과 용연향은 여전히 좋은 향기를 풍겼지만 진 주는 완전히 색을 잃고 누렇게 변해 있지 않겠습니까?

—날이 훤히 밝아오는 것을 알고 샤라자드는 이야기를 그쳤다.

277번째 밤

샤라자드는 이야기를 계속했다.

오, 인자하신 임금님, 압둘라는 이야기를 계속했습니다.

—진주가 누레져 원래의 아름다움을 완전히 잃었으므로, 교주도 이상히 여기며 카브 알 아바르*[4]를 불러 물었습니다.

"카브여, 그대가 진위를 확인해 줘야 할 것이 있어서 불렀는데 힐 수 있겠느냐?"

"오, 충실한 자들의 임금님, 대체 무슨 일이옵니까?"

"다름이 아니라 금은으로 집을 짓고 그 기둥에 감람석과 루비를 박았으며 길에는 진주와 사향과 용연향과 사프란 구슬이 깔려진 그런 도성을 그대는 아느냐?"

"오, 충실한 자들의 임금님, 그것은 코란에도 나와 있듯이 '다른 나라에 일찍이 세워진 일이 없는 가장 훌륭하게 꾸며진 원기둥의 이람'*[5]을 가리키는 것입니다. 그것을 지은 사람은 아드 대왕의 아들 샤다드라는 분입니다."

"그렇다면 그 도시의 유래를 나에게 들려주지 않겠는가."

"예, 아드 대왕에게는 샤디드와 샤다드라는 두 왕자가 있었습니다. 대왕이 세상을 떠나자 두 사람이 힘을 모아 정사를 돌보았으므로 전 세계의 왕이라는 왕은 모두 이 두 사람에게 복종했습니다. 그러다 얼마 안 가서 샤디드가 세상을 떠났으므로 샤다드가 혼자서 도시를 다스리게 되었습니다.

샤다드 왕은 고서 읽기를 좋아하였는데, 우연히 어떤 고서 속에 누각과 회랑도 있고 숲이 울창하며 잘 익은 과일이 흐드러지게 달려 있는 내세의 낙원에 대해 적혀 있는 것을 읽고, 어떻게든 그와 같은 것을 현세에 지어보려고 했습니다.

샤다드 왕의 지배 아래에는 왕후(王侯) 10만 명이 있었는데, 그들은 저마다 10만의 우두머리를 거느리고 있었습니다. 또 그 우두머리들은 저마다 군사 10만 명을 두고 있었지요. 어느 날 샤다드 왕은 이들을 모아놓고 말했습니다.

'나는 고서와 연대기 속에서 낙원에 대한 것을 읽었다. 그것은 내세에 나타나는 거라고 씌어 있지만 나는 현세에 그것을 지어볼까 한다. 그대들은 지금부터 이 세상에서 가장 좋고 넓은 곳을 찾아내어 거기에 금은의 도시를 지어다오.

그리고 조약돌 대신 감람석과 루비와 진주를 쓰고 둥근 천장을 받치는 원기둥은 벽옥(碧玉)으로 세워다오. 온 도시에 궁전을 지어 회랑과 발코니를 만들고, 크고 작은 길에는 황금빛으로 무르익는 온갖 과일나무를 심고, 또 금은의 강바닥에 강물이 흘러가도록 해다오.'

이 말을 듣고 그들은 입을 모아 말했습니다.

'무슨 수로 그런 도시를 지을 수가 있겠습니까? 첫 번째로 말씀하신 그 많은 감람석과 루비와 진주를 어떻게 손에 넣는단 말입니까?'

'무슨 소린가! 세상의 왕들이 모두 나에게 복종하고 있고 내 말을 거역하는 자는 한 사람도 없지 않으냐!'

'그것은 잘 알고 있습니다.'

—샤라자드는 날이 훤히 밝아오는 것을 알고 이야기를 그쳤다.

278번째 밤

샤라자드는 이야기를 계속했다.

오, 인자하신 임금님, 신하들이 그것은 잘 알고 있다고 대답하자 샤다드 왕은 다시 말했습니다.

"그렇다면 지금부터 감람석, 루비, 진주, 금, 은 등이 나는 광산에 가서 그것들을 모으고 전 세계의 모든 귀금속을 남김없이 모아 오너라. 결코 몸을 아끼거나 빈손으로 돌아와서는 안 된다. 그리고 또 누구의 것이든 모조리 그러모아 와야 한다. 모두 온 힘을 다하여 내 명령을 충실하게 이행하렷다."

샤다드 왕은 전 세계 왕들에게 편지를 써서 신하들이 가진 귀금속, 보석 종류를 모조리 거두어들이게 하고 광산에서 나오는 것은 물론 바다 속에서 나는 것까지 모두 바치도록 명령했습니다.

세계의 왕들은 모두 360명이 있었는데, 이 명령을 시행하는 데 20년이 걸렸습니다.

이윽고 샤다드 왕은 다시 세계의 온갖 나라에서 건축사와 미술가, 노동자, 직공들을 불러모아 전 세계에 파견하여 황무지와 산림을 모조리 조사하게 했습니다.

그리하여 마침내 모래언덕도 산도 없고, 샘물이 솟아나고 강물이 흐르는 드넓은 평원을 찾아냈습니다. 그래서 사람들은 말했습니다.

"이곳이 바로 임금님이 찾으시는 장소다."

이윽고 온 세계를 지배하는 샤다드 왕의 명령으로, 그곳에 성을 쌓고 샘물을 이끌어 물길을 만들고 설계에 따라 주춧돌을 놓는 공사가 시작되었습니다.

세계 여러 곳의 왕들은 크고 작은 온갖 보석과 진주, 살코깃빛 옥수(玉髓), 순금, 순은 등을 낙타에 싣거나 큰 배에 실어 바다와 육지 양쪽에서 모여들었습니다. 그리하여 헤아릴 수도 없고 상상할 수도 없을 만큼 많은 재료가 산더미처럼 쌓였습니다.

그렇게 300년이나 일을 계속한 끝에 마침내 준공이 가까워져, 신하들은 샤다드 왕에게 가서 그 일을 아뢰었습니다. 그러자 대왕이 말했습니다.

"이번에는 하늘 높이 솟아올라 공격조차 어려워 쉽게 함락되지 않는 성을 쌓고, 그 주위에 감람석과 루비로 기둥을 무수히 세우고 황금으로 둥근 천장을 덮은 수많은 누각을 지어, 그 누각마다 대신이 살 수 있게 해다오."

사람들은 즉시 돌아가서 그 공사를 위해 다시 20년의 세월을 들였습니다. 드디어 공사가 완성되어 사람들은 왕 앞으로 나아가 아뢰었습니다.

"소원하시는 대로 다 지었습니다."

그러자 왕은 대신 천 명과 그 밑의 고관과 군사와 특별히 신뢰하는 신하들에게, 세계의 왕, 아드 대왕의 아들 샤다드에게 어울리는 화려한 행렬을 갖추어 이 원기둥의 도시로 옮길 준비를 하라고 분부했습니다.

또 총애하는 왕비와 후궁들(하렘),[1] 시녀와 환관들에게도 여행준비를 하라고 명령했습니다.

이리하여 출발준비를 하는데 다시 20년의 세월이 걸린 다음, 샤다드 왕은 마침내 신하들을 거느리고 길을 떠났습니다.

—날이 훤히 밝아오는 것을 깨닫고 샤라자드는 이야기를 그쳤다.

279번째 밤

샤라자드는 이야기를 계속했다.

원기둥이 많은 도시 이람과 아비 키라바의 아들 압둘라 1641

오, 인자하신 임금님, 샤다드 빈 아드 왕은 곧 희망이 이루어질 것을 기뻐하면서 군사를 이끌고 여행을 계속하여 마침내 '원기둥의 도시' 이람에 앞으로 하룻길이면 닿을 곳에 이르렀습니다.

이때 일라께서 하늘에서 샤다드 왕과 신앙심 없는 신하들의 머리 위로 큰 굉음을 내려 보내, 그 무시무시한 울림 때문에 왕을 비롯한 신하들이 모두 죽어버려, 살아서 그 도시를 볼 수 있었던 자는 한 사람도 없었다고 합니다. 게다가 이 도시로 통하는 길까지 파괴되어 이 도시는 부활의 날과 심판의 날이 올 때까지 원래의 장소에 그대로 남아 있게 된 것입니다.

무아위야 왕은 카브 알 아바르의 이야기를 듣고 매우 놀라며 물었습니다.

"누군가 그 도시에 가본 자는 없는가?"

카브가 대답했습니다.

"무함마드(오, 이분에게 축복과 평안함이 있기를!)의 친구 한 사람이 거기에 간 적 있습니다. 여기 앉아 있는 이 사내처럼 우연히 가게 되었던 것입니다. 그리고 (알 샤비[*6]가 한 말입니다만) 알 야만의 힘야르 학자들의 연구를 토대로 이런 이야기도 전해지고 있습니다.

샤다드 왕이 전군과 함께 하늘의 굉음 때문에 전멸하자, 왕자인 작은 샤다드가 그의 왕위를 계승했습니다. 부왕은 이람으로 출발할 때 자기가 없는 동안 하즈라마우트[*7]와 사바를 다스리도록 왕자를 남겨두었던 것입니다. 왕자 샤다드는 아버지의 죽음을 전해 듣고 그 유해를 곧 사막에서 하즈라마우트로 가져갔습니다. 그리고 동굴을 파서 무덤을 만들고 황금 옥좌에 유해를 안치하고, 그 위에 금란으로 지어 고귀한 보석으로 테를 두른 옷 70벌을 입히고 머리맡에 황금 표찰을 세웠는데, 거기에 다음과 같은 시를 새겼습니다.

교만한 자여, 명심하라.
정녕 허무하구나, 이 짧은 목숨!
나는 아드의 아들 샤다드,
성채를 지키는 성주,
그리고 원기둥과 권세의
세력 있는 왕으로서
인간세상은 모조리

나를 겁내어 복종했노라.

서쪽도 동쪽도 내 손바닥,

온 세상에 무력을 떨쳤도다.

신께서 보낸 예언자는 나에게

구원을 설득했지만

우리는 이 말을 거스르며

"안주(安住)의 땅은 참으로 쉽게

찾아낼 수 있다"고 대답했네.

그 말이 채 끝나기도 전에

황야 저편에서 돌연 일어난

벼락같은 호통에

타작한 곡식알과도 같이

우리 모두 밭에 엎드렸노라.

그리하여 우리는 이 시간에도

대지의 가슴 위에 누워

'심판의 날'을 기다리노라.

알 샤비는 또 이렇게도 말했습니다.

─어느 날 두 남자가 이 동굴에 들어가 위쪽 끝에 있는 계단을 내려가니 지하실이 하나 나왔다. 그 지하실은 길이 100척, 너비 40척, 높이 100척 가량으로 그 중앙에 황금으로 만든 옥좌가 있고, 그 위에는 한 거인의 유해가 옥좌를 꽉 채우고 누워 있었다. 그 유해에는 보석과 금은으로 지은 옷이 덮여 있고 머리맡에 문자가 새겨진 황금 서판(書板)이 있었다. 그래서 두 사람은 그 서판과 금은보배를 가지고 갈 수 있는 만큼 가지고 돌아갔다."

또 다음과 같은 이야기도 있습니다.

〈주〉

＊1 브레슬라우판은 이 이야기에 '샤다드 빈 아드와 원기둥 있는 도시 이람 이야기(Story of Shaddad bin Ad and City of Iram the Columned)'라는 제목을 붙이고 있는데, 그 내용은 주로 제1 아드족(Adites)의 왕이 건설한 건조물을 다루고 있으며, 그는 예언자 후

드(Hud)에 의해 내세의 천국을 약속받고 이 세상에 천국을 세우겠다는 모독적인 말을 했다.〔설명을 좀 보충하면 제1 아드족은 예언자 후드 또는 헤베르(Heber)와 함께 하즈라마우트로 달아나고, 제2 아드족은 루크만을 왕으로 세워 말리브를 수도로 정했는데 안 아만의 홍수로 뿔뿔이 흩어졌다. 아드족의 왕조는 모두 1천 년 동안 이어졌으며, 무함마드가 나타날 무렵에는 이미 멸망했다고 한다.〕

이 이야기는 또, 이 일화가《모세 5경》에 있으며 그 전거(典據)로써 카브 알 아바르(Ka'ab al-Ahbar)의 말을 인용하고 있다.〔이 아바르는 아흐바르(Akhbar)라고도 하며 시나이 반도의 우수한 무자이나족(Muzaynah) 출신으로 무함마드의 신임이 두터웠다. 시인이었으며《바나트 수아디》라는 작품이 있다. 좀더 상세한 것은 다음의 주석 4를 참조하기 바란다.〕

이람은 알 야만의 아단(Adan) 부근에 있었다. 동서남북 10파라상(1파라상은 1리그=1만 8천 피트)의 정사각형으로, 성벽은 붉은 벽돌(단단하게 구운 것)로 쌓았고 높이는 5백 완척(腕尺), 두께 12완척이며, 네 개의 성문도 그에 걸맞게 화려했다. 그 내부에는 30만 카스르(Kasr, 궁전)가 있고, 그 하나하나에 황금을 두른 벽옥(碧玉) 원기둥이 1천 개 있었다(여기에서 제목이 나온 것이다). 이 전체를 완성하는 데 5백 년이 걸렸고, 샤다드가 발을 들여놓으려는 순간 죽음의 천사가 내린 '분노의 목소리'에 그와 수많은 부하는 전멸했다.《코란》(제89장 6~7절)에는 '하늘에 닿는 건물(또는 기둥)로 장식된 이람'이라고 언급되어 있다. 그러나 이븐 할둔(Ibn Khaldun)〔아라비아의 역사가, 스페인과 아프리카의 아랍인에 관한 역사는 역사철학의 창시자로서 걸맞은 영예를 주기에 충분한 이름난 저서로 불어역도 있다. 1332~1406〕이 전하는 바로는 주석가(注釋家)들이 그 문구를 과장되게 꾸몄으며, 이람은 고대 아드족의 강대한 일족의 명칭이고, '이마드(imad)'는 천막의 기둥, 따라서 '수많은 천막 또는 천막의 기둥을 가진 이람'이 된다. 이 이야기와 '놋쇠의 성(567번째 밤)'을 비교해 보기 바란다.

*2 사바(Saba)는 성서의 세바(Sheba), 요크탄의 증손자를 기념하여 명명되었다. 이 땅에서 여왕〔시바의 여왕〕빌키스(Bilkis)는 솔로몬을 찾아갔다. 말리브의 홍수로 파괴되었다.〔그 상세한 이야기는《순례》제1권 참조.〕

*3 성지 알 메디나(Al-Medinah)의 완전한 명칭은 '마디나트 알 나비(Madinat al -Nabi)'='예언자의 도시'이다. 예전에는 야스리브(Yasrib, Yathrib), 즉 그리스인의 이 아트리파(Iatrippa)였다.

*4 카브 알 아바르(Ka'ab al-Ahbar)는 오스만(Osman) 교주 때 세상을 떠났다(이슬람력 32년). 유명한 전설론자이자 종교시인인 '학자 카브'를 가리킨다. 이슬람으로 개종한 유대인인 그는, 최초의 피복시(被覆詩), 즉 부르다를 쓴 같은 이름의 시인과는 다른 인물이니 혼동하지 말기 바란다. 후자는 무함마드의 먼 사촌형제에 해당되는 고귀한 아랍인으로 홈스(Hums, Emesa)에 있는 그의 무덤에는 신자들의 참배가 끊이지 않고

있다.

＊5 《코란》 제89장 6～7절.

＊6 어느 전설론자.

＊7 하즈라마우트(Hazramaut)는 창세기(제10장 26절)의 하자르마우테(Hazarmaveth)로 아라비아 동남부에 있다. 그 주민은 프톨레마이오스의 이른바 아드라미테(Adramitae, 근대의 하즈라미(Hazrami))족으로, 그는 이 토지를 아라비아의 교역중심지(Arabiae Emporium)로 보고 있다. 이 종족은 《아라비안나이트》에 종종 나오는 호메리티족(Homeritae), 즉 히마르의 주민에 가깝다. 수많은 여행자의 원정이 있었음에도 하스라마우트는 오늘날에도 여전히 미지의 나라이다. 또한 '아라비아의 스위스인'이라고 불리는 그들의 완고한 성격이 답사에 특별한 장애가 되고 있다.

〈역주〉

(1) 하림 또는 하렘은 '부인들의 방' 또는 그 속의 '부인'을 가리킨다.

모술의 이사크

모술의 이사크*¹는 전에 이런 이야기를 한 적이 있습니다.

—어느 날 밤, 알 마문 님의 궁전에서 물러나 집으로 돌아가던 중이었습니다. 나는 소변이 몹시 마려워 골목으로 들어가 그 한복판에 멈춰 섰습니다. 쪼그리고 앉아 벽에 방뇨하다가*² 다치기라도 하면 큰일이라고 생각했기 때문입니다.

그러자 어떤 집 앞에 무언가가 매달려 있는 것이 눈에 띄어 무엇인가 자세히 살펴보니 비단으로 싼 커다란 광주리*³였습니다.

그래서 나는 중얼거렸습니다.

"여기엔 무슨 곡절이 있을 게다."

그러나 어떤 까닭이 있는지 도무지 짐작도 할 수 없었습니다.

나는 취한 김에 비틀비틀 걸어가 그 광주리 속에 들어앉아 버렸습니다.

그러자 그 집 사람들은 기다리고 있던 사람이 온 줄 알고 나를 광주리에 태운 채 끌어올렸습니다.

벽 위로 올라가 보니 그곳에 처녀 네 명이 있다가 나를 보고 이렇게 말하지 않겠습니까?

"오, 어서 내려오셔요. 진심으로 환영합니다."

그 가운데 한 처녀가 촛불을 들고 나를 어떤 집으로 안내해 주었습니다. 그 집에는 아름다운 가구를 갖춘 많은 방이 있었는데, 교주의 궁전 말고는 한 번도 본 적이 없을 정도로 화려했습니다.

잠시 앉아 있으니 별안간 방 한쪽의 휘장이 걷히더니, 붉게 타오르는 촛불과 수마트라산 침향이 가득 든 향로를 받쳐 든 처녀들에게 둘러싸여, 마치 솟아오르는 보름달처럼 아름다운 여자가 나타났습니다.

내가 인사하려고 일어나자 그 여자는 말했습니다.

"잘 오셨습니다."

그리고 나를 자리에 앉힌 다음 어디서 왔느냐고 물었습니다.

"실은 친한 친구의 집에서 돌아오다가 어둠 속에서 길을 잃었습니다. 소변이 몹시 마려워 이 골목으로 들어왔는데, 광주리가 드리워져 있기에 독한 술에 취한 탓인지 그만 나도 모르게 들어앉았더니 이리로 끌려오게 되었습니다."

"아무 걱정하지 마세요. 곧 여기 오신 것을 기뻐하시게 될 겁니다. 그런데 당신의 신분은?"

"바그다드 시장의 상인입니다."

"시를 읊을 줄 아시나요?"

"예, 조금."

"그럼, 두세 가지 들려주시지 않겠어요?"

"손님이란 원래 서먹서먹하고 얌전한 법이지요. 그러니 당신부터 먼저 불러주시지 않겠소?"

"하긴 그렇군요."

그녀는 고금의 명시 가운데 가장 아름다운 것을 몇 편 골라 읊었습니다. 나는 상대의 아름다운 자태에 놀라고 매력 넘치는 노래 솜씨에 놀라며, 그저 황홀하게 귀를 기울이고 있었습니다. 노래가 끝나자 부인이 말했습니다.

"자, 이젠 당신도 거북함이 사라졌겠지요?"

"예, 이제 괜찮아졌습니다."

"그럼, 한 곡 들려주세요."

그래서 나는 옛 시인의 시를 몇 편 읊었습니다.

그러자 부인은 손뼉을 치면서 칭찬했습니다.

"시장 상인들 중에 당신처럼 훌륭한 분이 있는 줄은 꿈에도 몰랐어요."

그러고는 하녀에게 먹을 것을 차려오도록 일렀습니다.

—여기까지 이야기했을 때, 샤라자드의 동생 두냐자드가 언니에게 말했다.

"어쩌면 이렇게도 재미있을까요! 어느새 넋을 잃고 듣고 있었어요."

샤라자드가 대답했다.

"만약 임금님께서 내 목숨을 살려주신다면 내일 밤에는 이보다 더 재미있는 이야기를 해 주마."

마침 날이 훤히 밝아오는 것을 알고 샤라자드는 그날 밤 이야기를 그쳤다.

280번째 밤

샤라자드는 이야기를 계속했다.

오, 인자하신 임금님, 모술의 이사크는 이야기를 계속했습니다.

—여자는 음식을 가져오게 하여 자기도 먹고 나에게도 권했습니다. 그 방은 궁전이 아니고서는 볼 수 없을 정도로 온갖 아름다운 꽃과 신기한 과일로 가득했습니다.

이윽고 여자는 술을 가져오게 하여 한 잔 마신 다음 다른 잔에 부어 나에게 권하면서 말했습니다.

"자, 이번에는 이야기나 하면서 놀아요."

그래서 나는 이것저것 기억을 더듬어 모험이 가득한 재미있는 이야기를 몇 가지 해 주었습니다. 그랬더니 여자는 무척 좋아하면서 이렇게 말했습니다.

"상인이면서 임금님에게 해 드릴 만한 이야기를 그렇게 많이 알고 계시다니 정말 놀라워요."

"이웃집에 임금님의 술벗이 있는데 그 사람이 한가할 때 그 집에 가서 이야기를 듣고 온답니다."

"나는 당신처럼 기억력이 좋은 분은 본 적 없어요."

이리하여 두 사람은, 내가 입을 다물면 여자가 하고 여자가 하지 않으면 내가 하면서 새벽녘까지 이야기를 주고받았습니다.

그동안 침향은 끊일 새 없이 좋은 향기를 풍겨, 만일 알 마문 님이 그것을 맡았다면 그 향기를 찾아 새처럼 날아오지 않았을까 싶을 정도였습니다.

이윽고 여자가 말했습니다.

"당신은 정말 유쾌하고 고상하고 세련된 분이지만 아깝게도 단 한 가지 아쉬운 점이 있어요."

"그게 뭡니까?"

"당신이 만일 노래에 맞춰 류트를 켤 줄 안다면 더 바랄 것이 없을 텐데."

"류트는 전에 아주 좋아했지만, 나중에 싫어져서 그만두었지요. 하지만 가끔은 그 소리가 그리워지는군요. 무언가 한 곡 부르면서 즐겁게 밤을 지냅시다."

"그럼, 류트를 가져오게 할까요?"

"그러십시오."

여자는 류트를 가져오게 하더니 곡에 맞춰 내가 지금까지 한 번도 들어본 적이 없는 아름다운 가락과 숙련된 솜씨, 섬세한 기교로 노래를 불렀습니다. 그러고는 이렇게 물었습니다.

"이 곡을 누가 지었는지, 또 가사는 누가 썼는지 아시나요?"

"아니오, 모릅니다."

"가사는 누가 썼는지 모르겠지만, 곡은 이사크의 작품이랍니다."

"이사크에게 그런 재능이 있었던가요?"

"그럼요! 이사크는 음악에 대한 훌륭한 재능을 지닌 사람이에요!"

"그 사람에게 다른 자가 갖지 못한 재능을 주신 알라께 영광을!"

"그분이 직접 이 노래를 부르는 것을 듣는다면 얼마나 멋질까요?"

이렇게 시간을 보내는 동안 이윽고 날이 밝아왔습니다. 한 늙은 유모가 들어와 여자에게 말했습니다.

"이제 시간이 되었어요."

부인은 서둘러 일어나면서 나에게 속삭였습니다.

"우리 둘이 만난 것을 결코 입 밖에 내어서는 안 돼요, 비밀이니까요."

—날이 훤히 밝아오는 것을 알고 샤라자드는 이야기를 그쳤다.

281번째 밤

샤라자드는 이야기를 계속했다.

오, 인자하신 임금님, 부인이 서둘러 일어나면서 두 사람이 만난 것은 결코 입 밖에 내어서는 안 되는 비밀이라고 속삭였으므로 나는 대답했습니다.

"염려 마십시오. 이야기하고 말 것도 없으니까요."

내가 작별인사를 하자, 여자는 한 시녀에게 나를 안내하게 하여 문을 열어

주었습니다. 나는 집으로 돌아와 새벽 기도를 마치고 잠이 들었습니다. 얼마 뒤 알 마문 왕에게서 사자가 왔으므로 왕의 어전에 나아가 상대를 해 드리며 하루를 보냈습니다. 밤이 되자 어지간한 바보가 아니고는 잊을 수 없는 간밤의 환락이 생각나 그 골목으로 가보니, 어제와 마찬가지로 광주리가 놓여 있는지라 그것을 타고 지난밤에 들어갔던 방으로 올라갔습니다.

여자가 나를 보고 말했습니다.

"또 오셨군요."

"혹시 폐가 되는 건 아닌지 모르겠습니다."

그런 다음 어젯밤과 마찬가지로 번갈아 이야기와 노래로 즐겁게 밤을 보낸 다음, 새벽이 오자 또 인사를 하고 집으로 돌아왔습니다.

새벽 기도를 마치고 자고 있는데 알 마문 왕의 사자가 왔기에, 어전에 나아가 온종일 왕을 상대해 드렸습니다.

밤이 되자 충실한 자들의 임금님이 말했습니다.

"잠깐 볼일을 보고 올 테니 내가 돌아올 때까지 기다려주게."

그리고 왕은 밖으로 나갔습니다.

교주의 모습이 보이지 않게 되자, 나는 이내 어젯밤의 환락이 생각나 애가 타기 시작했습니다. 그래서 교주에게 어떤 꾸지람을 들을지도 잊어버리고 그곳을 빠져나와 그 골목에 가서 광주리를 타고 지난밤처럼 또 올라가고 말았습니다.

여자는 나를 보더니 말했습니다.

"이제는 당신이 진정한 친구처럼 생각되는군요."

그래서 나도 말했습니다.

"그럼요, 그렇고말고요!"

"우리 집이 자기 집처럼 생각되시나요?"

"말씀하시는 대로입니다. 어떤 손님이라도 사흘 동안은 환대받을 권리가 있지요. 그 이상 뻔뻔스럽게 찾아오는 일이 있다면 어떤 처분을 내리셔도 달게 받겠습니다."

그리하여 전과 같이 즐거운 밤을 보내고서 헤어질 시간이 다가왔습니다. 나는 알 마문 교주에게 교묘하게 변명하지 않으면 용서 받지 못할 것 같아 여자를 보며 말했습니다.

"당신은 노래를 무척 좋아하시는군요. 실은 나에게는 아버지 형님의 아들, 즉 사촌형제가 하나 있습니다. 풍채도, 지위도, 태생도 나보다 훨씬 훌륭한 남자지요. 게다가 누구보다도 이사크와 친하게 지내고 있습니다."

"당신은 강요의 말씀을 하시는 건가요?"

"결정은 당신 쪽에서 해 주십시오."

"하지만, 그 사촌이 당신 말씀과 같은 분이시라면 사귀어도 상관없어요."

이윽고 시간이 되었으므로 나는 여자와 헤어져 집으로 돌아갔습니다. 그런데 집에 들어서자마자 교주의 사자가 달려와 다짜고짜 나를 붙잡아 교주 앞으로 끌고 갔습니다.

—샤라자드는 날이 훤히 밝아오는 것을 깨닫고 이야기를 그쳤다.

282번째 밤

샤라자드는 이야기를 계속했다.

오, 인자하신 임금님, 모술의 이사크는 이야기를 계속했습니다.

—집에 들어서자마자 붙잡혀 교주 앞으로 끌려가자, 교주는 잔뜩 노한 기색으로 의자에 앉아 있었습니다. 내가 들어서는 것을 보고 교주가 말했습니다.

"이사크, 그대는 충성하고 순종하겠다는 서약을 깰 작정인가?"

"오, 충실한 자들의 임금님, 절대 그렇지 않습니다."

"그렇다면 이유를 들어보자. 거짓 없이 말하라."

"예, 모든 걸 말씀드리겠습니다. 하지만 비밀스러운 일이니 사람을 물려 주십시오."

왕이 눈짓하여 사람들을 물리쳤으므로 나는 그때까지 있었던 일을 모두 이야기한 다음에 이렇게 덧붙였습니다.

"저는 그 부인에게 교주님을 모시고 가겠다고 약속했습니다."

"그것은 잘했구나."

그리고 우리는 여느 때와 다름없이 그날 하루를 흥겹게 지냈습니다. 그동안 알 마문 교주의 마음은 내내 여자에게 가 있었으므로 약속시간이 되기가 무섭게 우리는 궁전을 나섰습니다.

왕과 함께 걸어가면서 나는 주의를 주었습니다.

"그 여자 앞에서는 제 이름을 부르지 마십시오. 저는 당신의 종처럼 행동할 테니까요."

이런 의논을 하면서 그곳에 갔더니 이번에는 광주리 두 개가 놓여 있어서, 우리는 하나씩 타고 그 방으로 올라갔습니다. 나와서 인사하는 여자를 보더니 왕은 그 아름답고 사랑스러운 모습에 놀라 무척 감탄하는 기색이었습니다. 여자가 이야기와 노래로 대접하다가 술을 내오자, 여자와 교주는 서로 특별히 상대를 배려하면서 술잔을 기울이기 시작했습니다.

이윽고 여자는 류트를 집어 들고 다음과 같은 노래를 불렀습니다.

> 나의 연인이 한밤중에
> 남몰래 찾아와 내가
> 마중 나올 때까지 서 계시네.
> "어서 오세요, 이런 시간에
> 야경꾼의 눈도 두려워하지 않고."
> 내 말에 임은 대답하네.
> "나는 원래 겁쟁이지만
> 사랑을 하고부터 분별도
> 두려움도 모두 사라졌다오."

여자는 노래를 마치자 나에게 물었습니다.

"당신 사촌형님도 상인이신가요?"

"그렇습니다."

"당신들 두 분은 정말 똑 닮으셨군요."

그러는 동안 교주는 다섯 홉의 술에 취하여 기분이 매우 좋아져 그만 이렇게 소리쳤습니다.

"여봐라, 이사크!"

"라바이크 아드숨,[(1)] 오, 충실한 자들의 임금님."

내가 대답하자 교주가 말했습니다.

"그 곡을 한 번 들려다오."

젊은 여자는 그제야 나의 사촌형이라는 사람이 실은 교주임을 알고 다른 방으로 자취를 감추어버렸습니다.

이윽고 내가 노래를 마치자 교주는 명령했습니다.

"이 집 주인이 누구인가 조사해 오라!"

마침 그때 한 노파가 와서 급히 대답했습니다.

"이곳은 하산 빈 사르*⁴의 집입니다."

"그렇다면 이리 데리고 오너라."

노파가 나가고 얼마 뒤 하산이 들어오자 교주는 물었습니다.

"그대에게 딸이 있는가?"

"예, 하디자라는 딸이 있습니다."

"그 딸은 결혼했는가?"

"아직 하지 않았습니다."

"그렇다면 내가 청혼하고 싶다."

"오, 충실한 자들의 임금님, 분부하신 대로 그 아이를 임금님의 측실로 바치겠습니다."

"그 딸에게 결혼지참금으로 우선 금화 3만 닢을 줄 테니 돈을 받고 나서 오늘 밤에라도 딸을 나에게 데리고 오라."

"알았습니다."

그곳을 나오고서 교주는 나에게 다짐을 두었습니다.

"오, 이사크, 이 이야기는 아무에게도 하지 마라."

그래서 나는 알 마문이 이 세상을 떠날 때까지 이 일을 비밀로 했습니다. 낮에는 알 마문과, 밤에는 하디자와 함께 지낸 그 나흘 동안 내가 느낀 즐거움을 이 세상에서 맛본 이는 아마 아무도 없을 것입니다.

알라께 맹세코 나는 남자 가운데 알 마문 교주 같은 인물을 만난 적이 없고, 또 여자 가운데서도 하디자 같은 여자도 본 적이 없습니다. 오, 그 영롱한 재치와 재미있는 말솜씨에 있어서 하디자에 견줄 만한 여자는 결코 본 적이 없습니다! 그것은 아마 알라께서만 아시겠지요.

그리고 또 다음과 같은 이야기도 있습니다.

＊1 모술의 이사크(Isaac of Mosul)는 이브라힘 알 마우시리(Ibrahim al-Mausili)의 아들로, 음악가이자 시인. 하룬 알 라시드 교주와 알 마문 교주가 남달리 귀여워하고 사랑한 신하였다. 아랍인의 융합과 조화를 조직적인 종규(宗規)로 통합시킨 최초의 인물로서, 그 이름은 불멸한 것이 되었다. 또한 음악가들의 전기를 썼다. 알 하리리는 〈신갈의 집회〉에서 그의 작품에 대해 언급했다.

＊2 이것을 열왕기상 제14장 10절의 '벽을 향해 오줌을 누는 것(Pissing against the wall)'으로 혼동하면 안 된다. 여기서 벽에 오줌을 누는 것은 여자에 대해 남자를 나타내는 것이다.

＊3 종려의 잎으로 짜서 만든 유연한 광주리. 대개 손잡이가 2개 달려 있다. 집에서 기르는 날짐승을 나르거나 진흙을 운반하는 등, 여러 가지 목적에 쓰인다.

＊4 하산 빈 사르(Hasan bin Sahl)는 알 마문 교주의 대신 가운데 한 사람. 알 마문 교주는 그의 딸(진짜 이름은 부란)과 결혼했다. 그러나 여자의 밤놀이와 교주의 구애에 대한 이 이야기는 이사크의 창작인지도 모른다.

〈역주〉

(1) '저 여기 있습니다'라는 뜻으로, 버턴은 다른 곳에서 상세히 주석하고 있다.

청소부와 귀부인

이것은 메카를 순례하는 계절에 일어난 일입니다. 수많은 순례자가 줄지어 성전 주위를 돌며 웅성대고 있었습니다. [1] 그때 별안간 한 사내가 카바[2]의 휘장을 움켜잡고*1 뱃속 깊은 곳에서 짜내는 듯한 목소리로 부르짖었습니다.

"오, 알라여, 부디 그 여자가 다시 한 번 남편에게 화를 내어 제가 그 여자와 가까워질 수 있도록 해 주소서!"

이 괘씸한 소원을 들은 순례자들이 그를 붙잡아 실컷 때리고 걷어찬 다음 순례 경비대장에게 끌고 가서 자세한 이야기를 하였습니다.

"경비대장님, 이놈이 성전에서 이런 말을 하는 것을 들었습니다."

경비대장이 곧 그 사내를 교수형에 처하도록 명령하자 그는 필사적으로 외쳤습니다.

"오, 경비대장님, 사도 무함마드(알라여, 이분에게 축복과 가호를 내리소서!)의 공덕에 맹세코, 부디 제 얘기를 한번 들어주십시오. 그런 다음 죽이든 살리든 마음대로 하십시오."

"그럼, 이야기해 보라."

사나이는 이야기를 시작했습니다.

─경비대장님, 실은 나는 양 도살장에서 일하면서 피와 고기 찌꺼기를 성밖에 있는 쓰레기터로 운반하는 청소부입니다. 어느 날, 내가 나귀에 짐을 실어 끌고 가노라니 어쩐 일인지 많은 사람이 쫓기며 달아나는 것이 보였습니다. 그 가운데 한 사람이 나에게 말했습니다.

"이 골목으로 달아나시오! 그렇지 않으면 저 사람들에게 죽을지도 모르니까."

저는 물었지요.

"모두 왜 저렇게 달아나는 거요?"

그러자 지나가던 한 환관이 대답했습니다.

"어떤 고귀한 분의 마님*²께서 행차하시는데, 그 하인들이 길을 비키게 하려고 지나가는 사람들을 닥치는 대로 두들겨 패니까 그렇지."

그래서 저도 나귀를 몰고 옆 골목으로 들어갔습니다.

—샤라자드는 날이 밝기 시작한 것을 깨닫고 이야기를 그쳤다.

283번째 밤

샤라자드는 이야기를 계속했다.

오, 인자하신 임금님, 청소부는 이야기를 계속했습니다.

—그래서 나는 나귀를 끌고 옆 골목으로 들어가 사람들이 지나가기를 기다리며 가만히 서 있었습니다. 그랬더니 많은 환관이 손에 몽둥이를 하나씩 들고 앞장서고, 그 뒤로 30명에 가까운 노예계집들에게 둘러싸인 한 귀부인이 걸어왔습니다. 그 귀부인의 모습은 푸른 버드나무 가지에나 비할까요, 목마른 영양이라고나 할까요. 어찌나 아름답고 얌전하고 요염하던지 한 군데도 나무랄 데가 없었습니다.

그 귀부인은 내가 숨어 있는 골목 입구까지 오더니, 양옆을 두리번거린 다음 곧 환관 하나를 불러 귀에 대고 무언가 명령하는 것 같았습니다. 그러자 글쎄, 그 환관이 성큼성큼 다가와 두말없이 나를 붙잡는데, 그 틈에 다른 환관이 와서 제 나귀를 끌고 어디론가 가버리지 않겠습니까? 사람들이 모두 달아나버리자 환관은 저를 꽁꽁 묶어 끌고 가려고 했습니다. 저는 어쩔 줄 몰라 넋을 잃고 있는데, 성 안 사람들이 뒤에서 따라오며 저마다 외치면서 탄원해 주었습니다.

"이런 일은 알라께서 용서하지 않을 것이오. 대관절 저 가엾은 청소부를 무슨 죄로 묶어서 끌고 가는 거요?"

"그러지 말고 그 청소부를 가엾이 여기고 놓아주시오. 그러면 알라께서도 당신들에게 자비를 내리실 테니."

그동안 저는 마음속으로 생각했습니다.

'아마도 저 귀부인은 내가 싣고 가는 썩은 고기 냄새를 맡고 기분이 상해서 나를 잡으라고 했을 게다. 저 여자는 아마 임신했거나 그렇지 않으면 병이 들었겠지. 어차피 이렇게 된 바에는 알라의 영광되고 위대하신 힘에 매달리는 수밖에 없다.'

나는 환관의 뒤를 따라갔습니다. 이윽고 어느 큰 저택의 문을 지나 큰 홀로 끌려갔습니다. 그 홀이 어찌나 훌륭하던지, 뭐라고 표현하면 좋을까요, 가구들도 이 세상의 것이 아닌 듯한 것뿐이었습니다. 여자들도 함께 그 홀로 들어갔습니다. 그때 나는 꽁꽁 묶인 채 이런 생각을 하고 있었습니다.

'이놈들은 아마 여기서 나를 죽도록 족칠 게다. 내가 그렇게 죽어도 세상 사람들은 아무도 모르겠지.'

그런데 얼마 뒤 아까 그 환관들이 앞장서더니 나를 깨끗한 욕실로 데려갔습니다. 내가 거기에 앉자 세 노예계집이 들어와서 내 주위에 앉으며 말했습니다.

"그 누더기를 벗으세요."

그래서 시키는 대로 너덜너덜한 옷을 벗었더니 한 노예계집은 무릎을 꿇고 내 두 다리의 때를 씻고 하나는 머리를 감겨주고, 또 하나는 온몸을 주물러주었습니다.

여자들은 내 몸을 깨끗이 씻기고 난 뒤 옷 보따리를 가지고 와서 말했습니다.

"이것을 입으세요."

"어째서 이런 것을 입게 하는지 영문을 모르겠군요."

그러자 여자들이 다가와 나를 놀리면서 옷을 입혀준 다음, 이번에는 장미수가 가득 든 향수병을 가지고 와서 뿌려주었습니다.

그런 다음 여자들의 안내로 욕실을 나가 다른 손님방으로 들어갔습니다. 알라께 맹세합니다만, 그 방은 많은 그림과 가구로 꾸며져 있었는데, 얼마나 으리으리한지 정말 말로는 표현할 수 없을 정도였습니다. 그런데 그 방에 들어가 보니 한 귀부인이 인도 등나무로 만든 긴 의자에 앉아 있었습니다.

—날이 훤히 밝아오는 것을 알고 샤라자드는 이야기를 그쳤다.

284번째 밤

샤라자드는 이야기를 계속했다.

오, 인자하신 임금님, 청소부는 이야기를 계속했습니다.

―그 귀부인은 인도 등나무로 만들고 상아 다리를 단 긴 의자에 앉아 있고 그 옆에서 많은 처녀가 시중을 들고 있었습니다. 귀부인은 나를 보자 일어나더니 가까이 오라고 불렀습니다. 내가 옆으로 가서 앉자 귀부인은 노예계집들에게 식사를 내오라고 일렀습니다.

여자들이 가지고 온 것은 내가 생전 처음 보는 귀한 요리였습니다. 무슨 요리인지 이름조차 몰랐지만, 아무튼 배불리 먹었습니다. 곧 상을 물리고 모두 손을 씻고 나자 귀부인은 과일을 가지고 오게 하여 나에게 권했습니다.

식사가 끝나자 이번에는 술자리가 벌어졌습니다. 시녀들은 여러 가지 술이 든 병을 가지고 와서 있는 수대로 향로에 온갖 향을 피웠습니다. 그러는 동안 달에나 비교할 만한 한 처녀가 일어서더니 류트 가락에 맞춰 우리 사이를 돌아다니며 잔에 술을 따라주었습니다.

나도 마시고 귀부인도 들이켜며 술잔을 주고받는 동안 마침내 두 사람 다술의 포로가 되고 말았는데, 그때의 황홀한 기분은 정녕 꿈이 아닌가 싶을 정도였습니다.

이윽고 귀부인은 한 시녀에게 눈짓하여 두 사람을 위해 자리를 펴게 하고, 준비가 다 되자 내 손을 잡고 잠자리로 데리고 갔습니다. 귀부인이 눕자 나도 따라 누워 그대로 하룻밤을 지새웠습니다. 내가 귀부인의 몸을 끌어안을 때마다 그 몸에서 사향과 그 밖의 온갖 향내가 그윽하게 코를 찔러, 마치 천국이나 달콤한 꿈나라에서 노는 듯한 황홀한 기분이었습니다.

날이 밝자 귀부인이 나에게 집이 어디냐고 묻기에 이러이러한 곳에 있다고 대답하자, 이제 가도 좋다고 하면서 금은으로 수놓은 손수건에 싼 것을 손에 쥐여주며 작별인사를 했습니다.

"이것을 가지고 목욕이나 가세요."

나는 무척이나 기뻐하며 생각했습니다.

'동전 다섯 닢만 들었어도 오늘 아침은 먹을 수 있겠군.'

그리고 천국을 하직하는 듯한 미련을 느끼며 그곳을 떠났습니다.

누추한 오막살이로 돌아와 손수건을 펼쳐보니 그 안에 금화가 50닢이나 들어 있지 않겠습니까? 나는 그것을 땅속에 묻어두고 동전 두 닢으로 빵과 맛있는 반찬을 사서 문간에 앉아 아침을 먹었습니다.

그러고 나서 이번 일에 대해 이리저리 생각하다 보니 어느새 오후 기도시간이 되었습니다. 그때 한 노예계집이 찾아와서 말했습니다.

"마님께서 찾으십니다."

그래서 노예계집을 따라 저택으로 갔더니 노예계집은 먼저 허락을 얻고서, 나를 여주인의 거실로 데리고 들어갔습니다. 내가 귀부인 앞으로 나가 마룻바닥에 엎드리자 귀부인은 의자를 권하며 전날과 마찬가지로 음식과 술을 가져오게 했습니다. 그리고 그날 밤도 함께 잠을 자고 이튿날 아침이 되자 귀부인은 또 금화 50닢을 싼 손수건을 주었습니다. 나는 그것을 가지고 집으로 돌아가 그것도 마찬가지로 땅에 묻어두었습니다. 이런 기쁜 일이 여드레 동안이나 계속되었고, 그동안 나는 매일 오후 기도시간이 되면 귀부인 집에 갔다가 새벽에 나오곤 했습니다.

그 여드레째 날 밤, 전날처럼 귀부인과 함께 자고 있는데, 한 노예계집이 허둥지둥 달려와 말했습니다.

"빨리 일어나 저쪽 작은 방으로 들어가세요."

나는 얼른 일어나 그 작은 방으로 들어갔습니다. 이윽고 떠들썩한 사람 소리와 말발굽 소리가 들려왔습니다. 바깥으로 난 창문으로 내다보니, 보름날 떠오르는 둥근 달 같은 젊은 남자가 말을 타고 수많은 하인과 병사를 거느리고 다가오는 것이 보였습니다.

젊은이는 문 앞에서 말을 내리더니 방으로 들어갔습니다. 귀부인은 긴 의자에 앉아 있었습니다. 젊은이는 마룻바닥에 두 손을 짚고 엎드린 다음 부인에게 다가가 두 손에 입을 맞추었습니다. 그러나 어찌 된 일인지 여자는 남자에게 어떤 말도 하려 하지 않았습니다. 그래도 남자는 계속 참을성 있게 굽실거리며 상대를 달래고 타이른 끝에, 마침내 두 사람은 화해하고 그날 밤 둘이 함께 잠자리에 들었습니다.

—샤라자드는 날이 밝기 시작한 것을 깨닫고 이야기를 그쳤다.

285번째 밤

샤라자드는 이야기를 계속했다.

오, 인자하신 임금님, 청소부는 이야기를 계속했습니다.

—이튿날 아침, 부하들이 데리러 오자 젊은이는 말을 타고 나갔습니다. 그 뒤를 배웅한 귀부인은 그 길로 나에게 와서 말했습니다.

"당신은 그 남자를 보았어요?"

"예, 보았습니다."

"그 사람은 내 남편인데 그이와 나 사이에 일어난 일을 이야기해 드리지요. 어느 날 함께 정원에 앉아 있을 때, 그이가 별안간 일어나 나가버리더니 오랫동안 나타나지 않는 거예요. 나는 기다리는 데 지쳐서 틀림없이 변소에라도 갔을 거라고 혼잣말을 했지요. 그래서 변소에 가보니 거기에도 없어서 부엌에 가서 노예계집에게 서방님이 어디 가셨느냐고 물었어요. 그러자 놀랍게도 그 노예계집은 남편이 찬모와 자는 현장을 보여주지 않겠어요?

그 꼴을 본 나는 '두고 보자. 무슨 일이 있어도 이 바그다드에서 가장 더러운 남자와 정을 통하고 말 테니' 하고 굳게 맹세했지요. 그리고 그 환관이, 당신을 잡을 때까지 나흘 동안 매일 내가 생각한 남자를 찾아 거리를 돌아다녔지만 결국 당신보다 더러운 남자는 찾질 못했어요. 그래서 곧 당신을 데리고 와서 우리 사이에 알라께서 미리 정해 놓으신 일이 이루어진 거예요. 그래서 나는 맹세를 멋지게 지킬 수 있었지요. 그러니 그이가 만일 또 바람을 피워 찬모와 자게 된다면 당신을 다시 불러 사랑해 드리겠어요."

나는 눈동자의 화살에 가슴이 찔린 심정으로 여자의 입에서 나오는 이 이야기를 듣고, 눈물이 폭포처럼 쏟아져서 결국 눈꺼풀이 빨갛게 짓무르고 말았습니다. 나는 이런 시를 읊었습니다.

> 그 왼손에 허락하시라,
> 열 번의 입맞춤을.
> 왼손이야말로 오른손보다
> 고귀한 것임을 알라.*³
> 그 왼손은 목욕하고

성인의 몸을 씻어내느니.

귀부인은 나에게 다시 금화 50닢을 주면서(이래서 내가 받은 금화는 모두 4백 닢이 됩니다) 돌아가라고 명령했습니다.

그래서 나는 작별을 고하고 이곳에 와서, 알라께(아, 고마우신 알라여!) 그 여자의 남편이 또 찬모와 바람을 피워, 나도 다시 한 번 그 여자의 사랑을 받을 수 있게 해달라고 기도하는 겁니다.

경비대장은 이 이야기를 듣더니 청소부를 풀어주고, 그 주위를 에워싼 사람들에게 말했습니다.

"자네 이야기를 들어보니 안됐군. 당신들도 이 남자를 위해 기도해 주게. 이 자에게는 죄가 없으니까."

또 다음과 같은 이야기도 있습니다.

〈주〉

＊1 가련한 남자가 휘장을 붙들고 한숨을 몰아쉬며 가슴을 쥐어짜듯 울부짖는 광경을 나는 전에 묘사한 적이 있다(《순례》 제3권). 이와 똑같은 일이 '사랑받는 자'라고 하는 알 물타잠(Al-Multazam)에서도 일어난다. 〔성전과 검은 돌 사이에 있는 벽을 알 물타잠이라고 하며, 카바 주위를 도는 순례자가 이것에 가슴을 갖다 대고 죄의 용서를 빈다.〕 또한 '기도가 허락되는 장소' 즉, 알 무스타잡(Al-Mustajab)이라고 불리는 다양한 곳에서도 같은 일이 행해진다. 〔카바의 동남쪽 구석으로 지상 5피트쯤 되는 곳에 길이 1피트 반, 너비 2인치의 특별한 돌이 있는데, 벽의 다른 돌에 비해 색이 더 거무스름하고 더욱 붉은빛을 띠고 있다. 이것을 알 무스타잡이라고 하며, 순례자는 팔을 뻗어 몸을 벽에 갖다 붙이고 용서를 빈다.〕

예루살렘에서는 '유대교도가 우는 장소'가 기묘한 정경을 자아낸다. 신자들은 히브리어로 "오, 이제 곧바로 당신의 집을 세워⋯⋯"라고 부르짖으며 묘하게 몸부림을 치면서 벽을 끌어안는다.

＊2 〔본문에는 하림(Harim)으로 되어 있으며〕 이것은 곧 아내를 가리킨다. 〔하림, 하람, 하렘은 '금지된' '신성한 것'이라는 원래의 뜻에서 아내, 여자, 측실, 여인들의 방, 후궁, 메카의 성역 등을 의미한다. 또 한국어 번역에서 하렘이 일반적으로 통용되고 있는 것은 터키어를 통해서 들어왔기 때문인데, 영한사전에 하렘(Harem)은 실려 있지만 하림이 실려 있지 않은 것은 공평하지 않다.〕 본문의 정경은 20년 전의 카이로에서 흔히 볼 수 있었다. 그러나 아무도 불평하지 않았다(《순례》 제1권). 〔제1권에는 좁은 길

을 말과 사람과 나귀 등이 뒤섞여 지나다니는 혼잡한 광경이 생생하게 그려져 있다. 이집트의 거리는 햇빛을 되도록 차단하기 위해 매우 좁게 만들어져 있었다.〕

*3 나는 앞에서 동양에서 왼손이 어떤 용도로 쓰이는지 설명했다.〔원래는 오른손을 존중하며, 왼손은 부정한 목적으로 사용한다.〕 두 번째 대구(對句)에서는 '이스틴지(Istinja, 변을 본 뒤 엉덩이를 씻는 일)'라는 말을 볼 수 있다. 이들 시구는 오물 수거인에게는 매우 적합하다. 동양인은 본문의 시구처럼 비열한, 그러나 뜻을 강하게 하는 표현을 많이 가지고 있다. 나는 예전에 어느 어머니가 사랑하는 자식에게 "너의 똥도 먹고 싶구나!"(사랑스러워 죽겠다는 뜻)라고 말하는 것을 들은 적이 있다.

〈역주〉

(1) 성전, 즉 하림의 주위를 일곱 번 도는 것은 순례의 의식의 하나이다.

(2) 메카의 신전을 가리킨다.

가짜 교주

어느 날 하룬 알 라시드 교주는 좀처럼 잠이 오지 않아 자파르 대신을 불러 말했습니다.

"오늘 밤은 잠이 오지 않으니 바그다드 거리를 돌아다니며 백성의 동정을 살피고 기분전환이라도 할까 하오. 그러려면 상인 차림을 하여 아무도 우리의 신분을 모르도록 해야 해."

두 사람은 곧 입고 있던 훌륭한 옷을 벗어버리고 상인 옷으로 갈아입고 나서, 검사 마스룰과 함께 셋이서 밖으로 나갔습니다.

이곳저곳을 걸어 다닌 끝에 티그리스 강가로 나갔더니 한 노인이 작은 배에 앉아 있는 것이 눈에 띄었으므로, 세 사람은 그에게 다가가서 인사하며 말했습니다.

"노인장, 이 배로 유람선처럼 우리를 강 아래까지 태워다주지 않겠소? 그러면 이 금화를 한 닢 드리겠소."

─샤라자드는 날이 밝기 시작한 것을 깨닫고 이야기를 그쳤다.

286번째 밤

샤라자드는 이야기를 계속했다.

오, 인자하신 임금님, 교주 일행이 노인에게 배에 태워주지 않겠느냐고 묻자 노인은 대답했습니다.

"티그리스 강에서 뱃놀이를 하는 사람은 아무도 없어요. 하룬 알 라시드 교주님이 밤마다 배를 타고 이 강을 유람하시는데, 수행하는 한 사람이 큰 소리로 이렇게 외친다오.

'어이, 부자나 가난한 자나, 신분이 귀한 자나 천한 자나, 어른이나 아이나 모두 잘 들어라. 밤에 티그리스 강으로 배를 띄우는 자는 누구고 할 것 없이 목을 베거나 돛대에 목을 매달겠다!'

더구나 당신네는 하마터면 그 교주님의 배를 만날 뻔했소. 그 배는 언제나 이맘때 이 언저리에 오거든."

"노인장, 금화 두 닢을 드릴 테니 이 배를 저쪽 다리 밑까지 급히 대주시오. 그러면 교주님 배가 지나갈 때까지 숨어 있을 수 있으니까요."

"그럼, 그 돈을 이리 내시오. 하늘에 운을 맡기고 한 번 해봅시다."

노인은 금화를 받고 세 사람을 배에 태워 강으로 저어 나갔습니다. 한참 동안 저어나가니 배 한 척이 횃불과 화톳불을 눈부시게 번쩍이도록 밝히고 강 가운데로 내려오고 있지 않겠습니까?

노인은 말했습니다.

"저것 보시오. 교주님이 밤마다 내려오신다고 했잖소."

그리고 다시 중얼거렸습니다.

"오, 우리를 지켜주시는 알라여, 부디 가호의 덮개를 벗기지 말아주소서!"

노인은 급히 다리 밑에 배를 대고는 교주 일행을 검은 천으로 덮었습니다. 그 천 속에서 세 사람이 살펴보니, 뱃머리에서 한 사나이가 한 손에 수마트라산 침향을 피운 순금의 화로를 들고 서 있는 것이 보였습니다. 붉은 새틴 예복 차림에 머리에는 모슬형의 폭이 좁은 터번을 감고, 한쪽 어깨에는 붉은 새틴으로 만든 소매 긴 외투를 걸쳤으며, 다른 쪽 어깨에는 초록빛 명주 자루에 침향을 가득 메고 있었습니다. 그 침향을 장작 대신 화톳불에 지피는 것이었습니다. 배의 고물 쪽에도 같은 옷을 입고 같은 화로를 든 남자가 있었습니다.

배 안에는 백인 노예 2백 명이 양옆으로 늘어서 있고 중앙의 황금 옥좌에 달처럼 아름다운 젊은이가 황금으로 수놓은 검은 옷을 입고 앉아 있었습니다.

그 젊은이 앞에는 자파르 대신과 비슷한 자가 한 사람, 머리맡에는 마스룰과 같은 풍채를 한 환관이 한 명 칼을 뽑아들고 서 있는 것이 보였습니다. 그 밖에 술벗들도 거느리고 있었습니다.

이 광경을 보고 교주는 옆을 돌아보며 말했습니다.

"여보게, 자파르."

"오, 진실한 신자들의 임금님, 무슨 일이신지요?"

"저건 아무래도 왕자 알 아민이나 알 마문인 것 같구나."

그러면서 옥좌에 앉아 있는 젊은이를 자세히 보니, 그 아름다운 얼굴과 균형 잡힌 몸매가 더는 바랄 수 없이 훌륭한지라, 자파르에게 이렇게 말했습니다.

"저 젊은이는 정말이지 교주의 품위를 조금도 손상하지 않는 인물이야! 저걸 봐라, 자파르, 저 젊은이 앞에 서 있는 자는 그대와 똑같지 않은가? 그리고 머리맡에 서 있는 환관은 마스룰과 똑 닮았단 말이야. 그리고 그 밖의 신하들도 내 신하와 아주 흡사해. 어허, 이런 참! 자파르, 나는 지금 너무나 놀라 어찌할 바를 모르겠구나."

―샤라자드는 날이 밝기 시작한 것을 깨닫고 이야기를 그쳤다.

287번째 밤

샤라자드는 이야기를 계속했다.

오, 인자하신 임금님, 교주는 그 광경을 보고 너무나 놀라 어찌할 바를 모르겠다고 말했습니다. 그러자 자파르도 입을 열었습니다.

"오, 충실한 자들의 임금님, 저 역시 그렇습니다."

이윽고 배가 지나가서 차츰 보이지 않게 되자, 사공은 다시 배를 강 가운데로 저어가면서 말했습니다.

"오, 알라의 덕택으로 우리는 누구에게도 들키지 않았습니다."

그래서 교주가 물었습니다.

"노인장, 교주님은 이렇게 밤마다 티그리스 강을 내려가시오?"

"그렇습니다. 올해부터 밤마다 저렇게 지나가십니다."

"노인장, 내일 밤에도 여기서 우리를 기다려주지 않겠소? 금화 다섯 닢을 드리리다. 우리는 알 한다크 거리에 묵고 있는 나그네들인데 무슨 재미있는 일을 해보고 싶어서 그러오."

"그렇게 하지요!"

교주와 자파르와 마스룰은 노인과 헤어져 궁전으로 돌아왔습니다. 이튿날 아침이 되자 태수와 대신과 시종과 무사들이 접견실에 나와 궁전은 여느 때와 다름없이 북적거렸고, 이윽고 해가 져서 신하들이 물러가자 교주는 대신에게 말했습니다.

"자, 자파르, 이제부터 또 나가서 그 제2의 교주를 구경하면서 즐기지 않겠는가?"

이 말을 듣고 자파르와 마스룰은 웃음을 터뜨렸습니다.

세 사람은 상인 옷을 입고 비밀리에 뒷문을 통해 거리로 나갔습니다. 이윽고 티그리스 강가에 이르러 보니 그 백발노인이 배에 앉아 기다리는 것이 보였습니다.

교주 일행이 노인과 함께 배를 타고 앉아 있으니, 잠시 뒤 가짜 교주의 배가 다가왔습니다. 세 사람이 주의 깊게 그 배를 바라보니 전날 밤과는 다른 백인 노예 2백 명이 타고 있었습니다. 그리고 횃불을 든 남자들은 전날과 마찬가지로 목청껏 외치고 있었습니다.

교주는 말했습니다.

"오, 대신, 이 광경을 소문으로 들었다면 도저히 믿어지지 않았을걸. 그러나 지금 내가 눈으로 보고 있으니."

그리고 교주는 사공을 향해 말했습니다.

"여보, 영감, 금화 10닢을 드릴 테니 이 배를 저 사람의 배에 나란히 대주지 않겠소? 이쪽은 그늘이 져 있어서 저편을 마음껏 보고 즐길 수 있지만 저쪽에서는 볼 수 없을 테니까."

노인은 돈을 받고 배를 저어 그늘을 누비듯이 하여 가짜 교주의 배와 나란히 배를 몰았습니다.

―샤라자드는 날이 밝기 시작한 것을 깨닫고 이야기를 그쳤다.

288번째 밤

샤라자드는 이야기를 계속했다.

오, 인자하신 임금님, 노인의 배가 가짜 교주의 배를 따라 나아가노라니,

이윽고 배는 양쪽 기슭에 꽃밭이 있는 곳으로 나아갔습니다. 그곳에는 큰 담장을 두른 곳이 있었습니다. 배가 그곳 뒷문 쪽에 닻을 내리자 하인들이 암나귀에 안장을 얹어 고삐를 끌고 나왔습니다.

가짜 교주는 뭍으로 올라가 나귀를 타고 소리 높이 부르짖는 횃불잡이를 앞세워 신하들과 술벗들, 그리고 분주히 서성대는 하인들을 거느리고 안으로 들어가 버렸습니다.

교주 일행도 뭍으로 올라가 웅성거리는 하인들을 헤치고 앞으로 나아갔습니다. 그러자 횃불잡이가 이내 상인 복장을 한 세 사람의 이방인을 알아보고 몹시 화를 내며 가짜 교주 앞으로 끌고 갔습니다.

가짜 교주는 세 사람을 보고 물었습니다.

"너희는 어떻게 이곳에 왔느냐? 이런 시간에 누가 너희를 이리 데리고 왔느냐?"

"오, 임금님, 저희는 멀리 고향을 떠나온 외국 상인들인데, 오늘 이곳에 도착하여 밤거리를 거닐고 있었습니다. 그러자 뜻밖에도 임금님께서 나오셨고 이분들이 저희를 붙잡아 이곳으로 끌고 온 것입니다."

"그대들이 외국인이라니 너그럽게 봐주지만, 만일 바그다드 주민이었더라면 그 자리에서 목을 베었을 것이다."

그리고 자기 대신을 돌아보며 일렀습니다.

"이들을 안내해 주어라. 오늘 밤에는 우리의 손님이다."

"예."

세 사람이 대신의 뒤를 따라가니 이윽고 견고한 주춧돌 위에 높이 솟아 있는 훌륭한 궁전에 이르렀습니다.

궁전은 속세를 내려다보며 하늘 높이 솟아 그 꼭대기가 구름에 거의 닿을 것 같았는데, 어떤 국왕도 이만한 궁전을 가진 자는 없을 것으로 생각되었습니다. 인도 티크나무로 만든 문에는 불타는 듯한 황금이 박혀 있었습니다.

그 문을 열고 들어가 교주 방에 이르렀습니다. 방 가운데의 한 단 높은 곳에 분수가 있고 비단 보료와 방석, 조그만 베개, 긴 의자, 방장들이 갖추어져 있어, 그 호화로움은 붓으로도 말로도 도저히 형용할 수 없을 정도였습니다. 그리고 문에는 다음과 같은 시가 새겨져 있었습니다.

이 세상의 온갖 아름다움으로
장식한 이 왕궁에
축복과 찬미를 내리시라!
온갖 신비한 광경이
가득한 이곳,
그 영광 기록하려도
붓과 혀는 오직 떨기만 할 뿐.

가짜 교주는 부하들을 모두 거느리고 방으로 들어가 황금 옥좌에 앉았습니다. 그 옥좌는 보석이 가득 박혀 있고, 기도용의 노란 비단깔개가 덮여 있었습니다. 신하들도 저마다 자리에 앉고 시종무관은 가짜 교주 앞에 늘어섰습니다.

이윽고 식탁이 준비되어 모두 식사를 하기 시작했습니다.

식사가 끝나자 상을 물리고 사람들은 손을 씻었습니다. 곧 술병과 큰 잔을 내와서 술상이 차려졌습니다. 술잔이 돌고 돌아 하룬 알 라시드 교주에게 왔을 때 그는 사양했습니다.

이것을 본 가짜 교주는 자파르에게 물었습니다.

"그대의 친구는 어째서 술을 마시지 않는가?"

"오, 임금님, 저 친구는 오래전에 술을 끊었습니다."

"사과주가 있는데 그거라면 그대 친구의 입에도 맞을 테지."

가짜 교주는 사과주를 가져오게 하여 직접 교주 옆에 다가가서 말했습니다.

"그대에게 잔이 돌아올 때는 언제든 이것을 마시도록 하라."

모두 그렇게 부어라 마셔라 술잔을 돌리는 동안 마침내 취기가 돌더니 머리까지 이상해지고 말았습니다.

—샤라자드는 날이 밝아오는 것을 깨닫고 이야기를 그쳤다.

289번째 밤

샤라자드는 이야기를 계속했다.

오, 인자하신 임금님, 차츰 취기가 돌자 교주 일행은 그때까지의 조심성을 잃고 말았습니다. 교주는 대신에게 말했습니다.

"자파르여, 이렇게 훌륭한 가신은 우리도 두지 못했어. 어떻게 해서든 저 젊은이의 정체를 알고 싶구나!"

두 사람이 소곤거리고 있을 때 가짜 교주가 그쪽을 흘끗 보니 대신이 교주의 귀에 입을 대고 있으므로 이렇게 말했습니다.

"거기서 귓속말을 하는 것은 실례가 아닌가!"

그러자 대신은 대답했습니다.

"절대 그렇지 않습니다. 다만 여기 있는 제 친구가 '정말 나는 여태까지 여러 나라를 돌아다니면서, 임금님 중에서도 가장 훌륭한 분의 술좌석에 나간 적도 있고 또 지체 높은 대관들과 자리를 함께 한 일도 있지만, 오늘 밤의 이 향연처럼 훌륭한 것은 처음 보네. 그리고 이토록 유쾌한 밤을 보낸 적도 없어. 다만 애석하게도, 바그다드 사람들이 언제나 말하듯이 음악 없는 술자리는 흔히 뒷맛이 좋지 않단 말이야'라는 말을 했을 뿐입니다."

그러자 가짜 교주는 유쾌하게 웃으면서 손에 들고 있던 방망이로 둥근 징을 쳤습니다. 그러자 곧 문이 열리더니 한 환관이 불꽃처럼 반짝이는 황금을 박은 상아 의자를 들고는, 말할 수 없이 애교 있고 몸매가 고르게 균형 잡힌 얌전한 처녀 하나를 데리고 들어왔습니다.

환관이 의자를 내려놓자 처녀는 거기에 사뿐히 앉았습니다. 그 머리카락은 맑게 갠 푸른 하늘에 빛나는 태양처럼 보였습니다.

처녀는 손에 들고 있던 인도산 류트를 무릎에 놓더니, 마치 어머니가 아기에게 몸을 구부리는 것처럼 기울여 24가닥의 음계로 서곡을 연주한 다음, 곡에 맞추어 노래를 부르기 시작했습니다. 늘어앉은 사람들은 모두 그 황홀한 가락에 넋을 잃고 말았습니다.

그것이 끝나자 처녀는 다시 첫 음계로 돌아가 마음이 구름 위로 붕 떠오르는 듯한 가락으로 노래를 불렀습니다.

내 가슴속의 사랑하는 마음
헛된 몸부림도 있지만
숨기지 않고 그대에게 말하리라,
나는 그대를 애타게 사랑한다고.
보라, 애타는 가슴의 이 불꽃을,
그대로 하여 흘리는
눈물에 짓무른 눈꺼풀을.
살아 있는 모든 사람의 아들은
알라의 운명을 피할 길 없으니,
사랑을 몰랐던 이 몸에도
그대로 인해 괴로운 사랑의 맛.

가짜 교주는 처녀의 노래를 듣더니 큰 소리로 울부짖으며 자기가 입고 있던 옷을 갈가리 찢어버렸습니다.

그러자 시종들은 그 젊은이 위에 휘장을 둘러주고 전보다 더 훌륭한 새 예복을 가져왔습니다. 가짜 교주인 젊은이는 그것을 입고 원래처럼 자리에 앉아 있다가, 이윽고 술잔이 돌아오자 또다시 징을 쳤습니다.

그러자 또 문이 열리더니 황금 의자를 든 환관이 나타나고 그 뒤에 먼저 처녀보다 더 아름다워 아무리 질투가 강한 사람이라도 놀라서 입을 쩍 벌리게 할 것 같은 처녀 하나가 류트를 안고 들어왔습니다.

처녀는 의자에 앉아 악기에 맞춰 다음과 같은 시를 읊었습니다.

가슴에 사랑의 불길 타올라
폭풍우*1처럼 흐르는 이 눈물
눈앞을 가려 아무것도 보이지 않는데
아, 어떻게 참고 기다리리오?
아, 신께 맹세코 이 몸에는
살아가는 기쁨은 조금도 없어라!
속속들이 병든 이 가슴
어찌 달랠 수 있으리오!

젊은 가짜 교주는 이 시를 듣자마자 또 큰 소리로 울부짖으며 입고 있던 옷을 북북 찢어버렸습니다. 그러자 부하들이 다시 그 몸 위에 휘장을 두르고 예복을 가져왔습니다. 가짜 교주는 그것을 입고 전과 같이 앉아서 또 유쾌하게 이야기를 시작했습니다.

이윽고 술잔이 자기에게 돌아오자 가짜 교주는 다시 징을 쳤습니다. 그러자 역시 의자를 든 환관이 나타나더니 잇따라 전보다 더 아름다운 미인이 들어왔습니다.

그 처녀는 의자에 앉아 류트를 들고 이런 노래를 불렀습니다.

매정하게 대하지 마시라,
자랑스레 으스대지 마시라.
그대의 생명에 맹세코
사모하는 마음 금할 길 없는 이 심정!
박복을 한탄하는
사랑의 노예에게 인정 베풀어
연정에 애태우는
가엾은 처녀를 울게 하시라.
상사병이 들어 수척해진 몸,
꿈인지 생시인지 열에 들떠
신께 비는 것은 오직 한 가지
그대 마음에 드는 일.
아, 이 가슴속 깊숙이
깃들어 사는 보름달*²이여!
그대 곁으로 다가가면
무엇을 떠올리게 될까?

이 노래를 들은 가짜 교주는 이번에도 큰 소리를 지르면서 입고 있던 옷을 찢었습니다.

사람들은 또 휘장을 두르고 다른 예복을 가지고 왔습니다. 이윽고 젊은이는 술벗들과 함께 조금 전처럼 흥겹게 즐겼고, 술잔도 다시금 돌기 시작했습니다. 그리고 다시 술잔이 가짜 교주에게 돌아오자 네 번째 징이 울렸습니다.

그러자 문이 스르륵 열리고 의자를 든 시동이 나타나더니 그 뒤에 한 처녀가 들어왔습니다. 시동이 의자를 놓자 처녀는 거기에 앉아 류트를 들고 가락을 맞춘 다음 이런 노래를 불렀습니다.

쓰라린 이별은 언제 끝나려나?
흘러간 그 옛날의 쾌락은
언제 다시 돌아오리?
한집에 살며 인연 맺고
즐겁게 지낸 것이 어제 같구나,
함께 이야기하며 오순도순
시샘하는 벗*3도 아랑곳없이.
두 마음 품은 '세월'에 속고
운명이 사이를 갈라놓으니,
단란하고 즐겁던 집도 이제
퇴락하여 폐가가 되어버렸네.
푸념하는 자들은 내 사랑을
단념하기 원하네, 이 나에게?
그러나 내 가슴은 세상의 비난을
조금도 염두에 두지 않네.
그러니 비난을 그만두고
나로 하여금 비련을 탄식게 하라!
마음의 위안주는 추억을
하나하나 즐길 터이니.
우리의 굳은 맹세를
깨뜨려버린 내 임이여,
내 영혼 거머잡은 그대 손길
행여 늦추지 마시라.

이 노래를 듣고 가짜 교주는 또다시 날카롭게 비명을 지르며 옷을 찢어버렸습니다.

—여기서 샤라자드는 날이 밝기 시작한 것을 깨닫고 이야기를 그쳤다.

290번째 밤

샤라자드는 이야기를 계속했다.

오, 인자하신 임금님, 가짜 교주는 처녀의 노래를 듣고 날카로운 비명을 지르며 입고 있던 옷을 찢고는 정신을 잃고 바닥에 쓰러졌습니다.

그런데 전처럼 사람들이 거기에 휘장을 두르려 했으나 휘장 끈이 무엇엔가 걸려 내려오지 않았습니다. 하룬 알 라시드 교주는 젊은이를 유심히 관찰하고 있었는데, 그의 몸에 종려나무 채찍으로 맞은 자국이 있는 것을 보고 대신을 돌아보며 말했습니다.

"저자는 아름다운 젊은이긴 하나 아무래도 본성이 좋지 않은 도둑 같군!"

"오, 충실한 자들의 임금님, 그것을 어떻게 아셨습니까?"

"저자의 갈비뼈 위에 있는 채찍 자국이 보이지 않느냐?"

이때 신하들은 가까스로 가짜 교주 위에 휘장을 내리고서 다시 새 옷을 가지고 왔습니다. 젊은이는 그것을 입고 전처럼 신하들이며 술벗들과 함께 자리에 앉아 있다가 교주와 대신이 이마를 맞대고 소곤거리는 것을 보고 물었습니다.

"손님들은 무슨 일로 그러시오?"

그래서 대신이 대답했습니다.

"오, 임금님, 아무것도 아닙니다. 다만 여기 앉아 있는 제 친구는 아시는 바와 같이 대상의 한 사람으로 여태까지 전 세계의 대도시와 큰 나라들을 방문하며 수많은 임금님, 귀족들과 사귀어 왔는데 저더러 이렇게 말했을 따름입니다.

'오늘 밤 교주님이 하시는 행동은 참으로 뜻밖의 낭비다. 나는 어느 나라에서도 이런 행위를 하는 사람을 본 적이 없어. 이렇게 몇 번이나 옷을 찢어버리다니, 특히 그 옷들은 금화 1천 닢이나 하는 물건인데, 참으로 도가 지나친 낭비야'라고 말입니다."

이 말을 듣고 젊은 가짜 교주는 말했습니다.

"호오, 그렇지만 그 돈과 옷은 다 내 것이야. 게다가 내가 이런 행동을 하는 것은 종자와 하인들에게 선물을 주는 일도 되지. 왜냐하면 찢어버린 옷은 여기 있는 술벗들에게 내리는데 나는 그 옷을 줄 때마다 금화 5백 닢씩 주거든."

"오, 임금님, 참으로 훌륭하십니다."

대신은 이렇게 대답하고 다음과 같은 노래를 불렀습니다.

    그 손의 공덕으로
    저택을 짓네, 순식간에.
    산더미 같은 부(富)를 백성에게
    베푸는 그대라면
    비록 공덕이 그 문을
    굳게 닫더라도
    그대 손이 열쇠가 되어
    잠겨 있는 자물쇠마저 열리라.

가짜 교주인 젊은이는 이 노래를 듣더니 대신에게 금화 1천 닢과 예복 한 벌을 내리라고 분부했습니다. 그런 다음 다시 모두 잔을 돌리며 즐겁게 마셨는데, 한참 뒤 교주가 대신에게 말했습니다.

"저자의 옆구리에 난 흉터에 대해 물어보라. 저자가 어떻게 대답하는지 들어보게."

"오, 임금님, 제발 가만히 좀 계십시오. 서두르지 마시고 차분하게 좀더 기다려 보시는 것이……."

"아니다. 내 목과 알 아바스*4의 거룩한 무덤에 걸고 말한다. 그대가 저자에게 그것을 묻지 않는다면 그대 숨통을 끊어놓을 테다!"

그때 가짜 교주가 대신을 바라보며 말했습니다.

"그대는 아까부터 친구와 이마를 맞대고 귓속말을 하고 있는데 무슨 곤란한 일이라도 있는가? 나에게 말해 보라."

"아니, 그리 나쁜 이야기는 아니올시다."

"무슨 일인지 바른대로 말해 줘야겠다. 아무것도 숨기지 말고."

"오, 임금님, 실은 이 친구가 임금님 옆구리에 난 종려나무 채찍으로 맞은 자국을 보고 매우 놀라 '교주님이 매를 맞다니 대체 어찌 된 일일까?' 하며 그 이유를 알고 싶어합니다."

그러자 젊은이는 웃으면서 말했습니다.

"그럼 얘기해 주지. 내 신세 이야기는 세상에 둘도 없는 기이한 이야기니까. 이 이야기를 눈 한구석에 바늘로 새겨둔다면 호된 꼴을 당해 마땅한 자들에게 좋은 교훈이 될 것이다."

가짜 교주는 이렇게 말하더니 한숨을 내쉬면서 이런 시를 읊조렸습니다.

세상 기구한 나의 이야기
사랑에 걸고 나는 맹세하노니
내 가는 앞길은 날이 갈수록
더욱 험해지고 좁아지리라!
그대, 이야기 듣기 좋아한다면
귀 기울여 들어보라,
여기 모인 사람들도 모두
조용히 귀 기울여 들어보라.
내 말은 거짓이 없고
참으로 진실한 이야기이니,
깊은 의미 함축된
나의 말을 명심하여라.
나는 비련의 애욕에 의해
끝내 쓰러진 사람
나를 죽인 그녀는
순진무구한 진주였다네.
인도의 칼날 같은
검푸른빛 눈동자
활을 그리는 눈썹은 화살을 쏘았지.

내가 명백히 깨달은 것은
이 자리에 우리의 고승(이맘) 계시니
당대의 교주님, 고귀한 혈통.
그다음은 자파르 님,
이름난 교주의 대신으로
지체 높은 명문의
후예로 태어난 귀하신 분.
세 번째는 마스룰 님
세상에 이름 높은 검사시라네.
만일 내가 한 말에
진실이 있다고 인정한다면
소망은 모두 이루어지리.
그 일로 하여 내 가슴은
끝없는 환희로 가득하리.

이 노래를 듣고 대신은 젊은이에게 자기들은 당신이 말하는 그런 사람들이 아니라고 애매하게 맹세했습니다. 그러자 젊은이는 껄껄 웃으면서 말했습니다.

"오, 여러분, 실은 저는 충실한 자들의 임금님이 아닙니다. 다만 성 안 사람들의 마음을 저에게 모으기 위해 교주님의 이름을 빌린 것에 지나지 않습니다. 저의 진짜 이름은 보석상 알리의 아들 무함마드 알리라고 하며 아버지는 바그다드의 귀족이었습니다.

아버지는 저에게 집과 목욕탕과 벽돌로 지은 건물, 과수원과 넓은 꽃밭, 넓은 땅, 그리고 많은 금은과 진주, 산호, 루비, 감람석, 그 밖에 온갖 보석을 남겨주었습니다.

그러던 어느 날 제가 가게에서 환관과 하인들에게 둘러싸여 앉아 있는데 암노새를 탄 한 젊은 귀부인이 달덩이 같은 처녀 세 명을 데리고 왔습니다. 그녀들은 가게 앞으로 오더니 말에서 내려 제 옆에 앉아 이렇게 말하는 것이었습니다.

'보석상 무함마드 님의 가게인가요?'

'그렇습니다.'

'나에게 어울리는 목걸이가 있을까요?'

'오, 아씨, 저희 가게에 있는 것을 모두 보여 드리지요. 마음에 드시는 게 있다면 참으로 다행이겠습니다만……'

저는 목걸이를 여러 개 꺼내 부인에게 보여주었습니다. 그러나 하나도 마음에 드는 게 없는지 이렇게 말하더군요.

'이런 것보다 더 좋은 게 필요한데.'

저는 아버지가 금화 10만 닢으로 사들인 작은 목걸이를 하나 가지고 있었는데, 그것은 아무리 훌륭한 임금님도 손에 넣은 적이 없는 귀한 물건이었습니다. 그래서 저는 말했습니다.

'오, 아씨, 멋진 보석이 박힌 목걸이가 하나 있는데, 그것은 어떤 고귀한 분도 가져본 적이 없는 물건입니다.'

'그럼, 그 목걸이를 보여 주세요.'

제가 그 물건을 꺼내 보이자 부인이 말했습니다.

'오, 바로 이것이에요, 전부터 이것이 갖고 싶었어요. 얼마인가요?'

'이것은 아버지가 금화 10만 닢으로 사들인 것입니다.'

'그럼, 5천 닢을 더 얹어 드리겠어요.'

'오, 아씨, 좋도록 하십시오. 저는 아무래도 상관없습니다.'

'하지만 장사이시니 그만한 벌이는 하셔야지요. 그것만으로도 난 정말 고맙게 생각하고 있어요.'

여자는 이렇게 말하고 급히 노새에 올라타더니 나에게 말했습니다.

'부탁이 있는데, 수고스럽지만 돈을 받으러 우리와 함께 가주시지 않겠어요? 그렇게 해 주신다면 정말 고맙겠어요.'

그래서 저는 가게 문을 닫고 여자를 따라갔는데, 도중에 아무 일도 없이 어느 훌륭한 저택 앞에 이르렀습니다. 겉으로 보기에 돈 많고 지체 높은 사람의 저택임을 알 수 있었습니다. 대문에 금은과 남빛으로 이런 시가 새겨져 있었기 때문입니다.

아, 저택이여! 재앙은
그대의 문을 들어올 수 없으니

그대의 주인도 운명의
학대받는 일 없으리라.
다른 저택이 손님을
아무리 박정하게 대해도
참으로 그대만은, 흔쾌히
손님을 맞이하며 기뻐하는구나.

여자는 나귀에서 내려 환전상이 올 때까지 문간의 의자에서 기다리라고 나에게 일러놓고 안으로 들어갔습니다. 시키는 대로 기다리고 있노라니 곧 한 처녀가 나타나 말했습니다.

'현관으로 들어오세요. 문간에 앉아 있는 것은 보기에 좋지 않으니까요.'

그래서 저는 현관으로 들어가 거기 있는 긴 의자에 앉았습니다.

한참 뒤 또 다른 처녀가 나와서 말하는 것이었습니다.

'아씨께서 돈을 드릴 테니, 안에 들어오셔서 손님방 입구에서 기다리시랍니다.'

저는 손님방에 들어가 앉았는데, 이윽고 방의 비단휘장이 걷히더니 훌륭한 의자 위에 아까 목걸이를 산 여자가 앉아 있지 않겠습니까?

여자의 목에는 그 목걸이가 걸려 있었지만, 그 보름달 같은 아름다운 얼굴 때문에 목걸이는 그만 빛을 잃어 창백하게 보일 정도였습니다. 그녀를 본 순간 저는 그 아름답고 관능적인 미모에 마음도 몸도 완전히 흥분하고 말았습니다.

여자는 저를 보더니 일어나 제 옆에 와서 말했습니다.

'오, 내 눈동자의 빛이여, 당신같이 아름다운 분은 연인을 가엾이 여길 줄 모르시나요?'

'아씨, 당신 얼굴에는 세상의 모든 아름다움이 모여 있군요. 하지만 그것은 당신의 숨겨진 수많은 매력 가운데 하나에 지나지 않습니다.'

'오, 나는 당신을 사모하고 있어요. 당신을 이리로 데리고 올 수 있었던 것이 스스로 도저히 믿어지지 않을 만큼!'

이렇게 말하며 여자가 저에게 몸을 굽혀 입을 맞추고 나서 제 가슴에 와락 안기자, 저도 상대의 몸을 꼭 끌어안았습니다."

─샤라자드는 날이 밝기 시작한 것을 깨닫고 이야기를 그쳤다.

291번째 밤

샤라자드는 이야기를 계속했다.

오, 인자하신 임금님, 보석상은 이야기를 계속했습니다.

─그런데 여자는 저의 태도에서 제가 여자의 몸을 요구하고 있다는 것을 깨닫고 이렇게 말했습니다.

"여보세요, 당신은 나에게 옳지 않은 소망을 이룰 작정이지요? 하지만 그런 죄를 범하는 사람이나 추잡한 이야기를 좋아하는 사람에게는 좋은 일이 있을 리가 없어요. 난 지금까지 남자를 모르는 처녀인 데다, 이 도시에서는 이름이 알려진 여자랍니다. 당신은 내가 누군지 아시나요?"

"아니, 전혀 모릅니다!"

"나는 두냐 공주라고 하며, 바르마크 집안의 야야 빈 하리드의 딸로 교주님의 대신으로 일하고 있는 자파르의 누이동생이에요."

이 말을 듣고 저는 자신도 모르게 몸을 빼며 말했습니다.

"오, 공주님, 지금까지 제 행동이 무례했다 하더라도 그것은 결코 저의 실수가 아닙니다. 저를 가까이하셔서 저에게 대담한 생각을 하게 한 것은 당신 자신이니까요."

"염려 마세요. 나는 당신이 망신스러운 일을 당하게 할 생각은 없어요. 만일 당신이 소원을 이루고 싶다면 반드시 알라의 뜻에 맞는 단 한 가지 절차를 밟아야만 해요. 나는 성인 여성이니 판관을 나의 후견인으로 하여 결혼계약에 동의하게 합시다. 당신과 부부의 인연을 맺는 것은 나에게 달려 있으니까요."

그런 다음 공주는 판관과 공증인을 부르는 등, 서둘러 결혼준비를 시작했습니다. 이윽고 그 사람들이 오자 공주는 말했습니다.

"보석상 알리의 아들 무함마드 알리는 나에게 결혼을 청하여 지참금으로 이 목걸이를 주었어요. 나는 이것을 받고 이 청혼에 응하겠어요."

공증인들은 두 사람 사이의 결혼계약서를 작성했습니다.

제가 공주의 방으로 가기 전에 하인들이 잔치를 준비해 주어, 술잔이 순서대로 돌아가기 시작했습니다. 이윽고 술기운이 올라, 공주가 류트를 타는*5 한 처녀에게 노래를 시키자, 처녀는 류트를 들고 쾌활하고 활기찬 가락에 맞춰 다음과 같은 노래를 불렀습니다.

> 그대 오시니, 내 눈 빛나네,
> 아기사슴과 나뭇가지와 그리고 달님.
> 밤마다 탄식을 모르고 편안히 잠드는
> 그대 마음 비웃으리.
> 아름다운 젊은이여, 신은
> 한쪽 뺨의 빛을 지우고
> 다른 한쪽 뺨에는 찬란한 다른 빛
> 참으로 교묘하게 남기셨네.
> 헐뜯는 사람들이 그대 이름 들먹일 때
> 나는 그대 이름 듣기 싫은 척
> 짐짓 그들을 속였네.
> 사람들이 다른 젊은이 말할 때는
> 열심히 귀담아듣는 듯이
> 나는 조심스레 꾸몄네.
> 그러나 내 영혼, 내 가슴속에서
> 끊임없이 눈물이 흘러넘쳤네.
> 그대는 미의 예언자로
> 신의 은총을 모두 모은 기적.
> 그대의 아름다운 얼굴
> 현세(現世)의 가장 크나큰 기적이라네.
> 뺨의 검은 점은 비라르[1]처럼
> 기도를 구하는 외침 부르짖네.
> 진주 같은 그대 이마를
> 흉악한 눈에서 보호하려고.
> 아무것도 모르는 비방자는

나의 사랑 짓밟아 멸하려 하지만
방금 믿음을 맹세한 자가
어찌 이교의 무리로 변할 수 있으랴?

저희는 처녀가 연주하는 황홀한 가락과 그 아름다운 노랫소리에 모두 넋을 잃고 말았습니다.

이 처녀의 노래가 끝나자 다른 처녀들이 차례차례 노래를 부르고 시를 읊어 마침내 10명의 처녀가 다 부르고 나자 공주의 차례가 되었습니다. 두냐 공주는 손수 류트를 들고 발랄한 가락에 맞춰 이런 노래를 불렀습니다.

나는 맹세하리라,
좌우로 하늘거리는 그 자태에 걸고.
이별을 슬퍼하는 이 가슴의
불같은 고뇌도,
그대 그리워 꺼지지 않고
타오르는 이 마음도 가련하구나.
아, 어두운 하늘의
보름달처럼 빛나는 그대여!
온갖 매력을 술잔의
반짝이는 빛 속에 찬양하는
우리에게 아낌없이
그대의 은총을 베푸소서.
발그레한 뺨은
색색의 장미 꽃잎.
무성하게 자란 천인화(天人花)도
무색할 그 아름다움이여.*6

노래가 끝나자 저는 공주한테서 류트를 받아들고, 고풍스러운 멋이 넘치는 고상한 전주곡을 연주하며 다음과 같은 노래를 불렀습니다.

온갖 아름다움을 그대에게
내리신 알라께 영광 있으라!
이제 기꺼이 털어놓으리라,
나는 그대의 노예가 되었음을.
그 눈길로 모든 사람의
마음을 사로잡는 그대여,
힘주이 그대가 쏘는
그 눈길의 화살이
나에게 맞지 않도록
오로지 신께 기도드리네.
불꽃과 물은 숙명적인
원수 사이이지만
그대 뺨에는 그 두 가지가
불가사의하게도 하나로 맺어져 있네.
그대는 내 마음속
사일이요 또한 나임*7이라.
그대야말로 쓰고도 달고
참으로 달고도 쓴 것.

이 노래를 듣고 공주는 매우 기뻐하며 노예계집들을 물린 다음 저를 매우
아름다운 방으로 안내했습니다. 거기에는 온갖 색깔의 침상이 펼쳐져 있었
습니다. 공주가 옷을 벗자 우리 두 사람은 서로 살을 섞어 부부의 인연을 맺
었는데, 공주는 아직 실을 꿴 적이 없는 진주요 아직 아무도 태운 적이 없는
암말이었습니다. 저는 이 숫처녀를 제 것으로 만든 것이 진심으로 기뻤습니
다. 또 태어나서 지금까지 이처럼 즐거운 밤을 보낸 적이 없었습니다.

─샤라자드는 날이 밝기 시작한 것을 깨닫고 이야기를 그쳤다.

292번째 밤

샤라자드는 이야기를 계속했다.

오, 인자하신 임금님, 보석상 무함마드 빈 알리는 이야기를 계속했습니다.

—저는 바르마크 집안의 야야 빈 하리드의 딸 두냐 공주와 부부의 연을 맺고, 공주가 아직 실을 꿴 적이 없는 진주요 아직 아무도 태운 적이 없는 암말임을 알고 이 공주를 얻은 사실을 기뻐하며 다음과 같은 노래를 불렀습니다.

> 오, 어두운 밤이여,
> 사랑하는 여인의 얼굴은
> 밝게 빛나는 등불이어라,
> 아침 해의 햇살은 필요 없다네.*8
> 밀화부리의 목도리처럼
> 내 팔을 그대 목에 두르니
>
> 내 손바닥은 그대의 입가리개.
> 그야말로 행복의 극치,
> 나는 오로지 그대만을 안고
> 오로지 그대만을 사랑하노라.

이렇게 하여 저는 한 달 동안 가게도 집에도 돌아가지 않고 이 여자와 함께 지냈습니다. 어느 날 아내가 저에게 말했습니다.

"오, 내 눈동자의 빛이여, 나의 무함마드 님, 나는 오늘 목욕탕에 가기로 했어요. 내가 돌아올 때까지 이 침대의자에 앉아 꼼짝도 하지 말고 기다리셔야 해요."

"알겠소."

내가 대답하자 아내는 저에게 맹세를 하게 한 다음 시녀들을 데리고 목욕탕에 갔습니다.

그런데 난처하게도 아내가 아직 한길까지 나가기도 전에 방문이 열리더니 한 노파가 들어와 말했습니다.

"나리, 즈바이다 왕비께서 부르십니다. 당신의 뛰어난 재주와 노래 솜씨에 대한 소문을 들으셨기 때문입니다."

"오, 알라께 맹세코, 두냐 공주가 돌아올 때까지 이 자리에서 움직일 수 없소."

"오, 나리, 즈바이다 왕비의 노여움을 사거나 그 뜻을 거역하여 원수로 만드시면 안 됩니다. 잠깐만 가서 왕비님과 이야기를 나눈 다음 돌아오시면 되지 않겠습니까?"

그래서 하는 수 없이 노파를 따라 즈바이다 왕비 앞으로 나아가니, 왕비가 저에게 말했습니다.

"오, 눈동자의 빛이여, 당신이 두냐 공주의 연인이군요."

"저는 왕비님의 종입니다."

"듣던 대로 당신은 어디에도 흠 잡을 데 없는 품격과 높은 교양을 갖춘 훌륭한 분이군요. 아니, 세상의 평판 그 이상이에요. 그럼 어디, 당신의 노래를 한 번 들려주시겠어요?"

"그렇게 하지요."

왕비가 류트를 가져다주자 저는 이런 노래를 불렀습니다.

> 박복한 연인은
> 사랑을 구하다 지쳐
> 그 가슴이 병들어
> 살가죽과 뼈만 남았네.
> 고삐 맨 낙타를
> 급히 모는 사람은
> 그 누구인가?
> 교자 탄 여자를
> 사랑하는 사나이라네.
> 달 같이 아름다운 여자를
> 알라의 손에 맡겨
> 그대 천막에 남겨두고

그대로 나는 떠나는 몸,
이 눈은 볼 수 없을지라도
진정 사랑하는 이는 그녀이니,
또는 기뻐하고 또는 노여워하며,
수줍어하는 모습 귀여워
그녀를 사랑하는 자는
이토록 기쁘구나.

제가 노래를 마치자 즈바이다 왕비는 말했습니다.

"당신의 그 몸과 목소리를 알라께서 부디 지켜주시기를! 당신은 정말 아름답고 고상하며, 노래 솜씨도 뛰어난, 더 바랄 나위가 없는 분이군요. 하지만 두냐 공주가 돌아오기 전에 어서 돌아가세요. 당신이 없는 걸 보고 화내면 안 되니까요."

그래서 저는 왕비 앞에 엎드린 뒤 노파의 안내를 받아 돌아왔습니다. 방에 들어가 침대의자에 다가가 보니 아내는 벌써 목욕탕에서 돌아와 잠들어 있지 않겠습니까? 저는 아내의 발치에 무릎을 꿇고 그 두 발을 어루만졌습니다.

그러자 아내는 눈을 뜨고 저를 보더니 두 다리를 뒤로 모았다가 힘껏 저를 걷어차 버렸습니다. 그 바람에 저는 침대의자에서 굴러떨어지고 말았습니다.*9

"이 배신자, 잘도 맹세를 깨뜨렸군요. 당신은 여기서 꼼짝하지 않겠다고 맹세했잖아요. 그런데 약속을 어기고 즈바이다 왕비에게 가다니. 내가 세상 사람들 입을 두려워하지 않았다면 알라께 맹세코 그 여자의 궁전을 때려 부쉈을 거예요."

그리고 검둥이 노예에게 일렀습니다.

"여봐라, 사와브, 이 거짓말쟁이 배신자의 목을 베어버려라. 이런 남자는 이제 필요 없으니까."

그리하여 노예가 다가와 자기 옷자락을 찢어 제 눈을 가린 다음 목을 치려 했습니다.

—샤라자드는 날이 밝기 시작한 것을 깨닫고 이야기를 그쳤다.

293번째 밤

샤라자드는 이야기를 계속했다.

오, 인자하신 임금님, 보석상 무함마드는 이야기를 계속했습니다.

—그러자 두 나 공주를 모시는 여자들이 신분의 고하를 막론하고 모두 일어나 공주에게 모여들며 말했습니다.

"오, 공주님, 과실을 저지른 것은 이분이 처음이 아니에요. 이분은 당신의 성격을 몰랐을 따름이지 죽을죄를 범한 것은 아니잖아요."

그러자 아내가 대답했습니다.

"하지만 뭐든 따끔한 맛을 보여주지 않고는 마음이 풀리지 않겠어."

그래서 사람들을 시켜 저에게 채찍질하게 했습니다. 당신들이 보신 것은 그때 갈비뼈를 채찍으로 호되게 맞은 상처입니다. 그러고는 저를 멀리 갖다 버리라고 명령했으므로 그들은 저를 그 저택에서 멀리 떨어진 곳으로 끌고 나가 나무토막처럼 내버리고 말았습니다.

한참 뒤 저는 가까스로 몸을 일으켜 다리를 질질 끌면서 집으로 돌아갔습니다. 그리고 의사를 불러 상처를 보여주었습니다. 의사는 저를 이런저런 말로 위로하며 열심히 치료해 준 다음, 몸이 회복되자 나를 목욕탕으로 데리고 갔습니다.

얼마 뒤 아픔도 괴로움도 사라지자, 저는 가게에 나가 물건들을 모두 팔아 버렸습니다. 그 돈으로 여태까지 어떤 임금님도 모을 수 없었던 백인 노예 4백 명을 사들여, 그중 2백 명을 데리고 날마다 말을 타고 거리를 돌아다녔습니다.

또 금화 5만 닢을 들여 배를 지은 다음 스스로 교주라 칭하고, 하인 한 사람 한 사람에게 교주 관리의 역할을 주고 관복도 지어 입혔습니다. 그뿐만 아니라 저는 이러한 포고를 냈습니다.

"밤에 티그리스 강에 배를 띄우고 노는 자는, 누구를 막론하고 가차없이 그 목을 베리라."

그렇게 꼬박 1년을 지냈으나, 그 여자가 어떻게 지내고 있는지 들려오는 소문도 없고, 전혀 소식을 모르고 있습니다.

말을 마친 젊은이는 눈물을 뚝뚝 흘리면서 다음과 같은 노래를 불렀습니다.

신계 맹세코 이 목숨
다할 때까지 그 여자를
꿈에도 잊지 못하리.
나에게 공주를 가까이하게
해 준 사람 말고는
누구도 가까이하지 않으리.
보름달 같은 그 모습을 보여
나에게 자비를 베푸시라.
만물을 창조하신
높은 하늘에 계신
우리 주 알라를 찬양하라!
그 여자로 하여 내 가슴은
슬픔과 고뇌로 가득 차
잠들지 못하는 밤을 탄식할 뿐,
그녀 모습 보고파
그리움에 타들어가는 이 마음.

하룬 알 라시드 교주는 젊은이의 고뇌에 몸부림치는 격렬한 애욕과 사랑의 불길을 알고, 그에 대한 연민과 놀라움을 느끼면서 이렇게 말했습니다.

"모든 일의 인과를 다스리는 알라께 영광 있으라!"

그런 다음 세 사람은 젊은이에게 작별을 고하고 그곳을 물러나왔습니다. 교주는 마음속으로 젊은이를 공평하게 대우하고, 가능한 한 관대하게 처리하기로 마음먹었습니다.

모두 궁전으로 돌아가 옷을 갈아입은 다음, 교주와 자파르는 자리에 앉고 정의의 검사 마스룰은 그 앞에 서 있었습니다.

한참 뒤 교주는 대신에게 말했습니다.

"대신, 그 젊은이를 이리로 데리고 오라."

―샤라자드는 날이 밝아오는 것을 깨닫고 이야기를 그쳤다.

294번째 밤

샤라자드는 이야기를 계속했다.

오, 인자하신 임금님, 교주는 대신에게 가짜 교주인 젊은이를 데려오라고 명령했습니다.

대신은 젊은이를 찾아가 인사한 다음 말했습니다.

"충실한 자들의 임금님이신 하룬 알 라시드 교주님이 부르시오."

젊은이는 교주의 부르심이라는 말에 두려움을 느끼며 대신과 함께 궁전으로 가서 교주 앞으로 나아가 납작 엎드렸습니다. 그런 다음, 그 위세와 번영이 길이 이어지고 소원이 이루어지며, 은총이 언제까지나 계속되고 재앙과 처벌이 사라지기를 빌었습니다. 그리고 조심스럽게 말을 골라 이렇게 말했습니다.

"오, 진실한 신자들의 임금님, 믿는 자들을 보호하시는 분이시여, 부디 만수무강하시기를!"

그리고 다음과 같은 노래를 불렀습니다.

너희는 입맞추라,
예사롭지 않은 임의 손가락에.
우리가 나날의 양식을 얻는
열쇠는 바로 그 손가락이니.
예사롭지 않은 임의
업적을 칭송하라,
그것은 백성들 목을 장식하는
구슬 목걸이이니.

교주는 빙긋이 웃으며 그 인사에 응한 다음, 자애로운 눈길로 젊은이를 바라보았습니다. 그리고 더 가까이 다가와 자기 앞에 앉으라고 분부했습니다.

"여봐라, 무함마드 알리, 간밤의 이야기를 들려주지 않겠는가? 참으로 신기하고 세상에 드문 희한한 이야기였다."

"오, 충실한 자들의 임금님, 부디 용서해 주십시오. 저의 두려움이 가라앉고 마음이 편안해질 수 있도록 부디 면죄의 흰 수건을 내려주소서."

"그대에게 공포와 재앙을 주지 않을 테니 안심하라."

그래서 젊은이가 자기 신상에 일어났던 일을 남김없이 이야기하자, 교주는 젊은이가 사랑하는 여자를 만나지 못해 괴로워하고 있음을 알았습니다.

"어떠냐, 나의 힘으로 그 여자를 그대에게 돌려주면?"

"그것이야말로 참으로 충실한 자들의 임금님에게 걸맞은 자비일 겁니다."

그리고 젊은이는 이런 노래를 불렀습니다.

임의 문전은 영원히
백성들의 성전이어라!
문지방의 먼지를 영원토록
백성들 이마로 털어내리니!
여기야말로 성스러운 궁전이요
정녕 임은 이브라힘*10이라고
모든 나라에 선포하리라.

교주는 대신을 돌아보며 말했습니다.

"자파르여, 야야 대신의 딸이요 그대의 누이인 두냐 공주를 이리로 데리고 오라."

"분부대로 하겠습니다."

대신은 곧 공주를 데리고 왔습니다.

공주가 나타나자 교주는 물었습니다.

"이자가 누구인지 아는가?"

"오, 충실한 자들의 임금님, 어찌 여자의 몸으로 남자 분을 아오리까?"*11

그러자 교주는 웃으면서 말했습니다.

"두냐여, 이자는 그대의 연인, 보석상 무함마드 빈 알리이다. 우리는 지금 자초지종을 듣고 이 사람의 사정을 전부 다 알고 있다. 여태까지 비밀로 하고 있었겠지만, 우리에게는 이제 더 이상 비밀이 아니야."

"오, 충실한 자들의 임금님, 이것도 모두 운명이라면 어쩔 수 없는 일입니다. 이렇게 된 이상, 제 부덕한 행동에 대해 전능하신 알라의 용서를 구하고, 임금님의 관대한 처분을 바랄 뿐입니다."

이 말을 듣고 교주는 웃으면서 판관과 공증인을 불러, 두냐 공주와 그 남편 보석상 무함마드 빈 알리 사이의 결혼계약서를 새로 작성하게 했습니다.

이 결혼에 의해 두 사람은 더할 나위 없이 행복하게 살았으며, 두 사람을 질투하는 자들에게는 고뇌와 재앙이 내려졌습니다. 더욱이 교주는 무함마드 알리를 술벗으로 발탁하여, 환희를 파괴하고 사람들의 교류를 단절시키는 죽음이 찾아올 때까지, 모두 즐겁고 행복하고 유쾌하게 살았다고 합니다.

또 다음과 같은 재미있는 이야기도 있습니다.

〈주〉

＊1 폭풍우는 아랍어로 투판(Tufan, 빙글빙글 돈다는 뜻의 타우프(tauf)가 어원이다)이라고 하며, 태풍, 순환하는 질풍, 소용돌이치는 바람 등을 뜻한다. 알 이슬람에서는 이 말이 일반적으로 '대홍수' 즉 '노아의 대홍수'에 적용된다. 이 말은 순수한 아랍어로 그리스어의 튜폰($\tau \upsilon \phi \hat{\omega} \nu$), 프리니의 티폰(typhon), 소용돌이 바람, 거인(Typhoeus) 등과 어느 정도 비슷하며 여기서 'Typhon'은 이집트의 대신(大神) 세트(Set)에 적용되었다. 〔세트는 seth라고도 쓰며 암흑의 힘을 상징하고 기괴한 짐승으로 그려지고 있다.〕 이 아랍어는 중국으로 건너가 이른바 Tae-foong이라는 구풍(颶風)을 가리키게 되었다.

＊2 본문의 fullest moons는 최상급의 경칭 복수로, 레인이 '단순히 하나만이 아닌 수많은 보름달'이라고 상상하는 그것은 아니다. 먼저 창세기(제1장 제1절)의 '신들은(그는) 하늘을 창조했다(Gods (he) created the heaven etc)'에서 비롯되어 동양의 언어에는 그러한 실례가 무척 많다.

＊3 아랍어의 하시드(Hasid=시샘하는 자), 제4 대구(對句)의 아줄(Azul, 아잘(Azzal) 등등=나무라는 자), 그 밖에 라왐(Lawwam=비난하는 자, 검열자, 헐뜯는 자), 와시(Washi=속삭이는 자, 밀고자), 라키브(Rakib=은밀히 탐색하는 질투심이 강한 적), 가비트(Ghabit=질투하지 않고 겨루는 자), 샤미트(Shamit=남의 불행을 기뻐하는 비열한 (큰) 적). 아라비아 문학에서는 '말이 안 될 만큼 비열한 친구'라는 불쾌한 부류에 속하는 사람들에 대한 비유가 대단히 많다. 스페인이나 포르투갈 문학, 그리고 브

라질 문학도 포함하여 그 호흡을 완전히 이해하고 있다. 동양인의 사고방식에서는 '비난하는 자'는 '흉악한 눈'의 도움을 빌리는 관습이 있다.

＊4 아바스(Abbas)는 무함마드의 작은아버지, 아바스 왕조 교주의 이름난 조상. 서기 749년－1258년. 〔이 연대 가운데 있는 ＝는 잘못된 것으로 이 숫자는 아바스 왕조의 통치기간을 나타낸 것이다. 이름난 조상 아바스는 750~754년이다. 또 바그다드 제1차 왕조는 옴미아드 왕조였는데, 750년에 아바스 왕조가 이를 대신하여 1258년까지 천하를 장악했다. 같은 해에 바그다드가 함락되고부터 아바스 왕조는 1517년까지 이집트로 옮겨서 통치했다.〕

＊5 류트(lute)는 아랍어의 아와다(Awwadah)로, 일반용어이다. 256번째 밤의 우디야(Udiyyah)는 아니다. 우드(Ud)＝'나무'와 알 우드(Al-Ud)＝The Wood는 앞에서도 설명했듯이 류트의 어원이다. 〔이것은 기타, 비파와 비슷한 악기로, 이중의 현이 7개 있으며 오른손의 발목(撥木)으로 켠다. 몇백 년 동안 아라비아의 악사들이 가장 즐겨 사용한 악기로 수많은 시인의 사랑을 받았다. 그리고 Ud에 정관사를 씌운 al-ud 또는 el-ud에서 이탈리아어의 'liuto'와 영어의 'lute'가 파생되었다. 레인은 이것을 우드('ood)라 쓰고 세 장의 그림으로 설명하고 있다.〕

　　스페인의 라우드(laud)라는 현악기는 기타보다 크고 음조가 굵고 낮으며, 또 그 7개의 현은 물소뿔로 만든 발목으로 켠다.

＊6 즉, 젊은 수염(천인화)은 뺨의 아름다움(장미)에 도저히 미치지 못한다는 뜻.

＊7 지옥과 천국.

＊8 첫 번째 대구(對句)는 맥나튼판에서는 볼 수 없다. 이 판은 단 하나의 대구를 싣고 있을 따름이다. 그러나 브레슬라우판에는 '거짓말쟁이 교주'라는 제목으로 실려 있다. 레인은 물론 이 이야기를 번역하지 않았다.

＊9 동양에서는 거친 모직물 옷을 입은 자는 금실 비단옷을 입은 여인한테서 당연히 이러한 대우를 받을 것을 예상해야 한다. 이란의 파드 알리 샤 왕의 딸들은 언제나 남편을 발치 쪽에서 신방에 들게 했다.

＊10 졸저 《순례》에서 설명했다. 이것은 족장 이브라힘이 카바를 건립할 때 올라섰던 돌을 가리키며 그 발자국이 찍혀 있다고 전해진다. 그러나 불행히도 나는 5달러의 입장료를 낼 여유가 없었다. 오마르 교주는 현재의 장소에 기도소를 정했는데, 그 이전에는 카바와 이어져 있었던 것이다. 본문의 의미는 '당신의 궁정을 신앙 깊은 자들의 사원으로 만드소서⋯⋯'이다. '아브라함의 기도소'에서의 기원은 특별히 축복받으며 잘 이루어지는 것으로 여겨지고 있다. '이곳은 아브라함이 선 곳으로, 이곳에 들어오는 자는 그 몸이 평안하리라.'(《코란》 제2장 109절) 신이 기도를 잘 들어주는 그 밖의 15곳은 《순례》 제3권에 나와 있다.

　　〔부르크하르트에 의하면 '아브라함의 기도소는 마캄 이브라힘(Makam Ibrahim)이라

고 불리며, 높이 8피트쯤 되고 6개의 기둥으로 받쳐져…… 카바를 건립했을 때 이브라힘이 그 위에 올라섰던 성스러운 돌을 숨겨두었고…… 이 돌은 이브라힘의 몸무게로 움푹 파였으며 그 발자국을 아직도 선명하게 볼 수 있다고 하지만, 아직 아무도 본 사람은 없다'고 한다. 그러나 버턴은 그 마지막 한 구절은 부정확하다고 평하며, 자신은 입장료가 비싸서 보지 못했지만 학자들의 이야기로는 두 개의 발자국, 특히 엄지발가락을 뚜렷이 볼 수 있으며, 경건한 순례자들은 그 팬 곳에 물을 채우고, 그 물로 눈과 얼굴을 문지른다고 말했다.《순례》제2권.〕

＊11 서양과 마찬가지로 동양에서도 여자들은 불쾌한 물음에 대하여 되물음으로 대답한다.

〈역주〉

(1) 비라르는 이른바 무에진(기도시간을 알리는 사람)의 창시자였다.

페르시아인 알리

어느 날 밤, 하룬 알 라시드 교주는 잠이 오지 않아 대신을 불러 말했습니다.

"오, 자파르여, 오늘 밤은 아무리 해도 잠이 오지 않고 마음이 울적해서 기분전환을 하고 싶은데, 마음이 가벼워지고 가슴도 후련해질 무슨 재미있는 일이 없을까?"

그러자 자파르가 대답했습니다.

"오, 충성스러운 자들의 왕이시여, 저에게 페르시아인 알리라는 친구가 있는데, 이자는 사람의 기분을 흥겹게 하고 시름을 풀어주는 재미있는 이야기를 많이 알고 있습니다."

"그렇다면 그자를 이리로 데려오라."

"알았습니다."

대신은 그렇게 대답을 하고 교주 앞을 물러나, 페르시아인 알리를 부르러 사람을 보냈습니다. 이윽고 그 친구가 오자, 대신이 말했습니다.

"왕께서 부르시니 재미있는 얘기를 들려 드리게."

"분부대로 하겠습니다."

알리가 대답했습니다.

─여기서 샤라자드는 날이 밝기 시작한 것을 깨닫고 이야기를 그쳤다.

295번째 밤

샤라자드는 어젯밤 이야기를 계속했다.

오, 인자하신 임금님, 페르시아인 알리는 곧 대신과 함께 교주 앞에 나아갔습니다. 교주는 알리에게 자리를 권한 뒤 이렇게 말했습니다.

"오, 알리, 오늘 밤 내 마음이 무척 울적하구나. 마침 그대가 많은 이야기와 일화를 알고 있다니, 이 울적함을 털어주고 가슴속을 후련하게 하는 이야기를 들려주지 않겠는가?"

"오, 충실한 자의 임금님이시여, 제가 이 눈으로 본 것을 이야기해 드릴까요, 아니면 이 귀로 들은 것을 이야기해 드릴까요?"

"얘기할 만한 가치가 있는 것을 보았다면, 그 얘기를 들려다오."

그래서 알리는 이야기를 하기 시작했습니다.

―그럼 충실한 자의 임금님이시어, 제 얘기를 들어주십시오. 몇 년 전의 일이었습니다. 저는 한 젊은이에게 가벼운 가죽 자루를 들려서 고향 바그다드를 떠나 여행길에 나섰습니다. 얼마 가지 않아 한 도시에 이르러 장사를 하고 있는데, 한 쿠르드인이 다짜고짜 저에게 덤벼들어 억지로 가죽 자루를 뺏더니 이렇게 말하지 않겠습니까?

"이것은 내 자루다. 이 속에 있는 것은 모두 내 물건이야."

그래서 저는 큰 소리로 외쳤습니다.

"어이, *¹ 회교도들이여, 이 약한 자를 괴롭히는 나쁜 놈의 손에서 사람 좀 구해 주시오!"

그러자 거기 있던 사람들이 말했습니다.

"그렇다면 두 사람 다 판관한테 가서 서로 이해가 가도록 재판을 받는 게 좋겠군."

저도 그게 좋겠다 싶어서 둘이서 판관을 찾아갔습니다. 그러자 판관이 물었습니다.

"무슨 일인가? 무슨 일로 싸우는 건가?"

"저희에게 시비가 생겨 당신에게 어려움을 호소하여 깨끗하게 판결을 받아볼까 하고 왔습니다."

"어느 쪽이 고소인*²인가?"

그러자 쿠르드인이 앞으로 쑥 나서면서 말했습니다.

"알라께서 부디 판관님을 지켜주시기를! 실은 이 자루는 제 것이고, 이 속에 들어 있는 물건도 모두 제 것입니다. 어느 틈에 없어졌다 했더니 이놈이 가지고 있었습니다."

"그것을 잃어버린 것은 언제인가?"

"바로 어제입니다. 이걸 잃어버리고 저는 밤새도록 한숨도 자지 못했습죠."

"그것이 그대의 자루라면 그 속에 무엇이 들어 있는지 말해 보라."

판관이 말하자 쿠르드인이 대답했습니다.

"예, 이 자루 속에는 눈꺼풀에 바르는 콜 가루와 안티모니를 바를 때 쓰는 은 붓 두 자루, 그리고 도금한 물그릇 두 개와 촛대 한 쌍을 싼 손수건 한 장, 그 밖에 천막 두 개, 큰 접시 두 장, 숟가락 두 개, 베개 하나, 가죽 깔개 두 장과 물병 한 개, 놋쇠쟁반 하나에 수반 두 개, 요리에 쓰는 냄비 하나, 물 항아리 두 개, 국자와 돗바늘 한 개, 암쾡이 한 마리와 암캐 두 마리, 나무쟁반 하나, 마포 두 장, 안장 두 벌, 겉옷 한 장, 털외투 두 벌, 암소 한 마리에 송아지 두 마리, 암산양 한 마리와 숫양 두 마리, 암양 한 마리, 새끼 양 두 마리, 초록색 대형 천막 한 장. 그리고 낙타 한 필, 암낙타 두 필, 암사자 한 마리, 수사자 두 마리, 표범 두 마리, 이불 한 채, 긴 의자 두 개, 이층 방이 하나, 큰 홀이 둘, 현관이 하나, 거실이 둘, 문이 두 개 있는 부엌이 하나, 그리고 마지막으로 이 주머니가 제 것이라는 것을 증명해 줄 쿠루드인들도 들어 있습니다."

그러자 법관은 저를 보고 물었습니다.

"그럼 이번에는 그대 차례다. 여봐라, 그대가 할 말은 무엇인고?"

오, 충성스러운 자의 임금님이시여(실은 이 쿠르드인의 당치도 않은 말에 어이가 없었습니다), 저는 앞으로 나아가 이렇게 말했습니다.

"오, 법관님, 당신에게 알라의 은총이 가득하시기를! 실은 저의 자루 안에는 대단한 것은 아닙니다만, 무너진 작은 집과 문이 없는 또 다른 집 한 채, 개집이 하나, 아이들이 다니는 학교가 하나, 주사위 놀이를 하는 젊은 녀석들, 천막, 천막용 밧줄, 그리고 바소라와 바그다드의 도시, 샤다드 빈 아드의 궁전, 대장간의 풀무와 고기잡이 그물, 몽둥이와 말뚝, 계집아이와 사내아이들, 그리고 마지막으로 이 자루가 제 것임을 증명해 줄 약 1천 명의 포주들이 들어 있을 겁니다."

그러자 쿠르드인이 제 말을 듣더니 눈물을 흘리며 말했습니다.

"오, 법관 나리, 저의 이 자루는 세상에서 유명한 자루이오며, 속에 있는 것은 모두 이름 있는 것들뿐입니다. 예를 들어 성과 성채도 있고, 학과 들짐승, 거기에 장기를 두는 사람들도 들어 있으니까요. 그 밖에 암수 종마가 각한 필씩, 망아지가 두 필, 혈통 있는 준마가 두 필, 긴 창 두 자루에 사자가 한 마리, 토끼 두 마리, 도시 하나, 마을 둘, 창녀 한 명에 사기꾼 뚜쟁이 두 명, 어지자지 한 명에 죄수 두 명, 소경 한 명에 눈 뜬 자가 두 명, 절름 발이 한 명에 병신이 두 명, 그리스도교 목사 한 명에 집사 두 명, 추기경 한 명, 수도승 한 명, 판관 한 명, 입회인 두 명이 들어 있습니다. 그들이 이 자루가 제 것이라는 것을 증명해 줄 것입니다."

법관이 다시 한 번 저를 향해 물었습니다.

"알리, 그대는 할 말이 없는가?"

충실한 자의 임금님이시여, 저는 크게 화를 내며 앞으로 나아가 말했습니다.

"알라시여, 부디 우리 판관님을 지켜주시기를!"

—여기서 날이 훤히 밝아왔으므로 샤라자드는 이야기를 그쳤다.

296번째 밤

오, 자비로우신 임금님, 샤라자드는 이야기를 계속했다.

—오, 충실한 자의 임금님이시여, 저는 화를 참을 수가 없어서 앞으로 나아가 여쭈었습니다.

"알라시여, 부디 우리 판관님을 지켜주시기를! 저의 이 자루 안에는 미늘 옷이 한 벌, 칼 한 자루, 갑옷과 투구, 싸우고 있는 숫양 천 마리, 목장이 딸린 양 우리, 짖어대는 개 천 마리, 꽃밭, 포도나무, 화초, 향기로운 풀, 무화과, 사과, 조각상, 그림, 큰 병, 술잔, 아름다운 노예계집, 가희, 결혼 잔치, 난장판, 널찍한 땅, 그리고 벼락부자가 된 도둑, 칼과 창과 화살을 든 밤도둑 떼, 참된 벗과 사랑하는 사람들, 친구, 동무, 벌을 받아 감옥에 들어 간 사람들, 술벗들, 북, 피리, 여러 가지 깃발, 사내아이와 계집아이들, 혼 례복을 입은 신부, 노래하는 처녀, 아비시니아 여자 다섯 명, 인도처녀 세 명, 알메디나의 처녀 네 명, 그리스 처녀 20명, 쿠르드 여자 20명, 조르지아 숙녀 70명, 게다가 티그리스 강에 유프라테스 강, 새잡는 그물, 부싯돌, 강 철, 원기둥이 많은 이람, 수많은 악당에 뚜쟁이, 경마장, 마구간, 이슬람사

원, 목욕탕, 목수와 건축사, 널빤지와 못, 은피리를 든 흑인 노예, 선장, 대
상의 대장, 도시와 도읍, 금화 10만 닢과 쿠파와 암바르,*3 옷감이 가득 든
궤짝 20개, 식품창고 20개, 가자와 아스카론, 다미에타에서 알 사완*4까지,
아누시르완 황제의 궁전과 솔로몬의 왕국, 와디 누만에서 호라산국(國)까
지, 바르프 이스파한, 인도에서 수단까지 죄다 들어 있습니다. 그리고(알라
께서 판관님의 수명을 늘려주시기를!) 자루 안에는 조끼며 옷감이 들어 있
습니다. 그리고 만약 법관님이 제가 화를 내지 않도록 이 자루가 제 것이라
는 판결을 내려 주지 않으시면, 당신의 수염을 깎아 버릴 아주 잘 드는 면도
칼이 천 개나 들어 있습니다.”

이렇게 제 주장과 쿠르드인의 맹세를 들은 판관은 몹시 당황하여 말했습
니다.

“너희는 둘 다 판관과 장관들을 우롱하고 처벌을 두려워하지 않는 괘씸한
놈들이로다. 너희의 증언은 지금까지 한 번도 들어본 적이 없는 기괴하기 짝
이 없는 거짓말이다. 알라 신에 맹세코, 중국에서 샤자라트 움 가이란의 끝
까지, 아니, 파루스에서 수단에 이르기까지, 와디 누만에서 호라산에 이르기
까지, 네놈들의 주장하는 말은 이제껏 한 번도 들은 적이 없다. 누가 그런
헛소리를 믿는단 말이냐? 자, 순순히 말하라! 이 자루는 밑 빠진 바다이냐,
아니면 정직한 자도 악인도 함께 모인다는 그 부활의 날(1) 같은 것이냐!”

법관이 자루를 열라고 명령하기에 저는 그것을 열어 보았습니다. 그랬더
니 속에 들어 있는 것은 빵과 레몬 하나, 치즈와 올리브 열매뿐이 아니겠습
니까? 그래서 저는 쿠르드인 앞에 자루를 내동댕이치고는 얼른 그곳을 떠나
버렸습니다.”

페르시아인 알리로부터 이 이야기를 들은 교주는 배를 움켜잡고 웃더니
알리에게 상을 듬뿍 내렸습니다.*5

또 다음과 같은 이야기도 있습니다.

〈주〉
＊1 이 ‘어이’라고 부르는 것은 야화(夜話)에 종종 등장한다. 실생활에서 이 말을 사용하면
　　틀림없이 구경꾼들이 모여들 것이다.
＊2 동양에서는 교활한 남자는 언제나 자기 자신을 권리요구자, 또는 고소인으로 한다.

＊3 암바르는 바그다드 서쪽 약 40마일, 유프라테스 강가에 있다. 이 말은 Anbar라고 쓰고 Ambar라고 발음하는데, b 앞에 n은 보통 그렇게 된다. 그리스어 이중 감마(gamma)의 경우 참조. 〔예를 들면, 천사라는 뜻의 $\alpha\nu\gamma\epsilon\lambda o\delta$는 앞의 γ＝g음을 n으로 바꾸고 η의 음으로 바뀐다. 따라서 영어에서는 angel.〕

＊4 알 사완(Al-Sawan)은 나일 강변의 시에네(Syene)를 가리킴. 〔고대 이집트 남쪽 끝의 오래된 도시.〕

＊5 이 이야기는 언제나 선명한 라블레류(流)의 유머를 가지고 있다. 〔라블레의 《가르강튀아》 《팡타그뤼엘》이 그 좋은 실례.〕 곳곳에 사자(압운이 있는 산문)를 사용하고 있어서 기괴한 단어의 조합을 보여주고 있다. 레인이 왜 이 이야기를 생략했는지 이해하기 어렵다. 어쩌면 그는 통쾌한 웃음을 저속한 행동으로 간주한 것인지 모른다. 〔레인은 '페르시아인 알리'도, 다음의 '알 라시드와 노예처녀'도 독단적으로 생략했다.〕

〈역주〉

(1) 마지막 심판의 날과 같다.

하룬 알 라시드와 노예처녀와 도사 아부 유수프 이야기

어느 날 밤, 바르마크 집안의 자파르 대신이 하룬 알 라시드 교주와 함께 술자리를 벌이고 있었을 때, 교주가 이렇게 말했습니다.

"여보게, 자파르여, 그대는 요즘 한 노예처녀를 산 모양인데, 실은 그 처녀는 내가 진작부터 점찍어 둔 미인이라 탐이 나는구나. 어떤가, 그 계집을 나에게 팔지 않겠는가?"

자파르가 대답했습니다.

"오, 충실한 자의 임금님이시여, 그 처녀는 팔 수 없습니다."

"그럼 나에게 줄 수 없겠는가?"

"아닙니다, 드릴 수도 없습니다."

이 말을 들은 알 라시드는 거친 목소리로 외쳤습니다.

"그대가 그 계집을 나에게 팔지도 않고 그냥 주지도 않겠다면, 나는 즈바이다[(1)]에게 세 번째 이혼을 선언할 테다!"

한참 뒤 취기에서 깨어난 두 사람은 서로 난처한 처지에 빠진 것을 깨닫고, 어떻게 그 궁지를 벗어나야 할지 몰라 어색해하고 있었습니다. 그러자 교주가 말했습니다.

"이 난처한 처지에서 구해 줄 수 있는 자는 도사 아부 유수프[*1] 말고는 없으리라."

그래서 두 사람은 그때 이미 한밤중이긴 했지만 유수프를 부르러 사자를 보냈습니다. 전갈을 받은 유수프는 깜짝 놀라 일어나며 혼잣말을 하였습니다.

"회교도 전체에 대한 중대한 문제가 일어나지 않았다면 이런 시각에 부르실 리가 없다."

그래서 허둥지둥 밖으로 나가 암노새를 타고 하인을 돌아보며 말했습니다.

"나새의 여물 자루를 가져오너라. 아직 많이 먹지 못했을 테니 교주님의 궁전에 도착하여 주면 날이 샐 때까지 나머지 여물을 먹을 게 아니냐."

"알았습니다."

이윽고 도사 아부 유수프가 교주 앞에 나아가자 교주는 일어나 그를 맞이했습니다. 그러고는 자기 곁에 있는, 보통 판관이 아니면 앉히지 않는 긴 의자에 앉혔습니다.

"이런 시각에 그대를 부른 것은 다름이 아니라, 실은 우리로서는 도저히 해결할 수 없는 어려운 문제가 있는데 그대의 지혜로 풀어줬으면 해서라네."

교주는 자초지종을 상세히 얘기해 주었습니다.

그러자 유수프가 말했습니다.

"오, 충실한 자의 임금님이시여, 그것은 참으로 쉬운 일입니다."

그런 다음 대신을 돌아보며 말했습니다.

"자파르 님, 그 노예계집의 반을 임금님에게 파십시오. 그리고 나머지 반은 그냥 드리면 되지 않겠습니까? 그러면 두 분 다 자신의 말을 어기지 않아도 되지요."

이 말을 들은 두 사람은 매우 기뻐하며 유수프의 제안에 따르기로 했습니다.

알 라시드가 말했습니다.

"그럼 어서 그 처녀를 데리고 오라."

—여기서 날이 훤히 밝아온 것을 알고 샤라자드는 이야기를 그쳤다.

297번째 밤

오, 자비로우신 임금님, 샤라자드는 얘기를 계속했다.

노예계집을 데리고 오자 교주는 아부 유수프에게 말했습니다.

"오늘 밤 당장 이 계집을 내 것으로 만들고 싶다. 법률에 따라 예식을 치러야겠지만 그동안 참을 수가 없으니 어떻게 하면 좋겠는가?"

"그렇다면, 이제까지 한 번도 자유의 몸이 된 적이 없는 남자노예를 한 사람 데려와 주십시오."

교주가 그러한 노예를 데리고 오게 하자, 아부 유수프는 말했습니다.

"이자와 저 노예계집을 결혼시켜 주십시오. 그리고 두 사람이 자리에 들기 전에 이혼시키는 겁니다. 그러면 예식을 치르지 않고 그 노예계집과 잠자리를 같이하서도 상관없게 됩니다."

이 두 번째 편법은 첫 번째 것보다 훨씬 더 교주의 마음에 들었습니다. 그래서 교주는 백인 남자노예를 가까이 불러 놓고 아부 유수프에게 말했습니다.

"그대에게 모두 맡길 테니 이 노예와 저 여자를 짝지어주라."

아부 유수프가 남자노예에게 결혼을 권하자 승낙하였으므로, 바로 그 자리에서 결혼식이 거행되었습니다. 그것이 끝나자 아부 유수프는 남자노예에게 말했습니다.

"어떤가, 이 여자와 이혼하지 않겠나? 그러면 금화 백 닢을 주겠네."

그러자 노예가 대답했습니다.

"저는 이혼하기 싫습니다."

아부 유수프가 그 값을 점점 더 올렸지만, 상대가 좀처럼 승낙을 하지 않아 마침내 금화 천 닢으로 올라가고 말았습니다.

그러자 노예가 물었습니다.

"대관절 이 여자와 이혼할 권리를 가진 사람은 접니까, 당신입니까, 그렇지 않으면 교주님이십니까?"

"그야 물론 너지."

노예가 소리쳤습니다.

"그렇다면 저는 알라께 맹세코 이혼은 절대로 하지 않겠습니다."

이 문답을 듣고 있던 교주는 벌컥 역정을 내며 아부 유수프에게 말했습니다.

"여보게, 유수프, 대관절 어떻게 되는 건가?"

"오, 충실한 자의 임금님이시여, 염려하실 것 없습니다. 지극히 간단한 일이니까요. 이 노예를 그 여자의 재산으로 해 버리십시오."

"그렇다면 이 노예를 저 여자에게 주리라."

아부 유수프가 노예계집에게 말했습니다.

"받겠습니다 하고 말해라."

노예계집은 시키는 대로 말했습니다.

"받겠습니다."

아부 유수프가 다시 말했습니다.

"나는 이 두 사람에게 동침, 동석을 금하고 이혼을 명령한다. 왜냐하면,

이 백인 노예는 이 여자의 소유물이 되었고, 따라서 결혼이 무효가 되었기 때문이다."

이 말을 듣자 교주는 벌떡 일어나 외쳤습니다.

"오, 나의 치세에 판관인 자는 모두 그대와 같을지어다."

그리고 교주는 황금을 가득 담은 쟁반을 가져오게 하여 아부 유수프 앞에 쏟아놓고 말했습니다.

"이것을 담을 만한 것이 있는가?"

아부 유수프는 나귀의 여물 자루가 생각나서 그것을 가지고 오게 하여 그 속에 황금을 가득 담아 집으로 돌아갔습니다.

이튿날 아침이 되자 그는 친구에게 이렇게 말했습니다.

"이 세상에서나 저 세상에서나 돈을 버는 데는 신학을 배워 두는 것이 제일 수월하고 빠른 길이라네. 이걸 보게, 두세 마디 문답으로 이렇게 많은 돈을 벌어 왔으니 말일세."

그런데 독자들이여,[*2] 이 일화의 흥미로운 점을 생각해 보십시오. 여기에는 갖가지 유쾌한 점이 들어 있지 않습니까? 자파르가 알 라시드에게 노예 계집을 겸손한 태도로 양보하여 아름답고 갸륵한 덕행을 발휘한 점, 이러한 판관을 고른 교주의 비상한 두뇌, 거기에 아부 유수프의 특별하고 뛰어난 지혜 등은 특히 유심히 봐야 할 점입니다. 오, 전능하신 알라여! 이들의 영혼에 자비를 베푸시기를!

또 다음과 같은 이야기도 있습니다.

〈주〉

*1 아부 유수프(Abu Yusuf)는 8세기 법학자로, 도사 아부 하니파(Abu Hanifah)의 중요한 제자의 한 사람. 아바스 왕조 3세, 4세, 5세를 섬긴 바그다드의 판관. 이 이야기는 페르시아의 준(準)역사 《니가리스탄 Nigaristan》(그림전시장) 속에 들어 있으며, 리처드슨의 《논설집》 7. iii에도 되풀이되어 있다. 이 유명한 법학자 아부 유수프도 이 경우에는 법률위반자라는 것에 주목한 자는 아무도 없는 것 같다. 즉 판관의 의무는 종규(宗規)의 실행에 있지 교활한 변호인의 술책으로 그것을 깨는 데 있는 것은 아니기 때문이다. 그렇지만, 하룬의 시대에는 그나마 정의가 어느 정도 존중되고 있었다. 이슬람 교주의 후계자들 시대에는 정의가 무시되었지만. 이를테면 그 한 사람인 알 무크타디르는 소녀 야미카를 디완 알 마자림(피해자의 재판소)의 소장에 앉혔는데, 이 법정

은 상류사회의 압제와 포학하고 가혹한 정치를 받아들이고 인정했다.

*2 여기서, 지은이는 명백하게 샤라자드가 왕에게 이야기하고 있다는 것을 잊고 있다. 그 것은 마치 보카치오 《데카메론》〈제2일〉 제7화에서 팜피로가 이야기하는 사람이라는 것을 잊은 것과 같다. 이러한 모순은 동양의 이야기에서 흔히 볼 수 있는 것으로, 이렇 듯 감상적인 표현은 언제나 큰 환영을 받았다.

〈역주〉

(1) 교주 정실의 이름.

도둑으로 위장한 연인 이야기

하리드 이븐 알 카스리*¹가 바소라의 태수로 있었던 무렵 이야기입니다. 어느 날, 사람들이 한 젊은이를 태수 앞에 끌고 갔습니다. 그 젊은이는 대단히 아름답고 행동거지도 고상하며 좋은 향기가 나는 옷을 입고 있었습니다. 얼굴을 보니 좋은 가정에서 자란 듯, 재능이 넘치고 어딘지 고귀한 기품이 풍기고 있었습니다.

태수가 무슨 일이냐고 묻자 사람들이 말했습니다.

"이놈은 도둑이올시다. 간밤에 저희 집에 들어온 것을 잡아서 데리고 왔습니다."

젊은이를 유심히 살펴본 태수는 그 아름다운 얼굴과 우아한 풍채가 무척 마음에 들어 사람들에게 이렇게 말했습니다.

"그 젊은이를 놓아줘라."

그리고 젊은이 옆에 다가가서 할 말이 있으면 해·보라고 말했습니다.

그 말에 젊은이가 대답했습니다.

"이분들이 말한 그대로입니다. 다른 할 말은 없습니다."

"너처럼 기품도 있고 얼굴도 아름다운 자가 어째서 그런 짓을 했는고?"

"재물에 눈이 어두워진 탓입니다. 이것도 다 알라의 뜻이겠지요(알라를 찬양할지어다!)."

"이런 함부로 입을 놀리는 놈을 봤나! *² 너는 얼굴도 잘생기고 충분한 분별심도 있으며 훌륭한 교양도 있을 텐데, 도둑질을 해서는 안 된다는 것쯤 생각지 못했는가?"

"오, 태수님, 그런 말씀은 그만두시고 전능하신 알라께서 정하신 대로 처분해 주십시오. 이 손이 훔쳤습니다. '알라께서는 인간에게 불공평하지 않으리라'*³라는 말도 있지 않습니까?"

태수는 한동안 생각에 잠겨 있다가, 이윽고 젊은이에게 가까이 다가오라고 명령했습니다.

"실은 이렇게 많은 증인 앞에서 네가 그렇게 말하니 참으로 난처하구나. 나로서는 네가 도둑이라는 것이 도무지 믿어지지 않으니 말이다. 분명 도둑질을 한 것이 아니라 무슨 사정이 있을 터이니 어디 한번 얘기해 보아라."

"오, 태수님, 지금 말씀드린 것 말고는 아무것도 없습니다. 저는 정말로 여기 있는 사람들 집에 숨어 들어가 닥치는 대로 물건을 훔치다가 붙잡혀서 훔친 것을 다 빼앗기고 이렇게 태수님 앞에 끌려 왔습니다. 그 밖에는 아무것도 말씀드릴 것이 없습니다."

태수는 하는 수 없이 젊은이를 옥에 가두고 포고관리를 시켜, 내일 아침 이러이러한 도둑의 손목을 자를 것이니 보고 싶은 자는 구경하러 오라고 온 바소라에 알리게 했습니다.

발에 쇠사슬을 찬 채 감옥에 갇힌 젊은이는 깊은 한숨을 내쉬고 눈물을 흘리며 이런 시를 지어 읊었습니다.

> 그 여자에 대해 말하지 않으면
> 내 목을 자르겠다고
> 하리드는 위협하네.
> 그때에 나는 대답하리라.
> "내 어찌 내 영혼을 영원히
> 사로잡은 사랑을 얘기하리.
> 이 손을 죄악으로 더럽힐지라도
> 그녀를 욕되게 하지 않을 수만 있다면."

이 노래를 들은 감수들이 태수에게 가서 그것을 알리자, 태수는 날이 어두워진 뒤 젊은이를 불러내어 둘이서 얘기를 나눴습니다. 얘기를 하는 동안, 이 젊은이가 집안이 좋고 영리할 뿐 아니라 참으로 쾌활하고 유쾌한 말상대임을 안 태수는, 젊은이에게 먹을 것을 주고 한 시간가량 이야기한 끝에 이렇게 말했습니다.

"너는 자신이 도둑질했다고 말하지만, 아무래도 무슨 까닭이 있을 것 같구나. 그러니 내일 아침에 판관이 와서 심문하거든 끝까지 죄상을 부인하고 손목이 잘리는 처벌과 고통을 면하도록 해라. 알라의 사도 무함마드(알라의 축복과 가호가 있기를!)도 '미심쩍은 자를 처벌하는 것을 삼갈지어다' 하고 말씀하셨다."

태수는 이렇게 이르고 젊은이를 감옥으로 돌려보냈습니다.

—여기서 날이 훤히 밝아왔음을 알고 샤라자드는 이야기를 그쳤다.

298번째 밤

오, 자비로우신 임금님, 샤라자드는 다시 이야기를 시작했다.

하리드가 젊은이와 이야기를 끝내고 원래대로 감옥으로 돌려보내자, 젊은이는 그곳에서 하룻밤을 보냈습니다. 날이 밝자 젊은이의 손목을 자르는 광경을 구경하려고 많은 사람이 모여들었습니다. 이 아름다운 젊은이의 처형을 보기 위해 온 바소라의 남녀들이 한 사람도 빠짐없이 처형장에 몰려온 것입니다.

하리드 태수는 명사들과 많은 종자를 거느리고 말을 타고 나타나, 판관 네 명을 불러 젊은이를 끌어내라고 명령했습니다. 족쇄를 찬 젊은이가 엎어질락 자빠질락 비틀거리며 나타났습니다. 그 모습을 보고 눈물을 흘리지 않는 사람이 없었고, 여자들은 마치 죽은 자를 애도하듯이 비통한 소리로 슬피 울었습니다. 이윽고 판관은 여자들에게 조용히 하라고 명령한 다음 젊은 죄수에게 물었습니다.

"여기 있는 사람들은 네가 남의 집에 들어가 물건을 훔쳤다고 증언하고 있다. 아마 금화 4디나르*4도 안 되는 물건을 훔쳤을 테지?"

"아니올시다. 더 많은 것을 훔쳤습니다."

"아마 그 물건 중에는 이 사람들과 공동으로 소유했던 물건도 있었을 텐데?"

"아니올시다. 그런 것은 없습니다. 그 물건들은 모두 그 사람들의 것입니다. 제게는 아무런 권리가 없습니다."

이 말을 듣자 태수는 몹시 노하여 벌떡 일어나더니 채찍으로 젊은이의 얼굴을 세게 후려쳤습니다. 그것은 마치 이런 시구와 같은 입장에 자기 자신이 놓여 있다고 생각했기 때문입니다.

사람은 자신의 소원이
이루어지기를 바라지만
알라 신이 이루시는 것은
오직 자신이 뜻하는 것뿐.

태수가 형리를 불러 처형을 명령하자, 형리는 칼을 뽑아 죄인의 손을 잡고 칼날을 견주었습니다. 그때 여자들 사이에서 너덜너덜한 옷을 걸친*5 처녀 하나가 나타나, 비명을 지르면서 젊은이에게 몸을 던졌습니다. 그리고 베일을 걷으니 보름달처럼 아름다운 얼굴이 나타났습니다. 이것을 보고 사람들이 일제히 웅성거리자 그 자리는 마치 폭동이라도 일어난 것처럼 소동이 일었습니다. 그 속에서 처녀는 있는 힘을 다해 소리쳤습니다.

"알라께 맹세코 소원입니다. 태수님, 부디 이 종이에 적힌 것을 읽으실 때까지 잠시 이 남자의 손을 자르는 것을 멈춰주십시오!"

처녀는 편지 한 장을 내밀었습니다.

태수가 받아들고 펴보니 거기에는 다음과 같은 시가 적혀 있었습니다.

아, 하리드, 이분은
사랑에 미친 노예이니.
활 같은 저의 눈썹
화살을 쏜 것이 원인이 되어
임은 슬픈 몸이 되었도다.
나의 눈길이 쏜 그 화살
날아서 이 임을 쏘아 쓰러뜨렸으니 가엾어라.
불길 같은 사랑에 몸을 태우다
구원받을 수 없는 신세가 되었도다.
깊이 사랑하는 여자를 욕되게 하여
오명을 씌우지 않으려고,

슬프도다, 마음이 없는 일을 자백하여
스스로 죄를 덮어 썼노라.
그러니 부디 용서하소서,
사랑에 미친 나의 연인을,
고귀한 천성 때문에
도둑의 오명을 쓴 이 젊은이를!

이것을 읽은 태수는 사람들에게서 멀리 떨어진 곳으로 처녀를 불러서 여러 가지를 물었습니다. 처녀의 말에 의하면 이 젊은이와 처녀는 서로 사랑하는 사이인데, 젊은이가 처녀를 만나고 싶어서 그 집을 찾아가, 자신이 온 것을 알리기 위해 돌을 던졌다고 합니다. 그런데 처녀의 아버지와 오빠들이 그 소리를 듣고 달려나와 젊은이를 붙잡으려 했습니다. 젊은이는 가족들이 쫓아오는 기척을 알고 집 안에 있는 물건을 닥치는 대로 훔쳐 스스로 도둑인 것처럼 해서 연인의 명예를 지키려 했던 것입니다.

"그래서 모두가 (하고 처녀는 말을 이었습니다.) 도둑이야! 하고 소리치며 이 사람을 잡아서 나리 앞에 끌고 간 것입니다. 그이는 저를 욕되게 하지 않으려고 도둑질을 했다고 끝까지 우겼습니다. 이렇게 스스로 도둑이 되어 이런 지경에 이르게 된 것은 모두 그이가 뛰어난 성품과 관대한 마음을 지녔기 때문입니다."

"그 젊은이는 참으로 소원을 이룰 만한 가치가 있는 남자로다."

태수는 젊은이를 불러 그 이마에 입맞춤을 했습니다. 그런 다음 처녀의 아버지를 불러와서 말했습니다.

"이보시오, 노인장, 하마터면 저 젊은이의 손목을 자를 뻔했는데 알라께서 (부디 알라께 영광과 명예가 내리기를!) 그것을 말리셨소. 그대와 그대 딸의 명예를 손상하지 않고 이 두 사람을 욕되게 하지 않기 위해 희생을 각오하고, 자신의 손을 내민 저 젊은이에게 금화 1만 닢을 상으로 내릴 참이오. 그뿐만 아니라 그대의 딸이 이 사건의 진상을 가르쳐준 상으로 별도로 금화 1만 닢을 그대의 딸에게도 주기로 하겠소. 그러니 그대의 딸과 저 젊은이를 결혼시켜 주면 어떻겠소?"

"오, 태수님, 기꺼이 분부에 따르겠습니다."

태수는 알라를 찬양하며 감사를 드리고 그 자리에서 사람들에게 훌륭한 설교를 해 주었습니다.

—여기서 날이 훤히 밝아오는 것을 깨닫고 샤라자드는 이야기를 그쳤다.

299번째 밤

샤라자드는 얘기를 계속했다. 오, 인자하신 임금님, 설교를 마친 태수는 이번에는 젊은이를 향해 말했습니다.

"여기 있는 처녀 자신도 동의했고 아버지의 승낙도 얻었으니, 이 처녀를 그대의 아내로 주겠노라. 내가 주는 돈은 결혼지참금으로 하라."

"태수님께서 배려해 주시는 대로 이 결혼에 기꺼이 응하겠습니다."

태수는 돈을 놋쇠 쟁반에 담아 젊은이의 집에 가져다주게 했습니다. 구경꾼들도 모두 만족하여 그 자리를 떠났습니다.

"정말이지(이 이야기의 작자*6는 말했습니다) 나는 그때까지 이렇게 희한한 일을 겪은 적이 없었습니다. 눈물과 괴로움으로 시작되어 웃음과 기쁨으로 저문 날이었으니까요."

그런데 이것과는 반대로 더없이 슬픈 이야기가 있습니다.

〈주〉
*1 맥나튼판〔제2콜카타판〕에는 알 쿠샤이리(Al-Kushayri)로 되어 있다. 알 카스리(Al
   -Kasri)는 옴미아드 왕조(또는 우마이야 왕조) 10세 알 히샴(Al-Hisham)의 시대(서기
   723~741년)에 두 이라크(즉 바소라와 쿠파)의 총독이었다.
*2 〔한국어역에서는 의역을 했지만, 원문은 Be thy mother bereaved of thee! '네 어미가
   죽기를!'이다.〕 이것은 '이놈(Confound the fellow)'과 마찬가지로 저주라기보다 놀리는
   말투이다. '알라께서 너를 죽이시기를'이나 '너에게는 아비도 어미도 없다'도 마찬가지
   이다. 이런 문구는 경우에 따라서는 환심을 사기 위한 말일 때도 있다.
*3 《코란》 제3장 178절.
*4 아랍어의 알 니사브(Al-Nisab)로 최소금액(약 반 크라운)이라는 뜻. 이만한 금액을 훔
   치면, 종교법에서는 한쪽 손을 절단하도록 정해져 있었다. 평생 일을 하지 못하게 만

드는 이 형벌은 야만 그 자체였다.

＊5 그녀의 슬픔을 나타내기 위해.

＊6 할아버지의 이름을 따서 알 아스마이(Al-Asma'i)라고 불린 아부 사이드 아브드 알 말
리크 빈 쿠라이브(Abu Sa'id Abd al-Malik bin Kurayb)(이슬람력 122～306년＝서기
739～830년)로, 많은 저작 중에서도 특히 유명한 《안타르 이야기》를 썼다. 하룬 알 라
시드 교주가 그에게 준 칙령에 대해서는 데르브로가 쓴 《동양민족사전》(1697)에 나와
있다.

바르마크 집안의 자파르와 콩장수

하룬 알 라시드 교주가 바르마크 집안의 자파르*¹를 책형에 처했을 때, 교주는 자파르의 죽음을 슬퍼하거나 탄식하는 자는 모조리 마찬가지로 책형에 처하도록 명령했으므로 아무도 그 죽음을 슬퍼하는 자가 없었습니다.

그런데 황야의 한 아랍인이 먼 숲 속에 살고 있었는데, 해마다 자파르를 찾아와서 그를 칭송하는 긴 노래를 바치곤 했습니다.

대신이 그때마다 금화 1천 닢을 주면 그 바다위인은 그 돈을 받아 고향으로 돌아가 자신은 물론 아내와 자식들까지 일 년 내내 그 돈으로 연명하곤 했습니다. 그리하여 바다위인은 그 해에도 송시를 지어 자파르를 찾아갔으나 이미 대신은 처형된 뒤였기 때문에, 당장 대신의 시체가 매달려 있는 형장으로 가서 타고 간 말을 무릎 꿇게 하고는 몹시 슬퍼하며 울었습니다. 그리고 자신이 지은 송가를 읊고 나서 그 자리에서 잠이 들었습니다. 그러자 꿈속에 바르마크 집안의 자파르가 나타나 말했습니다.

"멀리 찾아오느라 수고스러웠네만 보다시피 내 신세가 이렇게 되어버렸다네. 그러나 바소라에 가서 이러이러한 상인을 찾아가게. 그 도시의 상인인데, 가서 이렇게 말하게. '바르마크 집안의 자파르가 당신에게 안부 전하라고 하시면서, 옛날 콩값의 일부로 금화 1천 닢을 지급해 달라고 하셨소'라고 말일세."

황야의 아랍인은 눈을 뜨자 곧 바소라로 가서 가르쳐준 이름의 상인을 찾아가 자파르가 꿈속에서 일러준 대로 말했습니다. 그러자 상인은 몹시 울면서 금방이라도 숨이 끊어질 듯하였으나, 이윽고 바다위인을 가까이 오게 하더니 귀한 손님으로 후하게 대접하고 사흘 동안 즐겁게 지내도록 해 주었습니다.

그리하여 바다위인이 하직인사를 하려 하니 상인은 아랍인에게 금화 1천5백 닢을 주면서 말했습니다.

"이 중 금화 1천 닢은 자파르 님이 당신에게 주라는 몫이고, 나머지 5백 닢은 내가 당신에게 주는 선물이오. 그리고 앞으로도 해마다 금화 1천 닢씩 드리기로 하겠소이다."

바다위인은 출발하려 할 때 상인에게 이렇게 말했습니다.

"제발 부탁합니다. 지금까지 있었던 당신과 자파르 님과의 사연을 알고자 합니다. 이 콩값에 대한 내력을 들려주십시오."

그러자 상인은 이야기를 시작했습니다.

"젊었을 때 나는 너무 가난해서, 하루하루를 연명하기 위해 바그다드에서 삶은 콩*²을 팔러 다닌 적이 있었소. 하루는 몹시 쌀쌀하고 비가 오는 날이었는데, 나는 그런 날씨에 몸을 제대로 보호할 만한 옷도 없었소. 심한 추위에 몸을 떨면서 빗물에 미끄러져 넘어졌으니 차마 눈 뜨고 볼 수 없을 만큼 비참한 몰골이었지요. 그날 우연히 자파르 님께서 집사와 측실과 함께 이층 방에 앉아서 한길을 내려다보시다가 나의 그 비참한 꼴을 보셨소. 그래서 나를 가엾게 여기시고 종자 한 사람을 보내어 부르셨어요. 내가 가니 대신은 '그 콩을 우리 집 사람들에게 팔도록 하라'고 하시더군요.

그래서 나는 가지고 있던 됫박으로 콩을 재기 시작했지요. 그랬더니 콩을 산 부하들이 각기 그 됫박에다 돈을 가득가득 넣어주지 않겠습니까! 이렇게 해서 내 물건은 다 팔리고 광주리는 비었지요. 내가 받은 돈을 그러모으고 있으니까 대신께서 물으시더군요.

'아직 남은 것이 있는가?'

'글쎄올시다.'

그러면서 광주리 안을 들여다보니 콩이 딱 한 알 남아 있었는데 대신께서는 그 콩 한 알을 나에게 받아서 그것을 둘로 쪼개어 반은 당신이 가지시고 반은 측실에게 주시면서 물으셨소.

'그대는 이 콩 반쪽을 얼마에 사겠는가?'

그러자 측실이 대답하더군요.

'지금까지의 콩값의 곱을 주고 사겠습니다.'

나는 깜짝 놀라 속으로 생각했지요.

'이게 꿈인가 생신가.'

그런데 내가 여우에게 홀린 듯이 서 있으려니 그 여자는 시녀에게 일러서 그때까지 받은 돈의 배가 되는 돈을 나에게 가져다주게 하더군요. 그러자 대신께서 웃으시면서 말했소.

'그렇다면 나도 이 반쪽을 지금까지의 두 배 값으로 사지. 자, 그대의 콩 값을 받아라.'

그러자 옆에 있던 부하가 그때까지의 돈 전부와 함께 그 배의 돈을 내 광주리에다 넣어주시더란 말이오. 그래서 나는 그 돈을 받아서 집으로 돌아갔지요. 그 뒤 나는 이 바소라에 와서 그 돈으로 장사를 시작하였는데 알라의 가호로 큰 부자가 되었소. 알라를 찬양하고, 알라께 감사드립니다! 그러니 여태까지 자파르 님께서 해마다 당신에게 주시던 1천 닢을 앞으로 내가 드린다 해도 그것은 하나도 힘든 일이 아니랍니다."

이것만 보더라도 자파르 대신의 너그럽고 자비로운 성품과 살아 계셨을 때뿐만 아니라 돌아가시고 나서 얼마나 사람들에게 칭찬받고 있었는지 상상이 될 것입니다. 부디 이분에게 전능하신 알라의 자비가 위에 내리시기를!

그런데 세상에는 또 이런 이야기도 전해 내려오고 있습니다.

〈주〉

*1 자파르(Ja'afar)의 죽음에 대해서는 여러 가지 기록이 남아 있다. 그러나 일반적으로, 참수형을 당한 것은 그가 처음이라고 알려졌다. 원전의 이 이야기 또한 여러 가지 다른 이야기가 많은데, 페르시아의 《니가리스탄》은 아바스 집안에 관해 불쾌한 주석을 달고 있다. 〔하룬 알 라시드는 아바스 왕조 5세의 교주였으므로.〕 여러 가지 이유로, 페르시아인은 바르마크 집안(Barmecides)〔이 집안은 원래 페르시아의 명문이다〕에 최대의 동정을 보내고 아바스 왕조는 미워했다. 그 미움은 이 왕조가 옴미아드 왕조를 혐오한 것 이상으로 강했다. 〔참고로 옴미아드 왕조는 아바스 왕조에 의해 쓰러진 뒤, 그 일족은 스페인으로 달아나 이른바 코르도바 옴미아드 왕조를 세웠다.〕

*2 삶은 콩이란 '물에 불려서 삶은 작두콩 비슷한 콩'으로, 풀 무다마스(Ful Mudammas, 누에콩)와 비교된다. 즉, 풀 무다마스는 하룻밤 내내 콩깍지째로 부글부글 삶은 콩으로, 아마인유를 쳐서 '별미' 또는 기호품으로 먹는다. 어떤 전설에 의하면, 파라오(Pharaoh, 모세 시대의 파라오) 시대 이전의 이집트인은 후스타시우 열매를 늘 먹었는데 그 때문에 행동이 밝고 활동적인 인종이 되었다. 〔파라오는 고대 이집트 왕의 총칭으로, 여기서 말하는 파라오는 모세를 따라 이스라엘인들이 이집트를 탈출했을 당시의 왕으로, '출애굽의 파라오' 즉, 람세스 2세의 아들 메네프타(Meneptah) 2세를 가리킨다.〕 그런데 이 폭군은 콩을 먹는 가축인 나귀는 야생의 것이 변질한 것이라며, 후스타

시우 나무를 뽑아버리고 백성들에게 콩을 늘 먹도록 강요함으로써 이집트인을 노역에만 적합한, 둔중하고 거칠며 겁이 많은 사람으로 바꾸고 말았다고 한다.

바다위인은 파만큼 콩 종류를 싫어하지는 않지만 '콩을 늘 먹는 자'를 조롱한다.〔이 것은《순례》제1권의 각주에서도 볼 수 있다.〕콩을 늘 먹으면 복부와 내장이 비정상적으로 팽창한다. 따라서 이집트에서 의식상(儀式上)의 청정함에 대한 문제를 연구하고 있던 피타고라스(Pythagoras)는 아마 그것 때문에 콩의 사용을 금지했던 것이리라.〔피타고라스는 피타고라스학파의 창시자로, 도덕상의 절제와 징계에 대해 역설했다. 이집트와 그 밖의 각지를 여행하며 다양한 종교를 연구했다고 한다. 기원진 582~500년.〕

어느 날 내가 카이로의 그리스인 마을에서 이슬람교도 차림을 하고 앉아 있으니, 농부 두 명을 에워싸고 수많은 소년이 와글와글 떠들기 시작했다. 이 농부들은 카이로에서 약 1마일 동쪽에 있는 밭에서 일하고 집으로 돌아가다가 한 사람이 상대에게 이렇게 말했다고 한다. "자네가 괭이를 매고 가면 난 한 걸음 걸을 때마다 방귀를 뀌어보겠네." 그는 약속대로 했다. 그리고 헤어질 때가 되자 이렇게 소리쳤다. "이건 헤어지는 선물이네!" 그 선물이란 방귀 50발이었고, 소년들은 우레와 같은 갈채를 보냈던 것이다.

게으름뱅이 이야기

어느 날 하룬 알 라시드가 옥좌에 앉아 있는데 진주와 루비, 그 밖에 아무리 돈이 있어도 살 수 없는 온갖 구슬과 보석을 박은 순금 왕관을 든 한 젊은 환관이 들어 왔습니다.

그는 교주 앞에 두 손을 짚고 엎드리며 이렇게 말했습니다.

"오, 충실한 자들의 임금님이시여, 황공하오나 즈바이다 님께서⋯⋯"

―여기서 날이 훤히 밝아왔으므로 샤라자드는 이야기를 그쳤다. 그러자 동생 두냐자드가 말했다.

"언니의 이야기는 얼마나 재미있고 유익한지 몰라요. 게다가 언니는 말솜씨가 아주 좋아서 기분이 즐거워져요."

"만약 내 생명을 연장할 수 있고 임금님이 허락만 해 주신다면 내일 밤에는 이보다 훨씬 더 재미있는 이야기를 해 줄게!"

이 말을 듣고 샤리아르 왕은 마음속으로 생각했다.

'이야기를 끝까지 듣기 전에는 결코 공주를 죽이지 않으리라.'

300번째 밤

두냐자드가 말했다.

"언니, 어서 이야기를 해 주세요."

"임금님이 허락하신다면 기꺼이 이야기하마."

"오, 샤라자드여, 어서 이야기를 들려다오."

샤리아르 왕의 허락이 내렸으므로 샤라자드는 다시 이야기를 계속했다.

―오, 인자하신 임금님, 그 젊은 환관은 교주에게 말했습니다.

"황공하오나, 즈바이다 님께서 임금님께 전하라는 말씀입니다. 임금님도 아시다시피 왕비님께서 이 왕관을 만들게 하셨는데, 이 꼭대기의 큰 구슬이 하나 모자랍니다. 그래서 왕비님의 보물을 샅샅이 찾아보았으나 왕비님의 마음에 드시는 크기의 보석이 눈에 띄지 않았습니다."

그래서 교주는 시종장과 태수들을 불러 명령했습니다.

"즈바이다가 갖고 싶어 하는 큰 구슬을 찾아내라."

모두 이리저리 찾아보았으나 왕비의 마음에 들 만한 것은 도저히 찾을 수가 없었습니다. 그것을 교주에게 아뢰자 교주는 몹시 역정을 내시면서 말했습니다.

"나는 교주이며 이 지상의 왕 중 왕이다. 그런데도 기껏 구슬 하나를 구하지 못하다니 이 무슨 해괴한 일인고? 그대들에게는 이젠 부탁하지 않겠다. 상인들에게 알아보라."

그리하여 시종장들은 상인들에게 수소문해 보았습니다.

"그것은 사람들이 모두 게으름뱅이 아부 무함마드라고 부르는 바소라 사람에게 부탁해서 교주님의 마음에 드시는 구슬을 찾아내는 수밖에 없을 것입니다."

교주에게 상인들의 이 말을 전하니, 교주는 자파르 대신에게 명령하여 바소라의 총독인 무함마드 알 즈바이디 태수 앞으로 편지를 보내 게으름뱅이 아부 무함마드에게 여행준비를 시켜 교주 앞으로 데리고 오게 하였습니다.

그래서 대신은 편지를 써서 환관 마스룰에게 맡겼습니다. 마스룰이 바소라로 바로 가 무함마드 알 즈바이디를 찾아가 뵈니, 태수도 사자의 방문을 반갑게 맞이했습니다. 마스룰이 진실한 신자들의 왕 하룬 알 라시드의 편지를 읽어주자, 태수는 곧 부하들에게 명령하여 마스룰을 아부 무함마드의 집으로 안내했습니다. 모두가 그 집에 도착하여 문을 두드리니 시동이 나오기에 마스룰이 말했습니다.

"주인에게 가서 충실한 자들의 임금님께서 부르신다고 전하라."

시동이 안에 들어가서 이 말을 전하자 주인은 현관에 나와 교주의 시종 마스룰을 비롯하여 총독의 부하들이 문 앞에 와 있는 것을 보더니 그 앞에 엎드리며 말했습니다.

"충실한 자들의 임금님께서 부르신다면 꼭 가겠습니다만, 그전에 우선 저의 집으로 들어오십시오."

"아니, 그럴 시간이 없다. 곧 돌아가야 해. 임금님께서 그대를 기다리고 계신다."

하지만 주인은 좀처럼 듣지 않았습니다.

"잠시만 기다리시면 됩니다. 그동안 저도 채비를 하며 하던 일을 정리해야 하니까요."

그래서 그들이 집에 들어가 보니 현관에 순금으로 선을 두른 하늘색 비단 휘장이 걸려 있었습니다. 게으름뱅이 무함마드는 하인 하나를 불러 마스룰을 집 안의 목욕탕으로 안내하게 했습니다.

이 목욕탕은 집 안에 만들어져 있었는데, 마스룰이 들어가 보니 벽과 바닥은 귀하고 값진 대리석을 붙이고 금은으로 장식했으며 탕에는 장미수가 섞여 있었습니다. 하인들은 마스룰 일행을 정중히 대접하며 목욕탕에 갈 때는 금실을 섞어서 짠 훌륭한 비단옷을 입혀주었습니다.

목욕이 끝난 그들이 이층 방으로 안내받아 가보니 아부 무함마드가 앉아 있는데, 그 머리 위에는 진주와 보석으로 꾸민 비단휘장이 늘어져 있고, 바닥에는 황금으로 수놓은 깔개가 깔려 있었습니다.

주인은 보석을 박은 긴 의자에 깃털방석을 깔고 푹신하게 앉아 있다가, 마스룰을 보자 일어나서 앞으로 걸어 나와 인사를 했습니다. 그런 다음 손님을 자기 앞에 앉히고 밥상을 차려오게 하였습니다.

잠시 뒤 하인들이 차려 온 밥상을 본 마스룰이 소리쳤습니다.

"충실한 자들의 임금님 궁전에서도 이렇게 훌륭한 요리는 본 적이 없는 걸."

과연 그 밥상에는 금빛으로 칠한 도자기*¹ 접시에 온갖 산해진미가 가득 차려져 있었습니다.

그래서 우리는 먹고 마시며 밤이 깊어질 때까지 유쾌하게 놀았습니다(하고, 마스룰은 말했습니다). 연회가 끝나자 주인은 모두에게 금화를 5천 닢씩 나누어주고, 다음 날에는 초록색의 훌륭한 옷까지 입혀주며 매우 정중하게 대접해 주었습니다. 그래서 마스룰이 말했습니다.

"교주님의 역정을 살까 두려우니 더는 지체할 수가 없소."

그러자 게으름뱅이 아부 무함마드는 말했습니다.

"오, 나리들, 그럼 내일 아침까지만 기다려주시면 모든 준비를 하여 저도 함께 출발하겠습니다."

그래서 그들은 하루를 연기하여 그날 밤 거기서 묵기로 하였습니다.

이튿날 아침이 되자 아부 무함마드의 하인들은 값진 진주와 보석을 박은 황금안장과 마구를 얹은 암나귀를 준비했습니다.

이것을 보고 마스룰이 중얼거렸습니다.

"아부 무함마드가 이런 어마어마한 준비를 해 오는 것을 보시고 교주님께서 어떻게 이자가 이런 막대한 부를 얻었느냐고 물으시면 뭐라고 대답한다?"

이윽고 일행은 알 즈바이디 태수와 작별하고서 바소라를 떠나 쉬지 않고 걸음을 재촉하여 바그다드에 도착했습니다. 곧 교주 앞에 나가자 교주는 아부 무함마드에게 앉으라고 권했습니다. 그는 의자에 앉아 공손한 말씨로 이렇게 말했습니다.

"오, 충실한 자들의 임금님, 임금님을 존경하는 표시로 보잘것없는 선물을 가지고 왔으니 받아주십시오."

"수고했다."

아부 무함마드는 하인에게 궤짝 하나를 가져오게 하더니 그 속에서 진기한 물건들을 꺼냈습니다.

그 속에는 하얀 에메랄드*² 잎을 단 황금나무와 비둘기 피처럼 붉은 루비와 토파즈, 그리고 반짝반짝 빛나는 새 진주 같은 보물이 가득 들어 있었습니다. 교주가 그것을 보고 감탄하고 있는데 아부 무함마드는 다시 두 번째 궤짝을 가져오게 하여 그 속에서 진주, 히아신스석, 에메랄드, 벽옥, 그 밖의 온갖 값진 돌로 장식된 천막 하나를 꺼냈습니다.

그 기둥은 방금 베어낸 북인도산의 침향목이었고, 색깔도 선명한 초록빛 맑은 에메랄드로 장식되어 있었습니다. 그뿐만 아니라 그 천막은 루비, 에메랄드, 감람석, 홍보석, 그 밖의 값진 돌과 온갖 귀금속이 박혀 있었고 온갖 짐승과 새가 그려져 있었습니다.

이러한 물건들을 보고 알 라시드 교주가 춤이라도 출 듯이 기뻐하자 게으름뱅이 아부 무함마드는 말했습니다.

"오, 충성스러운 자들의 임금님이시여, 제가 이러한 물건들을 바치는 것은 결코 무엇을 두려워하거나 뭔가 바라는 것이 있어서가 아닙니다. 저는 오직 백성의 한 사람으로서 이러한 물건은 임금님 말고는 누구도 어울리지 않는다고 생각했기 때문입니다. 그리고 임금님께서 허락하신다면 심심풀이로 한 가지 여흥을 보여 드리고 싶습니다만."

"뭐든지 네 좋을 대로 해 보라. 구경할 테니."

"그럼, 보여 드리겠습니다."

그가 입을 움직여 궁전의 총안(銃眼)*³을 부르니 총안이 획 기울었습니다. 아부 무함마드가 다시 한쪽 눈으로 신호하자 문이 닫혀 있는 작은 방이 눈앞에 나타났는데 그 벽장을 향해 무슨 말을 하니, 이게 어찌 된 조화입니까? 벽장 속에서 난데없이 새소리가 들려오지 않겠습니까?

이 광경을 본 교주는 몹시 놀라 아부 무함마드에게 물었습니다.

"그대는 게으름뱅이 아부 무함마드라 하고 아비는 목욕탕에서 일한 이발사라 유산 하나 남기지 않았다는 말을 들었는데, 대체 어떻게 하여 이 많은 재물을 손에 넣었는가?"

그러자 아부 무함마드가 대답했습니다.

"그렇다면 부디 저의 신상 이야기를 들어주십시오."

—여기서 날이 훤히 밝아왔으므로 샤라자드는 이야기를 그쳤다.

301번째 밤

샤라자드는 이야기를 계속했다.

오, 인자하신 임금님, 게으름뱅이 아부 무함마드는 교주에게 이렇게 말했습니다.

"오, 진실한 신자들의 임금님, 부디 제 신상 이야기를 들어주십시오. 참으로 신기하고 이상한 이야기로, 그 내용이 상당히 흥미진진합니다. 이 이야기를 눈구석에 새겨둔다면 세상을 살아가는 데 좋은 약이 될 것입니다."

"그렇다면 아부 무함마드여, 빨리 이야기해 보아라."

"오, 충실한 자들의 임금님(알라시여, 부디 임금님의 영광과 위세가 길이 빛나게 하소서!), 그럼 들어 보십시오. 세상의 소문을 통해 아시는 바와 같이 저는 게으름뱅이라 불리고 있고, 아버지로부터 아무런 유산도 받지 못한 것도 사실입니다. 그것은 임금님의 말씀처럼 아버지가 목욕탕에서 사혈을 하고 머리를 깎아주는 이발사에 불과하였기 때문입니다. 게다가 저는 젊었을 때 세상에 둘도 없을 만큼 게으름을 피우고 살았습니다.

저의 게으름이 얼마나 심했던지 무더운 계절에도 한 번 기다랗게 누워 버리면 해가 하늘을 돌며 쨍쨍 내리쬐어도 일어나서 그늘로 피하는 것마저 귀찮아할 정도였습니다. 열다섯 살이 될 때까지 그렇게 지내다가, 아버지가 전능하신 알라의 부름을 받고 세상을 떠나셨는데 저에게는 한 푼도 남겨주지 않았습니다. 그러나 저의 어머니는 제가 누워서 뒹굴고만 있어도 먹을 것, 마실 것을 주시며 돌봐주었습니다. 그러던 어느 날 어머니는 은화 다섯 닢을 손에 들고 저에게 와서 말했습니다.

'아들아, 아부 알 무자파르 노인이 이번에 중국으로 가신단다.'

이 노인은 가난한 사람을 사랑하는 선량하고 인정 많은 사람이었습니다.

어머니는 다시 말을 이었습니다.

'자, 아들아, 일어나서 이 은화 다섯 닢을 가지고 둘이서 그 노인을 찾아가자. 이 돈으로 중국에서 너에게 무엇이고 사다 달라고 부탁하자꾸나. 어쩌면 알라(그 이름을 찬양할지어다!)의 자비로 돈벌이가 될지도 모르지 않니?'

저는 그런 일로 몸을 움직이는 것이 귀찮았습니다. 하지만 어머니는 전능하신 알라께 맹세코 제가 일어나서 어머니와 함께 가지 않으면, 앞으로는 먹을 것도 마실 것도 주지 않고 두 번 다시 제 곁에 오지 않을 것이며 굶어 죽더라도 내버려 두겠다고 말씀하셨습니다. 오, 인자하신 임금님, 저는 그 말을 듣고 저의 게으른 버릇을 잘 아는 어머님이 정말 그렇게 하실지도 모른다는 생각이 들었습니다. 그래서 저는 말했습니다.

'그럼 일어날 테니 손을 빌려주세요.'

어머니가 손을 내밀어 일으켜주시는 동안에도 저는 울면서 말했습니다.

'신을 가져다주세요.'

어머니가 신을 가져오시자 저는 말했습니다.

'신겨주세요.'

어머니가 신을 신겨주시기에 또 말했습니다.

'일으켜 세워주세요.'

어머니가 저를 일으켜주시자 이번에는 이렇게 말했습니다.

'부축해서 걷게 해 주세요.'

어머니는 제 몸을 부축해서 걷게 해 주셨습니다. 이렇게 하여 옷자락에 발이 걸려 비틀거리면서 느릿느릿 걸어가 가까스로 강가에 이르렀습니다.

그곳에서 노인에게 인사를 한 다음 저는 노인에게 물었습니다.

'아저씨가, 아부 알 무자파르 님입니까?'

'그렇다. 왜 그러느냐?'

'이 은화로 중국에서 뭐든 사다주십시오. 어쩌면 알라의 뜻으로 돈을 벌 수 있을지도 모르니까요.'

그러자 노인은 옆에 있는 사람들에게 물었습니다.

'여러분은 이 젊은이를 아시오?'

사람들이 대답하더군요.

'알고말고요. 저 아이는 게으름뱅이 아부 무함마드라고 하는데, 여태까지 집 밖으로 나오는 것은 한 번도 본 적이 없습니다.'

그러자 노인은 저에게 말했습니다.

'그렇다면 전능하신 알라의 축복과 함께 그 은화를 이리 주게. 비스밀라! —알라의 이름에 걸고—'

노인에게 돈을 드리고 저는 어머니와 함께 집으로 돌아왔습니다.

이윽고 아부 알 무자파르 노인은 상인들과 함께 출범해서 긴 항해 끝에 중국 땅에 도착했습니다. 거기서 노인은 장사하고 원하던 물건을 손에 넣어 귀국길에 올랐습니다. 그런데 바다 위에서 한 사흘 지났을 무렵 노인이 별안간 명령했습니다.

'배를 멈춰라!'

사람들이 물었습니다.

'대체 무슨 일이오?'

'그 게으름뱅이 아부 무함마드한테서 부탁받은 것을 잊어버렸어. 되돌아가서 그 애가 준 돈으로 뭐든지 그 애가 돈을 벌 만한 것을 사다주어야 한단 말이야.'

'아니, 여기서 배를 되돌리다니, 당치도 않은 말이오. 온갖 고난과 두려움을 참고 여기까지 왔는데.'

'아니, 그래도 되돌아가는 수밖에 없어.'

'그렇다면 은화 다섯 닢의 곱절씩 낼 테니 돌아가는 건 그만두십시오.'

노인은 이 말에 동의하여 모두에게서 약속된 돈을 모았습니다.

이렇게 하여 항해를 계속하는 동안 배가 어느 섬에 도착했는데, 그곳에는 많은 사람이 살고 있었습니다. 상인들은 닻을 내리고 값진 금속과 진주, 보석 등을 사려고 육지로 올라갔습니다.

곧 아부 알 무자파르 노인의 눈에 많은 원숭이를 앞에 놓고 앉아 있는 사나이가 들어왔습니다. 그 원숭이 중에 털이 완전히 쥐어뜯긴 것이 한 마리 있었는데, 주인이 잠깐만 눈을 딴 데로 돌리면 다른 원숭이들이 그 원숭이에게 달려들어 때리고 주인 쪽으로 내던지기도 했습니다.

그때마다 주인은 일어나서 다른 원숭이들을 때리고 묶어 두어 나쁜 짓에 대한 벌을 주었습니다. 그러면 원숭이들은 모두 털 없는 원숭이에게 화를 내며 더욱 심하게 때리는 것이었습니다.

그 광경을 보고 있던 아부 알 무자파르 노인은 털 없는 원숭이가 가엾어서 말했습니다.

'그 원숭이를 나에게 팔지 않겠소?'

'그럽시다.'

'아비 없는 젊은이에게서 은화 다섯 닢을 맡아 가지고 왔는데 그 값에 팔지 않겠소?'

'좋습니다. 당신에게 알라의 축복이 있기를!'

원숭이 주인은 그 돈을 받고 원숭이를 넘겨주었습니다. 노인의 노예들은 원숭이를 데리고 가서 배 안에 매어 두었습니다.

일행은 돛을 올리고 다른 섬에 가서 다시 닻을 내렸습니다. 그곳에는 바닷물에 들어가서 보석과 진주 같은 것을 찾는 잠수부가 있어서 상인들은 잠수부를 고용하여 바다 밑에 들여보냈습니다. 그것을 보고 있던 원숭이는 잠수부들이 바다 속에 뛰어드는 것을 보더니 끈을 끊고 잠수부들과 함께 바다 속으로 풍덩 뛰어들었습니다.

그것을 본 아부 알 무자파르 노인이 말했습니다.

'영광 있는 위대한 신 알라 외에 주권 없고 알라 외에 권력 없도다! 모처럼 그 가난한 젊은이를 위해 원숭이를 샀건만, 그 젊은이의 운과 함께 결국 사라지고 말았군.'

이렇게 하여 사람들은 원숭이를 단념했는데, 한참 뒤에 잠수부들이 물 위에 떠올랐을 때 보니 원숭이도 그 속에 끼어 두 손에 값진 보석을 가득 쥐고 와서 그것을 노인 앞에 내밀지 않겠습니까?

노인은 깜짝 놀라 외쳤습니다.

'참으로 기묘한 원숭이로군!'

이윽고 닻을 올린 배는 세 번째로 주누지 섬*4에 도착했습니다. 이 섬의 주민들은 아담의 아들을 잡아먹는 흑인들이었는데, 그들은 이 배를 발견하자 통나무배를 저어 와서 배에 있는 물건을 모조리 빼앗고 일행을 생포하여 왕 앞에 끌고 갔습니다.

왕이 상인 중에 몇 사람을 죽이라고 명령하자 흑인들은 일부 상인의 멱을 따서 죽이고 그 고기를 먹었습니다. 나머지 상인들은 밧줄에 묶인 채 하룻밤을 보내게 되었는데, 모두 살아 있는 심정이 아니었습니다.

그런데 한밤중이 되자 원숭이가 일어나서 먼저 아부 알 무자파르 노인에게 다가가 밧줄을 풀어주었습니다. 다른 사람들은 노인이 자유로운 몸이 된 것을 보고 말했습니다.

'오, 아부 알 무자파르 님, 부디 저희도 구해 주십시오!'

그러나 노인은 이렇게 대답했습니다.

'전능하신 알라의 뜻으로 나를 구해 준 것은 바로 이 원숭이라네.'

—여기서 날이 훤히 밝아왔으므로 샤라자드는 이야기를 그쳤다.

302번째 밤

샤라자드는 이야기를 계속했다.

오, 인자하신 임금님, 아부 알 무자파르 노인이 말했습니다.

'전능하신 알라의 뜻으로 나를 구해 준 것은 바로 이 원숭이라네. 나는 이

원숭이에게 나를 살려준 보답으로 금화 1천 닢을 내겠어.'

이 말을 듣고 상인들도 말했습니다.

'그 원숭이가 우리를 구해 준다면 모두 금화 1천 닢씩 지급하겠습니다.'

그러자 원숭이는 일어나서 상인들 곁으로 가더니 한 사람씩 포승을 풀어 모두 자유롭게 해 주었습니다.

모두 급히 배에 돌아가 보았더니 배는 무사했고 아무것도 없어진 것이 없었으므로 얼른 닻을 올리고 그곳을 떠났습니다.

배가 바다 한가운데로 나가자 아부 알 무자파르 노인은 상인들에게 말했습니다.

'자, 모두 아까 원숭이에게 약속한 것을 이행하시오.'

'좋습니다.'

그리하여 저마다 원숭이에게 금화 1천 닢씩 지급했습니다. 아부 알 무자파르 노인도 같은 돈을 내었으므로 원숭이가 받은 돈은 막대한 금액이 되었습니다. 항해는 계속되어 이윽고 바소라에 도착하자 친구들이 마중을 나와 있었습니다.

상륙이 끝나자 노인은 사람들에게 물었습니다.

'그 게으름뱅이 아부 무함마드는 어디 있나?'

그 기별이 어머니에게 들어가자, 어머니는 뒹굴고 있던 저에게 와서 말했습니다.

'오, 아들아, 아부 알 무자파르 노인이 돌아오셔서 지금 이 성 안에 계신 다는구나. 어서 일어나 가서 인사를 드리고 그분이 무얼 사 오셨는지 물어봐라. 전능하신 알라께서 너를 위해 행운의 문을 열어주셨는지도 모르니 말이다.'

'그럼, 나를 일으켜서 몸을 부축해 주세요. 그러면 그 강가까지 걸어갈게.'

그리하여 저는 마지못해 집을 나가서 옷자락을 밟으며 걸어가다가 도중에 아부 알 무자파르 노인을 만났습니다. 노인은 저를 보더니 큰 소리로 외쳤습니다.

'잘 왔다. 자네의 돈 덕분에 결국 나를 비롯하여 상인들이 모두 목숨을 건졌어. 이 모두 전능하신 알라의 뜻이었지만.'

그리고 이렇게 덧붙였습니다.

'자네를 위해 사온 이 원숭이를 집으로 데리고 가게. 그리고 내가 나중에 찾아갈 때까지 기다리고 있게나.'

저는 그 원숭이를 받으면서 마음속으로 중얼거렸습니다.

'이거 정말 희한한 물건이군.'

그리고 집으로 돌아가서 어머니에게 말했습니다.

'내가 누워 있으면 어머니는 언제나 일어나서 장사하라고 하시는데, 눈을 뜨고 이 물건을 잘 보세요.'

그리고 그 자리에 앉아 꼼짝하지 않고 있으니 아부 알 무자파르 노인의 노예들이 찾아왔습니다.

'당신이 게으름뱅이 아부 무함마드 님이오?'

'그런데요.'

제가 대답하자 뒤에서 아부 알 무자파르 노인이 얼굴을 내밀었습니다. 제가 일어나서 노인에게 다가가 그 손에 입을 맞추자 노인이 말했습니다.

'나하고 같이 우리 집으로 가지 않겠나?'

'그러지요.'

그 집으로 갔더니 노인은 노예들에게 원숭이가 저를 위해 벌어준 돈을 가져오라고 명령했습니다. 돈을 가져 오자 노인은 말했습니다.

'젊은이, 자네한테서 받은 은화 다섯 닢을 밑천으로 알라께서 자네에게 이렇게 많은 재물을 내리셨다네.'

노예들이 그 돈을 궤짝에 넣고 머리에 이자, 아부 알 무자파르 노인은 궤짝 열쇠를 저에게 주면서 말했습니다.

'이 재산은 모두 자네 것이니 노예들을 자네 집으로 안내하게.'

그래서 어머니에게 돌아갔더니 어머니는 매우 기뻐하며 말했습니다.

'오, 아들아, 알라 덕분에 이렇게 많은 재물을 얻게 되었구나. 그러니 이젠 너도 게으름을 피우지 말고 시장에 나가서 부지런히 장사를 하도록 해라.'

그리하여 저는 게으른 버릇을 버리고 시장에 나가 가게를 열었습니다. 그 원숭이는 언제나 저와 함께 먹고 마시며 저와 같은 긴 의자에 앉았습니다. 그런데 이 원숭이는 언제나 새벽부터 점심때까지 밖으로 나가는데, 돌아올 때는 반드시 금화 1천 닢이 든 지갑을 가지고 와서 제 옆에 놓고 앉는 것이었습니다. 오랫동안 그렇게 지내는 사이에 저는 막대한 재산을 모아 그 돈으로 집과 땅을 사고 정원을 만들고 흑인과 백인 노예, 측실들을 사들였습니다. 그러던 어느 날, 제가 가게에 나가 양탄자에 원숭이와 함께 앉아 있는데, 원숭이가 별안간 몸을 좌우로 꼬기 시작했습니다.

'이 녀석이 어디가 괴로운가?'

제가 속으로 이렇게 생각하고 있으니, 전능하신 알라의 뜻으로 원숭이의 혀가 돌기 시작하여 말을 하는 것이었습니다.

'오, 아부 무함마드여!'

원숭이가 말을 하는 것을 듣고 제가 겁에 질려 있으니 원숭이가 다시 말했습니다.

'그렇게 무서워할 것 없어. 너에게 내 내력을 들려주마. 나는 마신 중의 마신으로, 네가 너무나 가난하여 도와주러 왔다. 이제 얼마나 되는지 헤아릴 수 없을 만큼 많은 재산을 모았으니, 이번에는 내가 너에게 한 가지 부탁이 있다. 내 말대로 해 주면 앞으로도 너를 더욱 행복하게 만들어주마.'

'그게 뭔데요?'

'보름달처럼 아름다운 처녀와 짝지어주고 싶다.'

'어떻게 해서요?'

'내일 가장 좋은 옷을 입고 나귀에 황금안장을 얹어 건초시장으로 타고 가거라. 그리고 샤리프(시장감독)*5의 가게를 찾아가서 주인 옆에 앉은 다음 이렇게 말하거라.

'실은 당신 따님이 탐이 나서 청혼하러 왔습니다.'

'당신은 빈털터리에다 지위도 신분도 없는 사람이 아니오?' 만약 시장감독이 이렇게 말하거든 금화 1천 닢을 꺼내 주거라. 그리고 더 달라고 하거든 더 주고 아무튼 돈으로 낚으면 되는 거야.'

'잘 알았습니다. 말씀대로 하지요, 인샬라!'

이튿날 저는 제일 값진 옷을 입고서 황금안장을 얹은 암나귀를 타고 건초시장으로 가서 시장감독(샤리프)의 가게를 찾아갔습니다. 그가 가게에 앉아 있는 것을 보고 저는 말에서 내려 인사를 하고 그 옆에 같이 앉았습니다.

—여기서 날이 훤히 밝아왔으므로 샤라자드는 이야기를 그쳤다.

303번째 밤

샤라자드는 이야기를 계속했다.

오, 인자하신 임금님, 게으름뱅이 아부 무함마드는 이야기를 계속했습니다.

—그래서 저는 나귀에서 내려 인사를 한 뒤 시장감독 옆에 앉고 종자인 백인 노예와 흑인 노예는 제 앞에 섰습니다. 시장감독이 물었습니다.

'무슨 좋은 장사거리라도 있는가요? 우리에게도 거래할 수 있는 영광을 주시기를.'

'실은, 당신께 볼일이 있습니다.'

'어떤 일인데요?'

'실은 당신 따님에게 청혼하러 왔습니다.'

'당신은 돈도 없고 지체도 없고 신분도 없지 않소?'

저는 지갑에서 번쩍번쩍 빛나는 금화 1천 닢을 꺼내 보였습니다.

'이것이 제 지위*[6]이고 신분입니다. 예언자(알라의 축복과 가호가 있기를!)도 "최고의 지위는 재물이니라" 하고 말했습니다. 게다가 시인도 이렇게 노래하고 있지 않습니까?

> 은화 두 닢 가진 자는
> 어떤 말도 잘 어울리니,
> 유창한 웅변이 막힘없이 입술에서
> 절로 흘러나오네.
> 그 형제들에게 다가가서
> 그의 소문을 들어보면
> 과연 그는 오만한
> 자랑으로 가득 차 있음을 보리라.
> 그러나 만일 그에게
> 자랑스레 보여줄 돈이
> 피천 한 닢도 없을 때는
> 차마 볼 수도 없이 가련한 신세.
> 부자가 틀린 말을 하면

게으름뱅이 이야기 1729

사람들은 대답하네,
"그대는 진실을 말했노라."
가난한 자는 진실을 말해도
사람들은 경멸하며
"그것은 거짓말."
아무도 상대해 주지 않네*7
진정 세상이 아무리 넓어도
돈은 사람에게 명예의 옷을 입히고
바보도 아름답게 장식해 주네.
황금이야말로 혀끝에
도도하게 흐르는 웅변,
황금은 가장 좋은 무기가 되어
싸우는 남자를 지켜주느니라!'

이 시의 뜻을 깨닫자 시장감독도 한참 동안 고개를 숙이고 생각에 잠겨 있더니, 이윽고 머리를 들고 말했습니다.
'정 그러시다면 3천 닢을 더 받고 싶은데요.'
'알았습니다.'
저는 곧 백인 노예를 집에 보내어 돈을 가져오게 하여 그에게 주었습니다.
그는 양손에 든 돈을 바라보고서 일어나 하인에게 가게를 닫도록 일러 놓고 시장 상인들을 혼례에 초대했습니다. 그리고 저를 자기 집에 데리고 가서 딸과의 혼인계약서를 작성하고 말했습니다.
'열흘 뒤 첫 방문으로 딸아이를 데리고 당신의 집으로 가겠소.'
그래서 저는 기뻐하며 집으로 돌아와 문을 닫고 원숭이에게 자초지종을 이야기해 주었습니다. 제 이야기를 듣고 원숭이도 기뻐하며 말했습니다.
'그것 잘했군.'
약속날짜가 다가오자 원숭이가 말했습니다.
'너한테 또 하나 부탁이 있는데 이것을 들어준다면 뭐든지 네가 원하는 것을 주마.'
'무슨 일인데요?'

'신부가 될 시장감독의 딸과 네가 만나는 침실 윗목에 벽장이 하나 있는데, 그 벽장문에는 구리로 만든 고리 자물쇠가 달려 있고 그 밑에 열쇠가 걸려 있어. 그 열쇠로 벽장문을 열면 그 안에 쇠 궤짝이 있고, 그 네 구석에 부적인 깃발이 꽂혀 있을 거야. 그 궤짝 한가운데 돈이 가득 든 놋쇠 쟁반이 있고 그 속에는 볏이 찢어진 하얀 수탉이 한 마리 들어 있어. 그리고 그 궤짝 한쪽 구석에는 뱀이 열한 마리 있고, 또 한구석에는 칼이 한 자루 있을 테니 그 식칼로 수탉을 죽인 뒤 깃발을 찢고 궤짝을 뒤집어엎어 버려. 그러고 나서 신부에게 가서 첫날밤을 보내도록 해. 내 부탁은 단지 그것뿐이야.'

'잘 알았습니다.'

그리하여 저는 시장감독 집으로 가서 신부 방에 들어가자마자 벽장이 있는지 둘러보았더니 과연 원숭이가 말한 대로 벽장이 하나 있었습니다. 그렇게 확인해 둔 다음 신부에게 갔는데, 그 아름다움, 그 사랑스러움, 그 균형 잡힌 맵시에 저는 정말 놀라고 말았습니다. 그녀는 말로는 도저히 표현할 수 없을 정도의 미인이었습니다. 저는 기뻐서 어쩔 줄 몰랐습니다.

이윽고 한밤중이 되어 신부가 잠든 것을 보고 나서 저는 살며시 일어나 열쇠로 벽장문을 열었습니다. 이어서 식칼로 수탉을 죽인 다음 깃발을 던져버리고 궤짝을 뒤덮었습니다. 그 소리에 눈을 뜬 신부는 열려 있는 벽장과 죽어 있는 수탉을 보더니 큰 소리로 외쳤습니다.

'오, 위대하신 알라 외에 주권 없고 알라 외에 권력 없도다! 드디어 마신이 저를 잡으러 왔어요!'

신부의 말이 채 끝나기도 전에 벌써 마신이 그 집을 향해 날아 내려와 신부를 채어 어디론가 사라지고 말았습니다.

이 소동에 온 집 안은 위아래 할 것 없이 난장판이 되었고, 이 광경을 본 시장감독은 자기 얼굴을 때리면서 소리쳤습니다.

'오, 아부 무함마드! 이게 무슨 짓인가. 이것이 나에 대한 보답이란 말인가? 내가 벽장 안에 부적을 만들어 둔 것은, 그 저주받은 악마 놈에게 딸을 뺏기지 않으려고 한 거야. 그 부적 때문에 그놈은 6년 동안이나 딸을 훔쳐가려고 노렸지만 뜻을 이루지 못하고 있었는데, 이제 이렇게 된 바엔 자네를 이 집에 둘 수 없으니 냉큼 나가게.'

저는 어쩔 수 없이 고개를 푹 숙이고 집으로 돌아왔습니다.

집에 와서 샅샅이 찾아보았으나 이미 원숭이는커녕 그 발자국도 보이지 않았습니다.

저는 그때야 비로소 그 원숭이가 신부를 채어간 마신이며 나를 속여 방해되는 부적과 수탉의 효력을 없애버렸다는 것을 깨달았습니다.

그래서 저는 옷을 찢고 제 얼굴을 때리면서 후회하였습니다. 갑자기 넓은 이 세상이 답답하게 좁아든 것 같은 느낌이 들어 그 자리에서 곧장 사막을 향해 걸어나가 어딘지도 모른 체 정처 없이 헤매며 돌아다녔습니다. 그러다 보니 해가 완전히 저물고 말았습니다. 이렇게 슬픈 생각에 잠겨 있을 때 별안간 황갈색 뱀과 흰 뱀이 죽을힘을 다해 싸우는 광경이 눈에 들어왔습니다.

저는 돌을 집어 들고 돌팔매 한 번에 황갈색 뱀을 죽여 버렸습니다. 그쪽이 상대에게 달려들어 잡아먹으려 하고 있었기 때문입니다. 흰 뱀은 어딘지 모르게 사라져 잠시 모습을 감추고서, 다시 얼마 뒤 흰 뱀 열 마리를 데리고 돌아와서 죽은 뱀을 머리만 남기고 갈가리 뜯어먹고서 어디론가 가버렸습니다. 저는 너무나 지쳐 그 자리에 쓰러져서 제 신상에 일어난 일을 이것저것 생각하고 있으려니, 이상하게도 모습은 전혀 보이지 않는데 어디선지 모르게 이런 시를 읊는 소리가 들려 왔습니다.

고삐를 늦추어 운명을
가만히 그대로 걸어가게 하라.
조그마한 일을 괴로워하며
밤을 지새우면 안 되느니.
눈 한번 깜짝하는 사이에
알라 신은 바꾸시니라.
가장 비참한 불행도
이 세상 최고의 복으로.

오, 충성스러운 자들의 임금님, 저는 이 노랫소리를 듣고 너무 걱정되어 말할 수 없는 불안에 사로잡혔습니다. 그러자 또 뒤쪽에서 이런 노랫소리가 들려왔습니다.

오, 회교도여!

코란에 인도되어 가는 그대여,

평화를 가져다주는 것을 기뻐하라.

행여 악마의 속삭임을 두려워 말라.

우리 속에 진실을 믿는 겨레를 보라.

그래서 저는 말했습니다.

'당신이 숭배하시는 신의 진실에 걸고, 당신은 누구입니까? 그대의 정체를 밝혀주십시오.'

그러자 보이지 않는 목소리의 주인은 곧 인간의 모습으로 나타나 말했습니다.

'두려워하지 말라, 너의 선행에 대한 소문은 우리도 듣고 있다. 우리는 진실을 사랑하는 마신이니까. 그러니 만약 네가 필요한 것이 있으면 뭐든지 말하라. 네가 바라는 것은 기꺼이 이루어주마.'

'나는 지금 곤경에 빠져 있습니다. 괴로운 고통에 시달리고 있습니다. 아, 이 세상에 나만큼 괴로움에 처한 사람은 없을 겁니다.'

'혹시 네가 게으름뱅이 아부 무함마드가 아니냐?'

'예, 맞습니다.'

오, 아부 무함마드, 나는 아까 너에게 구원받은 흰 뱀의 형제이다. 너는 내 적을 죽여 준 것이다. 우리는 한 부모에게서 태어난 네 형제인데, 모두 너의 은혜에 감사하고 있다. 그런데 내 애기를 잘 들어라. 원숭이 모습을 하고 너를 속인 놈은 마신 가운데 요신(妖神)의 하나로, 그놈은 그런 계략을 쓰지 않고는 그 처녀를 빼앗을 수가 없었다. 오랫동안 그 처녀에게 마음을 두고서 기회만 있으면 빼앗아가려고 노리고 있었지만 그 부적 때문에 소원을 이루지 못하고 있었지. 부적만 그대로 있었다면 평생 그 처녀에게는 접근할 수 없었을 거야. 하지만 낙심할 것 없다. 우리가 너를 그 처녀에게 데리고 가서 그 요신을 죽여주마. 우리는 너의 친절을 절대 잊지 않을 것이다.'

—여기서 날이 훤히 밝아왔으므로 샤라자드는 이야기를 그쳤다.

304번째 밤

샤라자드는 이야기를 계속했다.

오, 인자하신 임금님, 마신은 계속해서 말했습니다.

'우리는 너의 친절을 절대 잊지 않을 것이다.'

마신은 말을 마치자 온몸의 털이 곤두설 것 같은 날카롭고 무서운 소리를 질렀습니다. 그러자 홀연히 마신의 무리가 눈앞에 나타나는 것이 아니겠습니까? 마신이 그들에게 원숭이의 행방을 묻자 그중 하나가 대답했습니다.

'그놈이 있는 곳은 내가 알고 있어.'

그러자 다른 마신 하나가 물었습니다.

'어디에 살고 있지?'

'태양이 뜨지 않는 놋쇠의 도시*8에 있어.'

그래서 첫 번째 마신이 저에게 말했습니다.

'아부 무함마드, 여기 있는 노예 중에서 하나를 골라라. 그 노예가 너를 업고 가서 처녀를 되찾아 올 방법을 가르쳐줄 테니까. 하지만 그 노예도 요신 가운데 하나라는 것을 잊어서는 안 돼. 너를 업고 가는 동안 절대로 알라의 이름을 입 밖에 내지 않도록 조심해. 그렇지 않으면 마신은 너를 떨어뜨려 박살을 내고 달아나버릴 테니까.'

'알았습니다.'

제가 노예 중에서 하나를 고르자, 그 노예는 저를 향해 몸을 웅크리고 말했습니다.

'자, 타십시오.'

제가 등에 타자 마신은 하늘 높이 올라갔습니다. 이윽고 땅이 보이지 않게 되자 흡사 튼튼하게 뿌리내린 대지의 산들*9로 착각할 것 같은 수많은 별이 눈에 들어왔습니다. 그러자 '알라를 칭송하라'고 노래하는 천사들의 목소리가 들려 왔습니다. 마신은 어떻게 해서든 내가 전능하신 알라의 이름을 외지 못하게 하기 위해, 계속 말을 지껄이면서 내 주의를 딴 데로 돌리거나 방해했습니다.

그런데 날아가는 동안, 뜻밖에도 녹색 옷을 입고 긴 머리를 너울거리며 얼굴에서 빛을 발하는 예언자*10가 번쩍거리는 긴 창을 들고 나타나서 저에게 말했습니다.

　'오, 아부 무함마드여, "알라 외에 신은 없고 무함마드는 신의 사도이다"
하고 외어라. 그렇지 않으면 이 창으로 너를 찔러 죽일 테다.'

　그때까지 알라의 이름을 부를 수 없어서 마음이 울적했던 저는 그만 이렇
게 외치고 말았습니다.

　'알라 외에 신은 없고 무함마드야말로 신의 사도이다.'

　그 순간 빛을 발하는 예언자는 창으로 요신을 찔렀습니다. 요신은 순식간
에 녹아서 한 줌의 재가 되어 버렸습니다.

　그 바람에 저는 마신의 등에서 떨어져 파도가 굽이치는 바다 한복판에 거
꾸로 떨어지고 말았습니다. 다행히 가까이 배가 있어서 선원 다섯 명이 저를
배에 끌어올려 주었습니다.

　그들이 말을 걸어도 저는 도무지 무슨 말인지 알아들을 수가 없어서 손짓
발짓으로 그것을 알렸습니다. 그들은 그대로 배를 저어나가 해질 무렵에 그
물을 던져 큰 물고기 한 마리를 잡았습니다. 그리고 그것을 삶아서 저에게
먹인 뒤 다시 배를 저어 마침내 그들의 고향에 도착하자 저를 임금님 앞에
데리고 갔습니다.

　제가 임금님 앞에 엎드리자, 임금님은 훌륭한 예복을 내려주시고 유창한
아랍어로 말했습니다.

　'그대를 가신으로 써 주리라.'

　제가 도시 이름을 여쭈어 보았더니 이렇게 대답하는 것이었습니다.

　'이곳은 하나드*[11]라고 하며 중국의 영내에 있는 나라다.'

　그런 다음 임금님은 저를 대신에게 맡겨 도시를 구경시켜주라고 분부하셨
습니다. 그 도시에는 옛날 이교도들이 살고 있었지만, 전능하신 알라의 분노
를 사서 모두 돌로 변했다고 했습니다. 저는 여기저기 구경하면서 한 달 동
안 그 도시에서 묵었는데 나무와 과일이 그렇게 많은 곳은 처음 보았습니다.
한 달이 지난 어느 날 제가 어느 강가에 앉아 있으니 말을 탄 한 남자가 저
에게 말을 걸어왔습니다.

　'당신은 게으름뱅이 아부 무함마드가 아니오?'

　'그렇습니다.'

　'안심하시오. 당신의 선행에 대해서는 진작부터 나도 듣고 있었으니까.'

'당신은 누구십니까?'

'나는 그 흰 뱀의 형제 가운데 하나요. 당신이 찾는 처녀가 바로 이곳과 가까운 곳에 있소.'

그는 입고 있던 옷을 벗어 저에게 입혀주면서 말했습니다.

'걱정하지 마시오. 당신을 태우고 가다가 죽은 노예는 우리 노예 가운데 하나일 뿐이니까.'

그는 저를 말 뒤에 태워 사막으로 달려갔습니다.

'여기서 내려 저 두 산 사이를 걸어가시오. 그러면 놋쇠의 도시가 보일 테니까. 그리고 내가 다시 돌아와서 어떻게 해야 하는지 가르쳐줄 때까지 도시에 발을 들여놓아서는 안 되오.'

'알았습니다.'

저는 말에서 내려 그가 말한 도시까지 계속 걸어갔습니다. 그곳에 이르니 과연 성벽이 놋쇠로 만들어져 있었습니다. 문이 있지 않을까 성벽 주위를 돌아보았으나 문처럼 생긴 것은 하나도 없었습니다. 끈기 있게 찾아 돌아다니는 동안 흰 뱀의 형제가 돌아와서 저에게 몸이 보이지 않게 하는 마술의 칼*¹²을 주고 그대로 가버렸습니다.

흰 뱀이 가버린 지 얼마 안 되어 별안간 '와!' 하는 환성이 들리더니 어느새 저는 눈이 가슴에 달린 사람들에게 에워싸여 있었습니다. 그들은 저를 보고 말했습니다.

'너는 누구냐? 이곳에 뭐 하러 왔지?'

그래서 제가 사정을 얘기하자, 그들은 말했습니다.

'당신이 찾는 처녀가 이 도시의 마신 곁에 있소. 하지만 그놈이 처녀를 어떻게 했는지는 우리도 모르오. 실은 우리는 흰 뱀과 한패요. 저쪽에 있는 샘을 주의 깊게 살펴 흘러드는 물줄기를 찾아 그 흐름을 따라가시오. 그러면 자연히 도시로 들어갈 수 있을 테니까.'

그래서 저는 가르쳐준 대로 물줄기를 따라 들어갔더니 사라다브라고 하는, 천장이 둥근 지하실에 이르렀습니다. 거기서 위로 올라가는 동안, 어느새 저는 도시 한복판에 나와 있었습니다.

그런데, 황금의 나무들이 무성하게 자라고 있는 정원 한가운데(가지에 무르익은 과일들은 모두 루비, 감람석, 진주, 산호와 같은 값진 보석들이었습니다) 비단천막 아래 옥좌에 바로 그 요신이 채어간 제 신부가 앉아 있는 것이 아니겠습니까? 신부는 저를 한 번 보더니 곧 알아차리고 이슬람교식으로 인사한 다음 이렇게 말했습니다.

'어머나, 서방님! 누가 여기까지 데려다주었어요?'

그래서 제가 여태까지의 경위를 이야기해 주었더니 그녀는 말했습니다.

'그 저주받은 마신이 저에게 푹 빠져 있어서 자기에게 이로운 것과 해로운 것을 분별없이 모두 저에게 가르쳐주고 말았어요. 이 도시에는 어떤 부적이 있는데 그 힘으로 도시와 그 도시 속에 있는 모든 것을 마음대로 멸망시킬 수 있다고 해요. 또 그 부적만 손에 넣으면 마신들에게 어떠한 일도 시킬 수 있답니다. 그 부적은 기둥 위에 있어요.'

'그 기둥은 어디에 있소?'

신부는 이러이러한 곳에 있다고 가르쳐주었습니다.

'그것은 어떤 모양을 하고 있소?'

'독수리 모양을 하고 있는데*¹³ 그 속에는 제가 읽지 못하는 묘한 글씨가 씌어 있어요. 그곳에 가서서 부적을 손에 넣거든 앞에 놓고 향료를 가지고 와서 그 안에다 사향을 조금만 넣으세요. 연기가 피어오르면 마신들이 당신 앞에 나타날 거예요. 마신들이 하나도 남김없이 다 모여서 당신이 지시한 대로 무슨 일이든 해 줄 거예요. 그럼 당장 출발하세요. 전능하신 알라의 축복을 기도할게요.'

그래서 저는 신부가 가르쳐준 대로 원기둥이 있는 곳으로 가서 그녀가 말한 대로 했습니다.

그러자 당장 모든 마신이 하나도 남김없이 나타나서 말했습니다.

'무슨 일이십니까? 주인님, 무엇이든 분부대로 하겠습니다.'

'저 여자를 고향에서 채어 가지고 온 마신을 묶어라!'

'알았습니다.'

마신 무리는 한참 뒤 그 마신을 꼼짝 못하게 꽁꽁 묶어서 돌아왔습니다.

'분부대로 잡아왔습니다.'

저는 마신들을 돌려보낸 다음 신부에게 가서 모든 것이 잘되었음을 얘기하고 물었습니다.

'오, 나의 신부여, 나와 함께 가 주겠소?'

그러자 그녀가 대답했습니다.

'네, 가겠어요.'

그리하여 아까 지나온 천장이 둥근 방에서 아내를 데리고 나와, 이윽고 길을 가르쳐준 사람들을 다시 만났습니다."

—여기서 날이 훤히 밝아왔으므로 샤라자드는 이야기를 그쳤다.

305번째 밤

샤라자드는 이야기를 계속했다.

오, 인자하신 임금님, 게으름뱅이 아부 무함마드는 이야기를 계속했습니다.

"그래서 저는 그 사람들에게 부탁했습니다.

'집으로 돌아가는 길을 가르쳐주십시오.'

그들은 길을 가르쳐주고, 걸어서 바닷가까지 안내하여 배에 태워주었습니다. 때마침 순풍이 불어 저희는 무사히 바소라에 도착했습니다.

우리 두 사람이 신부의 집으로 돌아가자 가족들은 뛸 듯이 기뻐했습니다.

그리고 그 부적인 독수리를 사향으로 태웠더니 이게 어인 일입니까! 사방에서 수많은 마신이 모여들어 이렇게 말하는 것이었습니다.

'무슨 일이든 명령만 하십시오. 뭐든지 분부대로 따르겠습니다.'

제가 놋쇠의 도시에 있던 돈과 값진 귀금속과 보석 등을 모조리 바소라에 있는 저의 집으로 날라 오라고 명령하자 마신들은 그대로 했습니다. 그런 다음 그 원숭이를 데리고 오라고 했더니, 그들은 그 볼품없고 흉측한 모습의 원숭이를 데리고 왔습니다.

'이 저주받은 악마 놈아! 너는 어째서 그런 배은망덕한 짓을 했느냐!'

저는 이렇게 소리치고 마신들에게 명령하여 그 원숭이를 놋쇠 항아리에 집어넣고 납으로 봉하고 말았습니다.

이리하여 저는 아내와 함께 즐겁고 행복하게 살고 있습니다. 그리고 오, 충실한 자들의 임금님이시여, 저는 수많은 재물을 가지게 되어, 이 세상의 진귀한 보석과 보물에 돈까지 도저히 헤아릴 수 없을 만큼 많이 가지고 있습니다.

그러니 임금님께서 돈이든 뭐든 원하시는 것이 있다면 지금이라도 곧 마신들을 불러내어 소원을 이루어 드리겠습니다. 다만 이 모든 것은 오직 전능하신 알라의 은혜에 의한 것입니다."

이 이야기를 들은 교주는 매우 감동하여 아부 무함마드가 바친 물건에 대한 답례로 훌륭한 하사품을 내리신 다음 후하게 대접했다고 합니다.

또 이런 이야기도 세상에 전해지고 있습니다.

〈주〉

＊1 우리가 밝힐 수 있는 한, 고대 이집트와 시리아에서는 일찍이 어떠한 자기(磁器, Porcelain)도 제조된 적이 없었다. 그러나 중국과는 정기적으로 대상무역이 이루어지고 있었다. 나는 다마스쿠스에서 커다란 흙더미를 뒤져 많은 도기를 발견했지만, 자기는 하나도 없었다.

＊2 하얀 에메랄드가 어떤 것인지는 오늘날까지 밝혀지지 않고 있다. 이 말은 단순히 동양적인 터무니없는 분위기를 강조하고 있는데 지나지 않는다. 나는 이 아비야즈(abyaz)가 '빛난다'는 뜻일지도 모른다는 레인(제2권)의 생각에는 동의하지 않는다. 슈타인가스(Steingass) 박사는 하자르(Khazar, 녹색의)를 잘못 쓴 것이 아닌가 하고 시사하고 있다. 〔슈타인거스는 뮌헨대학에서 공부한 독일의 동양학자로, 런던 근교의 워킹에 있는 동양연구소에서 아랍어를 가르쳤다. 1884년에는 런던에서 《아랍・영어사전》을 출판.〕

＊3 즉 총구멍 또는 성가퀴. 대개 세 닢 모양을 하고 있다. 6파운드 포로 분쇄되는 정도의 '재치 있는 성채(romparts coquets).'

＊4 주누지(Zunuj) 섬에 대해, 나는 졸저 《잔지바르, 시와 섬과 해안 Zanzibar; City, Island and Coast》에서 해설한 적이 있다. 맞은편의 저지대인 동아프리카 연안에는 와도에(Wadoe)라고 하는 그 유명한 식인종이 지금도 살고 있다. 이 흑인들은 거의 '아담의 아들'로 생각할 수 없을 정도이다. 진지(Zinj, 복수는 Zunuj)로 변한 잔지(Zanj)는 흑인을 의미하는 페르시아어 장(Zang) 또는 장지(Zangi)인데, 된소리인 G를 무시하는 아랍인에 의해 이렇게 변한 것이다. 여기에 페르시아어의 bar(지역이라는 뜻, 이를테면 말라바르(Malabar))라는 접미어가 붙어서 Zang-bar가 되었는데, 아랍인은 그것을 Zanjibar로 바꿨다.

또한, 이 말은 오래된 말로, 프톨레마이오스는 Zingis 또는 Zingisa라 하고, 코스마스 인디코플리테스(Cosmas Indicopleustes)는 Zingium이라고 불렀다. 이것은 이슬람교 전 시대에 페르시아인의 항해가 미친 영향을 보여주는 것이다. 〔코스마스 인디코플리스테스는 '인도인 항해가'라는 뜻이지만, 원래는 알렉산드리아의 상인으로 인도 방면을 오래 여행하고서 서기 550년 무렵 이집트로 돌아왔다. 그리고 수도원에서 은거하며 그리스어로 《그리스도교 지지(地誌)》를 저술했다. 1706년 이후 2, 3의 영역본도 있다.〕 자세한 것은 졸저 《중앙아프리카의 호수지방 The Lake Regions of Central Africa》 제1권에 나와 있다.

＊5 샤리프(Sharif)는 일반적으로 무함마드의 자손, 특히 알리〔제4대 교주〕의 아들인 후사인(Husayn)의 계통을 잇는 자손을 가리킨다. 〔레인판 《신역 천일야화》 제2권의 주에 의하면, Shereef는 '고귀한'이라는 뜻으로 Seyd 또는 Seyyid와 함께 신분의 위아래를 막론하고 예언자의 자손에게 주어진 칭호이며, 이들은 녹색 터번을 쓸 수 있는 특권을 가지고 있다. 그렇다고 모든 사람이 반드시 쓰는 것은 아니다. 또 여성들은 대부분 녹색 면사포를 쓴다.〕

＊6 지위는 아랍어의 하사브(Hasab, 器量)로, 사람이 혼자 힘으로 획득한 지위, 명예. 이에 반해 신분인 나사브(Nasab, 家系)는 조상으로부터 물려받은 여러 가지 명예.

＊7 레인은 이 이야기에 대해 재미있는 동양적인 실례를 들고 있다. 〔레인은 1912년판 제2권에, 그의 노스승이 말한 이야기를 인용하고 있다. ─어떤 부자가 옆에 앉아 있던 친구에게 생쥐가 자신의 철제 도구를 먹어치웠다고 말하자 모두 고개를 끄덕였다. 다음에는 가난한 사람이 생쥐가 종려나무 지팡이를 먹어버렸다고 말하니, 그들은 그건 거짓말이라고 말했다. 그러자 가난한 사람이 말했다. "그게 대체 무슨 소린가? 쥐가 지팡이를 갉아먹었다고 하는 내 말은 거짓말이라며 인정하지 않고 쇠를 먹었다는 말은 곧이듣다니─")

＊8 나는 '놋쇠의 도시'라는 이 오래된 명칭을 '구리의 도시'로 바꾸고 싶지는 않다. 원래는 그게 맞는지도 모르지만……. 왜냐하면 이 순수한 금속 '구리'는 구리와 아연의 합금 즉 놋쇠보다 훨씬 이전부터 공예에서 사용되고 있었기 때문이다. 그러나 '마로코의 도시'는 구리가 아니라 놋쇠로 만든 것이었다. 〔마로코는 모로코와 같다. 또한 567번째 밤에는 '놋쇠의 성'이라는 제목의 이야기가 있다.〕 상(上)인도의 힌두교도는 놋쇠의 도시라 부르는 일종의 이람을 가지고 있다(토드 대령). 〔토드는 James Tod라는 여행가이자 저술가, 1782~1835년. 또 이람이라는 이슬람교도의 전설적인 도시 이야기는 276번째 밤에 나왔다.〕

＊9 코란인적 공상. 산은 대지를 움직이지 않도록 지탱하고 있는 못이므로, "그러나 신은 대지 앞에 반석 같은 움직이지 않는 산들을 던졌다. 대지가 너희와 함께 움직이지 않도록 하기 위해서이다." 〔팔머의 번역에서는 '대지 위에 견고한 산을'이라고 되어 있다.〕 맨 처음 창조되었을 때의 대지는 미끌미끌하여 천체와 마찬가지로 회전운동을 일으키기 쉬운 상태에 있었다. 그래서 천사들이 이렇게 흔들거리는 뼈대 위에 누가 서 있을 수 있겠느냐고 묻자, 알라는 그 이튿날 아침 산을 대지에 던져 튼튼하게 못질함

으로써 움직이지 않게 했다. 바로 암석수성론(Neptunian theory)을 연상시키는 대목이다.

＊10 이것은 신출귀몰한 히즈르(Khizr), 즉 '녹색 옷의 예언자'를 가리키는 것이 틀림없다.

＊11 하나드(Hanad)는 명백하게 가공의 것이다. 조금 앞에서, 우리는 이 도시가 마신의 나라에 가깝다는 것을 발견할 수 있다. 중국은 이러한 목적에는 참으로 편리하다. 리누바스(레바논) 산계의 드루즈족은 오늘날에도 자기들 국토의 일부는 천조(天朝, Celestial Empire)〔중국을 가리키며, T'ien ch'ao의 직역〕의 오지에 있는 것으로 생각하고 있다.

＊12 인간의 모습을 보이지 않게 하고, 또 지크프리트(Siegfried)의 타른카페(Tarnkappe, 몸이 보이지 않는 외투)나 '포르투나투스(Fortunatus)의 모자'를 대신하는 이 칼 이야기는 이슬람교의 민간전승에서 자주 등장한다. 이 관념은 아마 칼날에 글귀나 시구, 마술적인 형상 등을 새기는 오랜 관습에서 나온 듯하다. 〔지크프리트는 바그너 작 《니벨룽겐의 반지》의 주인공으로 반 신적(神的)인 국왕. 포르투나투스는 남유럽과 독일의 통속소설 속에 등장하는 인물로, 운명의 여신으로부터 줄어들지 않는 황금자루와 이상한 모자를 받지만 오히려 그것 때문에 멸망한다.〕

＊13 독수리는 아랍어로 우카브(Ukab)로, 책에서는 수리(특히 털이 검은 수리), 또 별자리의 고유명사이기도 하지만 속어에서는 독수리를 뜻한다. 이집트에서는 *Nephron percnopterus* 또는 *N. gingianus*, 디자자트 파라운(Dijajat Far'aun), 즉 '파라오의 암탉'을 가리킨다. 이 새가 바샤, 즉 새매를 죽이는 것은 일찍부터 알려졌다.

바르마크 집안 야야 빈 하리드가
만수르에게 관용을 베푼 이야기

하룬 알 라시드 교주가 아직 바르마크 집안에 대해 시기심을 품기 전의 일입니다.

어느 날 교주가 사리라고 하는 호위병을 불러 말했습니다.

"사리, 만수르*¹에게 가서 내가 전에 빌려준 금화 1백만 닢을 당장 갚으라고 전해다오. 그리고 사리, 너에게 명령하는데, 만약 만수르가 저녁때까지 돈을 주지 않거든 목을 베어서 돌아와야 한다."

"예."

사리는 곧 만수르에게 가서 교주의 말을 전했습니다.

그러자 만수르는 말했습니다.

"이제 나는 끝장이군. 나의 소유지는 물론 소유물까지 몽땅 제일 비싼 값에 판다 해도 금화 10만 닢도 안 되니. 그러니 사리, 나머지 90만 닢을 어떻게 구하면 좋겠나?"

"어떻게 해서든 빨리 갚을 방법을 연구하십시오. 그렇지 않으면 당신 목숨이 없게 되오. 교주님께서 정하신 기한을 1초라도 늦출 수는 없으니까요. 진실한 신자들의 임금님 명령이시니 조금도 소홀히 할 수 없습니다. 그러니 서둘러서 기한이 되기 전에 목숨을 구할 방법을 연구하십시오."

"오, 사리, 부탁이니 나를 집까지 데려다 다오. 자식들과 가족들에게 작별인사도 해야 하고 친척들에게도 마지막 말을 일러둬야겠다."

여기서부터 사리가 얘기한 내용입니다.

─그래서 저희 두 사람은 만수르의 집으로 갔습니다. 그가 가족에게 작별을 고하자 서로들 울며불며 알라께 구원을 비는 등 야단법석이 일어났습니다. 그래서 저는 만수르에게 말했습니다.

"좋은 수가 있어요. 어쩌면 알라의 뜻에 따라 바르마크 집안사람이 당신의 목숨을 구해 줄지도 모르겠습니다. 자, 함께 야야 빈 하리드의 집으로 가 봅시다."

그리하여 저희는 같이 야야의 집으로 찾아갔습니다. 만수르가 찾아온 사정을 얘기하자 야야는 매우 걱정하며 한동안 고개를 숙이고 있더니, 이윽고 얼굴을 들어 회계 담당을 불러 물었습니다.

"금고에 지금 얼마나 들어 있나?"

"금화 5천 닢가량 있습니다."

야야는 그 돈을 전부 가져오게 하는 한편, 아들 알 파즈르에게 사자를 보냈습니다.

"실은 좋은 땅을 사달라는 자가 있는데 모른 척하고 황폐해지도록 놔둘 수가 없으니 곧 돈을 만들어서 보내주기 바란다."

알 파즈르가 당장 금화 1백만 닢을 보내자, 야야는 다른 아들인 자파르에게도 사자를 보냈습니다.

"집안에 큰일이 생겨서 돈이 필요하다."

자파르도 곧 금화 1백만 닢을 보내왔습니다.

야야는 바르마크 일족 모두에게 이 같은 내용의 편지를 보냈고, 야야의 손에는 순식간에 만수르를 위한 막대한 돈이 모였습니다. 그러나 사리도 빚쟁이인 만수르도 이 사실은 전혀 몰랐습니다. 그래서 만수르는 야야에게 말했습니다.

"오, 나리, 제가 당신에게 이렇게 매달리는 것은, 전부터 인정이 많으시다는 얘기를 듣고 당신 말고는 돈을 융통해 주실 분은 없다고 생각했기 때문입니다. 부디 저를 위해 남은 빚을 청산해 주시고, 저를 당신의 자유노예로라도 써주십시오."

이 말을 들은 야야는 고개를 숙이고 눈물을 흘리고 나서, 하인을 불러 말했습니다.

"애야, 교주님이 우리 집의 노예계집 다나닐에게 굉장히 값비싼 보석을 주셨다. 그러니 그 계집에게 가서 그 보석을 이리 보내라고 일러라."

하인이 나가더니 얼마 안 되어 그 보석을 가지고 돌아왔습니다. 야야가 말했습니다.

"오, 만수르, 실은 이 보석은 교주님을 위해 상인한테서 금화 2백만 닢*2

이나 하는 막대한 값에 산 것이오. 그런데 교주님은 그것을 우리 집의 류트를 잘 타는 노예계집 다나닐에게 하사하시었소. 그러니 이 보석을 하고 있으면 교주님도 알아보시고, 당신의 목숨을 살려주시는 동시에 우리 집안의 체면을 봐서라도 당신에게도 낯을 세워 주실 것이오. 그건 그렇고 자, 돈은 여기 다 마련이 되었소."

(사리는 이야기를 계속했습니다.) 그리하여 저는 그 돈과 보석을 받아 만수르와 함께 알 라시드 님에게 가지고 갔습니다. 가는 도중 만수르는 자신의 신세를 한탄하며 다음과 같은 시를 읊었습니다.

> 내가 그들에게 발길 옮기는 것은
> 사랑 때문이 아니라
> 오로지 그들의 화살에
> 맞을까 두려워서라네.

이 노래를 들은 저는 만수르가 간사하고 타락했으며 죄 많은 마음을 품고 있음을 알았습니다. 게다가 태생마저 비천하다는 것을 알고 놀라 그를 돌아보며 말했습니다.

"세상이 아무리 넓다 해도 바르마크 집안사람들만큼 훌륭하고 올바른 사람들은 없고, 당신만큼 비천하고 간사한 사람도 없을 겁니다. 그들은 몸값을 내어 당신의 목숨을 구하고 파멸로부터 건져주셨건만, 당신이라는 사람은 그것을 고맙게 생각하지 않고 칭찬도 하지 않으며 고귀한 신분에 어울리게 행동하지 않을 뿐만 아니라, 오히려 그런 말로 그들의 은혜에 보답하는군요." 저는 알 라시드 님에게 가서 자초지종을 있는 그대로 말했습니다.

―여기서 동이 터 왔으므로 샤라자드는 이야기를 그쳤다.

306번째 밤

샤라자드는 이야기를 계속했다.

오, 인자하신 임금님, 사리는 이야기를 계속했습니다.

—그래서 제가 충실한 자들의 임금님께 지금까지의 경위를 모두 아뢰었더니, 교주님은 야야의 너그럽고 자비로운 행동과 만수르의 간사하고 배은망덕한 짓에 놀라 그 보석은 야야에게 돌려주라고 명령하시고 이렇게 말씀하셨습니다.

"이미 한번 준 것을 도로 받을 수는 없다."

사리가 야야에게 가서 만수르의 배은망덕한 행동을 얘기했습니다. 그러자 야야가 말했습니다.

"오, 사리여, 사람이 곤경에 빠져 기운을 잃고 슬퍼할 때는 무슨 말을 해도 나무라서는 안 되네. 반드시 본심에서 나온 것이라고는 할 수 없으니까."

이렇게 야야는 만수르를 위해 변호해 주는 것이었습니다. 사리는 눈물을 흘리면서 소리쳤습니다.

"야야 님! 앞으로 이 천체가 아무리 회전을 거듭한다 할지라도 나리처럼 훌륭한 분은 두 번 다시 태어나지 않을 것입니다. 정말 나리처럼 마음이 고귀하고 인자하며 관대하신 분이 이 속세의 티끌 속에 묻혀 계시는 것은 참으로 슬픈 일입니다."

그리고 사리는 이런 시를 읊었습니다.

　　서둘러 자비를 베풀어라,
　　자비란 언제나 재물을 끌러
　　베풀 수 있는 것이 아니니.
　　인정을 아끼고 아끼다가
　　베풀 재물 잃는 사람
　　얼마나 많던가!

또 이런 이야기도 있습니다.

〈주〉
＊1 만수르 알 님리(Mansur al-Nimri)를 가리킨다. 당대의 시인으로 야야(Yahya)의 아들
　　알 파즈르(Al-Fazl)의 보호를 받았다.
＊2 이 금액은 적어도 만수르의 빚 두 배에 달하는 것이다.

가짜 편지를 쓴 사내에게 하리드의 아들
야야가 인정을 베푼 이야기

야야 빈 하리드와 압둘라 빈 말리크 알 후자이*¹는 한때 개와 원숭이 사이처럼 매우 나쁜 사이였지만, 지금은 그 일을 서로 비밀로 하고 있었습니다.

그 이유는 하룬 알 라시드 교주가 압둘라와 그 아들들을 특별히 총애하고 있었으므로, 야야와 그 아들들⁽¹⁾은 교주가 압둘라에게 농락당하고 있다고 늘 말해왔기 때문입니다.

그래서 서로 마음속으로는 몹시 안 좋게 생각하며 오랜 세월을 지내는 동안, 교주는 압둘라에게 아르메니아*²의 통치를 맡기고 그곳에 파견하였습니다.

압둘라가 이 자리에 오른 지 얼마 안 되어 한 이라크 사람이 찾아왔습니다. 이 사내는 인품이 천하지 않은 인물로, 재능도 뛰어나고 머리도 상당히 좋은 사람이었지만 돈을 물 쓰듯이 쓴 결과, 가지고 있던 집과 땅마저 남의 손에 넘어갈 지경이었습니다. 그래서 야야 빈 하리드의 이름으로 압둘라 앞으로 보내는 편지를 위조하여 멀리 아르메니아까지 찾아온 것입니다. 이 사내는 총독의 저택에 오자 시종에게 그 편지를 전했습니다. 시종이 가지고 온 편지를 읽어본 압둘라는 금방 그것이 가짜라는 것을 알았습니다.

그 이라크 사람을 불러들이니 그는 신의 축복을 기원하며, 총독을 비롯하여 그 자리에 있는 관리들을 칭송하는 말을 늘어놓았습니다.

압둘라가 말했습니다.

"그대는 어쩌자고 그렇게 먼 곳에서 이런 가짜 편지를 가져 왔느냐? 하지만 너무 낙심하지는 마라. 모처럼 먼 길을 왔으니 아주 헛되게 하지는 않으마."

"오, 알라시여, 부디 우리 대신님이 만수무강하실 수 있게 해 주시기를! 제가 이렇게 찾아온 것이 마음에 거슬리신다면, 저를 쫓아내기 위해 굳이 핑계 따위를 만드실 필요는 없습니다. 알라의 영토는 넓고 커서 끝이 없고 저희에게 나날의 양식을 내려 주시는 알라께서는 지금도 건재하시니까요. 또 제가 야야 빈 하리드 님에게서 받아온 이 편지는 진짜입니다. 절대로 가짜가 아니올시다."

"그렇다면 바그다드에 있는 내 부하에게 편지를 보내 이것이 가짜인가 진짜인가 물어보마. 그래서 만약 그대가 말한 대로 이것이 진짜라면 그대에게 내가 통치하는 도시를 하나 주어 태수로 삼아 주리라. 또, 돈을 원한다면 값비싼 말과 낙타와 예복 말고도 금화 20만 닢을 주마. 그러나 만약 이것이 가짜일 때는 곧장 2백 대를 때린 다음 그 수염을 깎아버리고 말 테다."

압둘라는 곧 부하에게 진실이 밝혀질 때까지 이 사내를 방에 가두고 필요한 물건을 가져다주라고 명령했습니다. 그리고 바그다드의 부하들에게 다음과 같은 편지를 써 보냈습니다.

"야야 빈 하리드가 보냈다고 하며 편지 한 통을 가지고 온 사람이 있는데, 그 진위가 의심스러우니 곧 그쪽으로 가서 사실을 조사해 될 수 있는 대로 빨리 회답을 보내기 바란다."

이 편지가 바그다드에 도착하자 부하는 즉시 말을 타고……

—여기서 날이 밝아왔으므로 샤라자드는 이야기를 그쳤다.

307번째 밤

샤라자드는 이야기를 계속했다.

오, 인자하신 임금님, 압둘라의 부하는 편지를 받자 즉시 말을 타고 야야의 집을 찾아갔습니다. 때마침 관리와 술친구들과 함께 앉아 있던 야야는 사자가 관례대로 인사를 한 다음 건네주는 편지를 읽고서 이렇게 말했습니다.

"답장은 서면으로 써둘 테니 내일 아침에 다시 한 번 수고해 주게."

이렇게 부하를 돌려보낸 야야는 술친구들에게 물었습니다.

"내 이름으로 가짜 편지를 써 가지고 적에게 가져다준 사람이 있는데 어떻게 처리하면 좋을까?"

가짜 편지를 쓴 사내에게 하리드의 아들 야야가 인정을 베푼 이야기 1747

사람들은 저마다 의견들을 말했는데 모두 한결같이 처벌을 해야 한다는 것이었습니다.

그러자 야야가 말했습니다.

"자네들이 하는 말은 모두 틀렸어. 자네들의 조언은 점잖지 못하고 마음이 모두 비열하다는 생각이 드는군. 압둘라가 교주님의 총애를 받고 있다는 것은 자네들도 알고 있겠지. 또 압둘라와 나 사이에는 서로 받아들일 수 없는 적의가 있다는 것도 알고 있을 거네. 그런데 이번에 전능하신 알라의 뜻에 따라 이 이라크 남자가 우리 사이의 중재자가 되어 준 셈이네. 알라께서 이 사람에게 그러한 역할을 주셔서 20년 동안 우리 두 사람의 가슴에서 타고 있던 불길을 꺼주시는 게야. 그러니 나로서는 그자가 한 말을 증명해 주고 그의 소유지를 찾아주고서, 충분히 수고를 위로해 줘야겠어. 나는 곧 말리크의 아들 압둘라에게 편지를 써서 그 사내를 후하게 대접하고 앞으로도 관대하게 대우해 주라고 부탁할 작정이야."

이 말을 듣고 그 자리에 있던 술친구들은 모두 그 관대한 마음과 넓은 아량에 무척 놀라면서 저마다 알라의 축복을 빌었습니다.

야야는 종이와 먹을 가져오게 하여 직접 붓을 들어 압둘라 앞으로 편지를 썼습니다.

"인자하고 자비로우신 알라의 이름으로! 편지는 잘 받아 보았습니다(알라께 귀하의 장수를 기원합니다). 건승하심과 아울러 더욱 번영하시니 기쁘기 한량없습니다. 그런데 말씀에 의하면 어떤 분이 소생 명의로 된 편지를 위조하고, 그자의 전언도 가짜라는 말씀이온데, 사실은 그렇지 않고 그 편지는 저 자신이 쓴 것으로 결코 가짜가 아닙니다.

귀하의 호의와 배려, 그리고 숭고한 인격으로 그 고결하고 뛰어난 인물의 희망과 소원을 들어주심과 동시에, 당사자에게 어울리는 명예를 내려주시고 또한 특별히 총애와 신임을 보내주시기를 부탁하는 바입니다.

귀하께서 그 사람에게 베푸시는 대우는, 즉 소생에 대한 성의의 표시인 줄 믿고 진심으로 깊은 감사를 드리는 바입니다."

그런 다음 야야는 겉봉을 쓰고 봉하여 부하에게 내주며 압둘라에게 전하게 하였습니다.

아르메니아 총독은 이 편지를 읽고 매우 기뻐하며 이라크 사람을 불러내어 말했습니다.

"그대에게 두 가지 은혜를 약속했는데, 어느 쪽을 원하는가?"

"무엇보다 돈으로 주시는 것이 좋겠습니다."

그래서 압둘라는 그에게 금화 20만 닢, 아라비아 말 10필—그 가운데 5필은 비단실로 짠 천으로 장식하고 나머지 5필에는 아름답게 장식한 안장을 얹었는데, 그것은 모두 임금님의 행차 때 사용하는 것이었습니다—그 밖에 옷 20궤짝, 말 탄 백인 노예 10명, 그리고 값비싼 보석을 듬뿍 내려주었습니다. 게다가 훌륭한 예복도 입혀 위풍당당한 모습으로 바그다드로 돌려보냈습니다.

가짜 편지를 쓴 사내는 바그다드에 도착하자 가족을 만나기도 전에 먼저 야야의 집을 찾아가서 간절히 뵙기를 청했습니다.

시종이 야야의 방으로 가서 아뢰었습니다.

"나리, 대문 앞에 나리를 뵙겠다는 사람이 와있습니다. 보아하니 상당한 사람인 듯 태도도 예의도 바르고 얼굴도 아름다우며 많은 하인을 거느리고 있습니다."

"들어오시게 해라."

이라크 사람이 방에 들어와 야야 앞에 엎드리자 야야는 물었습니다.

"당신은 도대체 누구시오?"

"오, 나리, 먼저 제 이야기를 들어주십시오. 저는 잔인한 운명 때문에 다시는 일어서지 못할 뻔한 사람이온데, 이번에 나리 덕택으로 재앙의 무덤에서 소생하여 희망의 낙원으로 오를 수 있었습니다. 나리 이름으로 가짜 편지를 써 가지고 압둘라 빈 말리크 알 후자이 님에게 가지고 간 것은 바로 저였습니다."

"그래서, 압둘라가 어떻게 대우하고 무엇을 주던가?"

"나리의 친서와 관대하시고 자비로우신 마음씨, 그리고 한없는 호의와 뛰어난 도량, 모든 사람을 감싸시는 관용의 덕택으로 그분한테서 온갖 재물을 얻어 부자가 되고 또 갖가지 명예까지 얻었습니다. 그분에게서 받은 물건은 죄다 문 앞에 가지고 왔습니다. 부디 나리 마음대로 처분하십시오."

"아닐세, 그대는 내가 해 준 이상의 은혜를 나에게 가져다주었네. 사례는 오히려 내가 해야지. 하얀 손*³이 줄 수 있는 모든 것을 당신에게 주어야 마땅하네. 그것은 그대 덕분에 나와 내가 존경하는 사람 사이에 쌓였던 증오와 적의가 사랑과 우애로 바뀌었기 때문이네."

야야는 그 사내에게 압둘라가 한 것처럼, 돈과 말과 옷을 선물하도록 명령했습니다. 이리하여 그는 이 관대한 두 인물의 아량 덕분에 다시 원래의 부자로 돌아갔다는 이야기입니다.

그리고 또 이런 이야기도 있습니다.

〈주〉

＊1 압둘라 말리크 알 후자이(Abdullah Malik al-Khuzai)는 하룬 알 라시드 왕궁의 감독관을 지냈다. 브레슬라우판(제7권)의 첫머리는 다음과 같다. "바르마크 집안의 자파르와 미스루의 한 사히브(즉 이집트의 한 재상 또는 총독이라는 뜻) 사이에 끔찍한 불화가 일어났다고 합니다." 〔아마 압둘라는 그 전에 이집트에 있었을 것이다.〕

＊2 아르메니아는 아랍어의 아르마니야(Armaniyah)로, 이집트인은 거들먹거리며 이르미니에(Irminiyeh)라 부르고 있다. 여기서 담비(Ermine, *Mus ponticus*)가 나왔다. 〔무스는 라틴어로 원래 생쥐나 들쥐를 말하는데, 로마인은 고양이나 담비, 검은담비로 해석했다. 참고로 폰티쿠스는 폰투스(Pontus)의, 즉 '소아시아 지방의'라는 뜻이다. 또한 아민이라는 담비는 겨울철에 그 적갈색 털이 순백이 되는 것이 특징이다.〕 당시의 아르마니야는 오늘날 터키의 단순한 한 주로 전락한 아르메니아(Armenia)보다 훨씬 크고 넓어 고대 파르티아제국(Parthian Empire) 전체를 포괄하는 것으로 해석된다.

＊3 '하얀 손'은 아량과 자발적인 관대함의 상징이고, '검은 손'은 인색함의 상징이다.

〈역주〉

(1) 즉, 바르마크 집안의 일족을 가리킴.

알 마문 교주와 외국인 학자

알 마문에 대해서는, 아바스 왕조 역대의 교주 중에서도 이 교주만큼 모든 방면에 지식이 뛰어난 인물은 없다고 합니다.

이 교주는 매주 이틀씩 학자들을 불러 집회를 여는 것이 관례였는데, 그날 은 법률가와 신학자들이 각자 지위에 따라 자리에 앉아 교주 앞에서 토론했 습니다.

어느 날, 집회가 열려 교주와 학자 모두가 앉아 있는 곳에 하얀 누더기를 입은 한 외국인이 들어와서 법률학자들 뒤쪽에 눈에 띄지 않게 앉았습니다.

이윽고 학자들은 입을 열어 어려운 문제를 두고 토론하기 시작했습니다. 이 모임의 관례는 먼저 각자가 여러 가지 문제를 차례대로 제안하고 거기에 대해 멋진 의견이나 생각이 떠오른 사람은 그것을 발표하는 것이었습니다.

문제가 돌고 돌아 그 나그네의 순서가 되자, 그는 늘어앉은 학자들보다 훨 씬 훌륭한 의견을 내놓았습니다. 교주도 그의 의견에 이의가 없었습니다.

—여기서 마침내 날이 밝았으므로 샤라자드는 이야기를 그쳤다.

308번째 밤

샤라자드는 이야기를 계속했다.

오, 인자하신 임금님, 알 마문 교주는 그 학자의 의견을 인정하고 낮은 자 리에서 높은 자리로 옮겨 앉게 하였습니다.

두 번째 문제가 나와서 의견들을 말했을 때도, 그 외국인의 의견은 역시 탁월했으므로 교주는 한 단 더 높은 자리로 옮겨 앉게 했습니다.

세 번째 문제가 나왔을 때도 그의 답변은 그전 두 번의 답변보다 더욱 정확하고 적절했기 때문에, 알 마문은 그 학자를 자기 옆에 와서 앉으라고 명령했습니다.

이윽고 토론이 끝나자 학자들은 하인들이 가져온 물로 손을 씻고 식사가 나오자 그것을 먹고 나서 돌아갔습니다. 그러나 알 마문은 그 외국인 학자만은 남게 하여 자기 옆에 부른 다음 특별히 대접하며 여러 가지 명예와 은전을 베풀 것을 약속했습니다. 그런 다음 하인들이 술자리를 준비하여, 아름다운 술벗들이 옆에 앉아 미주(美酒)*¹를 따른 잔이 차례로 돌아 외국학자에게 오자 그는 벌떡 일어나서 말했습니다.

"만약 충성스러운 자들의 임금님께서 허락해 주신다면 한 말씀드릴 것이 있습니다."

"무엇이든 말해 보라."

"참으로 높은 지혜의 주인이신 교주님(알라시여, 부디 그 위덕을 더욱 높여 주소서!)께서도 아시는 바와 같이, 이 종은 오늘 고귀한 분들의 모임에서 이름 없는 한 백성, 가장 비천한 자에 지나지 않습니다. 그런데도 충실한 자들의 임금님께서는 재능과 지식을 제대로 갖추지 못한 이 종에게 특별히 호의를 베푸시어 생각지도 못한 높은 자리에까지 올려 주셨습니다. 그러나 저는 지금 비천하고 낮은 신분에서 저를 끌어올려 준, 그 약간의 지식 따위는 오히려 내버리고 싶은 심정입니다. 이 몸이 지닌 얼마 안 되는 지식과 인품, 명성을 교주님이 부러워하시는 것은 당치도 않은 일입니다! 만약 이 종이 술이라도 마시면 이성을 잃고 무지를 불러들여 교양도 잊어버리고 원래의 낮고 비천한 처지로 되돌아가, 세상 사람들의 손가락질과 비웃음의 대상이 될 것입니다. 그러니 참으로 총명하신 교주님, 부디 당신의 권력과 자비, 고귀한 아량과 관대한 마음으로 이 종이 가진 보물을 빼앗아가지 말아 주시기를 부탁하고 싶습니다."

알 마문 교주는 이 말을 듣고 크게 감동하여, 이 외국인 학자를 칭찬하며 다시 원래의 자리에 앉혔습니다. 그리고 깊은 경의를 표하고 은화 10만 닢의 상을 내렸을 뿐만 아니라, 훌륭한 옷을 주고, 말도 한 필 내렸습니다.

또한 집회가 있을 때마다 언제나 이 남자를 칭찬하며 법률과 종교에 통달한 어느 학자보다 후하게 대접했기 때문에, 마침내 이 외국인은 누구보다 높은 지위에 오르게 되었습니다. 알라는 전지전능한 신이십니다.*²

또 이런 이야기도 있습니다.

〈주〉

＊1 미주(美酒)는 아랍어의 라(Rah)로, 순수한(게다가 햇수가 오래된) 고급 포도주를 가
   리킨다. 아랍인은 우리의 고전작가와 마찬가지로, 보통 그 술에 적당하게 물을 타서
   마셨다. 이를테면, 이븐 알 카이스는 그의 시 《무알라카 *Mu'allakah*》에서 이렇게 노래
   했다. "사프란색으로 물들인 것처럼 부드럽게 익은 술을 가져오라. 물을 타면 잔이 넘
   치도록"(v.2) 〔이슬람교도는 《코란》에 의해 술과 음악이 금지되어 있지만, 형식이야
   어쨌든 실제로는 술을 즐기고 음악을 사랑한 것을 《아라비안나이트》를 통해서도 명백
   하게 알 수 있다. 레인도 이 좋은 소재를 장황하게 고증하면서, 중세 아라비아의 걸작
   가운데 하나인 《할베트 알 쿠메이트 *Halbet al-Kumeyet*》라는 제목으로 술의 쾌락을 논
   한 고전작품을 인용하여 흥미로운 이야기를 많이 소개하고 있다.〕
＊2 이런 종류의 '그럴듯한' 설교만큼 동양인이 감동하는 것은 없다. 그러면서도 그들은 서
   양인과 똑같이 읽어도 금방 싹 잊어버린다.

알리 샤르*¹와 줌르드

아주 먼 옛날 호라산국(國)에 마지드 알 딘이라는 상인이 있었습니다. 대단한 부자로 많은 백인, 흑인 노예와 하인을 거느리고 있었습니다. 하지만 오랫동안 자식을 보지 못했는데 그러다 60세가 되어서야 가까스로 알리 샤르라고 하는 아들을 얻게 되었습니다. 알리 샤르는 쑥쑥 자라 보름달처럼 아름다워졌습니다.

알리가 성장하여 무엇 하나 흠잡을 데 없이 훌륭한 젊은이가 되었을 무렵 아버지는 죽을병에 걸리고 말았습니다. 그래서 아들을 가까이 불러 말했습니다.

"오, 아들아, 이 아비가 떠날 날이 얼마 남지 않았구나. 그래서 마지막 유언을 해 둬야겠다."

"아버님, 어떤 말씀입니까?"

"아들아, 상대가 누구든 지나치도록 친하게 사귀면 안 된다. 불행이나 재앙을 부르는 일은 피해야 하느니라. 또 나쁜 친구들과 사귀지 않도록 주의하여라. 나쁜 인간이란 대장장이와 같아서 비록 그 불에 화상까지 입지는 않는다 하더라도 연기에 시달려야 하는 법이다. 시인도 이렇게 잘 표현하고 있다.*²

이 드넓은 세상 의지할 수 있는
벗이 있다고 생각하지 말라.
괴로운 세상 희망이 없어
그대가 슬픔에 빠져 있을 때는,
맹세한 진정도 헛되기 일쑤
그러니 혼자서 살아라,
꿈에도 남을 의지하지 말고.

내가 남기는 이 말은
어디를 가나 너의 벗이 되리라.

그리고 다른 시인은 이렇게 노래했느니라.

사람은 숨은 역병이니라,
남의 속임수를 믿지 말라,
주의해서 살펴보면 이게 웬 말인가,
거짓과 모략과 배반뿐이네.

세 번째 시인도 이렇게 노래했단다.

쓸데없는 군소리
시간을 보내는 것 말고
세상의 교제란 보람도 없다.
세상일에 뛰어나든가
재산이 느는 일이 아니면
그런 교제는 피할지니라.

네 번째 시인의 노래에는 이런 것이 있다.

만약 영리한 자가 있어서
세상 사람을 모두 시험했다 해도
내가 맛본 것은
그 사람이 살짝 핥아본 것.
사랑의 마음 단순히
사람을 속이는 간사한 꾀이고
그 성실함은 단순한
위선에 지나지 않음을
나는 깨달았노라."

이 노래들을 듣고 나서 알리가 물었습니다.

"아버님, 잘 알았습니다. 반드시 그 말씀을 따르겠습니다. 그 밖에는 어떻게 하면 좋을까요?"

"언제나 되도록 좋은 일을 많이 해라. 그리고 남에게는 늘 인정을 베풀고 예의를 소홀히 하지 말며, 좋은 일을 할 기회는 모두 보물로 생각하여라. 세상일은 반드시 뜻대로 잘 되는 것이 아니니까. 시인은 참으로 좋은 말을 했지.

많은 인정을 베풀 수는 있지만
늘 그렇게 하기는 어려워.
시간의 흐름은 덧없어서
변하고 달라지기 쉬운 것이니.
선은 언제나 할 수 있을 때
서둘러 실천하라.
아무리 애써도
할 수 없을 때가 오는 법이니!"

그래서 알리는 말했습니다.

"잘 알았습니다. 반드시 말씀을 따르겠습니다."

―여기서 먼동이 터왔으므로 샤라자드는 이야기를 그쳤다.

309번째 밤

샤라자드는 이야기를 계속했다.

오, 인자하신 임금님, 알리가 아버지의 유언을 듣고 대답했습니다.

"잘 알았습니다. 반드시 말씀대로 따르겠습니다. 또 그 밖에는요?"

그러자 아버지는 다시 말을 이었습니다.

"아들아, 결코 알라를 잊어서는 안 된다. 그러면 알라께서도 또한 너를 잊지 않으실 것이다. 그리고 재산을 소중히 하고 헛되이 쓰지 마라. 낭비하면 결국 가장 하찮은 인간에게 구원을 청하게 될 것이다. 인간의 가치를 재는 척도는 그 오른손에 들어 있는 것에 달려 있단다. 시인도 이렇게 말했지.[*3]

> 나의 재물이 없어지면
> 친구는 모두 떠나가고
> 친구가 아니라고 사양하노라.
> 재물이 다시 차면
> 사람들은 친구라고 모여드노라.
> 재물 때문에 벗이 된 적
> 그 얼마인고,
> 재물을 잃어 적이 된 벗
> 또한 그 얼마인가!"

"또 다른 말씀은 없습니까?"

"아들아, 무엇이든지 반드시 너보다 나이 많은 사람의 충고를 잘 듣고, 성급하게 자기가 하고 싶은 짓을 해서는 안 된다. 아랫사람에게는 인정을 베풀어라. 그러면 윗사람도 너에게 배려를 보여줄 것이다. 누구도 학대해서는 안 된다. 그가 알라로부터 너보다 더 큰 힘을 얻어 너를 학대할지도 모르니. 시인도 이렇게 말했느니라.

> 충고를 구하여 그대의 지혜에
> 또 한 가지 남의 지혜를 더 보태어라.
> 두 사람의 뜻을 합치면 더욱 좋은 것
> 진실의 길도 명백해지는 것이니.
> 한 사람의 마음은 하나의 거울
> 얼굴만 비춰주지만
> 거울이 두 개라면
> 뒷모습도 보이는 법.

또 이런 노래도 있다.[*4]

　목적을 이루려면
　조급히 서둘러서 허둥대지 말고
　깊이 생각하여 일을 도모하라.
　모든 사람에게 정을 베풀어라.
　남도 상냥하게 다가올 게다.
　신의 가호가 없다면
　사람의 손으로 무엇을 할 수 있으랴.
　폭군도 자기와 같은
　잔인하고 무참한 폭군에게
　짓밟히는 일 없다면
　잔인한 행동은 하지 않느니라.

또 이런 시구도 있다.[*5]

　비록 힘이 있더라도
　남에게 거칠게 굴지 말라.
　남을 학대하는 자에게
　나쁜 인과응보 있기 때문,
　설사 그대 눈은 잠들지라도
　그대에게 학대받은 사람들은
　밤에도 자지 않고 그대를 저주하고
　신도 잠들지 않고 계시니라.

　그리고 부디 술은 삼가야 한다. 술은 모든 악의 원인이거든. 누구든지 술을 마시면 분별을 잃고 사람들의 경멸을 부를 뿐이다. 시인도 이렇게 말했느니라.

　결코 술에는 마음을 두지 말라,

내 영혼과 몸이
하나인 동안은.
내 혀끝이 내 생각을
말하는 동안은.
어떤 날에도 산들바람에
식어가는 술자루에는*6
노예가 되어 손을 내밀지 말라.
주정꾼이 아닌 사람을
벗으로 삼아 사귀어라.

　이것이 나의 교훈이다. 마음에 깊이 새겨두도록 해라. 부디 알라께서 나를
대신하여 너에게 가호를 내려주시기를!"
　그러더니 아버지는 정신을 잃고 한참 동안 꼼짝도 하지 않았습니다. 이윽
고 다시 정신이 들자 전능하신 알라의 허락을 얻어 신앙을 고백하고 알라의
곁으로 떠나고 말았습니다. 알리는 눈물을 흘리며 아버지의 죽음을 슬퍼하
면서 곧 장례식을 준비했습니다. 장례식에는 신분의 상하 없이 수많은 사람
이 참가했고 관 옆에서 독경자는 엄숙하게 코란을 낭송했습니다. 이리하여
알리 샤르가 정성을 다해 죽은 아버지의 영혼을 위로하고 사람들이 기도를
바치자, 유해를 매장하고 그 무덤 위에 이런 말을 몇 구절 새겨 넣었습니다.

그대는 흙에서 태어나
이 세상의 삶을 받았노라.
웅변술을 배우고
세상의 신임을 얻었노라.
그러나 이윽고 흙으로 돌아가
이제는 본디의 티끌이 되었구나.
지난날 흙에서 태어난
흔적은 온데간데없이…….

　아들 알리 샤르는 아버지의 죽음을 매우 슬퍼하며 신분 있는 사람들의 관

례에 따라 한동안 예를 다하여 상복을 입었습니다. 그 뒤 얼마 안 되어 어머니마저 세상을 떠나자, 아버지 때와 마찬가지로 정성을 다해 장례를 치렀습니다.

그 뒤로는 가게에 앉아서 장사에 힘쓰며 전능하신 알라께서 창조하신 사람과 전혀 교제를 하지 않고 아버지의 교훈을 지키며 살았습니다.

그렇게 1년이 지나고 그해가 저물어 갈 무렵, 어떤 방종한 사내들이 교묘하게 알리에게 접근하여 교제를 시작하게 되었습니다. 이윽고 알리는 그들에게 물들어 큰 잔으로 술을 들이켜고 밤낮으로 여자에게 드나들며 방탕하게 몸을 굴리더니 올바른 길에서 완전히 벗어나고 말았습니다. 알리는 마음속으로 이렇게 중얼거렸습니다.

'이 재산은 아버지가 나를 위해 모아둔 재산이다. 내가 쓰지 않으면 대체 누구에게 물려준단 말인가? 노래에서 말하는 대로 하면 되는 거야.

평생이 걸려 오로지 혼자
벌어서 모으기는 했지만
도대체 너는 언제
그 돈으로 재미를 보려는 게냐?'

알리 샤르는 밤낮없이 재산을 물 쓰듯이 낭비한 끝에 결국 돈을 완전히 다 써서 없애고, 근심에 싸여 가난한 생활을 하게 되었습니다. 그래서 가게와 땅을 팔고 옷가지까지 팔아치운 끝에 맨몸뚱이만 남고 말았습니다. 그제야 정신이 들어 이것저것 생각하니, 미칠 듯이 슬퍼져 비참한 눈물만 흘릴 뿐이었습니다.

어느 날, 아침 일찍부터 가만히 앉은 채 점심때가 될 때까지 밥 한술 먹지 못한 알리는 문득 속으로 이렇게 중얼거렸습니다.

'내가 전에 돈을 뿌려 준 친구들을 차례로 찾아가보자. 하나쯤은 오늘의 끼니를 보태줄지도 모르니까.'

그래서 알리는 한 집 한 집 그 사람들을 찾아갔습니다. 그러나 어디를 가나 문을 두드리면 모두 몸을 숨기고 만나주지 않았습니다. 결국 너무나 배가 고파 배가 아프기 시작하자 하는 수 없이 알리는 노예시장으로 걸음을 옮겼습니다.

—여기서 날이 훤히 밝아오기 시작하였으므로 샤라자드는 이야기를 그쳤다.

310번째 밤

샤라자드는 이야기를 계속했다. 오, 인자하신 임금님, 알리는 너무나 배가 고파 아픈 배를 안고 노예시장에 가 보았더니 많은 사람이 빙 둘러 모여 있어서 속으로 생각했습니다.

'왜 이렇게 사람들이 모여 있을까? 여기까지 왔으니 어디 한 번 들여다볼까?'

그래서 사람들을 비집고 들어가 보니 팔려고 내놓은 한 처녀가 있었습니다. 키는 다섯 자가량,*7 몸의 균형이 잘 잡혀 있고 뺨은 붉으며 가슴은 불룩하게 솟아오른 것이 말할 수 없이 아름답고 사랑스러운 데다 기품까지 있어 당대에 견줄 데가 없는 미인이었습니다. 어떤 시인은 바로 이런 여자를 다음과 같이 노래하고 있습니다.

처녀의 소망 그대로
신께서 만드셨네.
처녀의 모습,
'조화(調和)'의 틀에 부어
길지도 않고 또 짧지도 않아
훌륭한 그 모습은 흠잡을 데 없어라.
'미(美)'의 신마저
그녀의 우아한 모습을 보고
사랑의 눈을 뜨셨네.
정녕 그 모습은 수줍음과
긍지를 잘도 겸하였으니.
아, 그 얼굴은 둥근 달,*8

맵시는 나뭇가지, 향기는 사향
무엇에 비기랴, 요염한 모습.
진주의 이슬로 만들어졌나,
아름답고 가느다란 손발,
또 다른 달을 보는 듯!

이 처녀의 이름은 줌르드라고 하는데 알리는 처녀의 모습을 바라보고, 그 아름다움과 정숙함에 감동하여 말했습니다.

"여기 있다가 처녀가 누구에게 얼마에 팔려가나 지켜봐야지."

알리 샤르가 상인들 사이에 끼어 앉자 상인들은 알리가 부모의 유산을 상속한 것을 알고 있었으므로 알리가 이 처녀를 살 마음이 있구나 하고 생각했습니다.

이윽고 거간꾼이 처녀 옆에 서서 외쳤습니다.

"자, 상인 여러분! 돈 많은 나리님들, 이 처녀는 달의 여신, 최상 최대의 진주알입니다. 이 탐스러운 기쁨과 즐거움의 씨앗, 이 휘장으로 둘러친 줌르드에게 맨 먼저 금을 불러주실 분은 누구십니까? 자 첫 금을 불러주십시오! 금을 불렀다 해서 책망이나 원망을 듣지는 않을 테니까요."

그때 한 상인이 소리쳤습니다.

"금화 5백 닢!"

"거기에 열 닢 더!"

그러자 또 한 사람이 올렸습니다.

"6백 닢!"

눈이 파랗고*⁹ 얼굴이 못생겨 흉한 라시드 알 딘이라는 노인이 외치자, 또 한 사람이 소리쳤습니다.

"열 닢 더 주지!"

"그럼 1천 닢!"

라시드 알 딘이 더욱더 값을 올리니 경쟁상대의 상인들은 그만 입을 다물고 말았습니다.

거간꾼이 처녀의 주인에게 의논하자, 이 남자는 말했습니다.

"나는 이 처녀 자신이 고른 사람에게 팔겠다고 약속했으니 처녀와 상의해 주시오."

그러자 거간꾼은 줌르드에게 가서 말했습니다.

"오, 달의 여신 같은 아가씨, 이 상인이 당신을 사겠다고 하는데요."

처녀는 라시드 알 딘을 빤히 쳐다보더니, 방금 말한 그런 얼굴인 것을 보고 이렇게 말했습니다.

"저렇게 늙어빠지고 추한 늙은이에게 팔려가는 건 싫어요. 알라의 영감을 받아 이렇게 노래한 사람도 있답니다.

어느 날 여자를 붙잡아서
입맞추고 싶다고 졸랐더니
머리가 백발이라 상대를 않네.
금은 산호를 쌓아도 싫다며
쌀쌀하게 등을 돌리고
어깨 흔들흔들 걸어가면서
화가 나 죽겠다고 소리 높여 말하네.
"싫어요, 싫어요, 나는 싫어요.
어찌 허락해요, 절대 싫어요.
백발머리 그 흰 수염에
특별히 좋아질 까닭도 없어요.
무덤에도 들어가기 전부터
어머나 싫어라, 나의 입을
솜으로 틀어막으려*10 하다니."

이 노래를 듣고 거간꾼이 말했습니다.

"알라께 맹세코, 그 말도 옳아, 하지만 금화 1천 닢이나 부른걸."

그가 노예 주인에게 가서 처녀가 라시드 노인을 싫어한다고 하자 주인이 말했습니다.

"그럼, 다른 사람을 찾아서 의논해 보시오."

이때 두 번째 상인이 나섰습니다.

"그렇다면 내가 사지, 그 여자가 거절한 노인이 부른 값으로."

처녀는 그 상인의 얼굴을 바라보더니 수염을 물들인 것을 알아차리고 이렇게 말했습니다.

"어째서 그렇게 흉측한 모습을 하고 계실까? 머리는 백발인데 얼굴은 검게 물들이시다니?"

그리고 매우 놀랐다는 시늉을 하더니 다음과 같은 노래를 불렀습니다.

어디 사는 누구신지 모르지만
아, 무서워라, 저 모습!
꼴사나운 목은 흙투성이 발을 들어
걷어차기*¹¹에 안성맞춤,
수염은 이와 모기의 경기장,
이마는 동아줄*¹²을 꼭 감아 돌려
관자놀이 허물을 벗겨주기에
꼭 알맞구나.
아, 싫어요, 정말 싫어요,
나의 장밋빛 볼과
요염한 모습에 혹하여
분수에 안 맞는 새서방 차림하면
내가 속아 넘어갈 줄 아시네.
나잇값도 못하는 철면피 영감,
거룩한 흰 수염을 염색하여
나이를 감춘 어리석은 자,
그 검은 수염 곧 벗어지면
중국의 그림자놀이*¹³에서 보는
어릿광대도 아닐 텐데
이 무슨 어처구니없는 짓인가요.

그리고 상당히 정곡을 찌른 이런 시도 있습니다.

처녀가 말하기를

"내 눈으로 보았어요,
당신의 흰 머리 검게 물들인 것을."*14
나는 답하네.
"아, 그것은 그대에게 숨기기 위해."
처녀는 깔깔 웃어젖혔네.
"재미있는 말을 다 들었네,
그건 되는 대로 지껄이는 거짓말,
당신의 그 머리털처럼!"

거간꾼은 이 노래를 듣고 소리쳤습니다.
"야아, 정말 맞는 말이야."
상인이 여자의 대답을 묻자 거간꾼이 이 두 가지 노래를 되풀이해 들려주었습니다. 그러자 상인은 여자의 말이 옳고 자기가 잘못이었다면서 단념해 버렸습니다.
그러자 또 한 사람의 상인이 나서며 말했습니다.
"아까 그 값으로 좋으니 여자에게 승낙하겠는지 물어봐 주오."
이 말에 처녀가 상대의 얼굴을 보니 애꾸눈이라 이렇게 말했습니다.
"저이는 애꾸눈이군요, 마치 시인이 노래한 이런 사람처럼."*15

애꾸눈 따위와는
하룻밤도 자지 말라,
조심합시다, 거짓과 허위.
그 애꾸눈에게 착한 점
하나라도 있다면
어찌하여 알라께서
장님으로 만들까.

거간꾼은 또 한 사람을 가리키며 물었습니다.
"그럼, 이 사람은 어떤고?"
그러자 여자는 그자를 유심히 살피더니 상대가 땅딸보*16인데다 수염이 배꼽까지 늘어져 있는 것을 보고 다시 소리쳤다.
"꼭 시인이 노래한 이런 사람이군요."

내 친구의 수염을 보니
멋대로 내버려둬
필요도 없이 길기만 하네.
너무나 긴 데다 어둡고 추운 것이
꼭 겨울밤 같구나.

마침내 거간꾼은 말했습니다.
"그럼, 대체 당신은 여기 있는 사람들 가운데 누가 마음에 든단 말이오?
그걸 정해 주면 그 사람에게 팔아 드릴 테니."
여자가 눈을 들어 둘러선 상인들의 얼굴을 하나하나 살펴보더니 이윽고
그 눈길이 알리 샤르 위에서 멈췄습니다.

—여기서 날이 훤히 밝아왔으므로 샤라자드는 이야기를 그쳤다.

311번째 밤

샤라자드는 이야기를 계속했다.
오, 인자하신 임금님, 알리 샤르에게 눈길을 멈춘 처녀는 고뇌의 시선을
보내며 천 번이나 한숨을 쉬었는데, 그것은 완전히 사랑의 포로가 되어버린
모습이었습니다. 젊은이가 뛰어난 미남인데다 서풍이나 북풍보다 상쾌한 용
모였으니 무리도 아니었습니다. 그래서 처녀는 말했습니다.
"보세요, 거간꾼 양반, 저 양반에게 팔려가고 싶어요. 시인도 노래하는 것
처럼, 훌륭한 생김새와 부드러운 맵시의 양반이 사주셨으면 해요.

그 아름다운 얼굴 보고
매혹되어 비난받았네.

나의 몸 무사하기를 바란다면
그 얼굴 보여주지 않았으면 좋았을 것을.

　정말 저분이 아니면 나는 싫어요. 저분의 뺨은 매끈하고, 침은 낙원의 샘
처럼 달콤하여 앓는 자를 고쳐주는 연고가 되며, 그 아름다운 용모는 노래에
도 있듯이 세상의 시인과 묵객들의 눈을 빼앗을 지경이거든요.

그 입술의 달콤한 이슬은 포도주
그 숨결은 사향의 짙은 향기.
미소 지으며 벌어지는 이는
새하얗게 빛나는 장뇌인가.
아, 리즈완이 이 임을
밖으로 쫓아버렸네.
그 아름다운 하늘의 처녀도
한눈에 반해 몸을 망칠까 두려워.
거만한 임의 행동을
헐뜯는 사람들도 있지만,
달도 차면 자랑스럽게
하늘을 건너가지 아니하는가.

　곱슬머리에 장미처럼 붉은 뺨, 사람의 넋을 빼앗는 눈길을 지닌 분에 대해
시인은 이런 노래도 불렀지요.

아기사슴 같은 우리 임은
나에게 맹세했네, 만나줄 것을.
그러니 임 기다리는 이 맘은
밤에도 잠 못 이루고 가슴만 뛰네.
파르르 떨리는 속눈썹으로
맹세하는 그 말
진실임을 깨닫지만

고민*¹⁷ 속에서 어찌하여
그대는 맹세를 지킬 수 있으리.

또 이런 노래도 있습니다.

사람들이 말하기를
"그 남자 뺨에 씌어 있는 검은 글씨!
어찌 그를 사랑하여
그 뺨의 수염을 보지 않는가."
나는 대답하네.
"헐뜯지 말라, 나무라지 말라.
만약 검은 글씨라면
그것은 거짓이니."
그 임은 에덴동산에서 태어난
모든 아름다움을 모은 것.
카우사르 강*¹⁸의 달콤한 입술이
그것을 증명하는 증인이라네."

알리 샤르의 매력을 찬양한 처녀의 노래를 들은 거간꾼은 그윽한 미모에 감동하는 동시에, 그에 못지않은 솜씨 있는 말주변에 깜짝 놀랐습니다. 하지만 처녀의 소유자가 옆에서 이렇게 말했습니다.

"한낮의 태양보다 눈부신 이 처녀의 용모와 훌륭한 시를 많이 아는 슬기로운 머리는 그리 놀랄 만한 것도 아니오. 그뿐만이 아니니까. 이 처녀는 일곱 가지 독법*¹⁹으로 코란을 암송할 줄도 알고, 고귀한 전설도 옛날부터 전해 내려오는 그대로 조금도 틀리지 않게 이야기할 줄 아니까요. 또 일곱 가지 서체*²⁰도 알고 있고 어느 훌륭한 학자보다 학문과 지식이 깊다오. 게다가 금과 은보다 뛰어난 귀한 기술을 몸에 지니고 있어 이 처녀가 비단휘장을 짜면 금화 50닢에 팔린다오. 더구나 그 휘장을 한 장 짜는 데 불과 여드레밖에 걸리지 않아요."

이 말을 들은 거간꾼은 자기도 모르게 외쳤습니다.

"오, 정말 이 여자를 집으로 데리고 가서 손안의 구슬처럼 소중히 하는 사내는 얼마나 행복할까!"

처녀의 소유자는 말했습니다.

"누구든지 이 처녀가 좋아하는 남자에게 팔아주시오."

그래서 거간꾼은 알리 앞에 다가가서 그 손에 입을 맞추고서 말했습니다.

"젊은 나리, 저 처녀를 사주십시오. 스스로 당신을 골랐으니까."

그리고 거간꾼은 처녀의 용모와 재주가 좋은 것을 말한 다음 이렇게 덧붙였습니다.

"저 처녀를 사신다면 그 이상의 기쁨은 없을 겁니다. 저 여자는 정말 자비를 아끼지 않는 알라의 선물이니까요."

이 말을 듣고 알리는 잠시 고개를 숙이고 자신의 신세를 비웃으면서 속으로 중얼거렸습니다.

"나는 아직 아침도 먹지 못했어. 그렇다고 지금 상인들 앞에서 처녀를 살 돈이 없다고 말하는 것도 창피하고."

알리가 고개를 늘어뜨리는 것을 본 처녀는 거간꾼에게 말했습니다.

"내 손을 잡고 저분에게 데려다주세요. 내 아름다움을 저분에게 보여주고 나를 사게 하여 보겠어요. 나는 저분 말고 다른 사람에게 팔려가고 싶지 않거든요."

거간꾼은 처녀의 손을 잡고 알리 앞으로 데리고 갔습니다.

"자, 젊은 나리, 이 처녀가 어떻습니까?"

알리가 아무 대답도 하지 않자, 이번에는 처녀가 말을 걸었습니다.

"나리, 저의 사랑스러운 서방님, 제 몸값을 흥정하지 않으시는 까닭은 제가 마음에 안 드시기 때문인가요? 제발 마음에 맞으시는 값으로 저를 사주세요. 서방님을 꼭 행복하게 해 드릴 테니까요."

그래서 알리는 여자 쪽으로 눈을 들고 말했습니다.

"어째서 내가 꼭 사야만 하는가? 금화 1천 닢은 너무 비싼데."

"그렇다면 서방님, 9백 닢으로 사세요."

"안 돼."

"그럼 8백 닢으로."

"그것도 안 돼."

알리가 계속 고개를 가로저었으므로 처녀는 자꾸자꾸 몸값을 내려 마침내 백 닢까지 내려갔습니다.

"나는 지금 백 닢의 돈도 가진 게 없는걸."

그러자 처녀는 웃으면서 물었습니다.

"그럼 백 닢에서 얼마나 모자라나요?"

"사실 나는 백 닢은커녕 한 푼도 가진 게 없어. 그러니 다른 좋은 상대를 찾는 게 좋을걸."

처녀는 남자가 돈이 한 푼도 없다는 것을 알고 이렇게 속삭였습니다.

"그렇다면 저를 조사하는 척하고 제 손을 잡고 골목으로 데려가주세요."

알리가 시키는 대로 하니, 처녀는 품에서 금화 1천 닢이 든 지갑을 꺼내어 알리의 손에 쥐어주었습니다.

"이 중에서 9백 닢만 내고 저를 사주세요. 나머지 백 닢은 만약을 위해 남겨 두시고요."

알리는 시키는 대로 지갑에서 9백 닢을 꺼내 여자를 사서 초라한 자기 집으로 데리고 돌아갔습니다. 처녀가 그 집에 들어가 보니, 인기척 하나 없는 스산한 방에 깔개 하나 그릇 하나조차 없었습니다.

처녀는 다시 돈 1천 닢을 꺼내 알리에게 주면서 말했습니다.

"시장에 가서 3백 닢으로 살림살이와 가구를 사오세요. 그리고 마실 것과 먹을 것을 세 닢어치 정도 사오세요."

—여기서 날이 훤히 밝아왔으므로 샤라자드는 이야기를 그쳤다.

312번째 밤

샤라자드는 이야기를 계속했다.

오, 인자하신 임금님, 여자노예는 이렇게 말했습니다.

"마실 것과 먹을 것 세 닢어치하고 그 밖에 휘장으로 쓸만한 비단 한 장에 금실 은실과 일곱 가지 색깔의 비단실을 사다주세요."

알리가 시키는 대로 실을 사오자, 여자는 그것으로 집 안을 예쁘게 꾸몄습

니다. 그런 다음 둘이서 사이좋게 먹고 마신 뒤 한 잠자리에 들어가 맘껏 사
랑을 나누고 휘장 뒤에서 꼭 끌어안은 채 밤을 보냈습니다. 그것은 바로 시
인의 노래에 있는 그대로였습니다.[21]

<blockquote>

사랑하는 여자를 꼭 끌어안고 있으니
질투하려면 얼마든지 하라지.
시기하여 저주하는 사람들은
서로 사랑하는 사람들을 좋게 보지 않네.
아, 잠자는 동안에도 꿈에 보이네,
그대 나타나서 곁에 누우니
그 입술의 샘에서
맑고 다디단 물이 솟아나오고
꿈에서 본 일이 정녕
생시의 일이 되기를 맹세하네.
시기를 하든 말든 겁내지 않고
반드시 그대를 나는 얻으리.
세상에 아름다운 것 많다지만
서로 껴안은 여인들이
자리에 누워 있는 모습만큼
아름다운 모습은 없으리라.
서로 가슴을 밀어붙이고
환희의 옷을 걸친 채
손과 손을 맞잡고
서로의 목에 팔을 감았네.
두 마음이 맺어져서
정염의 불꽃 타오를 때
하릴없이 두 사람을 헐뜯는 자들은
차가운 무쇠라도 두드릴지어다.
사랑에 빠진 연인들을
헐뜯어 마지않는 사람들도

</blockquote>

병든 마음을 녹이고
잘못된 머리를 고치려무나.
진실한 사랑에 몸을 바치는
단 한 사람을 찾아내거든
이 세상을 버리고서라도
그 사람과 고생하라, 언제까지나.

이렇게 하여 날이 밝을 때까지 함께 잠을 잔 두 사람은 변하지 않은 애정으로 서로의 가슴속에서 굳게 맺어졌습니다. 자리에서 일어난 줌르드는 휘장을 만들 천에 비단 색실로 수를 놓고 금실 은실로 가장자리를 두르고서, 그 둘레에 온갖 새와 짐승을 수놓았습니다.

그 속에는 이 세상의 온갖 맹수가 없는 것이 없었습니다. 줌르드는 여드레가 걸려 겨우 이 일이 끝나자 마지막 손질을 하고서, 광택을 내고 다리미질을 하여 그것을 알리에게 주면서 말했습니다.

"이것을 시장에 가지고 가서 상인에게 금화 50닢을 받고 팔아 오세요. 행인에게 절대로 팔아서는 안 돼요. 그러면 우리는 헤어져야 할지도 몰라요. 우리 두 사람을 노린 적이 있으니까요."

"알았소."

알리는 그렇게 대답하고 시장에 가서 시키는 대로 어느 상인에게 팔았습니다. 그리고 전처럼 새 휘장을 만들 비단과 금실 은실, 비단실과 함께 필요한 식품을 사서 집으로 돌아와서 나머지 돈은 줌르드에게 주었습니다.

이렇게 여드레마다 줌르드가 휘장을 한 장씩 만들면 알리가 그것을 50닢에 팔고 하여 1년이라는 세월이 흘렀습니다.

1년이 지난 어느 날, 알리는 여느 때처럼 휘장을 시장에 가지고 가서 안면 있는 거간꾼에게 넘겼습니다. 그때 한 나사렛 사람이 다가와서 그 휘장을 60닢에 사겠다고 했습니다. 중개인은 거절했습니다. 그러자 그 그리스도교도는 점점 값을 올려, 마침내 백 닢을 불렀을 뿐만 아니라 거간꾼 손에 몰래 은화 열 닢의 뇌물을 쥐여주었습니다. 거간꾼은 알리 샤르에게 돌아와 나사렛 사람이 말하는 값에 팔라고 권하였습니다.

"젊은 나리, 걱정할 필요 없어요. 저 그리스도교도가 당신을 어쩌자는 게 아니니까요."

게다가 옆에 있던 다른 상인들도 권하는 바람에 알리는 속으로 불안한 마음이 들었지만, 그 그리스도교도에게 휘장을 팔고 돈을 받아 집으로 돌아갔습니다. 그런데 집으로 돌아가는 도중 그리스도교도가 자기 뒤를 따라오는 것을 알고 알리는 뒤돌아서서 물었습니다.

"여보시오, 나사렛인,*22 왜 내 뒤를 밟는 거요?"

"아닙니다, 나리. 나도 이 근처에 볼일이 있어서요. 부디 신께서 당신에게 괴로움을 주지 않으시기를!"

그러나 알리 샤르가 집에 거의 도착할 때까지 상대도 계속 뒤따라오자 알리는 화가 나서 말했습니다.

"네 이놈, 도대체 무슨 볼일이 있어 내 뒤를 밟는 것이냐?"

"나리, 목이 말라 죽겠습니다. 부디 물 한 그릇만 주십시오. 알라께서 당신의 행위에 보답하실 겁니다."*23

이 말을 듣고 알리는 속으로 생각했습니다.

'이자는 공물을 바치고 보호를 구하는*24 이교도인데, 지금 물 한 그릇 달라고 하니, 차마 이것마저 거절하여 실망시킬 수야 없지 않은가!'

—여기서 날이 훤히 밝아왔으므로 샤라자드는 이야기를 그쳤다.

313번째 밤

샤라자드는 이야기를 계속했다.

오, 인자하신 임금님, 알리 샤르는 마음속으로 생각했습니다.

'이자는 공물을 바치고 보호를 구하는 이교도로, 나에게 물 한 잔을 바라고 있다. 이것까지 거절할 수는 없지 않은가!'

그래서 알리가 집에 들어가 물이 든 병을 가지고 나오려 하자 노예계집 줌르드가 그것을 보고 물었습니다.

"여보, 휘장을 팔아 왔어요?"

"팔고말고."

"그럼 여느 때처럼 상인한테 팔았어요, 아니면 나그네에게 팔았어요? 어쩐지 당신하고 헤어질 것만 같은 예감이 들어요."

"상인에게 안 팔고 누구에게 팔겠어."

"뭐든지 바른말을 해서 만일의 경우를 위해 내가 그 준비를 할 수 있게 해 주셔야 해요. 그런데 그 물병은 왜 가지고 나가시죠?"

"거간꾼에게 먹이려고 그래."

이 말을 듣자마자 여자는 소리를 질렀다.

"오, 위대한 알라 외에 주권 없고 권력 없도다!"

그리고 다음과 같은 시를 읊었습니다.[25]

아, 이별하려는 임이시여,
서두르지 마세요.
사랑하는 사람의 포옹에
마음 흔들리지 마세요!
마음을 진정하고 안달하지 마세요.
운명의 천성은 변덕이 많아
한번 만났다가도 언젠가 다시
헤어지는 것이 세상사이니.

알리가 물병을 가지고 나가니 그리스도교도는 벌써 현관 안에 들어와 있었습니다.

"아니, 이놈이! 왜 집 안에 들어온 거야, 내 허락도 없이 어째서 들어왔어?"

"이것 참, 나리, 현관과 문간이 전혀 구별이 안 돼서요. 잠시만 있다가 나가겠습니다. 나리의 친절과 인정, 그리고 너그러움에 뭐라고 감사해야 할지 모르겠군요."

사내는 이렇게 말한 다음 물병을 받아들고 물을 마신 뒤 알리에게 돌려주었습니다. 알리는 물병을 받아들고서 사내가 일어나 가기를 기다렸습니다만 그는 꼼짝도 하지 않았습니다. 그래서 알리가 말했습니다.

"왜 얼른 나가지 않는 거요!"

"나리, 모처럼 인정을 베풀어 놓고 그렇게 잔소리를 하시는 게 아닙니다. 또 시인이 노래하는 이런 사람이 되어서도 곤란하지요.*26

> 그 문 앞에 서면
> 아낌없이 베푼 사람들,
> 아아, 이 세상을 떠나버렸네.
> 뒤를 이은 사람들,
> 문 앞에 서서 청하면
> 겨우 물 한 모금 주고
> 은총이나 베푼 듯 호들갑을 떠네."

그리고 사내는 이렇게 말했습니다.
"오, 나리, 물을 먹여주신 김에 빵 한 조각이나 파를 곁들인 비스킷이라도 좋으니 뭐 먹을 거라도 좀 주십시오."
"여러 소리 말고 어서 나가주게. 이 집엔 먹을 것이 아무것도 없어."
하지만 상대는 좀처럼 물러가지 않았습니다.
"집 안에 아무것도 없다면 그 백 닢으로 시장에 가서 보리과자라도 사다 주십시오. 그렇게 해서 나리와 저 사이에 빵과 소금의 인연을 맺읍시다."
이 말을 듣고 알리는 마음속으로 생각했습니다.
'아무래도 이놈은 미친 그리스도교도인가보다. 차라리 이놈한테서 받은 백 닢 가운데서 두세 닢어치만 사와서 이놈을 웃음거리로 만들어주자.'
그러나 나사렛 사람은 이렇게 덧붙였습니다.
"나리, 마른 보리과자 하나와 파 한 조각이면 충분하니 시장기만 면하게 해 주십시오. 정말 제일 고마운 음식은 시장기를 없애주는 것이지 산해진미가 아니거든요. 시인도 이렇게 노래하지 않았습니까?

> 한 조각의 말라빠진 과자라도
> 허기를 채우는 데는 충분한데,
> 나는 어찌하여 주린 배를 안고
> 이토록 괴로워하나.

죽음의 신은 누구에게나 공평하여,
왕자에게도 거지에게도 가차없네.

이 노래를 듣고 알리가 말했습니다.

"그럼 잠깐만 기다려라. 손님방을 잠가 놓고 시장에 가서 무얼 사다줄 테니."

"네, 알았습니다요."

알리는 손님방을 닫고 문에 자물쇠를 채운 뒤 열쇠를 호주머니에 넣고 시장에 갔습니다. 그리고 기름에 튀긴 치즈와 꿀과 바나나*27와 빵을 사서 집으로 돌아왔습니다.

그것을 보더니 이교도가 말했습니다.

"오, 이건 너무 많군요. 이만 하면 열 명 몫은 되는데 나는 혼자이니, 나리도 함께 드시지 않겠습니까?"

"아니야, 당신 혼자 먹게. 나는 배가 부르니."

"여보세요, 나리, 옛 현자도 말씀하셨어요. '손님과 함께 음식을 먹지 않는 자는 과부의 자식이니라.'"

이 말을 듣고 알리는 하는 수 없이 조금만 먹을 작정으로 함께 앉아서 먹기 시작했습니다.

—여기서 날이 훤히 밝아왔으므로 샤라자드는 이야기를 그쳤다.

314번째 밤

샤라자드는 이야기를 계속했다.

오, 인자하신 임금님, 알리 샤르는 조금만 먹을 생각으로 그 음식을 집었습니다. 그런데 그 나사렛 사람은 몰래 바나나를 집어 껍질을 벗기고 그것을 둘로 가르더니 그 한쪽에 조금만 핥아도 커다란 코끼리도 쓰러질 정도의 아편이 든 순수한 마약을 집어넣었습니다. 그리고 그 반쪽에 꿀을 찍어 알리에게 권했습니다.

"여보세요, 나리, 저의 신앙의 진실에 걸고 이 바나나를 드십시오."

알리는 상대의 맹세를 어기게 하지 않기 위해 그 바나나를 한 입 먹었습니다. 그러자 그것이 배 속에 채 들어가기도 전에 팔다리가 마비되어, 마치 1년 전부터 잠에 곯아떨어진 것처럼 그 자리에 쓰러지고 말았습니다.

그 모습을 본 나사렛 사람은 굶주린 이리나 쫓기는 살쾡이처럼 민첩하게 벌떡 일어나더니 손님방 열쇠를 훔쳐 쓰러진 알리를 그대로 두고 자신의 형이 있는 곳으로 힌달음에 달려갔습니다. 이 나사렛 사람이 그런 짓을 한 이유는 이렇습니다. 이 사내의 형은 시장에서 여자노예 줌르드를 금화 1천 닢에 사려다가 여자가 상대를 하지 않고 노래로 실컷 비웃어준 그 노인이었습니다.

이 노인은 겉으로 이슬람교도인 척하고 있었지만 실은 불신자로, 스스로 자신을 라시드 알 딘이라고 일컫고 있었습니다. 줌르드가 자기를 조롱하면서 도무지 자기 말을 들으려 하지 않자, 노인은 남편 알리 샤르한테서 줌르드를 빼앗기 위해, 이런 흉악한 계략을 꾸민 그리스도교도 아우에게 넌두리한 것입니다.

그래서 바르숨이라는 그 아우는 이렇게 말했습니다.

"너무 걱정하지 마세요. 어떻게라도 머리를 써서 한 푼도 들이지 않고 형님을 위해 그 여자를 빼앗아 드릴 테니까."

그런데 이 아우는 마술을 잘하고 간사한 꾀가 능숙한 뱃속이 검은 사내였기 때문에 끊임없이 기회를 노리며, 계략을 꾸미고 있었던 겁니다. 그러다가 아까 말씀드린 것처럼 알리 샤르를 감쪽같이 속이고 열쇠를 빼앗아 형에게 달려가서 그 경위를 이야기하였습니다.

이 말을 듣고 라시드 알 딘은 곧 암낙타를 타고 바르숨과 하인들을 데리고 알리의 집으로 갔습니다. 만약 도중에 경비대장을 만나게 되면 뇌물로 쓰려고 금화 1천 닢도 품에 지니고 있었습니다.

알리의 집에 가서 알 딘이 손님방 문을 열자, 같이 갔던 하인들이 줌르드에게 와락 달려들어 소리를 지르면 죽이겠다고 위협했습니다.

이 악당들은 집 안의 물건에는 손도 대지 않고 그대로 둔 채, 문을 닫고 열쇠를 현관 옆방에 누워 있는 알리 옆에 던져두고 돌아가 버렸습니다.

이 그리스도교도 늙은이는 줌르드를 자기 집에 데리고 가서 하녀와 측실을 사이에 섞어 놓고 말했습니다.

"이 매춘부야! 나는 너한테 퇴짜맞고 멸시를 당한 그 늙은이다. 하지만 결국 돈 한 푼 쓰지 않고 너를 손에 넣었구나."

그러자 줌르드는 눈에 눈물을 가득 담고 말했습니다.

"이 뱃속 시커먼 늙은이! 나를 서방님에게서 떼어놓다니, 오 알라여, 부디 이 원수를 갚아주시기를!"

"이 음탕하고 닳아먹은 계집년! 내 곧 따끔한 맛을 보여줄 테니 두고 보아라! 구세주와 성모 마리아의 진리에 맹세코 말하지만, 만약 네가 내 명령을 거역하거나 나의 종교를 믿지 않을 때는 온갖 방법으로 괴롭혀줄 테다."

"알라께 맹세코 비록 이 몸이 갈가리 찢기더라도 이슬람의 신앙은 버리지 않을 거다. 전능하신 알라께서는 반드시 나를 구해 주실 거야. 알라 신께서는 무엇이든 뜻하시는 대로 하시니까. 현자도 '신앙을 해치기보다 차라리 네 몸을 해쳐라'라고 말했다오."

이 말을 듣고 노인은 환관과 여자들을 불러 명령했다.

"이년을 거기 쓰러뜨려라!"

모두 우르르 달려들어 줌르드를 그 자리에 쓰러뜨리자 노인은 줌르드를 때리고 때리고 또 때렸습니다. 여자는 열심히 구원을 청했지만 구해 주러 오는 사람은 아무도 없었습니다. 이젠 구원받을 가망이 없다고 생각한 그녀는 이렇게 외쳤습니다.

"알라는 나의 힘, 알라는 진정한 힘을 지니신 분!"

그러나 이윽고 신음도 멎고 숨이 가빠지더니 마침내 정신을 잃고 말았습니다.

그러자 노인은 화가 풀렸는지 환관들에게 일렀습니다.

"이년의 발을 잡고 끌어다가 부엌에 처넣어라. 먹을 것을 주면 안 된다."

이렇게 하여 그날 밤은 푹 쉬고, 이튿날 아침이 되자 저주받을 노인은 다시 줌르드를 끌어내어 실컷 매질한 끝에 환관에게 명하여 같은 장소에 다시 처넣었습니다.

줌르드는 타는 듯한 아픔이 가라앉자 이렇게 외쳤습니다.

"오, 알라 외에 신은 없고 무함마드야말로 알라의 사도이니라! 알라는 나의 힘, 나의 수호신은 참으로 뛰어나신 분!"

이렇게 우리의 주 무함마드(알라의 축복과 가호가 있기를!)에게 구원을 빌었습니다.

—여기서 샤라자드는 날이 밝아오기 시작하는 것을 알고 이야기를 그쳤다.

315번째 밤

샤라자드는 이야기를 계속했다.

오, 인자하신 임금님, 줌르드는 우리의 주 무함마드에게 구원을 빌고 또 빌었습니다.

한편 알리 샤르는 깊은 잠에 빠져 있다가 이튿날이 되어서야 마약의 효과가 사라지자 눈을 뜨고 외쳤습니다.

"여보, 줌르드!"

그러나 아무도 대답하는 사람이 없었습니다. 그래서 손님방에 들어가 보았더니 텅 비어 있고 저 안쪽에 제단이 보일 뿐이었습니다.

그제야 알리는 그 나사렛 사람에게 감쪽같이 속았음을 알고 괴로워 신음하고 한탄하면서 하염없이 눈물을 흘렸습니다. 그리고 다음과 같은 노래를 불렀습니다.

무정한 가면으로 가장하고
이내 변하는 나의 사랑이여,
두려움과 불행 사이에서
떨고 있는 마음이 한심스럽구나,
아, 신들이여
'사랑'에 빠진 종을 불쌍히 여기시라.
지난날엔 부귀영화 누렸건만
지금은 거지되어 보잘것없는 이 몸을.
다가오는 적을 앞에 두고
화살을 쏘려고 겨누었지만

시위가 툭 끊어진다면
명궁인들 무슨 소용 있으랴.
기개가 넓은 사람이라도
슬픔이 점점 더 심해진다면
어떤 성채가 그 운명의 화살을 막을 수 있으리.
우리는 종종 이별을
경계하면서 막아보지만,
운명이 내려지면 어떻게 할까,
우리는 장님인 것을.

　노래를 마치고 알리는 다시 목 놓아 운 다음, 다시 이런 시를 중얼거렸습니다.

영예의 옷을 걸치고
그녀는 홀로 헤매며
야영의 모래땅에 발자국을 남기네.
정든 야영지에 섰을 때
수심에 찬 사람은 탄식하네.
생각을 가다듬어 겨레들의
휴식처로 되돌아가서
그토록 보고 싶던 지난날의
조촐한 집들을 바라보니
봄의 역참은 황폐만 하여
옛 모습 찾을 길 없으니, 덧없어라.
말없이 멈추어 서서
눈으로 물으니 메아리가 대답하네.
"다시는 만날 길 없네,
그것은 일찍이 역참을 비춘
한줄기 번갯불처럼
덧없이 어둠 속에 사라졌다네."

이렇게 알리는 한탄하며 슬퍼했지만, 아무리 후회해 본들 소용없는 일이었습니다. 그저 울면서 옷을 찢을 뿐이었습니다. 그리고 손에 돌을 들고 가슴을 때리면서 온 거리를 미친 듯이 달리며 외쳤습니다.

"오, 줌르드!"

그것을 보고 아이들이 주위에 몰려와서 놀려댔습니다.

"미치광이다! 미치광이다!"

알리를 아는 사람들은 동정의 눈물을 흘렸습니다.

"저 사람은 아무개라고 하는 자인데, 대관절 무슨 불행을 당한 것일까?"

그날은 온종일 헤매다가 어두워질 무렵 피곤함에 지쳐 골목길에 아무렇게나 쓰러져 아침까지 잤습니다. 그 이튿날도 온종일 돌을 들고 온 거리를 헤매다가 저녁때야 겨우 자기 집으로 돌아왔습니다.

그러자 이웃에 사는 친절한 노파가 알리의 볼품없는 모양새를 보고 말했습니다.

"여보, 젊은 양반, 알라께서 당신을 구원해 주시기를! 언제부터 그렇게 실성한 게요?"

이 말을 듣고 알리는 이런 노래로 답했습니다.[28]

사랑하는 까닭에 미쳤다고 남들이 말하면
나는 대답한다.
"인간세상에 쾌락을 즐기는 건
오직 미치광이뿐"이라고.
내가 미친 것을 수군대지 말고
광란의 원인이 된
그 여자를 어서 데려오라.
만일 그 여자 미친 나를 고쳐주면
나를 나무라지 말라."

이 노래로 알리가 사랑하는 여자를 잃은 연인임을 안 노파는 이렇게 말했습니다.

"위대한 신 알라 외에 주권 없고 권력 없도다! 여보, 젊은 양반, 왜 그렇게 괴로워하는지 자세한 이야기를 들려주시오. 만약 알라의 뜻이 있다면 당신을 도와줄 수 있을지도 모르니까."

그래서 알리 샤르는 나사렛 사람 바르숨과 그 마법사의 형으로, 스스로 라시드 알 딘이라고 하는 노인 때문에, 자기가 당한 불행한 일을 모두 이야기해 주었습니다.

노파는 모든 것을 알고 이렇게 말했습니다.

"그렇다면 당신이 한탄하는 것도 당연하지."

그리고 눈물을 흘리면서 다음과 같은 노래를 불렀습니다.

사랑하는 자에게는 현세의
괴로움만으로 충분하다.
신께 맹세코, 저세상의
업화(業火) 모면하리라.
그 연인은 다소곳이
마음에 감춘 사랑 때문에
죽어 갔으니.
진실인지 아닌지는 예언자가
전하는 말이 증명하리라. *29

노래를 마친 노파는 알리에게 이렇게 말했습니다.

"젊은 양반, 어서 일어나서 보석 행상인이 가지고 다니는 바구니를 하나 사고, 발찌와 도장반지, 팔찌, 귀걸이 같은 여자들이 좋아하는 싸구려 패물을 사오시오. 그것을 모두 바구니에 넣어 나에게 가져다주면 방물장수가 되어 그 바구니를 이고 여기저기 돌아다니면서, 인샬라! 무슨 단서를 찾을 때까지 한 집도 빠짐없이 찾아볼 테니까."

노파의 말에 기운을 얻은 알리는 그 손에 입을 맞추고 부지런히 나가서 시키는 대로 물건을 갖추어 왔습니다. 노파는 누덕누덕 기운 헌 옷을 입고 벌꿀처럼 누런 베일로 얼굴을 가리고서, 한 손에 지팡이를 짚고 머리에 바구니를 이고는 집집이 찾아다니기 시작했습니다. 이 집 저 집, 이 마을 저 마을로 사방팔방 샅샅이 찾아다니다가, 뜻하지 않게 전능하신 알라의 인도로 그 저주받을 나사렛 사람 라시드 알 딘의 집에 이르러, 집 안에서 새나오는 신음을 들은 노파는 그 집 문을 똑똑 두드렸습니다.

—여기서 먼동이 트는 것을 깨닫고 샤라자드는 이야기를 그쳤다.

316번째 밤

샤라자드는 이야기를 계속했다.

오, 인자하신 임금님, 노파가 집 안에서 수상한 신음이 새나오는 것을 듣고 문을 두드리자 여자노예가 나와서 인사를 했습니다.

"자질구레한 물건을 팔러 왔는데, 혹시 누구 사주실 분 안 계실까요?"

"사지요."

노예는 노파를 집 안에 안내하여 자리에 앉혔습니다.

그러자 여자노예들이 빙 둘러앉아 저마다 물건을 하나씩 샀습니다. 노파가 정답게 얘기하면서 값도 깎아주었으므로, 그 친절한 태도와 기분 좋은 이야기가 그녀들의 마음에 들었던 것입니다. 그러는 동안에도 노파는 끊임없이 집 안의 눈치를 살피며 아까 그 신음을 낸 여자를 알아내려고 했습니다. 그러다가 문득 노파의 눈이 줌르드에게 머물자, 그녀가 틀림없다고 여기고 여자노예들에게 더욱더 친절을 베풀었습니다. 이윽고 줌르드가 손발이 묶여 마루에 뒹구는 것을 확인하자, 노파는 눈물을 흘리면서 여자들에게 물었습니다.

"이보시오, 색시들, 저기 있는 젊은 여자는 왜 저런 꼴을 당하는 거요?"

그러자 여자노예들은 자세한 이야기를 들려준 다음 이렇게 덧붙였습니다.

"정말 우리도 이런 짓은 좋아하지 않지만, 주인님의 명령이니 어쩔 수 없어요. 하지만 주인님은 지금 여행 중이랍니다."

"오, 색시들, 그럼 이렇게 하면 어떨까요? 주인이 돌아오실 때까지 저 가엾은 색시의 결박을 풀어주었다가 돌아오시거든 다시 묶어 두면 어떨까요? 그러면 아마 만물의 주인께서 색시들에게 좋은 보답을 내리실 거요."

"그게 좋겠어요."

여자들은 당장 줌르드의 결박을 풀고 먹을 것과 물을 주었습니다. 그것을 보고 노파가 말했습니다.

"여기까지 오느라고 어찌나 걸었던지 발목이 부러질 만큼 지쳤군요."

그리고 슬슬 줌르드에게 다가가서 말을 걸었습니다.

"오, 색시, 알라의 가호를 빌겠어요. 머지않아 알라께서 구원해 주실 거요."

그리고 슬며시 줌르드의 귓전에 대고 자기는 알리 샤르가 보낸 사람이라고 속삭이고 나서, 오늘 밤 신호를 보낼 테니 자지 말고 기다리고 있으라고 말했습니다.

"밤이 되면 당신 서방님이 정자의 걸상 옆에 서서 휘파람*30을 불 테니, 당신도 휘파람으로 대답하고 창문에서 밧줄을 타고 내려가세요. 서방님이 밑에서 받아 안아 함께 달아나면 되니까."

이렇게 서로 신호를 정했습니다.

줌르드가 감사의 말을 하자, 노파는 그 집에서 나와 알리에게 가서 자초지종을 얘기했습니다.

"오늘 밤에 이러이러한 장소로 가면 그 저주받을 놈의 집이 있으니, 거기 가거든 2층 창문 밑에 서서 휘파람을 부시오. 그 소리를 듣고 부인이 몰래 내려올 테니 어디든 손을 잡고 달아나면 되는 거요."

알리 샤르는 노파의 고마운 수고에 감사의 말을 하고, 눈물을 흘리면서 다음과 같은 노래를 불렀습니다.

무정한 자들이여, 이제
온갖 말로 나를 괴롭히지 마시라.
그대들로부터 받은 오욕 때문에
몸도 마음도 지쳤노라.
뼛속에 속속들이 사무쳤노라.
흐르는 눈물은 거짓이 없으니
전설(傳說)*31처럼 오래도록
나의 괴로움 전해다오.
아, 나의 임이여, 가슴에

끈질기게 파고드는 번민의
그림자조차 모르는 나의 임이여,
무정한 마음일랑 어서 버리고
내 소식 물어주오.
달콤한 입술, 부드러운 허리
더없이 아름다운 그 모습은
꿀보다 달콤한 교태를 품고,
꿀보다 달콤한 말로
내 마음을 어지럽혔노라.
그대 떠난 뒤로 나는
잠시도 안식 얻지 못하고
두 눈동자 감지 못하여
아득한 희망도
쓰디쓴 고통에 흔들리누나.
그대는 나를 버리고
질투로 비방하는 사람들
사이에서 몸부림치고,
덧없는 사랑의 욕정에
몸을 맡기고 허우적댈 뿐.
그러나 내가 할 수 있는 건
사랑을 체념하고 버리는 행위.
그대 말고 이 가슴에
그 누구를 생각하리오.

노래를 마친 알리 샤르는 깊은 한숨을 토해내더니 눈물을 흘리며, 다시 이
런 시를 읊었습니다.

임의 기별을 알려온 사람의
그 말 얼마나 거룩하던가.
내게 보낸 그 말 한마디

내 귀엔 신기한 음악처럼 들리누나.
이제 안녕, 이 찢어진 옷
선물로 받아주오.
임과 헤어져 내 마음
천 갈래 만 갈래 찢어졌으니.

알리는 밤이 되기를 기다렸다가 예정한 시간이 되자 노파가 가르쳐준 장소로 갔습니다. 가서 보니 정말 그리스도교도의 집이 있었습니다. 그래서 발코니 밑에 있는 걸상에 걸터앉았는데, 이윽고 졸음의 유혹을 견디지 못하고 깜박 잠이 들고 말았습니다. (잠들지 않는 알라께 영광 있으라!) 왜냐하면 격렬한 애욕에 시달려 오랫동안 잠을 이루지 못했기 때문입니다. 알리는 마치 취한 것처럼 정신없이 잠에 곯아떨어지고 말았던 것입니다. 알리가 그렇게 잠들어 있는 동안······

—여기서 샤라자드는 날이 밝아오기 시작하는 것을 알고 이야기를 그쳤다.

317번째 밤

샤라자드는 이야기를 계속했다.

오, 인자하신 임금님, 알리가 곤히 잠들어 있는 동안 난데없이 모습을 드러낸 밤도둑 한 명이 있었습니다. 이 도둑은 그날 밤 뭔가 훔칠 물건이 없나 변두리를 배회하고 있었는데, 운명의 장난인지 우연히 나사렛 사람의 집을 점찍어 놓았던 것입니다. 집 주위를 돌면서 집 안을 살펴보니 안으로 넘어들어갈 만한 장소가 도무지 발견되지 않았습니다. 좀더 돌아보다가 이윽고 알리 샤르가 잠들어 있는 걸상까지 왔습니다. 도둑은 잠들어 있는 알리의 모습을 보고 얼른 알리의 터번을 훔쳤습니다.

도둑이 터번을 손에 들고 있을 때 2층 창문으로 줌르드가 얼굴을 내밀었는데, 어둠 속에 서 있는 도둑을 보고 틀림없이 알리 샤르인 줄만 알았습니다. 그래서 줌르드는 금화가 가득 든 안장자루 두 개를 가지고 밧줄을 타고

알리 샤르와 줌르드 1787

내려왔습니다.

이것을 본 도둑은 속으로 생각했습니다.

'이상한 일도 다 있군. 여기엔 분명히 무슨 까닭이 있을 거야.'

도둑은 그 안장자루를 뺏어 들고 줌르드를 어깨에 메고는 번개처럼 자취를 감췄습니다. 그러자 줌르드가 도둑의 어깨 위에서 말했습니다.

"그 할머니 말로는 당신이 나 때문에 시름에 젖어서 몸이 수척해졌다더니 이제 보니 말보다 더 힘이 세군요."

그러나 도둑은 아무 대꾸도 하지 않았습니다. 이상하다 싶어 손을 뻗어 얼굴을 더듬어 보니 목욕탕에서 쓰는 야자잎 섬유로 만든 뻣뻣한 빗자루*32 같은 턱수염이 만져지지 않겠습니까! 마치 주워 삼킨 깃털이 목에서 빠져나온 돼지 같았습니다. 줌르드는 깜짝 놀라 외쳤습니다.

"당신은 대체 누구예요?"

"이 갈보야! 나는 아마드 알 다나프 일당의 쿠르드인으로, 야바위꾼 자완*33이란 어른이다. 우리 일당은 모두 40명이나 있으니, 오늘 밤부터 내일 아침까지 네 자궁에다 우리의 기름을 흠뻑 넣어주마."

이 말을 들은 줌르드는 운명의 장난에 속은 것이라면 체념하고 전능하신 알라께 매달리는 수밖에 없다는 걸 깨닫고, 눈물을 흘리며 자신의 얼굴을 때리고 나서 이렇게 외쳤습니다.

"알라 외에 신은 없다!"

그리고 꾹 참고 모든 것을 신의 뜻에 맡기기로 했습니다.

그런데 자완이 마침 그곳에 가게 된 사정은 이러했습니다.

그날 자완은 '재앙'인 아마드에게 이렇게 말했습니다.

"두목, 나는 전에도 이 도시에 산 적이 있는데, 40명쯤 들어갈 수 있는 큰 동굴이 있는 곳을 알고 있습죠. 그래서 먼저 가서 어머니를 그곳에 모셔두고 도시로 돌아와서 모두를 위해 뭔가 훔쳐다 놓고 여러분이 오기를 기다리겠습니다. 오늘은 모두 손님이시니 푸짐하게 대접해 드리지요."

그러자 아마드 알 다나프가 대답했습니다.

"자네 좋도록 하게."

그래서 자완은 먼저 어머니를 동굴 속에 모셔다 놓고 그곳을 지키게 했습니다. 그리고 밖으로 나와 보니, 군인 하나가 말을 옆에 매어놓고 길가에 누워서 자고 있기에 당장 그 목을 찔러 죽이고는 옷과 말, 무기 등을 약탈하여 동굴 속에 있는 어머니에게 맡기고, 말도 그 안에 매어 두었습니다. 그런 다음 거리로 나가서 이리저리 어슬렁거리다가 마침 그 그리스도교도의 집이 눈에 들어와, 지금 말씀드린 대로 알리 샤르의 터번에서 줌르드의 안장자루까지 빼앗은 것입니다. 줌르드를 등에 메고 쉬지 않고 달려 동굴에 도착한 자완은 어머니에게 여자를 맡기면서 이렇게 말했습니다.

"날이 새면 곧 돌아올 테니 그동안 이 계집을 지켜주세요."

—여기서 샤라자드는 날이 새기 시작한 것을 알고 이야기를 그쳤다.

318번째 밤

샤라자드는 이야기를 계속했다.

오, 인자하신 임금님, 쿠르드인 자완은 어머니에게 계집을 지켜달라고 말하고는 그 길로 다시 나가버렸습니다. 줌르드는 혼자 생각했습니다.

"이대로 호락호락 죽을 수는 없어. 40명의 사내들이 오도록 기다리고만 있다니 이런 바보짓이 어디 있담. 그놈들이 번갈아가며 올라탄다면 내 몸은 바다에 가라앉은 난파선처럼 되고 말 거야."

그녀는 이윽고 자완의 어머니인 노파에게 말을 걸었습니다.

"저, 할머니 굴 밖으로 나가지 않겠어요? 볕 잘 드는 곳에서 이를 잡아드릴 테니까요."*34

"아이고, 잘 됐구려, 색시, 난 그놈들이 하도 들락거리는 통에 오랫동안 목욕도 못했다오."

두 사람은 굴 밖으로 나갔습니다. 줌르드가 노파의 머리를 빗기고 이를 잡아 주는 동안 노파는 기분이 좋아져서 그만 스르르 잠이 들고 말았습니다.

그것을 본 줌르드는 얼른 일어나서 살해된 군인의 옷을 벗겨 자기가 입고 칼을 허리에 차고 머리에 터번을 둘렀습니다. 그 모습은 누가 봐도 영락없는 남자였습니다. 그리고 금화가 가득 든 안장자루를 들고 말에 올라타고는 기도를 외웠습니다.

"오, 거룩하신 수호신이여, 무함마드(알라여, 이분을 축복하소서!)의 영광에 맹세코 저를 지켜주소서!"

그리고 마음속으로 생각했습니다.

'이런 꼴로 도성으로 가면 일당에게 발견되어 혼이 날지 모르겠다.'

그래서 줌르드는 도성 쪽과는 반대쪽인 황폐한 사막으로 말을 몰았습니다. 이렇게 하여 말과 함께 풀을 뜯어 먹고 물을 마시면서 그 금화자루를 가지고 열흘 동안 계속 나아갔습니다. 열하루째가 되자 앞쪽에 아름다운 도시가 나타났습니다. 멀리서 보니 요해가 견고하고, 번영을 자랑하는 도시인 것 같았습니다.

때마침 겨울은 차가운 소나기와 함께 사라지고 봄이 찾아와 장미와 오렌지, 그 밖에 온갖 꽃들이 만발하여 자태를 뽐내고 있고, 시냇물은 즐겁게 속삭이고 새들은 하늘 높이 날아다니며 지저귀고 있었습니다. 줌르드가 마을에 다가가서 성문을 들어서니, 마침 그곳에는 도성의 군대가 태수와 귀족 고관들과 함께 정렬해 있었습니다. 이 심상치 않은 광경을 보고 줌르드는 깜짝 놀라 혼잣말로 중얼거렸습니다.

"도성 사람들이 모두 성문에 모여 있는 것은 틀림없이 무슨 까닭이 있을 거야."

줌르드가 그들에게 다가가자, 한 떼의 병사들이 급히 말을 달려나오더니 갑자기 말에서 뛰어내려 땅에 엎드리면서 말했습니다.

"오, 저희의 국왕이시여, 임금님에게 부디 알라의 가호가 있으시기를!"

그리고 문무백관들이 줌르드 앞에 두 줄로 늘어서고 병사들은 백성을 정렬시키면서 저마다 말했습니다.

"알라의 가호가 있기를! 당신의 영광에 의해 이슬람교도가 축복받을 수 있기를! 아무쪼록 알라의 뜻을 받들어 당신이 옥좌에 앉아주십시오. 오, 현세를 다스리는 왕이시여! 세월의 매듭인 진주여!"

줌르드가 물었습니다.

"오, 여러분, 이게 대체 무슨 일입니까?"

그러자 시종장이 대답했습니다.

"실은 아낌없이 베푸시는 신께서 당신께 은총을 내리신 겁니다. 그래서 당신을 이 성의 왕으로 삼으시고 백성을 다스리게 하셨습니다. 그것은 국왕이 세상을 떠나고 뒤를 이을 왕자가 없을 때는, 모든 군사가 성 밖으로 나가 사흘 동안 야영을 하면서 당신이 방금 오신 방향에서 오시는 분을 국왕으로 모시는 것이 이곳의 관례이기 때문입니다. 터키인 자손 중에서도 당신처럼 아름다운 분을 보내주신 알라를 칭송합시다! 만일 당신보다 훨씬 못한 남자가 왔다 해도 국왕으로 모시지 않을 수 없었을 테니까요."

줌르드는 머리가 매우 영리하고 무슨 일에나 분별이 빨랐으므로 이렇게 대답했습니다.

"나를 터키인 평민으로 생각해서는 안 되오. 나는 지체 높은 집안 출신으로 신분이 높은 사람이지만 일족 때문에 분노를 참지 못하고 집을 뛰쳐나왔을 뿐이오. 그 증거로 여기 가지고 온 금화가 가득 든 가죽 자루를 보면 알 것이오. 난 이것을 도중에 만나는 가난하고 곤경에 처한 사람들에게 나눠줄 생각이었소."

그러자 사람들은 몹시 기뻐하면서 줌르드에게 신의 축복이 있기를 빌었습니다. 줌르드는 마음속으로 이렇게 생각했습니다.

'다행히 일이 이렇게 되었으니……'

—여기서 샤라자드는 날이 새기 시작한 것을 깨닫고 이야기를 그쳤다.

319번째 밤

샤라자드는 이야기를 계속했다.

오, 인자하신 임금님, 줌르드는 마음속으로 생각했습니다.

'다행히 일이 이렇게 되었으니, 알라의 뜻으로 만에 하나 서방님을 만날 수 있게 될지도 몰라. 알라께서는 언제나 뜻대로 일을 도모하시니까.'

이윽고 모든 군사가 줌르드를 호위하여 도성으로 들어가 말에서 내려 궁전으로 안내했습니다. 줌르드가 말에서 내리자 태수와 중신들이 양쪽에서 부축하여*35 궁전 안으로 모셔 들여서 옥좌에 앉혔습니다. 그리고 모두 그 앞에 몸을 엎드렸습니다. 줌르드는 정식으로 즉위하자 국고를 열어서 모든 군사에게 돈을 나누어주라고 명령했습니다. 병사들은 새 왕의 권세가 영원하게 끝이 없기를 기원했고, 성 안 사람들도 영내의 백성들도 한결같이 새 왕을 거룩하게 받들었습니다.

이렇게 줌르드가 한동안 명령과 금령을 내리며 국사를 처리하니, 모든 백성은 왕의 절도와 관용에 감탄하여 왕을 진심으로 존경하고 사랑하게 되었습니다. 그것은 왕이 세금을 면제하고 죄수들을 사면해 모든 불평을 해결해 주었기 때문입니다. 하지만 줌르드는 남편을 생각할 때마다 눈물을 흘리며 부디 남편을 만나게 해달라고 알라께 기도했습니다. 어느 날 밤, 줌르드는 남편과 즐겁게 지내던 일을 생각하다가 눈물을 흘리며 이런 시를 읊었습니다.

> 그대에 대한 내 동경
> 나날이 새롭고
> 이 눈동자 적시는 내 눈물
> 날로 더 흐르네.
> 내 눈물은 사랑의 불길에
> 몸을 태우는 괴로움 때문이니
> 사랑하는 몸에 이별은 슬퍼라
> 죽도록 견딜 수 없기에.

노래를 마친 줌르드는 눈물을 닦고 궁으로 돌아가 후궁으로 들어갔습니다.

줌르드는 전부터 노예와 측실들에게 따로따로 방을 주었을 뿐만 아니라 봉급과 녹미(祿米)도 정해놓고, 자기는 별채에서 홀로 지내며 신앙생활에 전념했습니다. 왕이 단식과 기도로 정진하는 것을 보고 태수들은 모두 감탄해 마지않았습니다.

"이번 국왕께서는 정말 신심이 깊은 분이시다."

또 줌르드는 나이 어린 환관 두 사람만 시중을 들게 하고 남자 하인은 얼씬도 하지 못하게 했습니다.

그러는 동안 옥좌에 앉은 지 꼭 1년이 흘러갔는데 남편의 소식은 여전히 알 길이 없었습니다. 그것은 줌르드에게는 견디기 어려운 슬픔이었습니다.

마침내 슬픔이 쌓이고 쌓인 줌르드는, 어느 날 대신과 시종들에게 명하여 건축가와 목수를 불러 궁전 앞에 사방이 1파라상(6km) 되는 승마장을 만들게 했습니다.

그들은 왕이 원하는 대로 공사를 서둘러 이윽고 왕이 만족할 만한 승마장을 만들었습니다. 드디어 공사가 끝나자, 왕은 승마장으로 가서 신하들에게 커다란 천막을 치게 하고 그 안에 태수들의 의자를 지위에 따라 배열하게 했습니다. 그리고 승마장 식탁에 산해진미를 차려놓고 귀족 중신들과 함께 식사를 했습니다. 식사가 끝나자 왕이 말했습니다.

"이제부터 매달 초승달이 뜨는 날이 되면 이런 잔치를 베풀겠소. 그날은 온 도성 사람들도 가게를 닫고 모두 모여서 왕이 베푸는 잔치에 참석하도록 포고하시오. 만약 이 명령을 거역하는 자가 있으면, 그자를 자기 집 앞에 매달아 교수형에 처할 것이오."*36

신하들은 명령을 받들어 매달 잔치를 베풀어 축하하였습니다. 이러구러 이태째가 되는 해의 첫 초승달이 떠오르자, 줌르드는 역시 승마장으로 행차했고 포고 관리는 소리 높이 외쳤습니다.

"모두 들어라, 오늘 밤 가게를 열거나 집 안에 머물러 있는 자는 모두 자기 집 앞에서 교수형에 처할 것이니, 모두 나와서 임금님의 잔치에 참가토록 하라."

이 말이 영내에 쫙 퍼지자 식탁이 차려지고 사람들이 몰려왔습니다.

줌르드는 그들을 자리에 앉히고 온갖 산해진미를 마음껏 먹으라고 분부했습니다. 모든 사람이 자리에 앉자 왕도 옥좌에 앉아 사람들을 유심히 살펴보았습니다.

사람들은 음식을 먹으면서 저마다 마음속으로 생각했습니다.

'임금님이 지금 나를 바라보고 계신다.'

태수들이 사람들에게 말했습니다.

"자, 사양 말고 먹도록 해라. 그래야 임금님께서 흡족해하신다."

음식을 배불리 먹은 백성들은 저마다 국왕을 축복했습니다.

"이 임금님만큼 가난한 사람들을 사랑해 주시는 왕은 일찍이 본 적이 없어."

그리고 왕의 장수를 빌면서 집으로 돌아갔습니다. 줌르드도 잔치가 끝나자 궁전으로 돌아갔습니다.

—여기서 샤라자드는 날이 밝아온 것을 알고 이야기를 그쳤다.

320번째 밤

샤라자드는 이야기를 계속했다.

오, 인자하신 임금님, 줌르드 여왕[1]은 자신의 계획을 기뻐하면서 궁전으로 돌아가자, 혼잣말을 했습니다.

"인샬라! 이렇게 하다 보면 틀림없이 언젠가는 서방님 소식을 들을 수 있을 거야."

다음 달도 초승달의 밤이 돌아오자 전과 같이 식탁을 준비하고 궁전에서 나와 옥좌에 앉아서 신하들에게 식사를 시작하라고 분부하였습니다.

사람들이 삼삼오오 자리에 앉아 있는 모습을 바라보면서 가장 높은 자리에 있는 옥좌에 앉은 국왕의 눈에, 문득 자기 남편에게서 휘장을 산 나사렛 사람의 모습이 들어왔습니다. 줌르드는 남몰래 생각했습니다.

'드디어 내 시름도 가시고 소원이 이루어지려나 보다.'

바르숨은 식탁으로 다가가 다른 사람들 사이에 앉았는데, 설탕을 뿌린 단쌀이 저만치 놓여 있는 것이 보였습니다. 그래서 사람들을 헤치고 가서 단쌀 쟁반을 자기 앞에 갖다 놓았습니다. 그러자 사람들이 말했습니다.

"이거 왜 자기 앞에 있는 것은 먹지 않고 볼썽사납게 그래? 왜 먼 데 있는 음식에 손을 대는 거야? 부끄럽지도 않나?"

"내가 좋아하는 건 이것뿐인걸."

"그렇다면 드시지. 당신에게 알라의 저주가 내리기를!"

그러자 옆에 있던 아편쟁이가 끼어들며 말했습니다.

"그냥 놔둬, 나도 같이 좀 먹게."

첫 번째 사내가 다시 말했습니다.

"야, 이 아편쟁이야, 이 별미는 네놈들에겐 너무 과분해. 태수님들이 잡수시는 거란 말이야. 높은 양반의 음식은 높은 양반이 드시게 하는 게 좋아."

바르숨은 그 말은 들은 척도 하지 않고 단 쌀을 한 주먹 움켜 쥐더니 한 입에 털어 넣었습니다. 그리고 두 번째로 움켜쥐려는 순간 그것을 바라보고 있던 여왕이 옆에 있는 호위병에게 큰 소리로 외쳤습니다.

"저기서 단 쌀 접시를 앞에 놓고 있는 자를 잡아 오너라. 손에 움켜쥔 단 쌀은 버리게 하고 절대로 먹여서는 안 된다."*37

그래서 호위병 네 명이 바르숨에게 다가가서 손에 쥔 단 쌀을 털어버린 다음 덜미를 잡고 왕 앞에 끌어다가 엎드리게 했습니다. 사람들은 손을 멈추고 그 광경을 보면서 서로 소곤거렸습니다.

"아마 저놈은 제 분수에 맞는 음식을 먹지 않고 무엄한 짓을 했을 거야."

"나는 내 앞에 있는 이 밀가루죽*38이면 충분하거든."

그러자 아까 그 아편쟁이가 말했습니다.

"어이쿠, 저 설탕에 버무린 단 쌀에 손을 내밀지 않길 잘했군. 나는 놈이 먹고 나면 먹을 작정이었지. 그런데 저놈은 저런 꼴이 됐으니."

사람들은 저마다 한마디씩 했습니다.

"저자는 대체 어떻게 되는 걸까? 어디 구경 좀 해야겠다."

바르숨이 앞에 끌려 나오자 왕이 호통을 쳤습니다.

"여봐라, 이 파란 눈의 뻔뻔스런 놈! 네 이름은 무엇이고, 이 나라에는 왜 들어왔느냐?"

그러나 이 저주받을 사내는 하얀 터번*39을 머리에 두르고 있었기 때문에 거짓 이름을 댔습니다.

"오, 임금님, 저는 알리라는 사람으로 베 짜는 일을 합니다. 장사를 하러 이곳에 왔습니다."

이 말을 듣고 줌르드는 명령했습니다.

"모래점을 치는 널빤지와 놋쇠 펜을 가져오너라."

신하들이 그것을 가져오자 줌르드는 모래와 펜을 들고 성성이의 모습을 그렸습니다. 그런 다음 다시 얼굴을 들고 바르숨을 쏘아 보더니 천천히 입을 열었습니다.

"이 짐승 같은 놈! 네가 왕에게 거짓을 고할 참이냐? 너는 바르숨이라는 나사렛 사람이 아니냐! 무슨 볼일이 있어 이 나라에 왔느냐? 사실대로 실토해라. 그렇지 않으면 신의 영광에 맹세코, 당장 네 목을 벨 것이다!"

이 말을 듣고 바르숨은 소스라치게 놀랐고, 태수와 구경꾼들도 입을 모아 말했습니다.

"아니, 이런! 임금님께선 모래점까지 칠 줄 아시는구나. 그런 능력을 내리신 알라께 축복이 있기를!"

왕은 그리스도교도에게 다시 소리쳤습니다.

"사실대로 말하라. 그렇지 않으면 이 자리에서 목숨이 없어질 것이다!"

바르숨은 버티다 못해 대답하였습니다.

"오, 현세를 다스리시는 임금님이시여, 제발 용서해 주십시오. 과연 점괘대로 저는 나사렛 사람이 틀림없습니다."

—여기서 날이 훤히 밝아왔으므로 샤라자드는 이야기를 그쳤다.

321번째 밤

샤라자드는 이야기를 계속했다.

오, 인자하신 임금님, 나사렛 사람의 자백을 듣고 거기 있던 사람들은 상하귀천의 구별 없이 모래점으로 진실을 알아맞힌 왕의 뛰어난 능력에 감탄하며 말했습니다.

"정말로 이 임금님은 세상에 둘도 없는 예언자이시다."

줌르드 여왕은 나사렛 사람의 가죽을 벗기고 그 속에 짚을 채워서 승마장 문에 매달라고 명령했습니다. 그리고 도성 밖에다 구덩이를 파 살과 뼈를 그 속에서 태우고 그 재 위에 쓰레기와 오물을 버리라고 분부했습니다.

"분부대로 하겠습니다."

신하들은 왕이 명령한 대로 했습니다. 사람들은 그리스도교도가 당한 재앙을 보고 저마다 말했습니다.

"인과응보야. 그건 그렇고 저 단 쌀은 정말 재수 없는 음식인걸!"

"난 죽을 때까지 설탕에 버무린 단 쌀은 절대로 먹지 않겠어. 이 맹세를 깨뜨리느니 차라리 여편네하고 이혼하지."

아편쟁이도 외쳤습니다.

"오, 알라를 칭송하라! 알라 덕분에 난 단 쌀에 손을 대지 않았고 그놈처럼 끔찍한 변을 당하지도 않았어."

이윽고 사람들은 그 자리에서 물러가면서, 모두 나사렛 사람처럼 단 쌀 요리 앞에는 절대로 앉지 않겠다고 생각했습니다.

다시 석 달째 초하루가 되자, 그들은 관례대로 식탁을 차리고 크고 작은 요리쟁반을 늘어놓았습니다. 줌르드 왕이 승마장에 행차하여 옥좌에 앉고, 호위병들은 여느 때와 다름없이 위엄 있게 왕을 호위하고 섰습니다.

이윽고 전처럼 사람들이 몰려와서 단 쌀이 놓여 있는 자리를 찾으면서 식탁 주위를 돌고 있었는데, 그때 한 사람이 다른 사람에게 이렇게 말했습니다.

"여보게, 하지 할라프."*40

"왜 그러나, 하지 하리드."

"단 쌀 접시를 보거든 집어먹지 않도록 조심하게. 손을 대는 날에는 늦어도 내일 아침까지는 저승으로 가게 될 테니까."

이윽고 사람들은 모두 식탁에 둘러앉아 먹기 시작했습니다. 모두 한참 먹고 있는데, 줌르드 여왕이 문득 옥좌에서 눈을 들어 보니 승마장 문 쪽에서 한 사나이가 달려 들어오는 것이 눈에 띄었습니다. 곰곰이 생각해 보니 그는 바로 병사를 죽인 쿠르드인 도둑 자완이 아니겠습니까?

그런데 그자가 이곳에 나타난 경위는 이러했습니다. 그날 어머니를 두고 동굴을 나온 자완은 곧장 패거리가 있는 곳으로 가서 말했습니다.

"어제 나는 상당한 횡재를 했어. 병사 한 놈을 해치우고 말을 빼앗았거든. 게다가 간밤에는 금화가 가득 든 자루 두 개와 그 돈보다 더 값나가는 젊은 계집 하나를 손에 넣었단 말이야. 굴 속에 있는 어머니한테 모두 맡기고 왔지."

이 말을 들은 도둑 패거리는 기뻐하며 해가 지자마자 쿠르드인을 앞세우고 동굴로 향했습니다. 자완은 자기가 훔친 것을 그들에게 자랑할 작정이었는데 동굴에 가보니 안이 텅 비어 있었습니다. 어머니에게 어찌 된 영문인지 물어보니 어머니는 그날 있었던 일을 얘기해 주었습니다.

이야기를 들은 자완은 분을 참지 못해 두 손을 깨물며 소리쳤습니다.

"오냐, 어디까지 달아나나 보자! 비록 피스타치오 열매 깍지 속에 숨는다 해도 내 이년을 반드시 찾아내어 분풀이하고 말 테다!"

그리하여 그는 줌르드를 찾아 동서남북을 두루 돌아다니다가 마침내 이 도성에 이르렀던 것입니다. 그런데 도성에 들어서고 보니 마을에 사람 그림자 하나 찾아볼 수 없었습니다. 창밖을 내다보는 여자들에게 물으니 매달 초하룻날이면 국왕이 잔치를 베풀어 백성을 대접하는데, 모두 그리로 갔다는 것이었습니다. 그래서 서둘러 승마장으로 갔는데 공교롭게도 그 단 쌀이 놓여 있는 곳 말고는 남아 있는 자리가 없었습니다. 자완은 얼른 그 자리에 앉아 그 별미로 손을 내밀었습니다.

그것을 보고 사람들이 큰 소리로 외쳤습니다.

"여보시오, 형제여, 어쩌자고 거기에 손을 대려는 거요?"

"이 요리를 한 번 배부르게 먹으려고 그러지."

"큰일 나지. 그걸 먹는 날엔 내일 아침에 목을 달아매게 돼!"

"재수 없는 소리 작작하시오."

자완은 손을 뻗어 단 쌀 쟁반을 제 앞으로 끌어당겼습니다. 바로 그때 앞에서 얘기한 그 아편쟁이가 옆에 앉아 있다가 자완이 접시를 끌어당기는 것을 보고 말았습니다. 마약으로 몽롱한 정신이 확 깨어버린 아편쟁이는 벌떡 일어나더니 저만치 떨어진 자리에 앉으면서 이렇게 말했습니다.

"난 저 요리와는 아무 관계도 없단 말이야."

하지만 쿠르드인 자완은 까마귀 발톱 같은 손을 내밀어 접시에 있는 음식을 반이나 집은 뒤 손을 마치 낙타 발굽처럼 오므렸습니다.*41

—여기서 날이 훤히 밝아왔으므로 샤라자드는 이야기를 그쳤다.

322번째 밤

샤라자드는 이야기를 계속했다.

오, 인자하신 임금님, 쿠르드인 자완은 마치 낙타 발굽처럼 오므린 손을 접시에서 떼더니, 한쪽 손바닥으로 밥을 커다란 밀감만 하게 뭉친 뒤 입속에 털어 넣었습니다. 그리고 천둥 같은 소리를 내며 꿀꺽 삼키니 그 깊은 접시가 단 한 번에 바닥이 드러나고 말았습니다.

그것을 보고 옆에 앉았던 사내가 말을 걸었습니다.

"내가 당신 손에 잡혀먹히지 않은 게 다행이로군. 자넨 단 한 입에 접시를 비워버리고 말았으니 말이야."

그러자 그 아편쟁이가 말했습니다.

"먹게 내버려 둬. 암만 봐도 목 매달릴 상판대기니까."

그리고 자완을 돌아보며 덧붙였습니다.

"실컷 먹어 두게. 알라의 보복이 좀 무서울 뿐이지."

자완이 다시 손을 뻗어 쌀을 집은 뒤 아까처럼 손바닥에 올려놓고 뭉치려고 하는데, 별안간 여왕이 큰 소리로 호위병들에게 명령했습니다.

"어서 저자를 끌고 오너라. 손에 든 음식을 먹어 버리기 전에."

호위병들이 달려가서 음식 위에 몸을 굽히고 있는 자완을 잡아다가 왕 앞에 꿇어앉혔습니다. 사람들은 자완의 불행을 보고 재미있어하면서 저마다 소곤거렸습니다.

"그것참 고소하다. 그렇게 주의를 주었는데도 들은 체 만 체하더니. 어쨌든 저 자리에 앉기만 하면 반드시 목숨이 달아난단 말이야. 저 단 쌀을 먹는 자에게는 재앙이 덮친다니까."

줌르드 여왕은 자완에게 물었습니다.

"네 이름은 무엇이며, 무슨 일로 이곳에 왔는가?"

"오, 임금님, 저는 오스만이라고 하는 정원사이올시다. 실은 물건을 잃어버려서 그것을 찾으려 이곳에 왔습니다."

"모래판을 가져오너라!"

줌르드가 명령하자 신하들이 모래판을 가져왔습니다. 여왕은 펜을 들고 점괘를 그린 뒤 잠시 생각하다가 이윽고 고개를 들고 소리쳤습니다.

"이 발칙한 놈 같으니! 네 이놈, 네 어찌 국왕 앞에서 거짓말을 하는고! 이 점괘에 의하면 네놈은 사실은 쿠르드인 자완이라는 자로, 남의 물건을 빼앗아 부정을 저지르고, 알라께서 정당한 이유 없이 죽이지 말라고 하신 동포를 살육하며 도둑질을 가업으로 하는 도둑놈이 아니냐!"

그리고 왕은 다시 목소리를 높여 호통을 쳤습니다.

"이 돼지 같은 놈! 바른대로 고하지 않으면 이 자리에서 당장 목을 벨 테니 그리 알라!"

이 말을 들은 자완은 얼굴빛이 노랗게 변하고 이가 덜덜 떨렸습니다. 그러다가 바른대로 말하면 살려줄 것 같아서 이렇게 대답했습니다.

"오, 임금님, 참으로 맞는 말씀입니다. 잘못을 뉘우치고 앞으로 다시는 거짓말하지 않겠습니다. 전능하신 알라도 믿겠습니다."

그러나 왕은 말했습니다.

"너처럼 짐승 같은 인간을 살려둬서 세상의 이슬람교도들에게 방해물이 되게 할 수는 없다."

그리고 호위병들에게 소리쳤습니다.

"이놈을 끌어내 가죽을 벗기고 지난달의 그놈과 같은 방법으로 처치해라."

호위병들이 왕의 명령을 받들어 사내를 잡아가는 것을 본 아편쟁이는 단 쌀 요리에서 등을 돌리며 말했습니다.

"너한테는 내 얼굴을 보이는 것도 죄가 돼!"

사람들은 식사가 끝나자 제각기 흩어져 집으로 돌아가고, 줌르드도 궁전으로 돌아와 신하들을 물러가게 하였습니다.

그러는 동안 네 번째 달이 돌아오자, 전과 같이 사람들이 승마장에 모여들어 잔치 준비를 마치고 식사를 하라는 허락이 내리기를 이제나저제나 기다리고 있었습니다.

잠시 뒤 승마장에 행차하여 옥좌에 앉아 식탁을 둘러보던 줌르드는, 단 쌀 요리가 놓인 네 개의 좌석만이 비어 있는 것을 알고 이상하게 여겼습니다.

그래서 주위를 둘러보니 한 사내가 막 승마장 안으로 달려들어 오는 것이 눈에 띄었습니다.

그 사내는 가까이 와서 식탁을 둘러보다가 단 쌀이 놓인 좌석만 비어 있는지라 거기에 털썩 주저앉았습니다. 줌르드는 그 사나이가 스스로 라시드 알딘이라고 일컫는 그 저주받은 그리스도교도임을 알고 속으로 중얼거렸습니다.

"잔치를 벌이는 이 계략이 정말 잘 들어맞아 가는구나. 저 이교도 놈까지 덫에 걸릴 줄이야……."

그런데 이 사내가 이곳에 오게 된 데는 심상치 않은 사연이 있었습니다. 그것은 대체로 다음과 같은 내용입니다.

여행에서 돌아와 보니…….

—여기서 날이 밝아오기 시작한 것을 알고 샤라자드는 이야기를 그쳤다.

323번째 밤

샤라자드는 이야기를 계속했다.

오, 인자하신 임금님, 이교도인 라시드 알 딘이 여행에서 돌아와 보니 집안사람들이 줌르드가 금화가 가득 든 자루 두 개와 함께 행방불명이 된 것을 알렸습니다.

이 반갑지 않은 소식을 듣자 알 딘은 옷을 찢고 얼굴을 때리고 수염을 쥐어뜯었습니다. 그러다가 동생 바르숨을 이웃나라에 보내어 여자의 행방을 찾았지만, 기별 없는 아우의 소식을 기다리다 못한 그는 집을 떠나 아우와 여자를 찾아 나섰습니다. 이렇게 해서 우연히 이 줌르드의 도성에 도착했던 것입니다.

그가 도성에 도착한 날이 바로 그 달 초하루였으므로 거리에는 인기척이 없고 상점도 문을 닫았는데, 여자들만 창가에 무료한 듯 서 있는 것을 보고 그 까닭을 물었습니다.

그러자 국왕이 매달 초에 잔치를 열어 백성을 초대하는데 모든 사람이 그 잔치에 참석해야 하며 집에 남아 있거나 장사를 하면 안 된다는 것이었습니다. 여자들이 승마장으로 가는 길까지 가르쳐주어 승마장으로 가보니 사람들이 이미 식탁 주위에서 웅성거리고 있는데, 비어 있는 곳은 단 쌀 요리가 놓여 있는 자리뿐이라 하는 수 없이 알 딘은 그 자리에 앉아 그 별식에 손을 내밀었습니다.

그 모습을 보고 있던 왕이 호위병들에게 소리쳤습니다.

"저 단 쌀 접시 앞에 앉은 놈을 잡아들여라."

병사들은 이미 몇 번 겪은 일이라 주저하지 않고 그 사내를 끌어다 줌르드 앞에 꿇어앉혔습니다.

"바보 같은 놈! 네 이름은 무엇이며 직업은 무엇이냐? 그리고 무슨 일로 여기에 왔느냐?"

"오, 현세를 다스리시는 임금님이시여, 저는 루스탐이라 하오며 가난한 수도승인지라 특별한 직업은 없습니다."

왕은 시종에게 분부했습니다.

"모래판과 놋쇠 펜을 가져오너라."

전처럼 시종이 분부한 물건을 가져오자 왕은 펜을 들어 점을 찍어 사람의 모습을 그린 다음 잠시 생각하더니 곧 얼굴을 들어 라시드 알 딘을 보면서 말했습니다.

"이런 짐승 같은 놈! 너는 왕을 속일 작정이로구나. 너는 나사렛 사람 라시드 알 딘이라고 하는 놈이며, 이슬람교도인 척하지만, 사실은 그리스도교도이다. 그리고 너의 직업은 속임수를 써서 이슬람교도 노예계집을 잡아가는 일이지. 사실대로 말하면 살려두지만 그렇지 않으면 당장 목을 베리라!"

알 딘은 잠시 머뭇거리며 우물거리다가 대답했습니다.

"오, 임금님, 사실은 그렇사옵니다."

그러자 왕은 이 사나이를 엎드리게 한 뒤 양쪽 발바닥을 몽둥이로 백 대씩 때리고 곤장을 1천 번 치라고 명령했습니다. 부하들이 명령대로 하자, 다시 가죽을 벗겨 거친 삼베자루에 넣어 불태운 다음 성 밖 구덩이에 처넣고 그 재 위에 쓰레기와 오물을 버리도록 명령하였습니다.

사람들이 배불리 먹고 물러가자 줌르드도 궁전으로 돌아갔습니다.

"알라 신의 덕분으로 나를 괴롭힌 자들에 대한 원한을 풀었으니 이제야 속이 풀리는구나."

줌르드는 천지를 창조하신 신을 찬양하며 이런 시를 읊었습니다.

그 사람들 잠시 다스렸지만
정치는 무척이나 난폭하였네.
그러나 마치 없었던 일처럼
허무하게 끝나고 말았구나.
설사 정의를 행했다 할지라도
다시 죄를 범한 까닭에
세상은 모두 멸망의 씨를
긁어모아 짊어지게 하였으니
그들은 죽어서 외치네,
소리 없는 소리를 지르면서.
"이것이 바로 인과응보
세상 사람들에게 죄를 짓지 말지어다."

시를 읊고 난 왕은 남편 알리 샤르를 생각하며 폭포 같은 눈물을 흘렸습니다. 그러나 곧 정신을 차리고 알라(찬양할진저!)의 용서를 구했습니다.

"나의 원수를 내 손안에 맡겨주신 알라께서는 사랑하는 내 남편도 머잖아 반드시 보내주시겠지."

—여기서 날이 훤히 밝아왔으므로 샤라자드는 이야기를 그쳤다.

324번째 밤

샤라자드는 이야기를 계속했다.

오, 인자하신 임금님, 줌르드 여왕은 알라(찬양할진저!)의 용서를 구하며 말했습니다.

"알라께서는 머지않아 내 그리운 남편 알리 샤르를 만나게 해 주시리라. 알라께서는 모든 일을 뜻대로 이루시고 언제나 종들의 사정을 살피시며 은총을 내려주시니까."

그리고 알라를 찬양하고 다시 한 번 용서를 구한 다음, 시작이 있는 것에는 반드시 끝이 있다는 것을 믿고 모든 것을 알라께 맡긴 채 다음과 같은 시인의 노래를 읊조렸습니다.

조바심하지 말고
뜬세상 모든 것은 신께 맡겨라,
운명의 신이 뜻하는 대로.
신이 금지한 것은
절대 일어나지 않지만
운명은 어떤 일이 있어도
반드시 너를 덮치리니!

그리고 다른 시인의 노래도 읊었습니다.

살아 있는 동안 하루하루를 틀어 줘라,*42
생명이 있는 한 힘들이지 않고
나날을 틀어 쥘 수 있으니.
한탄이 깃드는 집은
절대로 찾아가지 말라.
이 세상에 찾기 어려운 것
수없이 많아도, 그중에
기쁜 날도 있을 터이니.

이어서 세 번째로 이런 시를 읊조렸습니다.*43

분노에 사로잡혀 미움이
끓어오르더라도, 꾹 참고
기다려라, 비록 임의
머리 위에 재앙이 내릴지라도.
진정 세월은 화살과 같아,
'시간'의 자식을 잉태하고,
신비로운 기적도 시시각각
'응애' 울음을 터트리며 태어난다.

이어서 네 번째 시인의 노래를 불렀습니다.

견딜 수 있다면 견뎌라,
기쁜 행복을 얻고 싶다면.
마음을 어지럽히는 고뇌의
쓴잔 물리치고,
마음도 가볍게 편히 쉬어라.
그대 만약 은혜로운 인종(忍從)을
감히 물리치고 거역한다면
은혜 없는 인종으로

신의 운명을 짊어지리라.

그런 다음 한 달 동안 줌르드는 낮에는 백성들의 재판을 하거나 명령과 금령을 내리고, 밤이 되면 헤어진 남편 알리를 생각하고 눈물을 흘리며 슬퍼했습니다.

이윽고 다섯 달째 초하루가 되자 왕은 전과 같이 승마장에서 잔치를 베풀도록 분부하고 식탁의 맨 윗자리에 앉자, 백성들은 역시 단 쌀이 놓인 자리만 남겨 놓고 빙 둘러앉아 식사를 시작하라는 명령을 기다리고 있었습니다. 왕은 승마장 문을 지켜보면서 마음속으로 기도했습니다.

'오, 요셉을 야곱에게 돌려주시고 요셉의 슬픔을 씻어 주신 신이여, 당신의 힘과 권력으로 부디 저의 남편 알리 샤르를 돌려보내 주십시오. 당신은 이 세상의 지배자이시며 모든 것 위에 전능하신 권력을 갖고 계십니다. 오, 삼계의 왕자시여! 길 잃은 자를 이끌어주는 분이시여! 울부짖는 자의 목소리를 들어주시는 분이시여! 기도하는 자에게 응답하시는 분이시여! 부디 저의 기도를 들어주십시오. 오, 만물의 주인이시여!'

열렬한 기도와 기원이 막 끝날 때쯤 버들가지처럼 날씬한 몸매의 젊은이가 승마장 문에서 들어왔습니다. 얼굴은 파리하고 피로에 지쳐서 여위긴 했으나 참으로 아름답고 나무랄 데 없는 젊은이였습니다. 젊은이는 안으로 들어가 식탁에 다가갔으나 단 쌀 접시가 놓인 곳 말고는 빈자리가 없어서 거기에 가서 앉았습니다. 줌르드가 두근거리는 마음으로 그 젊은이를 자세히 살펴보았더니, 그것은 꿈에도 잊은 적이 없는 남편 알리 샤르, 바로 그 사람이 아니겠습니까! 줌르드는 아주 기뻐서 하마터면 크게 소리 지를 뻔했지만, 백성들 앞에서 위엄을 잃지 않으려고 마음을 꾹 가라앉혔습니다. 그리움에 터질 것 같은 가슴과 조종처럼 세차게 뛰는 심장을 누르며, 흥분하는 마음을 숨기고 또 숨겼습니다.

그런데 알리 샤르가 이곳에 나타난 경위는 이러했습니다.

그가 의자에 누워 잠들어 있는 사이에 줌르드는 밧줄을 타고 내려와 쿠르드인 자완에게 붙잡히고 말았는데, 알리 샤르는 얼마 뒤 눈을 뜨고 자기가 맨머리를 드러내고 잤다는 것을 알았습니다. 그래서 잠들어 있는 동안 누가 몰래 터번을 훔쳐간 사실을 알고 주문을 외웠습니다.

"진정 나는 알라의 것이니 알라 곁으로 돌아가리라."

이 주문을 외면 재앙을 면할 수 있다고 합니다. 그런 다음 노파가 있는 곳으로 돌아가, 문을 두드렸습니다. 노파가 나오자 알리 샤르는 눈물을 흘리며 울다가 그만 정신을 잃고 쓰러졌습니다. 얼마 뒤 정신을 차린 그는 그때까지의 자초지종을 들려주었습니다.

"당신의 고통과 불행은 모두 당신이 스스로 부른 것이오."

노파는 이렇게 그의 어리석음을 꾸짖었습니다. 노파의 몹시 심한 나무람을 듣는 동안, 알리 샤르는 코피를 쏟으며 다시 정신이 아득히 멀어져갔습니다. 알리가 다시 정신을 차려보니…….

—여기서 날이 훤히 밝아왔으므로 샤라자드는 이야기를 그쳤다.

325번째 밤

샤라자드는 이야기를 계속했다.

오, 인자하신 임금님, 알리가 정신을 차리고 보니 노파는 그의 불행을 가엾게 여겨 눈물을 흘리며 슬퍼하고 있었습니다. 그래서 알리도 인정 없이 모진 운명을 탄식하며 이런 노래를 불렀습니다.

> 가까운 사람들 사이에
> 이별은 얼마나 서럽던가,
> 사랑하는 자들 사이에
> 만남은 얼마나 즐겁던가!
> 신이시여, 멀리 떨어져 있는
> 연인들을 부디 맺어주시고
> 사랑에 괴로워하는 이 몸을
> 부디 구원해 주소서.

노파는 젊은이의 불행을 슬퍼하여 말했습니다.

"여기 앉아 계시구려. 내가 그 여자에 대한 무슨 단서라도 얻어서 곧 돌아올 테니."

"그러겠습니다."

노파는 알리 샤르를 남겨두고 나간 뒤 점심때쯤 되어 돌아왔습니다.

"이봐요, 젊은 양반, 걱정이 되는구려. 당신이 너무 슬퍼하다가 죽지나 않을까 해서 말이오. 알 시라트의 다리*[44]를 건너기 전에는 사랑하는 그 여자를 못 만날지도 몰라요. 그 그리스도교도의 집안사람들이 아침에 일어나 보니, 정원으로 난 창문은 경첩마저 떨어져 있고 줌르드는 그림자도 보이지 않는 데다 돈이 가득 든 안장자루 두 개마저 없어졌다는구려. 내가 그곳에 갔을 때는 경비대장과 그 부하들이 문 앞에 지키고 서 있었소. 위대한 신 알라 외에 주권 없고 권력 없도다!"

이 말을 들은 알리는 그때까지 밝았던 눈앞의 세계가 별안간 밤처럼 캄캄해지면서 더는 살아갈 기력조차 없어 죽음을 각오했습니다. 그리고 하염없이 울다가 다시 정신을 잃고 말았습니다.

이윽고 정신을 차리고 난 뒤에도 그리움과 괴로움은 갈수록 심해지고, 상심이 너무 커서 중병에 걸려 1년이나 자리에 누워 집에만 틀어박혀 있었습니다.

그동안 노파가 쉴 새 없이 의사를 데려오고, 약을 달여 먹이고, 미음을 끓여주고, 맛있는 수프를 만들어 먹여주면서 온갖 정성을 들인 덕택에 열두 달만에 마침내 몸이 회복되었습니다. 그래서 알리는 지난날을 회상하며 이런 시를 읊었습니다.

아, 함께 죽기를 언약했던 몸에
닥쳐온 이별의 슬픔이여,
눈물은 흐르고
안타까운 정염은 타오르네.
평안을 모르는 몸에
시름은 겹치고
그리움에 잠 못 이루며 괴로워할 뿐.
아, 신이여, 이 영혼 기쁘게 하는 것 혹시 있다면
이 숨결 있는 동안 베풀어주소서.

이렇게 하여 2년째가 되자 노파는 알리에게 말했습니다.

"여보 젊은이, 그렇게 울고 슬퍼한다고 부인이 돌아오겠소? 그러니 결심하고 한번 행방을 찾아보도록 하구려. 어쩌면 무슨 단서라도 찾을 수 있을지 모르니까."

노파의 위로와 격려에 힘입어 완전히 건강을 회복한 알리는 노파의 안내로 목욕을 했습니다. 그리고 노파는 그에게 독한 포도주를 마시게 하고 닭고기를 먹이며 한 달 동안 정성껏 돌봐주었습니다. 그 덕분에 알리는 전처럼 완전히 건강한 몸으로 돌아갔습니다.

그리하여 알리는 곧 길을 떠나 여행을 하던 끝에 줌르드의 도성에 도착했던 겁니다.

도성에 도착하자 승마장으로 가서 단 쌀 앞에 앉은 알리는 손을 뻗어 그 단 쌀을 집으려 했습니다.

사람들이 그것을 보고 젊은이의 목숨을 염려하며 말했습니다.

"여보, 젊은이, 그 음식은 먹지 마시오. 그것을 먹는 사람은 누구나 불행을 당한다오."

그러자 알리 샤르가 대답했습니다.

"상관 말고 내버려 두십시오. 나는 어떻게 되든 상관없는 사람이오. 이런 세상을 떠날 수만 있다면 차라리 편히 쉴 수 있어 좋지 않소."

알리는 우선 그것을 한 입 집어 먹었습니다. 줌르드는 당장에라도 남편을 자기 옆으로 데려오게 하고 싶었지만, 배가 고플지도 모른다 생각하고 마음속으로 중얼거렸습니다.

'배불리 먹도록 해 주는 게 좋겠어.'

알리 샤르는 이제 큰일이 벌어지게 생겼다고 마른침을 삼키며 조마조마하게 지켜보는 사람들은 전혀 아랑곳하지 않고 맛있게 단 쌀을 먹어치웠습니다.

이제는 실컷 먹었겠지 하고 생각한 줌르드는 환관들에게 명령하였습니다.

"단 쌀을 먹는 저 젊은이를 정중하게 이리로 모셔 오너라. '임금님께서 하실 말씀이 있다고 하시니 수고스럽지만 잠깐 가주십시오' 하고 말이다."

"알았습니다."

환관들은 곧 알리에게 다가가서 말했습니다.

"젊은 양반, 임금님께서 황공하옵게도 당신을 부르십니다. 같이 가주시지요."

"그럽시다."

알리는 환관들의 뒤를 따라갔습니다.

─여기서 날이 훤히 밝아왔으므로 샤라자드는 이야기를 그쳤다.

326번째 밤

샤라자드는 이야기를 계속했다.

오, 인자하신 임금님, 알리 샤르가 환관들을 따라가자 그 자리에 있던 사람들은 저마다 한마디씩 했습니다.

"오, 위대하신 알라 외에 주권 없고 권력 없도다! 임금님께서 저 젊은이를 어쩌시려는 것일까!"

하지만 그중에는 이렇게 말하는 사람도 있었습니다.

"그렇게 많이 혼나지는 않을 거야. 만약 그럴 작정이었다면 처음부터 배불리 먹도록 놔두었을 리가 없지."

환관들이 알리를 줌르드 앞으로 데리고 가자, 알리는 절을 하고 땅에 엎드렸습니다. 그러자 왕도 답례를 하면서 예를 다해 상대방을 맞았습니다.

이윽고 왕이 물었습니다.

"그대의 이름은 무엇이며 직업은 무엇인고? 이곳엔 왜 왔는가?"

알리가 대답했습니다.

"오, 임금님, 저는 알리 샤르라 하는 호라산 상인의 아들이옵니다. 이곳에 온 까닭은 행방불명이 된 노예계집을 찾기 위해서입니다. 저에겐 그 여자가 귀보다도 눈보다도 소중한 사람입니다. 헤어진 뒤로 그녀에 대한 그리움에 저의 영혼이 타버릴 지경이랍니다. 이것이 저의 신세 이야기이옵니다."

알리는 이야기 도중에도 눈물을 흘리며 슬퍼하더니 끝내 정신을 잃고 쓰러졌습니다. 그 모습을 본 왕은 젊은이 얼굴에 장미수를 뿌리게 했습니다.

이윽고 알리가 정신을 차리자 왕은 환관에게 분부를 내렸습니다.

"모래판과 놋쇠 펜을 가져오너라."

환관들이 그것을 가져오자 펜을 들어 모래 점괘를 그린 다음 잠시 생각해 보더니 외쳤습니다.

"그대의 말엔 거짓이 없구나. 알라의 뜻에 따라 머지않아 그 여자를 만나게 되리라. 너무 걱정 마라."

이렇게 말한 왕은 시종장에게, 젊은이를 목욕탕으로 안내하여 호사스러운 옷을 입힌 다음, 왕실에서 제일 훌륭한 말에 태워 저녁때까지 궁전으로 모셔 오라고 명령했습니다.

"분부대로 거행하겠습니다."

시종장은 알리를 데리고 물러갔습니다.

승마장에 모였던 사람들은 모두 의아해하며 한마디씩 했습니다.

"대체 무슨 까닭으로 임금님은 저 젊은이를 그렇게 극진히 대접하실까?"

"그러게 내가 뭐랬어? 임금님께서 그렇게 해롭게 대하시진 않을 거라고 했잖아. 그 사내가 굉장한 미남이기 때문일 거야. 난 임금님께서 배불리 먹도록 놔두실 때부터 이렇게 될 줄 알고 있었지."

사람들은 제멋대로 지껄이면서 뿔뿔이 흩어져 집으로 돌아갔습니다.

한편 줌르드는 한시바삐 그리운 남편과 단둘이 있고 싶어서 밤이 오기만을 초조하게 기다리고 있었습니다. 날이 어두워지자마자 침실에 든 줌르드는 시녀들에게 깊이 잠든 것처럼 보이게 했습니다. 다행히 평소에 여왕의 침실을 지키며 밤을 새우는 것은 젊은 환관 둘 뿐이었습니다.

이윽고 왕은 마음을 진정시키고 나서 그리운 알리를 불러오도록 사람을 보내고는 침대 위에 일어나 앉아 있었습니다. 촛불이 머리맡에서 침대 끝까지 눈부시게 밝혀주고 천장에 매달린 황금램프가 방 안을 아침 해처럼 비춰주고 있었습니다.

사람들은 국왕이 알리를 데려오게 했다는 말을 듣고 몹시 의아해하면서 자기들 멋대로 숙덕거렸는데, 그중 신하 한 사람이 이렇게 말했습니다.

"임금님께서 아마 그 젊은이에게 특별한 호감을 느끼고 계신 모양이야. 아마 내일쯤 그 젊은이를 전군의 총지휘자로 삼으시겠지."[*45]

이윽고 왕의 침실로 안내된 알리는 왕 앞에 엎드려 신의 축복을 빌었습니다.

줌르드는 마음속으로 자신의 정체를 알리기 전에 좀 놀려주고 싶었습니다.[*46]

"오, 알리, 그대는 목욕을 했는가?"

"예, 임금님."

"그럼 이 닭고기와 음식을 들고 이 포도주와 과일즙을 마시도록 하라. 그리고 식사가 끝나면 곧 이리로 오라."

"예."

알리가 왕의 명령대로 먹고 마시자 줌르드가 말했습니다.

"자, 그럼, 침대에 올라와 발을 주물러 다오."*47

알리가 발을 비비고 다리를 주무르기 시작하였는데 그 살결이 마치 비단처럼 부드러웠습니다. 이윽고 왕이 말했습니다.

"좀더 위쪽을 주물러 다오."

"임금님, 제발 용서해 주십시오, 무릎 아래까지만 하겠습니다."

"내 명령을 거역할 셈이냐? 그렇다면 그대에게 불행한 밤이 될 텐데!"

—여기서 날이 훤히 밝아왔으므로 샤라자드는 이야기를 그쳤다.

327번째 밤

샤라자드는 이야기를 계속했다.

오, 인자하신 임금님, 줌르드는 남편인 알리 샤르를 향해 소리쳤습니다.

"내 명령을 거역할 셈이냐? 그렇다면 그대에게 불행한 밤이 될 텐데! 아니야, 그대는 내 명령대로 하기만 하면 되는 거다. 그렇게 하면 내 총신(寵臣)으로 삼아 태수로 등용해 주겠다."

"오, 임금님, 대체 저더러 어떻게 하라시는 것입니까?"

"그대의 바지를 벗고 엎드려라!"

"저는 지금까지 그런 짓은 해본 적이 없습니다. 굳이 하라고 하신다면 부활의 날에 알라 신 앞에서 당신을 비난하겠습니다. 아무튼 저는 아무것도 얻고자 하는 것이 없사오니 제발 이 도성을 떠나게 해 주십시오."

알리는 이렇게 말하며 눈물을 흘렸습니다. 그러나 줌르드는 말을 듣지 않았습니다.

"빨리 바지를 벗고 엎드려라. 그렇지 않으면 목을 치리라!"

알리가 하는 수 없이 그렇게 하자 줌르드는 그의 등에 걸터앉았습니다. 알리는 비단결보다 보드랍고 크림보다 매끄러운 살결을 느끼자 속으로 생각했습니다.

'정말 이 임금님의 살결은 어떤 여자보다 기막힌걸!'

줌르드는 얼마 동안 상대의 등에 올라타고 있다가 이번에는 침대 위로 몸을 돌려 누웠습니다.

'아, 다행이다. 임금님의 연장이 서지 않은 모양이야!'

알리가 그렇게 생각하고 있으니 왕이 다시 말했습니다.

"오, 알리여, 내 연장은 늘 손으로 주물러주지 않으면 서지 않는다. 그러니 그것이 설 때까지 어서 그대의 손으로 주물러 다오. 그렇게 하지 않으면 네 목숨은 없으리라."

그리고 줌르드는 반듯이 누워 알리의 손을 끌어다 자기의 음부에 갖다댔습니다. 그런데 그곳의 살결이 봉곳하게 부풀어 올라 명주보다 부드럽고 눈보다 희며, 그 불타는 듯 뜨거운 것이 마치 목욕탕의 뜨거운 방이나 어찌할 수 없는 사랑에 애태우는 연인의 가슴 같았습니다. 알리는 속으로 생각했습니다.

'아니, 이 임금님에게 구멍이 있다니, 거 참, 희한한 일도 다 있군!'

그러자 갑자기 정욕이 불길처럼 일어나 알리의 물건이 잔뜩 성이 나서 벌떡 일어섰습니다. 줌르드도 그것을 알아채고 갑자기 웃음을 터뜨렸습니다.

"아이, 서방님, 이래도 저를 몰라보시는 거예요?"

"도대체 당신은 누구시오?"

"전 노예계집 줌르드예요."

알리 샤르는 그제야 이 왕이 틀림없이 노예계집 줌르드라는 것을 깨달았습니다. 그는 줌르드를 으스러질 듯 가슴에 끌어안고 입을 맞춘 다음, 마치 사자가 양을 덮치듯 여자에게 몸을 던졌습니다. 그리고 강철 같은 몽둥이를 여자의 칼집에 꽂아 넣고 부지런히 그 입구를 들락거리면서, 문간의 문지기인 듯, 연단의 설교사인 듯, 제단에 기도를 올리는 수도승*⁴⁸인 듯 몸을 움직였습니다.

그러자 여자도 쉴 새 없이 몸을 꼬며 팔다리를 축 늘어뜨리는가 하면 일어났다 앉았다 미친 듯이 몸부림치며 남자의 그것을 조르는*49 등, 침상의 온갖 기술과 솜씨를 부려 방사를 하는 동안 자기도 모르게 야릇한 신음을 내고 말았습니다.

어린 두 환관이 그 소리를 듣고 몰래 휘장 틈으로 들여다보니, 왕은 반듯하게 누워 있고 그 위에 알리가 올라타 공격을 하니, 왕은 금세 숨이 끊어질 것처럼 몸부림을 치고 있지 않겠습니까?

"저건 분명히 남자의 몸짓이 아니야. 아마도 임금님은 여자인가 봐."

두 사람은 이렇게 속삭였지만, 이 일에 대해서는 가슴속에 숨겨 둔 채 누구에게도 말하지 않았습니다.

이튿날, 줌르드는 모든 군사를 소집하고 영내의 영주들을 불러 말했습니다.

"나는 이 사람의 고국으로 여행하고 싶다. 그러니 내가 귀국할 때까지 나라를 다스릴 부왕을 뽑아주기 바란다."

"분부대로 거행하겠습니다."

이윽고 줌르드는 여행에 필요한 식량과 말 여물, 돈과 진귀한 선물, 낙타, 나귀 등을 갖추어 남편과 함께 도성을 떠났습니다. 여행을 계속한 끝에 고향에 도착하여 집으로 돌아간 알리 샤르는 친구들에게 선물을 나누어주고 가난한 자들에게 희사했습니다.

얼마 뒤 알라의 뜻으로 줌르드는 아기도 낳아, 환락을 파괴하고 즐거움을 끊고 무덤을 채우는 자가 찾아올 때까지, 두 사람은 더없이 즐겁고 행복한 일생을 보냈습니다.

다함이 없이 영원히 계시는 알라께 영광 있으라. 모든 일에 신을 찬양할지어다!

또 이런 이야기도 전해내려 오고 있습니다.

〈주〉

*1 알리 샤르(Ali Shar)에 대해, 레인은 (제2권) "이 말은 명백하게 사자를 의미하는 페르시아어이다"라고 하여, 셰르(Sher)로 쓰고 있다. 그러나 그것은 열등한 인도인의 방언일 뿐이다. 페르시아인은 특히 시라즈인〔시라즈는 페르시아의 파르시스탄 주에 있는 고대 도시. 원래는 배화교의 중심지이기도 하며, 서기 9세기 무렵에 창건된 이슬람교 사원도 있다. 좁은 의미에서는 그 부근의 주민을 시라즈인이라 부른다〕은 시르(Shir)라

발음한다. 브레슬라우판 제7권에 시르라고 적혀 있는 것은 그 때문이다.

＊2 이 시는 21번째 밤에도 나왔다. 나는 본보기로서 트렌즈의 번역을 게재한다.

＊3 이 4행시는 약간 차이는 있지만 30번째 밤에도 나왔다.

＊4 이 시도 30번째 밤에 나왔다. 나는 트렌즈를 인용했다.

＊5 이 4행시는 169번째 밤에도 있다. 나는 레인에게서 빌려왔다.〔레인은 그 부분에서 이 시를 생략했기 때문에, 실제로는 처음의 169번째 밤에 해당하는 부분인 제2권에서 빌린 셈이다. 이처럼 레인은 중복되는 시를 비롯하여 난해한 시와 외설적인 시는 대부분 마음대로 생략하고 있다.〕

＊6 이것은 사막에 사는 아랍인의 원시적이지만 효과적인 냉각기로, 그들은 나뭇가지에 물병을 매달아 바람이 부는 대로 흔들리게 해둔다.

＊7 5피트 또는 다섯 자는 아랍어의 후마시야(Khumasiyah)로, 레인은 이것을 '5의 키(of quinary stature)'라고 번역하고 있다. 보통은 5정도〔1정도는 손을 쫙 폈을 때 엄지와 새끼손가락 사이의 길이이며 9인치〕를 의미하지만 여기서는 5피트이다. 즉, 이 처녀가 어리며 아직 자라는 중임을 나타내는 것이다. 노예에게 붙이는 송장에는 언제나 발뒤꿈치 뼈에서 귀까지의 키가 적혀 있어, 7정도 이상이면 다 자란 어른으로서 가격이 내려간다. 여기서 6정도 키의 노예는 수다시(Sudasi, 여성은 Sudasiyah)라고 한다. 또한 이 척도는 시브르(Shibr), 즉 긴 척도의 키(9인치)이며, 피트르(Fitr), 즉 엄지에서 집게손가락 사이의 짧은 척도는 아니다. 파우트(Faut)는 각 손가락 사이의 간격을 말하며, 라타브(Ratab)는 집게손가락과 가운뎃손가락, 아타브(Atab)는 가운뎃손가락과 약손가락 사이의 간격을 말한다.

＊8 '달 같은 얼굴'이라는 말로 모양을 나타내는 것이 현대에는 상당히 우스꽝스럽게 들리지만, 옛날에는 반드시 그렇지는 않았다. 솔로몬(《아가》 제6장 10절)은 '달처럼 아름답고 태양처럼 밝다'고 하는 비유를 경멸하지 않았다.〔같은 절에는 '이 새벽처럼 보이고 달처럼 아름다우며 태양처럼 빛나는……'〕 또 아라비아의 하늘에 걸린 달을 바라본 사람들은 그 의미를 충분히 이해할 수 있을 것이다.〔버턴의 《순례》 제1권에는, 밤에 펼쳐지는 사막의 정경이 지극히 생생하고 인상적인 필치로 그려져 있다.〕 우리는 힌두교도, 페르시아인, 아프간인, 터키인, 그리고 유럽의 모든 국민 사이에서 이 비유를 찾아볼 수 있다. 마지막으로 스펜서(Spenser)〔Edmund 16세기 후반 영국의 대시인. 저서 《페어리 퀸》 등〕의 멋진 본보기도 있다.

　처녀의 넓은 이마는, 자못 밝은 달과 같이……

Her spacious forehead, like the clearest moon,

〔이마가 넓은 것도 아랍 미인의 한 요건인 것은 말할 것도 없다. 이미 버턴은 각 대목에서 아랍인들이 여성미를 어떤 식으로 보고 있는지를 단편적으로 주석을 달았는데, 레인은 이 문제에 대해 종합적인 해설을 하고 있다.〕

＊9 푸른 눈은 인도에서도 아라비아에서도 평판이 나쁘다. 알 야마마의 마술사 자르카는 푸른 눈으로 유명했다. '푸른 눈을 한 자'는 종종 '무서운 눈빛을 가진 자'라는 의미로 쓰이며, 이스마엘(Ishmael)〔아브라함의 아들로 아랍인의 조상. 《창세기》 참조〕의 불구 대천(不具戴天)의 원수인 그리스인과 다일람인을 시사한다. 아랍인은 '콧수염이 붉고 눈은 푸르며 배는 검다'고 한다.

＊10 앞에서 설명한 것처럼, 솜은 장뇌와 함께 죽은 사람의 입을 막기 위해 사용된다. 〔레인은 제2권에서 '그녀는 노인의 콧수염을 솜에 비유하고 있다'고 해설했다.〕

＊11 앞에서도 보았듯이 목을 때리는 것은 우리의 이른바 '따귀를 때리는 것'과 같다. 그러나 그것만큼 점잖게 어린이를 벌하는 것은 없다. 가장 모욕적인 구타는 신발, 샌들 또는 실내화 등으로 때리는 것으로, 그것은 발이 머리에 닿기 때문이다.

＊12 이것은 바다위인의 머리에 감은 쿠피야(Kufiyah, 두건)를 움직이지 않도록 고정하는 아칼(A'akal, 머리띠 또는 리본)을 가리킨다(《순례》 제1권). 〔여기서는 삽화를 넣어 해설하고 있다. 그 머리띠는 양털을 꼬아서 만들거나 다발지은 실로 만든 것으로, 상당히 두껍다.〕

＊13 그림자놀이를 연출하는 사람을 아랍어로 히얄(Khiyal)이라고 하며, 나중에는 카라 기우즈(Kara Gyuz, '검은 눈'. 유명한 터키 대신의 이름에서 따온 것)로 불렸다. 그림자그림의 상연은 펀치 인형의 흥행물과 비슷한데, 스크린은 올이 성긴 천으로, 안쪽에서 램프를 비추면서 손으로 그림자그림을 조종하여 보여주었다. 그런데 이 카라 기우즈만큼 야비한 사람은 없었다. 이 사람은 자기 몸보다 긴 남근을 손에 들고 나타난다. 그 대화는—대부분 터키어이지만—그 이상으로 음란했다. 가장 기묘한 것은 카라 기우즈가 고집 센 나귀를 몰고 가는 모습과 거인 같은 아나톨리아인 순례자와 싸우는 장면이었다. 카라 기우즈가 나귀 등에 거꾸로 걸터앉아 왼쪽 엄지를 관장기처럼 집어넣고 오른손으로 그것을 때려 박으면 나귀는 깜짝 놀라 한달음에 달려나간다. 이런 그림자놀이는 오늘날에는 사라졌지만, 옛날에는 에즈베키아〔카이로의 마을 이름〕의 공원을 매일 밤 떠들썩하게 만들었다. 오비디우스의 다음과 같은 시구로 그것을 표현했다.

　　나일이 떠들썩하니 참으로 즐거워라, 인생이여!

　　Delicias videam, *Nile jocose*, tuas!

＊14 무함마드는 《미쉬카트 알 마사비 *Mishkat Al-Masabih*》에서 이렇게 말했다. "너희의 하얀 머리카락을 바꿔라. 그러나 검은 것을 사용해서는 안 된다." 〔위의 인용서는 무함마드의 전설, 즉 《코란》에 실려 있지 않은 무함마드의 언행을 모은 유명한 책.〕 예언자 무함마드보다 2년 몇 개월 연상이었던 아부 바크르는 헤나(Henna)와 카탐(Katam)의 염료를 사용했다. 〔헤나는 이집트 쥐똥나무로 불리는 *Lawsonia inermis*의 잎으로 만든 염료로, 노란색이 섞인 빨강 또는 짙은 주황색이다. 이집트 여성은 손발

을 물들이는 데 이것을 사용한다. 카탐은 몰식자(沒食子)를 가리키는 듯.] 늙은 터키 군인은 검은 염료의 사용을 정당한 것으로 인정하고 있는데, 그것을 바르면 젊고 위엄 있게 보이기 때문이다. 헤나로 물들이면 흰 머리는 주황색이 된다. 또 페르시아인은 헤나를 시용하고 나서 쪽잎으로 제조한 풀 같은 액체를 무지른다. 그러면 부추의 초록색에서 에메랄드의 녹색으로, 다시 암녹색으로, 마지막에는 누르께한 검은색으로 변한다.

＊15 이 편견은 동양에서 널리 퍼져 있다. 산스크리트의 속담에는 "Kvachit kana bhaveta sadhus." 즉 '드물게는 애꾸눈도 정직하다'는 것이 있다. 왼쪽 눈은 가장 불길하다 하여, 앞에서도 말했듯이 멀어진 왼쪽 눈에 의해 재앙이 일어나는 것으로 널리 알려졌다.

＊16 아랍인도 우리와 마찬가지로, '땅딸보는 재치가 없다'거나 '마른 사람은 머리가 모자란다'고 한다.

＊17 고민은 아랍어의 문카시르(Munkasir='깨어진' '연약한' '초조한')로, 병(病)을 나타내는 데 유일하게 허락된 형태. 〔아랍인은 노골적으로 병이라는 말을 사용하지 않기 때문이다.〕

＊18 카우사르(Kausar)는 천국의 강.

＊19 12번째 밤, '두 번째 탁발승 이야기' 참조.

＊20 레인은(제2권) 서법의 본보기로서 에르반의 《발달》을 참조하라고 권하고 있다. 〔에르반은 Augustus Francis Julian Herbin이라는 프랑스의 동양학자로, 1783~1806년. 여기에 든 저서는 《현대 아랍어 원리의 발달 Développements des Principes de la Langue Arabe Moderne》을 가리키며, 그 권말에 '동양의 서법론'이 나온다.〕 내가 13번째 밤에서 든 것처럼 7가지의 서법 이상으로 많은 서법이 있다.

＊21 이 시구는 이미 두 번 나왔다. 처음의 것은 22번째 밤에 나온다. 나는 페인 씨를 인용했다.

＊22 '여보시오, 나사렛인'은 아랍어의 야 나스라니고(Ya Nasrani). 이 호칭은 원래는 멸시하는 표현이 아니지만 실제로는 그렇게 되기 쉽다. 앞에서도 어딘가에서 설명했지만, 율리아누스가 "나사렛 놈이 감히 그랬겠다(Vicisti Nazerane)!"라고 소리쳤을 때, 그는 아마 동양인이 말하는 '나사르타 야 나스라니(Nasarta, ya Nasrani)!'라는 문구를 떠올렸을 것이다. 〔율리아누스는 Flavius Claudius Julianus 즉, 이른바 '배교자'로 불리는 로마황제. 서기 332~363년. 왕위쟁탈의 비극을 목격하고서 그리스도교에 대한 신앙을 잃고, 나중에는 모든 수단을 다하여 교회의 권리를 박탈하려 했다. 마지막 페르시아 원정길에서 배신자에 의해 부대 안에서 제명대로 다 살지 못하고 죽었다. 그때 Thou has conquered, O Galilean! 이라고 소리쳤다고 한다. 또한 아랍어의 나사르타는 나스르='이기다'가 변화한 말이다.〕

＊23 목마름은 동양인에게 있어서 모든 부탁 가운데 가장 유력한 것이다. 설령 자신의 아버지를 죽인 죄인이라 해도 물은 거절하지 않는다. 게다가 "사막에서는 목마른 자에게 물을 거절하지 말라"는 하디스(전설)도 있다.

＊24 레인은(제2권) 교묘하게 '공납하는 자'라고 번역하고 있다. 《코란》(제9장)에는 불신자를 이슬람교로 개종시키거나 '정복의 권리에 의해 공물을 바치게 할' 것을 명령하고 있다('정복의 권리에 의해'라는 것은 글자 그대로는 안 야딘(an yadin='즉시') out of hand, 논의가 끊이지 않은 문구이다). 최저의 조세는 1년에 은화 한 닢으로 구빈세[이른바 보시물로, 강제적인 것과 자발적인 것이 있다]로 기부한다. 이 조세를 바치는 대신 이교도는 보호를 받고 이슬람교도의 거의 모든 공권(公權)을 누린다. 이것은 '이권(loaves and fishes)'에 대한 문제이므로 여러 가지 논란의 여지가 있다. 또 이 '이권'은 모든 종교상 시설(施設)의 중요한 기초이기 때문에 더 말할 것도 없다.

＊25 이 4행시는 앞에도 나왔다. 따라서 나는 레인을 인용한다.

＊26 되풀이해서 말하지만, 옛날부터의 이 관례는 아라비아 민족 중에서도 가장 고귀한 종족을 제외하고는 그 의의를 완전히 잃어버렸다. 따라서 여행자는 '나누 말리힌(Nahnu malihin)'—'우리는 소금으로 맺어져 있다'—는 말을 얼마나 신용할 수 있는지 충분히 주의해야 한다.

〔참고로 레인은 제2권에서, 영국의 역사가이자 동양학자인 프라이스 소령(David Price)이 쓴 《이슬람교사 Muhammadan History》에서 인용하여, 다음과 같은 재미있는 이야기를 소개하고 있다. 이 이야기는 한 끼 한 그릇의 갚아야 할 만한 은혜에서 느끼는 도둑의 도덕을 바로 보여주고 있다.

—어느 날 야쿠브라는, 약탈을 밥 먹듯이 하는 무뢰한이 시지스탄의 총독 디르헴의 저택에 몰래 숨어들었다. 그리고 황금과 보석, 값비싼 의류를 한꺼번에 훔쳐서 내가다가 도중에 암흑 속에서 뭔가 단단한 것에 부딪쳤다. 그는 보석이나 다이아몬드인 줄로 여기고 그것을 주워 혀끝으로 핥아보았다. 그런데 뜻밖에도 소금 덩어리였다. 그렇게 총독의 소금을 핥아버린 그는, 도덕을 중시하여 욕심을 버리고 값비싼 노획물을 그대로 남겨둔 채 빈손으로 집으로 돌아가 버렸다. 이튿날, 디르헴의 회계담당이 돈궤가 있는 곳에 가보니 돈궤가 텅텅 비어 있어 깜짝 놀랐다. 그러나 바닥에 버려져 있는 짐꾸러미를 열어보니 그 속에 모든 것이 그대로 들어 있어 다시 한 번 놀란다. 그는 당장 총독에게 가서 그 놀라운 일을 얘기했다. 그러자 총독은 성 안에 포고를 내려, 간밤에 도둑질하러 들어온 자가 찾아오면 더없는 은혜를 내리겠다고 약속했다. 이 초대에 응한 야쿠브는 약속대로 후한 대접을 받고, 그 뒤 점차 세력을 키워 마침내 한 왕조의 시조가 되었다. 또한 '알리 바바'에서 상인으로 변장한 도적 두목이 알리 바바를 살해하기 위해 손님으로 가장하여 들어갔을 때, 소금을 넣지 않은 음식을 주문하여 하녀가 이상하게 생각하는 대목이 있는 것은 아시는 바와 같다.〕

＊27 바나나는 아랍어의 마우즈(Mauz)로, 여기서 린네의 명칭인 무사(*Musa, paradisiaca* 등)가 나왔다. 〔무사는 파초속(屬)을 가리킨다.〕 이 말을 세일은《코란》제37장 146 절) '작은 나무' 또는 '관목'이라 설명하고, 요나의 호리병박(Jonah's gourd)과 동일시 하려 했다. 〔요나서 제4장에 호리병박과 요나 이야기가 있는데, 여기서 '하룻밤에 태 어나 하룻밤에 죽는' 것, 즉 급속하게 자라 금방 시드는 것이라는 의미가 되었다.〕

＊28 이 5행시는 앞에도(193번째 밤) 나왔다. 나는 레인(제2권)을 인용했는데, 그는 드라 이덴(Dryden)의《스페인인 탁발승 *Spanish Friar*》(1681)에서 다음과 같은 시를 인용 하고 있다.

실성하면 확실한 기쁨이 있다,

미치광이 말고는 아무도 모르는 기쁨이.

There is a pleasure sure in being mad

Which none but madmen know.

〔레인의 제2권에는 그 밖에 쿠퍼의 같은 시구가 인용되어 있고, 본문의 시 속 관념 과 대비되어 있다.〕

＊29 레인은(제2권) 다음과 같은 예언자의 말을 소개하고 있다. "사랑에 빠져 순결하게 행 동하고 (색정을) 겉으로 드러내지 않은 채 죽어가는 자는 모두 순교자이다."

＊30 휘파람은 아랍어의 시프르(Sifr)인데, 나는 앞에서 아랍인들, 특히 바다위인은 휘파람 을 일종의 악마의 언어로 생각하고 있으며, 따라서 여행자는 휘파람을 조심해야 한다 는 것을 독자들에게 경고했다. 휘파람에는 이교적인 냄새가 있다. 즉《코란》(제8장 35절)에는 "신의 집(카바)에서의 그들의 기도는 휘파람을 불고 손뼉을 치는 것뿐이 다"〔그들이란 이교도들을 말한다〕라고 되어 있고, 전설에도 그들은 손가락으로 휘파 람을 불었다고 한다. 또, 마신 대부분은 입 대신 그저 둥근 구멍을 가지고 있을 뿐, 그들의 언어는 획 하고 울리는 소리이다—영어의 치찰음(齒擦音)과 비슷한 일종의 새의 언어이다.

＊31 아랍어의 하디스(Hadis)로, 예언자의 전설에 비긴 것.

＊32 빗자루는 아랍어로 미카쉬샤(Mikashshah)로서, 종려 잎의 두꺼운 부분을 며칠 동안 물에 담가 섬유가 분리될 때까지 충분히 두드린 것. 오래가지는 않지만, 굉장히 견고 한 빗자루가 된다.

＊33 자완(Jawan)은 페르시아어로, '젊은이, 용감한 자'라는 뜻. 산스크리트의 Yuvan, 라 틴어의 Juvenis이다. 이야기에 나오는 쿠르드인은 대개 뻔뻔스러운 도둑인데, 실제 사 회에서도 별 차이가 없다.

＊34 레인은(제2권) 이것을 "머리를 땋아 드릴 테니까……"라고 번역했지만, 이것은 명백 하게 비속한 문구를 멋대로 고친 것이다.

＊35 훌륭한 인물이 말에서 내릴 때 존경의 표시로 하는 행위.

＊36 레인은(제1권) 이러한 왕가의 공개 잔치에 대해 유익한 주를 길게 달고 있다. 교수형의 처벌은 아마 조금 과장된 것 같다. 그러나 불교냄새가 풍기는《로마인 무용담 *Gesta Romanorum*》속에도 이와 같은 극단적인 예를 볼 수 있다. 〔레인은 제1권에서 왕가의 공개 잔치에 대해 대략 다음과 같은 주석을 달았다. 참고로 요점을 소개해 둔다.

　　─정기적인 축제일이나 그 밖의 특별한 경우에, 이슬람 교주가 모든 계급의 신민을 대상으로 궁전에서 공개적인 잔치를 여는 것은 지금이나 옛날이나 관습이 되어 있다. 알 마크리지의 기술에 의하면, 왕은 오른쪽에 대신들을 거느리고 중앙 홀 상단에 있는 긴 의자에 앉는다. 이 자리에는 온갖 산해진미가 차려진 둥근 은 식탁이 놓여 있고 왕과 대신만이 그것을 먹는다. 앞쪽에는 거의 옥좌에서 홀 저편 끝까지 폭이 약 18, 9피트 되는 의자를 이어붙인 듯한, 채색된 나무 단을 놓고, 그 중앙을 따라 21개의 커다란 접시를 차리는데, 그 하나하나에 구운 양이 한 마리씩 담겨 있다. 그것과 함께 새, 닭, 새끼 비둘기 등, 각각 350마리씩을 거의 사람 키만 한 높이로 쌓아 직사각형을 이루게 한다. 큰 접시 사이사이에 거의 5백 개에 이르는 작은 접시를 놓고 거기에 각각 새 7마리를 담는데, 그 배 속에는 여러 가지 과자류가 채워져 있다. 또 식탁에 꽃을 뿌리고, 가장 좋은 밀가루로 만든 빵을 양쪽에 쭉 늘어놓는다. 그 밖에 무게가 각각 1천7백 파운드나 되는 아주 큰 과자 더미가 둘 있는데, 담꾼들이 틀가락으로 어깨에 메고 운반해온 것이다. 교주와 대신이 긴 의자에 앉으면 중신과 신분이 낮은 신하들이 신분에 따라 자리에 앉고, 식사가 끝나면 다른 사람에게 자리를 양보한다. 이하 생략.〕

＊37 그가 단 쌀을 한 입 먹었으니 여왕의 손님이 된 셈이다. 비교적 옛 시대의 바다위인들은 상대에게 침을 뱉기만(간청하여) 해도 그 보호를 요구할 수 있었다. 이를테면 말 도둑을 잡으면 지하 굴에 집어넣고 거적으로 그 위를 덮었는데, 그것은 그런 일이 일어나지 않도록 하기 위해서였다. 마찬가지로 살라딘(Saladin, Sahah al-Din)〔서기 12세기 이집트와 시리아의 유명한 왕〕도 도둑 레이날드 드 샤티옹(Reynald de Châtillon)을 처형하기 전에는 물 한 잔도 마시게 하지 않았다.

＊38 밀가루죽은 아랍어로 키슈크(Kishk)이며 원래는 카슈크(Kashk)라고 한다. 거칠게 빻은 밀가루에 우유나 수프를 타서 먹는다. 이집트의 콥트인의 경우는 '슬픔의 금요일' (축복의 금요일)에 반드시 이것을 먹는다. 레인은 그 만드는 법도 소개하고 있다(《근대 이집트인》). 〔레인의《신역 천일야화》제2권에도 그 방법이 나와 있으므로 여기에 간단하게 초역해 둔다. 키슈크의 원료가 되는 밀은 맨 처음 물에 담가 말리고서 껍질을 벗기고 맷돌에 거칠게 간다. 이 가루를 우유와 섞어서 2, 3일 내버려둔 다음 다시 말린다. 사용할 때는 물에 풀거나, 곱게 갈아서 그릇 위에 놓고 체에 친다. 그런 다음 뜨거운 물을 붓는데, 보통 버터에 튀긴 푸성귀를 약간 넣는다.〕

*39 당시에는 이슬람교도라는 표시였다.

*40 순례자 하지는 아랍어의 하지(Hajj)로, 흔히 사용하는 이집트 어법이다. 우리가 Hajji 라고 쓰는 것은 잘못된 것이다. 그렇게 되면 동양인은 Haj-ji라고 발음할 것이기 때문이다.

*41 엄지와 두 개의 손가락으로 먹었으니 그 손이 까마귀 발톱 같고, 또 쌀을 움켜잡은 모습은 마치 더러운 진흙에 빠진 낙타 발굽 같았다.

*42 즉, '하루하루를 미끄러지듯이 살아가라'는 뜻.

*43 이 시구(詩句)도 앞에 나왔다. 그래서 나는 페인 씨의 번역에서 인용했다.

*44 알 시라트(Al-Sirat)는 글자 그대로는 '통로' '길'이라는 뜻. 그리고 '머리카락보다 가늘고 칼날보다 예리한' 유명한 다리를 가리킨다. 심판의 날에는 모든 자가(하디자 (Khadijah)와 선택받은 소수를 제외하고) 이 다리를 건너야 한다. 〔하디자는 무함마드의 아내를 가리킨다.〕 이것은 페르시아인이 고안한 것을 알 이슬람이 송두리째 빌린 것이다. 고대 배화교도는 이 다리를 풀 이 치나바르(Pul-i-Chinavar) 또는 치나바드(Chinavad)라고 불렀고, 유대인도 그들한테서 이것을 빌렸다. 그것은 유대인들이, 모세가 지극히 용감하게 반대했던 내세에 관한 페르시아인의 공상을 빌린 것과 같다. '음산한 케드론 강(brook Kedron)'에 걸쳐진 다리를 시라트(도로)라고 불렀다고 하며, 여기서 아이들을 불태워 몰로크(Moloch) 신에게 바쳤다고 하는 게 히놈(Ge -Hinnom, 지옥)의 업화라고 하는 관념이 태어났다. 〔케드론 강에 대해서는 '어부와 마신 이야기' 주석 21 참조. 몰로크는 카난인이 숭배한 불의 신으로, 어린아이를 공양의 희생물로 바치는 제사가 있었다. 유대인들은 근세까지 이 제사를 지냈다고 한다.〕 문헌상의 출처가 의심스러운 하디스(전설)에 의하면 "예언자는, 알 시라트는 지옥과 천국을 가르는, 지옥불 위에 걸쳐진 다리 이름이라고 공언했다."(알 슈티 편《전설집》에서)

*45 남창(男娼)이 최고의 지위에 오르는 터키에서는 그것이 원칙이다.

*46 잔치의 취향은 아무리 오랜 이탈리아의 단편소설에 있어서도 충분히 얻을 수 있지만, 그 뒤의 모든 것은 어디까지나 이집트적인 외설적인 말과 행동이다.

*47 이집트가 아직 '프랑크화하기 전인'〔서구화되지 않았다는 뜻〕 옛날, 대부분의 육로여행자는 터키의 목욕탕에 들어가 여행의 피로를 푸는 습관이 있었다. 그 목욕탕에서 목욕이 끝나면 소년이 엉덩이를 흔들면서 나타나 몸을 씻고 주물러주겠다고 하는데, 대부분의 사람은 그 소년이 평소에 어떤 역할을 하고 있는지, 또 어떤 식으로 혹사당하고 있는지 꿈에도 모르고 그 호의를 받아들였다. 〔이 소년들은 수동적 남색자였다.〕

*48 도사는 아랍어의 이맘(Imam)인데, 성교를 기도에 비유하는 것은(이슬람교도에게 있어서는) 가장 불쾌한 일이다.

＊49 이것은 아랍어의 피 사만 히(Fi zaman-hi)로, 이집트인이 매우 찬양하는 특색을 시사하고 있다. 즉, 질의 괄약근(Constrictor vaginae muscles, Sphincter)을 사용하는 것으로, 여기에는 아비시니아인 여자가 유명하다. 그런 여자는 카바자(Kabbazah, 조르는 자)라 불리며, 남자 위에 걸터앉아 몸을 비비 꼬거나 움직이지 않고 옥문의 근육으로 페니스를 꼭 조였다 풀었다 하면서, 이른바 젖을 짜는 듯이 성교의 오르가슴을 이끌어낼 수 있다. 따라서 호두까기(casse-noisette)는 다른 첩보다 3배나 돈이 든다(《아낭가랑가》).

〈역주〉
(1) 원문에 여왕으로 되어 있어 그대로 옮겼다.

주바이르 빈 우마이르와 부주르 공주의 사랑

오, 충실한 자들의 왕인 하룬 알 라시드 님은 어느 날 밤, 자리에 누워도 잠이 오지 않아 이리저리 몸을 뒤척이고 있었습니다.[*1] 마침내 더는 견딜 수가 없어 마스룰을 불러서 말했습니다.

"여봐라, 마스룰, 도무지 잠이 오지 않는군, 누군가 이 괴로움을 달래줄 자가 없을까?"

마스룰이 대답했습니다.

"오, 진실한 신자들의 임금님, 그러시다면 정원에 나가셔서 온갖 꽃이 활짝 피어 있는 모습이나 밤하늘의 수많은 별을 바라보며 하늘의 아름다운 조화를 감상하시든지, 아니면 수면을 비추며 떠오르는 밝은 달을 구경하심이 어떨까요?"

"마스룰, 나는 그러고 싶지 않구나."

"그러시다면 임금님, 후궁에는 노예계집 300명이 저마다 자기 방을 갖고 있으니 그들의 방을 몰래 엿보고 다니시는 건 어떨까요?"

"여보게, 마스룰, 이 궁전은 나의 궁전이요, 처첩도 나의 재산인데 어찌 그런 짓에 마음이 내키겠는가."

"오, 임금님, 그러시다면 법률과 종교의 학자들과 학식 높은 성인들, 그리고 시인들을 부르시어 어전에서 여러 가지 토론과 노래와 이야기를 시키시면 어떻겠습니까?"

"그것도 입맛이 당기질 않는 걸."

"오, 임금님, 그러시다면 미소년이나 광대, 또는 술벗을 부르시어 재미있는 얘기라도 들으시고 기분을 푸시는 게 어떨지요."

그러자 교주는 소리를 질렀습니다.

"여보게 마스룰! 난 그런 것에도 도무지 흥미가 없다!"

그러자 마스룰도 소리쳤습니다.

"그렇다면 임금님, 차라리 제 목을 베어주십시오!"

—여기서 날이 훤히 밝아왔으므로 샤라자드는 이야기를 그쳤다.

328번째 밤

샤라자드는 이야기를 계속했다.

오, 인자하신 임금님, 마스룰이 교주에게 이렇게 소리쳤습니다.

"임금님, 차라리 제 목을 베어주십시오! 그러시면 짜증이 가라앉고 기분도 풀리지 않겠습니까?"

그러자 알 라시드 교주는 껄껄 웃으면서 말했습니다.

"누군지 모르겠지만 밖에 술벗이 와 있는 모양이니 보고 오라."

마스룰은 곧 밖으로 나갔다가 돌아왔습니다.

"다마스쿠스의 익살꾼 알리 빈 만수르*²가 대령해 있습니다."

"어서 들게 하라."

마스룰은 다시 나가 이븐 만수르를 데리고 들어왔습니다. 만수르는 방에 들어서자 인사를 올렸습니다.

"오, 충실한 자들의 임금님, 건강하신 모습을 뵈오니 기쁘기 그지없습니다."

"여보게, 만수르, 무슨 재미있는 이야기가 없을까?"

"충성스러운 자의 임금님, 제 눈으로 본 것을 말씀드리오리까? 아니면 남에게서 들은 이야기를 말씀드리오리까?"

"무엇이든 얘기할 만한 가치가 있는 것을 보았다면, 그 이야기를 듣기로 하자. '백 번 듣는 것이 한 번 보는 것보다 못하다'고 하였느니라."

"충성스러운 자들의 임금님, 그렇다면 말씀드리겠습니다."

"그래, 이븐 만수르, 그렇게 하라. 나는 귀를 쫑긋 세우고 눈을 크게 뜨고 마음을 기울여 들으려 하고 있다."

그래서 이븐 만수르는 이야기하기 시작했습니다.

"오, 충성스러운 자들의 임금님, 실은 저는 바소라의 왕 무함마드 빈 슬라

이만 알 하시미 님에게 해마다 녹을 받고 먹고 있어서, 어느 날도 여느 때처럼 임금님을 찾아뵈었습니다. 마침 임금님께서 사냥을 떠나실 준비를 하고 계신지라 제가 인사를 드렸더니 임금님께서도 답례하시며 이렇게 말씀하셨습니다.

'오, 만수르 그대도 말을 타고 나와 함께 사냥을 하는 것이 어떤가?'

'저는 이젠 말을 탈 수가 없습니다. 저는 손님방에 남아 있겠사오니 저 대신 시종이나 다른 사람을 데리고 가십시오.'

왕은 제 말대로 하시고 사냥을 떠나셨습니다.

신하들은 더할 나위 없이 정중하게 대접해 주었습니다. 그러나 저는 혼자 중얼거렸습니다.

'이렇게 오랫동안 바그다드에서 바소라를 왕래하면서 궁전에서 정원 사이밖에 이 도성을 모른다는 것도 참으로 이상한 일이군. 바소라를 구경하기에 이보다 좋은 기회는 다시없을 거야. 먹은 것도 소화시킬 겸 어디 한 번 밖에 나가 바람이나 쐬고 올까.'

저는 가장 좋은 옷으로 갈아입고 바소라의 거리로 나갔습니다. 그런데 교주님도 아시다시피 그 도성에는 큰 거리가 70개나 있어 이라크의 척도로 칠십 리그*3나 됩니다. 그런 거리를 혼자서 돌아다니다가 저는 그만 길을 잃어 뒷골목으로 들어섰는데 그때 몹시 목이 말랐습니다. 그래서 물을 찾아 앞으로 자꾸 나아가다 보니 뜻밖에도 커다란 대문 앞에 다다랐습니다. 그 대문에는 놋쇠*4 고리 두 개가 달려 있고 새빨간 비단휘장이 드리워져 있었습니다. 또 문 양쪽에 있는 돌 의자 위로 포도 넝쿨이 얽힌 시렁이 있는데, 그 포도 넝쿨이 아래로 늘어져서 안으로 비쳐드는 햇빛을 가리고 있었습니다. 제가 가만히 서서 그 모양을 살펴보고 있으니 어디선가 가슴속에서 짜내는 듯한 슬픈 노랫소리가 들려왔습니다. 참으로 아름다운 가락으로 이런 5행시를 노래하고 있었습니다.

가련해라, 이 내 몸은 뉘우쳐 괴로움과 슬픔으로 가득하여,
고향을 멀리 떠나가 버린 새끼 사슴 때문에 탄식하네.
이토록 내 괴로움 돋우는 오, 사막의 서풍이여,
가서 전하라, 고뇌하는 마음, 멀리 계신 그 임에게,

무정한 처사는 버리시라고, 그 임을 꾸짖어다오.

그대가 전한 사연 그 임이 들어주시거든 임의 대답 들려다오.
사랑하는 두 사람의 소식을 그 사람에게 전해다오.
그대들은 나를 위한 심부름꾼
탄식하는 내 모습을, 나의 처지를 모두 알리고,
"사랑의 노예를 괴롭히는 그런 짓은 하지 말아 달라고."

"잘못도 죄도 없건만, 벌을 주다니 다른 남자에게 마음을 주었소?
맹세한 진실을 배반했소?
아니면 그대를 괴롭혔소?"
이 말에 그 임 만약 미소 짓거든 부드러운 말투로 말해다오,
"한 번만이라도 만나기를 허락하시면 그보다 더한 자비 없을 겁니다.

임 그리워 괴로운 마음, 잠 못 이루고,
긴긴 밤을 눈물로 채우며 흐느껴 우네."
이 소식 임의 마음 기뻐한다면 좋으련마는
얼굴에 노한 빛 띠고 꾸짖으신다면,
시치미 떼는 얼굴로 말해다오,
"그 연인의 소식, 우린 모르오!"

저는 이 시를 듣고 마음속으로 생각했습니다.
'이 목소리의 임자가 미인이라면 미모와 웅변과 고운 목소리의 세 가지 조건을 다 갖춘 셈인데.'
그래서 문 앞으로 가서 휘장을 조금 들춰 보니, 이게 또 웬일입니까? 열나흗날 밤 떠오르는 둥근 달처럼 살결이 하얀 처녀가 앉아 있지 않겠습니까?
바싹 붙은 눈썹에 시름이 서린 눈동자, 유방은 마치 석류 두 알 같고 기품 있는 입술은 홍옥수처럼 붉었으며 입매는 솔로몬 왕의 봉인 같았습니다. 또 아름답고 가지런한 이는 노래와 글을 쓰는 사람들의 마음도 미치게 할 정도

로, 어느 시인이 노래한 그대로였습니다.

　　임의 입은 진주 구슬
　　그 누구일까,
　　아름다운 진주 늘어놓고
　　하얀 카밀러꽃과
　　붉은 포도주를 채운 것은?
　　그 미소에 아침 해 같은 빛을 더한 이는
　　그 누구일까?
　　루비의 자물쇠로 그 입술 봉한 이는
　　그 누구일까?
　　무한한 환희와 행복에 차서
　　아침에 임을 바라보며
　　미치지 않을 자, 그 누구일까?
　　도대체 어떤 기분일까,
　　임의 입맞춤 뜻을 이룬 자의 황홀함이란?

또 다른 시인은 이렇게 노래하고 있습니다.

　　하얀 진주 가지런한 입매여,
　　홍옥처럼 붉은 볼 사랑스럽지 않은가.
　　세상에 둘도 없이 커다란
　　진주 가진 자, 으뜸이어라.

　간단히 말씀드리자면 그 처녀는 세상의 모든 사랑스러움을 한몸에 지니고 있어 남자건 여자건 마음을 빼앗기고, 그 매력을 바라보는 것만으로는 도저히 만족할 수 없는 절세미인이었습니다. 바로 이런 시인이 노래한 것과 같은 처녀였지요.

　　걸어오는 모습 바라보면 뇌쇄당하고

뒤돌아가는 뒷모습 보면
뭇 사나이들 애가 타네.
진정 그대는 해인가! 달인가!
게다가 마음마저 아름다워
미워할 자 그 누구일까.
그 모습 한 번 보여주면
에덴의 동산도 문을 연다.
목걸이 위에 보이는 것은
환하게 떠오른 둥근 달일세.

  그런데 제가 휘장 틈으로 엿보고 있는데, 처녀가 우연히 뒤를 돌아보다가
제 모습을 발견하고 옆에 있는 시녀에게 말했습니다.
  '누가 현관에 계시니 나가 보아라.'
  그러자 노예계집이 저에게 와서 물었습니다.
  '아니, 영감님은 위신도 체통도 없으세요? 아니면, 그 허옇게 센 머리에
이런 뻔뻔스러운 짓이 어울리기라도 한단 말씀이에요?'
  '이거 미안하게 됐소이다. 내 머리가 하얗게 세긴 했소만, 하지만 내가 무
슨 망측한 짓을 했기에 뻔뻔스럽다고 그러오?'
  그때 처녀가 옆에서 말했습니다.
  '자기 집도 아닌 남의 집에 들어와서 자기 여자도 아닌 여자를 엿보는 게
망측하지 않은 건가요?'
  '아닙니다. 안주인, 실은 거기에는 그럴 만한 이유가 있다오.'
  '무슨 이유인데요?'
  '나는 길손인데, 목이 몹시 말라 당장에라도 죽을 지경이라오.'
  '아, 그러세요.'

  ─여기서 날이 새기 시작했으므로 샤라자드는 이야기를 그쳤다.

329번째 밤

샤라자드는 이야기를 계속했다.

오, 인자하신 임금님, 처녀는 노예계집을 불러서 일렀습니다.

'애, 루토프야, 저분에게 황금 대접으로 물을 떠다 드려라.'

노예계집은 진주와 보석을 박은 커다란 황금 대접에다가 사향을 탄 물을 가득 담고 초록빛 비단 보자기로 덮어 가지고 왔습니다.

저는 얼른 그것을 받아 들고 입을 댔지만, 처녀를 좀더 바라보려고 될 수 있으면 천천히 오랫동안 마셨습니다. 그리고 여자노예에게 대접을 돌려주고 나서도 좀처럼 돌아갈 생각을 하지 않자 처녀가 말했습니다.

'영감님, 이젠 어서 돌아가세요.'

'안주인, 실은 나는 가슴에 시름을 품고 있다오.'

'대체 무슨 일인데 그러세요?'

'시간은 흘러가고 해마다 세상도 모두 변해 가니까요.'

'그것도 당연한 이치지요. 세월이란 기적을 낳는 것이니까요. 하지만 그처럼 시름하시는 걸 보니 무슨 기이한 일이라도 당하셨나요?'

'이 집의 전 주인이 생각나서 그러오. 살아 있을 때 내 친구였으니까요.'

'그분, 이름이 뭔데요?'

'보석상 무함마드 빈 알리라고 하는 사람인데 대단한 부자였지요. 자식은 있었는지 없었는지 모르겠소만.'

'네, 부즈루라는 딸을 하나 세상에 남겨 두고 돌아가셨어요. 그 딸이 재산을 모두 물려받았지요.'

'아무래도 당신이 그 딸인 것 같군.'

'네!'

처녀는 웃으면서 대답했다.

'영감님, 이야기가 너무 길어졌군요. 이젠 돌아가세요.'

'글쎄, 돌아가긴 돌아가겠소만 보아하니 당신은 건강이 좋지 않아 그 아름다운 얼굴도 곧 이울어질 듯한 기색이 있군요. 어디 당신의 신세타령이라도 들려주시구려, 내 힘으로 위로해 줄 수 있을지도 모르니까.'

그러자 여자가 대답하였습니다.

'영감님이 분별이 있는 분이시라면 제 숨겨진 사연을 말씀드리지요. 하지만 영감님이 어떤 분이신지 우선 그것부터 말씀해 주세요. 믿을 만한 분인지 아닌지 알고 싶어요. 이런 시인의 노래도 있으니까요.*5

마음 바른 사람 아니고야
그 누가 비밀을 지키고 간직하랴.
마음 바른 사람이라면
가슴에 접어두고 흘리지 않는다.
비밀은 나에게 닫힌 집,
자물쇠를 열 열쇠를 잃어버려
끝끝내 문은 열리지 않네.

그래서 저는 대답했습니다.
'그대가 나의 정체를 알고 싶다면 가르쳐드리지. 나는 다마스쿠스의 익살꾼 알리 빈 만수르라고 하며, 충실한 자들의 왕이신 하룬 알 라시드 님의 술벗이라네.'
제 이름을 듣더니 처녀는 일어나서 인사를 하며 말했습니다.
'어머나, 이븐 만수르 님! 잘 오셨습니다. 그럼 제 가슴속을 열어서 모든 걸 말씀드리겠어요. 사실은 저에게 사랑하는 남자가 있는데 결혼을 하지 못하고 있답니다.'
'그대가 이토록 아름다우니 분명 아름다운 젊은이와 사랑을 하고 있을 테지. 그런데 그 남자란 대체 누구일꼬?'
'그이는 샤이반족*6의 태수 우마이르 알 샤이바니의 아들 주바이르랍니다.'
처녀는 바소라에서 제일가는 미남인 그 젊은이에게 대한 이야기를 해 주었습니다.
'그렇다면, 아가씨, 두 사람은 어디서 만났거나 아니면 편지를 주고받는 거군?'
'네, 그래요. 하지만 우리의 사랑은 입으로만 하는 사랑이지 마음으로 하는 사랑은 아니었어요. 그이는 약속도 지키지 않고 자신이 말한 맹세에도 충실하지 않았으니까요.'

주바이르 빈 우마이르와 부주르 공주의 사랑 1829

'그럼 헤어지게 된 까닭은 무엇이오?'

'어느 날, 여기 있는 이 시녀가 제 머리를 빗겨 주고 있었는데, 다 빗고 나서 머리를 땋아주다가 제가 너무나 아름답고 사랑스러운 나머지 그만 자기도 모르게 몸을 굽혀 제 뺨에 입을 맞추었어요.*7 공교롭게도 바로 그때 그이가 들어오다가 그 광경을 보고 불같이 화를 내며 돌아가 버렸어요. 그때 그는 영원한 이별을 맹세하면서 이런 시를 읊조렸답니다.

　　　남이 나의 사랑하는 여인에게
　　　마음을 품고 가로챈다면
　　　나는 연인을 뿌리치고
　　　사랑 따위 단념하고 살리라.
　　　사랑하는 남자가 좋아하지 않는
　　　경박한 행동을 하는 여자에겐
　　　볼일이 없다네.

그러고는 지금까지 편지 한 장 보내오지 않고 편지를 해도 아무런 답장이 없답니다.'

'그럼 앞으로 어떡할 작정이오?'

'영감님이 편지를 전해 주시면 안 될까요? 답장을 가지고 돌아오시면 사례로 금화 5백 닢을 드리겠어요. 또 답장을 받지 못하시더라도 수고하신 대가로 금화 백 닢을 드리겠어요.'

'그건 당신 좋을 대로 하시오. 난 뭐든지 시키는 대로 할 테니까.'

처녀는 곧 노예계집을 불러 먹과 펜을 가져오게 하여 다음과 같이 썼습니다.

　　　연인이여,
　　　왜 그토록 매정하게 나를 싫어하시나요?
　　　그 어느 날의 오해를 풀고
　　　다시 만나 즐기시려오?
　　　왜, 외면하시고

주바이르 빈 우마이르와 부주르 공주의 사랑 1831

그처럼 쌀쌀하게 대하시나요?
이제 임의 얼굴은
낯익은 그 얼굴이 아니군요.
내 말 마음대로 지껄이는
무심한 남의 말에 귀 기울이고
이렇게 미워하고 시기하시나요?
지각 있는 분이시니
한 번쯤은 남의 말 믿더라도
두 번째는 안 믿으시리.
임께서 들은 말이 있다면
그 소문이
참인지 거짓인지
신께 맹세하고 나에게 물어주오.
비록 남의 말이
진정 내 입으로 한 말이라도
같은 말도 듣기에 따라
갖가지로 변하는 법.
사람들은 하늘의 계시라고 하며
5서 (토라) *8조차 고치고
지금도 끊임없이 바꾸어 간다오.
야곱도 들었다오, 요셉이
남에게 비방받는 것을.
아, 그렇답니다, 나 자신도
헐뜯는 자도, 또 그대도
어차피 선악의 판결을 받는다오.
무서운 심판의 날 오게 되면.

　처녀는 편지를 봉하여 저에게 주었습니다. 나는 그것을 받아 들고 곧 주바이르 빈 우마이르의 집을 찾아갔는데 그는 사냥을 나가고 집에 없었습니다. 그래서 그가 돌아오기를 기다리며 앉아 있으니 이윽고 젊은이가 돌아왔습니다. 말을 달려 다가오는 주바이르의 우아하고 아름다운 풍채를 본 순간, 저는 그만 넋을 잃고 말았습니다.

주바이르는 제가 문 앞에 앉아 있는 것을 발견하자 얼른 말에서 내려 저에게 다가오더니 저를 끌어안고 인사를 하는 것이었습니다.

그때 저는 마치 온 세상에 있는 것을 모두 다 안은 듯한 기분이었습니다.

젊은이는 저를 집 안으로 안내해서 자기 침상에 앉히고 식사준비를 시켰습니다. 하인이 황금 다리가 달린 호라산의 나무로 만든 식탁을 놓고 그 위에 튀기고 굽고 한 온갖 색깔의 산해진미를 차려 놓았습니다. 그런데 제가 식탁 앞에 앉아 자세히 살펴보니 식탁에 이런 글이 새겨져 있었습니다."

—여기서 샤라자드는 날이 훤히 밝아오는 것을 깨닫고 이야기를 그쳤다.

330번째 밤

샤라자드는 이야기를 계속했다.

"오, 인자하신 임금님, 제가 주바이르 빈 우마이르 알 샤이바니의 식탁 앞에 앉아 자세히 살펴보니 이런 글이 새겨져 있었습니다.

일찍이 병아리 있었던 곳에
그대의 슬픈 눈동자 떨어뜨리고,
술잔의 집에 유숙한 자
이제 거의 다 먹어치웠구나!
눈물을 흘려라,
아, 그 맛있는 스튜의 추억에.
먼저 구워져 지금은 없는
자고새를 그리며!

슬프게 우는 뇌조(雷鳥)의 딸들을
애도하며 울어라, 언제까지고 울어라!

튀김 고기의 아들들도
필래프 속에 반쯤 익어가고
연기 나는 양의 비계 곁들였구나!
가련하다, 물고기여!
저 접시에 담긴 물고기여.

손으로 빵처럼 둥글게 빚어 구운 것 위에,
색색으로 얇게 저며 펼쳐졌으니!
그것은 하늘의 선물, 케밥이로다!
어떠한 사람도
(하늘 위에서 훔치지 않고서야)
이렇듯 맛있는 음식은 못 만들리라,
풍미 높은 기름으로
구운 고기도 못 만들리라!

그러나 가엾어라, 나의 식욕이여!
그 타락죽에
조금 전까지도 굶주려 있었는데—
아, 흰 눈 같은 손에 부서져,
그 아름다운 손에 찬
밝은 팔찌의 빛 비치는 타락죽이여,
추억은 다시금 나의 미각을 기쁘게 하네,
그토록 아름다운 그 모습에!

또다시 펼쳐진 식탁보,
온갖 주름 수놓은
아름다운 식탁보!
오, 견디어라, 내 마음이여.
모든 신기한 것은
운명이 정한다고 사람들은 말하네.

그렇다면, 오늘은 운명에
괴로워할지라도, 내일은
또 다른 맛좋은 양식
얻게 되리라.*9

이윽고 주바이르가 입을 열었습니다.

'어서 드십시오. 저희 집 음식을 잡숴주신다면 저희도 기쁨으로 생각하겠습니다.'

저는 대답했습니다.

'아니오, 나의 청을 들어주기 전에는 한 입도 먹지 않겠소.'

'어떤 청입니까?'

저는 그 편지를 꺼내주었습니다. 그러나 젊은이는 편지를 읽고 내용을 알자 갈기갈기 찢어서 방바닥에 던지며 말하는 것이었습니다.

'오, 만수르 님, 당신의 청이라면 무엇이든 들어 드리겠지만, 이 편지의 주인에 대한 일만은 어쩔 수 없습니다. 이 여자에게는 대답할 말이 전혀 없으니까요.'

이 말에 제가 화를 내며 일어서자, 젊은이가 제 옷자락을 붙들며 말했습니다.

'오, 만수르 님, 저는 그 여자가 당신에게 뭐라고 했는지 그 자리에 없었지만 알아맞힐 수 있습니다.'

'어디 뭐라고 말했는지 알아맞혀 보시오.'

'이 편지의 주인은 당신에게 답장을 받아 오면 금화 5백 닢, 답장을 받아 오지 못하더라도 수고비로 금화 백 닢을 드리겠다고 말했지요?'

'맞았소.'

'오늘은 저희 집에서 먹고 마시며 재미있게 보냅시다. 그러면 제가 금화 5백 닢을 드리지요.'

그래서 저는 주바이르와 함께 즐겁게 먹고 마시면서 밤이 깊도록 이야기를 들려주었습니다.*10 이야기가 끝나자 제가 물었습니다.

'여보시오, 주인, 댁에 악기는 없소?'

'아참, 잊었군요. 지난 며칠 동안 술만 마시느라고 악기 같은 건 통 만지

지 않아서.'

그러고는 큰 소리로 하인을 불렀습니다.

'여봐라, 샤자라트 알 즈룰!'

그러자 방 안에서 노예계집 하나가 대답을 하더니, 곧 비단자루에 든 인도의 류트를 들고 왔습니다. 노예계집은 자리에 앉더니 류트를 무릎 위에 놓고 21가지 곡을 탄 뒤, 다시 첫 번째 곡으로 돌아와서 가벼운 가락으로 이런 시를 읊었습니다.

어찌 알까 보냐,
이별의 슬픔과 만남의 행복을,
사랑의 단맛 쓴맛
맛보지 못한 사람들이.
어찌 알까 보냐,
사랑의 길이 험악한지 평탄한지,
진정한 사랑의 길 저버리고
길을 벗어난 사람들이.
나는 사랑에 미친 사람들에게
거역하기를 그치지 않았네.
사랑의 쓴맛 단맛
다 맛볼 때까지.
아, 그 몇 밤이더냐,
사랑하는 이와 더불어 이야기하고
그 입술의 꿀처럼
달콤한 이슬 맛보기를.
하지만 지금은
쓰디쓴 잔 마시고
자유로운 자와 노예들에게도
천한 몸임을 드러냈다네.
다정하게 이야기를 나누며
즐기던 밤은 짧기도 해라,

새벽은 밤 뒤꿈치를 따라다니니!
운명은 서로 그리는
우리 두 사람 떼어 놓으리라 맹세하더니
어김없이 그 맹세 지키고 말았구나.
운명이 그렇게 정했다면
그 누가 거역할 수 있으랴?
신의 명령 외면할 자
세상에 그 누구던가?

여자의 노래가 끝나는 순간, 주바이르가 갑자기 외마디 소리를 지르더니 정신을 잃고 쓰러졌습니다. 그것을 보고 시녀가 소리쳤습니다.

'영감님, 부디 당신에게는 신벌이 내리지 않기를! 벌써 오래전부터 저희는 술자리에 곡을 연주하지 않고 있었어요. 주인님이 이런 발작을 일으키실까 두려웠기 때문이에요. 어쨌든 저쪽 방으로 가서 주무시도록 하세요.'

그래서 저는 안내된 방에서 이튿날 아침까지 잤습니다. 아침이 되자 시동이 금화 5백 닢이 든 지갑을 가지고 와서 말했습니다.

'이것은 주인께서 약속하신 돈입니다. 그런데 당신을 이곳으로 보낸 그 여자한테는 돌아가지 마십시오. 영감님이나 저희나 이 일에 대해서는 아무 말도 듣지 않은 겁니다.'

'그래, 알겠다.'

저는 그렇게 대답하고서 지갑을 받아 들고 그 집에서 나왔습니다.

하지만 저는 속으로 생각했습니다.

'그 처녀는 어제부터 나를 기다리고 있었을 거야. 가서 자초지종을 얘기하는 수밖에 없다. 그렇지 않으면 그 처녀는 나는 물론이고 내 고향 사람들까지 욕할 거야.'

제가 처녀를 찾아가자 그녀는 문 뒤에서 서 있다가 저를 보고 말했습니다.

'어머나, 이븐 만수르 님, 당신은 저를 위해 아무것도 해 주시지 않으셨군요!'

'누가 그런 말을 하던가요?'

'만수르 님, 저는 더 자세한 일까지 알고 있답니다.*11 그이는 편지를 받아

보더니 갈가리 찢어 방바닥에 내던지고 이렇게 말했겠지요. '오, 이븐 만수르 님, 당신의 말이라면 무슨 일이든지 듣겠지만, 이 편지의 주인에 대한 일만은 거절하겠습니다. 저는 대답할 것이 아무것도 없으니까요.' 그러자 당신은 화를 내시고 자리에서 일어났지요. 그때 그이는 당신의 옷자락을 붙잡으며 말했을 거예요. '오, 만수르 님, 오늘은 우리 집에서 묵으시면서 먹고 마시고 즐겨 봅시다. 그리고 금화 5백 닢은 제가 드리지요.' 그래서 만수르 님은 먹고 마시며 밤늦도록 이야기를 하시다가 이윽고 한 노예계집이 노래를 부르자, 그이는 그만 정신을 잃고 쓰러지고 말았지요.'

이 말을 듣고 오, 충실한 자들의 임금님, 저는 이렇게 물었습니다.

'그렇다면 그대도 그 자리에 있었던 거요?'

'어머나 만수르 님, 어떤 시인이 노래한 이런 시를 모르시나요?

사랑하는 사람의 마음에는
눈이 달려 있습니다.
보통 사람에게는 보이지 않는 것도
그 눈으로 똑똑히 볼 수 있답니다.

하지만 이븐 만수르 님, 하루하루 세월이 갈수록 모든 것이 다 변해 간답니다.'

—여기서 날이 밝아오기 시작했으므로 샤라자드는 이야기를 그쳤다.

331번째 밤

샤라자드는 이야기를 계속했다.

오, 인자하신 임금님, 처녀는 이렇게 소리쳤습니다.

'하지만 이븐 만수르 님, 하루하루 세월이 갈수록 모든 것이 다 변해 간답니다!'

그런 다음 처녀는 하늘을 우러러보며 기도했습니다.

'오, 신이시여, 저를 인도해 주시는 주여, 당신께서 주바이르 빈 우마이르에 대한 사랑으로 저에게 괴로움을 주셨듯이, 그이에게도 저에 대한 사랑으로 괴로움을 주시고 이 애절한 마음 그이의 가슴에 옮겨주소서!'

그러고는 저에게 수고비로 금화 백 닢을 내밀었습니다.

저는 주는 대로 그것을 받아서 궁전으로 돌아갔습니다. 그때 이미 왕은 사냥에서 돌아와 계셨기에 저는 왕께 녹봉을 받아서 바그다드로 돌아갔습니다.

그리고 그 이듬해도 전처럼 다시 바소라로 가서 왕에게 봉록을 빌어서 바그다드로 돌아가려다가 문득 부주르 아가씨가 생각나서 혼잣말을 했습니다.

'그 처녀를 만나서 그 뒤 두 사람 사이가 어떻게 되었는지 알아보자!'

그녀의 집 앞으로 가보니 문 앞의 길은 깨끗이 쓸어서 물까지 뿌려져 있고 환관과 하인들, 시동들이 문 앞에 나와서 서 있기에 저는 속으로 생각했습니다.

'처녀가 너무 슬퍼하다 상심한 나머지 죽어 버렸나 보다. 그래서 태수나 벼슬아치가 이 집에 살게 된 모양이군.'

그래서 발길을 돌려 이번에는 샤이반족 우마이르의 아들 주바이르의 집을 찾아갔습니다. 그런데 그 집에 가보니 현관 옆의 의자는 부서져 있고 입구에는 전처럼 시동도 서 있지 않았습니다.

'아마 이 젊은이 역시 세상을 떠난 거겠지.'

이렇게 생각하며 문어귀에 물끄러미 서 있다가, 눈물을 글썽이며 이런 시로 슬픔을 표현했습니다.

아, 사라져버린 사람이여, 내 마음
그대 자취를 그리워하네.
돌아오시라, 그러면 다시
내 즐거웠던 나날도
함께 돌아오리니!
내 그대 문 앞에서 슬퍼하노니
내 눈꺼풀 내 눈시울 붉어져
이슬 같은 눈물 방울지노라.
슬픔이 서린 그대의 집에서
그대 유물에게 내 묻노니

"오, 그 옛날, 아낌없이 베풀던
그 주인 간 곳이 어디더냐?"
내가 묻는 말에 대답하기를
"어서 돌아가시라, 그대의 길로.
봄의 야영을 떠나
벗은 돌아갔노라, 나그네처럼
흙에 묻혀 지금은
구더기의 밥 되었노라."
신이여, 바라건대
그 미덕의 빛 끄지 마시고
우리를 슬프게 하지 마시고
가슴속에 길이길이 밝혀주소서!

　오, 진실한 신자들의 임금님이시여, 제가 이렇게 주바이르의 신세를 슬퍼하고*¹² 있으니 검둥이 노예 하나가 뛰어나오더니 말했습니다.
　'이봐, 늙은이, 입 다물지 못해? 네 어미나 뒈져버려라! 왜 구질구질하게 남의 집 앞에서 우는 거야?'
　'옛날에 자주 이 집을 드나들었던 사람이라네. 내 절친한 친구가 이 집에서 살았을 때 말이야.'
　'그 사람 이름이 뭔데?'
　'샤이반족 우마이르의 아들 주바이르라고 했지.'
　'그래, 그분이 어쨌다는 거야? 덕분에 그분은 아직도 멀쩡하게 살아 계시고 재산도 지위도 유복한 생활도 그대로야. 단지 알라의 뜻으로 부주르 공주라는 아가씨한테 반해서 괴로워하고 있을 뿐이지. 그것도 이만저만 반한 게 아니라서, 마치 땅 위에 뒹구는 커다란 바위처럼 배가 고파도 밥을 먹지 않고 목이 말라도 물을 마시지 않고 있다네.'
　'오, 그렇다면 만나게 해다오.'
　'아니, 영감, 주인 나리께서 그런 상태인데도 만나겠다는 말이오?'
　'병의 상태가 어떻든 만나 보아야겠네.'
　그러자 노예는 안으로 들어가더니 들어와도 좋다는 허락을 받아서 나왔습니다.

주바이르를 만나 보았더니 과연 땅 위에 뒹구는 바위처럼 말도 손짓도 전혀 통하지 않았습니다. 말을 걸어도 도무지 대답이 없었습니다. 그러자 하인 한 사람이 제게 말했습니다.

'나리, 알고 계신 시가 있으시거든 큰 소리로 읊어주십시오. 그 시를 들으면 혹시 눈을 뜨고 말을 하실지도 모르니까요.'

그래서 저는 곧 이런 시를 읊었습니다.

부주르의 사랑을 버렸는가,
아니면 지금도 사모하는가?
밤마다 단잠을 이루는가,
아니면 뜬눈으로 지새우는가?
눈물이 폭포 되어
끝없이 흐르거든 알라.
천국은 언제까지나
그대의 집이 될 것이라고.[*13]

젊은이는 이 노래를 듣자 눈을 뜨고 입을 열었습니다.

'오, 이븐 만수르 님, 잘 오셨습니다. 농담이 그만 진담이 되고 말았습니다.'

'내가 뭐 도울 수 있는 일은 없소?'

'제가 편지를 써 드릴 테니 그 여자에게 전해 주셨으면 고맙겠습니다. 답장을 받아오시면 금화 1천 닢을 드릴 것이고, 답장이 없더라도 수고비로 2백 닢을 드리지요.'

'그럽시다.'

—여기서 날이 새기 시작했으므로 샤라자드는 이야기를 그쳤다.

332번째 밤

샤라자드는 이야기를 계속했다.

오, 인자하신 임금님, 이븐 만수르는 이야기를 계속했습니다.

젊은이는 곧 노예계집을 불러 먹과 종이를 가지고 오게 하여 이런 시를 적었습니다.

> 알라께 바라오니
> 나에게 자비를 베풀어주십시오.
> 사랑에 미쳐 눈멀었으니
> 그리움은 쌓이고
> 연정은 더하여
> 사랑의 노예가 된 이 몸
> 병(病)의 옷을 입었으니
> 애달프구나, 나의 신세여.
> 오, 나의 애인이여
> 지난날 사랑을 우습게 여기고
> 하잘것없다 생각했건만
> 이제 마치 성난 파도처럼
> 굽이치고 휘몰아치니
> 알라의 높으신 뜻을 받들어
> 사랑하는 자들의
> 애처로운 신세 가엾게 여기노라.
> 만일 인정이 있다면
> 나를 불쌍히 여겨 만남을 허락해 주오.
> 비록 이 몸을 죽일지언정
> 부디 인정을 베푸시라.

그리고 편지를 봉하여 저에게 주었습니다. 저는 그 편지를 받아 들고 부주르 공주 집으로 다시 가서 전과 같이 휘장을 들치고 엿보았더니, 부주르 공주는 마치 달처럼 아름답고 가슴이 불룩한 처녀 열 사람에게 둘러싸여 은하수 속의 보름달인 양, 구름 한 점 없는 하늘의 태양인 양 앉아 있지 않겠습니까?

그 얼굴에는 시름의 그림자도 고뇌의 자취도 털끝만큼도 없었습니다. 제가 어리둥절해서 쳐다보고 있으니, 처녀는 뒤돌아보다 저를 발견하고 말했습니다.

'어머나, 만수르 님 아니세요! 어서 들어오세요.'

저는 안으로 들어가 인사를 한 다음 편지를 내주었습니다. 처녀는 편지를 읽어 보더니 미소 지으며 저에게 말하는 것이었습니다.

'만수르 님, 어떤 시인도 이렇게 노래했다는데 정말 그 말이 맞는 것 같아요.

> 마음을 굳게 먹고
> 사랑을 참으라,
> 그대의 사자가 소식 가지고
> 나에게 올 때까지.

만수르 님, 그럼 답장을 써 드리지요. 그이가 약속한 것을 받으실 수 있도록.'

'알라께서 그대에게 보답하시기를!'

처녀는 큰 소리로 시녀를 불렀습니다.

'먹통과 종이를 가져오너라.'

그리고 다음과 같은 시를 적었습니다.

> 무엇 때문인가요,
> 그대는 맹세 어기고
> 나 홀로 그 맹세 지켜온 까닭은?
> 나는 바른길 걸었건만
> 그대, 빗나간 까닭은?
> 나를 미워하고 쌀쌀하게 대한 것도 그대,
> 배반하고 기뻐한 것도 그대,
> 이 세상에서 맹세한 말

일편단심으로 간직하고
그대 명예를 위해
그대 이름에 맹세했건만
그대의 무모한 행실
마침내 내 눈으로 보고
그대의 불성실한 마음을
소문으로 들었지요.
그대의 오만함 더욱 높아지는데
어찌 내 몸만 깎아내리리까?
신께 맹세코 말하거니와
그대가 나를 공경하고
나 또한 그대를 공경했던들
우리 얼마나 행복했으랴!
아, 지금은 오직 단념하고
그대와 헤어져 내 마음 달랠 뿐,
영원히 인연을 끊기 위해
이 손가락을 부러뜨릴 뿐.'

'이보시오, 아가씨, 알라께 맹세코 그 사람이 이 편지를 읽으면 그 자리에
서 죽어 버릴 것이오!'
저는 그 편지를 갈가리 찢어버린 다음 이렇게 덧붙였습니다.
'다른 시를 써주구려.'
그러자 처녀가 대답했습니다.
'그러겠어요.'

지금은 마음 가라앉아
눈물 없이 단잠 잘 수 있네.
갖가지 비방을 들은 나이기에
내 마음 내가 원하는 대로
마침내 추억조차 잊어버렸네.

내 눈으로 배운 것은
오직 단념하고 사는 길이
세상에 다시없는 길이라는 것.
이별은 쓸개보다 쓰다지만
그것은 진실이 아니라네.
이별을 견뎌내고 깨달은 것은
이별 또한 술처럼 즐거운 것.
그대 소식 반갑지 않구나,
그대 이름 듣는 것조차 역겨워
정말로 역겨워
외면하고 미워하고 싶구나.
이제 내 마음속에
그대의 그림자 내쫓고
내 몸에서 그대 모습 멀리하련다.
탓하는 이 있다면
사실대로 이야기해 주어
내 마음 거짓 없음을 증명하련다.

그래서 제가 말했습니다.

'아니, 아가씨, 이런 시를 읽다가는 그 사람의 영혼은 당장 몸에서 빠져나가고 말 것이오.'

'오, 만수르 님, 정말 그 사람이 그토록 애태우고 있단 말씀인가요?'

'그 이상 과장하더라도 거짓말은 아닐 거요. 하지만 자비라는 것은 고귀한 자의 천성에 깃들어 있는 법이지.'

이 말을 들은 처녀는 눈에 눈물을 글썽거리며 이런 글을 적었습니다. 오, 충실한 자들의 임금님, 알라께 맹세코 교주님의 궁전에도 이만한 시를 읽을 수 있는 사람은 없을 겁니다.

그 편지의 시는 이러한 것이었습니다.

그 언제까지 부끄러워하며

이리도 나를 멀리하실 건가요?
나를 미워하는 자들
회심의 미소 지으리라.
모르고 저지른 잘못
허물 있는 몸이지만,
내게 일러주기 원하노라,
비록 그들 입에 오를 말
비방일지라도.
아, 사랑하는 이여
나는 그리운 그대 맞으리라,
눈동자와 눈꺼풀에
편안한 잠 맞이하듯.
정결하고 정다운 사랑의 잔
그대가 나에게 주었으니
비록 이 몸 취하여 미치더라도
그대여 나무라지 마시라!

처녀는 이 편지를 쓰고 나자……

—여기서 날이 새기 시작했으므로 샤라자드는 이야기를 그쳤다.

333번째 밤

샤라자드는 이야기를 계속했다.
부주르는 편지를 쓰고 나자 봉인을 하고 저에게 주었습니다.
'이 편지를 보면 틀림없이 그 사람의 병도 낫고 메마른 영혼도 편해질 것이오.'
제가 편지를 가지고 나오려니까 처녀가 다시 저를 불러서 말했습니다.
'만수르 님, 그이에게 오늘 밤 제가 찾아가겠다고 말씀해 주세요.'

이 말을 들은 저는 몹시 기뻐하며 얼른 주바이르에게 달려갔습니다. 이제 나저제나 답장이 오기를 초조하게 기다리며 문만 쳐다보고 있던 주바이르는 제가 내미는 편지를 받자 급히 겉봉을 뜯었습니다. 그리고 편지를 읽어보고 그 뜻을 이해하고는 갑자기 외마디 소리를 지르며 정신을 잃고 말았습니다.

이윽고 정신을 차린 주바이르가 물었습니다.

'오, 만수르 님, 그 여자가 정말 자기 손으로 이 편지를 썼나요?'

'아니, 발로 글을 쓸 수도 있나?'

그런데, 오, 충실한 자들의 임금님, 제 말이 채 끝나기도 전에 현관 옆 손님 방에서 처녀의 발찌 소리가 짤랑짤랑 들리더니 부주르 공주가 나타났습니다.

공주를 본 주바이르는 그동안의 병고 따위 깨끗이 잊은 듯이 벌떡 일어나 L(람)자가 A(아리프)자를 끌어안듯이 처녀를 부둥켜안았습니다. 그때까지 좀처럼 낫지 않던 병이 한순간에 나아버린 것입니다.

이윽고 주바이르는 자리에 앉았지만, 처녀는 여전히 서 있기만 해서 제가 말했습니다.

'아니, 왜 앉지 않고?'

'이븐 만수르 님, 저희 사이에는 약속한 것이 있으므로 앉을 수가 없어요.'

'그건 또 무슨 소리요?'

'누구도 애인끼리의 비밀을 물어서는 안 돼요.'

그렇게 말한 처녀는 주바이르의 귀에 무엇인가 속삭였습니다.

'알겠소.'

주바이르는 일어나서 노예 한 사람에게 무엇인가 귓속말을 하니, 노예는 나가서 판관 한 사람과 증인 두 사람을 데리고 들어왔습니다.

주바이르는 몸을 일으켜 금화 10만 닢이 든 돈 자루를 꺼내 들고 판관에게 말했습니다.

'판관님, 이 처녀와 결혼시켜 주십시오. 그리고 이 처녀에게 주는 지참금으로 이 금액을 적어주십시오.'

판관이 처녀에게 말했습니다.

'이의 없다고 말씀하시오.'

'이의 없습니다.'

처녀가 대답하자 판관은 결혼계약서를 작성했고, 처녀는 돈 자루를 열어 판관과 증인들에게 한 움큼씩 돈을 쥐여주고 나머지는 다시 주바이르에게 맡겼습니다. 판관과 증인은 그대로 물러나 집으로 돌아갔습니다.

저는 두 사람 옆에서 기분이 들떠서 떠들어 대다가 새벽이 가까워지자 마음속으로 생각했습니다.

'서로 사랑하면서도 오랫동안 떨어져 있었으니 이젠 일어나 어디 멀리 떨어진 방으로 가서 자야겠다. 둘이서 즐거운 밤을 보내게 해 줘야지.'

그래서 제가 일어나자 신부가 제 옷자락을 붙잡고 물었습니다.

'왜 일어나세요?'

'실은 방해가 될까 해서.'

'그냥 앉아 계셔요. 방해가 되실 때는 저희가 나가주십사고 할 테니까요.'

그래서 거의 날이 샐 무렵까지 앉아 있었는데, 이윽고 신부가 말했습니다.

'이븐 만수르 님, 저쪽 방으로 가서 주무세요. 자리를 보아 놓았을 거예요.'

저는 곧 일어나 그 방으로 들어가서 아침까지 잤습니다.

아침이 되어 시동이 물 항아리와 대야를 가져오자 저는 몸을 씻고 새벽 기도를 드렸습니다. 그러고 나서 앉아 있으니 곧 주바이르와 신부가 안쪽의 목욕탕에서 머리카락을 꼭 쥐고 나왔습니다.*14 그래서 아침 인사를 하고 무사히 신방을 치르게 된 것을 축하하며 주바이르에게 말했습니다.

'시작은 여러 가지 복잡한 일이 있었지만, 그 끝은 경사스럽게 잘 해결되었군요.'

'참으로 그렇습니다. 모두 당신이 애써주신 덕분입니다. 정말 감사합니다.'

주바이르는 이렇게 말하고 집사를 불러 분부했습니다.

'금화 3천 닢을 가져오너라.'

집사가 금화가 든 지갑을 가져오자 주바이르는 그것을 저에게 내밀며 말했습니다.

'사양 말고 받아주십시오.'

'이건 받을 수 없소. 당신이 처음에는 그토록 싫어하다가 어떻게 해서 상사병까지 들게 되었는지 그 사정을 듣기 전에는.'

'그렇다면 말씀드리지요. 실은 정월의 축제일*15이 되면 사람들은 밖으로 나가 강에 배를 띄우고 놀지요. 그래서 저도 친구들과 어울려 강으로 나갔습니다. 거기에 조그만 배 하나가 있었는데, 그 배에는 류트를 든 부주르 공주를 한가운데 두고 달처럼 어여쁜 처녀 10명이 타고 있었습니다. 공주는 먼저 열한 가지 곡을 타더니 다시 처음으로 돌아가서 이런 노래를 불렀습니다.

> 내 가슴속 그리움의 불길에
> 비하면 불도 차가워라.
> 바위도 그리운 임의
> 마음보다 부드럽다네.
> 오오, 이상도 하여라,
> 물보다 연약한 몸으로
> 바위보다 굳은 마음 지닌 그리운 임이여!

그래서 저는 '다시 한 번 그 노래를 들려주구려' 하고 부탁했으나 부주르는 그 청을 들어주지 않았습니다.'

—여기서 날이 새기 시작한 것을 알고 샤라자드는 이야기를 그쳤다.

334번째 밤

샤라자드는 이야기를 계속했다.
오, 인자하신 임금님, 이븐 만수르는 이야기를 계속했습니다.
주바이르가 말했습니다.
'그래서 저는 사공들에게 그 배에 귤을 던지라 명령했습니다. 사공들은 여자들이 탄 배가 가라앉지 않을까 걱정될 정도로 귤을 던져 넣었습니다. 그러자 부주르가 탄 배는 돌아가고 말았습니다. 다만 그때부터 공주의 상사병이 저에게 옮겨온 것입니다.'
얘기를 듣고 난 저는 그들의 결혼을 축하하고는 돈이 든 지갑을 받아들고 바그다드로 돌아왔습니다."
교주는 이븐 만수르의 이야기를 들으니 가슴이 상쾌해지면서 울적했던 기분이 완전히 사라지고 말았습니다.

또 이런 이야기도 전해내려 오고 있습니다.

〈주〉

＊1 레인은(제2권) 알 마크리지(Al-Makrizi)의 이야기를 인용하고 있다. 〔마크리지는 카이로 태생의 저술가로, 이집트사, 아랍인의 이동 등에 관한 저서가 있다. 이 이야기는 그의 저서 《지지(地誌) *Khitat*》에서 인용한 것이다. 1364~1442년.〕 즉, 서기 9세기 이집트 총독 하와라와이(Khawarawayh)가 불면증에 걸리자 시의(侍醫)는 가로세로 50큐비트의 수은 연못을 궁전 앞, 지금의 루마이라 광장에 만들라고 명령했다. "그 못의 네 구석에 은 말뚝을 박고……거기에 공기로 부풀린 가죽 침대를 묶어서 못 위에 매달아……끊임없이 기분 좋게 흔들리도록 했다."

＊2 익살꾼 알리 빈 만수르라는 이름은 지금으로서는 알 수 없다.

＊3 아랍어의 파르사흐(Farsakh)＝파라상.

＊4 놋쇠는 아랍어의 나하스 아스파르(Nahas asfar)로 노란색의 구리. 나하스 아마르(Nahas ahmar)는 구리에 대한 놋쇠를 말한다.

＊5 이 시는 두 번 나왔다(9번째 밤, 211번째 밤). 그래서 나는 레인의 번역을 인용했다.

＊6 바누 샤이반(Banu Shayban)〔바누는 일족이라는 뜻〕은 바다위족의 일족이다.

＊7 앞에서도 말했듯이, 부호들의 하렘은 여자들의 동성애(Sapphism and Tribadism)의 온상이다. 청춘의 제1기를 넘긴 모든 여성에게 (다마스쿠스에서) 이른바 '천인화'라는 소녀가 하나씩 있다. 다호메이의 수도 아그보메(Agbome)에서, 나는 '아마존' 때문에 많은 여자가 갇혀 있는 것을 알았다. 소크라테스적, 사포적 도착〔색정도착을 말하며, 여류시인 사포의 동성애는 너무나 유명하다. 그리스의 철학자 소크라테스도 기원전 399년에 청년을 더럽힌 죄로 고발당한 적이 있다〕 같은 것은 안중에도 없는 사막의 아랍인들은, 남자는 언제나 남자 연적보다 사랑하는 여자의 여자친구들을 질투한다. 영국에서의 우리는 여자가 남자 이상으로 여자를 타락시킨다는 표현에 만족하고 있다.

＊8 토라(Torah)는 히브리 5서〔이른바 모세 5서로, 구약의 최초의 5권〕 즉, 율법서를 가리킨다. 〔역대지략 하(下)권 제34장 30절에는 '계약의 서(書)'로 되어 있으며, 일반적으로 '모세의 율법'이라 불린다. 이러한 명칭에서 보건대 5서는 한 권으로 생각되고 있었던 것 같으며, 오늘날에도 히브리어 원본은 한 권으로 되어 있다.〕

＊9 이 5편의 연시(聯詩)는 13번째 밤에도 나왔다. 나는 트렌즈의 번역을 인용했다.

＊10 동양인은 밤새우는 것을 굉장히 좋아한다. 사막의 아랍인은 가끔 종족에 대해 온갖 이야기를 하면서 새벽까지 자지 않는다. '일찍 자고 일찍 일어나는' 것은 문명인의 문구로, 야만인 또는 미개인의 말은 아니다. 사미르(Samir)는 밤의 이야기 벗, 라피크(Rafik)는 길벗, 샤리브(Sharib)는 술벗, 나딤(Nadim)은 식탁의 벗 등등.

＊11 사랑하는 사람과 사랑받는 사람 중 어느 쪽이든, 과잉된 애정에 의해 이러한 천리안

적인 통찰력이 주어졌다.

*12 이렇게 과거를 탄식하는 것은 바다위족의 시에서는 흔한 일이다. 여행자는 한없이 밝은 하늘 아래 사는 사람들의 끈질긴 우울증을 반드시 보게 될 것이다.

*13 천국에 (사랑의) 순교자로서.

*14 첫날밤을 치른 것을 뜻한다. 첫날밤에는 '보기 민망할 정도로 허둥대는 모습'을 보이지 않는 것이 단정함의 표시가 되었다. 어떤 이슬람교 나라에서는 신랑은 이레 동안 첫날밤을 치르지 않는다. 그것은 부모와 형제 등에게 경의를 표하기 위한 것이다. 만약 신랑이 일을 서두르면 '성급한 남자'라 하여 경멸당한다. 현명한 사람이라면 '인간은 경솔함으로 만들어진다'(《코란》 제21장 38절)라는 말을 인용하겠지만, 이것은 물론 서두른, 무분별한 행위를 의미한다. 나는 이 이야기 전체가 세심한 배려를 가지고 얘기되어 있다고 평가하고 싶다. 오, 모든 것이 이와 같을지어다(O si sic omnia)!

*15 정월의 축제일은 페르시아어의 나우로즈(Nauroz=nou roz 즉, 새해)이다. 일반적인 축제는 네 번뿐이다. 하지, 동지, 춘분, 추분이다. 지금까지의 종교는 모두 태양을 기준으로 이 축제를 정하고 그것을 변형하여 이용하고 있다. 레인은(제2권) 고대의 어둠에 싸여 있어 그 기원을 알 수 없는 이 나우로즈 축제가 '유대교도의 유월절' Passover에서 나온 것으로 생각하고 있다!

〔레인의 의견이 과연 옳은가에 대해서는 그만두고, 이 새해축제라는 행사가 어떤 것인지 레인의 주에 따라 약간 해설해 두고자 한다(제2권).

—춘분에 시작되는 신년축제는 일반적으로 페르시아 기원으로 알려져 있지만, 나는 유대교도의 유월절에서 나온 것이 아닌가 생각한다. 이것은 고대 페르시아인들 사이에서는 큰 축제로, 엿새 동안 계속되었다. 제1일에는 왕은 오로지 인민의 복지증진에 마음을 기울이고, 제2일에는 학자와 점성술사를 대접하며, 제3일에는 성직자와 정치고문을, 제4일에는 혈족과 귀족 고관들을, 제5일에는 왕가의 자녀들을 대접하고, 제6일에는 가신 쪽에서 신분에 따라 왕에게 선물을 바쳤다. 그런 다음, 레인은 궁중에서의 제사와 행사에 언급하여, 이 제사가 오늘날에도 이집트에서 거행되고 있다는 것, 즉 셈 에르 네신(Shemm er-Neseen, 미풍을 탐지하는 것)으로 명명되어, 이른바 하마신(Khamaseen)—원뜻은 '50일'—의 제1일에 열린다는 것을 설명하고 있다. 하지만 제사의 분위기는 전자와 상당히 달라, 사람들 대부분, 특히 여자는 아침 일찍 파를 잘라 그 냄새를 맡는다. 오후에는 교외로 나가거나, 배를 타고 대개 북쪽으로 가서 공기를 쐰다. 당일의 무더운 남풍에는 매우 좋은 효능이 있는 것으로 믿었기 때문이다.〕

알 야만의 남자와 노예계집 여섯 명

알 마문 교주는 어느 날 영내의 귀족과 중신들에게 에워싸여 옥좌에 앉아 있었습니다.

그 앞에 시인들과 술벗들도 모두 앉아 있었는데, 그 속에 바소라의 무함마드라는 자도 끼여 있었습니다. 교주가 그 사람에게 말했습니다.

"여보게, 무함마드, 지금까지 들어본 적 없는 이야기를 하나 해 주지 않겠느냐?"

"예, 충실한 자들의 임금님, 어떤 이야기가 듣고 싶으신지요? 귀로 들은 이야기를 해 드릴까요, 아니면 눈으로 본 이야기를 해 드릴까요?"

"어느 쪽이든 상관없네, 신기한 이야기라면."

그래서 무함마드 알 바스리[1]는 다음과 같이 이야기를 시작했습니다.

"그럼 들어 보십시오. 옛날에 한 부자가 있었습니다. 이 사나이는 알 야만 태생이었는데, 고향을 떠나 이 바그다드에 와서 사는 동안 이곳이 아주 마음에 들어서 가족과 재산을 모두 이곳으로 옮겼습니다.

이 부자에겐 달덩이처럼 아름다운 노예계집 여섯 명이 있었습니다. 첫 번째 계집은 살결이 희고, 두 번째는 피부가 가무잡잡하고, 세 번째는 통통하게 살이 찌고, 네 번째는 날씬하게 마르고, 다섯 번째는 노란 피부, 여섯 번째는 숯처럼 검었습니다. 여섯 명이 모두 아름다운 데다 재주가 뛰어나 노래를 잘 부르고 악기를 연주하는 솜씨가 능숙했습니다.

어느 날 이 돈 많은 주인은 이 처녀들을 불러놓고 술상을 차리게 했습니다. 그리하여 먹고 마시고 즐겁게 놀다가 주인은 술잔을 채우고서 그것을 들고 살결이 하얀 처녀에게 말했습니다.

'애, 초승달 같은 아이야, 어디 재미있는 노래를 한 곡 들려주지 않으련.'

그러자 그 처녀는 류트를 손에 들고 가락을 맞춘 다음 주위 사람들이 춤이라도 추고 싶을 만큼 간드러진 가락으로 흥겹게 이런 시를 읊었습니다.

나에게 친구 하나 있으니
그 맵시 눈에 아물아물 머물고
그 이름 내 가슴에 깊이 새겨졌네.
그대 생각하면
그 생각 온통 내 가슴 차지하고
그대 모습 바라보면
내 몸 전부가 눈이 되어 버린다네.
"그 사랑 잊어라, 끊어라
못 이룰 사랑 아니 함만 못하니!"
시샘하는 자 이렇게 말하지만
나는 대답하네.
"비난하는 자여, 물러가라!
남의 애타는 마음
가볍게 여기지 말라."

　노래를 듣고 난 주인은 매우 기뻐하며 술잔을 쭉 들이켜고 나서 처녀들에
게도 잔을 돌렸습니다. 그리고 이번엔 갈색 피부의 처녀에게 말했습니다.
　'여봐라, 화롯불이여,[*1] 마음의 기쁨이여, 이번엔 너의 아름다운 목소리를
들려다오. 듣는 사람이 황홀해지도록.'
　그러자 처녀는 류트를 잡고 사람들의 마음을 달뜨게 할 만큼 흥겹게 가락
을 탔습니다. 그리고 몸을 간드러지게 흔들면서 사람들의 마음을 사로잡는
이런 시를 읊었습니다.

　아름다운 그대의 모습을 두고
맹세하리다.
죽을 때까지 그대만을 사랑하겠노라고.
그대 말고는 아무도 사랑하지 않겠노라고.
아름다운 얼굴 베일로 가린
보름달 같은 그대여,
절세미인이라도

그대 앞에서는 머리 숙이리.
그 아름다움과 견주어
어떤 처녀보다도 뛰어난 그대이기에
세상을 다스리시는 신이시여,
그대와 함께 계시기를!

주인은 흥겨워하며 잔을 들이켠 뒤 처녀들에게도 술잔을 돌렸습니다. 그리고 다시 술잔을 채워 들고 이번에는 뚱뚱한 처녀에게 노래를 부르게 하였습니다. 그러자 처녀는 류트를 잡고 사람의 마음을 흥겹게 하는 가락으로 이런 시를 읊었습니다.

오, 내 마음의 소망이여!
그대 마음 내게 기울여준다면
비록 이 세상에 신의 노여움이
떨어진대도 난 마다치 않으리.
아름다운 그대 얼굴 보여주어
나에게 생명 불어넣어 준다면
비록 왕께서 목을 자른다 해도
두렵지 않으리.
넓은 세상에 구하는 것은
오직 그대의 사랑뿐,
온갖 아름다움이 깃든
오, 참으로 훈훈한 그대의 사랑!

주인은 다시 유쾌하게 잔을 비우고 처녀들에게도 술을 권했습니다. 그리고 이번에는 가냘프게 여윈 처녀에게 눈짓하며 말했습니다.
'오, 낙원의 처녀여, 아름다운 노래와 가락으로 나를 즐겁게 해다오.'
그러자 처녀는 류트를 들고 소리맵시를 고르더니 서곡을 타고 이어서 이런 시를 읊는 것이었습니다.

그대 위해 참고 기다렸건만
그대 나를 배반하고서 말하네,
알라의 길에 서 있는 이상*²
죽음도 나에겐 상관없다고.
그렇다면 나에게 대답하시라,
우리 두 사람의 사랑을
심판할 이 없는가,
그대로 말미암은 잘못을
나를 위해 올바르게 심판할 자 없는가.

주인은 무척 기뻐하며 손에 든 잔을 들이켜고서 여자들에게도 쭉 돌렸습니다. 그런 다음 다시 한 잔 따르고 살갗이 누런 여자에게 말했습니다.
'오, 한낮의 태양이여, 무엇이든 즐거운 노래를 들려다오.'
처녀는 류트를 잡고 놀라운 솜씨로 서곡을 타더니 이어서 이런 시를 읊었습니다.

마음속에 사모하는 이 있건만
옆에 가서 바라보면
날카로운 눈길 던지며
비수인 양 노려보는 눈동자.
알라여, 부디 그 임의
무정한 처사 벌하소서.
이 가슴 사로잡은 임이지만
사내의 마음은 가을 하늘,
그 변덕 참을 길 없어라.
"마음이여, 잊어라!"
번번이 타일러도
듣지 않는 이 마음
오로지 임을 그리며 애만 태우누나.
그이야말로 나의 소망

모든 사람의 마음일러라.
그러나 운명은 시기하여
나에게 그 임 주지 않누나.

　주인은 흥겹게 잔을 기울이며 처녀들에게도 마시게 하였습니다. 그리고 새로 술을 부어 잔을 채워 들고는 살결이 검은 처녀에게 눈짓하였습니다.
　'오, 눈동자여, 단 두 마디라도 좋다. 너의 훌륭한 솜씨를 보여다오.'
　처녀는 류트를 잡고 줄을 죄고서 서곡을 몇 곡 켜다가, 다시 처음 곡으로 돌아가서 활기찬 가락으로 다음과 같은 시를 읊었습니다.

　오, 내 눈동자여,
　아낌없이 눈물 흘리려무나,
　북받치는 이 감격 꿈인가, 생시인가
　내 몸 아닌 꿈속만 같구나.
　적이 시기하니 두려우랴,
　임을 위해 술 취한
　무아경이 두려우랴.
　시기하는 자 있어
　임의 장밋빛 얼굴 외면하더라도
　나는 그 장미의 향기에
　그리움 더해가네.
　그 옛날 돌리던 맛좋은 그 술잔,
　흥겨운 가락 곁들여
　내 마음 빼앗아 죽인
　그 임도 맹세 지키며,
　이런 나를
　아침에 떠오르는
　행운의 샛별 되어
　지켜보았네.
　하지만 세월은 흘러

나에게 잘못 없건만

오, 그 임 나를 버렸네.

이처럼 무정한 처사

이 세상에 또 어디 있으랴.

임 얼굴에는 한 송이,

아니, 두 송이 장미 피었으니,

알라여, 부디 저에게

그 한 송이 내려주소서!

신이 아닌 다른 사람에게

엎드려 절하고,

죄 없으니 임의 발밑에 몸 던지고

대지에 엎드려 우러러보리다.

노래가 끝나자 처녀 여섯 명은 일어나 주인 앞에 엎드리며 말했습니다.

'나리, 부디 저희 중 누가 나은지 판가름해 주세요!'

주인은 그들의 아름다움과 사랑스러움과 갖가지 색깔의 피부를 바라보고 전능하신 알라를 찬양한 다음 입을 열었습니다.

'너희는 모두 코란을 암송할 줄 알고 음악을 공부했으며, 고대의 역사와 옛 사람들의 업적에 대해 잘 알고 있다. 그러니 한 사람씩 일어나 자기와 반대되는 동무를 가리키며 제 몸을 자랑하고 상대방을 깎아내리는 경쟁을 해 보아라. 이를테면 하얀 사람은 검은 사람을, 뚱뚱한 사람은 마른 사람을 누런 사람은 갈색 사람을 상대로 견주어 보는 것이다. 먼저 한쪽이 말하고 나거든 이어서 상대방이 말하도록 하여라. 그리고 코란의 말씀이나 일화, 시를 아는 대로 들어서 너희가 교양이 있고 말재주가 뛰어남을 자랑해 보아라.'

처녀들이 대답했습니다.

'알았습니다.'"

—여기서 날이 밝기 시작했으므로 샤라자드는 이야기를 그쳤다.

335번째 밤

"오, 인자하신 임금님, 처녀들은 알 야만 출신의 주인에게 대답했습니다.
'알았습니다!'
살갗이 하얀 여자가 먼저 일어나 검은 여자를 가리키며 말했습니다.
'이 얄미운 검둥이! 전설[2]에 의하면 살갗이 하얀 여자가 이렇게 말했대.
—나는 빛나는 광채, 열나흗날 밤에 돋아나는 달님이야. 내 피부는 세상에
둘도 없는 귀한 선물, 이마는 눈부시게 빛나, 내 아름다움에 대해 시인은 이
렇게 노래했어.

    하얀 처녀의 피부는 비단결인가
    빛나는 탐스러운 그 볼은
    '미'의 은총을 받은 진주알인가.
    날씬한 키는
    아리프 글자와 비슷하고
    방긋 웃으면 밈 글자.
    눈 위로 빗긴 눈썹은
    눈 글자처럼 굽었구나.
    눈길은 화살인 양 날카롭고
    활인가 싶은 이마
    죽음의 화살 겨누는 양 휘고,
    그 뺨과 그 맵시
    만발한 장미, 도금양, 찔레꽃,
    수선화인 듯
    세상 사람들이 꽃 심고 가지 치는
    그 공들인 꽃밭.
    그대 맵시에 다듬어진
    수많은 꽃밭!

그래서 나의 살색은 건강한 해님 같고 갓 딴 오렌지, 반짝이는 별 같은 거

란다. 마치 전능하신 알라께서 그 성스러운 책에서 예언자 모세(이분에게 부디 평안 있으시기를!)에게 말씀하신 그대로지. "너의 손을 너의 가슴에 넣어라. 그러면 상하지 않고 하얘져 나오리라."[*3] 또 이렇게도 말씀하셨어. "그 얼굴 흰 자는 알라의 자비로 영원히 희리라."[*4] 내 살색은 불가사의이며 기적이란다. 세상에 비할 데 없는 나의 사랑스러움과 아름다움은 그야말로 천하 일품이지. 맵시 있는 옷이 아름답게 어울려 사람의 마음을 사로잡는 것도 나 같은 여자가 아니면 어림도 없는 일이야. 그뿐인 줄 아니? 하얀 살결에는 여러 가지 뛰어난 점이 있단다. 예컨대 하늘에서 내리는 눈도 새하얗고 전설에도 모든 빛깔 중에서 가장 아름다운 색은 흰색이라고 하지 않았니? 이슬람교도 역시 하얀 터번을 쓰는 것을 자랑으로 삼지. 흰색을 찬양한 말을 일일이 들다간 끝이 없겠구나. 그러니 끝이 없는 걸 무작정 늘어놓는 것보다는 이쯤으로 그치는 게 좋을 거야. 그럼 이번엔 너를 깎아 내려볼까. 오, 깜둥이야, 오, 먹빛과 대장간의 먼지야, 넌 연인들의 사이를 갈라놓는 까마귀 얼굴, 시인도 하얀 색깔을 찬양하고 검은 색깔을 혐오하여 이런 시를 지었단다.

그대는 모르는가, 진주알은
젖빛이기에 값나가고
석탄은 겨우 은화 한 닢이면
산더미같이 살 수 있다는 것을.
또한 하얀 얼굴은
천국의 꽃밭에도 들어가지만
지옥의 캄캄한 집엔
검은 얼굴만 가득하다는 것을.

신앙심 깊은 사람들이 전하는 확실한 역사책에는 이런 이야기가 실려 있어. 어느 날 노아(그분이 부디 평안하시기를!)는 참과 셈,[(3)] 두 아들을 머리맡에 앉혀 놓고 자고 있었더란다.[(4)] 그러자 한 줄기 바람이 불어와 노아의 옷을 벗겨 실오라기 하나 걸치지 않은 알몸으로 만들어 놓았지. 그것을 본 참은 옷을 덮어줄 생각은 않고 웃기만 했지만, 셈은 얼른 일어나서 옷을 걸쳐주었더란다. 이윽고 아버지는 잠이 깨어 두 아들이 한 것을 알고, 셈을 축복하고 참을 저주했어. 그리하여 셈의 얼굴은 하얘지고 그 자손 중에는 예언자와 정통파 교주, 왕들이 태어났지만, 참은 얼굴이 까맣게 되어 아비시니아라는 나라로 쫓겨 가 그 혈통에서 흑인이 나왔단다.*5 "머리 좋은 검둥이는 없다"는 격언도 있는 것처럼, 세상 사람들은 한결같이 흑인에는 두뇌가 없다고 말하고 있지.'

그러자 주인이 끼어들어 한마디 했습니다.

'자, 앉거라, 그만하면 충분해, 아니 지나칠 정도였어.'

그러고는 검둥이 처녀에게 눈짓하자 처녀는 날렵하게 일어나서 하얀 처녀를 가리키며 말했습니다.

'—너는 예언자와 사도에게 남기신 경전(코란)에 "모든 것을 어둠으로 감싸는 밤에 걸고 빛나는 해에 걸고!"*6라는 지고하신 알라의 말씀이 실려 있다는 걸 모르니? 만약 밤이 훨씬 더 뛰어난 것이 아니라면, 알라께서도 밤을 두고 천국을 맹세하시지는 않았을 것이고 밤을 낮 앞에 두지도 않았을 거야. 지혜로운 사람들이 모두 이 사실을 인정하고 있단 말이야. 그리고 검은 머리는 젊음의 표시이고, 머리가 하얗게 세면 쾌락은 가고 죽음이 눈앞에 다가온다는 사실을 모르니? 검은 것이 가장 좋은 것*7이 아니라면 알라께서는 심장의 핵심이나 눈동자 속에 그것을 넣지 않으셨을 거야. 시인도 이런 근사한 말을 했잖아.

    검은 처녀를 사랑하는 것은
    청춘의 빛깔과 눈의 빛깔
    심장의 핵의 색깔을
    나타내기 때문.
    하얀 처녀를 사랑하지 않고
    서리 앉은 머리와 수의를
    피하는 사람이야말로 올바른 자.

또 이런 노래도 있지.

    살갗 희지 않은 검은 처녀는

알 야만의 남자와 노예계집 여섯 명 1861

정말 사랑할 만하구나.
검은 처녀의 입술은
짙은 밤색으로 물들지만*8
흰 처녀의 입술은
문둥이의 얼룩같이 보이는구나.

또 한 사람의 시인은 이렇게 노래했단다.

검은 처녀가 하는 행동은
참으로 희어서,
눈동자처럼 깨끗하고
맑디맑게 빛난다.
놀라지 말라, 내가
검은 처녀로 하여 미쳐 죽더라도.
검은 쓸개즙*9으로 우울병에 걸린다는 건
세상이 다 아는 일이니.
내 피부색은 칠흑 같은 밤의 빛.
달이 뜨지 않아도,
눈부시게 빛나네.

그뿐만 아니라 남몰래 모이거나 만날 때도 밤이 아니면 안 되는 거야. 이
만큼 장점을 얘기했으니 충분히 이해했겠지. 칠흑 같은 밤처럼 첩자나 비방
자로부터 연인을 지켜주는 게 또 어디 있겠니? 그리고 새벽에 반짝이는 하
얀 빛만큼 들키기 쉬운 게 또 어디 있느냐 말이야. 어둠 속에는 명예가 될
만한 장점이 정말 많단다. 시인의 이런 노래는 정말 기막히지 않니!

처녀를 찾아갈 때면
어둠은 내 편이 되어 이끌어주고
사랑의 밀회를 돕는다네.
하지만 새벽녘의 하얀 빛은

나를 방해하는 원수라네.

그리고 어떤 시인은 이렇게 말했단다.

　　나의 그리운 임 몇 밤인가를
　　가슴에 품고 지냈네.
　　어둠은 검은 머리를 풀어 헤치고
　　우리 사랑 감싸주었네.
　　아침 해 솟아오르면
　　나는 놀라 슬퍼하면서
　　아침에게 이렇게 말했다네.
　　빛을 우러르는 사람들은
　　거짓말쟁이라고.*10

세 번째 시인은 또 이렇게 노래했어.

　　그 임 내게 오셨네.
　　어둠의 옷자락 휘감아 몸을 숨기고
　　살며시 재빠른 걸음 옮겨
　　임 오시는 길에
　　나의 뺨, 깔개인 양 펼치고.
　　마음 설레며 부끄러움에
　　옷자락으로 얼굴 가렸건만,
　　그때 솟아오른 초승달
　　반짝이는 손톱*11조각인 양
　　환한 빛으로 나의 사랑
　　사람들에게 드러내었네.
　　그 까닭에 생긴 일
　　새삼스레 말할 필요 없지만
　　그저 깊이 생각하되

옳고 그름 따위는 묻지 말라.
뒷말이 귀찮으니 어두운 밤 말고는
사랑하는 여자와 만나지도 말라.
태양은 소문내기 좋아하고
달은 뚜쟁이임을 아는 게 좋다.

네 번째 시인의 노래에는 이런 것이 있어.

살결 희고 뚱뚱하고
숨이 차서 헐떡이는
그런 여자 나는 질색.
내가 좋아하는 여자는 젊고
가무잡잡하고 탄력 있는 아가씨.
시합 날에는
난 검은 망아지 타고
벗은 코끼리에 태우려오.

다섯 번째 시인은 이렇게 노래했단다.

어느 날 밤 임 찾아와서
정신없이 애무에 취해
한 이불에 누웠지.
그러나 어느 틈에 아침 햇살 비추기에
나는 알라께 빌었지.
제발 다시 만나게 해 주소서.
밤을 길게 늘여
그 임의 억센 팔에
언제까지나 안겨 있게 하소서.

이렇게 검은빛을 찬양한 고금의 말을 전부 늘어놓는 건 지루하기만 하고 끝이 없을 거야. 간단하게 말하는 편이 끝없는 말을 늘어놓는 것보다 훨씬 낫겠지. 얘, 흰둥아, 너로 말하면 살빛은 문둥이 빛깔, 그 팔에 안기면 숨이 막힐 거야.*12 흰 서리나 얼음 같은 차가움*13은 지옥에서 죄인을 벌주기 위한 것이라더라. 그리고 검고 좋은 것으론 먹이 있는데, 알라의 말씀도 먹으로 적혀 있잖니. 검은 용연향과 검은 사향이 없다면 임금님께 바칠 향료가 없을 거야. 그 밖에도 검은 색깔에는 얼마나 많은 명예가 있는지 일일이 말할 수 없을 정도야. 시인도 이런 훌륭한 말을 했지.

> 그대는 모르는가,
> 밤색 사향이 제일 비싸고
> 아무리 흰 석회도
> 은전 한 닢이면 한 짐이 된다는 것을.
> 눈동자에 하얀 별이 끼면
> 젊고 붉은 얼굴도 가련하게
> 추한 얼굴이 되지만
> 검은 눈동자는 눈꺼풀에서
> 날카로운 속눈썹 화살을 쏘네.'

그러자 주인이 말했습니다.
'자, 그만 앉아라. 그만하면 됐어.'
검은 처녀가 앉는 것을 보고 주인이 뚱뚱한 처녀에게 눈짓하자 그 처녀가 일어났습니다."

─여기서 훤히 날이 밝아오기 시작한 것을 알고 샤라자드는 이야기를 그쳤다.

336번째 밤

샤라자드는 이야기를 계속했다.

"오, 인자하신 임금님, 노예계집들의 주인인 알 야만 출신 남자가 뚱뚱한 여자에게 신호를 보내자, 그 처녀는 일어나서 늘씬한 여자를 가리키며 자신의 종아리에서 손목까지 드러내고, 앞자락을 열어 오목한 배꼽과 불룩한 배를 자랑스레 보여주었습니다. 그렇게 고운 속옷 한 장만 남기고 온몸을 드러낸 다음 이렇게 말했습니다.

'나를 만들어주신 알라를 칭송할지어다! 신께서는 나에게 아름다운 얼굴을 주시고 살이 많아 덕스럽고 풍만한 미인으로 만들어주신 데다, 열매가 주렁주렁한 나뭇가지를 본떠 넘치는 아름다움과 광채를 주셨거든. 게다가 코란에 보면 신께서는 나의 뛰어난 점을 인정하시어 나에게 명예를 내려주셨지. 다시 한 번 알라를 칭송하나이다! 더할 수 없이 높은 신의 말씀에 "그리하여 그자는 살찐 송아지를 가져 왔더라"*14 하는 구절도 있지. 신께서는 나를 복숭아와 석류가 탐스럽게 열린 가지처럼 만들어주었어. 사람들이 살찐 새고기를 즐겨 먹고 여윈 새를 싫어하는 것처럼, 아담의 아들도 살찐 고기를 좋아하고 그 고기를 먹지 않니? 살찐 것에는 이 밖에도 헤아릴 수 없이 많은 자랑거리가 있지만, 시인도 이런 멋진 시를 읊었어.

　　이제 애인에게 작별을 고하려무나.
　　보아라, 대상*15은 벌써
　　길을 재촉하여 떠나지 않았느냐.
　　하지만 사랑하는 여자에게 작별 고하고
　　차마 헤어질 수 없구나!
　　여자는 돌아서서 가까운
　　야영지(野營地)를 찾아가리라.
　　모든 사람이 칭찬하는
　　살찐 미녀의 걸음걸이로.

너는 푸줏간 앞에서 비계 많은 고기를 찾지 않는 사람을 보았니? 현자도 "즐거움에는 세 가지가 있다. 그것은 바로 고기를 먹고, 고기에 올라타고, 고기를 고기 속에 넣는 것"*16이라고 하셨어. 이 말라깽이야, 네 종아리는 흡사 참새다리나 화롯가의 부젓가락 같구나. 꼭 십자꼴의 판자나 빈약하고

썩은 고깃점 같단 말이야. 마음을 즐겁게 해 주는 데가 하나도 없어. 시인도
이렇게 노래하지 않았니?

속돌*17이 아니면
까칠한 새끼줄 같은 여자,
침상에서 안는 것은 사양하련다.
그 손발은 가시투성이
까칠까칠 찔러대어 잠 못 이루고
아침저녁으로 홀쭉해져 가네.'

그러자 주인이 말했습니다.
'이제 그만하면 됐다. 앉아라.'
뚱뚱한 처녀가 자리에 앉자 주인은 가냘픈 여자에게 눈짓했습니다. 그러
자 버들가지나 등나무 잎, 아름다운 바질 줄기처럼 우아한 여자가 일어서서
말했습니다.
'이 몸을 만들어주시고 아름다운 얼굴 모습을 주셨으며 내 포용을 모든 욕
정의 대상이 되게 하여, 모든 사람의 마음을 사로잡는 가느다란 가지를 본떠
내 모습을 만들어주신 신을 찬양할지어다! 일어서면 작약, 앉으면 패랭이꽃
이란 바로 나를 두고 하는 말, 나는 재치도 있고 명랑하기로는 천하제일이
지. 나는 아직 남자들이 자기 애인을 자랑하며, "내 여자는 코끼리같이 크
다"든가 "산처럼 뚱뚱해"라고 말하는 걸 들어본 적이 없어. "내 여자는 허
리가 가늘고 날씬해"*18 하면 몰라도 말이야. 게다가 나는 식사를 조금만 해
도 되고 조금만 마셔도 갈증이 멎지. 게다가 몸놀림이 날렵하여 가만히 앉아
있기를 싫어하는 성미란 말이야. 그건 다 내가 참새보다 쾌활하고 찌르레기
보다 가볍게 활동할 수 있기 때문이야. 나 때문에 애인은 사랑에 목마르고,
나한테 반한 남자들이 좋아서 어쩔 줄 모른단다. 이게 다 내가 생김생김이
아름답고 방긋 웃는 어여쁨과 수양버들인 양 등나무 넝쿨인 양 바질 줄기인
양 우아한 몸맵시를 가졌기 때문이란다. 아름다운 점에서는 그 누구도 나를
따를 사람이 없어. 정말 시인이 노래한 것은 바로 나를 두고 한 거야.

그대의 맵시는
늘어진 버들인가,
그대 아름다운 모습은
나와 우리의 운명.
아침에 눈 뜨면 미칠 것처럼
오로지 그대만을 그리네,
연적의 눈길 피하면서.

연인들이 미치거나 사랑 때문에 정신을 잃는 것은 바로 나 같은 여자 때문이야. 사랑하는 이가 나를 끌어안으려 할 땐 기꺼이 몸을 맡기고, 나를 자기 뜻대로 하려고 할 때는 다소곳이 따른단다. 하지만 애, 뚱뚱보야, 넌 코끼리처럼 먹으면서 양이 차지 않으면 못 견디지. 야윈 남자가 너와 같이 잘 땐 정말 남자가 불쌍해. 재미도 변변히 못 보니 말이야. 글쎄 네 배가 워낙 크니 제대로 교접할 수도 없고 그 굵은 허벅지 때문에 구멍을 제대로 찾기도 어려울 테니 말이야. 그러니 살이 찐 게 뭐가 좋으냐? 그렇게 미련하게 생겼으니 애교가 어디 있고 귀여운 데가 어디 있니? 비계 많은 고기는 푸줏간밖에 더 쓸 곳이 없단다. 어디 한 군데 칭찬할 데가 있어야지. 농담을 좀 걸면 불끈 화를 내고 장난이라도 좀 하면 금세 부루퉁해지고 잘 때는 코를 골고 걸으면 혀를 늘어뜨리며 헐떡이지. 게다가 아무리 먹어도 배가 차지 않고, 넌 정말 산보다 무겁고 타락한 죄인보다 더러워. 조금도 날렵한 데가 없고, 깨끗한 데가 없이 먹고 자는 것 말고는 아무것도 생각하지 않는다니까.
그리고 오줌을 눌 때면 소리도 요란하게 마구 튀기질 않나, 똥을 누면 술부대가 터지거나 코끼리가 탈바꿈이라도 하는 것처럼 끙끙거리질 않나. 변소에서 나올 때 뒷물을 하고 그 언저리에 난 털을 뽑으려면*¹⁹ 남의 신세를 져야 하고, 여러 가지 온갖 일들이 전부 그 꼴이란 말이야. 게다가 게을러터졌으니 누가 봐도 금방 둔하다는 걸 알 수 있지. 탁 터놓고 말하자면, 너에겐 장점이라고는 눈을 씻고 봐도 없어. 시인은 너 같은 사람을 두고 이렇게 읊었어.

방광처럼 팽팽하고

투박하고 무겁게 부풀어
수많은 바위 받치는
산 같은 허벅지와 엉덩이여,
그녀가 서반구를 걸으면
아득한 동쪽 세계가
그 무게에 신음하며 몸을 뒤트네.'

'그만하면 됐다. 앉아라.'
　주인이 말하자 처녀는 자리에 앉았습니다. 그리고 이번에는 살색이 누런
처녀가 주인의 눈짓을 받고 일어나더니 먼저 전능하신 알라를 축복하고 그
이름을 찬양했습니다. 그리고 신의 창조물 중에 가장 뛰어난 무함마드에게
평안과 축복을 빌고 나서 갈색 여자를 가리키며 말했습니다."

　　―여기서 날이 훤히 밝아왔으므로 샤라자드는 이야기를 그쳤다.

337번째 밤

　샤라자드는 이야기를 계속했다.
　"피부색이 누런 여자가 일어나 전능하신 알라를 축복하고 그 이름을 찬양
하고 나서, 갈색 여자를 가리키며 말했습니다.
　'나는 코란에서도 칭찬하는 여자란다. 자비로우신 신께서는 내 살색을 설
명하고 계시하신 책 속에서 모든 색깔 중에 가장 낫다고 말씀하셨어. '황색
은, 순수한 황색은 보는 사람의 마음을 기쁘게 한다'[20]고. 그러니까 내 살색
은 기적이요, 신비란 말이야. 내 매력은 세상에 보기 드문 것이고 내 아름다
움은 따를 것이 없어. 왜냐하면 금화의 빛깔도 이 살색이고, 유성과 달, 잘
익은 사과도 내 살색이거든. 그리고 내 모습은 미인의 모습, 사프란 빛깔은
모든 빛깔을 능가하지. 그러니까 나의 모습은 신비하고 살색은 그대로 놀랍
고 신기롭다고 할 수 있어. 나긋나긋한 몸과 모든 아름다움의 조건을 갖춘
참으로 얻기 어려운 것 아니겠니? 그리고 나의 살색은 티 없이 깨끗한 순금

처럼 고귀해서 얼마나 많은 자부심과 명예를 나타내는 건지 몰라. 나와 같은
여자를 시인은 이렇게 노래하고 있어.

　　처녀의 황금빛 살결
　　세상을 두루 비추는 태양처럼
　　금화를 보는 듯 눈을 즐겁게 한다.
　　그 눈짓 한 번도
　　사프란빛으로 빛나며
　　가장 깨끗하고 선명한 달빛보다도
　　눈부시도록 밝게 비추네.

　그런데 갈색 계집애야! 이제부턴 네 흠을 들추어 볼까? 물소 같은 네 살
색을 보면 그 누구든 간에 치를 떨지 않겠니. 신께서 만드신 것 가운데 그런
빛깔을 한 것은 욕의 대상이 될 뿐이고, 음식에 들어 있다면 독이 될 뿐이
야. 글쎄, 네 빛깔은 똥파리 색이잖니? 개에게 그런 색깔이 섞여 있다 해도
추악한 표시가 될 거야. 수많은 빛깔 중에서도 사람을 깜짝 놀라게 하는 빛
깔이고 비탄을 나타내는 빛깔이야. 나는 갈색 황금이니, 갈색 진주니, 갈색
보석이니 하는 말은 들은 적이 없어. 네 얼굴은 변소에 들어가면 색깔이 변
해 나오는 추악한 것 중에서도 가장 추악한 것이 되지. 정말 뭐라 표현할 수
없도록 끔찍한 빛깔이야. 검으면 검은 대로 분칠이나 할 수 있지. 이건 그렇
지도 못한 데다 희지도 않으니, 정말 시인의 노래에도 있는 것처럼 아무짝에
도 쓸모가 없거든.

　　그 여자의 빛은 더러운 먼지의 빛
　　그 탁한 갈색에
　　푸른곰팡이 피니
　　길 서두는 파발꾼이 일으키는
　　흙먼지인 양 보이네.
　　그 이마 한순간도
　　나는 쳐다보기 싫어라.

그래도 갈색이 생각나면
내 마음만 어김없이
짙은 갈색으로 가라앉네.'

'자, 이제 그만, 그만하면 됐다.'
　주인이 말하자 처녀는 자리에 앉았습니다. 주인은 갈색 처녀에게 눈짓했습니다. 이 처녀는 참으로 아름답고 사랑스러운, 어디 한 군데 흠잡을 것이 없는 균형과 기품의 표본 같은 여자로, 보드라운 살결에 날씬한 몸, 쭉 뻗은 키, 그리고 머리카락은 옻처럼 새까맸습니다. 뺨은 장밋빛인 데다 눈은 조물주의 손으로 까맣게 그려지고 얼굴이 빼어나게 아름다울 뿐 아니라 말솜씨도 유창하고, 허리는 가늘고 엉덩이는 컸습니다. 그런 여자가 일어나 말했습니다.
　'나를 만들어주신 알라를 찬양할지어다! 나병에 걸린 것처럼 하얗지도 않고, 쓸개즙처럼 누렇지도 않고, 숯처럼 검지도 않으며, 수많은 남자의 넋을 빼앗아버리는 피부색을 주신 신을 찬양할지어다! 왜냐하면 시인은 온갖 말을 동원하여 갈색 처녀를 찬미하며 그 빛깔이 어떤 빛깔보다 뛰어나다는 것을 노래하고 있거든. "갈색에 찬사를 바치노라"고 어느 시인은 말했고, 또 이런 노래를 부른 시인이야말로 알라의 축복을 받을 거야.

갈색 속에 신비 깃들어 있으니,
그 빛깔 올바르게 이해한다면
결코 다른 빛깔 보지 않으리,
빨간색이건 하얀색이건.
그대의 눈은 다른 여자에게선 머물지 않으리.
거침없이 흘러나오는 말재주와
요염한 애욕의 교태에
하르트[5]조차 위대한
마술의 힘을 얻어가리.

　또 다른 시인은 이렇게 노래했단다.

나긋나긋 얌전하고
가벼운 발걸음,
삼하르의 갈색 창인 양
쭉 곧고 날씬한 키의
가무잡잡한 처녀를 나에게 다오.
눈꺼풀은 시름에 겨워 내리감기고
비단결인 양 몸에 솜털 난 처녀를,
사랑하는 이의 마음을 태우는
가무잡잡한 처녀를 나에게 다오.

또 이런 노래도 있지.

목숨을 걸고 말하리다.
갈색 피부는 아름다워서
조금도 희지 않지만
달보다 높은 자리 차지한다고.
그러나 만일 갈색 피부가
흰빛 빌려다가 치장한다면
그 아름다움 순식간에 사라지고
굴욕의 나락에 빠지리.
내가 취하는 것은
그녀가 권하는 술이 아니라,
사향내 풍기는 그녀의 머리
이거야말로 술보다 더해
세상 사람들을 취하게 하고
갖은 매력 다투어
서로 시샘하네.
사람들은 오로지
그녀 얼굴에 피어오르는
아름다운 솜털이 되고자 한다.

또 이렇게 노래한 시인도 있단다.

자라나는 대나무처럼
가무잡잡한 뺨 위
저 부드러운 명주 솜털에
왜 나를 다가가지 못하게 하는가?
노래 부르는 자
어여쁜 이를 칭찬하면서,
머리에 하얀 수련 덮어쓴
개미 같은 검은 사마귀는 말하지 않네.
아서라, 그 검은 눈동자 아래
검은 사마귀 있어 남의 눈 더 끄는 것을.
그러하거늘 사람들은 왜
검은 사마귀 하나 있는
내 얼굴을 탓하는가?
아, 신이시여, 잔소리 많은
무지렁이는 쫓아버리소서!

내 모습은 전체가 아름다움 그 자체, 무거운 엉덩이 위에 든든하게 앉아 있단다. 임금님, 군자, 가난한 자, 모두 한결같이 나의 살색을 예찬하며 소망한단다. 나는 명랑하고, 유쾌하고, 아름답고, 고상하고, 살결이 매끄러워 값도 많이 나가지. 게다가 얼굴이며 교양이며 말재주, 어느 것 하나 나무랄 데가 없잖니. 볼품 있고, 재치 있고 명랑한 성격에 행동거지 또한 볼만하지. 그런데 너는 어떠니, 초라한 루크 문*²¹에 피어난 당아욱처럼 생긴 데다 흙 같은 빛깔에 노란 얼룩이 져서 모든 게 유황을 빚어서 만든 것 같구나. 정말 넌 무슨 여자가 그러니? 동전 한 푼어치도 못 되는 시들어 빠진 여뀌야, 놋쇠냄비의 구리녹아, 깜깜한 밤의 올빼미 낯짝아, 지옥에 나는 자쿰나무*²² 열매야, 네 잠자리 상대는 가슴이 찢어져서 무덤 속에 묻혀 있지 않니? 어디 한 군데도 쓸모가 없으니 말이야. 너 같은 여자를 두고 시인은 이렇게 노래했지.

병든 것도 아니고 그렇다고
슬퍼하는 기색도 아닌데
누렇게 물든 그 얼굴은
불행한 내 마음을
더욱더 짜증나게 하고
두통거리만 되는구나.
그대만 후회하지 않는다면
내 이가 모두 부러지더라도
아래 얼굴에 입맞추어
벌을 줄까 보다!'

처녀가 노래를 마치자 주인은 말했습니다.
'이젠 됐다. 앉아라.'"

—여기서 샤라자드는 날이 새기 시작한 것을 깨닫고 이야기를 그쳤다.

338번째 밤

샤라자드는 이야기를 계속했다.
"노란 여자(6)가 노래를 마치자, 주인은 말했습니다.
'이젠 됐다. 앉아라!
그리고 처녀들을 서로 화해시키고, 이날의 상으로 호화로운 옷 한 벌씩과
바다와 육지의 귀한 보석을 선사했습니다. 오, 충성스러운 자의 임금님, 저
는 이 나이가 될 때까지 그 노예계집 여섯 명만큼 아름다운 여자들은 어디서
도 본 적이 없습니다."
바소라의 무함마드의 이야기를 듣고 난 알 마문은 말했습니다.
"여보게, 무함마드, 그대는 그 색시들의 주인이 사는 곳을 알고 있느냐?
무슨 수를 써서라도 그 색시들을 살 방도가 없을까?"
"오, 충성스러운 자의 임금님, 들리는 바로는 주인은 그 여자들에게 홀딱

반해서 좀처럼 내놓으려 하지 않는다고 합니다."

"여자 하나에 금화 1만 닢, 모두 해서 6만 닢을 가지고 가 보아라. 그 돈을 그 사내 집에 가져다주고 여자들을 사오도록 하여라."

그리하여 바소라의 무함마드는 그 돈을 들고 알 야만의 그 사내를 찾아가서, 진실한 신자들의 임금님 뜻을 전했습니다.

주인은 교주의 환심을 사기 위해 그 값에 여자들을 팔기로 승낙하고 알 마문 교주에게 보냈습니다.

교주는 곧 우아한 거처를 마련해 주고 매일같이 그들과 함께 그 아름다움과 사랑스러움, 갖가지 살색과 능란한 말재주를 즐기면서 술을 마시며 나날을 보냈습니다.

이렇게 하여 며칠이 지났습니다. 그런데 먼저 주인이 이별의 슬픔을 참다 못해 충실한 자들의 임금님께 편지 한 통을 보내 그의 애절한 심정을 하소연하였습니다.

그 편지에는 특히 이런 시가 한 수 적혀 있었습니다.

내 마음 빼앗겼구나.
젊은 피로 빛나는
여섯 미녀에게.
그러니 내 여섯 처녀에게
인사말 보내련다!
여섯 미인은 내 귀, 내 눈,
나의 생명, 내 양식, 내 술,
나의 기쁨, 나의 낙.
지난날의 그 매력을
꿈에도 잊지 못해
그대들 떠나자
매일 밤 잠을 이루지 못하네.
아, 애타는 그리움이여
오, 서글픈 눈물이여!
차라리 세상을 떠났으면 좋았을 것을

활인 양 눈썹을 다듬고
그 눈동자, 활처럼
화살을 메겨 나를 쏘았구나.

편지가 알 마문에게 전해지자, 교주는 처녀 여섯 명에게 아름다운 비단옷을 입히고 금화 6만 닢의 돈과 함께 원래의 주인에게 돌려보냈습니다.

주인은 말할 수 없이 기뻐하며[*23](왜냐하면 돈까지 받게 되었으니까요.) 환락을 파괴하고 모든 관계를 끊는 죽음이 찾아올 때까지 그녀들과 함께 즐거운 남은 생애를 보냈습니다.

또 다음과 같은 이야기도 있습니다.

〈주〉

*1 즉, 그 눈빛이 새빨간 숯 또는 타다만 불꽃 같다는 뜻.

*2 즉, 죽은 사람을 따라 죽음을 가리킨다.

*3 《코란》 제27장 12절. 이 하얀 살결은 초자연적인 아름다움으로, 유대인의 나병이 아니다(출애굽기 제4장 6절). 〔출애굽기에는 "여호와께서 또 그—모세—에게 이르시되 네 손을 품에 넣으라 하시매, 그가 손을 품에 넣었다가 내어보니 그의 손에 나병이 생겨 눈같이 된지라."〕

*4 《코란》 제3장 109절의 문구.

*5 여기서 흑인의 기원에 대해 있는 그대로 다 드러낸 전설을 볼 수 있다. 이것은 그리스도교 나라의 무지한 사람들이 지금도 믿는 옛날이야기의 하나이다. 그러나 이 가공할 이야기를 바탕으로 미루어 판단한 것과 흑인에게 지성이 없다는 증언은, 우리나라의 무지한 흑인 애호가에게는 불쾌하겠지만 사실이다.

*6 《코란》 제92장 1, 2절.

*7 마음속 '검은 물방울'을 암시하고 있다. 천사장 가브리엘이 무함마드의 가슴을 열고 심장을 꺼내 그 검은 물방울을 씻어냈다. 이 전설은 "우리가 너의 가슴을 열지 않았느냐(Have we not opened thy breast)?"《코란》 제94장 1절)라는 구절에서 나온 듯하다. 일반적으로는 이런 이야기가 유포되어 있다. 무함마드의 유모 하리마라는 바다위인이 옛날에 아들(어린아이였다)이 자기를 향해 달려오는 것을 보고 왜 그러느냐고 물었다. 그러자 아이는 대답했다. "동생이 하얀 옷을 입은 두 남자에게 잡혀갔어요. 그들이 동생을 땅에 눕혀놓고 배를 갈랐어요!"

〔파머는 이 문장을 "우리는 너를 위해 너의 가슴을 열지 않았느냐(Have we not expanded for thee thy breast)?"로 번역하고 다음과 같은 각주를 달았다. 파머 역 《코

란》제2권. "이것은 진리를 받아들이도록 가슴을 연 것." 이 어구를 글자 그대로 받아들여 이슬람교도 중에는 가브리엘 천사가 아직 어린아이였던 무함마드에게 나타나, 그 가슴을 절개하고 심장을 꺼내 원죄의 검은 물방울을 씻어냈다는 전설을 바탕으로 한다고 생각한 사람도 있었다. 그러나 정통파 이슬람교 신학자 가운데 비교적 분별이 있는 사람들은 이 설명을 부인하고 있다.]

*8 아랍인이 칭송하는 입술 안쪽의 거무스름한 색. 우리는 소름이 끼치는 듯한 느낌을 받지만……

*9 하얀 쓸개즙(leucocholia)에 대해 검은 쓸개즙(melancholia, 우울성)을 의미한다. [melan은 '검은', cholia는 '쓸개즙', 또 leuco는 '하얀'을 의미한다. 이것은 모두 그리스어로, 라틴어에서는 atra bilis='검은 쓸개즙'이라고 한다.]

*10 마기교도, 배성교도(拜星敎徒), 조로아스터교도 등.

*11 라틴인의 웅기눔 풀고르(Unguinum fulgor)[빛나는 손톱]로, 그들은 동양인처럼 헤나로 손톱을 물들이지는 않았지만, 그 빛을 칭송하는 것을 잊지 않았다. 그러나 어떤 사람들은 그리스어의 로도다크투로스($\rho o\delta o\delta\alpha\chi\tau\upsilon\lambda o\varsigma$)[장밋빛 손가락이라는 뜻]는 물감을 몰래 칠하는 것이라고 말하고 있다.

*12 피부가 하얀 여자는 상대의 몸을 따뜻하게 하여 해로운 것으로 여기고 있었다. 따라서 힌두교도 토후들은 무더운 계절에는 피부가 검은 여자와 함께 잤다.

*13 이슬람교도가 한랭지옥과 동시에 초열지옥을 가지는 것은 참으로 재미있다. 전자는 자마릴, 후자는 게헤나라고 한다. 한랭지옥은 한랭한 지대에 살며, 초열지옥에서 영원하고 단순한 '숯불과 양초'를 연상할 뿐인 사람들을 깜짝 놀라게 하는 데 필요하다.

*14 《코란》제2장 26절. 아브라함이 느닷없이 천사들을 융숭하게 대접했을 때의 일.

*15 카필라(Cafilah)는 보통 단봉낙타를 탄 사람들로 구성된 발이 빠른 대상을 일컫는 말이다(《순례》제2권). [《순례》제2권에 카필라트 알 타이야라(Kafilat al-Tayyarah), 즉 '날아다니는 대상'에 대한 설명이 있다. 메디나에서 메카까지 닷새 만에 도착했다고 한다.] 카필라는 아랍어이고, 캐러밴(Caravan)은 페르시아어의 카르완(Karwan)이 본래의 뜻과 달리 전해져 그릇되게 굳어진 것.

*16 속되게 흔히 하는 말. 살찐 여자와 마른 여자의 이 논쟁을 폴스타프와 헨리 왕에 대한 셰익스피어적인 유머와 대조해 보는 것도 재미있을 것이다.

*17 속돌은 아랍어로 달라크(Dalak)로서, 이 비유는 매우 적절하다고 할 수 있다. 라스프(rasp)는 점토를 구워서 만드는데 일부러 거칠게 한 것(레인의 《근대 이집트인》제16장에 그림으로 설명되어 있다). 새끼줄은 마사드(Masad)라고 하며, 야자열매 껍질의 섬유처럼 빳빳한 종려나무 섬유의 털을 세운 새끼줄을 말한다. 현재는 영국에서도 잘 알려져 있다. [졸역 《이집트의 생활》에 의하면, "……속돌에는 두 종류가 있는데, 하나는 구멍이 크고 결이 거친 것으로, 표면에 선 여러 개가 나타나 있다. 또 하나는 결이 고운 점토로 만드는데 표면을 일부러 거칠게 한다. 색깔은 모두 검은빛이 감돈

다. 결이 거친 속돌은 양말을 신지 않는(대부분의 이집트인이 그렇지만) 사람들에게는 없어서는 안 되는 도구이다. 또, 결이 고운 쪽은 피부가 약한 사람들을 위한 것으로, 종종 손발의 피부를 매끈하게 하기 위해 사용된다." 또 새끼줄이란 리프(leef)를 가리키며 비누와 물을 칠하여, 마치 스펀지와 마찬가지로 상용된다. 또한 이것은 이집트산의 갈색 종려나무로 만들어지는 것이 아니라, 성지(알 히자즈)에서 가지고 온 하얀 것으로 만들어진다고 한다.〕

＊18 아랍인이 생각하는 이상적인 아름다움은 우리의 그것과 합치하지만, 이집트인(근대의), 마로코인, 그 밖에 흑인화한 종족은 클래퍼턴(Clapperton)이 그 관능적인 미망인을 평가한 것처럼 '술통 같은 걸음걸이(walking tun-butts)'를 좋아한다. 〔휴 클래퍼턴은 영국의 아프리카 탐험가로 유명, 1788~1827년. 레인은 신판 《신역 천일야화》 제1권에, 여성미에 관한 아랍인의 견해를 종합적으로 주석하고 있는데, 다음에 간단하게 소개해 두기로 한다.

북아프리카 대부분 지역에서는 뚱뚱한 것을 아름다움의 중요한 요건으로 치는 것 같지만, 그렇다고 지나치게 뚱뚱한 것을 미인의 특색의 하나로 생각해서는 안 된다. 이와는 반대로, 아라비아의 시와 산문에서 가장 열렬하게 찬사를 보내는 아름다움을 지닌 처녀는 늘씬한 모습으로 유명하다. 그 모습은 등나무 가지 같고, 동양의 버들가지처럼 우아하며, 보름달 같은 얼굴은 칠흑같이 검은 머리와 뚜렷한 대조를 이루고 있다. 뺨 중앙에는 장밋빛이 감돌고, 거기에 검은 점이 매력을 더한다. 미인의 싱싱하게 빛나는 눈은 매우 크고 검으며 그 갸름한 모양은 편도(扁桃)에 비유된다. 또 약간 처진 눈꺼풀과 긴 명주실 같은 속눈썹이 부드러운 인상과 함께 우수 어린 매우 매력적인 표정으로 보이게 한다. 눈썹은 엷고 반듯하며, 이마는 넓고 상아처럼 희며, 콧날은 오똑하고, 입은 작고, 입술을 붉으며, 이는 '산호에 박혀 있는 진주' 같다.

유방은 두 개의 석류에 비유되며, 허리는 날씬하고, 엉덩이는 넓고 크며, 팔다리는 작다. 손가락도 가늘고 손톱에는 헤나 잎으로 만든 염료로 주황색으로 물들이고 있다. 그리고 사람들의 눈길을 가장 끄는 시기는 14세부터 17세인데, 처녀 대부분은 일찌감치 12세가 되면 젊은 남자를 사로잡는 데 충분한 매력을 갖춘다. 레인은 아라비아의 작가 알 이샤키(Al-Ishaki)가 인용한 말을 다시 인용하여 이렇게 말하고 있다.

"여자에게는 검어야 하는 것 네 가지가 있다. 머리카락, 눈썹, 속눈썹, 눈동자. 그리고 흰색이어야 하는 것 네 가지는 피부색, 눈의 흰자위, 이, 다리. 붉어야 하는 것 네 가지는 혀, 입술, 뺨, 잇몸. 둥글어야 하는 것 네 가지는 이마, 눈, 가슴, 엉덩이. 잘 생겨야 하는 것 네 가지는 눈썹, 코, 입술, 손가락. 굵어야 하는 네 가지는 등 아래쪽, 허벅지, 종아리, 무릎. 작아야 하는 것 네 가지는 귀, 가슴, 손, 발."〕

＊19 이것은 여자의 무성한 '자연의 가리개'에 대한 통속적인 관념이다. 이 털은 항상 탈모제나 족집게로 제거된다. 시바의 여왕 빌키스가 옷자락을 걷어 다리를 드러냈을 때 (《코란》 제27장) 솔로몬은 그녀와 결혼하려고 마음먹었지만, 악마가 탈모제로 그 털

을 제거하기 전에는 절대 결혼하지 않았다. 〔이 대목은 솔로몬이 시바의 여왕을 불러 들여 이슬람교로 개종시키는 이야기를 다루고 있으며, 여왕은 솔로몬의 유리를 깐 궁전에 발을 들어섰을 때 물로 잘못 보고 옷자락을 걷어 올렸다고 한다.〕

　　누라(Nurah)라고 하는 일반적인 탈모제는 생석회 7, 지르니크(Zirnik) 또는 웅황 (雄黃) 3의 비율로 만든 것인데, 그것을 목욕 중에 피부에 바른 뒤 털이 녹거나 타서 변색하면 즉시 씻어내야 한다. 그 밖에 솜털(샤르(Sha'ar)—털에 대해 샤라트(Sha' arat)라고 부른다)에는 끓인 벌꿀에 테레빈유 또는 다른 수지를 섞은 것을 털이 빠질 때까지 손으로 문지른다. 앞에서도 말했지만, 음모는 깎고, 아담 이전의 인간의 유물 가운데 하나인 겨드랑이 털은 뽑는다. 좋은 탈모제의 필요성은 지금도 절실하지만, 런던과 파리의 일류 향료상에서도 자신 있게 권할 수 있는 탈모제는 전혀 구하지 못하고 있다. 그 이유는 뻔해서, 모근을 제거하려면 피부를 파괴해야만 하기 때문이다.

* 20 《코란》 제2장 64절.

* 21 루크 문(Luk Gate)은 나중에 남카이로 일부가 된 옛 푸스타트(Fustat)에 있다. 이 지구는 세계적으로 이름 높은 빈민가로, 이 문에서는 아무도 더 나아가는 자가 없다.

* 22 자쿰(Zakkum)의 열매는 악마의 머리로 일컬어지는데, 참으로 단테풍의 공상이라 하겠다. 《코란》 제17장 62절에는 '코란으로 저주받은 나무'라 되어 있고, 제37장 60절 에서는 '이것은 더욱 뛰어난 향응인가, 아니면 알 자쿰나무인가?'라고 했다. 〔후자에 는 이어서 '그것은 지옥의 바닥에서 태어난 나무이다. 그 열매는 마치 악마의 머리와 같다. 그러므로 보라! 저주받은 자는 그 열매를 먹고 배를 채우고 나서 지옥으로 돌아갈 것이다'라고 되어 있다.〕 주석가들의 말에 의하면, 이 나무는 테하마(Tehamah) 〔아라비아 서해안의 저지방〕에서 자라는 가시나무로, 맛이 쓴 편도 열매를 맺기 때문에 지옥으로 옮겨졌다고 한다.

* 23 처녀 여섯 명을 평등하게 사랑하고 그녀들을 교주에게 빌려주었으나, 전혀 손상되지 않은 채 그녀들을 되찾은 이 주인은, 이집트 풍속의 특성을 훌륭하게 보여주고 있다고 할 수 있다.

〈역주〉

(1) 알 바스리는 바소라라는 뜻.

(2) 전설(하디스)은 코란에 기재되어 있지 않은 무함마드의 말과 행동.

(3) 참은 함, 셈은 셈과 같다.

(4) 창세기 제9장 참조.

(5) 하르트는 타락한 천사의 하나.

(6) 갈색 여자라고 해야 맞다.

하룬 알 라시드 교주와 한 처녀와 아부 노와스

어느 날 밤, 충실한 자들의 왕 하룬 알 라시드 교주는 좀처럼 잠을 이루지 못하고 시름에 잠겨 있었습니다. 그래서 침상에서 일어나 궁전 복도를 거닐기 시작했습니다.

그러다가 문득 문에 휘장을 친 방 앞을 지나가게 되어 휘장을 들추어 보니 방 안에 침대가 있고, 그 위에 잠자는 사람의 형상과 비슷한 뭔가 시커먼 것이 누워 있었습니다. 그 좌우에는 촛불이 하나씩 켜져 있었습니다.

교주는 그 광경에 의아한 생각이 들어서 한참이나 서서 들여다보다가 오래된 술이 가득 든 술병을 발견했는데, 그 주둥이에 술잔이 씌워져 있었습니다. 교주는 그 모습을 보고 더욱 의아한 생각이 들어서 중얼거렸습니다.

"이 검둥이 놈, 어떻게 저런 걸 손에 넣었지?"

그런데 침대에 다가가 보니 놀랍게도 풀어 헤친 머리로 몸을 덮고, 한 처녀가 잠들어 있지 않겠습니까? 얼굴을 덮은 머리카락을 걷고 보니 보름달처럼 아름다운 얼굴이었습니다.

교주는 혼자 잔에 술을 따라 처녀의 장밋빛 뺨을 위해 건배를 했습니다.

그러다가 문득 처녀를 즐겨 보고 싶은 생각이 나서 얼굴에 난 까만 점에 입을 맞추었습니다. 그러자 처녀는 깜짝 놀라 일어나며 소리쳤습니다.

"어머나, 알라의 신용이 두터우신 분*¹이여! 이게 어찌 된 일입니까?"

그래서 교주가 말했다.

"내일 아침까지 대접을 받고 싶어서 찾아온 손님이다."

"네, 그러세요! 그렇다면 이 귀와 눈으로 모시겠어요."

그리하여 두 사람은 술병을 기울여 술을 마시기 시작했습니다. 처녀는 류트를 잡고 줄을 골라 가락을 맞추더니 21가지의 곡을 탄 뒤 흥겹게 이런 노래를 불렀습니다.

그대를 한없이 사랑한다고
내 가슴 사랑의 혀끝
내 마음이 이야기하네.
내 오뇌(懊惱)와 슬픈 이별에
상처받아 떨리는 가슴을
내 눈이 세상 사람들에게 증명하리.
내 목숨 갉아먹는
숨길 수 없는 내 사랑,
눈물마저 마르고
괴로움은 더해 가누나.
그대를 알고 사랑하게 되었을 땐
사랑의 수수께끼 모르는 처녀였건만
이제 모든 것은 신의 뜻
운명이니 어찌하리.

노래를 마친 처녀가 말했습니다.
"오, 충실한 자들의 임금님, 저는 학대받고 있습니다."
—여기서 날이 새기 시작했으므로 샤라자드는 이야기를 그쳤다.

339번째 밤

샤라자드는 이야기를 계속했다.
오, 인자하신 임금님, 그 처녀는 소리쳤습니다.
"오, 충실한 자들의 임금님, 저는 학대받고 있습니다."
그래서 교주가 물었습니다.
"누가 무엇 때문에 너를 학대한단 말이냐?"
"교주님의 아드님께서는 저를 금화 1만 닢에 사셔서 교주님께 바치려 하
셨습니다. 그런데 교주님의 왕비님께서 그만한 돈을 아드님께 갚아 드리고
는 저를 교주님의 눈에 띄지 않도록 하라고 분부하시어 이 방에 가두셨습니

하룬 알 라시드 교주와 한 처녀와 아부 노와스 1881

다."

이 말을 듣고 교주는 말했습니다.

"무엇이든 소원이 있으면 말해 보아라."

"내일 밤 저와 함께 주무실 수 있으신지요?"

"인샬라! (1)"

교주는 이렇게 말하고 처녀를 남겨둔 채 돌아갔습니다.

이튿날 아침 교주는 일찌감치 거실로 가서 시인 아부 노와스(2)를 찾았으나 어디로 갔는지 보이지 않아서 시종을 시켜 찾아보게 했습니다. 시종은 어느 술집에서 그를 찾아냈는데, 그는 아직 수염도 나지 않은 젊은이를 위해 쓴 은화 1천 닢을 갚지 못해 볼모로 잡혀 있었습니다.

시종이 까닭을 묻자 아부 노와스는 미소년과의 사이에 있었던 일부터, 그 소년을 위해 은화 1천 닢을 쓰게 된 경위를 이야기해 주었습니다. 그래서 시종이 말했습니다.

"그럼 그 소년을 보여주시오. 그만한 가치가 있다면 당신의 변명을 들어드릴 테니까."

"곧 나올 테니 잠깐 기다리시오."

두 사람이 앉아서 이야기하고 있으니 이윽고 그 소년이 나타났습니다. 흰 속옷 밑에 빨간 속옷을 한 장 더 입고, 또 그 밑에 새까만 속옷을 입고 있었습니다. 아부 노와스는 소년의 모습을 보자 긴 한숨을 쉬며 그 자리에서 시를 읊었습니다.

소년 나타났네, 백설 같은
흰옷 몸에 걸치고.
무슨 시름 있는가,
그 눈매 우수에 잠겼구나.
"그대 인사 반가운데,
그냥 지나치려는가?
그대의 뺨 장밋빛으로 물들이시고
뜻대로 지으신
신의 조화를 칭송할진저!"

내가 말하자 소년은 답한다.
"부질없는 말씀 마오.
신의 조화란 무한히 신비한 것.
내 겉모습은
내 얼굴, 내 운명.
세 벌 모두
흰 데다 흰 것을, 보다 더 흰 것이
겹쳐졌을 뿐이라오!"

소년은 이 노래를 듣자 흰 속옷을 벗고 빨간 속옷을 드러냈습니다. 아부 노와스는 그 몸에 더욱 감탄하면서 이런 시를 읊었습니다.

소년 나타났네, 아네모네의
새빨간 옷 몸에 걸치고
'벗'이라 부를 만한 사람이던가?
"그대는 보름달,
그 옷보면 빨간 장미도 무색하리.
그 뺨 붉은 물 들였나?
아니면 사랑하는 이의 피
찍어 발랐나?"
내가 물으니 아이가 대답한다.
"이것은 태양의 속옷
서쪽 침실로 서둘러 갈 때
내게 준 옷이라오.
그러니 옷과 포도주와 뺨의 빛깔,
이 세 가지 붉은 것이 세 겹을 이룬 것이라오."

노래가 끝나자 소년은 빨간 속옷을 벗어 버리고 까만 속옷 차림이 되었습니다.
아부 노와스는 그것을 보고 소년에게 더욱 넋을 빼앗긴 듯 이런 시를 읊었

하룬 알 라시드 교주와 한 처녀와 아부 노와스 1883

습니다.

> 소년 나타났네, 칠흑 같은
> 검은 옷 몸에 걸치고.
> 어둠 속에서 까맣게 빛나며
> 사람 마음 괴롭히누나.
> "시기심 많은 자를 기쁘게 하고
> 나에게는 한마디
> 인사도 없이 가려느냐?
> 그대의 옷은 그대 검은 머리를 닮고
> 내 운명과도 흡사하구나.
> 검은 것을 세 겹으로 겹쳤을 뿐."

시종은 그 모습을 보고, 소년 때문에 애태우는 아부 노와스의 심정을 알고 교주에게 돌아가 그 이야기를 하였습니다. 그러자 교주는 은화 1천 닢을 가지고 가서 아부 노와스를 데려오라고 분부했습니다. 시종은 다시 돌아가 술값을 치르고 아부 노와스를 교주 앞에 데리고 왔습니다.

교주가 말했습니다.

"나를 위해 '오, 신의 은총 두터운 이여, 이 어인 일이옵니까?'라는 문구가 든 시를 지어주지 않겠나?"

아부 노와스가 대답했습니다.

"분부대로 하겠습니다. 오, 충실한 자들의 임금님."

―여기서 날이 밝아왔으므로 샤라자드는 이야기를 그쳤다.

340번째 밤

샤라자드는 이야기를 계속했다.

오, 인자하신 임금님, 아부 노와스는 교주의 말에 대답하고 즉석에서 이런 시를 지었습니다.

　　잠 못 이루는 밤 길기도 하네
　　몸은 지치고 마음은 산란하여
　　일어나 궁전을 거닐다
　　후궁 안을 헤매었네.
　　문득 그림자 하나 눈에 띄어
　　살펴보니 검은 머리로
　　몸을 가린, 눈같이 흰 처녀.
　　마치 빛나는 달인 양,
　　버들가지 같은 몸매
　　꽃도 무색할 수줍은 처녀.
　　술 한 잔 따라 처녀 위해 건배하고
　　천천히 다가가 그 뺨 위
　　검은 점에 입맞추었네.
　　놀란 처녀 일어나
　　꿈인가 싶어 두리번거리며
　　몸을 비꼬던 그 자태는
　　비 맞아 하늘거리는
　　가느다란 가지가 이러할까.
　　처녀는 공손히 입을 여네.
　　"신의 은총 두터운 분
　　이 어인 일이옵니까?"
　　"그대 거처 찾아온 손님이니
　　아침까지 그대의 정 베풀라."
　　"오, 귀하신 손님
　　진정 있는 힘 다하여
　　귀와 눈으로 대접하리다."

"아니, 정말 놀라운 놈이로군! *2 마치 옆에서 보기나 한 듯이 지껄이는구

　　　　　　　　하룬 알 라시드 교주와 한 처녀와 아부 노와스 1885

나."

　교주는 그를 데리고 처녀가 있는 곳으로 갔습니다. 아부 노와스는 옷을 입고 파란 베일을 쓴 처녀를 보자 감탄의 소리를 지르며, 그 자리에서 이런 시를 읊었습니다.

　　푸른 베일 드리운
　　아름다운 처녀에게 찬사를 보내노라.
　　"오, 내 생명이여,
　　시름에 잠긴 자에게 정을 베풀라.
　　아름다운 이의 야속한 처사에
　　사나이는 한탄으로 가슴 터져
　　원망의 소리 토하리라.
　　그대의 아름답고 흰
　　뺨을 두고 맹세하노니,
　　사랑으로 마음 어지러워
　　미쳐버린 사나이를 가엾이 여기고
　　가까이 다가와
　　애절한 사랑의 탄식 씻어라.
　　어리석은 자들이 하는 말에는
　　꿈에라도 귀 기울이지 마시라."

　그가 노래를 마치자, 처녀는 교주 앞에 술상을 차리고 류트를 집어 들더니 흥겨운 가락으로 이런 노래를 불렀습니다.

　　그대의 사랑, 한때의 것
　　마음이 변하면 정도 변해
　　내일이면 다시 날 버려두고
　　다른 여자를 쫓아가겠지?
　　그러면 나는 판관 찾아가
　　임의 이야기 하소연하리라,

내가 이길 수 있도록.
임 계시는 곳 지나가는 것
아서라, 하시면
멀리 물러서서 인사드리고
임의 답례만 기다릴 테야.

교주는 처녀에게 눈짓하여 계속해서 아부 노와스에게 술을 권하게 하자, 마침내 아부 노와스는 정신을 잃을 정도로 취하고 말았습니다. 그러자 이번에는 교주가 손수 잔을 채워 그에게 권했습니다. 아부 노와스는 그 잔을 받자마자 그대로 곯아떨어지고 말았습니다.

교주는 처녀에게 아부 노와스의 손에서 잔을 빼앗아 감추라고 일렀습니다. 처녀가 잔을 빼앗아 사타구니 사이에 감추자 교주는 언월도를 뽑아들고 아부 노와스의 머리맡에 서서 칼끝으로 뺨을 콕 찔렀습니다.

아부 노와스가 깜짝 놀라 깨어 보니 교주가 칼을 뽑아들고 버티고 서 있는지라 금방 술기운이 싹 가시고 말았습니다. 교주가 말했습니다.

"네 잔을 어떻게 했느냐. 노래의 문구로 대답해 보아라. 그렇지 않으면 네 목을 자르리라."

아부 노와스는 즉시 다음과 같은 노래를 불렀습니다.

참으로 재미없는 이야기올시다.
잔을 훔쳐간 도둑은 바로 저 맞은편의
귀여운 새끼 사슴!
마시기도 즐기기도 전에
잔을 가지고 가버렸습니다.
감춘 곳은 어디인가.
이 몸 애태우는 어떤 좋은 곳,
얄궂은 그곳인가.
그곳을 마음대로 하시는
그분이 두려워 말 못하외다.

그러자 교주가 외쳤습니다.

"어허, 알라께 매를 맞고 뻗어버릴 놈이로다! 도대체 어떻게 알았느냐? 하지만 아무튼 네가 말한 대로다."

교주가 상으로 옷 한 벌과 금화 1천 닢을 내리자 이부 노와스는 기뻐하며 왕 앞을 물러났습니다.

또 다음과 같은 이야기도 있습니다.

〈주〉

＊1 '알라의 신용이 두터우신 분'은 아랍어로 알 아민(Al-Amin)이며 예언자의 칭호이다. 이 당당한 이름은 젊은 시절의 무함마드에게 주어졌다고 하며, 여덟 번째로 카바〔메카 본산〕가 건설되던 25세 때, 사람들은 이 이름 때문에 무함마드를 '검은색 돌'의 배치에 대한 분쟁의 심판자로 선출되었다고 한다. 이 돌은 가브리엘이 7회 순회(본전 주위를)의 기점으로 하기 위해 천국에서 가지고 온 것이다. 또한 무함마드는 본산의 중요한 직위를 모든 종족에게 나눠주어 사람들에게 만족을 주었다. 그리스도교도인 무함마드 전기 작가들은 대개, 무함마드의 명예를 높여주는 일화는 생략하고 있다(《순례》 제3권). 〔높은 지위를 모든 종족에게 나눠주고 운운한 것은, 《순례》 본 판에 의하면, 자라족이나 아브드족은 정면의 벽과 입구, 자마족과 사므족은 배후의 벽, 마후줌족은 남쪽의 벽을 수호하도록 했기 때문이다.〕

＊2 아부 노와스(Abu Nowas)가 독심술(讀心術)을 할 줄 알았다고 보는 사람도 있다. 그것은 동양에서 신령스러운 예감이나 느낌의 사상을 가진 시인의 특권이었다. 음주도 방탕도, 다만 그 특권을 강화해 줄 뿐이었다.

〈역주〉

⑴ 자주 나오는 말로 '만약 신의 뜻에 맞는다면'이라는 뜻.

⑵ 아라비아 시인. 762~810년.

황금 개밥그릇을 훔친 사내

그리 멀지 않은 옛날에 있었던 이야기입니다. 한 사내가 늘어가는 빚에 쪼들리다 못해 마침내 아내와 자식, 집안 식구를 버리고 미친 사람처럼 길을 떠났습니다. 정처 없이 떠돌다가 이윽고 튼튼한 토대에 높다란 성벽으로 둘러싸인 어느 성에 이르렀습니다. 사내는 몹시 굶어 배가 고프고, 먼 길에 지치고 시달려 곧 쓰러질 듯한 모습으로 성 안에 발을 들여놓았습니다.

큰 거리를 따라 걷다가 지체 높은 사람들이 지나가는 것을 보고 그 뒤를 따라가 보니 일행은 궁전 같은 집으로 들어갔습니다. 사내도 그 뒤를 따라 들어갔는데, 그들은 걸음을 멈추지 않고 곧장 나아가 어느 널찍한 홀에 앉아 있는 풍채가 당당하고 위엄 있는 사람 앞에 나아갔습니다. 마치 재상의 후계자나 되는 듯이, 그 옆에 시동들과 환관들이 둘러서 있었습니다. 주인은 찾아온 손님들을 보자 일어나서 인사를 한 뒤 정중히 맞아들였습니다.

그러나 그 불쌍한 사내는 자신의 대담한 행동에 스스로 놀라고 말았습니다.

—여기서 날이 훤히 밝아왔으므로 샤라자드는 이야기를 그쳤다.

341번째 밤

샤라자드는 이야기를 계속했다.

오, 인자하신 임금님, 가엾은 사내는 호화로운 홀과 하인과 종자들의 공손한 모습을 보고 자신의 뻔뻔스러운 행동에 당황하고 말았습니다. 그래서 어쩔 줄 몰라 하며, 목숨을 잃게 되면 큰일이다 싶어서 사람들의 눈을 피해 멀찌가니 떨어져 앉았습니다. 그러자 난데없이 한 남자가 사냥개 네 마리를 끌고 들어왔습니다. 가지각색의 명주와 비단옷*1을 입고 은사슬이 달린 황금 목도리를 두른 개들은 특별히 마련된 장소에 매어졌습니다.

개 임자가 어딘가 가더니 이윽고 황금 접시에 맛있는 음식을 담아 와서 하나씩 개 앞에 놓고는 다시 나가 버렸습니다. 굶주린 그 불쌍한 시내는 개의 먹이를 흘끔흘끔 쳐다보다가 도저히 참을 수가 없어서 개 옆으로 가 함께 음식을 먹고 싶은 생각이 간절했습니다. 하지만 차마 겁이 나서 그러지는 못하고 있었습니다.

그러자 전능하신 알라의 뜻이었는지 개 한 마리가 그 사내의 심정을 안다는 듯 접시에서 물러서며, '자, 이리 와서 맘껏 드시구려' 하고 권하는 것이었습니다.

그래서 사내가 음식을 배불리 먹고 물러나려 하니, 개는 접시마저 가져가라는 듯이 앞발로 접시를 사내에게 밀어주었습니다. 사내는 얼른 접시를 집어 들고 그 집을 빠져나왔는데 다행히 아무도 따라오는 자가 없었습니다.

그는 다시 다른 곳으로 여행을 계속하다가 황금 접시를 팔아 그 돈으로 물건을 사서 고향으로 돌아왔습니다. 그는 물건을 팔아 빚을 갚고 차차 재물을 늘려 마침내 많은 재산을 모으게 되었습니다. 그동안 그는 자기 나라 밖으로는 한 발자국도 나가지 않았는데, 몇 년이 지나고 어느 날 그는 혼자 이렇게 중얼거렸습니다.

"황금 접시의 임자가 사는 도성으로 가서 사례하고, 그 개가 나에게 준 접시의 대가를 치르고 와야겠다."

그는 접시 값만큼 되는 돈과 많은 선물을 가지고 여행을 떠났습니다. 밤낮으로 여행을 계속한 끝에 마침내 그 도성에 도착한 그는 성 안으로 들어가 그 사람의 집을 찾아갔습니다. 그런데 가보니 근처는 온통 폐허가 되어 있고 새들만 구슬프게 지저귀고 있을 뿐이었습니다. 집은 허물어지고 모든 것은 몰라볼 정도로 변해 있었습니다. 사내는 그 광경을 보고 몹시 슬퍼하며 시인의 이런 시를 읊었습니다.

보물의 방은 텅 비어 있고
두려움도 없고 신도 없는
공허한 마음과 같아라.

골짜기는 변하여
영양도 새끼 사슴도 옛 모습을 잃고
눈에 익은 모래언덕도 옛것이 아니로구나.

또 이런 시도 읊었습니다.

수아다*2의 모습 꿈에 나타나
친구들 모두 곤히 잠든 새벽에,
나를 깨우네.
일어나 보니
이미 환상은 달아나고
대기는 막막하고, 아득히
사당만 하나 보이는구나.

사내는 이렇게 처량한 폐허를 바라보며 세월 따라 한때 견고했던 모든 것이 흔적도 없이 사라져버리는 광경을 눈앞에 보며, 그 까닭을 물어봤자 소용없는 일이라는 걸 깨달았습니다.

그래서 발길을 돌리려 하는데 문득 보기에도 흉측하여 바위마저 놀라지 않을 수 없는 처참한 몰골을 한 사나이가 눈에 띄었으므로 그를 불러 물었습니다.

"여보시오, 저 집 주인은 어떻게 되었소? 그 아름다운 여자들, 보름달처럼 빛나던 처녀들, 빛나는 별 같던 미인들은 대체 다 어디로 갔소? 그 사람의 집이 이렇게 폐허가 된 것은 대체 어찌 된 일이오? 벽밖에 남은 것이 없으니 말이오."

그러자 그 남자가 대답했습니다.

"그 주인이라는 사람이 지금 바로 당신 눈앞에 있는 이 비참한 사내라오. 이렇게 알거지가 되어 탄식하고 있답니다. 하지만 여보시오, 당신은 사도(알라의 축복과 가호가 있으시기를!)의 말씀을 아시나요? 그것을 외우면 교훈이 될뿐더러 명심하여 바른길을 걷고자 할 때에 정말 좋은 훈계가 될 것이오. '전능하신 알라께서는 높은 지위에 올렸던 자를 언젠가는 반드시 멸망케 하시느니라.'*³ 왜 이다지도 몰락해 버렸는가 묻기 전에, 우리 운명의 번 성함과 쇠락함이 서로 바뀌는 것을 생각해 보면 이상할 것도 없어요. 나는 전에 이 땅을 손에 넣어 집을 짓고 튼튼하게 기반을 쌓아올렸지요. 보름달처 럼 빛나는 여인들을 거느리고, 사방을 호화롭게 꾸며 눈부시게 아름다운 처 녀들과 사치스러운 가구 속에서 마치 나만을 위한 세상인 양 영화를 누리며 살았소. 그러나 세월이 흐름에 따라 재물도 하인도 다 잃고 알라께서 내리신 물건을 모두 돌려 드렸다오. 그뿐 아니라 세월은 몰래 숨겨 두었던 재앙을 나에게 쏟아부었소. 그건 그렇고, 당신이 나를 찾는 데는 무슨 까닭이 있을 텐데 그걸 들려주실 수 없소?"

그래서 갑부가 된 사내는 몹시 애석해하며 자초지종을 이야기하고는 이렇 게 덧붙였습니다.

"당신께 드리려고 누구나 갖고 싶어 하는 선물과 내가 가져갔던 황금 접 시 값을 가지고 왔습니다. 내가 가난뱅이였다가 부자가 되어 쓰러졌던 집을 다시 일으키고 모든 어려운 고비를 극복할 수 있었던 것은 모두 다 그 접시 덕택이었습니다."

그러자 집주인은 고개를 젓더니 자신의 운명을 한탄하고 신음하며 눈물을 흘리다가 이렇게 말했습니다.

"이보시오, 그건 말도 안 되는 일입니다. 비록 내 개가 당신에게 황금 접 시를 드렸다 해도, 이제 와서 내가 어떻게 개가 준 접시 값을 뻔뻔스럽게 받 을 수 있겠소. 정말 묘한 일이지요. 내가 아무리 비참한 처지가 되었다 하더 라도 당신에겐 아무것도 받을 수 없소. 당치도 않은 소리요. 아무런 가치도 없는 물건이라도 받을 수 없소. 그럼, 몸조심하여 고국으로 돌아가시오."*⁴

이 말을 들은 상인은 그의 발에 입을 맞추고서 작별을 고하고 돌아왔습니 다. 상인은 돌아오는 길 내내 그 남자를 칭송하면서 이런 시를 읊었습니다.

사람들도 개들도 모두 떠났으니,
모든 자에게,
개들에게도, 세상 사람들에게도,
평안함이 있기를 기원하노라!

알라는 전지전능하신 신입니다! 또 이런 이야기도 있습니다.

〈주〉

＊1 온도가 높고 습기가 많은 나라에서는 특히 아침저녁마다 개에게 옷을 입히는 것이 중
요하다. 그렇지 않으면 류머티즘이나 허리 질환으로 금방 죽어 버린다.

＊2 수아다(Su'ada)는 베아트리스(Beatrice)와 같다. 이 시의 문장은 315번째 밤에 나온다.
781번째 밤도 참조하기 바란다.

＊3 이슬람교도는 그 친척인 유대교도에게서 '질투심이 많은 신'이라는 무서운 관념을 빌려
왔다. 모든 종족은 자기 자신들의 모습과 비슷한 모습으로 독자적인 신을 창조한다.
여호와는 명백하게 히브리적이고, 그리스도교의 전지(全知)＝Theos는 원래 유대·그리
스적이며, 또 알라는 반(半) 바다위족적인 아랍인의 것이다. 이 이야기에서는 단순히
황금 접시에 개 먹이를 담아주었다는 이유로, 포학하고 불공정한 알라는 관대하고 고
귀한 마음을 지닌 남자를 거지 신세로 전락시켰다. 예지의 덕성에는 각각 요람기와 소
년기가 있다. 이러한 이야기의 가치는 인간의 발달을 보여주고, 그 정도를 우리에게
측정하게 하는 데 있다.

＊4 트레뷔티앙(Trébutien)〔프랑스의 《아라비안나이트》 번역자〕의 번역에 의하면, 상인은
지난날의 디베즈(Dives, 큰 부자)〔누가복음 제16장 19절 이하 참조〕에게 이렇게 말했
다. "당신이 운명을 불공평하다고 따지는 것은 옳지 않소. 자신이 파멸된 원인을 모르
겠다면 내가 가르쳐드리지. 당신은 황금 접시로 개에게 먹이를 주면서 가난한 자가 굶
어 죽는 것은 외면했소."(레인 제2권) 일종의 미신이기는 하지만 이해하기 쉬운 이야
기이다.

알렉산드리아의 사기꾼과 경비대장

옛날 수비가 견고한 항구 알렉산드리아에 후삼 알 딘, 즉 '신앙의 예리한 칼'이라 불리는 경비대장이 있었습니다.

어느 날 관청에 앉아 있으려니 갑자기 기병 한 사람이 달려 들어와 말했습니다.

"경비대장님, 실은 제가 어젯밤 이 도성에 도착하여 어떤 주막에 말을 매어 놓았는데, 네다섯 시간쯤 자고 일어나 보니 안장자루가 찢어져 있고 금화 1천 닢이 든 지갑이 없어졌습니다."

이 말을 들은 경비대장은 곧 부하들을 불러 주막에 묵는 사람들을 모두 잡아와서 아침까지 감옥에 가두어 두라고 명령했습니다.

다음 날 아침 그는 죄인을 다스리는 채찍을 가져오게 하여, 감옥에 가둔 사람들을 끌어내어 도둑맞은 기병 앞에서 자백할 때까지 매를 때리려 했습니다. 그러자 한 남자가 사람들을 헤치고 경비대장 앞으로 나왔습니다.

—여기서 날이 훤히 밝아왔으므로 샤라자드는 이야기를 그쳤다.

342번째 밤

샤라자드는 이야기를 계속했습니다.

오, 인자하신 임금님, 경비대장이 감옥에서 끌어낸 사람들을 매질하려고 하자, 한 남자가 군중을 헤치고 나와 경비대장과 기병 앞에서 말했습니다.

"경비대장님, 이 사람들을 놓아주십시오. 억울하게 죄를 뒤집어쓰고 있으니까요. 이 기병의 지갑을 훔친 것은 바로 저올시다. 자, 여기 있습니다. 안장자루에서 훔친 지갑입니다."

그 남자는 소매 속에서 지갑을 꺼내 후삼 알 딘 앞에 내놓았습니다. 후삼 알 딘은 기병에게 말했습니다.

"자네 돈이니 넣어 두게. 이제 주막 사람들의 혐의는 풀렸네."

이 광경을 보고 그 자리에 있던 사람들은 모두 도둑을 칭찬하고 신의 축복이 있기를 빌었습니다. 그러나 도둑은 말했습니다.

"여보시오, 경비대장님, 제가 스스로 지갑을 들고 당신 앞에 나선 것은 아무것도 아닙니다. 오히려 기병한테서 한 번 더 지갑을 훔쳐내는 데 묘미가 있지요."

"아니, 이 사기꾼아, 대체 어떻게 훔친단 말이냐?"

"경비대장님, 언젠가 저는 카이로의 환전(換錢) 시장에 가서 서 있었습니다. 그때 저 기병이 금화로 바꾸어 그 지갑에 넣는 것을 보았죠. 그래서 저는 이 골목 저 골목 뒤를 쫓아갔는데 도무지 훔칠 기회가 생기질 않는 겁니다. 그러다가 기병이 카이로로 떠나기에 저도 이 도시 저 도시로 따라다니며 지갑을 훔쳐낼 궁리를 했습니다. 그런데 신통한 꾀가 떠오르지를 않았습니다. 그러다가 기병이 이 도시에 들어서기에 저도 주막까지 뒤따라 왔습니다. 그리고 바로 옆방에 자리를 잡고 상대방이 깊이 잠들기를 기다렸지요. 이윽고 잠이 든 것 같아서 발소리를 죽이고 숨어 들어가 이 작은 칼로 안장 자루를 찢고 이렇게 지갑을 훔쳐냈습니다."

도둑은 한 손을 뻗어 경비대장과 기병이 보는 앞에서 지갑을 집어 들었습니다.

경비대장과 기병을 비롯하여 거기 있던 사람들은 모두 마음 놓고 도둑이 하는 짓을 바라보면서 그가 안장자루에서 돈을 훔치는 시늉을 하는 줄만 알고 있었습니다.

그런데, 어찌 생각이나 했겠습니까! 도둑은 갑자기 달아나기 시작하더니 바로 옆에 있는 못*¹으로 뛰어들고 말았습니다.

"저놈 잡아라!"

경비대장이 소리를 지르고 많은 사람이 그 뒤를 쫓아갔습니다. 그러나 사람들이 옷을 벗고 물가로 내려서기도 전에 도둑은 벌써 종적을 감추어 버렸습니다. 아무리 찾아도 발견할 수 없었습니다. 알렉산드리아의 골목길은 흡사 거미줄처럼 얽혀 있으니까요.

결국 부하들은 지갑을 찾지 못한 채 빈손으로 돌아왔습니다. 경비대장이 기병에게 말했습니다.

"자네도 이제 주막 사람들을 의심하지는 않겠지. 훔친 장본인한테서 돈을 찾았는데 간수를 잘못한 건 자네야."

기병은 돈을 잃어 풀이 죽은 채 돌아갔습니다. 그리하여 주막 사람들은 경비대장과 병사들의 손에서 풀려났으니, 이 모두 다 전능하신 알라의 뜻이었지요. 또 이런 이야기도 있습니다.

〈주〉

＊1 고여 있는 못은 아랍어로 비르카(Birkah)라고 하며, 하(下)이집트의 풍경에서 흔히 볼 수 있다. 그것은 나일 강이 범람하고 나서 남는 천연의 물웅덩이, 또는 본문에 있는 것처럼 인공적으로 건조된 저수지이다. 인도는 인공저수지가 있는 것으로 유명하다. 이런 여러 종류의 비르카는 카이로에 옛날에도 있었고, 지금도 남아 있다.

알 말리크 알 나시르와 세 경비대장

그 옛날 알 말리크 알 나시르[*1]는 카이로, 불라크, 포스타트[*2]의 경비대장을 불러 놓고 말했습니다.

"귀관들 저마다 재직 중에 있었던 가장 이상했던 사건을 얘기해 주지 않겠나?"

—여기서 날이 훤히 밝아왔으므로 샤라자드는 이야기를 그쳤다.

343번째 밤

샤라자드는 이야기를 계속했습니다.

오, 인자하신 임금님, 알 말리크 알 나시르는 세 경비대장에게 이렇게 말했습니다.

"그대들 재직 중에 일어났던 일 가운데 가장 이상한 일에 대해 이야기해 다오."

그러자 세 사람은 대답했습니다.

"그리하겠습니다."

먼저 카이로의 경비대장이 말했습니다.

"제가 먼저 말씀드리겠습니다. 제 재직 중에 있었던 가장 이상한 일은 이런 것이었습니다."

그는 다음과 같은 이야기를 시작했습니다.

카이로 경비대장의 이야기

그 도성에는 살인사건이나 상해사건의 증인으로는 아주 적격인 매우 평판이 좋은 두 남자가 있었습니다. 그런데 이 두 사람은 사실 남몰래 몹시 천한 여자들과 놀아나기도 하고 술에 취해 더럽고 지저분한 짓을 하기도 했습니다. 그래서 저는 이놈들의 꼬리를 잡으려고 무척 애를 썼지만 전혀 성과를 올리지 못하고, 결국 넌덜머리가 나서 두 손 들고 말았습니다.

저는 술집이나 과자가게, 과일가게, 양초가게, 색줏집 등에 가서 선량해 보이는 이 사나이들이 함께 또는 혼자서 주색이나 그 밖의 음행에 빠져 있거나, 술잔치나 놀이판을 벌이기 위해 가게에서 무슨 물건을 사거나 하거든 숨기지 말고 밀고하라는 명령을 내려놓았습니다. 그러고서 하루는 어떤 사람이 밤에 저를 찾아와, 그들이 이러이러한 거리의 이러이러한 집에서 말 못할 짓들을 하고 있다고 밀고했습니다. 그래서 저는 변장을 하고 부하 한 사람과 함께 급히 그 집으로 달려가서 문을 두드렸습니다.

그러자 노예계집 하나가 나와 문을 열어주며 물었습니다.

"누구세요?"

저는 아무 대꾸도 하지 않고 다짜고짜 안으로 밀고 들어갔습니다.

들어가 보니 그 두 증인과 집주인이 술상을 푸짐하게 차려 놓고 음탕한 계집들에게 둘러싸여 있는 것이 보였습니다. 두 사람은 저를 보자 일어나 맞이하면서 저를 윗자리에 앉히고는 넉살 좋게 말하는 것이었습니다.

"어서 오십시오, 참으로 귀하신 손님, 반가운 술친구가 오셨습니다그려!"

두 사람은 전혀 놀라거나 난처한 기색도 없이 저를 맞아주었습니다. 그러는 동안 주인이 자리에서 일어나 밖으로 나가더니 금화 3백 닢을 가지고 들어왔습니다. 그러자 두 사람은 조금도 두려워하는 기색이 없이 말했습니다.

"저, 경비대장 나리, 당신은 직권으로 저희를 욕보이거나 벌을 주실 수 있을 뿐 아니라, 그보다 더한 일도 하실 수 있을 겁니다. 하지만 그렇게 해봤자 서로 기분만 상하지 무슨 이익이 있겠습니까? 이 돈을 받아 두시고 눈감아 주십시오. 전능하신 알라께서도 수호자라 부르시며 이슬람교도의 이웃을 지키는 신의 하인들을 사랑하고 계시지 않습니까? 그렇게 하신다면 당신은 이승에서나 저승에서나 거기에 어울리는 보답을 받게 되실 겁니다."

저는 속으로 생각하였습니다.

'이번만은 이 돈을 받아 두고 눈감아 주자. 하지만 앞으로 한 번만 더 내 손에 잡히는 날엔 용서하지 않을 테다.'

제가 이런 생각을 하게 된 까닭은 결국 돈의 유혹에 빠졌기 때문입니다. 그래서 저는 돈을 받아서 아무도 모를 거라 생각하고 그 집에서 나왔습니다.

그런데 다음 날 뜻밖에도 판관의 심부름꾼이 저에게 찾아와서 말했습니다.

"경비대장님, 판관께서 하실 말씀이 있다니 수고스럽겠지만 응해 주시기 바랍니다."

저는 영문도 모르고 그를 따라 판관 앞에 나아갔습니다. 그런데 판관 옆에는 바로 그 두 남자와 저에게 돈을 준 그 집주인이 앉아 있지 않겠습니까? 집주인은 저를 보더니 일어나서 저에게 금화 3백 닢의 빚을 갚으라고 다그쳤습니다. 저는 그런 빚이 없다고 잡아뗄 수가 없었습니다. 그는 이미 차용증서를 꾸며 가지고 있었을 뿐 아니라, 두 남자가 제가 금화 3백 닢의 빚이 있다는 불리한 증언을 했기 때문입니다.

판관은 세 사람이 제시한 증거를 인정하고 저에게 그 돈을 갚으라고 명령했습니다. 저는 금화 3백 닢을 치르고 나서야 겨우 법정을 빠져나올 수 있었습니다. 저는 톡톡히 망신을 당하고 몹시 화가 나 그 자리에서 물러나오면서 그놈들을 호되게 응징하지 않았던 것을 몹시 후회했습니다. 이것이 저의 재직 중에 일어났던 가장 충격적인 사건이었지요.

그의 이야기가 끝나자 이번에는 불라크의 경비대장이 일어나서 이야기하기 시작했습니다.

"오, 임금님, 이번엔 제 차례입니다. 경비대장이 되고 나서 지금까지 있었던 가장 기이한 사건이라고 하면……."

불라크 경비대장의 이야기

저는 전에 금화 30만 닢*[3]의 빚을 진 적이 있습니다. 그때 저는 생각다 못해 가지고 있던 물건을 모조리 팔아 치웠지만 10만 닢밖에 마련할 수가 없었습니다.

―여기서 날이 훤히 밝아왔으므로 샤라자드는 이야기를 그쳤다.

344번째 밤

샤라자드는 이야기를 계속했습니다.

오, 인자하신 임금님, 불라크 경비대장은 이야기를 계속했습니다.

─저는 가지고 있던 물건을 모조리 팔아 치웠지만, 겨우 금화 10만 닢밖에 되지 않아 곤경에 빠지고 말았습니다.

그러던 어느 날 밤, 제가 집으로 돌아가 생각에 잠겨 있는데 누군가 문을 두드리는 사람이 있었습니다.

"누가 왔는지 나가 보아라."

하인이 나갔다 들어와서는 얼굴이 새하얗게 질려서 몸을 부들부들 떨기만 하는 것이었습니다.

"왜 그러느냐?"

"문밖에 어떤 사람이 와 있는데 가죽옷 하나만 걸친 채 알몸이나 다름없이 해서 손에 칼을 뽑아들고 허리띠에 칼을 차고 있어요. 함께 온 패거리들도 같은 차림인데, 주인님을 만나 뵙겠답니다."

그래서 저도 칼을 뽑아들고 어떤 자들인가 나가 보았습니다. 정말 하인이 전한 것과 같은 몰골을 한 사내들이 서 있었습니다. 그래서 제가 물었습니다.

"대체 무슨 일로 왔소?"

그들이 대답했습니다.

"우리는 다름 아닌 도둑들이오. 오늘 밤 멋지게 한탕 하고 왔는데 당신에게 그 훔친 물건을 드리고 싶어서 찾아왔소. 당신은 빚으로 곤경에 처해 있다고 하던데 이것으로 해결될 것이고 그러면 고민거리가 사라질 것 아니오."

"그 장물은 어디 있는가?"

그러자 그들은 금은으로 만든 그릇이 가득 든 커다란 궤짝을 가져왔습니다. 그것을 보고 저는 기뻐서 속으로 생각하였습니다.

'잘 됐다, 이걸로 내 빚을 갚아 버리자. 그러고도 상당한 돈이 남겠군.'

그래서 저는 그것을 받아 안으로 가지고 들어갔습니다.

"저놈들을 빈손으로 보내면 내 체면이 서지 않겠지?"

이렇게 생각한 저는 가지고 있던 금화 10만 닢을 가지고 나가서 그들에게 사례로 내주었습니다. 그들은 돈을 품속에 감추고 사람들의 눈을 피해 어둠 속으로 사라졌습니다.

그런데 이튿날 아침 제가 궤짝 속을 조사해 보니 그건 모두 도금한 구리와 주석*4뿐으로, 기껏해야 모두 은화 500백 닢의 가치밖엔 되지 않는 것이었습니다.

저는 애써 마련한 돈을 잃고 걱정만 늘었고, 이 사건은 저에게 참으로 분통하기 짝이 없는 일이 되었습니다. 이것이 제가 재직 중에 겪은 가장 기억에 남는 사건입니다.

그러자 이번에는 옛 카이로(포스타트)의 경비대장이 일어나서 말했습니다.

"오, 임금님, 제가 경비대장이 되고 나서 겪은 가장 이상한 사건은 다음과 같습니다."

옛 카이로 경비대장의 이야기

언젠가 저는 밤도둑 열 명을 각각 다른 교수대에서 처형하고, 호위병들에게 시체에서 눈을 떼지 말고 도둑맞지 않도록 하라고 특별히 명령해 두었습니다.

그런데 이튿날 아침 제가 둘러보러 갔더니 한 교수대에 시체가 둘이 달려 있어서 호위병들에게 물었습니다.

"누가 이런 짓을 했나? 열 번째 교수대는 어디로 갔지?"

호위병들이 모르겠다고 잡아떼는지라 저는 사실대로 다 말할 때까지 채찍질하려고 했습니다.

그러자 그들이 말했습니다.

"경비대장님, 실은 어젯밤 저희는 잠이 들고 말았습니다. 눈을 떴을 때는 누군가가 교수대의 시체를 훔쳐가 버린 뒤였습니다. 그때 마침 한 농부가 나귀를 타고 이곳을 지나가기에 그 농부를 잡아 죽여서 도둑맞은 시체 대신 이 교수대에 매달았습니다."

이 말을 들은 저는 몹시 놀라서 물었습니다.

"그 농부는 무엇을 가지고 있었느냐?"

"나귀에 안장자루를 한 쌍 매달고 있었습니다."

"그 속에 무엇이 들었더냐?"

"그건 저희도 모르겠습니다."

"그럼 그것을 이리 가져오라."

호위병들이 안장자루를 가져오자 그것을 열어보라고 명령했습니다. 그런데 놀랍게도 거기에는 토막 난 시체가 들어 있지 않겠습니까? 저는 기이하게 생각하며 속으로 소리쳤습니다.

"정말 놀라운 일이로다! 그 농부가 목이 매달려 죽은 것도, 실은 그 자신이 살인죄를 저지른 데 대한 대가였던 셈이군. '너희의 신은 그 종들에게 불공평한 처사를 하지 않는다'*5고 한 것처럼."

또 이런 이야기도 있습니다.

〈주〉

*1 알 말리크 알 나시르(Al-Malik al-Nasir)는 글자 그대로는 '정복왕'이라는 뜻이다. 살라 알 딘(살라딘)과 이집트의 역대 아이유브(Ayyubī 또는 Eyoubite) 왕조 등에 의해 채택된 왕실의 칭호. 나는 그 군주들을 솔단(Soldan, 왕 또는 술탄)이라 부르고 싶다. 〔참고로 이집트의 에요우브 왕조 또는 아이유브 왕조는 1171년, 카이로에서 북아프리카를 지배했던 파티마 왕조의 뒤를 이어 이집트, 시리아, 알 야만, 메소포타미아 등을 지배하다가 13세기에 다탄인에 의해 멸망되었다.〕

*2 카이로(Cairo)는 카히라(Kahirah, 즉 화성(火星)의 도시—유성)라고도 한다. 불라크(Bulak)는 카이로 교외 나일 강변에 있는 항구, 1858년까지는 시에서 완전히 분리되어 있었다. 포스타트(Fostat)는 흔히 옛 카이로라 불리며, 동떨어진 별개의 지역이다. 포스타트는 일반적으로 '가죽천막의 도시'라고 번역된다. 아랍어의 푸스타트(fustat)는 낙타의 털 같은 와바르(Wabar, 부드러운 털)를 제외한 모든 털을 가리키는 샤르(Sha'ar)—이를테면 말의 털—로 만든 집을 말한다.

*3 레인은(제2권) 3천 디나르(브레슬라우판의 숫자)를 '상당히 그럴듯한 금액'으로 생각하고 있다. 어쩌면 그럴지도 모르지만 나는 다시 한 번, 과장은 《아라비안나이트》의 많은 특징 가운데 하나라는 것을 부언해 둔다.

*4 카르크판에서는 카지르(Kazir). 이 말은 산스크리트의 카스티라(Kastira)와 함께, 틀림없이 그리스어의 카시테로스($\chi\alpha\delta\delta\iota\tau\varepsilon\rho o\varsigma$)에서 나온 것이리라.

*5 《코란》 제41장 46절. 자유의지의 원리를 설명한 대목이다. "정의를 실천하는 것은 자신의 영혼을 위한 것이다. 나쁜 행위를 저지르는 것은 또한 자신의 영혼을 배반하는 짓이다. 왜냐하면, 너의 주님께서는……."

도둑과 환전상

어느 날, 환전상 한 사람이 금화가 가득 든 자루를 메고 도둑들 옆을 지나갔습니다. 그러자 사기꾼 하나가 자기 패거리에게 말했습니다.

"나는 나 혼자 저 자루를 훔칠 수 있어."

"무슨 수로?"

"보고만 있게!"

그는 환전상의 뒤를 밟기 시작했습니다. 집으로 들어간 환전상은 자루를 선반*¹ 위에 올려놓고, 당뇨병에 걸려 있었으므로 노예계집에게 이렇게 일렀습니다.

"물병에 물을 담아 오너라."

그리고 그는 변소로 들어갔습니다. 노예계집이 물병을 들고 변소로 따라가자 도둑은 활짝 열려 있는 문으로 아무런 장애도 없이 안으로 들어가서 돈자루를 움켜쥐고는 쏜살같이 자기 패거리에게 달려갔습니다. 그리고 자초지종을 그들에게 이야기해 주었습니다.

—여기서 날이 훤히 밝아왔으므로 샤라자드는 이야기를 그쳤다.

345번째 밤

샤라자드는 이야기를 계속했다.

오, 인자하신 임금님, 도둑은 돈 자루를 집어 들고 자기 패거리에게 돌아가서 자신이 한 짓을 자세히 이야기해 주었습니다.

그러자 패거리들이 말했습니다.

"자네, 정말 솜씨가 좋군! 아무나 할 수 있는 일이 아니야. 하지만 그 환전상이 변소에서 나와 돈 자루가 없어진 것을 보면 노예계집을 족칠 게 아닌가. 그러고 보면 그리 잘한 짓이라고 할 수 없겠는 걸. 그러니 자네가 진짜 사기꾼이라면 다시 돌아가서 그 계집이 매를 맞거나 혼나지 않게 해 줘야 한단 말이야."

"인샬라! 그렇다면 당장 그 계집과 돈 자루를 무사히 구해 옴세."

그리하여 그 도둑이 환전상의 집으로 가보니 아니나 다를까, 돈 자루 때문에 그 계집이 주인에게 혼나고 있었습니다.

그가 문을 두드리자 주인이 물었습니다.

"누구요?"

도둑이 소리쳐 대답했습니다.

"거래소에서 당신 옆 자리에 앉았던 양반의 심부름으로 왔습니다."

그러자 환전상이 얼굴을 내밀고 말했습니다.

"무슨 일로 그러나?"

"저희 주인께서 이런 말씀을 전하라 하셨습니다. '당신, 아무래도 머리가 어떻게 된 것 아니오? 틀림없이 그런 것 같소. 글쎄, 가게 입구에 돈 자루를 내동댕이치고 그대로 내버려 두다니, 그게 제정신이오?'라고 말입니다. 만약 모르는 사람이 보았으면 슬쩍 집어갔을 테니, 저희 주인이 발견하고 챙겨두시지 않았더라면 지금쯤 잃어버렸을 겁니다."

이렇게 말하며 도둑이 그 돈 자루를 꺼내 보이자 환전상이 소리쳤습니다.

"틀림없는 내 돈 자루다."

그리고 한 손을 뻗어 받으려고 했습니다. 그러자 도둑이 말했습니다.

"아닙니다. 이걸 받으셨다는 증서를 써주시기 전엔 절대로 내드릴 수 없습니다. 당신 손으로 적으시고 봉한 다음 봉인을 찍어주지 않으시면, 저희 주인께서 당신께 드리고 왔다는 걸 믿지 않으실지 모르니까요."

그래서 환전상은 영수증을 쓰려고 안으로 들어갔습니다. 그 틈에 도둑은 돈 자루를 가지고 뺑소니를 치고 말았습니다. 그리하여 노예계집을 매질에서 구할 수 있었던 겁니다.

그리고 또 이런 이야기도 있습니다.

〈주〉

＊1 선반은 아랍어로 수파(Suffah)라고 하며, 여기서 영어의 소파(Sofa)가 나왔다. 이집트
에서는 일반적으로 석재로 높직하게 만든 선반을 가리킨다. 높이는 약 4피트 정도, 한
개 이상의 아치로 받쳐져 있다. 두꺼운 벽에 판 단순한 구멍에 지나지 않는 타크
(Tak), 즉 벽감의 정교한 변형이다. 이것은 세숫대야, 물병, 비누, 찻잔, 항아리 같은
물건을 두는 데 사용된다.

쿠스의 경비대장과 야바위꾼

어느 날 밤 쿠스[*1]의 경비대장 알라 알 딘이 집에 앉아 있는데 풍채가 당당한 호걸풍의 사내 하나가 궤짝을 머리에 이고 있는 종을 데리고 찾아왔습니다. 그리고 경비대장의 부하에게 이렇게 말했습니다.

"은밀하게 만나 뵐 일이 있으니 대장께 전해 주게."

부하가 안으로 들어가서 그대로 전하자, 주인은 손님을 들게 하라고 분부했습니다. 들어온 손님을 보니 얼굴도 잘생기고 풍채도 훌륭한 사내였습니다. 그래서 예의를 다해 정중하게 맞이하고서 자기 옆자리를 권하며 물었습니다.

"무슨 일로 오셨습니까?"

그러자 그 낯선 사내가 대답했습니다.

"실은 저는 강도인데, 당신의 도움으로 지난 잘못을 뉘우치고 전능하신 알라께 돌아가고자 합니다. 저는 당신 담당의 영내에서 감시를 받는 몸이므로 당신께 도움을 청하는 것입니다. 여기 이 커다란 궤짝에 금화 약 4만 닢어치의 물건이 들어 있습니다. 당신 말고는 이 물건을 마음대로 처리할 권한이 없습니다. 그러니 부디 이걸 받아주십시오. 그 대신 당신이 정당하게 번 돈 1천 닢만 제게 주십시오. 저의 참회생활에 조그만 밑천으로 삼아[*2] 생계 때문에 죄를 짓는 일이 없도록 하려고 그럽니다. 전능하신 알라께서 당신께 좋은 보답이 내려주시기를!"

이렇게 말하면서 그는 궤짝을 열어 거기에 가득 들어 있는 장신구와 보석, 금 덩어리, 은 덩어리, 반지용의 보석과 구슬, 진주 등을 보여주었습니다. 눈이 휘둥그레진 경비대장은 아주 기뻐서 가슴이 두근거릴 정도였습니다. 경비대장은 큰 소리로 회계담당을 불렀습니다.

"금화 1천 닢이 든 지갑을 가져오너라."

—여기서 날이 훤히 밝아왔으므로 샤라자드는 이야기를 그쳤다.

346번째 밤

샤라자드는 이야기를 계속했다.

오, 인자하신 임금님, 경비대장은 회계담당을 불러 금화 1천 닢이 든 지갑을 가져오게 했습니다.

경비대장이 그 지갑을 강도에게 주자, 강도는 지갑을 받아 들고 주인에게 감사의 말을 한 다음 어둠 속으로 자취를 감췄습니다.

그런데 다음 날 경비대장이 대장장이를 불러 궤짝 속에 든 물건을 보였더니 모두 주석과 놋쇠뿐이고 보석과 구슬, 진주 같은 것도 죄다 유리로 만든 가짜였습니다.

경비대장은 분을 참지 못해 이를 갈면서 사방으로 강도의 행방을 찾았지만 끝내 잡지 못했다고 합니다.

또 이런 이야기도 있습니다.

〈주〉

*1 쿠스(Kus)는 상(上)이집트에서 구스(Goos)라고 발음되며, 콥트교도는 코스 비르비르 (Kos-birbir)라고 한다. 옛날에는 아라비아 무역의 중심지였다.

*2 이것은 경건한 이슬람교도의 마음을 감동시켰을 것이다.

이브라힘 빈 알 마디와 상인의 여동생

알 마문 교주가 어느 날 큰아버지 이브라힘 빈 알 마디에게 이렇게 청했습니다.

"지금까지 경험하신 것 가운데 가장 기이한 사건을 들려주십시오."

그러자 이브라힘 빈 알 마디는 이런 이야기를 했습니다.

─그러지요. 충실한 자들의 임금님, 어느 날 저는 바람을 쐬려고 말을 타고 밖으로 나갔습니다. 어느 집 앞을 지나가는데 어찌나 맛있는 음식 냄새가 풍겨오던지 입에 군침이 고이면서 먹고 싶은 생각이 하도 간절하여 말을 멈췄습니다. 하지만 뾰족한 수가 생각나지 않았습니다. 무턱대고 안으로 들어갈 수도 없고 그렇다고 그대로 지나가 버릴 수도 없었습니다.

그러다가 문득 고개를 들어보니 격자창 뒤로 손목 하나가 언뜻 눈에 들어왔습니다. 그때까지 한번도 본 적이 없는 아름다운 손목이었습니다. 저는 음식 냄새도 잊은 채 그 손목에 취해 쳐다보면서 어떻게 해야 저 집 안으로 들어갈 수 있을까 이리저리 궁리해 보았습니다.

그때 바로 옆에 바느질집이 한 채 눈에 띄는지라 주인에게 다가가 인사부터 했습니다. 상대방도 답례를 하기에 제가 물었습니다.

"저건 누구의 집입니까?"

그는 아무개의 아들로서 이러저러한 이름의 상인인데, 같은 상인들하고만 교제하는 사람이라고 알려주었습니다.

이렇게 둘이 이야기하고 있으니 말이 통할 듯싶은 풍채 좋은 사내 둘이 말을 타고 찾아왔습니다. 재봉사는 두 사람이 다 상인의 절친한 친구들이라고 일러주며 이름까지 가르쳐주었습니다. 그래서 저는 그 두 사람 쪽으로 말을 타고 가서 말을 걸었습니다.

"어서 오십시오! 아부 풀란*¹이 두 분을 기다리고 계십니다!"

저는 그들과 함께 문 앞에 가 말에서 내려 집 안으로 들어갔습니다. 주인은 저를 두 사람의 친구인 줄만 알고 '어서 오십시오' 하며 가장 윗자리에 앉혔습니다. 이윽고 식탁이 차려지자 저는 속으로 생각했습니다.

'알라께서는 나의 식욕은 채워 주셨지만, 그 사랑스러운 손목은 아직 그대로 남아 있다.'

얼마 뒤 우리는 다른 방으로 옮겨 술자리를 벌였습니다. 거기에는 온갖 종류의 안주가 차려져 있었습니다.

주인은 저를 손님들의 손님으로 잘못 생각하고 있었기 때문에 저에게 특별히 신경을 쓰며 말을 걸어왔습니다. 한편 두 손님도 저를 주인의 친구인 줄로만 알고 정중하게 대해 주었습니다.

그래서 저는 양쪽 모두에게 환대를 받게 되었던 거지요. 그러자 술잔이 몇 순배 돌았는데 문득 버들가지인 양 기품 있고 사랑스러운 처녀가 들어왔습니다. 그녀는 흥겨운 가락으로 류트를 타면서 이런 노래를 불렀습니다.

> 한집에 살면서도
> 서로 떨어져
> 함께 속 이야기 나눌 길 없구나.
> 오오, 기구한 삶이여.
> 우리 영혼의 비밀을 속삭이는 건
> 오직 눈동자뿐
> 서글픈 마음을 드러내는 건
> 사랑하는 이의, 불길처럼
> 애절한 마음뿐.
> 서로 마음 통하는 길은
> 눈동자와 눈꺼풀의 깜박임,
> 그 슬픈 모습과 손짓뿐.

오, 충실한 자들의 임금님, 저는 이 시를 듣자 마음이 들떠 처녀의 말할 수 없이 묘한 노랫가락에 넋을 잃고 말았습니다. 그러다가 마침내 그 류트를 타는 화려한 손놀림에 질투가 나서 이렇게 말했습니다.

"이봐요, 아가씨, 당신 노래에는 좀 모자라는 데가 있는 걸."

이 말을 들은 처녀는 화가 나서 류트를 내동댕이치더니 소리쳤습니다.

"여러분은 언제부터 이렇게 예의도 모르는 시골 사람을 친구로 두셨어요?"

저는 주위 사람들이 서에게 화를 내는 것을 보고 '아차!' 하는 생각이 들어 속으로 중얼거렸습니다.

'아, 내 희망을 내가 다 망쳐 버렸구나.'

그리고 이 고비를 넘기기 위해서는 자진해서 류트를 한 번 타보는 수밖에 없다 여기고 이렇게 말했습니다.

"아가씨가 연주한 곡에서 빠뜨린 부분 내가 한 번 타보리다."

그러자 모두가 말했습니다.

"그게 좋겠소."

저는 류트를 받아들고 줄을 고른 다음 이런 노래를 불렀습니다.

안타까운 생각에 애타는
그대 벗이로다.
사랑에 미쳐 쓰디쓴 눈물
가슴속에 흘러내리고
그 소원 이루려고
한 손 자비로운
알라 신께 내밀고
한 손은 가슴에 댔도다.
오, 사랑에 죽어가는 이를 보고
그대는 알라, 그가 죽어가는 것은
그 손과 눈동자 때문인 것을.*2

이 노래를 듣고 난 처녀는 벌떡 일어나 제 발밑에 몸을 던지고 발에 입을 맞추며 외쳤습니다.

"오, 선생님, 저를 용서해 주십시오. 누구신지 미처 알아 뵙지 못했습니다. 정말 이렇게 훌륭한 연주는 지금까지 한 번도 들어본 적이 없습니다!"

주위 사람들도 몹시 기뻐하며 나를 칭찬하고 치켜세우더니, 다시 한 곡 불러달라 청하는지라 저는 흥겨운 노래를 불러주었습니다.

이윽고 모두 술과 음악에 취하여 몸을 가누지 못하게 되자 각자 집으로 돌아갔습니다. 마침내 저 혼자만 주인과 처녀 옆에 남게 되었습니다. 주인은 술잔을 두어 번 건네다가 저에게 말했습니다.

"오, 손님, 당신 같은 분을 지금껏 모르고 있었다니 참으로 유감스런 일입니다. 자, 이젠 손님의 신분을 가르쳐주십시오. 오늘 밤 알라께서 내려주신 술친구가 누구인지 꼭 알고 싶습니다."

저는 그저 얼버무리며 이름을 밝히려 하지 않았지만, 주인이 너무나 조르는 바람에 결국 알려주고 말았습니다. 그러자 주인은 소스라치게 놀라는 것이었습니다.

—여기서 날이 새기 시작했으므로 샤라자드는 이야기를 그쳤다.

347번째 밤

샤라자드는 이야기를 계속했다.

오, 인자하신 임금님, 알 마디의 아들 이브라힘은 이야기를 계속했습니다.

—주인은 제 이름을 듣자 벌떡 일어나서 말했습니다.

"정말, 그런 분이 아니고는 이만한 솜씨를 지닌 사람이 누구일까 이상하게 생각했습니다. 이런 행운을 얻다니, 어떻게 감사를 드려야 할지 모르겠습니다. 어쩌면 꿈이 아닌가 싶군요. 교주님의 문중에 계신 분이 이런 누추한 곳을 찾아오시고, 더욱이 오늘 밤 저와 함께 술잔을 나누시다니 이건 꿈도 못 꿀 일이지요."

제가 그만 앉으라고 권하자 주인은 겨우 자리에 앉더니 매우 은근한 말투로 제가 찾아오게 된 까닭을 물었습니다. 저는 숨김없이 모든 것을 얘기해주고 이렇게 말했습니다.

"그런데, 음식은 배불리 먹었소만 그 손목에 대해선 아직 소원을 풀지 못했구려."

그러자 주인이 말했습니다.

"인샬라! 그럼 그 손목에 대한 소원도 당장 풀어 드리지요."

그리고 노예계집에게 이러이러한 여자에게 가서 이리 오라고 이르라는 것이었습니다. 주인은 노예계집들을 하나씩 불러 저에게 보여주었지만, 그 여자는 찾을 수가 없었습니다.

"이젠 제 어머니와 누이동생밖에 남아 있지 않습니다. 그들도 불러서 보여 드리지요."

주인이 이렇게 말하므로 저는 그 호의와 관대한 태도에 놀라 말했습니다.

"이거 미안하외다! 그럼 먼저 누이동생부터……."

"그렇게 하지요."

이윽고 주인의 누이동생이 내려와 저에게 손목을 내보였습니다. 그런데 이 여자가 바로 그 손목의 주인공이 아니겠습니까?

"오, 이런! 내가 창 너머로 본 손목은 바로 이분의 손이었소."

내 말이 떨어지기가 무섭게 주인은 곧 하인을 시켜 증인을 부른 다음, 금화 2만 닢을 내놓으면서 말했습니다.

"충성스러운 자들의 임금님의 큰아버지 되시는 알 마디의 아들 이브라힘 님께서 내 누이를 아내로 맞으시겠다 하시오. 이제 여러분은 내 누이가 이분과 결혼하며, 이분의 지참금은 1만 닢이라는 것을 증언해 주시오."

그런 다음 주인은 나를 향해 말했습니다.

"방금 말씀드린 지참금으로 누이를 드리겠습니다."

그래서 저는 대답했습니다.

"좋소, 나는 이의 없소이다."

그러자 주인은 돈 자루 하나는 누이동생에게, 하나는 증인들에게 주고 나서 저를 돌아보며 말했습니다.

"나리, 신부와 주무실 수 있는 방을 꾸며 드리겠습니다."

저는 주인의 대범한 태도에 얼굴을 붉히며, 그 집에서 신부와 잠자리를 같이하는 것이 부끄러워졌습니다.

"그보다는 준비를 시켜서 내 집으로 보내주시오."

오, 충실한 자들의 임금님, 그러자 주인은 신부와 함께 그토록 넓은 저희 집이 좁아질 정도로 많은 가구와 물건을 보내왔습니다. 그리하여 저와 아내 사이에서 지금 교주님 앞에 있는 이 사내아이가 태어나게 된 것입니다.

이 말을 들은 알 마문 교주는 그 남자의 대범함에 감탄하며 말했습니다.

"알라여, 참으로 훌륭한 천성을 갖춘 자로다! 나는 그런 사람에 대한 이야기는 일찍이 들어본 적이 없는 걸."

그리고 알 마문 교주는 이브라힘 빈 알 마디에게 그 사람을 한번 만나보고 싶으니 궁전으로 데려오라고 분부했습니다. 이브라힘이 처남을 데리고 왕 앞에 나아가자, 교주는 그자의 재치와 세련된 교양이 썩 마음에 들어 마침내 중신(重臣)으로 발탁했습니다. 알라께서는 참으로 내려주시는 자, 베풀어주시는 자이십니다.

또 이런 이야기도 있습니다.

〈주〉

＊1 아부 풀란(Abu Fulan)은 '어떤 사람의 아버지'라는 뜻으로, 이 쓸모 있는 말(누구누구라는 사람, 뭐라고 하는 사람)은 스페인어와 포르투갈어—풀라노(Fulano)—에도 그대로 옮겨심어졌다. 오랜 역사를 지닌 이 말은 히브리어의 Fuluni에 해당하는데, 다만 이 말은 〈룻기〉 제4장 1절의 어떤 사람에게 사용되었을 뿐이다. 그러나 유대의 법률학자들은 이 말을 자주 사용하고 있다. 그리스인은 ὁ δεινα라고 한다. 〔위의 〈룻기〉에는 '아무개여, 이쪽으로 와서 앉으라'고 하는 구절이 보이는데, 영어로 번역하면 Such a one! 이다.〕

＊2 글자 그대로는 "그의(즉 그녀의) 손에 의해서 운운". 그래서 레인은(제2권) 이 행을 무의미한 것으로 하고 있다. 〔즉 '그녀의 손과 눈에 의해'라고 해야 하는 것을 '그의 손과 눈에 의해'라고 번역했기 때문이다.〕

가난한 자에게 보시하고 두 손을 잘린 여자 이야기

옛날 어느 나라의 왕이 백성들에게 포고를 내렸습니다.

"너희 가운데 만일 남에게 무엇을 베푸는 자가 있으면 반드시 그 손을 자르리라."

그래서 백성들은 모두 보시를 삼가고 아무도 남에게 베풀 수가 없었습니다.

그런데 어느 날, 한 거지가 배가 너무 고파서 어느 여자에게 인사를 한 뒤 말했습니다.

"무엇이든 베풀어주십시오."

—여기서 날이 밝아왔으므로 샤라자드는 이야기를 그쳤다.

348번째 밤

샤라자드는 이야기를 계속했다.

오, 인자하신 임금님, 거지가 여자에게 무엇이든지 좋으니 베풀어 달라고 말하자 여자가 대답했습니다.

"임금님께서 보시하는 자의 손을 자르시겠다는데 어떻게 당신을 도와드릴 수 있겠어요?"

"전능하신 알라의 이름으로 부탁합니다. 제발 아무 거라도 좋으니 적선해주십시오."

이렇게 거룩한 알라의 이름을 빌려 졸라대는지라 여자도 가엾은 생각이 들어 보리과자 두 개를 주었습니다. 이 일이 곧 왕의 귀에 들어가자 여자는 당장 잡혀가 두 손이 잘리고 말았습니다. 여자는 두 손을 잃고 집으로 돌아왔습니다.

얼마 뒤 왕이 어머니에게 말했습니다.

"아내를 맞고 싶으니 아름다운 여자와 결혼시켜 주십시오."

"노예계집들 중에 매우 아름다운 색시가 하나 있기는 하다. 하지만 한 가지 흠이 있어."

"무슨 흠인가요?"

"두 손이 잘려서 없단다."

"어쨌든 한 번 보여주십시오."

그리하여 어머니가 그 여자를 데려오자, 왕은 몹시 마음에 들어 즉시 부부의 인연을 맺고 아들을 하나 낳았습니다.

그런데 이 여자는 바로 거지에게 보리과자 두 개를 주고 손이 잘린 그 여자였습니다. 왕이 이 여자를 왕비로 맞아들이자 샘이 난 다른 처첩들은, 왕에게 그 여자가 행실이 좋지 않은 음탕한 여자이며 얼마 전에 아이를 낳은 적도 있다고 헐뜯는 글을 올렸습니다.

그래서 왕은 어머니께 편지를 써서 그 여자를 사막에 내다 버리라고 했습니다. 늙은 어머니는 왕의 명령대로 여자와 아이를 사막에 내다 버렸습니다.

여자는 자기의 불행을 생각하고 탄식하며 울었습니다. 이윽고 정처 없이 사막을 걸어가다가 어느 냇가에 이르렀습니다. 슬프고 피곤한 데다 목이 몹시 말라서 물을 마시려고 엎드려 머리를 숙이는 순간, 등에 업혀 있던 아이가 그만 물속에 빠지고 말았습니다.

여자가 아이를 잃고 슬피 울며 냇가에 앉아 있는데 웬 사내 둘이 나타나서 말을 건넸습니다.

"왜 울고 계시오?"

"업고 있던 아이가 그만 물속에 빠지고 말았어요."

"구해 드릴까요?"

"네!"

사내들은 전지전능하신 알라께 열심히 기도를 드렸습니다. 그러자 놀랍게도 아이가 상처하나 없이 살아서 물 위로 떠오르는 것이었습니다.

이어 두 사람이 말했습니다.

"두 손을 원래대로 해 드릴까요?"

"네!"

1916 아라비안나이트

두 사람은 다시 알라께 기도를 드렸습니다. 그러자 이번에는 전보다 더 아름다운 두 손이 원래대로 돌아왔습니다.

그리고 두 사람이 물었습니다.

"우리가 누군지 알겠소?"

"알라께서는 전지전능하십니다."*1

"우리는 바로 그 두 개의 보리과자요. 당신은 그것을 거지에게 베풀어주었기 때문에 두 손이 잘렸지요.*2 어쨌든 전능하신 알라를 찬양하시오. 두 손도 아이도 원래대로 돌려주셨으니까."

그리하여 여자는 전능하신 알라를 찬양했습니다.

또 이런 이야기도 있습니다.

〈주〉

＊1 '알라는 전지전능하시다'는 말은 아랍어 '알라호 알람(Allaho A'alam)'으로, '신께서는 아신다!'는 뜻. 즉 여기서는 '나는 모른다'에 대한 관용구. 이것은 퉁명스럽게 므아드리(M'adri), 즉 '모른다'고 말하면 실례가 될 때 사용된다.

＊2 선행은 인간의 모습으로 나타나 그것을 베푼 자를 무덤 속에서 기운을 북돋워주거나, 천국에 들어갈 때 맞이한다는 아름다운 이슬람교적인 사고방식이다. 이 관념은 배화교도의 지극히 상상력 풍부한 신앙에서 빌려 쓴 것이다. 선량한 사람에게는 길이 37간척(라산(rasan)), 폭 37길의 똑바른, 악한 사람에게는 칼날처럼 구부러지고 좁은, 치나바드 또는 찬유드 풀(Chanyud-pul, 시라트), 즉 심판의 다리 위에서는 요정 같은 모습을 하고 덕망 높은 인간 앞에 나타나 "나는 너의 선행의 화신이다!"라고 말한다. 또 지옥에서는 뾰족탑 같은 머리, 시뻘건 눈, 휘어진 코, 기둥 같은 이, 창 같은 엄니, 뱀 같은 머리카락을 가진 음산한 괴물이 악취를 뿜어내는 거센 바람을 타고 출현하여, 누구냐고 물으면 "나는 너의 악행의 화신이다!"라고 대답한다(《다비스탄》 제1권). 힌두교도도 모든 것을 의인화한다.

신앙심 깊은 이스라엘인

옛날 유대인의 자손*¹으로 매우 믿음이 깊은 한 남자가 있었습니다. 가족들이 실을 뽑아내면 그는 매일 그것을 팔아 새 솜을 사들이고, 또 번 돈으로 빵을 사서 식구들을 부양했습니다.

어느 날 아침에도 여느 때처럼 밖에 나가 하루치의 실을 팔다가 신자 한 사람을 만났습니다. 그런데 그가 몹시 가난하다는 말을 듣고 그 유대인은 실을 판 돈을 몽땅 그에게 주고 빈손으로 집에 돌아왔습니다. 가족들이 물었습니다.

"솜과 빵은 어떡하셨어요?"

"친구를 만났는데 몹시 궁색하다기에 실 판 돈을 모두 주어 버렸지."

"그럼 우린 어떻게 해요. 이젠 팔 것이라곤 아무것도 없는데."

그 집엔 금이 간 나무 그릇과 물 항아리가 하나 있어서 남자는 그것을 가지고 시장에 나갔습니다. 그러나 아무도 사려는 사람이 없었습니다. 하는 수 없이 그대로 시장에 서 있으니 어떤 사람이 생선 한 마리를 들고 지나갔습니다.

—여기서 날이 새기 시작했으므로 샤라자드는 이야기를 그쳤다.

349번째 밤

샤라자드는 이야기를 계속했다.

오, 인자하신 임금님, 유대인이 시장에 서 있으니 생선 한 마리를 든 사람이 지나갔습니다.

그런데 그 생선이라는 것이 몹시 상해서 썩은 냄새가 났으므로 아무도 사려는 사람이 없었습니다.

생선장수가 유대인에게 말했습니다.

"여보시오, 그 팔리지도 않는 물건을 내 생선과 바꾸지 않겠소?"

그래서 그는 나무 그릇*²과 물 항아리를 내주고 생선을 받아 집으로 돌아왔습니다.

"이 생선을 어떻게 할 셈이에요?"

가족들이 묻자 주인이 대답했습니다.

"알라께서 우리에게 빵을 주실 때까지 이걸 구워 먹어야지."

가족들이 생선의 배를 가르자 그 속에서 커다란 진주알이 하나 나왔으므로 얼른 주인에게 알렸습니다.

"구멍이 있는가 보아라, 구멍이 있으면 남의 것이고 없으면 알라께서 내리신 자비의 양식일 테니."

가족들이 모두 살펴보았지만 구멍은 없었습니다. 이튿날 유대인은 보석 감정을 잘하는 신자에게 그 진주를 가져가 보였습니다.

"이것 참, 기막힌 물건이군! 대체 이 진주를 어디서 구했소?"

"전능하신 알라께서 주신 거요."

"이건 은화 1천 닢짜리요. 그 값이면 내가 사리다. 하지만 저기 저 가게에 가 보시오. 그 사람은 나보다 돈도 많고 감정도 잘하니까."

유대인은 신자가 가르쳐준 대로 그 보석상을 찾아가서 진주를 보였습니다.

"은화 7만 닢짜리군요."

보석상인은 그렇게 말하면서 그 돈을 치러주는 것이었습니다.

유대인은 짐꾼 둘을 사서 돈을 집으로 날랐습니다. 막 자기 집 문 앞에 이르니 웬 거지가 서 있다가 이렇게 말했습니다.

"알라께서 내린 것을 저에게도 좀 베풀어주십시오."

"나도 어제까지는 당신과 똑같은 신세였소. 자, 이 돈의 절반을 가지시오."

유대인은 돈을 절반이나 나누어주었습니다. 그러자 거지가 말했습니다.

"이 돈을 도로 거두시오. 알라께서 당신을 축복하여 더욱더 유복하게 해주실 거요! 실은 나는 그대를 떠보기 위해 신께서 보낸 사자*³라오."

이 말을 들은 유대인은 큰 소리로 외쳤습니다.

"오, 알라여, 감사하나이다!"

그리하여 그는 처자와 함께 죽을 때까지 이 세상의 모든 기쁨을 맛보면서 남은 생애를 보냈습니다.

또 이런 이야기도 전해오고 있습니다.

〈주〉

*1 '이스라엘의 자손'은 아랍어의 바누 이스라일(Banu Israil)로, 진실한 신앙이 있었던 당시, 즉 구세주 예수가 출현하기 전의 유대인에게 사용된다. 구세주의 포교는 모세의 그것을 완성하고 그것을 폐물로 만들었다. 그것은 예수의 포교가 무함마드의 그것에 의해 완성되고 폐기된 것과 같다.

　아랍어의 야우드(=유대인)는 구세주를 거부한 뒤의 '선택받은 사람들'을 경멸하여 일컫는 말이다.

*2 나무 그릇은 아랍어의 카사(Kasa'ah)로, 나무 공기, 죽 그릇, 그리고 받침접시에도 사용된다.

*3 사자는 아랍어의 라술(Rasul)로, 파견된 자, 천사, 사도를 가리킨다. 흔히 있는 일이지만, '예언자'라고 번역해서는 안 된다. 게다가 라술은 아브라함이나 이삭 같은 알 이스람의 보관자로, 그 후계자는 자신의 아들로 한정된 나비(Nabi, 예언자)보다 신분이 높다. 나비 무르실(Nabi-mursil, 예언자 겸 사도)이 가장 높으며, 책과 함께 파견된 자이다. 여기에 속하는 것은 모세, 다윗, 예수, 무함마드, 이 네 사람뿐이다. 그 밖의 사람들의 책은 없어져 버렸기 때문이다. 또 알 이슬람에서는 천사는 조물주와 창조된 자 사이의 중개자(=안게로스($\alpha\gamma\gamma\epsilon\lambda o\varsigma$), 눈시(nuncii))[눈시는 라틴어, 모두 천사 또는 사자의 뜻]에 지나지 않으므로 인간보다 낮은 신분이다.

　이 지식은 옛날 하랄—당시에는 안전한 곳이 아니었지만—에서 나에게 상당히 도움이 되었다(《동아프리카에 찍은 첫 발자국》).

아부 하산 알 자디와 호라산의 남자

법률학자 아부 하산 알 자디*¹라는 사람이 이런 이야기를 하였습니다.

—내가 한때 몹시 돈에 쪼들리고 있을 때, 채소장수며 빵장수 그리고 다른 장사치들까지 돈을 달라고 졸라대는 바람에 골치를 앓았습니다. 그러나 생쥐조차 먹을 만한 양식도 없고 수입도 별로 없어서 어찌해야 좋을지 알 수 없었습니다. 그렇게 곤란을 겪고 있던 어느 날 하인이 들어와서 말했습니다.

"한 순례자가 찾아와서 나리를 뵙고 싶답니다."

그래서 들어오게 하니, 찾아온 손님은 호라산 사람이었습니다. 서로 인사를 나누고서 그가 물었습니다.

"선생님이 아부 하산 알 자디라는 분이시오?"

"그렇소, 무슨 일로 오셨소?"

"저는 나그네로서 순례는 해야겠는데 실은 지금 큰돈을 지니고 있습니다. 가지고 다니기에도 불편하고 해서 제가 순례에서 돌아올 때까지 이 은화 1만 닢을 좀 맡아주셨으면 합니다. 만약 대상이 돌아와도 제가 나타나지 않으면 죽은 줄로 아시고, 그때는 이 돈을 가지십시오. 하지만 무사히 돌아오거든 그대로 돌려주십시오."

"그것이 알라의 뜻이라면 당신 좋으실 대로 하시구려."

그리하여 그가 가죽 자루를 꺼내 놓자 하인에게 저울을 가져오라고 일렀습니다. 저울이 오자 남자는 돈을 달아 보더니 나에게 맡기고 가 버렸습니다. 그래서 나는 장사치들을 불러서 빚을 모두 갚아 버렸습니다.

—여기서 날이 새기 시작했으므로 샤라자드는 이야기를 그쳤다.

350번째 밤

샤라자드는 이야기를 계속했다.

오, 인자하신 임금님, 아부 하산 알 자디는 이야기를 계속했습니다.

―나는 장사꾼들에게 빚을 모두 갚아 버리고 속으로 이렇게 생각했습니다.

'그자가 돌아올 때까지 돈을 내리신 알라께서 설마 나를 구해 주시겠지.'

그러고는 돈을 아낌없이 써 버렸습니다.

그런데 바로 그 이튿날 하인이 들어와서 말했습니다.

"친구이신 그 호라산 사람이 찾아오셨습니다."

"들어오시도록 해라."

그러자 호라산 사람은 방에 들어와서 이렇게 말하는 것이 아니겠습니까?

"순례를 떠나려고 했지만, 갑자기 아버지가 돌아가셨다는 소식이 와서 고국으로 돌아가게 되었습니다. 어제 맡겨 둔 돈을 돌려주시기 바랍니다."

나는 이 말에 그만 당황해 버린 나머지 아무 대답도 하지 못하고 있었습니다. 그런 돈은 모른다고 잡아떼면 그는 나에게 맹세를 시켜 내세에서 망신을 당할 것이고, 다 써버렸다고 털어놓으면 사람들 앞에서 큰 소리로 떠들어대며 내게 창피를 줄 것이 틀림없었으니까요. 그래서 나는 이렇게 말했습니다.

"알라여, 이분의 건강을 지켜주시기를! 실은 우리 집은 큰돈을 보관해 두기에는 안전한 곳이 못돼서 그 돈 자루를 다른 사람에게 맡겨 두었소. 그러니 귀찮지만, 내일 다시 한 번 와 주십시오. 인샬라!"*²

그리하여 그 사내는 돌아갔지만, 그날 밤 나는 그 사내가 다시 찾아올 것을 생각하니 걱정이 되어 영 잠이 오지 않았습니다. 그래서 하인을 불러 노새에 안장을 얹어 놓으라고 일렀더니 하인이 말했습니다.

"오, 나리, 날이 새려면 아직 멀었습니다. 저희도 조금 전에 자리에 누웠습니다."

그래서 나도 다시 잠자리로 돌아가 잠을 청해 보았으나 잠은 여전히 오지 않았습니다. 나는 몇 번이나 하인들을 깨웠고 그때마다 하인들은 나를 말리곤 하다가 마침내 새벽이 되어, 나는 하인이 노새에 안장을 얹기가 바쁘게 올라타고 정처 없이 집을 나섰습니다.

나는 노새 어깨에 고삐를 얹어 놓고 후회와 답답한 생각에 잠겨 있었는데, 노새는 제 맘대로 나아가 이윽고 바그다드 동쪽으로 빠져나갔습니다. 거기서 많은 사람이 가까이 오는 것이 보여서 옆으로 피했더니, 사람들은 내가 설교사풍의 터번*3을 쓴 것을 보고 급히 뒤쫓아 왔습니다.

"여보세요, 혹시 아부 하산 알 자디라는 분의 집을 모르십니까?"

"내가 바로 그 사람이오만."

그러자 그들이 말했습니다.

"충성스러운 자들의 교주님께서 부르십니다."

이윽고 그들의 안내를 받아 교주 알 마문 앞에 나아갔습니다.

"그대는 누구인가?"

"판관 아부 유수프의 벗으로 법률과 관습을 연구한 학자올시다."

"이름*4이 무엇인가?"

"아부 하산 알 자디라 하옵니다."

"그렇다면 그대의 신상 이야기를 해보라."

그래서 내가 지금의 처지를 말씀 드렸더니 교주께서는 눈물을 흘리시며 이렇게 말씀하셨습니다.

"이게 무슨 일인가! 알라의 사도(부디 알라의 축복과 가호 있으시기를!) 께서는 간밤 그대의 일로 나를 잠도 못 자게 하셨다. 어제 해가 지자 곧*5 사도께서 내 앞에 나타나시더니 '아부 하산 알 자디를 구원해 주라!'고 하시는 바람에 눈을 떴는데, 그대가 누구인지 알 수 없어서 다시 잠을 청했지. 그랬더니 사도가 다시 나타나서 말씀하셨네.

'이 괘씸한 놈! 아부 하산 알 자디를 구하라!'

그 목소리에 나는 다시 잠에서 깨어났지만, 아무래도 그대와는 면식이 없는지라 난 다시 자버렸지. 그러자 사도께서 세 번째로 다시 나타났지만, 그래도 나는 그대가 누군지 몰라 다시 잠을 잤지. 그런데 사도께서 또다시 나타나셔서 호통을 치시지 않겠나!

'뭐하는 것이냐, 어서 아부 하산 알 자디를 구하라니까!'

그때부터 잠이 달아나서 밤새도록 신하를 사방으로 보내 그대를 찾았단 말이야."

그리고 교주는 나에게 은화 1만 닢을 주시며 말했습니다.

"이 돈을 호라산 사람에게 돌려주어라."

그러면서 따로 1만 닢을 더 주시며 말씀하셨습니다.

"이 돈은 그대 마음대로 사용하여 생활에 보태 쓰되 모든 일에 규모 있게 하라."

그리고 또 은화 3만 닢을 주시니 이렇게 고마울 데가!

"이 돈은 잘 간직해 두어라. 그리고 행렬의 날*6이 오거든 나를 찾아오라. 무슨 벼슬을 시켜줄 테니까."

나는 그 돈을 가지고 집으로 돌아와 새벽 기도를 드렸습니다. 얼마 뒤 호라산 사람이 찾아왔습니다. 나는 집 안으로 안내하여 은화 1만 닢을 내주며 말했습니다.

"어제 맡았던 돈이오."

"이건 내 돈이 아니군요. 어떻게 된 일입니까?"

그래서 자초지종을 이야기해 주었더니 그는 눈물을 흘리면서 이렇게 말했습니다.

"알라께 맹세코, 진작 그런 말씀을 해 주셨더라면 그렇게 괴롭히지는 않았을 겁니다. 어쨌든 그 말을 들었으니 이 돈은 절대로 받을 생각이 없습니다."

—여기서 날이 훤히 밝아왔으므로 샤라자드는 이야기를 그쳤다.

351번째 밤

샤라자드는 이야기를 계속했다.

오, 인자하신 임금님, 호라산 사람은 알 자디에게 말했습니다.

"알라께 맹세코, 진작 그런 말씀을 해 주셨더라면 그렇게 괴롭히지는 않았을 것을! 어쨌든 그 말을 들은 이상, 이 돈은 절대로 받을 생각이 없습니다. 당신에게는 더 이상 법률상의 아무런 책임이 없습니다."

그러고는 일어나서 가버리는 것이었습니다. 그래서 나는 모든 걸 깨끗이 처리하고 행렬의 날이 되자 알 마문 교주의 궁전으로 찾아갔습니다. 교주님은 옥좌에 앉아 계시다가 나를 보시고는 가까이 부르셔서 기도용 깔개 밑에서 서류 한 통을 꺼내어 나에게 주시면서 말씀하셨습니다.

"이것은 특허장이네. 그대에게 성도 알 메디나의 서부(西部) 지역 판관의 관직을 내리노라. 바브 알 살람*7에서 마을 변두리까지의 구역이네. 그리고 매달 여차여차한 봉급을 줄 것이니, 알라(오, 알라께 명예와 영광이 있으시기를!)를 경외하고 그대를 위해 염려해 주시는 사도(오, 신의 축복과 가호가 있기를!)를 잊지 말게."

주위에 늘어선 신하들이 교주님의 말씀에 놀라 나에게 까닭을 묻기에 자세한 이야기를 해 주었습니다. 그랬더니 이 이야기가 그만 세상에 널리 퍼지고 말았습니다.

"그러고는"

이야기를 전한 사람은 끝을 맺었습니다.

"아부 하산 알 자디는, 알 마문 교주의 재위 중에 세상을 떠날 때까지 성도 알 메디나의 판관으로 지냈지요. (평안하게 잠드시기를!)"

또 이런 이야기도 있습니다.

〈주〉

＊1 알 자디는 알 마문 교주 시대의 법률학자.

＊2 인샬라(Inshallah)라는 감탄사는 여기서는 D. V(라틴어 Deo volente의 약자로, '하늘의 뜻에 맞는다면'이나 '고장이 없으면'이라는 뜻)와 같다.

　　이 감탄사는 대부분 그런 의미가 있는 것으로 생각해도 무방하다.

＊3 '설교사풍의 터번'은 아랍어 타일라산(Taylasan)으로, 하티브(Khatib), 즉 설교사가 두 건식으로 쓰는 터번을 말한다. 나는 졸저 《순례》에 그 스케치를 곁들여 해설했다(제3권). (버턴판에서는 유감이지만 그 스케치가 생략되어 있다.) 동양학자 중에는 타일라산의 어원을 아틀라스(Atlas)＝'공단'에서 찾는 사람도 있지만, 그것은 말도 안 되는 오류이다. 이 말은 명백하게 그리스 라틴어가 아니라, 아마 탁발승의 모자 칼란수와 (Kalansuwah) 같은 페르시아어에서 나온 것으로 여겨진다. '너는 타일라산의 아들이다'라는 말은 야만인이라는 뜻(드 사시 저 《아랍 고전문집 Chrest. Arab.》 제2권). (드 사시에 대해서는 앞에서도 잠시 언급했지만, Silvestre de Sacy 남작을 말하며, 파리 출생, 주요한 셈어계의 모든 언어를 연구하고 정계를 은퇴하고 나서는 동양연구에 전념했다. 1795년에는 동양어연구소에서 아랍어와 페르시아어 교수가 된다. 1758~1838년. 《아라비안나이트》에 대해서도 각종 연구논문을 남겼다. 앞에 인용된 원서명은

아부 하산 알 자디와 호라산의 남자 1925

"Chrestomathie Arabe"의 약자이다.〕

*4 성(姓)은 아랍어의 킨야(Kinyah)로, 흔히 쿤야트(Kunyat)라고 한다. 아버지의 이름, 또는 어머니의 이름에서 따온 이름이다. 즉, 아부(아버지) 또는 움(Umm, 어머니)……으로 시작되는 이름을 가리킨다. 알 이슬람에서는 인명이 지극히 적어서, 그러한 이름은 나중에도 볼 수 있듯이 매우 다양하며, 개인을 구별하는 데 필요한 것이다.

*5 '자면서 나를 꿈꾸는 자는 정말로 나를 보는 것이다. 왜냐하면, 악마는 나의 모습으로 위장할 수 없기 때문이다'라고 무함마드는 말했다(또는 말했다고 한다).

*6 '행렬의 날'이란 아랍어의 알 마우카브(Al-Maukab)로, 순례자가 도시에서 행렬을 지어 다니는 날. 상하귀천의 구별 없이 이 날은 모든 사람에게 휴일이다.

*7 바브 알 살람(Bab al-Salam)은 '인사의 문'이라는 뜻. 무함마드를 매장해 둔 이슬람사원〔알 메디나〕의 남서쪽 구석에 있다. 참배(Ziyarah)는 여기서부터 시작된다.

가난한 남자와 친구

옛날 어느 부자가 재산을 모두 잃고 빈털터리가 되어 비리자 친한 빗에게 도움을 청해 보라는 아내의 권유로 한 친구를 찾아가 사정을 이야기했습니다. 그러자 친구는 장사밑천으로 쓰라고 금화 5백 닢을 빌려주었습니다. 그는 젊은 시절에 보석상을 한 경험이 있어서 빌린 돈을 가지고 보석시장에 가게를 차려 장사를 시작했습니다.

어느 날 가게에 앉아 있는데 손님 세 사람이 들어와서 인사를 하더니 아버지에 대해 물었습니다. 아버지는 이미 세상을 떠나고 안 계신다고 하니 그들은 다시 물었습니다.

"아버님께서는 자식을 남기셨나요?"

"여러분이 보시고 있는 이 아들을 남기셨지요."

"당신이 그분의 아들이란 것을 누가 알지요?"

"시장 사람들이 다 알고 있습니다."

"당신이 그 분의 아드님이라는 증언을 듣고 싶으니 모두 이리 좀 불러올 수 없소?"

그래서 보석상이 시장 사람들을 불러모으니 모두 사실이라고 증언해 주었습니다. 그러자 세 사람은 값비싼 보석과 금덩이, 그 밖에 금화 3만 닢이 들어 있는 안장자루 두 개를 보석상에게 주면서 이렇게 말하는 것이었습니다.

"이것은 당신 아버지께서 맡겨 두신 것입니다."

그들이 돌아가고 나자 한 여자가 가게에 찾아와서 금화 5백 닢짜리 보석을 사고 3천 닢이나 치르고 가버렸습니다.

그래서 상인은 5백 닢을 가지고 돈을 빌려준 친구를 찾아가서 말했습니다.

"지난번에 빌려준 돈 5백 닢일세. 받아주게. 알라의 뜻으로 번영의 문이 열렸다네."

"그건 자네에게 그냥 준 거야. 그러니 도로 넣어 두게. 그리고 이 종이쪽지를 줄 테니 집에 돌아가서 읽어 보고 거기에 쓰여 있는 대로 해 주게."

보석상이 돈과 종이쪽지를 들고 집에 돌아와 읽어보니 다음과 같은 시가 적혀 있었습니다.

그대를 찾아간 세 사람은
나와 한 핏줄의 일가친척들
큰아버지 두 분과 사리 빈 알리.
그대에게 보석을 산 여인은
바로 나의 어머니라네.
그리고 돈과 보석을 보낸 사람은
다름 아닌 바로 나였다네.
내게 딴마음이 있어서가 아니라
그대가 내 앞에서 부끄러워하거나
기가 죽을까 염려해서 그랬네.

또 이런 이야기도 있습니다.

영락한 남자가 꿈을 꾸고 부자가 된 이야기[1]

옛날 바그다드에 첫째가는 큰 부자 한 명이 살고 있었는데 재산을 탕진하여 가진 것이 없게 되자 힘든 노동으로 겨우 끼니를 이어가고 있었습니다. 그러던 어느 날 시름에 지쳐 잠이 들었는데, 꿈속에서 이런 계시를 들었습니다.

"너의 진정한 행운은 카이로에 있으니 그곳으로 가서 찾아보아라."

그래서 그는 카이로에 갔습니다. 그곳에 도착했을 때 이미 해가 졌으므로 이슬람교 사원에 들어가 잠을 잤습니다. 그러자 전능하신 알라의 뜻인지 밤도둑 한 떼가 사원에 들어와서 그곳을 거쳐 이웃집에 숨어들었습니다. 그러나 도둑의 기척에 잠이 깬 그 집 사람들이 큰 소리로 외치는 바람에 경비대장이 부하들을 이끌고 달려왔습니다. 하지만 도둑들은 이미 자취를 감춰버린 뒤였습니다. 그런데 경비대장이 사원 안에 들어가 보니 바그다드에서 온 남자가 자고 있어서 잡아다가 종려나무 채찍으로 죽도록 때렸습니다. 그리하여 남자는 금방이라도 숨이 끊어질 지경이 되고 말았습니다.

그러고는 옥에 갇혀 사흘을 보냈습니다. 그러자 경비대장은 다시 그를 끌어내 물었습니다.

"너는 어디서 왔느냐?"

"바그다드에서 왔습니다."

"무슨 일로 이 카이로에 왔느냐?"

"실은 꿈속에서 '너의 행운은 카이로에 있으니 가 보아라' 하는 계시를 듣고 왔습니다. 하지만 꿈속에서 약속한 행운이란 다름 아니라 당신이 내게 아낌없이 베풀어준 종려나무 채찍이었군요."

경비대장은 사랑니까지 드러내며 한바탕 웃어대고 나서 말했습니다.

"바보 같은 놈, 나도 그런 꿈을 세 번이나 꾸었다. '바그다드의 이러이러한 곳에 가면 이러이러한 집이 있다, 그 안마당은 꽃밭처럼 꾸몄고 한 귀퉁이에 분수가 있는데, 그 밑에 막대한 돈이 묻혀 있으니 가서 파내라!'는 따위 말이다. 하지만 나는 안 갔지. 그런데 네놈은 바보같이 그런 헛소리를 곧이곧대로 믿고 여기까지 찾아왔단 말이야. 얼빠진 놈 같으니."

그러고는 돈을 얼마 주며 말했습니다.

"자, 이걸 줄 테니 고향으로 돌아가거라."

—여기까지 이야기하자 날이 훤히 밝아왔으므로 샤라자드는 이야기를 그쳤다.

352번째 밤

샤라자드는 이야기를 계속했다.

오, 인자하신 임금님, 경비대장은 바그다드 남자에게 얼마간의 돈을 주며 얼른 고향으로 돌아가라고 말했습니다.

바그다드 남자는 그 돈을 받아 들고 곧 고향을 향해 길을 떠났는데 경비대

가난한 남자와 친구 1929

장이 말한 그 집은 바로 바그다드에 있는 자기 집이었습니다. 그래서 그는 집으로 돌아오자마자 정원의 분수 밑을 파서 더할 수 없이 많은 보물을 찾아 냈습니다. 이렇게 하여 알라께서는 남자에게 막대한 재산을 내리셨으니 참 으로 희한한 기적이 아니겠습니까!

또 다음과 같은 이야기도 세상에 전해지고 있습니다.

〈주〉

*1 이 이야기는 알 마문 교주의 시대에 알 이샤키(Al-Ishaki)가 얘기한 것이다.

알 무타와킬 교주와 측실 마부바

알 무타와킬 알라*¹ 교주의 궁전에는 처첩 4천 명이 있었습니다. 그 가운데 2천 명은 그리스인이고, 나머지 2천 명은 노예로 태어난*² 아랍인과 아비시니아인이었습니다. 게다가 오바이드 이븐 타히르*³가 백인 처녀 200명, 아비시니아인 200명과 그 고장의 처녀들을 바쳤습니다. 이 노예처녀들 가운데 마부바, 즉 '연인'이라고 불리는 바소라 태생의 처녀가 있었습니다. 이 처녀는 인물이 뛰어나고 용모와 자태가 청초하고 아리따웠습니다. 게다가 류트를 타며 노래도 부르고, 시도 잘 짓고 글씨도 잘 썼습니다. 그래서 알 무타와킬은 이 처녀를 몹시 사랑하여 한시도 그 옆을 떠나지 못하게 했습니다. 그런데 교주가 자기를 무척 사랑한다는 것을 안 여자가 그만 방자한 행동을 하자, 교주는 몹시 노하여 여자를 내치고 궁중 사람들에게 그 여자와 말을 섞지 못하도록 명령하였습니다.

여자가 이렇게 버림받은 채 며칠이 지났습니다. 하지만 교주의 본마음은 여전히 그 여자에게 있었으므로, 어느 날 아침 교주는 눈을 뜨자 신하들에게 말했습니다.

"어젯밤에 나는 마부바와 화해하는 꿈을 꾸었다."

그러자 신하들이 대답하였습니다.

"알라의 뜻으로 정말 그렇게 되셨으면 좋겠습니다."

이런 이야기를 하고 있는데 시녀 하나가 들어와서 교주의 귀에다 대고 뭐라고 소곤거렸습니다. 그러자 교주는 자리에서 일어나 후궁으로 들어갔습니다. 그도 그럴 것이 시녀가 이렇게 속삭였기 때문입니다.

"조금 전에 마부바 님의 방에서 류트가락과 노랫소리가 들렸는데 무슨 뜻인지 알 수 없습니다."

교주가 마부바의 방으로 다가가니 류트에 맞추어 이런 시를 읊는 소리가 들려왔습니다.

이리저리 궁전을 헤매어도
내 슬픔 호소하여
말을 나눌 사람 없구나.
가련하여라, 죄 많은 이 몸
배반을 꾀하다가 뉘우치고
속죄하려는 사람 같구나.
밤마다 찾아오셔서
애무해 주시던 임이시여,
아침 해 눈부시게 비칠 때면
이 몸 외로이 남겨 두시고
떠나가신 임이시여.
임의 마음 돌이켜
화해시켜줄 사람 누구 없는가.

교주는 이 노래를 듣자 그 시에도 놀랐지만, 두 사람의 꿈이 똑같이 들어
맞은 것에 놀라며 방으로 들어갔습니다. 여자는 교주를 보자 곧 그 발밑에
몸을 던지고 입맞추며 말했습니다.

"오, 임금님, 신께 맹세코 말씀드리지만, 저는 간밤에 임금님이 오시는 꿈
을 꾸었나이다. 그래서 눈을 뜨자마자 방금 들으신 노래를 지었습니다."

알 무타와킬도 대답했습니다.

"나도 똑같은 꿈을 꾸었노라!"

그리하여 두 사람은 서로 끌어안고 화해한 다음 이레 동안 함께 밤을 보냈
습니다.

그때 마부바의 뺨에 사향으로 교주의 성(姓)인 자파르*4라는 글씨가 적혀
있었는데, 그것을 본 교주는 다음과 같은 시를 읊었습니다.

처녀가 뺨에 적은
자파르라는 이름
사향자국도 또렷하구나.
내 이름을 뺨에 적은

여자에게 내 넋을 바치리.
비록 손가락으로 단 한 줄
뺨에 새긴 글자라도
내 깊은 가슴속엔
수천 줄이 새겨졌노라!
오, 그대야말로 나의 것
자파르가 독차지할 미인이로다.
신이여, 부디
자파르의 잔을 채워주소서!
기쁨으로 넘치는 포도주를!

알 무타와킬이 세상을 떠나자 마부바를 제외한 모든 여자는 곧 그를 잊고
말았습니다.

─여기서 날이 밝아왔으므로 샤라자드는 이야기를 그쳤다.

353번째 밤

샤라자드는 이야기를 계속했다.

오, 인자하신 임금님, 알 무타와킬 교주가 세상을 떠나자 마부바를 제외한
모든 여자는 곧 그를 잊고 말았습니다. 그러나 마부바만은 밤낮으로 고인이
된 교주를 애도하다가 마침내 그 무덤 옆에 묻혔습니다. 오, 알라여, 두 사
람에게 자비를 내리소서!

또 이런 이야기도 있습니다.

〈주〉
＊1 알 무타와킬 알라(Al-Mutawakkil ala'llah) 교주는 아바스왕조 제10세. 재위 서기
    849~861년.
＊2 노예는 아랍어의 무왈라드(Muwallad, 여성형은 Muwalladah). 이슬람국에서 태어난 노

예. 이 숫자가 과장되게 보일지도 모르지만, 아샨티(Ashanti)〔아프리카 서부의 왕국이었다가 1896년에 영국령 보호국이 되어 1901년에 병합되었다〕 같은 소국의 왕조차 전쟁이 일어나기 전까지는 3333명의 이른바 '아내'를 거느리고 있었다.

*3 오비이드 이븐 타히르(Obayd ibn Tahir)는 바그다드의 부도독.

*4 자파르(Ja'afar)는 우리의 옛 기아파르(Giaffar)로〔억지인지도 모르지만 개퍼(Gaffer), 즉 인품이 아주 훌륭한 늙은이, 영감님과 비슷하다〕, 도도하게 흐르는 강 또는 시내를 의미한다.

푸줏간 주인 와르단*¹이 여자와 곰을 상대로 모험한 이야기

알 하킴 빈 알리라 교주 시대에, 와르단이라는 푸줏간 주인이 카이로에서 양고기를 팔고 있었습니다.

이 푸줏간에 매일같이 나타나 금화 한 닢을 내놓고 새끼 양고기를 사가는 귀부인이 있었습니다. 그런데 그 돈은 상당히 무거워서 이집트 금화로 거의 두 닢 반이나 되었습니다. 와르단이 그 돈을 받고 양고기를 내주면 여자는 데리고 온 짐꾼에게 그것을 넘겨주었습니다. 짐꾼은 그것을 받아 바구니에 넣은 다음 둘이 함께 돌아갔습니다. 그리고 다음 날 아침이면 푸줏간에 다시 나타나서 금화 한 닢어치씩 양고기를 사가는 것이었습니다. 이것이 오랫동안 계속되어 습관처럼 되자 푸줏간 주인도 마침내 여자가 누구인가 궁금해 졌습니다.

"오늘까지 하루도 빼놓지 않고 금화 한 닢어치의 고기를 사가다니 정말 묘한 여자다!"

그래서 하루는 여자가 옆에 없는 틈을 타서 짐꾼에게 물었습니다.

"저분은 매일 어디로 갑니까?"

그러자 짐꾼이 대답했습니다.

"나 역시 이상하게 생각하고 있지만, 도무지 정체를 알 수 없구려. 글쎄, 매일 당신한테 양고기를 산 다음 식사에 필요한 생과일과 마른 과일, 그리고 금화 한 닢이나 하는 양초를 사고는 다시 나사렛 사람 가게로 가서 한 닢짜 리 술 두 병을 산단 말이오. 그러면 내가 그 물건을 모두 메고 여자를 따라 대신의 정원까지 갑니다. 그런데 거기서 여자가 내 눈을 가리므로 내 발이 어디의 흙을 딛는지 나도 도무지 알 수가 없다오. 손을 끌고 어디론가 데리 고 가는데 얼마 있다가 여자가 '여기다 내려줘요' 하면 나는 짐을 내려놓고 서, 그 여자가 다른 빈 바구니를 내주면 그것을 메고 다시 여자에게 끌려 대 신의 정원까지 오지요. 그리고 여자는 가린 눈을 풀어주고 은전 열 닢을 준

다오."

"오, 알라께서 부디 그 여자를 지켜주시기를."

와르단은 이렇게 말했지만, 여자의 정체가 알고 싶어 견딜 수가 없었습니다. 그래서 도무지 마음이 들쑤셔서 마침내 잠도 제대로 못 이룰 지경이 되었습니다.

푸줏간 주인은 이야기를 계속했습니다. (1)—이튿날 아침에도 여자는 여느 때와 마찬가지로 가게에 나타나 돈을 치르고 나서 양고기를 짐꾼에게 지워서 돌아갔습니다. 그래서 나는 가게를 한 젊은이에게 맡기고 몰래 여자의 뒤를 밟기 시작했습니다.

—여기서 날이 새기 시작하여 샤라자드는 이야기를 그쳤다.

354번째 밤

샤라자드는 이야기를 계속했다.

오, 인자하신 임금님, 푸줏간 주인 와르단은 이야기를 계속했습니다.

—그래서 나는 가게를 젊은이에게 맡겨 놓고 몰래 그 여자의 뒤를 밟기 시작했습니다.

여자는 이윽고 카이로를 벗어나서 대신 집 정원에 이르렀습니다. 내가 숨어서 보는 줄은 꿈에도 모르는 여자는 짐꾼의 눈을 가린 다음, 이 거리 저 거리로 돌아가더니 이윽고 산*² 밑에 이르러 큰 바위가 있는 곳에서 걸음을 멈췄습니다. 거기서 여자는 짐꾼에게 바구니를 내리게 했습니다. 내가 숨어서 엿보고 있으니 여자는 짐꾼을 다시 정원까지 데려다주고 다시 돌아와서 바구니 속의 것을 들고 금방 자취를 감추고 말았습니다.

그래서 그 바위로 다가가 그것을 밀어보니 그 밑에 구멍이 뚫려 있었습니다. 안으로 들어가 보니 놋쇠 뚜껑이 있고 그 아래로 계단이 뻗어 있었습니다. 살금살금 내려가니 눈부시게 밝은 복도가 나오다가 다시 안으로 들어가자 커다란 홀로 통할 성싶은 문이 닫혀 있는 것이 보였습니다. 문 옆의 벽을 살펴보니 층계가 난 방이 있어서 나는 그 층계를 올라가 보았습니다. 그러자

푸줏간 주인 와르단이 여자와 곰을 상대로 모험한 이야기 1937

큰 홀 쪽을 향해 작고 둥근 창이 나 있는 벽감이 하나 있어서 그 안을 들여다보니, 여자가 양고기의 가장 좋은 살을 베어 깊은 냄비에 담고 나머지를 커다란 곰 한 마리에게 던져 주었습니다. 곰은 눈 깜짝할 사이에 고기를 깨끗이 먹어 치웠습니다. 여자는 요리가 끝나자 배부르게 먹고는 과일과 과자를 차려놓고 술을 따라 마신 뒤 곰에게도 황금 잔에 가득 술을 부어 먹였습니다.

술기운으로 얼굴이 달아오르자 여자는 치마를 훌훌 벗어 던지더니 발딱 드러누웠습니다. 그러자 곰이 몸을 일으켜 여자에게 다가가서 허리를 움직이기 시작하였습니다. 여자가 아담의 자손들이 가진 것 중에서 가장 멋진 것을 주자 곰은 한 번 일을 마치고 주저앉아 쉬었습니다. 그러다가 곰은 다시 여자에게 덮쳐 교접을 마치고는 쉬고 쉬었다가는 다시 덮치고 하여 열 번이나 여자를 환희의 늪 속에 빠뜨렸습니다. 마침내 여자도 곰도 지쳐서 정신을 잃고 그 자리에 쓰러져 죽은 듯이 늘어져 버렸습니다.

그때 나는 중얼거렸습니다.

"기회는 바로 지금이다."

나는 살은 말할 것도 없고 뼈라도 벨 수 있는 칼*3을 들고 그들에게 다가갔습니다. 둘 다 몹시 힘든 일을 치른 뒤라 축 늘어져 꼼짝도 못하고 있었습니다. 나는 칼로 곰의 목을 푹 찔러서 홱 돌려 대가리를 몸뚱이에서 잘라냈습니다. 그때 곰이 마치 천둥이라도 치는 듯한 신음을 냈기 때문에 여자가 소스라치며 일어났습니다. 여자는 내가 칼을 손에 들고 있고 곰이 죽어 넘어진 것을 보자 그만 외마디 소리를 질렀습니다. 그 소리가 어찌나 요란하던지 여자의 혼이 육체를 떠나지 않았나 생각했을 정도였습니다.

"오오, 와르단, 내 은혜를 이렇게 갚는단 말이야?"

나는 대답했습니다.

"오, 당신 자신의 영혼의 적이여, 이런 몹쓸 짓을 하다니, 세상에 사내 기근이라도 들었단 말이오?"*4

여자는 아무 대답도 하지 않은 채 곰 위에 몸을 굽히고 사랑스러워 못 견디겠다는 듯한 눈길로 지켜보다가, 머리가 몸통에서 떨어져 나간 것을 깨닫고 이렇게 말했습니다.

"이봐, 와르단, 어느 쪽을 택하겠어? 내 말대로 하여 자신의 안전을 꾀하겠어? 아니면⋯⋯."

―여기서 날이 훤히 밝았으므로 샤라자드는 이야기를 그쳤다.

355번째 밤

샤라자드는 이야기를 계속했다.

오, 인자하신 임금님, 여자는 이렇게 말했습니다.

"이봐, 와르단, 어느 쪽을 택하겠어? 내 말대로 해서 자신의 안전을 꾀하여 평생 안락하게 지낼 테야, 아니면 내 말을 거역하고 몸을 망칠 테야?"*5

"그야 물론 당신 말대로 하지요. 당신이 뭐라고 하든."

그러자 여자가 말했습니다.

"그럼, 이 곰을 죽인 것처럼 나를 죽여줘. 그리고 이 굴 속에 있는 재물을 마음대로 가져요."

"이 곰보다는 역시 내가 나을 텐데. 그러니 당신도 전능하신 알라의 품으로 돌아가서 회개하는 게 좋을 거요. 그러면 나는 당신하고 결혼하리다. 그리고 여기 있는 이 보물로 한평생 사이좋게 지냅시다."

"흥! 와르단, 당치도 않은 소리. 곰이 죽었는데 어떻게 살아가란 말이야? 만약 당신이 날 죽이지 않는다면 내가 당신을 죽이겠어! 쓸데없는 소릴 지껄이면 당신이 죽어. 내가 당신에게 할 말은 이것뿐이야. 그러니 맘대로 해."

"그렇다면 죽여주지, 알라의 저주나 받아라!"

나는 이렇게 말하며 여자의 머리채를 쥐고 목줄을 끊어 버렸습니다. 이리하여 여자는 알라와 천사들과 모든 인간의 저주를 받은 겁니다.

여자를 죽이고서 방 안을 뒤져보니 황금과 보석과 진주 등, 임금님도 한 자리에 모아둘 수 없을 만큼 엄청난 보물이 있었습니다. 그래서 나는 그것들을 짊어질 수 있을 만큼 짐꾼의 바구니에 담고, 그 위를 옷으로 덮고는 어깨에 메고 지하 보물창고에서 나와 집으로 향했습니다. 길을 재촉하여 카이로 성문에 이르렀을 때, 뜻밖에도 호위병 열 명을 거느린 알 하킴 비 암릴라*6

교주를 만났습니다. 교주님이 내 이름을 부르시기에 나는 대답했습니다.

"예, 임금님, 어인 일이십니까?"

"네가 곰과 계집을 죽였겠다?"

"예."

"머리에 이고 있는 바구니를 내려놓아라. 조금도 걱정할 건 없다. 네가 가진 보물은 다 네 것이니 아무도 내놓으라 하지 못할 것이다."

교주 앞에 바구니를 내려놓으니, 교주는 덮은 것을 들치고 유심히 들여다보고 나서 말했습니다.

"나는 마치 너와 함께 있었던 것처럼 다 알고 있지만, 어쨌든 자세한 얘기를 해 보아라."

그래서 나는 자초지종을 이야기했습니다.*7

임금님께서 다시 말했습니다.

"그래, 네 말은 모두 사실이다."

그리고 이렇게 덧붙였습니다.

"여보게, 와르단, 이제부터 보물이 있는 곳으로 나를 안내해라."

그래서 내가 동굴까지 안내하자 교주는 뚜껑이 덮여 있는 걸 보고 나에게 말했습니다.

"오, 와르단, 뚜껑을 열어 보아라. 네 이름과 본성(本性)으로 주문이 걸려 있으니 너 말고는 열 수 있는 자가 없어."

"저는 도저히 열 수 없습니다."

"알라의 가호를 믿고 해 보아라."

그래서 나는 전지전능하신 알라의 이름을 외며 뚜껑에 다가가서 손을 댔습니다. 그러자 정말 신기하게도 아주 가볍게 열리는 것이었습니다.

"자, 밑으로 내려가서 그 안에 있는 것을 이리로 꺼내 오너라. 이 동굴이 생긴 이래 네 이름과 모습과 본성을 가진 자 말고는 아무도 내려가 본 자가 없다. 곰과 계집을 죽이게 된 것도 너의 숙명이었어. 그것은 내가 가진 연대기에도 기록되어 있지. 나는 오로지 이 일이 성취될 날을 기다리고 있었다."

그래서 (하고 와르단은 이야기를 계속했습니다) 나는 밑으로 내려가 금은 보화를 밖으로 날랐습니다. 교주는 여러 필의 말을 끌어다 그것을 나르게 하고 보물이 든 내 바구니는 그대로 돌려주었습니다. 그리하여 나는 바구니를 가지고 집으로 돌아와 그것으로 시장에 가게를 하나 차렸습니다.

"그리고(하고 이야기를 처음 시작한 사람은 말을 이었습니다) 그 시장은 지금도 남아 있는데 '와르단 시장'이라는 이름으로 널리 알려졌지요."

또 나는 다음과 같은 이야기도 들은 적이 있습니다.

〈주〉

＊1 틀림없는 농부의 이름이다. 또 마을 이름이기도 하며(《순례》 제1권), 그곳에서는 하이칼이라는 사람에 대한 유쾌한 이야기가 전해지고 있다. 〔《순례》 제1권에 와르단 마을 여성들의 믿음을 이용하여 그녀들을 속이고 달아난 하이칼이라는 남자에 관한 짧은 이야기가 실려 있다.〕

＊2 이 '산'은 카이로 남쪽의, 바위가 많은 미개척지를 의미한다.

＊3 〔원문을 직역하면, '살보다 먼저 뼈를 가르는 듯한 칼'이 된다.〕 이것은 통속적인 관용구로 우리의 '면도날처럼 날카로운'에 해당한다.

＊4 즉, 남자가 매우 적다. 페르시아인이 가장 흔히 쓰는 관용구.

＊5 이 여자는 남자를 암살할 수도 있는 신분이다.

＊6 이 인물은 드루즈(Druze, Duruz)교의 시조로 유명한 악명 높은 알 하킴 비 암릴라(Al -Hakim bi' Amri'llah)가 아니다. 그는 드루즈족에 의해 신의 화신이 아니라, 신 자체로 숭배받으면서 926년부터 1021년까지 통치했다.

여기서 말하는 하킴은 전자보다 2세기 뒤(서기 1261년) 이집트의 정통 아바스 왕조의 교주이다. 만약 전자를 가리키는 것이라고 하면, 《아라비안나이트》의 이 부분은 일반적으로 승인되고 있는 연대보다 훨씬 빠른 시기에 속하게 된다. 이 문제에 대해서는 나중에 다시 한 번 거론할 것이다.

＊7 지난 2, 3년 동안 내가 들은, 같은 이야기에 대해서는, 졸저 《미디안 재방(再訪)》 참조. 이러한 숨은 장소는 이집트처럼 오래된 지방에 무수히 많이 있다. 만약 비밀을 탐색할 수 있는 재능이 있다면, 그 발견자는 백만장자의 몇 배나 되는 부자가 될 것이다.

〈역주〉

(1) 여기서 갑자기 이야기를 하는 사람이 일인칭으로 바뀐다.

왕녀와 원숭이 이야기

옛날에 검둥이 노예와 사랑에 홀딱 빠진 공주가 있었습니다. 공주는 이 노예에게 처녀를 빼앗기고서 남녀의 정사를 무척 좋아하게 되어, 그것 없이는 한시도 견딜 수가 없게 되었습니다. 그래서 시녀에게 그것을 호소했더니 시녀는 개코원숭이*[1]만큼 끼우거나 찔러 넣기를 잘하는 것은 없다고 가르쳐주었습니다.

그런데 마침 어느 날 원숭이에게 재주를 부리게 하는 놀이꾼이 커다란 원숭이 한 마리를 데리고 공주의 방 격자창 밑을 지나가기에, 공주는 베일을 벗고 그 큰 원숭이를 보고 눈짓을 했습니다. 그러자 원숭이는 곧 사슬과 창살을 끊어버리고 공주에게 기어 올라왔습니다. 공주는 그 원숭이를 숨겨 놓고 원숭이와 함께 먹고 마시면서 밤낮으로 교접을 계속하면서 나날을 보냈습니다. 이 소문을 들은 왕은 차라리 공주를 죽여 버리기로 작정했습니다.

— 여기서 날이 훤히 밝아왔으므로 샤라자드는 이야기를 그쳤다.

356번째 밤

샤라자드는 이야기를 계속했다.

오, 인자하신 임금님, 왕은 그 해괴한 소문을 듣고 공주를 죽이려고 결심했습니다. 하지만 아버지의 마음을 일찌감치 눈치챈 공주는 백인 노예로 변장하고 노새에 금은보화를 잔뜩 실은 뒤 말을 타고 원숭이와 함께 카이로로 달아났습니다. 그리하여 성 밖 수에즈의 사막과 가까운 민가에 거처를 정했습니다.

공주는 매일같이 한낮이 조금 지나면 푸줏간으로 가 젊은 푸줏간 주인에게 고기를 사 갔습니다. 푸줏간 주인은 얼굴이 누렇게 뜨고 수척한 공주를 보고 속으로 생각했습니다.

'이 노예에게는 틀림없이 무슨 사정이 있을 게다.'

그래서(하고 그 푸줏간 주인은 이야기했습니다) 어느 날, 그 노예가 전과 같이 고기를 사러 오자 나는 상대방이 눈치채지 않게 몰래 뒤를 밟았습니다. 그러자 여자는 사막 가까이 있는 어떤 집으로 들어가는 것이었습니다. 문틈으로 엿보니까 여자는 곧 불을 피워 고기를 요리해서 배불리 먹었습니다. 그리고 남은 것을 옆에 있는 개코원숭이에게 주자 그 개코원숭이도 실컷 먹는 것이었습니다. 그런 다음 여자가 옷을 벗고 매우 화려한 옷으로 갈아입는 것을 보고 나는 비로소 그 여자가 귀부인임을 알았습니다. 여자가 술을 꺼내 자기가 먼저 마신 다음 원숭이에게도 먹이자, 원숭이는 여자를 덮치더니 도중에 한 번도 쉬지 않고 연거푸 열 번이나 여자가 만족하게 했으므로, 여자는 그만 그 자리에서 까무러쳐 버렸습니다. 원숭이는 조그만 비단이불을 여자에게 덮어주고는 제자리로 돌아갔습니다.

그때 내가 방 안으로 뛰어들자 원숭이는 나를 보고 갈가리 찢어버릴 듯이 으르렁거렸습니다. 그래서 재빨리 식칼을 꺼내 뚱뚱한 원숭이의 배를 푹 찌르니 창자가 삐져나왔습니다. 그 소리에 깨어난 여자는 소스라치게 놀라 온몸을 부들부들 떨더니, 원숭이가 죽은 것을 보고 육체에서 혼이 빠져나가는 듯한 비명을 지르다 다시 정신을 잃고 쓰러졌습니다. 얼마 뒤 정신을 차린 여자가 나에게 말했습니다.

"왜 이런 짓을 했어요? 제발 부탁이니 나도 원숭이의 뒤를 따르게 죽여 줘요!"

그러나 내가 한동안 달래면서 원숭이보다 훨씬 즐겁게 해 주겠다고 약속하자 여자는 슬픔이 얼마간 가라앉은 듯했습니다. 그래서 나는 당장 그 여자를 마누라로 삼았지만, 막상 약속대로 해 주자니 도무지 힘이 들어서 제대로 할 수가 없었습니다. 하는 수 없이 한 노파에게 사정을 얘기하면서, 여자가 그걸 너무 바란다고 호소했습니다.

그러자 노파는 좋은 처방을 가르쳐주겠다고 약속하고 이렇게 말했습니다.

"불순물이 들어 있지 않은 식초가 가득 든 냄비와 상처풀이라는 페리트리를 열 냥쯤 가져오구려."[*2]

내가 시키는 그대로 물건을 가져다주자, 노파는 식초가 든 냄비에 약초를 넣고 푹 삶았습니다. 그러고는 나에게 여자와 교접을 하라기에 나는 여자가 까무러칠 때까지 교접을 계속했습니다. 그러자 노파는 축 늘어진 여자를 안아 일으키더니 여자의 옥문을 냄비에 가까이 냈습니다. 냄비에서 올라오는 김이 그 찢어진 곳으로 들어갔는데 이윽고 거기서 무언가가 떨어졌습니다. 잘 살펴보니 그것은 작은 벌레 두 마리로, 한 마리는 검고 한 마리는 누런색을 하고 있지 않겠습니까? 그것을 보고 노파가 말했습니다.

"이 검은 것은 검둥이 놈과 해서 생긴 것이고, 누런 것은 개코원숭이하고 해서 생긴 거라오."

마침내 정신을 차린 여자는 나와 함께 살면서 즐겁고 재미있는 나날을 보내며 전처럼 귀찮게 요구하지 않게 되었습니다. 그것은 진정 알라께서 아내의 몸속에 있던 음란한 벌레를 제거해 주신 덕택입니다. 나는 이 일이 무척이나 놀라워서……

—여기서 날이 밝았으므로 샤라자드는 이야기를 그쳤다.

357번째 밤

샤라자드는 이야기를 계속했다.

오, 인자하신 임금님, 푸줏간 젊은이는 이야기를 계속했습니다.

—참으로 알라께서 아내의 몸속에 있던 음란한 벌레를 제거해 주신 것을 보고 나는 깜짝 놀라 아내에게 그 사실을 자세히 얘기해 주었습니다. 덕분에 나는 아내와 화목하게 지낼 수 있게 되었고, 그날부터 그 노파를 어머니처럼 대했습니다.

"이리하여 (하고 이야기의 지은이는 말했습니다.) 이 노파와 젊은이와 그 아내는 환락의 파괴자이며 사람들의 사이를 갈라놓는 죽음이 다가올 때까지 즐겁고 유쾌한 일생을 보냈습니다. 영원히 멸망하지 않고 현세와 내세를 다스리시는 영원한 신께 영광 있으라!"*3

또 이런 이야기도 있습니다.

〈주〉

*1 개코원숭이는 아랍어의 키르드(Kird, 이집트에서는 기르드(Gird)라고 발음함). 보통은 보기에도 무시무시한 아랍산 개코원숭이(cynocephalus)를 말하며, 흔히 쿠라이다티(Kuraydati)라고 불리는 원숭이 사육사에 의해 훈련된다(레인 저 《근대 이집트인》). 〔졸저 《이집트인의 생활》에 원숭이 말고 당나귀, 개, 새끼 산양을 사용하는 흥행사의 이야기가 나와 있다.〕 이 원숭이는 나면서부터 여자를 좋아한다. 옛날 길거리에서 소녀를 범하려다가 초소를 지키는 병사의 총칼 때문에 미수에 그쳤다는 이야기를 들은 적이 있다. 매우 힘이 센 동물로, 그레이하운드처럼 물어뜯는다.

*2 동양인은 전염병 대부분을 눈에 보이든 보이지 않든 벌레 탓으로 돌린다(이를테면 치통처럼). 이것은 '세균설', 박테리아, 간균(杆菌), 세균 등에 관한 올바른 관념으로 볼 수 있다. 이 두 가지 이야기에서 얘기한 병, 즉 여성 음란증(nymphomania)은 언제나 질(vagina) 속에 사는 벌레 탓으로 되어 있다.

*3 수간(bestiality)은 아라비아에서는 지극히 드물지만, 원래의 이집트인이나 신드인 같은 가장 음탕한 종족 사이에서는 숙명적으로 흔한 현상이다. 따라서 그 목표가 싸우기를 좋아하는 인간을 많이 퍼뜨리는 데 있었던 S서는 짐승과 함께 잤을 때 사형으로 처벌했다(신명기 제27장 21절). 〔이 대목에는 "짐승과 교합하는 모든 자는 저주를 받을 것이라……."고 되어 있다.〕 C.S. 손니니(《여행기》)는 이집트 농민의 음탕함에 대해 진기한 기술을 한 바 있다. 〔손니니는 프랑스의 박물학자이자 여행가. 뷔퐁의 동료였다. 1751~1812년.〕 "교접 중인 암악어는 벌렁 나자빠진 채 좀처럼 일어나지 못한다. 이 암악어의 무력한 상태를 이용하여, 수놈을 쫓아버리고서 대신 성교를 하는 인간이 있다는 얘기를 믿을 수 있을까? 온몸에 소름이 돋는 듯한 이 지식이야말로 인류의 도착적인 색정에 관한 혐오스러운 역사를 완성하는 마지막 요소였다!"

이 프랑스 여행가는 이 성교에 대해 다음과 같이 미신적인 해설을 덧붙이고 있다. 《아자이브 알 힌드 Ajaib al-Hind》〔인도의 신비〕에는 암원숭이에게 새끼를 낳게 한 무함마드 빈 브리샤드라는 남자에 대한 이야기가 실려 있다. 새끼들의 몸에는 털이 없고 반쯤 사람을 닮은 얼굴을 하고 있으며, 또 아버지의 시력은 축생의 습관에 의해 퇴화하였다.

흑단 말*1

옛날 아득한 옛날, 페르시아의 여러 왕 중 비할 데 없는 권세를 떨치던 대왕이 있었습니다. 그의 이름은 사부르라 하는데, 그 영토와 재보는 다른 모든 왕을 능가하고, 재치와 지혜에서도 이 왕을 따를 자가 없었습니다. 게다가 관대하고 인심이 좋으며 인자한 분이라 구하는 자에게는 주고, 의지해 오는 자는 거절하지 않았으며, 마음에 상처 입은 자를 위로하고, 편들어 감싸주기를 바라고 달아나 오는 자를 정중하게 대접했습니다. 또 가난한 자를 사랑하고 다른 나라 사람들을 환대하며 약한 자를 돕고 강한 자를 제압했습니다.

이 왕에게는 빛나는 보름달이라고나 할까, 꽃이 활짝 핀 꽃밭에나 비할까, 참으로 아름다운 세 공주와 달과도 비교할 만한 왕자 한 명이 있었습니다. 왕은 1년에 두 번, 새해와 추분에 축제*2를 열었는데, 그때마다 궁전을 개방하여 금품을 아낌없이 나눠주었고, 국가의 평화로움을 널리 알리며 시종과 태수들에게는 벼슬을 올려주었습니다. 그래서 백성들도 왕 앞으로 나가 공물을 비롯하여 노예나 환관을 바쳐 경사스러운 날을 축하했습니다.

왕은 학문을 깊이 사랑하며 소중히 보호했는데, 어느 해 축제일에 옥좌에 앉아 있으니 세 현자가 왕 앞으로 나왔습니다. 세 현자는 똑같이 모든 학문과 기술, 발명에 뛰어났으며, 정교하고 진기한 물건을 만드는 솜씨로 사람들을 놀라게 했습니다. 또 밀법의 지식에도 밝아서 신비롭고 현묘한 이치에 통달해 있었습니다. 그런데 이 세 사람은 저마다 태어난 나라도 다르고 말하는 언어도 달랐으니 한 사람은 힌드인, 즉 인도인*3이고 한 사람은 로움인, 즉 그리스인이었으며 나머지 한 사람은 파르스인, 즉 페르시아인이었습니다.

먼저 인도인이 나와서 왕 앞에 엎드려 축전의 기쁨을 말씀드린 다음 왕의 위풍에 어울리는 진상품을 바쳤습니다. 그것은 값비싼 보옥과 보석을 박은 황금 인물상으로 손에는 황금 나팔을 쥐고 있었습니다.

이것을 본 사부르 왕*4이 말했습니다.

"오, 현자여, 이 조각상에는 어떤 공덕이 있는가?"

"예, 임금님, 이 상을 임금님의 성문 앞에 세우신다면 도성의 수호신이 되어줄 겁니다. 만약 적이 성문으로 침입해 온다면 이 상은 나팔을 불 테고, 그러면 적들은 순식간에 몸이 마비되어 그 자리에 쓰러지고 말 것입니다."

이 말을 들은 왕은 몹시 놀라 소리쳤습니다.

"오, 현자여, 그대의 말이 진정이라면 뭐든지 소원을 들어주리라."

다음에는 그리스인이 나와 왕 앞에 엎드려 은쟁반을 바쳤는데, 그 쟁반의 한가운데에는 황금 공작이 있고 그 주위에는 역시 황금으로 된 새끼 공작 24마리가 둘러앉아 있었습니다. 이것을 본 왕이 말했습니다.

"오, 현자여, 이 공작에는 어떤 공덕이 있는가?"

"예, 임금님, 이 공작이 밤이고 낮이고 한 시간마다 새끼 한 마리씩을 부리로 쪼면, 새끼는 울음소리를 내고 홰를 치며 24시간을 알려줍니다. 한 달이 지나면 공작은 입을 크게 벌리는데 그때 입속을 보시면 초승달이 보일 겁니다."

"오, 만약 그게 사실이라면 그대가 원하는 것은 뭐든지 들어주리라."

마지막으로 페르시아인 현자가 나와 왕 앞에 엎드리더니 흑단에 황금과 보석을 박아 만든 말*5 한 필을 바쳤습니다. 그 말에는 국왕에게 어울리는 안장과 고삐, 등자 등이 갖춰져 있었습니다. 사부르 왕은 이것을 보고 몹시 놀라며 그 모양의 아름다움과 구조의 교묘함에 눈이 휘둥그레졌습니다.

"오, 현자여, 이 목마는 어떤 데 소용이 있는가? 그리고 이것을 움직일 수 있는 비결은 무엇인가?"

"예, 임금님, 이 말의 효능은, 사람이 이것을 타기만 하면 하늘을 날아 어디든 가고 싶은 데까지 데려다줍니다. 걸어서 1년이 걸리는 곳도 단 하루 만에 날아갈 수 있습니다."

왕은 같은 날 한꺼번에 들어온 이 세 가지의 진기한 진상품에 완전히 마음을 빼앗겨, 페르시아인 현자를 돌아보며 말했습니다.

"오, 모든 것을 창조하시고 모든 것에 양식을 주시는 자비로우신 우리의 주, 전능하신 알라께 맹세코, 그대의 말에 거짓이 없고 그대가 고안한 것의 효험이 진정 사실이라면, 그대가 무엇을 원하든 내 반드시 그것을 이루어주리라!"*6

그로부터 사흘 동안 세 현자를 대접한 왕은 그 진상품들을 시험해 보기로 했습니다. 사흘이 지나자 세 사람은 저마다 자기가 만든 것을 왕 앞으로 가지고 나가 자신이 고안한 비술을 실제로 해 보였습니다. 나팔수 상은 나팔을 불고, 황금 공작은 새끼를 쪼았으며, 페르시아인 현자가 흑단 말을 타자 말은 하늘 높이 올라갔다가 다시 땅 위로 내려왔습니다.

이 광경을 본 왕은 깜짝 놀라는 동시에 춤을 출 듯이 기뻐하며 세 현자를 향해 말했습니다.

"자, 이것으로 그대들의 말이 거짓이 아니라는 것을 똑똑히 알았다. 이번에는 내가 약속을 지킬 차례다. 그대들의 희망을 말하라. 원하는 것은 무엇이든 주리라."

그런데 이 왕의 아름다운 공주에 대한 소문을 일찍부터 듣고 있던 현자들은 세 사람 다 입을 모아 대답했습니다.

"오, 임금님, 만약 저희의 진상품이 마음에 드시어 기꺼이 받아주시고 저희의 소망을 무엇이든 들어주시겠다면, 부디 저희와 세 공주님의 결혼을 허락하시어 저희를 사위로 삼아주십시오. 이것이 저희의 간절한 소원입니다. 부디 임금님의 말씀에 두 말씀이 없으시기를……."

"좋다, 그대들의 소원을 들어주리라."

왕은 곧 법관을 불러 세 현자와 공주들을 짝지어주려고 했습니다. 그런데 이때 공주들은 우연히 휘장 뒤에 숨어서 이 자리의 광경을 엿보고 있었는데, 부왕의 이 말을 들은 막내가 자기 남편이 될 상대를 보니 글쎄 이게 웬일입니까? 이미 백 살이나 가까운 노인으로 머리는 하얗게 세고 이마는 쪼그랑망태인 데다, 눈썹은 백랍병을 앓아서 빠져버렸고 귀는 찢어지고 콧수염, 턱수염은 지저분하며 벌겋게 핏발선 눈은 툭 튀어나와 있지 않겠습니까? 게다가 말라서 움푹 꺼진 볼, 시든 가지*7처럼 축 늘어진 코, 구둣방 무릎덮개처럼 더러운 얼굴, 꼴사납게 포개어진 덧니, 낙타의 콩팥처럼 흉측하게 늘어진 입술, 한마디로 말해서 똑바로 쳐다볼 수조차 없는 처참한 얼굴을 한 인물로 어금니는 모두 튀어나오고, 송곳니는 닭장의 닭도 놀라 벌벌 떨게 하는 마신의 이빨과 흡사하여 세상에서 가장 못생기고 무서운 형상을 한 늙은이였습니다.

그런데 공주는 어떤가 하면, 당대에 가장 아름답고 더없이 우아한 처녀로, 가장 상냥한 영양보다 단정하고 고우며 산들바람보다 부드럽고, 보름달보다 더 환해서 진정 연모의 정을 불태우는 데 어울리는 처녀였습니다. 그 상냥한 몸매는 바람에 하늘거리는 나뭇가지도 부러워하고, 그 가벼운 발걸음은 상냥한 새끼 사슴보다 더 사뿐했습니다. 다시 말해 아름다움에 있어서는 두 언니보다 훨씬 뛰어났으므로, 자기 남편이 될 못생긴 노인을 보자 급히 방으로 달려 들어가, 머리에 진흙을 뿌리고 옷을 갈가리 찢으며 울다가 자기 얼굴을 때리기 시작했습니다. 마침 그때 공주에게는 오빠가 되는 '달 중의 달'이라 불리는 왕자, 카마르 알 아크마르가 막 여행에서 돌아왔다가 누이가 울부짖는 소리를 듣고 곧 달려왔습니다. 왕자는 다른 누이들보다 이 누이를 진심으로 사랑하고 있었습니다.

　"대체 무슨 일이냐. 너에게 무슨 일이 있기에 그러는지 숨기지 말고 말해 봐."

　"오라버니, 숨기지 않고 다 말할게요. 이 넓은 궁전을 아버님 때문에 답답하게 생각하지 않을 수 없게 된다면 차라리 저는 여기를 나가겠어요. 아버님이 기어이 싫은 일을 강요하신다면 아버님이 여행준비를 해 주시지 않더라도 전 아버님 곁을 떠나고 말겠어요. 반드시 알라께서 대신 준비해 주실 테니까요."

　"대체 그게 무슨 뜻이냐? 도대체 무엇이 그토록 네 가슴을 아프게 하고 네 마음을 어지럽히는 것이냐?"

　"오, 사랑하는 오라버니, 아버님이 저를 사악한 마술사에게 시집보내겠다고 약속하셨어요. 그 사람은 진상품으로 흑단으로 된 말을 가지고 와서 마술로 아버님을 속였어요. 하지만 저는 그런 사람은 너무 싫어요. 그 남자를 생각하면 차라리 이 세상에 태어나지 않았더라면 좋았을 거라는 생각마저 들어요!"

　왕자는 누이를 위로하고 달랜 다음 부왕에게 가서 말했습니다.

　"아버님께서 막내 누이와 짝을 지으시겠다는 마술사가 대체 누구입니까? 그자가 가지고 온 진상품이란 도대체 어떤 물건입니까? 누이를 이토록 괴롭히다니, 그냥 넘어갈 수 없는 일이옵니다."

　그때 옆에 있다가 왕자가 하는 말을 들은 페르시아인은 얼굴을 붉히며 몹시 분노했습니다. 왕이 말했습니다.

"오, 왕자여, 너도 그 말을 보면 틀림없이 깜짝 놀랄 것이다."

그리고 노예들에게 그 말을 가져오라고 분부했습니다. 이윽고 노예들이 가져온 말을 보자 왕자는 첫눈에 그것이 몹시 마음에 들었습니다. 그래서 말타기에 매우 능숙한 왕자는 당장 말에 뛰어올라 삽처럼 생긴 등자로 목마의 옆구리를 찼지만, 말은 꿈쩍도 하지 않았습니다.

그러자 왕이 현자에게 말했습니다.

"여봐라, 왕자에게 말을 움직이는 법을 가르쳐주어라. 그러면 왕자도 그대의 소원을 이루는데 협조해 줄 것이다."

하지만 페르시아인은 왕자가 누이의 결혼을 반대한다는 것을 알고 속으로 왕자를 원망했기 때문에, 말 오른쪽에 달려 있는 나사를 가리키며 쌀쌀맞게 말했습니다.

"이것을 돌리시오."

그러고는 횅하니 가버리고 말았습니다. 왕자가 그 나사를 돌리자 말은 왕자를 태우고 눈 깜짝할 사이에 하늘 높이 날아올라 마침내 사라지고 말았습니다. 그것을 보고 왕은 왕자가 몹시 걱정되어 페르시아인에게 말했습니다.

"오, 현자여, 왕자를 어서 내려오게 해다오."

"오, 임금님, 그것은 저로서는 할 수 없는 일이옵니다. 임금님은 부활의 날까지 다시는 왕자님을 만나지 못할 겁니다. 왕자님이 어리석고 교만하여 내려오는 방법을 묻지 않으셨기에 저도 그만 가르쳐드리는 것을 깜박 잊었습니다."

이 말을 듣고 왕은 불같이 노하여 그 마술사를 채찍으로 때리고 감옥에 가둔 다음, 자기도 왕관을 벗어 바닥에 내동댕이치고는 얼굴을 때리고 가슴을 치며 슬퍼했습니다. 그뿐만 아니라 왕이 궁전 문을 모조리 닫아걸고 비탄에 잠기자, 왕비와 공주, 온 도성 사람들까지 모두 탄식하고 슬퍼했습니다. 그리하여 평소의 기쁨은 하루아침에 괴로움으로 변하고, 환락의 세상은 순식간에 시름과 슬픔, 분노로 변해 버렸습니다.

한편, 왕자를 태운 목마는 끝없이 날아올라 마침내 태양 가까이 가고 말았습니다. 왕자는 이제 도저히 살 수 없는 일이라 단념하고, 그대로 하늘에서 죽을 각오를 했습니다. 그리고 새삼스레 목마에 올라탄 것을 후회하면서 혼잣말을 중얼거렸습니다.

"분명히 이것은 그 현자 놈이 누이의 일로 원한을 품고 나를 죽이려고 꾸민 계략이다. 오, 알라 외에 주권 없고 권력 없도다! 도저히 살아날 가망이 없다. 가만! 그런데 올라가는 나사를 만든 자가 내려가는 나사를 만들지 않았을 리가 없지!"

왕자는 상당히 뛰어난 지혜도 있고 총명한 사람이어서 말의 몸을 구석구석 만지기 시작했습니다. 그렇지만 오른쪽 어깨와 왼쪽 어깨 위에 수탉의 머리 같은 나사못이 하나씩 나와 있을 뿐, 그밖에는 아무것도 없었습니다.

"이런 것밖에 없구나."

왕자는 혼잣말을 하면서 오른쪽 어깨의 나사를 돌렸더니 말은 한층 더 속력을 내어 위로 치솟아 올랐습니다. 그래서 얼른 손을 떼고 왼쪽 어깨의 나사를 찾아 당장 그것을 돌렸습니다. 그러자 말의 상승 속도가 차츰 느려지더니 멈추어 이윽고 지상을 향해 조금씩 내려가기 시작했습니다. 왕자는 이때다 싶어 정신을 바짝 차리고 주의를 기울였습니다.

—여기서 날이 훤히 밝아 샤라자드는 이야기를 그쳤다.

358번째 밤

샤라자드는 이야기를 계속했다.

오, 인자하신 임금님, 목마가 지상을 향해 조금씩 내려오기 시작하자 왕자는 이때다 싶어 정신을 바짝 차리고 주의를 기울였습니다.

목마의 조종법을 알게 된 왕자는 기쁨에 넘쳐 파멸의 늪에서 자기를 구해 주신 전능하신 알라께 진심으로 감사했습니다. 이렇게 하여 말머리를 원하는 방향으로 돌릴 수도 있게 되고 자유자재로 올라갔다 내려갔다 할 수 있게 되어, 마침내 목마의 조종법을 모두 터득하고 말았습니다. 그리하여 그날은 온종일 땅 위로 내려갔습니다. 말이 그만큼 멀리 올라가 있었던 것입니다. 내려오는 동안 난생처음 보는 도시와 나라 위를 지나면서 흥미롭게 구경도 했습니다. 그러는 동안 한 아름다운 도성이 눈에 들어왔습니다.

그곳은 수목이 울창하게 자라고 개울이 곳곳에 졸졸거리며 영양이 얌전하게 노니는 푸른 낙원 같은 고장의 한가운데에 있었습니다. 왕자는 그것을 황홀하게 내려다보다가 중얼거렸습니다.

"여기는 도대체 무슨 도시일까? 그리고 어떤 나라일까?"

왕자는 도시 주위를 빙빙 돌면서 여러모로 관찰해 보았습니다. 벌써 날이 저물어 해가 금방이라도 서쪽으로 넘어갈 듯했습니다.

"정말 오늘 밤을 지내기에는 이 도성보다 좋은 곳은 없을 것 같구나. 여기서 하룻밤 자고 내일 아침 일찍 고향으로 떠나자. 그리고 아버님을 비롯하여 집안사람들에게 내가 본 것을 모두 다 알려 드리자."

왕자는 자신과 말이 누구의 눈에도 띄지 않고 하룻밤을 안전하게 지낼 수 있는 장소를 찾기 시작했습니다. 얼마 가지 않아 도시 한가운데 큰 성벽에 싸여 하늘 높이 솟아오른 궁전이 눈에 띄었습니다. 그 성벽의 성채에는 갑옷을 입은 흑인 노예 40명이 창이며 칼과 활을 들고 철통같이 지키고 있었습니다.

"이곳은 정말 멋진 곳이구나."

왕자가 내려가는 나사를 돌리자 목마는 지친 새처럼 내려가기 시작하여 궁전 지붕 위에 조용히 내려앉았습니다.

왕자는 말에서 내려 이렇게 외쳤습니다.

"알라를 찬양하라!"

그런 다음 말 주위를 돌면서 자세히 살펴보기 시작했습니다.

"이토록 훌륭하게 너를 만든 사람은 참으로 기술이 뛰어난 장인이 틀림없다. 전능하신 알라께서 나의 생명을 지켜주시어 무사히 고국으로 돌아가 아버님을 다시 뵐 수 있다면, 그 사람에게 온갖 은총을 내리고 최대의 자비를 베풀어주리라."

이때 이미 밤의 장막이 왕자를 감싸고 있었으므로 왕자는 궁전 안 사람들이 모두 잠들 때까지 지붕 위에 앉아 있었습니다. 그러나 아버지와 헤어진 이후로 물 한 모금도 마시지 못했기 때문에 극심한 허기와 갈증이 밀려왔습니다.

"설마 이만한 궁전에 먹을 것이 없지는 않겠지."

왕자는 이렇게 중얼거리며 목마를 남겨둔 채 먹을 것을 찾아 내려갔습니다. 계단을 따라 내려가니 새하얀 대리석과 설화석고를 깐 안뜰이 때마침 달빛을 받아 환하게 빛나고 있었습니다. 그것을 본 왕자는 그 화려하고 훌륭한 광경에 감탄했지만, 어디에도 말소리 하나 들리지 않고 사람의 모습조차 보이지 않는 것이었습니다. 그래서 어찌할 바를 몰라 좌우를 돌아보며 어디로 갈까 망설이다가 혼잣말을 중얼거렸습니다.

"목마 있는 데로 돌아가서 그 옆에서 날을 밝히는 것이 제일 좋을 것 같다. 날이 새면 곧 말을 타고 날아가기로 하지."

—여기서 날이 훤히 새었으므로 샤라자드는 이야기를 그쳤다.

359번째 밤

샤라자드는 이야기를 계속했다.

오, 인자하신 임금님, 왕자가 목마를 둔 곳으로 되돌아가서 골똘히 생각을 하며 그곳에 서 있는데, 문득 궁전 속에서 새나오는 한 줄기 불빛이 눈에 들어왔습니다. 그쪽으로 가보았더니 그 빛은 후궁 문 앞에 세워진 촛불이었고, 그 밑에는 통나무보다 길고 의자보다 몸집이 큰 환관이 잠들어 있었습니다. 솔로몬을 섬기는 마신의 한 사람이거나, 아니면 마신의 일족처럼 보이는 건장한 환관이었습니다. 그 환관은 촛불에 반짝반짝 빛나는 칼자루를 안은 채 문을 등지고 누워 있었는데, 머리맡에 있는 화강암 기둥에는 가죽 자루*8 하나가 걸려 있었습니다. 그 모습을 보고 무서운 생각이 든 왕자는 이렇게 혼잣말을 중얼거렸습니다.

"오, 지고하신 알라여, 부디 가호를 내리소서! 오, 성스러운 신이시여, 이 몸을 파멸의 늪에서 구해 주셨듯이 부디 이 궁전의 위험에서 빠져나갈 수 있는 힘을 주소서!"

왕자가 손을 뻗어 가죽 자루를 집어 옆으로 가서 열어보니 맛있는 음식이 가득 들어 있었습니다. 그것을 배불리 먹고 기운을 차린 왕자는 물을 마신 뒤 자루를 원래의 자리에 다시 매달아 놓고 환관의 칼을 칼집에서 뽑아들었습니다. 그동안 환관은 자신에게 어떤 운명이 다가오고 있는지도 모르고 잠에 곯아떨어져 있었습니다. 이윽고 왕자는 궁전으로 들어가 휘장이 드리워진 두 번째 문에 이르렀습니다. 휘장을 들치고 안에 들어가 보니 진주와 히아신스석과 보석을 박은 하얀 상아 침상이 있고, 그 주위에 노예계집 네 명이 자고 있었습니다. 침상에는 어떤 사람이 자는가 하고 살며시 다가가 보니, 마치 동쪽 수평선에서 솟아난 보름달처럼 아름다운 여인이 머리카락으로 몸을 덮고*⁹ 잠들어 있지 않겠습니까! 이마는 꽃처럼 하얗고 두 갈래로 갈라진 머리카락은 촉촉하게 빛나며, 새빨간 아네모네를 연상시키는 두 뺨에는 우아한 검은 점이 찍혀 있었습니다. 왕자는 아름답고 사랑스러운 얼굴과 날씬하고 요염한 모습으로 잠들어 있는 처녀를 보자, 그만 넋을 잃어버려 자기 목숨이 위태로운 것도 잊어버리고 말았습니다.

그래서 기쁨으로 온몸을 떨면서 처녀에게 다가가 오른쪽 뺨에 입을 맞췄습니다. 그 순간 잠이 깬 처녀는 눈을 뜨더니 왕자가 서 있는 것을 보고 말했습니다.

"당신은 누구세요? 어디서 오셨나요?"

"나는 당신의 노예, 당신을 사랑하는 사람입니다."

"누가 당신을 이리로 데리고 왔나요?"

"알라 신과 운명이 나를 이리로 데려왔습니다."

그러자 샤무스 알 나하르(이것이 그 처녀의 이름이었습니다)가 말했습니다.

"그럼, 당신이 어저께 아버님께 나와의 결혼을 신청하신 분이군요. 하지만 아버님은 당신의 용모가 추하다고 거절하셨죠. 그런데 그건 모두 거짓말이었군요, 이렇게 아름다운 분인 걸 보니."

그것은 전부터 인도의 어느 왕자가 이 공주에게 여러 번 청혼했는데, 부왕은 그가 너무 추하고 못생겼다며 거절했기 때문에, 처녀는 지금 자기 앞에 있는 젊은이가 그 왕자인 줄 알았던 것입니다. 그래서 처녀는 왕자의 아름다운 모습(정말 왕자는 빛나는 보름달 같은 젊은이였으니까요)을 보자 그만 불꽃 같은 사랑의 다신교*¹⁰에 사로잡혀, 왕자를 상대로 정답게 이야기하기 시작했습니다. 이때 문득 잠에서 깨어난 시녀들은 공주 옆에 왕자가 앉아 있는 것을 보고 깜짝 놀라 물었습니다.

"오, 공주님, 같이 계시는 분은 대관절 누구십니까?"

"오, 나도 모르겠어. 문득 눈을 뜨니 내 옆에 와 계시잖아. 아마 아버님께 나와의 결혼을 신청하신 그분이겠지."

"오, 공주님, 만물의 창조주이신 알라께 맹세코 말씀드립니다. 이분은 결코 결혼을 신청하신 그분이 아닙니다. 그분은 보기에도 추악한 분이었지만, 이분은 이렇게 훌륭하고 지체가 높으신 분인걸요. 정말이지 그 사람은 이 분의 발끝에도 못 따라갈 거예요."*11

그리고 시녀들은 잠들어 있는 환관에게 달려가서 흔들어 깨웠습니다. 환관이 깜짝 놀라 일어나자 시녀들이 물었습니다.

"당신은 후궁의 경비를 맡고 있으면서, 우리가 잠들어 있는 동안 낯선 남자 분이 들어오도록 내버려 두었으니 대체 어찌 된 일이에요?"

흑인 환관은 이 말을 듣고 황급히 칼을 찾았으나 정작 중요한 칼은 없고 칼자루뿐이라 그만 겁을 먹고 벌벌 떨기 시작했습니다. 그리고 허둥지둥 공주의 방으로 뛰어가 공주와 이야기하는 왕자를 보더니 소리쳤습니다.

"아니, 당신은 사람입니까, 아니면 마신입니까?"

"무엇이! 참으로 한심한 놈이로다, 고귀한 왕후*12의 후손을 이단의 악마에 비하다니!"

왕자는 마치 성난 사자 같은 기세로 칼을 잡더니 노예에게 말했습니다.

"나는 왕의 사위다. 나를 공주와 짝지어주시며 공주에게 가라고 분부하셨단 말이다!"

이 말을 듣고 환관이 말했습니다.

"오, 나리, 만약 나리께서 정말 그런 분이시라면, 당신 말고는 공주님께 어울리는 분은 없을 겁니다. 아니, 정말이지 누구보다 공주님께 어울리는 분이십니다."

그러고는 그곳을 뛰쳐나가 큰 소리를 지르며 옷을 찢고 머리에 진흙을 뿌리면서 왕에게 달려갔습니다. 노예의 비명을 들은 왕이 물었습니다.

"대체 무슨 일이냐? 얼른 말해 봐라. 내 마음마저 심히 어지럽지 않느냐!"

"오, 임금님, 어서 공주님을 구하러 가주십시오. 마신이 왕자로 변신하여 공주님께 붙어 있습니다. 어서 빨리 가셔야 합니다."

왕은 이 말을 듣고 환관을 베어 버릴까 생각했다.

"무엇이? 네놈은 뭐하느라 공주의 경비도 게을리하고 악마가 들어가게 했단 말이냐?"

그리고 곧 공주의 처소로 급히 달려가서 대기하는 시녀들에게 물었습니다.

"공주에게 대체 무슨 일이 일어난 게냐?"

"오, 임금님, 저희는 모두 자고 있었는데, 문득 눈을 떠보니 공주님 옆에 마치 보름달처럼 아름다운 젊은이가 앉아서 공주님과 이야기를 하고 있었습니다. 정말 저희는 용모가 그렇게 훌륭한 분은 아직 한 번도 본 적이 없습니다. 그래서 어떻게 여길 왔느냐고 까닭을 물었더니 임금님께서 공주님과 짝지어주신 분이라고 분명히 말씀하셨습니다. 그 이상은 아무것도 모르오며 또 그분이 마신인지 사람인지도 모르겠습니다. 다만 매우 점잖고 품위 있는 분으로 눈살을 찌푸릴 일이나 수치스러운 일은 조금도 하시지 않았습니다."

이 말을 듣고 노여움이 약간 가라앉은 왕이 조용히 휘장을 쳐들고 안을 들여다보니, 얼굴이 보름달처럼 환하고 훌륭한 용모를 한 왕자가 공주와 조용히 이야기하면서 앉아 있었습니다.

그것을 본 왕은 자기 딸의 명예를 생각하는 마음에 더 참을 수 없어서 휘장을 젖히고 칼을 뽑아든 채 성난 식인귀 같은 형상으로 두 사람에게 달려들었습니다. 그것을 본 왕자가 공주에게 물었습니다.

"이분이 당신의 아버님이십니까?"

"네."

—여기서 날이 훤히 새기 시작하여 샤라자드는 이야기를 그쳤다.

360번째 밤

샤라자드는 이야기를 계속했다.

오, 인자하신 임금님, 왕자는 벌떡 일어나 칼을 잡더니 듣는 사람의 간담을 서늘케 하는 무서운 소리를 한 마디 내질렀습니다. 그리고 칼을 치켜들고 왕을 향해 덤벼들려 했습니다. 하지만 왕은 상대가 자기보다 강한 것을 알고, 얼른 언월도를 칼집에 꽂고 멈춰 서서 왕자가 다가오자 정중히 인사를 하며 물었습니다.

"오, 젊은이여, 그대는 사람인가, 아니면 마신인가?"

"오, 만약 내가 이 궁전의 주인이신 당신의 주권을 존중하지 않고, 공주의 명예를 중시하지 않았더라면 당신의 피를 묻힐 뻔했습니다. 대관절 고귀한 왕후의 혈통을 이어받은 나를 악마로 취급하시다니 이게 무슨 일입니까? 내가 이 나라를 뺏고 싶다면 지진처럼 당신을 왕위에서 떨어뜨리고 모든 소유물을 뺏는 일쯤은 식은 죽 먹기입니다."

이 말을 듣고 왕은 두려움에 떨면서 자신의 몸에 위해가 가해지는 건 아닐까 하여 이렇게 대답했습니다.

"만약 그대가 방금 말한 대로 진정 왕후의 후예라면 어찌하여 나의 허락도 없이 궁전에 숨어들어 딸의 방에 들어가 내 사위라고 거짓말을 하여 내 체면을 손상시켰느냐? 나는 지금까지 공주에게 청혼한 왕과 왕자를 몇 명이나 죽였다. 지금 내가 여기서 노예와 종들을 불러 그대를 가장 무참하게 죽이라고 명령만 하면 당장 그대를 죽이려 들 것인데, 그때 누가 그대를 내 위력과 권세에서 옹호해 주겠는가? 내 손에서 그대를 구해낼 자가 있단 말이냐?"

"어허, 그렇게 머리가 둔하시다니, 어처구니가 없군요. 잘 생각해 보십시오. 당신의 따님이 나보다 더 훌륭한 배우자를 바랄 수 있을 거라고 생각하십니까? 군주로서 나보다 더 어울리고 더 훌륭한 신분과 영지를 가진 상대가 있다고 생각하십니까?"

"과연 그대 말이 맞다. 그러나 젊은이, 나는 왕가의 관습에 따라주기 바라네. 당당하게 공주를 그대와 짝지어주려면, 증인이 보는 앞에서 내 손으로 공주를 넘겨주고 싶네. 그러나 이제는 은밀히 그대에게 공주를 준다 한들 그대는 이미 공주를 범하고 내 체면을 깎아 버렸단 말이야."

"오, 임금님, 그것은 분명히 지당하신 말씀입니다. 그러나 만약 당신의 말씀대로 지금 노예와 병사들을 불러모아 나를 죽인다면 단지 당신의 수치만 공개될 뿐입니다. 그렇게 되면 백성들은 당신을 믿는 자와 믿지 않는 자로 나뉠 것입니다. 그러니 임금님, 그런 생각은 마시고 나의 충고를 따르시는 것이 어떻겠습니까?"

"어떤 충고 말인가?"

"내가 권하고 싶은 방법은 이런 것입니다. 당신과 내가 대결을 하여 승부를 가리는 것이지요. 상대를 쓰러뜨린 자가 이 왕국을 이어받는 데 더욱 어울릴 뿐만 아니라, 당연한 권리를 얻게 되겠지요. 그게 싫다면 오늘 밤이나 내일 날이 새는 대로, 당신은 기병과 보병, 노예들까지 불러모아 나와 맞서게 하는 겁니다. 그러나 그전에 물어볼 것이 있습니다. 대관절 병력이 얼마나 있습니까?"

"기사가 4만, 또 같은 수의 노예와 그 노예들이 거느린 종자가 있네."[*13]

그러자 왕자가 말했습니다.

"날이 밝으면 그들을 정렬시켜 나와 맞서게 하시고, 이렇게 말씀하십시오."

—여기서 날이 훤히 밝았으므로 샤라자드는 이야기를 그쳤다.

361번째 밤

샤라자드는 이야기를 계속했다.

오, 인자하신 임금님, 왕자는 이렇게 말했습니다.

"날이 밝으면 그들을 정렬시켜 나와 맞서게 하시고, 이렇게 말씀하십시오. '이 사람은 내 공주에게 구혼한 자이다. 다만 너희 모두를 상대해서 혼자 싸운다는 조건이 붙어 있다. 그것은 이자가 너희를 격파하고 항복시킬 자신이 있다고 장담했기 때문이다.' 이렇게 말씀하신 다음에 그들을 상대로 싸우게 해 주십시오. 당신 부하들이 나를 이기면 당신의 비밀은 굳게 지켜지고 당신의 명예도 유지될 것입니다. 또 내가 이겨서 전군을 격파한다면 그때야말로 나는 왕들이 원하는 바람직한 사윗감이 될 것입니다."

왕은 이 제안에 따르기로 했습니다. 그는 왕자의 대담무쌍함에 겁도 나고 대군을 혼자 맞아 싸우겠다는 말에 어이가 없었지만, 어쨌든 마음속으로는 왕자가 틀림없이 싸움에 질 것이니 자기가 창피를 당할 염려는 없다고 굳게 믿었습니다.

이윽고 왕은 환관을 불러 당장 대신에게 가서 모든 군사를 소집하여 전쟁 도구를 갖추고 말을 타도록 하라고 명령했습니다. 환관으로부터 이 명령을 들은 대신은 곧 부대의 지휘관과 제후들을 불러 무장을 갖추고 말을 타고 출전하도록 명령했습니다.

한편 왕은 그 뒤에도 오랫동안 젊은 왕자와 이야기를 나눴는데, 그의 사려 있는 말과 깊은 분별심, 훌륭한 예의범절에 완전히 감탄하고 말았습니다.

날이 새자 궁전으로 돌아가 옥좌에 앉은 왕은 부하들에게 명령하여 왕실용 말 가운데서도 가장 뛰어난 놈을 골라 훌륭한 안장과 마구를 갖추어 왕자에게 보냈습니다. 그러자 왕자가 말했습니다.

"임금님, 나는 군사들이 보이는 곳에 가서, 그들을 자세히 보기 전까지는 말을 타지 않겠습니다."

"그대 좋도록 하라."

두 사람이 열병장으로 나가 보니 이미 군사가 늘어서 있었는데, 과연 구름 같은 대군이었습니다. 이윽고 왕은 목청껏 외쳤습니다.

"모두 잘 들어라. 여기 있는 자는 내 공주에게 청혼한 젊은이인데 사실 나는 이렇게 아름다운 젊은이를 본 적이 없다. 아니 이처럼 강건하고 대담무쌍한 젊은이는 처음 보았다. 이자는 오직 혼자서 그대들 전부를 상대로 싸워 그대들을 격파하겠다고 자신 있게 말했다. 비록 그대들이 10만이 있더라도 문제없다고 하니, 자! 이자가 그대들에게 덤벼들거든 창끝으로 받아내고 칼끝으로 맞이하라. 참으로 대담한 싸움을 스스로 청했으니 말이다!"

이어서 왕자를 돌아보며 말했습니다.

"그럼, 온 힘을 다해서 싸워라."

"오, 왕이시여, 당신은 불공평합니다. 나는 걷고 상대는 말을 타고 있는데 어찌 맞설 수 있겠습니까?"

"내가 말을 타라고 하니 거절하지 않았는가? 하지만 필요하다면 어느 말이든 마음대로 골라 타라."

"당신의 말은 모두 마음에 들지 않습니다. 내가 타고 온 말이 아니면 타지 않겠습니다."

"그대의 말은 어디 있는가?"

"궁전 꼭대기에 있습니다."

"무엇이? 궁전 어디에?"

"지붕 위에 있습니다."

왕은 왕자의 이 말에 어이가 없어서 소리쳤습니다.

"무슨 헛소리인가! 아무래도 그 말은 그대가 옳은 정신이 아니라는 첫 번째 징조인 것 같군. 어떻게 말이 지붕 위에 있을 수 있단 말이냐? 어쨌든 그 말이 사실인지 당장 조사해 보리라."

그리고 중신 한 사람을 돌아보며 말했습니다.

"궁전 지붕 위로 올라가 무언가 있으면 그것을 끌고 오너라."

그 자리에 있던 사람들도 모두 왕자의 말에 어처구니가 없어서 서로 저마다 이렇게 속삭였습니다.

"도대체 어떻게 말이 지붕에서 계단을 내려올 수 있단 말이지? 정말 생전에 듣도 보도 못한 얘기로군."

그럭저럭하는 동안 왕의 사자(使者)가 궁전으로 들어가 지붕 위에 올라가 보니 그곳에 여태까지 한 번도 본 적 없는 훌륭한 말이 서 있는 것이 아니겠습니까? 그러나 가까이 다가가 보니 그것은 흑단과 상아로 만든 목마였습니다.

이것을 보고 사자와 같이 간 중신들은 서로 얼굴을 마주하고 웃음을 터뜨렸습니다.

"아니, 그 젊은이가 한 말은 이 목마를 두고 한 얘기였단 말인가? 아무리 생각해도 그자는 미친 사람으로밖에 볼 수 없는 걸. 어쨌든 곧 모든 진상이 밝혀질 테지."

─여기서 날이 밝았으므로 샤라자드는 이야기를 그쳤다.

362번째 밤

샤라자드는 이야기를 계속했다.

오, 인자하신 임금님, 중신들은 흑단으로 만든 말을 바라보며 저마다 웃음을 터뜨렸습니다.

"어쩌면 이 속에 무슨 기막힌 장치가 있는지도 모르고, 그자가 지체 높은 사람이라는 것도 사실일지 몰라."

두 사람이 목마를 메고 왕 앞에 가서 내려놓자, 그것을 보려고 모여든 부하늘은 그 아름답게 균형 잡힌 모습이며 안장과 고삐의 호화로움에 놀랐습니다.

왕도 매우 감탄한 기색이었습니다.

"오, 젊은이여, 이것이 그대의 말인가?"

"그렇습니다. 이것이 내 말입니다. 이제 곧 이것으로 신기한 활약을 해 보이겠습니다."

"그럼 당장 타 보아라."

왕이 재촉하자 왕자가 말했습니다.

"군사가 좀더 멀리 물러서지 않으면 탈 수 없습니다."

그리하여 왕은 군사를 그 말에서 화살이 겨우 닿을 만한 곳까지 물러가도록 명령했습니다.

"왕이여, 잘 보십시오. 지금부터 이 말을 타고 당신의 군사를 공격하여, 오장육부를 찢고 사방으로 물리쳐 보일 테니까요."

"오, 마음껏 해 보라. 사양 말고 병사들을 공격해 봐! 병사들도 사양하지 않을 테니까."

왕자가 흑단 말에 오르자 그를 멀리서 에워싼 군사들은 서로 속삭였습니다.

"저 젊은이가 우리 진으로 뛰어들면 창끝으로 보기 좋게 쳐버려야지."

"아, 이 무슨 불행한 일이냐, 어떻게 저토록 아름답고 훌륭한 젊은이를 허무하게 죽일 수 있단 말인가?"

"저 젊은이 덕분에 우리는 틀림없이 골탕을 먹을 거야. 자신의 무용에 어지간히 자신 있는 자가 아니고는 이런 행동을 하지 않거든."

이러저러하는 동안 왕자는 안장 위에 앉아 올라가는 나사를 돌렸습니다. 왕자가 무엇을 하는지 궁금해서 여러 사람이 눈을 크게 뜨고 지켜보고 있었습니다. 그러자 흑단 말은 점점 공중에 떠올라 몸을 전후좌우로 흔들면서 참으로 이상한 몸짓을 하더니, 이윽고 배가 공기로 가득 차자 왕자를 태운 채 하늘 높이 날아올랐습니다.

이것을 본 왕은 깜짝 놀라 소리쳤습니다.

"아니? 이 못난 놈들 같으니! 무엇을 어물거리고 있느냐! 빨리 잡아라, 달아나기 전에 얼른 잡아야 한다!"

그러자 대신과 태수들이 말했습니다.

"오, 임금님, 사람이 어찌 나는 새를 잡을 수 있겠습니까? 저놈은 필시 기막힌 마술사가 아니면 마신이나 악마가 틀림없습니다. 알라께서는 저자에게서 임금님을 구해 주신 겁니다. 임금님과 임금님의 군사를 그자의 손에서 구해 주신 전능하신 알라를 찬양해야 하지 않겠습니끼?"

왕은 왕자의 놀라운 재주를 목격하고서 궁전으로 돌아가 공주에게 가서 연병장에서 일어난 일을 자세히 이야기해 주었습니다. 그러나 공주는 왕자를 이미 사랑하고 있었으므로 왕자와 헤어지게 된 일을 몹시 슬퍼하여, 마침내 병이 들어 자리에 눕고 말았습니다.

"오, 공주여, 전능하신 알라를 찬양하고 감사하는 게 좋을 게다. 우리를 그 나쁜 마술사, 그 악당, 그 비열한 놈, 너를 타락시키려 한 그 도적놈으로부터 구해 주신 알라께 감사하도록 해라."

왕은 왕자가 하늘 높이 올라가 마침내 보이지 않게 된 광경을 거듭 이야기하며, 공주가 왕자를 얼마나 깊이 사랑하고 있는지는 생각지도 않은 채 그저 왕자를 욕하고 저주했습니다. 공주는 그러한 아버지의 말은 귀담아듣지도 않고 더욱더 깊은 슬픔에 빠졌습니다.

"전능하신 알라께서 그이와 다시 만나게 해 주실 때까지 아무것도 먹지 않겠어요."

이윽고 공주는 이렇게 진심으로 맹세하며 뜨거운 눈물을 흘렸습니다. 부왕은 공주의 비탄하는 모습이 걱정되어 여러 가지로 달래보았지만 아무 보람도 없이 공주의 연정은 점점 깊어 가기만 했습니다.

─여기서 날이 훤히 밝았으므로 샤라자드는 이야기를 그쳤다.

363번째 밤

샤라자드는 이야기를 계속했다.

오, 인자하신 임금님, 한편 카마르 알 아크마르 왕자는 하늘 높이 날아올라 말머리를 고국 쪽으로 돌리기는 했으나 마음은 공주의 아름다움과 사랑스러움만 생각하고 있었습니다. 그런데 왕자는 그보다 먼저 왕과 공주의 이름은 물론이고 그 도성이 사나*¹⁴라는 곳임을 부하들에게 물어 알아두었습니다. 왕자는 전속력으로 하늘을 날아 이윽고 부왕의 수도에 이르러 도성 위를 한 바퀴 돈 다음 왕궁 지붕 위에 내렸습니다. 말을 지붕 위에 그대로 두고 궁전 안으로 내려가자 문 앞에 재가 뿌려져 있는 것을 보게 되었습니다. 왕자는 누가 죽었나 하고 생각하면서 곧장 들어가니 모두 검은 상복을 입고 얼굴은 창백하게 야위어 있었습니다. 곧이어 부왕이 왕자가 들어서는 모습을 보더니 틀림없는 자기 아들임을 알고는 외마디 소리와 함께 정신을 잃고 말았습니다. 그러다가 얼마 뒤 정신을 차린 왕은 왕자를 가슴에 끌어안고 정신없이 기쁨의 눈물을 흘렸습니다. 어머니와 누이들도 소식을 듣고 달려와 왕자에게 달려들더니 입을 맞추며 아주 기뻐서 눈물을 흘리며 반가워했습니다. 그런 다음 모두 어떻게 지냈느냐고 묻자 왕자는 자신이 겪은 이야기를 자세히 들려주었습니다. 그러자 부왕이 외쳤습니다.

"오, 내 눈동자, 내 마음의 중심인 왕자여! 너의 안전을 지켜주신 알라를 찬양하자!"

그리고 곧 가신들에게 성대한 잔치를 벌이도록 명령하자, 이 기쁜 소식은 순식간에 온 도성에 알려져 백성들은 상복을 벗어 던지고 화려한 기쁨의 옷으로 갈아입고서, 북을 치고 징을 울리며 거리와 시장으로 몰려나왔습니다. 사람들은 앞다투어 왕께 기쁨을 아뢰고 왕도 또한 대사령을 내려 옥문을 열고 많은 죄수에게 석방의 은혜를 베풀었습니다. 또 음식을 산더미처럼 준비하여 백성들을 위해 잔치를 벌이니, 사람들은 이레 날 이레 밤 동안 마음껏 기쁨을 나누었습니다. 왕이 왕자를 데리고 말을 타고 그 자리에 나타나자 백성들은 일제히 환호성을 질렀습니다.

"오, 아버님, 그자는 어떻게 됐습니까?"

한참 뒤 왕자가 목마를 만들어 바친 마술사 소식을 묻자 왕이 대답했습니다.

"그런 놈에게는 알라께서도 축복을 내리지 않으시기를! 나는 그런 놈은 꼴도 보기 싫다. 아들아, 네가 내 곁을 떠나게 된 것은 모두 그놈 때문이 아니냐. 그래서 네가 사라진 때부터 줄곧 그놈을 감옥에 가두어 두었지."

그러나 왕자의 청으로 왕은 그 마술사를 풀어주었을 뿐만 아니라 가까이 불러 훌륭한 옷을 내리고 후하게 대접해 주었습니다. 다만 공주를 그자와 짝 지어주는 것만은 허락하지 않았습니다. 그러자 마술사는 왕자가 목마의 비밀과 움직이는 방법을 죄다 터득한 것을 알고 무척 화를 내며 자기가 한 짓을 새삼스레 후회했습니다.

이윽고 부왕이 왕자에게 말했습니다.

"앞으로는 너도 그 말에 가까이 가지 않도록 조심하도록 해라. 절대로 타서는 안 된다. 너는 그 말의 성질을 잘 모르고 있고, 또다시 실수를 하면 안 되니까 말이다."

왕자는 사나의 왕과 공주가 있는 곳에서 겪었던 모험담을 이야기했습니다. 그 이야기를 듣고 왕은 이렇게 타일렀습니다.

"그 왕이 너를 죽이려고 마음먹었으면 너는 벌써 죽었을지도 모른다. 그렇게 되지 않은 것은 네 수명이 아직 다하지 않았기 때문이다."

이렇게 하여 잔치가 끝나자 백성들은 각자 집으로 돌아가고 왕과 왕자도 궁전으로 돌아왔습니다. 거기서 두 사람은 다시 먹고 마시면서 한껏 기쁨을 누렸습니다. 그때 류트의 명수인 아름다운 시녀가 류트를 들고 줄을 타면서 왕과 왕자 앞에서 노래를 불렀습니다.

그것은 이별한 연인들에 대한 노래였습니다.

헤어져 홀로 살지라도
어찌 사랑하는 그대 잊으리.
나의 추억 속에서 그대 사라진다면
나는 또 무엇을 생각하리.
시간의 흐름은 끊어질지라도
그대 사랑하는 생각 끊어질 틈 없네.
이리하여 나는 그대를 사랑하여 죽고
그대를 사랑하여 되살아나리.

이 노래를 듣자 왕자의 가슴에는 다시금 연모의 불길이 타올라 정열이 가슴을 태우고 슬픔과 회환이 끈질기게 마음을 사로잡으니, 사나의 공주가 그리워 오장육부가 찢어지는 듯했습니다. 그래서 왕자는 벌떡 일어나 부왕 몰래 궁전을 빠져나와 지붕으로 올라가서 목마에 올라탔습니다. 그리고 올라가는 나사를 돌리자 말은 새처럼 하늘을 향해 높이 날아올라 갔습니다. 이튿날 새벽, 왕자의 모습이 보이지 않아 걱정된 왕이 궁전 꼭대기에 올라가 보니 왕자가 하늘로 사라져 가고 있지 않겠습니까? 그 모습을 보고 왕은 몹시 괴로워하며 목마를 숨겨 버리지 않은 것을 가슴 치며 후회했습니다.

"알라께 맹세코, 이번에 돌아오면 그 말을 부숴 버리자. 그러면 두 번 다시 그 일로 걱정하지 않아도 될 테니까."

왕은 또다시 비탄의 눈물을 흘리면서 슬퍼했습니다.

—여기서 날이 훤히 밝아왔으므로 샤라자드는 이야기를 그쳤다.

364번째 밤

샤라자드는 이야기를 계속했다.

오, 인자하신 임금님, 한편 왕자는 계속 하늘을 날아 사나 성에 도착하자 전과 같이 그 궁전 지붕 위로 내려갔습니다. 그리고 몰래 계단 밑으로 숨어들어 환관이 전처럼 잠들어 있는 것을 확인하고서, 휘장을 들치고 천장이 둥근 아치로 되어 있는 공주의 방*15 문으로 살며시 다가가 귀를 기울였습니다. 그때 흐느껴 울면서 노래를 부르는 공주의 목소리가 들려왔습니다. 시녀들은 공주 옆에서 잠들어 있는 듯했습니다. 그러나 곧 공주의 흐느낌 소리에 눈을 뜬 시녀들이 말했습니다.

"공주님, 공주님을 위해 슬퍼해 주지도 않는 사람을 왜 그토록 생각하시는 건가요?"

"오, 너희는 어쩌면 그리도 어리석은 말을 하느냐? 내가 지금 탄식하고 슬퍼하는 분은 결코 잊거나 잊힐 수 있는 분이 아니란다."

그리고 다시 비탄의 눈물을 흘리다가 끝내 울면서 잠이 들어 버렸습니다. 그 광경을 본 왕자는 공주가 그리워서 가슴이 터질 것만 같았습니다. 그래서 방으로 들어가 아무것도 덮지 않고*16 자는 공주의 살갗에 살며시 손을 갖다 댔습니다. 공주가 바로 눈을 뜨고 옆에 서 있는 왕자를 올려다보자 왕자가 말했습니다.

"왜 그토록 눈물을 흘리며 슬퍼하는 것이오?"

공주는 왕자를 알아보고 와락 달려들어 그 목을 끌어안고 입을 맞추면서 대답했습니다.

"당신 때문이지요. 당신과 헤어졌기 때문이에요."

"오, 공주, 나도 오랫동안 당신과 떨어져서 얼마나 쓸쓸했는지 모르오."

"아니에요. 저를 버린 것은 당신이에요. 조금만 더 늦게 오셨더라도 저는 죽고 말았을 거예요."

"오, 공주, 당신 아버님과 내 사이를 어떻게 생각하오? 당신 아버님이 나에게 어떻게 하셨는지 생각해 보시오. 오, 삼계(三界)의 아름다운 유혹자여, 당신을 사랑하지 않았던들 나는 아마 당신 아버님을 죽여 여러 사람에게 본보기로 삼았을 거요. 그러나 나는 당신을 사랑하기에 당신 아버님도 사랑하고 있소."

"그럼 어째서 나를 버리고 가셨어요? 당신한테 버림받고 어떻게 살아가라고?"

"지나간 일은 하는 수 없소. 그보다 나는 지금 배도 고프고 목도 마르오."

공주는 시녀들에게 음식과 마실 것을 준비하게 하여 함께 먹고 마시면서 거의 새벽녘까지 이야기를 나누었습니다. 날이 새자 왕자는 환관이 깨기 전에 일어나 작별인사를 하고 떠나려 했습니다.

그러자 샤무스 알 나하르 공주가 물었습니다.

"어디에 가시려고요?"

"내 아버님 곁으로 돌아가오. 앞으로는 이레에 한 번씩 꼭 당신을 찾아올 것을 맹세하리다."

공주는 울면서 말했습니다.

"전능하신 알라께 맹세코, 제발 어디든 당신이 가시는 곳으로 저를 데려가주세요. 저에게 두 번 다시 이별의 쓴 표주박*17 맛을 보게 하지 말아주세요."

"정말로 나를 따라가겠소?"

"가고말고요."

"그럼 일어나시오. 출발할 테니까."

공주는 일어나서 큰 궤짝으로 가더니 황금 장식품과 값진 보석 가운데 가장 훌륭하고 소중한 것만 몸에 지니고, 시녀들이 눈치채지 못하도록 살며시 그곳을 빠져나갔습니다.

왕자는 공주를 궁전 지붕으로 데리고 가서 흑단 말에 올라앉아 공주를 뒤에 태우고 단단한 띠로 자기 몸과 함께 꼭 묶었습니다. 그런 다음 말 어깨의 올라가는 나사를 돌리자, 말은 두 사람을 태운 채 하늘 높이 올라갔습니다.

그때 이것을 본 시녀들이 놀라 비명을 지르며 공주의 부모에게 이 일을 알렸습니다. 두 사람이 허둥지둥 궁전 지붕으로 올라가 하늘을 바라보니 그 마술의 말이 왕자와 공주를 태우고 날아가는 것이 보였습니다. 그것을 본 왕은 이만저만한 걱정이 아니어서 큰 소리로 이렇게 외쳤습니다.

"아! 왕자여, 제발 나와 왕비를 가엾게 여기고 공주를 돌려다오!"

왕자는 한 마디도 대답하지 않았지만, 마음속으로는 공주가 부모를 버리고 온 것을 후회하는 것이 아닐까 하는 생각이 들어 공주에게 물었습니다.

"오, 이 세상의 기쁨이여, 부모님 곁으로 돌아가고 싶지 않소?"

"낭군이시여, 그건 결코 제가 원하는 게 아니에요. 전 그저 당신이 어디로 가시든 언제나 당신 곁에 있고 싶을 뿐이에요. 오직 당신만을 애타게 사랑하기에 나머지 모두를, 심지어 부모까지도 버린 걸요."

이 말을 듣고 왕자는 매우 기뻐하며 공주가 불안해하지 않도록 조용히 말을 몰았습니다. 그렇게 계속 날아가다 보니, 이윽고 샘물이 퐁퐁 솟아나고 파릇한 초목이 자라는 들판이 나왔습니다. 두 사람은 그곳에 내려서 식사하고 물을 마셨습니다. 그런 다음 다시 말에 올라탄 왕자는 공주를 뒤에 태우고 자기 몸에 단단히 묶고 나서 부왕의 수도까지 단숨에 날아갔습니다. 수도에 이르자 왕자의 마음은 기쁨에 넘쳐 사랑하는 공주에게 자기들의 영토와 부왕의 권세를 보여주어, 사나의 왕보다 자기 아버지의 위세가 훨씬 더 크다는 것을 알려주고 싶었습니다. 그래서 부모님이 늘 바람을 쐬러 오는 성 밖의 한 정원에 내려 왕을 위해 세운 둥근 천장이 있는 정자로 공주를 데리고 갔습니다. 그리고 흑단 말을 입구에 매어놓고 공주에게 감시를 부탁했습니다.

"내가 보낸 사람이 올 때까지 여기 앉아서 기다리시오. 나는 아버님한테 가서 당신을 위해 궁전을 마련하여 나의 유서 깊은 가문을 보여주고 싶으니까."

공주는 매우 기뻐하며 대답했습니다.

"네, 알았어요."

1968 아라비안나이트

—여기서 날이 밝아오기 시작했으므로 샤라자드는 이야기를 그쳤다.

365번째 밤

샤라자드는 이야기를 계속했다.

오, 인자하신 임금님, 공주는 그 말을 듣고 매우 기뻐하며 대답했습니다.

"네, 알았어요."

그도 그럴 것이 왕자의 말에서 신분에 어울리는 영예와 존경을 받으며 도성으로 들어가야 한다는 것을 깨달았기 때문입니다.

왕자가 공주를 남겨놓고 궁전으로 가자 부왕은 왕자가 온 것을 진심으로 기뻐하며 맞이했습니다. "지난번에 말씀드린 공주를 데리고 왔습니다. 공주는 지금 성 밖 정원에 있는데, 먼저 그 사실을 알려 드리려고 저 혼자 왔습니다. 성대한 행렬을 준비하여 아버님의 당당하신 위풍과 군사들을 보여 주고 싶습니다."

"오, 물론 그래야지."

왕은 곧 도성 안을 아름답게 꾸미라고 명령했습니다. 그런 다음 말을 타고 군대며 고관들과 일족을 거느리고 북, 징, 큰 나팔, 그 밖에 온갖 악기를 울리며 위풍당당하게 마중을 나갔습니다.

한편 왕자는 보물창고에 가서 보석과 옷과 그 밖에 왕자로서의 부와 사치를 자랑하는데 어울릴 만한 여러 가지 물건으로 몸을 현란하게 꾸몄습니다. 공주를 위해서는 녹색과 빨강, 노란색 비단으로 꾸민 지붕 있는 가마를 준비하고, 그 안에 인도와 그리스, 아비시니아의 노예계집을 태웠습니다.

준비를 마치고 가마와 노예계집들을 거기 남겨 둔 채, 왕자는 한 걸음 먼저 공주가 기다리는 정자로 돌아갔습니다. 그런데 어찌 된 일인지 말과 함께 공주의 모습이 어디에도 보이지 않는 것이었습니다.

왕자는 자기 얼굴을 때리고 옷을 찢으며 미친 사람처럼 눈에 핏발을 세우고 정원 근처를 찾아다녔습니다.

'그 마술의 말에 대해 아무 얘기도 하지 않았는데 어떻게 공주가 그 비밀을 알았을까? 아니다. 이것은 어쩌면 그 말을 만든 페르시아인 마술사가 우

연히 여기 와서 아버님께 벌을 받은 보복으로 공주를 납치해 갔는지도 모른다.'

왕자는 정원지기에게 가서 물었습니다.

"누가 여기 들어온 자는 없었느냐? 바른 대로 말하지 않으면 목을 벨 테다."

왕자의 서슬에 겁을 먹은 정원지기들은 한결같이 대답했습니다.

"약초를 캐러 온 페르시아인 현자 말고는 아무도 보지 못했습니다."

왕자는 공주를 납치해간 것이 바로 그 마술사가 틀림없다는 것을 알았습니다.

—여기서 날이 훤히 밝았으므로 샤라자드는 이야기를 그쳤다.

366번째 밤

샤라자드는 이야기를 계속했다.

오, 인자하신 임금님, 공주의 행방을 몰라 사람들을 대하기가 민망해진 왕자는 부왕에게 자초지종을 얘기하고 이렇게 덧붙였습니다.

"군사를 도성으로 돌려보내 주십시오. 저는 이 사건을 해결할 때까지 돌아오지 않겠습니다."

그러자 왕은 눈물을 흘리고 가슴을 치며 말했습니다.

"오, 왕자여, 분하겠지만 제발 참고 나와 함께 왕궁으로 돌아가자. 어떤 공주이든 네 마음에 드는 공주가 있으면 결혼시켜 줄 테니까."

이렇게 몇 번이고 달랬지만 왕자는 끝내 듣지 않고 부왕과 작별한 뒤 떠나버렸습니다. 왕은 하는 수 없이 그대로 도성으로 돌아갔고, 사람들의 기쁨은 또다시 깊은 슬픔으로 변하고 말았습니다.

운명의 장난이라고나 할까요. 왕자가 공주를 정원의 정자에 남겨둔 채 부왕의 궁전으로 갔을 때 마침 약초를 캐러 정원에 들어왔던 그 페르시아인은, 공주의 몸에서 나와 정원을 가득히 채운 그윽한 사향향기를 맡고 그 향기를 따라 정자로 갔습니다. 가보니 뜻밖에도 자기가 만든 흑단 말이 거기 있지 않겠습니까?

그 목마를 잃고 몹시 분하게 여기고 있던 페르시아인은 그것을 보고 매우 기뻐하며 급히 달려가 자세히 살펴보니 아무데도 고장 난 곳이 없었습니다.

그래서 말을 타고 날아가려다 문득 생각이 나서 혼잣말을 중얼거렸습니다.

"가만있자, 왕자가 대체 무엇을 가지고 와서 말과 함께 여기 두고 갔는지 조사해 봐야겠다."

그래서 살며시 정자 안으로 들어가 보니 마치 맑게 갠 하늘에 빛나는 태양인가 싶은 공주가 앉아 있지 않겠습니까? 한눈에 더할 수 없이 고귀한 신분의 여자임을 알아보았으며 또 왕자가 말에 태워 이 정자에 데려다 놓고, 자신은 호화로운 행렬을 지어 이 여자를 맞이할 준비를 하기 위해 먼저 왕궁으로 돌아간 것이 틀림없다 여겼습니다.

마술사는 공주에게 다가가 그 앞에 무릎을 꿇고 앉았습니다. 공주가 고개를 들어 페르시아인을 가만히 바라보더니 너무도 추한 모습에 놀라 물었습니다.

"대체 당신은 누구세요?"

"오, 공주님, 왕자님께서 당신을 도성에서 더 가까운 정원으로 모셔오라고 분부하셨습니다. 공주님은 먼 길을 걸으실 수 없는 데다, 누군가 다른 사람이 공주님을 먼저 만나게 되는 것이 싫어서 옮기시려 하십니다."

"왕자님은 어디 계셔요?"

"아버님과 함께 도성에 계십니다. 곧 훌륭한 행렬을 지어 공주님을 맞이하러 오실 겁니다."

"아무리 그렇지만 왕자님은 어째서 좀더 아름다운 사람을 보내지 않으셨을까?"

페르시아인 마술사는 껄껄대고 웃으면서 대답했습니다.

"지당하신 말씀이십니다. 저만큼 흉측하게 생긴 백인 노예는 아무도 없을 테니까요. 그러나 공주님, 제 얼굴이 아무리 추하고 또 모습이 아무리 더럽더라도 그 겉모습에 속아서는 안 됩니다. 왕자님처럼 당신도 제가 쓸모 있는 놈이라는 걸 아시면 저를 침이 마르도록 칭찬하실 테니까요. 사실을 말씀드리자면 왕자님께서 저를 사자로 보내신 것은 사실 당신에 대한 샘 많은 애정 때문에, 일부러 추하게 생긴 놈을 고르신 겁니다. 저 말고도 백인 노예, 흑인 노예, 시동, 환관, 종자, 수많은 자가 있지만 모두 저보다는 고운 놈들뿐이니까요."

이 말에 공주도 의심을 풀고 그자의 말을 믿고 일어섰습니다.

—여기서 날이 훤히 새었으므로 샤라자드는 이야기를 그쳤다.

367번째 밤

샤라자드는 이야기를 계속했다.

오, 인자하신 임금님, 공주가 페르시아인 말을 믿고 이내 몸을 일으켰습니다. 그리고 페르시아인 마술사에게 손을 내밀면서 물었습니다.

"할아버지, 나를 어디에 태워서 데려갈 거예요?"

"공주님, 당신이 타고 오신 저 말을 타고 가실 겁니다."

"나 혼자서는 탈 수 없는데."

공주의 이 대답에 마술사는 속으로 잘 됐다고 생각하며 회심의 미소를 지었습니다.

"제가 태워다 드리지요."

마술사는 자기가 먼저 타고 공주를 뒤에다 태우고 나서 자기 몸에 공주를 묶었습니다. 공주는 마술사가 자기를 어쩔 속셈인지 꿈에도 모르고 있었습니다.

이윽고 마술사가 위로 올라가는 나사를 돌리자 목마의 배에 공기가 가득 차더니 바다의 파도처럼 일렁거리면서 하늘 높이 솟아올라 계속 날아가 마침내 도성도 보이지 않게 되어 버렸습니다.

그제야 샤무스 알 나하르 공주는 깜짝 놀라 말했습니다.

"아니, 이것 봐요, 아까 말한 것과는 다르잖아요? 왕자님의 사자라고 하지 않았어요?"

"흥! 왕자 따위는 뒈져 버리라고 해! 비열하고 인색한 악당 같으니!"

"이 나쁜 놈! 주인의 명령을 배신했군!"

"어째서 그놈이 내 주인이야? 내가 누군지 알기나 하나?"

"아까 당신이 말한 것밖에는 아무것도 몰라요."

"아까 내가 말한 건 모두 너와 왕자에 대한 계략이었어. 지금 타는 이 말을 잃고 내가 얼마나 오랫동안 탄식했는지 알아? 이 말은 내가 만들었고 타는 방법도 내가 가장 잘 알고 있다. 드디어 다시 내 손에 들어왔어, 너와 함께 말이다. 그동안 그 왕자가 나를 괴롭혔으니, 이젠 내가 왕자를 괴롭혀줄 차례야. 그리고 다시는 이 말을 그놈에게 빼앗기지 않을 테다, 절대로! 그러니 너도 기운을 차리고 더는 울지 않는 게 좋을 거다. 너에겐 그놈보다 내가 훨씬 더 도움이 될 테니까. 이래 봬도 난 돈도 있고 인심이 좋은 사람이거든. 나의 종과 노예들도 너를 한집안의 안주인으로서 존경하고 잘 따를 게다. 가장 좋은 옷을 입혀주고 원하는 건 무엇이든 들어주마."

이 말을 듣고 공주는 자기 얼굴을 때리면서 큰 소리로 외쳤습니다.

"아, 슬프도다! 사랑하는 사람도 만나지 못하고 부모마저 잃었구나!"

공주가 자기에게 닥친 재난을 탄식하며 한없이 우는 동안 마술사는 잠시도 쉬지 않고 날아가, 마침내 그리스에 도착하여 나무들이 무성하고 물이 흐르는 푸른 들판에 내려섰습니다.

그 들판은 어떤 세력이 왕성한 국왕의 수도 근처에 있었는데, 마침 그날 왕은 사냥을 나와 시름을 달래고 있었습니다. 그리고 그 들판을 지나다가 한 페르시아인이 공주와 말을 데리고 있는 것을 보았습니다.

그래서 왕의 노예들은 페르시아인이 아직 눈치채지 못했을 때 그에게 덤벼들어 여자와 말과 함께 붙잡아 왕 앞으로 끌고 갔습니다. 왕은 페르시아인의 흉악한 모습과 기품 있고 아름다운 공주를 번갈아 보면서 공주에게 물었습니다.

"대체 이 노인과는 어떤 사이인가?"

그러자 페르시아인이 황급히 대답했습니다.

"이 여자는 제 아내이자 사촌동생입니다."

그러나 공주는 즉시 노인의 말이 거짓임을 고했습니다.

"임금님, 이자는 전혀 모르는 사람입니다. 물론 남편도 아니에요. 나를 속여서 강제로 납치한 엉큼한 마술사입니다."

왕은 부하들에게 명령하여 페르시아인을 거의 죽을 지경에 이를 때까지 채찍질을 하게 했습니다. 그것이 끝나자 왕은 도성으로 데려가 옥에 가두라고 명령하고서, 공주와 흑단 말을 몰수하여(그 성질이나 조종하는 방법은 몰랐지만) 공주는 후궁에, 말은 창고에 넣어 버렸습니다.

한편 카마르 알 아크마르 왕자는 여장을 갖추고 필요한 돈을 마련하여 정처 없이 두 사람 뒤를 찾아서 길을 떠났습니다. 그리하여 이 나라 저 나라, 이 도성에서 저 도성으로 공주와 흑단 목마의 행방을 찾아 여행을 계속했지만, 사람들은 모두 왕자의 말을 어처구니없고 터무니없는 소리로만 들었습니다. 그렇게 오랜 세월이 흘렀지만 아무리 찾아 헤매고 물어봐도 공주에 대한 소식은 들을 수가 없었습니다. 공주 나라의 수도인 사나에도 가서 공주 소식을 물어보았으나 역시 아는 사람이 없었습니다. 다만 공주가 떠난 것을 한탄하는 아버지만 보았을 뿐 아무런 단서도 잡을 수 없었습니다. 그래서 이번에는 그리스로 방향을 돌려 두 사람을 수소문하면서 여행을 계속했습니다.

—여기서 날이 훤히 밝았으므로 샤라자드는 이야기를 그쳤다.

368번째 밤

샤라자드는 이야기를 계속했다.

오, 인자하신 임금님, 왕자는 공주와 페르시아인의 행방을 수소문하면서 그리스를 여행하고 있었습니다. 그러다가 우연히 한 여관에서 걸음을 멈추니, 상인들 한 패가 앉아서 잡담을 나누고 있기에 그 옆에 앉아서 이야기에 귀를 기울였습니다. 그러자 상인 하나가 말했습니다.

"이보시오들, 난 얼마 전에 정말 이상한 얘기를 들었다오."

그러자 다른 상인들이 물었습니다.

"대체 어떤 이야기인데?"

"내가 어느 도성을 찾아갔을 때(공주가 있는 그 도성의 이름을 대면서) 최근에 있었던 어떤 이상한 소문을 들었는데 참 신기하더군. 어느 날, 그 도성의 임금님이 중신과 제후를 거느리고 사냥을 나갔다가 어떤 들판에 이르렀는데, 마침 거기에 흑단으로 만든 말과 한 여자와 그리고 노인 하나가 있더래요. 그 노인은 얼굴이 몹시 추하고 몰골이 더러웠지만, 여자는 놀랄 만큼 아름답고 기품 있는 절세미녀였고, 또 그 말은 참으로 현묘하고 신비로운 작품으로, 아무도 그렇게 훌륭하고 멋진 말은 본 적이 없는 물건이었다는군."

"그래서 임금님은 그들을 어쨌답디까?"

"임금님이 그 늙은이를 체포하여 처녀에 대해 물었더니, 여자는 자기 아내이자 사촌누이라고 하더라는 거요. 그런데 여자가 말하길, 그것은 새빨간 거짓말이고, 늙은이는 사악한 마술사라고 우기더래요. 그래서 왕은 그녀에게서 처녀를 빼앗고 늙은이는 매질하고서 옥에 가두어 버렸다오. 흑단 말은 어떻게 되었는지 모르겠소만."

이 말을 들은 왕자는 그 상인 곁에 다가가서 공손한 태도로 그 도성과 왕의 이름을 물었습니다. 그리하여 그것을 알아낸 왕자는 매우 기뻐서 그날 밤을 뜬눈으로 지새우고, 동이 트자마자 주막을 떠나 쉬지 않고 길을 재촉하여 마침내 그 도성에 이르렀습니다. 그런데 성 안으로 들어가려 하자 성문지기들은 왕자를 체포하여 신분과 직업과 그곳에 온 이유를 심문하기 위해 왕 앞으로 끌고 갔습니다. 누구에게나 이렇게 하는 것이 이 나라의 법칙이었습니다.

왕자가 도성 안으로 끌려갔을 때는 마침 저녁식사 때여서 문지기들은 왕 앞에 나가 이 이국인에 대한 것을 말씀드릴 수가 없었습니다. 그래서 문지기들은 하룻밤 감금해 두려고 왕자를 감옥으로 데리고 갔습니다.

그런데 왕자의 아름답고 기품 있는 모습을 본 문지기들은 아무래도 감옥에 가둘 수가 없어서 왕자를 자기들과 함께 성 밖에 앉혀놓고 식사를 날라와서 배불리 먹이고 자기도 먹었습니다. 식사가 끝나자 문지기들이 물었습니다.

"당신은 대체 어느 나라 사람이요?"

"제왕(코스로에)의 나라 파르스에서 왔소."

이 말을 듣자 모두 웃음을 터뜨리더니 그중 한 사람이 말했습니다.

"이것 봐. 제왕인(코스로에인)*18이여! 나는 사람들의 이야기와 전설도 듣고 세상살이에 대해서도 어지간히 알고 있지만, 이 감옥에 들어 있는 제왕인만큼 허풍쟁이는 처음 보았어."

그러자 다른 사람이 끼어들었습니다.

"그리고 그렇게 추하고 인상이 사나운 놈은 여태까지 한 번도 본 적이 없어."

왕자가 물었습니다.

"도대체 어떤 거짓말을 했기에 그러시오?"

"글쎄, 자기가 현자라고 하지 뭔가. 마침 임금님께서 사냥을 나가셨을 때 그자를 만나셨는데, 그 옆에는 매우 아름다운 여자와 지금까지 아무도 본 적이 없는 훌륭한 흑단 말이 있었다네. 그 여자는 지금 임금님이 계신 곳에 있는데 임금님이 홀딱 반해서 결혼하고 싶어 하시지만, 여자 쪽이 머리가 돌아서 안 되는 모양이야. 만약 그 사내의 말대로 자기가 의사라면 여자의 병을 고쳤을 게 아닌가? 임금님은 여자의 병을 고치려고 갖은 애를 다 쓰시며 꼬박 1년 동안 의사와 점성술사들에게 막대한 돈을 들이고 계시지만 아직 아무도 여자의 병을 못 고친대요. 흑단 말은 왕가의 창고에 들어 있고 그 추악한 사내는 이 감옥 속에 갇혀 있는데, 밤만 되면 울부짖으면서 떠드는 바람에 우리는 제대로 잠도 못 잘 지경이라니까."

—여기서 날이 훤히 밝았으므로 샤라자드는 이야기를 그쳤다.

369번째 밤

샤라자드는 이야기를 계속했다.

오, 인자하신 임금님, 감옥지기들이 옥에 갇혀 밤마다 울부짖는 페르시아인 마술사에 대해 얘기하자, 왕자는 자신의 소원을 이룰 방법을 궁리하기 시작했습니다.

이윽고 성문지기들도 잠을 자려고 왕자를 감옥에 넣고 자물쇠를 채웠습니다.

그때 페르시아인이 자기 나라 말로 탄식하면서 이렇게 말하는 것이 왕자의 귀에 들려왔습니다.

"아, 내가 잘못했다. 그 처녀를 납치하여 나 자신에게도 그 왕자에게도 나쁜 짓을 하고 말았어. 그 처녀를 납치하고도 뜻을 이루지 못하지 않았는가? 이게 다 내가 어리석었기 때문이야. 애당초 나에게는 과분한 것, 나 같은 인간에게는 어울리지 않는 것을 바란 게 잘못이었어. 분수에 넘치는 걸 바라면 결국 모두 이런 봉변을 당하는 거다."

이 말을 들은 왕자가 페르시아 말로 말을 걸었습니다.

"언제까지 그렇게 울부짖으면서 탄식만 할 작정이냐? 너 말고 다른 사람에게는 한 번도 내린 적이 없는 재앙이 너에게만 일어났단 말이냐?"

이 말에 페르시아인은 마음이 좀 풀려서 자기의 불운을 호소하기 시작했습니다.

이튿날 아침, 날이 새자 문지기들은 곧 왕자를 데리고 왕 앞에 나아가 왕자가 어젯밤에 이 도성에 도착했으므로 뵐 수 없었던 까닭을 아뢰었습니다. 그러자 왕이 물었습니다.

"그대는 어디서 왔느냐? 이름은 무엇이고 직업은 무엇이며 무슨 일로 이곳에 왔느냐?"

"제 이름은 페르시아어로 하루야*¹⁹라고 하며 멀고 먼 파르스라는 나라에서 왔습니다. 저는 여러 가지 뛰어난 기술을 가졌습니다만, 그중에서도 특히 의술을 공부하여 병자와 마신에게 홀린 자를 고치는 기술이 제 자랑거리입니다. 그래서 저는 모든 나라와 도시를 돌아다니면서 지식에 지식을 쌓으며 수련을 거듭하여 병자가 있으면 언제라도 고쳐주고 있습니다. 그것이 제 직업입니다."

이 말을 들은 왕은 매우 기뻐하며 말했습니다.

"오, 뛰어난 현자여, 정말 잘 와 주었다."

그리고 공주의 병 상태에 대해 설명하고 이렇게 덧붙였습니다.

"만일 그 공주의 병을 고쳐주고, 미쳐버린 머리를 회복시켜준다면 원하는 것은 뭐든지 이루어주리라."

"오, 부디 알라께서 임금님께 구원과 은혜를 내려주시기를! 그렇다면 그 처녀의 병세를 자세히 설명해 주십시오. 그리고 발작이 일어난 지 얼마나 되었으며 그 처녀와 말과 현자를 어떻게 만나셨는지도 아울러 말씀해 주십시오."

그러자 왕은 지금까지의 경위를 처음부터 끝까지 이야기하고 나서 이렇게 덧붙였습니다.

"그 현자는 지금 옥에 가두어 두었지."

"오, 인자하신 임금님, 그럼 그 말은 어떻게 하셨습니까?"

"그건 내 보물창고에 넣어 두었다."

왕자는 마음속으로 중얼거렸습니다.

'무엇보다 먼저 그 말의 상태를 잘 살펴봐야겠다. 아무 고장도 없다면 모든 일이 잘 되겠지만 만일 기계가 망가졌다면 사랑하는 공주를 구해 내기 위해 다른 방법을 생각해 내야 한다.'

그래서 왕자는 왕에게 이렇게 말했습니다.

"오, 임금님, 그럼, 먼저 문제의 그 목마부터 보여주십시오. 그 속에 뭔가 공주의 병을 치료할 수 있는 단서가 들어 있을지도 모르니까요."

"좋다, 그렇게 하라."

왕은 곧 왕자의 손을 잡고 말을 넣어둔 보물창고로 안내했습니다.

왕자는 목마 주위를 돌며 자세히 살펴보았지만 고장 난 데가 전혀 없어서 무척 기뻐하며 말했습니다.

"오, 알라시여, 부디 임금님을 수호하고 축복을 내려주시기를! 그럼 그 공주에게 가십시다. 어떤 상태인지 봐야 하니까요. 이 말을 이용해서 공주의 병을 반드시 고쳐 드리겠습니다."

왕자는 하인들에게 목마를 잘 간직해 두라고 이른 다음, 왕을 따라 공주의 방으로 갔습니다. 가보니 공주는 여전히 손을 비비고 스스로 몸을 바닥에 부딪치면서 옷을 갈기갈기 찢고 있지 않겠습니까? 하지만 마신에게 홀려 있는 기색은 조금도 보이지 않았습니다. 다만 아무도 가까이 오지 못하게 하기 위해 일부러 그렇게 하는 것이었습니다. 재빨리 그것을 눈치챈 왕자는 공주에게 이렇게 말했습니다.

"오, 삼계의 으뜸가는 아름다운 분이여, 아무것도 걱정하실 필요가 없습니다."

그리고 부드러운 말로 위로하다가 틈을 보아 상대의 귀에 속삭였습니다.

"나는 카마르 알 아크마르요."

이 말을 들은 공주는 기쁜 나머지 외마디 소리를 지르며 잠시 정신을 잃었습니다.

이것을 보고 왕은 공주가 왕자를 두려워하여 놀란 나머지 발작을 일으킨 것이라고 생각했습니다. 왕자는 곧 공주의 귓전에 입을 대고 말했습니다.

"오, 샤무스 알 나하르, 이 세상의 유혹자여, 당신과 나의 생명을 구하기 위해 잠깐 꾹 참고 견디시오. 우리 두 사람이 이 폭군의 손에서 빠져나가기 위해서는 끈기와 교묘한 계략이 필요하니까요. 우선 나는 왕에게 가서 당신이 마신에게 홀려서 미쳤다고 말하겠소. 그리고 지금 곧 당신의 포박을 풀어준다면 병을 고치고 악령을 쫓아버리겠다고 말하리다. 그러니 왕이 당신을 찾아오거든 다정하게 말을 걸어요. 그러면 왕은 내가 당신을 고친 것으로 알테니까. 그러면 모든 게 우리가 바라는 대로 될 거요."

"알았어요. 말씀대로 하겠어요."

공주의 대답을 듣고 왕자는 기쁜 마음으로 왕에게 가서 말했습니다.

"오, 위대하신 임금님, 다행히도 공주가 병이 난 원인을 찾고 치료법을 발견하여 금방 낫게 해 드렸습니다. 자, 공주에게 가서서 부드러운 말로 위로해 주시고 뭐든지 공주가 원하는 것을 약속해 주십시오. 그러면 공주에 대한 임금님의 소망도 이루어지실 겁니다."

—여기서 날이 훤히 밝았으므로 샤라자드는 이야기를 그쳤다.

370번째 밤

샤라자드는 이야기를 계속했다.

오, 인자하신 임금님, 그리하여 왕이 공주에게 다가가니 공주는 일어나 왕 앞에 몸을 엎드리고 반갑게 맞이했습니다.

"이렇게 일부러 이 종을 찾아주시니 진심으로 기쁘게 생각합니다."

이 말을 들은 왕은 춤이라도 출 듯이 기뻐하며, 곧 시녀와 환관에게 공주를 욕실로 안내하고, 공주를 위해 옷과 장신구를 준비하라고 명령했습니다. 시녀들이 공주에게 가서 인사를 하자 공주는 더할 수 없이 은근한 투로 상냥하게 답례했습니다. 시녀들은 공주에게 왕족의 옷을 입히고 목에는 보석 목걸이를 걸어준 뒤 욕실로 데리고 가서 요모조모 정성껏 보살펴주었습니다.

이윽고 공주는 보름달처럼 아름다운 모습으로 왕 앞에 나타나 인사를 하고 바닥에 엎드렸습니다. 왕은 참으로 기뻐하며 왕자에게 말했습니다.

"오, 현자여, 오, 지혜로운 자여, 이것은 모두 그대의 축복 덕택이다! 그대 병을 치료하는 숨결[*20]의 은혜가 더욱 효력을 발휘하기를 알라께 기도하리라!"

"오, 임금님, 공주의 병을 완전히 고치기 위해서는 처음에 이 공주를 보신 목장까지 군사와 근위병을 이끌고 나가셔야 합니다. 물론 공주와 같이 있던 흑단 말을 실어가는 것도 잊어서는 안 됩니다. 그것은 그 말 속에 있는 악마를 몰아내 버리지 않으면 다시 공주에게 돌아와서 매달 초순께가 되면 공주를 괴롭히기 때문입니다."

"오, 좋고말고. 오, 모든 철인의 왕이여, 태양의 빛을 우러러보는 모든 자 가운데 가장 박학한 젊은이여!"

왕은 모든 것이 왕자의 책략인 줄은 꿈에도 모르고, 그 흑단 목마를 실어내게 하고는 스스로 군사와 공주를 거느리고 들판으로 나갔습니다. 약속한 장소에 도착하자 여전히 의사 같은 차림을 한 왕자는, 공주와 목마를 왕과 군사가 있는 데서 겨우 보일 정도로 떨어진 곳에 있게 한 뒤 왕에게 말했습니다.

"임금님의 허락과 말씀에 의해 지금부터 향을 피우고 주문을 외어 악마가 두 번 다시 공주에게 돌아오지 않도록 가두어버리겠습니다. 그런 다음 저 흑단으로 만든 목마에 공주님과 함께 타면, 목마는 몸을 좌우로 흔들면서 앞으로 나아가 임금님께 갈 것입니다. 그러면 모든 것이 끝나고 그때부터 공주를 당신 뜻대로 하실 수 있게 됩니다."

이 말을 들은 왕은 무척이나 기뻐했습니다. 왕자는 왕과 군사가 아득히 지켜보는 앞에서 목마에 올라앉아 공주를 뒤에 태우고 자기 몸에 단단히 묶었습니다. 그런 다음 올라가는 나사를 돌리자 말은 두 사람을 태우고 순식간에 하늘 높이 솟아올라 마침내 사람들의 눈 앞에서 사라지고 말았습니다. 왕은 두 사람이 돌아올 줄 알고 반나절이나 기다렸지만 끝내 목마는 나타나지 않았습니다.

이렇게 하여 두 사람이 달아나 버리자 왕은 새삼스레 자신의 경솔한 행동을 후회하고 공주를 놓친 것을 슬퍼하면서 군사를 이끌고 힘없이 도성으로 돌아왔습니다. 그런 다음 감옥에 가두어 두었던 페르시아인을 끌어내어 이렇게 말했습니다.

"이 배신자, 악당 놈아! 네놈은 어째서 그 목마의 비밀을 나에게 숨겼느냐? 덕택에 한 사기꾼이 찾아와서 막대한 값어치의 장신구를 달아준 노예처녀와 함께 말을 타고 달아나 버렸단 말이다. 이젠 두 번 다시 그 처녀를 만날 수 없게 됐어!"

페르시아인은 자기가 지금까지 겪은 일을 처음부터 끝까지 모두 왕에게 이야기했습니다.

이 말을 들은 왕은 화가 머리끝까지 치솟아 한동안 궁정에 틀어박힌 채 괴로워했습니다. 그러자 대신들이 왕 앞에 나아가 왕을 열심히 위로하며 말했습니다.

"그 처녀를 납치해 간 자는 마술사가 틀림없습니다. 그러니 그자의 나쁜 꾀와 요술로부터 임금님을 구원해 주신 알라를 찬양해야 할 것입니다."

모두 이렇게 열심히 왕의 비위를 맞추는지라, 왕도 마침내 마음이 풀려 공주에 대해서는 완전히 체념하게 되었습니다.

한편 왕자는 기쁨에 들뜬 마음으로 부왕의 수도를 향해 계속 날아가서, 왕궁의 지붕에 무사히 도착하자 공주를 말에서 내려놓았습니다. 그리고 부모에게 가서 인사를 하고 공주를 데리고 온 것을 알렸습니다. 이 말을 들은 두 사람은 안도하며 가슴을 쓸어내리고 기뻐했습니다.

—여기서 날이 훤히 새었으므로 샤라자드는 이야기를 그쳤다.

371번째 밤

샤라자드는 이야기를 계속했다.

오, 인자하신 임금님, 왕자는 도성 사람들을 위해 성대한 잔치를 열었습니다. 이 잔치는 꼬박 한 달 동안 계속되었습니다. 한 달이 지나자 왕자는 공주와 운우의 정을 맺고 더할 나위 없는 기쁨을 함께 나누었습니다.

부왕은 그 흑단 말을 산산조각을 내고 비행 장치를 모두 망가뜨려 버렸습니다.

얼마 뒤 왕자는 공주의 아버지 앞으로 편지를 써서 공주에게 일어났던 일들을 낱낱이 알리고, 지금은 자기와 결혼하여 행복하게 지내고 있다는 소식을 전하면서 값비싼 진상품과 진기한 물건들을 보냈습니다.

왕자가 보낸 사자가 사나의 도성에 도착하여 편지와 선물을 왕께 바치자 왕은 편지를 읽고 매우 기뻐하면서 선물을 받은 다음, 사자를 정중히 대접하고 상을 듬뿍 내렸습니다. 그리고 그 사자를 통해 사위에게도 호화로운 토산물 등 많은 선물을 보냈습니다. 사자가 돌아와서 왕자에게 모든 것을 보고하자 왕자도 무척 기뻐했습니다. 그때부터 왕자는 해마다 장인에게 편지와 선물을 보냈습니다.

그러는 동안 세월이 흘러 사부르 왕이 세상을 떠나자 왕위를 물려받은 왕자는 아주 정당하고 떳떳하게 정사를 펼치고 어진 마음으로 백성들을 다스렸습니다. 그리하여 국내는 새 왕의 위풍에 모두 복종하고, 백성은 저마다 자기가 할 일을 열심히 하며 충성을 다했습니다.

이리하여 카마르 알 아크마르 왕과 샤무스 알 나하르 왕비는 모든 기쁨을 파괴하고 모든 인연을 끊어버리는 자, 왕궁을 약탈하여 무덤을 찾고, 무덤을 더욱 늘리는 자가 찾아올 때까지, 세상의 모든 만족과 즐거움을 함께 누렸습니다. 영원히 멸망하지 않는 유일한 신, 현세와 내세를 다스리시는 생명 있는 신께 영광을!

또 다음과 같은 이야기도 있습니다.

〈주〉

＊1 이 이야기(갈랑이 번역한 이야기의 하나)는 브레슬라우판 속에서 가장 훌륭하고 가장 완전한 것이다.

＊2 유럽은 이 추분제, 즉 태양제인 미르간(Mihrgan, 봄의 신년(Nau-Roz))을 미카엘제(祭)와 그 거위 죽이기로 타락시켜 버렸다. 〔미카엘제(Michaelmas)는 9월 29일에 해당하며 이른바 미카엘마스 구스를 먹는다.〕

　미카엘이라는 이름이 붙은 것은 미르(Mihr), 즉 7월의 16일에 시작되어 엿새 동안 계속되었기 때문인데, 그동안 성대한 축제를 열어 태양을 우러르며 즐거운 의식을 거행한다.

＊3 힌디(Hindi)는 인도인 이슬람교도로 힌두(Hindu)와 대비되는 말이다. 후자는 젠투(Gentoo)라고 하며, 이교도를 말한다. 〔상고(上古)인도에는 브라만교에 이어서 불교가 일어나 양자가 서로 대립했지만, 그 뒤 불교는 쇠퇴하고 브라만교도 신 브라만교, 즉 힌두교에 자리를 내주었다. 이슬람교로서는 힌두교도 이단이다.〕

＊4 사부르(Sabur)는 원래 페르시아어로, 샤 푸르(Shah-pur)＝'왕자'이다. 그리스인은(sh음을 가지지 않으므로) 사보우르($\Sigma\alpha\beta\omega\rho$)라 하고 로마인은 사포르(Sapor), 아랍인은(p

음이 없으므로) Sabur로 바꿨다.

* 5 마법 말은, 탈것으로 이용하기 위해 한 젊은이가 만든 목제 가루다(Garuda, 비슈누 신의 새)에 관한 힌두교적인 이야기에서 나온 건지도 모른다. 무어인과 함께 스페인으로 건너가 13세기의 프랑스 시 〈목마(Le Cheval de Fust)〉 속에도 나타나 있다. 그다음 영국에 전래하였으나, 이것은 이를테면 초서의 《대담무쌍한 캠부스캔(칭기즈칸?)에 대한 불완전한 이야기 *Halftold tale of Cambuscan bold*》를 보아도 명백하다. 이 이야기에는 다음과 같은 시가 있다.

> 신비스러운 놋쇠 말,
> 이 말을 탄 자는 타타르 왕.
> The wondrous steed of brass.
> On which the Tartar King did ride.

또 렐란드(Leland)(《여행기 *Itinerary*》)는 러틀랜드셔(Rutlandshire)〔잉글랜드의 한 주〕의 어원으로, '마술로 만든 목마를 타고 그 주위를 돈 러터(Rutter)라는 남자'에서 나왔다고 한다.〔렐란드는 존 렐란드라고 하며, 영국의 고고학자. 앞의 책은 그의 대표작. 1506~52년.〕

레인은(제2권) 클레오메이즈와 클레어몬드(Cleomades and Claremond)에 대한 아주 비슷한 이야기를 인용하고 있는데, 그것은 케이틀리(Keightley) 씨(《이야기와 골짜기의 가공이야기 *Tales and Popular Fictions*》 제2장)에 의하면, 13세기에 있었던 이야기이다.〔케이틀리는 토머스 케이틀리로, 더블린 출신의 저술가. 《신화집》은 오늘날까지 높이 평가되고 있다. 1789~1872년.〕

* 6 모든 이슬람교도는, 말리크파 이슬람교도는 제외하고, 어떠한 자라도 생물을 표현하는 상을 만든 자는 심판의 날에 그 상에 생명을 불어넣을 것을 명령받는다. 그렇게 하지 못하면 당연히 업화의 지옥에 빠진다. 이 가혹한 처벌은 명백하게 우상숭배를 타파할 필요에서 나온 것으로, 아마 그 같은 이유에서 그리스교회는 그림은 인정하지만, 조상은 인정하지 않는 것이리라. 물론 이 규정은 위배투성이어서, 이를테면 이스탄불의 모든 왕후는 자신들의 초상화를 그리게 했다.〔말리크파(Maliki school)에 대해 한마디 하면, 이슬람교는 정통 수나파와 시아파로 크게 나뉘며, 정통 수나파는 다시 하나피, 샤피, 말리크, 한발리 4대 파로 나뉜다. 그리고, 이 명칭은 각각의 교의를 채용한 이맘(도사)의 이름에서 따온 것이다.〕

* 7 〔본문의 브린졸(brinjall) 또는 egg-plant. 참고로 브린졸은 영인어(英印語)로 '가지'라는 뜻.〕 아랍어의 바딘잔(Badinjan), 힌두스탄어의 벤간(Bengan), 페르시아어의 바딘간(Badingan) 또는 바딜잔(Badiljan)이다. 남유럽에서 유명한, 로마인(Mala insana)

〔나쁜 미치광이〕(*Solanum pomiferum* 또는 *S. melongena*)을 가리킨다.

여기에는 두 종류가 있는데, 붉은 것을 *Solanum lycopersicum*, 검은 것을 *S. Melongena*라고 한다. 스페인인은 베렝헤리아(berengeria)〔보통은 베렌헤나(berenjena)라고 하지만〕라는 이름으로 알고 있고, 산초 판자(《돈키호테》 속 인물)의 '무어인은 가지를 좋아한다'는 말에는 겉보기 이상의 의미가 들어 있다. 그런데 가지는 몸을 굉장히 뜨겁게 해 주는 것이어서 우울증이나 정신착란을 일으키게 하는 것으로 알려졌다. 그래서 뭔가 엉뚱한 짓을 저지른 사람에게 '너 가지 먹었지?'라고 말하는 것이다.

＊8 가죽 자루 수프라(Sufrah)는 앞에도 설명했지만, 양식자루도 되고 식탁보도 된다.

＊9 더운 계절에는 동양여성은 셔츠를 한 장 걸치고 나체로 잔다. 여기서는 머리카락이 셔츠를 대신한 셈이다. 그리스인도 로마인도 옷을 벗고 잤고, 중세기의 영국에서는 아무리 정숙한 여자라도 알몸의 남편 옆에 알몸으로 자는 것을 천박하게 여기지 않았다. '나이트캡'이나 '나이트가운'은 비교적 근세의 발명품이다.

＊10 다신교는 아랍어의 시르크(Shirk)로, 신을 하나 이상 숭배하는 것. 매우 적절하게 사용된 신학용어. 〔본문에서는 syntheism of love라고 되어 있으므로 직역했다.〕

＊11 브레슬라우판에는 늘 그렇듯이 생략되어 있다. 왕자는 왕궁의 지붕 위에 내리고서 그곳에 말을 두고 안으로 들어가 보지만, 아무도 없어서 다시 지붕 위로 돌아온다. 그때 뜻밖에 시녀들을 거느린 아름다운 여인이 다가오는 것을 본 왕자는 다음과 같은 시를 떠올린다.

어두운 밤
별안간 처녀는 찾아왔네,
지평선 저 너머 밤을 비추는
둥근 달님만 같아라.
화사한 그 모습, 이 세상에
어디에도 비할 자 없고,
겉모습의 상냥함도,
아름다운 속 마음씨도,
"한 방울의 정액으로
처녀를 만든 아버지를 찬양하라!"
나는 소리치네, 그 여인의
아름다운 모습에 눈길 빼앗긴 채.
나는 인간과 새벽의
신 앞에 비호를 구하며
처녀를 지키리라, 사람들의 눈으로부터.

이렇게 두 사람 인연을 맺으니

그 인연 따라 몸을 맡기리.

＊12 왕후(Chosroë)는 아랍어의 아카시라(Akasirah)로, 키스라(Kisra)의 복수형. 앞에서도
설명했다('어부와 마신 이야기' 주석 52).

＊13 노예에게 있어서 가장 중요한 야심은 자유가 아니라 자기 자신의 노예를 소유하는 것
이다. 이것은 역사상 백인 노예병사(Mameluke Beys)로 알려졌고, 이집트인에게는 구
즈(Ghuzz)로 알려진 노예의 지배자들에 의해 제도화되었다. 각각의 지배자가 노예소
년과 종자의 일가족을 가지며, 이들이 또한 주인의 후임으로서 기사, 또는 귀족이 되
고자 했다.

＊14 사나(Sana'a)는 알 야만, 즉 진정으로 행복한 아라비아(Arabia) 펠릭스(Felix). 다시
말해 터키 군대와 아랍인 산적의 형태로 악마가 살고 있었던 천국의 유명한 수도. 이
슬람교도 저술가에 의하면, 사나의 창건자는 노아의 아들 셈(Shem)으로, 아버지가
죽고 나서 일족을 이끌고 남쪽을 유랑하다가, 이곳이 쾌적한 곳임을 알고 우물을 파
고 감단(Ghamdan)이라는 성채를 쌓았다. 그 뒤 메카의 카바〔본전〕와 경쟁하는(또는
경쟁하려 한) 정사각형의 집(*Maison Carrée*)이 그 안에 건설되었다.

건설한 것은 수가빌(Surahbil)로, 그는 M.C. 드 페르스발에 의하면, 그 사면을 빨
간색, 흰색, 황금색, 녹색으로 채색했다. 그 중앙의 네모난 뜰에는 높이 각각 40큐피
트가 되는 7개의 계층(유성)이 있는데, 가장 아래층은 한 장의 두꺼운 판자로 천장을
만든 대리석 홀이 있었다. 네 구석에는 속이 비어 있는 사자 상이 서 있으며, 그 입
에서 바람이 나와 요란한 소리를 냈다. 이 왕궁 같은 성채사원은 오마르 교주의 명령
에 의해 파괴되었다.

이 시의 옛 이름은 아잘(Azal) 또는 우잘(Uzal)이라고 하며, 어떤 사람들은 요크탄
(Joktan)의 13명의 아들 가운데 한 사람으로 여기고 있다(창세기 제11장 27절). 〔제
11장이라고 한 것은 제10장의 잘못으로, 거기에는 요크탄의 아들들의 이름이 나와 있
는데 우잘의 이름도 들어 있다.〕 그들의 말에 의하면, 현재의 사나의 이름은 에티오
피아의 정복자들한테서 나왔다고 하며, 그 정복자들은 이 도시를 처음 봤을 때 '하자
사나(Haza Sana'ah)！(그들의 언어에서는 '이것은 넓다'는 뜻)'라고 외쳤다. 나는 이
말이 스와힐리어(잔지바르어)이며, '얌보 사나(Yambo *sana*)'는 '상황은 좋은가?'라는
뜻임을 덧붙여도 무방하리라고 생각한다.

어쨌든 사나는 유대교화한 타바비아(Tababi'ah), 즉 토바 왕조의 수도였고, 또 네
구슈(Negush, 왕)를 모신 아비시니아인은 이것을 그리스도교화했으며, 한편 아누시
르완(Anushirwan)이 이끄는 페르시아인은 이것을 배화교로 개종시켰다. 지금은 간단
하게 이 도시를 방문할 수 있지만 그다지 의미는 없다. 그만큼 그 부근의 관광여행은

위험하다. 게다가 터키 주둔병은 아랍인을 동정하는 외국인을 죽이고, 또 아랍인은 가증스러운 정복자(터키인)를 편드는 자를 죽이는 형편이었다. 예루살렘의 샤피라(Shapira) 씨는 그 옛날, 이 도시를 방문한 적이 있고, 유대인이 이러한 여행에서는 유리하다고 공언했다. 그러나 그의 친구들은 그 말을 믿지 않았다.

*15 〔방은 본문에는 alcove-chamber이라 되어 있으므로.〕 영어의 아르코브는 스페인어와 포르투갈어를 통해 아랍어의 알 쿠바(Al-kubbah, 둥근 지붕 또는 반구형 건물)가 본디 뜻과 달리 전해져 그릇되게 굳어진 것이다. 〔참고로 스페인어로는 알코바(alcoba)라고 하며 침실이라는 뜻으로 사용된다.〕

*16 동양인은 원칙적으로 머리나 몸을 셔츠로 가리거나 겨울에는 담요를 덮고 잔다. 이 관행은 열려 있는 땀구멍으로 바람이 들어오는 것을 막는 것으로 분명히 위생적이다. 그러나 유럽인은 그것을 도입하기가 쉽지 않다. 금방이라도 숨이 막힐 것처럼 느끼기 때문이다. 동양이나, 일반적으로 야만인이나 원시인들의 또 다른 뛰어난 습관으로는 어린이들에게 입을 다물고 자도록 가르치는 것이다. 어른이 되고 나서도 그들은 결코 코를 골지 않으며, 그래서 풍토병이 많은 토지에서도 아우트램(Outram)의 '열병막이', 즉 모슬린 붕대로 만든 입가리개를 필요로 하지 않는다. 〔제임스 아우트램 경은 영국의 군인. 생애 대부분을 인도에서 보냈다. 1803~63년.〕

*17 쓴 표주박(bitter-gourd)은 아랍어의 한잘(Hanzal)＝호리병박(coloquintida)〔colocynth 와 같다)을 말하며, 아랍인이 시와 산문에서 종종 언급하는 것이다. 모래점토의 황갈색 사막을 여행하다 보면, 밝은 색깔의 작은 호리병박이 그 금빛 섬광에 의해 모든 사람의 눈길을 끈다. 아랍인이 좋아하는 하제(下劑, 말에도 효력이 있다)는 호리병박에 시큼한 우유를 가득 넣어서 만들며, 하룻밤 잘 재워둔 뒤 마신다. 황금 해안의 파두(巴豆, croton-nut)와 마찬가지로 효력이 있다. 〔버턴 저 《순례》 제2권에도 호리병박에 대한 기술과 주가 있으며, 사막의 표주박은 받침대가 없어서 땅바닥에 무성하게 뻗어나 있다고 한다. 물론 과육이나 종자는 도려내고 이용한다.〕

*18 아랍어의 '야 키스라위(Ya kisrawi)!'＝(키스라 또는 코스로에(chosroë)의 백성). 〔모두 국왕이라는 뜻.〕 또한 파르스(Fars)는 페르시아(Persia)라는 말의 어원이다. 현대 페르시아인의 터무니없는 거짓말을 비꼬는 참으로 적절한 평가이다. 그들의 조상은 진실을 말하는 사람으로 매우 유명했지만…… "나는 페르시아인이지만 거짓말은 하지 않습니다"라는 문구는 모든 여행가가 자주 듣는 말이다.

*19 하르야(Harjah)로 되어 있지만, 이러한 인명은 존재하지 않는다. 아마도 Har-jáh(어딘가의 사람)를 잘못 쓴 것이리라.

*20 숨결은 아랍어의 나파하트(Nafahat)로, 호흡, 은혜라는 뜻. 호흡에 의해 질병을 고친다는 사고는 동양 전체를 통해 일반적이고, 서구의 최면술사도 모르지 않는다. 구세주(그리스도)의 기적적인 치료는 이슬람교도에 의하면 대부분 숨결에 의해 일어났다.

운스 알 우유드와 대신의 딸 알 와르드 필 아크맘^{*1}

아득한 옛날 크고 넓은 영토를 가지고 나는 새도 떨어뜨린다는 권세를 사랑하던 왕이 있었습니다. 이 왕에게는 이브라힘이라는 대신이 있었는데, 그는 슬하에 딸을 하나 두고 있었습니다.

그 딸은 참으로 기품 있는 미인으로, 비할 데 없이 아름답고 정숙한 용모를 타고난 데다 재기발랄하고 흠 잡을 데 하나 없는 교양을 갖추고 있었습니다. 그런데 처녀이면서도 향연을 좋아하여 술을 즐기고, 아름다운 용모와 시, 신기한 이야기를 사랑했습니다. 그녀가 타고난 뛰어난 성품과 소질은 모든 사람의 마음을 사로잡을 만하여 시인도 이런 처녀를 찬양하며 이렇게 노래하고 있습니다.

칠흑보다 검은
머리카락 늘어뜨리고,
별 하늘에 달처럼
처녀의 모습 빛난다.
맑은 이슬 머금은
가느다란 나뭇가지
하늘거리는 아침 산들바람처럼
좌우로 일렁이듯
내 옆을 지나가며
방긋 미소를 던진다.
노랑 아니면
새빨간 옷에
세상에 다시없는 미인이여,
그대 사모하는 마음에

나의 분별심, 어린아이 손 안의 참새인 양
　　희롱당한다.

　처녀는 앳된 귀여움과 싱그럽게 빛나는 사랑스러움으로 인해 '장미 꽃봉오리'라고 불렸습니다. 왕은 술에 취할 때면 처녀의 재주와 기량, 정숙한 자태를 바라보며 무척이나 총애했습니다.

　이 왕은 해마다 영내의 귀공자들을 불러모아 공놀이를 시키고 있었습니다. 그래서 그날이 오면 멀고 가까운 곳에서 사람들이 공놀이하러 모여들었습니다.

　대신의 딸은 창가에 기대앉아 공놀이를 구경하고 있었습니다. 그런데 공놀이가 한창인 때 공주의 눈에 띈 한 젊은이가 있었습니다. 비할 데 없이 아름다운 용모에 기품 있는 모습을 한 젊은이였습니다. 얼굴이 빼어나게 아름답고 키가 크며 널찍한 어깨에 웃을 때마다 하얀 이가 드러나곤 하였습니다. 처녀는 젊은이를 몇 번이나 유심히 바라보다가 유모에게 물었습니다.

　"군사들 속에 있는 저 아름다운 젊은이는 누구야?"

　"아씨, 모두 아름다운 분들인데 어느 분 말씀이세요?"

　"잠깐 기다려봐, 곧 이 앞을 지나갈 거니까 그때 가리켜줄게."

　그러다가 처녀는 사과 하나를 집어 들어 말을 타고 지나가는 그 젊은이에게 던졌습니다. 젊은이는 누가 장난하나 싶어 쳐다보았는데, 어두운 밤에 밝게 빛나는 보름달 같은 대신의 딸이 창가에 기대앉아 있는 것이 눈에 띄었습니다. 젊은이는 넋을 잃고 바라보다 마침내 몸도 마음도 완전히 처녀에게 빼앗겨 이런 시를 읊었습니다.

　　활이었던가
　　눈동자였던가,
　　그대를 바라보며
　　사랑에 빠진
　　내 가슴을 쏜 것은?
　　오늬를 먹인 화살*2
　　불의에 쏜 것은

적의 무리이냐,
아니면 격자창이냐?

공놀이가 끝나고 사람들이 모두 돌아가자 공주는 유모에게 물었습니다.
"아까 내가 가리켰던 그분 이름이 뭐지?"
"운스 알 우유드라는 분이에요."
이 말을 들은 장미공주는 고개를 끄덕이고 침대에 누웠는데, 가슴에는 이미 사랑의 불길이 타고 있었습니다. 이윽고 깊은 한숨을 내쉬고는 이런 시를 읊었습니다.

그대 진정 은혜의 빛 담뿍 받고
세상의 사랑 가졌으니
'세상의 기쁨'이라 부를 만하구나.[*3]
오, 임이여, 보름달 같은 얼굴이여,
이 세상과 사람들을
그 아름다운 얼굴로 밝게 비추는
그리운 이여!
그대에게 비길 미남은
어디에도 없구나.
미의 왕자여,
진정 내 그를 증명하리.
그대 눈썹은 모양 좋은
눈[*4] 자(字)와 똑같고
그대의 눈은 신의 손으로 그린
사드[*5] 자를 닮았구나.
가늘게 휘늘어진
우아한 푸른 가지의 몸매
원하는 모든 자에게
기뻐하며 몸을 맡기노니,
그대는 세상에 다시없는 기사,

아름다움과 은혜, 기쁨을
고루 갖춘 용사로다.

　노래를 마친 공주는 종이를 한 장 꺼내어 이 시를 적은 다음 황금으로 수 놓은 비단에 싸서 베개 밑에 넣었습니다. 그런데 그것을 엿보고 있던 유모 하나가 공주에게 다가가서 이 얘기 저 얘기 하다가 공주가 잠이 들자 베개 밑에서 그 종이를 꺼냈습니다. 그것을 읽어본 유모는 공주가 운스 알 우유드를 사랑하고 있음을 알았습니다. 유모는 그 쪽지를 다시 베개 밑에 넣어 두고 공주가 깨어나자 말했습니다.

　"공주님, 전 충실한 의논 상대로서 진심으로 당신을 염려하고 있어요. 사랑이란 폭군과도 같아서 그냥 가슴속에 감추어 두면 나중에는 쇠라도 녹일 만한 불꽃이 되어 병과 시름이 생기는 법이지요. 그러기에 사랑을 고백하는 건 조금도 나쁜 일이 아니랍니다."

　"그렇다면 유모, 이 타오르는 듯한 사랑을 치유해 줄 약이 없을까?"

　"사랑을 치유해 주는 약이라면 사랑의 즐거움을 누리는 것이랍니다."

　"어떻게 하면 사랑의 즐거움을 누릴 수 있지?"

　"공주님, 편지나 전갈을 이용하는 거예요, 뭐. 사람들이 볼 때는 남몰래 찬미하는 말을 속삭이거나 인사를 나누거나*⁶ 하는 거지요. 그러다 보면 어려운 일도 쉽게 이루어져서 연인끼리 맺어진답니다. 공주님, 그러니 혼자 속 태울 일이 있으시거든 말씀하세요. 전 결코 비밀을 남에게 말하는 계집은 아니니까요. 공주님의 편지를 상대방에게 전해 주고 소원을 이루도록 해 드리겠어요."

　공주는 이 말을 듣고 매우 기뻐서 춤이라도 추고 싶은 심정이었습니다. 하지만 신중을 기하기 위하여 설레는 가슴을 억누르고 마음속으로 생각했습니다.

　'아직 내 마음을 아는 사람은 없을 거야. 그리고 이 유모도 시험해 보기 전에는 비밀을 털어놓을 수 없지.'

　그때 유모가 다시 말했습니다.

　"공주님, 제 꿈에 어떤 분이 찾아와서 이렇게 말하는 걸 들었어요. '네가 모시는 분과 운스 알 우유드는 서로 그리워하고 있다. 그러니 두 사람의 편지를 전해 주어 소원을 이루도록 해 주어라. 그러나 비밀은 지켜야 한다. 그러면 너에게도 좋은 일이 있을 것이다.' 이게 제가 꾼 꿈인데 그 뒷일은 그저 공주님의 판단에 달렸어요."

유모의 꿈 이야기를 들은 장미공주가 말했습니다.

─여기서 날이 밝았으므로 샤라자드는 이야기를 그쳤다.

372번째 밤

샤라자드는 이야기를 계속했다.

오, 인자하신 임금님, 장미공주는 유모의 꿈 이야기를 듣고 유모에게 물었습니다.

"유모, 정말 비밀을 지켜주겠어?"

"어머나, 공주님, 어찌 제가 비밀을 지키지 않겠어요. 이래 봬도 저는 자유로운 신분의 여자 중에서 선발된 몸인걸요."

그제야 공주는 시를 적은 종이쪽지를 꺼내며 말했습니다.

"이 편지를 운스 알 우유드 님께 전하고 답장을 받아다 줘."

유모는 편지를 받아들고 운스 알 우유드에게 가서 그의 두 손에 입맞추고 공손하게 인사한 다음 편지를 내주었습니다.

편지를 읽고 난 운스는 내용을 이해하자, 그 뒤쪽에 이런 시를 적었습니다.

마음을 달래어
내 사랑 지우려 해도
내 마음 저절로 나타나
감출 수 없는 이 몸이로다.
줄곧 눈물이 흘러
눈병이라고 속인 것은
비방하는 자들 눈치채어
뜬소문 날까 두려워서라네.

운스 알 우유드와 대신의 딸 알 와르드 필 아크맘 1991

전에는 마음 한가로워
사랑도 모르는 몸이었건만
사랑의 포로가 된 지금
아아, 미칠 것 같은 이 마음.
가슴속 털어놓고
이 괴로움과 기쁨을
그대에게 호소하는 것은
오직 그대의 정을 바라기 때문.
떨어지는 눈물방울로
내가 적어 보내는 편지는
괴로운 사랑의 탄식과 번뇌를
그대 가슴에 전하려는 것.
아름답게 베일로 가린
그 얼굴 신도 지키시어
달도 별도 종이 되니
그대를 섬기네.
그대처럼 아름다운 이를
여자 가운데 나는 보지 못했노라.
그대 몸짓에 가냘픈 가지조차
나긋나긋 흔들리네.
그토록 시름에 잠길 일 아니면
찾아오시라
그대 찾아오시면
나에게는 비할 데 없는 은총,
내가 바치는 영혼을
그대는 받아주시게.
맺어지면 천국이요
맺어지지 못하면 지옥이라네.

운스는 편지를 접어서 입을 맞춘 다음, 심부름 온 유모에게 내주며 부탁했습니다.

"부디 그분의 마음이 나에게서 떠나지 않도록 애써주오."

"네, 알았어요."

유모는 그 편지를 공주에게 가져다주었습니다. 공주는 먼저 편지에 입을 맞추고 한 번 경건하게 머리 위에 받들었다가 열어서 읽어보았습니다. 그리고 젊은이의 마음을 알자 종이 아래의 여백에 다음과 같은 시를 적었습니다.

> 나의 아름다움에 마음 빼앗긴
> 그리운 그대여, 참으시라!
> 참으시면 언젠가는 모든 것을 이루리.
> 그대 사랑 진정임을 알았으니
> 이 고민 이 괴로움
> 그대와 함께함을 알았으니
> 청하시는 대로 기꺼이
> 찾아가고 싶건만
> 시중드는 이들 이를 방해하네.
> 저녁 어둠 닥쳐오면
> 마음은 더욱 타오르고
> 애욕의 불길 내 몸을
> 태우니 견딜 수 없구나.
> 아, 이렇듯 잠도 달아나고
> 뜨거운 욕정으로 몸 쑤시는 괴로움에
> 이토록 시달리어 말라가네.
> 사랑을 설명한 성전(聖典)에
> "사랑은 숨기라!"고 가장 먼저
> 가르치는 말도 있으니,
> 베일을 들어 내 가슴
> 보여주지 못하는 슬픔이여.
> 아, 내 가슴은 젊은 영양의
> 사랑으로 가득 찼네.

운스 알 우유드와 대신의 딸 알 와르드 필 아크맘 1993

영양이여, 행여
내가 사는 곳에서 떠나지 말라!

장미공주가 이 편시를 접어 유모에게 주자, 유모는 다시 운스의 집으로 가기 위해 방을 나섰습니다. 그런데 현관을 나가려는 순간 한 시종과 딱 마주치고 말았습니다.

"어딜 가는 거냐?"

시종이 묻자 시녀가 대답했습니다.

"목욕탕에요."

그러나 너무 당황하여 허둥대다가 그만 편지를 떨어뜨리고 그대로 가버렸습니다. 잠시 뒤 환관 한 사람이 떨어져 있는 편지를 주웠습니다. 유모는 현관에서 나온 뒤에야 비로소 편지가 없어진 것을 깨닫고 여기저기 편지를 찾아보았으나 찾을 수가 없었습니다. 그래서 곧 공주에게 돌아가서 자초지종을 얘기했습니다.

그 무렵 대신은 후궁에서 나와 자기방 침대에 누워 있었는데, 편지를 주운 그 환관이 들어와서 아뢰었습니다.

"나리, 마루 위에 이런 종이쪽지가 떨어져 있기에 주워 왔습니다."

대신은 종이쪽지를 받아 안에 적혀 있는 시를 읽어 보았습니다. 그리고 그 뜻을 이해하고 필적을 살펴보니 틀림없이 자기 딸의 필적이었습니다.

대신은 수염이 젖도록 눈물을 흘리면서 아내의 방으로 들어갔습니다.

"여보, 왜 그렇게 우시는 거예요?"

아내가 묻자 남편이 대답했습니다.

"이 편지를 좀 보구려."

아내가 그것을 받아 읽어보니 딸 장미공주가 운스 알 우유드에게 보내는 사랑의 편지였습니다. 그것을 알자 갑자기 이마가 뜨거워졌지만, 아내는 간신히 마음을 가라앉히고는 눈물을 삼키면서 남편에게 말했습니다.

"여보, 운다고 무슨 소용이 있겠어요. 이렇게 된 이상 딸의 애기가 세상에 드러나지 않도록 하고 당신의 체면을 유지하려면 무슨 수를 써야 하지 않겠어요?"

아내는 남편의 마음을 위로하고 근심을 덜어 주려고 애썼습니다.

"내가 딸아이를 걱정하는 건 이것이 그 아이의 첫사랑이기 때문이오. 당신도 알다시피 운스 알 우유드에 대한 국왕의 총애가 이만저만이 아니니, 나에게는 이중으로 걱정거리란 말이야. 첫째는 나 자신에 관한 문제로서, 그 아이가 내 딸이라는 점이고, 다음은 임금님에 관한 문제인데 운스 알 우유드는 임금님의 총애를 받는 신하이니 어쩌면 이 일로 해서 곤란한 일이 발생할지도 모른단 말이오. 대체 이 일을 어찌하면 좋을까?"

―여기서 날이 새기 시작했으므로 샤라자드는 이야기를 그쳤다.

373번째 밤

샤라자드는 이야기를 계속했다.

오, 인자하신 임금님, 대신은 딸에 대한 일을 자세히 얘기하고서 아내에게 물었습니다.

"당신은 어떻게 했으면 좋겠소?"

그러자 아내는 대답했습니다.

"잠깐 기다려 보세요. 기도를 드려서 알라께 여쭈어 볼 테니까요."

아내는 예언자의 법도*⁷에 따라 신의 지시를 얻기 위해 두 번 절하고 기도를 올렸습니다. 기도가 끝나자 아내는 남편에게 말했습니다.

"보물의 바다*⁸ 한가운데에 '자식을 잃은 어머니의 산'이라 불리는 산이 솟아 있어요(이 이름의 연유는 나중에 말씀드릴게요, 인샬라!). 그 산에 오르는 건 보통 어려운 일이 아니에요. 그러니 그곳에 딸아이의 은신처를 만들어주세요."

이렇게 하여 대신 부부는 그 산에 성을 쌓고 딸을 옮겨 살게 하여 해마다 필요한 만큼 식량을 보내주고, 딸의 시중을 들면서 옆에서 위로해 줄 수 있는 하인을 함께 보내주기로 했습니다. 그리하여 곧 목수와 석수, 건축가들을 보내 지금까지 누구도 본 적이 없는 아름답고 견고한 성을 쌓게 했습니다. 대신은 여행에 필요한 식량과 가마를 준비하도록 명령하고, 밤이 되자 공주의 방을 찾아가 유람을 떠날 테니 준비하라고 일렀습니다.

이 말을 듣고 연인과의 슬픈 이별이 닥쳐왔음을 직감한 장미공주는 밖으로 나가 여행준비가 다 되어 있는 것을 보고 그 자리에 울며 쓰러지고 말았습니다. 그리고 자기에게 닥친 일, 마음에 스며드는 슬픔과 온갖 애절한 생각을 행여나 그리운 이에게 전할 길이 되지 않을까 하고 문 위에 무언가 적었습니다.

그 글귀는 보는 사람을 전율시켜 머리카락이 곤두서게 하고 아무리 단단한 돌도 근심하는 마음으로 녹이며, 모든 사람의 눈물을 자아내는 애절한 내용이었습니다.

그 글귀란 다음과 같은 시였습니다.

오, 그대, 내 집이여,
만약 아침에 내 연인
지나가거든, 모든 연인이
하는 것처럼 인사하라.
깨끗하고 향기롭게
인사를 보내라, 그이에게.
진정 그이는
오늘 밤 우리가 누울 곳
어디인지 모르나니.
나도 몰랐노라, 사람들은
어느 고장으로 길 떠나는지,
차림새도 가볍게 서둘러서
그대 곁을 떠나갈 줄은.
한밤중에 새들은
편안하게 나뭇가지에 앉아
내 슬픔을 슬퍼하고
불행한 운명을 알릴 뿐.
사람 아닌 새마저
이토록 탄식하니 들어 보시라.
"아, 가련하구나, 사랑하는 연인이

이토록 괴로운 이별의 고통을
참고 견뎌야만 하다니."
넘칠 듯이 채워진
이별의 잔 보았을 때
운명의 신은 급히 와서
오로지 슬픔의 술잔만을
내 입가에 갖다 대누나.
나는 인종의 물을
알맞게 타서 희석했건만
그대 없는 지금은 아무리 참아도
위안 없는 이 몸이로다.

　노래를 적고 난 공주는 말에 올라탔습니다. 그들은 숲과 사막을 가로지르고 시원한 골짜기를 건너 높은 산을 넘어, 마침내 '보물의 바다' 해변에 이르렀습니다. 그곳에서 그들은 천막을 치고 커다란 배를 만들고서 공주와 시녀들과 함께 타고 그 산을 향해 저어 갔습니다. 대신은 이미, 목적지에 도착하면 공주를 성에 가둔 뒤 다시 바닷가로 돌아와 배를 부숴버리라고 명령해 두었습니다. 그래서 그들은 대신의 명령대로 한 다음 공주의 운명을 슬퍼하며 눈물을 머금고 고국으로 돌아왔습니다.
　한편 운스 알 우유드는 아침에 눈을 뜨자 새벽 기도를 드린 뒤 입궐하기 위해 말을 타고 집을 나섰습니다. 도중에 대신의 저택 옆을 지났을 때, 여느 때처럼 대신의 집 하인들의 모습을 볼 수 있지 않을까 생각했지만, 어디에도 그 모습은 없었습니다. 그런데 무심코 대문을 바라보니 조금 전에 말씀드린 그 글귀가 적혀 있는 것이 보이지 않겠습니까? 그것을 읽은 젊은이는 너무도 뜻밖의 일이라 멍하니 정신을 잃어 가슴속 그리운 정의 불길이 확 치솟았습니다. 그대로 집으로 되돌아온 그는 온종일 걱정과 미칠 것 같은 슬픔에 잠겨 견딜 수 없는 심정으로 하루를 보내고, 이윽고 어둠이 다가오자 애절한 연모와 고뇌는 더욱더 깊어질 뿐이었습니다. 마침내 운스는 신분을 감추기 위해 탁발승*9으로 변장하여 누더기 옷을 걸치고서 어둠을 틈타 무작정 미친 듯이 집을 나섰습니다.

그리하여 그는 그날 밤도 그 이튿날도 정처 없이 걷는 동안, 내리쬐는 햇볕으로 더위는 갈수록 심해지고 산들은 불꽃처럼 타올라 견딜 수 없이 목이 말랐습니다.

이윽고 나무 한 그루와 그 옆으로 졸졸 흐르는 시내가 눈에 띄자 그는 급히 냇가로 내려가서 나무 그늘에 앉아 물을 마셨지만, 너무나 목이 타서 물맛도 느낄 수가 없었습니다. 그의 얼굴은 누렇게 뜨고 여행에 지친 발은 부어 있었습니다.

그는 눈물을 흘리면서 이런 시를 읊었습니다.

사랑하는 자는 사랑에 취하고
깊어만 가는 간절한 그리움에
그 기쁨도 더욱 커지네.
사랑에 몸은 타오르고 마음 어지러워
그저 어쩔 줄 몰라 하노라.
집마저 버리고 입맛은 없어
사랑을 알다가 헤어졌으니
어찌 이 세상이 즐거울쏘냐.
그러고도 즐거움이 있다면
그것은 진정 놀라운 일
애타는 불길에 이 몸은 타고
눈물은 폭포 되어 뺨을 적시누나.
내 가슴 달래줄 이는 그 여인인가,
아니면 다른 누구인가,
저 벌판의 야영지에서
누가 나를 찾아주리?

노래를 마치고 너무나 심하게 울었으므로 운스 알 우유드가 흘리는 눈물이 메말라 굳은 땅을 적실 정도였습니다. 그러나 그가 다시 몸을 일으켜 끝없는 사막을 가로질러가는데 난데없이 사자 한 마리가 튀어나왔습니다. 사자는 수북한 갈기에 목을 파묻고, 머리는 둥근 지붕처럼 크며, 대문짝만 한 입에 코끼리의 엄니 같은 이빨을 드러내고 으르렁거렸습니다.

　젊은이는 그 모습을 보고 이제 마지막이라 생각하고 성지의 성묘(聖廟) *10 쪽을 향해 신앙을 고백하고서 죽을 각오를 하였습니다.

　그렇지만 젊은이는 전에 책에서 읽은 것처럼 사자는 아첨으로 속일 수 있고*11 상냥하게 말을 걸면 잘 넘어가며, 칭찬해 주면 양순해진다는 것을 알고 있었습니다.

　그래서 그는 이렇게 말을 건넸습니다.

　"오, 숲 속의 사자여! 황야의 왕자여! 무서운 사자 대왕이여! ⑴ 오, 맹수들의 아버지여! 백수의 왕이여! 나는 정열과 이별의 슬픔에 애태우는 사랑의 노예라오. 사랑하는 처녀와 이별하여 분별심을 잃고 말았소. 부디 내 말에 귀를 기울여 이 사랑과 희망과 공포에 자비를 베풀어주오."

　사자는 이 말을 듣고 젊은이 앞에서 물러나 뒷다리로 주저앉더니 젊은이 쪽으로 고개를 들고 어리광부리듯 꼬리를 흔들며 앞다리를 움직였습니다. 운스 알 우유드는 그것을 보고 이런 시를 읊었습니다.

　　황야의 사자여, 기다려 달라
　　나를 노예로 만들어 버린
　　그리운 처녀를 만나기 전에
　　그대는 나를 죽이려는가?
　　나는 그대의 먹이가 아니고
　　하물며 살도 찌지 않았으니,
　　연인과 헤어져
　　사랑을 잃고 병들고 야위어
　　송장이나 다를 바 없으니
　　이 몸을 먹어서 무엇 하랴.
　　서로 사랑하는 사이 떼어 놓아
　　이토록 야위고 마른 데다
　　수의에 싸인 주검 같은
　　이 몸이 그대의 먹이 되랴.
　　사냥감의 아버지*12여, 싸움의 왕이여,

나의 괴로움을 남들의
웃음거리로 만들지 말라.
애절한 그리움에 몸을 태우며,
눈물이 샘에 빠져 탄식하는 이 몸은
이별 때문에 이리도
비참한 불행에 빠졌을 뿐!
어두운 밤에 그녀 생각하면,
가슴은 어지럽고
내 이승도 기억 못 하노라.

운스가 이 시를 다 읊자, 사자는 일어나…….

—여기서 날이 새기 시작하였으므로 샤라자드는 이야기를 그쳤다.

374번째 밤

샤라자드는 이야기를 계속했다.

오, 인자하신 임금님, 운스가 시를 읊고 나자 사자는 일어나서 두 눈에 눈물을 글썽이며 천천히 다가오더니 젊은이의 몸을 혀로 핥아주었습니다. 그리고 따라오라는 듯 몸짓을 하고는 앞장서서 걷기 시작했습니다.

운스가 따라가니 사자는 얼마 동안 걸어가서 어느 산기슭에 이르렀습니다. 그 산을 넘어가니 산맥 위에 남아 있는 대상(隊商)의 발자국이 눈에 띄었습니다. 그 발자국은 틀림없이 장미공주와 그 일행의 것이었습니다. 그것을 따라 계속 걸어가자, 사자는 운스가 공주를 호송한 사람들의 발자국을 찾았음을 알았는지 홀로 발길을 돌려 가버렸습니다.

운스는 밤낮을 가리지 않고 걸어 마침내 파도가 철썩이는 바닷가에 이르렀습니다. 보아하니 발자국은 물가까지 가서 그쳐 있었습니다.

그것으로 미루어 그들이 배를 타고 아득한 바다 저편으로 나갔음을 알 수 있었습니다. 이리하여 공주를 만날 희망을 잃어버린 운스는 뜨거운 눈물을 흘리며 이런 시를 읊었습니다.

아득하여라 그 집,
참고 견딜 힘마저 이제는 없네.
무슨 수로 바다를 건너
그녀를 찾을 수 있으랴?
사랑에 불타 잠 못 이루는 이 몸
어떻게 이 고통을 견디어 내랴?
그녀가 집을 버리고
피해버린 슬픔의 그날부터
내 가슴에 연정의 불길 일었네.
눈물은 흡사
사이훈, 자이훈,*¹³ 아니면
유프라테스의 강을 이루고
비도 이토록 홍수지도록
자주 내리지는 못할 것을.
눈물로 하여 눈은 아프고
가슴속에 불꽃 튀어 꺼지지 않네.
사랑과 동경은 이 몸을 눌러
인내의 힘 이미 깨어졌네.
그녀를 사랑하여 바보 되어
주저 없이 목숨 걸었으니
생명의 줄 끊어져도 마다치 않으리.
사당에 모신
보름달이 이럴세라 빛나는
아름다운 그 얼굴.
신도 그를 보는 이 눈을
탓하지 않고 용서하시네.
동그랗게 뜬 맑은 눈동자에
이 몸 쓰러졌네.

운스 알 우유드와 대신의 딸 알 와르드 필 아크맘 2001

시위 없는 활로
이 가슴 쏘는 것도 그 눈동자.
버들가지 하늘거리듯
가냘픈 그 맵시
몸도 마음도
넋을 잃고 바라보았네.
이 사랑의 시름 견디고
고민 이겨서
오로지 소원은 그녀와 만날 일뿐.
그러나 아침저녁 사랑을 탄식하며
모든 것이 사악한 눈에서
이 몸에 온 것이라 의심도 하네.

　노래를 마친 운스는 그 자리에 쓰러져서 울다가 마침내 정신을 잃고 말았
습니다.
　이윽고 운스는 정신을 차리고 일어나서 주위를 둘러보았습니다. 사막에는
사람 그림자 하나 보이지 않았습니다. 젊은이는 야수의 습격을 받는 것이 두
려워서 높은 산꼭대기로 올라갔습니다. 그런데 뜻밖에도 동굴 속에서 사람
의 말소리가 들리지 않겠습니까? 자세히 들어보니 덧없는 세상을 버리고 고
행을 하며 신앙에 몸을 바치는 수행자의 소리였습니다.
　운스는 그 동굴 문을 세 번이나 두드렸지만 아무런 대답도 또 누가 나오는
기척도 없었습니다. 그래서 그는 큰 소리로 이런 시를 읊었습니다.

어느 곳에서 이 시름 잊고
소원 이룰 수 있으랴?
이 고뇌와 고통을
벗어날 길은 어디에?
청춘의 피 타오를 때,
오, 온갖 두려움으로
머리에 흰 서리 받아

몸도 마음도 늙었구나.
애절한 사랑
구해 줄 사람 아무도 없고
고민의 무거운 짐
덜어주는 벗도 없구나.
온갖 괴로운 고난
얼마나 참고 견디었던가!
운명도 나를 배반하여
반겨 맞아주지 않는구나.
이별의 잔 들이키는
아, 연인의 이 가슴에
부디 자비를 내려주소서!
온몸을 태우고 또 태우는
불길은 가슴에 가득하고,
이별의 깊은 시름으로
벌써 분별마저 잃었노라.
나는 그녀의 집 찾아가
우연히 대문에 적혀 있는
그 말을 읽고 겁먹었던
그날을 어찌 잊을 수 있으랴!
나는 울었노라, 마구 울어서
슬픔으로 땅을 적셨건만
멀고 가까운 그 누구*14에게도
속마음 오로지 숨기고,
황야를 헤매다
무서운 사자 만나
아첨의 말 아니었으면
이미 이 세상 사람 아닌 것을.
다정한 말로 달래니
사자 또한 나를 위로하여

운스 알 우유드와 대신의 딸 알 와르드 필 아크맘 2003

구원의 손길 내미는구나.
그 무심한 짐승마저
사랑하는 괴로움을 알아주도다.
오, 신앙의 고행자여,
동굴에 들어간 무위(無爲)의 사람,
그대도 사랑의 힘을
이해하리라.
어떻든 연인과 맺어져,
가슴의 괴로움 사라진다면,
나그네의 지친 몸과 슬픔도
조금은 잊을 수 있으리니.

이 노래를 마치자마자, 갑자기 동굴 문이 열리더니 사람의 목소리가 들려
왔습니다.
"참으로 가련한 일이로다!"
그래서 운스 알 우유드가 안으로 들어가 수행자에게 인사를 하자 수행자
는 답례하고 물었습니다.
"당신의 이름은?"
"운스 알 우유드라고 합니다."
"어떻게 이런 곳으로 오셨소?"
젊은이는 자기가 겪은 갖은 불행을 자세히 털어놓았습니다. 이 말을 들은
수행자는 눈물을 흘리며 말했습니다.
"오, 운스 알 우유드, 나는 여기서 20년 동안 살았는데 지금까지 이 근처
에서 한 번도 사람을 만난 적이 없소이다. 그런데 얼마 전에 우연히 울면서
탄식하는 소리가 들리기에 그쪽을 살펴보았더니 많은 사람이 해변에 천막을
치고 있지 않겠소. 사람들은 거기서 배를 만들어 그중 몇 사람이 배를 타고
바다를 건너갑디다. 그러더니 며칠 뒤 그들 중 몇 사람이 되돌아와서 그 배
를 부숴버리고 돌아가 버렸소. 내 생각에는 같이 배를 타고 갔다가 돌아오지
않은 그 사람이 바로 당신이 찾는 사람이 아닌가하오. 만약 그렇다면 그보다
더 슬픈 일은 없을 것이오. 하지만 그것도 어쩔 수 없는 일, 사랑하는 사람

은 사랑의 괴로움을 겪게 마련이니까."
　그리고 행자는 다음과 같은 시를 읊었습니다.

　　오, 운스 알 우유드여,
　　내가 어찌 사랑을 모르겠소.
　　사랑에 애타 동경하다가
　　죽었다 다시 살아난 몸인데.
　　어머니 젖 빨던 그날부터
　　오랜 세월 나는
　　사랑의 병에 걸려
　　끝없이 고민하는 신세 되었노라.
　　오랫동안 사랑과 싸워서야
　　비로소 깨달은 그 힘,
　　사랑의 힘 알고 싶으면
　　그대, 그것을 사랑에 물어보라,
　　기꺼이 사랑은 가르쳐주리니.
　　이 몸 상사병 앓으며
　　애욕의 쓴 잔 비우면
　　고뇌는 깊어지고, 내 생명
　　꺼져만 가는구나.
　　전에는 강했건만
　　내 힘 어느덧 약해져
　　인내의 갑옷도 마침내
　　눈길의 칼에
　　가차없이 찢겼노라.
　　괴로움 없는 사랑의 큰 기쁨
　　행여 바라지 말지어다.
　　서로 받아들이지 않는 것은
　　또한 늘 이어지는 까닭에
　　연인의 변심 두려워하지 말고

한결같이 희망 좇아라.
어느 날엔가 사랑도 손에 들어올지니.
섣불리 단념하는 건
용납 못 할 이단자라고
신은 연인들에게
엄격히 일러두셨노라.

은자는 노래를 마치더니 일어나서 운스에게 다가와 두 팔로 그를 끌어안았습니다.

—여기서 날이 훤히 밝았으므로 샤라자드는 이야기를 그쳤다.

375번째 밤

샤라자드는 이야기를 계속했다.

오, 인자하신 임금님, 은자는 노래를 마치자 운스에게 다가가 두 팔로 그를 꼭 끌어안고 눈물을 흘리며 같이 울었습니다. 두 사람은 산도 흔들릴 만큼 통곡하다가 끝내 그 자리에 쓰러지고 말았습니다. 이윽고 정신을 차린 두 사람은 형제의 인연을 맺기로 알라께 맹세하고 나서, 수행자는 운스에게 말했습니다.

"오늘 밤 신께 기도를 올려, 그대의 소원을 이루려면 어떻게 해야 하는지 신의 지시*15를 받기로 하세."

한편 장미공주는 어떻게 되었을까요?

일행은 공주를 산 위로 데리고 가 성에 가두어 버렸습니다. 공주는 그 삼엄한 성을 쳐다보면서 눈물을 흘리며 외쳤습니다.

"그리운 그분만 곁에 계신다면 정말 멋진 성인 것을!"

그런데 그 섬에 새가 많이 있는 것을 본 공주는 하인에게 덫으로 새를 잡아 새장에 넣으라고 일렀습니다. 그들은 명령대로 했지만, 그래도 공주는 위안이 되지 않아 혼자 창가에 앉아 지난날을 생각하고 있자니 격렬한 연정과 미칠 듯한 초조함에 몸도 마음도 지쳐 갔습니다. 마침내 공주는 울음을 터뜨리고 나서 이런 시를 읊었습니다.

아, 이 가슴속을 누구에게 알리리,
어쩔 수 없는 운명에
서로 사이 갈라져 슬퍼하며
그리운 이와 헤어진
이 몸을 어찌하리
사랑의 불길은 가슴에 타건만
시기하는 원수에게 알리지 않으려고
오로지 숨겼노라.
가련한 이 몸
이쑤시개*16처럼 말랐구나.
이도 저도 애타는 마음에 흐느껴 울며
그대 없음을 탄식한 까닭.
무성한 나뭇잎 죄다 떨어지고
점점 말라가는 나무처럼
시들어 버린 몰골
가련히 바라볼
그대 눈은 어디 있나.
사람들에게 강요되어
이 몸은 여기에 갇혔으니,
아, 여기는 사랑하는 이
찾아올 길 없는 땅,
서쪽으로 지고, 이윽고 다시
동쪽 하늘에 떠오를 때,
우러러 해님께 비노라.
그리운 임께 천 번 만 번
내 인사 전해 달라고.
버들가지도 미치지 못할

운스 알 우유드와 대신의 딸 알 와르드 필 아크맘 2007

그 날씬한 모습 보이면
보름달도 부끄러워할
아름다운 임에게 전해 달라고.
설사 장미꽃의 그 아름다움을
그대 뺨과 견줄지라도
나는 말하리,
"내 몫을 거절하면 장미답지 않은 일."*17
그 입술의 달콤한 이슬
목을 적셔주는 깨끗한
물과 같구나.
가슴에 불길 타오를 때
그 타는 몸 식혀 주렴.
내 병의 원인이건만
내 마음 내 영혼인
그 아름다운 임을
어찌 잊을 수 있으리.
오직 하나인 내 희망을.

이윽고 어둠이 닥쳐옴에 따라 그리워하는 마음은 더욱 강해져서, 공주는
지난날을 생각하며 또다시 이런 노래를 불렀습니다.

저녁 어둠 다가오면
기쁨과 시름 번갈아 닥쳐와
오직 그대 향한 그리움에
나도 모르게 몸부림치네.
이별한 슬픔은 영원히
가슴에 남아 사라지지 않고
동경에 홀로 외로워하네.
황홀은 내 영원을 좀먹고
동경은 내 마음을 불태우며

소중히 숨기려 생각한
내 사랑도 눈물에 나타나
이 무거운 짐 가볍게 덜 길 없고
스스로 쇠약한 몸 달래어
시름을 모면할 수단도 없네.
가슴의 불같이 일어나는 노여움
흔들리며 타오르니, 마치
지옥의 불을 보는 듯하도다.
아, 지난날을 너무 탓하지 말라,
'붓'으로 쓰인 운명을
참고 또 참은 나이니.
알라께 맹세하리라.
그대 없는 지금, 이 세상에는
마음 위로하는 자 없음을.
아, 이것은 정열에 타는 자의 맹세
헛되이 깨어지지 않으리.
오, 밤의 어둠이여! 내 인사
내 벗들에게 전해다오,
그대로 하여 잠 못 드는
이 처지를, 있는 그대로.

한편 수행자는 운스 알 우유드에게 말했습니다.

"골짜기의 종려나무 숲으로 가서 섬유*18를 벗겨오게."

시키는 대로 종려나무 껍질을 벗겨 오자 수행자는 그것으로 새끼를 꼬아 보릿짚을 담아 운반할 때 쓰는 것과 비슷한 그물을 짜기 시작했습니다. 그것이 다 되자 수행자는 말했습니다.

"오, 운스 알 우유드, 골짜기 한가운데로 내려가면 땅에 난 채로 말라버린 호리병박이 있을 걸세. 그것을 따서 이 그물에 가득 채우게. 그리고 그물 주둥이를 꼭 묶어서 바다에 띄워 그것을 타고 바다를 건너가도록 하게. 어쩌면 자네 소원이 이루어질지도 모르니까. 호랑이 굴에 들어가지 않고는 호랑이 새끼를 얻을 수 없다는 말도 있지 않은가.”

“그렇게 하겠습니다.”

운스 알 우유드는 수행자에게 기도를 드려달라고 부탁한 다음 작별을 고하고 그곳을 떠났습니다. 그리고 골짜기 속으로 들어가 수행자가 말한 대로 그물 망태에 마른 호리병박을 잔뜩 넣고 묶어서 바다에 띄운 다음, 그 위에 올라앉아 마침내 바다로 나아갔습니다.

이윽고 바람이 불기 시작하더니 순식간에 아득한 바다 멀리 밀려나가 수행자의 모습도 보이지 않게 되었습니다. 이렇게 하여 떠내려간 지 사흘 동안 파도에 시달리면서 물결 따라 표류하고 있었습니다. 그동안 잠시도 긴장을 늦추지 않고 끝없는 바다의 위험과 신비를 바라보았습니다. 그러는 사이 운명의 신은 운스 알 우유드를 ‘자식을 잃은 어머니의 산’으로 밀어주어 운스는 마침내 섬에 상륙할 수 있었습니다. 그는 눈도 가물가물하고 갈증과 굶주림에 기진맥진하여 마치 털 나기 전 병아리처럼 비틀거리며 뭍으로 올라갔습니다. 하지만 물이 흐르고 새가 지저귀고 야생 나무에 과일이 잔뜩 열려 있는 광경을 보고는 당장 과일을 따 먹고 물을 마셨습니다. 가까스로 기운을 회복한 운스 알 우유드는 그곳을 떠나 한참 걸어가자, 아득한 저편에 뭔가 하얀 것이 보여서 가까이 다가가 보니 그것은 견고한 성이었습니다.

그런데 성문 앞에 이르렀지만, 문이 굳게 잠겨 있어서 하는 수 없이 그 옆에서 사흘 동안이나 앉아 있었습니다. 사흘째 되던 날 가까스로 문이 열리더니 환관 한 사람이 나왔습니다. 환관은 운스 알 우유드를 보고 깜짝 놀라 물었습니다.

“당신은 대체 어디서 왔소? 누가 이런 곳에 누가 데려다주었소?”

젊은이는 대답했습니다.

“이스파한에서 왔습니다. 상품을 싣고 항해하다가 운 나쁘게 배가 난파하여 표류한 끝에 이 섬 맞은편 기슭까지 밀려왔습니다.”

이 말을 들은 환관은 눈물을 흘리고 운스를 끌어안았습니다.

“오, 알라여, 착하게 생긴 이 젊은이를 가호해 주시기를! 이스파한은 바로 내 고향이오. 그곳에 작은아버지의 딸이 하나 있지요. 나는 그 애를 어릴 때부터 사랑하며 무척 귀여워했어요. 그런데 나는 불행하게도 폭력배들에게 잡혀가 음경을 잘리고[*19] 젊은 나이에 환관으로 팔려 버렸소. 내가 이런 꼴로 살게 된 것은 그런 까닭이 있어서라오."*20

─여기서 날이 밝았으므로 샤라자드는 이야기를 그쳤다.

376번째 밤

샤라자드는 이야기를 계속했다.

오, 인자하신 임금님, 장미공주가 갇힌 성에서 나온 그 환관은 운스 알 우유드에게 자신의 신상 이야기를 들려주었습니다. 그리고 환관은 운스에게 인사를 하며 장수를 빈 다음 성 안의 정원으로 데리고 들어갔습니다. 나무들이 둘러싼 커다란 연못이 있고 나뭇가지마다 새장이 여러 개 매달려 있었는데, 문은 황금으로 만들었고 새장은 은으로 만든 것이었습니다.

새장 속에는 새들이 '응보(應報)의 신'을 찬양하며 지저귀고 있었습니다. 젊은이가 첫 번째 새장에 다가가 안을 들여다보자, 이게 어인 일입니까! 산비둘기가 운스를 보더니 한층 더 소리 높여 외쳤습니다.

"오, 임이여, 은혜로 넘치는 자여!"

그 소리를 들은 젊은이는 정신을 잃고 쓰러졌다가, 이윽고 정신을 차리고 긴 한숨을 내쉬며 이런 시를 읊었습니다.

> 산비둘기여, 나와 같이
> 너도 사랑에 미쳤는가?
> 그렇다면 신께 빌고 노래하여라,
> "은혜 넘치는 임이여!" 하고.
> 알고 싶구나, 그 울음소리
> 환희의 표시인지,
> 아니면 가슴 태우는
> 애절한 사랑의 호소인지.
> 슬픔을 남기고
> 떠나간 연인의 모습

운스 알 우유드와 대신의 딸 알 와르드 필 아크맘 2011

사모하여 너도 탄식하느냐?
나처럼 사랑하는 벗 잃고
이별의 괴로운 추억을
끝없이 떠올리는 것이냐?
아, 알라여 지켜주소서.
진실한 연인의 운명을.
설사 이 뼈 썩어 없어져도
나는 영원히 그녀를
버리지 않으리.

　노래를 마치자 젊은이는 또다시 정신을 잃고 말았습니다. 이윽고 다시 정신이 들어 두 번째 새장으로 다가가 보니 그 속에는 하얀 비둘기가 들어 있었습니다.
　하얀 비둘기는 운스의 모습을 보더니 노래를 부르기 시작했습니다.
　"오, 영원한 신이시여, 나는 당신에게 감사드립니다!"
　운스는 자기도 모르게 신음 소리를 내며 다음과 같은 시를 읊었습니다.

나는 들었도다, 흰 비둘기
슬피 노래하는 소리를
"아, 불멸의 신이시여!
이 참혹한 모습을 신께 감사드립니다!"
이렇게 노래하는 소리를 나는 들었노라.
아마도 알라께서도 은혜를 베푸시어
이 오랜 유랑 뒤에
나의 연인을 만나게 해 주시리.
꿀처럼 달콤한 붉은 입술로
이따금 그녀는 찾아와*21
뜨거운 사랑의 정욕을
부채질하여 태우누나.
(가슴의 정욕 불타올라

이윽고 목숨마저 다하니
피눈물 창백한 뺨에
폭포처럼 흘러내리네)
나는 이렇게 말을 거노라.
"슬픔이 나지 않는 땅
걸어간 사람 없으니,
나 또한 괴로움 참고
굳세게 견디며 기다리리.
신이시여, 부디 구원해 주소서,
이윽고 내가 그리운 이와
서로 만날 행복한 그날까지.
그날, 세상의 연인들에게
바치리라, 내 귀하고 보배로운 재물을.
나와 함께 오로지
사랑을 믿은 벗이므로.
또한 그날 새장에 갇힌 새를
드넓은 하늘에 놓아주어
내 슬픔, 세상에 비할 데 없는
기쁨과 환희의 극치로 바꿔주리라."

그런 다음 세 번째 새장에 다가가서 안을 들여다보았습니다. 거기에는 앵무새가 들어 있었는데, 젊은이의 모습을 보고 곧 높은 소리로 지저귀기 시작하기에 그도 다음과 같은 시를 읊었습니다.

흉내내어 지저귀는 듯한 하자르[(2)]여,
속절없는 사랑에
괴로워하는 사람의 목소리인가,
나에게는 참으로 상쾌하구나.
세상의 연인은 애처로워라!
밤마다 괴로워하며

사랑에 애태우며 몸 망친 자
그 몇이던가!
사랑에 괴로워하여
괴로운 탄식에 아침도 없이,
잠 못 이루는 몸이 된 듯해라.
나를 복종케 한 이에게
자랑스레 따라가
마음도 미칠 듯이 사랑에 애태우다
눈물 흘리며 부르짖노라.
"끝없이 솟은 눈물
방울방울 떨어져
이어져서 금강석 목걸이 같구나."
그리움은 더해 가고
이별의 시간은 길어
견딜힘 지금은 사위어
슬픔만이 잦는구나.
아, 이 세상에 정의(正義) 있어
그리운 연인 만나게 해 준다면
알라께서 두 사람 지켜준다면
나는 옷을 벗어 던지고
그리운 이 눈앞에
이 몸을 보여줄 것을,
오랜 이별에 슬프도록
여윈 가련한 이 몸을!

그런 다음 네 번째 새장에 다가가 보니 '밤에 우는 새(불불)'*²²가 들어 있었습니다. 새는 젊은이의 모습을 보고 몸을 옆으로 흔들면서 구슬픈 소리로 지저귀기 시작했습니다. 젊은이는 호소하는 듯한 새의 노래를 듣자, 저도 모르게 눈물을 흘리면서 이런 시를 읊었습니다.

새벽녘이 가까워져 오면
나이팅게일 우짖으며
사랑하는 자에게 알리네,
울음 그치고 날아가라고.
이곳에 운스 알 우유드
뜨거운 사랑에 미쳐
끝없는 탄식 그치지 않으니
생명의 줄마저 끊어지겠네.
새들에게 탄식할 까닭 없으니
가락을 수없이 들어 왔건만
상냥한 목소리의 그 울음은
돌을 녹이고 바위의
마음마저 움직이게 하네.
정답게 불어오는 아침바람은
꽃피는 푸른 들판 이야기하며
야릇한 소리로 불어 가누나.
새 떼와 산들바람은
새벽이 이르건만 소리와 향내
그윽한 향기 속에 다투고 있네.
이 몸은 쓸쓸하게도
떠나간 벗 그리면서
하늘에서 비 내리듯 눈물 흘리네.
내 가슴 애태우는 불의 혀끝은
어두운 하늘 달려가는
유성(遊星)과도 같구나.
마음 미쳐가는 연인에게
알리여, 부디 보여주소서,
사랑하는 연인의 얼굴을!
진정 사랑하는 남녀에게
만 마디의 말이 무슨 소용,

운스 알 우유드와 대신의 딸 알 와르드 필 아크맘 2015

오로지 서로 만나
눈앞에서 보는 것뿐.

  그런 다음 젊은이는 또 조금 걸어가, 지금까지보다 훨씬 더 훌륭한 새장으
로 다가갔습니다. 그 속에는 콩새라고 하는 산비둘기*23 종류가 들어 있었습
니다. 목둘레에 아름답고 찬란한 보석 목걸이를 두르고 있는 이 새는 새 중
에서도 음유시인(吟遊詩人)으로 알려졌으며, 사랑을 동경하는 달콤한 노래
를 잘 불렀습니다.
  운스는 한동안 그 새를 찬찬히 지켜보았는데 새가 새장 속에서 생각에 잠
겨 있는 모습을 바라보는 동안 저절로 눈물이 솟아나 다음과 같은 시를 읊었
습니다.

아, 산비둘기여, 콩새여,
나는 인사를 바치노라.
사랑의 괴로움을 아는 형제여!
진정 나는 사랑하노라,
그 아름다운 영양을.
날씬한 그 몸 부드럽고
그 눈의 날카로움은
언월도보다도 뛰어나리라.
뜨거운 사랑의 불길에
몸도 영혼도 불처럼 타올라
점점 여위어만 가는구나.
산해진미도 이제는
보람 없는 것이 되어 버리고
잠을 자려 해도 그 달콤한
잠마저 허락되지 않도다.
인내심도 사라지고
마음의 위안 또한 없으니
오로지 가슴에 깃드는 것은

사랑하는 마음과 슬픔뿐이로다.
아, 내 생명 내 기쁨
내 영혼이
내 눈앞에서 떠나갔으니
이제 무엇을 즐거움으로 삼으리.

이 시를 읊고 난 운스 알 우유드는…….

—여기서 날이 훤히 새었으므로 샤라자드는 이야기를 그쳤다.

377번째 밤

샤라자드는 이야기를 계속했다.
오, 인자하신 임금님, 운스 알 우유드가 노래를 마치자, 산비둘기는 깊은
생각에서 깨어나 흡사 사람의 말로 노래하듯이[*24] 목소리를 아름답게 떨면서
젊은이의 노래에 이렇게 화답했습니다.

사랑하는 사람이여, 그대는 생각게 하네,
청춘의 빛바래기 시작한 그 옛날을.
벗의 모습에 마음 끌리어
자랑스러운 그 아름다움에 홀렸다네.
모래언덕 나무에 앉은 벗의 목소리
또한 갈대피리[*25]의 가락에
내 마음이 넋을 잃었을 때
새 몰이꾼이 내 벗을
덫으로 몰아 사로잡았네.
벗은 외쳤노라—
"아, 놓아라, 새 몰이꾼에게 자유를 호소했지만
벗은 나에게서 멀어져 갔네."

운스 알 우유드와 대신의 딸 알 와르드 필 아크맘 2017

애원한 보람 없이 매정하게도.
그러나 벗 그리는 내 사랑 더해가고
헤어져 사는 괴로움에 가슴이 타네.
아니, 그 괴로움에 상처 입었네.
신의 자비 넘쳐흘러라,
참다운 사랑을 살아가는 이 몸에.
아, 이 새장 속에 사로잡힌 몸을
가련하게 여기시라,
나를 놓아 연인을 찾게 하시라.

운스 알 우유드는 옆에 있는 환관을 돌아보며 물었습니다.
"이것은 무슨 궁전입니까? 누가 지었으며 어떤 분이 살고 계십니까?"
"어떤 임금님의 재상이 딸을 지키기 위해 쌓은 성입니다. 세월과 운명의 장난을 두려워하여 공주님과 시종들을 이 성에 가두어 두셨지요. 이 문이 열리는 것은 일 년에 단 한 번 식량이 들어오는 날뿐이라오."
이 말을 듣고 운스 알 우유드는 속으로 생각하였습니다.
'앞으로 더 견뎌야 할 일이 많겠지만 어쨌든 소망은 이루어진 셈이야.'
한편 장미공주는 자나깨나 마음이 울적하여 어떤 것을 먹고 마셔도 조금도 즐겁지 않았습니다. 운스 알 우유드를 향한 격렬한 애욕과 미칠 듯한 그리움만 더해갈 뿐이어서 성 안 구석구석을 거닐어보았지만 아무런 위로도 되지 않았습니다. 공주는 눈물을 흘리면서 이런 시를 읊었습니다.

비록 사람들은
임을 빼앗아갔지만
헛된 노력일 뿐,
내 몸은 괴로운 번민과
고뇌 속에 있는 것을.
가슴속 사랑의 불길
더욱더 타올라, 임 만날
날의 즐거움 막지 못하네.

넓은 바다 한복판
산 위에 우뚝 선
감옥 속에 갇힌
포로의 몸 가련하구나.
비록 사람들은 임을
잊게 하려 했지만,
헛된 노력일 뿐,
내 사랑 날이 갈수록
더욱더 심해가는 것을.
그 모습 내 괴로움
내 고뇌의 원인이니
어찌 잊을 수 있으랴?
종일 슬픔에 젖고
밤새도록 임 생각하는 내가?
만날 길 없어
외로운 신세 혼자 탄식하지만
그대 생각만 하면
어쩐지 쓸쓸함도 잊히노라.
알고 싶구나,
이렇게 하여 운명에 따라
숙원을 이룰 날 있을지.

　노래를 마친 공주는 가장 좋은 옷과 패물을 두른 다음 목에는 보석 목걸이를 걸고 성의 옥상으로 올라갔습니다. 그리고 밧줄 대신 바알바크*26 직물로 만든 옷을 몇 벌 이어서 총안(銃眼)에 묶고 그것을 타고 성 밖으로 내려갔습니다.
　공주는 황무지와 메마른 들판을 걸어 마침내 바닷가에 이르렀습니다. 마침 어부 하나가 바람 때문에 섬 쪽으로 밀려오며 쉴 새 없이 노를 젓고 있었습니다.
　어부는 공주의 모습을 보더니 소스라치게 놀라*27 홱 노를 돌려 달아나려고 했습니다.

　공주는 팔을 저으며 돌아오라고 큰 소리로 외치면서 노래를 불렀습니다.

　　　어부여 두려워 마오.
　　　나 역시 죽어야 할 운명으로
　　　이 덧없는 세상에 태어난 처녀.
　　　바라노니 배를 돌려
　　　내 기도를 허락하고
　　　박복한 내 신세타령
　　　귀담아들어 주오.
　　　뜨겁고 애절한 사랑에
　　　정다운 자비를 베풀어주오.
　　　그러면 신의 치하 받으리!
　　　자, 말해 주오.
　　　그리운 임, 나의 애인을 보았는지?
　　　내 사랑하는 이는
　　　태양보다 빼어난 얼굴에
　　　빛나는 달도 못 미칠
　　　눈과 눈썹이 뛰어나게 아름다운 젊은이라오.
　　　그 임의 눈매를 보면
　　　어린 사슴조차
　　　"나는 당신의 노예"라고 외치리,
　　　그 임에게 견줄
　　　고운 이 없음을 깨달으리.
　　　아름다운 두 볼에는
　　　모든 사람에게 감명 줄
　　　뜻깊고 진귀한 글자
　　　'미'가 적혀 있다오.
　　　사랑의 빛을 보는 자는
　　　그 영혼을 구원받고

사랑을 믿지 않은 자는
이윽고 지옥에 떨어질
이단의 무리일 뿐.
만일 그대, 측은히 여겨
그 임을 만나게 해 준다면
모든 소망 들어주리라.
홍옥도, 그보다 더한 보석도
조개의 눈물이라는
깨끗하고 영롱한 진주도 그대에게 주리
아, 나의 벗이여
그대, 반드시 나의 소원 들어주오.
내 가슴은
타오르는 불길에
녹아버릴 것 같다오.

이 노래를 듣고 어부는 눈물을 흘리며 소리 내어 탄식했습니다.
　어부의 가슴속에도 동경과 정열에 몸부림치며 사랑의 불길에 몸을 태운 청춘 시절의 추억이 있었던 게지요. 그래서 어부는 이런 시로 화답했습니다.

내 어찌 말로써 다 하리오, 이 한탄을
아, 몸은 이토록 쇠약하여
뜨거운 눈물 그치지 않고
밤의 어둠에도 맥없이
두 눈 감지 못하고
이 마음 '불붙이는 나무'*28처럼
언제까지나 타기만 하는구나.
진정 지나간 청춘의 날엔
우리도 사랑에 괴로워했지만
이윽고 알아차렸노라,
진짜 돈과 가짜를.

그렇듯 사랑 위해 영혼을 팔고
그리운 여자의 모습 보고파
온갖 우물물도 맛보았노라. *29
그녀의 자비를 읻고자,
작은 이익 버리고
큰 이익 얻고자
이 목숨조차 버렸노라.
큰 이익 장식한
연인의 자비를 얻기 위해,
목숨까지 거는 것이
진정 사랑의 법도이니.

노래를 마친 어부는 배를 물가에 대고 말했습니다.
"타시오, 어디든지 원하시는 곳으로 데려다 드릴 테니."
공주가 배에 오르자 어부는 배를 저어 바다로 나갔습니다. 얼마 안 가서 뱃고물 쪽에서 거센 바람이 일어 배는 순식간에 바다 멀리 흘러갔습니다. 어느새 육지는 보이지 않고 어부는 어디로 가야 할지 전혀 알지 못한 채 배는 사흘이나 강한 바람 속을 떠다녔습니다. 이윽고 나흘째 되는 날 바람은 전능하신 알라의 뜻으로 가라앉았습니다. 어부가 있는 힘을 다해 노를 저어가니 마침내 해안의 도시가 보이기 시작했습니다.

—여기서 날이 훤히 밝았으므로 샤라자드는 이야기를 그쳤다.

378번째 밤

샤라자드는 이야기를 계속했다.
오, 인자하신 임금님, 장미공주를 태운 배가 마침내 해안의 도시에 이르자 어부는 배를 뭍에 댈 준비를 시작했습니다.
그 도시는 사자 왕 디르바스라는 왕이 다스리고 있었는데, 그 권세가 비할 자가 없고 정력이 두드러지게 뛰어난 군주였습니다. 그 왕이 마침 왕자와 함께 바다 쪽으로 난 궁전 창가에 앉아 무심코 밖을 쳐다보다가 문득 한 척의 고깃배가 육지로 다가오는 것을 보았습니다.

국왕 부자가 자세히 보니 배 안에는 값비싼 루비 귀걸이를 걸고 세상에도 드문 보석 목걸이를 한, 수평선에 떠오른 보름달처럼 아름다운 한 젊은 여자가 있었습니다.

이것을 본 왕은 처녀가 왕후나 고귀한 집안의 딸임을 알고 곧 왕궁 뒷문으로 해서 그 배가 있는 곳으로 갔습니다. 가까이 가보니 처녀는 잠이 들어 있고 어부는 배를 육지에 대려고 서두르는 중이었습니다.

배가 땅에 닿자 왕이 배에 올라가 처녀의 몸을 흔들어 깨우자 처녀는 눈을 뜨고 눈물을 흘리기 시작했습니다.

"그대는 어디서 왔으며 누구의 딸인고? 무슨 일로 이곳에 왔는고?"

"저는 샤미프 왕의 재상 이브라힘의 딸입니다. 이곳에 오게 된 데는 참으로 기막힌 까닭이 있습니다."

그리고 모든 것을 낱낱이 털어놓고 소리 높여 탄식하고는 이런 시를 읊었습니다.

야속한 눈물 그칠 새 없어
아, 나의 두 눈
애처롭게 짓물렀네.
이별의 쓰라린 괴로움에
내 가슴은 미어지고
두 눈에는 오로지
눈물만 흘러내리네.
이것은 모두
내 가슴속을 떠날 줄 모르는
사랑하는 벗 때문.
오오, 이 몸은
영원히 소원 이룰 길 없네
눈부시게 아름다운

그리운 임의 얼굴
터키, 아라비아, 그 누가
따를 수 있으랴.
그 아름다움에 견주면
해도 달도
천하에 못생긴 것,
그리운 내 사랑
일어나 우뚝 서면
해와 달이 그 앞에 엎드리네.
눈을 치장하는 것은
먹인 양, 기이한 마술의 솜씨.
화살 팽팽히 메겨
힘껏 당긴 활을 닮았네.
오, 임이시여
용서받고자 하는
신세타령이외다.
사랑의 화살 맞고
이처럼 임 그리는 자
부디 가엾이 여기소서!
사랑에 미쳐
이렇듯 뜻하지 않게
임의 해변에 닿았으니
지금은 오직
내 명예 지켜주심을
점점 약해지는 마음으로 임께 빌 따름.
품성 높은 이는
은총 받을 만한
다른 나라 사람 보면
그 인품 기리어
무겁게 쓰는 법.

오, 임이여, 내 희망이여,
사랑을 그리는 자의 잠꼬대 용서하시라.
오, 세상에 둘도 없는
고귀한 임이시여
연인 만날 날 기약해 주소서!

노래를 마친 공주는 다시 한 번 자신의 슬픈 신세타령을 한 다음, 폭포 같은
눈물을 흘리면서 다음과 같은 시에 얹어 자기 신세를 전하는 것이었습니다.

우리는 '사랑'을 참을 수 있는 한
모든 불가사의를 보고 살면서
라자브*30와 같이 나날이
그대가 무사하기를 바라노라.
흐르는 세월따라
내 눈에 눈물 고이고
가슴속 불이 되어 타오르니
참으로 이상한 일 아닌가?
내 눈에 피눈물 흐르는 것도,
장미와 백합꽃 피던 내 뺨이
지금은 창백한 것도 이상한 일 아닌가?
그 옛날 내 뺨 덮은 사프란빛에,
붉은 피로 물들었던
요셉의 옷 그리노라.

노래를 듣고 처녀가 사랑에 애태우는 여자임을 안 왕은 연민의 정을 느
끼지 않을 수 없었습니다. 그래서 공주에게 말했습니다.
"두려워하거나 걱정할 것 없다. 그대가 꼭 이루고자 하는 비장한 소원
이 마침내 이루어질 날이 왔으니, 이렇게 된 이상 내가 그대의 소원을 이
루어 주고 말리라."
그리고 왕은 다음과 같은 즉흥시를 읊었습니다.

귀인의 집에 태어난 공주여!
그대 소원 이루어
반가운 소식 들으리라.
두려워 말라 아무것도,
고뇌의 씨앗도, 재앙도!
이날 나는 재화와 보물을 꾸리고
군사들을 딸려서
샤미프 왕에게 보내겠노라.
새로운 사향과 비단옷
그리고 번쩍이는 황금과
백은을 모두 보내겠노라.
아, 그렇다, 나는 그 왕과
친척이 정 바라는 마음을
글로 적어서 보내겠노라.
나는 이제 그대에게
최선의 도움의 손길 내밀리라.
그대가 원하는 건 무엇이든
그대 손에 안겨주리라.
나도 일찍이 사랑을 알아
그 뜨거운 맛보았으니
같은 잔 드는 벗
어찌 용서하지 않으리.

    노래를 마친 왕은 곧 돌아가서 대신을 불렀습니다. 그리고 수많은 금은보화를 꾸리게 하여 샤미프 왕에게 보내며 이렇게 전하게 했습니다.
    "부디 운스 알 우유드라는 사람을 이곳으로 보내주기 바라오. 우리 국왕은 당신의 신하 운스 알 우유드와 왕의 공주님을 결혼시켜 우의를 맺고 싶어 하십니다. 공주님의 아버님 왕국에서 화촉을 밝히고 싶다 하시니 부디 그 사람을 보내주십시오."
    그리고 왕 스스로 그 내용을 담은 친서를 써서 대신에게 내주었습니다. 그리고 무슨 일이 있어도 운스 알 우유드를 데려오라 분부하며 이렇게 경고했습니다.

"만약 이 임무를 완수하지 못할 때는 그대의 관직을 박탈하고 지위를 떨어뜨릴 터이니 그리 알라."

"분부대로 거행하겠습니다."

대신은 즉시 보물을 가지고 여행을 떠나 이윽고 샤미프 왕의 궁전에 도착했습니다. 그래서 디르바스 왕의 이름으로 왕께 인사드리고 편지와 신물을 올렸습니다.

샤미프 왕은 편지를 읽다가 운스 알 우유드라는 이름을 보고 갑자기 눈물을 흘리며 사자로 온 대신에게 말했습니다.

"아, 어디에 있단 말인가? 운스 알 우유드여. 그 사람은 이 고향을 버리고 지금 어디에 가 있는지 그가 있는 곳을 모르고 있소. 그 사람을 찾아오기만 한다면 나 또한 그대가 가지고 온 선물의 갑절을 주겠소."

왕은 소리 없이 눈물짓다가 이런 시를 읊었습니다.

사랑스러운 그대, 나에게 돌려다오.
막대한 재물도 바라지 않네.
산을 이룰 황금도 진주도
진귀한 보석도 나는 원하지 않네.
그대야말로 진정
천국의 아름다운 꽃밭에 뜨는 달
그 고운 자태와 마음씨
어린 사슴이 감히 따를까.
하늘거리는 버들가지 몸매에
풍요한 열매, 넘치는 매력.
차라리 버들은
남의 마음 사로잡을 힘이나 없지.
어릴 때부터
요람에 담아 길러낸 그대여
아아, 나는 지금 그대로 인해

운스 알 우유드와 대신의 딸 알 와르드 필 아크맘 2027

시름겨운 가슴 안고 눈물 흘리노라.

그리고 편지와 선물을 가져온 대신을 돌아보며 말했습니다.

"그대의 왕께 운스 알 우유드는 이미 1년 전에 행방불명이 되어 나도 어디에 있는지 모르며 소식조차 없다 전해 주구려."

그러자 사자가 대답했습니다.

"오, 임금님, 저희 임금님께서는 제가 만일 이 사명을 이루지 못할 때는 대신의 관직을 박탈하고 앞으로 도성에 발을 들여놓지 못하게 하겠다고 말씀하셨습니다. 그러니 그 사람 없이 어떻게 돌아갈 수 있겠습니까?"

그러자 샤미프 왕은 이브라힘 대신에게 명령하였습니다.

"이 사자와 수행자들을 데리고 운스 알 우유드를 찾으러 가게. 무슨 일이 있어도 꼭 찾아와야 하네."

"분부대로 하겠습니다."

이브라힘 대신은 곧 부하들을 거느리고 디르바스 왕의 대신과 함께 운스 알 우유드를 찾으러 나섰습니다.

—여기서 날이 밝아왔으므로 샤라자드는 이야기를 그쳤다.

379번째 밤

샤라자드는 이야기를 계속했다.

오, 인자하신 임금님, 운스 알 우유드를 찾아 여행을 떠난 이브라힘 대신 일행은 황야에서 아랍인이나 그 밖의 사람들을 만날 때마다 젊은이의 소식을 물었습니다.

그러나 만나는 사람마다 그런 사람은 보지 못했다고 대답하는 것이었습니다. 그들은 계속해서 도시와 마을, 푸른 들판과 돌투성이 황야는 물론 숲 속까지 샅샅이 찾아다니다가 마침내 '자식을 잃은 어머니의 산'에 이르렀습니다.

"이 산을 왜 그런 이름으로 부르게 되었습니까?"

디르바스 왕의 대신이 묻자 이브라힘이 설명했습니다.

"아주 오랜 옛날에 이곳에는 중국의 마신족에서 나온 마녀신이 살고 있었답니다. 그 마녀신은 한 인간에게 반해 그가 자기 동족에게 살해될까 두려워했습니다. 그래서 마녀신은 애인을 숨겨둘 만한 곳을 찾아 온 세계를 돌아다녔습니다. 그러다가 우연히 이 산이 눈에 띈 것이지요. 인간 세계와 마신의 세계와도 완전히 떨어져 있어 접근할 길이 없음을 알고 자기 정부를 이 산으로 데려와 가두었답니다. 그러고는 일족의 눈을 피해가며 남몰래 찾아오곤 했는데, 그러는 동안 아이가 몇 명 생겼지요.

그런데 상인들이 바다를 항해하다가 이 산 부근에 이르기만 하면 마치 갓난아기를 잃은 어머니의 울음소리 같은 아이들의 울음소리가 들려오곤 했습니다. 그래서 상인들은 '아이를 잃은 어머니가 있나?' 하고 말하곤 했답니다. 그런 까닭으로 '자식을 잃은 어머니의 산'이라 불리게 된 것입니다."

이윽고 그들은 '자식을 잃은 어머니의 산'에 상륙하여 성으로 가서 문을 두드렸습니다.

곧 환관 한 사람이 나와 문을 열고 맞아들였습니다. 환관은 이브라힘을 보자 두 손에 입을 맞추었습니다.

안으로 들어간 대신은 탁발승 하나가 종들 속에 섞여 있는 것을 보았습니다. 그 사람이 바로 그들이 찾던 운스 알 우유드였지만, 대신은 그를 알아보지 못하고 이렇게 물었습니다.

"저 젊은이는 어디서 온 사람이오?"

그러자 사람들이 대답했습니다.

"원래 상인이었는데 상품을 몽땅 잃고 다행히 목숨만은 건져서 지금은 신앙에만 몰두하고 있습니다."[*31]

대신은 젊은이를 그대로 남겨 두고 안으로 들어갔지만, 공주의 모습이 보이지 않아 시녀들에게 물었습니다.

"공주님이 어떻게 이곳을 빠져나가셨는지 또 어디로 가셨는지 저희는 도무지 모르겠습니다. 좌우간 공주님께선 이 성을 몹시 싫어하시어 여기엔 얼마 계시지 않았습니다."

이 뜻밖의 대답에 대신은 매우 슬피 울면서 목멘 소리로 이런 시를 읊었습니다.

오, 내 집이여
처마 끝에 새들 슬거이 지저귀고
그 문턱에 부귀와 자랑을
그대로 보여 주는구나!
슬프게 끝나는 사랑을 탄식하며
울면서 찾아온 여인은
그 문 활짝 열려 있음을 보았네.
그 옛날 내 영혼은
어디로 갔는가?
주인 없는 집에 묻노라.
옷차림도 단정하게
호위병들 문 앞에 줄지어 섰고
신부에게 어울릴 비단으로
아름답게 장식하여 빛나던
내 집이여.
아, 그 주인
지금 어디 있는지 알려다오!

대신은 노래를 마치고 나서 다시 눈물을 흘리며 괴로운 듯이 탄식하면서 외쳤습니다.

"알라께서 정하신 운명 어찌 벗어날 수 있으랴. 알라께서 미리 정해 주신 바는 결코 피할 수 없다!"

그러고는 옥상에 올라가 아직도 바알바크 직물의 옷이 땅 위로 늘어져 있는 것을 보고, 안타까운 사랑에 거의 미쳐 버린 공주가 그것을 타고 달아났음을 알았습니다.

이윽고 뒤를 돌아보니 까마귀와 올빼미가 있는 두 개의 새장이 눈에 들어왔습니다. 대신은 당연히 그것을 불길한 징조라고 여기고 신음하면서 이런 시를 읊었습니다.

슬픔과 오뇌 씻으려
그리운 벗의 문 앞을
내 소원의 목표로 삼고
멀리서 찾아왔건만
오, 벗의 그림자 간 곳 없고
불길한 까마귀와 올빼미만
내 눈길을 끌 뿐.
말도 없는데
이렇게 외치는 듯하구나,
"사랑하는 애인들 사이를
떼어 놓은 것은 야속한 처사!
두 사람이 겪은 슬픔과
고뇌 맛보며
자, 어서 여기를 떠나
눈물과 탄식으로 지새어라!"

대신은 눈물 지으며 옥상에서 내려와 부하들에게 산속을 뒤져보라고 명령했습니다.

그들은 공주의 행방을 찾아다녔지만 역시 알 수 없었습니다.

한편 운스 알 우유드는 장미공주가 정말로 자취를 감춘 것을 알고 날카로운 외마디 소리를 지르며 정신을 잃고 말았습니다.

한참이 지나도록 계속 정신을 차리지 못하자, 사람들은 젊은이의 영혼이 자비로운 신의 부름을 받아 보복의 신의 영광과 권력과 미를 명상하는 것으로 알았습니다.

그때 디르바스 왕의 대신은 이브라힘이 딸의 실종을 알고 실성할 지경에 이르자 운스 알 우유드를 찾는 것은 단념하고, 여행의 목적을 이루지 못한 채 그냥 돌아가기로 했습니다.

그래서 함께 온 사람들과 작별하며 이브라힘 대신에게 말했습니다.

"이 승려를 데려가고 싶습니다. 이분은 성자이니까 이분의 축복에 의해 저희 임금님이 마음을 돌리시도록 전능하신 알라께서 들어주실지 모르니까요, 그리고 나중에 고국에서 가까운 이스파한으로 돌려보내겠습니다."

"좋도록 하십시오."

두 사람은 헤어져 저마다 고국으로 돌아가게 되었습니다. 디르바스 왕의 대신 일행은 운스 알 우유드를 데리고……

—여기서 날이 훤히 밝아왔으므로 샤라자드는 이야기를 그쳤다.

380번째 밤

샤라자드는 이야기를 계속했다.

오, 인자하신 임금님, 디르바스 왕의 대신 일행이 여전히 정신을 잃고 쓰러져 있는 운스 알 우유드를 나귀에 싣고 (본인은 모르고 있었습니다.) 길을 떠난 지 사흘 만이었습니다. 간신히 정신이 돌아온 운스가 물었습니다.

"여기가 어디요?"

"당신은 디르바스 왕의 대신과 함께 여행하고 있소."

종자는 이렇게 대답하고 대신에게 가서 젊은이가 정신을 차렸다고 알렸습니다. 그러자 대신은 장미수와 설탕을 넣은 셔벗수를 주었습니다. 사람들은 그것을 젊은이에게 먹여 기운을 차리게 해 주었습니다. 그리고 다시 여행을 계속하여 마침내 디르바스 왕의 수도 가까이에 도착하였습니다.

왕은 대신이 돌아왔다는 보고를 받자 운스 알 우유드를 데려오지 않았으면 영원히 자기 곁에 돌아오지 말라는 편지를 적어 보냈습니다. 대신은 임금이 내린 명령을 읽고 몹시 낙담하여 슬퍼했습니다. 그도 그럴 것이 대신은 장미공주가 왕에게 와 있다는 사실도, 운스 알 우유드를 데려오라 한 까닭도, 그리고 왕이 약혼을 희망하는 까닭도 전혀 모르고 있었기 때문입니다.

또한 운스 알 우유드도 자기가 지금 어디에 와 있는지, 그리고 대신이 자기를 찾으라는 임무를 띠고 있다는 것도 전혀 모르고 있었습니다. 더욱이 대신도 자기가 데려온 탁발승이 바로 운스 알 우유드라는 것을 꿈에도 몰랐던 것입니다.

그래서 대신은 이제 완전히 기운을 회복한 탁발승을 보고 말했습니다.

"나는 임금님의 명령을 받고 떠났는데 끝내 그 명령을 완수하지 못하고 돌아왔다오. 그래서 임금께서는 '임무를 다하지 못했거든 도성에 발을 들여놓지 마라'는 전갈을 보내셨소."

"대체 임금님께서 어떤 명령을 내리셨습니까?"

대신은 운스 알 우유드에게 모든 이야기를 해 주었습니다. 그러자 젊은이가 말했습니다.

"걱정하지 마십시오. 마음을 굳게 가지고 저와 함께 임금님께 가십시다. 틀림없이 운스 알 우유드가 찾아올 것을 보장할 테니."

대신은 뛸 듯이 기뻐하며 외쳤습니다.

"진정으로 하는 말이오?"

"그렇습니다."

그리하여 대신은 젊은이와 함께 말을 타고 갔습니다. 디르바스 왕은 두 사람의 인사를 받고 나서 물었습니다.

"운스 알 우유드란 젊은이는 어디 있는가?"

"오, 임금님, 제가 그 사람이 있는 곳을 알고 있나이다."

젊은이가 이렇게 대답하자 왕은 그를 자기 옆으로 불렀습니다.

"어디 있는가?"

"아주 가까운 곳에 있습니다. 하지만 그자를 불러 어떻게 할 작정이신지 그것부터 말씀해 주십시오. 그러면 곧 이곳으로 불러오겠습니다."

"얘기해 주고말고. 하지만 다른 사람은 들어서는 안 될 테니."

왕은 사람들을 물리친 다음 운스 알 우유드를 밀실로 데리고 가서 자세한 사정을 이야기해 주었습니다.

왕의 이야기를 듣고 난 젊은이가 말했습니다.

"저에게 좋은 옷을 입혀주십시오. 그러면 당장 운스 알 우유드를 데리고 오겠습니다."

왕이 곧 화려한 의상을 가져오게 하자 젊은이는 그 옷을 입고 나서 말했습니다.

"무엇을 숨기겠습니까? 제가 바로 그 '세상의 기쁨', 운스 알 우유드, 시기심 많은 사람에게 미움을 받는 자이옵니다."

그리고 사람들의 마음을 황홀케 하는 아름다운 눈동자를 빛내며 이런 시를 읊었습니다.

시름에 잠겨 외로운 내 마음
사랑하는 사람의 이름 들으면
희망의 빛을 잃고
점점 약해진 마음 되살아나리.
눈물은 자꾸 흐르지만
그 눈물밖에 도와줄 벗 없는
외로움이여
내 가슴의 애절한 심정
풀어주는 눈물에
쓸쓸한 마음도 사라지리.
내 그리움
세상에 없이 강하니
진정 내 사랑 이야기는
말로 다 할 수 없는 기적이라네.
밤마다 감기지 않는 눈
잠 못 이루며
지옥과 낙원의 경계를
마음 애태우며 헤매었네.
그 옛날엔
인내심도 꽤 강했건만
지금은 다 잃어버렸네.
더해만 가는 고민,
사랑이 내게 준
오직 하나의 선물.
이별의 오뇌에 여윈 몸,
그 옛날의
눈썹, 찾을 길 없어라
폭포 이루는 눈물에

내 눈동자 붉게 짓무르고
넘치는 눈물
막아낼 힘도 이젠 없네.
내 마음조차 잃어버리고
강한 힘도 쇠하여
슬픔 위에 또 슬픔을
몇 번이나 견뎌야 하는
운명을 지고 왔던가!
가인 중의 가인*32인
그 여인 잃고
마음도 머리도 늙어
흰머리 노인으로 변해 버렸네.
서로 사랑 맺기를
한결같이 바랐건만
애절한 소망 거절당하고
마침내 좌우로 갈라졌다네.
이제 알고 싶어라
이별의 시름 끝나면
세상 사람들아,
기꺼이 우리 연분 맺어주려나?
사람들 손에 펴놓은
결별의 책 덮고
만나는 날의 환희로
내 괴로움 지워주시라!
아, 어느 날에나 보게 되리,
단란하고 즐겁게
서로 술잔 나누며
내 시름 기쁨으로 바뀌는 것을?

젊은이가 노래를 마치자 왕은 큰 소리로 외쳤습니다.

운스 알 우유드와 대신의 딸 알 와르드 필 아크맘 2035

"그대들 두 사람은 참으로 진실한 연인이로다. 별들이 빛나는 아름다운 낙원의 부부로다. 그리고 그대의 신상 이야기도 참으로 신기하구나."

그리고 디르바스 왕이 장미공주가 겪은 일을 모두 얘기해 주자, 운스 알 우유드가 물었습니다.

"오, 현세를 다스리시는 임금님이시여, 공주는 지금 어디에 있습니까?"

"나에게 있노라."

왕은 판관과 증인들을 불러들여 두 사람의 결혼계약서를 작성하게 하였습니다. 그리고 운스 알 우유드에게 갖가지 선물을 내리고 샤미프 왕에게도 그간의 사연을 자세히 알렸습니다.

이 소식을 들은 샤미프 왕은 매우 기뻐하며 다음과 같은 회답을 보내왔습니다.

"약혼 의식은 귀하의 궁전에서 거행하였으니 혼례와 신방을 치르는 일은 내 궁전에서 거행하는 것이 어떻겠소?"

그리고 낙타와 말과 군사들을 두 사람에게 보냈습니다. 사자 일행이 디르바스 왕의 궁전에 도착하자, 왕은 두 연인에게 산더미 같은 재물을 선물로 주고 자기 부하들에게 두 사람을 호위케 하여 샤미프 왕의 궁전으로 보냈습니다.

두 사람이 귀국한 날은 더없이 기념할 만한 기쁜 날이었습니다. 샤미프 왕은 가희와 악사들을 모두 불러 성대한 결혼식을 올려주고 이레 동안 호화로운 잔치를 베풀었습니다. 그 기간에 매일같이 신하들에게도 하사품과 호화로운 의상을 내렸습니다.

운스 알 우유드가 장미공주 방을 찾아가 공주를 끌어안고 매우 기뻐서 한참을 울고 있으니, 공주는 다음과 같은 시를 읊었습니다.

시름은 가고 기쁨이 찾아왔네.
우리는 기어코 맺어졌으니
시기하는 자들은 낙심하리라.
재회의 날 산들바람
향기롭게 불어와
몸도 마음도

그윽한 바람으로 소생하였네.
아, 하늘 찌르는 기쁨이
향기와 더불어 되살아났네.
보라, 우리 주위에는
깃발 펄럭이고 북은 울리어
보기 드문 기쁨을 보여주누나.
설사 우리가 운다 할지라도
슬픔 때문이라 생각지 말라.
넘쳐흐르는 건 다름 아닌
오직 기쁨의 눈물이니.
갖은 두려움 겪었건만
그것은 이제 지난날의 일
견딜 수 없는 슬픔을
우리는 잘도 견디어 왔네.
이 한때의 기쁨 속에서
두려움에 센 흰 머리도
다 잊었다네.

노래가 끝나자 두 사람은 서로 얼싸안고 또 몇 번이고 얼싸안는 사이, 마침내 정신을 잃고 그 자리에 쓰러지고 말았습니다.

—여기서 날이 훤히 밝았으므로 샤라자드는 이야기를 그쳤다.

381번째 밤

샤라자드는 이야기를 계속했다.
오, 인자하신 임금님, 기쁨에 겨워 쓰러진 두 사람은 가까스로 정신을 차렸습니다. 그리고 운스 알 우유드는 이런 시를 읊었습니다.

아, 맺어지는 밤 진정 즐거워라,
사랑하는 연인은
굳게 언약한 맹세 지켰네.
서로가 가진 모든 것을
하나로 이어 맺으니
이별은 아득하게
멀리 사라져 갔네.
눈살 찌푸리고 멸시 받고 나서
세상의 봄 찾아왔네 우리에게도.
이토록 아름다운 연인의
사랑의 혜택과 더불어 왔네.
우리를 위해 행복의 신은
높이 깃발을 세웠으니
진정한 기쁨에 잠겨
둘이서 축배 들이켜고
손에 손 잡고 지난날의
슬픔을 함께 하소연하네.
실의의 어둠으로 가득 찼던
그 긴긴 밤들을 한탄하였네.
아, 내 아내여, 그러나 이젠
지나간 옛날이 잊기 어려워,
아, 자비로운 신이여,
돌이킬 수 없는 그 옛날의
내 실수를 용서하시라.
진정 즐거워라, 살아 있는 몸은!
진정 기뻐라, 삶이란 것은!
이렇게 우리는 맺어지고
내 애욕은 더해만 가네!

운스 알 우유드가 노래를 마치자 두 사람은 또다시 애욕의 바다에 빠져 서로 부둥켜안았습니다. 그리고 조용한 방에 누워 술을 마시고 시를 읊으며 온갖 즐거운 이야기를 나누면서 시간을 보냈습니다.

이렇게 하여 이레 동안 밤낮을 모르고 기쁨과 환락 속에서 지냈지만, 두 사람에게는 그 기간이 내일이 없는 단 하루같이 여겨졌습니다.

이레 만에*33 가희와 악사들이 악기를 가지고 오자 그제야 여러 날이 지났다는 것을 깨달은 공주는 깜짝 놀라 이런 즉흥시를 읊었습니다.

> 남의 시기를 마침내 극복하고
> 우리의 소망을 이루었노라.
> 서로 만나고 끌어안고
> 새로운 비단과 명주로 지어
> 푹신한 이불을 깐 가죽 침대에
> 우리 두 사람은 누웠노라.
> 이제 포도주는 사양하고
> 달콤한 입술의 이슬 마시리.
> 언약을 거듭하고 서로 맺으며
> 포옹을 풀지 않은 즐거움 속에
> 시간 흐르는 줄 몰랐구나.
> 먼 것인지 가까운 것인지
> 느린 것인지 빠른 것인지.
> 일곱째 밤이 찾아왔다가
> 모르는 새 지나가 버렸구나.
> 아, 이상도 하여라, 어떻게
> 매일 밤을 지냈는지 기억도 없고
> 우리는 헤아리지도 않았네.
> 마침내 이레 밤의 축하를 하러
> 손님들 찾아와
> "알라여, 두 사람의 인연을
> 늘려주소서!"
> 축하의 말 들을 때까지는.

공주가 노래를 마치자, 운스 알 우유드는 백 번도 더 입을 맞추고 이런 시를 읊었습니다.

　　오오, 기쁨의 날이여,
　　사랑하는 두 사람에게 기쁨의 날이여.
　　사랑하는 여인 고독에서 빠져나와
　　아름다움으로 나를 축복하고
　　상냥함으로 나를 감싸노라.
　　연인이 그 사랑의
　　좋은 술을 권한 까닭에
　　나는 기뻐서 사랑의 미주(美酒)에 취하노라.
　　우리는 희롱하고 즐기며
　　서로 포개어져 누웠네.
　　이윽고 다시 술을 마시고
　　흥겨운 노래 부르며
　　기쁨으로 가득 차
　　날이 가는 줄도
　　날이 오는 줄도 몰랐노라.
　　세상의 연인이여, 나와 같이
　　아름답게 인연 맺고
　　풍족한 기쁨 가지시기를.
　　이별의 쓴 열매 먹지 말고
　　우리처럼 즐거움 얻으시기를!

　두 사람은 방에서 나가 사람들에게 돈과 옷을 비롯하여 진귀한 물건들을 관대한 마음의 표시로서 나누어주었습니다.
　그런 다음 장미공주는 목욕탕을 특별히 깨끗이 준비해 두라 이르고*34 운스 알 우유드에게 말했습니다.
　"여보, 내 귀여운 분이여, 그럼 목욕탕에서 뵙겠어요. 거기서는 단둘이 있을 수 있으니까요."

신랑도 기꺼이 승낙했습니다. 공주는 갖가지 향료와 향수로 목욕탕을 향기롭게 하고서 촛불을 켰습니다. 그 촛불이 무척 마음에 들었는지 이런 시를 읊었습니다.

그 옛날 내 사랑
차지한 사랑스러운 임이여,
('현재'는 언제나 지나간 '과거'를 얘기해 마지않네)
그대만이 내 마음 채워주네.
그대 다른 벗들과 사귀기를
나는 원치 않네.
아, 내 눈의 빛인 그대여 욕실로 오시라.
지옥의 문을 지나 천국의 낙원에 드시라.
용연향, 침향을 피워
향기로운 그 연기로
무거운 구름 뜨게 하리.
세상의 모든 죄 용서하고
자비로운 신께 은총 구하리.
그리고 거기에 그대 나타나면
참고 기다린 그대에게 나는 외치리.
"아, 기쁘도다, 그리운 이여,
하늘의 축복은 모두 그대 위에 있노라!"

두 사람은 일어나 목욕탕으로 들어간 뒤, 욕조에 들어가서 온갖 즐거움을 누리고 궁전으로 돌아왔습니다.
그리하여 모든 환락을 파괴하고 온갖 교제를 끊어버리는 자가 찾아올 때까지 두 사람은 오래오래 행복하게 살았다고 합니다.
불멸의 신, 모든 것의 근원인 신께 영광 있으라!
또 이런 이야기도 있습니다.

＊1 장미 꽃봉오리(Rose-in-Hood)는 글자 그대로는 '신(紳) 가운데, 또는 꽃받침 속의 장미'라는 뜻. 나는 영어의 동의어를 제레미 테일러(Jeremy Taylor)의 "나는 그 봉오리 속의 틈새에서 막 새롭게 벌어지려 하는 장미를 얼핏 본 적이 있다"에서 따왔다. 〔테일러는 영국의 저명한 설교가. 그 고상하고 정열적인 산문은 밀턴을 제외하고 당대에 비견할 자가 없었다고 한다. 1613~67년.〕 레인은 제2권에서, 이 말을 '장미 꽃봉오리' 또는 '피기 전의 장미'라고 해설했다.

＊2 아랍어의 무파와크(Muffawak)로 '훌륭한 오늬를 먹인'이라는 뜻. 화살의 가치는 오늬에 있기 때문이다.

＊3 운스 알 우유드(Uns al-Wujud)는 '존재하는 자의 기쁨', '존재 또는 현세의 기쁨'이라는 뜻. 운스 와 유드(Uns wa jud, 좋은 친교와 기질)와 상투적인 언어유희를 이루고 있다. 이 농담은 종종 나온다. 또 이 이야기는 어디까지나 연애 이야기이며 따라서 시가 많이 나온다.

＊4 눈(ن)의 서체에 대해 언급한 것으로, 이것은 눈이라는 글자의 길게 뻗은 서체를 가리키며 둥근 형태는 아니다. 〔앞에서도 말한 것처럼 아라비아 문자에는 4가지 서체가 있다.〕

＊5 사드(ص)는 눈 모양과 비슷한 중간서체〔좌우 문자 사이에 끼어 있는 경우의 모양〕의 14번째 아라비아 문자.

＊6 이 인사는 남자가 하는 것으로, 마치 땀이라도 닦는 것처럼 손가락을 이마에 대는 몸짓이다. 그러면 여자 쪽에서는 두 손으로 베일을 고쳐 쓴다. 이슬람 동양에서는 대개 여성이 먼저 말을 건다. 수염을 기른 커다란 몸집의 남자가 여자가 던지는 추파에 얼굴을 붉히는 광경을 보는 것은 정말 우스꽝스럽다. 크림전쟁 중에 콘스탄티노플 여성들은 먼저 이러한 유혹부터 시작했지만, 여기에 응해준 것은 이단자(Giaour)들뿐이어서 그녀들도 단념할 수밖에 없었다.

＊7 예언자의 법도란 아랍어의 순나트(Sunnat), 즉 예언자의 관행을 말한다. 〔여기서 수나파의 명칭이 나왔다.〕 이런 기도와 '올바른 지시'(종종 매우 잘못되어 있다)를 받고자 하는 어리석은 미신적인 방법에 대해 레인도 《근대 이집트인》에서 다루었다. 〔졸역 《이집트의 생활》에도 매우 다방면에 걸친 미신이 다뤄져 있다.〕

＊8 '보물의 바다'는 아랍어의 바르(바다 또는 강) 알 쿠누즈(Bahr al-kunuz)로, 레인이(제2권) 이것을 상(上)나일과 동일시한 것은 참으로 멋진 발상이다. 상나일의 여러 종족—아소우안(Assouan, 시에네(Syene)를 가리킴)과 와디 알 수부아(Wady al-Subu'a) 사이의—은 '쿠누즈'라 불리는데, 이 말은 글자 그대로는 '보물'이나 '보고'를 의미한다. 필리(Philae)〔북위 24도에 위치한 나일 강 속의 작은 섬, 고대 사원으로 유명〕는 오늘날에도 '아나스(운스 대신) 알 우유드(Anas al-Wujud)의 작은 섬'이라는 이름으로 알

려져 있고, 또 엄격한 석학 부르크하르트(《누비아 여행기》)는 알 우유드라고 하는 대
왕이 오시리스(고대 이집트의 주신(主神))를 모시는 전당을 건립했다는 지방 전설을
기록하고 있다.

자발 알 사클라(Jabal al-Sakla), 즉 '자식을 잃은 산'에 대해서는, 379번째 밤에 나
오는 전설 말고는 나는 아무것도 아는 것이 없다.

＊9 탁발승 파키르(Fakir)는 걸승(乞僧, 글자 그대로는 거지). 이것은 크게 두 가지로 나뉘
는데, 샤라이(Shara'i)는 신앙에 따라 행동하지만, 라 샤라이(La Shara'i), 즉 신앙이 없
는 자는 그러한 선입관에는 사로잡히지 않는 악당의 표본이다(《순례》 제1권). [탁빌승
은 다르와이쉬(Darwaysh)라고도 하며, 라 샤라이는 비 샤라이 또는 루티라고도 한다.]

＊10 무서운 위험이 닥쳤을 때, 마치 기도하듯이 키블라, 또는 메카의 성전을 향하는 것은
경건한 행위이다.

＊11 이것은 오늘날에도 짐승의 동정에 호소하려는 바다위족의 신앙으로, 그들은 이렇게
말한다. "오, 대왕이시여, 저는 처자를 거느린 가난한 사람입니다. 제발 목숨만 살려
주십시오. 그러면 알라께서도 당신을 도와주실 테니까요." 그래서 만약 굶주리고 있
지만 않다면 사자는 종종, 뒤를 돌아보고 또 돌아보며 느릿느릿 가버린다고 한다. 그
러나 돌아올 때는 절대로 같은 길을 택하면 안 된다. 바다위인은 이렇게 말한다. "만
에 하나 포효하는 아버지(사자)가 허무하게 기회를 놓친 것을 후회하는 경우가 없다
고 단정할 수 없기 때문이다."

이러한 사자 이야기는 매우 낡은 이야기이다. 로마의 안드로클레스(Androcles)와 사
자 이야기나 그 밖의 많은 사례를 참고하기 바란다. 그러나 이러한 수사자의 명성이
나 암사자의 명예를 맹렬하게 공격하여 타파한 것은, 처음에는 '사자 사냥꾼
(Chasseur du lion)'이었다가 나중에는 '사자 살육자(tueur)'가 된 쥘 제라르(M. Jules
Gérard) 씨였다. [안드로클레스는 서기 1세기 무렵 로마의 노예로 사형선고를 받고
형장에 끌려가 야수에 물려 죽게 되었으나, 우리에서 뛰어나온 사자는 그를 잡아먹기
는커녕 오히려 노예의 손에 응석을 부리며 안겼다고 한다. 그것은 안드로클레스가 아
프리카의 동굴에 숨어 지냈을 때 발에서 가시를 빼준 사자가 바로 그 사자였기 때문
이다. 그리하여 안드로클레스는 죄를 용서받았을 뿐만 아니라 그 사자까지 얻었다.
제라르는 '사자 사냥꾼'으로 명성이 높았던 프랑스 여행가. 1817~64년.]

＊12 '사냥감의 아버지'는 아부 하리스(Abu Haris)로, 사자에 대한 수많은 별칭의 하나이
다.

＊13 사이훈(Sayhun)과 자이훈(Jayhun)은 약사르테스(Jaxartes)와 옥수스(Oxus)를 말한
다. 후자(자이훈 또는 아무(Amu), 옥수스 또는 박트로스(Bactros))는 투란(Turan)
에서 이란을, 타르타리아(Tartaria)에서 페르시아를 가르는 강으로 유명하다. 이 강
이북의 나라들은 '바다 배후에 있는 것'=트란속시아(Transoxiana)로 알려졌고, 그 수

도는 줄곧 사마르칸트(Samarcand)와 부하라(Bokhara)였다.

*14 '가까운 사람과 먼 사람(Near and far)'은 '친구와 적'이라는 뜻. 이 시는 일부는 맥나튼판에서, 일부는 브레슬라우판에서 인용했다.

*15 '신의 지시'는 아랍어의 이스티하라(Istikharah)로, 앞에서도 설명했듯이 염주로 하는 길흉(吉凶) 판단, 코란을 펼쳐 맨 먼저 나온 시를 통해 지시를 청하는 것이다. 메디나에서는 히라(Khirah)라고 하는데, 나는 그것이 이교시대의 아즐람(Azlam) 또는 키다(Kidah, 점의 화살)의 자취라는 것에 대해 언급한 적이 있다(《순례》 제2권).

〔레인 저 졸역《이집트의 생활》에서는 미신의 항목에서 이스티하라를 상세히 다루고 있는데, 거기에 의하면 코란 점은 다음과 같은 방식으로 한다. 우선 제112장의 첫 번째 장을 세 번 되풀이하고 나서, 경전을 떨어뜨려서 펼치거나 손으로 아무 곳이나 펼친다. 그리고 오른쪽 페이지의 7번째 줄의 글귀에서 해답을 얻는다. 즉 그 뜻의 좋고 나쁨에 따라 긍정인지 부정인지 답을 얻는 것이다. 그런데 그중에는 그 페이지 전체에 '하(ح)'와 '신(ش)'의 문자가 얼마나 나오는지를 헤아려, 하가 많으면 길, 신이 많으면 흉으로 판단하는 사람도 있다. 이것은 하가 '헤이르'(좋다)의 뜻을, 신이 '샤르'(나쁘다)의 뜻을 나타내기 때문이다. 염주에 의한 판단은 경전의 문구를 세 가지 되풀이해 외면서 염주알을 헤아려, 갑의 문구가 마지막 염주에 오면 운이 '매우 좋음', 을이 오면 '좋음', 병이 오면 '나쁨'이라는 식이 된다.〕

그러나 이 미신은 한 지방에만 한하는 것이 아니다. 우리에게도 코란 점(Coranicae)과 마찬가지로 베르길리우스는 마술사였으므로 베르길리우스 점(Sortes Virgilianae)이 있다. 〔이것은 베르길리우스의 시편을 펼쳐 맨 처음 눈에 띈 글귀로 점을 치는 것. 또한 이것과 마찬가지로 성서 점(Sortes Biblicae)과 호메로스 점(Sortes Homericae)도 있다. 베르길리우스를 마술사라고 한 것은, 그가 죽은 뒤 오랫동안 그의 시작품을 성전으로 간주하여 점에도 이용하여 시인으로서보다 마법사로서 명성이 높았기 때문이다.〕

*16 이쑤시개는 아랍어의 힐랄(Khilal)이며, 알 하리리(《알렉산드리아의 집회》)에도 나오는 쇠약의 표상이다. 또 방추(紡錘)처럼 갈대처럼 여위었다고도 하고, 가위처럼 말랐다고도 한다. 《바르카이드의 집회》(이것도 알 하리리 작《집회》 가운데 일부)에서는 이쑤시개는 아름다운 소녀로 그려져 있다. 무함마드는 이 청결한 도구를 사용하도록 명령했다. "이쑤시개로 너희의 입을 청소하라. 너희의 입 안에는 수호천사들이 살고 있기 때문이다. 혀는 그들의 붓이고, 인간의 침은 그들의 먹이다. 그들에게는 입 안에 남아 있는 음식 찌꺼기만큼 견디기 어려운 것은 없다." 작은 사항에 대해 지나치게 거창한 고증이지만, 더위가 심한 곳에서는 청결이 신앙 이상으로 중요하다.

*17 〔원문의 시구를 먼저 들면, If Rose herself would even with his cheek, I say of her/ "Thou art not like it if to me my portion thou deny.〕 이 의미는 애매하다. 레인은

Thou resemblest it (rose) not of my portion[이것은 버턴이 잘못 기록한 것으로, 레인이 번역한 제2권에는 Thou resemblest it not if thou be not of my portion='만약 당신이 내 몫의 일부가 아니라면, 당신은 장미를 닮지 않았다'으로 번역하고, 그것을 두 가지로 설명했다. 즉, "그는 내 몫의 일부이므로." 또 하나는 "내 것이 장밋빛이 아니면 그의 뺨도 장미일 수가 없으므로(because *his* cheek cannot be rosy if *mine* is not)." [전자는 레인 노스승의 해석이고 후자는 레인 본인의 해석이다(제2권).] 페인 씨는 대담하게도 이렇게 번역하고 있다.

만약 장미가 그의 뺨을 흉내낸다면, 나는 말하리라,
"당치도 않아, 내 몫에서 몰래 훔치려 하다니."[직역]

*18 섬유는 아랍어의 리프(lif)로 '줄기 꼭대기에 생기는 섬유'(레인, 제2권)가 아니라, 오늘날 유명한 인도산 '코이어(coir)'의, 야자열매 섬유처럼 가공되는 엽상체의 섬유를 가리킨다. 이 리프는 또 필필(Filfil) 또는 풀필(Fulfil)이라고도 하며, 조너선 스콧 박사(《아라비아 야화》 영역자)는 '후추'라고 번역했다(레인, 제1권). 이것은 문명의 가장 불결한 것인 스펀지를 대신하는 청결한 대용품이다. 모든 목욕탕에서 사용되며, 사용 뒤에는 버려진다(또는 버려야 한다).

*19 이 환관은 자신이 산달리(Sandali)='페니스와 고환이 모두 잘린 환관'이 아님을 얘기하고 있다. 이 거세 방법은 여러 가지가 있다. 어떤 경우에는(이 경우처럼) 페니스만 제거하고, 또 어떤 경우에는 고환만 못쓰게 하거나 잘라낸다. 그러나 어떤 경우에도 성욕은 남는다. 그것은, 다른 동물과 달리 인간에게는 성욕의 원천(*fons veneris*)은 두 뇌이기 때문이다. 아벨라르(Abélard)의 이야기가 이것을 증명하고 있다. 유베날리스(Juvenal)는 결혼한 환관이라는 관념을 조롱했지만, 이들 중성자의 대부분은 결혼하여 아내에게 온갖 어리석은 자의 쾌락(*plaisirs de la petite oie*)[수음(masterbation), 동성애(tribadism), 흡경(irrumation), 상지(相舐, tête-bêche), 장미 꽃받침(feuille-de-rose) 등등]을 구사하여 오르가슴을 촉진한다. 이것은 한 환관의 부인한테서 내가 들은 이야기이다. 그 부인이 가련한 존재인 것은 말할 것도 없다. 마지막 고비에는 그녀는 남편을 위해 작은 베개를 주어 그것을 물어뜯게 했는데, 만약 그렇게 하지 않으면 남편은 그녀의 뺨이나 유방을 물어뜯었을 것이다.
[피에르 아벨라르는 12세기 프랑스의 신학자이자 철학자로, 그의 이름은 오히려 에로이즈(Herois)의 연인으로서 세계적으로 유명했다. 38세의 아벨라르가 자신의 제자였던 17세의 소녀 에로이즈를 사랑하여 함께 달아났다가 에로이즈의 보호자에 의해 불구자가 되어 헤어졌다. 그가 쓴 연애편지가 나중에 발표되어 다른 저서보다 더 유명해졌다. 유베날리스는 1세기 무렵 로마의 풍자작가. '어리석은 자의 쾌락' 가운데

'흡경'은 펠라티오(fellatio)라고도 하며, '철음(啜陰)'인 쿤닐링투스(cunnilinctus)에 대비되는 말. 또 '상지(相舐)'의 테트베슈는 '발과 머리를 나란히 하는 것'으로 다음의 '장미 꽃받침'과 마찬가지로 '수아상 누프'='식스티나인'의 별명이다.〕

＊20 실생활에서는 환관은 대개 자신의 불행에 대한 모든 암시를 피한다. 하지만 노예는 자신이 팔려온 사연을 종종 자못 재미있다는 듯이 얘기한다. 〔참고로, 볼테르도 환관의 무거운 입에 대해 그 호색 이야기 《후궁》에서 상세히 얘기하고 있다.〕

＊21 이것은 꿈속에서의 방문이다.

＊22 '밤에 우는 새'는 불불(Bulbul)이라 하며, 우리는 이 말을 흔히 나이팅게일(nightingale)이라고 번역하고 있는데, 이것은 일종의 때까치(shrike) 또는 butcher-bird(Lanius boulboul. Lath)를 가리킨다. 〔래스라는 것은 명명자인 존 래섬(John Latham)을 가리킴. 영국의 조류학자, 1740~1837년.〕

＊23 산비둘기(wood-pigeon)인 하맘(Hamam)은 아라비아의 시에 자주 등장한다. 나는 이 비둘기가 전 세계에서 존중받고 있다는 것 또 '카포테시와라(Kapoteshwara, 카포타이시와라(Kapotaishwara))'='비둘기' 또는 '비둘기의 신'으로서, 힌두교 3체의 하나인 제3체(시바신)의 화신이라는 것을 앞에서 설명했다(《순례》 제3권).

〔버턴의 설명을 필요한 부분만 뽑아 번역하면, "힌두교 학자는 시와(Shiwa)와 그 배우자가 카포트 에시와라(비둘기의 신)와 카포테시의 모습과 이름을 따서, 메카에 살고 있었다고 주장하고 있다…… 메카의 비둘기는 베네치아의 비둘기와 비슷하며, 아마 노아의 비둘기와 관련된 아랍인의 기상천외한 전설에 의해 신성시되고 있는 것이리라. 어떤 저술가들은 무함마드가 살아 있었을 때 메카 신전의 우상 가운데 나무 비둘기가 한 마리 있었고, 그 위에 또 하나 있었다……고 공언했다. 이것은 힌두교, 유대교 또는 그리스도교의 상징이었는지도 모른다. ……거의 모든 나라의 종교사 속에 비둘기가 자주 등장한다…… 메카에서는 영묘(靈廟, 카바)의 비둘기라 불리며, 결코 식탁에는 모습을 보이지 않는다. 성전의 옥상에 머물러 있을 때, 그들은 지극히 예의 바르다. 이것은 작은 기적일지도 모른다. 나는 오히려 그 지붕에 뭔가 비밀이 있는 것이 아닌가 하고 생각한다……"〕

＊24 모든 원시적인 종족은 새의 노래를 인간의 언어로 번역한다. 그 이유는 앞에서도 말했듯이 매우 다양하다. 비둘기(Pigeon)는 '알라! 알라!'라고 외치고, 산비둘기는 '카림 타와(Karim Tawwa, 자비로운 자, 죄를 용서하는 자)'라고 노래한다. 카타, 즉 사뇌조(沙惱鳥)는 '만 사카트 살람(잠자코 있는 자는 안전)'이라고 소리치지만, 그러면서도 '카타'의 울음소리로 자신의 존재를 폭로해 버린다. 마지막으로 수탉은 '우즈쿠르 라 야 가필룬(Uzkuru 'llah ya ghafilun)'(너, 분별없는 자여, 알라의 이름을 택하라, 또는 기억하라)이라고 노래한다.

＊25 나이(Nay)는 탁발승의 갈대피리. 한숨 쉬는, 그곳에 있지 아니한 연인의 표상.

＊26 바알바크(Ba'albak)='바알(신)의 도시(콥트어나 고대 이집트어에서는 베크(Bek))'. 〔이 도시는 다마스쿠스 서북쪽 35마일 되는 곳에 있는 시리아의 고도(古都)로, 그리스인은 나중에 헬리오폴리스라고 불렀다. 보통은 Baalbek라고 쓰는 듯하다.〕적어도 이것은 초심자용 어원설이고, 더욱 전문적으로 설명할 수도 있을 것이다. 하르푸시(Harfush, 악한)로 유명한 의협적인 도적인 쿠르드(Kurd)족이 고도 '헬리오폴리스(Heliopolis)'에 군립한 이래 직물은 전혀 생산되지 않았다.

＊27 아름다운 여자의 모습으로 변한 마신, 또는 식인귀가 아닌가 하여 놀란 것.

＊28 불붙이는 나무는 아랍어의 진드(Zind), 진디(Zindah)〔복수형〕는 난단한 것과 부드러운 것, 위아래 2개의 나무막대로 되어 있으며, 불을 붙이는 데 쓰는 도구인 부싯돌과 강철이 아직 알려지지 않았던 시대에는 이 나무막대로 불을 붙였다. 알 하리리에도 이 말을 볼 수 있다.

＊29 '멀리 넓게 여행했다'는 뜻.

＊30 아랍어의 라자브(Rajab)는 글자 그대로는 '숭배하는 것'이라는 뜻. 이것은 태음월의 제7월로, 오늘날에도 페르시아인들은 '샤르 이 후다(Shahr-i-Khuda)'(신의 달)라 부르고 있다. 그것은 제7월은 무하람(Muharram)='제1월'(또는 그 대신 사파르(Safar)='제2월'), 둘카다(Zu'l-Ka'adah)='제11월', 둘히자(Zu'l-Hijjah)='제12월'과 함께 1년의 평화로운 시기로, 이 기간에는 설사 아버지를 살해한 자도 죽여서는 안 된다. 아라비아 역사상에 이 법령을 무시하고 일어난 '불경의(또는 신성모독의) 전쟁'이 불과 6건밖에 기록되어 있지 않은 것을 보면, 이 관념이 상당히 깊이 뿌리내리고 있음을 알 수 있다. 유럽인은 이것과 Treuga Dei(신의 평화)를 비교하지만, 후자는 1032년 무렵에 아키텐(Aquitaine)〔프랑스 남동부의 옛날 주명(州名)〕의 수도원장이 창설한 7년 동안의 휴전기로, 그 뒤에는 1245년 프랑스 루이 9세 시대에 Pax Reges(왕의 평화)가 시행되었다. 어쨌든 이 평화월의 규정에 따라, 피살자의 친족은 범행이 일어나고서 40일 동안 평화를 지켜야만 했다.

〔이집트의 태음월의 명칭을 살펴보면 다음과 같다. 제1월 Moharram, 제2월 Safer, 제3월 Rabia al-Owwal, 제4월 Rabia et-Tani, 제5월 Gumad al-Owwal, 제6월 Gumad et-Tani, 제7월 Rajab, 제8월 Shaaban, 제9월 Ramadan, 제10월 Showwal, 제11월 Zu'l-ka'adah, 제12월 Zu'l-Hijjah. 또 계절이나 천문학과 관련이 없는 사항에는 지금도 콥트월이 사용되고 있다.〕

＊31 〔의역했으나 원어로는 an ecstatic='법열의 경지에 있는 자'.〕아랍어로 마지주브(Majzub)라고 하며, 글자 그대로는 끌렸다, 매료당했다는 뜻. 신의 명상에 잠겨 있는 자에 대한 일반용어. 이 과정에 있는 동안은 영혼이 육체를 떠나므로 육체는 그 행위에 대해 책임이 없다고 생각했다. 나는 튀니스에 가까운 한 마을에서 이런 종류의 남자가 물의를 일으킨 소동을 기억하고 있다. 그는 더러운 한구석에 앉아 있다가 느닷

없이 벌떡 일어나더니, 몇몇 사람들이 보는 앞에서 암나귀와 성행위를 한 것이다. 이 성인을 옹호하는 사람들은, 그 행위는 그의 정상을 벗어난 청정함의 명백한 증거라고 말했지만, 그중에는 음란한 자, 즉 이슬람교도의 볼테르 같은 자들(회의론이라는 뜻)도 있어서, 거기에 의문을 표시하며 그 행위는 '관람자의 갈채를 목적으로' 한 것이라고 생각했다.

*32 ['가인 중의 가인'으로 번역했지만, 원문에는 Beauty's *lord* of lords the galaxy='빛나는 별 같은 귀인 중의 미(美)의 귀인'.] 이 '귀인'은 부인, 즉 그녀의 대용이다.

*33 이집트에서의 밀월은 짧아도 일주일이다. 7일째에(그날은 보통 알 즈부아라고 불린다) 신랑 신부는 모든 예의를 다하고, 물론 각자 다른 방에서 방문을 받는다. 7일째는(40일째, 6개월의 마지막 날, 1주년 등과 마찬가지) 탄생과 사망의 의식에도 지켜지며, 코란의 전문을 소리 내어 읽고, 가족이 모두 모이는 등 그 밖의 행사가 있다. 40일째는 진정한 밀월(긴 편임)의 마지막 날이다. 792번째 밤 참조할 것. [또 레인 저 졸역 《이집트의 생활》에 가정의 경사가 상세히 서술되어 있다. 일반적인 습관으로서는 신혼 첫날밤은 이 7일째 밤, 또는 40일째 밤이다.]

*34 앞에서 주석을 달았지만, 남녀 어느 쪽의 경우이든 개인을 위해 공중목욕탕을 빌려 하루를 대부분 놀면서 보내는 관습이 있다. 이 이야기에서도 목욕탕은 공공의 시설인 듯하며, 신랑과 함께 목욕을 하겠다는 것은 신부의 단순한 취흥이었던 셈이다. '행실이 바른' 사람들은 그렇게 하지 않는다.

〈역주〉

(1) 라이온에서 나온 남자의 이름.
(2) 흉내를 잘 내는 앵무새를 가리킨다.

아부 노와스와 세 미소년 그리고 하룬 알 라시드 교주*¹

어느 날 시인 아부 노와스는 집 안에 어마어마한 진수성찬을 준비했습니다. 이 세상의 모든 종류, 모든 색깔의 산해진미를 모아 놓은 겁니다. 그리고 그 향연에 어울릴 상대를 찾기 위해 거리로 나갔습니다.

"알라여, 나의 주님, 나의 스승이시여, 부디 이 향연에 어울리는, 오늘 저와 더불어 술을 마실 만한 사람을 보내주소서!"

그러자 이 말이 채 끝나기도 전에 낙원의 천사처럼 아름답고 수염이 없는 세 젊은이를 만났습니다.

세 사람은 다 생김새가 달랐지만 모두 세상에 둘도 없는 미소년*²이었습니다. 그들의 날씬한 모습을 본 사람은 누구든지 마음이 설레지 않을 수 없을 정도여서 시인도 이렇게 노래했다고 합니다.

> 길을 가다가 세상에 둘도 없는
> 젊은이 두 사람 만나
> 나도 모르게 이렇게 소리쳤네.
> "오, 아름다운 젊은이들이여!
> 나는 그대들에게 반했노라!"
> 한 사람이 묻는다.
> "돈은 있나요?"
> 나는 대답했네.
> "넘칠 만큼!"
> 두 사람은 입을 모아 말하더군.
> "그건 바로 우리를 두고 하는 말."⁽¹⁾

아부 노와스는 이렇게 아름다운 소년들과 희롱하고 서로 말을 주고받으며 아름답게 피어난 뺨에서 장미꽃을 따는 것을 좋아했습니다.
　마치 시인이 이렇게 노래한 것처럼.

　　수많은 노정마저
　　육욕 끓어올라
　　아름다운 홍안과 열락의
　　동산 찾아다니네.
　　정토의 도시 모술*³에서 눈을 뜨고,
　　온종일 오로지
　　꿈꾸는 것은 알레포*⁴뿐이라네.

　노와스가 세 사람에게 인사를 하자 젊은이들도 정중하게 답례를 하고서 다른 방향으로 가려고 하자, 노와스가 세 사람을 붙잡으며 이런 시를 읊었습니다.

　　발길을 옮겨
　　곁눈도 팔지 말고 내 곁으로,
　　호사스런 잔치를 벌였노라.
　　사원에서 승려가 빚은
　　빛나는 묵은 술
　　맛좋은 양고기
　　온갖 새고기
　　이런 것들 맛보고
　　기쁨 가져다주는
　　묵은 술 나누며
　　마음껏 즐기고 나서
　　번갈아 차례로
　　내 물건 씻어 주오.*⁵

　이 노래에 홀려 세 젊은이는 노와스의 청에 응하기로 했습니다.

—여기서 날이 새기 시작하여 샤라자드는 이야기를 그쳤다.

382번째 밤

샤라자드는 이야기를 계속했다.

오, 인자하신 임금님, 아부 노와스의 청을 들어주기로 한 세 젊은이는 아부 노와스를 따라 그의 집으로 갔습니다. 가서 보니 그가 노래한 대로 모든 것이 준비되어 있었습니다.

그들은 자리에 앉아 먹고 마시면서 한참 떠들고 놀다가, 아부 노와스에게 세 사람 가운데 누가 가장 잘생기고 맵시가 아름다운지 품평해달라고 청했습니다. 그래서 아부 노와스는 그중 한 사람을 꼭 집어 가리키고 두 번 입을 맞춘 다음 이런 시를 읊었습니다.

> 저 검은 사마귀
> 내 영혼을 주어서라도 사고 싶구나.
> 돈과 그 검은 사마귀 비교해 보면
> 그야말로 하늘과 땅 차이,
> 저 뺨에 수염 나지 않게 하시고
> 그 검은 점에, 아아, 그 검은 점에,
> 아름다움을 보태신 신을 찬양하라!

그리고 또 한 사람 가리키면서 그 입술에 입맞추고는 이런 시를 읊었습니다.

> 그대의 뺨엔 귀여워라
> 사향 같은 검은 점 하나
> 깨끗한 장뇌(2)에 달라붙어 있구나.
> 하도 곱게 어울려
> 내 눈 깜짝 놀라니
> 검은 점 말하기를

"예언자를 찬양하라."*6

그런 다음 세 번째 젊은이에게 열 번이나 입을 맞추고 다시 시를 읊었습니다.

젊은이는 들이켰네.
은잔에 가득 부어
순수한 황금 녹인 미주(美酒)를.
손끝에 술 얼룩,
젊은이는 술 따르는 이*7에게
술 한 잔 권하고
초점 없는 눈길을
다른 두 사람에게 던지네.
터키인의 자손*8인 미소년,
그 허리에 새끼 사슴처럼,
호나인*9의 산 두 개를
이었네. 나도 그렇게
이브의 딸*10에게 유혹당하면.
이중(二重)의 엉덩이에 기뻐하는
이 몸은 불행에 빠지리라.
이 엉덩이 그 처녀지*11로
나를 유혹하고,
그 엉덩이 나를 유혹하네,
두 개의 사원 가진 들판의 도시*12로.

젊은이들이 저마다 두 잔씩 술을 마신 뒤, 노와스의 차례가 되자 그는 술
잔을 받아 들고 이런 시를 읊조렸습니다.

그대의 가냘픈 손 아니고는
독한 술 따르지 말라.
어느 것 하나도 날씬하고

아부 노와스와 세 미소년 그리고 하룬 알 라시드 교주 2053

사랑스러운 손이 아니라면.
술 따르는 동자의 눈부신
홍안 보지 못하면
술잔 나누는 사람의 몸도 영혼도
어찌 흥겹고 즐거우랴.

아부 노와스가 잔을 들이켜고서 다음 차례로 돌리니, 술잔은 한 바퀴를 돌아 다시 아부 노와스의 손에 돌아왔습니다. 아부 노와스는 무척 기분이 좋아져서 또 시를 읊었습니다.

포도즙 넘치는
술잔 돌고 돌아
끝이 없구나.
참으로 뛰어난 향내
사향인가 사과인가
갈색 입술*¹³ 가진 가인의
손이 따르는 술이여,
행여나 마시지 말라,
새끼 사슴 손으로
부은 술 아니거든.
그 뺨에 입맞춤하니
진정 술보다도 달구나.

이윽고 술기운이 머리까지 오르자, 아부 노와스는 곤드레만드레하여 손과 머리도 구별하지 못하고, 그저 기뻐서 이리 비틀 저리 비틀 휘청거렸습니다. 상대를 가리지 않고 젊은이들에게 달려들어서는 입을 맞추고 끌어안고 다리를 휘감으면서 체면도 잊고 이런 시를 읊었습니다.

가인들과 한자리에 앉아
더없는 기쁨 느끼는 것은

실로 젊은이들이기 때문.
쿵 쓰러져 누웠다가
몸을 일으키려 할 때는
저 가인이 노래 부르고
이 미녀도 노래 부르네.
유달리 귀여운 이 있어서
입맞추고 싶어 못 견딜 때는
서슴지 않고 젊은이들은
그 입술 빨고 깨문다네.
하늘의 복 내릴지어다,
아름다운 가인에게!
이들과 지내는 나날의
그 즐거움 어디에다 비기리!
이 손으로 거두는 것은
아, 기쁜 열락의 수확
어서 미주를 들자꾸나,
물을 탄 술도 좋고,
순수한 술도 좋아,
함께 실컷 마시자꾸나,
잠자는 자는 모두 깨워라.

　이렇게 그들이 술을 마시며 떠들고 있는데, 누군가 문을 두드리는 자가 있었습니다. 이윽고 허락을 얻어 들어온 사람을 보니 뜻밖에도 오, 충실한 자들의 임금님 하룬 알 라시드 교주가 아니겠습니까? 그들은 벌떡 일어나 그 앞에 엎드렸습니다. 아부 노와스는 두려움으로 취기가 씻은 듯이 가시고 말았습니다.
　"여봐라, 아부 노와스!"
　교주가 부르자 아부 노와스가 대답했습니다.
　"알라의 가호가 있기를! 오, 충실한 자들의 임금님이시여, 무엇이든 분부를……"

"대체 그 꼴은 어찌 된 일이냐?"

"오, 진실한 신자의 임금님, 보시는 바와 같습니다."

"아부 노와스, 전능하신 알라의 분부로 그대를 매춘부의 기둥서방과 뚜쟁이들의 판관으로 임명했노라."

"오, 충실한 자들의 임금님, 정말 그렇게 높은 벼슬을 저에게 주시는 겁니까?"

"암."

"오, 충실한 자들의 임금님, 그러시다면 제가 재판해야 할 소송이 있습니까?"

이 말을 들은 교주는 몹시 노하여 그 자리에서 돌아가 버렸습니다. 그리고 노기를 풀지 못한 채 그날 밤을 보냈습니다. 한편 아부 노와스는 자신이 초대한 세 젊은이와 계속 유쾌하고 즐거운 밤을 보냈습니다.

이윽고 동이 트고 새벽빛이 밝아오기 시작하자, 노와스는 술자리를 걷고 젊은이들을 돌려보내고서 예복으로 갈아입고 교주의 궁전으로 들어갔습니다.

그런데 충실한 자들의 임금님은 언제나 접견이 끝나면 손님방으로 돌아가서 그곳에 시인과 술벗, 악사들을 부르는데, 그들에게는 각자 지위에 따라 자리가 정해져 있었습니다. 이 날도 교주가 손님방으로 들어가자 벗과 가까운 지인들이 찾아와서 각자 신분과 지위에 따라 자리에 앉았습니다.

그 자리에 아부 노와스도 들어와 자기 자리에 앉으려 했을 때, 교주가 큰 소리로 검객인 마스룰을 불러 시인의 옷을 벗긴 다음, 등에 나귀의 길마를 지우고 목에는 고삐를 걸고, 엉덩이 밑에 밀치끈을 묶어 노예계집들의 방마다 끌고 다니라고 명령했습니다.

—여기서 샤라자드는 날이 새는 것을 보고 이야기를 그쳤다.

383번째 밤

샤라자드는 이야기를 계속했다.

오, 인자하신 임금님, 교주는 검객 마스룰에게 아부 노와스의 예복을 벗긴 뒤, 등에 나귀의 길마를 지우고 목에는 고삐를 걸고, 엉덩이 밑에 밀치끈을 묶어 노예계집들의 방과 후궁의 방으로 끌고 다니며 여자들의 웃음거리로 만들고서 목을 베어 오라고 명령했습니다.

"분부대로 거하겠습니다."

마스룰은 대답하고 나서 명령대로 하여 1년의 날수만큼 있는 방들을 드나들며 끌고 돌아다녔습니다. 하지만 아부 노와스는 타고난 익살꾼이어서 갖가지 어릿광대 시늉으로 여자들을 웃기고 여자들이 주는 돈까지 받았으므로 돌아올 때는 주머니가 두둑하게 차 있었습니다.

마침 그때 교주의 중대한 심부름으로 외출했던 바르마크 집안의 자파르가 돌아왔습니다.

대신은 처량한 몰골의 시인을 알아보고 말을 건넸습니다.

"여보게, 아부 노와스!"

"예, 왜 그러십니까?"

"대체 무슨 죄를 지었기에 이런 벌을 받고 있나?"

"아무 일도 아니올시다. 교주님께 가장 잘 된 시를 지어 바쳤더니, 그 상으로 가장 좋은 옷을 주신 것뿐입니다."

진실한 신자들의 임금은 이 말을 듣고 그만 노여움이 사라져 자신도 모르게 한바탕 웃고 나서, 노와스를 용서하고 많은 돈을 내렸다고 합니다.

또 이런 이야기도 있습니다.

〈주〉

*1 여기서 이른바, 아나(Ana)〔일화집 또는 잡화집으로 번역되지만, 요컨대 일화를 가리킴〕가 시작된다. 대부분은 그 자체에 성립연대가 나타나 있다. 이하 49가지 이야기 가운데, 레인은(제2권) 불과 22가지 이야기를 다루고 있을 뿐이고, 게다가 이것을 제18장의 주 속에 삽입했다. 〔그뿐만 아니라 레인은 종종 지극히 독선적으로 자신이 좋아하지 않는 이야기는 버리거나 생략하고, 또 위의 일화처럼 주 속에 작은 활자로 처리하기도 했다.〕

그의 번역 작업은 통속성을 노리고 있었으므로 그중 몇 편은 여색을 좋아하는 이야기이기 때문에 아무래도 번역하기가 꺼려졌던 것 같다. 레인에 의하면, 아부 노와스(Abu Nows)〔762~810년〕는 조심하고 피해야 되는 인물로, 인류학을 연구하는 자가 아니라면 그의 이름이나 추행이 나오는 일화는 건너뛰고 읽게 하려 한 것이다.

*2 천국의 미소년은 아랍어의 길만(Ghilman)이고, 이와 짝을 이루는 것은 앞에서도 말했지만, 이른바 하우리스(Houris)〔낙원의 미녀〕이다.

*3 모술(Mosul)〔티그리스 강 연안에 있는 도시〕은 우상숭배에 더럽혀진 적이 한 번도 없다는 것을 자랑하고 있다. 이러한 이례적인 현상은 이 도시가 비교적 근대의 도시이기 때문이다.

*4 알레포 사람(Aleppines)은 옛날부터 음탕한 것으로 유명했다. 오늘날에도 할라비 셸레비(Halabi Shelebi, Chelebi의 대신)=‘알레포 사람은 멋진 남자’라는 말이 있다.

*5 페인 씨는 마지막 행을 생략하고 있다. 이것은 페르시아의 소년이 반쯤 터키어로, 알리시 타키시(Alish Takish, 각자가 남자의 역할을 한 뒤 여자 역할을 하는 것)라 불리는 것을 가리킨다. 최고급 포도주는 오늘날에도 사원에서 제조되며, 특히 시나이 수도원은 건포도로 제조한 라키(Raki)로 세계적으로 유명하다. 〔버턴은《순례》제1권의 각주에서 이 술에 대해 해설했다. 정확하게는 아라키(Araki)라고 하며, 라키는 속명이다. 주류의 총칭으로도 사용되지만, 특히 대추야자나 건포도로 빚은 술을 말한다. 건포도로 빚은 것은 값도 가장 비싸고 건위제로 통하기 때문에 동양인은 물론 유럽인도 사랑하고 좋아하고 있다. 이슬람교 나라에서는 공공장소에서 술을 파는 것은 금지되어 있지만, ‘고무 시럽(Sciroppo di gomma)’을 파는 사람이 있어서, 그것을 찾으면 아라키 술을 준다. 마시는 방법은 단숨에 털어 넣은 다음 한 모금의 물을 머금어 이내 입안을 씻어낸다. 이집트 여성도 이것을 즐겨 마시며, 또 계급이나 성을 불문하고 동양의 모든 음주가는 브랜디나 코냑보다 이 아라키를 좋아한다.

*6 단순히 액운을 피하기 위해 예언자를 찬양할 뿐만 아니라, 말이 많은 사람의 입을 다물게 할 때도 사용된다.

*7 술 상대는 아랍어의 수카트(Sukat, 사키(Saki)의 복수형으로, 술 따르는 사람. 우리 고대의 Skinker). 순수한 황금이란 호박색 포도주를 말하며, 레바논 지방(Libanus)의 비노 도로(Vino d'oro)〔라틴어로 황금의 술이라는 뜻〕와 같다.

*8 즉, 피부가 희고 뺨이 붉은 아름다운 소년. 당시의 바그다드에는 터키인 노예가 많이 있었다.

*9 〔원문에는 호나인 산이라 되어 있지만〕메카에 가까운 와디로, 무함마드의 성전이 치러진 곳이다. 이 행(行)은 그의 허리는 넓은 가슴과 커다란 엉덩이를 이은 실이라는 의미.

*10 이브의 딸은 아랍어의 자우라(Zaura)로, 이 말은 유명한 늑골을 암시하며 ‘마음이 비뚤어진’의 의미로도 볼 수 있다. 〔창세기 제2장 22절에, ‘여호와 하나님이 아담에게서 취하신 그 갈빗대로 여자를 만드시고……’라고 되어 있다.〕

*11 〔원문은 디야르 바크르(처녀지)로 되어 있으므로〕결말이다. 아부 바크르(Abu Bakr)

의 경우처럼 바크르(Bakr)는 조상의 이름이지만 처녀도 의미한다. 〔아부 바크르는 초
대 이슬람 교주.〕

＊12 사원은 아랍어의 자미아인(Jami'ayn)으로 두 개의 대사원. 큰(따라서 부도덕한) 도시
를 의미하기도 한다.

＊13 갈색 입술은 아랍어의 알마(Alma)로, 앞에서 해설했다. 유럽인의 취향에 영합하여
'장밋빛 입술'이라고 번역할 수는 없다.

〈역주〉

(1) '넘칠 듯이'를 다른 의미로 파악한 것.

(2) 하얀 뺨을 말한다.

아브달라 빈 마마르와 바소라의 남자 그리고 노예여자

옛날 바소라에 사는 어떤 남자가 노예계집을 하나 사서 참으로 나무랄 데 없이 교육했습니다. 그런데 이 주인은 이 노예계집을 무척 사랑하여 함께 유흥과 유람으로 세월을 보내다 마침내 전 재산을 다 써서 없애고, 무일푼의 빈털터리가 되고 말았습니다. 그렇게 되자 여자가 말했습니다.

"여보, 저를 파세요. 돈이 필요하실 테니까요. 당신이 처량하고 가난한 신세가 된 것을 볼 때마다 가슴이 아파서 못 견디겠어요. 저를 팔아 그 돈을 쓰시는 것이 저를 옆에 데리고 계시는 것보다 나을 거예요. 그러다 보면 전능하신 알라께서도 당신에게 행운을 주시어 행복의 길을 열어주실지 모르잖아요."

워낙 궁핍했던 터라 주인은 여자의 말대로 그녀를 데리고 시장으로 나갔습니다. 그러자 거간꾼이 아브달라 빈 마마르 알 타이미라는 바소라 총독에게 여자를 보였는데, 총독은 첫눈에 여자가 마음에 들었습니다.

그래서 금화 5백 닢으로 여자를 사기로 하고 주인에게 값을 치렀습니다.

주인이 돈을 받아서 돌아가려 하자 여자가 갑자기 울음을 터뜨리며 이런 시를 읊었습니다.

임께서 받으신 그 돈
임의 마음 기쁘게 해 드리겠지만
나에게 남은 건
불행과 슬픔뿐.
탄식해 마지않는 마음,
그 마음에 말해 보네.
"원하든 원하지 않든
너의 벗은 가 버렸다"고.

이 노래를 들은 주인은 슬픈 목소리로 이렇게 화답했습니다.

비록 모든 방법 다한 끝에
죽음만이 정해진 운명일지라도
용서해다오.
아침저녁으로 그대 생각하며
슬픔 가득한 마음
달래고 위로하리라.
잘 가라, 행복하라!
마마르 님의 뜻이 아니고는
다시 만날 길 없으리.

아브달라 빈 마마르는 두 사람의 노래를 듣고, 서로 깊이 사랑하는 사이임을 알고는 이렇게 외쳤습니다.

"아, 나는 그대들을 갈라놓는 운명의 힘을 빌리는 일은 절대로 하지 않으리라. 그대들 둘은 서로 깊이 사랑하고 있구나. 그렇다면 그 돈은 그대로 받아 두고 여자를 데려가도록 하여라. 그대 두 사람에게 알라의 축복이 있기를! 이별은 사랑하는 이들에겐 참으로 쓰라린 법이니까."

두 사람은 총독의 손에 입을 맞추고 집으로 돌아와 멸망의 손이 둘을 갈라놓을 때까지 의좋게 살았습니다.

오, 멸망하지 않는 신께 영광 있으라!

또 이런 이야기도 있습니다.

오즈라족*1의 연인들

옛날에 오즈라족 가운데 얼굴이 빼어나게 아름답고 재능이 뛰어난 한 남자가 있었습니다. 이 남자는 단 하루도 사랑하지 않고는 살 수 없는 사람이었는데, 어느 날 우연히 자기 부족의 아름다운 처녀에게 반하여 줄곧 사랑의 편지를 써 보내기 시작하였습니다.

그러나 처녀가 언제까지나 쌀쌀하게 굴자 남자는 고민을 이기지 못하여 마침내 병이 들어 밤잠도 자지 못하게 되었습니다. 이윽고 남자의 병은 점점 깊어지고 괴로움은 갈수록 심해질 뿐이었습니다.

이 일이 세상에 알려져서 남자의 상사병에 대한 소문이 퍼졌을 즈음, 남자는 거의 다 죽을 지경에 이르게 되었습니다.

—여기서 샤라자드는 날이 밝은 것을 깨닫고 이야기를 그쳤다.

384번째 밤

샤라자드는 이야기를 계속했다.

오, 인자하신 임금님, 그 남자의 가족과 처녀의 가족들은 그 처녀에게 남자를 문병해 주라고 부탁했지만, 그녀는 도무지 들으려 하지 않았습니다.

그러는 동안 남자의 병은 더욱 악화하여 드디어 임종이 닥쳐왔습니다.

그것을 안 처녀가 그제야 불쌍한 생각이 들어 남자를 문병했습니다. 남자는 처녀의 모습을 본 순간 눈에 눈물을 가득 담고, 이런 시를 읊으며 실연의 괴로움을 호소했습니다.

> 네 사람이 어깨에 진 나의 관과
> 장례행렬이 그대 곁을 지나가거든
> 그대, 그 뒤를 따라가
> 내 시체 영원히 묻힐 그 무덤에
> 성묘하며 울어주지 않으려오.

이 노래를 듣고 처녀는 하염없이 울면서 말했습니다.

"알라께 맹세코, 정열에 애태우다 이런 지경에 이르러 파멸의 팔에 내던져지게 될 줄은 꿈에도 몰랐어요! 이럴 줄 알았더라면 당신의 소원을 쌀쌀하게 거절하지는 않았을 것을. 반드시 당신의 뜻을 이루어 드렸을 거예요."

이 말을 듣고 남자는 마치 구름이 비를 뿌리듯 눈물을 흘리면서 이런 노래를 읊조렸습니다.

    어쩔 수 없구나, 그대 다가왔을 때는
    죽음의 손이 우리를 떼어 놓았고,
    그대가 인연을 인정했을 때는
    모든 것이 보람 없이 되었을 때이니.

  그리고 크게 한 번 신음을 지르더니 그대로 숨이 끊어지고 말았습니다.
  처녀는 남자의 시체에 매달려 입을 맞추며 눈물에 젖어 언제까지나 슬퍼
하다가 마침내 정신을 잃고 말았습니다. 이윽고 정신을 차리자, 자기도 그
남자의 무덤에 같이 묻어 달라고 집안사람에게 부탁하고는 눈물을 흘리며
다음과 같은 시를 읊었습니다.

    뜬세상에서 우리는 만족스럽게 살았네.
    형제도 친척도 우리 두 사람을 자랑하였네.
    아, 그렇건만 '시간'의 흐름은
    질풍같이 두 사람을 갈라놓았네.
    우리에게 수의를 입혀
    땅속에서 맺어주게 하려고.

  처녀는 또다시 흐느껴 울며 한탄하다가 마침내 정신을 잃고 사흘 밤 사흘
낮 깨어나지 못하더니, 그대로 숨이 끊어져 소원대로 남자의 무덤에 함께 묻
혔습니다.
  이것은 참으로 신비로운 사랑의 조화입니다.[2]
  저는 또 다음과 같은 이야기도 들은 적이 있습니다.

〈주〉
*1 〔Banu Ozrah의 바누〕유럽인은 보통 바누 대신 베니(Beni)라고 쓴다. 즉, 이것은 주격
    에 대한 사격(斜格)〔인도·유럽어에서 주격과 호격 이외의 격〕이다. 나는 우드라
    (Udhrah)보다 오드라(Odhrah) 또는 오즈라를 채택했다.

＊2 '변하기 쉬운 여자(varium et mutabile)'의 이러한 정열의 양상은 종종 동양의 이야기 작가에 의해 다뤄지는데, 동양의 실생활에서도 드물지 않게 볼 수 있다. 〔위에 인용한 라틴어는 베르길리우스의 유명한 시 *Varium et mutabile* semper femina.='여자는 바람기로 말미암아 늘 변하기 쉽다', '여심과 가을 하늘'에서 따온 것.〕

알 야만의 대신과 젊은 아우

알 야만의 대신 바드루 알 딘에게는 참으로 아름다운 어린 아우가 있었습니다. 대신은 형으로서 언제나 엄격하게 동생을 감독하긴 했지만, 동생을 위해 좋은 스승이 없을까 찾고 있었습니다. 그러던 어느 날, 인품이 좋고 근엄하며 신분이 좋은 데다 신앙심도 깊은 한 장로를 발견하여 자신의 옆집에 살게 했습니다.

노인은 매일 자신의 거처에서 바드루 알 딘 대신*¹의 집에 다니면서 오랫동안 젊은 아우에게 학문을 가르쳤습니다. 그러는 동안 노인의 마음에 젊은이에 대한 사랑이 싹터 연모의 정이 쌓여서 마침내 몸과 마음이 정욕에 시달리게 되었습니다.

어느 날, 스승이 자신의 심정을 털어놓자 대신의 아우는 말했습니다.

"저는 밤이고 낮이고 형님 곁을 떠날 수가 없으니 어쩔 수가 없습니다. 스승님은 형님이 얼마만큼 저를 염려하고 있는지 아실 겁니다."

그러자 스승이 말했습니다.

"네가 사는 집은 바로 옆집이니 어려울 것 없다. 형님이 주무시거든 일어나서 뒷간으로 들어가 잠든 척하다가 지붕의 난간*²으로 나오너라. 내가 난간 너머에서 기다리고 있을 테니. 그리고 잠깐 나하고 놀다가 돌아가면 절대로 형님에게 들키지 않을 거다."

"알았습니다."

그리하여 스승은 상대의 신분에 어울리는 선물을 준비하기 시작했습니다.

밤이 되자 젊은이는 약속대로 뒷간에 들어가서 대신이 곤히 잠들기를 참을성 있게 기다렸습니다. 마침내 형이 잠드는 것을 보고 젊은이는 일어나서 지붕의 난간으로 나갔습니다.

그러자 기다리고 있던 노스승이 젊은이의 손을 잡고 자기 거실로 데려갔습니다. 거기에는 젊은이를 대접하기 위해 여러 가지 음식이 차려져 있었습니다.

두 사람은 마주 앉아 술자리를 벌이기 시작했습니다. 그날 밤은 마침 보름달이 떠서 달빛이 줄곧 술잔을 주고받는 두 사람의 모습을 환히 비춰주었습니다.

이윽고 스승이 노래를 부르기 시작했습니다. 이렇게 사람들의 마음을 사로잡는, 혀나 붓으로는 도저히 형용할 수 없는 환락에 흥겨워하며 기쁨에 빠져 있을 때였습니다.

대신이 문득 잠이 깨어 아우가 없는 것을 알고 깜짝 놀라 일어나보니 문이 열려 있었습니다. 곧 지붕에 올라가니 어디선가 떠들썩한 사람 소리가 들려와 난간을 넘어서 옆집 지붕으로 건너갔습니다. 그 집에서 한 줄기 불빛이 새어 나와 살며시 들여다보니 아우와 노스승이 술을 들고 있지 않겠습니까?

노인도 대신이 들여다보는 것을 눈치채고, 술잔을 든 채 흥겨운 가락으로 이런 시를 읊었습니다.

> 임은 나에게 술을 주시네.
> 입술에 머금은 꿀 같은 술
> 천인화도 장미조차도 그 앞에선
> 빛을 잃는 그대의 뺨을 찬양하라.
> 이렇게 뺨 맞대어 끌어안고
> 넋이 녹도록 밤을 밝히네.
> 그대는 이 세상에 둘도 없는
> 홍안의 가련한 미소년.
> 보름달이 점점 돋아 올라
> 우리 두 사람 비춰줄 때
> 한결같이 비노라—아, 달이여
> 그 형에게 우리를
> 비난하지 말라고.

그런데 바드루 알 딘 대신의 참으로 너그러운 인품을 증명하고도 남음이 있는 것은, 그가 그 말을 듣고 이렇게 대답했기 때문입니다.

"오, 나는 결코 너의 신뢰를 배반하지 않으리라."

그리고 형은 그 자리를 말없이 떠나 두 사람이 흥겹게 놀도록 내버려 두었다고 합니다.

또 이런 이야기도 전해지고 있습니다.

〈주〉

*1 앞에서도 말했듯이, 사히브(Sahib, 이름 앞에 붙임. 인도에서는 뒤에 붙임)는 중세의 이슬람교 나라에서는 대신의 칭호였다. 〔인도에서는 주인, 신사, 나리 등의 뜻.〕

*2 납작한 지붕에 난간을 설치하지 않으면 위험하므로, 모세는 이 난간 만드는 것을 사람들의 의무로 정했다(신명기 제22장 8절). 〔"네가 새집을 지을 때 지붕에 난간을 만들어 사람이 떨어지지 않게 하라. 그 피가 네 집에 돌아갈까 하노라."〕 동양의 그리스도교도는 이것을 게을리하여 종종 부주의 때문에 자식을 잃는 일이 있다.

수업 중이던 소년과 소녀의 사랑

어느 학교에서 자유로운 신분의 소년과 노예소녀가 함께 공부를 하고 있었는데, 소년이 이 소녀를 열렬히 사랑하기 시작했습니다.

—여기서 샤라자드는 날이 밝아오는 것을 깨닫고 이야기를 그쳤다.

385번째 밤

샤라자드는 이야기를 계속했다.

오, 인자하신 임금님, 자유로운 신분의 소년이 노예소녀를 열렬히 사랑하기 시작했습니다.

어느 날 소년은 다른 소년들의 눈을 속이고 소녀의 서판(書板)*1을 집어 들고 거기에 다음과 같은 말을 써 주었습니다.

> 그대 사랑하여 마음 어지러워
> 병들어 있는 사람을
> 그대는 어찌 생각하나?
> 고민이 너무 무거워
> 그 짐 이기지 못하는 자가 있다면?

이 서판을 든 소녀는 시의 뜻을 알아차리고 그 마음이 가여워서 눈물을 흘렸습니다. 그리고 그 밑에 다음과 같은 구절을 적어 넣었습니다.

> 나를 위해, 사랑에 몸을 태우는

연인이 이 자리에 있다면
나의 정 그에게 보여주리라.
연인은 소망하는 모든 것을
뜻대로 얻을 수 있으리라.
이렇게 되는 것도 숙명이니.

마침 거기 온 선생이 무심코 서판을 들어 그 두 구절을 읽고, 두 사람의 심정을 가련히 여겨 그 밑에 소녀 앞으로 이런 시를 덧붙였습니다.

그대 연인을 위로하라,
뒷일은 두려워 말고.
사나이는 사랑에 미쳐
마음이 허공에 떴으니
스승일지라도 두려워 말라,
사랑의 고민은 그 옛날에
스승도 역시 배웠으니까.

그런데 공교롭게도 그때 소녀의 주인도 서당에 왔다가 이 서판에 적힌 세 사람의 시를 읽고 그 밑에 다시 이런 구절을 덧붙였습니다.

부디 알라여, 이 두 사람의
사이를 갈라놓지 마소서.
헐뜯는 자는 진절머리 나도록
치욕의 징벌을 받으리라!
그러나 이 스승은 신께 맹세코
여태껏 보지 못한 큰 뚜쟁이!

그리하여 주인은 판관과 증인을 불러 그 자리에서 두 사람을 결혼시켜주었습니다. [1] 그뿐만 아니라 두 사람을 위해 결혼피로연까지 마련하여 매우 큰 인정을 베풀었습니다. 그리하여 환락을 멸하고 모든 교제를 끊는 자가 찾아올 때까지 두 사람은 행복하고 즐겁게 살았다고 합니다.

　또, 이에 못지않은 기분 좋은 이야기가 또 있습니다.

〈주〉

＊1 서판(tablet)은 아랍어의 라우(Lauh)를 말한다. 돌판으로 학습에 사용된다. 석탄수를
칠한 얇은 판은 우리 사이에도 있고, 먹은 광물을 포함하고 있지 않아서 쉽게 지울 수
있다. 모양은 좁고 긴 평행사변형으로, 짧은 쪽의 양변에 삼각형 귀가 달려 있다. 시리
아와 그 주변에서는 가장 오랜 암석의 비명(碑銘)—서판의 형태가 틀을 이루고 있다
—에 이것을 볼 수 있으므로, 그 형태는 아주 먼 옛날의 것으로 추정된다. 따라서 아
바카스(abacus), 즉 주판은 그리스어의 아바즈($\check{\alpha}\beta\alpha\chi$), 즉 석판(페니키아어에서는 '모
래'라는 뜻)에서 나왔는데, 이는 옛날에 학생의 쓰기와 산수의 도형에 사용하는 서판에
곡물가루나 모래를 뿌렸기 때문이다.

〈역주〉

(1) 아라비아, 이집트 등에서는 여자는 12, 3세면 결혼했다.

알 무탈라미스와 아내 우마이마

일찍이 알 무탈라미스*¹가 알 누만 빈 문지르*²를 피해 오랫동안 지취를 감추었을 때, 세상 사람들은 그가 죽은 줄로만 알고 있었습니다.

이 시인에게는 우마이마라는 아름다운 아내가 있었습니다. 주위 사람들은 그녀에게 줄곧 재혼을 권했지만, 남편을 깊이 사랑하고 있어 도무지 그 말을 듣지 않았습니다.

그러나 구혼자가 많아지고 주위 사람들이 열심히 설득하는 통에 우마이마도 마침내 마지못해 승낙하고 말았습니다.

재혼할 상대는 같은 부족의 남자였는데 막 결혼식을 올리려는 밤에 홀연히 남편 알 무탈라미스가 돌아왔습니다.

그는 천막 속에서 북과 피리 소리가 들려와 혼례가 있는 듯한 기색이라 어째서 이렇게 떠들썩하냐고 아이들에게 물었습니다.

"사람들이 알 무탈라미스 부인을 어떤 남자와 결혼시키고 잔치를 벌이는 거예요."

아이들의 말을 들은 알 무탈라미스는 여자들 속에 끼여 몰래 집 안으로 들어갔습니다.

보니 신랑 신부가 침상에 나란히 앉아 있지 않겠습니까? *³ 신랑이 신부에게 다가가려 하자, 우마이마는 땅이 꺼지도록 한숨을 쉬며 눈물에 젖어 이런 시를 읊었습니다.

기쁨도 슬픔도 가지가지
뜻대로 안 되는 세상이지만
알고 싶구나, 무탈라미스여,
임은 지금 어느 먼 나라에 계시는고.

알 무탈라미스는 고명한 시인이었으므로, 곧 이런 시로 대답했습니다.

　이토록 가까이 나는 있노라,
　아, 내 아내 우마이마여,
　대상(隊商)이 고향으로 떠날 때마다
　나는 그대를 생각하며 애태웠노라.

이 노래를 들은 신랑은 곧 사정을 알아차리고, 빠른 말로 다음과 같은 시를 읊으면서 사람들을 헤치고 얼른 그 자리를 떠났습니다.

　전에는 천하의 행운아,
　그러나 지금은 그 반대
　자, 유쾌한 이 방에서
　두 분의 사랑 키우시라!

신랑은 두 사람을 그 방에 남겨 놓은 채 나가서 다시는 돌아오지 않았습니다.
　그로부터 알 무탈라미스와 그의 아내는 죽음이 두 사람을 갈라놓을 때까지 모든 환락을 다하고 기쁨에 찬 생애를 보냈다고 합니다.
　오, 천지를 다스리시는 알라께 영광을!
　또 다음과 같은 이야기도 있습니다.

〈주〉
＊1 알 무탈라미스(Al-Mutalammis)는 이슬람 전기의 음유시인으로 서스펜디드 즉 '입상시 (入賞詩, Prize poem)'의 지은이 타라파(Tarafah)의 친구. 〔서스펜디드는 Suspended Poems를 가리킨다. 버턴은 알 무탈라미스를 '불굴의 풍자시인'이라고 표현했다.〕이 이야기는 모든 이슬람 동양인에게 사랑받고 있다.
＊2 알 누만 빈 문지르(Al-Nu'uman bin Munzir)는 칼데아국(Chaldea)〔페르시아만 주변의 고대 왕국〕의 히라(Hirah)의 왕으로, 주정꾼에다 피에 굶주린 폭군이었다. 앞에 나오는 두 시인의 풍자시에 분개하여, '내용 불명의 무서운 편지(litterae Bellerophontiae)'를 들려서 두 사람을 알 바라인(Al-Bahrayn)의 총독에게 보냈다. 알 무탈라미스는 도중에 그 계략을 눈치채고 그 편지를 찢어서 내버렸지만, 타라파는 팔다리가 잘리고 나

서 산 채로 땅속에 묻혀 선량한 다윗 왕과 우리야(Uriah)의 시대와 마찬가지로(그 이상으로) 옛날부터 행해진 음모의 희생이 되었다. 물론 두 시인 다 그 편지를 읽지는 못했다.

〔리테리 벨레로폰티는 그리스 신화 속 용사 벨레로폰의 편지. 로마의 희극작가 플라우투스가 사용한 이래 내용불명의 무서운 편지를 의미하게 되었다. 알 바라인은 페르시아 만 안에 있는 섬들. 다윗 왕과 우리아의 고사는 사무엘후서 제11장에 상세하다. 즉 다윗 왕은 지붕 위에서 한 부인이 목욕을 하는 것을 보고 마음이 끌려 이 부인을 불리 함께 잔다. 이 여자가 우리아의 이내인데, 왕은 우리아를 죽이기 위혜 요압에게 편지를 써서 우리아 본인의 손에 들려 보내는데, 이 편지에는 우리아를 격전의 선봉에 세워 전사하게 하라고 적혀 있었다. 그리하여 우리아는 다윗의 부하들과 함께 전사했다.〕

*3 이때 신부 바로 앞에서 신랑은 처음으로 신부의 얼굴을 본다, 또는 보는 것으로 상상했다. 신랑 신부는 모두 크게 감격하여 당장에라도 기절할 것 같은 시늉을 하는 것이 관습이다.

하룬 알 라시드 교주와 목욕중인 즈바이다 왕비

하룬 알 라시드 교주는 즈바이다 왕비를 유난히 총애하여 왕비를 위해 유원지를 조성하여 그 안에 커다란 욕조를 만들었습니다. 그 둘레에 병풍처럼 나무를 심어 사람들의 시선을 막았고, 사방에서 물을 끌어들이는 장치가 되어 있었습니다. 나무들이 울창하게 자라 수반 위에 가지를 늘어뜨리고 잎으로 가렸기 때문에, 목욕을 해도 남의 눈에 띌 염려가 없었습니다.

어느 날 즈바이다 왕비는 정원으로 나가서 이 욕장에 갔습니다.

―여기서 샤라자드는 날이 밝기 시작한 것을 깨닫고 이야기를 그쳤다.

．

386번째 밤

샤라자드는 이야기를 계속했다.

오, 인자하신 임금님, 어느 날 왕비는 욕장에 가서 그 아름다운 광경을 가만히 바라보았습니다. 반짝거리는 수면과 나무 그늘이 정말 마음에 들었습니다. 게다가 날씨가 몹시 더워서 왕비는 옷을 벗고 온몸이 완전히 잠길 만큼 깊지 않은 못에 들어가 은 물병으로 몸에 물을 끼얹기 시작했습니다.

왕비가 못에 들어갔다는 말을 듣고 교주도 곧 정원으로 나가 나무 그늘에 숨어서 엿보려고 연못 쪽으로 다가갔습니다. 나무 뒤에 몸을 숨기고 살짝 동정을 살피니 왕비는 평소에 가리고 있던 살갗을 드러내 실오라기 하나 걸치지 않은 알몸이 되어 있었습니다.

그러다가 문득 인기척을 느끼고 뒤를 돌아본 왕비는 나무 사이에 숨은 교주의 모습을 보았습니다. 알몸을 보이는 것이 부끄러워 왕비는 옥문을 두 손으로 가렸습니다. 하지만 그 봉곳하게 부풀어 오른 커다란 '베누스의 언덕'

하룬 알 라시드 교주와 목욕중인 즈바이다 왕비 2075

을 다 가리지 못해 손가락 사이로 드러나 보였습니다.

그것을 본 교주는 감탄하며 이내 발길을 돌려 시를 흥얼거리면서 궁 안으로 돌아갔습니다.

그대를 황홀하게 바라보니
오랜 애착이 되살아나는구나.

그런데 그 뒤를 이을 좋은 구절이 머리에 떠오르지 않아서 교주는 유명한 시인 아부 노와스를 불렀습니다.
"이 구절로 시작되는 시를 하나 지어다오."
"예."
시인은 즉석에서 이런 시를 지었습니다.

그대를 황홀하게 바라보니
오랜 애착이 되살아나는구나.
두 송이 연꽃 피는 곳
내 마음도 몸도 빼앗아 가는
영양과도 같은 여인
은그릇 손에 들고
그 위에 물을 끼얹었다가
엿보는 나를 보자
황급히 손으로 가렸지만
아름답고 가는 손가락이
다 숨길 수 없을 만큼
풍요하게 살쪘구나, 그곳은.
아아, 그 위에 올라타고 싶구나,
15분이라도.
30분이면 더욱더 좋고.[1]

이 노래를 들은 충실한 자들의 임금님이 빙그레 웃으며 상을 듬뿍 내리자,

시인은 매우 기뻐하면서 물러갔다고 합니다.

또 이런 이야기를 들은 적도 있습니다.

〈주〉

*1 이렇게 긴 '교접'은 주목할 만한 것이지만, 이런 계통적인 '성행위의 연장(*prolongatio veneris*)'에 대해서는 지금까지로 봐서는 야화 중에서는 전혀 언급되지 않았다. 이것을 임사크(Iimsak, 사정을 억제하고 멈추는 것)라고 하며, 이슬람교도들은 이에 대한 연구를 게을리하지 않고 있다. 가정 의약에 관한 동양의 책은 대개 두 부분으로 이루어지는데, 제1부는 일반 처방을 다루고 제2부는 미약(媚藥), 특히 '쾌락을 증대시키는' 최음제를 다루고 있다.

앞에 인용한 코카 판디트에 의한 《아낭가랑가》는 여자의 욕정을 자극하고 남자의 오르가슴을 지연시키기 위해, 약을 먹거나 몸 외부에 쓰는 수많은 처방을 소개하고 있다. 그중 어떤 것은 참으로 진기하다. 나는 한 북인도인이 개구리 기름과 섬유로 만든 양초를 한 자루 켜고, 그것이 다 탈 때까지 사정을 억제하려다가 실패한 경험담을 들은 적이 있다. 그것은 양초에 지나치게 의존하여, 너무 격렬하게 했기 때문이다. '억제술'의 진수는 근육의 지나친 긴장을 피하고 마음을 다른 데로 돌리는 것으로, 힌두교도는 성교 중에 셔벗수를 마시거나 빈랑자(檳榔子)를 씹어 먹고, 담배를 피우기도 한다. 그런 기술이나 행위를 고려하지 않는 유럽인은 20분 이내에는 만족을 얻을 수 없는 힌두교도 여자들에게 경멸의 대상이 되어 마을의 수탉에 비교된다. 그녀들은 나면서부터 그토록 차갑다는 얘기가 되는데, 아마도 채식 때문에, 또는 흥분제를 사용하지 않기 때문에 그런 경향이 조장되고 있는 것이리라.

그러므로 수많은 유럽인은 '현지 여자'와 몇 년씩 동거하며 아이까지 낳으면서도 여자들에게 결코 사랑받지 못한다. 적어도 나는 여자에게 사랑받았다는 예를 한 번도 들어본 적이 없다.

하룬 알 라시드와 시인 세 명

　진실한 신자들의 임금님인 하룬 알 라시드 교주가 어느 날 밤 도무지 잠이 오지 않아서, 일어나 궁전 안을 거닐다가 술에 취한 시녀를 만났습니다.

　교주는 이 여자가 무척 마음에 들어 갖은 장난을 치다가 마침내 자기 쪽으로 와락 껴안았습니다.

　그러자 여자의 허리띠가 스르르 풀려서 속옷이 느슨해졌으므로 교주가 하룻밤의 정을 청했습니다. 그러나 여자는 이렇게 말했습니다.

　"오, 충실한 자들의 임금님이시여, 부디 내일 밤까지 기다려주십시오. 교주님이 오실 줄은 꿈에도 몰랐기 때문에 아무것도 준비하지 못했습니다."

　그래서 교주는 여자를 두고 그곳을 떠났습니다.

　이튿날 해가 뜨자 교주는 여자에게 시동을 보내 이렇게 전하게 했습니다.

　"충실한 자들의 임금님께서 그대 방으로 납실 것이다."

　그러자 여자가 말했습니다.

　"밤의 맹세는 하룻밤 지나면 사라지는 겁니다."

　그래서 교주는 가신들에게 말했습니다.

　"밤의 맹세는 하룻밤이 지나면 사라진다는 구절을 넣어서 시를 지어 보라."

　"분부대로 하겠습니다."

　자신들이 그렇게 대답하고, 먼저 알 라카시[1]가 나와 다음과 같은 시를 읊었습니다.

　　　나의 괴로움 아신다면
　　　그대의 잠 사라지리라.
　　　떠나간 임의 요염한 모습
　　　죽도록 보고픈 슬픔,

미칠 듯 사무치는 그리움,
이 가슴속에 남겼노라.
그대는 사랑을 맹세해 놓고
거짓이었노라고 이제야 말하는구나.
"밤의 맹세는 하룻밤 지나면
물거품같이 사라지는 허망한 것."

다음에는 아부 무사브가 나와서 이런 시를 읊었습니다.

어느 날엔가
그대 내 사랑 알아주지 않으면
음식도 잠도 이 신열을
가라앉히지 못하리라.
어느 날엔가
흐르는 눈물 깨끗이 닦고
그대 이름 부르면 불처럼 타오르는
이 몸의 욕망 채워주려나.
그대는 웃으면서 사랑스럽게
이렇게 외치리라.
"밤의 맹세는 하룻밤이 지나면
물거품같이 사라지는 것."

마지막으로 나온 아부 노와스는 다음과 같은 시를 읊었습니다.

사랑의 길은 멀고 만남은 짧네.
만나지 않으면 정 멀어져서
마침내는 덧없이 인연 끊어지네.
어느 날 밤 궁전에서 여인을 보았네.
취하여도 몸가짐은 얌전했지만
베일이 어깨에서 흘러내리고

속옷이 느슨해져서
'사랑'의 자리를 드러내었네.
산들바람 산들 불어 와
큼직한 볼기짝도 드러내고
사랑스러운 두 개의 석류 달린 가지
넓적다리마저도 슬쩍 보였네.
"하룻밤의 정을 달라."
내가 청하니 그녀 대답하기를,
"내일이면……. 이 궁을 장식하여 맞으오리다."
이튿날 내가 다시 청하기를
"그대 어찌 되었나―말을 지켜라."
그러자 여인은 대답하네.
"밤의 맹세는 하룻밤이 지나면
물거품같이 사라지는 것."

　교주는 알 라카시와 아부 무사브 두 사람에게 각기 금화 1만 닢씩 주도록 명령하였으나, 아부 노와스에게는 이렇게 말하며 목을 베라고 명령했습니다.
　"너는 어젯밤 궁전 안에서 우리를 엿보고 있었지?"
　그러자 노와스는 대답했습니다.
　"알라께 맹세코 천만의 말씀이올시다. 저는 우리 집 밖에서 잔 적이 없습니다. 교주님이 분부하신 제목에 따라 이 자리에서 방금 시를 지었을 뿐입니다. 참으로 전능하신 알라께서 말씀하신 그대로입니다(그리고 알라의 말씀에는 거짓이 없습니다). '시인이란(그들에게 악마의 저주 있으라!), 미친 듯이 골짜기를 헤매며 자기가 하지 않은 일도 노래하지 않느냐'*2는 말씀 말입니다."
　그 말에 교주는 노와스를 용서하고 금화 2만 닢을 내주었습니다.
　또 이런 이야기도 있습니다.

〈주〉
*1 아부 르 아바스 알 라카시(Abu 'l-Abbas al-Rakashi)는 그 당시의 시인. '밤의 맹세는

날이 새면 사라진다'는 문구는 수수께끼까지 되었다(부르크하르트 편 《아라비아 격언집》 561번). 이 속담에는 여러 가지 다른 형식이 있다. 이를테면 '밤의 약속은 버터로 발라놓을 수 있지만, 아침 해가 떠오르면 녹아서 없어진다.'

＊2 《코란》 제26장 5, 6절.

무사브 빈 알 즈바이르와 타라의 딸 아이샤

무사브 빈 알 즈바이르*1에 대해 이런 이야기가 전해 내려오고 있습니다. 어느 날 그는 알 메디나에서 이자라고 하는 매우 똑똑한 여자를 만나 말했습니다.

"나는 타라의 딸 아이샤*2와 결혼할까 하는데, 당신이 그 처녀를 만나 어떤 여자인지 조사해 주지 않겠소?"

그래서 이자는 곧 그 여자에게 갔다가 무사브에게 다시 돌아와 이렇게 말했습니다.

"지금 아이샤를 보고 왔습니다. 얼굴이 아주 아름다운데, 둥글고 예쁜 눈 아래 등나무 지팡이같이 오뚝한 코가 반들반들 윤이 납니다. 뺨은 달걀처럼 볼록하고 입술은 석류의 갈라진 틈을 연상시키며, 목덜미는 은으로 된 물병 같고 그 아래 가슴에는 석류를 두 개 나란히 놓은 듯한 유방이 달려 있었어요. 좀 더 내려가서 날씬한 허리, 호리호리한 배에는 상아로 된 작은 상자 같은 배꼽이 있고 엉덩이는 마치 모래언덕 같았습니다. 살집이 좋은 넓적다리와 종아리는 설화석고의 둥근 기둥 같은데, 다만 두 다리가 너무 굵어서 막상 당신의 그것이 닿기나 할까 염려스럽습니다만."

이 대답을 듣고 무사브는 곧 아이샤와 결혼을 했습니다.

—여기서 날이 훤히 밝아왔으므로 샤라자드는 이야기를 그쳤다.

387번째 밤

샤라자드는 이야기를 계속했다.

오, 인자하신 임금님, 무사브는 이자의 보고를 듣고 아이샤 빈트 타라[1]와 결혼하여 인연을 맺었습니다. 얼마 뒤 이자가 아이샤를 비롯한 크라이슈족 여자들을 자기 집에 초대했는데, 그 자리에서 아이샤는 남편 옆에서 이런 시를 읊었습니다.

> 처녀들의 입술은 달콤한 향료,
> 그 미소로 맞는 입맞춤은
> 더없이 달콤하여라.
> 나는 그 맛을 보고
> 그이를 끔찍이 사랑하노라.
> 임금께서도 그것을 생각함으로써
> 넓은 세상을 다스리시니.

무사브는 첫날밤에 아이샤와 일곱 번이나 교전(交戰)을 하고서야 겨우 아내의 몸에서 떨어졌습니다. 그 이튿날 노예에서 자유로운 신분이 된 한 여자가 주인 무사브를 만났을 때 이렇게 말했습니다.

"당신의 제물이 되고 싶어요! 당신은 그 일에도 정말 최고예요!"

또 어떤 여자는 이렇게 말했습니다.

"제가 아이샤 님 댁에 있으니 나리께서 들어오셨는데, 아이샤 님이 욕정에 불타오르자 나리께서는 아이샤 님을 타고 앉으셨습니다. 그러자 아이샤 님은 콧소리를 내다가 거친 숨을 내뿜다가 몸을 버둥거리다가 별별 기묘한 짓을 다 해보인 다음 새로 연구한 비결을 쓰더군요. 그것도 내 귀에 들리는 곳에서 말이에요. 그래서 서방님이 나가신 뒤 저는 아이샤 님에게 말해 주었어요.

'당신같이 지위도 있고 신분도 훌륭한 분이 제가 있는 자리에서 어떻게 그런 짓을 하실 수 있어요?'

그러자 아이샤 님이 대답했습니다.

'아니야, 여자란 남편을 흥분시키고 기운을 돋우기 위해서는 몸을 뒤틀고 몸부림을 치거나 허리를 사용해서*³ 아는 대로 재주와 솜씨를 부려야만 해요. 당신은 그게 싫어요?'

'저 역시 밤에는 그렇게 해요.'

'낮에는 그 정도지만 밤에는 더 심하게 해요. 그이는 나를 보면 정욕에 불타서 그걸 내 쪽을 향해 벌떡 세운답니다. 나는 남편이 시키는 대로 하고 그 뒤에는 당신도 아는 대로예요.'"

또, 다음과 같은 이야기도 들은 적이 있습니다.

〈주〉

＊1 무사브 빈 알 즈바이르(Mus'ab bin al-Zubayr)는 유명한 왕위사칭자 아브둘라 빈 알 즈바이르(Abdullah bin al-Zubayr)의 씨 다른(또는 배다른) 형제.

＊2 아이샤(Ayishah)는 아부 바크르 교주(초대)의 손녀로 당대 제일가는 가인.

＊3 〔원문의 motitation.〕 카르크판은 이자(Izzah)로 잘못 읽고 있다. 트렌즈는 '군지(Ghoonj)라는 말은 이런 종류의 교태(즉, 태깔 부리는 걸음걸이)에 사용된다'고 하고, 부르크하르트(《속담집》 685번)는 '카이로 여자들은 자기들의 군지가 레반토 지방의 다른 모든 여자보다 훨씬 낫다고 자부하고 있다'고 말했다.

그러나 트렌즈는 이 말을 전혀 이해하지 못했고, 부르크하르트는 '교만한 모습'이라는 말 말고는 군지에 대한 설명을 하지 않았다(제714번). 그런데 이 말은 성교 중에 몸을 움직이는 기술을 의미하며, 동양에서는 얌전한 여자들도 즐겨 그것을 사용한다. 그녀들은 이 성교술을 가르치는 책을 많이 가지고 있다. 중국에는 젊은 여자에게 이러한 운동을 가르치는 교사(대개 노파)도 있다.

〈역주〉

⑴ 빈트는 딸이라는 뜻. 즉 '타라의 딸 아이샤'가 된다. 이에 반해 빈은 아들이라는 뜻.

아부 알 아스와드와 노예처녀

아부 알 아스와드가 어느 때 그 고장 태생인 노예계집을 사들였습니다. 이 여자는 한쪽 눈이 찌그러져 있었지만, 주인은 몹시 마음에 들어 했습니다. 그 러나 주위 사람들이 여자에 대해 여러 험담을 하자, 아스와드는 이를 이상히 여기며 두 손바닥을 위로 쳐들고[*1] 다음과 같은 시를 읊었습니다.

> 남들은 모두 그 여인을
> 나쁘게 말하지만
> 내 눈에는 정녕
> 아무런 흠도 없어라,
> 한쪽 눈에 별이 있는 것 말고는.
> 비록 눈에 흠이 있어도
> 맵시는 단아하고, 흠잡을 데 없으며
> 허리 위는 날씬하고
> 그 아래는 탐스럽도다.

또, 이런 이야기도 있습니다.

〈주〉

[*1] 파티하(Fatihah, 코란의 첫 번째 장)를 욀 때, 마치 하늘에서 내려오는 축복을 받는 것 처럼 두 손을 이렇게 높이 쳐든다. 그런 다음 손바닥으로 얼굴을 쓰다듬으며 눈과 그 밖의 감각기관에 그 축복을 뿌린다.

하룬 알 라시드 교주와 두 노예처녀

하룬 알 라시드 교주가 어느 날 밤 두 노예계집을 양옆에 끼고 잠을 잤습니다. 하나는 알 메디나에서 온 여자이고, 또 하나는 쿠파에서 온 여자였습니다. 쿠파에서 온 여자가 교주의 손을 주무르고, 메디나에서 온 여자가 다리를 주무르는 동안 교주의 물건*¹이 그만 벌떡 성을 내고 말았습니다. 그러자 쿠파에서 온 여자가 말했습니다.

"당신은 그 물건을 독차지하고 싶은 모양인데 나에게도 몫을 좀 나눠줘요."

상대 여자가 대답했습니다.

"말리크는 히샴 이븐 오르와*²가 할아버님한테서 들었다는 이야기를 인용하여 이런 말을 하셨어요. 예언자는 '죽은 자는 그를 소생시킨 자에게 속하느니라'고 말씀하셨대요."

그러자 쿠파 여자는 별안간 메디나 여자를 떠밀고 교주의 물건을 꽉 움켜쥐며 말했습니다.

"박식(博識)한 아브달라 빈 마수드가 전하는 하이사마의 말이라면서 알 아마슈 님이 하신 이야긴데, 예언자는 '사냥한 것은 그것을 몰아낸 자에게 속하는 것이 아니라 그것을 손에 넣은 자에게 속한다'고 말씀하셨답니다."

또 다음과 같은 이야기도 있습니다.

〈주〉

*1 여기서 사용된 '물건'이라는 말은 비자트(biza'at)='상업에 있어서의 자본 또는 출자금'이다.

*2 이 인명도, 그다음에 나오는 인명도 모두 8세기의 유명한 전설론자들이다. 본문은 하디스='무함마드의 언행'을 인용할 때 알라의 영광을 찬양하는 정식 형식을 나타내는 것으로, 때로는 몇 사람의 입을 거쳐야 한다.

하룬 알 라시드 교주와 세 노예처녀

하룬 알 라시드 교주가 어느 때 세 노예계집을 품고 잠을 잤습니다. 각각 메카와 메디나와 이라크 출신이었습니다. 메디나 여자가 교주의 물건에 손을 뻗어 만지작거리는 동안 그것이 벌떡 일어섰습니다. 그러자 메카 여자가 벌떡 일어나 그것을 자기 쪽으로 끌어당기려 했습니다. 그러자 메디나 여자가 말했습니다.

"어머나, 가로채려 하다니 너무하잖아요. 사이드 빈 사이드 님에게서 전해져 아브달라 이븐 살림 님을 거쳐 알 즈리 님에게 배운 말리크 님은 나에게 이런 전설을 가르쳐주셨어요. 알라의 사도(알라여, 이분에게 축복과 가호를 내리소서!)는 '죽은 땅에 생기를 주는 자가 그 땅의 소유자이니라'고 말씀하셨대요."

그러자 메카 여자가 대답했습니다.

"아부 호라이라*1 님한테서 전해져, 알 아라디 님을 거쳐 아부 자나드 님이 배우고, 다시 그 가르침을 받은 스후얀 님이 우리에게 이렇게 말씀하셨어요. 알라의 사도는 '사냥한 것은 그것을 잡은 자의 것이고, 몰아낸 자의 것이 아니다' 말씀하셨대요."

그런데 이 말을 들은 이라크 여자가 두 여자를 밀어젖히고 교주의 물건을 빼앗으면서 말했습니다.

"이건 내 거예요. 당신들 시비가 끝날 때까지는 말이에요."

또 다음과 같은 이야기도 있습니다.

〈주〉

*1 이 사람들도 7, 8세기의 전설론자들로, 사도의 작은아버지인 '새끼 고양이의 아버지' 아부 호라이라(Abu Horayrah)까지 거슬러 올라가 그 말을 인용하고 있다.

방앗간 집 마누라

어느 곳에 한 방앗간 주인이 연자매를 돌리는 나귀를 한 마리 키우고 있었습니다. 그의 아내는 행실이 좋지 못한 여자였지만, 주인은 그 아내를 몹시 사랑하고 있었습니다. 그러나 아내는 남편을 아주 싫어했습니다.

그것은 이 여자가 이웃집 남자를 좋아하고 있었기 때문인데, 이웃집 남자는 이 여자를 몹시 싫어하여 언제나 무뚝뚝하게 대했습니다.

어느 날 밤, 방앗간 주인은 꿈속에서 이런 계시를 들었습니다.

"방앗간의 나귀가 도는 곳을 파 보아라. 반드시 보물이 나올 것이다."

주인은 눈을 뜨자 아내에게 그 이야기를 하고 아무에게도 말하지 말라고 일렀습니다. 그런데 아내는 자기가 반한 이웃집 사내에게 그것을 귀띔해 주고 말았습니다.

—여기서 날이 밝기 시작하였으므로 샤라자드는 이야기를 그쳤다.

388번째 밤

샤라자드는 이야기를 계속했다.

오, 인자하신 임금님, 방앗간 주인마누라는 사랑을 받고 싶은 생각에 좋아하는 이웃 사내에게 남편이 하지 말라던 비밀 이야기를 털어놓고 말았습니다. 그리하여 밤에 사내가 숨어들어오기로 의논이 되었습니다. 밤이 되어 사내가 찾아오자 둘이서 함께 방앗간을 파헤쳐 보니, 정말 꿈속의 계시대로 보물이 나와서 두 사람은 부지런히 그것을 그러모았습니다. 이윽고 사내가 계집에게 물었습니다.

"이 보물을 어떻게 할까?"

"둘이서 반씩 나누어 갖기로 해요. 그리고 당신은 당신 마누라와 헤어져요. 나도 어떻게 해서든지 남편을 쫓아낼 궁리를 할 테니까. 그리고 둘이서 함께 살아요. 그때 절반씩 가졌던 보물을 한데 모으면 완전히 두 사람 것이 되는 셈이니까요."

"나는 당신이 악마에서 홀려 다른 샛서방을 두지나 않을까 걱정이야. 아무튼 집안에 돈이 있다는 것은 세상에 해님이 있는 거나 마찬가지거든. 그러니 이 돈은 몽땅 내가 가지고 있는 게 좋을 것 같아. 그러면 당신도 깨끗이 남편과 헤어져서 나한테 올 궁리를 할 게 아니야."

"나 역시 당신과 똑같은 걱정을 하고 있어요. 그러니 내 몫을 당신에게 줄 생각은 없어요. 더구나 당신에게 보물을 찾게 해 준 것은 바로 나잖아요."

사내는 그만 욕심에 눈이 멀어 여자를 죽여 버리기로 결심했습니다. 그래서 당장에 여자를 죽이고 보물을 파낸 구덩이 속에 시체를 던져 버렸습니다. 그때는 이미 날이 새기 시작했으므로 시체 위에 흙을 덮을 겨를이 없어 사내는 보물만 갖고 그 자리를 떠났습니다.

얼마 뒤에 눈을 뜬 방앗간 주인은 마누라가 보이지 않자 아직 어두컴컴한 방앗간으로 들어가서 나귀에 멍에를 지우고 큰 소리를 지르며 몰아냈습니다.

그러나 나귀는 약간 앞으로 움직였을 뿐 그 자리에서 꿈쩍하지 않았습니다. 방앗간 주인은 화를 내며 나귀를 채찍으로 호되게 갈겼습니다. 그러나 나귀는 때리면 때릴수록 뒷걸음질만 칠뿐이었습니다. 그도 그럴 것이 바로 앞에 있는 여자의 시체를 보고 놀라서 발이 앞으로 나가지 않았던 것입니다.

방앗간 주인은 왜 나귀가 꿈쩍도 하지 않는지 영문을 몰라 칼을 꺼내 들고 몇 번이고 을렀지만, 나귀는 그래도 꿈쩍하지 않았습니다. 방앗간 주인은 무엇 때문에 이렇게 고집을 부리는지 알 수가 없어 홧김에 칼로 나귀 옆구리를 푹 찔렀습니다. 그러자 나귀는 그 자리에 쓰러져 죽고 말았습니다.

이윽고 해가 떠올라 사방이 환해지자 쓰러져 있는 나귀가 방앗간 주인의 눈에 들어왔습니다. 그뿐만 아니라 구덩이 속에는 죽은 아내가 처박혀 있었습니다.

이렇게 하여 재물과 마누라, 거기에 나귀까지 한꺼번에 잃어버린 방앗간 주인은 미친 듯이 날뛰었지만 이제와 어쩔 도리가 없었습니다.

이 모든 것은 그가 비밀을 자신의 가슴속에만 간직해 두지 않고 마누라에게 말해버린 탓이었습니다.*1

또 다음과 같은 이야기를 들은 적도 있습니다.

〈주〉

*1 동양의 이야기책에는 이런 일화가 많이 실려 있다. 《칼릴라와 딤나》에서 비드파이는 이렇게 말했다. "나는 입 밖에 내어 말한 것의 노예이고, 가슴속에 숨긴 것의 군주이다." 사디(Sa'adi)도 이것을 모방하여 이렇게 말했다. "한 마디도 말하지 않을 때는 자신의 지배 아래 있지만, 일단 입 밖에 내면 반대로 그것에 지배당한다." 〔사디는 사디(Sadi)라고도 하며, 페르시아의 대시인이다. 1184년 무렵 그는 시라즈에서 태어나, 바그다드에서 공부하고, 곳곳을 여행했으며 22종의 저서가 있다. 그중에서도 이슬람교적 도덕훈을 설한 《장미원》, 《과수원》 등이 유명하다. 1291년 사망.〕

《금언집, 별제(別題), 철학자의 언어 *Oyctes, or Sayings of Philosophers*》(1744)에서, 캑스턴(Caxton)도 이와 유사한 문구를 사용하고 있다. 〔윌리엄 캑스턴은 영국 최초의 인쇄업자. 여기서 인용된 것은 영국에서 인쇄된 최초의 책이라고 한다.〕

얼간이와 사기꾼

얼간이 사나이가 어느 날 자기 나귀의 고삐를 쥔 채 걷고 있있습니다. 사기꾼 두 사람이 그것을 보고 서로 말을 주고받았습니다.

"저 녀석의 나귀를 훔치자."

"어떻게 훔치려나?"

"나만 따라와. 내 솜씨를 보여 줄 테니."

이렇게 장담한 사내는 곧 나귀 곁으로 가서 고삐를 풀어 나귀는 짝패에게 주고, 나귀 대신 자기가 고삐를 목에 걸고 얼간이 뒤에서 어슬렁어슬렁 걸어 갔습니다. 그러다가 짝패가 나귀를 완전히 몰고 가버리자 걸음을 딱 멈추고 섰습니다. 앞장서 가던 얼간이가 아무리 고삐를 당겨도 꼼짝하지 않았습니다.

뒤돌아본 얼간이는 나귀 대신 목에 고삐를 맨 사람이 있는 것을 보고 깜짝 놀라 물었습니다.

"넌 누구냐?"

"나는 당신의 나귀인데 참으로 기구한 내 신세타령을 들어보시렵니까? 나에게는 신심 깊은 노모가 있는데, 어느 날 술을 잔뜩 먹고 어머니에게 갔더니 어머니는 나를 보고 말했습니다. '애야, 이런 파계의 짓을 하다니 무슨 행동이냐. 자, 전능하신 알라께 회개해라.' 그러나 나는 지팡이를 휘둘러 늙은 어머니를 갈겼지요.

그랬더니 어머니가 나를 저주하는 바람에 알라께서 나를 나귀로 만들어 버려 마침내 당신 손에 들어오게 된 것입니다. 그리고 지금까지 나귀 모습으로 지냈는데, 노모가 오늘 문득 내가 그리워져서 나를 위해 알라께 기도해 주었기 때문에, 알라께서 다시 나를 전처럼 아담의 아들 모습으로 돌려주신 겁니다."

이 말을 듣고 얼간이 사내는 큰 소리로 외쳤습니다.

"오, 위대한 신 외에 주권 없고 권력 없도다! 오, 형제여, 제발 내가 당신을 타고 한 일들을 모두 용서해 주시오."

이렇게 하여 그는 사기꾼을 놓아 주긴 했으나, 분하기도 하고 걱정도 되어 머리가 어지러워져서 술에 취한 듯이 비틀거리며 집으로 돌아갔습니다. 그러자 그의 아내가 물었습니다.

"아니 여보, 어디 몸이 편찮소? 그리고 나귀는 어떡했소?"

"임자도 그 나귀의 과거가 어떤 것인지 모르는 모양이군. 내 얘기해 주지."

그리고 사기꾼이 한 이야기를 해 주었습니다.

그러자 마누라가 깜짝 놀라 소리쳤습니다.

"이거 큰일 났네! 전능하신 알라의 벌이 내렸구나! 그처럼 오랫동안 사람을 짐승처럼 부려 먹었으니."

그리고 속죄하기 위해 희사를 하고 알라께 기도하여 인간을 동물로 취급한 죄를 용서해 달라고 빌었습니다.

그때부터 얼간이 사내가 아무것도 하지 않고 우두커니 집에 틀어박혀만 있자 견디다 못한 마누라가 말했습니다.

"대체 언제까지 빈둥거릴 작정이오? 시장에 나가 나귀라도 사 와서 부지런히 일해요."

그래서 얼간이 남편이 시장에 나가서 나귀 매장에 가 보니 어찌 된 영문인지 자기가 가지고 있던 나귀가 나와 있지 않겠습니까! 그는 나귀에게 다가가서 귀에다 바싹 입을 대고 말했습니다.

"이런 망할 놈! 이 망나니 같으니! 또 술을 처먹고 어머니를 갈긴 모양이로구나. 이젠 네놈은 절대로 사지 않겠다!"*1

이렇게 욕을 하고는 그 자리를 떠났다고 합니다.

또 세상에는 이런 이야기도 전해지고 있습니다.

〈주〉

*1 동양의 민화에서는 이러한 사기꾼의 계략을 흔히 볼 수 있는데, 그 토대가 되는 관념은 언제나 윤회 또는 변형이다. 이를테면 《칼릴라와 딤나》(시리아어 신판)에서는 세 악당이 고행자에게 그가 끄는 것은 양이 아니라 개라고 믿게 한다.

아부 유수프 판관과 하룬 알 라시드 교주 그리고 즈바이다 왕비

하룬 알 라시드 교주가 어느 날 대낮에 한잠 자려고 침실로 들어가 침상에 올라갔습니다. 그런데 요 위에 금방 흘린 정액이 묻어 있지 않겠습니까! 그것을 본 교주는 깜짝 놀라 가슴까지 두근거렸습니다. 그래서 즉시 즈바이다 왕비를 불러 물었습니다.

"침상 위에 묻은 것이 무엇인고?"

왕비는 그것을 가만히 바라보더니 대답했습니다.

"오, 신앙 깊은 자의 임금님, 이것은 정액입니다."

그러자 교주가 말했습니다.

"대체 이게 어인 까닭인고. 속이지 말고 바른 대로 말하라. 그렇지 않으면 혼을 내줄 테니."

"오, 충실한 자들의 임금님, 저는 어찌 된 일인지 영문을 모르겠습니다. 저를 의심하시는 모양이지만 저는 전혀 모르는 일입니다."

그래서 교주는 판관 아부 유수프를 불러 사정을 이야기했습니다. 판관은 고개를 들어 천장을 쳐다보더니 틈이 있는 것을 발견하고 교주에게 말했습니다.

"오, 충실한 자들의 임금님, 박쥐의 정액이 인간의 것과 흡사한데,*1 아마 이것은 분명히 박쥐의 정액일 것입니다."

그리고 긴 창을 달라고 해서 그 틈을 찌르니 과연 박쥐가 한 마리 떨어졌습니다. 이리하여 교주의 의심은 풀렸다고 합니다.

—여기서 날이 훤히 밝아왔으므로 샤라자드는 이야기를 그쳤다.

389번째 밤

샤라자드는 이야기를 계속했다.

오, 인자하신 임금님, 판관의 명쾌한 답으로 교주의 의심이 풀려 즈바이다 왕비의 결백이 증명되자, 왕비는 기뻐서 안도의 한숨을 내쉬며 아부 유수프에게 훌륭한 상을 주기로 약속했습니다.

그런데 왕비에게는 제철이 아닌데도 기막히게 맛있는 과일이 있었는데, 그 밖에도 정원에 다른 과일이 열려 있다는 말을 듣고 유수프에게 물었습니다.

"오, 신앙의 이맘(도사)이여, 그대는 여기 있는 과일과 다른 곳에 있는 과일 중 어느 것을 바라오?"

"저희의 법령으로는 이 자리에 없는 것에 대한 판단은 금지되어 있습니다. 그러니 두 가지 다 이 자리에 있을 때 어느 것이든 정할까 합니다."

그래서 왕비가 두 종류의 과일을 판관 앞으로 가져오게 하자, 판관은 그 자리에서 양쪽 다 먹어 버렸습니다.

"양쪽의 맛이 어떻게 다르오?"

왕비가 묻자 대법관은 이렇게 대답했습니다.

"한쪽을 칭찬하면 반드시 다른 쪽에서 불평하기 때문에."

이 말을 들은 교주는 그 대답의 교묘함에 웃으면서 판관에게 훌륭한 상품을 내렸고 왕비도 약속한 상을 주자, 그는 기뻐하면서 물러났습니다.

이것을 보더라도 이맘의 덕이 얼마나 컸는지 알 수 있으며, 또 즈바이다 왕비의 정절과 결백도 그의 덕으로 밝혀진 것입니다.

그리고 또 다음과 같은 이야기도 있습니다.

〈주〉

*1 이것은 속세간의 편견이지만, 이 때문에 의심 없이 수많은 사람의 명예가 회복되었으리라. 박쥐는 이슬람교도에게는 '예수의 새'로 알려졌는데, 이것은 《유년(幼年)의 복음서 Gospel of Infancy》(제1장 15절, 혼(Hone) 편 《경외전 신약 Apocryphal New Testament》에서 《코란》에 도입된 전설이다. 이것에 의하면, 예수가 점토로 새를 빚은 다음 날라고 명령하면 (이슬람교도에 의하면) 박쥐가 되었다고 한다. 어느 복음서에도 들어 있지 않은 인질(Injil)〔아랍어로, 영어의 가스펠(gospel)='복음'에 해당함〕에 대한 수많은 이슬람교적인 시사를 이해하고 싶은 연구자는, 이들 경외전 복음서를 주의 깊게 통

독해야 할 것이다. 〔윌리엄 혼은 영국의 저술가로, 앞의 신약 경외전 연구는 종래의 불분명한 분야에 큰 광명을 주었다. 1780∼1842년.〕

알 하킴 교주*1와 상인

알 하킴 비 암릴라 교주가 하루는 공식행렬을 지어 어느 정원 옆을 지나가다가, 웬 사람이 그 안에서 흑인 노예와 환관들에게 둘러싸여 있는 것을 보았습니다.

교주가 그에게 물을 한 그릇 청하니 그는 물을 바치면서 말했습니다.

"황공하오나 충실한 자들의 임금님께서 모처럼 오셨으니 저의 정원에서 잠깐 쉬어 가셨으면 합니다."

그래서 교주는 말에서 내려 부하들을 거느리고 정원 안으로 들어갔습니다.

그 사나이는 양탄자 백 장, 가죽 깔개 백 장, 보료 백 장을 꺼내 와서 깔고, 과일 접시 백 개, 과자 그릇 백 개, 설탕을 탄 과일즙 항아리 백 개를 들고 나와 벌여 놓았습니다. 이것을 보고 교주는 은근히 놀라 말했습니다.

"오, 주인장, 참으로 놀라운 일이로다. 그대는 내가 올 줄 미리 알고 이런 준비를 하고 있었는가?"

그러자 주인이 대답했습니다.

"아니올시다. 교주님, 절대 그렇지 않습니다. 저는 교주님의 신하 가운데서도 한낱 천한 장사치에 불과합니다. 사실 저는 측실을 백 명 거느리고 있습니다. 그래서 교주님께서 황송하옵게도 저희 집에 머무시게 되었으므로 그들에게 아침식사를 내오라 일렀던 것입니다. 그래서 그들이 저마다 그릇이며 넉넉한 음식을 가지고 나온 것입니다.

그들은 저에게 매일 고기 한 접시, 차가운 소스 한 접시, 과일을 담은 큰 접시에다 사탕과자 쟁반, 과일즙 항아리 등을 하나씩 보내오는데, 그것이 저의 점심이라 교주님께도 그것을 바쳤을 뿐입니다."

이 말을 듣고 충실한 자들의 임금님 알 하킴 비 암릴라는 꿇어 엎드려 전능하신 알라(그 이름 위에 영광 있으라!)께 감사 기도를 드린 다음 이렇게 말했습니다.

"교주와 많은 부하를 대접하는데 미리 준비도 없이 충분할 만큼 나의 백성 한 사람에게 베푸신 알라를 칭송할진저! 이자는 하루 식량의 나머지로 식사를 내온 것이다."

그리고 사람을 보내어 그 해에 만든 은화를 모두 가져오게 하고는(그것은 전부 370만 닢이나 되었습니다) 그 돈이 올 때까지 말도 타지 않고 기다리고 있었습니다. 드디어 돈이 오자 그것을 상인에게 주면서 말했습니다.

"필요에 따라 쓰도록 하라. 아낌없이 베푸는 그대에게는 이것도 부족할 정도이다."

그러고는 다시 말을 타고 그곳을 떠났습니다.

또 이런 이야기도 들은 적이 있습니다.

〈주〉

＊1 알 하킴 비 암릴라(Al-Hakim bi-Amri'llah)는 이집트의 정통 아바스 왕조의 교주로, 이단적인 파티마(Fatimite) 왕조 드루즈족의 신과 혼동해서는 안 된다. 〔아바스 왕조는 바그다드에서 약 500년 동안 통치하다가, 바그다드가 함락되고 나서는 이집트 카이로에서 왕조를 수립했다. 이집트의 그것은 정계(正系)로 1517년까지 존속했다. 파티마 왕조는 그보다 전인 909년 무함마드의 후손이 시아파의 지지를 얻어 마찬가지로 카이로에 세운 왕조로, 그 3대 교주가 같은 이름의 인물이었다. 그는 폭군으로 알려졌으며, 드루즈족의 종교를 창시하여 그들로부터 우상시 되었다.〕

데르브로(하켐(Hakem))가 이에 대해 상세히 설명하고 있다. S.L. 푸르(《아카데미》 지(誌) 1879년 4월 26일)는 페인 씨의 오류를 지극히 혹독하게 비판했다. 〔페인의 오류는 아마 두 사람을 혼동한 점이겠지만, 레인 역《신역 천일야화》(1912)를 편찬한 S. L. 푸르 자신도 이 이야기의 뒤에—제2권—편자의 주로써 일부러 알 하킴은 파티마 왕조의 교주라고 설명했다. 단순한 착각이라고 해도 어이없는 일이라 하지 않을 수 없다.〕

키스라 아누시르완 왕*¹과 시골처녀

　정의의 왕 키스라 아누시르완이 어느 날 사냥을 나가 사슴을 쫓다가 일행과 떨어지고 말았습니다. 이윽고 가까운 곳에 작은 마을을 발견한 왕은 목이 몹시 말라서 어느 집 문 앞에 서서 물 한 그릇을 청했습니다.

　그러자 한 처녀가 나와서 왕을 보더니 집 안으로 들어가 그릇에 사탕수수를 짠 즙을 담고 물을 탄 다음, 먼지 같은 향료를 띄워 왕에게 가지고 왔습니다.

　왕은 먼지 비슷한 게 떠 있는지라 조심하면서 조금씩 마셨습니다.

　그것을 다 마시고 나자 왕은 처녀에게 말했습니다.

　"오, 색시, 참 맛있는 물이었는데, 먼지 같은 것만 없었더라면 얼마나 더 맛이 좋았을까."

　그러자 처녀가 대답했습니다.

　"오, 손님, 저는 일부러 그 가루를 띄워 드렸던 거예요."

　"그건 또 왜?"

　"제가 보기에 목이 몹시 마르신 것 같아서, 단숨에 마시면 몸에 해로울까 걱정이 되었기 때문입니다. 만약 눈에 거슬리는 것이 없었다면 아마 단숨에 드셨을 겁니다."

　정의의 왕은 물에 먼지를 띄운 것이 뛰어난 지혜와 분별에서 나온 것임을 알고 매우 감탄하며 물었습니다.

　"대체 몇 대의 사탕수수로 이 즙을 만들었는고?"

　"한 대입니다."

　이 대답에 아누시르완 왕은 또 한 번 놀랐습니다.

　그래서 마을의 관가에 들러 세금 대장을 조사해 보고 세금이 매우 적다는 것을 알았습니다.

　왕은 궁전으로 돌아가서 곧 세금을 올려야겠다고 생각하며 혼자 중얼거렸습니다.

"그 마을에서는 사탕수수 한 대에서 그렇게도 많은 즙이 나오는데, 세금이 왜 그렇게 싼 것일까?"

이윽고 왕은 그 동네를 떠나 사냥을 계속하다가 해질녘에 혼자 그 집에 다시 한 번 들러 물을 청했습니다.

그러자 아까 그 처녀가 나와서 첫눈에 낮에 왔던 손님임을 알아채고 물을 가지러 안으로 들어갔습니다.

그런데 이번에는 조금 전보다 시간이 훨씬 오래 걸렸으므로 왕은 이상히 여기고 물었습니다.

"왜 이렇게 시간이 걸렸나?"

—여기서 샤라자드는 날이 밝은 것을 깨닫고 이야기를 그쳤다.

390번째 밤

샤라자드는 이야기를 계속했다.

오, 인자하신 임금님, 아누시르완은 처녀를 재촉하며 물었습니다.

"어째서 이렇게 시간이 걸리는 것인고?"

"사탕수수 한 대로는 필요한 즙이 나오지 않아 석 대를 짜 보았는데, 그래도 아까 그 한 대 분량만큼도 나오지 않았습니다."

"그건 또 어인 까닭인가?"

"그 이유는 임금님*²의 마음이 변하여 백성을 사랑하시는 마음이 없어지면, 백성의 번영은 멈추고 행복도 훨씬 줄어 버리기 때문입니다."

처녀의 대답에 아누시르완은 웃으면서 마을 사람에게 불리한 계획을 포기하고 말았습니다.

그뿐만 아니라 왕은 그 처녀의 풍부하고 특별한 지혜와 뛰어난 말솜씨가 마음에 쏙 들어 그 자리에서 왕비로 삼기로 했다고 합니다.

세상에는 또 이런 이야기도 전해지고 있습니다.

〈주〉

＊1 아누시르완(Anushirwan)이라고 하는 아름다운 이름은 페르시아어의 아누신 라완(Anushin-rawan)='아름다운 영혼'에서 나왔다. 무함마드와 같은 시대 사람인 이 왕의 명예로운 칭호는 '알 말리크 알 아딜(Al-Malik al-Adil)'='정의의 왕'이다. 키스라(Kisra), 즉 뛰어난 코스로(Chosroë)〔모두 원뜻은 왕〕도 이 신을 공경하는 마음이 깊은 조로아스터교도에게 사용되며, 동양의 모든 사전에는 이 왕에 대한 상세한 설명이 실려 있다.〔원전은 보통 코스로 1세(Chosroë Ⅰ)로 설명하고 있다. 페르시아—이란—의 대왕으로, 크테시폰(Ctesiphon)을 수도로 정하고 내외에 세력을 키워 지난날의 페르시아의 위세를 회복했다. 문화를 발전시키고 농업, 상업, 학술을 장려하고 의학교를 세웠다. 또 인도에서 체스—페르시아어로는 샤(Shah)='왕'—를 수입하여 '왕가의 유희'라고 불렀다. 아리스토텔레스와 플라톤의 저작도 가까이하여 페르시아어로 번역하게 했다고 한다. 재위 연간은 531∼579년.〕

＊2 살탄(Sultan)으로 되어 있지만, 여기서는 시대착오이다. 앞에서도 주석했지만, 이 칭호는 아미르 알 우마라(Amir Al-Umara, 궁전의 감독)의 사북타진(Sabuktagin)에게 교주(알 타이 비라)가 내렸다(즉위 974년). 나중에 가즈니(Ghazni)의 무함마드(마무드의 잘못)가 처음으로 이 칭호를 독립적으로 채용했다.〔가즈니는 아프가니스탄의 옛 도읍. 마무드 왕은 997년 이래 호라산과 가즈니의 왕이 되어 여러 번 인도를 침략했다. 체임버스 전기사전(傳記辭典)에 의하면 971∼1030년. 레인도 제1권에 살탄의 칭호에 대해 같은 해설을 하고 있다. 또한 이집트에서 처음으로 솔단—살탄의 칭호를 채택한 것은, 1171년에 파티마 왕조를 멸하고 이집트 왕을 자처한 유명한 쿠르드인 살라딘이다.〕

물장수*1와 세공사 아내

옛날 보하라라는 곳에 한 물장수가 있었는데, 그는 장식품 세공사의 집에 30년이나 물을 나르고 있었습니다. 그런데 이 세공사의 아내는 비할 데 없이 아름답고 요염한 데다, 아주 얌전하고 신앙심이 무척 깊으며 정숙하고 예의 바른 여자였습니다.

어느 날 물장수가 전과 같이 물통에 물을 길어 붓고 있었습니다. 마침 그때 세공사의 아내는 마당에 있었는데, 물장수가 슬그머니 곁으로 다가가 그녀의 손을 잡더니 어루만지다가 꼭 쥐었다 하고는 가버렸습니다. 그날 세공사가 장에서 돌아오자 아내가 물었습니다.

"당신은 오늘 시장에서 전능하신 알라의 마음을 노하게 하는 짓을 하셨죠?"

"아니, 난 신의 노여움을 살 만한 짓은 한 적이 없어."

"아니에요. 그럴 리가 없어요. 틀림없이 신께서 노여워하실 만한 짓을 했을 거예요. 바른 대로 이야기해 주지 않으시면 난 이 집에 있지 않겠어요. 이 집을 나가서 두 번 다시 당신을 보지 않겠어요."

하는 수 없이 남편은 다음과 같이 사실대로 다 말했습니다.

"그럼 바른 대로 이야기하지. 사실 오늘 내가 전처럼 가게에 앉아 있는데 한 여자가 찾아와서 금팔찌를 맞추었어. 여자가 돌아가고 팔찌를 만들어서 옆에 놓고 기다리고 있으니, 한참 뒤 여자가 다시 왔기에 여자가 내민 팔에 팔찌를 끼워 주었지. 나는 누가 보아도 황홀해지지 않을 수 없는 여자의 하얀 손과 예쁜 손목에 감탄하고 말았어. 그리고 내 머리에는 이런 시가 떠올랐지.

팔찌로 장식한 임의 두 팔은
물결 위를 떠다니는

붉게 타오르는 불,
티 없는 황금으로
에워싼 물인가.
살아 있는 불길로
휘감은 물인가.

그래서 나는 여자의 손을 꽉 잡고 말았지."

"어머나, 왜 하지 말아야 할 행동을 하셨을까요? 사실 30년 전부터 우리 집에 드나들어도 아직 한 번도 나쁜 짓을 한 적이 없는 물장수가 웬일인지 오늘은 내 손을 잡고 꼭 쥐지 않겠어요?"

이 말을 듣고 남편이 말했습니다.

"그럼 둘이서 알라의 용서를 빕시다! 나도 진심으로 내가 한 짓을 후회하고 있어. 그러니 당신도 나와 함께 알라의 용서를 빌어요."

아내가 소리쳤습니다.

"오, 알라여, 부디 저희 두 사람을 용서하시고, 거룩한 그 손으로 저희를 지켜주세요!"

—여기서 훤히 날이 밝아왔으므로 샤라자드는 이야기를 그쳤다.

391번째 밤

샤라자드는 이야기를 계속했다.

오, 인자하신 임금님, 세공사의 아내는 알라의 용서를 빌었습니다.

그런데 뜻밖에도 이튿날 물장수가 세공사의 아내 앞으로 와 그 발밑에 몸을 던지더니 땅에 엎드려 용서를 빌었습니다.

"아주머니, 어제는 악마에게 홀려 무례한 짓을 하고 말았으니 부디 용서해 주십시오. 제 마음을 호린 것은 악마 놈이니까요."

"걱정하지 마세요. 죄는 당신에게 있는 것이 아니라 내 남편에게 있어요. 그이가 가게에서 주책없는 짓을 했기 때문에 알라께서 그이에게 벌을 주신 거지요."

아내한테서 물장수가 사죄했다는 말을 들은 남편이 말했습니다.

"되로 준 것은 되로 받고, 말로 준 것은 말로 받는다! 내가 더 나쁜 짓을 했더라면 물장수도 더 못된 짓을 했을 거야."

그리고 이 말은 사람들의 입에 올라 속담이 되었습니다. 그러므로 아내라는 것은 언제나 안팎으로 남편과 몸과 마음이 하나라야 하고 비록 남편이 많은 것을 주지 못하더라도 적은 것으로 만족해야 하며, 진실한 여성 아이샤나 순결한 처녀 파티마(전능하신 알라여, 이 두 분을 어여삐 여기소서!)를 본보기로 삼아 올바른 조상의 대열에 함께 설 수 있도록 힘써야 합니다.[2] 또이런 이야기도 있습니다.

〈주〉

[1] 물장수는 사카(Sakka)라고 하며, 이집트의 독특한 존재로서 사기나 악행을 저지르는 것으로 유명했다. 여기서도 그렇고 다른 경우에도 마찬가지지만, 틈을 보이면 마(魔)가 끼는 법이다(Opportunity makes the thief).

[2] 젊은 아내 아이샤(Ayishah)의 경솔한 행위가 무함마드에게 전해졌을 때, 그가 말한 유명한 문구가 기록되어 있다. 그것은 '간통한 남자 없이 간통한 여자 없다'는 문구이다. 사도 무함마드의 딸 파티마는 여러 명의 아이를 낳고서도 내내 처녀였던 것으로 상상된다. 이러한 조잡한 순결의 상징성은 고전 작가 파우사니아스(Pausanias)도 알고 있어서, 그는 유노여신으로 하여금 해마다 강에서 목욕하게 함으로써 처녀성을 회복시켰다. 〔파우사니아스는 2세기 무렵 그리스의 역사가이자 지리학자로, 그리스 지역 전체는 말할 것도 없고 마케도니아, 이탈리아, 아시아 그리고 아프리카 일부를 여행했고, 그리스에 관한 《여행기》를 저술했다. 이것은 지극히 귀중한 고전문헌으로 수많은 외국어로 번역되었다. 로마 신화의 유노여신은 주피터 신의 누이이자 아내. 그리스 신화에서는 제우스 신의 아내 헤라(Hera)에 해당한다. 정숙한 귀부인의 전형이었다.〕 마지막 문장의 '조상' 알 살라(Al-Salah)는 무함마드 집안을 가리킨다.

후스라우 왕과 왕비 시린 그리고 어부

페르시아의 후스라우*1 샤힌샤 왕은 생선을 매우 좋아했습니다. 어느 날 왕이 왕비 시린과 함께 손님방에 앉아 있는데, 한 어부가 와서 커다란 물고기 한 마리를 바쳤습니다. 왕은 매우 기뻐하며 어부에게 은화 4천 닢을 주라고 분부했습니다.*2 그것을 보고 왕비가 왕에게 말했습니다.

"그것은 좋지 않은 방법입니다."

"그건 또 왜?"

"앞으로 만일 당신이 어느 신하에게 같은 액수의 돈을 주시면 그자는 경멸하여 이렇게 말할 겁니다. '임금님께선 어부에게 주신 액수밖에 주시지 않았다.' 만약 그보다 적은 돈을 주시면 그자는 이렇게 말하겠지요. '임금님께선 나를 업신여기시고 어부에게 주신 돈만큼도 안 주셨다'고요."

"과연 그대의 말도 맞지만, 임금인 자가 한 번 준 돈을 돌려받는 것은 수치가 아니겠소. 이젠 어쩔 수가 없는 일이오."

"원하신다면 제가 그 돈을 어부에게서 되찾도록 해 보겠습니다."

"어떻게?"

"괜찮으시다면 어부를 다시 불러서 아까 그 고기가 수놈이냐 암놈이냐 물어보세요. 그리고 수놈이라고 하거든 암놈이 필요하다 하시고, 암놈이라고 하거든 수놈이 필요하다고 말씀하십시오."

그래서 왕은 그 어부(상당히 영리하고 재치가 있는 자였습니다)를 다시 불러서 물었습니다.

"이 고기는 수놈이냐, 암놈이냐?"

어부는 바닥에 몸을 엎드리고 대답했습니다.

"이 고기는 자웅 양성을 갖춘 물고기인지라 수놈도 암놈도 아닙니다."

왕은 이 교묘한 대답을 듣고 웃음을 터뜨리고는 은화 4천 닢을 더 주라고 분부했습니다.

어부는 회계관에게 가서 은화 8천 닢을 받아 자루에 넣었습니다. 그리하여 그것을 어깨에 짊어지고 돌아가려는 순간 은화 한 닢이 떨어졌습니다. 어부는 자루를 내려놓고 허리를 굽혀 그 은화를 주웠습니다.

마침 왕과 왕비가 그 광경을 바라보고 있었는데, 왕비가 이렇게 말했습니다.

"오, 임금님, 보셨습니까? 은화 한 닢을 주우려고 저자는 어깨에 멘 자루를 내려놓고 몸을 굽혔습니다. 임금님의 하인을 위해 은화 한 닢을 남길 줄 모르니 어지간히 인색한 근성이 아닙니까?"

왕은 이 말을 듣고 어부에게 몹시 화가 나서 말했습니다.

"음, 시린, 과연 그대의 말이 옳소!"

그래서 왕은 다시 어부를 불러서 꾸짖었습니다.

"이 인색한 시골 녀석! 네놈은 인간이 아니다! 그처럼 돈이 잔뜩 든 자루를 지다가 고작 은화 한 닢을 줍기 위해 애써 그것까지 내려놓고 허리를 굽히다니! 그냥 버리기가 그렇게도 아깝더냐?"

그러자 어부는 왕 앞에 엎드려 이렇게 대답했습니다.

"오, 알라여! 부디 임금님의 천수를 늘려주소서! 제가 이 은화 한 닢을 주운 것은 결코 돈이 아까워서가 아닙니다. 제가 이 은화를 주운 것은, 이 은화 앞에는 임금님의 초상이 있고 뒤에는 임금님의 존함이 새겨져 있기 때문입니다. 누가 모르고 이 은화를 밟아 임금님의 존함이나 존영을 더럽히게 되어 제가 그 허물을 지게 되면 큰일이라 생각했기 때문입니다."

이 말에 왕은 크게 감탄하고 어부의 영리한 머리와 재치를 칭찬하며 다시 은화 4천 닢을 주라고 분부했습니다.

그뿐만 아니라 왕은 온 나라에 다음과 같은 포고를 내렸다고 합니다.

"결코 여자의 말에 흔들려서는 안 된다. 여자의 충고에 귀를 기울이는 자는 자기가 가진 은화 한 닢을 잃을 뿐 아니라 은화 두 닢을 더 잃게 되리라."

또 다음과 같은 이야기도 전해지고 있습니다.

〈주〉

＊1 후스라우 파르위즈(Khusrau Parwiz)의 이야기로, 아누시르완의 손자. 무함마드의 편지

를 찢고 자신의 왕국을 붕괴로 이끈 조로아스터 교주. 그리스 황제 마우리키우스 (Maurice)의 딸로 절세미인인 마리아 또는 이레네(Irene)와 결혼했다. 두 사람의 연애는 수많은 시인에 의해 노래되었고, 마찬가지로 같은 시린을 사랑한 조각사 파르하드(Farhad)의 정열도 여러 사람이 노래하였다. 라이알(Lyall) 씨는 파르웨즈(Parwêz)라고 쓰고, Parwiz는 근세의 형태라고 말했다. 〔후스라우 파르위즈는 일반적으로는 코스로 2세로 불리며, 파르위즈는 '승리에 빛나는 자'라는 뜻의 별명이다. 레인은 제2권에서, 리처드슨이 쓴《페르시아어, 아랍어, 영어 사전》의 파르웨즈의 항을 인용했으므로 그것을 재인용해 둔다. 후스라우 파르위즈는 작은아버지에 의해 자기 나라에서 쫓겨나 '그리스 황제 마우리키우스에게 몸을 의탁하고 그 도움을 받아, 왕위찬탈자를 타파하고 왕관을 탈환했다. 마우리키우스 황제의 궁정에 머물던 중에 후스라우는 황제의 딸 이레네와 결혼했는데, 그녀는 비할 데 없는 미모로 동양에서는 매우 유명했……' 코스로 2세(재위 591~628년)는 독선적 행위를 일삼았지만, 수많은 침공에 승리를 거두고 페르시아의 위세를 더욱 높였다. 그러나 결국 비잔틴 황제 헤라클리우스(575무렵~641년)에게 패배하고, 달아날 준비를 하다가 아군의 손에 처형되었다. 아마도 코스로 2세는 살아 있을 때 무함마드의 편지를 받았겠지만, 이슬람군의 공격을 받은 것은 좀 더 뒤, 즉 그 손자 이스디겔드 3세가 살아 있었을 때 수도 크테시폰이 함락되었고 이스디겔드는 651년에 살해되었다. 이리하여 고대 이란의 문명은 사라지고, 아랍인의 이슬람교 문명, 곧 사라센 문화가 자리를 차지하게 된 것이다. 라이알은 Sir Alfred Comyn Lyall을 가리키며, 오랫동안 인도에 머물면서 동양연구의 노작을 많이 남겼다. 1835~1911년.〕

*2 역사가에 의하면 후스라우 왕이 그만한 돈을 베푸는 것은 아무 일도 아니었다. 그의 옥좌는 은 기둥 4만 개가 떠받치고 있었고, 둥근 천장에 매달린 1천 개의 원기둥은 태양계의(太陽系儀)를 이루며 천체의 움직임을 나타내고 있었다. 또 벽에는 3천 장의 비단이 드리워져 있었고, 지하동굴에는 금은보화가 가득 들어 있었다. 〔참고로, 버턴의 이 옥좌 해설도 리처드슨에 의한 것이다.〕

바르마크 집안의 야야 빈 하리드와 가난한 남자

바르마크 집안의 야야 빈 하리드가 어느 날 교주의 궁에서 집으로 돌아와 보니 문 앞에 한 사내가 앉아 있었습니다. 야야가 가까이 가자 그 사내는 일어나서 인사를 하고 말했습니다.

"오, 야야 님, 저는 당신과는 달리 매우 곤경에 처해 있습니다. 알라의 인도로 당신께 구원을 청하기 위해 왔습니다."

야야는 그를 위해 자기 집에 방을 하나 정해 주고 회계일을 보게 하여 매일 은화 1천 닢씩 주는 한편, 식사와 그 밖에 최상의 것을 대접해 주기로 했습니다.

이리하여 사내는 한 달 동안 신세를 지고 모은 돈이 은화 3만 닢이나 되자, 워낙 큰돈이라 야야가 도로 내놓으라고 하지나 않을까 걱정이 되어 살그머니 집을 빠져나가서 줄행랑을 놓고 말았습니다.

—여기서 날이 훤히 새기 시작하였으므로 샤라자드는 이야기를 그쳤다.

392번째 밤

샤라자드는 이야기를 계속했다.

오, 인자하신 임금님, 그 사내는 돈을 가지고 몰래 집을 빠져나갔습니다.

야야는 그 소식을 듣고 이렇게 말했습니다.

"알라께 맹세코, 그자가 우리 집에 묵는 동안 결코 그에게 선물을 아끼거나 나쁘게 대우한 적은 없었는데!"

사실 바르마크 집안의 아름답고 갸륵한 덕행은 일일이 셀 수 없을 만큼 많았고, 그가 베푼 자선은 글로 다 표현할 수 없을 정도였습니다. 특히 야야 빈 하리드는 덕행으로 이름 높은 사람이었는데, 그 까닭은 바다처럼 넓고 고귀한 품성을 지니고 있었기 때문입니다. 그것을 시인은 다음과 같이 노래했습니다.

"그대는 자유의 몸인가" 하고
'자비 님'에게 물었더니
'자비 님'이 대답하여 말하기를
"나는 야야의 노예요."
"그렇다면 야야에게 팔려 왔는가?"
내가 물으면 '자비 님'은 다시 대답하겠지.
"천만에, 조상 대대로 섬기는 몸이오."

또 다음과 같은 이야기도 있습니다.

모하메드 알 아민과 노예여자

자파르 빈 무사 알 하디*[1]에게는 한때 알 바도르 알 카비르라는 류트를 잘 타는 노예계집이 있었습니다. 당시에 이 여자만큼 얼굴이 아름답고 자태가 뛰어나며 노래와 류트를 능숙하게 하는 여자는 없었습니다. 정말 이 여자는 어디 하나 나무랄 데 없이 예뻤고 모든 매력을 다 갖추고 있었습니다.

그런데 즈바이다 왕비의 아들 모하메드 알 아민*[2]이 이 노예계집 이야기를 듣고 자파르에게 그 여자를 팔라고 열심히 졸라댔습니다. 그러자 자파르는 이렇게 대답했습니다.

"당신도 아시겠지만, 나와 같은 처지에 있는 자가 노예계집을 팔거나 측실에게 값을 매기는 것은 바람직한 행동이 아닙니다. 만일 내가 직접 돌보며 키운 여자가 아니라면 당신께 선물로 바치고 절대 아끼지 않았을 겁니다."

그로부터 며칠이 지나 모하메드 알 아민이 자파르의 집에 놀러 갔습니다. 주인은 진정한 벗에 어울리는 환대를 하고 알 바도르 알 카비르에게 노래를 하도록 분부하여 손님을 기쁘게 했습니다. 처녀는 류트의 줄을 고른 다음 마음이 황홀해지는 가락으로 노래를 불렀습니다. 모하메드 알 아민은 거듭 잔을 기울이며 술 따르는 동자를 시켜 자파르에게도 술을 잔뜩 권했습니다. 이윽고 주인이 술에 취해 곯아떨어지자, 알 아민은 처녀를 데리고 자기 집으로 돌아와 버렸습니다. 그러나 처녀의 몸에는 손가락 하나 대지 않았습니다.

이튿날 알 아민은 사람을 보내 자파르를 초대했습니다.

자파르가 오자 알 아민은 술을 대접하며 휘장 뒤에 처녀를 두고 노래를 부르게 했습니다. 자파르는 그 목소리를 알아듣고 속으로 무척 화가 났지만, 원래 고결한 데다 도량 또한 넓었으므로 조금도 내색하지 않았습니다.

이윽고 술자리가 끝날 무렵 알 아민은 하인을 시켜 자파르가 타고 온 배에 은화와 금화를 비롯하여 여러 보석과 히아신스석, 화려한 옷과 물건을 가득 싣게 했습니다.

또 거기에 1천만 닢의 돈과 한 알에 2만 닢이나 하는 아름다운 진주를 1천 개나 싣고, 그 밖에도 온갖 진귀한 물건을 자꾸자꾸 배에 싣게 하자 마침내 사공이 비명을 지르며 구원을 청하는 것이었습니다.

"이 배엔 도저히 더는 실을 수가 없습니다."

하인은 사공에게 그것을 모두 자파르의 집으로 운반하라고 명령했습니다.

도량이 넓은 사람들은 결국 이처럼 크게 덕을 보게 마련입니다. 부디 그러한 사람들 위에 알라의 자비가 내리시기를!

또 이런 이야기도 있습니다.

〈주〉

＊1 자파르 빈 무사 알 하디(Ja'afar bin Musa al-Hadi)는 하룬 알 라시드의 전대(前代) 교주. 〔즉 아바스 왕조 제4세.〕

＊2 모하메드 알 아민(Mohammed al-Amin)은 하룬 알 라시드의 후계자. 〔즉 제6세.〕 알 아민은 당당한 몸집에 피부는 희고, 키가 크며 또 아름다운 데다 강력한 완력을 지니고 있었다. 알 마수디(Al-Mas'udi)〔앞에도 나옴, 아라비아의 여행가, 《황금 목장과 보석 광산 Muruj al-Dahab wa Ma'adin al-Jauhar》이 대표작, 957년 사망.〕에 의하면, 그는 맨손으로 사자를 죽였다고 한다. 하지만 그의 정신과 사고는 빈약했다. 그는 낚시를 매우 좋아하여 중대한 보고를 가져온 신하에게, "에이, 못난 놈 같으니! 썩 꺼져라! 카우사르(그가 사랑한 환관)는 2마리나 낚았는데 나는 아직 구경도 못하고 있단 말이다!" 하고 말했다는데, 이것은 프랑스 왕족의 신중치 못한 가벼운 말과 행동을 연상시킨다.

야야 빈 알 하리드의 아들들과
사이드 빈 살림 알 바힐리

사이드 빈 살림 알 바힐리[*1]는 이렇게 술회한 적이 있습니다.

"하룬 알 라시드 왕이 생존해 있었을 때, 나는 몹시 살림이 구차해서 빚을 잔뜩 진 데다 그 빚을 갚을 길도 없어 막막한 형편이었습니다. 옴츠리거나 뛸 수도 없어서 정말 난감했지요. 아무튼 빚쟁이들이 늘 우리 집 문 앞에 떼지어 몰려와서 아우성을 치며 연방 빚을 갚으라고 재촉하는 바람에, 정말 마음을 졸인 적이 한두 번이 아니었습니다.

그래서 나는 아브달라 빈 말리크 알 후자이[*2]를 찾아가서 살아날 수 있는 무슨 좋은 꾀를 가르쳐 달라고 부탁했더니 그는 이렇게 말하더군요.

'당신의 곤경을 구해 줄 사람은 바르마크 집안밖에 없소.'

그래서 내가 대답했지요.

'도대체 누가 그자들의 자만심을 참고 견딜 수 있을까요? 그 불손하고 거만한 태도에는 아무도 못 견딜 겁니다.'

그러자 알 후자이가 말하는 겁니다.

'당신의 처지를 해결하기 위해서는 뭐든지 참는 수밖에 도리가 없을걸.'"

—여기서 날이 새기 시작한 것을 알고 샤라자드는 이야기를 그쳤다.

393번째 밤

샤라자드는 이야기를 계속했다.

오, 인자하신 임금님, 사이드 빈 살림의 이야기를 계속하겠습니다.

"그래서 곧 아브달라의 집을 나와 곧장 야야 빈 하리드의 아들들인 알 파즈르와 자파르를 찾아가서 나의 궁한 처지를 호소했더니 두 사람은 말했습니다.

'알라께서 부디 당신에게 구원의 손길을 뻗으셔서, 그 자비에 의해 신이 만드신 사람들의 재앙에서 벗어나 더없는 행복을 누리시고 당신에게 필요한 것을 얻어, 신 말고는 아무것도 필요하지 않게 되시기를! 왜냐하면 신의 뜻에 합당하면 신은 모든 것을 이루어주시니, 종의 욕구를 잘 아시고 종에게 자비를 내려주시기 때문입니다.'

이러한 대답이라 나는 두 사람 앞을 물러나와 괴로운 가슴과 어지러운 머리, 무거운 마음으로 또다시 아브달라에게 돌아갔습니다. 거기서 두 사람이 말한 것을 이야기해 주었더니, 아브달라는 이렇게 말하는 것이었습니다.

'오늘은 내 집에 있도록 하시오. 전능하신 알라께서 어떻게 정해 주시는지 기다려보기로 합시다.'

그래서 얼마 동안 아브달라와 앉아 있는데, 글쎄 별안간 내 하인이 헐레벌떡 찾아와서 이렇게 말하는 것이 아니겠습니까?

'오, 주인님, 집에 짐을 실은 나귀가 많이 와 있습니다. 그리고 알 파즈르 님과 자파르 님의 대리라고 하는 분이 혼자 오셨습니다.'

이 말을 듣고 아브달라가 말했습니다.

'아마 구원의 손길이 내렸나 보군요. 자, 어서 가보시오.'

작별인사를 하고 급히 집으로 돌아가 보니 어떤 사람이 현관 앞에 서 있다가 나에게 편지 한 통을 주는 것이었습니다. 거기에는 이렇게 적혀 있었습니다.

'아까 당신이 찾아오셨을 때 사정 이야기를 듣고 우리는 교주님을 찾아가서 귀하가 매우 곤란한 지경에 이르러 수치를 무릅쓰고 도움을 청하시더라는 말씀을 드렸습니다. 그러자 교주께서는 국고에서 귀하에게 은화 백만 닢을 하사하시며 전해 드리라 분부하셨습니다. 그래서 우리는 이렇게 말씀드렸습니다.

"채무자인 그는 이 돈을 채권자들에게 모두 주어 빚을 갚는 데 다 쓰고 말 것입니다. 그러면 생활비는 대체 어디서 나옵니까?"

그러자 교주님은 귀하를 위해 다시 은화 30만 닢을 내주셨습니다. 그래서 우리 두 사람도 각기 자기 재산 중에서 은화 백 닢씩을 보태 드리기로 했습니다. 합계가 은화 330만 닢이니, 이것으로 귀하의 빚을 청산하시기 바랍니다.'"

정말이지, 참으로 관대하고 도량이 넓은 분들이 아니겠습니까? 전능하신 알라여, 부디 이런 사람들에게 자비를 내려주소서!

또 이런 이야기도 있습니다.

⟨주⟩

*1 사이드 빈 살림 알 바힐리(Sa'id bin Salim al-Bahili)는 나중에 알 마문 교주 밑에서 호라산 총독이 되었다.

*2 아브달라 빈 말리크 알 후자이(Abdallah bin Malik al-Khuzai)는 하룬 알 라시드 시대에 궁전의 감독관을 지냈다.

서방을 속인 여편네의 꾀

한 남자가 어느 금요일에 자기 마누라에게 생선 한 마리를 가져다주면서 회중의 기도가 끝날 때까지 요리해 두라고 이른 다음 볼일을 보러 나갔습니다. 그런데 바로 그 뒤에 이 마누라의 남자친구가 찾아와서 자기 집의 혼인 잔치에 초대하는 것이었습니다. 마누라는 곧 생선을 물 항아리에 던져 놓고 그 남자와 함께 집을 나가서 다음 금요일까지 꼬박 일주일 동안 집을 비우고 돌아오지 않았습니다.[*1] 남편은 짐작 가는 곳을 모조리 찾아다니며 물어보았지만 아무도 마누라의 행방을 아는 사람이 없었습니다.

그러다가 다음 금요일에 마누라가 불쑥 돌아오자 곧 싸움이 벌어졌습니다. 그러나 마누라는 이웃 사람들을 증인으로 모아 놓고 물 항아리 속에서 살아 있는 고기를 꺼내 제멋대로 거짓말을 하는 것이었습니다.

—여기서 날이 새기 시작하였으므로 샤라자드는 이야기를 그쳤다.

394번째 밤

샤라자드는 이야기를 계속했다.

오, 인자하신 임금님, 마누라는 물 항아리에서 살아 있는 고기를 남편 앞에 꺼내놓고, 이웃 사람들 앞에서 자기주장을 하며 남편 말을 듣지 않았습니다. 그러자 남편도 자기 할 말을 했습니다. 하지만 사람들은 남편의 말을 믿지 않고 이렇게 말했습니다.

"물고기가 그렇게 오래 살아 있을 리가 없지."

모두 남편을 미치광이로 취급하며 감금하고 놀림감으로 삼았습니다.

그래서 남편은 폭포 같은 눈물을 흘리면서 다음과 같은 시를 읊었습니다.

더러운 생활이라 유난히도
근성이 썩어 빠진 계집
어쩌면 그다지도 음탕한 낯짝인가
보기만 해도 끔찍하구나.
월경 때엔 뚜쟁이가 되고
월경이 끝나면 매춘부 노릇
언제나 뚜쟁이가 아니면 간통한 여자.

또 이런 이야기도 있습니다.

〈주〉

*1 이슬람 여성은 유럽의 여성에 비해 다음과 같은 유리한 위치를 차지하고 있다. 그들은
   허락을 받지 않아도 언제든지 자유롭게 친구들을 찾아가 일주일이고 열흘이고 자기 집
   을 비울 수가 있다. 그러나 정부를 만나는 경우는 예외이다.

신앙심 깊은 여자와 사악한 두 늙은이[*1]

옛날 아주 먼 옛날에, 이스라엘 백성 가운데 정절 높은 여자 한 명이 있었습니다. 이 여자는 신앙심이 무척 두터워 매일 기도소에 가서 먼저 정원으로 들어가 손발을 씻은 다음 기도를 하고 돌아오곤 했습니다. 그런데 이 정원에는 정원지기 두 늙은이가 있었는데, 두 사람 다 이 여자에게 반해서 요구를 들어 달라 치근거리고 있었습니다.

그러나 여자가 좀처럼 승낙하지 않으므로 그들은 말했습니다.

"당신이 우리에게 몸을 허락하지 않으면 당신이 간음했다고 소문낼 거야."

이 말을 듣고 여자는 말했습니다.

"알라시여! 부디 이들의 탐욕에서 저를 지켜주소서!"

그러자 늙은이들은 정원 문을 열어 놓고 큰 소리로 외쳤습니다. 사람들이 사방에서 모여들었습니다.

"도대체 무슨 일이야?"

"우리는 이 계집년이 젊은 사내와 희롱하는 것을 보았소. 하지만 남자 쪽은 뿌리치고 달아나버렸지."

그 당시의 풍습으로 간음한 남녀는 사흘 동안 공개적으로 망신을 준 다음 돌로 쳐 죽이게 되어 있었습니다. 그래서 사람들은 번화한 거리에서 사흘 동안 이 여자의 이름을 외쳤고, 두 늙은이는 매일 여자에게 가 그 머리에 손을 얹고 말했습니다.

"알라께서 당신을 노여워하신 것은 당연한 일이야. 알라를 칭송할진저……."

드디어 나흘째가 되자 사람들은 여자를 때려죽이려고 형장으로 끌고 갔습니다. 그때 다니엘이라는 열두 살밖에 안 된 소년이 사람들 뒤를 따라갔습니다. 지금부터 저 유명한 예언자 다니엘의 첫 번째 기적이 일어나는 겁니다. (우리의 예언자 다니엘에게 축복과 평화가 있기를!) 형장까지 따라간

소년은 이윽고 사람들에게 말했습니다.

"내가 올바른 심판을 내릴 때까지 그 여자에게 돌을 던지지 마시오."

그래서 사람들이 의자를 내주자, 다니엘은 거기에 앉아 늙은이를 따로따로 불러냈습니다(그런데, 증인을 따로따로 불러서 조사하는 것은 이 다니엘 소년이 처음이었다고 합니다).

다니엘은 먼저 한 노인을 불러서 물었습니다.

"당신은 어떤 장면을 보았소?"*2

늙은이가 사람들에게 말한 대로 거짓말을 하자 다니엘은 또 물었습니다.

"그것은 뜰 어디쯤에서 있었던 일이오?"

"동쪽 배나무 밑이었습니다."

소년은 또 한 늙은이를 불러내어 같은 말을 물었습니다. 그러자 늙은이는 대답했습니다.

"뜰 서쪽의 사과나무 밑이었습니다."

그러는 동안 여자는 그 옆에 서서 하늘을 우러러 바라보며, 두 손을 쳐들고 열심히 알라께 구원을 빌고 있었습니다. 그러자 전능하신 알라께서는 두 늙은이에게 저주의 불길을 퍼부어 태워 죽여 버렸고, 그렇게 하여 여자가 결백하다는 것을 증명하셨습니다.

이것이 예언자 다니엘의 최초의 기적입니다. 부디 다니엘에게 축복과 평화 있으시기를!

또 다음과 같은 이야기도 전해지고 있습니다.

〈주〉

＊1 '수산나와 노인들(Susannah and the Elders)' 이야기를 이슬람 형태로 한 것. 다니알(Daniyal)은 아랍인 다니엘(Daniel)로, 알렉산드리아에 매장된 것으로 추정되고 있다 《순례》 제1권). 〔이 이야기는 판관으로서의 다니엘을 칭송한 경외 성경에 나오는 이야기로, 호아킴의 아내 수산나의 정절을 얘기한 것이다. 구약 다니엘서 참조. 아랍어에서는 보통 알 나비 다니알(Al-nabi Daniyal, 예언자 다니알)이라 부르며, 나중에 명판관의 대명사가 되었다. 예를 들어 셰익스피어의 《베니스의 상인》 제6막 1장에 나와 있다. 그 무덤에 대해서는 본 판 《순례》 제1권 참조.〕

＊2 어떤 절박한 순간에 어떤 목적을 위해 무함마드가 정한 이슬람법에 의하면, 간통이나 불의, 남색 등을 입증하려면 신뢰할 수 있는 목격자 4명이 필요하며, 그들은 실제로

'중요한 것'(아랍인 식으로 말하면 '콜 가루 상자 속 화장 바늘')을 보았다고 증언해야 한다. 이렇게 되면 사실상 고발이 불가능하므로, 그 문제의 해결은 칼에 의지하는 수밖에 없다. 〔'어떤 절박한 때'라는 것은, 무함마드가 여행 중에 아내 아이샤의 간통이 발각될 뻔하자 체면상 이를 부정하고 목격자의 필요성을 역설한 것을 말한다.〕

바르마크 집안의 자파르와 늙은 바다위인

충성스러운 자의 임금님, 하룬 알 라시드가 어느 날 직속 무관인 아부 야크브와 바르마크 집안의 자파르 그리고 아부 노와스를 데리고 사막으로 나갔다가 나귀를 탄 노인을 만났습니다.

교주가 자파르에게 그 노인이 어디서 왔는지 물어보라고 하자, 자파르가 물었습니다.

"노인은 어디서 왔소?"

그러자 상대가 대답했습니다.

"바소라에서 왔습니다."

—여기서 날이 새기 시작하였으므로 샤라자드는 이야기를 그쳤다.

395번째 밤

샤라자드는 이야기를 계속했다.

오, 인자하신 임금님, 자파르가 노인에게 어디서 왔느냐고 묻자 그 노인은 바소라에서 왔다고 대답했습니다.

그래서 자파르는 다시 물었습니다.

"그래, 어디까지 가오?"

"바그다드까지 갑니다."

"무엇을 하러 가오?"

"눈약을 구하러 가오."

이 말을 듣고 교주가 말했습니다.

"여보게, 자파르, 그를 한 번 놀려줘라."

자파르가 대답했습니다.

"그것은 아무래도 제 성미에 맞지 않아서."[*1]

"내 왕권으로 명령한다, 놀려 보아라."

자파르는 하는 수 없이 늙은 바다위인에게 말했습니다.

"만약 내가 당신한테 기막힌 효험이 있는 눈약을 처방해 준다면 그 사례로 무얼 주겠소?"

"그때는 전능하신 알라께서 그 친절에 대해 내 사례보다 훨씬 훌륭한 보답을 내려주실 겁니다."

"그럼 잘 들으시오. 당신 말고는 누구에게도 가르쳐준 적이 없는 처방을 내가 가르쳐줄 테니까."

"어떤 처방입니까?"

"우선 바람 3온스, 햇빛 3온스, 거기에 달빛과 등잔 빛도 같은 분량을 함께 잘 섞은 다음 석 달 동안 바람을 쏘이시오. 그런 다음 바닥이 없는 막자사발에 담아 두었다가 가루가 될 때까지 잘 빻아서 곱게 간 다음, 깨진 접시에 옮겨서 다시 석 달 동안 바람을 쏘이시오. 그것이 끝나면 이 약을 쓰게 되는데 매일 밤 잠들고서 한 드라크마(약 3.9그램)씩 마시시오. 인샬라! 당신의 눈은 반드시 원래대로 나을 거요."

이 말을 들은 바다위인은 나귀 등에서 늘어지게 기지개를 켜며 무지무지하게 큰 방귀를 한 방 뀐[*2] 다음 자파르에게 말했습니다.

"당신의 처방에 대한 사례로 이 방귀를 드리겠소. 내가 그 처방대로 하여 알라께서 눈병을 고쳐주신다면 당신에게 노예계집을 하나 드리겠소. 그 계집은 당신이 살아 있는 동안은 잘 섬기겠지만, 그로 해서 알라께서 당신의 수명을 줄이실 거요. 당신이 죽어 신께서 당신의 영혼을 지옥의 불길 속으로 밀어 넣으실 때, 그 노예계집은 자기 똥으로 당신 얼굴을 꺼멓게 칠하고서 당신의 죽음을 애도하여 큰 소리로 울면서 '오, 백발의 영감님, 당신은 어쩌면 그렇게도 바보였소!' 하고 자기 얼굴을 때릴 거요."

이 말에 하룬 알 라시드는 배를 잡고 뒤로 벌렁 자빠질 만큼 크게 웃고 나서, 늙은이에게 은화 3천 닢을 주라고 명령했습니다.

또 이런 이야기도 있습니다.

<주>

＊1 바다위인은 단순하게 거짓말을 하지 않아 도시 사람들과 현저한 대조를 이룬다. 그뿐만 아니라 자신의 국왕에게도 '오오, 사이드!'라 부르며 투박한 말을 사용한다. 무뚝뚝하고 거친 유머를 가지고 있다. 그것은 '재치'라 해도 좋을지 모른다. 잘못 희롱하다가는 봉변을 당하므로 조심해야만 한다.

＊2 이 대답은 아주 먼 옛날부터 있는 것으로, 이를테면 (말을 타고 있던) 아마시스(Amasis)〔기원전 570~546년의 이집트왕〕가 한쪽 다리를 처들고 방귀를 뀐 다음, "이것을 사자에게 들려 아프리에스에게 돌려보내!"라고 한 이야기가 있다. 헤로도토스 《역사》 제2권 162장.

〔기원전 7세기 프삼미스(Psammis) 왕의 아들 아프리에스(Apries)는 25년 동안 이집트를 통치했지만, 그리스 공격에 대패하자 장병의 원한을 사 반란이 일어났다. 그때 왕은 반란군을 진압하기 위해 아마시스를 파견했는데, 아마시스는 오히려 반란군의 왕이 되어 반기를 들었다. 이에 아프리에스는 다시 파타르베미스를 보내 아마시스를 소환하려 했으나, 아마시스는 사자의 말에 방귀로 대답한 것이다. 롤린슨의 영역에서는 '야비한 농담을 던지고……'라고 되어 있다. 그의 정평 있는 영역 《헤로도토스》도 격이 낮고 속된 말은 모두 고치거나 삭제하여, 현저하게 그 가치를 떨어뜨렸다.〕

바다위인의 가장 모욕적인 대답(즉 방귀)의 충분한 의의를 알기 위해서는 410번째 밤의 '아부 하산이 방귀를 뀐 이야기'를 참조하기 바란다.

오마르 빈 알 하타브 교주와 젊은 바다위인 이야기

후사인 빈 라이얀이라는 사리프[1]는 다음과 같은 이야기를 했습니다. 오마르 빈 알 하타브 교주가 당대에 가장 총명한 보좌관들을 데리고 백성을 다스리며 정의의 정치를 펼치고 있던 어느 날, 얼굴이 아름답고 말쑥한 옷차림을 한 젊은이가 역시 매우 훌륭한 두 젊은이에게 끌려 왔습니다. 두 사람은 그 젊은이의 덜미를 잡은 채 임금 앞에 꿇어앉았습니다. 충실한 자들의 임금님이신 오마르 왕은 세 젊은이를 바라보고는 두 사람에게 손을 놓으라고 명령하였습니다. 그리고 끌려 온 젊은이를 가까이 불러놓고 다른 두 사람에게 물었습니다.

"이자가 그대들에게 도대체 무슨 짓을 했느냐?"

그러자 두 젊은이가 대답했습니다.

"오, 충실한 자들의 임금님, 저희 두 사람은 같은 어머니 배에서 태어난 형제로서, 저희가 진실의 길을 걷고 있다는 것은 모르는 사람이 없습니다. 저희에게는 늙으신 아버지가 계시는데, 사리분별이 풍부하여 부족 사람들의 존경을 받고 있습니다. 비천한 데라고는 눈을 씻고 보아도 없고 마음씨가 자애로운 분으로 세상에 널리 알려 있지요. 아버지는 어릴 적부터 저희를 무척 사랑하며 키워주시고 장성한 뒤에도 많은 은혜를 베풀어주셨습니다."

—여기서 날이 훤히 새기 시작하였으므로 샤라자드는 허락된 이야기를 그쳤다.

396번째 밤

샤라자드는 이야기를 계속했다.

오, 인자하신 임금님, 두 젊은이는 충실한 자들의 임금님 알 하타브의 아들 오마르 교주를 향해 계속해서 말했습니다.

"아버지는 참으로 여러 가지 고귀함과 훌륭한 덕성을 갖추어, 시인의 찬사를 들어 마땅한 인물이었습니다.

'샤이반족의 아브스 사쿠르이냐?'
사람들의 물음에 나는 대답한다.
'아니다, 내 목숨을 걸고 말하거니와
아브스 사쿠르의 샤이반족이다.'
정녕 거룩한 아들로 하여
얼마나 많은 아버지의 이름이 높아졌던가.
알라의 예언자가
아드난족*1의 명예를
더욱더 높이신 것과 마찬가지로.

그런데 아버지는 오늘 정원에 나가 나무 사이를 돌아다니면서 익은 과일을 따고 계셨는데, 이 젊은이가 옳은 길에서 벗어나 괘씸하게도 아버지를 살해하고 말았습니다. 그래서 알라의 계율에 따라 이자를 정당하게 재판하여 처벌해 주십사고 끌고 온 것입니다."

이 말을 들은 오마르는 피고인 젊은이를 무서운 얼굴로 노려보면서 말했습니다.

"너는 지금 저 두 젊은이가 하는 말을 들었겠지? 이에 대하여 너는 어떻게 대답하려느냐?"

이 젊은이는 원래 배짱도 세고 겁이 없는 사람이었으므로 즉시 나약의 옷을 벗고 또 겁쟁이의 겉옷을 벗어버리고는 싱긋이 웃더니, 매우 시원시원하고 상냥한 말씨로, 먼저 교주에게 관례대로 인사부터 한 뒤 말했습니다.

"오, 충실한 자들의 임금님이시여, 저는 분명히 이 두 사람의 말을 들었습니다. 결과부터 말한다면 두 사람의 말에 거짓은 없습니다. 게다가 알라의 계율은 불변의 율법*2입니다. 하지만 이제부터 저의 입장을 말씀드리고, 교주님의 판결을 기다리고자 합니다. 오, 충실한 자들의 임금님이시여, 사실 저는 아랍인 중의 아랍인*3으로, 하늘 아래 인간 가운데 가장 고결한 자입니다. 저는 황야와 골짜기에서 살아왔는데, 지난번에 저희 부족은 불행한 기근을 만났습니다. 그래서 저는 가족을 데리고 살림살이를 꾸려서 이 도시 변두리로 옮겨 왔습니다. 무척 값나가는, 제가 가장 소중히 아끼는 암낙타 떼를 몰고, 도시 밖의 정원과 과수원과 꽃밭으로 이어져 있는 길을 걸어서 말입니다. 그 낙타 중에는 혈통이 좋고 잘생기고 정력이 왕성한 수놈이 한 마리 섞여 있었는데, 이놈을 접붙이면 암놈들은 새끼를 쑥쑥 잘도 낳았습니다. 그런데 이 수놈은 암컷들 사이에서 마치 왕관이라두 쓰고 있는 듯이 행동했습니다.

그러던 중 별안간 암낙타 한 마리가 고삐를 끊고, 이 젊은이들 아버지의 정원 쪽으로 달아났습니다. 거기에는 담 너머로 우거진 나뭇가지가 늘어져 있었는데, 낙타는 목을 빼고 마치 자신의 우리에라도 있는 듯이 그것을 먹기 시작하는 것이었습니다. 제가 나는 듯이 달려가서 낙타를 몰고 오려고 한 순간, 담 사이에서 백발노인이 불쑥 나타났습니다. 노인은 성이 나서 눈을 번뜩거리며 오른손에 돌을 움켜쥐고 금방이라도 덤벼들려는 사자처럼 몸을 좌우로 흔들었습니다. 노인이 암낙타를 향해 돌을 던지자, 그것이 급소에 맞아 낙타는 그 자리에 쓰러져 죽고 말았습니다. 낙타가 제 옆에서 쿵 하고 쓰러지는 모습을 보고 제 가슴에는 분노의 불길이 활활 타올랐습니다. 그래서 노인이 던진 돌을 집어서 노인에게 다시 던졌습니다. 그것이 노인에게는 파멸의 원인이 되고 말았습니다. 이렇듯 노인의 그릇된 행위는 스스로에게 돌아가 자기가 죽인 물건으로 자신의 몸을 망친 결과를 가져온 것입니다. 노인이 돌에 맞았을 때 소름끼치는 처참한 비명을 질렀으므로 저는 급히 그 자리를 떠나려 했습니다. 그랬더니 이 두 젊은이가 쫓아와서 저를 붙잡아 이렇게 교주님 앞에 끌고 온 것입니다."

이 말을 듣고 오마르 교주(전능하신 알라여, 이 사람을 기리소서!)가 말했습니다.

"그대는 스스로 범한 죄를 잘 자백했다. 그러나 무죄사면은 될 수 없다. 복수의 법칙은 어쩔 수 없는 것이라 코란에도 '그들은 자비를 구하며 소리쳤지만 빠져날 수 없었다'*라는 말이 있기 때문이다."

젊은이는 대답했습니다.

"저는 교주님의 심판에 따라 이슬람의 율법이 무엇을 요구하든 이의를 제기하지 않겠습니다. 다만 저에게는 나이 어린 아우가 하나 있사온데, 아버지가 세상을 떠나시기 전에 아우에게 막대한 재산과 산더미 같은 황금을 물려주시고 알라 신 앞에서 저에게 그 재물을 맡기며 말씀하셨습니다.

'네 아우의 몫으로서 이것을 너에게 맡기니 온 힘을 다하여 잘 보관해라.'

그래서 저는 그 돈을 받아 땅속에 묻어버렸습니다. 그 장소는 저 말고는 아무도 모릅니다. 만약 지금 교주님이 저를 즉각 처단하라고 선고하신다면, 그 돈은 없어질 것이고 그 손실의 원인은 교주님에게 있는 겁니다. 그렇게 되면 조물주이신 알라께서 살아 있는 모든 자를 심판하는 날이 오면, 어린 아우는 교주님께 자기의 권리를 요구할 것입니다. 하지만 만약 저에게 사흘 동안 말미를 주신다면, 아우의 문제를 잘 처리할 후견인을 정해 놓은 다음, 빚을 갚으러 돌아오겠습니다. 제가 이 약속을 어기지 않을 것을 보증해 줄 사람이 한 사람 있습니다."

충실한 자들의 임금님은 한동안 고개를 숙이고 생각한 뒤, 이윽고 얼굴을 들고 그 자리에 앉아 있던 사람들을 둘러보면서 말했습니다.

"이자가 다시 궁으로 돌아올 것을 보증할 사람이 대체 누구인고?"

그러자 젊은이는 사람들의 얼굴을 하나하나 둘러보더니, 그중에서 아부 자르*5를 가리키면서 말했습니다.

"저분이 책임을 지고 저의 보증인이 되어주실 겁니다."

—여기서 날이 훤히 새기 시작하였으므로 샤라자드는 허락된 이야기를 그쳤다.

397번째 밤

샤라자드는 이야기를 계속했다.

오, 인자하신 임금님, 젊은이는 아부 자르를 가리키면서 '저분이 책임지고 저의 보증인이 되어줄 겁니다' 하고 말했습니다.

그래서 오마르 왕은 (알라여, 이분을 축복하시라!) 말했습니다.

"오, 아부 자르여, 그대는 이 젊은이의 말을 들었느냐? 이자가 돌아올 것을 보증하겠는가?"

아부 자르가 대답했습니다.

"예, 충실한 자들의 임금님이시여, 사흘 동안 제가 보증하겠습니다."

교주는 아부 자르의 보증을 인정하고 젊은이를 석방했습니다.

그런데 약속한 기일이 지나 은혜의 날이 거의, 아니 완전히 끝나가는데도 젊은이는 나타나지 않았습니다. 교주가 접견실에 나와 자리에 앉으니 그 주위에 빛나는 별이 달을 에워싸듯 예언자의 친구들이 들어앉고, 아부 자르와 고소한 젊은이들도 나왔습니다. 이윽고 처벌을 호소한 젊은이들이 말했습니다.

"아부 자르 님, 피고는 어디 있습니까? 달아나 버린 이상 어찌 다시 돌아오겠습니까? 저희는 피의 복수를 갚아야겠으니, 당신이 그자를 이곳으로 데리고 오기 전에는 이 자리에서 꼼짝도 하지 않겠습니다."

그러자 아부 자르가 대답했습니다.

"전지전능하신 신의 진실에 걸고, 만약 사흘 동안의 은혜의 날이 지나도 젊은이가 돌아오지 않을 때는, 내 몸을 교주님 앞에 던져 보증의 책임을 다할 것이오."

왕은(알라여, 이분을 기리시라!) 이 말을 듣고 이렇게 덧붙였습니다.

"알라께 맹세코, 만일 그 젊은이가 나타나지 않을 때는, 이슬람교가 정한 바에 따라*6 반드시 아부 자르를 처단하리라!"

이 말을 들은 측근들이 눈물을 흘리고, 그 광경을 바라본 사람들이 소리 높여 탄식하니, 그 떠들썩한 소리는 이루 형언할 길이 없었습니다. 이윽고 예언자의 친구들이 고소인인 젊은이들을 보고 복수 배상금을 받기로 하고 여러 사람의 감사를 받는 것이 어떠냐고 권해 보았습니다만, 두 젊은이는 그 것을 거절하고 끝까지 눈에는 눈의 복수(2)를 해야겠다고 우겼습니다. 사람들이 물결처럼 들끓으며 아부 자르를 염려하여 소리 높이 탄식하고 있는데, 느닷없이 그 젊은 바다위인이 나타나는 것이 아니겠습니까!

젊은이는 교주 앞에 서서 참으로 공손하게 (구슬 같은 땀을 흘리며 초승달처럼 아름답게 빛나는 얼굴로) 인사를 드린 다음, 이렇게 말했습니다.

"저는 아우를 외삼촌들에게 부탁하고, 아우의 재산에 관한 것을 전부 털어놓은 다음, 돈을 숨긴 장소도 일러주고 왔습니다. 그리고 한낮의 더위를 무릅쓰고 달려와 자유로운 신분의 남자다운 남자로서 약속을 지켰습니다."

사람들은 이 젊은이의 견고하고 성실한 정의심과 깨끗하게 목숨을 내어놓는 용기를 보고 감탄했습니다. 이윽고, 그들 가운데 말을 거는 자가 있었습니다.

"그대는 참으로 고결한 젊은이다. 자기 체면과 맹세에 대해 그렇게도 충실할까!"

그러자 젊은이가 대답했습니다.

"여러분께서는 죽음이라는 것이 한 번 모습을 나타내면 아무도 그것을 모면할 수 없다는 것을 깨닫지 못하셨습니까? 제가 약속을 지킨 것은 '신의가 땅에 떨어졌다'는 말을 듣고 싶지 않기 때문입니다."

이 말을 들은 아부 자르가 말했습니다.

"오, 충실한 자들의 임금님이시여, 저는 이 젊은이가 어느 부족에 속하는지도 모르고 또 여태까지 한 번도 만나본 적이 없었지만, 그 보증인이 되었습니다. 이 많은 사람 중에서 특히 저를 지목하며 '저분께서 책임을 져주시고 보증인이 돼주시겠지요' 말했을 때, 저는 그 청을 거절하는 건 옳지 않은 일이라 생각했습니다. 그리고 그 청을 받아들인다 해서 잘못되는 일은 아무것도 없을 것이고, 왠지 상대를 실망시키고 싶지 않았습니다. '이 세상에서 자비심은 사라졌다'는 말을 세상 사람들한테서 듣고 싶지 않았기 때문입니다."

그러자 이번에는 두 젊은이가 말했습니다.

"오, 충실한 자들의 임금님이시여, 저희는 이 젊은이가 저희 아버지를 살해한 죄를 용서하겠습니다. 이 사람이 슬픈 마음을 즐거운 마음으로 바꿔주었다는 사실을 알았습니다. 그리고 '인정은 이 세상에서 사라졌다'는 말을 듣고 싶지 않기 때문입니다."

교주는 젊은이를 무죄석방하고, 그 성의와 신앙심을 기뻐하는 동시에, 아부 자르의 누구도 따르지 못할 아량도 크게 찬양했습니다. 그리고 두 젊은이가 자비로운 결단을 내린 것을 기뻐하며, 감사와 함께 찬사를 보낸 다음, 어느 시인의 노래를 인용하여 두 사람의 인정을 기렸습니다.

남에게 베푼 인정은
자신에게 다시 돌아온다.
신과 사람 사이에

어찌 인정이 사라지랴.

교주가 두 젊은이에게 국고에서 그들의 아버지에 대한 배상금을 주려고
하자, 두 사람은 그것을 사양하면서 이렇게 말했습니다.
"저희는 다만 관대하고 인자하며 고귀하신 알라를 참으로 찬양하는 마음
으로*7 이 젊은이를 용서한 겁니다. 따라서 이익을 얻음으로써 사람들의 비
난이나 험담을 듣고 싶은 마음은 조금도 없습니다."*8
또 세상에 전해지는 이야기 가운데 이런 이야기도 있습니다.

〈주〉

*1 아드난(Adnan)은 아라비아 민족의 계보에서는 시조이고, 일반적으로는 이스마엘의 8
대 자손(알 타바리에 의하면 제40대)으로 추정되며, 또 아드난과 쿠라이시(Kuraysh)
족 조상의 사이는 9세대(약 270년)라고 한다. 무함마드는 '아드난 이전은 알라밖에 아
는 자가 없고, 계보학자의 말은 거짓이다' 하여 모든 논의에 종지부를 찍었다(《순례》
제2권). C. 드 페르스발 씨는 아드난족을 기원전 130년 무렵으로 보고 있다.
　　〔알 타바리는 페르시아의 역사가. 쿠라이시족은 강대한 일족으로, 한때는 카바(본
산)를 지배하며 메카를 건설했다. 무함마드도 이 일족 출신이다. 《순례》 제2권에 의하
면, 바다위족은 분파가 무수히 많으며, 고대 부족의 아브스(Abs)와 아드난은 거의 멸
망했다고 한다. 현재는 살림(Salim)족과 마스루(Masruh)족으로 크게 나뉘며, 성지의
주도적 부족은 하르브(Harb)족이다. 버턴은 상당히 상세하게 설명하고 있다.〕
*2 《코란》 제33장 38절.
*3 '아랍인 중의 아랍인'은 아랍어로 아랍 알 알라바(Arab al-Araba)이며, 앞에서 주석한
대로〔'바그다드의 짐꾼과 세 여자' 이야기 주석 50 참조〕순수혈통 아랍인으로, '무스
타리바', '무타알리바', '모사라비아' 같은 준아랍인에 대응한다.
*4 《코란》 제38장 2절. 자부심과 싸움으로 가득 찬 불신의 무리(즉 비이슬람교도)에 대해
한 말.
*5 아부 자르(Abu Zarr)는 아스하브(Ashab), 즉 사도의 동료, 다시 말해 사도를 개인적
으로 알고 있었던 사람들 가운데 한 사람이다(《순례》 제2권). 〔오마르 교주에 대해 '아
스하브, 즉 동료의 수는 39명이었는데, 갑자기 오마르가 가담하여 40명이 되었다'고
되어 있다.〕
*6 그래서 오마르에게는 알 아딜(Al-Adil)='정의로운 자'라는 칭호가 주어져 있다. 독
자 여러분도 알고 있겠지만, 이슬람교도의 법률과 관행에 의하면, 살인은 그 가족에
의해 처벌되어야 하는 죄로서, 사회 또는 사회의 대표자에 의해 처벌을 받는 것이 아

니다. 이 제도는 문명사회에서는 '사형(私刑)'이라는 이름 아래 재현되는데, 법률가들을 쓸모없는 사람으로 만들기 때문에 그들은 몹시 싫어한다. 그러나 이를 신중하게 집행한다면 매우 효과적이다.

* 7 레인은(제2권) '신의 얼굴을 우러러보고 싶은 마음에서'라고 번역했다. 그러나 알 이슬람의 일반적인 신앙에 의하면, 알라의 육체의 모습은 인간의 그것과는 다르다. 정통파는 '심판일에 보름달을 보듯이 주를 보는 것'(전설)을 기대하고 있다. 하지만 무아타질라파(Mu'atazilites)는 물질의 존재와 함께 알라의 육체를 부정하고, 알라는 오직 정신의, 즉 이성의 눈으로만 볼 수 있다고 주장한다. 〔무아타질라파는 아바스 왕조의 전기에 세력을 떨친 이슬람교 일파로, 그 이전의 카다르파와 무르지아파에 대립하는데, 이를테면 여기에 언급된 알라의 육체에 대해서도 알라의 인간화에 절대 반대를 주장했다. 따라서 코란에서 살아 있는 신으로 그려진 알라의 모습은 분쇄되었다. 요컨대, 무아타질라파는 합리주의였다.〕

* 8 다몬(Damon)과 피시아스(Pythias) 이야기를 참조하기 바란다.

〔다몬과 피시아스—더 정확하게는 핀티아스(Phintias)—도 기원전 4세기 중반의 시라큐스(Syracuse)의 피타고라스학파 사람으로 우정의 전형으로 찬양받고 있다. 시라큐스의 폭군 디오니시우스(Dionysius) 1세가 피시아스에게 사형을 선고했을 때, 피시아스는 집으로 돌아가 볼일을 처리하고 싶으니 얼마 동안 말미를 달라고 청했다. 그러자 다몬이 친구를 위해 자신의 목숨을 건 것이다. 디오니시우스의 허락을 얻은 피시아스는 다몬이 그를 대신하여 처단되려던 바로 그 순간 달려와서, 친구의 생명을 구했다. 이 숭고한 우정을 칭송하여, 폭군도 피시아스의 죄를 용서하고 두 사람과의 교류를 청했다고 한다.〕

〈역주〉
(1) 무함마드의 자손을 가리키며 녹색 터번을 쓴다.
(2) 이른바 같은 상태로 복수하는 것을 가리키는 말.

알 마문 교주와 이집트의 피라미드[*1]

들은 이야기에 의하면, 하룬 알 라시드의 아들 알 마문 교주는 신께서 수호하시는 카이로에 갔을 때, 피라미드를 부수고 그 속에 들어 있는 것을 꺼내야겠다고 생각했습니다. 그러나 막상 부수기 시작하고 보니 아무리 애를 써도 잘 안 되어 막대한 비용만 쓰고 말았습니다.

—여기서 날이 훤히 새기 시작하였으므로 샤라자드는 이야기를 그쳤다.

398번째 밤

샤라자드는 이야기를 계속했다.

오 인자하신 임금님, 알 마문 교주는 피라미드를 부수려고 막대한 비용을 썼지만, 가까스로 피라미드 하나에 조그만 굴을 뚫는 데 성공했을 뿐이었습니다. 그래도 교주는 이 공사에 들인 금액만큼의 보물은 찾아냈다고 합니다. 그 결과에 깜짝 놀란 교주는 발견한 물건만 끌어내고는 공사를 포기하고 말았습니다.

피라미드는 세 개가 있는데, 세계 불가사의 가운데 하나로 일컬어지고 있을 정도로, 그 높이도 그렇고 모양도 그렇고, 신기하고 불가사의 한 점에서는 지구상에 그것과 견줄 만한 것이 아무것도 없었습니다. 그도 그럴 것이, 그 피라미드들은 커다란 바위로 만들어져 있으며, 그것을 쌓은 사람들은 먼저 하나의 돌에 구멍을 뚫고서 거기에 철봉을 꽂아 넣고,[*2] 다른 돌에도 구멍을 뚫어 그것을 처음의 돌 위에 쌓아올렸습니다. 그러고는 이 철봉 구멍에 납을 녹여서 부은 다음 돌을 계속 기하학적으로 쌓아올려서 전체의 공사가 완성된 겁니다. 그 피라미드의 높이는 각각 백 큐빗[(1)](당시에는 그것이 표준 척도였습니다)이고, 4면으로 되어 있으며, 각각의 밑면 길이는 3백 큐빗,

위로 올라갈수록 완만하게 기울어져서 꼭대기는 뾰족해져 있습니다.

옛 사람들 이야기에 의하면 서쪽의 피라미드에는 얼룩진 섬장암(閃長岩)으로 만든 방이 서른 개나 있고, 그 속에는 어마어마한 보석과 보물, 진귀한 조각상과 집기, 값비싼 무기들이 가득 들어 있는데,*³ 모두 부활의 날까지 녹이 슬지 않도록 기름이 칠해져 있다고 합니다. 또 그중에는 말랑말랑해서 잘 깨어지지 않는 유리그릇도 있으며, 거기에는 온갖 가루약과 발라서 불에 쬐면 글씨가 나타나는 물이 들어 있습니다.

두 번째 피라미드에는 한 사람에 한 장씩, 섬장암 서판에 기록한 제사장들의 기록이 있는데, 거기에는 각 제사장의 불가사의한 기능과 재능에 대한 것이 새겨져 있습니다. 벽에는 우상 같은 인물상이 그려져 있으며, 저마다 손으로 뭔가를 하면서 각자의 옥좌 위에 앉아 있습니다. 그뿐만 아니라 각각의 피라미드에는 파수꾼이 한 사람씩, 오랜 세월을 견디며 세상의 영고성쇠(榮枯盛衰)에도 끄떡없도록 영원히 피라미드를 경계하면서 지키고 있습니다. 정말 피라미드의 현묘하고 불가사의함은 그것을 보는 사람, 생각하는 사람, 모두의 넋을 빼앗고야 맙니다. 피라미드를 찬양한 시도 아주 많은데, 모두 매우 참고할 만합니다.

그 하나에 이런 것이 있습니다.

　왕들의 위업을 전하려면
　기념비를 세워서 말하게 하라.
　보았느냐, 저 피라미드를
　세월이 아무리 지나더라도
　이 두 가지는 멸망치 않으리.

또 이런 시도 있습니다.

　보라, 피라미드를
　들으라, 그 둘에게
　아득히 지나간 옛날의
　역사를 알 수 있으리라.

말을 할 수 있다면 소상하게
덧없는 세월을 애기하고
인간사의 온갖 사정 말해 주련만.

또, 세 번째 시인은 이런 시를 읊었습니다.

그대, 바라건대 말해다오.
넓은 하늘 아래 이집트의
피라미드에 비길 만한 것이
과연 있더냐 없더냐.
무릇 땅 위에 사는 자들
세월의 덧없음을 두려워하지만
저 피라미드는 세월조차 놀라게 하네.
그 불가사의가 눈앞에서
사라진다 하더라도 나는 영원히
추억 속에서 그것을 보리.

네 번째 시인은 이렇게 노래했습니다.

피라미드를 쌓은 이는 지금 어디에 있나.
그들은 대체 어떤 사람이었던가.
축성한 날짜는 언제이던가.
그들의 무덤은 어디 있는가.
그들은 잠깐 살다가
죽음의 손에 끌려갔지만
저 기념비는 살아남아서
지금도 우뚝 솟아 있구나.

또 이런 이야기도 전해오고 있습니다.

〈주〉

＊1 피라미드(Pyramids)는 아랍어의 알 아람(Al-Ahram)으로, 어원은 불명. 종래의 한 주장에 의하면, 콥트어의 관사 피(Pi)='영어의 the'를 앞에 붙인 단수형의 하람(Haram)이 그리스인에게 피라미스(Pyramis)라는 말을 미리 간접적으로 표현해 주었다고 한다. 그러나 이 말의 어원은 아직도 미해결인 상태이며, 이집트 학자들은 저마다 자신의 어원설을 주장하는 것 같다. 부르그쉬(《이집트》 제1권)는, 이집트어로는 아브미르(Abmir)라고 하므로 이 말은 그리스어라고 보는 한편, 피르 암 우스(Pir-am-us)라는 그리스어는 '피라미드의 모서리, 즉 바닥에서 정점에 이르는 네 구석'을 의미한다고 말했다. 이 위대한 이집트 학자는 고대인이 무시하거나 잊고 있었던 점, 즉 각각의 피라미드에 저마다 이름이 있다는 것도 증명했다.

〔부르그쉬에 대해서는 앞에서도 약간 언급했지만, Heinrich Karl Brugsch라고 하며, 1827년 베를린에서 태어나, 1853년에 처음으로 이집트를 방문했고, 그 뒤에도 여러 번 그곳을 찾아가 연구를 계속했다. 독일에서는 괴팅겐 대학 등에서 이집트학을 강의했고, 약 30여 종의 저서가 있다. 사전과 문법서도 포함하여 프랑스어, 독일어, 라틴어 등으로 씌어 있으며, 그 가운데 가장 유명한 것은 《파라오 시대의 이집트 *Egypt under the Pharaohs*》(1879)이다. 1894년 9월 사망.〕

＊2 이것은 모두 공상이다.

＊3 여기서 상세하게 설명할 수는 없지만, 여러 가지 이유에서 비교적 큰 피라미드에는 아직 열리지 않는 방이 여러 개 있다는 것이 지난 몇 년 동안 지속되어 온 나의 지론이다. 카이로의 그랜트 베이(Grant Bey) 박사〔미상〕는 우물을 파듯이 그 토대에 굴을 뚫을 것을 제창했다. 나는 왜 레인이(제2권) 이 이야기를 생략할 마음이 들었는지 이해하기가 어렵다. 이 이야기는 역사적 사실을 토대로 하고 있고, 게다가 중세 이슬람교도의 미신과 우리가 사는 19세기 미신—이것은 우리 자손의 눈에는 야화의 그것과 같은 흥미는 없으면서, 그것과 마찬가지로 황당무계한 것으로 비치게 될 것이다—의 차이를 간접적으로 보여 준다는 점에서 흥미로운 것이다.

〈역주〉

(1) 약 45cm에서 55cm.

도둑과 상인

옛날에 전능하신 알라의 앞에 진심으로 참회하여 지금까지의 행위를 회개한 도둑이 있었습니다. 그는 포목가게를 차리고 얼마 동안 장사를 계속하고 있었습니다. 그런데 어느 날 그가 가게를 닫고 집으로 돌아가 밤이 되자, 이 상인과 같은 차림새를 한 도둑이 시장에 나타났습니다. 도둑은 소매 속에서 열쇠를 꺼내더니 시장지기에게 말했습니다.

"이 초에다 불을 켜주게."

시장지기는 초를 받아 들고 불을 켜러 갔습니다.

─여기서 날이 밝아왔으므로 샤라자드는 이야기를 그쳤다.

399번째 밤

샤라자드는 이야기를 계속했다.

인자하신 임금님, 시장지기가 초를 손에 들고 불을 켜러 간 사이에 도둑은 가게 문을 열고, 들고 있던 또 하나의 초에 불을 켰습니다. 시장지기가 돌아와 보니 도둑은 장부를 손에 들고 가게에 앉아 손가락으로 셈을 하고 있었습니다. 새벽이 가까워져 올 때까지 내내 그러고 있던 도둑은, 이윽고 시장지기에게 말했습니다.

"물건을 좀 날라야겠으니 낙타와 낙타 몰이꾼을 데려와 주게."

시장지기가 낙타를 한 필 몰고 오자 도둑은 피륙 네 짝*¹을 끌어내어 낙타 몰이꾼에게 내주며 낙타에 실으라고 했습니다. 그리고는 시장지기에게 금화 두 닢을 준 다음 낙타 몰이꾼의 뒤를 따라 가게를 떠났습니다. 시장지기는 끝까지 그가 가게 주인인 줄로만 알고 있었던 것입니다.

그런데 날이 밝아 해가 뜨자 진짜 주인이 나왔으므로, 시장지기는 간밤에 금화 두 닢을 준 데 대해 고맙다고 인사를 하였습니다. 주인은 무슨 영문인지 몰라 이상하게 생각하였습니다. 주인이 가게 문을 열고 보니, 가게에는 촛농이 흘러 있고 장부도 바닥에 흩어져 있었습니다. 주위를 살펴보니 피륙 네 짝이 보이지 않았습니다. 그래서 무슨 일이 일어났느냐고 시장지기에게 물으니, 그는 간밤의 일과 도둑이 낙타 몰이꾼에게 하던 말 등을 자세히 이야기했습니다. 이 말을 들은 상인은 낙타 몰이꾼을 데려오게 하여 물어보았습니다.

"너는 오늘 아침에 피륙을 어디에 실어다 주었나?"

"부두까지 날라서 배에 실었습니다."

"그럼 그곳까지 안내해 주게."

부두까지 상인을 안내해 간 낙타 몰이꾼이 말했습니다.

"이것이 간밤의 그 배이고, 이 사람이 배 임자입니다."

그 말을 듣고 상인이 배 임자에게 물었습니다.

"그 상인과 피륙을 어디로 실어 갔소?"

"어떤 항구까지 갔습니다. 그 남자는 그곳에서 낙타 몰이꾼을 고용해 낙타에 짐을 싣더니 어디론지 가버렸습니다."

"그 짐을 싣고 간 낙타 몰이꾼을 데려다주시오."

사공이 곧 낙타 몰이꾼을 데려왔기에 상인이 물었습니다.

"너는 그 피륙 궤짝을 배에서 내려 어디로 실어다 줬느냐?"

"어느 대상객주까지 운반했습니다."

"그 객주가 어딘지 같이 가서 가르쳐주게."

낙타 몰이꾼은 상인을 해변에서 멀리 떨어진 곳으로 안내하여, 짐을 내린 대상객주와 함께 가짜 상인의 가게까지 가르쳐주었습니다. 상인이 가게 문을 열어보니 도둑맞은 네 개의 짐짝이 아직 풀지도 않은 채 그대로 놓여 있었습니다. 도둑이 그 위에 소매 없는 외투를 걸쳐 두었으므로, 상인은 짐짝과 외투까지 낙타 몰이꾼에게 내주어 낙타에 싣게 했습니다. 그런 다음 가게 문을 닫고 낙타 몰이꾼과 함께 그 자리를 떠났습니다. 그러자 도중에 뒤를 밟아온 도둑이 별안간 눈앞에 나타나, 상인이 짐을 배에 다 싣고 나자 이렇게 말했습니다.

"오, 형제여(알라께서 당신에게 거룩한 가호를 내려주시기를!), 당신은

짐을 도로 찾았으니 아무것도 잃은 것이 없을 터, 그러니 내 외투는 돌려 줘
야 하지 않겠소?"

상인은 웃으면서 외투를 내주고 도둑을 그냥 놓아 주었습니다. 그리하여
두 사람은 왼쪽과 오른쪽으로 갈라져 그 자리를 떠났습니다.

또, 이런 이야기도 있습니다.

〈주〉

＊1 짐짝(bales)은 아랍어의 리즘(Rizm). 여기서 이탈리아어의 리스마(Risma)를 거쳐 영
어의 림(ream, 종이 20첩(quires))이 된다. 〔림은 용지에만 사용하며 우리말로는 '장
(張)'으로 번역하고 있다. 아랍어의 리즘은 한 묶음으로 묶은 것을 가리킨다.〕 우리의
사전은 그 어원을 아리스모스(ἀριθμος)(!)〔수 또는 양이라는 뜻〕에 두고 있다. 838
번째 밤 프라일(frail)='한 바구니의 양'을 참조할 것. 〔또한 슈타인가스의 《아랍·영어
사전》에 의하면, 리즈마트, 또는 라즈마트의 복수형=리삼(rizam), razam, ruzgm은 속
(束), 곤(梱), 줌〔把〕 말고 종이 500장 한 묶음을 의미하는 연(連)의 뜻이라고 한다.〕

환관 마스룰과 이븐 알 카리비

어느 날 밤 하룬 알 라시드 교주는 좀처럼 잠이 오지 않아 이리저리 몸을 뒤척이고 있었습니다. 그래서 자파르 대신을 불러 말했습니다.

"오늘 밤엔 도무지 잠이 오지 않는구나. 가슴이 죄어드는 것처럼 답답하니 어떡해야 좋을지 모르겠다."

그때 앞에 대기하고 있던 환관 마스룰이 이 말을 듣고 큰 소리로 웃었습니다. 그 웃음소리를 듣고 교주가 물었습니다.

"그대는 누구를 보고 웃었나? 나를 비웃었나, 그렇지 않으면 정신이 돌았나?"

"원, 천만의 말씀이옵니다. 충실한 자들의 임금님."

―여기서 날이 훤히 밝아왔으므로 샤라자드는 이야기를 그쳤다.

400번째 밤

샤라자드는 이야기를 계속했다.

오, 인자하신 임금님, 환관 마스룰은 말을 이었습니다.

"사도의 왕자[1]에 대한 교주님의 인연에 걸고 맹세하지만, 실은 까닭이 있어서 웃은 겁니다. 바로 어제 일입니다만, 밖으로 나가 궁전 근처를 산책하다가 티그리스 강가까지 걸어갔는데, 많은 사람이 그곳에 모여 있기에 걸음을 멈추고 들여다보았더니, 이븐 알 카리비라는 사내가 사람들을 웃기고 있었습니다. 방금 그 사내가 한 말이 문득 생각나서 그만 얼떨결에 웃음이 터지고 말았습니다. 충실한 자들의 임금님, 부디 용서해 주십시오."

이 말을 듣고 교주가 말했습니다.

"그렇다면 그 사내를 이곳으로 데려와라."

마스룰은 서둘러 이븐 알 카리비에게 달려가서 말했습니다.

"충실한 자들의 임금님께서 자네를 부르시네."

그리고 이렇게 덧붙였습니다.

"그런데 조건이 하나 있다. 교주님께서 만약 상을 내리시면 자네는 4분의 1만 가지고 나머지는 나에게 줘야 한다."

그러자 익살꾼 카리비가 말했습니다.

"그건 안 될 말씀입니다. 반반씩 갖기로 합시다."

"그럴 수 없어. 내가 4분의 3을 가져야 해."

"그렇다면 당신이 3분의 2, 내가 3분의 1을 갖기로 하지요."

두 사람은 한동안 실랑이한 끝에 간신히 그러기로 합의하고, 함께 궁전으로 갔습니다.

교주 앞에 나아간 이븐 알 카리비가 예의범절에 따라 인사를 하고 교주 앞에 섰습니다. 그러자 하룬 알 라시드 교주가 말했습니다.

"만약 네가 나를 웃기지 못하면 이 자루로 세 번 때려줄 테다."

카리비는 속으로 생각했습니다.

'채찍으로 맞아도 아무렇지도 않을 텐데 자루로 맞는 것쯤이야.'

카리비는 자루가 빈 것인 줄 알았던 겁니다.

그러고는 알 카리비는 아무리 시름에 빠진 자라도 웃음을 터뜨리지 않을 수 없는 온갖 우스운 소리를 늘어놓고 별의별 익살을 다 떨었습니다. 그러나 교주는 웃기는커녕 얼굴의 주름 하나 까딱하지 않았습니다. 이븐 알 카리비는 처음에는 이상하기도 하고 분하기도 했지만, 나중에는 왠지 무서워지기 시작했습니다. 그때 충실한 자들의 교주가 말했습니다.

"자, 이제 매를 맞아줘야겠다."

그리고 그 자루로 한 대 갈겼는데, 자루 속에는 2로토르[2]가량 되는 돌이 네 개나 들어 있었습니다. 그것으로 목덜미를 맞자 알 카리비는 저도 모르게 비명을 질렀습니다.

그러다가 문득 마스룰과의 약속이 생각나서 교주에게 말했습니다.

"오, 충실한 자들의 임금님, 부디 용서해 주십시오. 그리고 잠깐만 제 얘기를 들어주십시오."

"말해 보라."

"실은 마스룰 님께서 조건을 내거셨고 저도 약속한 것이 있습니다. 즉, 교주님의 마음에 들어 어떤 상을 받을 경우, 그 3분의 1은 제가 갖고 나머지는 마스룰 님에게 드리기로 했습죠. 그것도 옥신각신한 끝에 가까스로 저에게 3분의 1을 주시는 데 동의하셨습니다. 그런데 제가 지금 교주님께 받은 것은 다름 아닌 매질뿐입니다. 게다가 이미 제 몫은 다 받았고, 마스룰 님도 자신의 몫을 받기 위해 기다리고 계십니다. 부디 나머지 두 번은 마스룰 님께 내려주십시오."

이 말을 듣고 교주는 뒤로 넘어갈 듯이 웃어젖힌 다음, 마스룰을 부르더니 자루로 한 대 때렸습니다. 마스룰은 비명을 지르면서 이렇게 소리쳤습니다.

"오, 충실한 자들의 임금님이시여! 저는 3분의 1이면 충분합니다. 저 사내에게 3분의 2를 주십시오."

―여기서 날이 훤히 밝아왔으므로 샤라자드는 이야기를 그쳤다.

401번째 밤

샤라자드는 이야기를 계속했다.

오, 인자하신 임금님, 교주는 웃으면서 두 사람에게 금화 1천 닢씩 주라 명령하셨고, 두 사람은 뜻밖의 상을 받고 기뻐하며 물러갔습니다. 또 사람들 사이에 전해지는 이야기 가운데는 다음과 같은 이야기도 있습니다.

〈역주〉
⑴ 무함마드를 가리킨다.
⑵ 라토르라고도 하며 1로토르는 약 1킬로그램.

수행하는 왕자

충실한 자들의 임금님 하룬 알 라시드에게는 한 왕자가 있었습니다.

왕자는 열여섯 살 봄을 맞이하자, 세상을 버리고 금욕자와 고행자의 길을 걷기 시작했습니다. 그는 늘 묘지를 찾아가서 이렇게 외치곤 했습니다.

"그대들은 일찍이 세상을 다스렸지만 죽음을 면치 못하고 지금은 무덤 속에 잠들어 있구나! 그대들이 무슨 말을 했고 무슨 말을 들었는지 그것이 알고 싶다!"

그리고 공포와 시름에 사로잡힌 사람처럼 눈물을 흘리며 울부짖고는 이런 시를 읊는 것이었습니다.

어떤 때라도
장례를 보면 나는
두려움에 떠노라.
탄식하고 슬퍼하는 여자들을 보면
내 영혼이 진정 괴롭구나.

어느 날, 왕자가 여느 때처럼 묘지에 앉아 있는데, 아버지인 교주가 대신과 태수들, 중신들을 거느리고 위풍당당하게 그 옆을 지나갔습니다. 일행들은 털로 짠 겉옷을 입고 터번 대신 털을 꼬아 머리에 얹은 왕자의 모습을 보고 저마다 말했습니다.

"정말이지 왕자님은 여러 나라의 왕들 가운데 충실한 자들의 임금님이신 교주님의 체면을 깎고 있구나. 교주님께서 꾸지람하신다면 이런 짓을 그만둘지도 모르겠건만."

이 말을 듣고 교주는 왕자에게 말했습니다.

"오, 사랑하는 왕자여, 네가 이런 생활을 하고 있으면 내 체면이 깎이지 않느냐?”

그러나 젊은 왕자는 아버지를 바라보며 아무 대답도 하지 않았습니다. 그러고는 궁전 성벽 위에 앉아 있는 새를 손짓해 부르며 말했습니다.

“오, 작은 새야, 너를 만드신 신을 두고 부탁이니 제발 내 손에 와서 앉아다오.”

그러자 새가 곧장 날아 내려와 왕자의 손가락 끝에 앉았습니다.

“다시 네 자리로 돌아가거라.”

새는 다시 성벽 위로 돌아갔습니다.

“충실한 자들의 임금님 손에 가서 앉아라.”

그러자 새는 말을 듣지 않았습니다.

왕자는 아버지를 향해 소리쳤습니다.

“아버님이야말로 속세를 사랑하신 나머지 성인들*¹ 속에 있는 저를 욕되게 하셨습니다. 저는 방금 아버님과 작별하기로 했습니다. 저세상에서 만나뵐 때까지 다시는 돌아오지 않겠습니다.”

왕자는 곧 바소라에 가서 회반죽*²을 바르는 미장이들 틈에 끼어들어 하루에 은화 한 닢과 동전 한 닢*³의 품삯을 받고 일했습니다. 그리고 그 동전 한 닢으로 먹을 것을 사고 은화는 가난한 사람을 위해 적선했습니다.

(그때의 일을 바소라의 아부 아미르는 이렇게 이야기하고 있습니다.)

—어느 날, 우리 집 벽이 무너졌다. 그래서 벽을 수리할 사람을 찾기 위해 일꾼 집합소에 가 보았더니 눈부시게 아름다운 젊은이가 눈에 들어왔다. 나는 인사를 한 다음 이렇게 물었다.

“자네, 일거리를 찾고 있나?”

그러자 상대가 대답했다.

“그렇습니다.”

“그럼 나하고 같이 가서 우리 집 벽을 고쳐주지 않겠나?”

“몇 가지 조건이 있습니다. 그래도 좋으시다면 해 드리지요.”

“무슨 조건인가?”

“품삯은 은화 한 닢과 동전 한 닢으로 해 주십시오. 그리고 기도의 종이 울릴 때는 사람들과 함께 기도하러 보내주십시오.”

그래서 나는 좋다고 대답하고 젊은이를 데리고 집으로 돌아왔다.

젊은이는 곧 일을 시작했는데, 일찍이 본 적이 없는 훌륭한 솜씨였다.

내가 아침식사를 권하자 젊은이는 괜찮다고 사양하는 것이었다. 그래서 나는 그가 단식하고 있다[*4]는 것을 알았다. 잠시 뒤 기도시간을 알리는 외침이 들리자 젊은이는 말했다.

"아까 한 약속은 알고 계시겠죠?"

"알고 있네."

그러자 젊은이는 허리띠를 풀고 목욕을 하기 시작했는데, 그 목욕하는 방법이 참으로 훌륭했다. 지금까지 한 번도 본 적이 없는 고상한 목욕이었다.[*5]

그런 다음 사원으로 가서 사람들과 함께 기도를 드리고 다시 일터로 돌아온 그는, 오후 기도 전에도 같은 일을 되풀이했다.

오후 기도가 끝나자 다시 일을 시작하려고 하기에 나는 말해 주었다.

"여보게, 일하는 시간은 이미 끝났네. 오후 기도시간까지만 일하면 되니까."

그러나 젊은이는 이렇게 대답하는 것이었다.

"알라를 칭송할지어다! 제 일은 밤까지랍니다."

그러고는 해가 질 때까지 일손을 멈추지 않았다. 그래서 내가 은화 두 닢을 주자 젊은이는 물었다.

"이건 무엇입니까?"

"부지런히 일해 주었으니 품삯 일부로서 주는 거야."

"약속한 금액 말고는 한 푼도 더 받을 수 없습니다."

나는 받아 두라고 권해 보았으나 끝내 들으려 하지 않았다. 하는 수 없이 약속한 은화 한 닢과 동전 한 닢을 주었더니 그것을 받아서 돌아갔다.

그런데 이튿날 아침이 되어 다시 일꾼 집합소에 가 보았더니 그 젊은이의 모습이 보이지 않았다. 어떻게 된 일이냐고 물어보니, 그 젊은이는 토요일밖에 이곳에 오지 않는다는 것이었다.

그래서 토요일이 되기를 기다려 다시 시장에 가 보았더니 과연 젊은이가 와 있기에 내가 물었다.

"비스밀라,[(1)] 자네, 우리 집에 와서 일을 좀 해 주게."

"지난번과 같은 조건이라면 가지요."

"물론이지!"

그리하여 집으로 데리고 와서 일을 시키고는 한쪽에 숨어서 가만히 그 몸짓을 지켜보았다.

그런데 젊은이가 이긴 흙을 한 움큼 집어 벽에다 바르니 신기하게도 돌이 저절로 쌓여 올라가는 것이 아닌가!

'이건 알라를 섬기는 성인이 하는 일이다!'

나는 그렇게 생각했다.

젊은이는 온종일 지난번보다 훨씬 더 부지런히 일했다. 해가 져서 품삯을 주었더니 젊은이는 그것을 받아서 돌아갔다.

세 번째 토요일이 돌아왔을 때 또다시 일꾼 집회소로 가 보았으나 젊은이의 모습이 보이지 않았다. 사람들에게 물어보았더니 그는 병이 나서 어떤 여자 집에 누워 있다는 것이었다. 그런데 그 여자는 신심이 깊기로 유명한 늙은이로, 묘지 안에 짚으로 지붕을 이은 오두막에 살고 있었다.

곧 거기를 찾아가 보니 젊은이는 아무것도 깔지 않은 맨바닥에 벽돌 한 장을 베고 누워 있었는데, 그 얼굴이 초승달처럼 빛나고 있었다. 내가 인사를 하자 상대도 인사로 응했다. 나는 그 머리맡에 앉아서, 젊은 몸으로 고향을 멀리 떠나와서 알라의 뜻에 귀의한 처지를 가엾게 여기면서 물었다.

"무엇이고 부탁할 일은 없나?"

"예, 있습니다."

"어떤 일인가?"

"내일 아침에 이리로 와주십시오. 그때는 이미 나는 죽어 있을 겁니다. 내 시체를 씻은 다음 무덤을 파되 그 일을 누구에게도 알리지 마십시오. 그리고 이 윗옷에 꿰매진 데를 풀어서 안주머니에 있는 것을 꺼낸 다음—그것은 당신이 간직해 주시고—내 몸을 천으로 싸주십시오. 그리고 나를 위해 기도를 올리고 시체를 땅에 묻거든 바그다드로 가서 하룬 알 라시드 교주가 외출하시기를 기다렸다가, 교주가 밖으로 나오면 내 겉옷 주머니에 있던 물건을 드리고 내가 안부 여쭙더라고 전해 주십시오."

말을 마치자 젊은이는 갑자기 큰 소리로 신앙고백을 하고, 다음과 같은 시를 읊으면서 참으로 낭랑한 목소리로 신을 찬양했다.

죽음의 자리에서
내가 맡긴 것을 부디
알 라시드에게 전해 주오.
수고는 신께서 보답하시리!
알 라시드에게 전하기를
"임을 그리워하는 방랑자가
먼 곳에서 인사를 올립니다.
임의 곁을 떠난 것은
미움 때문이 아닙니다. (진정코!)
임의 오른손에 입맞추고
저는 천국을 향해 가렵니다.
오, 나의 아버지, 이 영혼을
임의 곁에서 빼앗아가는 것은
내 영혼이 거부하는
이 세상의 환락입니다!

그런 다음 젊은이는 알라의 용서를 구하며 기도하기 시작했다.

―여기서 날이 새기 시작하였으므로 샤라자드는 이야기를 그쳤다.

402번째 밤

샤라자드는 이야기를 계속했다.
오, 인자하신 임금님, 바소라의 아부 아미르는 이야기를 계속했습니다.
―젊은이는 알라의 용서를 구하며 기도를 올리고, 경전의 구절을 외면서
사도와 정의로운 자들의 왕을 찬양했다. 그것이 끝나자 이번에는 이런 시를
읊었다.

아, 아버님, 현세의

덧없는 환희에
행여 속지 마소서.
이 세상은 덧없는 꿈,
큰 기쁨 역시 언젠가는
슬픔임을 아소서.
도탄에 빠진 백성의
신음 들리시거든,
버림받은 이들에게
마땅히 인정을 베푸소서.
죽은 자를 무덤으로 보내실 때는
임께서도 언젠가 그 길
가게 됨을 깨달으소서.

나는 젊은이의 부탁을 듣고 그의 노래가 끝나자 작별을 고하고 집으로 돌아왔다.

이튿날 약속한 시간에 가 보았더니 젊은이는 정말로 죽어 있었다. 부디 알라여, 자비를 베푸소서! 나는 시체를 씻고 나서 겉옷을 풀어 보니 가슴께에서 금화 수천 닢의 가치가 있는 루비가 한 개 나왔다.

"이 젊은이는 속세를 버리고 있었구나."

나는 혼잣말을 하면서 시체를 묻은 뒤, 바그다드로 가서 왕궁 앞에서 교주님이 나오시기를 기다렸다.

이윽고 거리에서 교주님을 만나 인사를 드리고 그 루비를 내밀자, 교주님은 그것을 보자마자 정신을 잃고 말았다. 수행하는 자들은 나를 체포했으나 이윽고 정신을 차린 교주님이 명령했다.

"이 사람을 풀어주고 궁전으로 정중하게 안내하라."

교주는 궁으로 돌아와서 나를 자신의 방으로 불렀다.

"이 루비의 임자는 지금 어떻게 지내고 있는가?"

"세상을 떠나셨습니다."

내가 자초지종을 이야기하자 교주님은 눈물을 흘리면서 말했다.

"아들은 득을 얻었으나 아버지는 손해를 봤구나."

그러고는 큰 소리로 "게 누구 없느냐?" 하고 부르자 뜻밖에 한 귀부인이 들어왔다. 귀부인은 나를 보고 물러가려고 했으나 교주님은 다시 소리쳤다.

"이리 오오. 이자에게 신경을 쓰지 않아도 되오."

귀부인이 들어와 인사를 하자 교주님은 루비를 던져주었다. 그것을 본 순간 부인은 날카로운 비명을 지르며 혼절하고 말았다.

이윽고 정신을 차린 귀부인이 말했다.

"오, 충실한 자들의 임금님, 알라께서 제 아들을 도대체 어떻게 하신 겁니까?"

그러자 교주님은 나에게 말씀하셨다.

"이 부인에게 그 젊은이의 이야기를 해 주어라."

(교주님은 눈물을 흘리며 울고 있어서 말을 할 수가 없었던 것이다.)

내가 다시 한 번 자세하게 이야기를 되풀이하였더니, 귀부인은 눈물을 뚝뚝 흘리면서 힘없는 목소리로 말했다.

"오, 내 눈동자의 위안이여! 너를 얼마나 보고 싶어 했는데! 네 목의 갈증을 축여 줄 사람이 아무도 없을 때는 내가 물을 먹여주었을 텐데! 너를 위로해 주는 이 아무도 없을 때는 내가 위로해 주었을 텐데!"

부인은 하염없이 눈물을 흘리면서 이런 시를 읊었다.

> 마음의 슬픔 호소하고
> 원망해 볼 친구도 없이,
> 아! 홀로 쓸쓸히
> 이 세상을 떠난 사람이여.
> 영화와 행복을 버리고
> 연인과의 인연도 저버리고,
> 천애고독(天涯孤獨) 의지할 데 없는
> 슬픈 경지로 떠난 그대여.
> 잠시 숨겨 둔 운명
> 언젠가는 사람 앞에 드러나리라.
> 죽음을 면할 수 있는 자 아무도 없으니,
> 참으로 그렇다, 단 한 사람도.

아, 이제는 없는 사람, 가버린 사람,
신은 정하셨도다, 너의 이별을.
친한 벗으로부터 멀리 떼어놓고
오랜 유랑의 몸 되게 하시니,
가련하구나, 내 아들아! 덧없이
너는 가버렸으니, 이승에서
다시 만날 기약 없이도,
심판의 날에는 반드시 만나게 되리! *6

"오, 충실한 자들의 임금님, 그분은 정말 왕자님이셨습니까?"

내가 물으니 교주님이 말씀하셨다.

"그렇다. 내가 아직 즉위하기 전부터 늘 학자들을 찾아다니고 신심 깊은 자들과 사귀는 것을 즐기더니, 내가 교주의 자리에 오르자 나에게서 멀리 떠나가 버렸다.*7 그래서 나는 그 애 어머니에게 이렇게 말했다. '그대의 아들은 속세와의 인연을 끊고 전능하신 알라께 생명을 바쳤소. 그러나 앞으로 괴로운 일을 당할 수도 있고, 불행한 시련에 부딪힐지도 모르오. 그러니 이 루비를 그 애에게 주시오. 만일에 소용될 때가 있을 것이니.' 그래서 어머니가 루비를 그 애에게 주며 받아 두라고 간청하여 그 애도 아무 말 없이 받아주었다네. 그로부터 속세의 일은 모두 나에게 맡기고 표연히 집을 떠나고 말았어. 그러고서 깨끗한 마음으로 알라(그분에게 명예와 영광이 있기를!)의 부르심을 받을 때까지 돌아오지 않았다네."

그리고 교주님은 이렇게 덧붙였다.

"자, 이제 왕자의 무덤으로 안내해다오."

나는 함께 바소라까지 여행하여 왕자님의 무덤으로 안내했다.

무덤을 보신 교주님은 심하게 우시다가 마침내 정신을 잃고 그 자리에 쓰러지고 말았다. 이윽고 정신을 차리자 알라의 용서를 구하며 죽은 왕자님의 명복을 빌었다.

"우리는 모두 알라의 것, 알라께 돌아가는 것이니라."

그리고 나에게 술벗이 되라고 분부하시기에 나는 이렇게 대답했다.

"오, 충실한 자들의 임금님이시여, 참으로 왕자님의 생애는 저에게는 다시없는 귀중한 교훈입니다!"

그리고 이런 시를 읊었다.

찾아오는 이 없는
이 내 몸은 이방인,
내 고향에 살지라도
이 내 몸은 이방인,
형제도 없고 자식도 없고
도움을 청할 친구도 없는
이 내 몸은 이방인!
내가 사는 사원은 유일한
내 집, 이 내 마음
영원히 그곳에 깃들리라.
아, 우주의 왕이신
알라를 칭송하라! 몸과 영혼이
함께 깃들어 있는 동안.

또 다음과 같은 유명한 이야기가 있습니다.

〈주〉

*1 성인(聖人)은 아랍어로 왈리(Wali)라고 하며, 산톤(Santon, 이탈리아어로 '성인'), 또 노예도 의미한다. 리처드슨 《논설집》 제3장에 Wali와 Wáli의 차이가 실례를 들어 증명되어 있다. 〔후자는 '총독'이라는 뜻.〕

*2 회반죽은 아랍어로 틴(Tin)이라고 하며, 짧게 자른 짚을 섞어서 반죽한 점성이 강한 점토이다. 아도베(Adobe), 즉 햇빛에 말린 벽돌을 쌓은 벽에 사용된다. 〔아도베는 스페인어로, 불에 굽지 않은 벽돌을 말한다.〕 나는 졸저 《순례》(제1권)에서 알렉산드리아의 고대 파로스(Pharos) 등대인 라스 알 틴(Ras al-Tin)을 '무화과의 곳'이라고 잘못 번역했다. 이것은 '점토의 곳'으로, 그곳에서 발견되어 고대 도자기의 원료였던 도토(陶土)에서 그 이름이 유래했다. 〔파로스는 기원전 3세기 알렉산드리아의 파로스 섬에 세워진 대리석 등대를 가리킨다.〕

*3 다니크(danik, 동전 하나. 페르시아어의 당그(Dang))는 1디르함(은화 한 닢)의 6분의 1.

＊4 수행자는 1년 내내 아침부터 저녁까지 음식을 먹지 않았다.

＊5 보통 사람의 목욕과 교양 있는 이슬람교도의 목욕에는, 야만인과 신사의 식사법만큼 큰 차이가 있다. 더욱이 수니파와 시아파의 목욕에는 기술상의 중요한 차이가 있다.

＊6 이 시는 결코 뛰어난 시는 아니지만, 매우 애상적이다.

＊7 이 선량한 젊은이는 두 가지 이유에서 부왕과의 인연을 끊은 것이다. 즉, 세속적인 권력(선량한 이슬람교도가 혐오하는 것)과 불완전한 교주상속의 자격이다. 후자는 오늘날의 터키에 있어서도 골치 아픈 문제로 앞으로 갈수록 더 큰 문제가 될 것이다.

〈역주〉

(1) '신의 이름으로!'라는 뜻.

노래만 듣고 사랑에 빠진 어리석은 선생

(어떤 학자가 이런 이야기를 했습니다.)

어느 날 학교 옆을 지나가노라니 한 선생이 아이들을 가르치고 있었습니다.

안으로 들어가 보았더니 그 선생은 상당한 호남인 데다 옷차림도 꽤 번듯했습니다. 선생은 나를 보더니 일어나 맞이하면서 자기 옆에 있는 자리를 권했습니다.

코란과 문장론, 운율학과 사서편찬법에 대해 요모조모 선생을 떠보았더니, 놀라지 마시라! 그 선생은 필요한 학문을 전부, 더할 나위 없이 완벽하게 이해하는 것이었습니다. 그래서 나는 말했지요.

"알라께서 당신을 격려해 주시기를! 정말 모든 필수과목을 훤히 깨우치셨군요."

그 뒤로 종종 그 선생을 찾아갔는데, 그때마다 그의 뛰어난 점을 새롭게 알게 되었습니다. 그래서 나는 속으로 생각했습니다.

'야, 이건 정말 학교 선생으로서는 기적이다. 학자들은 아이들의 선생이라 하면 으레 재능이 없는 걸로 생각하는데……'

나는 한동안 선생을 찾아가지 않다가 그 뒤 다시 4, 5일 만에 한 번씩 만나곤 했습니다.

어느 날, 여느 때와 마찬가지로 그를 만나러 갔는데 웬일인지 학교 문이 닫혀 있어서 이웃 사람에게 물어보았습니다.

"선생 댁에 누군가가 돌아가셨습니다."

그래서 문상을 가야겠다 생각하고 곧 선생의 집을 찾아가 문을 두드렸습니다. 그러자 한 노예계집이 나왔습니다.

"무슨 일로 오셨습니까?"

"선생님을 만나고 싶은데."

"선생님은 혼자 슬퍼하고 계십니다."

"친구가 위로를 드리러 왔다고 전해다오."

노예계집이 안으로 들어가 주인에게 전하자 주인이 대답했습니다.

"이리로 안내해라."

여자가 나를 집 안으로 안내하여 따라 들어가 보니, 선생은 머리에 상제임을 나타내는 머리끈을 묶고 혼자 우두커니 앉아 있더군요.

"알라께서 당신에게 충분한 보답을 내려주시기를! 이것은 누구나 지나가야만 하는 길이므로 극복하셔야 합니다. 그런데 대체 어느 분이 돌아가셨습니까?"

"내가 가장 사랑하는 소중한 사람입니다."

"당신의 아버님입니까?"

"아니오."

"그럼, 형제분?"

"아닙니다."

"그럼, 친척입니까?"

"그렇지도 않습니다."

"그렇다면 선생과 대체 어떤 관계의……?"

"내 연인입니다."

이 말에 나는 속으로 생각했습니다.

'이건 이 양반의 지혜가 모자란다는 것을 나타내는 최초의 증거로군.'

그래서 나는 이렇게 말했습니다.

"이 세상에 여자는 얼마든지 있습니다. 그분보다 더 예쁜 여자가."

그러자 선생의 대답은 이랬습니다.

"나는 그 여자를 한 번도 만난 적이 없습니다. 그러니 그 여자보다 더 예쁜지 어떤지 판단할 수 없지요."

나는 혼잣말로 중얼거렸습니다.

"이건 틀림없는 두 번째 증거야."

그리고 다시 물었습니다.

"한 번도 만난 적이 없는 여자를 어떻게 사랑하게 되었습니까?"

"사실 어느 날 창가에 앉아 있는데 한 남자가 이런 노래를 부르면서 지나갔습니다.

움 아므르*¹여, 그대의 온정에 알라의 보답이 있기를!
내 마음 어디에 있든 어서 돌려주소서."

—여기서 날이 새기 시작하였으므로 샤라자드는 이야기를 그쳤다.

403번째 밤

샤라자드는 이야기를 계속했다.

오, 인자하신 임금님, 학교 선생은 말을 이었습니다.

"나는 그 남자가 거리를 지나면서 부르는 콧노래를 듣고 생각했지요. '이 움 아므르라는 여자가 세상에 둘도 없는 미인이 아니라면 시인인들 이렇게 온갖 노래로 칭찬하지는 않았을 거야.' 그래서 움 아므르에게 반해버린 겁니다. 그로부터 이틀 뒤 같은 남자가 또 이런 노래를 부르면서 지나가더군요.

나귀도 움 아므르도 가 버렸네.
이제 처녀와 나귀는 영원히 돌아오지 않네.

이 노래를 듣고 나는 그 여자가 죽은 것을 알고 진심으로 애도하고 슬퍼했습니다. 그리고 지난 사흘 동안 이렇게 줄곧 비탄에 잠겨 있는 겁니다."

그리하여 나는 지식만 있고 지혜가 없는 선생의 어리석음을 다시 한 번 깨달으면서 집으로 돌아왔습니다.

이와 비슷한 이야기가 또 하나 있습니다.

〈주〉

*1 움 아므르(Umm Amr. 철자는 Amru이고 발음은 Amr임)는 '아므르의 어머니'라는 뜻이다. 이 이야기도 마지막의 시도 참으로 익살스러운 이야기이다.

미련한 선생*1

옛날에 한 학자가 학교 선생을 찾아갔습니다. 선생과 함께 이런저런 이야기를 나눈 학자는 그 선생이 훌륭한 신학자이자 문법학자, 언어학자이며 시인임을 알았습니다. 게다가 총명하고 교양도 있고, 말솜씨도 매우 훌륭하여 깜짝 놀란 학자는 속으로 이렇게 생각했습니다.

'학교에서 아이들을 가르치는 선생 따위가 이렇게 훌륭한 재능을 가지고 있을 리가 없을 텐데.'

학자가 이윽고 돌아가려고 하자 선생이 말했습니다.

"오늘 밤에 대접하고 싶으니 저희 집으로 와주십시오."

학자는 초대에 응하여 선생의 집으로 따라갔습니다. 선생은 매우 정중하게 대접하면서 맛있는 음식을 차려냈습니다. 두 사람은 삼경(三更)이 지날 때까지 먹고 마시면서 이야기를 주고받았습니다. 이윽고 주인은 손님을 위해 잠자리를 마련해 주고 자기도 침실로 물러갔습니다.

손님이 막 잠이 들려고 하는데 침실 쪽에서 몹시 시끄러운 소리가 들려왔습니다. 무슨 일인가 싶어 일어나 물어보니 가족들이 대답했습니다.

"나리께 큰일이 났습니다. 저러다가 돌아가시는 게 아닌지 모르겠습니다."

"그렇다면 나를 주인의 방으로 데려다주시오."

가족들의 안내로 주인의 방에 들어가 보니, 주인은 피투성이가 되어 정신을 잃은 채 누워 있었습니다. 학자가 그의 얼굴에 물을 끼얹자 주인은 가까스로 정신이 돌아왔습니다.

"이게 대체 어떻게 된 일입니까? 아까까지만 해도 아무데도 아픈 것 같지 않았는데."

"손님과 헤어지고 나서 나는 전능하신 알라의 창조 조화에 대해 깊이 생각하면서 앉아 있었습니다. 그리고 이렇게 혼잣말을 했지요. '알라께서 인간을 위해 만드신 모든 것에는 저마다 효용이 있다. 알라는(영광 있으라!) 손은 쥐기 위해서, 발은 걷기 위해서, 눈은 보기 위해서, 귀는 듣기 위해서, 음경은 종족보존을 위해서 만들어주셨다. 인간의 모든 기관은 다 그렇다. 그런데 이 두 개의 젖꼭지만은 그렇지가 않아, 이건 아무데도 쓸모가 없어.'

그래서 나는 가지고 있던 면도칼로 양쪽 젖꼭지를 베어 버렸습니다. 그래서 이 꼴이 된 겁니다."

이 말을 들은 학자는 이렇게 생각하면서 그 집을 나왔습니다.

'아이들을 가르치는 학교 선생은 모든 학문을 터득하고 있지만 완전한 지혜를 가질 수는 없다고 말한 사람은 역시 옳았던 거야.'

또 이런 재미있는 이야기도 있습니다.

〈주〉

＊1 학교 선생을 욕하고 깔보고 욕되게 하는 것은 서양에서나 동양에서나 낡은 표현이다. (Quem Dii oderunt paedagogum fecerunt.) 〔이 라틴문은 '신은 미워하는 자를 선생으로 만들었다'라는 뜻.〕 영국 인도인은 이런 말을 떠올릴 것이다.

　　miyan-ji titi!

　　Bachche-ki gand men angli ki thi!

　　(학교 선생이라고? 흥!

　　아이의 볼기짝을 마구 주물러댄 건 누구지?）

학교 선생 행세를 한 까막눈

옛날 어떤 사원의 머슴*¹ 가운데, 글을 쓸 줄도 모르고 읽을 줄도 모르면서 사람들을 속여 생계를 유지하는 사내가 있었습니다.

어느 날, 그는 서당을 차려 아이들을 가르쳐야겠다고 생각했습니다. 그래서 먼저 서판(書板)과 글자 쓴 종이를 모아다가 높은 데 걸어 두었습니다. 그런 다음 커다란 터번*²을 쓰고 서당 문 앞에 앉아 있으니, 지나가던 사람들이 그 커다란 두건과 서판, 글자 쓴 종이를 보고 그를 매우 훌륭한 선생인 줄 알고는 아이들을 데려왔습니다.

그는 어떤 학생에게는 "글씨를 써라", 또 어떤 학생에게는 "글을 읽어라" 하고 시키기만 할 뿐이어서, 아이들은 저희끼리 서로 멋대로 공부하는 형편이었습니다.

어느 날, 이 사내가 여느 때처럼 서당 문 앞에 앉아 있으니 편지를 든 여자가 하나 다가왔습니다. 그것을 보고 사내는 속으로 생각했습니다.

'틀림없이 나에게 편지를 읽어 달라 하려고 찾아온 것 같은데, 나는 까막눈이니 이를 어떡한담.'

사내는 여자를 피해 달아나려고 했으나 그럴 새도 없이 여자가 쫓아와서 불렀습니다.

"어디 가세요?"

"낮 기도를 드리러 가던 참이오."

"기도시간은 아직 멀었습니다. 그러니 이 편지를 좀 읽어주세요."

하는 수 없이 편지를 받아든 사내는 그것을 거꾸로 들고 들여다보면서 터번이 흔들릴 정도로 머리를 끄덕이는가 하면 눈썹을 꿈틀거리기도 하고, 화난 표정을 짓다가는 다시 근심스런 태도를 지어 보이기도 했습니다. 그 편지는 길을 떠난 여자의 남편한테서 온 것이었는데, 여자는 선생의 태도를 보고 속으로 이렇게 생각했습니다.

'틀림없이 남편이 죽었나 보다. 이 유식한 학자님은 그것이 측은해서 말을 못하는 걸 거야.'

그래서 여자는 말했습니다.

"오, 선생님, 혹시 남편이 죽었거든 그렇다고 말씀해 주세요."

그러나 사내는 고개를 저으며 잠자코 있었습니다. 여자가 다시 말했습니다.

"이 옷을 찢을까요?"

"찢으시오!"

"제 얼굴을 때릴까요?"

"때리시오!"

여자는 사내의 손에서 편지를 받아들고 집으로 돌아가 아이들과 함께 울음을 터뜨렸습니다. 우는 소리를 듣고 모여든 동네 사람들이 무슨 일이냐 묻자 누군가가 대답했습니다.

"남편이 죽었다는 편지가 왔나 봐요."

"아닐 거야. 나는 바로 어제 그 사람의 편지를 받았는데, 아주 건강히 잘 있고 앞으로 열흘만 있으면 돌아온다고 한 걸."

그리고 여자에게 다가가 물었습니다.

"남편한테서 온 편지는 어디 있소?"

여자가 편지를 가지고 와서 남자가 그것을 읽어보니, 뜻밖에도 이렇게 씌어 있는 것이었습니다.

"잘 있었소? 나는 건강하게 잘 지내고 있소. 앞으로 열흘 뒤에 돌아갈 예정이오. 그리고 이불 한 채와 숯불 끄는 덮개*³를 하나 보냈소."

여자는 당장 그 편지를 들고 선생에게 달려가서 따졌습니다.

"아까는 왜 그렇게 말씀하셨어요?"

그리고 남편이 잘 있다는 것과 이불과 숯 끄는 덮개를 보낸 것에 대해 이웃 사람한테서 들은 내용을 그대로 얘기해 주었습니다.

그러자 까막눈 선생이 말했습니다.

"부인, 부인의 말이 맞습니다. 그때 나는……."

─여기서 날이 새기 시작하였으므로 샤라자드는 이야기를 그쳤다.

404번째 밤

샤라자드는 이야기를 계속했다.

오, 인자하신 임금님, 선생은 대답했습니다.

"사실 나는 그때 걱정거리가 있어 머릿속이 뒤죽박죽이었습니다. 그래서 이불 안에 숯 끄는 덮개를 넣고 쌌다는 말을 그만 부인의 남편이 죽어서 수의에 싸여 있다는 것으로 생각했지요."

"그러셨나요?"

여자는 그것이 거짓말인 줄도 모르고 이렇게 대꾸하고는 그 편지를 받아 들고 집으로 돌아갔습니다.*4

다음에는 또 이런 이야기도 있습니다.

〈주〉

*1 사원의 머슴은 아랍어의 무자위린(Mujawirin)＝'더욱 하급의 하인' '청소부' 등. 《순례》 제2권 참조. 거기에서 이 말은 알 메디나의 어떤 '거주자'들에게도 사용된다. 〔같은 대목에는 콘스탄티노플과 카이로에서 알 메디나에 기증되는 금전이 가족 수와 신분에 따라 분배된다는 내용이 기록되어 있는데, 그 가운데 하나에 '이곳의 거주자, 즉 무자위린'이 있다. 그러나 어떤 종류의 거주자인지는 확실하지 않다.〕

*2 관습은 (이집트에서는 쇠퇴했으나) 아프가니스탄에서는 보존되고 있으며, 학자들은 마치 스페인의 추기경처럼 통나무배 형태의 모자 같이 생긴 터번을 쓴다.

*3 숯불 끄는 덮개는 아랍어의 마크마라(Makmarah)이며, 난로로 사용하는 일반적인 화로나 숯불을 담는 쟁반을 덮는 금속 뚜껑을 말한다. 레인(제2권)은 이 말을 번역하지 않고, 띠 또는 허리끈이라고 생각한 듯하다. 그래서 학교 선생의 변명의 묘미를 살리지 못했다. 〔레인 번역 《신역 천일야화》에서 레인은 본문에 메크마라를 그대로 사용하고, 각주에서 '메크마라는 나의 노스승에 의해 매우 막연하게 해석되어 있다. 나는 지갑을 넣은 띠 또는 허리끈이라고 믿는다'라고 했다.〕 어쨌든, 시체로 잘못 생각했다고 변명하려면 이불에 싼 것이 부피가 큰 것이 아니면 묘미가 살아나지 않는다.

*4 이 이야기는 매우 오래된 익살이지만 레인은 처음 들은 것인지, 그의 저서 《근대 이집트인》 제2장 끝에 이것을 소개했다. 〔맨 끄트머리의 결말이 달라져 있는데, 단순히 선생은 '아직 만날 수 있다고 생각했다가 나중에 실망하는 것보다는 죽었다고 생각하는 편이 낫다'고 대답하고 있다.〕

왕과 정숙한 아내

옛날 어떤 왕이 변장하고 백성의 사정을 살피기 위해 궁전 밖으로 나갔습니다.

이윽고 어느 마을에 당도하여 신하도 거느리지 않고 혼자 마을로 들어간 왕은, 목이 말라 어느 집 문 앞에서 물을 청했습니다. 그러자 한 아름다운 여자가 물병을 가지고 나와 왕에게 내주어 왕은 그 물을 마시고 목을 축였습니다. 그리고 여자를 가만히 바라보다가 그 아름다움에 그만 마음을 빼앗겨 잠깐의 정을 청했습니다. 그가 왕이라는 것을 이미 눈치채고 있었던 여자는 왕을 집 안으로 청해 들여 의자를 권한 다음 책 한 권을 꺼내 와서 말했습니다.

"이것을 보고 계십시오. 그동안에 하던 일을 마치고 돌아올 테니까요."

그래서 왕이 책을 펼쳐 보니 그것은 뜻밖에도 알라께서 간음을 금지하신 것과 간음죄를 범한 자에게 정하신 처벌을 적어 놓은 책이었습니다. 왕은 그것을 읽고 온몸이 떨리고 머리카락이 곤두서는 것을 느끼고 전능하신 알라께 진심으로 참회했습니다. 왕은 여자를 불러 책을 돌려주고는 그대로 왕궁으로 돌아왔습니다.

그날 저녁 외출했던 남편이 돌아오자 여자는 그날 있었던 일을 남편에게 자세히 들려주었습니다. 이 말을 들은 남편은 깜짝 놀라 속으로 생각했습니다.

'혹시 임금님의 씨가 여편네에게 깃들지나 않았을까?'

그 뒤부터 남편은 아내와 잠자리를 같이할 생각이 달아나고 말았습니다. 얼마 뒤 아내가 남편의 야속한 일 처리를 친척들에게 말하자, 친척들은 남편을 데리고 왕에게 가서 호소했습니다.

"임금님의 위세가 더욱 만방에 떨치시기를! 사실 이자는 저희한테서 땅 한 뙈기를 빌려서 부쳐 먹고 있었는데, 그 뒤로는 땅을 묵히며 갈지도 않고 그렇다고 내놓지도 않고 있습니다. 분명히 내놓기라도 한다면 다른 사람에게 빌려줄 수도 있겠지만 황폐해지기만 하니 영 못쓰게 되지나 않을까 걱정됩니다. 그런 땅은 씨를 뿌리지 않으면 못쓰게 되니까요."

이 말을 듣고 왕은 여자의 남편에게 물었습니다.

"도대체 무엇 때문에 땅에 씨를 뿌리지 않느냐?"

그러자 남편이 대답했습니다.

"임금님의 위세가 더욱 만방에 떨치시기를! 사실 사자가 밭에 들어와서 짓밟았다고 하기에, 그 밭에 가까이 갈 생각이 도무지 나질 않습니다. 저는 도저히 사자와 싸워서 당할 수가 없습니다. 예, 저는 사자가 무서워 죽겠습니다."

왕은 그 비유의 의미를 알아듣고 이렇게 말했습니다.

"아니다, 사자는 그대의 밭에 들어갔으나 짓밟아 놓지는 않았다. 그러니 씨를 뿌리지 못할 이유가 전혀 없다. 사자는 아무런 나쁜 짓도 하지 않았으니, 밭을 부지런히 갈도록 하라. 알라의 자비로 풍요로운 수확을 하게 될 것이다."

그리고 그 부부에게 많은 선물을 내려 그들을 돌려보냈다고 합니다.*1

또 이런 이야기도 있습니다.

〈주〉

＊1 이 이야기는 '신디바드 이야기', 일명 '여자의 간사한 꾀와 원한'(578번째 밤) 속의 삽화 '왕과 대신의 아내'를 요약한 것이다. 같은 날 밤의 주석을 참조하기 바란다.

마그리브인 아브드 알 라만의 대붕 이야기[*1]

옛날 서아프리카의 종족[(1)] 가운데 온 나라를 두루 여행하고 수많은 사막과 바다를 돌아다닌 한 남자가 있었습니다.

어느 날 난파를 당한 그는 어떤 섬에 표류하여 오랫동안 그곳에서 살았는데, 이윽고 고향으로 돌아가게 되었을 때 아직 알에서 깨어나지 않은 대붕(大鵬)의 깃촉을 가지고 돌아갔습니다.

그 깃촉은 산양가죽 부대에 가득 채운 물이 다 들어갈 정도로 큰 것이었는데, 그도 그럴 것이 알에서 갓 깨어난 대붕의 날개가 천 발이나 된다고 하니까요. 사람들은 이 깃촉을 보고 모두 깜짝 놀랐습니다.

그러자 무어인[(2)] 아브드 알 라만이라는 사람(이 남자는 중국에 오래 있었기 때문에 중국 사람이라는 별명이 있었습니다)은 사람들에게 다음과 같은 모험담을 들려주었습니다.

이것은 그 남자한테서 들은 수많은 여행기담(旅行奇談) 가운데 하나입니다.

알 라만은 중국 바다를 항해하고 있었습니다.

—여기서 날이 새기 시작하였으므로 샤라자드는 이야기를 그쳤다.

405번째 밤

샤라자드는 이야기를 계속했다.

오, 인자하신 임금님, 무어인이자 중국 사람인 아브드 알 라만은 상인들과 함께 중국 바다를 항해하다가 멀리 섬이 하나 있는 것을 발견했습니다. 그래서 그쪽으로 다가가 배를 단단히 묶어놓고 자세히 살펴보니, 그것은 아주 크고 넓은 섬이었습니다.

사람들은 땔나무와 물을 구하기 위해 도끼와 밧줄과 물주머니(나그네는 누구나 이런 것들을 가지고 다닙니다)를 가지고 섬에 내렸습니다.

얼마 뒤 높이가 백 큐빗이나 되는 크고 둥근 지붕이 하얗게 반짝이는 것이 보였습니다. 그쪽으로 다가가 보니 그것은 바로 대붕의 알이었습니다. 그래서 사람들이 도끼와 돌과 몽둥이로 치니 알이 갈라지면서 안에서 대붕 새끼가 나왔는데, 그 모습은 마치 묵직하게 버티고 선 작은 산 같았습니다.

그들은 곧 깃촉 하나를 뽑으려 했는데, 아직 충분히 성장하지 않았기 때문에 모두 힘을 합치지 않고는 뽑을 수가 없었습니다. 그들은 가지고 갈 수 있는 만큼 고기를 베어내고 깃촉을 뿌리부터 끊어서 배로 돌아왔습니다.

일행은 다시 순풍에 돛을 올려 밤새도록 나아가 어느덧 날이 새어 아침 해가 솟았습니다. 그때까지는 모든 일이 순조로웠는데, 문득 보니 대붕 한 마리가 배 뒤를 쫓아서 날아오고 있지 않겠습니까?

대붕은 마치 큰 구름 덩어리처럼 날개를 펴고 발톱 사이에 배보다도 큰 바위를 움켜잡고 있었습니다. 대붕은 배 바로 위에 와서 잠시 날개를 쉬는 것 같더니 그 바위를 배 위에 떨어뜨렸습니다. 그러나 배가 전속력으로 달려가고 있어서 겨냥이 빗나가는 바람에 바위는 무시무시한 소리를 내면서 바닷속에 떨어졌습니다.

이렇게 하여 일행은 알라의 뜻에 따라 재앙을 면하고 파멸에서 구원받을 수 있었습니다.

그들은 대붕의 고기를 요리해서 먹었습니다.

그런데, 일행 가운데 수염이 하얗게 센 노인이 있었는데 이튿날 아침에 눈을 떠보니 그 흰 수염이 모두 새까맣게 변해 있지 않겠습니까? 대붕 고기를 먹은 사람은 모두 그 뒤에도 흰 머리가 나지 않았습니다.

이렇게 그들이 젊어지고 머리가 세지 않은 것은, 칡나무를 때어 냄비를 데웠기 때문이라는 사람도 있고, 또 대붕의 고기를 먹었기 때문이라는 사람도 있었지만, 아무튼 정말 신기한 일도 다 있습니다.*2

또 세상에는 이런 이야기도 전해지고 있습니다.

〈주〉

*1 대붕 루흐(Rukh)는 로크(Roc)보다 훨씬 이전의 것으로, 루흐흐(Rukhkh)라고도 쓴

다. 마르코 폴로의 박학한 번역자 율(Yule) 대령은 로크 새의 깃털이 중세기에는 그다지 진기한 것은 아니었다고 말한다. 그리고 그 깃털은 대개 식물계에서 잎이 가장 크고, 잔지바르의 이슬람교도들이 '악마의 대추야자'라 부르는 야자수(Raphia vinifera) 잎이라고 설명했다. '수도승 치폴라와 가브리엘 천사의 깃털'(《데카메론》〈제6일〉제10화) 이야기는 여기에 인용할 것도 없다. 〔헨리 율은 앞에서 그의 명저《중국과 중국으로 가는 길》(1866)과 함께 인용되었는데, 영국의 동양학자로 오랫동안 인도에 머무르며 1871년에 대작《마르코폴로 경의 연구》를 발표했다. 1820~89년. 《데카메론》에 나오는 가브리엘 천사의 깃털은 당시의 유럽에는 알려지지 않았던 앵무새의 깃털이다.〕

＊2 이 이야기는 격에 맞는 멋이 부족하고 이리저리 흩어져 갈피를 잡지 못하는 문체이지만, '뱃사람 신드바드'에서 다시 한 번 되풀이될 예정이다. 그때 나는 로크에 대한 주석을 다시 넣을 것이다. 544번째 밤 참조.

〈역주〉

(1) 이것을 마그리비족이라고 한다.

(2) 아랍인과 같다.

아디 빈 자이드와 왕녀 힌드

이라크의 아랍인 왕 알 누만 빈 알 문지르에게는 힌드라는 이름의 공주가 있었습니다.

공주는 나사렛 사람의 축제일인 유월절(逾越節)에 성찬(聖餐)을 받기 위해 하얀 사원으로 갔습니다. 그때 공주의 나이 열한 살, 당대에 비할 데 없이 아름다운 처녀였습니다.

마침 그때 아디 빈 자이드*¹라는 젊은이가 페르시아 왕이 알 누만 왕에게 보내는 진상품을 가지고 동료와 함께 히라*²에 왔다가, 역시 성찬을 받기 위해 하얀 사원을 참배하고 있었습니다. 아디는 키가 훤칠한 데다 눈매가 서늘하고 매끄러운 뺨을 가진 미남이었습니다.

알 누만 왕의 딸 힌드 공주에게는 마리아라는 노예계집이 시중을 들고 있었는데, 이 노예계집은 전부터 아디를 사모했지만, 지금까지 둘이서 가까이 얘기를 주고받을 기회가 없었습니다. 그러다가 그날 사원에서 아디를 보고 공주에게 이렇게 말했습니다.

"저기 있는 젊은 남자 분을 좀 보세요. 저렇게 아름다운 분은 아직 한 번도 보신 적이 없을 거예요!"

"저게 누군데?"

"아디 빈 자이드 님이라는 분이에요."

"하지만 가까이 가서 얼굴을 봤다가 나를 알아보면 어떡해?"

"어떻게 알겠어요? 공주님을 한 번도 본 적이 없는데요."

그래서 공주가 가까이 가보니, 젊은이는 젊은 패들과 농담을 하면서 장난을 치고 있었습니다. 과연 아디는 외모뿐만 아니라 낭랑한 목소리와 막힘없는 말솜씨, 호화로운 옷차림 등, 모든 것이 함께 온 동료보다 훨씬 훌륭했습니다. 그 모습을 본 공주는 완전히 마음을 빼앗겨 넋이 나간 듯 얼굴빛마저 변하고 말았습니다. 그러자 공주의 마음을 눈치챈 마리아가 이렇게 말했습니다.

"저분에게 말을 건네 보세요."

공주는 젊은이에게 잠깐 인사말을 하고는 그 자리를 떠났습니다.

한편 젊은이도 공주의 모습을 보고 그 목소리를 듣는 순간 공주의 매력에 사로잡혀, 머리가 멍해지고 심장이 높게 고동치면서 얼굴빛까지 변했습니다. 아디와 함께 있던 사람들은 무슨 일인가 의아하게 여겼습니다. 아디는 동료에게 여자의 뒤를 미행해서 누구인지 알아 오라고 귓속말로 부탁했습니다. 동료는 공주의 뒤를 따라갔다가 돌아와서 그 여자가 알 누만 왕의 공주 힌드임을 알려주었습니다. 사랑의 포로가 된 아디는 사원에서 나와 어디로 가야 할지도 모른 채 정처 없이 헤매면서 이런 시를 읊었습니다.

> 오, 나의 벗이여, 나에게
> 또 한 가지 소원이 있으니,
> 다시 한 번 사원으로 가주오.
> 나를 힌드의 나라로 데려가,
> 그런 다음 나를 위해 가서
> 은근한 인사 전해 주오.

이윽고 숙소로 돌아간 아디는 그날 밤 잠을 이루지 못하고, 밤새도록 뜬눈으로 뒤척였습니다.

―여기서 날이 새기 시작하였으므로 샤라자드는 이야기를 그쳤다.

406번째 밤

샤라자드는 이야기를 계속했다.

오, 인자하신 임금님, 이튿날 마리아가 아디를 찾아와 인사했습니다. 아디는 전 같으면 거들떠보지도 않았겠지만, 이번에는 정중하게 맞이하며 물었습니다.

"무슨 일로 왔소?"

"부탁할 일이 있어서 왔습니다."

"말해 보시오. 알라게 맹세코, 부탁이 있다면 뭐든지 다 들어줄 테니."

그리하여 마리아는 자기가 아디를 사랑하고 있음을 털어놓고, 남의 눈을 피해 만나고 싶다 말했습니다. 아디는 조건을 붙여서 마리아의 소원을 들어 주기로 하였습니다. 그 조건이란 힌드 공주를 데리고 올 것, 그리고 공주와 만날 수 있도록 궁리해 주어야 한다는 것이었습니다. 그런 다음 아디는 마리아를 히라의 어느 골목에서 포도주를 파는 선술집으로 데려가 함께 잤습니다.

마리아는 힌드 공주에게 돌아가서 물었습니다.

"아디 님을 만나보고 싶지 않으세요?"

그러자 공주가 대답했습니다.

"어떻게 하면 만날 수 있을까? 난 정말 그분이 그리워서 잠을 잘 수가 없어. 어제부터 마음이 진정되질 않아."

"그럼 궁전에서 그분을 바라볼 수 있는 장소로 모셔오겠어요."

"네가 알아서 해다오."

이렇게 해서 젊은이를 데리고 올 장소를 정해 두었습니다.

이윽고 아디가 그 장소에 오자, 공주는 젊은이를 정신없이 바라보다가 하마터면 궁전에서 굴러 떨어질 뻔했습니다.

"애, 마리아, 만일 네가 오늘 밤 그분을 나에게 데리고 오지 않으면 나는 죽어 버릴 테야."

그리고는 정신을 잃고 그 자리에 쓰러지고 말았습니다. 시녀들이 공주를 안아서 궁전 안으로 옮겼습니다.

한편, 마리아는 급히 알 누만 왕에게 달려가 모든 것을 사실대로 아뢴 다음, 공주가 아디를 사무치도록 연모하고 있으며, 만일 아디와 결혼시키지 않으면 공주는 스스로 수치스럽게 여겨 사랑을 위해 죽어 버릴 거라는 것, 그렇게 되면 아랍인들 사이에서 부왕의 명예를 욕되게 하는 결과가 될 것 등을 말하고 마지막으로 이렇게 덧붙였습니다.

"이렇게 된 이상 결혼을 시킬 수밖에 없습니다."

왕은 한동안 고개를 숙이고 생각에 잠겨 있더니, 이윽고 몇 번이나 이렇게 소리쳤습니다.

"진정 우리는 알라의 것이므로 알라의 곁으로 돌아가는 것이다!"

그리고 이렇게 말했습니다.

"아, 난처한 일이로다. 이 일을 공개하고 싶지 않다면 어떤 식으로 결혼을 올려야 한단 말인가!"

그러자 마리아가 말했습니다.

"아디 님은 공주님보다 더욱 몸이 달아서 공주님을 간절히 원하고 계십니다. 그러니까 그분한테는 이 일을 임금님께서 전혀 모르고 계시는 것처럼 해서 제가 일을 잘 꾸며 보겠습니다. 하지만 임금님, 무심코 본마음을 드러내지 않도록 조심해 주십시오."

그런 다음 아디에게 가서 모든 것을 털어놓고 이렇게 말했습니다.

"술자리를 마련해 놓고 임금님을 초대하세요. 그리고 임금님께서 술에 취하시거든 공주님을 달라고 하세요. 아마 싫다고는 하지 않으실 거예요."

"걱정이군. 화를 내지 않으셔야 할 텐데. 원망을 듣게 되면 큰일이야."

"저는 모든 일을 빈틈없이 꾸며놓고 이리로 온 거랍니다. 염려 마세요."

마리아는 다시 왕에게 돌아가서 말했습니다.

"아디 님이 자택에서 임금님을 초대하여 대접해 드리고 싶다 합니다."

그러자 왕은 대답했습니다.

"잘 됐군."

그로부터 사흘 뒤, 아디는 왕과 중신들에게 아침식사에 초대하고 싶다는 뜻을 전해 왔습니다. 왕은 그 초청을 받아들이고 아디의 집으로 찾아갔습니다. 이윽고 알 누만 왕이 술에 거나하게 취하자, 아디는 몸을 일으켜 공주와 결혼시켜 주십사고 청했습니다. 왕은 고개를 끄덕이며 두 사람을 결혼시키기로 했습니다. 그리고 사흘 뒤에 공주를 아디에게 짝지어주었습니다.

이리하여 두 사람은 알 누만 왕의 궁전에서, 이 세상의 모든 위안과 기쁨을 누리며 살았습니다.

―샤라자드는 날이 밝아온 것을 알고 허락된 이야기를 그쳤다.

407번째 밤

샤라자드는 이야기를 계속했다. 오, 인자하신 임금님, 아디와 힌드는 결혼하고 3년 동안 이 세상의 모든 위안과 기쁨을 누리며 살았지만, 그 뒤 아디는 왕의 노여움을 사 그의 칼에 맞아 처형되고 말았습니다. 비탄에 빠진 힌드는 변두리 땅에 초암(草庵)을 짓고 여승이 되어, 그곳에 틀어박혀 죽는 날까지 남편의 명복을 빌었다고 합니다.

그 힌드의 초암은 지금도 히라의 교외에 남아 있습니다.

또 이런 이야기도 전해지고 있습니다.

〈주〉

*1 아디 빈 자이드는 이슬람 전기(前期)의 시인.

*2 메소포타미아의 히라(Hirah)는 그리스도교의 도시로, 그 주권은 페르시아의 군주들이 장악하고 있었다. 또 가산(Ghassan)이라고 하는 로마인의 왕국에도 대항했다. 히라는 오랜 역사를 가지고 있다.

고산고정일(高山高正一)

서울에서 태어나다. 성균관대학교국문학과졸업. 성균관대학교대학원비교문화학과졸업. 소설 「청계천」으로 「자유문학」 등단. 1956년~현재 동서문화사 발행인. 1977~87년 동인문학상운영위집행위원장. 1996년 「한국세계대백과사전」 편찬주간발행. 지은책 「청계천 사람들」 「불굴의 혼·박정희」 「한국출판100년을 찾아서」 「愛國作法·新文館 崔南善·講談社 野間清治」 「망석중이들 잠꼬대」 「高山 大三國志」 「불과 얼음 17일 전쟁 장진호」 「세계를 매혹한 최승희」 한국출판문화상수상, 한국출판학술상수상.

World Book 134
Richard Francis Burton
THE BOOK OF THE THOUSAND NIGHTS AND ONE NIGHT
아라비안나이트 II
리처드 버턴/고산고정일 옮김
1판 1쇄 발행/1969. 12. 12
2판 1쇄 발행/2010. 12. 12
2판 4쇄 발행/2020. 12. 1
발행인 고정일
발행처 동서문화사
창업 1956. 12. 12. 등록 16-3799
서울 중구 마른내로 144(쌍림동)
☎ 546-0331~6 Fax. 545-0331
www.dongsuhbook.com
잘못 만들어진 책은 바꾸어 드립니다.

✱
사업자등록번호 211-87-75330
ISBN 978-89-497-0675-7 04080
ISBN 978-89-497-0382-4 (세트)